탈식민주의 문화 이론에 근거한 바울 서신 해석

바울의 문화신학과 정치윤리

김덕기 지음

Paul's
Cultural Theology & Political Ethics

바울의 문화신학과 정치윤리 - 탈식민주의 문화 이론에 근거한 바울서신 해석 -

2007년 9월 12일 인쇄 / 2007년 9월 17일 발행
저자·김덕기 / 발행인·**성정화** / 발행처·**도서출판 이화**(Tel. 042)255-9707, 8 · Fax. 042)255-9709 · 대전시 동구 중동 21-26번지 수협빌딩 3층)
ISBN 978-89-91165-65-6 93230   / 정가 25,000원

※무단복제나 전재를 금합니다. ※잘못 만들어진 책은 바꾸어 드립니다.

바울의 문화신학과 정치윤리
− 탈식민주의 문화 이론에 근거한 바울서신 해석 −

CONTENTS

✤ 서   문 – 바울서신에 대한 탈구조주의적, 탈식민주의적, 문화비평적 읽기의 도전 / 9
✤ 약 어 표 / 32
✤ 글의 출처 / 33

제 I 장 바울 사상 해석의 방법론적 전환

- ✤ 바울 사상의 구조와 발전 단계 ··· 37
  1. 서론: 새로운 평화통일 접근법을 위한 바울의 평화사상의 보편성 문제 ············ 37
  2. 바울의 평화신학 형성의 변증법적 발전 과정 ································· 40
  3. 로마서에서의 평화신학의 보편성: 그 원리와 평화 실천 전략 ················· 47
  4. 결론: 로마서의 평화신학에 비추어 본 한반도 평화통일의 방향 ··············· 62
- ✤ 바울 사상의 구조론적-준(準)유물론적 성서해석 ·································· 67
  1. 들어가는 말 ·· 67
  2. 스토이시즘의 인식론에 근거한 바울의 '영' 이해의 준(準)유물론적 해석 ········ 70
  3. 바울의 '몸' 이해에서의 준(準)유물론적 변증법의 흔적과 그 한계 ·············· 77
  4. 바울의 성만찬에서의 '몸' 이해와 그 준(準)유물론적 재해석 ··················· 83
  5. 맺는말 ·· 88
- ✤ 골로새서에서의 생명 개념의 생성과 그 구조론적인 변증법적 특성 ················ 91
  1. 서론 ·· 91
  2. 골로새서의 내적 구조에 나타난 생명 개념의 변증법적 이해 ··················· 94
  3. 골로새서의 반대자에 비추어 본 생명 개념의 변증법적 특성 ·················· 105
  4. 결론: 나르시시즘적 욕망과 권력에의 욕망을 극복하기 위한 생명 개념을 지향하며 ·········· 113
- ✤ 바울 신학의 이원론적 사유 방식에 대한 탈식민주의 비평 ····················· 115
  1. 서론: 아시아 해석학과 탈식민주의의 비평의 최근 연구 방향 ················ 115
  2. 곽퓨란의 탈식민주의 성서 비평과 아시아 해석학의 랑데부 ·················· 119
  3. 갈라디아서의 이원론에 대한 탈식민주의적 비평과 아시아 해석학적 통찰:
     전투주의적 보편성과 흉내내기의 저항 전략 ································· 125
  4. 고린도전·후서에서의 일원론에 대한 탈식민주의적 비평과 아시아 해석학적 통찰:
     역설적 지혜와 탈중심적 아이러니의 문화비평적 저항 전략 ··················· 137
  5. 결론: 탈식민주의 문화비평 전략을 위한 아시아 성서해석학의 새 모델을 지향하며 ········· 144

※ 일러두기 : 불어는 Italic체로, 희랍어와 히브리어, 영어표기는 정자체를 밑줄로 표시하였다. 라틴어와 독일어는 영어처럼 그대로 표기하였다.

바울의 문화신학과 정치윤리

제 II 장 고린도전서에 나타난 신학, 윤리, 문화비평 전략

❖ 고린도전서에서의 몸 담론과 권력 ·· 153
  1. 서론: 바울의 몸에 대한 최근 연구의 접근방식과 문제제기 ············ 153
  2. 바울의 인식론과 몸 담론과의 상호관계: 고전 1:18-2:16을 중심으로 ···· 157
  3. 고전 6:12-20에서의 몸 담론의 미시정치학적 해석 ···················· 161
  4. 고전 7장에 나타난 가부장제적 미시권력에 대한 페미니스트적 독해 ···· 182
  5. 고린도전서 11:1-16에서의 여성의 문제와 바울의 가부장적 권력 형성 ···· 191
  6. 결론: 몸 담론의 미시정치학적 담론 분석 접근 방법의 중요성 ········ 201

❖ 바울의 자유, 지식, 약함에 관한 복합문화적(Multi-Cultural)
  - 교차문화적(Cross-Cultural) 읽기 ·· 207
  1. 자유, 지식, 약함의 상호관계 문제: 복합문화적-교차문화적 접근방식 ···· 207
  2. 자유와 지식의 관계 문제에 관한 문화적 코드: 해방인가, 권리인가, 양심인가? ···· 210
  3. 고린도 교회의 종교·문화적 풍토: 밀의종교의 풍토인가, 철학적 경향인가? ···· 216
  4. 지식과 약함의 연관 문제: 로마 제국의 식탁교제의 종교·문화적 풍토 ···· 222
  5. 결론: 교차문화적 관점에서 재해석된 자유, 약함, 지식의 문화신학화 ···· 229

❖ 바울의 세례 예문(갈 3:26-28과 고전 11:2-16)에 대한 탈구조주의적 읽기 ···· 233
  1. 서론: 남성과 여성 창조의 새로운 상징적 질서 모색 ················· 233
  2. 본론: 동양적 사육방식에 비추어 본 세례 예문의 재해석 ············ 235
  3. 결론: 새로운 페미니스트 해석학의 패러다임의 제안 ················· 255

제 III 장 로마서에 나타난 신학, 윤리, 문화비평 전략

❖ 로마서의 주제로서의 구속론적 정의 이해 ·································· 263
  1. 서론: 로마서의 기록 정황에 비추어 본 목적과 주제 설정 ············ 263
  2. 불르멘펠트의 하나님의 의에 대한 정치철학적 해석과 그 비판 ········ 271
  3. 롬 13:1-7에 관한 아담스의 정치신학적 해석과 그 비판 ·············· 282
  4. 묵시문학적 역사 이해에 비추어 본 구속론적 정의 이해: 롬 3:21-27을 중심으로 ···· 291
  5. 결론: 구속론적 정의에 근거한 화해와 참여 ························· 295

- 로마서의 구속론과 희생제의 ··· 298
  1. 의인론의 개인적 의미와 구속론의 사회적 의미 ······························ 298
  2. 로마서의 구속론에 대한 종교사적 접근: 엘리옷과 게오르기의 정치적 해석 ············ 304
  3. 엘리옷과 게오르기의 정치적 해석을 넘어선 로마서의 속죄론 ············ 315
  4. 결론: 로마서의 속죄론에 대한 탈근대적 재해석과 그 중요성 ············ 331

- 로마서에 나타난 율법과 의인 사상에 대한 탈구조주의적 해석 ············ 335
  1. 서론: 연구의 주제와 방법 ··· 335
  2. 본론: 율법과 의로움에 대한 (탈)구조론적 해석 – 로마서 3:19-31을 중심으로 ············ 345
  3. 결론: 로마서의 율법과 의로움이 유대교와 차이 나는 점에 관해서 ············ 361

제 IV 장 기타 바울서신에 나타난 신학, 윤리, 문화비평 전략

- 갈라디아서에서의 신학과 윤리의 관계 ·· 367
  1. 서론: 갈라디아서의 최근 경향과 연구 접근방법 ······························ 367
  2. 바울의 생애에 관한 기술과 예루살렘 회의 ·· 369
  3. 갈라디아서의 바울의 적대자와 안디옥 사건 ······································ 373
  4. 갈 2:15-21에서의 의로움과 신실함에 대한 재해석 ····························· 380
  5. 문학적 맥락과 수사학적 양식을 고려한 바울 윤리의 구조론적 특성 ············ 386
  6. 결론: 의로움, 신실함, 성령의 연관성 속에서의 신학과 윤리의 관계 ············ 396

- 데살로니가전서에서의 신학과 윤리와의 관계 ·· 399
  1. 서론 ··· 399
  2. 묵시문학사상의 변형 ·· 402
  3. 견유주의 철학의 변형 ·· 406
  4. 유대교 시간 구조의 변형 ·· 410
  5. 창조적 모방과 지혜문학의 변형 ·· 413
  6. 결론 ··· 419

- 빌립보서에서의 신학과 윤리의 관계 ·· 423
  1. 서론: 탈식민주의 비평적 관점에서 본 빌립보서에서의 신학과 윤리의 문제 ············ 423
  2. 빌립보서의 편집과 적대자에 대한 최근의 이해 ································ 426
  3. 빌립보서에서의 신학과 윤리의 관계 ·· 434
  4. 결론: 탈식민주의 비평에 근거한 빌립보서에서의 신학과 윤리와의 관계 ············ 447

제 V 장 바울의 문화신학과 정치윤리의 한국 사회/교회에의 적용

❖ 탈구조주의의 지적 도전과 21세기의 문화신학을 위한 성서 해석 ········· 461
   1. 들어가는 말: 우리 시대의 지적 관심과 '포스트모더니즘'의 상황 ········· 461
   2. 우리 시대의 새로운 지적 풍토 탈구조주의가 제시하는 문제틀 ········· 465
   3. 탈구조주의의 도전에 대한 새로운 문화신학 방법의 제시 ··············· 471
   4. 탈구조주의에 대한 비판적 고찰을 통한 21세기 문화신학의 과제 ······ 482
   5. 성서 분석의 예 ·· 485
   6. 나오는 말: 탈구조주의의 논의에 근거한 21세기 문화신학의 밑그림 ··· 491

❖ 신약성서의 성(性) 윤리 ·· 493
   1. 고대와 현대의 성윤리의 만남을 위한 시도 ·· 493
   2. 공관복음서에서의 성윤리: 이혼과 재혼의 사이에서 ·························· 494
   3. 바울서신에 나타난 성윤리: 결혼과 독신의 사이에서 ························ 497
   4. 결론: 현대적 적용과 그 비판적 수용의 방향 제시 ···························· 501

❖ 여성 고용 창출과 공동목회를 통한 교회개혁 ··· 504
   1. 남녀 파트너쉽의 공동 목회를 통한 교회 개혁의 필요성 ·················· 504
   2. 바울의 계시 이해의 이중성과 여성과의 공동 목회 ·························· 505
   3. Q 공동체의 계시 이해와 공동목회로서의 파트너쉽 ·························· 508
   4. 여성의 파트너쉽 목회를 위한 실천적 전략 ·· 510

❖ 고린도 전서 11:17-26 주석 방법과 이에 근거한 설교 ····························· 513
   1. 서론 ··· 513
   2. 주석 방법과 주석 방법의 해석학적 기초 ·· 514
   3. 고린도전서 11:17-26 주석 ·· 516
   4. 주석 요약 ·· 526
   5. 결론: 설교구상 ··· 527

❖ 한국 교회의 성서해석 풍토에 대한 탈식민주의적 성찰 ························· 530
   1. 한국교회의 교회권력/국가권력의 유착관계 형성과 성서해석의 식민주의적 폭력성 ····· 535
   2. 성서해석의 지식 생산 과정에 개입된 교회와 신학교의 조건 ········· 538
   3. 복음서와 바울서신에 나타난 교회권력 생성 과정과 성서 해석에 작동하는 폭력성 ····· 542
   4. 결론: 성서 해석에 연루된 식민주의적 폭력성으로부터의 탈주를 위해서 ············· 558

❖ 에필로그 – 호모 사케르가 된 자들을 위한 진혼곡 / 563

보론

- ❖ 탈식민주의의 비평의 개념에 대한 최근 이해 ·· 569
- ❖ 푸코의 권력 담론 이론의 바울서신 적용 ·· 578
- ❖ 바울의 사상의 구조론적 해석과 알튀세르의 구조주의 맑시즘 ············· 582
- ❖ 바울의 생애와 선교활동의 연대기 ·· 590
- ❖ 서평: 박흥순의 『포스트콜로니얼 성서해석』에 대한 '탈식민주의적' 논평 ······· 595
- ❖ 탈식민주의와 탈구조주의: 양권석의 글 논평 ··· 604

❖ 인명색인 / 617

【서 문】

바울서신에 대한 탈구조주의적, 탈식민주의적, 문화비평적 읽기의 도전

■ 만화경을 통해서 본 바울 사상의 밑그림

바울에 대한 이미지는 다양하다. 바울은 신학자라기보다 선교사로 보일 때도 있고, 여성 차별자로 보이기도 하고 여성해방자로 보이기도 한다. 더구나 기독교 창건자로 보이기도 하고 유대교 개혁자로 보이기도 한다. 또한 바울은 예수의 사상을 계승한 자인지, 배반한 자인지 묻지 않을 수 없기도 하다. 이와 마찬가지로 바울의 사상도 역시 각 시대마다 보는 사람들에 따라 다양한 모습으로 나타난다. 그의 사상은 실존주의 철학처럼 해석되기도 하고 정통주의 신학처럼 이해되기도 하였다. 특히 최근 로마 제국과 유사한 미국 주도의 신자유주의 제국의 도래 이후 철학계에서 조차 그의 사상이 논의되면서 전혀 달리 해석된다는 점은 정말 그의 사상의 핵심을 종잡을 수 없게 만든다. 그래서 바디우(Alain Badiou)에게는 바울 사상이 보편주의의 기초를 놓은 플라톤주의자로 이해되기도 하고, 심지어 지젝(Slavoj Žižek)에 의하면 바울 사상은 레닌주의와 유사한 유물론적 은총론으로 해석되기도 한다.

바울 생애와 사상이 이토록 다양하게 해석되더라도 신약학에서는 어쨌든 역사적 고찰에 의해서 그의 생애와 사상을 재구성하는 것을 가장 중요시해 왔다. 이러한 역사적 재구성의 관점에 의해서 바울 사상을 논의하는 대부분의 책들은 마치 현미경으로 사물을 샅샅이 보듯이 매우 세밀하고 정교한 방식으로 본문을 분해하거나 분석한 서구 학자들의 연구 결과들을 단순히 소개하는 것으로 그친다. 최근에는 역사적 맥락만이 아니라 바울서신의 서사적, 수사학적, 문화인류학적 측면을 논의한 글이 활발히 소개되는 것도 사실이다. 하지만 바울의 사상에 대한 역사실증주의 연구나 이를 넘어선 새로운 연구의 결과들은 한국 신학계가 교단 정치에 의해서 재갈 물리다시피 참견 받는 상태에서는 그 정치적 함의를 묻고 이를 적용하는 단계까지 철저히 소개되기도, 논의되기도 어려운 풍토이다. 오히려 역사를 보는 관점에 따라 역사비평 방법조차도 다양하게 변할 수도 있다는 것과 또한 이 비평 방법과 다른 다양한 읽기 방식이 한국의 구체적인 교회와 사회에 새롭게 적용될 수 있는지 그 문화정치적 질문들을 제기할 필요가 있다. 이제 중요한 것은 바울 사상을 역사비평의 눈으로 보느냐, 신학적 원리나 수사학의 눈으로 보느냐의 단순한 관점의 문제가 아니라, 어떤 프레임(frame: 틀)으로 바울의 사상을 재해석하고, 어떻게 우리의 교회 현실에 적용하기 위해서 그의 사상을 전유하느냐(appropriation)가 문제인 것이다. 이런 정황에서 결국 역사실증주의적 연구 태도가 틀렸다고 주장하거나 위험해서 교회에 사용하기 어렵다고 이를 사용하는 것을 거부하려하는 것이 아니라, 역사실증주의적 연구 결과를 활용해서라도 변화무쌍한 현대 교회와 사회의 문제에 바울 사상을 더 잘 적용하기 위해서 이제까지와는 전혀 다른 접근 방법이 필요하다는 것이 중요하다. 목회와 신학, 사회와 기독교, 교회와 신학교를 매개할 수 있는 제 3의 틈새 공간을 마련하기 위한 문화 정치의 전략적 차원에서라도 필자는 이제, 신학교에서 주로 사용되는 현미경과 같은 어느 특정한 '방법'이나 목회와 기독교에서 주로 사용하는 안경과 같은 '해석학적 원리'를 사용하기 보다는 오히려 위의 두 영역에서가 아니라 인문계에서 주로 사용하였던 만화경과 같은 탈식민주의와 탈구조주의의 문화이론, 비평, 읽기 방식을 사용하게 되었다.

 바로 이 책은 바울 사상을 우리시대의 시대정신이 제시하는 구조주의(Structuralism)/탈구조주의(Poststructuralism)의 준거틀로 보려고 하였다. 이것은 역사를 결정하는 것이 개인의 주체가 아니라 당시 문화의 구조(문화 형식과 사유방식)라고 간주하면서 바울 사상을 이해하려 하는 것이다. 우리는, 탈구조주의의 문제틀로 바울 사상을 고찰하게 되면, 바울의 신학적 원리나 교리보다는 담론, 수사적 언어, 텍스트성, 문화비평 전략을 중요시 하게 된다. 또한 바울 개인의 의식이 그의 사상을 형성한 것이 아니라, 당시의 지적 풍토가 그의 신학, 윤리, 문화적 상상력의 지도(문화비평 전략)를 결정할 수 있다는 것이다.[1] 또한

---

1) 문화비평 전략(strategy of cultural criticism)은 '문화전략'으로 표현되기도 한다. 반면 문화비평적 읽기

우리는 역사기술방법을 탈식민주의의 관점에서 사용하게 되면 중심/주변성, 이원론/일원론, 보편성/특수성, 모방/혼성성, 주체/타자, 여성성/남성성, 권력/저항, 근대성/탈근대성, 민족/제국의 문제 등의 주제를 더 중요시하면서 탐구할 수 있게 된다. 이때 역사를 기술하는 사관(史觀)은 원시기독교의 창립과 교회의 확장의 구도가 아니라 식민지 제국과 피식민지 문화의 갈등/교섭/전이의 축으로 바울 사상을 재구성하는 것이다.

결국 이 책은 불란서 구조주의/탈구조주의의 영향 하에 형성된 지식과 권력, 보편성과 특수성, 주체와 저항의 문제의식에 비추어서 바울서신의 신학적 주제와 이와 연관된 종교, 문화, 정치윤리, 문화비평 전략을 재해석하고, 그 결과를 다시 탈식민주의 비평(Postcolonial Criticism)의 통찰에 비추어서 현재의 한국적 맥락에서 바울 사상의 문화신학적 · 정치윤리적 의미를 새롭게 모색하는 새로운 시도이다. 그래서 이 책은, 바울서신에 대한 탈식민주의 비평을 직접적으로 적용한 글이 아니라, 이 비평을 발생시킨 **구조주의/탈구조주의**에서 제기되는 다양한 문제의식에 비추어서 바울서신을 새롭게 해석하려고 할 때 (구조론적) 탈식민주의 이론, 비평, 읽기가 매우 유용하다는 점을 간접적으로 드러내고자 한다.

바울서신에 나타난 신학, 윤리, 문화비평 전략은, 현대 윤리나 문화적 상상력처럼 어떤 한 개인을 위한 가치관의 일관된 체계를 요구하는 것이 아니라, 공동체의 존재 방식과 삶의 방식을 변형시키기 위한 일종의 '삶의 지혜'라고 할 수 있다. 그래서 필자는 바울서신에 나타난 그의 신학과 윤리와 문화적 상상력을 연구하는 접근방법은, 바울 개인의 생애와 사상과 목회 전략, 그리고 당시 그리스도인의 개인적 신념체계를 실증주의적으로

(cultural reading)는 바로 이 문화비평 전략의 하나로 신학적, 해석학적 원리나 엄격한 비평 방법보다도 본문과 저자와 독자의 만남의 과정에서 드러나는 정치문화적 맥락과 사회적, 문화적 위치를 중요시하는 읽기의 전략을 의미하기도 한다. 이러한 용어들은 영미권의 문화연구(Cultural Studies)를 전유하여 사용하기 시작한 성서연구방법으로 이미 정착된 상태이다. 이에 대한 최근 한국사람의 박사논문으로는 김성희의 Seong Hee Kim, *Mark, Woman, and Empire: Ways of Life Through a Korean and Postcolonial perpective*[2006년 Drew University Ph.D Thesis], pp.21-28 참조. 미국 성서학계의 문화연구 수용 동향에 관해서는 Stephen D. Moore, "Between Birmingham and Jerusalem: Cultural Studies and Biblical Studies"와 Ralph Broadbent, "Ideology, Culture, and British New Testament Studies: The Challenge of Cultural Studies" *Se 82* (2000), pp.1-32와 pp.33-62와 F. Segovia, 1995, "Cultural Studies and Contemporary Biblical Criticism: Ideological Criticism as Mode of Discourse" *Reading from This Place vol. 2* ed. idem & Mary Ann Tolbert (Minneapolis: fortress), pp.1-17 참조.

복원하기 보다는, 당시의 공동체가 직면하고 있는 윤리적 문제와 인종(race), 성(gender), 계급(class), 민족(nation)에 의한 정체성과 관련된 종교문화적 쟁점이 제기되는 그레코-로만(Greco-Roman: 주전 330-주후 330) 세계의 종교적, 정치적, 사회적인 문화 풍토(ethos)를 로마의 제국주의 통치와 이에 대한 탈식민주의적 저항의 정황에 비추어 재해석할 수 있어야 한다고 확신한다. 더구나 필자의 논문 지도 주임 교수였던 다우티(D. J. Doughty) 박사가 입버릇처럼 말하였듯이 바울 자신의 고유한 생각을 찾기가 '역사적 예수'의 메시지를 찾는 것만큼 어렵다고 할 때, 필자는 강의 시간에 줄곧 '바울의 신학'은 없고 단지 '바울을 위한 신학'만이 존재한다고 주장하곤 하였다. 그래서 바울서신 본문에 내재하는 역사적 복잡성은 당시의 독자/현대의 독자가 서 있는 역사적 정황과 문화신학과 정치윤리적 비전(vision)에 따라 새롭게 재해석할 것을 요구한다고 보았다. 여기서 바울 신학의 정치윤리적 의미의 범위와 문화비평 전략의 경계들은 당시 그레코-로만(Greco-Roman) 세계의 역사적 맥락과 이에 대한 현대적 재해석의 방법과 비평 전략에 따라서 어느 정도 정해질 수밖에 없게 된다. 이런 점에서, 필자는 최근 유럽과 영미권에서 활발하게 전개되는 바울서신에 대한 그레코-로만 세계의 사회사(G. Theissen, W. Meeks), 유대교 종교문화사(K. Stendahl, E. P. Sanders, J. Dunn), 헬라 철학사(T. Engberg-Petersen), 정치사(B. Blumenfeld)적 관점의 탐구와 고고학(J. Murphy-O'Connor)적, 수사학(A. C. Wire)적 연구들을 주목하지 않을 수 없다. 이러한 새로운 연구 방식은 고대 그레코-로만 세계의 다양한 담론들의 관련성 속에서 바울서신에 나타난 문화신학과 정치윤리와 종교문화적 쟁점들을 이전의 불트만(R. Bultmann) 학파의 종교사/양식사/실존주의 해석과 전혀 다른 새로운 관점으로 이해하도록 제시하였다. 무엇 보다 이러한 연구 경향들은 이전에 사용한 기독교와 교회 내부의 역사와 관련된 종교사적 방법과 다른 보다 포괄적인 그레코-로만 역사적 배경 속에서 바울의 문화신학, 정치윤리와 문화비평 전략을 새롭게 고찰하도록 유도하고 있다. 더 나아가서 필자는 이들의 연구의 중요성을 파악하고 그 방법과 그 결과를 소개하고 평가하면서 한국의 정황에 적용할 때에는 한국의 새로운 정치적·문화적 상황에 부합하는 탈식민주의 문화이론, 관점들과 비평 용어들, 읽기 방식을 사용하여 현대적 의미를 도출하게 되었다. 다시 말해서 텍스트를 단순히 역사적 사실을 바라보는 **창문**(window)이나, 현재 서있는 자신의 모습을 문학적 구조를 통해서 반성하는 **거울**(mirror)로서 보기 보다는, 교차문화의 관점에서 역사와 문학을 동시에 변화무쌍하게 만나게 하는 **만화경(kaleidoscope)**처럼 보면서, 이를 한국의 정황에 새롭게 적용할 수 있는 가능성을 탐구하였다.

■ 우리들의 일그러진 바울 사상 해석: 구조론적 탈식민주의 비평의 필요성

고대 그레코-로만 세계의 역사적 배경에서 생성된 바울서신 연구에 대한 **구조론적 탈식민주의 비평(탈식민주의 문화 이론)**의 새로운 방법론이 건립되기 위해서 우리는 우선 서구 근대성의 패러다임에 의해서 형성된 이전의 바울 사상 해석 방법론에 함의된 전제들을 보다 철저히 비판하려는 철학적 성찰이 필요하다. 왜냐하면 근대 서구 사람들에 의해서 사용된 바울서신 연구 방법은 그 방법을 선택한 사람들의 정치적/사회적인 세계관과 그 방법에 전제된 가치체계를 동반하기 때문이다. 그런데 바로 탈식민주의 문화 이론의 일차적인 목표는 메타이론(meta-theory)적 접근을 통해 기존 연구 방법의 '식민화'(colonization)의 특성을 드러내면서 그 권력과 언어(담론, 텍스트성, 기호, 수사)의 상호관계를 새롭게 규명하는 것이다. 이러한 무의식적 전제들은 대부분 서구 이론의 식민화의 기능을 내포할 수 있기 때문이다. 여기서 식민화의 이데올로기는 다음의 세 가지 작동 방식의 가능성을 지칭할 수 있다: ① 당시 고대 로마나 서구 중심의 근대적 기획에 내재된 오리엔탈리즘(Orientalism), 그리고 오늘날의 新식민주의적 제국주의의 부분적이고 특정한 이해관계를 인류 전체의 보편적인 이해관계로 간주하려는 경향, ② 제국의 식민 문화와 피식민 문화 間의 갈등의 본원적 모순의 역사적 위치를 전치(轉置)시키거나 그것의 존재를 부인하려는 경향, ③ 바울 신학과 윤리와 문화비평 전략이 구체적인 로마 식민지 지배의 역사적인 배경 속에서 형성된 산물이라는 역사적 특성을 숨기고 이를 자연적인 산물이나 신적 계시로 확정된 형이상학적 진리 체계 자체로 보도록 강요하는 경향.

필자는 바로 이러한 바울 신학에 대한 해석에 내재하는 식민화의 이데올로기가 기존의 서구 성서 해석자들이 바울서신의 수사학적·문학적 특성과 역사적 특성을 규명하기 위해 사용한 방법론에 깃들인 것을 밝히고, 한국적 정황 속에서 우리시대에 보다 적합한 방법론을 제시하려고 하였다.

또한 바울의 신학에 배어 있는 고대 윤리를 보다 적절히 포착하기 위해서는 고대 윤리와 현대 윤리의 차이를 의식적으로 알고 있어야 한다. 고대 윤리는 개인적 정체성을 우선시하는 현대 윤리와 달리 인지적 의미의 사회적 소속감과 정서적 의미, 그리고 가치평가적 의미로 구성된 사회적 정체성(주체성)과 긴밀하게 연결되어 있다. 우리는 고대윤리의 이러한 기본적인 속성을 기반으로 현대 윤리와 고대 윤리와의 다음과 같은 네 가지 중요한 차이를 알고 있어야 할 것이다. 첫째, 현대 윤리가 개인의 행위에 초점을 두는 의무론적/공리주의적 차원과 밀접하게 연관되어 특수한 상황에서 도덕적 행위를 결정해야 하는 복잡 미묘한 특정한 문제들을 다루고자 하는 반면, 고대 윤리는 인간 행위의 매개자에게 초점을 두는 목적론적/이상주의적 차원과 밀접하게 연관되어 한 개인이 겪게 되는 다양한 경험들을 통합하는 도덕적 덕목들(virtues)을 증진시키기 위해서 일상적 생활에서 제기되는 일반적인 도덕적 문제들을 다루려고 한다. 둘째, 현대 윤리가 어떤 유형의 행동을 실천해야 하는지 묻고, 무언가에 복종해야 할 원칙을 추구하려 한다면, 고대 윤리는 어떤 유형의 인격이 되어야 하는지 묻고, 이에 근거해서 가장 닮아야 할 영웅과 성인을 그 모델로 선정하고자 한다. 셋째, 현대 윤리가 무슨 행동이 옳은지 묻고 이에 따르는 준수해야 하는 의무, 책임이나 권리를 추구하는 경향이 많다면, 고대 윤리는 무엇이 추구해야 할 행복을 보장하기 위한 선인지 묻고 이를 달성하기 위해서 도덕적 자질을 함양하는 덕목(virtue)을 추구하는 경향이 많다고 할 수 있다. 마지막으로, 현대 윤리가 결국 이론적 성찰을 통해서 그 윤리적 감수성을 지식으로 습득하는 경향이 많다면, 고대 윤리는 마치 구두 고치는 기술을 습득하기 위해서는 오직 이를 실천함으로써 배울 수 있는 것처럼 오직 그 윤리적 행위를 구체적으로 실천하여 훈련하도록 격려하게 된다.2)

■ 전통적인 방법들의 해체와 새로운 방법론의 재구성

특히 필자는, 바울의 사상에 깃들어 있는 고대의 사유 방식을 전혀 모르는 현대인들에게 바울 신학과 윤리 및 문화비평 전략의 특성을 이해시키기 위해서, 신약학계의 바울서신 해석의 주된 비평 방법인 전통적인 실증주의적 역사비평적 방법과 역사성이 거의 배제된 문학비평적 방법 둘 다에 대해서는 비판적 거리를 두려 하였다. 하지만, 그레코-로만 세계

---

2) 이러한 현대윤리와 고대윤리의 차이에 대한 자세한 논의에 관해서는 Philip F. Esler, 2003, "Social Identity, the Virtues, and the Good Life: A New Approach to Romans 12:1-15:13", *Biblical Theology Bulletin* (summer 33), pp.51-63 참조.

의 역사적/수사적 특성에 대해서는 사회사, 문화사, 고고학적 배경 속에서 새롭게 재구성하려는 최근의 역사비평적 통찰과 그 비평 방법을 새롭게 사용하여 바울 사상의 정치적, 문화적 함의를 도출하고, 이를 우리시대에 적합하게 재해석하려는 과감한 시도를 수행하고자 하였다. 그래서 엄격한 역사비평적 작업은 평범한 독자들에게는 너무 전문적인 과정이라서 이미 논의된 내용을 요약하여 핵심만을 사용하였고, 지나치게 현학적인 문학비평 방법은 고대의 윤리의 독특성을 현대인들에게 정확히 전달하지 못하기 때문에 초기 역사적 재구성 단계에는 그 사용을 배제하였다. 바울서신은, 근대 서구의 방법론에 의해서 왜곡되어 왔던 계몽주의 이후의 관점에서 보면, 과거의 사실과 문화적 상상력을 다루는 역사와 문학에 가깝다기 보다는 윤리와 도덕을 다루는 문화철학이나 문화비평 전략에 더 가깝다. 물론 그것은 역사와 문학을 넘어선 종교 체험이 제의의 공간에서 새로운 주체성의 발현으로 재현되기를 기다리는 종교 문서이다. 그것은 차라리 신의 계시와의 만남 체험에서 형성된 새로운 종교적 주체가 이에 적합한 삶의 지혜를 추구하는 구도자의 고백이며 유언이다. 그래서 바울의 신학, 윤리, 문화비평 전략에 대한 연구는 역사비평적/문학비평적 해석의 결과들이 어떻게 가장 이상적인 형태로 오늘날의 새로운 독자들에게 전달될 수 있는지에 대한 성찰이 항상 함께 고려되어야 한다. 더구나 바울의 신학적 윤리와 문화비평 전략은 근본적으로 철학과 종교, 이론과 실천, 개인과 사회가 미분된 상태로 바리새파 유대인이 자신의 유대 종교문화를 급격히 비판하면서 제기하는 일종의 행복론이기 때문에 한국의 상황에서 새로운 종교적 주체가 추구하는 '나'의 행복과 바울서신의 복음의 메시지가 상호 연관되도록 필자는 과감한 현대적 해석을 제시하는데 주저하지 않게 되었다.

더구나 바울 신학은, 종족적 차이(ethnicity), 문화적 특정성, 역사적 기억과 성 정체성(sexuality)이 서로 다른 사람들 사이에서도 어떻게 바울이 급격하게 추구하는 새로운 유대교 정체성(기독교 정체성)이 형성될 수 있는지 탐색하는 가운데 제기되었던 도덕적/윤리적 딜렘마(dillemma)와 종교문화적/사회적 쟁점에 의해서 보다 선명하게 그 특성이 제시된다. 바로 이러한 신념이 바울 사상을 구조주의/탈구조주의의 문제틀에 의해서 새롭게 재구성하는 가능성을 보다 적극적으로 모색하도록 자극하였다. 필자가 이를 위해서 채택한 탈식민주의 문화 이론(구조론적 탈식민주의 비평)의 접근방법은 프랑스 철학자 데리다(J. Derrida), 푸코(M. Foucault), 들뢰즈(G. Deleuze)의 비판적 탈근대성(Postmodernity)의 세계관과 탈구조주의의 시대정신(Zeitgeist)에 영향을 받은 것은 사실이다. 그래서 이러한 필자의 탈식민주의 문화 이론의 문제의식은 확실히 필자가 이전에 발표한 예수 비유 해석에서도 사용한 바 있는 프랑스 구조주의와 탈구조주의(Poststructualism), 문학사회학의 학제간(interdisciplinary) 연구에서 유래하였다.3) 그러나 이 책에서는 이들의 방법을 치밀하게 사용하기 보다는 이들의 통찰을 적절히 사용하여 탈근대성의 세계관과 탈구조주의의 시대정신의 도전에 응답할 수 있는 바울의 문화신학, 정치윤리와 그 문화비평 전략의 특성을 새롭게 재구성하려 하였다. 특히 이러한 접근방법은 바울 신학에 내재하는 권력/지식, 보편성/특수성, 관념론/유물론의 상관관계 등에 관한 문제들을 구조주의적 맑시즘의 사유틀에 의해서 해결하려 하였던 알튀세르(Louis Althusser)와 네그리/하트(A. Negri/M. Hardt)와 최근 바울의 사상을 통하여 인문학에 내재하는 자유주의 정치 철학의 한계를 비판적으로 극복하려는 바디우(A. Badiou), 지젝(S. Žižek), 아감벤(G. Agamben)과 같은 서유럽 좌파 지식인들에 의해서 자극받기도 하였다.4)

하지만 무엇 보다 최근 영미권과 유럽에서 사용되는 바울서신에 대한 복합문화적/교차문화적 접근방법, 수사학적 비평방법과 로마 제국의 배경에 관한 고고학적/문화인류학적/사회사적 비평 방법의 최근 동향은 바울 사상(신학과 윤리)과 문화비평 전략에 대한 새로운 이해에 커다란 도전이 되었다. 이러한 연구 경향에 따라 필자가 추구하는 위의 접근방식과 가장 유사하게 탈구조주의의 문제틀을 가미하여 연구한 대표적인 바울 사상 재구성자들은 다니엘 보야린(D. Boyarin)과 엘리자벳 카스텔리(E. Castelli)이다. 또한 필자의 접근방법은 복합 문화적 배경에 따라 바울 사상을 새롭게 전유하려는 최근의 대표적인 학자들

---

3) 필자의 이 같은 학제간(interdisciplinary) 접근방법에 의한 예수 비유 연구에 관해서는 김덕기, 『예수비유의 새로운 지평: 프랑스 구조주의와 문학사회학 방법에 근거한 예수 비유의 정치적·윤리적 해석』, 천안: 다산글방 참조.
4) 최근 철학자들 중 바울 사상에 대해서 토론되는 분위기가 조성된 것은 다음과 같은 책들이 영어로 발간되었기 때문이다: Alain Badiou, 2003, *Saint Paul: The Foundation of Universalism*[1998] (California: Standford University Press); Slavoj Žižek, 2003, *The Puppet and the Dawrf: The perverse core of Chrisitianity* (Cambridge: MIT Press)[슬라보이 지젝(김정아 역), 『죽은 신을 위하여: 기독교 비판 및 유물론과 신학의 문제』, 2007, 서울: 도서출판 길]; Giorgio Agamben, 2005, *The Time that Remains* [2000] trans. Patricia Dailey (Stanford: Stanford University Press). 특히 바디우의 바울에 관한 책이 나오자마자 이에 대한 자세한 논평을 실은 Slavoj Žižek, 1999, *The Ticklish Subject: the absent center of political ontology* (London: Verso), pp.127-170 참조.

인 여콕콩(Khiok-Khng Yeo)과 바클레이(John M. Barclay)의 연구와 바울의 윤리를 새롭게 전유하였던 최근 대표적인 학자들인 에슬러(P. F. Esler)와 호렐(David G. Horrell)에 의해서 많은 영향을 받았다. 또한 바울의 사상을 로마제국과 관련시켜서 정치문화적 함의와 이에 대한 대항제국의 반식민주의적/탈식민주의적 저항 전략을 탐구하는 필자의 연구 경향은 리차드 홀슬리(R. Horsley)와 J. 도미닉 크로산(J. D. Crossan)의 연구에 의해서 큰 자극을 받게 되었다. 그러나 사실 이들의 방법들과 그 결과물을 단순히 반복하여 사용하거나 비슷한 내용을 단순히 소개하는 것은 한국의 성서학자로서 훨씬 쉬운 유혹이 되었지만 이것은 바울 신학과 윤리의 메시지와 문화비평 전략과 모순되게 느껴졌다. 오히려 이들의 연구 방법과 인문계의 시대정신의 도전을 접목하여 한국의 독특한 종교적, 사회적 맥락에 창의적으로 적용시키는 것이 바울 사상과 문화비평 정신이 요구하는 보다 바람직한 접근 방식이라고 확신하게 되었다.

■ 책의 미로에서 빠져 나오기: 글의 구조와 내용의 코드 풀기

위에서 제기한 책의 저작 동기, 목적과 방법에 입각해서 필자는 제 I 장에서는 탈식민주의 문화 이론(구조론적인 탈식민주의 비평)과 탈구조주의의 기초 개념과 비평 방법과 읽기 방식을 '이론'의 수준에서 소개하기 위해서 영, 몸, 의의 바울신학의 구조와 그 형성 발전 단계, 자유, 연대, 평화, 생명 등의 바울 윤리의 핵심 쟁점, 고대철학과의 비교 등을 다양하게 제시하였다. 또한 제 II 장과 제 III 장과 제 IV 장에서는 바울의 서신 각각에서의 신학, 윤리, 문화비평 전략이 생성되는 과정을 탈식민주의 문화이론에 근거한 '비평'과 '읽기' 수준에서 탐구하였다. 제 II 장에서는 고린도전서에 나타난 종교문화 신학, 비움의 문화윤리, 저항(resistance)의 문화비평 전략을, 제 III 장에서는 로마서에 나타난 정치문화 신학, 참여의 정치윤리, 교섭(negotiation)의 문화비평 전략을, 제 IV 장에서는, 데살로니가, 갈라디아서, 빌립보서에 나타난 사회문화 신학, 연대의 정치윤리, 전이(translation: 문화적 번역)의 문화비평 전략을 각각 재구성하고자 하였다. 마지막 제 V 장에서는 위에서 제시된 바울의 문화신학과 정치윤리를 탈구조주의적/탈식민주의적 통찰에 의해서 미국 주도의 신자유주의 자본주의 제국과 이와 직접 연계된 한국 사회와 교회의 구체적 현실에 적용하여 제시하였다.

우선 제Ⅰ장에서 바울서신의 연구에서 식민화의 이데올로기 경향을 극복하는 탈식민주의 문화이론 뿐만 아니라 이 비평의 이론적 근거를 필자 자신의 독특한 **탈구조주의적/탈식민주의적 문화이론, 비평, 읽기**의 새로운 접근 방법을 제시하려 하였다. 이러한 새로운 접근방법의 사용의 구체적 목표는 필자 고유의 **구조론적인 탈식민주의 비평적 통찰**에 의해서 바울 신학의 변증법적 구조인 영, 몸, 의의 상호연관관계를 보여줌으로써 자유의 문화신학, 몸적 연대의 주체성 윤리, 에크레시아(ekklēsia: 기독교 대항제국)를 형성하기 위한 평화(Pax Christi)의 문화비평 전략을 제시하고, 이를 통하여 한반도의 평화통일의 복잡한 국제정치적 문제까지도 해결할 수 있는 실마리를 제공하려는 것이었다. 첫 번째 글에서, 필자는 탈식민주의 비평의 핵심 주제인 **민족적 특수성과 국제적 보편성의 관계**에 대한 문제와 관련하여 바울 신학의 구조가 어떻게 **특수한** 유대 평화 사상을 로마 헬레니즘의 **보편적** 토대 위에 새롭게 재구성하게 되었는지 이론적으로 검토하기 위해서 그의 사상의 변증법적 발전의 단계들을 네 가지로 제시하였다: ① 영과 육의 투쟁에 의한 주체 형성 양식, ② 그리스도의 몸에 의한 사회적 실천 생성 양식, ③ 공동교제의 네트워크 구성 양식, ④ 평화에 의한 기독교 대항 제국의 절합적 배치 양식, 또한 위의 발전 단계들 중 마지막에 해당하는 로마서에 나타난 바울의 평화 신학이 한국의 평화 통일에 어떤 역할을 할 수 있는지 논의하면서 도출할 수 있는 정치적-사회적 해석을 제시하였다. 여기에서 특히 계급 갈등과 성, 인종, 생태의 문화적 차이의 네트워킹(networking)을 동시에 인식하면서 사회 구조를 변혁시키는 문화비평 전략으로 제시된 들뢰즈의 '절합적 배치'의 개념에 의해서 바울의 의인론, 속죄론, 화해론이 로마서에서 어떻게 상호 접속 되었는지 검토하게 될 것이다. 그리고 바울의 평화 신학 원리와 평화실천 전략, 적대의 정치와 차이의 정치의 '절합적 배치'(분절/결합을 통한 배열: articulation agencement)에 의해서 새롭게 상호연결되어 나타나는 양상을 로마서 12:14-13:10에서 찾게 될 것이다. 이 부분에서 필자는 에슬러(P. F. Esler)의 스토이시즘과 로마서의 윤리를 비교한 연구와 아담스(E. Adams)의 로마서 배경 연구를 활용하게 될 것이다.

두 번째 글에서, 탈식민주의 문화 이론과 비평에서 가장 중요한 **주체/타자, 권력/저항, 관념론/유물론의 관계**에 대한 인식론적 기초를 마련하기 위해서 필자는 바울의 그리스도 계시 이해를 스토이시즘(Stoicism)의 영, 인식론, 사건 이해 등의 고대의 사유 상식과 연관시켜서 그 구조적 특성을 제시하고, 바울 신학의 준(準)유물론적 성격과 변증법적 사유 방식을 구체적인 갈라디아서의 본문 분석을 예로 들어 비교적 자세히 소개하였다. 여기에서 영/육의 이원론이 사이좋게 공존하는 고대의 세계관을 이해하는데 보다 적합한 들뢰즈의 '평행론적 유물론'(일종의 준[準]유물론: 성, 인종, 계급의 물질성을 문화적 형식으로 이해하는 접근방법)과 스토이시즘의 인식론과 '사건' 이해의 통찰에 힘입어 바울 신학, 윤리와 문화비평 전략의 구조론적 관계에 대한 변증법적-준(俊)유물론적 성격을 규명하고자 하였다. 필자는 이러한 탈구조주의의 비판적 정신에 비추어서 특히 바울의 성만찬 신학(고전 11:23-26)에 내포된 변증법적-(準)유물론적인 성격을 재해석함으로써 기독교 주체성의 형성 과정과 사회실천 생성 과정을 제시하고, 이를 우리시대에 보다 적합한 성만찬에 대한 새로운 개혁신학적 해석의 이론적 기초를 제시하려 하였다.

세 번째 글에서, 탈구조주의와 탈식민주의 문화 이론이 지향하는 생태주의 우주관, 종말론적 신비주의 인식론, 이에 근거한 생명 윤리의 실천 전략을 제시하기 위해서, 필자는 골로새서에 나타난 생태주의 신학의 화두인 **생명**의 개념이 형성되는 변증법적 과정을 제시하였다. 필자는 특히 '우주적 그리스도론'의 변증법적 특성을 이 모티브가 반복해서 나오는 의미 구조(골 1:15-22, 2:10-15, 3:1-4, 11)에 대한 징후적 독해(문화비평적 읽기 전략)를 통해서 재구성하고, 이를 다시 당시의 골로새 공동체에서 바울신학에 대항하는 적대자(반대자)의 종교사적 배경과 고대 철학의 논쟁점에 비추어서 바울 신학의 윤리적 특성과 이를 태동시킨 역사적 조건의 구조론적-변증법적 특성을 제시하였다. 이를 위해서는 특히 골로새서의 '우주적 그리스도론'이 생태주의 신학의 근거가 되는지 오히려 방해물이 되는지, 골로새 교회의 적대자는 新피타고라스인지, 중기플라토니즘인지 탐구하였다. 여기에서 바울 신학과 윤리의 관련성을 드매리스(R. DeMaris)의 연구에 힘입어 중기 플라토니즘(Middle Platonism)의 철학적 전통에서 찾고, 골로새서에 나타난 신학의 직설법과 윤리의 명령법의 관련성(골 3:1-4, 11)이 생태주의 문제와 연관된 탈구조주의 문화비평적 읽기 전략의 방법론적 기초를 놓게 된 점을 잘 드러내고자 하였다. 필자는 결국 우주적 그리스도론(1:15-21)과 생명 이해(3장)가 생명신학, 생명 살림의 문화윤리, 생태주의의 형성의 성서학적 토대를 놓는데 기여할 수 있을 뿐만 아니라 바울 사상의 **구조론적 탈식민주의 재해석**을 위한 기독교 생명윤리의 모델과 이를 위한 문화비평 전략도 제공할 수 있다는 결론에 도달하였다.

특히 네 번째 글에서, 필자는 탈식민주의가 제기하는 지식/권력의 문제와 밀접한 연관성이 있는 유대교의 특수성/헬라의 보편성, 유일신적 일원론/플라톤적 이원론의 사유방식의 관계에 대한 쟁점에 비추어서 바울의 문화비평 전략과 이에 기초한 아시아 해석학을 탈식민주의 문화 이론의 관점에서 새롭게 규명하였다. 특히 필자는 현대 바울서신의 정치·윤리적 해석에 분수령을 이룩하였던 보야린(Daniel Boyarin)의 바울 해석이 인문학에서 널리 통용되는 탈구조주의 비평의 문제의식을 통해서 바울 신학의 이원론적/일원론적 사유의 이중성의 특성과 그 근거를 새롭게 규명한 점을 주목하였다. 이에 더 나아가서, 필자는 보야린의 바울 당시 헬레니즘 유대교에 대한 날카로운 역사적 통찰에 비추어서 바울의 이원론적 사유방식의 특성과 저항의 문화비평 전략을 제 3세계의 탈식민주의 비평적 통찰에 의해서 재구성하여 제시하고자 하였다. 필자는 우선 바울 사역의 '삶의 자리'를 그레코-로만 시대의 사회·문화적 배경에 의해서 새롭게 조명하고 갈라디아서에서의 영/육의 이원론에서 고린도전서에서의 몸의 일원론으로 발전되는 바울의 사유방식의 변화 양상을 추적하게 되었다. 필자의 이러한 탈식민주의 문화이론의 접근방법은 특히 바울서신 안에 여전히 내포된 제국주의의 식민화의 이데올로기와 연계된 가부장적 하나님의 이미지와 위계주의적 사회 비전을 비판하고 바울의 문화신학의 정치윤리적 의미와 **문화비평 전략**을 현대 독자들에게 이해하기 쉽게 도출하는 것이다. 탈식민주의 비평의 읽기 전략은 텍스트의 양가성, 모순, 미결정성의 언어를 독자가 바울 당시에 무의식적으로 받아들인 문화적 분류의 약호(code)에 의해서 작동되는 식민화의 이데올로기를 비판하고, 바울의 문화신학과 정치윤리에서 탈식민주의적 저항의 **문화비평 전략**을 도출해 내는 것이라고 간주하였다. 결국 이 글을 통해서 독자는 필자가 제시하는 **탈식민주의 문화 이론**의 문제제기, 비평 방법, 읽기 방식, 저항, 전이(전용, 되받아쓰기), 교섭(협상)의 문화비평 전략에 대한 기초 개념들을 이론적으로 소개 받게 될 것이다.

제II, III, IV장에서는 위의 제 I 장의 성서해석과 연구 방법론의 탐구 결과로부터 그 중요성이 확인된 탈구조주의에 영향 받은 **탈식민주의 문화 이론**과 이에 근거한 구조론적인 **탈식민주의 비평** 방법을 통해서 우선 바울서신에 나타나는 신학, 윤리, 문화비평 전략을 새롭게 규명하는 탐구 과정과 그 결과가 제시되었다.

우선 제Ⅱ장에서의 첫 번째 글에서는, 고린도전서에 나타는 바울의 언어, 문화, 권력의 상호관계를 고찰하기 위해서 푸코의 고대 몸 담론에 대한 윤리적 통찰과 들뢰즈의 '미시정치학'적 관점을 사용하였다. 특히, 유럽과 미국 성서학계에서 논의 중인 와이어(A. C. Wire)의 페미니즘 성서 비평의 연구 경향과 그 한계점을 극복하는 바울의 몸, 성, 여성 이해에 대한 새로운 접근 방법을 말틴(D. B. Martin), 호렐(D. G. Horrell), 목스네스(H. Moxnes)와 외크란트(J. Økland), 윈터(B. W. Winter) 등을 중심으로 간략히 제시한 후, 들뢰즈의 미시정치학에 비추어서 바울의 신학적 담론의 정치-윤리적 의미를 도출하려 하였다. 특히 필자는 고전 6:12-20에 관한 주석과 현대적 해석 부분에서 불트만의 실존주의적 몸 이해를 비판하면서 고린도전서의 몸 담론의 생명윤리적 특성을 푸코의 금욕주의적 주체성에 비추어서 새롭게 규명하고, 들뢰즈의 미시정치학적 통찰에 근거해서 바울의 몸 담론의 문화신학적 특성과 그 정치-윤리적 의미를 새롭게 제시하려 하였다. 이러한 연구의 결과를 토대로 필자는 고전 7장과 11:1-16에 나타난 몸 담론 형성 과정에 나타난 성 문화적 약호와 권력과의 관계를 페미니스트 성서학자들의 바울의 몸 담론 비판과 비교하면서 논의하였다.

두 번째 글에서, 우리는 고전 8-11장에 나타나는 자유, 지식, 약함의 동기들이 유대 문화, 헬라 문화, 로마 문화의 복합문화적 상황 속에서 어떻게 바울의 문화신학과 정치윤리와 문화비평적 상상력을 제공하고 있는지 탐구하려 하였다. 특히 이 과정에서 필자는 약한 자/강한 자의 자유의 윤리가 제기되는 종교문화적 배경은 단순히 헬라 철학과 새로 부상하는 기독교의 충돌이라기보다는 헬라 대중 종교를 세련화시킨 원시-영지주의의 신 이해, 로마의 신 이해와 바울의 그리스도 이해 사이의 충돌이었다고 간주하였다. 결국, 바울이 강한 자의 자유를 '권리'로 기술하고 약한 자의 자유를 '양심'으로 대조시킨 수사학적 전략은 단순히 우상의 제물을 먹느냐/먹지 않느냐의 윤리적 문제만을 해결하려 한 것만이 아니라 당시의 유대교와 헬라 종교에서 이해하는 자유와 하나님 이해에 대한 저항의 문화비평 전략과 로마제국에 대항하는 냉소적인 탈식민주의적 대응 방식까지도 제공하려 했다고 이해될 수 있다. 바울은 여기에서 자유의 보편적 문화신학이 궁극적으로는 약한 자들과의 몸적 연대성 이룩하는 정치윤리적 풍토를 토대로 로마제국의 지배 구조와 강한자의 지배 논리(이데올로기)에 저항하는 에클레시아의 창조적 평화 형성을 위한 문화비평 전략을 제시하게 되었다고 보았다. 이렇게 현대 문화에도 유효한 보편적인 문화신학적 통찰과 정치윤리 및 문화비평 전략의 측면은 바로 동시에 노예이면서 자유자라는 역설적인 신학적 주장(9:19)과 자유를 위해서 자신을 혁신할 수 있는 융통성이 언급된 역설적인 냉소적 담론(9:20-22)일 것이다. 필자는 이런 식으로 바울의 이러한 자유의 신학적 담론들은 특수한 상황의 특수한 문화에서 제시되었던 자유의 문제를 넘어서 로마 제국과 같은 지배 체제에서 자신의 안위를 도모하기만을 힘쓰는 강한 자의 지배 논리에 대항하는 냉소주의적 탈식민주의 저항 전략이었고, 더 나아가서 이것은 지구화 시대에 펼쳐지는 미국 주도의 신식민주의 제국의 신자유주의적 지배 문화 풍토에 대응하는 저항의 문화비평 전략의 실마리를 제공할 것이라고 제안하였다.

세 번째 글에서 필자는 최근의 아시아 해석학의 동향에 비추어서 페미니스트 접근방법과 탈식민주의의 이론적 근거가 되었던 데리다의 해체주의 비평 방식이 바울 신학에서 동양식 사유 방식을 도출하는데 어떤 공헌을 하였는지 제시해 보았다. 특히 "그리스도 안에서 남성도 여성도 없다"(갈 3:28c)를 "주 안에는 남자 없이 여자만 있지 않고 여자 없이 남자만 있지 아니하니라"(고전 11:11)와 연관시켜서 분석하여 바울의 종말론적 문화신학과 비움의 정치윤리 사이의 의미론적, 구조론적 관계를 탐구하려 하였다.

제Ⅲ장의 첫 번째 글에서, 필자는 블루멘펠트(B. Blumenfeld)의 그리스 고전시대와 헬레니즘의 정치 철학/신학의 전통에 비추어서 로마서의 의인론을 새롭게 해석함으로써 21세기 개혁신학의 초석이 될 수 있도록 바울의 정치(문화) 신학 이해의 새로운 방향을 제시하고자 하였다. 필자는 로마서 저작 연대, 저자, 장르에 관한 로마서의 이전 연구의 한계를 비판하고, 새로 제시하는 로마서의 저작 목적을 근거로 로마서의 참여의 문화윤리와 교섭(화해)의 문화비평 전략을 새롭게 설정하고자 한다. 결국 로마서의 '의'를 하나님의 정의와 신뢰의 정의의 이중적 의미(양가성)로 이해함으로써 바울의 정치 신학이 로마 제국에 대응하는 에클레시아의 화해의 문화비평 전략을 제시한 점을 부각시켰다.

두 번째 글에서, 필자는 기독교 예배 문화의 정치문화 신학적 근거를 마련하기 위해서 로마서의 속죄론에 나타난 문화적 상상력과 탈근대적(탈식민주의적) 정치적 비전을 탐구하였다. 이를 위해서 우선 로마서의 구속론에 대한 최근의 정치적 해석의 대표적인 예로서 로마서의 구속론에 대한 엘리옷(N. Elliott)과 게오르기(D. Georgi)의 정치적 해석을 비교적 자세히 소개하였다. 엘리옷은 로마서의 구속론을 하나님의 정의의 정치를 불의한 로마 제국에서 어떻게 확립할 것인지 탐구하려는 유대 묵시문학의 사유방식에 의해서 재해석하려 하였고, 게오르기는 헬라의 지혜문학의 사유방식에 비추어서 로마서의 정치신학(로마제국과 교회의 관계, 로마법과 기독교의 복음의 관계에 대한 신학적 견해)을 제시하려 하였다. 하지만 여기에서 이들은 둘 다 로마서의 구속론의 내적 구조에서 어떻게 바울의 정치적 실천 전략이 로마 제국의 정치적 근거를 근원적으로 비판하고 있는지에 관해서 깊이 탐색하지 못하였다. 그래서 필자는 르네 지라르(René Girard)의 희생제의와 희생양 기제에 대한 문화비평적 해석과 아감벤(Giorgio Agamben)의 호모 사케르(Homo Sacer)의 역설적 주권에 관한 정치철학적 사유방식에 비추어서 바울의 속죄론을 재해석함으로써 로마서의 속죄론이 제시하는 희생제의의 종교문화와 이에 기반한 메시아주의의 논리와 그 구속론(Jacob Taubes)의 정치신학적 비전을 제시하려 하였다. 대속죄일의 희생 제의에 근거한 메시아주의의 구속사와 호모 사케르의 준거틀에 비추어 보면, 로마서의 속죄론은 유대교의 희생 제의와 율법의 효용성을 폐기할 뿐만 아니라, 로마제국의 통치 질서의 근거, 즉 죄와 불경건을 낳는 형이상학적 폭력성을 비판할 수 있게 된다. 다시 말해서 이러한 속죄론 해석에 근거한 로마서의 구속론은 유대의 법 체제와 이를 뒷받침하는 희생 제의의 정결체제만을 비판하는 것이 아니라, 로마 제국의 '의'와 황제에게 주어진 절대적 주권, 그리고 폭력적인 통치권을 비판하게 된다. 더구나, 로마서의 속죄론은 유대교의 광야로 추방된 아자젤 희생 염소와 예수의 호모 사케르로서의 죽음과 연결시킴으로써 평등한 자유와 기회균등을 동시에 보장하려는 포괄주의적 참여와 차등의 원리에 의해서 최소 수혜자까지도 인정하는 사회적 의미를 내포하게 된다. 결국 필자는 로마서의 속죄론은 유대교의 상징질서 대신 원시기독교의 새로운 사회구성체를 통해서 폭력이 완전히 근절되는 역설적인 유토피아적 정치문화적 비전을 제시한다고 주장해 보았다.

특히 세 번째 글에서, 필자는 **탈식민주의 문화 이론**의 방법론적 출발점이라고 할 수 있는 알튀세르의 구조주의 맑시즘의 통찰과 '징후적 독해'(*lecture symptomale*)가 어떻게 샌더스(E. P. Sanders)의 '언약적 율법주의'(covenantal nomism)에 의해서 영향 받은 바울의 신학의 구조적 특성의 문제를 극복하고, 로마서 연구의 새로운 방법론이 될 수 있는지 보여주려 하였다. 그리고 이 과정에서 필자는 로마서에 나타나는 피스티스 크리스투(πίς τις Χριστοῦ)가 그리스도의 신실함인지 그리스도를 믿는 것인지에 관한 논쟁에 대한 맥(B. Mack)의 종교사적 통찰과 대화하면서 위의 방법들을 적용하여 로마서의 신학적 구조와 그 정치적-윤리적 함의를 새롭게 도출해 보았다. 특히 필자는 알튀세르의 '징후적 독해'를, 고대의 독자가 해결하지 못한 문제들에 대해서 현대의 독자가 새로운 '문제들'(problématique)을 재구성할 수 있는, **구조론적인 탈식민주의 비평과 문화비평적 읽기 전략(징후적 독해)**의 이론적 근거로 제시하였다. 여기에서 필자는, 알튀세르가 맑스(K. Marx)의 최후의 걸작『자본론』에서 이전의 정치경제학의 방법과의 인식론적 단절의 단초를 발견한 것처럼, 바울의 최후의 걸작 로마서에서 유대교와 결별하는 인식론적 단절의 단초를 발견하게 되었다.

제Ⅳ장의 첫 번째 글에서는, 로마 시대의 정치문화의 역사적 배경에 비추어서 갈라디아서에 언급된 사도회 연대와 이와 연관된 갈라디아 교회 공동체의 적대자를 새롭게 제안하고자 하였다. 이러한 연구에 대해서는 특히 한국에서는 자세히 소개되지 않은 고고학자 머피-오커너(J. Murphy-O'Connor)의 견해와 이미 잘 알려진 베츠(H. D. Betz)의 갈라디아 공동체 재구성 연구 결과가 사용되었다. 탈구조주의에서는 단순히 내용 자체보다는 문화 형식인 수사적 양식, 문학적 배치와 언어의 양가성을 중요시 여기는 바와 같이 갈 3-5장의 문학적 맥락과 인칭의 변화 수사적 양식, 의, 믿음, 영의 양가성에 비추어서 바울 신학과 윤리의 관계를 재구성하려고 시도하였다. 특히 푸코의 윤리학적 구조(윤리적 실천의 목적, 예속화의 양식, 자기 형성적 실천, 윤리적 실체)를 변형시킨 **윤리적 이상, 의무형성 원리, 삶의 양식**의 상호 관련성 속에서 바울의 윤리를 고대의 금욕주의 훈련의 자기성찰적 차원을 강조하면서 새롭게 설정함으로써 바울의 탈식민주의 대항 신학의 문화윤리적 함의와 문화비평 전략을 도출하고자 하였다. 특히 여기에서 본문이 제시하는 영/성령, 신앙/신실함, 의/정의의 이중적 의미의 모호성(양가성)을 실마리로 로마 제국에 대항하는 바울의 정치신학과 새로운 신뢰에 기반하는 연대성의 문화비평 전략도 함께 제시하였다.

또한 두 번째 글에서는, 이전에 적용된 문화인류학과 수사학의 방법은 데살로니가전서의 묵시문학적 '세계관'(vision de monde)의 변증법적 특성과 예언자적 비판정신을 희석화시키는 경향이 있기 때문에 데살로니가 전서에서 단순히 묵시문학사상의 유대문화 만이 아니라, 견유철학과 지혜문학의 헬라문화가 상호 혼성되어 나타나게 되는 점을 간과하곤 하였다. 여기서는 특히 탈구조주의에서 중요시하는 위의 종교문화의 심층 구조의 변형 방식과 그 과정에 대한 문화비평적 읽기를 시도하였다. 필자는 묵시문학사상, 견유주의 철학, 유대교의 시간 구조, 지혜문학을 바울이 무의식적으로 어떻게 변경시켰는지 탐구하고, 이러한 바울의 심층 문화 변혁의 관점에 비추어서 데살로니가전서에 나타난 신학과 윤리와의 구조론적 관계를 탐구하였다. 특히 바울은 지성사적 배경이 되는 유대교의 시간 구조를 변경시켜서 믿음, 사랑, 소망의 환유구조(라깡)로 이루어진 창의적인 기독교 시간 구조를 확립했다는 독특한 문화비평적 읽기 방식을 제시하고자 하였다. 신학과 윤리의 구조론적 관계에 대한 견유학파적 배경사에 관해서는 한국에서 잘 소개되지 않은 말허비(A. J. Malherbe)의 고대 철학사적 연구를 통해서 재구성하게 되었다. 이러한 문화비평적 읽기는 한국 사회와 교회의 정치적/종교적 문제를 변혁시킬 때 단순히 현상만을 변혁시키는 것이 아니라 문화 구조와 문화적 문법을 변혁시키는 탈식민주의적 문화비평 전략을 암시적으로 나타낸다.

세 번째 글에서, 필자는 빌립보서의 본문에 내재하고 있는 로마 제국과 관련된 모티브를 바바(H. Bhabha)의 탈식민주의적 모호성과 혼성성(hybridity)의 개념을 적용하여 분석한 예를 제시하였다. 특히 이 글에서 빌 2:6-11의 찬양시를 분석하면서 새로운 탈식민주의 성서 해석의 표준 모델을 제안하였다. 여기에서는 다른 탈식민주의 비평가들과 달리 필자의 박사학위 논문 지도 교수인 다우티(D. J. Doughty)의 첨예한 역사비평 작업이 탈식민주의 비평적 통찰과 만나는 지점을 탐색하고자 하였다. 그래서 빌립보서 3장이 바울 자신의 작업이 아니라 제 2 바울서신이라는 다우티의 가설을 매우 진지하게 소개하기도 하였다. 바울의 초기 빌립보 교회의 초기 선교 활동, 빌립보서에서의 바울 자신의 목회 정황, 바울의 순교 이후의 정황에서 계속 반복하여 전이(translation: 문화적 번역)되면서 나타나는 공동교제(koinōnia 또는 연대)의 주제는 바울 신학의 핵심 개념인 영과 몸의 개념이 의의 개념으로 넘어갈 수 있는 매개점이면서 사회문화 신학과 생명 윤리를 상호 연결시키는 핵심 연결점으로 제시될 수 있다고 주장하게 되었다. 특히 바울의 윤리적 특성을 규명할 때 이를 스토이시즘의 윤리와 비교한 부분은 스토이시즘(Stoicism) 철학에 비추어서 바울 신학을 재구성하였던 엥베르크-페텔센(T. Engberg-Petersen)의 연구 결과를 사용하였다.

제 V 장에서는 바울서신에 대한 탈식민주의 비평은 단순히 이 문화 이론에 근거한 문화비평적 읽기에 그치는 것이 아니라 한국의 교회와 신학교와 사회의 특수하고 구체적인 맥락에 바울서신의 사상을 조명하고, 적용하는 문화비평적 실천으로까지 나아간다. 그래서 필자는 위에서 논의된 바울의 문화신학과 정치윤리, 탈식민주의 사유 방식, 문화비평 전략이, 한국의 특수한 포스트모더니즘의 문화적 도전, 성(性) 윤리, 남성과 여성의 공동목회, 성만찬, 성서해석 풍토에서 어떻게 구체적으로 적용되어 재해석 될 수 있는지 탐색하는, 구체적인 예를 보여 주려 하였다. 필자는 여기에서, 교회의 구체적인 삶의 정황(Sitz-im-Leben)인 성경 공부(윤리적 쟁점에 관한), 목회 현장, 교사강습회, 바울서신 본문 설교를 위한 주석 등에서도 탈구조주의/탈식민주의의 문화비평적 읽기 전략이 어떻게 구체적으로 적용될 수 있는지도 보여 주려 하였다.

첫 번째 글에서 필자는 포스트모더니즘 문화의 도전에 대응하는 21세기의 새로운 문화신학과 성서에 대한 문화비평 전략을 새롭게 제시하고자 하였다. 여기에서는 한국의 탈구조주의 사유방식, 개념, 문제의식을 사용하여 기독교의 상징적 질서인 제의, 신화, 상징을 새롭게 재해석하고, 기독교의 문화비평 전략을 확립하는 단초를 제공하고자 하였다. 특히 21세기 문화신학의 사유방식과 패러다임을 개념과 논리, 전승해석 방식, 역사이해, 담론의 전략 등 네 가지 관점에서 기술하였다. 또한 이러한 새로운 패러다임에 걸맞는 전승해석 방식의 예로서 고대의 종교적 사유방식과 형이상학과 윤리를 갈 3:26-28과 고전 11:2-6에서 찾게 되는 문화비평적 읽기 방식을 제시하고자 하였다.

두 번째 글은 목회자들에게 교회의 성경 공부 방식으로 가르칠 수 있도록 공관복음서와 바울서신에 나타나는 성 윤리를 개괄적으로 기술하였다. 푸코의 성 담론과 권력 관계에 관한 정치-윤리적 통찰에 근거하여, 결혼과 성과 사랑의 연속적 관계 속에서 바울의 성 윤리가 현대인들에게 어떤 특별한 메시지를 주고 있는지 살펴보았다. 또한 이 글에서는, 고전 7장의 성 윤리가 복음서와 달리 어떻게 당시 사회의 성 윤리에 내재하는 억압적 측면을 극복하는 정치-윤리적 메시지를 제안하고 있는지 탐구하였다.

세 번째 글에서는 남성과 여성 목회자가 함께 일하는 공동 목회와 이와 연관된 남녀 파트너쉽(partnership)의 중요성을 위계적 질서를 당연시하는 한국 교회의 권력 구조를 새롭게 변화시키려는 21세기 목회 비전(vision)과 연관시키려 하였다. 교회에서의 여성 목회자 고용창출의 문제는 단순히 여성 교역자의 수급의 문제가 아니라 한 사람이 위계주

삼각형의 정점에 서서 수행하는 권위주의적 목회 구조가 당연시 되어 온 한국 교회의 습성과 여성 차별의 타성을 극복할 수 있는 대안적 목회 비전의 방향과 관련된다. 이를 위해서 필자는 우선 남녀 공동 목회의 철학적·신학적 근거를 마련하기 위해서 원시 기독교의 교회 권력 구조나 당시의 목회 비전의 기반이 될 수 있는 바울의 영 이해와 Q 공동체의 계시 이해의 모델과 공동목회의 역사적 편린들을 간략히 기술하였다.

특히 네 번째 글에서는 고전 11:17-23에 대한 구체적인 주석학적 분석과 해석을 통해서 바울의 종말론적 메시지를 구체적인 한국 회중들의 상황에 비추어서 새롭게 제시하였다. 필자는 바울의 종말론적 메시지가 무의식적인 문화적 분류의 코드를 분쇄하는 비판적 기능을 가졌다는 것에 주목하고, 바울의 성만찬 담론들이 어떻게 이러한 종말론의 지배문화의 정치 윤리에 대한 비판적 기능을 담당하고 있는지 보여 주었다.

그리고, 마지막 다섯 번째 글에서 우리는 한국 교회의 성서 해석의 상징적 폭력의 경향과 그 조건을 그 외적 조건으로서 한국 교회 형성 과정과 성서 지식 생산 과정, 그리고 그 내적 조건으로서 성서에 나타난 원시 교회의 지식과 권력의 구성 과정을 고찰하면서 기술해 보았다. 특히 필자는 한국의 교회 체제가 상징적 권력을 생산하는 과정에서 한국 교회의 성서해석이 어떤 특정한 종교적 아비튀스(habitus: 성향체계) 속에서 상징적 폭력의 해석 논리를 재생산하는지 함께 고찰하게 될 것이다.5) 결국 우리는 한국 교회가 권력 기구로서 그 역사적 위상을 확립하면서 형성된 성서해석의 에토스는 근대성의 유입 과정에서 더욱 공고히 뿌리내린 식민주의 잔재로서 형성된 종교와 정치의 유착관계에서 비롯되었고 확신하게 되었다. 또한 근대화의 과정 속에서 성립된 성장 이데올로기와 권위주의 통치 체제에서 더욱 성장된 바로 성서해석의 상징적 폭력의 미시파시즘은 교회 권력에 의해서 신학교 운영에 사용되는 배타주의적 식민성에 의해서 재생산된다는 것을 제안하게 되었다. 중요한 점은, 한국 교회와 신학교는, 복음서와 바울서신이 보여주는 교회 생성

---

5) 불란서 사회학자 피에르 부르디외(Pierre Bourdieu)에 의해서 창안된 '아비튀스' 개념은 외적 사회 구조와 권력 기제를 내재화시켜서 형성된 성향, 사고, 인지 판단과 행동의 성향 체계로서 지배를 정당화하는 사회적 정체성을 형성시킨다. 이것은 신체 깊숙이 내재해 있는 성향을 자극시켜서 행위자가 다양한 상황에서도 어떤 특정한 행동의 패턴을 전략적으로 수행하도록 합리적/비합리적, 의식적/무의식적 성향들의 복합물이다. 이에 대해서는 현택수, "아비튀스와 상징폭력의 사회비판 이론," 『문화와 권력』, 1998, 서울: 나남출판사, pp.101-120 참조.

과정에서 잠재되어 있는 상징적 폭력을 현실화 하면서, 배타주의적, 권위주의적, 승리주의적, 가부장제적 성서 해석의 아비튀스를 확정하였다는 점이다. 이를 극복하기 위해서 필자가 제안하는 바울서신에 대한 문화신학적 정치윤리적 해석은 성서 해석의 권력 효과를 성찰하여 그 폭력성을 완화시킬 수 있는 탈권력과 탈폭력의 해석 전략(문화비평 전략)을 개발하는 것이다.

■ 이 책을 오늘의 시점에 맥락화 하기와 이상적 독자를 상정하기

이 글들은, 마치 부모가 아이에게 조심스럽게 처음부터 쉽게 이야기하듯이 가르치는 것처럼 바울의 신학과 윤리와 문화비평 전략을 쉽게 풀어서 쓰는 작업이 처음부터 기획된 책이 아니라, 원래 약 10년 동안에 강의 시간에 가르친 내용들이 축적되어 몇몇 학술지와 잡지에 논문의 형태로 발표된 것들이다. 또한 각각의 글들은 그 나름의 특수한 시점에서 개인적인 사정이나 출판사와 강의 주최측의 요구에 응하면서 발간되었다. 예를 들면, 러시아 모스크바에 소재하는 모스크바 장로회 신학교에서 러시아 사람들에게 통역을 통하여 강의하였던(2004년 가을) 갈라디아서와 로마서의 이원론적 사유에 대한 강의는 "바울 신학의 이원론적 사유방식에 대한 탈식민주의 비평"의 토대가 되기도 하였다. 그래서 바울서신 분석과 해석 과정의 반복과 서로 간의 불일치, 전문 용어들의 복잡성으로 인하여 일반 독자들이 읽기에는 다소 어려움이 있을 것이라는 우려를 배제할 수 없다. 예를 들면 초기에 바울 신학과 윤리의 관계에 대한 주제를 중심으로 탈구조주의 문제틀에 의해서 저술한 글들과 최근에 탈식민주의 문화 이론을 적용하여 바울의 문화비평 전략을 주로 탐구한 글들 사이에는 일관된 상호연관성이 약하고 논리적 고리도 부족해 보일 수 있다. 더구나, 바울서신의 분석과 해석을 위해 학제간 연구를 탐구하는 글들에서 성서학자들과 신학생들에게도 다소 생소한 문학비평 용어들과 철학적 사유틀이 사용되었기 때문에, 기독교인들의 교회 용어들이나 기존의 신약성서 연구의 용어들이 반복적으로 재생산되는 우리의 기독교 출판계의 풍토 속에서는, 이러한 전문적인 용어들이 이해의 장애물이 될 수도 있을 것이다. 그러나 한국의 신학학계가 외국의 이론들에 내재된 식민화의 이데올로기적 경향들을 깊이 숙고하지 않고 소개하는 태도에 대해 비판적인 거리를 유지하기 위해서는 이러한 글쓰기의 형식을 선택하는 것이 불가피한 과정이었다.

또한 이 글들은 필자가 한국의 신학계와 교회가 겪고 있는 계급과 계층 間 갈등, 성차별적 모순과 근본주의적 폐쇄성, 그리고 미국 선교사에 의해 이식된 식민주의적 종교 관행을 비판적으로 극복하려는 21세기의 시대적 요구와 남북한 평화 통일의 실천 전략에 부응하는 새로운 사유체계를 제시하고자 한다. 필자는 현재 현상적으로 드러나는 한국 교회와 기독교의 다양한 윤리적 문제와 그 뿌리 깊은 非도덕적 관행은 근본적으로 미국의 19세기 특정한 유형의 불량한 기독교 씨앗이 식민지 시대의 비극적 정황 속에서 한국의 토양에서 뿌려져 나쁜 조건에서 배양된 부산물일 수 있기 때문에 이를 치유하기 위해서는 바울의 문화신학, 정치윤리, 문화비평 전략을 새롭게 해석함으로써 우선 신학의 식민성을 극복해야 한다고 확신한다. 특히 이러한 생각은 2006년 2월 14-23일 브라질 포르토 알레그레(Porto Alegre)에서 개최된 제9회 세계교회협의회(WCC) 총회에서 전개되었던 탈식민주의 성서 읽기 워크샵(workshop)에서 확신하게 되었다.

다른 한편, 신자유주의 자본주의 제국의 확장을 위해서 미국은 일상화된 지구화된 경찰권의 통치기술로 자신들이 영향력을 더욱 극대화하고 있다. 바로 이러한 현실에 직면하여 이 글에서 연구된 바울의 문화신학, 정치윤리, 문화비평 전략은 위의 제국과 반제국의 갈등의 정황을 돌파하여 제 3의 공간에서 새로운 평화문화를 정착하려는 기독교 사회운동의 구체적인 대응 방식과 저항 전략을 설정하는데 새로운 돌파구를 제시하게 될 것이라고 확신한다. 바로 이러한 확신을 통해서 필자는 이 시대가 요구하는 가장 적절한 바울서신 해석 방식을 바울서신 식민화 이데올로기에 대한 구조론적 탈식민주의 비평과 탈구조주의 문화비평적 읽기 탐구 과정으로 간주하게 하였다. 9.11 사태 이후에도 미국의 對테러 전쟁에 대항하는 아프가니스탄의 탈레반이 한국인 인질 억류 사태가 연일 7-8월 내내 TV에 생중계되는 것을 보면서 우리는 한국 교회의 선교 정책에 대한 반성을 위해서 탈식민주의 성찰이 더욱 절실히 요구되는 구체적 현실을 목도하게 될 것이다. 바로 이러한 사건을 계기로 우리는 대테러 전쟁과 대응 전쟁의 현실이 우리의 일상이 된 상황에서 결국 바울의 탈식민주의적 문화신학, 정치윤리와 문화비평 전략이 던지는 가장 큰 도전은 미국 주도로 형성된 지구화된 제국적 지배에 근거를 둔 新자유주의적 자본주의 체제에서 영위되는 삶과 의식, 고정관념과 신념의 체계의 근원에 대해서 그 전제들을 논의하고, 비판하고, 대화하는 금욕주의적 자기 훈련(ἄσκησις)의 문화신학적 성찰이 더욱 요구된다는 점이다. 뿐만 아니라 우리는 단순히 바울서신을 교회의 장에서만 읽고 해석하기보다 제국의 문화와 맞서는 바울의 탈식민주의 문화신학과 비움, 참여, 연대의 윤리와 저항, 교섭, 전이의 문화비평 전략을 오늘날의 제국의 상황에도 적용하고, 우리의 정치현실에 창조적으로 전유할 필요가 있는 것이다.

이런 의미에서 이 글의 또 다른 목적은 신학적 담론의 식민주의적 근성을 비판적으로 성찰하고, 바울서신의 담론, 텍스트성과 수사학이 제시하는 정치윤리적 통찰과 문화비평 전략을 한국의 인문·사회 분야에서 이미 소개되고 익히 알려진 탈식민주의적 용어로 번역하여 미국 자유 무역 협정(FTA)의 타결로 인한 국론 분열적으로는 기독교 신앙의 모험성과 창의성, 정치성과 윤리성, 사회성과 역사성을 한국이 처해 있는 구체적인 현장에서 요구되는 정치윤리적 실천 과제와 연관시키려 하였다.

그래서 필자는 이 바울서신 연구서가, 한편으로 성서 연구의 방법을 전문적으로 연구하는 성서학자들, 성서 본문에 대해 주석하면서 매주 설교하는 목회자들, 그리고 성서를 매일 읽고 공부하려는 신학생들과 평신도들 모두에게 전문적인 독해와 성서연구 방법, 설교를 위한 주석과 성서읽기에 대해 다시 생각해 보도록, 성서를 새롭게 보는 계기를 마련하게 되기를 바란다. 그래서 이 책은 세계교회협의회와 기독교 사회운동의 **정치윤리적 담론의 층위**, 각 교단 신학교와 신학대학의 **신학적 담론의 층위**, 각종 기독교 방송이나 출판계, 그리고 기독교 문화운동의 **문화비평적 담론의 층위**, 지역 교회와 개인의 **신앙적 담론의 층위**에서 각각 다른 방식으로 유용하게 활용되기를 희망한다. 또한 非기독교인들과 인문사회과학을 연구하는 일반 독자들에게는 성서의 세계가 갖고 있는 특수한 정황과 이에 대한 연구방법들의 다양성을 고찰함으로써 기독교 신앙의 본질을 새롭게 이해하는 계기가 될 것이라고 확신한다.

■ 이 책이 나오기까지 도와주신 보이지 않는 손길들에게 감사드리며....

이 책이 나오기까지 정신적, 영적, 물질적 도움을 아끼지 않았던 사람들에게 많은 빚을 졌음을 말하지 않을 수 없다. 이 글들을 쓰는 동안 다양한 방식으로 필자에게 도움을 주었던 본인과 함께 봉직하고 있는 대전신학대학교의 교수님들과 도서관 직원들, 필자의 강의를 들었던 학생들, 그리고 그 동안 필자의 어렵고 복잡한 글들을 꾸준히 게재하도록 허락한 한국 신약학회 편집인들, 대전신학대학교 교수들, 연세대학교 신학대학 교수들, 『시대와 민중신학』의 제 3시대 그리스도연구소 편집인들에게 머리 숙여 감사의 표시를 드린다. 더구나 필자의 주위에서 물심양면으로 뒷바라지 해주셨던 두 형님 가족들, 그리고 불란서 문학 비평 이론에 관한 자료를 제공하고 함께 고민하며 토론해 주었던 나의 아내에게 고마움을 표하고, 글을 마무리하는 동안 너무 바빠 함께 놀아 주지 못하게 되었던 아들 현성이에게 미안한 감정을 표시하지 않을 수 없다. 마지막으로 무엇보다도 출판계의 어려움에도 불구하고 이러한 논문들을 책으로 낼 수 있도록 쾌히 승락하신 이화출판사의 성정화 사장님과 편집장과 그 직원들에게도 심심한 감사의 말씀을 전하고 싶다. 이 책이 서울이 아닌 대전 지방에 소재하는 인문 사회 종교 분야를 주로 다루는 이화출판사를 통해서 발간하게 된 것은 이 책의 탈식민주의 문화 이론의 지역성 강조의 의도와 너무 잘 맞게 되었을 뿐만 아니라 교회와 신학의 용어가 인문사회 용어로 전이 번역되는 과정에서 창조적인 종교문화가 꽃피게 되는 좋은 조건이 되었다. 또한 내년에 열리게 되는 아시아 성서학회(SABS: 2008년 7월 14-16일)와 제 22차 세계철학대회(2008년 7월 30일-8월 5일), 베이징 올림픽 경기(2008년 8월 8일)를 앞두고 이렇게 시의적절하게 그리고 오히려 예정 보다 빨리 출간하게 된 것에 대해서 오직 하나님께 그 모든 영광을 돌리고자 한다.

대전 계족산 아래와 오정골에서
2007년 8월 하순

약 어 표

BR	Biblical Research
BTB	Biblical Theology Bulletin
CBQ	The Catholic Biblical Quarterly
F&FC	Foundations & Facets Forum
Int	Interpretation
JAAR	Journal of the American Academy of Religion
JBL	Journal of Biblical Literature
JGRCJ	Journal of Greco-Roman Christianity and Judaism
JHC	Journal of Higher Criticism
JR	Journal of Religion
JSNT	Journal for Study of New Testament
NTS	New Testament Studies
SBLASP	Society of Biblical Literature Abstracts and Seminar Paper
Se	Semeia
TT	Theology Today
USQR	Union Seminary Quarterly Review

글의 출처

1. 2007. 5. "바울의 자유, 지식, 약함에 관한 다문화적(Multi-cultural)-교차문화적(Cross-cultural) 이해: 고전 8-10장을 중심으로". <신학과 문화> 제16집. 대전신학대학 출판부. pp.71-104.

2. 2006. 12. "마가복음의 제자도에 대한 새로운 탈식민주의적 이해: 포스트콜로니얼 성서 비평의 최근 경향에 비추어". <신약논단> 제13권 제4호. 한국신약학회. pp.845-862[896]

3. 2006. 12. "서평: 박흥순의『포스트콜로니얼 성서 해석』". <신약논단> 제13권 제4호. 한국신약학회. pp.1095-1107.

4. 2006. 5. "바울신학의 이원론적 사유 방식에 대한 탈식민주의 비평: 새로운 아시아 성서해석학의 모델을 위해서". <신학과 문화> 제15집. 대전신학대학 출판부. pp.125-164[재수록: 2006. <시대와 민중신학> 제9집. 김창락박사 고희기념 논집 출판위원회. pp.172-208]

5. 2005. 5. "신약성서의 성윤리". <성서마당> 신창간 2호(5월). 한국성서학연구소, pp.19-31.

6. 2004. 11. "바울의 평화신학과 한반도의 평화통일". <평화와 통일신학> 2. 한민족평화선교연구소. 서울: 평화와 선교 pp.65-100.

7. 2004. 7. "로마서의 구속론과 희생제의: 속죄론의 사회적 의미를 중심으로". <신약논단> 제11권 2호(2004년 4월 17일, 한국신약학회, 춘계정기학술대회 발표논문). pp.385-427.

8. 2004. 5. "로마서의 주제로서의 구속론적 정의 이해: 참여와 화해". <신학과 문화> 제13집. 대전신학대학 출판부. pp.157-194.

9. 2003. 12. "빌립보서에서의 신학과 윤리의 관계: 탈식민주의 비평에 근거해서". <신학과 문화> 제12집. 대전신학대학 출판부. pp.136-178.

10. 2003. 10. "골로새서에서의 생명 개념의 생성과 그 변증법적 특성". <한국기독교신학논총> 제30집. 한국기독교학회. 서울: 대한기독교서회. pp.155-182.

11. 2003. 5. "바울 사상의 유물론적 해석". <지구화시대 맑스의 현재성> 1. 서울: 문화과학사: pp.354-380 [재수록: 2004. 10. <시대와 민중신학> 8. 제3시대그리스도교연구소 pp.132-164.]

12. 2003. 2. "여성 고용 창출과 공동목회를 통한 교회개혁: '백합화'의 지혜문학적 계시 이해를 지향하면서". <새날> 제2호(겨울). 전국여성신학생연합회. pp.43-49.

13. 2002. 7. "한국 교회의 성서해석의 폭력성: 상징적 폭력을 중심으로". <시대와 민중신학> 7. 제3시대그리스도교연구소. pp.21-57.

14. 2001. 11. "고린도전서에서의 몸 담론과 권력: '미시정치학'적 해석을 위해서". <신학과 문화> 제10집. 대전신학대학 출판부. pp.129-167.

15. 2000. 12. "갈라디아서의 신학과 윤리의 관계: 로마 제국의 역사적 맥락을 고려하여". <신학과 문화> 제9집. 대전신학대학 출판부. pp.133-167.

16. 2000. 6. "로마서에 나타난 율법과 의인 사상에 대한 구조론적 해석". <현대와 신학> 제25집. 연세대 연합신학대학원. pp.236-268.

17. 1998. 12. "데살로니가전서에서의 신학과 윤리와의 관계: 종교사적 전통의 구조론적 변형을 중심으로". <신학과 문화> 제7집. 대전신학대학 출판부. pp.105-139.

18. 1998. 12. "논평 – 토착화와 후기구조주의: 양권석의 한국적 성서 읽기의 한 방법으로서 상호텍스트적 성서 해석의 가능성에 대하여". <시대와 민중신학> 5. 제3시대그리스도교연구소. pp.262-278.

19. 1997. "후기구조주의의 지적 도전과 21세기의 신학을 위한 성서 해석". <신학논총> 제3집. 연세대학교 기독교 문화연구소. pp.183-220

20. 1997. "그리스도 안에서 남성도 여성도 없는가?(갈 3:28, 고전 11:11)". <신학논단> 제25집. 연세대신과대학. pp.252-283.

21. 김덕기. 1994. "고린도전서 11:17-26 주석방법과 이에 근거한 설교". <신학논단> 제22집. 연세대신과대학. pp.203-226.

제 Ⅰ 장
바울 사상 해석의 방법론적 전환
- 탈구조주의와 탈식민주의

❖ 바울 사상의 구조와 발전 단계 / 37
❖ 바울 사상의 구조론적-준(準)유물론적 성서해석 / 67
❖ 골로새서에서의 생명 개념의 생성과 그 구조론적인 변증법적 특성 / 91
❖ 바울 신학의 이원론적 사유 방식에 대한 탈식민주의 비평 / 115

바울 사상의 구조와 발전 단계
- 한반도의 평화통일의 근거로서 평화신학 -

1. 서론: 새로운 평화통일 접근법을 위한 바울의 평화사상의 보편성 문제

사실 독일 통일 前까지 기독교와 사회주의, 기독교와 맑시즘(Marxism)과의 대화가 활발했지만, 이후에 이는 해방신학에서나 논의되었을 뿐 한국에서는 활발히 논의되지 않았다. 그러한 정황 속에서도 최근 한반도의 평화 통일 구축에 대해서 대략 두 가지 접근법이 새롭게 제기되었다. 송두율 박사의 '내재적' 접근법과 신은희 박사의 '종교다원주의' 접근법이 그것이다. 송 박사는 사회주의의 내적 역동성에 의해서 북한의 대남정책과 주체사상의 기능을 이해하고자 하는 방법을 제기하였다. 그는 하버마스(J. Habermas)의 계몽 변증법에 의하면 계몽도 신화에 근거해 있기 때문에 북한을 서구 근대성의 합리성의 입장에서 비판하기보다는 북한사회가 표출하는 주체사회주의 이념이 어떻게 서구 근대성의 신화에 대항하고 있는지 탐구하고자 한다.1) 반면, 신은희 박사는 주체사상이 종교적 차원을 갖고 있다는 점을 부각시켜서 종교다원주의의 관점에 의해서 他종교를 대하듯이 주체사상에 대한 보다 유연한 태도를 제안하였다. 그래서 북한의 인권 문제를 서구의 시각에서 개인주의적 권리 옹호의 차원이 아니라 집단적 주체영성에 근거한 조선식의 非서구적 관념의 인

---

1) 송두율, 『경계인의 사색』, 2002, 서울: 한겨레신문사; 이에 대한 소개와 비판적 평가에 관해서는 황홍렬, "보론: '북한' 연구 동향에 대하여", <평화와 통일신학> 1(2002), 서울: 한들출판사, pp.183-197 참조.

권 이해를 객관적으로 기술한다.2) 이들의 연구는 그 나름대로 평화통일을 위해 남북의 상호 이해와 이에 근거한 평화 통일의 구축에 일정한 공헌을 하였다고 인정할 수 있다.

그러나, 이 두 접근법은 대립물들의 혼종적 융합을 시도하는 '탈근대적' 측면을 내포한다고 볼 수 있지만, 진정한 의미에서 평화의 보편적 이념을 본격적으로 토론하지는 못했다는 의미에서 홍동근 목사의 투박한 접근법에 주목할 필요가 있다. 약간 감상적인 시적 감수성을 갖고 있지만 홍 목사의 접근법은, 사회주의와 민족주의와 기독교를 새롭게 절합(articulation: 분리를 통한 결합)시키려고 한 점에서, 오히려 보다 더 탈근대적 민족주의 접근방식일 수 있다는 점에서 주목된다. 홍 목사의 접근법은 기독교의 본질과 사회주의의 본질을 민족주의라는 새로운 문제틀에 의해서 변증법적으로 절합하여 이 둘 각각이 가진 한계를 극복하려 한다. 홍 목사는 교착상태에 빠진 남북관계의 정세적 상황에서 기독교의 핵심이 무엇인지에 관해 탐구하여 기독교 평화선교의 의미를 발본적으로 실천하기 위해서 기독교의 복음을 민족주의적 관점에서 창조적으로 재구성/재배치하려 노력했던 것이다.3)

하지만 위의 두 접근법을 홍동근 목사가 제시한 탈근대적 비전(vision)에 의거해서 더욱 발전시키기 위해서는 우리가 보다 근원적으로 논의되지 않은 점, 즉 바로 북한의 특수성을 어떤 보편적 기준에 의해서 평가해야 하는가에 대한 근원적인 문제와 씨름할 필요가 있다. 바로 이러한 문제제기는 종교적 신념의 보편성과 특수성과의 상관관계 문제를 가장 근원적으로 제기한 바울 사상에서 새롭게 조명할 수 있다. 바울은 유대교의 특수한 개혁운동으로 시작된 예수의 사상을 헬레니즘의 보편적 지평 위에서 새롭게 재배치하였다고 볼 수 있다. 그는 기독교의 보편성을 확립한 이후 유대인의 구원의 문제에 봉착하면서 그 개인적인 고민을 토로하기까지 한다: "내게 큰 근심이 있는 것과 마음에 그치지 않는 고통이 있는 것을 내 양심이 성령 안에서 나로 더불어 증거하노니 나의 형제 곧 골육의 친척을 위하여 내 자신이 저주를 받아 그리스도에게서 끊어질지라도 원하는 바로라."(롬 9:2-3) 특히 그가 로마서를 쓸 때에는 이제 로마 제국주의 질서 속에서 기독교의 평화사상이 온전히 발현되기 위해서 어떻게 유대계 기독교인과 이방계 기독교인 사이의 핵심적

---

2) 신은희, "북조선의 인권문제와 통일 다원주의", 2004, [www. http://peacemaiking.or.kr: 민족통일학회 주최 월례발표회 논문(2004. 5.29 발표)].
3) 한민족평화선교연구회, "박순경, 홍근수, 홍성현, 이상성과의 좌담회 자료".

갈등을 해결하는 평화신학의 원리와 이에 근거한 평화실천 양식을 구축해야 하는지 탐구하게 된다. 남한 기독교인은 바울과 마찬가지로 이러한 평화의 복음이 북한에까지도 온전히 실천될 수 없는 현실을 안타까워 할 수밖에 없다. 북한에서는 봉수교회와 칠골교회 설립 등 겉으로 기독교인의 종교 활동을 허락하는 것 같지만 주체사상이 그 근원에서 국가의 시민종교로서 역할을 담당하고 더구나 배타적으로 강요된 민족주의 이데올로기의 한 형태라면, 우리 남한 기독교인들은 이 주체사상의 종교성을 어떤 보편적 가치의 관점에서 평가하고 기독교와의 접촉점을 마련해야 하는가 하는 보다 근원적인 문제를 제기하지 않을 수 없게 되는 것이다.4)

그래서 우리는 이 글에서 바울의 평화사상의 전개 과정과 이 과정의 절정이 잘 드러난 로마서에서 그가 어떻게 **특수한** 유대 평화사상을 로마 헬레니즘의 **보편적** 토대 위에 재배치하려 했는지 탐구하고자 한다. 이를 위해서 우리는 기독교의 핵심을 새로운 유형의 유물론과 연결시키려는 최근 서구 유럽의 지식인 바디우(A. Badiou)와 지젝(S. Žižek)의 작업에 주목하고자 한다. 특히 이들에게 주목해야 할 것은 이 '은총의 유물론'이라는 용어로 기독교와 프로이드(S. Freud)적 유물론과 연계시키려하는 근거로서 바울 신학의 주체 형성 과정과 연관된 보편성에 주목하고 있다는 점이다. 바디우는 그의 책, 『사도 바울: 보편주의의 근거』에서 바울의 주체성 형성 과정을 성, 인종, 민족성, 계층의 차이들을 횡단하는 '사건'의 전투적 보편성의 근거로서 제시한다.5) 특히 지젝은 그의 책 『꼭두각시 인형과 난쟁이』에서, 기독교의 전복적인 핵심 메시지가 단순히 유물론에 의해서 접근 가능하다는 정도가 아니라, 그 메시지도 이 유물론적 접근방식에 의해서만 이해될 수 있고, 진정한 변증법적인 유물론주의자가 되기 위해서는 기독교의 체험을 통해서만이 가능하다고 주장한다. 다시 말해서, 유물론의 '보편성'은 기독교의 '특수성'에 의해서만, 기독교의 '특수성'은 유물론의 '보편성'에 의해서만 정확히 이해될 수 있다는 것이다.6) 하지만 이들의 접근방법이 바울사상의 초기 발전 단계가 제시하는 주체 형성과정을 포착하는 데

---

4) 북한의 주체사회주의의 대남 정책이 민족주의 이데올로기를 내세워 정의와 인권, 평등과 자유의 보편적 가치를 무시하게 되는 문제점에 관해서는 박명철, "주체사회주의의 민족통일론", 『지구화시대 맑스의 현재성 2』, 2003, 맑스커뮤넬라 조직위원회 엮음, 서울: 문학과학사, pp.140-160 참조.
5) Alain Badiou, 2003, *Saint Paul: The Foundation of Universalism* (California: Stanford), pp.98-111.
6) S. Žižek, 2003, *The Puppet and the Dwarf* (Cambridge: Mit Press), pp.3-10.

는 적합하지만, 특별히 바울의 후기 발전 단계가 제시하는 사회적 차원의 평화신학을 재구성하기에는 적합하지는 않다. 왜냐하면 이들의 접근방법은 사회적 관계들이 이 주체형성 과정의 내재적 조건을 형성하고, 그 주체화 과정이 이 사회적 관계들에 의해서 재배치될 수 있다는 점을 보여주지 못하기 때문이다. 이 글에서는 이러한 한계를 보완하고 바울의 평화사상의 사회적 차원을 보다 적절하게 포착하기 위해서는, 최근 바울신학의 이제까지의 연구 업적을 매개로 주체화 과정과 사회적 관계의 변혁 과정을 역동적으로 상호 연결시키는 접근방식을 채택하게 될 것이다. 이러한 접근방법은 홍동근 목사가 제시하려 했던 주체사상과 기독교와의 만남을 보다 **보편적 토대** 위에서 비판적으로 발전시키기 위한 기초적 작업이 될 것이다.

2. 바울의 평화신학 형성의 변증법적 발전 과정

로마서 12:18에서 바울은 "할 수 있거든 너희로서는 모든 사람으로 더불어 평화하라(εἰ ρηνεύοντες)……"라고 권면한다. 이러한 로마서의 윤리적 지침은 모든 사람에게 적용하기 위한 보편성을 염두에 두고 있다. 더구나 명령문은 평화의 전투적 참여를 통해서 그 보편성이 확립된다는 것을 암시한다. 이런 의미에서, 바울의 평화신학도 그 자신의 신학사상의 발전 과정 속에서 기독교 복음의 **보편성**을 구현하는 전투적 참여를 통해서 확립되었다고 이해할 필요가 있다. 바울의 평화신학 발전 과정은 그가 목회의 구체적인 현실에 직면하여 기독교 복음을 새로운 용어가 동반되는 신학사상의 **보편적 개념**으로 확정하는 '변증법적' 발전 과정과 맞물려 있다. 우리는 바울이 직면하는 특정한 정황에서 핵심적인 모순적 갈등을 해결하는 네 가지 신학사상 양식을 다음과 같이 간략히 제시해 보고자 한다.

① 기독교인의 **주체형성 양식**의 개념화: 영(πνεῦμα)과 육(σάρξ)의 대립에 대한 신앙투쟁 과정 속에서 주체성을 확립시키는 '은혜(χάρις)의 그리스도 사건'의 보편성 확립.

② 에클레시아(ἐκκλησία: 교회)의 **사회적 실천 생성 양식**의 개념화: 교회 구성원들 間의 차이와 갈등을 사랑의 사회적 실천으로 통합하려는 '그리스도의 몸'(σῶμα Χριστοῦ)의 보편성 확립.

③ 하나님 나라의 시민권(πολιτεύμα: 3:20)을 확립하기 위한 네트워크(network) 구성 양식의 개념화: 에클레시아들 間의 불균형과 정치적 억압에 직면하여 고난 받고 억압 받는 자들에게 연대의 우선성을 부여하는 '공동교제'(κοινωνία)의 보편성 확립.
④ 로마의 평화(Pax Romana)에 대응하는 기독교 평화의 절합(articulation)적 배치 양식의 개념화: 속죄와 화해의 종교정치적 구원 사건에 의해서 유대인, 기독교인, 이방인 사이의 종교문화적 갈등 관계를 극복하려는 '평화'(εἰρήνη)의 보편성 확립.

우선 첫 번째 단계(①)에서, 바울은 특수한 상황 속에서 발생한 예수의 메시지와 그의 죽음과 부활을 '은혜의 그리스도 사건'으로 개념화한다. 바울은 예수의 구체적인 생애와 가르침의 파편들을 하나하나 자세히 기독교인의 실존 양태(주체형성 양식)의 근거로 제시하지 않는다. 그래서 우리는 바울의 가르침이 형성하는 구조적 특성뿐만이 아니라 그것이 보편성을 구성하는 방식에 주목하고자 한다. 그 내용들은 우선 하나님의 은혜의 사건이라는 단 하나의 초점에 의해서 종합된다. 여기에서 '사건'은 전혀 새로운 진리가 모든 사람들에게 나타나게 되는 것을 의미한다(갈 1:11-12, 비교 고전 9:20-23). 바울이 관심 갖는 것은 이 사건의 보편성이다. 이것이 은혜의 '보편적인' 복음일 수 있는 것은 그리스도의 죽음이라는 구체적 정황이 모든 인간의 죽음의 실존적 정황과 동일시된다는 점에서 비롯된다. 그런데 이것이 은혜의 '사건'이 될 수 있는 것은, 부활이 죽음의 단순한 고양이나 극복으로서 육체적인 변화를 야기시키기 때문이 아니라, 그리스도의 죽음이 신적 동등성(부활)의 가능한 장소를 보편적으로 마련한다는 점이다.[7] 이제 이 사건을 통해 새로운 인간을 형성시키는 주체형성 양식은 '영'(πνεῦμα)의 삶의 형태와 육(σάρξ)의 삶의 형태 사이의 주된 적대관계를 가져올 때 확립된다. 이 양식은 법이 죄를 매개로 죽음에 이르게 하는 육의 세력과 신앙과 사랑이 은혜를 매개로 생명의 희망으로 이끌게 하는 영의 세력 사이에 우리가 선택의 결정에 따라서 기독교의 주체성이 형성된다는 것을 의미한다. 로마제국, 유대인, 기독교인 間의 정치적 갈등과 알력관계 속에서 바울은, 이제 할례의 기초가 되는 율법이 육의 세력을 매개로 하나님의 의에 이르게 하지 못하는 반면 그리스도 사건을 믿음으로 받아들일 때 영의 세력을 관장하시는 하나님이 우리를 의롭게 하신다는 의

---

7) Alain Badiou, 2003, *Saint Paul: The Foundation of Universalism* (Stanford: California), pp.55-74.

인론(義認論)을 제시하게 된다.8)

영과 육의 이분법적인 신앙투쟁이 특정한 **주체형성 양식**의 특성을 결정시킨다는 은혜의 그리스도 사건의 의미는 확실히 플라톤의 몸과 영혼의 이원론의 단순한 적용이 아니다. 이제는 '육'이 노예화시킨다는 의미에서 죽이는 것이지만, '영'은 자유롭게 한다는 의미에서 살리는 것이 된다. 이것은 바울이 제시한 행위와 신앙, 법과 은혜의 이원론과 연결된다. 여기에서 육은 법 속에서 자신이 영원히 유혹당하고 죄의 행위를 하게 되는 삶의 실존 양태이지만, 영은 은혜에 의해서 이 법을 완성하면서 이를 폐기하는 신앙에 근거한 삶의 실존 양태이다. 영은 세어 볼 수 없는, 규정될 수 없는, 조정할 수 없는 단일한 생명을 가져오지만, 육은 규정적, 특별한, 부분적 상황에서 일어나는 의무와 권리의 특정성의 논리에 매여 결국 죽음을 가져온다. 이러한 영과 육 間의 **주체형성 양식**을 위한 신앙투쟁이 은혜의 그리스도 사건의 **전투적인 보편성**을 제시하게 된다.9)

두 번째 단계(②)에서, 바울은 이러한 **주체형성 양식**에 대한 이해를 바탕으로 고린도에서 에클레시아 공동체를 확립하려 하였지만 주로 파벌주의, 영지주의의 탈세적(脫世的) 구원론, 자유방임주의 및 금욕주의 등 다양한 종류의 공동체 분열 문제에 직면하게 된다. 그래서 그는 '그리스도의 몸'(σῶμα Χριστοῦ: 고전 12:27) 개념을 통해서 에클레시아의 화합과 일치를 이룩하기 위한 **사회적 실천 생성 양식**을 다음과 같이 제시한다.10) 우선 교회

---

8) 사도회의 이후 유대인들은 할례 받지 않은 기독교인들이 유대인 사회에 유입되자 큰 소동을 일으켰고, 이로 말미암아 로마로부터 쫓겨나게 될 때(클라디우스 칙령: 41 또는 49년) 그리스도인들과 단절하려 한다. 한편 그리스도인들은 이 로마로부터 박해받은 유대인들에 의해서 오히려 시기와 질시를 받게 된다. 그래서 유대인들이 이 기독교 선교사들을 황제의 숭배를 거절하는 사람들로 기소하게 된다. 이제 이러한 갈등관계를 해결하고 기소를 면하기 위해서 그리스도인들은 유대인처럼 할례를 자발적으로 행함으로써 유대인 공동체에 참여하여 보호받으려 하지만, 이에 대해서 바울은 이러한 할례가 기독교인들에게 필요 없다는 것을 강조하기 위해서 의인론을 기술하기 시작하게 된다(갈 6:12-15). 이에 관해서는 Gerd Theissen, 1999, *A Theory of Primitive Christian Religion*, trans. John Bowden (London: SCM Press), pp.211-231과 필자의 글, "갈라디아서에서의 신학과 윤리의 관계", <신학과 문화> 제9집(2000), 서울: 한들출판사, pp.133-155 참조.
9) 바디우, 위의 책, pp.75-85.
10) '그리스도의 몸'이 고린도 교회에서 분열을 막고 새로운 기독교 공동체의 통일성을 확립하는 화해와 화합의 사회적 실천 과정을 지칭하는 은유적 표현이라는 필자의 주장의 주석학적 근거로는 Margaret Mitchell, 1991, *Paul and the Rhetoric of Reconciliation* (Louisville: Westminster/John Knox), pp.157-164, pp.267-270 참조. 또한, 바울이 고린도 교회에서 직면한 다양한 문제들과 몸 담론에 대한 미시정치적

가 그리스도의 몸이라는 것을 확정짓는 기원이 되는 기독교 의례는 성만찬(고전 11:23-26)이라는 점이 주목된다.11) 성만찬에 의해서 은혜의 그리스도 사건은 육의 죽음을 나타내는 포도주(피의 잔)와 영의 생명을 나타내는 떡(살)으로 전화(轉化)되고, 이 성만찬을 실행하고 그리스도에 의해 맺어진 새로운 계약을 기억하는 우리의 종교적 실천을 통해서 '그리스도의 몸'으로 전화된다(고전 10:16-17). 이제 영과 육의 이분법적 대립물은 몸으로 통일된다는 의미에서 성만찬은 변증법적이지만, 또 다른 한편 개인의 주체성과 관련된 그리스도 사건이 에클레시아의 공동체성과 관련된 그리스도의 몸으로 전화시킨다는 의미에서 다음과 같은 영토화/재영토화/탈영토화의 절합적 배치 과정과 연관된다('변증법적-절합적 배치').12) 이제 성만찬은 똑같은 시간에 똑같은 양의 떡과 포도주에 의해서 먹는 사람의 신분, 인종, 성 문화의 차이들이 정지되고(탈영토화), 이를 매개로 자신들의 공동체 內의 배치의 위치를 찾게 되고(영토화), 타자들의 다양한 차이들이 횡단적인 절합적 배치에 의해서 연합되는 그리스도의 몸으로 전화된다(재영토화). 결국 이 성만찬은, 종교적 실천이 타자들의 다양한 차이들을 횡단하여 사랑의 연합을 위한 사회적 실천을 요구한다는 의미에서, 종교적 실천의 생성은 사회적 실천의 조건이 된다.13)

이제 이러한 성만찬을 통해서만 영으로서의 '개인적' 주체는 타자와 연합되면서 공동체 안에서의 자신의 은사가 발현되는 에클레시아의 '사회적' 주체성을 확립된다. 여기에서 교인들의 다양한 은사들의 연합을 도모하기 위해서 바울은 신앙이 행할 수 있는 힘으로서의 사랑의 사회적 실천을 제시한다. 이 사랑은 신앙에서 시작된 구원의 가능성을 전투적 보편

해석에 관해서는 필자의 글, "고린도전서에서의 몸적 담론", <신학과 문화> 제12집(2002), 서울: 한들출판사, pp.133-155 참조.
11) '그리스도의 몸'의 기원이 성만찬에 있다고 주장하는 콘쩰만(H. Conzelmann)의 이론을 따랐다. 그리스도의 몸의 기원에 대한 다양한 이론의 소개에 관해서는 Georg Strecker, 2000, *Theology of the New Testament*, trans. E. Boring (Westminster: John Knox Press), pp.182-186.
12) 우선 '배치'(*agencement*)와 영토화/재영토화/탈영토화에 대한 보다 자세한 설명에 관해서는 질 들뢰즈/ 펠릭스 가타리, 『카프카』, 2001, 서울: 동문선, pp.187-201, 그리고 '절합적 배치'에 관해서는 이 글 각주 18) 참조; 또한 변증법과 관련된 '절합적 배치'의 개념에 관해서는 심광현, "칸트와 들뢰즈를 경유한 맑스: 문화사회의 인식적 지도 그리기", 『지구화시대의 맑스의 현재성·1』, 2003, 서울: 문화과학사, pp.447-457참조.
13) 성만찬의 새로운 변증법적 해석에 관해서는 필자의 글, "바울 사상의 유물론적 성서해석", 『지구화시대의 맑스의 현재성·1』, 2003, 서울: 문화과학사, pp.371-377.

성으로 끌어올릴 수 있는 그리스도 사건에 대한 '충실성'으로서 이해된다(고전 13장). 이 사랑의 사회적 실천은 공동체 內에 일관성 있는 신실한 주체를 제공하고, 진리의 지식을 넘어선 진리의 노동을 통해서 전투적 보편성을 즐거움 속에서 구현하게 된다. 그래서 바디우는 사랑은 진리의 생이고 진리의 쾌락이라고 주장한다(고전 13:6 – "사랑은 진리 안에서 즐거워 하나니……"). 이제 사랑의 실천은 노동에 의해서 해방의 구원을 이룩한다.14)

세 번째 단계(③)에서, 이제 우리는 바울이 개인과 개인 間의 관계에서 오는 사랑의 사회적 실천을 요구하였을 뿐만 아니라 다양한 고난 받는 억압받는 자들에 대해서 우선적으로 연대할 것을 촉구하는 공동교제(κοινωνία)의 개념을 확립하게 된 점을 중요시할 필요가 있다.15) 특히 빌립보서에서 바울은, 이제 고린도전서에서의 기독교인 개인들 間의 사랑을 더욱 발전시켜서, 고난에의 참여를 유도한 다양한 에클레시아(ἐκκλησία: 교회)들 間의 연대성(solidarity)을 확립하게 된다. 우선 공동교제의 개념은 바울이 빌립보 교회를 세울 때나 감옥에서 현재 당하는 바울의 고난의 상황이나 제 2 바울서신(Deutro-Pauline Epistles)을 쓰는 로마의 기독교 탄압의 상황과 같은 특정한 고난의 정황(억압의 현실)에 처한 자들에게 우선적으로 연대할 것을 요구하면서 형성되었다. 빌립보서에서는 고난 받은 자들에게 우선적 연대성을 요구하는 공동교제의 실천이 다음과 같은 역사적 배경에서 생성된다는 점이 주목된다: (가) 바울이 빌립보 교회를 세울 때에 당한 고난: 데살로니가와 빌립보에서 정치적 고난과 경제적 궁핍을 받을 때에 재정적인 후원과 신앙적인 연대성을 보여 준 것에 대해서 바울은 깊이 감사하게 된다. 바울은, 이것을 교회들 間의 연대성을 확립하는 '공동교제'(κοινωνία)의 모범적 사례로 제시하면서 한 마음, 한 뜻의 협력과 공동교제(κοινωνία)의 실천을 요구한다(빌 1:5-7; 1:27, 2:1-2, 3:10, 4:1-3, 4:13-15); (나) 현재 감옥에 갇히면서 당한 바울의 고난 경험: 바울은 에베소(또는 로마나 가이사랴)에 있는 감옥에 갇히게 되었을 때 자신의 고난에 동참한 빌립보 교회를 칭찬할 뿐만 아니라, 그들이 현재 당하고 있는 시련의 고난을 이길 수 있도록 용기를 불어 넣기 위해서 기쁨으

---

14) Badiou, *Saint Paul*, pp.90-92; 갈 5:6.
15) '공동교제'를 고난 받고 억압받는 자들에게 우선적으로 부여하는 사회적 연대성과 관련시킨 신학적 작업에 관해서는 Anselm Kyongsuk Min, 2004, *The Solidarity of Others in A Divided World: A Postmodern Theology after Postmodernism* (New York: T & T Clark International), pp.138-143 참조.

로 고난에 참여하는 공동교제를 권면한다(빌 1:12-26, 2:18; 3:1; 4:4); (다) 박해의 시기(도미티안(Donitian) 황제: 81-96과 트라얀(Trajan) 황제: 98-117)에 편집자가 제기하는 바울의 공동교제 실천 모방 권면: 제 2 바울서신의 편집자들은 로마의 기독교 박해에 대항하는 그리스도의 자기 비하적 종됨의 삶(빌 2:6-11)을 본받은 사도 바울의 삶을 닮게 되기를 간청한다(빌 3:2-21).16) 여기에서 중요한 점은 이 에클레시아들 사이의 연대성이 위의 세 가지 통시적 흐름 속에서 계속 반복해서 강조된다는 점이다.

위의 역사적 상황의 반복적 형태에 비추어 보면, 우리는 이제 빌립보서에서의 에클레시아들 間의 연대성은 유대문화와 헬라 문화와의 문화적 충돌과 로마와 권력관계에서 오는 알력관계나 사회 심리적 경쟁관계에 의해서 형성된다는 것을 알 수 있게 된다. 이런 의미에서 고난에의 참여를 도모하는 '공동교제'는 바로 이러한 유대와 헬라, 그리고 로마의 종교와 문화의 충돌의 소용돌이 한 복판에서 고난 받은 억압받은 자에게 우선적으로 교제할 것을 요청하는 기독교의 **네트워크 구성 양식**의 새로운 형태를 나타내는 핵심 용어(key word)가 되었다고 상정할 수 있을 것이다. 여기에서 제시되는 기독교의 공동교제의 윤리적 풍토는 결국 문화적 충돌과 종교적 억압 한 가운데서 일어나는 고난 받은 자들에게 우선적으로 서로 교제하여 도와주는 기독교인의 **네트워크 구성 양식**이라는 것을 알 수 있다. 결국 문화적 충돌과 정치적 억압의 한 복판에서 형성되는 공동교제는 교회들 間의 문화적 차이에도 불구하고 상호 협조하는 에클레시아들 間의 연대성을 확립하게 된다. 더구나, 공동교제는 단순히 '영'의 **주체 형성 양식**이나 '그리스도의 몸'에 근거한 사랑의 연합을 구축하는 **사회적 실천 생성 양식**뿐 아니라, 에클레시아들 사이의 상호연대성이 긴급히 요구되는 하늘에 있는 시민권(πολιτεύμα: 3:20)과 관련된다(빌 1:24-30, 3:15-21). 바울은, 이 시민권을 가진 그리스도인이 복음에 합당하게 살도록(πολιτεύεσθε: 1:27) 권면하였을 때, '하나님의 나라'의 정의의 정치적 이상과 '에클레시아'의 공동교제의 윤리적 풍토를 상호 연결시켜서 기독교 공동체의 **네트워크 구성 양식**을 제시하고 있는 것이다.

마지막 네 번째 단계(④)에서, 바울은 특히 로마서에서 하나님의 나라의 보다 넓은 지

---

16) 이에 관한 자세한 논의에 대해서는 필자의 글, "빌립보서의 신학과 윤리의 관계: 탈식민주의 비평에 근거해서", <신학과 문화> 제12집(2003), 서울: 한들출판사, pp.136-178 참조.

평에서 이제까지 자신의 서신에서 전개되었던 기독교인의 **주체형성 양식**(갈라디아서)과 에클레시아의 사회적 **실천 생성 양식**(고린도전서), 그리고 교회 間 연대와 공동교제의 네트워크 **구성 양식**(빌립보서)을 종교정치적 구원사건의 속죄론적 테마에 의해서 새롭게 절합시킴으로써 기독교의 구속론적 평화의 복음을 로마제국에 변증하려 한다. 롬 2:12-7:25에서는 의인론('그리스도 사건')과 연관된 **주체 형성 양식**, 롬 3-15(특히 12:3-13)에서는 속죄론('그리스도의 몸')과 연관된 **사회적 실천 생성 양식**이, 롬 5:9-11, 11:15, 8장, 16장에서는 화해론('공동교제')과 연관된 **네크워크 구성 양식**이 새롭게 배치된다고 볼 수 있게 된다.17) 특히 롬 2:12-7:25에서는 유대주의자들을 향해서 갈라디아서의 의인론을 다시 한번 체계적으로 논의한다. 이제 바울은 율법, 죄, 사망과의 내적 연관성의 문제가 해결되는 궁극적인 구원의 주제인 구속론적 정의론(의인론)을 反폭력적 평화를 도모하는 속죄론의 형태로 제시하고자 한다. 여기에서 바울은 갈라디아서에서의 영과 육의 이원론에 근거한 의인론과는 또 다른, 폭력과 反폭력의 이원론에 근거한 속죄론적 구속론을 제시한다. 바울은 이제 로마제국 내에서 일어나게 될 정치적 갈등의 근원을 유대인과 기독교인과 로마 제국과의 정의와 평화에 대한 종교적 신념의 차이로 이해하게 된다. 결국 그는 정의의 근거가 反폭력적 속죄론에 나타난 화해라는 의미에서 에클레시아의 형성 근거를 하나님의 사랑에 의해서 일으키시는 종교정치적 구원사건으로 간주하게 된다. 그래서 12-15장에서는 특히 기독교의 삶의 방식을 위의 구원사건에 근거한 평화실천의 **절합적 배치 양식**18)으로 제안하게 된다.

---

17) 로마서가 그 이전의 바울서신에 나타난 주제들을 반복하고 있는 점에 관해서는 Günther Bornkamm, 1991, "The Letter to the Romans as Paul's Last Will and Testament", *The Romans Debate* ed. Karl P. Donfried (Peabody: Hendrickson), pp.16-28 참조; 롬 8에서의 고통 받는 인류의 연대성에 관해서는 루이제 쇼트로프, "하나님의 영이 육을 변화시킨다", 남정우 역, 『평화와 정의』, 1989, 서울: 대한기독교서회, pp.63-88과 전경연, 『로마서 신학』, 1999, 서울: 대한기독교서회, pp.315-343 참조; 롬 16장에서의 가정교회들 間, 귀족과 하층계급 間, 유대계와 이방계 그리스도인 間, 여성과 남성 間의 네트워크 방식을 사회사적 관점에서 기술한 것에 관해서는 Peter Lampe, 1991, "The Roman Christians of Romans 16", 위의 책, pp.216-230 참조.

18) **절합적 배치 양식**이란, 계급투쟁적 대립물의 적대관계가 성, 인종, 생태 등의 문화적 차이들의 갈등관계를 결정한다고 생각하는 이전의 전통 맑시즘의 사회구성체 이론과 달리, 적대관계가 갈등관계에 미치는 영향이 크다는 점이 어느 정도 인정되지만 갈등관계의 자율성과 그 주도적 역할의 중요성을 또한 상대적으로 인식함으로써 적대관계와 갈등관계의 적절한 배치 전략에 따라서 기존의 사회구조

더구나, 9-11장에서 바울은 이스라엘 전체의 구원의 문제를 모든 민족의 모든 인간에게 선포되는 복음의 보편성 문제(1:1-2:11)와 연관시킴으로써 로마 제국의 평화(Pax Romana)와 대체되는 '기독교 제국'의 평화(Pax Christi)의 가능성을 탐색한다. 하나님은 자기 백성의 특수성을 버리지 않으셨다(롬 11:1). 하나님은 이스라엘의 구원의 문제(롬 11:26)를 개인적 '믿음'과 공동체적 '사랑'의 지평을 넘어서는 하나님의 정의(δικαιοσύνη θεοῦ) 확립을 위한 '희망'의 보편적 지평 속에서 해결하실 것이다(롬 14:17). 여기에서 희망은 단순히 미래의 시간의 문제와 관련되기 보다는 공동체들 間의 관계에서 확립되는 하나님의 은혜와 평화의 공간적 확대의 문제와 연관된다(롬 15:13).[19] 이제 이와 더불어 12-15장에서, 바울은 본격적으로 유대계 기독교인들과 이방계 기독교인들 간의 갈등을 약자와 강자의 세력 관계의 문제로 이해하게 되고, 이를 근원적으로 해결하기 위해서 로마의 평화에 대적하는 '평화의 하나님(Θεὸς εἰρήνης: 롬 15:33, 16:20)'의 종교정치적 구원사건을 소개하고, 로마 제국과 기독교 에클레시아 사이의 사회적 관계 형성을 위한 새로운 **절합적 배치 양식**을 평화실천의 방법으로 제시하게 된다. 이제 바울은 로마 제국 내에서 기독교인들의 평화적 삶의 태도가 어떻게 기독교의 변증적 효과를 나타낼 수 있는지에 관해서 논의한다.

3. 로마서에서의 평화신학의 보편성: 그 원리와 평화 실천 전략

우리는 바울의 사상의 최종적 발전 형태인 로마서에서의 평화신학을 이해하기 위해서 로마서의 목적에 관한 최근 필자의 연구 결과를 주목할 필요가 있다.[20] 로마서의 목적은

를 변혁/이행시키려는 새로운 **사회운동**의 사회 변혁 전략과 그 실천 패턴을 나타낼 때 사용된다. 특히 이 절합적 배치 개념은 탈근대사회에서 자주 논의되는 계급적 관계의 사회구성과정과 비계급적 관계의 주체화 과정 사이의 상호관계, 경제적, 문화적, 정치적 실천들과 지구화/정보화/지방화의 네트워크 양식 사이의 상호관계, 계급동맹과 헤게모니 간의 상호관계에 자주 적용된다. 이 개념에 대한 자세한 설명과 그 중요성에 관해서는 심광현, "이데올로기 비판과 욕망의 정치학의 '절합'", 『문화사회와 문화정치』, 2003, 서울: 문화과학사, pp.261-280 참조. 본 논문에서, 필자는 이 개념을 그리스도 사건과 종교정치적 구원사건, 종교와 정치 및 종교와 사회, 평화실천과 사랑실천의 상호관계와 같은 로마서의 평화신학의 형성 과정 뿐 아니라, 의인론, 속죄론, 화해론의 모티브와 평화의 모티브가 상호 관련되는 배열 패턴과 같은 로마서 서술양식에도 적용하려 한다.

19) 바디우, 위의 책, pp.93-97.
20) 이에 관해서는 필자의 글, "로마서의 주제로서의 구속론적 정의 이해: 참여와 화해", <신학과 문화> 제13집(2003), 서울: 한들출판사, pp.157-194 참조. 이글에서 필자는 로마서가 새로운 의인론의 주제

유대주의적 이방계/유대계 기독교인과 反율법주의적 이방계/유대계 기독교인 사이에서 신학적 입장에 따라 사회적 갈등으로 서로 대립되는 정황에서, 한편으로는 새로운 구속론적 복음과 이에 적합한 삶의 방식을 설명하고, 다른 한편, 간접적으로는 이방인들에게 복음을 변증하는 것이었다. 더 나아가서 우리는, 슈미탈스(W. Schmithals)의 단편가설21)에 따라서 롬 1-11장과 12-15장의 역사적 정황을 각각 서로 다르게 설정하면, 다음과 같이 각각 그 목적을 새롭게 제시할 수 있다. 전자의 1-11장이 유대주의화된 기독교인에게 바울이 의인론의 사회정치적 의미(바울 자신의 복음)를 설명하여 에클레시아에 **참여하여** 죄의 굴레로부터 **구속**될 것을 촉구하는 복음 변증의 목적으로 형성된 것으로 이해하는 반면, 후자의 12-15장은 유대계와 이방계 기독교인의 상호 **화해**를 도모하고 로마의 이방인들과는 **평화**의 삶을 살도록 촉구하기 위해서 특히 이방계 기독교인에게 바울이 설득하려는 정황에서 형성되었다고 간주하게게 된다. 특히 로마서는, '설득-논설'(λόγος προτρεπτικός)의 장르로서, 로마제국 내의 헬라 세계에 기독교의 복음과 이에 적합한 삶의 방식이 행복한 삶을 영위하는데 더 적합하다고 설득함으로써 기독교의 진리성을 변증하려는 **목적으로 쓰여졌다.**22) 특히 언(Aune)에 의하면, 설득-논설 장르의 기능은 독자가 취하고 있는 잘못된 신앙과 윤리적 실천으로부터 탈피하여 특정한 종교나 철학으로 개종하는 것이다. 또한 그에 의하면, 로마서는, 바울이 가르침, 설득, 토론 등의 다양한 '삶의 정황'에서 구전으로 오랫동안 발전시킨 독립적인 세 개의 단편 설득-논설들(1:6-2:11, 2:12-4: 25,

---

를, 하나님과 인간과의 수직적 관계와 연관된 자기반성적 실존 신학적 범주로 구성하였다기보다는, 새로운 기독교 제국을 건설하기 위해서 하나님의 정의와 도시의 정의가 상호 연관된 속죄론적 구속론의 주제와 연관시키면서 기독교 에클레시아와 로마제국 間의 사회적 관계에 관한 정치신학적 범주로 제기하였다고 주장한 바 있다.

21) A. J. M. Wedderburn, "Purpose and Occasion of Romans Again", *Romans Debate*, 195-202; Udo Schnelle, 1998, *The History and the Theology of The New Testament Writings*, trans. E. U. Boring (London: SCM press), pp.109-120. 슈미탈스에 의하면, **로마서 A**(1:1-4:25, 5:12-11:36, 15:8-13)는 '하나님 경외자'로서 유대주의적 이방계 기독교인에게 쓰여진 것인 반면, **로마서 B**(롬 12:1-21; 13:8-10; 14:1-15:7, 15:14-32; 16:21-23, 15:33)는 바울의 복음에 설득되었지만 다른 기독교인들과 화해하지 못하는 이방계 기독교인에게 보내진 것이다. 그리고 **로마서 C**(16:1-20)와 **최종 편집 단계의 파편들** (5:1-11, 13:1-7, 13:11-14, 16:25-27 등)은 이후에 첨가된 것이다.

22) 이러한 변증적 목적을 강조하는 경향은 로마서의 수사학적인 특성을 철학적 권면과 설득으로 이해하거나, 로마서의 장르 자체를 '설득-논설'(λόγος προτρεπτικός)이나 '서간문 에세이'(Letter-Essay)로서 간주하는 몇몇 학자들의 주장에 잘 나타난다. 이에 관해서는 *Romans Debate*, pp.128-171, pp.278-296 참조.

5:1-8:39 [예외 9:1-11:36])이 로마 교회의 대내외적(對內外的) 역사적 상황에 적합한 기독교인의 삶의 방식에 관한 권면(12:1-15:13)과 함께 기본 골격을 이루고, 다시 이것들이 서간문의 기본 형식(1:1-5과 15:14-16:27)으로 포장되어, '설득-논설'의 장르로 완성되었다.23)

위에서 제기한 로마서의 목적에 비추어 보면, 바울이 로마 제국 內에 다른 다양한 신앙관과 그에 근거한 정치 체제와 통치 방식에 대항하여 하나님의 정의에 근거한 새로운 평화의 정치체제와 그 통치 원리를 제시하려 했다는 점이 특히 주목된다. 더구나 유대계와 이방계 기독교인들 間의 갈등 해결의 문제(롬 9-11, 12-15)만이 아니라, 유대인과 이방인에게 보편적으로 수용될 수 있는 종교정치적 의미의 구원사건의 복음을 설득하려 했다는 견해가 새롭게 중요하게 다뤄져야 할 것이다. 이런 의미에서, 바울의 평화신학은 바울 자신이 그동안 선포하였던 하나님의 정의(正義)에 관한 의인론의 복음을 재배치하여 속죄론과 절합시킴으로써 유대주의적 기독교인들과 反율법주의적 기독교인들, 유대인들과 이방인들 등, 다양한 종류의 사람들 間의 사회적 갈등과 적대를 극복하고 화해를 도모하는 사회적 관계 형성 방식(평화실천의 절합적 배치 전략)과 깊은 연관성을 갖게 된다. 더 나아가서 위의 바울 신학의 네 가지 발전 단계에 비추어 보면, 우리는 로마서에서 영/육의 의인론과 연관된 주체형성 양식이 어떻게 속죄론의 사회적 실천 생성 양식이나 화해론의 네트워크 구성 양식과 연관되어 평화신학의 보편성이 확립되는지, 그리고 로마제국에 대항하는 에클레시아(ἐκκλησία)의 사회적 관계에 대하여 어떤 평화실천 방식이 제안되는지 탐구해야 할 것이다.

1) 평화신학의 보편성 확립을 위한 의인론, 속죄론, 화해론의 절합적 배치

로마서에서 바울은 로마제국 안에 있는 교회 內의 문화적 갈등과 로마제국과의 정치적 갈등 관계를 해결하기 위해서 단순히 자기반성의 실존적 의미에서의 이신칭의 의인론을

---

23) 로마서의 '설득-논설' 장르로서의 특성에 관해서는 David E. Aune, 2004, *The Westminster Dictionary of New Testament and Early Christian Literature and Rhetoric* (LouisvilleLondon: Westminster John Knox Press), pp.383-386, pp.428-432 참조. 특히 언에 의하면, '설득-논설'은 다음과 같이 보통 세 가지 부분으로 구성된다: (1) 주로 검열[ἐλεγχτικός]과 비교[σύγκρισις]의 수사학 사용 - 예: 1:16-4:25), (2) 주로 논증[ἐνδεικτικός]의 수사학 사용: 예: 롬 5:1-8:39), (3) 독자에게 권면 호소 부분(예: 롬 12:1-15:13).

반복한 것이 아니라, 유대의 속죄론적 희생제의에 비추어서 의인론을 재해석하게 된다. 이제 예수의 대속론적 자기희생적 죽음은 종교정치적 차원에서의 에클레시아 생성의 종말론적 근거로 이해하게 된다. 그래서 하나님의 사랑과 화해의 모티브들이 의인론과 속죄론을 상호절합하게 됨으로써 평화신학의 보편성을 확립시키게 된다.

로마서에서 바울은 우선 의인론과 자기희생적인 대속적 죽음(속죄론)이 상호연관되어 나타나는 종교정치적 의미의 구원사건을 제시한다. 이러한 특성은 다음과 같은 성서 구절에서 암시적으로 나타난다: 롬 3:21-26, 4:25, 5:8-10, 6:2, 6:8-10, 8:3, 8:19-23, 8:32, 8:34, 14:9, 15:16.24) 특히 롬 4:25에서 속죄론은 의인론과 상호절합되어 재배치된다: "예수는 우리 범죄함을 위하여(διὰ: 때문에) 내어줌이 되고(παρεδόθη) 또한 우리를 의롭다 하심을 위하여(διὰ: 때문에) 살아나셨느니라"(롬 4:25). 여기서는 예수의 대속적 죽음과 부활이 각각 속죄론과 의인론과 상호 교차연관된 구속사건으로 이해된다. 특히, 롬 3:25-26, 5:6, 8과 14:8-9에서는25), "우리를 위하여 죽으셨다"는 예수의 자기희생적인 대속적 죽음의 모티브가 구속사건과 연관된다.26) 여기에서 '그리스도가 우리를 위해서(ὑπὲρ) 죽으셨다'는 표현은 이사야 40-55장의 '종의 노래'(사 42:1-9, 49:1-6, 50:4-9, 52:13- 53:12)에 나타난 '고난의 종'의 대속적 자기희생의 전승을 나타낸다고 볼 수 있다.27) 왜냐하면 이 '종의 노래'에서

---

24) C. M. Tuckett, 1992, "Atonement", *Anchor Bible Dictionary (ABD)* vol. I (New York: Doubleday), 518-522; Hans-Josef Klauck, 1992, "Sacrifice and Sacrificial offerings (N.T.)", *ABD* vol. V, pp.886-891.
25) 롬 3:25: "이 예수를 하나님이 **그의 피로 인하여** 믿음으로 말미암는 화목 제물로 세우셨으니 …… **예수 믿는 자를 의롭다 하려 하심이니라**"; 롬 5:6, 8: "우리가 아직 연약할 때에 기약대로 그리스도께서 경건치 않는 자를 **위하여 죽으셨도다** …… 우리가 아직 죄인 되었을 때에 그리스도께서 **우리를 위하여 죽으심으로** ……."; 롬 14:8-9: "우리가 살아도 주를 위하여 살고 죽어도 주를 위하여 죽나니 그러므로 사나 죽으나 우리가 주의 것이로다 **이를 위하여 그리스도께서 죽었다가** 다시 살으셨으니 곧 죽은 자와 산자의 주가 되려 하심이니라".
26) 자기희생적인 대속적 죽음의 구원론적 동기에 관해서는 슈바거(R. Schwager)의 견해를 제시할 수 있다. 그에 의하면, 예수의 자기희생적 죽음 이해가 다음과 같이 유대교의 희생제의나 헬라의 고대의 희생제의 이해와 다르다: ① 예수는 하나님에 대한 복종과 反폭력적 사랑을 위해서 자신이 적들에 의해서 핍박당하도록 허용하셨다. ② 예수는 그의 적들까지도 악의 피해자라는 점에서 그의 적들과 동일시한다. ③ 예수는 하나님에게 그의 적들까지도 같은 형제가 되도록 하나님에게 중보의 기도를 드린다. ④ 오순절에 보편적인 성령 강림은 죄인들을 회개하도록 인도한다. 이를 위해서는 R. Schwager, S. J., 1985, "Christ's Death and the Prophetic Critique of Sacrifice", *Se* 33 (Atlanta: Scholar's Press), pp.109-123 참조.
27) 마르틴 헹겔(전경연 역), 『신약성서의 속죄론』, 2003, 서울: 기독교서회, pp.84-105.

는 이제 범죄자 자신을 대신하는 보복할 수 없는 동물이 아니라, 인간인 종의 자발적인 자기희생으로 이스라엘 전체의 죄 대신 고난당하게 되어 희생제물로서 죽게 되는 대속적 자기희생의 구속사건이 잘 묘사되어 있기 때문이다.28)

위의 성경구절에서 알 수 있는 바와 같이, 그리스도가 우리의 죄를 위해서 죽으셨다는 자기희생적인 대속적 죽음은, 이제 우리를 위해 죽은 자가 단순히 구약의 '고난의 종'이 아니라 더 나아가서 미래의 종말론적 왕인 메시아 자신('그리스도')의 죽음이라는 것이 부활에 의해서 확증된다는 확신 때문에, 단순히 갈라디아서의 의인론에서처럼 개인의 주체형성 양식만을 나타내지 않는다. 또한 바울은 예수의 대속적 죽음을, 유대교의 희생제의의 속죄론과 달리, 하나님과 인간과의 관계만이 아니라 공동체 내의 인간과 인간과의 사회적 관계와 관련시킨다. 왜냐하면 메시아의 자발적인 자기희생의 죽음은 사회적 유대와 일체성이 왕에 의해서 형성되는 이스라엘에서는 그 속죄의 효과가 국가 통치 질서 전부와 관련된 정치적 영역에까지 미치게 되기 때문이다. 위의 로마서의 대속적 죽음의 동기는 유대의 대속죄일(Yom Kippur)에 대제사장이 지성소 앞에 함께 참석한 사람들 모두의 죄를 그 속죄 제물로 말미암아 깨끗하게 한다는 유대종교의 희생제의 전승과 연관된다는 것을 알 수 있다(레 16장과 히 7-8장).29) 이제 그리스도의 부활은 십자가에 자기희생으로 죽은 자가 바로 왕인 메시야라는 것을 확인시킨다면, 이는 메시야의 대리적 죽음의 효과와 그 대속의 의미가 단순히 대제장이 드리는 동물의 희생제의의 종교적 효과를 뛰어 넘어 사회적 관계를 안정시키는 정의로운 통치의 문제와 연관된다고 볼 수 있다.

위의 메시아로서의 그리스도의 죽음의 극대화된 효과를 보다 명료히 이해하기 위해서는 구약 희생제의의 사회적 의미를 고찰할 필요가 있다. 왜냐하면 이전의 속죄론의 연구 경향은 결국 로마서의 속죄론에 은폐된 상징적 폭력성(초석적 폭력과 모방적 욕망 등)의 사회적 의미와 이를 극복하려는 신학적 의미를 삭제하는 방향으로 논의되어 왔기 때문이

---

28) 류성민, 『성스러움과 폭력』, 2003, 서울: 살림, 72; "실상 그(종)는 우리가 앓을 병을 앓아 주었으며 우리가 받을 고통을 겪어 주었구나 …… 그를 찌른 것은 우리의 반역죄요 그를 으스러뜨린 것은 우리의 악행이었다. 야훼께서 그를 때리시고 찌르신 것은 뜻이 있어 하신 일이었다. 그 뜻을 따라 그는 자기의 생명을 속죄의 제물로 내놓았다."(이사야 53:4-10, 공동번역)
29) Hans-Josef Klauck, 1992, "Sacrifice and Sacrificial offerings (N.T.)", *ABD* vol. V, 888-889; 특히 롬 3:25절의 주석에 대해서는 피츠마이어(정수복 역), 『바울로의 신학』, 1973, 서울: 분도출판사, pp.80-86 참조.

다.30) 구약의 '정화 제물'(hatta't) 희생제의 전승(레 4:1-5:13, 민 15:22-31)에 의하면, 죄 자체 보다 죄의 효과가 미치는 사회적 영향에 더 관심이 있기 때문에 성소를 더럽힌 죄를 정화하기 위해서 동물제물의 피가 성소에 뿌려지게 된다.31) 여기에서 희생제물은 죄를 지은 사람의 사회적 신분과 지위에 따라 그 속죄 제물의 대상과 피 뿌리는 장소도 달리 선택된다. 신분이 높은 사람일수록 더 귀하고 값비싼 속죄 제물을 바쳐야 한다. 더구나 폭력의 사회적 위기를 해결하기 위해서는, 신 21:1-9에서처럼 그 시체가 발견되었지만 폭력을 저지른 사람이 발견되지 않았을 경우에도 보복의 폭력이 사회 전체에 퍼지게 될 가능성을 차단하기 위해서, 그 공동체의 대표가 어린 암소를 제물로 드리게 되었다.32) 이처럼, 실수나 부주의에 의해 저지른 폭력적인 죄가 일으키는 사회적인 혼란을 차단하기 위해서 주로 희생제를 드렸다는 것을 염두에 두면, 로마서에서의 메시아의 자기희생적인 대속적 죽음에 의한 속죄는 유대인든 이방인이든지 범죄자가 자신도 알지 못하고 저지르는 폭력/反폭력의 악순환과 무한 경쟁의 모방적 욕망과 관련된 사회적 '죄'로부터 근원적으로 구속되는 종교정치적 구원사건의 의미로 이해되는 최대한의 효과를 가져 올 수 있다고 추론할 수 있게 된다.

---

30) 기존의 속죄론 해석들은 결국 한 사회의 기원과 생성 과정에서 일어나는 집단적 폭력성(모방적 욕망에 의한 상호경쟁의 극단화, 무차별적인 '초석적 폭력'[la violence fondatrice]의 위기, 자기-기만의 '대리적' 만족 속성, 이기적인 자기 합리화를 위한 신화와 희생제의 제정)의 심각성을 간파하지 못하였다. 반면 필자의 속죄론 해석은, 하나님과 인간의 '수직적' 관계에서 일어난 무시간적인 신비체험을 통해 성스러운 우주적 질서를 깨닫는 실존적 의미의 문제를 다루는 기존의 해석과 달리, 사회 구성원들 間의 '수평적' 관계에서 벌어지는 무차별적인 집단적 폭력성을 막기 위해서 형성되는 희생제의의 사회적 의미의 문제를 중요시한다. 이에 관해서는 르네 지라르(김진석/박무호 역), 『폭력과 성스러움』, 1993, 서울: 민음사, pp.137-179, pp.61-103, pp.333-376 참조.
31) Gary Anderson, 1992, "Sacrifice and Sacrificial offerings(O.T.)", *Anchor Bible Dictionary* vol. V, pp.879-880. 앤더슨에 의하면, 구약의 희생제의는 '번제물'(레 1: ola), '평화 제물'(레 7:11-18: selamim), '정화 제물'(hatta't), '보상 제물'(레 5:14-19: 'asam)로 분류될 수 있다; 류성민, 『성스러움과 폭력』, pp.60-65.
32) 류성민, 『성스러움과 폭력』, pp.60-65; 사제와 모든 회중은 황소를 성막과 분향단 및 번제단에, 고관은 숫염소를 번제단에, 일반 백성은 암 염소를 번제단에 속죄제물로 바치게 되었다. 유대교 희생제의는 중죄의 경우에는 벌을 받은 뒤에 드려졌다. 반면 주로 가벼운 죄, 즉 실수로 제물을 바치지 못한 죄, 야웨 하나님께 불성실한 죄, 사소한 횡령, 도둑질, 실수로 부정한 것을 접촉한 죄에 대해서는 희생제의만으로 그 죄가 사해졌다.

이런 의미에서, 로마 제국에 대항하는 평화의 원리와 실천 전략을 제안하기 위해서 바울은 속죄론의 모티브들과 의인론의 모티브들을 하나님의 사랑의 모티브에 의해서 상호 교차시킴으로써 평화신학의 **보편성**을 확립한다. 우선 바울에 의하면, 그리스도가 단순히 이스라엘의 메시아가 아니라 로마제국의 황제와 대비되는 종말론적 의미의 '하나님의 아들'이라면(롬 1:3-4, 8:32), 그의 죽음과 부활에서 나타나는 구속론적 복음은 종교 공동체를 넘어서 로마제국 전체의 모든 민족들에게 단번에 정치적인 영역에도 그 영향이 깊이 미치게 되는 '정의로운 평화'33)의 보편적 지평을 제공하게 된다. 그리스도의 대속적인 죽음의 동기는 단순히 왕인 예수의 영웅적 자기희생 자체가 아니라 하나님이 자신의 아들을 내어주시는 사랑이다: "우리가 아직 죄인 되었을 때에 그리스도께서 우리를 위하여 죽으심으로 하나님께서 우리에게 대한 자기의 사랑을 확증하셨느니라 그러면 이제 우리가 그 피를 인하여 의롭다 하심을 얻었은즉 더욱 그로 말미암아 진노하심에서 **구원을 얻을 것이니**"(롬 5:8-9) 여기에서 하나님의 사랑의 모티브는 그리스도의 희생적인 대속적 죽음(속죄)과 폭력의 악순환을 극복하는 하나님의 정의(의인)를 상호절합시켜서 보편적인 구원론을 확정하게 된다. 이제 십자가에 달리신 그리스도의 죽음이 온 인류의 죄에 대해서 죽는 최종적인 속죄의 죽음이라는 것을 암시적으로 다음과 같이 제시한다: "그의 죽으심은 죄에 대하여 단번에 죽으심이요 그의 살으심은 하나님께 대하여 살으심이니"(롬 6:10--비교: 고후 5:14-15). 여기에서 하나님의 사랑에 의해서 희생양으로서의 그리스도의 대속적 죽음이 폭력의 악순환을 정당화하는 희생양 제의 자체까지도 폐기하였다는 역설이 추론될 수 있다. 왜냐하면 구약의 희생제의가 사회의 무차별적 폭력을 더 작은 대리적 폭력(동물의 피를 흘림)에 의해서 차단하는 것이라는 점에서 암묵적으로 폭력을 인정하는 것이었던 반면, 하나님의 사랑에 의해서 의인과 속죄가 상호절합된 그리스도의 대속적 죽음과 부활은 희생제의에 내재된 '희생양 기제'(scapegoating mechanism)34) 자체까지

---

33) '정의로운 평화'는 법, 경제, 국제정치, 문화의 영역에서도 하나님의 정의를 확립하기 위해서 기독교인의 전투적인 평화실천이 필요하다는 것을 강조하는 개념이다. 이 용어는 "평화의 보존, 증진, 갱신"[서독 개신교 평화백서: 1981]에서 기독교인의 평화실천을 규정하기 위해서 형성되었다. 손규태, "한국 개신교 평화윤리 서설", <폭력과 전쟁 그리고 평화> 제4집(2002), 서울: 한들출판사, pp.25-26 참조.
34) 희생양 기제란 르네 지라르(René Girard)가 문학 작품과 신화, 더 나아가 희생제의에 나타난 희생양

도 이제는 무효화시키는 평화신학의 보편성의 근거로서의 종교정치적 구원사건이 될 수 있기 때문이다.

더 나아가서, 하나님의 사랑에 의해서 확립된 그리스도의 자기희생적인 대속적 죽음은, 영/육의 이원론에 의해서 주도되는 주체형성 양식의 신학적 근거가 될 뿐 아니라, '정의로운 평화'에 근거한 사회적 관계의 절합적 배치가 전혀 새롭게 나타나는 에클레시아(ἐκκλησία: 교회)의 생성 조건이 된다. 로마서의 희생제의적 관점에서 본 의인론과 속죄론의 상호교차적 연결관계는 바로 유대종교의 **특수성**에서 기독교의 **보편성**으로 **이행하는** 역사적 과정을 드러낸다. 이제 구약의 이스라엘 공동체의 상징적 질서는 폐기되고 일시에 새로운 기독교 공동체인 에클레시아의 상징적 질서가 탄생된다. 그래서 바울은 하나님이 **자신의 아들의** 죽음을 모든 사람들의 보편적인 구속을 위해서 허락하실 뿐 아니라, 모든 것을 에클레시아의 은사의 충만함이 되도록 또한 우리에게 내어주신다고 주장한다: "자기 아들을 아끼지 아니하시고 **우리 모든 사람**을 위하여 내어 주신 이가 어찌 그 아들과 함께 모든 것을 우리에게 은사로 주지 아니하시겠느뇨"(롬 8:32). 여기에서 에클레시아의 탄생은 모든 사회공동체에 보편적으로 내재하는 초석적 폭력의 '희생양 기제' 자체를 폐기하는 그리스도의 자기희생적인 대속적 죽음에서 유래한다. 그래서 결국, 로마서의 속죄론은, 유대 공동체의 상징적 질서의 기원과 그 생성 과정에서 초석적 폭력(모방적 욕망, 집단적 충동, 무한 경쟁의 권력에의 의지 등)이 연루되어 있다는 은폐된 진실을, 폭로하고 있는 것이다.35) 이처럼 하나님의 사랑에 의해서 유대교의 희생제의의 폭력의 악순환을

모티브와 여기에 내포된 사회형성 과정에 내제된 폭력성의 사회적 의미와 밀접하게 연관된다. 이 희생양 기제는, 한 사회의 구성원들 사이에 경쟁과 갈등이 심화되어 무차별적 폭력의 희생 위기에 직면하였을 때 그 사회 구성원 전부가 단합하여 임의로/무의식적으로 선정된 단 한명의 '대리적'(surrogate) 희생물(victim)을 만장일치로 범죄자로 내몰아서 그에게 집단적 모욕과 폭력을 가하여 죽음에 이르게 하고, 사회 정화의 성스러운 대의를 위해서 자신들의 죄책을 이 희생물에게 전가하게 되는, 사회적 과정이 내포된다. 하지만 일단 이 폭력적 행사에 의해서 피해자가 제거된 이후에는, 새롭게 정화된 공동체 형성을 위해서 자신들의 죄를 대신해서 죽었다는 그럴듯한 이유로 그의 희생적 죽음을 찬양하고 이 대리적 희생양을 성스러운 숭배자로서 추앙하게 되는 신화와 제의를 만들어 자신들의 행동을 합리화시키는 자기 기만적인 역설적 사회적 과정이 수반된다. 이에 대한 자세한 설명에 관해서는 지라르, 『폭력과 성스러움』, pp.61-103, pp.125-179 참조.

35) 최근의 문화인류학은 희생제의를 상징적 질서'(l'ordre symbolique)의 생성과정과 기원과 연계시킬 뿐 아니라, 이 희생제의의 정치적, 사회적 의미를 상징적 질서의 구조 내외의 교환과 그 구조화의

단절하는 평화의 발본적인 토대 위에서 에클레시아의 정의가 새롭게 확립되었다고 새롭게 해석하게 될 때, 의인론과 속죄론이 상호절합되어 나타나는 바울의 그리스도 사건 재해석은 '정의로운 평화의 종교정치적 구원사건'36)이라고 명명할 수 있다.

또한 평화신학의 보편성의 또 다른 근거는 의인론에 기초한 화해론(롬 5:9-11, 11:15)이다.37) 여기에서 중요한 점은 속죄론과 의인론이 상호절합되어 배치되는 것과 비슷하게, 화해론과 의인론의 동기가 상호절합되어 새롭게 배치되어 나타난다는 점이다(절합적 배치 양식). 그래서 롬 3:21-26에서 의인이 속죄 및 화해(롬 3:25: ἱλαστήριον: 화목제물)와 구속(롬 3:24: ἀπολυτρώσις)과 함께 동시에 평행되게 나오는 것과 비슷하게, 롬 5:6-10에서 과거수동형의 '의롭게 되었음'(δικαιωθέντες)과 '화해되었음'(ὄντες κατηλλαγήμεν)의 상호교차관계는 구원사건(σωθησόμεθα)을 표현한다: "그러면 이제 우리가 그 피를 인하여 의롭다 하심을 얻었은즉 더욱 그로 말미암아 진노하심에서 구원을 얻을 것이니 곧 우리가 원수 되었을 때에 그 아들의 죽으심으로 말미암아 하나님으로 더불어 화목되었은즉 화목된 자로서는 더욱 그의 살으심을 인하여 구원을 얻을 것이니라"(롬 5:9-10).38)

더구나 바울의 화해론에서 주목할 점은, 피해 입힌 측이 주도해나가는 헬라의 정치외교적 전통에서의 화해 협정 방식과 긴밀히 연관되는 '화해하다'(καταλλάσσω)의 용법과 달리, 인간에게 피해 입은 하나님이 그에게 피해 입혔지만 회개하지 않는 죄인(롬 5:8)으로서 하나님과 원수가 된(롬 5:10) 인간 보다 먼저 화해의 주도권을 갖게 된다는 점이다.

원동력인 힘, 욕망, 충동, 폭력의 현실성과 그 흐름의 정체성과 연관시킨다. 이에 관해서는 지라르, 『폭력과 성스러움』, pp.377-412.
36) 이것은 로마서의 속죄론에서는 정의와 평화, 종교와 정치가 절합되어 새롭게 배치되는 점을 강조함으로써 의인론의 토대가 되는 '은혜의 그리스도 사건'과 대조하기 위해서 필자가 제안한 개념적 용어이다.
37) Foester, 1987, "εἰρήνη", *Theological Dictionary of New Testament Vol II* (Michigan: Grand Rapids), pp.411-417; 이 사전에 의하면, 평화는 세 가지 의미를 내포한다: ① 평화와 휴식 또는 휴전의 느낌, ② 하나님과의 화해의 상태, ③ 궁극적인 종말론적 의미에서의 온전한 인간의 구원. 이 중에서 로마서는 특히 ②에서처럼 하나님과의 화해가 평화의 근거라고 암시하고 있다.
38) 로마서 5:9-10에서 의인론과 화해론의 상호연관성의 신학적 중요성에 관해서는 서동수, "그리스도의 믿음인가 아니면 그리스도에 대한 믿음인가?", <신약논단> 제9권 제3호(2002), 서울: 한국신약학회, pp.671-696.

또한 '화해하다'의 명사형, '화해'(καταλλαγή)는 어원적으로는 상업 용어로서 인간들끼리의 재정적 교환(ἀλλάσω), 상호협정, 보상금을 의미한다. 이런 의미에서 우리는 바울이, 이 용어를 하나님과 인간과의 화해 관계에 적용하여, 하나님의 아들 그리스도의 죽음(롬 5:10)을 하나님이 먼저 인간과 화해하시기 위해서 지불하시는 보상금으로서 이해하였다고 재해석할 수 있다: "이뿐 아니라 이제 우리로 **화목**(καταλλαγή)을 얻게 하신 우리 주 예수 그리스도로 말미암아 하나님 안에서 또한 즐거워하느니라"(롬 5:11). 그래서 바울은 하나님이 유대인을 버리게 되는 비극적인 상황도 하나님이 모든 인류와의 보편적 화해를 위해 지불하는 보상금의 결과로 이해하게 된다; "저희를 버리는 것이 세상의 **화목**(καταλλαγή)이 되거든 그 받아들이는 것이 죽은 자 가운데서 사는 것이 아니면 무엇이리요"(롬 11:15).[39]

이런 관점에 근거하면, 로마서 2:12-7:25에서 바울은 묵시문학적 구도에 의해서 의인론을 그리스도의 죽음에 관한 속죄론과 화해론과 절합함으로써 다음과 같은 두 가지 방식으로 종교정치적 차원의 **평화신학의 보편성**을 확립하였다고 볼 수 있다. 첫째로, 바울은 우선 이스라엘 민족에게만 적용되는 배타적 유대교의 희생제의를 제거하기 위해서, 그리스도의 자기희생적 죽음과 부활을 통해서 상징적 폭력에 기초한 희생양 기제 자체를 제거하는 反폭력적 속죄론을 제시한다. 바로 이런 의미에서, 유대교의 대리적 폭력을 정당화하는 희생제의의 **특수성**에서 기독교의 反폭력적 평화를 추구하는 자기희생적 대속사건의 **보편성**으로 이행되는 신학적 기초는 하나님 자신이 폭력의 죄에 물들은 모든 인간들에게 먼저 화해하기 위해서 자신의 아들을 화목제물로 내어주는 화해 사건(롬 5:9-11, 11:15)이다. 여기에서 화해론은 속죄론을 매개로 바울의 평화신학의 근거로 이해된다. 두 번째는, 바울은 이전에 제기한 영/육의 이원론에 근거한 그리스도 사건의 구속론적 의미를, 초석적 폭력에 기반한 율법, 죄, 사망의 존재론적 연관성을 근본적으로 무너뜨리는 믿음의 의인, 사랑의 속죄, 소망의 화해로 전환시키는 종교정치적 구원사건으로 이해하려

---

39) 바울의 화해론의 특성을 고대 헬라문학과 비교하여 논의한 내용에 관해서는 John Fitzgerald, 2001, "Paul and Paradigm Shifts: Reconciliation and Its Linkage Group", *Paul Beyond the Judaism/Hellenism Divide* ed. Troels Engberg-Pedersen (Louisville: Westminster John Knox Press), pp.241-262 참조; 화해의 어원과 로마서에서의 주석적 의미에 관해서는 H. Merkel, 1991, "καταλλαγή", *Exegetical Dictionary of the New Testament* vol 2. ed. H. Barz and G. Schneider (Grand Rapids: W. B. Eerdmans), pp.261-263.

한다. 그래서 평화신학의 보편적 원리는 '적대의 정치'(의인론의 신앙투쟁)와 '차이의 정치'(속죄론의 사랑투쟁)를 절합하여 재배치하는 '배치의 정치'(화해론의 소망투쟁)에 근거해 있다. 여기에서 로마서의 평화신학은 헬라 스토이시즘(Stoicism)의 이성적 관조에 근거한 '마음의 내적 평화'(ἀταραξία)와 로마제국의 폭압적인 권력 체제에 의해서 강요된 법적 의미의 평화(Pax Romana)가 아니라, 하나님이 주도하는 인간과의 근원적 화해에 근거해서 유대인, 기독교인, 로마인과의 정치적 갈등을 非폭력적으로 해결하려는 그리스도의 평화(Pax Christi)를 추구하게 된다.40)

2) 평화신학의 원리와 그 평화실천 전략

이제 로마서의 평화신학은 속죄론을 통하여 의인과 화해, 화해와 평화의 모티브들을 상호절합시킬 뿐만 아니라, 신학과 윤리, 평화와 사랑의 실천 권면을 절합시켜 재배치한다. 평화신학의 원리(롬 1:7, 2:10, 3:17, 5:1, 8:6, 14:17, 15:13, 15:33, 16:20)는 이제 평화실천(롬 12:14-21, 14:17, 19)41)과 사랑실천의 윤리적 권면(롬 12:1, 12:9-13, 13:8-10, 14:15)을 동반하게 된다. 이것이 평화실천의 절합적 배치 양식을 구체화하는 방식이다.

바울은 평화신학의 원리를 마련하기 위해서 우선 의인론과 평화의 모티브를 다음과 같이 평행되게 배치한다: "그러므로 우리가 믿음으로 의롭다 하심을 얻었은즉 우리 주 예수 그리스도로 말미암아 하나님으로 더불어 **화평**(εἰρήνη)을 누리자"(롬 5:1); "하나님의 나라는 먹는 것과 마시는 것이 아니요 오직 성령 안에서 의와 **평강**(εἰρήνη)과 희락이라"(롬 14:17) 결국, 로마서의 죄로부터의 구속과 해방과 관련된 의인론도, 로마서의 묵시문학적 구도에 비추어 보면, 하나님의 나라에서 성령 안에서 누리는 평화의 축복과 연관되어 종말론적으로 완성된다고 볼 수 있다. 특히 로마서 1-4장에서는 유대인과 이방인 모두가 저지른 불의(ἀδικία)와 不경건(ἀσέβεια), 욕망(ἐπιθυμία)으로 물든 죄(ἁμαρτία)의 통치(롬 1:18, 24-27)가 하나님의 정의로운 통치(의인론의 주체화 과정)에 의해서 근본적으로 폐기되는 국면을 묘사한다면, 이제 그 이후의 후반부에서는, 유대교의 희생제의 율법이나 로마제국의 통치 체제의 폭력성 자체까지도 무효화시키는 평화신학의 보편성이 종말론적

---

40) 로마와 헬라 스토이시즘에서의 평화 이해에 관해서는, Foester, "εἰρήνη", pp.401-402 참조.
41) W. F. Moulton. ed. 1967, *A Concordance to the Greek Testament* (Edinburgh: T.T. Clark), p.297.

축복의 표현(롬 1:7, 15:33, 16:20)[42]으로 나타난다. 그래서 평화의 선을 실천하는 모든 사람들에게 '평화의 하나님'(Θεὸς εἰρήνης)께서 영광, 존귀, 평화의 종말론적 축복을 주신다: "선을 행하는 각 사람에게는 영광과 존귀와 **평강**(εἰρήνη)이 있으리니 첫째는 유대인에게요 또한 헬라인에게며"(롬 2:10 비교 롬 1:7과 3:9-17) 하나님의 정의로운 통치 구현의 새로운 방식은 이제 '믿음'과 '사랑'을 넘어선 제국 內의 모든 민족들의 종교정치적 구속에 대한 '희망'에 근거한 정의로운 평화의 종교정치적 구원사건의 동기에 의해서 결정된다: "소망의 하나님이 모든 기쁨과 **평강**(εἰρήνη)을 믿음 안에서 너희에게 충만케하사 성령의 능력으로 소망이 넘치게 하시기를 원하노라"(롬 15:13) 율법에 근거한 유대 이스라엘 공동체나 이성에 근거한 도시의 정의를 구현한 헬라적 이방인도 그리스도의 자기희생적 죽음을 통해서 동등하게 에클레시아에 참여함으로써 의인론의 영과 육의 이원론과 평화와 폭력의 이원론이 절합되어 새롭게 배치되는 종교정치적 비전이 나타나게 된다: "육신의 생각은 사망이요 영의 생각은 생명과 **평안**(εἰρήνη)이니라"(롬 8:6). 이처럼, 예수의 자기희생적인 대속적 죽음을 통해서 하나님과 인간 사이에 화평을 이룩한 자는 이제 폭력으로 얼룩진 복수의 악순환에 근거한 사망의 육신의 생각을 투쟁적으로 극복하는 영의 생각에 의해서만 평화를 얻게 된다(롬 8:31: "그런즉 이 일에 대하여 우리가 무슨 말 하리요 하나님이 우리를 위하시면 누가 우리를 대적하리오……높음이나 깊음이나 다른 아무 피조물이라도 우리를 우리 주 그리스도 예수 안에 있는 하나님의 사랑에서 끊을 수 없으리라"). 결국 기독교의 평화는, **종말론적 미래의 축복과 관련된다는** 의미에서, 이제 이성에 근거해 전쟁과 싸움을 중단시키려는 희랍적 의미의 평화나 법과 무력을 통해서 반대자들을 침묵시키는 강압적인 로마의 평화와 서로 구분된다.[43]

더 나아가서, 로마서의 후반부에 나타나는 평화실천과 사랑실천 권면부분(롬 12:1-15:13)은 로마서의 저작 배경이 되는 로마교회의 정치적 배경과 밀접하게 연관된다. 로마 교회

---

42) 롬 1:7 – "로마에 있어 하나님의 사랑하심을 입고 성도로 부르심을 입은 모든 자에게 하나님 우리 아버지와 주 예수 그리스도 좇아 은혜와 평강((εἰρήνη – ἀπό Θεοῦ)이 있기를 원하노라"; 롬 15:33 – "평강의 하나님(Θεὸς εἰρήνης)께서 너희 모든 사람과 함께 계실지어다 아멘"; 롬 16:20 – "평강의 하나님(Θεὸς εἰρήνης)께서 속히 사단을 너희 발 아래서 상하게 하시리라".
43) 바울의 평화신학의 개괄적 이해에 관해서는 W. Klassen, "peace", D. N. Freedman ed. 1992, *The Anchor Bible Dictionary* vol. 5 (New York: Doubleday), pp.206-212과 Foester, "εἰρήνη", pp.411-420 참조.

는 클라우디우스(Claudius) 황제 칙령(41년 또는 49년)에 의해서 유대인들이 로마로부터 떠나 있다가 54년경 칙령 해제로 되돌아 온 이후, 유대계 기독교인('약한자')과 이방계 기독교인('강한자') 사이의 갈등이나 하우스 교회들 間의 갈등이 일어난 역사적 정황에 놓여 있었다. 이러한 정치적 배경 및 교회의 역사적 상황에 비추어 보면, 롬 12-15장의 윤리적 가르침은 ① 이방계 기독교인과 유대계 기독교인들 間의 갈등과 ② 로마제국으로부터의 정치적 핍박과 같은 구체적인 정황에서 유발되는 기독교인의 로마 이방인들에 대한 사회적 갈등의 두 가지 역사적 상황과 아주 밀접하게 연관된다.44) 그래서 교회 내부인들에게 요구하는 사랑실천의 윤리적 권면과 교회 외부인들에게 제시되는 평화실천의 윤리적 가르침은 바울이 앞에서 논의한 화해론적 평화신학 원리에 근거하여 상호 절합되어 평행되게 배치된다.

우선, 위에서 제시한 논의에 비추어 보면, 이제 롬 12:1, 12:9-13, 13:8-10, 14:15에서는 주로 믿음이 약한 사람과 강한 사람 間의 화해의 평화적 삶의 방식을 사랑실천의 윤리적 권면의 형태로 평화신학의 동기를 실현하려고 한 점이 주목된다. 그래서 바울은 교회 내부의 유대계 그리스도인과 이방계 그리스도인과의 미묘한 갈등을 다음과 같은 평화신학(롬 12:1)에 기초한 사랑실천의 윤리적 교훈에 의해서 해결하려고 노력하게 된다. 특히 12:9-13에서 바울은, 타자의 필요 보다는 자기 자신의 자유를 더 중요시하는 스토이시즘과 달리, 얼굴과 얼굴을 마주보는 인격적 관계에 기초한 상호우애와 자기 자신 보다는 타자들의 필요에 먼저 대응할 것을 요구하는 상호존중을 사랑의 덕목으로 제시하게 된다.45)

"그러므로 형제들아 내가 하나님의 모든 자비하심으로 너희를 권하노니 너희 몸을 하나님이 기뻐하시는 **거룩한 산 제사**로 드리라 이는 너희의 드릴 영적 예배니라"(롬 12:1)
"**사랑**엔 거짓이 없나니 악을 미워하고 선에 속하라 형제를 **사랑하여** 서로 우애하고 존경하기를 서로 먼저 하며 부지런하여 게으르지 말고 열심을 품고 주를 섬기라 소망 중에 즐거워하며 환난 중에 참으며 기도에 항상 힘쓰며 성도들의 쓸 것을 공급하여 손대접하기를 힘쓰라"(12:9-13)

---

44) Donfried, Romans Debate, 65-84, 195-215; A. J. M. Wedderburn, 1991, *Reasons for Romans*, (Edinburgh: T&T Ckark), pp.22-65.
45) 롬 12:9-21의 윤리를 스토이시즘과 비교하여 토론한 내용에 관해서는 Philip F. Esler, 2004, "Paul and Stoicism: Romans 12 as a Test Case", *NTS* vol. 50 (Jan. 2004), pp.106-124 참조.

> "피차 **사랑**의 빚 외는 아무에게든지 아무 빚도 지지 말라 남을 **사랑하는** 자는 율법을 다 이루었느니라 …… **사랑**은 이웃에게 악을 행치 아니하나니 그러므로 **사랑**은 율법의 완성이니라"(롬 13:8-10)
>
> "만일 식물을 인하여 네 형제가 근심하게 되면 이는 네가 **사랑**으로 행치 아니함이라 그리스도께서 **대신하여 죽으신** 형제를 네 식물로 망케 하지 말라"(롬 14:15)

반면 주로 공동체 내부의 갈등을 해결하려 했던 롬 12:9-13, 13:11-14과 달리, 특히 롬 12:14-13:10에서 바울은 묵시문학적 이원론이 반영되지 않은 점을 주목하면, 그리스도인들 間의 내부 문제가 아니라 그리스도인들이 경계인으로서 주변화되거나 전복적(顚覆的)으로 보이지 않도록 그리스도인들과 이들에 대해 호전적인 로마의 외부인들 사이에 일어나는 정치적·사회적 갈등을 해결하기 위해서 그리스도인들의 평화실천 전략과 평화의 삶의 방식을 제안하려 하였다.46) 그래서 특히 롬 12:17-21에서는 로마제국과 기독교 에클레시아 공동체의 정치적 갈등에 직면하여 핍박하는 로마제국과의 정면 대결의 전략을 제안하지 않고, 하나님이 주도하는 화해론(롬 5:1, 9-11, 11:15)에서와 같이 핍박 받는 기독교인들이 핍박하는 외부인들 보다 먼저 **평화실천**을 주도하는 평화의 삶의 방식을 제안한다.47) 그래서 롬 12:17-18의 "아무에게도 악으로 악을 갚지 말고--모든 사람으로 더불어 평화하라"는 보복의 악순환을 단절하는 평화실천의 보편적인 원칙을 제시한다('적대의 정치'). 또한 롬 12:21에서는 "악에게 지지 말고(μὴ νικῶ ὑπὸ τοῦ κακοῦ) 선으로(ἐν τῷ ἀγαθῷ) 악을 이기라"에서는 롬 12:14-16에서와 같은 이방인과 다른 그리스도인의 선한 삶의 방식으로 악을 이길 것을 제안하게 된다('차이의 정치'). 결국 그리스도인의 평화실천 전략(**절합적 배치 양식**)은, 에클레시아에 대적하는 집단들에 의해서 자행되는 상호보복의 폭력의 악순환으로부터 근원적으로 해방되는 것('적대의 정치': 12:17-20, 롬 14:17=

---

46) 롬 12:14-13:10이 외부인들과의 사회적 관계를 반영한다고 주장하는 견해에 관해서는 E. Adams, 2000, *Constructing World* (Edinburgh: T&T Clark), 199-204; 롬 12:15-16이 교회 내적 관계를 나타낼 수 있기 때문에 12:9-13과 12:14-21을 각각 내부와 외부와의 관계로 명료히 나누기는 어렵다고 생각하는 견해에 관해서는 에른스트 케제만, 『로마서: 국제성서주석 34』, 1986, 서울: 한국신학연구소, pp.556-567 참조.

47) Adams, *Constructing World*, 195-209; V. Furnish, 1984, "War and Peace in the New Testament", *Int* 38, pp.371-375.

롬 8:31-38)과 적대자와 전혀 다른 선한 방식으로 평화의 삶을 실천하는 것('차이의 정치': 롬 12:14-16, 21, 14:19)을 상호절합하여 재배치함으로써, 하나님의 정의로운 평화를 구현하는 것이다.

> "너희를 핍박하는 자를 축복하라 축복하고 저주하지 말라 즐거워하는 자들로 함께 즐거워하고 우는 자들로 함께 울라 서로 마음을 같이 하며 높은 데 마음을 두지 말고 도리어 낮은 데 처하며 스스로 지혜 있는 체 말라(롬 12:14-16)
> "아무에게도 악으로 악을 갚지 말고 모든 사람 앞에서 선한 일을 도모하라 할 수 있거든 너희로서는 모든 사람으로 더불어 **평화**하라--악에게 지지 말고 선으로 악을 이기라(롬 12:17-21)
> "하나님의 나라는 먹는 것과 마시는 것이 아니요 오직 성령 안에서 의와 **평강**(εἰρήνη)과 희락이라(롬 14:17)
> "이러므로 우리가 **화평**의 일과 서로 덕을 세우는 일을 힘쓰나니"(롬 14:19)

위에서 평화신학의 보편성과 평화신학의 원리 및 그 실천 전략을 토론하는 필자의 논의에서 볼 수 있는 바와 같이, 바울은 의인론에 나타난 하나님의 정의로운 통치와 속죄론에 나타난 평화의 종교정치적 구원사건을 절합시키고, 이러한 평화신학에 근거하여 평화실천의 구체적 전략을 제시하려 하였다. 바울의 전체 신학적 구도에서 조명한다면, 로마서에서는, 그리스도의 자기 희생적인 대속적 죽음이 희생양 기제의 초석적 폭력까지도 폐기시킨다는 '정의로운 평화의 종교정치적 구원사건'이, 하나님의 의에 근거한 **주체형성 양식**과 다양한 그리스도인들의 공동교제와 연대에 근거한 **네트워크 구성 양식**을 매개하게 될 때, 에클레시아의 로마제국과의 對사회적 관계를 새롭게 배치하려는 평화실천과 사랑실천 방식(평화실천의 **절합적 배치 양식**)은 이제 로마제국의 통치 체제의 근거, 즉 죄, 불경건, 폭력의 악순환을 근본적으로 철폐시킬 수 있게 된다. 그리고 하나님 자신의 사랑에 의해서 주도되는 화해의 역사(롬 5:8-11, 11:15) 는 모든 인간들에게 평화의 축복을 종말론적 희망 속에서 보편적으로 제시하게 된다. 이제 '평화의 하나님'(롬 1:7, 15:33, 16:20)에 의해서 주도되는 이러한 사랑과 화해의 복음은 당시의 율법에 근거한 유대의 통치권과 로마제국의 폭력과 불의로 물든 로마제국의 통치권에 근거한 문제(롬 1:18, 24-27)를 근원적으로 해결할 수 있게 된다. 이처럼 로마서의 평화신학은, 로마 제국의 평화(Pax

Romana)와 대치되는 그리스도 제국의 평화(Pax Christi)를 확립하기 위해서, 종교와 정치, 의인과 속죄, 신학과 윤리, 사랑과 평화를 새롭게 교차연결시키는 절합적 배치 전략에 근거해서 로마의 다양한 공동체들 間의 사회적 관계를 변혁시키는 것을 목표로 한다.

4. 결론: 로마서의 평화신학에 비추어 본 한반도 평화통일의 방향

로마서의 평화 개념은 단순히 내용 구조만이 아니라 그 표현 형식을 내포하고 있다. 바로 그리스도 사건(의인론)과 관련된 **주체형성 양식**과 그리스도의 몸(속죄론)과 연관된 **사회적 실천 생성 양식**과 공동교제(화해론)에 근거한 **네트워크 구성 양식**을 재배치하는 로마서의 신학 작업 방식 자체가 평화의 표현 형식이라는 점이 주목되어야 한다. 이런 평화의 표현 형식에 근거하면, 로마서의 평화의 내용 구조는 공동교제의 '연대성의 정치'를 통해서 그리스도 사건이 제시하는 '적대의 정치'와 그리스도의 몸이 드러내는 '차이의 정치'를 횡단적으로 절합·배치하는 것이다. 또한 '믿음'의 종교적 실천은 '사랑'의 사회적 실천과 절합되는 반면, '소망'의 정치적 실천에 의해서 '믿음'과 '사랑'은 평화실천으로 재배치되어 나타난다. 결국, 로마서의 평화의 개념은 신학의 이론과 실천, 신학과 윤리, 내용과 표현, 둘 다의 수준에서 작동되는 창조적인 '절합적 배치'의 전략에 의해서 그 실질적 효과를 발휘한다.

이러한 평화 개념에 근거한 로마서의 평화신학은 로마제국의 정치체제와 삶의 방식과는 전혀 다른 포괄주의적 참여의 종교정치 사상과 상호인정의 화해의 삶의 방식을 제시하는 효과를 발휘하게 된다. 로마서의 평화신학은, 단순히 바울 신학의 한 적용 부분이 아니라, 속죄론 재해석에 근거한 종교정치적 구원사건을 기독교 공동체의 생성 근거로 제시함으로써 유대교와 로마제국과 대조되는 참여의 정치적 체제와 화해(롬 5:1-11)에 근거한 평화실천의 **절합적 배치 양식**(롬 12:1-15:13)을, 기독교 복음 변증의 한 패러다임으로 설정하려 한다. 로마서에서 바울은 모든 민족들에게 보편주의적 참여를 유도하는 종교정치적 구원사건과 이에 근거한 평화실천의 **절합적 배치 양식**(삶의 방식)이 진정한 기독교의 구원의 메시지라는 것을 주장함으로써 그리스도 제국의 평화(Pax Christi)의 복음('평화의 복음': 엡 6:15, 2:17)을 변증한다(롬 15:13). 여기에서 바울의 평화신학 관념에 나타나는 사랑/평화와 참여/화해의 사회적 존재론적 범주는 이전에 사용된 선택/예정이나 칭의/성화의 개인적 실존론적 범주를 더욱 발전시킨 것이다. 그래서 로마서에서 바울의 평화신학은, 영/육의 신앙투쟁에 근거한 의인론(**주체형성 양식**)과 차이/적대를 사랑의 사회적 실천을 통해서 극복하는 그리스도의 몸의 교회론(**사회적 실천 생성 양식**)을, 배제/대항 보다는 참여/화해이 요구되는 화해의 에클레시아 체제와 갈등/폭력 보다는 사랑/평화의 삶의 방식(평화실천의 **절합적 배치 양식**)이 요구되는 평화의 신국론(新國論)으로 발전시킨다.

　우리는, 이제 위의 로마서의 평화 개념에 근거하여, 그리스도의 대속적 죽음에 의해서 확립된 反폭력적인 종교정치적 구원사건을 한반도의 평화 구축에 적합한 평화의 정치·사회적 문화 풍토 확립과 남북통일을 위한 평화의 삶의 방식(절합적 배치 전략)에 창조적으로 적용할 것을 요청받게 된다. 다시 말해서, 로마서의 평화신학은 서로 '적대적'일 수 있는 기독교와 주체사상, 자본주의와 사회주의, 그리고 서로 '갈등적'일 수 있는 자유주의와 민족주의, 인민주의와 민주주의를 횡단적으로 절합·배치시켜서 남북의 분단상황으로부터 발본적으로 탈영토화/탈주하는 新엑소더스(New Exodus)의 '거룩한 사건'을 지향한다. 특히 바울의 평화실천은, 특히 6.25 전쟁 이후에도 끊임없이 반복되는 무기 경쟁의 모방적 욕망에 의해 발생하는 무차별적 폭력을 여과시킬 수 있도록, 기독교 복음의 反폭력적인 평화실천의 종교문화 풍토를 확립할 것을 촉구한다. 우리는 이제 남한의 근대성의 체제(연역적 이성과 자율에 근거한 자유주의의 경제주의적 근대적 주체)와 북한의 주체사상의 反근대성의 체제(집단주의적 감성과 타율에 근거한 주체사상의 민족주의적 前근대적 주체)를 자유주의 또는 사회주의의 보편성에 의해서 접속해야 할 것인지, 동북아 국제 정치의 최근 경향인 자국 이익 중심의 동북아 패권주의적 민족주의의 특수성을 근거로 북한의 주체사상과 남한의 동북아 중심국가의 이념을 점차적으로 상호 수렴시킬 것인지 선택해야 한다. 아니면 남북의 두 가지 상호배타적인 체제를 변증법적으로 통일시키는 제3의 통치 체계를 만들어야 하는지에 관해서 논의하면서 평화통일 전략의 중심 방향이 무엇인지 결정해야 하는 결정적 국면에 처해 있다. 이러한 선택의 기로에 직면하여, 우선 로마서의 평화신학은 '국가'의 민족주의적 특수성이나 '시장'의 경제주의적 보편성 보다는 '시민사회'의 종교문화적 보편성에 입각한 탈근대적 평화 이념의 가치체계에 기초하여, 남한의 근대성과 북한의 反근대성의 체제를 횡단적으로 절합시키는 가능성을 제시하고 있다. 다시 말해서, 우리는 이제 남한의 '시장'의 생성에 기초가 된 근대성의 논리와 북한의 '국가' 이데올로기 형성에 기초가 된 反근대성의 논리를 탈근대적'인 절합적 배치의 평화실천 전략에 의해서 횡단적으로 접속할 필요가 있다. 이것은 특히 시장과 국가가 아닌 제 3의 집단적 주체인 에클레시아의 '소수적'(대항문화적) 사회운동이 주도해야 할 것이다. 위의 바울의 평화신학에 근거하면, 이제 남한의 자기 반성적인 개인적 양심에 근거한 서구 개인주의적 근대성과 북한의 민족자주적인 사회적 공익에 근거한 동아시아 집단주의적 反근대성 사이의 적대관계는, 하나님의 화해의 은혜를 받았다고 믿는 분단의 피해자 그리스도인들이 먼저 화해와 평화를 실천하는 종교문화 풍토를 통하여, 완화될 수 있을 것이라고 생각된다.48) 남북한의 '시장'과 '국가'가 아닌 '시민사회'에 속하는 에클레시아 공동체가 새로운 평화 종교문화 사회운동의 주체가 되어, 정의로운 평화의 종교정치적 구원사건의 복음에 근거해서 위의 두 개의 서로 다른 논리 체계를 횡단적으로 절합시킴으로써, 그 남북의 시장과 국가 체제의 상호교류의 네트웍킹(networking: 연결망) 체계를 마련해야 할 것이다.

반면 아직도 反제국주의적 민족주의의 주체사상의 신화를 근대적 합리성(독일의 관념론적 계몽 변증법)에 의해서 변증법적으로 통합하려는 내재적 접근방법(송두율)과 배타주의적 종교 이해를 근거로 소위 지배이데올로기의 한 형태일 수 있는 북한식 인권까지도 무비판적으로 수용할 것을 촉구하는 미국의 종교다원주의 접근방법(신은희) 둘 다는, 이제까지 로마서에 나타난 기독교의 평화에 대한 보편적인 종교적 신념과 反폭력적 평화실천의 **절합적 배치 양식**의 중요성을 간과하고 있다. 이들의 접근방법은, 결국 계몽적 근대성에 내재된 개인주의적 자유주의나 또는 反근대성에 내재된 집단주의적 민족주의에 똑같이 내재하는 상징적 폭력성을 무의식적으로나마 인정하고 있다는 점에서, 그 발본적 한계를 드러내게 된다. 특히 이들이 제안하는 자기 반성적 양심에 기초한 자유주의적 주체성을 옹호하는 합리적 비판적 근대성(송두율)이나 집단주의적 주체영성에 기초한 민족주의적 주체성을 옹호하는 종교다원주의적 탈근대성(신은희)의 접근방식은 바울의 평화

---

48) 이와 유사한 방식의 화해신학에 근거한 화해 전략의 한국적인 적용에 관해서는 황홍렬, "한반도 전쟁 위기 상황에서 평화를 향한 한국교회의 과제", 『한반도와 평화』, 2003, 서울: 한민족평화선교연구소, pp.66-73 참조.

신학의 이데올로기 비판적 非신비화의 기능 즉, 상징적 질서의 생성과정에서 은폐된 초석적 폭력성을 종교정치적 구원사건에 의해서 철폐시키려는 기독교 윤리의 비폭력주의 비전을 참조할 필요가 있다.49) 결국 최근의 남북 통일을 유도하기 위한 북한 연구의 접근방법들은 '희생양 기제' 자체를 철폐시키려는 종교정치적 구원사건의 **신학적 동기**의 중요성과 모방적 욕망과 집단적 폭력의 악순환에 해서 희생양 기제를 재생산하고 로마제국의 '악'을 오히려 평화의 '선'에 의해서 극복하려는 평화실천의 **절합적 배치 전략**의 **윤리적 동기**의 중요성을 적합하게 간파하지 못하는 한계를 갖고 있다는 것을 알 수 있다. 에클레시아의 상징적 질서의 발본적 토대를 하나님의 화해와 평화로 재설정하려는 로마서의 평화신학에 대한 再고찰이 없이는, 남한의 근대적 주체성에 근거한 인류 진보의 신화나 북한의 反근대적 주체성에 근거한 민족자주의 신화에 전제되어 있는 인간의 초석적 폭력성을 근원적으로 비판하지 못하게 될 것이다.

이런 의미에서, 로마서의 평화 개념은 이제 21세기를 맞이하는 한반도의 남북 공동체에게 새로운 남북통일 운동을 위한 구체적인 평화실천의 준거점을 제시한다. 기독교의 정의로운 평화의 종교정치적 구원사건은 이제 참여/화해의 정치체제와 평화/사랑의 평화실천을 국제정치적 정황에서도 새롭게 구현하도록 촉구한다. 특히 로마서의 평화실천을 위한 절합적 배치 전략이라는 개념은 한반도의 폭력과 전쟁의 위기 상황에 연루된 각각의 국민국가들(중국, 러시아, 일본, 미국, 북한과 남한)의 이해관계를 근원적으로 중재할 수 있는 국제적 주권 형성 방식과 그 국제적 주권의 평화실천의 방향을 새롭게 제시하게 될 것이라고 생각된다.50) 왜냐하면 바울의 평화신학에 근거한 에클레시아가 인종, 계급, 성의 적대와 갈등 관계를 넘어서서 기독교 복음의 핵심 메시지인 정의로운 평화의 종교정치적 구원사건(反폭력적 속죄론과 의인론)에 근거해 있다면, 이러한 에클레시아는 다양

---

49) 희생양 기제를 극복하는 기독교 윤리의 非폭력주의 비전에 관해서는 박종균, "르네 지라르(Rene Girard)의 성서적 종교와 비폭력", <한국기독교 신학논총> vol. 34(2004), 서울: 한국기독교학회, pp.269-291 참조.
50) 현대 국제정치학에서 논의되는 新현실주의적 접근방식에 의하면, 국제정치에서의 전쟁의 기원을 인간의 악한 본성 보다는 당사국들의 이해관계를 합리적으로 조정할 수 있는 국제적 주권의 부재에서 찾는다. 이에 대한 간략한 정보에 관해서는 유경동, "발제 IV(노정선, '한반도 전쟁위기와 평화정착전략')에 대한 논찬", <폭력과 전쟁 그리고 평화: 한국기독교윤리학논총> 제4집(2002), 서울: 한들출판사, pp.143-149 참조.

한 국가들이 겪고 있는 사회주의, 자본주의, 민족주의, 자유주의 間의 적대와 차이 및 이해관계들을 조정할 수 있는 국제적 주권의 중재자로서 로마서의 평화실천을 全지구적 차원에서 담당하기에 가장 적절하기 때문이다.

〈도표 Ⅰ-1〉 로마서의 평화신학과 윤리 구조(평화실천의 절합적 배치 양식)

	속죄	화해	평화	복음/행복	저작 목적과 목표	저작 파편설
교리적 논의: 복음론 (εὐαγγέλιον)	속죄 (3:21-26)+ 의인	화해(καταλλαγγη - 5:1-10)+의인	평화(εἰρήνη)+ 의인(2:10, 5:1, 8:6, 14:7, 15:13) +(1:7, 15:13, 15:33, 16:20)	복음: 통치 근거와 설립 취지	설득-논설에 의한 변증적 목적	파편설에 의한 편집 과정
행복론 (εὐδαιμονία - 4:6-9)	의인에 의한 자유 - 가입 조건(6-7장)	사랑(12:9-13, 13:8-10, 14:15)+ 하나님의 사랑 (8:31)	평화실천: 삶의 방식(12:14-16, 12:17-21, 14:17, 19)+국가 권력에 대한 태도(13:1-7+ 8-10)=묵시문학적 이원론 없이 로마와 기독교인들 간의 갈등 극복	행복: 가입 조건과 삶의 방식	교회의 내적 갈등에 대처한 윤리 (12:1, 12:9-13, 13:8-10, 14:15)	1-8장, 9-11장, 12-15장, 16장
성서 구절과 역사적 정황	희생제의의 보편적 효과	"우리가 믿음으로 의롭다 하심을 얻었은즉 우리 주 예수 그리스도로 말미암아 하나님으로 더불어 화평을 누리자"(롬5:1)	"하나님의 나라는 먹고 마시는 것이 아니요 오직 성령 안에서 의와 평강과 희락이라"(14:17)	② 로마제국으로부터의 정치적 핍박	① 이방계 기독교인과 유대계 기독교인들 간의 갈등	90-110년 클레멘트 1서와 같은 시대의 저작 배경

바울 사상의 구조론적-준(準)유물론적 성서해석

1. 들어가는 말

성서에 관한 유물론적 해석은 대개 성서가 쓰여진 헬레니즘 시대의 경제적 정황을 탐구하여 성서의 배경사를 새롭게 조명하였다는 점에서 가장 크게 공헌하였다. 특히 이러한 유물론적 성서 해석은 주로 맑스주의(Marxism)적 경제 분석 적용이 가장 지배적이었다. 대표적인 예는 가령 벨로(F. Belo)가 마가복음이 지시하는 시대 배경에 대한 맑스주의적 분석의 결과에 비추어서 마가복음의 이야기들을 새롭게 해석하는 방식이다. 이러한 방식은 사실 라틴 아메리카의 해방신학을 위한 성서해석에서 가장 많이 적용되는 방식이기도 하였다.[1] 이러한 경향에 반하여 성서에 대한 유물론적 해석의 새로운 방식과 그 이론적인 성찰에 관한 일련의 글들이 최근 한국에서 발표되었다. 특히 이러한 새로운 연구 경향에 촉매가 된 강원돈 박사의 『물(物)의 신학』은 한국의 민중신학을 더욱 발전시키기 위해서 맑스주의적 유물론의 세계관에 비추어서 성서의 세계관을 재해석하는 방식과 관점을 새롭게 제기하게 되었다.[2] 그 이후 필자는 알튀세르(L. Althusser)와 같은 불란서의 맑스주

---

1) F. Belo, 1981, *Materialist Reading of the Gospel of Mark*, trans. M. J. O'Connell, (Maryknoll: Orbis Books Press); 호세 미란다(김쾌상 역), 『마르크스와 성서: 억압의 철학비판』, 1987, 서울: 일월서각, pp.11-141.
2) 강원돈, 『물의 신학: 실천과 유물론에 굳게 선 신학의 모색』, 1992, 서울: 한울, pp.97-161, pp.178-214.

의의 지성사적 배경 하에 성서에 대한 징후적 독해나 구조주의적 분석을 시도하는 해석 방식을 새롭게 제시하였다.3)

이 글에서는 이전의 맑스주의적 유물론적 해석과는 다른 새로운 유물론적 해석의 가능성을 두 가지 개념틀에 의해서 제시하고자 한다. 하나는 '사건'에 대한 유물론적 해석이다. 이것은 들뢰즈(G. Deleuze)의 **유물론적 존재론**(일종의 **準유물론**: 성, 인종, 계급의 물질성을 문화적 형식으로 이해하는 접근방법)에 근거한 사건 이해에 비추어서 성서의 의미를 새롭게 해석하는 방식이다.4) 다른 하나는 권력에 대한 유물론적 해석의 가능성으로서 육체의 물질성에 대한 중요성을 부각시키는 것이다. 이것은 맑시즘에서 논의된 사회적 관계의 물질성을 보완하기 위해서 푸코(M. Foucault)가 새롭게 제시하였다고 간주할 수 있는 '육체의 물질성'을 탐구해 보는 유물론적 경향을 말한다.5) 필자는 맑스주의 유물론적 성서 해석이 성서가 형성된 시대 배경을 논의하는 데에는 공헌하였지만, 성서에 나타난 종교권력의 작동방식에 대한 보다 근원적인 해석 방식에 있어서는 오히려 또 다른 장애가 될 수도 있다고 생각한다. 그래서 고대의 종교 문서를 분석하는데 있어서 푸코의 권력 이해와 역사방법론, 그리고 들뢰즈의 사건과 의미 이해에 근거하여 성서 본문을 새롭게 분석하고 그 결과를 재해석하는 시도가 필요한 것이다.6)

여기에서 필자는 오히려 들뢰즈와 푸코의 **평행론적 유물론(俊유물론)**의 사유 방식이

---

3) 김덕기, "로마서에 나타난 율법과 의인 사상에 대한 구조론적 해석", <현대와 신학> 25집(2000), 연세대 연신원, pp.236-251; 김덕기, 『예수 비유의 새로운 지평』, 2001, 천안: 다산글방, pp.508-531쪽.
4) 질 들뢰즈(이정우 옮김), 『의미의 논리』, 1999, 서울: 한길사; 들뢰즈의 사건 이해의 유물론적 성격에 관해서는 이진경, 1997, 「들뢰즈: '사건의 철학'과 역사 유물론」, 『탈주의 공간을 위하여』, 서울: 푸른숲, pp.1997, 15-57과 이정우, 「들뢰즈와 사건의 존재론」, <시대와 철학> 제16호(1998. 봄), pp.139-167 참조.
5) 에띠엔느 발리바르, 「푸코와 마르크스: 명목론이라는 쟁점」, <이론> 제3호(1992. 여름), pp.282-309; 푸코의 권력의 물질성 이해의 저항적 특성을 맑스의 계급투쟁의 혁명 이론과 비교하면서 논의한 글에 관해서는 이구표, 「미셸 푸코: 근대적 권력에 관한 극한적 상상력」, <이론> 제14호(1996. 봄), pp.97-123 참조.
6) 푸코의 권력 이해를 성서에 적용한 예로는 Elisabeth A. Castelli, 1991, *Immitating Paul: a Discourse of Power* (Louisville: Westminster), pp.21-117과 김덕기, 『예수 비유의 새로운 지평』, pp.399-433, pp.478-507과 김덕기, 「고린도전서에서의 몸 담론과 권력」, <신학과 문화> 제10집(2001), 대전신학대학, pp.129-167 참조; 들뢰즈의 사건과 의미 이해를 성서에 적용한 예로는 『예수 비유의 새로운 지평』, pp.70-78, pp.226-287쪽 참조.

성서에 나타난 바울의 핵심 사상과 이에 근거한 교회의 탄생, 그리고 종교권력의 생산체제를 이해하는데 더 큰 공헌을 할 것이라는 새로운 연구 전제를 제시하고자 한다. 이들의 유물론적 사유는 정신이 물질을 결정짓는다는 관념론의 단순한 역전이 아니라 물질(신체)과 정신(사유)이 원리적 동등성에 입각해서 동시에 상호결정하는 평행론적 관점을 유지한다.7) 이러한 관점은 물활론적(또는 생기론적) 사유에 의해서 형성된 바울서신과 같은 고대 문서를 해석하는 데에 있어서 보다 적합한 俊유물론의 관점이 될 것이다. 특히 이러한 접근방법은 맑스주의의 유물론이 조명될 수 없었던 원시 기독교의 사상과 그 신학적 개념들의 변이 과정 자체를 俊유물론적 관점에 의해서 새롭게 분석하고, 우리 시대에 보다 적합하게 재해석할 수 있는 새로운 준거틀을 제시하게 된다.

이런 평행론적 유물론의 전제에 근거하여, 필자는 우선 들뢰즈의 '사건'에 대한 해석의 성서적 예로서 스토이시즘(Stoicism)에 의거한 바울의 '영'(πνεῦμα) 이해를 제시하고자 한다. 그리고 푸코의 육체의 물질성에 대한 새로운 유물론적 사유방식은, 바울의 교회론 이해에서 결정적인 역할을 담당한 '몸'의 유물론적 사유가 어떻게 교회의 종교권력 형성에 영향을 주었는지 탐구하는데 결정적인 도움을 주게 될 것이다. 바울의 그리스도 사건 이해는 확실히 유물론적이라고 명명되어 오지는 않았다. 그러나 그의 해석에는 스토이시즘적인 물활론에 비추어서 사건의 물질성과 의미성을 동시에 사유하게 되는 평행론적 유물론이 내재해 있다. 또한 이제까지 바울의 '몸'(σῶμα) 이해도 결코 유물론적으로 해석되지는 않았다. 그러나 여기서도 필자는 바울의 교회론에 적용된 몸 은유에는 물질성의 개념이 배제된 것이 아니라 권력 구조의 물질성과 이를 초월한 종말론적 의미성 둘 다를 염두에 둔 평행론적 유물론에 기초한 변증법적 사유의 흔적이 배어 있다고 생각한다. 이 두 가지 '사건'과 '몸'의 육체성에 관한 바울의 이해는 바울 사상의 유물론적 특성의 한 단초로서 성서에 대한 유물론적 해석의 한 범례를 마련하게 될 것이다. 더 나아가서, 결론 부분에서는 맑스의 유물론적 변증법과 위의 새로운 유물론적 해석이 서로 상호 보완될 수 있는 비판적 대화의 가능성도 제시하고자 한다.8)

---

7) 질 들뢰즈(이진경/권순모 옮김), 『스피노자와 표현의 문제』, 2003, 서울: 인간사랑, pp.177-198; 평행론적 유물론의 중요성에 관해서는 마이클 하트(이성민/서창현 옮김), 『들뢰즈의 철학사상』, 1996, 서울: 갈무리, pp.159-182 참조.

2. 스토이시즘의 인식론에 근거한 바울의 '영' 이해의 준(俊)유물론적 해석

원시 기독교 탄생의 근거로서 바울의 계시 이해는 플라토니즘(Platonism)의 관념론적 존재론과 스토이시즘의 유물론적 인식론의 사유 구조로 이해할 필요가 있다. 관념론적 플라토니즘에서는 땅에 속하는 보이는 '세상적인 것들'과 하늘에 속하는 보이지 않는 '신적인 것'들을 나누고, 보이지 않는 것들은 '이데아'(εἶδος)의 관념 세계로서 이를 모방하여 형성된 보이지 않는 '모사물'(paradeigma 또는 eikōn)의 현상 세계 보다 더 큰 가치를 부여받는다. 그리고 보이지 않는 이데아의 세계를 파악하기 위해서는 우리의 '이성'(noēsis)이 필요하다. 이러한 관념론적 플라토니즘에 근거하여 바울은, 현상계의 유대교 율법을 넘어선 이데아의 세계에 속하는 그리스도의 계시가 도래하였고, 이를 파악하기 위해서는 '이성'이 아니라 하느님이 그리스도를 '영'(πνεῦμα)으로서 보냈다는 우리의 '믿음'(πίστις)이 필요하다고 주장한다(갈 1:16, 4:6, 고후 1:22, 롬 16:25, 빌 1:19). 바울에게는, 보이지 않는 신적인 것과 보이는 땅의 세계를 매개하는 구속자 그리스도의 영의 계시가 바로 믿음의 대상이면서 동시에 그 근거이다(고전 1:24, 8:6, 고후 4:4, 골 1:15-20).

그런데 여기에서 바울은 이 그리스도의 계시를 이해하는 인식 과정에서는 스토이시즘의 유물론적 세계관을 끌어들인다고 보여진다.9) 특히 스토이시즘의 유물론적 인식론에서는 플라톤의 이데아에서처럼 '진리'(ἀλήθεια)는 이에 대한 인간의 파악 과정과 상관이 없이 스스로 존재하는 실재나 명제 자체가 아니라 '참된 것'(ἀληθής)에 불과하고, 이것이

---

8) 이러한 글의 예로서는 Stanislas Breton, 1988, *Saint Paul* (Paris: Universitaires de France); Alain Badiou, 1997, *Saint Paul: La fondation de l'universalisme* (Paris:Universitaires de France) 참조.

9) R. 불트만(허혁 역),『서양 고대 종교 사상사』, 1977, 서울: 이대 출판부, pp.177-192; H. 쾨스터(김억부 역),『신약성서 배경 연구』, 1996, 서울: 은성, 1996, pp.256-259. 원래 스토이시즘의 세계관에서는 우주의 자연을 지배하는 원리인 로고스(理法: λόγος)가 인간의 삶과 운명을 지배하는 원리인 로고스(理性)가 같은 것이다. 이러한 세계관은 스토이시즘의 인식론에도 그 유물론적 동기를 형성한다. 그래서 인간 자기 자신이 우주 내에서 어떤 유기적 위치를 차지하는지 알려주는 로고스를 파악하기 위해서는 인간은 자연과의 조화(σύμφωνον)와 통일성(ὁμολογία)을 유지하는 인식과정을 통해서만이 인간의 본성인 理性(로고스)과 자기 보존을 위한 욕망과의 관계를 조절하며 자연에 적합하게 살 수 있게 된다. 이를 위해서 스토익 철학자들은 인간 본성에 어긋나는 세상만사에 대해서 무관심(ἀπαθεία)을 유지함으로써 안전하고 제약이 없는 삶의 평안을 유지할 수 있는 자유(ἐλευθερία)의 삶의 방식을 제시하였다.

단지 의식 속에서 인식되는 과정에 의해서만 진리로서 확정될 수 있다. 이런 의미에서 스토이시즘에서는 인식 과정과 상관없이 독립적인 어떤 참된 것이 그 자체로서 객관적인 진리치를 내포하는 것이 아니라, 표상에 대한 인식 과정이 진리를 확정짓는다. 여기에서 인식 과정이란 칸트(I. Kant)처럼 대상의 존재를 능동적으로 확정짓는 생각하는 지성의 인식과정이 아니라, 우선은 소여(data)로서 지각되는 '표상'(phantasia: 또는 인상)이 인식과 진리의 유일한 원천이면서 그 유일한 척도가 된다.10) 또한 스토이시즘은 '지각된 것'(aisthēsis)이 모두 저절로 '존재하는 것'(on)이 될 수는 없다는 데모크리토스(Democritos)의 견해나, '지각된 것'이 모두 그 자체로 주어져서 '존재하는 것'이 될 수 있다는 에피큐로스(Epicuros)의 인식론을 거절한다. 지각된 것 중에 어떤 것은 진정으로 존재하지는 않게 되고, 어떤 것은 진정으로 존재하게 된다.11) 더구나 지각된 것의 인식 과정에서 중요한 것은 주체가 동의하는 '수용'(sygkatathesis) 행위이다. 그래서 스토이시즘의 인식론에서는 프뉴마(πνεῦμα: 영)가 지각의 세계에 구현된 '표상'(또는 인상)이나 로고스(λόγος)가 지식의 세계에 구현된 '이념'을 포착할 때에는 언제나 인식하는 주체의 동의 과정, 즉 마음의 통치 원리의 판단하는 과정에 의해서 '포착적 표상'(또는 '인식적 표상': phantasia katalēptikē)이 발생하게 된다.12)

---

10) 김상봉(조우현 편), 「스토아 철학에서의 지각과 진리의 문제」, 『희랍철학의 문제들』, 1993, 서울: 현암사, pp.359-371; 이정우, 『삶·죽음·운명: 스토아 철학에서 선으로』, 1999, 서울: 거름, pp.26-45과 pp.61-92쪽 참조.

11) Sextus Empiricus, 1987, "Against the professors 8.63" (Usener 2.53, part), *The Hellenistic Philosophers*, vol. 1, trans. A. A. Long & D. N. Sedley (New York: Cambridge University Press), pp.81-82; 이에 대한 보다 자세한 설명에 관해서는 김상봉, 「스토아 철학에서의 지각과 진리의 문제」, p.362 참조.

12) 앤소니 A. 롱(이경직 옮김), 『헬레니즘 철학』, 2000, 서울: 서광사, pp.231-244; 롱에 의하면, 스토이시즘에서 인상(또한 표상)은 감각의 대상만이 아니라 일반 이념이나 개념도 포괄한다. 특히 여기에서 인상은 마음이 외부의 세계를 경험하고 그 마음의 상태를 의식하는 것과 연관된다. 더 나아가서 지각은 어떤 인상에 동의하는 심리적 행위라고 생각한다(pp.232-236). 다시 지각 중에는 단순히 수동적으로 수용하는 표상과 이를 넘어서 인상을 보다 능동적으로 동의하는 '인식적 표상'과 물질적인 실체로서 객관적으로 전달되는 '지식'으로서의 표상으로 구분된다. 여기에서 뒤의 두 가지 표상의 반응은 마음의 통치 원리가 인상을 능동적으로 해석하고 분류하는 일종의 판단 행위와 관련된다. 또한 이 두 가지 표상들은 그것에 정확히 상응하는 인상의 원인이 되는 물질적 대상이 실제로 존재한다는 것을 보장한다(pp.236-239). 이와 비슷한 스토이시즘의 인식론에 관해서는 프리도 릭켄(김성진 옮김), 『고대 그리스 철학』, 2000, 서울: 서광사, pp.288-290 참조.

위의 스토이시즘의 인식 과정을 들뢰즈의 사건의 유물론적 관점에 의해서 기술하면 다음과 같다. 스토이시즘에서는 '지칭하는 것'과 '진술하는 것'을 구별한다. 지칭하는 것은 물체적인 것과 관련되지만, 진술하는 것은 非물체적인 것이다. 이 진술하는 것은 이미 대상만을 가리키는 것이 아니라 대상에 관해서 말하는 바 그 무엇인가를 표현하는 것이다. 여기에는 어떤 가치판단과 연관된 수용과 동의의 인식 과정이 동반된다. 독자는 이 인식 작용에 의해서 표현되는 의미를 자신의 고유한 의미망의 분류체계에 따라 다양하게 끌어내게 된다. 예를 들어, '카토'는 물체적인 것을 지칭한다. 반면 '카토는 걷고 있다'라는 문장은, 지칭되는 '존재하는 카토'라는 인간을 그에게서 순간적으로 추상해 낼 수 있는 '걷고 있음'과 연결시킴으로써, 단순히 걷고 있는 카토를 지칭하게 되는 것이 아니라 말하고자 하는 바의 그 무엇인가를 표현하게 된다. 이 문장에서 '카토'는 무엇인가를 지칭하는 기능을 담당하는 것이 아니라 '걷고 있음'의 주어로서 기능하도록 진술된 것이다. '카토'와 '걷고 있음'의 두 가지 사태는 실제로 걷고 있는 카토를 '지시'하는 것이 아니라, 존재하지 않는 비물체적인 사태를 사건으로 '표현'하고 있다는 것이다. 더 나아가 이러한 의미론을 위에서 기술한 인식론과 연결하면, 이 문장에서 독자는, 카토가 행하는 습관과 그 성격이나 일으키는 다른 사건에 대한 다른 지식의 의미망에 따라서, '카토가 어떤 미래의 계획을 꾸미고 있다'와 같은 어떤 또 다른 의미를 끌어 낼 수도 있게 된다. 여기에서는 지칭하는 것을 확인하는 표상 작용뿐만 아니라, 주어가 어떠한 상태에 처해 있다고 진술된 문장에 표현된 사건성을 지각하고 그 문장에서 표현된 것의 의미를 마음의 통치 원리에 따라 포착하는 인식 작용이 개입된다. 진술된 사태나 사물을 수용하는 인식 과정에서 중요한 것은 독자나 청자가 자신의 의미망의 분류 체계에 따라서 이 문장의 두 가지 사태의 결합이 표현하는 것을 인식하는 결과인 '진술된 것의 의미'(lekton)를 판단하는 해석 과정이다.13)

---

13) 스토이시즘의 사건과 의미 이해에 관해서는 롱, 『헬레니즘 철학』, pp.244-256을 참조할 것. 롱에 의하면, 스토이시즘에 있어서 '지칭하는 것'과 '진술하는 것'의 구분은 현대의 논리학자 고틀로프 프레게(Gottlob Frege)의 '의미'(Sinn)와 '지시체'(Bedeutung)의 구분과 비슷하다. 예를 들면 스토아 철학에서는 '탁월한 행위'나 '탁월함'에 대해서만 '좋은 것'이면서 '이로운 것'이라고 주장할 수 있게 된다. 여기에서 '저녁별'과 '샛별'이 금성이라는 그 동일한 지시체를 갖는 것처럼, '좋은 것'의 지시체나 '이로운 것'의 지시체는 '탁월한 행위'이거나 '탁월함'이 됨으로써 동일한 것이다. 하지만 '좋은 것은 이

여기에서 들뢰즈가 강조하는 '사건'의 유물론적 특성이 개입되는 것은 사건에 얽힌 증거로서의 사실성이 아니라, 물질적 변형 과정이 일으키는 운동의 '사건'과 그 운동의 표면 효과로서 형성되는 '의미'의 이원성이다. 사건은 물질적 변화가 원인이 되어 나타나고, 의미는 이 변화의 결과로서 언어의 장에서 다른 사건들과의 관련성 속에서 나타난다. 이러한 이중성은 물체적인 것과 비물체적인 것, 물질적인 것과 정신적인 것이 한 운동의 사태 안에 두 가지 방향으로 일어날 수 있다는 **평행론적인 유물론**의 성격을 잘 드러낸다. 물질적 변형의 표면 효과로서 일어나는 '사건'이 언어로 표현된 언표 안에 존속하는 것이 '순수사건'으로서의 '의미'이다.14) 더 나아가서 들뢰즈는 사건과 의미가 물질의 운동과 언표 속에서 동시에 공존한다는 것이 역설성을 나타낸다고 다음과 같이 주장한다: "의미는 사태들의 부대물로서 열외 존재이다. 그것은 존재에 속하기보다 비존재에 속하는 무엇(**aliquid**)이다. 명제에 있어 표현된 것인 의미는 실존하지 않지만 그 명제 안에 존속한다."(91) 의미는, 명제로부터 파생된 것이지만, 명제의 긍정과 부정을 유보시킨다는 점에서 명제가 순간적으로 소멸되는 그 순간에 비로소 나타나게 되는 것이다. 예를 들면, 이러한 의미의 역설성은 '사람 없는 미소'나 '촛대 없는 불꽃'에서 잘 드러난다. 미소나 불꽃은 사람이나 촛대의 파생물이지만, 사람과 촛대의 긍정과 부정을 유보시키면서 이것들이 사라지는 그 순간에만 나타나게 된다. 이 의미의 역설성은 의미 형성 과정에서 독자가 행하는 판단의 참여 과정의 중요성을 드러낸다. 이것은, 물질 변형의 사건의 부대물로서의 의미가 객관적인 사실성에서 오는 것이 아니라, 이 사건을 포착하는 수용 과정에서 제시되는 바와 같이 언표의 계열화의 다양한 가능한 선분들에 대한 독자의 선택 과정에서 발생할 수 있다는 것을 말해 준다.15)

로운 것이다'는 문장은 '좋은 것은 좋은 것이다'라는 문장과는 다른 '진술된 것의 의미'(lekton)를 표현한다(pp.254-255); 이정우, 『삶·죽음·운명』, pp.86-92 참조.
14) 이러한 들뢰즈의 의미의 이중성에 대해서는 들뢰즈, 『의미의 논리』, pp.48-61, 이정우, 「들뢰즈와 사건의 존재론」, pp.149-154, 이정우, 『시뮬라르크의 시대: 들뢰즈와 사건의 철학』, 1999, 서울: 거름, pp.95-130 참조.
15) 들뢰즈, 『의미의 논리』, pp.62-97. 특히 여기에서 기술된 의미의 역설성은 들뢰즈가 제시한 의미의 네 가지 역설들 중에 두 번째 즉, (2) '무익한 이중화 또는 얇은 반복의 역설'을 말하려는 것이다. 다른 세 가지는 (1) 명제의 의미가 다른 명제에 의해 지시되는 것으로만 파악할 수 있다는 '무한 소급'의 역설, (3) 질, 양, 관계, 양상의 측면에서 서로 대립하는 명제들이 정확히 동일한 것을 나타낸다고

위의 유물론적 스토이시즘과 똑같지는 않지만 그 사유방식에 있어서 매우 비슷한 방식으로, 바울은 그리스도 계시에 대한 인식론을 '영' 개념의 물질적 사건성과 정신적 의미성의 이중적 성격을 통해서 확립하게 된다. 그리스도 계시를 인식하는 데 개입되는 중요한 인간의 수용 과정은 '영'이신 그리스도가 성육신화(聖肉身化) 되었다는 사건의 역사성을 객관적 사실로서 확증하는 과정이 아니다. 더구나 팔레스틴 기독교에서처럼 예수의 십자가 처형의 구체적인 역사적 사실성이 사건으로서 중요한 인식 대상이 되는 것도 아니다. 바울에게서는, 이러한 사실성이 전달되는 것이 중요시 되는 것이 아니라 부활하신 그리스도가 영으로서 그에게 계시되어 나타났다는 점이 강조된다. 여기에서 영의 물질성은 바람처럼 나타났다 사라지는 계시 사건을 지시한다. 반면 이 영의 물질적 사건은 그 표면효과로서 영의 '의미'로 전화된다. 여기에서 바울은 오히려 이 사건의 사실성이 아니라 '동의'의 의미화 과정을 강조한다. 그래서 이 사건의 의미는, 우리가 체험한 부활한 그리스도에 관한 인상(표상)들이 이전의 전승들의 신적 '사건'과 어떤 연관성이 있는지, 이 그리스도의 계시 사건이 이 전승들의 의미 계열화의 분류체계에 따라서 무엇을 의미하는지 묻고 그 답을 선택하여 수용하는, 우리의 판단 과정에 따라 결정된다. 바울에게 있어서 그리스도 계시는, 마치 스토이시즘에서 의미 구성의 선택적 수용과 동의의 과정과 거의 비슷한 방식처럼, 의미 구성적 판단 과정이 내포된 표상 인식의 동의의 수용과정인 '믿음'에 의해서만 포착된다는 점이다. 바울은 그리스도 계시에 대한 판단의 분류체계 중 가장 중요한 의미의 계열망이 구약 성서의 계약에 나타난 하느님의 의로운 행위의 전승이라고 간주하는 것 같다(갈 3:6-24, 롬 1:1-25). 바울에게서는, 인식 수용의 주체가 그리스도 사건의 의미를 이러한 의미 계열망에 의해 포착하게 되는 인식 과정에서는 로고스 그리스도가 육신으로 나타났다는 객관적인 역사적 사실 자체가 그렇게 중요한 역할을 담당하는 것이 아닙니다.

하는 '중성 또는 본질의 제 3 상태의 역설,' 그리고 (4) 둥근 사각형, 외연이 없는 물질, 운동하는 영원, 골짜기 없는 산 등에서와 같이 모순적인 대상들을 지시하는 명제들도, 그것이 구체적으로 현실화될 수 없다는 측면에서 부조리할지라도, 의미를 가질 수 있다는 '불가능한 대상들이나 부조리한 것'으로서의 역설이다; 특히 사건의 의미가 한 사건이 다른 사건들과의 관계와 연관된 계열화에 의해서 형성된다는 것에 관한 설명에 대해서는 들뢰즈,『의미의 논리』, pp.98-114과 이정우,「들뢰즈와 사건의 존재론」, pp.155-159, 이정우,『시뮬라르크의 시대』, pp.131-164 참조.

그리스도 사건의 의미에서 가장 핵심적인 것은, 이 사건을 일으키는 그리스도의 영 자체가 이 사건을 인식하여 수용하게 하는 주체로서의 영, 즉 마음의 통치 원리와 상호 연결되고(갈 4:6, 고전 2:13, 고후 5:5), 이제 이번에는 이 인식 주체의 영과 조응되어 동시에 형성되는 윤리적 주체인 새로운 '자유의 영'이 그리스도의 영과 또한 상호 작용을 하게 되어 있다는 것이다(갈 3:1-5:26). 이것이 바울의 계시 이해에서는 우리의 믿음의 대상으로서의 그리스도의 영의 나타남과 믿음의 인식적 과정의 주체로서 마음의 통치원리인 영의 생성이 분리될 수 없다는 점을 말해준다(고전 1:18-2:16). 또한 계시 인식 판단의 결과인 '자유의 영'의 생성이 곧 믿음의 인식 대상인 그리스도의 계시 인식 자체의 증거이기도 한 것이다. 결국 바울의 계시 이해에서는 요한복음과 달리, 성육신화 되어 나타나는 것은 예수라는 인격이라기보다는, 우리의 결단에 의해서 그리스도의 계시를 인식하면서 형성되는 자유의 영이다(갈 5:13-6:18).

우리는 이제, 계시의 대상으로서의 그리스도의 '영'과 이를 인식하는 주체로서의 '영' – 이 두 영들의 변증법적 통일이 계시의 '수용'과 인식의 '동의'의 인식론적 과정을 통해서 일어나고, 이 과정의 적합성과 정당성은 다시 자유의 영의 생산적 활동에 의해서 증명되거나 보장될 수 있다는 것을 알게 된다. 여기에서 신앙의 대상인 그리스도의 영은, 우리의 영이 그리스도의 영과 적합한 관계를 확립하도록 계시의 수용과 인식의 동의를 가능하게 하는 신앙의 근거이기도 하다. 이것은, 두 가지 영의 운동이 상호 모순되는 것 같지만 계시 대상과 인식 주체와의 관계를 새롭게 설정하는 종교적 실천을 매개로 통일되어 자유의 영으로 전화된다는 의미에서, 변증법적 특성을 내포한다고 할 수 있을 것이다. 이 과정에서 중요한 것은, 실천을 매개로 인식주체가 도덕적 주체로 전이될 때 양의 변화가 질의 변화로 전화되는 변증법적인 운동 과정을 밟을 수 있다고 간주된다는 것이다. 여기에서 수용과 동의의 적합한 인식과정이 정당한 행위의 판단과정과 연속적으로 상호 연계될 수 있는 것은 인간적 이성과 자연적 이성의 통일성에 관한 스토이심의 일원론적 세계관이 있었기 때문이다. 이러한 스토이시즘의 세계관에 따르면, 자연에 따르는 '적합한 행위'(kathēkon)가 우주적 대자연의 로고스에 대한 통찰을 통해서 이성에 따르는 '올바른 행위'(katorthōma)로 간주될 수 있게 된다.16) 마찬가지로 바울의 사상에서도 이 인식의 주체

---

16) 스토이시즘의 윤리학적 특성을 자연적 진리와 도덕적 윤리의 밀접한 연관성에 비추어서 쓴 글에

로서의 영이 그리스도의 영(또는 성령)에 따라 살아야 하는 도덕적 주체로서의 영으로 자연스럽게 전화될 수 있게 된다(갈 6:17-18, 25-26). 갈라디아서는 바로 이러한 인식의 주체인 영이 도덕의 주체인 영과 밀접하게 상호 연관됨으로써 어떻게 유대교의 율법으로부터 해방되어 진정한 자유의 자기의식을 배태시킬 수 있는지 논의하게 된다. 이것은, 인식과정에서 객체인 그리스도의 영과 주체인 우리 자신의 영이 통일되고 다시 어떠한 실천적 과정을 통해서 인식의 주체가 도덕의 주체로 전화될 수 있다는 의미에서, 바울사상에서의 변증법적 사유의 특성의 한 단면을 암시적으로 보여준다.

그렇지만 이러한 스토아적인 자기의식이 또다시 보편적인 자기의식으로서 공동체 내외의 구성원들 사이에서 수행되는 구체적인 '승인' 과정으로 변형되려 한다면 맑스주의적 변증법에서 주장하듯이 노동과 같은 어떤 물질적 관계 변형의 매개 과정이 필요하게 될지 모른다. 결국 고린도 교회에서 바울은 이러한 공동체 내의 갈등에 직면하여 교회의 구성원들 사이의 상호 승인의 문제가 해결되기 위해서는 유대교의 율법 문제에서 오는 자기 자신의 내면의 자유의 문제 뿐 아니라, 우리 자신과 물질의 관계와 사회적 관계에 대한 새로운 인식이 요구되는 것을 알게 된다. 이제 이러한 상호 승인이 요구되는 교회 공동체의 정립을 위해서는, 주체이면서 객체이기도 한 자기 자신과의 間主觀的 관계를 기반으로 하는 '스토아적인 자기 의식'은 노동과정의 구체적 실천을 통해서 자기 이외의 외적 대상과의 관계를 기반으로 하는 '보편적인 자기 의식'으로 전화되어야 하는 것이다.17) 이러한 변증법적 전화의 과정에서는 물질과 정신의 교환 작용이 구체적으로 전개되는 성만찬과 같은 다른 종류의 종교적 실천이 매개되어야 할 것이다. 종교사적으로 보면, 바울의 공동체론의 변증법적 발전 과정에는 당시 헬레니즘 종교의 제의와 로마의 사

관해서는 이창대, 「스토아 윤리학에서 적합한 행위와 옳은 행위」, <철학> 제74집(2003. 봄), 한국철학회, pp.79-103 참조.
17) 헤겔은, 간주간적(間主觀的) 관계에 의해서만 작동되는 '스토아적 자기 의식'의 한계를 극복하고 노동과 같은 외적 대상관계를 통해서 도달하게 되는 '보편적 자기 의식'이 생성되는 과정을, 주인과 노예가 상호 승인하는 변증법적 과정을 통해서 기술한다. 필자는 이러한 헤겔의 스토아주의의 한계에 대한 이해가 바울의 사상의 발전적 변이 과정을 추적하는데 도움이 된다고 생각하여 이를 사용하였다. 이러한 헤겔의 스토아주의 이해에 대한 철학적 해석의 문제와 헤겔의 지성사적 쟁점에 관해서는 김준수, 「승인 개념 그리고 스토아적 자기 의식과 보편적 자기 의식」, <헤겔철학과 정신> 제12호 (2002), 한국헤겔학회, 서울: 철학과 현실사, pp.13-52 참조.

회적 몸의 은유로서의 구체적인 사회조직의 물질성이 바울의 사유방식의 전화를 위해서 매개되었다고 볼 수 있을 것이다. 그렇다면 바울은 고린도교회에서 상호 승인이 요구되는 교회 공동체를 구체적으로 형성하기 위해서 어떤 한계에 부딪히게 되는지, 그리고 그것을 어떻게 극복하였는지를 다음의 3장과 4장에서 그의 변증법적 구도를 중심으로 자세히 살펴보게 것이다.

3. 바울의 '몸' 이해에서의 준(俊)유물론적 변증법의 흔적과 그 한계

위에서 바울의 그리스도 계시 이해에서 볼 수 있듯이, 두 가지 개념적 준거틀 즉, 플라토니즘의 관념론적 존재론과 스토이시즘의 유물론적 인식론과의 부조화된 접합의 배치가 또한 그의 '몸'(σῶμα) 이해의 토대이기도 하다. 이러한 두 가지의 차원의 접합은 한편으로 당시 헬레니즘의 혼합주의 현상이다. 그런데 보다 심각한 혼합주의 현상은 그의 묵시문학적 역사이해에서 나타나는 '이 세대'와 '오는 세대'의 이원론이 헬라적 인간론의 이원론인 '육'(σάρξ)과 '영'(πνεῦμα)의 이원론으로 전화되면서 일어난다. 갈라디아서에서 바울은 이 육과 영의 이원론을 변형시켜서 '육'을 율법에 따라 사는 삶의 양식으로, '영'을 그리스도의 영에 따라 사는 삶의 양식으로 이해하게 되었다.18) 그런데 고린도전서에서 바울은 이러한 관념론적 이원론을 버리고 구체적인 삶의 현장에서 교회를 조직해야하는 현실적 요청에 직면해서는 육과 영의 종합으로서 '몸'을 공동체의 성격을 규정하는 새로운 개념적 은유로 제시하게 된다. 이 개인적 삶의 양식으로서 이해된 영은 이제 공동체의 육체성과 만나서 공동체적 '몸'으로 변형되는 새로운 계시 사건의 실천적 전개 과정을 겪게 된다.19)

그래서 갈라디아서에서는 그리스도의 영이 개인의 주체성을 확립하는 인식론의 출발

---

18) 김덕기, 「갈라디아서에서의 신학과 윤리」, <신학과 문화> 제9집(2000), 대전신학대학, pp.156-167; 특히 바울이 헬라적 인간학의 용어인 '영'과 '육'을 차용하여 묵시문학의 '이 세대'와 '오는 세대'의 이원론을 인간의 육체성과 영성의 이원론적 구도로 변경하여 재구성한 것에 관해서는 David E. Aune, 1995, "Human Nature and Ethics in Hellenistic Philosophical Tradition and Paul: Some Issues and Problems", *Paul in His Hellenistic Context*, ed. Troels Engberg-Pedersen (Minneapolis: Fortress), pp.291-312 참조.
19) 김덕기, 「고린도전서에서의 몸 담론과 권력」, pp.135-139, pp.164-167.

점으로 작동되기 시작하지만, 이제 고린도 교회의 분열의 구체적인 문제를 극복하는 교회 공동체를 형성하기 위해서 바울은 그리스도의 몸을 교회의 권력 생산 과정에 지배하는 원리로서 이해하게 된다. 이러한 이해에는 영과 몸을 동일시하는 유물론적 전제가 내포되어 있는 데 이것은 '영'이 '몸'에 거주한다는 바울의 다음과 같은 주장에서 완결된다: "너희가 하느님의 성전인 것과 하느님의 성령[πνεῦμα: 영]이 너희 안에 거하시는 것을 알지 못하느냐"(고전 3:16); "너희 몸은 너희가 하느님께로부터 받은바 너희 가운데 계신 성령의 전인 줄을 알지 못하느냐 너희는 너희의 것이 아니라"(고전 6:19) 이제 그리스도인은 이 그리스도의 우주적 몸에 대한 인식을 매개로 자신들의 위치를 개인적 몸으로서의 주체들이 복합적으로 배치되어 있는 공동체 속에서 찾게 되었을 때 사회적 '몸'은 이제 교회의 '종교권력'[20] 생산 양식으로 전화(轉化)되어 나타나게 된다. 이처럼 개인적 몸이 우주적 몸을 매개로 사회적 몸이 되고, 이 사회적 몸이 성만찬의 물질적 변형에 대한 비전에 근거한 교회 권력 생산 양식으로 전화되는 유물론적 변증법[21]의 단계를 밟게 된다. 특히

---

[20] '종교권력'에 대한 맑스주의의 사회과학적 정의에 관해서는 오토 마두로(강인철 역), 『사회적 갈등과 종교』, 1988, 서울: 한국신학연구소, pp.153-184. 이 책에서 저자 마두로는 종교권력을 "종교 재화를 생산·재생산하고 축적하며, 분배·교환하는 능력"(181)으로 정의한다. 그는 특히 종교를 구조화된 교리에 의해서 이미 완성된 실천의 생산물로 보기보다 종교 재화의 생산과정으로 이해할 수 있다고 주장한다.

[21] 맑스의 '유물론적 변증법'의 특징에 관해서는 김경수, 「마르크스의 변증법은 동일성의 변증법인가?: 헤겔철학의 마르크스에 의한 전도」, <진보평론> 제4호(2000. 여름), pp.257-271 참조; 철학사의 변증법 일반에 비추어서 '유물론적 변증법'과 '변증법적 유물론'의 개념을 정의한 표준적인 글에 관해서는 한국철학사상연구회, 『철학대사전』, 동녘, 1989, pp.513-519, pp.521-532 참조. '유물론적 변증법'은, 1848년 불란서 혁명과 같은 구체적인 역사적인 문제에 직면해서 『정치경제학 비판 요강』(1857-1858)에서 맑스에 의해서 제시된 생산력과 생산관계의 변증법적 통일이라는 구체적인 개념(소위 후대에 의해서 명명된 '변증법적 유물론' 또는 '역사적 유물론')으로 발전되기까지는, 노동을 통한 주관(의식)과 객관(존재)의 통일의 의미(유물론적 변증법)를 일반적으로 내포하게 되었다. 그러나 이 용어는, 맑스의 실천과 생산관계가 강조된 유물론의 성격과 달리, 엥겔스(F. Engels)가 반영 이론에 의해서 현실의 변증법적 구조(물질)와 사유의 변증법적 구조(정신)의 인식론적 일치를 주장하기 위해서 물질성 일반에 대한 변증법의 보편성을 승인하는 의미로 사용되었다. 그 이후 플레하노프(G. W. Plechanow)는 엥겔스의 인식론에 전제된 이원론적 구도를 폐기하고 의식에 무관한 물질 일반의 존재론적 성격을 규명하는 유물론적 존재론을 제기하면서 '유물론적 변증법' 대신 '변증법적 유물론'이라는 새로운 용어를 사용하게 되었다. 결국 위의 이론적 발전을 기초로 마르크스-레닌 철학은 다음과 같은 세 가지 유물론적 변증법의 발전 원리를 내세우게 된다. 1) 운동과 발전의 추진력이 사물에 내재하는 변증법적 모순이기 때문에 모든 운동은 자기운동이라고 파악하는 '대립물의 통일과 투쟁의 법칙', 2) 발전 속에서 작동하는 양과 질의 통일과 진화와 혁명의 통일을 강조하는 '양적 변화의 질적 변화로의 전화

몸의 물질성을 개인적 몸으로부터 사회적 몸으로 새롭게 이해하여 변증법적 사유를 적용하게 되는 계기는 바울이 구체적인 목회 실천 활동에서 장벽에 부딪치는 공동체의 내부 분열의 문제였다. 바울은, 고린도 교회에서 바울파, 아볼로파, 게바파, 그리스도파와 사이의 갈등과 지혜 있는 자, 문벌 있는 자, 능한 자와 그렇지 못한 자들 사이의 갈등을 일으키는 현실에 직면하게 되었을 때(고전 1:12-15, 1:26)[22], 공동체의 지체가 여럿이지만 한 몸이라는 것을 내세우게 된다("몸은 하나인데 많은 지체가 있고 ……": 고전 12:12, 14-31). 그래서 그는 인간의 유기체적 몸의 은유를 통해서 이렇게 지체들의 각 부분들이 하나의 몸을 이루게 된다고 주장하게 된다.[23]

사실 이러한 몸의 은유는 유대교의 권력 체제로서 '영토화'된 성전체제를 '탈영토화'시키기 위해서 마련되는 불가피한 종교권력 생산의 새로운 통치의 장치일 수밖에 없었다. 그래서 바울의 '몸'의 은유는 이러한 유대교 성전 체제를 새롭게 '재영토화'하여 교회의 권력 구도로 새롭게 배치하려는 '탈주의 선'으로 인식될 수도 있게 된다.[24]

의 법칙', 3) 발전은 보다 높은 차원으로서의 발전이며 변증법적 부정의 과정이라고 간주하는 '부정의 부정의 법칙'. 신학에서 논의된 이 두 용어의 발생 과정과 그 의미의 차이에 관해서는 강원돈, 『물의 신학』, pp.145-151 참조.

[22] "이는 다름 아니라 너희가 각각 이르되 나는 바울에게, 나는 아볼로에게, 나는 게바에게, 나는 그리스도에게 속한 자라 하는 것이니……"(고전 1:12-15); "형제들아 너희를 부르심을 보라 육체를 따라 지혜 있는 자가 많지 아니하며 능한 자가 많지 아니하며 분별 좋은 자가 많지 아니하도다"(고전 1:26)

[23] 유물론적 변증법의 특성이 맑스의 자본주의 생산양식 분석에서 뿐만 아니라 분절된 시간과 공간의 다층적인 지층의 권력생산 체제 분석에도 작동될 수도 있기 때문에 맑스의 시대 이외의 다른 시대의 복잡한 미시권력 분석에도 적용될 수 있다는 논의에 관해서는 김경수, 「지형학적 시간과 공간에서의 변증법의 작동방식」, <철학> 제71집(2002. 여름), 한국철학회, pp.101-124과 박성수, 「질 들뢰즈의 반변증법 이론의 구조」, <시대와 철학> 제6호(1993. 봄), pp.50-77 참조; 필자가 새 형태의 변증법으로 성서를 분석한 예로서는 김덕기, 「골로새서 1장 13-2:8에서의 기독론과 윤리와의 관계」, <신학과 문화> 제6집(1997), 대전신학대학, pp.147-193 참조.

[24] '영토화'/'재영토화'/'탈영토화'와 '탈주의 선'에 관해서는 들뢰즈와 가타리가 자본주의의 유물론적 성격을 역사철학적 구도에 의해서 규명하기 위해서 사용한 용어들이다. 이 용어들은, 각 시대에 지배적인 욕망의 생성과 흐름의 방향/강도를 어떻게 단속/접속하거나 투여/채취하는지에 따라서 기존의 욕망 생산 체제를 유지하거나 탈피하였는지, 나타내기 위해서 사용된다. 이 글에서 필자는 이 용어들을 원시기독교가 종교적 욕망의 흐름의 방향과 강도를 어떻게 조정하였는지 나타내기 위해서 사용하였다. 이 용어들에 대한 자세한 설명에 관해서는 질 들뢰즈·펠릭스 가타리(최명관 옮김), 『앙띠 오이디푸스』, 1997, 서울: 민음사, pp.334-398 참조; 이 용어들을 사용하여 한국 교회의 권력구조와 바울 사상을 각각 분석한 글에 관해서는 김덕기, 『한국 교회의 성서해석의 폭력성』, pp.21-57과 김덕기, 「고

그런데 바로 이 **유물론적 변증법**의 사유가 작동되는 이 시점에서 바울은 아이러니칼하게도 그의 의도와는 상관없이 영의 인식론에 전제된 플라토니즘의 **관념론**, 특히 그 위계주의적 존재론을 토대로 권위주의적 지배체제를 정당화하는 종교권력의 생산양식 자체를 확립하게 된다. 그러나 바울의 이러한 유기체적 몸(고전 12:12-27) 이해는, 여러 지체들이 하나가 될 수 있다는 것과 지체 중 덜 귀해 보이지만 요긴하다는 데 보다 초점이 있기 때문에, 부분과 전체의 구조적 관계와 이에 근거한 실천 이론에 관한 **변증법적 유물론**[25]에로까지는 미치지 못하게 된다. 반면 변증법적 유물론에서는 여러 부분들이 하나인 전체를 형성할 수 있을 뿐 아니라 원자와 같은 물질에 경우에서처럼 부분 하나가 전체를 드러낼 수 있다. 이러한 점에서 여기에서의 부분과 전체의 관계는 평등주의적 관계를 강조하는 역설적인 사유를 내포한다.[26] 이러한 변증법적 유물론에 비추어 보면 결국 바울의 몸에 대한 사상은 인간의 신체에 기초한 몸을 은유로 사용한다는 의미에서 유물론적 동기의 한 측면은 보이지만, 그것은 부분 자체도 사실은 전체의 구조를 내포할 수 있을 뿐만 아니라 바로 그 전체 자체도 더 큰 전체의 한 구성 요소에 불과하거나 그 더 큰 전체의 구조의 부분을 내포할 수 있다는 의미에서 부분이 될 수 있다는 들뢰즈의 **유물론적 존재**

린도전서에서의 몸 담론과 권력』, pp.139-159, pp.164-167 참조.

[25] 특히 알튀세르에게서 '변증법적 유물론'은 '유물론적 변증법'과는 강조점만 다를 뿐 서로 혼용되어 사용되기도 하지만, 맑스주의의 사회과학인 '역사적 유물론'과 구별되어야 하는 맑스주의 철학의 비판적 재구성을 위한 보다 포괄적인 실천 이론적 차원을 내포하고 있다. 그래서 '유물론적 변증법'이 이론적 실천, 부분과 전체의 구조적 관계와 이와 연관된 모순과 중층결정 등의 고유한 개념을 통해서 맑스의 변증법적 특성을 주로 기술하고 있는 반면, '변증법적 유물론'은 이론과 실천의 관계, 과학과 이데올로기의 관계, 문제틀, 인식론적 단절 등의 고유한 개념과 연관된 이론적 실천의 유물론적 성격을 보다 폭넓게 다루는 맑스주의 철학을 의미하였다. 이와 반면, '역사적 유물론'은 사회구성체에 관한 역사과학으로서의 맑스주의 과학을 의미하였다. 알튀세르의 이러한 용법에 관해서는 루이 알튀세르(이종영 역), 『맑스를 위하여(68)』, 1997, 서울: 백의, pp.191-262와 루이 알튀세르(김진엽 역), 『자본론을 읽는다(65)』, 1991, 서울: 두레, pp.13-87, pp.151-199 참조.

[26] '변증법적 유물론'에서의 부분과 전체의 관계에 관해서는 한국철학사상연구회 편, 『철학대사전』, pp.521-532, pp.557-558 참조; "부분이 사물(Ding)인 한, 부분은 그 자체로 전체이며 따라서 다양한 것의 통일이자 통일적인 것들의 다수이다. 따라서 예를 들어 원자는 부분이며 전체이다. 즉 그것이 속해 있는 분자와 관련에서 볼 때 부분이며, 중성자, 전자와 같은 자신의 구성요소와 관련해서 보면 전체이다. 하나의 사물은 항상 특정 체계, 특정 전체와의 관련 하에서만 부분으로 정의될 수 있다 …… [마찬가지로] 전체도 자신이 부분과의 관련 속에서만 즉 부분의 수, 종류, 그리고 배열을 통해, 그리고 이와 함께 주어지는 관계 또는 구조를 통해 정의된다."(557)

론27)으로까지는 충분히 발전하지 못하게 된다. 여기에서 바울의 몸의 이해에서는 부분들 중에 어느 하나가 다른 것들을 일방적으로 지배하게 되는 플라톤적인 위계주의적 관념론이 그 은유의 자리를 대신 차지하게 된다.28)

그래서 바울의 몸 은유에 의한 교회 구조 이해(교회론)에서는 바로 몸의 머리가 우두머리로서 교회의 다스리는 자, 사도, 선지자, 교사, 능력, 병 고치는 은사, 서로 돕는 것, 다스리는 것과 각종 방언하는 것 등이 등장하게 된다(고전 12:28-31). 바울은, 교회를 여러 지체가 하나가 된 '그리스도의 몸'으로 이해하면서(고전 12:12, 12:27)29) 이미 몸의 은유를 로마 지배체제의 유기체적 몸에서 빌려왔을 때, 플라토니즘의 관념론을 재기입하게 된다.

---

27) 들뢰즈의 스피노자의 해석에서는 바로 이러한 유물론적 존재론이 전개된다. 여기에서는 존재의 일의성과 연관된 실체와 속성과 양태의 관계뿐 아니라 원인과 결과, 정신과 물질의 관계가 위계주의적이지 않고 평등주의적이면서 쌍방향적인 것은 바로 부분 자체가 전체일 뿐 아니라 전체도 더 큰 전체의 한 부분일 수 있다는 유물론적 존재론에 근거해 있기 때문이다. 이러한 유물론적 존재론은 사실 "신은, 만물이 그 안에 있다는 의미에서 우주적인 한데 접음(complication)이요, 신이 만물 안에 있다는 의미에서 우주적인 펼침(explication)이다."라는 중세 신학자 니콜라스 쿠자누스(Nicolaus Cusanus:1401-1464) 신비주의에 근거해서 발전되어 왔다고 간주될 수 있다. 이처럼 들뢰즈의 스피노자 해석의 유물론적 특성에 관해서는 들뢰즈, 『스피노자와 표현의 문제』, pp.177-198과 하트, 『들뢰즈의 철학사상』, pp.129-182 참조.

28) 특히 여기에서 들뢰즈의 유물론적 존재론이 알튀세르의 유물론적 변증법(또는 변증법적 유물론)과 어떤 차이가 있는지 확인하는 것은 매우 중요한 논점이 될 수 있을 것이다. 알튀세르의 변증법적 유물론에서는 사물의 인식과정과 정신의 인식과정이 서로 다르지만 상동적(相同的) 관계를 형성한다는 의미에서 인식론적 평행론이 유지된다. 반면 실천 이론 양식이 다른 실천 양식들의 관계들의 결합원리를 제시한다는 의미에서 존재론에 대한 인식론의 우선성이 인정되어 정신과 물질(신체)과의 존재론적 평행론이 유지되지 못하게 된다. 또한 여러 실천 양식들 중에 경제적 실천 양식들이 다른 실천 양식들(법적, 사회적, 이데올로기적 실천 양식들)에 대해서 지배적 위치에 있게 됨으로써 알튀세르의 '지배 내 구조'라는 개념에서 제시된 것처럼 경제적 결정의 최종심을 인정하는 반면, 들뢰즈의 유물론적 존재론에서는 정신과 물질의 존재론적 평행론에 입각해서 한 구조의 실천 양식들 간에는 지배적 구조가 형성될 수 없어서 이론적 실천과 다른 실천들 사이에도 평등주의적 관점이 유지된다. 이러한 들뢰즈의 유물론적 존재론은 자본주의 시대 이외의 복합적이고 굴곡진 시간과 공간으로 분절된 고대 사회의 사회구성체나 권력체제를 분석하는데 오히려 보다 유용하게 적용될 수 있다. 이러한 들뢰즈의 유물론적 존재론의 특성에 관해서는 하트, 『들뢰즈의 철학사상』, pp.147-182를, 알튀세르의 그 특성과 한계에 관해서는 A. 캘리니코스(이진수 역), 『바로 읽는 알튀세(76)』, 1992, 서울: 백의, pp.45-126과 G. 엘리어트(이경숙·이진경 역), 『알튀세르: 이론의 우회(87)』, 1992, 서울: 새길, pp.115-286 참조. 알튀세르의 참고문헌에 대한 요약은 이 책 '보론 3' 참조.

29) "몸은 하나인데 많은 지체가 있고 몸의 지체가 많으나 한 몸임과 같이 그리스도도 그러하니라"(고전 12:12); "너희는 그리스도의 몸이요 지체의 각 부분이라"(고전 12:27)

이 플라톤적 관념론에 의하면, 교회의 머리가 그리스도이고, 남자의 머리는 그리스도이고, 여자의 머리는 남자라는 위계주의적 세계관이 자리 잡게 된다(고전 11:2-16).30) 그래서 바울의 몸 교회론에서는 자신을 포함한 사도들과 가르치는 자들이 이 교회의 위계적 질서의 매개자로서 자처하게 된다(고전 3:22-23).31) 또한 자신은 이러한 믿음을 낳은 아버지이고, 이를 깨닫고 이 복음을 전달받고 믿기 시작하는 그리스도인들은 아이로서 인식된다(고전 4:14-16).32) 여기에서는 보이지 않는 '이데아'에 속하는 그리스도를 닮은 바울 자신이 보이는 현상계에 속하는 '모사물'로 간주되는 것과 마찬가지로, 이번에는 이를 처음으로 파악한 바울은 '이데아'가 되고 이를 따르는 교인들은 '모사물'이 된다. 그래서 이제 그리스도의 계시를 체험한 바울은 자신이 그리스도를 닮은 것처럼 자신을 닮으라고 권면한다: "또 너희는 많은 환난 가운데서 성령의 기쁨으로 도를 받아 우리와 주를 본받은 자[μιμηταί]가 되었으니 그러므로 너희가 마케도니아와 아가야 모든 믿는 자의 본[τύπον]이 되었는지라"(살전 1:6-7); "내가 그리스도를 본받는 자[μιμηταί] 된 것같이 너희는 나를 본받는 자[μιμηταί] 되라"(고전 11:1)33)

교회의 종교권력의 신학적 근거로서 제시된 바울의 몸 교회론에는 이처럼 플라토니즘의 위계주의적 세계관과 영과 몸이 상호 동일시되는 유물론적 전제가 동시에 내재되어 있다. 이러한 근거를 토대로 형성된 원시기독교는 이와 같은 위계주의적 사유방식과 권위주의적 목회 태도를 정당화하게 되는 종교권력의 물질성을 수용하게 된다. 이제 이러한 플라톤적 관념론에 근거한 계시 모델을 통해 위계주의적 권력과 지도력을 정당화한 바울 이후의 원시기독교는 가부장적 목회 구조를 종교권력의 생산양식으로 확립하게 된다.34)

---

30) 바울이 머리에 덮어쓰는 권면(고전 11:2-16) 같은 구체적인 문제들에 직면하였을 때 가부장제적인 위계주의 세계관에 노출된 점에 관해서는 김덕기,『고린도전서에서의 몸 담론과 권력』, pp.159-163참조.
31) "바울이나 아볼로나 게바나 세계나 생명이나 사망이나 지금 것이나 장래 것이나 다 너희의 것이요 너희는 그리스도의 것이요 그리스도는 하느님의 것이니라"(고전 3:22-23)
32) "내가 너희를 부끄럽게 하려고 이것을 쓰는 것이 아니라 오직 너희를 내 사랑하는 자녀같이 권하려 하는 것이라 그리스도 안에서 일만 스승이 있으되 아비는 많지 아니하니 그리스도 예수 안에서 복음으로써 내가 너희를 낳았음이라 그러므로 내가 너희에게 권하노니 너희는 나를 본받는 자 되라."(고전 4:14-16)
33) 바울의 수사학에서 제기될 수 있는 위계주의적 세계관의 문제에 관해서는 Richard Horsley, ed. 2000, *Paul and Politics* (Harrisburg: Trinity Press Int.), pp.124-129, pp.103-109과 Castelli, *Immitating Paul*, pp.21-117과 김덕기,『고린도전서에서의 몸 담론과 권력』, pp.161-163 참조.

4. 바울의 성만찬에서의 '몸' 이해와 그 준(俊)유물론적 재해석

그렇다면 바울의 신학체계 속에서는 이런 권위주의적 지배체제를 탈영토화할 수 있는 가능성의 실마리를 찾을 수 없는 것일까? 바울은 당시 가부장제 사회에서 이를 극복할 수 있는 단초를 그의 실천 우위의 유물론적 인식론과 이에 근거한 파트너쉽의 실천에 남겨 두었다. 그는 우리의 그리스도 계시 인식은 개인 자신만의 관념론적 사유 속에서가 아니라, 타자와의 관계에서 '상호 종됨'의 파트너쉽의 실천 속에서 완성된다고 보았다. 이것은, '나'와 자기 자신과의 대상관계를 변형시키는 데서 만날 수 있는 계시의 대상으로서 그리스도의 영과 '나'와 타자와의 대상관계를 변형시키는 데서 형성되는 **자유의 영**이 서로 상호연결되어 새로운 부활의 '몸'(σῶμα)의 종말론적 미래를 지향하는, 새로운 교회공동체를 탄생시키게 된다. 바로 이러한 **준유물론적 인식론**에 의하면, 바로 평등주의적 파트너쉽의 실천을 통해서 종교권력의 물질성이 부활의 몸으로 변형될 수 있다는 것이 계시 사건에 대한 진정한 의미라는 것이다. 다시 말해서 계시 사건 자체는 자유의 영의 주체인 '내'가 스스로를 '타자'를 섬기는 종으로서 인식하는 유물론적 인식론을 매개로 자신의 '몸'을 공동체의 '몸'으로 변형시키는 실천을 요구한다는 것이다. 이제 이러한 유물론적 해석에 의하면, 이 '상호 종됨'의 **몸적 실천**을 통해서만 비로소 우리의 자유는 타자를 지배할 수 있는 근거가 되기보다는 아무도 타자가 자신을 지배할 수 없도록 서로가 모두 종이면서 동시에 서로가 모두 주인이 되는 새로운 역설적 자유로서 구현될 수 있게 된다: "그리스도께서 우리로 자유케 하려고 자유를 주셨으니 그러므로 굳세게 서서 다시는 종의 멍에를 메지 말라"(갈 5:1); "형제들아 너희가 자유를 위하여 부르심을 입었으나 그러나 그 자유로 육체의 기회를 삼지 말고 오직 사랑으로 서로 종노릇하라"(갈 5:13).

이처럼 역설적인 자유의 영을 추구하는 공동체의 일원들이 위의 종말론적 비전에 의해서 평등주의적 교회공동체로 변형되는 것이 바울의 유물론적 인식론의 한 구도였다고 볼 수 있다. 이러한 자유의 영에 의거한 인식론은 결국 위계주의적 종교권력에서 벗어날 수 있는 탈권력의 실천적 근거가 되도록 제시되었다. 그런데 갈라디아에서 제시된 이러한

---

34) 바울 이후의 종교권력의 문제점에 관해서는 김덕기, 「한국 교회의 성서해석의 폭력성: 상징적 폭력을 중심으로」, <시대와 민중신학> 제7집(2002), 제3시대그리스도교 연구소 편, pp.45-57 참조.

비전에도 불구하고 고린도 교회에서처럼 원시기독교는 바울이 지향하는 평등주의적 파트너쉽의 공동체로 전화되지 못하고 바울 이후에는 여전히 위계주의적 교회 권력으로 남게 되는 것은 무엇을 의미하는가? 이러한 한계를 근원적으로 극복할 수 있는 가능성은 무엇인가?

위의 한계를 극복하기 위해서 바울은 그의 성만찬 전승 해석 과정(고전 11:23-26)에서 타자를 종으로서 섬기는 실천이 공동체 속에서 보다 근원적으로 체현되도록 궁극적인 상징으로서 '그리스도의 몸'을 그의 교회 이해로서 제안한다. 특히 고린도 교회에서 바울은, 성만찬의 떡과 잔이 종말론적 죽음을 나타내는 그리스도의 희생의 몸과 그 종말론적 의미를 나타내는 새로운 계약을 지시하기 때문에, 그리스도가 다시 오실 때까지 그리스도의 죽음의 사건을 성만찬을 통해 재현하고 그 의미를 기억하는 교회 공동체의 성례전적 교제의 실천을 요구한다(고전 10:16-17, 고전 11:17-34). 고린도전서 11:23-26에 나타난 바울의 성만찬에 대한 가르침에서 특히 구원의 현실성에 관한 '직설법적 진술'과 이에 상응하는 윤리의 '명령법적 진술'이 떡과 잔에 대해서 각각 밀접하게 연결되어 반복해서 나타난다고 볼 수 있다.35) 예수의 죽음으로 구원의 행동이 이미 시작되었다는 '직설법적 진술'에서는 떡이 십자가에 처형된 희생을 나타내는 그리스도의 몸으로, 잔이 그리스도의 피로 확립된 새 계약으로 지시된다: "이것은 너희를 위한 내 몸이니"(고전 11:24a); "이 잔은 내 피로 세운 새 언약이니"(11:25a). 또한 부활의 주가 도래할 것이라는 희망 속에서 떡과

---

35) 바울 사상에서의 '직설법적 진술'과 '명령법적 진술'과의 관계에 관해서는 V. L. Wimbush, 1987, *Paul: The Worldly Ascetic* (Macon: Mercer University Press), pp.23-47과 루돌프 불트만(허혁 역),『신약성서 신학』(1958), 1976, 서울: 성광문화사, pp.144-151, pp.336-340, pp.568-569 참조. 바울서신 중에서 특히 고전 7:29-31, 롬 13:11-14, 데전 5:1-11 등에서, '직설법적 진술'은 예수의 죽음과 부활로 이미 구원의 역사가 시작되었다는 종말론적 선언 형태이고, '명령법적 진술'은 아직 구원의 때가 완성되지 않았지만 종말의 때가 임박하였기에 이에 상응하는 실천이 긴급히 요구된다는 윤리적 권고의 형태이다. 바울 신학에서 직설법과 명령법의 관계에 대한 중요성과 그 연구 경향에 관해서는 장상,「바울사상 이해의 문제점」, <신학사상>, 제27집(1979. 겨울), pp.697-733 참조. 장상 박사에 의하면, 이러한 직설법과 명령법의 두 가지 방식의 진술들의 관계는 바울 사상에서 구원을 위해서 윤리적 노력이 어느 정도 필수불가결한지, 그리고 이 윤리적 노력의 정도와 범위가 무엇인지에 대한 문제와 쟁점을 중심으로 논의되어 왔다. 다른 여러 성서학자들은 고전 11:23-26에서는 직설법과 명령법의 관계를 논의하지 않지만, 필자는 여기에서도 바울 사상을 유물론적 관점에서 재해석하기 위해서는 이 관계와 그 실천적 차원을 강조할 필요가 있다고 본다.

포도주를 나누면서 주의 희생을 기념하고 선포하라는 '명령법적 진술'에는 암시적으로 그리스도의 희생의 몸을 기념하면서 부활의 몸으로서의 새로운 계약 공동체를 형성해야 하는 새로운 실천이 요구된다: "이것을 행하여 나를 기념하라"(11:24b); "이것을 행하여 마실 때마다 나를 기념하라"(11:25b); "너희가 이 떡을 먹으며 이 잔을 마실 때마다 주의 죽으심을 오실 때까지 전[선포]하는 것이라."(고전 11:26) 여기에서 떡이 지시하는 대상이 그리스도의 몸이지만, 포도주를 담은 잔이 지시하는 대상은 피 자체가 아니라 피 흘림의 '사건'이 표현하는 그 '의미'인 새 언약이다.36)

위의 바울의 성만찬 이해를 들뢰즈의 **평행론적 유물론**의 관점에서 재해석하면 다음과 같을 것이다. 떡과 잔은 육체가 찢기고 피가 흘려지는 그리스도의 몸에서 일어난 희생의 '물질적 사건'과 이 희생의 피가 형성시키는 새로운 계약이라는 '사건의 의미' 둘 다를 지시한다. 여기에서 떡과 잔은 따로 따로 의미가 있는 것이 아니라, 살과 피가 함께 있는 몸을 지시하듯이, 종말론적 지평에서 만나게 되는 부활의 몸을 지시하기도 한다. 그래서 이 둘은 함께 육체의 희생과 피의 약속을 동시에 뜻하는 새로운 계약을 의미한다. 이제 직설법적 진술에서 암시하듯이, 떡과 잔은 살과 피(몸)에 일어나는 '물질적 사건'과 살의 희생과 피의 약속에 의해서 형성되는 새로운 계약의 의미 즉, 그 사건의 '정신적 의미' 둘 다를 동시에 지시하게 된다. 그리고 이것과 상응하는 명령법적 진술에서 암시하듯이, 이것이 가능한 것은 성만찬의 예전에 참여하여 그리스도의 죽음을 기념하는 실천적 '노동'이다. 구원 활동의 시작을 알리는 희생의 몸이 새 계약의 의미를 내포하기 때문에 우리의 몸도 이제 여기에 평행되게 몸적 실천과 정신적 실천이 요구된다. 직설법의 형태에 상응하는 긴박한 요구가 이제 명령법의 형태로 제시된다. 여기에서는 행함('이것을 행하여': τοῦτο ποιεῖτε)과 기념('기념하라'와 '기념하기 위해서': εἰς τὴν ἐμὴν ἀνάμνησιν)의 두 가지 요구는 각각 사건을 재현하는 '몸적 실천'과 사건의 의미를 기념하는 '정신적 실천'과 평행된다고 해석될 수 있을 것이다. 이것은, 성만찬에서 하나님의 구원활동이 그리

---

36) 이 부분에 대한 자세한 주석학적 측면에 관해서는 Hans Conzelmann, 1975, *I Corinthians* (Philadelphia: Fortress Press), pp.192-203; 신학적 측면의 토론에 관해서는 한스 콘쩰만(안병무 외 2인 역), 『신약성서 신학(1968)』, 1982, 서울: 한국신학연구소, pp.66-75, pp.331-333 참조. 필자는 콘쩰만의 주석의 내용을 앞의 2장에서 논의한 들뢰즈의 유물론적 인식론에 비추어서 재해석하였다.

스도의 몸이 성령이 매개된 우리의 믿음에 의해서 떡과 포도주에 그냥 주어지는 것으로 끝나는 것이 아니라, 주어진 떡과 포도주에 임재하시는 그리스도의 몸이 우리의 몸을 부활의 몸으로 전화시킬 때까지 그리스도인에게는 이를 기념해야 하는 '몸적 실천'과 '정신적 실천' 둘 다를 긴급하게 요구한다는 것을 의미한다. 이처럼 바울의 성만찬 이해에서는, 하나님의 구원활동이 인간의 실천활동을 긴급하게 요구하는 변증법적인 과정에서는 사건과 그 의미, 즉 물질과 정신 둘 다가 관여되어야 한다는, 평행론적 유물론의 흔적이 배어 있다고 해석할 수 있게 된다.37)

위의 토론을 포괄한 고전 11:23-26에 표출된 바울의 성만찬 이해에서는, 그리스도의 죽음의 '사건'이 그 표면 효과로서 종말론적 '의미'로 표현되기 위해서 떡과 포도주의 잔은 그리스도의 몸의 희생을 지시하는 그의 살과 피로 전화(轉化)될 수 있다는, **준유물론적 존재론**의 흔적이 배어 있다. 다시 말해서 성만찬의 예식에서 그리스도의 몸의 부활을 고대하면서 우리는 그의 몸의 죽음이 그 죽음을 기념하는 포도주와 피로, 다시 이 포도주와

---

37) 필자의 이러한 바울 성찬론의 유물론적 해석은 단순히 성만찬의 떡과 포도주가 성령을 통해서 그리스도의 몸을 상징하기도[표출: represent] 하고 현존하게[제공: present] 하기도 한다는 칼빈(J. Calvin)의 정통주의 성찬론의 영적 교제설을 한걸음 더 발전시킨 것이 된다. 칼빈의 성찬론에서는, 성만찬의 제의에서 성령으로 인도된 성찬은 상징체인 떡과 포도주와 상징된 존재인 그리스도의 몸을 혼합하지 않으면서 연합시켜 준다. 가시적이고 물질적인 성찬 상징으로서 '떡과 포도주'와 불가시적이고 영적인 성찬 상징으로서 '그리스도의 몸'은 하늘의 것과 땅의 것을 하나 되게 하는 성령의 영적 교제를 통해서 인지상 서로 구분되나 실제로는 서로 불가분리의 관계에 놓여지게 된다. 반면, 위에서 제시된 바울의 성찬론에 대한 필자의 유물론적 해석에서는, 성찬 예식은 물질적 사건(희생)과 그 의미(새 계약), 몸적 실천(물질)과 정신적 실천(정신)을 한데 펼치기도 하고 한데 접기도 할 수 있도록 신비주의적으로 연합시켜 준다. 여기에서 중요한 것은, 칼빈의 성찬론에서처럼 떡과 포도주가 그리스도의 몸의 관념적인 형태를 그 물질적 질료에 유지시킨다는 것이 아니라, '이것이 나의 몸이다'라는 말씀이 고백되고 성찬이 나누어지는 성만찬의 예식의 특별한 순간의 배치 속에서 떡과 포도주는 현실적으로 몸이 희생되는 물질적 사건을 '지시하기'도 하고 이 사건에 의해서 동시에 표현되는 새로운 계약을 '의미하기'도 하는 이중적 변이 운동을 겪게 된다는 것이다. 여기에서 맑스주의적 유물 변증법의 관점에서 주목되는 점은 이러한 운동 과정에서 요구되는 몸적 실천과 정신적 실천이 그 실천 주체로서의 개인적 몸을 질적으로 다른 교회 공동체로서의 그리스도의 몸으로, 그리고 이것을 다시 그리스도의 부활의 몸으로 전화시키게 된다는 것이다. 또한 여기에서 필자의 유물론적 해석이 칼빈의 영적 교제설과 대비되면서도 유사한 첨예한 분기점은, 성찬식의 종교적 실천의 과정을 통해서 서로 대립되는 물질과 정신, 의미와 사건이 펼쳐지고 모아지기도 한다는 들뢰즈의 평행론적 유물론이다. 칼빈의 영적 교제설과 이에 대한 재해석에 관해서는 유지황, 「루터, 쯔빙글리, 칼빈의 성찬론에 관한 이해」, <현대와 신학>, 제26집(2001), 연신원, pp.406-423 참조.

피가 주의 부활의 몸으로 전화될 수 있다는 유물론적 전제를 갖게 된다. 이러한 유물론적 관점에서 직설법의 구원과 명령법의 윤리의 관계를 재해석하면 다음과 같을 것이다. 변증법적 유물론의 관점에 의하면, 몸의 구원을 위한 그리스도의 윤리적 실천에는 우리의 육체와 우리 자신의 관계, 우리의 육체와 사회의 육체의 관계, 그리고 우리의 몸과 그리스도의 몸과의 관계가 단선적인 것이 아니라 복합적으로 구조적으로 상호 연결되어 있다. 이러한 가르침에서는 또한 모든 존재가 몸에, 몸이 모든 존재 안에 내재한다는 유물론적 존재론의 전제도 또한 암시적으로 내재해 있다고 해석할 수 있게 된다.38)

이것은, 결국 이러한 바울의 성만찬의 가르침에 나타난 종말론과 윤리와의 변증법을 유물론적 존재론의 관점에서 이해하게 될 때만, 갈라디아서에서 제안된 종과 주인의 역설적인 자유의 실천이 모든 위계주의적 권력들을 탈영토화시키는 새로운 평등주의적 공동체를 지속시킬 수 있다는 것을 암시하게 된다. 교회가 이 성만찬에서 똑같은 양과 시간에 먹는 종말론적 평등성을 지향하는 한(고전 11:17-22, 23-34), 떡과 포도주는 그리스도의 희생의 살과 피로 전화될 수 있다고 믿고 또한 이것은 부활한 그리스도의 몸으로 전화될 것을 고대하게 된다.39) 이제 이러한 성례전을 통해서 그리스도의 부활의 몸이 오실 때까

---

38) 바울 사상에 있어서 직설법과 명령법의 관계에 대한 최근 논의에 관해서는 장상, 「바울사상에 있어서의 구원과 윤리의 관계: 로마서 6장 연구」, <신학사상>, 제21집(1978년 여름), 한국신학연구소, pp.379-410 참조. 직설법의 구원과 명령법의 윤리의 관계를 변증법적 관계로 이해하는 최근의 연구 경향은 윤리적 이상주의에 빠지지 않는 범위 내에서 구원의 본질적 요소로서 윤리의 중요성을 강화하고 몸의 육체성과 관련되어 있는 구원의 관계적 차원을 윤리적 실천의 정도와 범위로서 부각시킨다는 점이다. 다시 말해서 이러한 최근의 연구 경향에서는 구원을 위해서 윤리적 복종이 본질적 요소로 부각되며, 부활의 몸에 비추어서 윤리적 복종의 범위가 '몸적'(somatic) 실천의 수준, 즉 우주적, 사회적, 물질적인 생산과정의 수준을 포괄한다고 볼 수 있게 된다. 필자는 바로 이러한 경향을 맑스나 맑시스트의 유물론적 변증법과 들뢰즈의 유물론적 존재론에 입각하여 재구성하고 재해석하려 하는 것이다. 그래서 결국 바울 사상에서의 직설법과 명령법의 관계는, 그 관계가 실천을 매개로 통일될 수 있다는 점에서 맑스나 맑시스트의 유물론적 변증법에 의해서 설명되고, 그 관계가 서로 상호보완적이고 쌍방향적이라는 점에서 들뢰즈의 유물론적 존재론에 의해서 재해석된다. 바울 사상의 신학과 윤리의 관계의 다층적 설정의 가능성을 제시한 필자의 글에 관해서는 김덕기, 「데살로니가에서의 신학과 윤리와의 관계」, <신학과 문화> 제7집(1988), 대전신학대학, pp.105-139 참조.
39) 이에 대한 자세한 주석학적 논의에 관해서는 Gerd Theissen, 1982, "Social Integration and Sacramental Activity: Analysis of I Cor. 11:17-34," *The Setting of Pauline Christianity: Essays on Corinth* (Philadelphia: Fortress Press), pp.145-172과 김덕기, 「고린도전서 11장 17절-26절 주석방법과 이에 근거한 설교」, <신학논단>, 제22집(1994), 연세대 신과대학 편, pp.203-226 참조.

지 그의 희생을 기념하는 것은 변증법적 전화의 의미를 수용하는 탈권력의 실천의 토대가 된다. 그리고 결국 이것이 다른 사람들에 의해서 내가 지배될 수 없게 만드는 **종교권력의 탈영토화**의 출발점을 마련하게 된다. 여기에서 특히 같은 양을 같은 시간에 떡과 포도주를 먹는 과정은 다른 사람을 지배하지 않는 평등성을 상징할 뿐만 아니라 부활의 그리스도가 베푸는 종말론적 연회에 참여하게 되는 새로운 잔치, 즉 현재의 억압적 불평등한 인간관계들이 철폐되는 진정한 종말론적 공동체를 고대하는 것이 된다. 이제 위에서 제시된 보다 명료한 성만찬에 내재하는 종말론적 변증법에 근거한 유물론적 존재론의 구도에서 보면, 성만찬의 모든 종교 행위 과정 자체는 우리의 몸과 그리스도의 부활의 몸과 통일시킴으로써 새로운 교회공동체가 우리 자신과 우리의 육체와의 관계, 우리 자신과 물질과의 관계, 그리고 우리 자신과 사회적 관계에서 나타나는 모순과 불평등을 변혁시키는 사회적 실천의 출발점이 될 수 있다는 것이 확실시된다. 특히 성만찬의 평등주의적 종교적 실천은 사회관계의 물질성으로서 사회적 몸에 작동하는 권위주의적 위계구조의 종교권력 생산 양식 자체를 철폐시키는 현실적인 실천의 토대가 된다.

5. 맺는말

결국 우리는 위에서 논의한 바대로, 윤리적 주체로서의 자유의 영이 형성되는 인식론의 '정신적 과정'과 종교권력이 탈영토화되는 '물질적 과정'의 이중적인 변증법적 과정은 교회의 윤리적·정치적 실천을 위한 **평행론적인 유물론**의 또 다른 형태가 된다는 것을 알 수 있다. 바울의 영의 인식론을 들뢰즈의 표상 인식론에 비추어서 재구성해 보면, 그의 영의 인식론적 과정은 인식하는 주체인 우리의 영과 인식되는 대상인 그리스도의 영이 실천적 자유의 영에 의해서 통일된다는 의미에서 유물론적 변증법의 성격을 띠게 된다. 이러한 주체와 객체의 변증법적 통일 과정은 공동체 내의 모두가 서로에게 주인이면서 종이 되는 '상호 종됨'이 실현되는 자유의 역설적 실천이 요구된다. 그러나 결국, 알튀세르의 인식론적 평행론이 들뢰즈가 존재론적 평행론으로 보완되어야 하는 것처럼, 바울의 사상의 적합한 이해를 위해서는 영의 평행론적 인식에 근거한 준유물론적 인식론을 넘어서 영과 몸이 동일한 원리와 동일한 표현 방식으로 존재할 수 있다는 존재론적 평행론이 또한 요구된다.

그래서 이러한 자유의 역설적 실천이 새로운 공동체를 형성하는 출발점은 될 수 있지만, 이 공동체 내의 다양한 갈등을 극복하여 부활의 몸이 상징하는 평등주의적인 종말론적 공동체에 도달할 수 있는 것은 똑같은 양의 떡과 포도주를 똑같은 시간에 먹는 성만찬과 같은 종교적 실천 과정이 필요하게 된다. 여기에는 몸의 부활의 종말론적 미래에 비추어서 현재의 상황을 변형시키려는 '**몸적 실천**'이 요구된다. 바울의 사상에서 우리의 몸과 그리스도의 몸의 상호 연결 관계와 우리의 몸과 공동체의 사회적 몸의 관계가 우리의 몸적 실천을 통해 통일된다고 할 때, 여기에는 맑스주의적 유물론적 변증법의 전제가 내포되어 있다고 해석될 수 있을 뿐만 아니라 몸적 실천을 통해서 우리와 사회와 교회의 몸들이 상호 포함되기도 하고 펼쳐지기도 할 수 있다는 들뢰즈의 유물론적 존재론의 평등주의 세계관의 전제도 포함되어 있다고 간주된다.

더구나 바울의 사상에서 성만찬의 떡과 잔은 희생의 몸을 지시할 뿐만 아니라 새로운 계약을 의미한다. 그래서 성만찬에서 하나님의 구원 행위의 시작이 선포되는 구원 선언은 공동체의 사회적 관계를 변형시키는 '몸적 실천'뿐만 아니라 '**정신적 실천**'도 요구한다. 성례전적 교제를 확립하기 위해서 이제 직설법적 구원은 주의 죽음을 성만찬의 예식을 통해 기념하여 선포하는 명령법적 윤리를 요구한다. 이제 그리스도의 몸이 새 계약으로 표현되어 구원의 활동이 이미 시작되었지만 아직도 사회적 권력관계의 물질성에 의해서 끊임없이 침탈당할 수 있는 육체적 몸을 가진 우리에게는, 그리스도의 부활의 몸으로 우리가 변형될 때까지 사회적 관계를 변형시키는 '몸적 실천'과 우리와 우리 자신 또는 우리 자신과 하나님의 관계를 변형시키는 '정신적 실천' 둘 다가 긴급하게 요구된다. 이런 의미에서 바울 사상의 신학과 윤리의 관계는 알튀세르를 비롯한 맑스주의 유물론을 넘어서 들뢰즈의 평행론적 유물론도 적용될 필요가 있다는 것이 위의 필자의 논의에서 제시되었다고 볼 수 있을 것이다.

더 나아가서 맑스의 고전적인 유물론적 변증법의 관점에 근거하여 바울의 준유물론적 관점을 더욱 발전시킨다면 다음과 같이 바울의 성만찬 이해를 재해석할 수 있을 것이다. 위에서 제시된바 그리스도의 죽음을 기념하는 성만찬의 종교적 실천에는 사실 떡과 포도주 자체를 생산하는 노동의 실질적 실천 과정도 매개되어야 한다는 것이다. 이처럼 떡과 포도주가 그리스도 희생의 살과 피와 새로운 계약 정신으로, 다시 살과 피의 희생의 몸이 이 계약 정신을 매개로 부활의 몸으로 전화될 수 있게 된다는 종교적 신념은, 노동의 실천 과정에 의한 생산양식의 혁명적 전화 속에서만 교회의 종교권력을 탈권력시킬 수 있다는 맑스의 유물론적 변증법에 의해서 재해석될 필요가 있다는 것이다. 왜냐하면 바울에게는 교회의 종교권력의 물질성이 변증법적 전화의 비약적 발전 과정을 통해서 탈영토화될 수 있는 것이 성례전의 종말론적 비전에서만이 가능하게 될지라도, 이번에는 다시 이 비전이 교회가 속해 있는 세상의 특정한 생산양식을 정당화하는 이데올로기의 도구로 변질될 수도 있기 때문이다. 이런 의미에서 성만찬에서 피와 살로서 지시된 '그리스도의 몸'이 종말론적인 미래의 '부활의 몸'으로 전화될 수 있다는 확신에는, 사실 종교적 실천과 노동의 실천 둘 다를 통해서 사회적 관계의 혁명적 전화도 가능하다는 신념을 내포하고 있다고 해석할 수 있어야 할 것이다. 왜냐하면 성례전에서 보여주는 물질에서 정신, 정신에서 물질로의 질적 전화에 대한 비전은, 결국 양의 변화가 질의 변화로 전화될 수 있다는 유물론적 변증법의 전제를 내포한다고 볼 수 있기 때문이다.

결론적으로 말하면, 부분과 전체, 전체와 부분의 상호 펼침과 접힘의 이중적인 포함관계를 제시하는 들뢰즈의 유물론적 존재론은 맑스의 유물론적 변증법과 함께 적용될 경우에 바울 사상의 준유물론적 해석을 보다 풍요롭게 한다는 것이다. 이런 방식으로 적용된 들뢰즈의 유물론적 관점에 의하면, 바울사상의 준유물론적 해석은 교회의 종교적 실천과 세상의 몸적 실천(노동) 사이에 상호 비판적 보완 관계를 정립하는 이론적 근거를 마련해 준다. 그래서 교회 쪽에서는 사회의 노동 실천의 이데올로기를 비판하고, 사회 쪽에서는 교회의 종교적 실천의 이데올로기를 비판할 수 있게 된다. 더구나 들뢰즈의 후기 저작 『천개의 고원』(1980)에서 볼 수 있듯이 맑스의 자본주의의 생산양식 대신에 특정한 방식의 시간과 공간으로 분절되는 헬레니즘 시대의 유대교 문화 지층에서 전개되는 유대 종교의 욕망 생산의 권력체제를 그 분석 단위로 설정할 경우에는, 들뢰즈의 유물론적 존재론은 생산양식의 모순을 강조하는 생산양식에 대한 맑스주의 사회과학적 분석의 '거시적 차원'과 권력체제에 대한 욕망 분석의 '미시적 차원'을 종합적으로 연구하는 새로운 접근 방법에 의해서 바울 사상에 대한 풍요로운 준유물론적 해석을 가능하게 하는 준거틀을 제시한다.

골로새서에서의 생명 개념의 생성과 그 구조론적인 변증법적 특성

1. 서 론

생태주의 생명 개념에 대한 신학적 토론은, 대표적으로 생태페미니즘에서처럼, 가부장제의 남성적 하나님이 자연파괴에 기여하였다는 전제하에 이와 연관된 초월적 이원론을 비판하는 방식으로 제시되었다. 생태주의 신학은 하나님에 대한 새로운 이미지와 하나님과 세계의 상호적 관계나 자아와 몸, 그리고 영 이해를 생태주의적 관점에서 새롭게 재구성하여 생명에 관한 신학적 이해를 논의해왔다.1) 특히 최근에 판넨베르크(W. Pannenberg)가 2001년 한국에 방문하면서 생명과 창조신학의 관계에 대한 그의 보다 체계적인 논의가 비교적 자세하게 소개됨으로써 생명 개념에 대한 최근의 과학의 성과를 조직신학 내

---

1) 최근의 생태주의 신학에 대한 요점과 이와 연관된 생명 개념에 관해서는 전현식, "생태주의 신학과 영성", 『조직신학 속의 영성』, 2002, 서울: 대한기독교서회, pp.318-336; 이전의 창조신학의 생명 개념에 관해서는 박종천, "더불어 살기 위한 계약: 창조보전을 위한 한국신학적 기여", 『창조의 보전과 한국신학』, 1992, 한국기독교학회, 서울: 대한기독교서회, pp.149-175 참조. 특히 한국에서는 1992년 기독교 학회가 리우 환경회의에 때맞추어 "창조의 보전과 한국신학"이라는 주제로 생태주의 생명의 개념을 논의하기 시작하였다. 여기에서는 바르뜨(K. Barth)의 창조신학에 대한 비판적 고찰로서 몰트만(J. Moltmann)의 창조신학과 캅(J. Cobb)의 생명 신학이 소개되면서 생태페미니즘과 한국 신학에서의 생명 개념에 대한 논의가 본격적으로 토론되었다.

에서의 신학적 관점과 통합하는 다양한 논점들이 활발하게 제시되었다. 그는 생명 개념을, 생명계 일반의 자기 초월 현상과 이 생명의 근원으로서의 '영'(πνεῦμα)의 활동과의 **변증법적 구조**를 인식하는 방식으로, 논의하였다. 판넨베르크는 특히 생물학에서 제기되는 생명의 자기 초월성을 모순과 분열의 다양성을 통합시켜야 하는 영의 현존의 필연성과 연결시키고, 그 생명의 근거로서 이 자기 초월성의 원인을 외적인 신적 영의 활동으로 설정하게 된다. 그리고 생명의 생성과 그 구조를 신학적으로 보다 심도 있게 규명하기 위해서 신적 영의 활동의 근거로서의 삼위일체 하나님의 내재적 삶의 상호관계를 물리학적 개념인 '역장'(力場: field)에 의해서 제시하기도 하였다.2)

성서학에서는 대개 구약의 창조신학에서 생태주의적 논점과 생명의 신학적 근거가 논의되어 왔다. 특히 신약성서학에서는 생태주의적 주제나 생명에 관한 주제가 주로 독자 지향의 글 읽기를 통해서 새롭게 재해석되었다. 하지만 조직신학에서 논의되어 온 생명과 과학과의 상호대화의 결과물로서 제기되는 새로운 생명 이해가 성서학적으로 어떤 의미가 있는지 다시 논의하는 보다 근본적인 토론이 활성화되지 못한 실정이다. 더구나 신약성서에서의 생명 개념은, 독자 지향의 글 읽기 방식에 의해서 주로 요한복음에서의 생명(ζοή) 이해가 논의될 때조차도, 현대적 의미의 생명 개념과 고대의 생명 개념의 차이를 심도 있게 토론하면서 제시되지는 못하였다.3) 이러한 글 읽기 방식과 달리, 성서의 反생태주의적 독해의 가능성에 대항하여 조직신학에서 논의된 현대적 논의의 성과와 보다 활발하게 대화하기 위해서는 우선 신약성서의 생명 개념을 보다 체계 있게 기술할 필요가 있는 것이다.

이처럼 위의 두 가지 문제점들에 비추어 보면, 신약성서에서의 생명 개념은, 판넨베르크가 강조한 바대로 생명 개념의 **변증법적 측면**을 충분히 고려하기 위해서라도, 우선 그 개념이 사용된 종교사적 배경과 전승사와 그 특정 공동체의 반대자의 논의를 명료하게

---

2) 볼프강 판넨베르크, 『현대문화 속에서의 신학』, 2001, 서울: 아카넷; 이신형, "하나님과 자연과학: 판넨베르크의 삼위일체에 대한 비판적인 고찰", <한국기독교논총> vol. 21(2001), 서울: 대한기독교서회, pp.109-135; 홍지훈 외, "특집 논문: 판넨베르크의 신학 이해", 『신학이해』, 2001, 서울: 호남신학대학, pp.9-174 참조; 이신형, "판넨베르크의 신학적 영성", 『조직신학 속의 영성』, 2002, 한국조직신학학회, 서울: 대한기독교서회, pp.193-210.
3) 기독교환경연대 편, 『녹색의 눈으로 읽는 성서』, 2001, 서울: 대한기독교서회, pp.127-197.

토론하면서 포착되어야 할 필요성에 직면한 것이다. 더구나 신약성서의 생명 개념에는 反생태주의적 요소가 내포되어 있을 가능성을 인식하지 못한 채 그 신학적 근거와 윤리적 요청과의 상호관계에 대한 **변증법적 측면**이 철저히 논구되지 못하였다. 이러한 생태주의적 글 읽기는, 일차적으로 성서의 생태주의적 관심을 불러일으키는 공헌이 있을지라도, 결국은 신약성서의 생명 개념을 인간의 이기주의적 본성과의 관련성에서 논의하지 못하고 현대 자연과학의 생명에 대한 지식에 근거해서 그 생명 개념의 윤리적 차원을 삭제하는 한계를 벗어나지 못하게 된다. 특히 신약성서의 생명의 개념은 자기보전 본능과 성적 본능에 근거한 나르시시즘적 이기주의적 욕망과 권력 욕망을 근원적으로 극복하려는 윤리적 차원을 내포하고 있다. 그래서 이러한 부정적 속성을 가진 인간 생명 이해를 극복할 수 있는 그 종말론적 측면이 균형 있게 논의될 수 있도록 생명 개념의 **변증법적 특성**을 부각시킬 필요가 있다. 특히 이글에서는 인간 생명의 원리로서 제시되는 **종말론적 직설법**과 인간 생명의 이기주의적 속성을 극복하도록 요구되는 **윤리적 명령법**이 함께 논의될 것을 제안하고자 한다.4)

이를 위해서 우선 이 글에서는, 골로새서의 생명 개념의 발생의 조건으로서 '충만함'(π λήρωμα)과 이에 근거한 우주적 그리스도론, 그리고 그 발전으로서 생명 개념에 내재하는 종말론적 긴장을 논의할 수 있도록, 골로새서의 서신에서 생명의 용어가 토론되는 문학적 맥락과 역사적 배경에 대한 구조론적 분석을 제시하고자 한다. 이것은, 생명 개념이 어떤 문제의식 속에서 제기되었는지 파악함으로써, 생태주의적 신학적 논의나 성서 읽기가 내포하는 무비판적이고 **非변증법**적 관점을 극복하여 조직신학에서 이미 논의된 과학과 신학과의 대화에서 이루어 낸 성과와 효과적으로 토론하려는 접근방식이 될 것이다.

특히 위의 접근 방식은 현대 생태주의에 대한 과학적 지식이 생명 개념을 어떻게 규명하는지에 대한 그 차이점을 인식하는 데도 매우 유익할 것이다. 고대의 생명 개념의 규정

---

4) 바울서신과 같은 고대문서의 **변증법적 특성**을 연구하는 접근방법에 관해서는 필자의 글, "바울사상의 유물론적 해석", 『우리시대의 맑스의 현재성』, 2003, 서울: 문화과학사, pp.354-380 참조. 특히 본 논문에서 **변증법적 특성**은 ① 상호 모순되는 요소들인 생태주의적 요소와 反생태주의의 요소가 생명 개념 형성 과정에서 동시에 타나나는 측면과, ② 당시 골로새서 공동체의 반대자들의 도전이 생명 개념 생성의 외적 규정성의 동인이 되는 측면, ③ **직설법**의 종말론적 요소와 **명령법**의 윤리적 요소들의 상호 긴장 관계가 현저하게 드러나는 측면을 말한다.

방식은 생명의 원리가 무엇인지 탐구하는 데 일차적으로 집중되어 왔다.5) 이러한 생명 개념은 현대 게놈 분자생물학이나 현대 의학의 생명 개념에서 생명의 원리를 형이상학적으로 전제하는 접근방식의 한계를 비판하여 생명 현상 자체를 생리학적으로 규명하는 방식과 대조된다.6) 특히 게놈 분자생물학에서 생명 개념이 인간이나 생물 개체의 생명이 아니라 세포의 유전자적 자기 복제의 생명력에 집중적으로 관련되어 있는 것과 대조적으로, 고대의 생명 개념은 우주의 만물의 근원과 이와 연관된 인간 생명의 원리가 우세하게 논의된다는 점에서 그 생명에 관한 형이상학적이고 우주신화적 관점의 **변증법적 특성**을 중요시한다는 점이 주목되어야 할 것이다.

2. 골로새서의 내적 구조에 나타난 생명 개념의 **변증법적 이해**

1) 골로새서의 의미 구조에 나타난 생명 개념의 **변증법적인 이해**

우리는 우선 구조론적 분석에 근거한 '징후적 독해'(symptomatic reading)를 통해서 골로새서에서의 생명 개념의 **변증법적 특성**을 명료하게 드러내고자 한다.7) 골로새서에서 생명 개념이 형성되는 내적 동기(**내적 규정성**)는 이 서신에 반복적으로 나타나는 중심 주제의 내적 구조에서 찾아볼 수 있게 된다. 골로새서의 저자는 생명 창조의 근거로서 그리스도를 '충만함'의 용어로 설명하면서 우주적 그리스도론을 새롭게 제시하게 된다(1:19). 여

---

5) 여인석, "의학에서 본 생명의 문제", 『철학과 인접학문과의 대화』, 2003, 서울: 한국철학학회, pp.51-62; 한정선, "그리스적 사유에서의 생명 이해", 『생명에서 종교로』, 2003, 서울: 철학과 현실사, pp.21-59.
6) 강광일, "포스트지놈시대의 생물학적 연구방법론과 인식론적 제문제," 앞의 글, pp.63-77; 정용, "생명공동체", <제4회 '생명의 신학' 국제 학술 심포지엄: 인간의 생명과 환경 문제>, 2003, 서울: 연세대 신과대, pp.13-39.
7) '징후적 독해'란 현상들 중에서 우리의 경험을 생산하고 규정짓는 '구조'가 될 수 있는 '징후'들을 가려내서 이것들을 상호 연결시킴으로써 인식 대상을 확정하고, 이 대상의 생성, 운동, 발전하는 법칙을 추출하는 방법을 말한다. 이 구조는 그 요소들의 관계들을 결정하는 인식 대상의 **내적 규정성**과 이 구조와 다른 구조들을 차별화시키면서 이 대상이 생성, 운동, 발전하는 법칙과 직접적으로 관련된 **외적 규정성**을 내포하게 된다. 이에 관해서는 이종영, 『지배와 그 양식들』, 2001, 서울: 새물결, pp.1-48 참조. 이러한 징후적 독해의 방식으로 바울서신을 분석한 예로서는 필자의 글, "로마서에 나타난 율법과 의인 사상에 대한 구조론적 해석", <현대와 신학> 제25집(2000), 서울: 연세대 연신원, pp.236-268 참조.

기에서는, 케리그마(κήρυγμα)에서처럼 그리스도가 구원자로서 소개된 것과 달리, 아들로서 하늘에 정좌하신 그리스도가(골 1:13-14) 생명 창조의 속성을 가진 하나님의 형상이며 만물의 근원이라는 것을 새롭게 기술하게 되는 것이다. 그리고 다시 세례에 관한 신앙고백 속에서 이 우주적 그리스도에 대한 재해석을 다시 제안하게 된다(2:10-15). 그리고 다시 한 번 세례예문 전승을 재해석하여 그리스도와 생명의 관계에 근거한 신비주의적 우주론을 보여주게 된다(3:1-4, 11).[8] 이 단락에서 비로소 '생명'(ζωή)의 용어가 사용된다: "이는 너희가 죽었고 너희 생명이 그리스도와 함께 하나님 안에 감추었음이니라 우리 생명이신 그리스도께서 나타나실 그 때에 너희도 그와 함께 영광 중에 나타나리라."(3:3-4) 이 세 가지 단락은 각각 우주적 그리스도론과 윤리적 명령 그리고 이 둘을 상호연결하는 매개적인 요소들을 갖고 있다. 이런 의미에서 이러한 반복적 구조의 배경 속에서 3:3-4에 나타난 생명의 이해가 토론되어야 할 것이다. 이를 표로 제시하면 다음과 같을 것이다.

〈도표 Ⅰ-2〉 생명 개념 이해를 위한 골로새서의 의미구조

	우주적 그리스도론	세례의 우주론적 의미	세례의 생태주의적 재해석
케리그마에 대한 재해석	골 1:15-22	골 2:10-15	골 3:1-4, 11
매개적 요소들	바울의 실존적 참여(1:24)	정사와 권세와 충만함 (2:10)	생명의 종말론적 미래 (2:3-4)
반대자에 대한 비판에 근거한 윤리적 차원	新피타고라스 존재론 비판: 2:6-8 – 실천 촉구	중기 플라토니즘과 유대 금욕주의자의 인식론 비판: 2:16-19, 20-23 – 금욕주의 비판	밀의종교 및 신비주의의 삶의 방식 비판: 3:5-10, 3:12-4:6 – 나르시시즘에 근거한 욕망과 권력에의 욕망 비판

여기에서 특히 생명 개념은 우주적 그리스도론의 근거가 되는 '충만함'(πλήρωμα)을 매개로 형성되었다는 것을 알 수 있다. 충만함은 1:19, 2:9과 10절 세 번 나오고, 1:24에 '육체에 채우노라'의 '채운다'(ἀνταναπληρόω)에서 또 한번 나온다.[9]

---

8) 이러한 반복적 구조에 관한 자세한 토론에 관해서는 R. DeMaris, 1994, *The Colossian Controversy: JSNTSS 96* (Sheffield: JSOT Press), pp.41-45, pp.134-145 참조; 필자는 드매리스가 2:9-15이 1:15-20의 주석이라는 논지를 토대로 신학과 윤리의 관계를 중심으로 반복적 구조를 설정하였다.

첫 번째 단락에서 충만함은 하나님과 그리스도와 우리를 매개하는 소통과 연대의 기능을 담당한다. 1:19에서는 그리스도 안에서 모든 충만함이 거주하는 것을 하나님이 기뻐한다. 2:9에서 충만함은 모든 신성의 충만함이 육체적으로 거주한다. 이것은 그 스스로의 신성의 지위를 부정하여 육체가 형성되는 모양을 보여준다고 해석될 수 있다. 2:10에서 충만함은 그 육체성을 다시 **변증법적**으로 부정하여 그리스도 안에서 우리를 충만하게 하시고 그리스도가 정사와 권세의 머리가 되게 하신다. 여기에서 충만함은 하나님과 그리스도와 우리를 연결하면서 소통하게 하신다. 또한 충만함은 **변증법적**으로 운동하여 스스로가 변하여 명사가 동사로 변화되는 것을 드러낸다. 충만함의 육체성은 한번 긍정되지만 다시 부정되어 인간을 충만하게 하신다.10) 여기에서 생태주의적 관점에서 이를 再기술하면, 자연은 결코 완전히 보전되는 것이 아니라 변형된다. 이 변형으로 우리가 충만하게 되고, 그리스도가 정사와 권세의 우두머리가 되도록 활동하신다.

또한 충만함은 그리스도가 육체성인 생명을 낳고 그 통치 원리를 제시할 수 있도록 그 생태주의적 환경을 제공하고, 하나님과 인간과 그리스도 사이의 소통과 연대가 가능하도록 매개 기능을 담당한다. 다시 말해서 충만함은, 그리스도가 정사와 권세의 우두머리가 되는 존재론적 지위를 확보시키게 한다는 의미에서, 생명의 자기 보존성과 자기 초월성을 동시에 드러내도록 우주적 역장(力場)을 제공한다고 볼 수 있다.11) 이것은 고대의 우주론에서 생명의 생성이 합리적 원리의 내재적 동기만으로 이해되기 보다는 그 생명의

---

9) antanapleroo에서 접두 어미 ant-는 '상호적,' '대표적' 또는 반복되는 '보충적,' 또는 '대신하는'의 의미를 함축한다. 이 단어가 골 1:24에서는 "비신비적이지만 그리스도의 운명과 건전하게 현실적인 교제를 통해서 공동체에 맡겨진 종말론적인 고난의 정도의 관점에서 대리적으로 채운다는 생각이 지배적이다." 이에 관해서는 *Theological Dictionary of New Testament vol. 6.* ed. by Gerhard Friedrich tran. & ed. Geoffery W. Bromiley, 307.
10) 플레로마의 **변증법적 성격**에 관한 자세한 논의에 관해서는 필자의 글, "골로새서 1:13-2:8에서의 기독론과 윤리와의 관계: '텍스트사회학'의 방법을 사용해서", <신학과 문화> 제6집(1997), 서울: 대전신학교, pp.171-178 참조.
11) 현대과학의 '역장'의 이해에 대한 신학적 함의에 관해서는 이신형, "하나님과 자연과학: 판넨베르크의 삼위일체에 대한 비판적인 고찰", pp.109-135; 역장의 이해와 생명과의 관계에 관해서는 이신형, "판넨베르크의 신학적 영성", pp.195-204 참조. 여기에서 판넨베르크의 역장 이해와 골로새서의 충만함과의 결정적인 차이점은 이 충만함 개념이 자기 비하성과 자기 초월성과의 **변증법적 특성**을 그 자체에 내포한다는 점이다.

근원과 발생 동기가 무엇인지 보여주는 것이다. 여기에서 생명은 충만함 안에서 그리스도의 창조활동과 통치 과정에 의해서 우주론적으로 형성된다는 것이 강조된다.

여기에서 플레로마(충만함)는, 종교사적 관점에서 보면, 헬라적인 것과 히브리적인 것의 종합으로 형성된 용어이다. 新플라토니즘 철학에서는, 존재자들의 차이를 드러내주는 이데아들의 상호 관계를 인식하는 문제나 '선'(ὁ ἀγαθός)과 같은 초월적 존재에 대한 증명의 문제, 그리고 존재의 생성 원리와 본질의 인식 원리와의 관계를 설정하는 문제와 같은 플라톤 철학의 난제들을 해결하기 위해서, 플레로마가 존재의 생성 원리인 '일자' 아래 30개의 세대들의 위계주의적 질서전체를 나타내는 전문 용어로서 형성되었다고 할 수 있다.12) 이런 관점에 의하면, 이 용어가 플라톤의 존재론적 이분법에 의해서 위계주의적 가부장제를 지원하는 가능성을 내포한다고 볼 수 있다. 하지만 많은 주석학자들이 골로새서가 이러한 新플라토니즘의 용어를 채용하여 그 세계관을 의도적으로 주장하거나 이를 반박하려는 의도가 없다는 것을 염두에 두어야 할 것이다.13) 또 다른 한편 충만함의 용어는 유대교의 쉐키나(shechinah: 하나님이 우리 가운데 거주하심) 신학에 대한 희랍적 해석으로 이해할 수 있다. 특히 이러한 신학적 근거에 의해서 헬라적 유대교에서는 특히 '하나님의 거주'의 관념을 내포한 영 개념이 충만함으로 이해되었다고 할 수 있을 것이다.14) 여기에서는 쉐키나가 제시하는 바와 같이 하나님이 창조물에 거주하시는 **자기 비하의 내재성**이 강조된다. 그래서 종합하면, 충만함은 하나님이 그 스스로 변형하면서 자기 비하의 형태로 우리 가운데 거주하시는 운동의 모양을 나타내는 용어라 할 수 있을 것이다.

여기에서 주목해야 할 것은, 위에서 살펴본 바와 같이 플라톤적인 초월론적 이원론의 흔적에 의해서 형성된 플레로마의 이해와 이를 더욱 첨예하게 발전시킨 우주적 그리스도

---

12) 중기 플라토니즘의 인식론적 문제에 대한 新플라토니즘의 해결책에 관해서는 공성철, "아리우스주의자들에게 나타난 하나님의 의지라는 관념의 정신사적 위치," <한국기독교논총> vol. 23(2002), 서울: 대한기독교서회, pp.122-127과 장욱, 『중세철학의 정신』, 2002, 고양시: 동과서, pp.105-115 참조. 新플라토니즘에서의 전문용어 플레로마에 관해서는 G. Delling, 1964-1974, "Pleroma", *Theological Dictionary of the New Testament vol. VI.* ed. G. W. Bromiley (Grand Rapids: Eerdmans), pp.298-302 참조.
13) 에두아르트 슈바이처, 『골로사이서: 국제성서주석』, 1993, 서울: 한국신학연구소, pp.90-92; DeMaris, *The Colossian Controversy: JSNTSS 96*, pp.18-40.
14) G. Delling, "Pleroma", *Theological Dictianry of the New Testament vol. VI.*, pp.302-305.

론(1:15-20)이 위계주의적 세계관과 가부장적 세계관을 형성할 수도 있기 때문에, 바로 위에서 제시한 쉐키나의 유대적 전통에서 강조하는 충만함의 **변증법적** 활동에 의해서 재해석 되어야 한다는 것이다. 골로새서의 우주적 그리스도론은 그 자체로는 위계주의적 질서(**hierarchical order**)와 플라톤의 존재론적 이원론에 근거해서 우주적 질서의 군주론적 모델(**monarchical model**)이 형성되었다는 것을 아래 <도표 Ⅰ-3>과 같이 보여주고 있다.15) 이러한 방식의 기술 방식은, 에베소서의 저자가 골로새서에 나타난 그리스도의 우주론적 지위에 근거해서 그리스도가 몸 된 교회의 머리로서 이해되는 교회의 위계주의적 질서를 확립하였다는 것을 고려할 때, 우주적 그리스도론에 내재한 反생태주의적 요소라고 할 수 있는 위계주의적 삶의 질서를 확립하였다는 것이 매우 자명하게 드러난다.

<도표 Ⅰ-3> 골로새서 1:1-15절의 위계주의적 질서

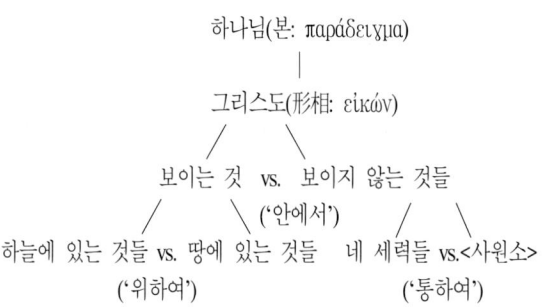

위의 도표에서 제시된 바와 같이, 우리는 플라톤적 이원론에 의해서 보이는 것들과 보이지 않는 것들의 구분은 지성적 인식의 영역과 감각의 영역으로 나누어진다고 할 수 있을 것이다. 그리고 하늘과 땅의 구분은 위와 아래의 위계주의적 세계관과 연관되고, 네 가지 세력들은 사원소의 구분 방식과 연관되어 있다고 볼 수 있다.

---

15) 플라톤(박종현 역주), 『국가·정체』, 1997, 서울: 서광사, pp.433-445. 본과 모사물의 이항 대립항은, 플라톤의 존재론적 이원론에 의하면, 상위 개념적 범주로서 간주되며 이데아계/현상계, 지성에 의해서 알 수 있는 부류/가시적 부류나 감각에 의해 지각 될 수 있는 것들, 상대적인 명확성/불명확성, 인식 가능한 것/의견의 대상인 것 등의 하위 범주들을 수반한다. 여기에서 특히 형상(形相)은 본(παράδειγμα)/모사물(εἰκών)의 의미론적 대립어의 모사물과 같은 것으로 간주될 수 있다. 이에 대한 자세한 논의에 관해서는 필자의 글, "골로새서 1장 13-2장 8절에서의 기독론과 윤리와의 관계", pp.150-157 참조.

이를 이항 대립항의 분류적 범주에 의해서 구분의 방식을 제시하면 다음과 같을 것이다. 있음/없음의 분류적 범주들이 '봄'이라는 의소와 합하여 '보이는 것들'(τὰ ὁρατὰ)과 '보이지 않는 것들'(τὰ ἀόρατα)은 구분된다. 이것들은 그리스도 '안에서' 각각 인식의 영역과 감각의 영역의 형태를 얻게 된다. 위/아래, 허공/꽉 참, 가벼움/무거움 등등의 분류적 범주들이 존재자들의 물리적 위치라는 의소와 합하여서 '하늘 안에 있는 모든 것들'(τὰ πάντα ἐν τοῖς οὐρανοῖς)과 '땅 위에 있는 [모든] 것들'([τὰ πάντα] ἐπὶ τῆς γῆς)이 구분된다. 이것들은 또한 그리스도를 '통하여' 각각 그 자리에 놓여진다. 정통/非정통, 공간/시간의 분류적 범주는 지위/권력의 차이라는 의소와 합하여서 그 보좌와 주관자, 정사와 권세들이 구분된다. 그러나 이것들은, 가벼운 것들이 더 먼저이며 위에 있게 되는 4원소 공기, 불, 물, 흙(τὰ στοιχεῖα: 골 2:8, 2:20)의 순서에서처럼, 위계주의적 질서를 이룬다고 생각할 수 있다. 이러한 질서 체계는 그 원소들의 차이에 의해서 그리스도를 '위해서' 각각 그 순서가 정해진다.16)

이러한 약호(code) 체계에서 사용되는 의미론적 대립과 이항대립쌍들은 특정한 세계관을 드러내는 '특정한 관심'과 가치관이 내포된 '유관성'을 드러내고 있다.17) 이러한 약호 체계는, 결국 경쟁 혹은 적대관계를 배타적으로 설정하면서 골로새서의 적대적 집단들의 주장을 비판하려 하지만, 무의식적으로 이들 적대자들의 우주관을 내재적으로 수용한다고 볼 수 있다. 그래서 골로새서의 저자는, 이방인 헬라 세계의 세계관을 사용하여 기독교의 신앙체계를 표현하기 위해서, 헬라의 우주관에서 제시되는 위계주의적인 특정한 관심과

---

16) 여기에서 '분류적 범주'란 '분류소'(classème)의 변별적 자질을 가진 이항대립항이 '형태의미소'(sémème)에 잠재되어 있음을 말한다. 형태의미소의 대립항들인 보이는 것과 보이지 않는 것, 땅에 있는 것과 하늘에 있는 것, 네 가지 세력과 네 가지 원소들의 구분을 가능하게 하는 분류적 범주들은 헬레니즘 시대의 가치론적 체계를 드러낸다. 분류적 범주에 의해서 각각의 형태의미소가 '의소자질'(sème)을 얻게 되어 사회적 의미를 내포하는 존재론적 약호체계를 갖게 된다. 여기에서 사용된 언어학적 개념에 대해서는 J. 꾸르떼(오원교 역), 『담화분석을 위한 기호학입문: 방법론과 적용』, 1992, 서울: 신아사, pp.73-85, pp.241-242와 이에 대한 적용에 대해서는 필자의 글, "그리스도 안에서 남성도 여성도 없는가?(갈 3:28, 고전 11:11)", <신학논단> 제25집(1997), 서울: 연세대학교 신학과, pp.251-283 참조.

17) 약호체계의 개념과 이에 대한 사회적 의미에 관해서는 A. J. Greimas, 1970, "Pour une théorie de l'interprétation du récit mythique", *Du Sens* (Paris: Seuil), p.96과 페터 지마(허창운 역), 『텍스트사회학: 비판적 개론』, 1991, 서울: 민음사, pp.98-101 참조.

이원론적 가치관이 깃든 '유관성'을 의미론적 차이와 이항대립쌍에 부여하게 된 것이다.

이제 골로새서의 저자는, 새로운 우주론적 모형에 근거해서 보다 일관된 새로운 가치론적 체계를 제시하기 위해서, 그리스도의 존재론적 지위를 하나님과 세계와의 관련성 속에서 새롭게 제시하고, 그의 존재 생성 활동의 양상들을 다음과 같이 확립하게 된다. 그리스도는, 보이는 것들과 보이지 않는 것들, 땅의 것과 하늘의 것, 그리고 네 가지 세력들과 원소들이 다 그리스도로 말미암아 창조되었으므로(creatio originalis: '원래의 창조'), 만물들의 생명 생성의 원리와 본질 구성의 원리를 통해서 이것들을 통치하고 변화시키는 발전의 원리도 갖고 있게 된다(creatio continua: '계속적 창조'). 그래서 1:15의 우주적 그리스도론은, 그리스도가 하나님의 형상(εἰκών)이라는 의미에서 그리스도가 하나님의 창조 능력을 닮음으로써18) 생명 생성을 가능하게 하는 '**실존의 원리**'를 제공하는 능력을 갖고 있으며, 또한 모든 피조물(κτίσις) 보다 먼저 나으셨다(πρωτότοκος: 이것은 먼저[πρῶτος 또는 πρωτεύω]라는 의미와 나으심[τίκτω]의 의미를 함께 갖고 있다)는 의미에서19) 다른

---

18) '하나님의 형상'은 『솔로몬의 지혜서』와 필로의 *De Somniis*에서 볼 수 있는 바와 같이 하나님의 현현을 드러내는 중보자의 의미를 드러내고 이 역할이 보다 실체화되고 인격화된 지혜와 로고스를 묘사하는데 사용된 전승사적 배경 속에서 명확히 이해될 수 있다. 예를 들면 필로의 *De Somniis*에서는 하나님의 신적 현현 때에 하나님께서는 천사나 천상의 인물을 통해 인간의 형상으로 가장하여 나타나게 된다는 의미에서 이들은 하나님의 형상으로 지칭된다. 또한 『솔로몬의 지혜서』에서는 이러한 인물이 실체화되고 인격화되어 하나님의 속성들과 닮은 능력들을 통해 중보자의 역할을 하게 되는 지혜와 로고스를 하나님의 형상으로 지칭하게 된다. 그러므로 하나님의 형상은 하나님의 속성과 닮은 구체적인 특성을 강조할 때 쓰이기도 하고, 하나님의 현현을 통해 하나님의 중보적 역할을 하는 실체화되고 인격화된 지혜와 로고스를 지칭하기도 하는 이중성을 드러낸다. 여기에서는 하나님의 형상을 하나님의 생명 창조의 속성과 닮은 존재론적 특성으로 이해하고자 한다. 이에 대한 근거로서는 Philo, 1993, "On Dreams, That they are God-Sent," [*De Somniis* I권 XL. 238-239] *The Works of Philo: Complete and Unabridged* trans. by C. D. Yonge (Peabody: Hendrickson Publisher), p.386과 "The Wisdom of Solomon", pp.7:25-26, *The Apocripha*, trans. Edgar J. Goodspeed (New York: Vintage Books, 1938) p.191 참조.

19) 골로새서의 '먼저 낳음'은 다른 유대 지혜문학의 소피아론(Sophia: 지혜)과 필로(Philo)의 창세기 주석에서 볼 수 있는 창조신학과 로고스(logos) 이해에서 발전된 것이다. 특히 『집회서: 시락의 아들 예수의 지혜』 1:4, 9과 24:9에 의하면, 지혜는 이미 의인화되어 모든 피조물 보다 먼저 창조된 것으로 묘사되었다. 또한 『솔로몬의 지혜』 7:25-26과 14:2-6에는, 지혜가 하나님의 형상으로 묘사되었고 하나님의 창조 활동에 참여한 것으로 이해되었다. 이에 관해서는 *The Wisdom of Sirach*, 1:1-10과 24:1-9과 *The Wisdom of Solomon*, 7:25-26, 14;2-6, *The Apocripha*, p.225, p.268, p.191, pp.204-205 참조. 다른 한편, 필로의 *De Opificio Mundi*, 15장에 의하면, 하나님은 지성계의 아름다운 본에 의해서 감각계의

피조물의 근원을 마련하는 '**본질의 원리**'를 내포하고 있다는 것을 암시한다. 그리스도는 창조/피조와 선재(先在: 먼저)/후재(後在: 나중)의 두 가지 가능성 중에 '창조'의 **실존 원리**와 '선재'의 **본질 원리**를 갖고 있게 된다.20) 그리스도는 그 우주적 생태계의 순환 활동에서 피조물보다 먼저가 되어 피조물의 생명의 본질론적 원인이 되었고, 이 생명을 지속하고 변화시키고 발전시키는 능력을 담당하게 되었다. 또한 그리스도는 창조의 **실존 원리**에 의해서 다른 피조물들이 계속해서 창조적으로 생명을 비약적으로 생성시키는 존재론적인 동기를 부여하신다. 이러한 활동 양상은 공간적 양상들에 의해서 위계주의적 군주적 모델을 형성하는 것처럼 보이지만 과거/현재/미래의 시간 축에서는 '새로운 창조'(creatio nova)의 질서를 확립하는 가능성을 동시에 나타내 보이신다. 여기에서 특히 그리스도의 선재의 **본질 원리**는 피조물들의 통치 질서를 확립하고 보존하는 역할을 담당한다. 그래서 그리스도는 죽은 자들보다도 먼저 나신 자(πρωτότοκος)이고, 교회의 머리(ἡ κεφαλὴ)요 근본(ἀρχή)이고, 만물(안에서)의 으뜸(πρωτεύων)이다(18절). 하지만 창조의 원리에 의해서, 그리스도는 피조물들의 기존 통치 질서를 무너뜨리시고 비약적으로 새롭게 재구성하

모사물이 만들어 질 수 있도록 하나님의 형상인 로고스를 다른 감각계의 피조물들보다 먼저 창조하셨다. 또한 필로의 *Quis Rerum divinarum Heres?*, 205장에 의하면, 로고스는 하나님에 의해서 창조되지 않은 것은 아니지만 그에 의해서 창조되지도 않은 특권을 자진 하나님의 주요한 메신저로서 만물과 하나님 사이를 중개하고, 만물에게 평화와 질서를 가져오게 된다. 결국, 집회서 24장, 『솔로몬의 지혜』 1:4, 그리고 필로의 *De Opificio Mundi*, 15장과는 달리, 골로새서는 그리스도가 먼저 창조되었다고 묘사되지 않고 먼저 나음을 받았다는 모호한 언어를 사용한 점이 다르다. 이에 관해서는 Philo, *De Opificio Mundi*, 15장과 *Quis Rerum divinarum Heres?*, 205장; K Barrett, 1987, *The New Testament Background: Selected Documents* rev. exp. (New York: HarperSanfrancisco), pp.254-255, pp.262-264 참조. 그 이외에 로고스가 하나님의 형상이고, 로고스가 본이 되어서 현상계가 형성되었다고 주장하는 필로의 창조신학에 관해서는 에두아르트 슈바이쳐, 『골로사이서』, pp.67-68의 각주 27), p.76의 각주 45), 그리고 p.170의 각주 93)과 천사무엘, "알렉산드리아 필로의 인간이해", <한국기독교논총> vol. 23(2002), 서울: 대한기독교서회, pp.69-86 참조.
20) 여기에서 존재를 규정하는 '**실존 원리**'와 '**본질 원리**'는 각각 토마스 아퀴나스(Thomas Acquinas)의 창조 신학의 준거틀이다. **실존 원리**는 '있음'을 관장하는 구성원리이며, **본질 원리**는 '무엇임'을 구체적으로 규정하고 제한하는 존재와 당위의 내용을 통제하는 구성원리이다. 그에 의하면, 플라토니즘에서 **본질 원리**가 강조된 것과 달리, **실존 원리**에 의해서 비로소 본질이 지성 안에서 보편자로 존재하게 되고 실재세계에서 개별자로 존재하게 된다. 이 원리들은 골로새서의 창조 신학적 동기를 생명이해와 연관시키기 위한 주석적 토론을 위해서 채용되었다. 이를 위해서는 장욱, 『중세철학의 정신』, pp.56-72, pp.131-145 참조.

기도 하신다. 또한 과거에는 하나님이 충만함이 거하여 성육신 하시고, 현재에는 십자가의 피로 인간들과 화평을 이룩하시고, 미래에는 땅과 하늘에 있는 만물들과 화목케 하신다(19-20절).21)

특히 이 우주적 그리스도론에 나타나는 위계주의적 군주 모델을 지지하는 듯한 표현방식을 비판적으로 극복하는 **변증법적** 요소들이 내포되어 있다. 골 1:16에서 만물이 다 그 '안에서'(ἐν) 창조되었다는 것과 그로 '말미암아'(διά) 그를 '위해서'(εἰς) 창조되었다는 표현이 그것이다. 이러한 표현들은 플라톤적 이원론에 근거한 존재론적 분류의 체계와 상관없이 창조의 창발적 순간('새로운 창조': <u>creatio nova</u>)에는 어떠한 위계주의적 세계관도 내포되어 있지 않고 있다고 해석될 수 있을 것이다. 그리스도 '안에서는'이라는 표현은 만물이 내포되어 있으면서 동시에 만물이 그리스도 밖에서 그를 '근거해서' 그리고 '향하여' 펼쳐지고 있다는 신비주의 범재신론적(凡在神論的) 우주관을 드러내고 있다.22) 그래서 이제 그리스도는 당시의 군주론적 모델의 우주론을 타파하시고 새로운 세계관의 모형(paradigm)을 재구성하는 새로운 화해자로서 그의 가치론적 체계를 창조적으로 설정하게 된다. 그리스도는, 보이는 것들과 보이지 않는 것들, 땅에 있는 것들과 하늘에 있는 것들, 네 가지 세력들과 네 가지 원소들 사이의 위계주의적 분류체계와 그 권위주의적 사회 질서로부터 발생하는 이들 사이의 장벽이나 싸움과 투쟁을, '충만함'의 **변증법적 활동**을 통하여 철폐시킬 수 있는 하나님의 평화와 화목의 메신저가 된다.

더구나 이러한 우주적 그리스도론과 충만함의 **변증법**은 윤리적 명령을 동반한다. 충만

---

21) 몰트만의 '원래의 창조', '계속적 창조', '새로운 창조'에 관해서는 박종천, "더불어 살기 위한 계약", pp.157-161 참조. 필자는 이 창조신학의 세 범주에 의해서 골로새서의 우주적 그리스도론을 재해석하였다.
22) 신비주의적 범재신론에 관해서 틸리히는, 낭만주의 시대의 신학적 원리로서 스피노자의 일치의 원리를 계몽주의 시대의 칸트(I. Kant)의 거리의 원리와 대립해서 설명하기 위해서 반대의 일치와 무한과 유한의 일치를 신학적 원리로 제안한 중세 신학자 니콜라스 쿠자누스(Nicolas of Cusa)의 신비주의를, 범재신론의 원형으로 간주한다. 또한 프랑스의 철학자 질 들뢰즈(G. Deleuze)는 스피노자 철학의 신비주의의 뿌리로서 니콜라스 쿠자누스의 신 이해를 다음과 같이 인용한다. "신은, 만물이 그 안에 있다는 의미에서 우주적인 한데 접음(complication)이다; 그리고 그것이 만물 안에 있다는 의미에서 우주적인 펼침(explication)이다." 이에 관해서는 폴 틸리히(송기득 옮김), 『19-20세기 프로테스탄트 사상사』, 1980, 서울: 한국신학연구소, pp.90-103과 마이클 하트(이성민·서창현 옮김), 『들뢰즈의 철학사상』, 1996, 서울: 갈무리, pp.147-152 참조.

함은 우리가 충만하여졌기 때문에 우리도 '그리스도의 남은 고난'을 충만하게 채워야 할 윤리적 실천(골 1:24)이 요구된다는 것이다.23) 이것은 다시 세례의 중요성에 대한 재해석 (2:10-15와 3:1-4, 11)을 통해서 우리 자신을 그리스도와 함께 죽어야 하는 몸적인 죽음, 즉 자기 보존 본능과 성적 본능에 의해서 형성되는 육체의 욕망(3:5 – 우상 숭배로 나타나는 탐심)에 기초한 권력에의 욕망(3:8-11)을 죽일 수 있어야 그리스도가 주시는 새로운 생명을 나눌 수 있다는 것을 제시하고 있는 것이다.

결국 위의 우주적 그리스도론에 비추어 보면, 생명은 한편으로 매우 이기주의적인 자기 보전의 위계주의적 세계관과 다른 한편으로 이를 타파하는 자기희생적인 신비주의 우주관을 동시에 내포한다.

2) 골로새서와 로마서의 차이에 비추어 본 생명 개념의 변증법적 이해

특히 골로새서의 생명 개념이 발생하는 동기는 바울의 '의로움'(δικαιοσύνη)의 개념이 아직 해결 못하였던 문제들로부터 형성된다. 골로새서는 바울 자신의 저작이 아니라 그 이후의 제자들에 의해서 편집되었다고 가정할 때, 바울이 그의 공동체의 보편적 근거를 해결하려는 시도가 끝나는 지점에서 골로새서의 생명 개념이 본격적으로 논의하는 거점이 될 것이다. 그래서 골로새서의 생명의 개념이 발생하게 된 진정한 내적 규정성의 동기는 바울의 보편적 토대로서 제기된 로마서의 의로움의 신학에 대한 보완으로 이해할 수 있다. 골로새서의 생명 개념이 발생하는 역사적 맥락은 로마서에서 바울의 '하나님의 의'에 근거한 정치적 구상이 완결되지 못한 점을 보완하려 하였다는 문제의식이라고 간주할 수 있다. 바울은 여기에서 공동체의 근거로서, 유대인의 율법(νόμος)과 헬라인의 욕망(ἐπιθυμία)을 죄로 인식하여 부정하고, 신실함과 의로움을 공동체의 토대로 제안하려 하였다.24)

특히 로마서 8장에서는 구원의 우주적 차원이 드러나기 때문에 생태주의 신학에서 항상 논의된다. 여기에서 8:19-23은 피조물도 이 의로움의 종말론적 구원의 역사 속에서 참여하는 모양을 다음과 같이 표현되어 있다.25) "피조물의 고대하는 바는 하나님의 아들들의 나

---

23) '그리스도의 남은 고난'이 무엇을 의미하는지에 관한 주석적 논의에 대해서는 슈바이쳐,『골로새서』, pp.113-120, pp.150-153 참조.
24) Bruno Blumenfeld, 2001, *The Political Paul* (NY: Sheffield Academic Press), pp.302-308, pp.411-450.

타나는 것이니 피조물이 허무한 데 굴복하는 것은 자기 뜻이 아니요 오직 굴복케 하시는 이로 말미암음이라 그 바라는 것은 피조물도 썩어짐의 종노릇한 데서 해방되어 하나님의 자녀들의 영광의 자유에 이르는 것이니라 피조물이 다 이제까지 함께 탄식하며 함께 고통하는 것을 우리가 아나니 이뿐 아니라 또한 우리 곧 성령의 처음 익은 열매를 받은 우리까지도 속으로 탄식하여 양자 될 것 곧 우리 몸의 구속을 기다리느니라."(롬 8:19-23)

아래의 도표가 말해주듯이 로마서 8장과 골로새서 1장의 생태주의적 생명 개념 형성의 준거틀을 비교하면, 우리는 바울의 사상의 발전 전개상 그 한계를 극복하는 새로운 문제의식 속에서 골로새서의 '충만함'에 근거한 그리스도론과 생명 개념이 확립된 것을 알 수 있다. 로마서 8장에서는 만물('피조물': κτίσις)이 인간의 탄식을 대신해서 그 신음 소리를 '영'(πνεῦμα)에게 전달하는 소극적인 역할 밖에 하지 못한다(8:23, 26). 반면 골로새서에서 만물은, 충만함을 통해서 하나님의 거주의 형태가 변할 때 그리스도의 육체성의 형태를 취할 수도 있고, 하나님의 거주 형태에 따라서 우리 자신에게도 충만하도록 스스로가 변형되는 적극적 역할을 담당한다. 특히 여기에서 '충만함'은 만물이 창조되도록 도와줄 뿐 아니라 그리스도가 정사와 권세의 머리가 됨으로써 우리 자신과 하나님과의 상호관계를 매개한다.

〈도표 Ⅰ-4〉 로마서 8장과 비교에 근거한 골로새서의 내적 규정

	로마서 8장	골로새서 1장
공간의 축과 전개 방법	시간의 축: 소극적	시공간의 축: 적극적
활동 방식	영/육의 대조(과거)와 고난-피조물(현재), 자유/해방(미래)	선재와 창조: 안에서, 통해서, 위해서
소통의 매개	영이 만물의 신음소리 전달	'충만함'의 운동이 변증법(모순과 그 지양)에 의해서
하나님과 인간의 관계	종/양자의 대조로 주인과 종의 관계나 아버지와 아들의 관계.	스승/제자로 명사와 동사와의 관계와 충만함과 충만하게 함의 관계
공동체의 지역성	집(οἶκος)과 도시(πόλις)와 왕국(βασιλεία)	우주: 하나님=신성의 충만함=그리스도=인간=만물=생명
공동체의 근거	신실함과 의로움(매개자: 영)	평화와 생명(매개자: 충만함)

25) 생태주의 논의의 기초를 마련하기 위해서 제시된 이 부분에 대한 주석적 논의에 관해서는 황현숙, "구원의 희망 속에서 탄식하는 피조물(롬 8:19-22)", 『창조의 보전과 한국신학』, 1992, pp.136-148 참조.

결국 바울에게는 피조물이 인간의 고통에 대해서 탄식하는 매우 제한적인 역할을 담당하도록 소극적으로 기능하지만, 골로새서에서는 피조물은 그리스도의 지배를 담당할 때 그리스도의 육체성을 담당하기도 하고, 인간의 충만함을 이끄는 촉매자가 될 수 있도록 적극적으로 기능한다. 여기에서 로마서의 '영'의 역할과 비슷하게 담당하는 골로새서의 '충만함'은, 그 자체의 **변증법적** 활동을 통해서 그리스도에 의해서 만물이 창조되도록 도울 뿐만 아니라 그 지역성을 넘어서 하나님과 그리스도와 인간과 만물이 상호소통하도록 매개한다. 로마서에서 도시는 신실함으로 연대하고, 왕국은 하나님의 의로 통치된다. 반면 골로새서에서는 지역성을 넘어서 우주 전체가 충만함의 활동의 영역이 되고, 인간은 충만하게 되어 만물이 하나님과 그리스도와 인간과 함께 연대하여 평화와 생명에 근거한 공동체를 형성한다.

바울의 사상이 영 → 몸 → 의와 집 → 도시 → 왕국의 발전 과정을 통하여 형성하였지만 아직까지는 지역성에 매여 있는 반면, 골로새서에서의 충만함은 하나님 → 그리스도 → 교회 → 인간 → 만물 → 생명으로 연결되는 소통의 구조, 즉 생태 세계의 순환 구조를 형성시킨다.

3. 골로새서의 반대자에 비추어 본 생명 개념의 **변증법적 특성**

1) 골로새서의 반대자의 도전

골로새서가 생명 개념을 제시하게 된 **외적 규정성**의 동기는 골로새서의 공동체 안에 제기된 철학자들의 도전으로 간주될 수 있다. 그래서 공동체 내의 반대자들의 도전에 직면하여 충만함에 근거한 우주적 그리스도론과 생명 개념의 **변증법적 특성**이 확립된 것이라고 우리는 해석할 수 있다. 골로새서의 반대자들이 철학으로 무장되었다는 것을 알 수 있는 것은 2:8에 나온다: "누가 철학과 헛된 속임수로 너희를 노략할까 주의하라 이것이 사람의 유전과 세상의 초등학문(τὰ στοιχεῖα)을 좇음이요 그리스도를 좇음이 아니니라". 성서학자들은 골로새 공동체 내에 두 가지 종류의 철학적 도전이 있었다고 상정한다. 하나는 新피타고라스 학파의 존재론적 도전이고, 다른 하나는 중기 플라토니즘의 인식론적 도전이다.

슈바이처(E. Schweizer)는 여기에서 '초등학문'(τὰ στοιχεῖα)이 우주의 형성 원리인 사 원소(흙, 공기, 물, 불)를 의미할 수 있다고 주장한다. 그는 골로새서의 반대자를 인간 삶의 희노애락(喜怒哀樂)이 이 사 원소의 활동에 의해서 형성된다고 주장하는 新피타고라스의 철학(또는 일반적인 피타고라스주의)이라고 보고 있다. 이러한 新피타고라스 철학에 영향을 받은 골로새서의 반대자들은 유대교의 음식 규례와 천사 숭배와 같은 종교적 활동에 기반을 둔 율법주의적 경향을 띠고 있으며, 성적 금욕과 음식에 대한 금욕주의적 훈련을 통해서 이 세계에 인간의 활동에 영향을 주는 세상의 사 원소(στοιχεῖα)의 부조화에 대한 두려움을 극복하려 하였다. 슈바이처는 특히 이들 반대자들이 골로새서의 이방 그리스도인들로서 간주될 수 있어서 이 新피타고라스 학파의 염세주의적 세계관을 공유하고 있었다고 주장한다. 그래서 이들은, 특히 달 아래 영역의 가변적 일시성(헤라클리토스적인 변화, 엠페도크레스적인 원소들 사이의 투쟁, 그리고 스토이시즘의 시기마다의 再융합에 의해서 세계는 끊임없이 변한다)을 극복하기 위해서, 이 공동체에서 성행하는 유대교의 율법주의를 통해서 불멸의 천상적 세계에로 도피하려 하였다. 특히 이러한 염세주의적인 변화무쌍한 세계를 극복하기 위해서 이들은 이 사 원소들의 조화에 의해서 만물이 평화롭게 될 수 있다고 생각하였다.26) 그래서 이러한 견해에 반대하여, 골로새서의 저자는 골 1:20에서 "그의 십자가의 피로 화평(εἰρηοποιήσας)을 이루사 만물 곧 땅에 있는 것들이나 하늘에 있은 것들을 그로 말미암아 자기와 화목케 되기를 기뻐하시느니라"라고 반박하고 있는 것이다.

이에 대해서, 드매리스(Richard DeMaris)는 위의 슈바이처의 반대자 이해에 대해서 몇 가지 비판적 논평을 제시한다. 그는 슈바이처가 골로새 철학 안에 있는 유대주의적 요소를 무시하고, 新피타고라스주의에 속한다고 인식되는 유일한 자료(Hypomnemata)의 진정성을 무비판적으로 수용하였다고 비판한다. 특히 염세주의적인 철학적 세계관이 골로새서의 공동체에 주도하고 있었다는 슈바이처의 주장은 설득력이 약하다고 그는 주장한다.27) 드매리스는 오히려 이 공동체의 반대자들을 중기 플라토니즘에 영향을 받은 인식

---

26) 골로새서의 이러한 반대자에 관해서는 슈바이처, 『골로새서』, pp.139-147 참조.
27) DeMaris, *Colossian Controversy*, pp.88-97. 이 Hypomnemata라고 불리우는 이 자료는 원래 Alexander Polyhistor가 약 주전 1세기에 쓴 것으로 Diogenes Laertius 의 *Lives of Eminent Philosophers*(8.25-33)에

론자로 간주한다. 그에 의하면, 이 중기 플라토니즘은 전형적인 플라토니즘의 인식론을 스토이즘적인 세계관에 의해서 변형시킨 것이다. 전형적인 플라토니즘에서는 감각계의 현상적 세계가 지성계의 이데아의 세계와 완전히 분리되어 있는 것으로 보아 감각적 지각을 불신한다. 그래서 감각의 대상들은 계속 변하기 때문에 억견만을 제시하여 지식 형성에 개연성만 인정될 뿐 참된 지식을 형성시키지는 못한다. 진정한 지식은 단지 형상에 대한 명상이나 참된 인식 과정에서만 가능하다고 생각하였다. 반면 중기 플라토니즘은, 플라톤의 후기 작품인 『티마이오스(Timaeos)』에 근거하고 스토이시즘적인 세계관에 의해서 영향을 받아, 위의 플라톤의 이원론적 인식론을 교정하려 하는 데서 형성된다. 중기 플라토니즘은, 플라톤이 『티마이오스』에서 이 세계가 사 원소의 비율의 균형에 의해서 상대적으로 활력 있고 완전한 구형이라고 주장하는 것에 근거하여, 감각계가 지성계에 대한 창조적 모방에 의해서 형성될 수 있다는 의미에서 이 둘 간의 연속성을 인정한다. 또한 중기 플라토니즘은, 이러한 후기 플라톤의 세계관을 더욱 발전시켜서, 우선 지성에 의해서 시험된 감각적 지각도 지식에 근원을 형성시킬 수 있다고 주장한다. 이러한 인식 과정에서는 특히 도덕적 행동이 긴요하며 자연의 원리에서 삶의 적합한 목적도 발견될 수 있다고 생각한다. 이러한 중기 플라토니즘에 의하면, 사원소의 균형이나 감각계와 지각계의 연속성에 의해서 신을 인지할 수 있다고 간주한다. 특히 여기에서는 감각적인 지각들은 지식과 윤리적 행동의 근거가 될 수 있다고 생각하였다.28)

드매리스는 골로새서의 인식론적 입장을 가장 잘 이해하기 위해서는 위와 같은 배경 하에 유대교의 창조신학을 헬라 철학적 관점에서 재구성한 필로(Philo)의 인식론이 이를 가장 잘 이해할 수 있는 준거점이 될 수 있다고 주장한다. 필로의 책, *Timaeos Locrus*에 의하면, 그의 인식론은 스토이시즘 보다는 플라톤의 후기 사상에 경도되어 있다. 특히 자연에 합당한 삶을 사는 것을 강조한 그의 윤리적 측면은 스토이시즘에 기반 해 있기 보다는 중기플라토니즘에 의해서 걸러진 사유에 근거해 있다. 이런 면에서 필로는 당시 스토익 철학자 아스카론의 안티오커스(Antiochus of Ascalon: 130-67 BCE)와 신성의 급격한 초

수록되어 있다.
28) 위의 글, pp.100-104, pp.114-126. 특히 중기플라토니즘의 인식론적 문제에 관해서는 J. Dillon, 1997, *The Middle Platonists* (Ithaca: Cornell University Press), p.8 참조.

월성을 강조한 알렉산드리아의 유도로스(Eudorus of Alexandria)에 영향을 동시에 받았다고 간주된다. 안티오커스는 스토아적인 無정념(ἀπάθεια)의 윤리적 목적을 채택하여 자연에 따르는 삶을 이상적인 형태로 제시한다. 필로는, 이러한 스토이시즘의 윤리관을 중기 플라토니즘적 성격에 의해서 재구성한 안티오커스와 전형적인 플라토니즘에 보다 경도된 유도로스의 인식론을 종합하여, 그의 글 "Who is the Heir of Divine Things?"에서 다음과 같은 자신의 독특한 인식론을 제시한다: 감각들은 그것들이 적합한 역할을 할 때 지성의 종들이 되고 지식의 수단들이다. 자연에서는 진리를 직접 파악하기는 어렵지만 이에 대한 감각들은 그것을 찾는데 사용된다. 자연의 사려 깊은 관찰들은, 세계가 주요 사 원소들의 조화로운 순환에 의해서 형성된다는 것과 이것들의 균형 있는 혼합에 의해서 이 세계가 균형과 완벽성의 장소로서 이해될 수 있다는 것을, 가르친다. 이 자연의 조화로운 질서는 철학자로 하여금 그것을 질서지우고 유지하는 역할을 담당하는 신적인 이성에로 이끌게 할 것이다. 그러므로 감각들이 지성에 제공하는 지식은 현상계의 문제들을 명상하도록 인도해 준다. 진정한 구도자는 모든 세상적인 집착을 버리고 자신의 마음을 정화함으로써 정신(마음)을 집중하는 영성적 인식 과정을 배워야 한다. 이런 의미에서 감각들과 감각계까지도 지성이 천상계로 집중시킬 수 있도록 도움을 주는 수단들이 될 수 있다.29)

여기에서 이러한 인식론을 제시하는 필로와 골로새서의 철학자들과의 차이도 분명해진다. 필로는 자연에 따르는 삶이 율법 준수와 동등하게 생각하지만 천사들과 귀신들을 섬기는 것과는 다르다고 주장하는 반면, 골로새서의 반대자들은 자연에 따르는 삶을 율법 준수와 동등하다고 간주하지 않지만 천사들과 귀신들을 섬기는 유대주의의 더 낮은 단계의 인식과정과 실천과 동등하다고 간주하게 된다. 결국 필로는 자연에 따르는 삶을 중요시하는 헬라화된 유대인이지만, 골로새서의 철학자들은 유대 금욕주의에 커다란 중요성을 부여하는 유대화된 이방인들이라고 여겨진다.30)

위의 배경에 비추어 보면, 골로새서 2:16-23에는 유대 금욕주의자, 천사숭배자, 사 원소 숭배자들로 이루어진 철학자들에 대해서 비판하고 있다는 것이 확실하게 된다. 그래서 이 부분은 이 골로새서의 저자가, 어떻게 신적 지식을 획득할 수 있는 가라는 당시의 인식

---

29) 위의 글, pp.114-118.
30) 위의 글, pp.126-133.

론적 질문에 대해서, 골로새서의 적대자들에 대항하여 답하고 있는 것이다. 골로새서의 저자는, 결국 인간 전승에 기반을 둔 철학(2:8, 22), 사 원소들에 의해서 규범화된 삶(2:20), 육적 마음에 의해서 조사하는 통찰이나 비전(2:18), 그리고 육의 도취에 빠뜨리는 환상적인 지혜(2:23)가 모두 다 이러한 신적 지식을 획득하는 데는 전혀 부적합하다고 주장한다. 이 저자는, 세상의 사 원소들의 균형과 조화가 신적 질서를 반영한다는 생각이나 육체의 금욕에 의해서 저세상에 대한 계시적 통찰을 얻게 된다는 확신, 그리고 귀신들과 천사 숭배가 하늘에서부터 땅에로 정보를 준다는 믿음에 대해서, 단호하게 거절한다.

2) 반대자의 도전에 대한 골로새서의 생명 개념 형성

위의 반대자들에 대항하기 위해서 골로새서의 저자는, 新피타고라스의 **존재론적 물음**과 중기 플라톤주의의 **인식론적 문제**에 직면하여, '충만함'에 의해서 매개된 그리스도의 **우주적 존재론**(골 1:15-21)과 만유 안에 계시고 만유 자체이신 그리스도의 **생명**(3:11)의 종말론적 인식론을 제시하고 있는 것이다. 우리는, 위의 반대자들에 대한 슈바이처의 新피타고라스의 존재론적 도전과 드매리스의 중기 플라토니즘적 인식론을 재구성한 것에 비추어서, 골로새서가 주장하는 **생명의 개념**을 다음과 같이 보다 명료하게 제시할 수 있게 된다.

新피타고라스적인 **존재론적 도전**에 직면하여, 골로새서의 저자는 1:15-20의 우주적 그리스도론에서 다음과 같이 생명의 존재론적인 근거를 제시한다고 해석될 수 있을 것이다. 여기에서는 생명의 창조와 유지, 그리고 생명의 구속과 그 창조의 완성이 그리스도에 의해서 형성된다는 생명 신학이 내재해 있다. 우주의 **생명**은, 그리스도 안에서, 그리스도를 위해서, 그리스도를 통하여, 충만하게 형성된다는, 존재론적인 통찰을 제시한다(골 1:16). 왜냐하면 그는 보이지 않는 하나님의 형상이며 만물 보다 먼저 계시기 때문이다(1:15). 또한 우주의 보이는 것이나 보이지 않는 것이나, 땅에 있는 것이나 하늘에 있는 것이나, 정사와 권세와 보좌와 주관자가 모두 다 그리스도에 의해서 그 생명의 질서가 형성된다(1:16). 여기에서 생명의 존재론적인 근거를 더욱 확고하게 하는 것은 그리스도가 하나님의 형상인 것과 선재하심을 통하여 만물을 유지시키는 계속적인 창조활동이다(1:17). 이러한 생명 보존의 계속적인 창조 활동은 그리스도 자신이 몸인 교회의 머리와 근본이 되시고 죽은 자들 가운데 먼저 나신 자이고 만물의 으뜸이 된다는 것으로 표현된다(1:18). 더 나아가 그리스도는 이제 '새로운 창조'의 활동으로서 자신의 십자가의 피에 의해서 인간들을 구원하기 위한 이 세상에서의 구속적 활동을 완성하셨다(1:20a). 또한 이러한 새로운 창조로서 이해되는 구속적 활동은 저 세상에서는 만물의 생명활동의 근원이 되도록 하나님과 만물과의 화평과 화해를 가져온다(1:20b). 여기에서 생명의 존재론적인 근거를 제공하는 창조활동과 구속활동을 매개하고, 이 세상과 저 세상에서 생명의 존재론적인 근원을 제공하는 구속 활동들을 매개하는 것은 하나님의 '충만함'의 **변증법적인 운동**이다(1:19).

인식론적으로는, '충만함'에 의해서 하나님과 그리스도와 만물과 우리가 충만히 소통하게 되기 때문에 우리가 충만하게 되었을 때 하나님의 충만한 생명을 알게 된다. 여기에서는 율법이나 천사숭배나 4원소의 활동에 의해서가 아니라 그리스도와 함께 죽고 그와 함께 살게 되는 세례예식에 의해서만 이 충만함의 새 생명이 인식된다(골 2:10-15). 이 세례를 통해서 우리는 창조의 그리스도가 종말의 그리스도도 될 수 있다는 **직설법적 선언**을 알게 되어 그리스도와 우리가 연합되는 생명에 관한 종말론적 비밀에 비추어서 이에 상응하는 **명령법적 윤리** 계명들을 **변증법적**으로 실천해야 할 것도 알게 된다: "위엣 것을 생각하고 땅엣 것을 생각지 말라 이는 너희가 죽었고 너희 생명이 그리스도와 함께 하나님 안에 감취었느니라 우리 생명이신 그리스도께서 나타나실 그 때에 너희도 그와 함께 영광 중에 나타나리라"(3:2-4) 여기에서 생명은 종말론적인 미래에나 가능한 그리스도 자신과 연관된다. 우리의 생명은 아직 도래하지 않았다. 이 미래의 도래할 **생명**은 창조의 하나님과 구속의 하나님이 같다는 것을 다른 방식으로 제시함으로써 적합하게 이해된다. 달리 말하면, 이것은 창조와 종말의 연결과 함께 충만함의 활동의 종말론적 차원을 드러낸다.31)

---

31) **직설법**과 **명령법**의 **변증법**적 긴장관계에 관해서는 슈바이처, 1993, 『골로새서』, pp.186-219 참조. 바울서신(고전 7:29-31, 롬 13:11-14, 살전 5:1-11)에서 **직설법**은 예수의 죽음으로 이미 구원의 역사가 시작되었다는 종말론적 선언 형태이고, **명령법**은 아직 구원의 때가 완성되지 않았지만 종말의 때가 임박하였기에 이에 상응하는 실천이 긴급히 요구된다는 윤리적 권고의 형태이다. 특히 **직설법**의 구원과 **명령법**의 윤리의 관계를 **변증법적 관계**로 이해하는 최근의 경향은, 윤리적 이상주의에 빠지지 않는 범위 내에서 구원의 본질적 요소로서 윤리의 중요성을 강화하고 몸의 육체성과 관련되어 있는

이처럼 생명에 대한 인식론은 결국 우리 자신의 생명의 근원적 토대가 충만함의 미래적 도래에 의해서 나타나는 그리스도의 미래에 대한 종말론적 인식과 연관되어야 할 것이다. 이점에서 미래의 생명은 현재 감추어져 있고 우리의 생명은 오직 미래에서만 그리스도의 생명과 동일시된다(3:3-4). 그리고 3:11에서는, 1:16-18에서의 우주적 그리스도의 위계주의 질서 대신에, 그리스도는 만유 안에 현재 계시지만 미래에 그리스도는 만유 자체가 된다는 인식론적 지식이 제시된다. 이것은 인간중심주의나 지구중심주의를 넘어서 우주중심적 시각에서 인식된 생명 이해를 내비춘다고 할 수 있을 것이다. 이러한 시각의 변화는 세례예식이라는 우주론적 참여의 의식을 통해서 고대인들에게 표명되었다는 것이 주목되어야 한다.32)

뿐만 아니라 앞에서도 제시된 것처럼, 인식론적 관점에서는 인간과 하나님과 그리스도를 연결하는 힘이 되는 '충만함'이 인간의 부족함과 모자람을 나타내기도 한다는 것이다. 바울은 그리스도의 부족한 고난('남은 고난'이 아니라 희랍어 ὑστερήματα, 즉 '모자라는 것'이라는 의미)을 육체에 채우게 될 필요가 있게 된다고 주장하게 되는 것이다(1:24).33)

특히 3:3-4은, 미래에 그리스도의 생명과 연합될 때까지 우리의 육체를 죽이는 윤리적 실천을 요구하도록 우리의 생명이 아직은 **변증법적**으로 감춰져 있다는 세례예문의 **직설법적** 선언 형식으로, 생명 이해를 가르친다. 3:1-2와 5-11에서 이 세례에서 요구되는 이러한 **명령법**의 윤리적 실천은, '땅엣 것'(τὰ ἐπὶ τῆς γῆς), 즉 육체적 욕망과 권력에의 욕망에 근거한 삶의 방식을 버리는 것뿐만 아니라, '위엣 것'(τὰ ἄνω) 즉, 그리스도의 형상을 좇아 그리스도가 모든 만물의 생명의 근원이 된다는 것(3:10-11)을 인식하라는 것이 요구

구원의 관계적 차원을 윤리적 실천의 정도와 범위로서 크게 부각시킨다는 점이다. 이러한 경향에 비추어 보면, 골로새서의 생명 개념의 생성에서 이 **직설법과 명령법의 변증법적** 상호 연관성이 더욱 중요시되어야 한다고 필자는 주장하고자 한다. 이에 관한 자세한 설명에 관해서는 장상, "바울사상 이해의 문제점", <신학사상> 제27집(1979. 겨울), pp.697-733 참조.
32) 김진희, "창조, 생명, 그리고 여성: 생태여성신학을 위한 우주 중심적 시각의 창조론", <한국기독교신학논총> vol. 23(2002), 서울: 한국기독교학회, pp.139-164. 이와 같은 우주 중심적 시각의 창조론이 세례예식에서 잘 드러날 수 있다는 논지에 대한 자세한 토론에 관해서는 필자의 글, "그리스도 안에서 남성도 여성도 없는가?(갈 3:28, 고전 11:11)", 1997, pp.251-283 참조.
33) 골 1:24에 대한 **변증법적 해석**에 대한 자세한 설명에 관해서는 필자의 글, "골로새서 1:13-2:8에서의 기독론과 윤리와의 관계", pp.178-184 참조.

된다. 3:5에서 특히 인간의 이기적인 욕망이 '땅엣 것'에 속하는 지체(μέλη)라고 표현되는 것에 주목할 필요가 있다. 여기에서 저자는 이 지체로부터 발생하는 '음란과 부정과 사욕과 악한 정욕과 탐심'을 죽이라고 명령한다. 왜냐하면 이런 것은 어떤 것이든지 우상 숭배적 성격을 갖고 있기 때문이라고 주장한다. 이렇게 인간의 육체에 기반을 두어 생기는 탐욕이 우상숭배적의 특성을 갖고 있다는 주장은 현대 정신분석에서 말하는 나르시시즘적(자기애주의적: narcissistic) 욕망이 권력의 욕망의 기반이 될 수 있다고 해석될 수 있지 않을까 생각된다.34) 이러한 우상숭배적 탐욕은, 세례예식에 의해서 약속한 바와 같이, 끝없는 자기훈련과 윤리적 실천을 통해서 우리가 폐기해야 할 육체적 욕망에 근거한 삶의 방식(3:7 – "그 가운데 살 때에는 그 가운데서 행하였으나")으로 이해될 수 있을 것이다.

더구나, 위의 논의에 비추어 보면, 3:7-8에서 분과 악의와 훼방과 입의 부끄러운 말 그리고 거짓말을 벗어버리고 새사람을 입으라고 한 윤리적 명령은 **권력에의 욕망**으로 이해될 수 있을 것이다. 여기에서는 특히 '벗는다'와 '입는다'의 세례예식 용어가 쓰였다. 이것은 갈 3:28의 세례 예문에서 발견될 수 있는 것이다. 더 나아가 이러한 권력 욕망을 타개하기 위해서는 '위엣 것'에 대한 새로운 인식론적 지식을 요구한다. 이제 우리는 세례를 통해서 '자기를 창조하신 자' 곧 그리스도의 형상을 좇아 하나님의 생명 창조의 존재론적 원리를 인식하는 지식에까지 새롭게 되기를 요구받는다(3:10). 이러한 실천적인 인식에 의한 지식에 근거하여 이제는 헬라인과 유대인, 할례당이나 무할례당, 야인이나 스구다인, 종이나 자유자 사이에 있는 문화적, 사회적, 지역적, 정치적 차별과 장벽을 타파하게 될 때, 우리는 비로소 "그리스도는 만유자요 만유 안에 계시느니라"(3:11)라는 기독교의 우주적 신비주의 인식론에 이르게 되는 것이다.

결국 **직설법의 그리스도의 생명은 명령법의 인간 생명의 근거가 된다**는 점에서 **변증법**적으로 연결된다. **직설법**에서 인간의 생명은 그리스도와 함께 죽는 것에서 그리스도의 생명과 연합이 종말에 가능하다. **명령법**에서 우리는 인간의 나르시시즘의 이기주의를 죽일 때 새로운 생명의 세계에 들어갈 수 있다. 세례를 통해서 그리스도와 함께 우리가 죽을 때 생명이 보장된다. 그렇지만 이러한 죽음이 요구되는 이유는 모든 우주적인 창조의 관

---

34) 권력에의 욕망의 심리적 기초로서 나르시시즘적 욕망과 그 근거로서 자기 보존의 본능에 관해서는 이종영, 『지배와 그 양식들』, pp.49-128 참조.

계 속에서 만물이 구속될 때까지 이러한 우리의 생명이 그리스도의 생명과 아직은 일치되지 않고 현재 감추어져 있기 때문이다. 이것이, 골로새서의 중기 플라톤주의의 인식론과 대항하여 골로새서가 제시하는 생명에 관한 **변증법적 특성**, 즉 우주의 생명의 종말론적인 **존재론적 근원**에 대한 **인식론적 통찰**이다.

4. 결론: 나르시시즘적 욕망과 권력에의 욕망을 극복하기 위한 생명 개념을 지향하며

생태주의의 위기는 인간의 이기주의적 속성에서 비롯된다. 골로새서는, 당시의 新피타고라스주의와 중기 플라토니즘의 철학적 도전에 직면하여, 우리의 구속의 대상이 우주 전체가 되어야 한다는 우주적 그리스도론을 확립하게 된다. 그런데 이것은 사실 헬라의 위계주의적 세계관이 내재하게 되었기에 이것 자체가 생태주의의 위기를 낳을 수 있는 위험도 있게 된다. 이것을 간접적으로 보여주는 것이 에베소서가 골로새서의 우주적 그리스도론을 내재화함으로써 그리스도가 몸된 교회의 머리로 인식하게 되는 사례이다.

그래서 우주적 그리스도론이 위계주의적 가부장주의를 강화하는 이데올로기가 될 수 있는 것을 막기 위해서는, 한편으로는 충만함의 존재론적 매개로 형성되는 우주적 그리스도론의 윤리적 함의와 다른 한편으로는 세례 예식에서 제시되는 종말론과 윤리의 **변증법적 긴장 관계**에 근거한 생명 개념의 종말론적 인식에 주목할 필요가 있다. '충만함'은 우리자신이 우주의 지혜를 포착하는 영으로 계시되어 그리스도와 하나님과 우주의 연계성을 인식하도록 한다. 그리고 이 충만함은 인식론적으로는 모자람을 나타내기도 한다. 우리는 이 모자람을 채우기 위해서 육체의 이기적 속성과 우리자신의 위계주의적 권력 욕망을 탈주하도록 우리의 육체를 죽이는 윤리적 명령을 부여 받게 된다. 우리의 이기주의적 자아를 버리고 죽는 세례에 참여하는 사건 속에서만이 미래의 그리스도의 생명의 비밀을 알 수 있게 된다.

특히 3:3-4에서의 생명 개념의 그 **변증법적인 성격**은 생명 생성의 존재론적 원리를 직설법의 선언 형식으로 통찰하는 종말론적인 **인식적 차원**이 이에 수반되는 윤리적 요청으로 제시되는 **명령법의 실천적 차원**과 매우 밀접하게 연관된다는 것을 명백하게 보여준다. 생명은, 우리 자신의 이기적인 삶의 방식과 권력에의 욕망에 근거한 사회적 불의를 타파하는 실천에 의해서만이 그리스도가 만유의 생명의 근원이 되며 만유의 생명 자체가 된다는 것이 알려진다는, 종말론적 인식과 밀접한 연관이 있게 된다. 그러므로 골로새서의 **생명 개념**은 인간의 실천을 매개로 그리스도와 만물의 관련성을 인식하게 된다는 생태주의적 차원을 내포하게 된다.

    결국 골로새서에서는, 생태주의적 생명의 비밀은 그리스도의 생명의 비밀이라고 주장하는 것이다. 다시 말해서 골로새서는, 생태주의의 위기가 인간의 생명과 그리스도의 생명의 연합을 추구하는 충만한 영의 종말론적 활동과 이에 수반되는 윤리적 실천과의 **변증법적 관계**를 인식하는 데서 극복되기 시작할 것이라고 암시하고 있다. 골로새서의 생명의 개념은, 우리의 이기주의를 탈피하려는 윤리적 노력 속에서, 다시 말해서 인간학적 생명의 비밀을 파헤쳐서 이 이기주의적 권력 형성의 동기를 근원적으로 타파해야 한다는 정치윤리학적 의미에서, 끝없이 자기 아집과 나르시시즘적 자기 본존 본능과 권력 욕망에 시달려 있는 인간학적 비밀과 밀접하게 연결된다.

바울 신학의 이원론적
사유 방식에 대한 탈식민주의 비평
- 새로운 문화비평 전략과 아시아 성서 해석학의 모델을 위해서 -

1. 서론: 아시아 해석학과 탈식민주의의 비평의 최근 연구 방향

이 글은 특히 최근 탈구조주의(poststructuralism)의 문제의식과 방법론을 전용한 포스트식민주의(postcolonialism)의 시대정신에 비추어서 바울의 사유 방식에 나타난 탈식민주의 비평(postcolonial criticism)의 문화비평 전략(strategy of cultural criticism)을 제시하고, 이를 토대로 새로운 아시아 성서 해석학의 모델을 탐구하는 것을 목표로 구성되었다.

탈식민주의 비평이란, 페미니스트 비평(feminist criticism)과 같은 어떤 해석의 구체적인 방법이라기보다는, 고대와 현대까지도 서구의 식민주의/제국주의에 의해서 자행되는 군사적 침략, 정치적 압제, 경제적 불이익, 사회적 배제, 문화적 지배의 역사적/텍스트적 현상에 대해서 적합하게 비판하려는 비평적 감수성을 의미한다.1) 필자는 탈식민주의 비평이 태동한 역사적 배경으로 식민지배에서 새로 독립한 아프리카와 아시아의 29개국 대표들이 최초로 개최한 포스트식민 국제회의인 1955년의 반둥대회와 1966년 아바나에서 열린 '아프

---

1) Stephen D. Moore, 2000, "postcolonialism", Handbook of Postmodern Biblical Interpretation ed. A. K. M. Adam (Missouri: Chalice Press), pp.182-184.

리카, 아시아, 라틴 아메리카 민중의 트리컨티넨탈 연대 회의'가 중요하다고 생각한다. 이 두 회의를 통해서 식민지 국가였던 나라들의 민중 연대가 확립된 이후, 아직도 제국주의 이데올로기나 담론에 의해서 식민주의적 문화침탈로 위협받는 아프리카, 라틴아메리카, 아시아, 카브리해와 오세아니아의 식민지 경험에 비추어서 성서의 제국주의와 식민주의적 이데올로기를 비평적으로 읽는 작업이 탈식민주의 비평이다.2) 이러한 배경 하에 보다 세련된 탈식민주의 비평 개념은 스리랑카 신학자 수기르타라자흐(R. S. Sugirtharajah)와 라틴계 성서학자 세고비아(F. F. Segovia)의 생각을 발전시켜서 다음과 같이 제시할 수 있을 것이다.3) 탈식민주의 비평은 식민지 통치의 직접적인 정치적 억압의 역사적 시기 이후에도 식민주의/제국주의의 역사적/정치적 차원뿐만 아니라 사회적/심리적 차원을 의식화할 필요가 있는 사람들이 제 1 세계의 서구 이론들과 학문에서 현대적/근대적 가치들의 객관성과 중립성의 이름으로 가려져 있는 제국주의/식민주의 이데올로기의 억압적 기제나 서구 지식(사상)과 권력 사이의 연결고리를 폭로하고, 자국의 민족주의 이데올로기와 문화적 전통에 대한 기존의 억압적인 해석을 해체하고, 脫식민/反식민 저항과 관련되어 서술된 기억들이나 경험들의 파편화된 부분들을 현재의 공동체가 새로운 사회운동을 할 수 있는 원동력과 문화적 자생력을 키우기 위해 독자적으로 재구성하는 지적 노력이다.

　여기에서 제국주의란 고대에서부터 현대에 이르기까지 군사적, 정치적, 사회적, 문화적 힘을 전략적으로 사용하여 중앙집권화된 강력한 제국이 이웃해 있거나 덜 문명화되거나 아직 덜 발달된 소수 민족이나 나라들의 주권을 상대방의 동의 없이 침략하여 지배하고, 억압하고, 수탈하는 구체적인 행위를 나타낸다. 그러나 이보다 더 제국의 식민주의적 지배란 이러한 구체적인 침략 행위뿐만 아니라 소수 민족들과 나라들의 문화와 언어를 없애고, 이러한 힘에 의한 식민지 지배를 정당화하고, 선전하고, 전달하는 강대국들의 이론과 실천과정을 의미한다. 이러한 제국주의를 정당화하는 이론과 이데올로기는 당연히 가

---

2) 이러한 탈식민주의 비평 개념에 관해서는 로버트 J. C. 영, 『포스트식민주의 또는 트리컨티넨탈리즘 (2001)』, 2005, pp.334-337, pp.370-379 참조.
3) 이에 관해서는 R. S. Sugirtharajah, 1996, "Charting Postcolonial Criticism", 『포스트모더니즘과 탈식민주의 시대의 신학』, 서울: 한국신학연구소, pp.54-60과 Fernando F. Segovia, 2005, "Mapping the Postcolonial Optic in Biblical Criticism", *Postcolonial Biblical Criticism: Interdisciplinary Intersections* ed. S. D. Moore & F. F. Segovia (London: T&T Clark International), pp.64-67 참조.

부장주의, 계급차별주의, 군사패권주의, 인종주의, 그리고 성차별주의를 내포하고 있다.4)

중요한 점은 이러한 탈식민주의 성서 읽기가 제 1 세계와 제 3 세계 신학자들, 여성과 남성, 인종과 종교의 차이들로 인해서 서로 약간의 관점의 차이를 가지고 있지만 이들 간에는 이제 무지개 연대를 추구하고 있다는 점이다. 제 1 세기 학자들이 탈식민주의를 데리다(J. Derrida)와 푸코(M. Foucault)와 라깡(J. Lacan)의 후기구조주의의 비평 방법을 토대로 포스트모던 비평이나 문화비평의 한 연장으로 이해하는 반면, 제 3 세계 신학자들은 탈식민주의를 해방신학의 이데올로기 비평으로 이해하는 측면이 많다. 제 1 세계 신학자들이 제국에 대한 분석과 비판에 초점이 있는 반면, 제 3 세계 신학자들은 식민지의 경험을 해석의 준거점으로 삼으면서 계급과 인종 및 민족, 성 등이 복합적으로 어떻게 현재의 침략, 압제, 수탈의 억압, 배제를 가져오는지 분석하려 하고 있다. 필자는 제 1 세계와 제 3 세계의 관점의 차이를 포스트식민주의(postcolonialism)의 용어에 대한 번역의 문제와 연관된 反식민주의와 탈식민주의의 차이라고 정리하고 싶다.5) 反식민주의는 식민주의의 경험을 가진 제 3세계의 나라의 성서학자들이 성서에서 당시 로마 제국에 대해서 기독교가 대항하였던 경험을 찾으려는 경향이 강한 반면, 탈식민주의는 식민주의 경험을 하지 않았지만 로마 제국의 위계주의적 가부장제 문화를 비판하기 위해서 기독교가 제국을 비판하면서도 로마제국의 이데올로기를 무의식적으로 닮게 되었던 흔적들을 찾고자 하는 미묘한 비평을 추구한다.6) 누가복음이 親식민주의/親로마 제국주의적인 면과 脫식민주의 경향이 동시에 내포된 반면, 요한계시록은 反식민주의 경향이 강하고, 마가복음과 바울서

---

4) 제국주의 개념에 대해서는, E. 사이드, 『문화와 제국주의』, 1995, 서울: 문예출판사, pp.51-68; 박지향, 『제국주의: 신화와 현실』, 2000, 서울: 서울대 출판부 pp.13-22; 새로운 다중(多衆: multitude)의 저항이 요구되는 全지국적 권력구성적 '제국' 이해를 위해서는, 안토니오 네그리/마이클 하트, 『제국』, 2001, 서울: 이학사 참조.
5) postcolonialsm의 번역이 脫식민주의 보다는 反식민주의가 더 타당하다는 이론적 근거에 관해서는 고부응, "맑스의 식민역사관과 싸이드의 '동양론' 비판", <역사비평> 계간 28(1995. 봄) pp.247-268 참조. 반면 포스트식민주의라고 번역해야 한다고 주장하는 학자에 관해서는 김욱동, "포스트식민주의의 범주와 성격", cafe.daum.net/jonggakacademy[종각학원: 4.14] 참조.
6) 탈식민주의가 "역사-정치적" 또는 연대기적 의미가 아니라 비판적 관점이 중요하다는 점과 성서학과 인문과학에서의 그 차이점에 관해서는 "Introduction"과 Stephen D. Moore, 2004, "Mark and Empire: 'Zealot' and 'postcolonial' readings", *Postcolonial Theologies: Divinity and Empire* ed. Catherine Keller (Missouri: Chalice Press), pp.6-13, pp.135-140 참조.

신은 이 두 경향의 중간 입장으로서 反식민주의와 脫식민주의 입장이 동시에 내포되어 있다고 볼 수 있다.7)

미국에서 탈식민주의 성서 비평은 *Se 75* (1995)에서 본격적으로 소개되었다. 이후 최근 탈식민주의와 성서 비평, 맑시즘, 페미니즘, 인종주의의 상호 관계에 대한 쟁점들이 면밀하게 토론되었던 *Postcolonial Biblical Criticism* (2005)이 나옴으로써 이 비평과 연관된 논점이 매우 확실하게 제시되었다. 이제 이러한 논의 이후에는 아시아 성서해석학은 탈식민주의 비평 방법을 다음의 세 가지 방식으로 창의적으로 사용할 필요가 있다.

① 아시아의 해석학적 모델은 탈식민주의 비평조차 역사비평 방법을 너무 쉽게 비판하여 그 해석학적 기능의 수준과 그 신학적 중요성을 적합하게 평가하지 못한 점을 극복할 필요가 있다. 이를 위해서는 당시 헬라문화와 유대문화가 서로 접목된 기독교의 **혼성성**(hybridity)이 로마제국에 어떤 태도를 갖게 되었는지 검토하는 첨예한 비평을 제시할 필요가 있다.8)

② 아시아의 해석학은, 탈식민주의 비평이 세계 경제 체제의 근원적인 모순을 직시하였던 맑시즘(Marxism)의 문제의식을 아시아의 현실에 새롭게 적용하지 못한 점을 비판함으로써, 아시아의 가난을 강화하는 모든 신식민주의적 침략, 압제, 수탈, 배제의 억압적 조건을 타개할 수 있는 구체적인 탈식민 저항 전략을 형성할 수 있어야 할 것이다.9)

③ 아시아 해석학은 성서에 내재하는 이원론적 사유의 위계주의적 가부장주의를 근원적으로 해체시키려는 탈식민주의 정신과 아시아적 영성/사유방식을 역동적으로 연

---

7) 특히 마가복음의 반/탈식민주의의 이중적 해석에 관해서는 Moore, "postcolonialism", pp.184-188 참조.
8) Lee, Moonjang, 2000, "A Post Critical Reading of the Bible as a Religious Text", *The Asia Journal of Theology vol. 14.2* (Oct. 2000): pp.272-285. 이 문제에 대해서는 이미 김덕기, "세례 요한 전승의 교차문화적·상호텍스트적 읽기: 문화해석학적 토착화의 토대 마련을 위해서", 『정행업 명예총장 고희기념논문집: 한국적 신학 형성의 모색』, 2005, 서울: 한국장로교출판사, pp.363-405에서 이미 대안적 방법까지도 제시되었다.
9) David Jobling &, 1999, "*The Postcolonial Bible*: Four Reviews", *JSNT 74* (June), pp.113-121; Roland Boer, 2005, "Marx, Postcolonialism and the Bible", & Jobling, "Very Limited Ideological Options: Marxism and Biblical Studies in Postcolonial Scenes", *Postcolonial Biblical Criticism*, pp.166-201. 이 문제에 대해서는 양권석의 글에 대해서 논평한 필자의 글, "양권석의 '한국적 성서 읽기'에 대한 논평", <시대와 민중신학> 제5호(1998), 서울: 다산글방, pp.262-278에서 자세히 기술하였다.

결시키지 못하고 있다. 바울 신학은 로마제국에 저항하였다는 것과 공모하였다는 것의 이분법에 매여 있었던 점을 넘어서 탈식민주의 문화비평 전략을 새롭게 제시할 필요가 있다.10)

최근 아시아 해석학이 탈식민주의 비평의 통찰을 어떻게 사용해야 할지에 대한 보다 효과적인 논의를 하기 위해서 다음 II장에서는 우선 곽퓨란(Kwok Pui-Lan)의 탈식민주의 비평적 관점에 근거한 아시아 해석학을 토론할 필요가 있다. ①과 ②의 문제를 극복하기 위해서 특히 우리는 수로페니키아 여인의 본문(막 7:21-26)에 대한 곽퓨란의 해체주의적 탈식민주의 비평의 구체적인 예를 소개하게 될 것이다. 2장과 3장에서는 위의 논의를 토대로 ②와 ③의 문제점을 해결하기 위해서 갈라디아서와 고린도전서에 나타난 바울의 이원론적/일원론적 사유방식에 대해서 탈식민주의 비평과 아시아 해석학적 성찰이 접목된 읽기 전략을 새롭게 제시해 보고자 한다. 이것은 최근의 탈식민주의 경향에 비추어서 바울의 신학적 사유를 정치적으로 재해석하는 구체적인 예가 될 것이다. 그리고 결론 부분에서 우리는 필자가 제시한 '**구조론적 탈식민주의 비평**'이 어떻게 아시아 성서 해석학의 새로운 모델을 제시할 수 있게 되는지 간략히 논의하고자 한다.

2. 곽퓨란의 탈식민주의 성서 비평과 아시아 해석학의 랑데부

태국의 캐토릭 신학자 소아레스-프라브(George M. Soares-Prabhu)는 아시아 성서 해석의 두 가지 기본적인 접근방법을 제시한바 있다. 우선, 성서를 무엇보다 아시아의 가난에 비추어서 읽을 것을 권고한다. 이것은 송천성이 말하는 "부서진 아시아의 인간성에 관한 이야기"로 가장 잘 표현되는 아시아의 사회적 관심을 가지고 읽는 것을 말한다. 다른 하나는 종교 전통들에 비추어서 읽는 것이다. 이것은 아시아의 위대한 종교들의 본문과 성서를 연결시켜서 읽는 것이다. 다시 말해서 성서를 아시아의 살아 있는 이야기들이나 아시아의 종교적 본문과 상호텍스트적으로 연결시켜서 해석하는 것이다. 이에 따라 우리는

---

10) Tat-siong Benny Liew, "Margins and (Cutting-) Edges", *Postcolonial Biblical Criticism*, pp.114-166; 이 문제를 극복하기 위해서 이미 김덕기, "빌립보서에서의 신학과 윤리: 탈식민주의 비평에 근거해서", <신학과 문화> 제12호(2003), 대전: 대전신학대학 출판부: pp.136-178에서 필자는 바울서신의 사유구조를 모방 욕망의 모호성의 관점에서 새롭게 제시하게 되었다.

최근 아시아 성서 해석학을 다음의 두 개의 해석학적 방향으로 연구되고 있다고 정리할 수 있을 것이다. 전자의 정치-문화적 해석과 관련된 곽퓨란과 수기르타라자흐의 탈식민주의 해석학(postcolonial hermeneutics)과 후자의 종교-문화적 해석에 더 관심 있는 아치 리(Archie C.C. Lee)와 소아레스-프라브의 교차 본문 해석학(cross-textual hermeneutics)이다.11) 후자의 교차 본문 해석학은 문화 적응 신학이나 토착화 신학과 달리 성서 본문과 아시아의 종교·문화 텍스트가 서로 영향을 주면서 상호 교차하여 의미가 도출될 수 있는 그 해석 원리와 방식을 제시해 왔다. 또한 전자의 탈식민주의 해석학은 기존의 맥락화 신학이나 해방신학과 달리 본문의 맥락과 해방의 동기를 텍스트의 해체주의적 동기와 연결하고, 성, 인종, 계급, 문화의 탈식민주의적 **혼성성**(hybridity)에 비추어서 재해석하려 한다.12)

우리는 위의 두 가지 최근 아시아 해석학의 연구 경향들을 종합하여 아시아 포스트콜로니알 신학과 여성신학을 활발히 전개하고 있는13) 곽퓨란의 아시아 해석학의 문제제기와 그녀의 해체주의적 탈식민주의 비평의 예를 살펴보고자 한다. 우선 홍콩 여성 신학자 곽퓨란은 경전(canon)의 권위를 푸코의 '진리의 정치학'에 의해서 문제 삼을 뿐만 아니라, 성서 해석의 준거점을 서구 지식인 신학자가 아니라 아시아인이 자신들의 정황에서 창조적으로 마련할 것을 촉구하는 탈식민주의적 아시아 해석학을 제시한다. 특히 그녀는 누가 진리를 소유하고, 그것을 해석할 권위를 갖고 있고, 무엇이 진리를 구축하느냐와 관련된 진리의 정치학의 관점에서 성서 해석의 정치성을 제시한다. 또한 곽퓨란은 성서의 계시성과 진리의 관계가 서구에서처럼 논의 될 수 없다는 점을 중국의 신학자들이 이미 제기하였던 통찰에 의해서 제시한다. 그녀의 진리 구성의 정치학적 통찰에 의하면, 성서의 진리

---

11) George M. Soares-Prabhu, 1994, "Two Mission Commands: An Interpretation of Matthew 28:16-20 in the Light of a Buddhist Text", *Biblcial Interpretation* 2,3, 272; Lee, 1996, "Cross", pp.38-48.
12) 바바의 탈식민주의적 **혼성성**은 파편화된 구성원들이 성, 인종, 계급, 문화, 국가의 차이들과 적대적이고 모순적인 심급들에도 불구하고 전략적으로 상호 교섭(negotiation)되는 현상을 말한다. 이것은 종종 과거와 현재, 전통과 근대의 이항대립을 넘어서 접합/전이/치환의 반복변화성의 구조(structure of reiteration)를 형성하면서 식민주의/제국주의에 저항하는 헤게모니 투쟁을 하게 되는 '제 3의 정치학'의 태동 조건이 된다. 이에 관해서는 호미 바바(나병철 역), "이론에의 참여", 『문화의 위치(1994)』, 2002, 서울: 소명출판사, pp.61-93 참조.
13) Kwok Pui-Lan. 2005. *Postcolonial Imagination of Feminist Theology* (Louisville: John Knox Press).

는 미리 맞춤형으로 주어지는 것이 아니라 본문과 맥락이 구체적인 역사적 정황 속에서 서로 상호 작용하여 탐색된다고 생각한다. 중국 철학 전통에서는 형이상학적이고 인식론적인 질문들에 일차적으로 관심 있는 것이 아니라, 앎과 행함 사이의 통전적 관계가 더 중요하다. 진리는 인지적으로 파악되는 어떤 것이라기보다는 도덕적 존재들의 자기-수양 안에서 실천되고 행동되어지는 것이다. 그래서 성서의 진리 주장은 성서 자체가 하나님의 계시된 말씀이거나 형이상항적 진리이기 때문에 형성되는 것은 아니다. 더구나 성서적 전통의 의미는 그것이 어떻게 성서가 기독교 공동체에서 실천되는지, 어떻게 지구적 해방 투쟁에 도움이 되는지 파악함으로써 확립된다.14)

곽퓨란의 아시아 해석학의 특징은 단순히 아시아 문화의 大전통, 즉 식자층의 아시아 종교 경전을 성서와 상호 비교하여 논리적 차원의 공통점을 수렴하려는 것이라기보다는 대화적 상상력(dialogical imagination)에 의해서 아시아의 小전통, 즉 민중층의 신화, 전설 이야기를 아시아의 해방적 실천에 활용하는 것이다. 더구나 그녀는 아시아인의 민중적 역사의 사회적 전기를 성서의 실재와 메시지를 이해할 수 있는 해석학적 열쇠로서 성서 고찰에 적극적으로 사용하려 한다.15) 이때 곽퓨란이 다른 아시아 신학자들과 또 다른 점은 여성의 개인적 체험에 관한 쓰여진 글뿐만 아니라 구술의 말을 당시 아시아 사회의 억압적 사회 구조에 비추어서 새롭게 해석하는데 적극 활용할 것을 제안한다는 것이다. 특히 아시아의 경전 읽기 전통에서는 말해지는 언어가 쓰여진 본문보다 더 성스럽다고 생각되었기 때문에 경전이 외워지고, 기억되고, 암송되고, 실연되었다고 주장한다. 아시아에 온 선교사들은 문맹을 퇴치하고, 서구 문명을 영어로 가르치기 위해서 쓰여진 성서를 아시아 사람들에게 강요하였기 때문에 아시아의 경전 구어적 읽기의 전통을 무시하게 되었다. 그러나 실제로 이러한 구어적 읽기는 본문의 경계에 매이지 않게 보다 유연한 해석을 할 수 있을 뿐만 아니라, 쓰여진 문서가 더 진전된 것이라는 위계적인 권위에서 벗어나 문맹인이나 교육받지 못한 사람들에게도 개방적이라서 더 민주적이고 참여적일 수 있다. 또한 이것은 과거의 역사적 사건에 더 관심을 나타내기보다는 현재에 그 성서 이야기가 어떻게 더

---

14) Kwok Pui-Lan, 1995, "Discovering the Bible in the Non-biblical World", *Voices from the Margin: Interrpreting the Bible in the Third World* ed. R. S. Sugirtharajah (Orbis: Maryknoll), pp.289-294.
15) Ibid. pp.294-299.

생동감 있게 이해될 수 있는지의 적용 문제에 더 많은 관심을 갖게 된다.16)

곽퓨란의 해석학은 탈식민주의 비평을 활용하면서 보다 구체적으로 위의 해석학적 이론을 성서해석에 적용한다. 그녀는 이러한 탈식민주의 비평의 특색을 다음과 같이 제시한다: ① 탈식민주의 비평은 서구 해석이 제국의 이해관계에 협조하는 점을 드러내고 서구 해석의 의미참조들을 불안정화시킴으로써 거짓 보편주의로 치장된 그 형태들에 도전한다. ② 성서에 숨겨진, 무시된 목소리들에 특별히 관심을 표명함으로써 헤게모니 대항 담론을 창출한다. ③ 성서를 제 3 세계의 사회정치적 상황에서 독특하게 나타나는 다중신앙(multi-faiths)의 맥락에 위치시킨다. ④ 아직 충분히 경청되지 않은 주변화된 사람들 - 인도 불가촉천민(달릿), 토착 민중들, 이민자들, 디아스포라 민중들, 경계선에 있는 민중들, 특히 이러한 공동체들에 있는 여성들 - 의 실질적인 해방에 기여하게 되어 이들로부터 환영받게 된다. ⑤ 포스트모더니즘과 같은 다른 해석학적 준거틀과 토론하고 배울 수 있게 된다.17)

곽퓨란은 위의 탈식민주의 비평의 한 예로 수로페니키아 여인 이야기(막 7:21-26=마 15:24-31)를 분석한다. 그녀의 탈식민주의적 독해는, 이 이야기에서 나타나는 당시의 식민주의 조건을 간략히 기술하고 이에 따라 이 여인의 정체성을 역사적으로 파악하기보다는, 이 여인의 행동과 말이 묘사되는 방식이 식민주의 이데올로기에 의해서 왜곡되어 이해되었던 이전의 해석들을 다음과 같은 세 가지의 해체주의 전략에 의해서 비판하려 한다.18)

첫 번째로, 곽퓨란은 우선 이 여인과 예수의 관계가 불평등하게 기술되었다는 점을 스피박의 탈식민주의의 **해체주의 비평적 통찰**에 의해서 논의하려 한다. 이 통찰은 문학적/역사서술적 담론적 실천을 통해서 주변화된 타자의 숨은 목소리를 재기술하거나 그들의 주체성을 재구성하기 위해서 이항대립(binarism)에 근거한 식민주의적 해석이나 글쓰기 방식을 비판하는 것이다.19) 이 본문의 서사는 기적이야기가 아니라 아포프테그마(Apophthegma)로 분

---

16) Kwok Pui-Lan, 2000, *Introducing Asian Feminist Theology* (Sheffield Academic Press), pp.52-56; Kwork Pui-Lan, 1997. "Discovering the Bible in the Non-biblical World" [Lecture note presented to Koreans in 1996].
17) Kwok Pui-Lan, 2000, *Introducing Asian Feminist Theology*, p.46.
18) Kwok, 2000, *Introducing*, pp.60-62.
19) 주변화된 타자/하위 주체의 문학적 재현이나 역사서술의 담론적 실천에서 주인 담론의 헤게모니 역할에 관한 비판적 독해에 관해서는 G. Chakravorty Spivak, 1990, "Strategy, Identity, Writing", *The*

류되어 예수의 결정적인 격언적 말씀이 전달되는 틀로서 이해되었다. 그래서 여성의 능동적인 활약상이 결코 긍정적으로 논의되지 않았다. 더구나 마가복음에서는 이 여인이 능동적으로 행동하는 모습이 기술되기 보다는 화자가 예수에게 와서 엎드려 간청하는 것에 초점을 맞추어서 보고하는 모양으로 기술된다. 나중에는 결국 그녀는 누군가에 의해서 실행된 기적을 증언하는 관망자가 되어 있다(26절). 마태복음에서는 이 여인이 예수 앞에 나타나 계속해서 세 번이나 소리치면서 예수 앞에서 꿇어 앉아 딸의 치유를 직접 간청하는 모습이 강화되어 나타나는 듯하지만, 마가복음과 유사에게 화자는 여전히 이 여인과 함께 관망할 것을 독자에게 초대하게 된다("볼지어다": 마 15:22). 더구나 여기에서 여성의 목소리는 다윗의 아들(22절), 주인님(22, 25, 27절)이라는 단어들이 제시하는 그리스도 중심적, 남성 중심적 담화에 의해서 틀 지워진다. 특히 엎드려 간청하는 것은 당시 고대 사회에서 피후원자가 후원자나 브로커에게 자비를 구할 때 요청하는 자세를 나타낸다. 더구나 이러한 여성의 종속적 위치는 집의 안/밖, 청결/非청결, 유대인/이방인, 아이들/개들, 제자들/여인, 신앙이 있는 사람들/신앙 없는 사람들과 같은 다른 반대항들에 의해서 강화되어 나타난다.20)

두 번째로, 결국 이러한 여성 폄하(貶下)적 차별주의는 反유대주의와 식민주의와 상호 연결되어 식민주의적 해석의 전위 전략(the strategy of displacement)에 의해서 작동된다. 反유대주의 해석의 전형은 구원사의 신학적 틀 속에서 자리 잡게 되었다. 결국 마틴 루터(M. Luther)는 이 본문을 전형적인 구원사의 모델 신학의 전위 해석 방식의 전거로 사용하게 되었다. 루터는 이 이야기의 이방인 여인을 새로운 기독교 공동체의 일원으로 진정한 신앙을 가진 자로 전위시켜서 해석하고, 이 이야기의 유대인들을 캐토릭 교회의 교만한 신앙 태도를 가진 자로 해석하게 된다. 이제 이러한 反유대주의는 더 나아가서 식민주의 이데올로기를 강화하는데 전위되어 사용된다. 이에 따르면, 식민자들은 남성으로 간주되고 피식민자들은 여성으로 여겨지기 때문에 이 여인은 피식민지 사람의 굴종적이고, 복종

    Post-Colonial Critic (New York: Routledge), pp.35-49와 idem, 1988, "A Literary Representation of The Subaltern: A Woman's Text From the Third World" *In Other Worlds* (New York: Routledge), pp.241-268 참조.
20) Kwok Pui-Lan, 1996, *Discovering Bible in Non-Biblical World* (Maryknoll, New York: Orbis Books), pp.72-75.

적이고, 충성스러운 '헌신된 개'의 정형(stereotypes)을 드러낸다고 해석될 수 있다. 이 이야기의 주인공 수로페니키아 여인은 정복하고 군림하러 왔던 지배적인 주인들에 대해서 수동적이고, 길들여져 있고 복종적인 태도를 강화하는 방식으로 사용되었다. 이 이야기는 무의식적으로 수로페니키아 여인처럼 식민지 백성들은 '헌신된 개'처럼 굴종적이고 충실하게 처신하도록 요구받는다는 것이다. 그래서 이방 여인의 이야기는 단순히 예수가 실제로 두로와 시돈에 여행했던 역사적 사실을 보고하는 내용을 담기보다는 이방 선교의 기원 신화일 뿐이다. 그래서 이것은 결국 아시아의 정치적 사회적-경제적 지배를 정당화하는 식민주의 이데올로기 형성에 탁월하게 기여하게 된 것이다.21)

세 번째, 탈식민주의 읽기는 수로페니키아 여인의 정체성이 **혼성적**(hybrid)이라는 점에 특히 주목하게 된다. 말할 수 없는 병이 걸린 딸을 가진 이방 여인으로서 그녀는 유대인들에 의해서 '헌신된 개'처럼 멸시받고 가부장 사회에서 여성으로서 억압받았을 것이다. 그러나 그리스어로 말하는 이 여인은 두로의 엘리트 도시 계급 출신으로 아주 부유한 도시인 두로의 빵 공급처로서 기능하였던 갈릴리 외곽을 착취하는 억압자로서 여겨질 가능성도 있게 된다. 이런 의미에서 이 이야기는 탈식민지 비평에서 강조하듯이 **지배/복종, 안/밖, 권력자/권력 없는자, 식민자/피식민자의 이항대립항**(binarism)을 통해서 권력 역동의 복합성을 단순화시키는 점을 경계한다. 탈식민주의 비평에 의하면 이 이야기의 수로페니키아 여인은 단지 성에 의해서만 아니라 계급, 언어, 인종성 등에 의해서 그 주체성이 확립될 수 있다는 점을 강조하게 된다. 그래서 곽퓨란은 이 여인을 동종의 그룹에 속하지 않는 탈식민지인의 복합적인 억압구조에 매몰되어 제 3 세계 아시아의 사각지대에서 피해자를 대변할 수 있는 '타자 안의 타자'로서 기술하고자 한다. 이 여인은 단순히 이방인 여인으로서 피지배계급이 아니라 갈릴리 농촌을 착취하는 두로의 도시 지배 계급의 교육

---

21) 위의 책, pp.74-79. 전위 전략은 원래 프로이트가 여성을 속죄양으로 기술하면서 여성 히스테리를 분석하는 데 사용되었다. 스피박은 이렇게 히스테리 여성의 병인을 어린 시절에 맞았던 원초적 경험으로 전위시키는 프로이트의 전위 전략을 여성 하위주체(subaltern)가 남편이 화장되는 장작더미 위에서 자살하게 되는 '사티'라는 과부 순장 풍습에 대한 서구인의 잘못된 해석을 비판하는 전위 전략으로 발전시키게 된다. 이를 다시 곽퓨란은 反여성주의 해석이 反유대주의와 식민주의 이데올로기에 의해서 변환되어 같은 방식으로 적용되는 현상을 기술하는 데 사용한다. 이에 대해서는 가야트라 차크라볼티 스피박, "하위주체가 말할 수 있는가?: 다원화주의의 문제들", <세계사상> 4(1998), 서울: 동문선, pp.114-135 참조.

받은 여인으로, 아마도 아시아의 多종교 정황과 비슷한 정황에서 다른 신들이나 여신들을 믿거나, 가나안 여인처럼 가난하고, 천한, 누더기 예수를 찾고 있을지 모르기 때문이다.22)

3. 갈라디아서의 이원론에 대한 탈식민주의적 비평과 아시아 해석학적 통찰: 전투주의적 보편성과 흉내내기의 저항 전략

새로운 글로발(global) 자본주의의 '신제국주의' 또는 '제국'의 시대를 맞이하여 이에 대응하는 적합한 아시아의 성서해석학의 모델과 이에 근거한 탈식민주의적 성서읽기는 어떻게 가능한가? 우리는 개혁신학의 기초인 바울 신학의 영/육의 이원론적 사유방식(dualism)과 이를 극복하려는 일원론적 사유방식(monism)을 새롭게 검토함으로써 우리 시대가 요구하는 아시아의 억압적 질곡들을 변혁하는 아시아 해석학의 방향과 이에 근거한 구체적인 성서 읽기의 예를 탐구하고자 한다.23) 더구나 기존의 바울 신학에 대한 정치적 독해는 홀슬리(R. Horsley)나 엘리옷(N. Elliott)과 같이 로마 제국주의의 군사패권주의를 비판했던 저항적 측면만을 강조하거나 와이어(A. C. Wire)와 쉬스러 피오렌자(E. Schüssler Fiorenza)와 같이 로마 제국주의의 위계주의적 가부장주의에 공모한 측면의 어느 한 쪽만을 강조하는 이분법적 토론의 경향으로 치우친 감이 있다. 이에 대해서 우리는 제 3의 대안적 입장을 탈식민주의에 근거한 아시아적 해석학이나 문화비평 전략의 예를 통해서 새롭게 제시할 필요가 있는 것이다.24)

바울신학의 사유 구조가 아시아 해석학과 이에 근거한 탈식민주의 문화비평 전략적

---

22) Kwok, 2000, *Introducing*, pp.60-62와 idem, 1996, 앞의 책, pp.79-83. '혼성적'의 의미는 각주 12의 '혼성성'을 참조; 또한 아시아 해석학적 입장에서 이원론적/실체론적 사유를 일원론적/관계론적 사유와 대조하여 비판한 최근의 글에 관해서는 김명수, "안병무 민중신학과 동양사상", <신학사상> 132 (2006, 봄), pp.131-164 참조.
23) 탈식민주의 통찰에 의해서 마가의 이항대립적 사유를 비판한 예는 Tat-siong Benny Liew, 1999, "Tyranny, Boundary and Might: Colonial Mimicry in Mark's Gospel" *JSNT* 73, pp.7-31 참조.
24) 바울신학에 대한 정치적 해석에 대한 논쟁에 관해서는 Richard Horsley, ed. 1997, *Paul and Empire* (Harrisburg: Trinity Press Int.)와 同 편저자와 同 출판사의 2000, *Paul and Politics* 참조. Horsley와 Neil Elliott, Dieter Georgi 등은 바울의 신학 특히, 그의 종말론이 로마 제국주의에 대해서 비판적인 담론이라고 주장하는 반면, Antoinette Clark Wire, E. Schüssler Fiorenza, Cynthia B. Kittredge, Shelia Briggs 등은 페미니스트 관점에 의해서 바울이 로마 제국주의에 공모한 점을 비판하고 있다.

통찰과 창조적으로 상호침투될 수 있는 접촉점은 무엇인가? 바울신학은 다음의 세 가지 점에서 탈식민주의적 모호성을 내포하고 있지만 동시에 아시아 해방의 해석학적 모델 구성에 특정한 방식으로 공헌할 수 있다. 첫째는 바울의 사유방식은 이원론적이었지만 그의 신학은 하나의 인격적인 신과 그 아들의 메시아적 구원의 보편성을 제시한다는 점에서 일원론적이라 할 수 있다.25) 두 번째는 외적/내적 이원론적 세계관과 영/육의 이원론적 인간관을 내포하였지만 항상 바울 자신의 내면성의 해방적 체험을 기초로 일원론적인 영의 변증법적인 신학을 구축하였다.26) 세 번째, 바울의 영/육의 이원론은, 중국의 동양 사상과 유사하게, 형이상학적 인식론적 질문들에서 시작된 것이 아니라 토라 없이 어떻게 기독교 윤리적 삶을 살 수 있는지 묻는데서 시작하였다. 그래서 토라 없는 새로운 신앙에 관한 구원사적 인식은 단순히 인지적으로 파악되는 것이 아니라 동양에서 말하는 자기 수양과 유사한 자신들의 영적 자기-훈련, 품성 계발 및 구체적인 실천과 밀접하게 연관된다는 것이다.27)

바울서신에서는 플라토니즘의 현상/이데아의 형이상학적 이원론과 유사한 영/육의 이원론적 사유방식이 체계적으로 나타난다. 플라톤 철학에서 현상세계는 이것과 일치하는 영적 이상적인 실체(entity)가 표상되어 나타난 것으로 이해된다. 이러한 존재론적인 전제는 다음과 같은 가치론적인 결과를 동반하게 된다. 보이지 않는 내적 실재가 실재의 보이는 외적 형식보다 더 가치 있거나 더 높다고 여겨지는 위계적인 상반관계가 설정된다. 이와 가장 유사한 바울의 사유방식이 가장 잘 나타나는 것은 고후 4:18이다: "우리가 돌아보는 것은 보이는 것이 아니요 보이지 않는 것이니 보이는 것은 잠간이요 보이지 않는 것은 영원함이니라"28)

---

25) 여기에서 바울의 2원론적 세계관과 일원론적 신학은 구별 되어야 한다. 이러한 구분의 방법론적 중요성에 관해서는 Archie C. C. Lee, 1994, "The Chinese Creation Myth of Nu Kua and The Biblical Narrative in Genesis 1-11", *Biblical Interpretation 2,3* (Leiden: Brill): pp.312-324 참조.
26) 신유학, 도교, 선불교는 동아시아의 인식론적 체계가 주체/객체의 이원론을 넘어서 역사적 거리를 나의 마음속에 확립하는 것으로 묘사된다. 이에 관해서는 Moonjang Lee, 2000, "A Post Critical Reading", pp.276-278 참조.
27) 보다 자세한 것은 이 글의 II장에서 곽퓨란이 아시아 해석학의 특징을 기술한 부분을 참조하라 보다 자세한 것은 Kwok Pui-Lan, *1995, Discovering the Bible*, pp.8-20 참조.
28) 플라톤(박종현 역주), 『플라톤의 국가』, 1997, 서울: 서광사, pp.439-445; Daniel Boyarin, 1994, *A*

특히 갈라디아서에서는 위의 이원론적 세계관이 영/육의 이원론적 사유체계가 그의 인식론, 그리스도론, 인간론, 알레고리 해석학에도 일관성 있게 사용되었다. 갈 1:1-2, 1:10b-12, 1:13-17에서 인식론에 대해서 바울은 예수를 사람에게서 받은 것이나 사람에게서 배운 것이 아니라, 예수 그리스도의 계시로 말미암아 복음을 알게 되었다고 고백한다. 2:15-18, 19-21의 그리스도론적 진술에서는, 율법의 행위와 믿음, 육체 가운데 사는 것과 믿음 안에서 사는 것이 서로 대조된다. 3:1-5장의 인간론 논의에서는, 영/육의 이원론적 투쟁이 강조된다. 또한 갈 4:21-31의 비유 해석(ἀλληγορούμενα)에서는, 영에 따라 나은 아들(이삭)과 육에 따라 나은 종(이스마엘)이 대조된다. 또한 바울은 이원론적 사유를 그리스도 이해에 적용하였을 때 역사적 예수의 중요성을 어느 정도는 인정하고 있지만 결국 영에 속하는 그리스도를 더 중요시하게 된다: 롬 1:3-4에서 "육신(육체: σάρξ)으로는"과 "성결의 영으로는"의 표현 속에는 이원론적 사유가 일관성 있게 나타난다: "이 아들로 말하면 육신으로는 다윗의 혈통에서 나셨고 성결의 영으로는 죽은 가운데서 부활하여 능력으로 하나님의 아들로 인정되셨으니 곧 우리 주 예수 그리스도시니라". 더구나 육신으로는 그리스도가 유대인에 속하였다는 것을 인정하지만 결국은 우주적 그리스도를 찬양한다: "조상들도 저희 것이요, 육신으로 하면 그리스도가 저희에게서 나셨으니, 저는 만물 위에 계셔 세세에 찬양을 받으실 하나님이시니라 아멘."(롬 9:5) 또한 육체에 해당하는 역사적 예수의 가치를 폄하하는 것을 다음과 같이 암시적으로 말한다: "그러므로 우리가 이제부터는 아무 사람도 육체대로 알지 아니하노라. 비록 우리가 그리스도도 육체대로 알았으나 이제부터는 이같이 알지 아니하노라"(고후 5:16)[29]

그렇다면 이러한 경향은 영 우위의 인식론과 이에 근거한 그리스도론은 결국 서구 기독교의 이원론과 연결되어 지구화된 자본주의 제국의 새로운 탈식민주의적 통치의 근간을 이루게 되었다고 해석할 수 있는가? 달리 해석될 수 있는 가능성은 무엇인가?

Radical Jew: Paul and the Politics of Identity (Berkley: University of California Press), p.60; 현대의 데카르트적 이원론과 플라톤의 이원론과 바울 시대의 플라톤적 이원론의 첨예한 차이에 관한 자세한 토론에 관해서는, Dale B. Martin, 1995, *The Corinthian Body* (New Haven: Yale University Press), pp.3-21.
29) 이와 같이 바울의 이원론이 인식론, 그리스도론, 인간론, 해석학에서도 일관성 있게 나타난다는 견해를 체계화시킨 학자가 다니엘 보야린(Daniel Boyarin)이다. 이에 대한 자세한 논의에 관해서는 Boyarin, 위의 책, pp.29-36, pp.57-85 참조.

우선 바울의 그리스도 체험은 믿음으로 의롭게 될 수 있다는 깨달음을 형성시킨다(갈 2:19-20, 3:27-28). 이것은 주체와 객체의 이분법적 인식론에서 벗어나 자신의 인격과 연관된 지식이나 깨달음을 추구하는 동양적 진리 추구의 방법의 특색을 잘 나타낸다.30) 그러나 이 깨달음은, 지식과 이론을 삶의 스타일과 실천에서도 구체화시키려고 하는 동양적 사유방식에서처럼, 단순히 형이상학적 인식에 머무는 것이 아니라 윤리적 주체성을 새롭게 형성할 것을 계속 요구하게 된다. 이를 위해서는 율법의 저변에 그 너머에 존재하는 육체의 기회, 소욕, 욕심, 일이 작동한다는 것(갈 5:13-19)을 다시 깨달아서 그리스도 체험에서 형성된 성령으로 투쟁할 것을 부추기게 된다(갈 5:17-6:8).31) 그러나 이제 우리는 우리 안의 이 인격의 이원론적 분열조차도 극복하게 하는 사랑으로써 역사하는 믿음(5:6), 서로 종노릇 하는 자유(5:13), 성령으로 사는 것 같은 행함(5:25)과 서로 짐을 지는 그리스도의 법(6:2) 등에 의해서 육의 세력으로부터 해방되는 것뿐만 아니라 이원론적 사유로부터도 해탈되도록 요구받는다. 영으로서의 그리스도 체험, 이에 대한 영적 깨달음, 영에 의한 실천, 해방/해탈된 새로운 주체성은 모두 하나의 하나님의 활동의 하나 되심(갈 2:20, 3:20, 3:26-28, 4:6 등등)에 의해서 일어나는 영의 일원론적인 (monistic) 변증법적 활동으로 이해된다.32) 그래서 이러한 의미의 신학적인 일원론은 결국 영/육의 이원론적 사유 방식을 끊임없이 해체시키려 하는 동력이 될 뿐 아니라, 유대교의 할례(육)를 통해 계승되어 왔던 민족주의 이데올로기와 이에 근거한 왜곡된 토착주의의 삶의 방식과 로마제국의 식민주의적 통치(정형화) 둘 다에 저항하는 탈식민주의적 문화비평(수사) 전략을 내포하게 된다. 또한 어떠한 맥락에서도 통용될 수 있는 통(通)시간적, 통(通)공간적인 원칙을 경전에서 찾고자 하는 동양의 해석학 전통에서처럼, 이제

---

30) 갈 2:19-20은 슈바이쳐(Albert Schweitzer)에 의해서, 1930년대부터 바울 신비주의의 근원적인 텍스트로 주목받아왔다. 그러나 최근의 역사비평적 읽기는 역사적 정황이나 수사학에 비추어서 해석하느라, 아시아적 신비주의를 강조하지 못하였다. 이에 대한 전형적인 예로서, Scott Shauf, 2006, "Galatians 2:20 in Context", *NTS* 52, pp.86-101 참조. 또한 갈 3:27-28의 동양적 신비주의 그리스도 체험에 관해서는 필자의 글, "그리스도 안에서 남성도 여성도 없는가?", <신학논단> 제25집(1997), 연세대 신과대학, pp.252-283 참조.
31) 이러한 바울 신학의 윤리적 동기가 되는 영/육의 이원론이 직설법과 명령법의 변증법적 관계에서 잘 나타내는 점에 관해서는 필자의 글, 2000, "갈라디아서", pp.133-167 참조.
32) 영의 일원론적 변증법 활동에 관해서는 필자의 글, "바울의 평화", 2004, pp.65-100 참조.

우리는 이를 다시 아시아의 新식민성의 콘텍스트에서 탈식민주의적 저항의 문화비평 전략을 도출할 수 있게 된다. 이것이 바로 바울 신학에서 이원론과 이를 해체하려는 일원론적 신학적 동기가 동시에 나오면서 끊임없이 긴장을 일으키게 되는 근원적인 이유가 되는 것이다.33)

그래서 바울은 특히 갈라디아에서 영/육의 이분법적 논리를 일관성 있게 유지하면서도 이를 율법에 적용할 때에는 다음의 네 가지 방식으로 이를 다시 해체하고 있다: ① 갈 2:19 − "내가 율법으로 말미암아 율법을 향하여 죽었나니 이는 하나님을 향하여 살려 함이니라". 갈 2:19 − 율법으로 말미암아(διά) 율법을 향하여(νόμοι-여격) 내가 죽었지만 하나님을 향하여 살았느니라. 여기에서 '율법을 향하여'는 '하나님의 향하여'와 대조되어서 부정적 의미가 되었지만 '율법으로 말미암아'는 여전히 율법의 유효성을 인정하는 듯한 목소리의 흔적이 남아 있다.34) 바울은 여기에서 이원론적 사유를 단순히 일원론적 사유로 대체한 것이 아니다. 그는 서구의 **실체론적 사유**에 의해서 그가 반대하고자 하는 율법을 폐기하려는 것이 아니라, 동양의 **관계론적 사유**에 의해서 율법과의 새로운 관계를 형성함으로써 자신의 주체성이 변화되었다고 고백하는 것이다. ② 바울은 無할례를 주장해야 하는 결론적 논리 흐름에서 갑자기 無할례와 할례의 이분법을 끊고 사랑의 실천을 강조하거나(갈 5:6), 새로운 인간 자체를 주장하거나(갈 6:15), 하나님의 계명의 준수(아마도 사랑의 계명?)를 강조하게 된다(고전 7:19): 갈 5:6 − "그리스도 예수 안에서는 할례나 無할례가 효력이 없되 사랑으로써 역사하는 믿음뿐이니라"; 갈 6:15 − "할례나 無할례가 아무 것도 아니로되 오직 새로 지으심을 받은 자 뿐이니라"; 고전 7:19 − "할례 받는 것도 아무 것도 아니요 할례 받지 아니하는 것도 아무 것도 아니로되 오직 하나님의 계명을 지킬 따름이니라". ③ 갈 6:2: "너희가 짐을 서로 지라 그리하여 그리스도의 법을 성취하

---

33) 동양식 사유방식과 경전 읽기의 특징에 관해서는 Moonjang Lee, 2000, "A Post Critical Reading", pp.271-285 참조. 특히 이 문장은 서구의 역사비평적 맥락 구성적 읽기와 동양의 탈맥락적 경전 읽기를 통합하는 탈비평적 읽기(post-critical reading)의 가능성을 다음의 세 가지로 제시하고 있다: ① 읽는 주체와 읽혀지는 객체의 이분법적 참여에서 벗어나 자신의 인격과 연관된 지식이나 깨달음을 추구한다. ② 어떠한 맥락에서도 적용될 수 있는 텍스트 저변에 놓여 있는 통(通)시간적, 통(通)공간적인 원칙이나 가르침을 찾고자 한다. ③ 실천과 분리되어 있지 않은 이론을 삶에서 체현시키려 한다 (pp.281-282).
34) Boyarin, 1994, *A Radical Jew*, 122.

라" 바울은 율법의 폐기를 주장하는 만큼 율법의 유용성을 여전히 인정하고 있다. '그리스도의 법'이라는 표현법은 희랍어 νόμος가 바로 법과 율법으로 동시에 번역될 수 있기 때문에 지배 문화의 담론의 언어를 모방하지만 양가성의 효과를 가져오기 위해서 이를 비틀어서 위장하여 재구성하게 된다. ④ 갈 5:14 – "온 율법은 네 이웃 사랑하기를 네 몸같이 하라 하신 한 말씀에 이루었나니." 율법을 사랑으로 완성하라는 윤리적 원리(갈 5:14)와 성령의 인도로 율법 아래 있지 않도록 명령하는 바울의 윤리적 원칙(갈 5:18)은 서로 상충된다35); 갈 5:14와 율법의 저주(갈 3:13)의 갈등도 마찬가지이다.

결국 바울이 부정한 것은 율법 자체가 아니라 율법의 저변에서 움직이는 다음 세 가지 의미의 '육체'(σάρξ)의 개념이다: ⅰ) 할례에 의해서 성결시킨 몸으로 종족 보존: "육체의 모양" "할례"(5:2-3, 5:11-12, 6:12-13) – 할례와 함께 사용된 육체의 용례는 할례를 통해 성결하게 된 몸으로 종족을 보존시키는 것을 암시할 수 있다. ⅱ) 욕심/욕망(sexuality): "육체의 기회"(5:13), "육체의 욕심"(16), "육체의 소욕"(17), "육체의 일"(19) – 이러한 용어들이 사용되었을 때 육체를 탐하는 성적 욕심과 욕망을 의미할 수 있다. ⅲ) 구원사적 인식에 근거한 비유적 해석: "육체를 따라"(4:23, 29) – 할례 時에 갓 태어난 아이의 코, 양손, 성기에 야훼의 이름 샤다이(shadday)의 히브리 알파벳 자음 문자를 차례로 새기는 것은 유대교의 율법에 대한 문자적 해석을 의미할 수 있다; 바울은 이와 정반대로 대조되는 알레고리적("성령을 따라": 갈 4:29) 해석을 제안하게 된다.36)

위에서 제기된 일관된 이원론적 사유만큼이나 이를 해체하려는 일원론적 사유의 흔적은 어떻게 재해석되어야 하는가? 페미니스트들이나 해체론자들이 말하는 것처럼, 바울의 모든 이원론적 사유 방식에 깃들어져 있는 이분법은 결국 언어중심주의에 의한 폭력을 조장하게 되어 해체되어야 하는가? 아니면 보야린(Daniel Boyarin)이 제기하는 것처럼 이러한 이분법이 단순히 헬라적 습성에 따라 일원론적 인간과 신 이해의 도구에 불과한 것인가? 보야린에 의하면, 지나치게 성, 인종, 생태, 계급 등의 특수성을 강조하여 보편성을 거부하고 있는 현대의 페미니스트들과 달리, 바울의 이원론적 사유 방식은 헬라 문화에서 모든 인류를 차이와 위계적 질서를 넘어 보편적인 인간 본성을 가진 '하나'(one)로

---

35) Boyarin, 앞의 책, pp.130-135, pp.149-150.
36) 위의 책, pp.36-38.

이상화시키려는 습성에 의해서 동기부여 받았다. 이러한 보야린의 바울해석에 대해서 바클레이(John M. G. Barclay)는 바울이 인간 본성의 동일성에 근거한 추상적 보편성을 제시하려 한 것이 아니라 새로운 삶의 패턴을 제시함으로써 종족적/문화적 구분들을 상호 연결할 수 있는 대안적 형태의 공동체를 제시하려 했다고 비판한다. 다른 한편 호렐(Horrell)은 보야린의 바울해석이 바울의 사상에 나타난 다원주의, 관용, 차이에 관한 쟁점들에 대해서는 재고하도록 촉구한 점은 기여하였지만, 여전히 바울의 신학적 윤리가 인간의 공동체 안의 구성원들이 차이에도 불구하고 연대성을 확립할 수 있는 지에 대한 쟁점에 대해서는 어떻게 구체적인 대안을 제시하는지 논의하지는 못했다고 비판한다.37)

위의 여러 가지 바울의 사유방식에 대한 다양한 토론에 관해서 필자는 여기에서 바울 신학의 일원론적 동기(갈 3:20과 3:28-29)가 영/육의 이분법(갈 5:17, 5:24. 6:8)적 대립을 통해서 세례 예문(갈 3:27-28)에 나타나는 여성/남성, 유대인/헬라인, 종/자유인의 이항대립을 극복하는 종말론적 '전투주의적 보편주의'를 가져왔다고 주장하고자 한다. 이것은 바울이 영/육의 이원론을 통해 유대 민족주의를 비판하게 되지만 그의 신학의 일원론적 동기는 로마제국이 플라톤적 이원론을 매개로 제시하려는 추상적 보편성의 허구성도 비판할 수 있게 하는 탈식민주의적 문화비평 전략을 반영한다고 해석될 수 있다.38)

바울의 영/육의 이원론은 단순히 인식론적이지 않고, 생/사를 거는 투쟁의 요구로 선언된다: 갈 5:17 - "육체의 소욕은 성령을 거스리고 성령의 소욕은 육체를 거스리나니 이

---

37) 현대의 페미니즘과 결정적으로 차이나는 점과 이에 대한 보야린의 비판에 관해서는 Boyarin, 위의 책, 180-200 참조. 보야린의 논지에 대한 최근 긍정적/비판적 평가와 문화비평적 중요성에 관해서는 John M. G. Barclay, 2002, "'Neither Jew Nor Greek': Multiculturalism and the New Perspective on Paul", *Ethnicity and the Bible*, ed. Mark G. Brett (Boston: Brill Academic Publishers, Inc.), pp.197-214와 David G. Horrell, 2005, "Paul beyond the Church: Political Ethics and Cultural Criticism", *Solidarity and Difference: A Contemporary reading of Paul's Ehics* (London: T&T Clark International: A Continuum imprint), pp.41-44 참조.

38) 탈식민주의가 민족주의의 왜곡된 토착주의 이데올로와 식민주의의 허구적 보편주의를 동시에 비판한다고 주장하는 이론에 관해서는 강남순, "페미니즘, 포스트모더니즘, 그리고 탈식민주의 시대의 신학", 『포스트모더니즘과 탈식민주의 시대의 신학』, 1996, 서울: 한국신학연구소, pp.300-348과 강남순, "한국 탈식민주의 페미니스트 신학", <신학사상>, 132(2006, 봄), pp.195-229, 그리고 나병철, "탈식민주의와 제3의 공간: 근대 초기 소설을 중심으로", 2005, cafe.daum.net/kafkafka[창작문학동맹]과 나병철, "민족 국가의 서사성과 탈식민주의", 『근대 서사와 탈식민주의』, 2000, 서울: 문예출판사, pp.174-231 참조.

둘이 서로 대적함으로 너희의 원하는 것을 하지 못하게 하려 함이니라"; "그리스도 예수의 사람들은 육체와 함께 정과 욕심을 십자가에 못박았느니라"(갈 5:24); "자기의 육체를 위하여 심는 자는 육체로부터 썩어진 것을 거두고 성령을 위하여 심는 자는 성령으로부터 영생을 거두리라"(갈 6:8) 우리는 이러한 전투적 투쟁 선언이 유대주의의 민족적, 인종적, 지역적, 성적 편견을 넘어서 '전투주의적 보편성'을 지향하고 있다고 보아야 할 것이다.39) 이것은 탈식민주의 페미니스트 스피박(G. C. Spivak)의 '전략적 본질주의'(strategic essentialism)의 입장과 유사하다. 전략적 본질주의는 젠더(gender), 성(sexuality), 인종, 계급, 종교 등의 인간 정체성을 규정하는 범주들이 본질에 있어서 불변의 고정된 특성들을 갖는다는 견해에는 동의하지만, 특정한 사회적·정치적 세계를 이해하거나 소수집단이 다수 집단의 횡포와 맞서서 투쟁해야 하는 전략을 설정하기 위해서는 오히려 정치적 정체성에 대한 본질주의적 입장이 유효할 수 있다는 입장이다.40) 위의 이원론적 사유가 투

---

39) 전투주의적 보편성(전투주의적 보편주의)과 맑시즘의 상호 관련성에 관해서는 Alain Badiou, 2003, *Saint Paul: The Foundation of Universalism* (California: Standford University Press), pp.98-111 참조. 바디우는 보편주의적 전투주의(universalist militantism)라고 명명하였지만 필자는 보편성을 더 강조하기 위해서 전투주의적 보편주의/전투주의적 보편성라고 불러 보았다. 이러한 '전투주의적 보편성'(universalist militarism)은, 원래 알튀세르(L. Althusser)와 바디우, 지젝(S. Žižek) 등에 의해서, 핵심 모순을 투쟁에 의해서 극복함으로써 보편성을 획득하게 되는 맑스(K. Marx)와 프로이드(S. Freud)의 과학적 특성을 기술하는데 사용되었다. 필자는 이 개념을, 영/육의 투쟁을 통해서 헬라적 의미의 보편성을 확보함으로써 유대교의 토착성을 극복하게 되었던 바울신학의 전투주의적 보편성의 특성을 기술하는데 적합하다고 확신하여 사용하였다. 바디우의 보편성에 대한 비판적 통찰에 관해서는 Slavoj Žižek, 2003, *the Purpet and Dawrf* (Cambridge: The MIT Press), pp.93-121[김정아 역, 『죽은 신을 위하여』, 2007, 서울: 길, pp.151-195], 참조. 바디우의 전투주의적 보편성에 대해서 지젝은 '급격한 보편성'이라는 말로 보다 정련시킨다. 지젝에 따르면, 바울이 말하는 보편성은 '전체'의 부분이 아니라 공통성에서 배제된 '잔여'인 단독적 행위자(singular agent)를 통해서 특정한 내용 전체를 횡단하여 가로지르는 급진적 분할에 의해서 구현된 진정한 급진적 보편성이라고 주장한다. 이에 대해서 필자는 메시아적 논리와 그 구속론에 입각하여 이 '잔여'가 배제된 그리스도의 흔적(호모 사케르: Homo Sacer)으로 이해하게 될 때 전투주의적 보편성이나 급격한 보편성이 바울의 기독교적 보편주의로 확정된다고 보았다. 이러한 호모 사케르, 메시아주의적 논리와 구속론에 관해서는 이 책의 "로마서의 구속론과 희생제의" 참조. 또한 바울 신학의 변증법적 발전 과정에서 영/육의 이원론이 전투주의적 보편성과 연관된다는 점에 관해서는 필자의 졸 글, "바울의 평화신학과 한반도의 평화통일", <평화와 통일신학> 2(2004), 한민족평화선교연구소, 서울: 평화와 선교, pp.65-100 참조.
40) 이 탈식민주의 페미니즘에서의 이 개념에 대한 자세한 토론을 위해서는 Spivak, 1988, *In Other Worlds*, pp.197-221 참조(특히 205).

쟁적 실천을 지향하고 있을 때 이러한 투쟁 선언은 이것이 목표로 하는 포괄주의적 구원의 신학적 주장과 관련된다. 예를 들면, 갈 3:19-20 – "중보는 한 편만 위한 자가 아니니 오직 하나님은 하나이시니라"41); 또한 3:28-29(=롬 3:20-21) – "그리스도 안에서 여성/남성, 유대인/헬라인, 종/자유자가 모두 하나이다."

그런데 위의 **전투주의적 보편성**은 사실 바울이 사용하는 수사학과 전승 해석에 있어서 **혼성성**(hybridity)을 띤 저항 담론의 형식을 취함으로써 유대교 지배문화에 내재된 로마 제국주의에 암시적으로 대항하는 탈식민주의적 **문화비평 전략**을 드러내고 있다는 점이 주목된다. 이러한 혼성성은 두 개의 다른 문화들이 충돌하는 틈새에서 기독교 문화 형성을 위한 '제 3의 공간'을 창출하는 문화비평 전략을 드러낸다.42) 이러한 예로서, 바울은 토라는 거부하였지만 묵시문학적 메시야관(롬 1:1-4)을 유지하였고, 정결례는 거부하였지만 유일신론을 유지하려(고전 3:21-23, 8:6) 하였고, 배타주의적 선민사상은 거부하였지만 유대 종교의 한계를 넘어선 구원의 포괄주의(고후 5:14-20, 롬 11:26)를 수용하였다. 헬라적 보편주의에 기초한 이러한 유대교에 대한 선택적인 수용과 거부는 사실 헬라 철학의 보편성을 모방하면서 유대교의 편협성과 로마 제국의 억압적 식민주의적 지배문화를 동시에 극복려는 **식민문화 흉내내기**(colonial mimicry)의 **문화비평 전략**이라고 간주될 수 있다.43) 더구나 바울의 **전투주의적 보편주의**의 추구는 헬라적 보편성과 유대적 특수성이

---

41) Boyarin, 1994, 앞의 책, p.146: [ὁ δὲ μεσίτης ἑνὸς οὐκ ἔστιν, ὁ δὲ Θεὸς εἷς ἔστιν.] – Boyarin의 私譯: "그(모세)는 하나의 중재자가 아니지만 하나님은 하나입니다."

42) '제 3의 공간'은, 비저항적 뉘앙스가 내재된 '혼성성'의 관념이 문화적 상대주의에 의한 동질화/일반화에 빠지게 된다는 점에 대하여 비판이 제기되었을 때, 호미 바바가 소자(E. W. Soja)의 지리적 개념인 제 3의 공간(the third space)을 차용하여 이를 극복하고자 제시되었던 개념이다. 지배문화와 피지배 문화 사이에 그리고 피지배문화들 사이에 서로 경합과 헤게모니 투쟁이 벌어지고 있는 문화적 차이들의 장으로서 제 3의 공간이 형성된다. 피지배문화는 지배문화에 단순히 종속되는 것이 아니라 주변화된 소수자에 의한 저항을 통해서 이 두 문화들을 동시에 변혁시키는 주변성의 잠재적 공간을 마련하게 된다. 이러한 문화적 차이들이 절합되는(articulated) 과정 속에서 생성되는 문화들의 틈새들이 교섭되는 창조적 공간을 제 3의 공간이라고 가정하게 된다. 이에 대한 자세한 논의에 관해서는 Homi Bhabha, 1990, "The Third Space", J. Rutherford ed., *Identity, Community, Culture, Difference* (London: Lawrence and Wishart), pp.207-221과 바바, 『문화의 위치』, 2002, pp.61-93, p.207, p.357 참조. 이 제3의 공간에 대한 보다 탈구조주의 관점에 의한 이론적 설명에 관해서는 나병철, 『탈식민주의와 근대문학』, 2004, 서울: 문예출판사, pp.80-94과 이소희, "호미 바바의 '제 3의 영역'에 대한 고찰–탈식민 페미니즘의 관점에서", <영미문학과 페미니즘> 제9권 1호(2001), pp.103-125 참조.

상호 침투되고, 바울 자신의 유대성까지도 조롱하는 아이러니(고전 4:9-23, 9:19-23)와 하나님의 역설적 지혜(고전 1:18-20, 1: 25, 27-28, 30)가 통합되어 나타난다.

다른 한편, 우리는 위에서 제기한 바울의 **전투주의적 보편성**이 단순히 로마제국에 대해서 유대 토착문화에 근거해서 노골적인 저항의 형태를 띠고 있지 않고 있다고 해서 그 정치적 의미를 간과해서는 안 될 것이다. 확실히 바울의 신학적 토론의 방향이, 바울은 라틴어를 사용해서 로마제국의 서방의 공용어에 대해서 직접 비판한 것이 아니라는 의미에서, 우선 로마제국의 문화에 反식민주의의 비판적 칼날을 겨누지는 않았을 것이다. 하지만, 그가 로마 제국의 동방에서 문화 교양과 관련된 헬라어를 사용함으로써 율법과 의인에 관한 유대교의 핵심 사상을 영/육의 그리스 용어로 논의한 점을 고려할 때 우리는 유대교 내의 토착주의적 문화의 억압적 측면을 비판한 점이 간접적으로는 로마제국의 주류문화도 함께 비판할 수 있다고 상정할 필요가 있는 것이다. 더구나 이 유대의 토착주의 문화가 로마의 억압적 지배문화와 결탁하고 있는 한, 이러한 바울의 입장은 당시 지배문화인 유대교의 전승을 변형시켜서 재구성하는 '전용'(appropriation)의 **탈식민주의적 문화비평 전략**이라 할 수 있다.44) 이러한 '전용'의 구체적인 예로서 다음과 같은 갈라디아서

---

43) 바바, "모방과 인간", 『문화의 위치(1994)』, 2002, pp.177-191; 흉내내기는, 식민자가 피식민자를 예속화시키는 정형화(stereotype)와 정반대로, 피식민자가 식민지 권력의 속성을 가시화하면서 동시에 타자를 전유함으로써 식민자를 거의 동일하지만 차이 나게 닮게 될 때 식민자에게는 가장 위협적인 저항의 방법이 될 수 있다고 주장한다. 이에 대한 설명에 관해서는 박상기, "탈식민주의의 혼종성과 양가성," 『탈식민주의: 이론과 쟁점』, 2003, 고부응, 서울: 문학과지성, pp.223-255 참조. 또한 이를 성서해석에 적용한 예에 관해서는 Liew, 1999, 앞의 글, pp.7-31과 Moore, 2005, "Questions of Biblical Ambivalence and Authority", *Postcolonial Biblical Criticism*, pp.80-96 참조.

44) 탈식민주의의 수사학적 글쓰기와 글 읽기에 관해서는 빌 아쉬크로프트 외(이석호 옮김), 『포스트콜로니얼 문학이론』, 1996, 서울: 민음사, pp.65-131 참조. 이를 발전시켜서 **문화비평 전략**으로 개발한 이론적 해설과 한국문학 비평의 적용의 가능성에 관해서는 고현철, "탈식민주의 문화전략과 패러디의 상관성", 『탈식민주의와 생태주의 시학』, 2005, 서울: 새미, pp.37-62 참조. 아쉬크로프의 위의 책의 내용을 정리시킨 고현철에 의하면, 여기에서 전용(appropriation)는 탈식민화(decolonization), 폐기(abrogation)나 되받아 쓰기(Write Back)와 달리 지배담론의 이데올로기 지향을 유지하기 위해서 그 용어나 전승을 그대로 사용하는 듯하면서도 이를 패러디(parody)하면서 지배담론을 비판하기 위해서 이전의 용어와 전승을 창조적으로 변형하여 사용하는 것이다(pp.42-46, pp.50-51). 반면 '탈식민화'는 식민지 이전 자국의 문화와 언어를 복원하는 방식을 취하게 되지만, 이것이 불가능할 때에는 문화적 합병을 기도하게 된다. '폐기'는 당시의 지배문화와 담론을 전적으로 거부하는 것이고, '되받아쓰기'는 지배문화의 담론에 의해서 성전화된 텍스트를 새로운 시각에서 다시 쓰면서 이 문화의 허구성과 억압성을

의 독특한 용어 사용 방식을 주목할 필요가 있다. <u>하나님의 아들</u>, 예수 그리스도의 영(4:6)이라고 할 때는, 로마 문화에서 '하나님의 아들'이 주로 신과 같은 황제를 의미할 수 있지만, 십자가에 달린 하찮은 범죄자인 예수도 황제라고 주장하는 것이 된다. 그런데 이것은 바로 로마 제국의 지배 문화를 변경하여 사용하는 전용을 통한 패러디에 가깝다. 또한 우리가 아들의 명분(4:5 – υιοθεσία)을 받게 되는 양자가 **아들의 영**을 받고(4:6), 하나님의 유업을 이을 <u>아들</u>(4:7, 3:26)이 된다고 할 때, 여기에서 그리스도의 영이라고 하지 않고 굳이 아들의 영으로 표현하는 것은 하나님의 독생하신 아들 그리스도와 영으로 연대하는 하나님의 양자로서 아들의 명분을 새롭게 얻게 되는 우리가 그 신분의 미세한 차이들로 인하여 서로 경합하고 있으면서도 이 차이들의 경계선이 모호하게 되는 효과가 있게 된다. 바로 이러한 문화적 형식과 수사들은 그리스도인의 새로운 신분과 정체성이 창조되는 제 3의 공간을 형성하게 된다. 더구나 아들의 명분을 얻는 양자는 로마 문화에서는 아버지의 유업(명예와 재산)을 이어받는 법적 후속자라는 의미가 강하다. 반면 갈라디아에서는 이러한 양자의 지위가 법적 절차에 따라 되는 것이 아니라 영을 받는 믿음으로 가능하다는 의미에서 로마의 법적 절차조차도 비판하기 위해서 양자에 관한 로마 문화를 전유하여 패러디했다고 볼 수 있다. 또한 유대 문화권에서는 아브라함의 자손(σπέρμα: 갈 3:16)이 복수의 이스라엘 백성을 의미하는 것이 너무나 명백하지만, 바울은 히브리어 '자손'(창 12:17; 22:18)이 의미상 단수와 복수가 다 가능한 것을 이용해서 여기에서는 오히려 자손(σπέρμα)이 복수가 아니라 단수로 쓰여서 오직 그리스도만을 지칭하는 것으로서 이해하게 된다(3:16).[45] 이것도 당시 로마 제국과 결탁된 유대 지배문화에서 사용되는 배타적인 자손의 의미를 전용의 방식으로 패러디한 것이다.[46] 이것은 언어의 양가성을 통하여 지

    폭로하고 주변부의 경험과 문화의 새로운 가능성을 탐색하는 반담론의 형태를 말한다.

45) 필자의 탈식민주의적 문화비평적 읽기와 달리, 3:16과 3:26, 4:6-7에 대한 전형적인 주석적 토론에 관해서는 R. N. Longenecker, 1990, *Word Biblical Commentary 41: Galatians* (Dallas: Word Books), pp.130-132, pp.151-154, pp.172-178 참조. 자손의 양가성에 관한 자세한 토론에 관해서는 Burton L. Mack, 1995, *Who Wrote the New Testament?: The Making the Christian Myth* (New York: HarperSanFrancisco), p.116 참조.

46) 이러한 필자가 바울의 용어 사용 방식인 탈식민주의적 전유의 방식이라고 규정할 수 있는 근거는 탈식민주의 성서비평가 스티븐 무어(Stephen Moore)가 마가복음의 '하나님 나라' 용어 사용 방식을 오용의 탈식민주의적 전략이라고 규정한 점과 유사하다. 스티븐 무어에 의하면, 마가복음의 하나님 나라 용어 사용을 스피박(G. C. Spivak)의 탈식민주의 용어인 '오용'(catachresis)의 한 예로 본다. 스피

배 담론을 모방하면서 약간 비틀어 차이 나게 모방하는 탈식민주의적 수사학, '전용'의 패러디(parody) 형태의 예를 잘 보여주고 있다고 할 수 있을 것이다. 다른 한편, 이러한 바울의 전용의 문화비평 전략은 대체로 유대교의 특정한 주된 문화(dominant culture)가 투사하는 지배문화의 억압적인 이데올로기 지향성을 헬라의 부상하는 문화(emergent culture)에 의해서 창조적으로 비판하려 했다는 점에서 '변용 형식'을 띠고 있다고 할 수 있다.47)

또한, 하나 됨을 추구하는 종말론적인 전투주의적 보편성과 연관된다고 생각되는 영/육의 이원론적 투쟁이 나오는 부분에서 조차 아이러니와 역설, 그리고 양가성[이중적 의미의 애매모호성](ambivalence)의 형태로 나타나는 것을 주목할 필요가 있다. 대표적인 예로서, 갈 4:21-31에서 전투주의적 보편주의는 영/육의 이원론에 근거하지만 타자를 포용하는 종말론적 해석을 추구하는 토라에 대한 알레고리적 해석의 형태로 나타난다. 계집종 하갈과 자유하는 여자(사라)를 "육체를 따라" 낳은 아들 (이스마엘)과 '약속으로" 낳은 아들(이삭)로 각각 연결시킬 때에는 이원론을 유지하는 듯하지만, 계집종과 자유하는 여자가 알레고리적으로 각각 두 언약으로 비유할 때 전자 하갈은 아라비아에 있는 시내산,

---

박에 의하면, 이 오용이란 피식지자나 식민자가 제국주의 문화나 이데올로기의 특정한 요소들을 전략적으로 전유하고 재적용하는 과정을 나타낸다. 이런 의미에서 이것은 의도적으로 식민자에 의해 확립된 용어의 의미를 탈취하여 달리 사용하는 탈식민주의 저항의 한 가지 실천 양태이다. 무어에 의하면, 로마 제국의 영역 안에서 '왕국'(또는 나라: βασιλεία)의 일차적 의미는 어디에서든지 로마제국(Imperium Romanum)이었다. 하지만 마가의 이 용어에 대한 오용은 패러디(parody)에 가깝다. "때가 찼고 하나님의 제국이 가까웠다."(막 1:15) 마가복음에서 초라한 농민 민중들이 이끄는 이스라엘 갱신 운동 주창자 예수는, 갈릴리 남쪽 농촌에서부터 하잘 것 없는 농민들을 깨워 끌어 모아서, 이들이 하나님의 제국의 가장 위대한 일원들에 속하게 된다고 선포하게 된다. 이에 대한 자세한 설명을 위해서는 Stephen Moore, 2004, "Mark and Empire", Catherine Keller, ed. *Postcolonial Theologies: Deivinity and Empire* (Missouri: Chalice Press), p.141 참조.

47) '변용 형식의 패러디'에 관해서는 고현철, 2005, 위의 책, pp.42-59 참조. 고현철에 의하면, 위의 탈식민화, 폐기, 전유, 되받아쓰기의 탈식민주의 문화비평 전략은 지배문화 전승에 대한 철저한 독해를 토대로 재구성하는 패러 형식을 통해서 이에 대한 이데올로기 비판의 효과와 전략을 생산하게 된다. 패러디된 텍스트와 패러디한 텍스트 사이의 문학 형식과 담론관계는 다음의 네 가지로 유형화된다. 상동형식은 새 텍스트가 이전 텍스트(전승 등)의 이데올로기적 지향을 그대로 수용하여 이 둘 사이의 담론에 상동관계가 형성되는 것이고, 변용형식은 이전 텍스트의 이데올로기적 지향을 이데올로기적 주제를 매개로 변용시키서 변용의 담론관계를 형성하게 된다. 반면 반대형식은 이전 텍스트의 이데올록적 지향에 반대되는 이데올로기적 지향을 내세워서 반대의 담론관계를 형성하게 된다.

지금 있는 예루살렘으로, 후자는 위에 있는 예루살렘, 자유자 우리 어머니, 즉, 4:27(이사야 54:1의 인용)에 나오는 축복받은 잉태치 못한 자를 의미한다. 여기에서 하갈은 발음상 이와 유사한 '하가라'라는 아라비아에 있는 시내산과 연결시키고 있지만, 사라의 이름은 언급되지 않고 있을 뿐 아니라, 어떤 산의 어떤 언약을 알레고리적으로 의미하는지, "위에 있는 예루살렘"이 무엇을 의미하는지는 둘 다 모호하다. 결국 이 새 언약에 의한 자유자, 약속의 자녀는 현재 율법에 매여 있지 않는 새로운 아브라함의 자손, 하나님의 아들들을 의미한다(28-31절).48) 이것이 영/육의 이원론에 의거한 알레고리적 해석에서도 모호성에 의해서 언급되지 않은 사람들에게도 하나님의 자손이 될 수 있는 가능성을 열어 놓으려 하는 바울의 메시아적 구속론에 기초한(종말론적) **전투주의적 보편성**이다. 이것은, 중심의 문화인 유대교의 지배적 전통에 나오는 이야기를 그리스도 체험에 의해서 과감하게 다시 씀으로써 주변부의 反담론을 통해서 유대교의 토착주의 지배담론의 음모와 허구성을 폭로한다는 의미에서, 탈식민주의의 **문화비평 전략**, '되받아 쓰기'(Write Back)의 수사적 형태로 이해할 수 있을 것이다. 이 패러디 형식은 기존 지배담론의 이데올로기 지향을 수용하면서도 이를 현재의 지배담론을 비판하기 위해서 당대의 맥락에서 새롭게 패러디 하면서 평행되게 재구성하는 '상동형식'이다.49)

4. 고린도전·후서에서의 일원론에 대한 탈식민주의적 비평과 아시아 해석학적 통찰: 역설적 지혜와 탈중심적 아이러니의 문화비평적 저항 전략

바울은 이제 고전에서 영/육의 이원론적 용어를 사용하지만 인간의 육을 부정하지는 않는 새로운 개념의 몸 담론을 제시한다. 바울은 고전에서도 영/육의 이원론적 사유를 제기하고 있지만 많이 약화된다. 그래서 '육체'(σάρξ)의 용어가 대체로 부정적 의미를 갖고

---

48) 바울의 알레고리의 기능과 그 종말론적 중요성에 관해서는 Steven Di Mattei, 2006, "Paul's Allegory of the Two Covenants(Gal 4:21-31) in Light of First-Century Hellenistic Rhetoric and Jewish Hermeneutics", *NTS 52*, pp.102-122 참조; 25-26절의 서술 순서가 교차대구법 구조의 수수께끼 형태로 기술된 형식적 차원의 모호성에 대한 다른 견해와 위에 있는 예루살렘의 종말론적 차원에 관해서는 R. N. Longenecker, 1990, *WBC vol. 41 Galatians* (Dallas: Word Books), pp.213-215 참조.

49) 되받아쓰기와 상동형식에 대한 보다 자세한 설명에 관해서는 애쉬크로프트, 앞의 책, pp.65-131과, 고현철, 2004, "탈식민주의 문화전략", pp.46-50참조.

있지만 보다 일반적인 인간을 나타낼 때에도 사용되기도 한다. 고전 1:26 – "육체를 따라 지혜 있는 자가 많으나", 1:29="아무 육체라도…" 더구나 고전 9:11(신령한 것/육신의 것)과 10장에서도 "신령한(πνευματικόν) 식물"(3), "신령한(πνευματικόν) 음료"(4), "신령한(πνευματικῆς) 반석"(4)과 "육에 따르는(κατὰ σάαρκα) 이스라엘"(18) 등의 표현으로 영/육의 해석학적 이원론을 유지한다. 로마서에서도 여전히 고후 3장에 나타나는 해석학적 이원론을 강화하여 적어도 영/육의 해석학을 유지하고 있는 것이다: 롬 2:28-29: 내적 – 영적 – 마음속에 ↔ 외적 – 문자적 – 육체에.50) 그러나 바울은 영지주의와 맞서 싸우기 위해서 영을 위해 육을 떠나는 이원론적 사유를 제기하기 보다는 부활의 몸이 현실적 몸에 덧입게 되는 텐트와 옷으로 나타난다(고전 5:1-4).51) 그래서 고전 15:42-50에서 바울은 부활의 몸이 육적 몸과 영적 몸을 둘 다 나타낸다고 주장하게 된다. 이러한 부활의 몸의 일원론적 사유는 언변을 중요시하는 지혜자와 싸우기 위해서는 하나님의 어리석음이 인간의 지혜보다 더 지혜롭다는 일원론적인 지혜의 역설적 신학으로 발현되기도 하고, 자신의 사도권의 문제와 싸우기 위해서는 자기중심성도 조롱할 수 있는 주변성의 아이러니와 약함의 역설성을 드러내는 일원론적인 **문화비평 전략**으로 나타내기도 한다. 그런가 하면 바울의 이러한 일원론적인 사유 방식은 유대교의 가부장제와 로마 제국의 후원제의 위계주의적 권위주의와 싸우기 위해서는 통일성만을 강조하는 것이 아니라 다원성도 강조하는 그리스도의 몸의 신비주의적 일원론의 신학을 제시하게 되기도 한다.

　그렇다면 바울은 영/육의 이원론을 포기하면서까지 생각을 바꾸게 된 구체적인 신학적 동기는 무엇일까? 첫째, 갈라디아서는 다음과 같은 질문에 대해서 만족스럽게 답하고 있지 못하고 있기 때문이다: 그리스도와 함께 육이 죽었는데 왜 행해야 하는가?(갈 2:20, 3:24, 6:14, 롬 6:2, 6-7, 22, 8:13) 기독교인들에게 육체의 소욕이 왜 문제가 되는가?(갈 5:16-18, 롬 6:12-14, 8:5-8) 둘째, 고전에서는 영/육의 이원론을 유지시키지만 고린도 교회의 분파주의적 문제를 해결하기 위해서 하나님의 역설적 지혜, 즉 십자가 사건의 역설성을 영적으로 인식함으로써 형성되는 '그리스도의 몸'의 교회론을 제시하게 된다(고전 1-2, 12장). 셋째, 영지주의에 대항하여 몸의 변형을 야기시키는 묵시문학적 몸의 부활(고전 15

---

50) Boyarin, 1994, 앞의 책, pp.69-81.
51) 위의 책, pp.60-61.

장)을 제시하게 된다(고전 15장). 넷째, 유대교의 성전을 대체하는 영적 체험에 의해서 몸을 영이 거주하는 거룩한 장소로 새롭게 인식할 수 있게 된다(고전 6:13-20. 12:13, 12:27).

또한 바울이 고전에서 갈의 영/육 이원론을 더 이상 적용시키기 어려웠던 간접적인 동기가 되었던 고전의 역사적 배경을 우리는 다음과 같이 제시할 수 있을 것이다.52)

① 교회의 정황은 소수의 상류층(지혜있는 자, 능한 자, 문벌 좋은 자: 1:26)과 다수의 하류층 間, 바울과 아볼로, 게바, 그리스도의 계파들 間에 분쟁이 있었다(1:12).

② 고린도는 항구 도시이다. 음행과 금욕주의 모두 몸을 경시했다. 다수의 하류층과 연계되어 있는 여성 예언자들의 영지주의자들의 도전(14장)이 있었다.

③ 소수의 상류층이 아볼로를 중심으로 고린도 교회의 주류에 도전하였다. 아볼로는 영/육, 영혼/몸의 플라톤의 이원론에 근거한 지혜신학의 정교한 논리를 전개하였다(2장).

위의 고린도 교회의 새로운 상황에 직면하여 바울은 플라톤의 국가론(πολιτεία)처럼 귀족정에 의한 위계주의적 사회나 유대교 회당의 위계주의적 장로제가 아니라 反위계주의적 기독교 국가론을 암시적으로 제시하려 하였다. 바울은 거룩의 사회적 의미(6장), 그리스도론적 교회론(6:19), 교회 구조(12:3-7, 12:13-27), 직제(12:27-31)에 관한 몸 담론을 통해서 로마의 제국주의 체제나 유대교의 가부장제의 위계주의적 구조를 다음과 같이 대체하려 하였다.

〈도표 Ⅰ-5〉 유대교의 회당과 로마의 후원제와 바울의 몸의 신학의 비교표

유대교	정결례	성전	회당	장로제와 유사
로마 제국	황제 숭배	로마 성전	연회 중심 친교 클럽 및 가문연합체(association)	후원제(patronage)
바울	몸의 거룩: (고전6:12-20)	몸이 성령의 전(6:19)	교회의 평등주의적 구조(12:3-7, 12:13-27)과 성만찬 (11:18-34)	사도, 교사, 선교사, 은사: (12:27-31)

바울의 몸의 신학은 로마의 황제 숭배의 성전체제나 아스크레페이온(Asclepeion, 고대

---

52) Hans Conzelmann, 1975, *1 Corinthians*, trans. James W. Leith (Philadelphia: Fortress), pp.11-16.

병원)에 내포된 수평적/수직적 후원제와 이와 연루된 위계주의적 사회 구성 연결 방식을 다음과 같이(도표 Ⅰ-6 참조) 대체하려 한 것이다.[53]

〈도표 Ⅰ-6〉 로마의 후원제와 바울의 '그리스도의 몸'의 신학의 비교표

	수평적 질서와 그 매개물	수직적 질서와 그 매개물	매개물의 (반)위계적 구조
로마의 후원제	왕족 → 사제 → 귀족 → 시민 → 자유인 → 해방된 자 → 종 → 노예. 희생양 제의와 친교와 연회를 통해 결속 강화.	피후원자를 브로커인 사제와 귀족들이 후원자인 신격화된 황제와 가문의 수호신(아볼로)을 매개함.	로마 황제와 그 수호신에게 바친 제물을 연회의 호스트가 친분관계에 따라서 좌석 배치된 피후원자들에게 돌림.
로마 후원제의 아스크레피이온 병원의 예	왕족 → 귀족 → 사제들 → 의사 → 관리자 → 병자. 제의와 친교와 연회.	수직적 후원자 치유자 신 아스크레피우스(Asclepius)와 피후원자 병자들 사이에 브로커인 사제들과 귀족이 매개함	성전과 병동, 연회장 그리고 주랑 회의장을 병합한 공공건물 건립.
바울의 몸 담론: '그리스도의 몸' (고전 10:16, 12:27)인 교회의 신학	① 하나님=[그리스도=바울-회중]=몸의 일반적 부활(15장). ② 바울의 육적, 영적 체험이 역설적 지혜를 강조함으로써 위계적 질서를 없앰(1-2장).	하나님과 우리 사이에 그리스도와 바울이 우리와 함께 성만찬에 의해서 한 몸이 됨(6:12-20과 12:13, 12: 27).	① 역설적 지혜, 몸이 성령이 거주하는 성전, 성만찬 제의를 병합하여 몸의 신학을 확립. ② 똑같은 양을 똑같은 시간에 동시에 먹는 성만찬을 통해 한 몸 이룸(11:17-34).

고전에서 바울은 갈에서의 영/육의 이원론을 바울 자신의 체험이 반영된 아이러니의 수사와 묵시문학적 직설법/역설적 명령법(7:29-31)의 변증법을 매개로 종말론적인 전투주의적 보편성으로 변용시킨다. 이를 토대로, 이제 바울의 몸 담론은 메시아주의 구속론에 근거한 묵시문학적 종말론의 준거틀에 의해서 다음과 같은 다섯 가지 방식으로 영/육의 이원론을 극복하게 된다.

---

53) John Dominic Crossan & Jonathan L. Reed, 2004, *In Search of Paul: How Jesus' Apostle Oppressed Rome's Empire with God's Kingdom* (NY: HarperCollins Pub.), pp.295-306.

① 갈의 영/육의 이원론에 근거한 직설법/명령법의 변증법적 관계는 아직 할례에 기초한 유대의 왜곡된 토착주의를 넘어서는데 초점이 맞추어져 있다. 이제 이러한 신학적 사유방식은 교회 파당적 분열, 플라톤적 이원론에 근거한 영지주의의 도전 및 금욕주의와 자유방임주의의 윤리적 문제를 해결해야 하는 고전의 정황에서는 적합하지 않다.54) 그래서 바울은 육을 부정하기보다 이를 포괄주의적으로 긍정하는 몸 담론을 묵시문학적 시간적 사유 속에서 새롭게 제기하게 된다. 그래서 바울은 몸/영혼의 플라톤적 이원론과 대조되는 묵시문학적 미래의 종말론을 가미한 새로운 직설법-명령법의 변증법(고전 3:12-15, 4:3-5, 5:5-6, 6:15, 19-20)과 부활의 몸 신학(15:12-58)을 다음과 같이 제기하게 된다.55)

〈도표 Ⅰ-7〉 플라톤의 이원론과 바울의 부활의 몸 신학의 비교표56)

	부활의 모양	육체와 영혼의 모양	부활의 장소
플라톤의 몸/영혼의 이원론 이해 (파이돈, 67, 80, 82)	정화는 육체의 쇠사슬로부터 영혼의 해탈, 분리 및 해방	육체는 인간적이고, 사멸할 것이고, 비예지적이며, 다형다양하며, 분해할 수 있으며 가변적이다. 영혼은 신적이고, 불멸하고, 예지적이고, 한결같은 모습이고, 분해되지 않으며, 불변하는 것이다.	사람이 죽으면 그 가시적 부분인 신체는 가시적 세계에 있는 것으로서 시체라 불린다. 반면 영혼은 하데스, 즉 보이지 않으며 순수하고 고상한 곳, 선하시고 지혜로우신 신이 계신 곳으로 가게 된다.
바울의 몸 신학 (고전 15)	몸과 영혼의 재통합: 예수의 부활 (15:3-11)	육(영혼)적 몸/영적 몸 대조-씨가 죽으면 새 몸 입는 것처럼 (15:35-50)	첫 열매 인 예수의 부활(15:20)과 일반적 부활이 상호 연결: (15:12-13, 15b-16)

② 바울은 고전·후에서 손으로 지은 것이 아니라 하늘에 있는 영원한 집을 위해서 장막(몸)을 벗어나는 것('벗은 몸')이 아니라 영으로 장막을 덧입는(고후 5:1-5) 것이라

---

54) 김덕기, "고린도전서에서의 몸 담론과 권력", <신학과 문화>(2001), 서울: 한들출판사, pp.139-152.
55) 부활의 몸이 플라톤적 위계주의의 몸을 비판적으로 극복한 점에 관해서는 Martin, 앞의 글, pp.3-37 참조.
56) Crossan, 2004, 앞의 책, pp.341-345.

고 주장하면서 영/육의 이원론을 극복하려 한다.57) 특히 영/육적인 몸 등, 몸의 다양성을 기술한 부분(고전 15:41-45)은 갈라디아서와 달리 육적인 몸의 가치를 인정하는 것이 된다. 물론 바울은 고전에서도 "육체에 따르는"/"성령에 따르는"의 이원론을 보다 심화시켜서 먹물의 문자/하나님의 영, 돌판/가슴판, 옛 언약/새 언약 이론으로 발전시킨다(고후 3:3-18).58) 하지만 일반적 부활의 때에 우리도 영으로 말미암아 벗은 얼굴로 주의 영광을 보고 저와 같은 형상으로 변하게 된다(고후 3:14-18)고 말할 때, 바울은 얼굴이라는 몸을 사용하면서 부활 때의 몸이 현재의 몸과 연속적으로 연관된다고 생각함으로써 이원론적 사유를 극복하는 방식을 암시적으로 제시한다(고후 3:14-18).

〈도표 Ⅰ-8〉 부활의 몸에 의한 이원론 극복

갈의 영/육의 이원론이 고후에서 지속되는 방식	플라톤의 영혼/몸의 이원론과 연관된 먹물/영, 돌판/가슴 판, 옛 언약/ 새 언약(고후 3:3-13), 문자/영(고후 3:6), 수건 쓴 모세의 얼굴/우리의 벗은 얼굴. 영/육 이원론이 묵시문학적인 몸의 일반적 부활에 의해서 극복함.
고전의 부활의 몸에 의한 이원론 극복	묵시문학적 미래의 일반적 부활에 근거한 해결책:3:12-15, 4:3-5, 5:5-6, 6:15, 6:19-20 (직설법-명령법의 변증법), 15:12-32, 15:32-58(일반적 몸의 부활).몸의 다양성을 기술한 부분(고전 15:41-45)
고후의 부활의 몸에 의한 이원론 극복	그러나 일반 부활 때에 얼굴은 유지하면서 그리스도의 형상으로 변화하게 되고, (고후 3:14-18) 장막(몸)을 벗어나는 것이 아니라 영(성령)으로 장막을 덧입게 되기(고후 5:1-5) 때문에 이원론을 극복하게 된다.

③ 바울은 고린도 교회의 영지주의, 분파주의, 금욕주의, 사도권의 리더쉽 문제 등에 직면하여, 갈에서 사용된 영/육의 이원론에 근거한 직설법과 명령법의 이분법을 일관성 있게 그대로 사용하기 보다는, 바울 자신의 약함의 체험과 연관된 **역설의 논리**와 스스로 주변성을 선택하는 **아이러니의 수사학**을 사용하게 된다. 이것은 자신의 체험이 배제된 중심성에 천착하는 서구의 객관적 진리 보다는 자신의 주변성의 체험에 근거한 동양의 주관적 진실을 제시하려 한다고 볼 수 있다. 고전에서 이러한

---

57) Boyarin, 앞의 책, pp.60-61.
58) 위의 책, pp.57-85 참조.

논리와 수사학은 자신을 본받는 자가 되라(고전 4:16)는 명령형과 자기중심성도 해체하려는 아이러니의 디아트리베(διατριβή) 수사학(고전 4:9-13, 9:19-23)에서 잘 나타난다. 또한 재정적 독립과 관련된 사도권의 문제는 종/자유의 역설적 관계(고전 9:19-23)에 의해서 해결하고, 사도권 결함(약하고 말주변 없음)에 대한 지극히 높은 사도들의 모함의 문제(고후 10장 – 특히 고후 10:10)는 자신의 고난 받는 사도로서의 약함의 육체적 자랑(고후 11:16-33)과 영적인 자랑(고후 12:1-10 – 특히 다른 몸: 고후 12:1-2)에 의해서 극복하려 한다. 이 육체적/영적 자랑 둘 다는 하나님의 약함의 **역설적 지혜**(고후 6:4-12, 8:9)에 근거해 있다고 주장하게 된다.

④ 고전에서 영/육의 이원론적 대립이 하나님의 약함의 **역설적 지혜**(고전 1:18, 25, 27-28)에 의해서 극복될 뿐 아니라, 세상 지혜/하나님의 영의 인식론적 대립으로 전환되어 하나님/인간 間 대립의 **전투주의적 보편성**의 지평으로 확대된다. 미성숙한 자들의 세상 지혜(1:18-2:4)와 성숙한 자들의 천상 지혜(2:6-16)의 단계적 대조는 정신(마음)에 의해서 진리(주)를 아는 서양의 인식론과 통시간적이고 통공간적인 지혜(마음)에 의해서 진실(그리스도)을 갖는 동양의 인식론 사이의 첨예한 대조와 평행된다.59)

2:4	말과 전도함의 근거:	**지혜의 권하는 말** ↔ **성령의 나타남과 능력**
2:5	믿음의 근거:	**사람의 지혜** ↔ **하나님의 능력**
2:6	온전한 자(성숙한자)를 위해서……	**이 세상의 지혜** ⇔ **하나님의 지혜**
2:10-12		**세상의 영** ↔ **하나님께로 온 영**(12)
2:13		**사람의 지혜의 가르침** ↔ **성령의 가르치신 것**
2:14-15		**육에 속한 사람**(혼 ↔ 신령한자)
2:16	서양: **주의 마음**(νοῦς)을 아는 것 ⇒	동양: **그리스도의 마음**(νοῦς)을 갖는 것.

⑤ 고전에서 자신의 사도권에 대한 문제 제기와 연관된 이 영/육의 이원론(고전 2-4, 고후 10-13)을 보다 창의적으로 극복하기 위해서 바울은, 우리의(몸)이 거룩한 성전이라는 것(고전 3:16-17, 6:19, 고후 6:6)을 토대로, 대지에 심은 밭(고전 3:6-9)과 건물 짓기(고전

---

59) Henrik Tronier, 2001, "The Corinthian Correspondence between Philosophical Idealism and Apocalypticism", *Paul beyond the Judaism/Hellenism Divide* (Louisville: Westminster / John Knox Press), pp.165-196; 천사무엘, "지혜문학과 묵시문학의 관계", <한국기독교신학논총> 32(2004), 서울: 한국기독교학회, pp.49-67.

3:10-15)의 은유에 의해서 유대교의 성전, 정결례, 회당과 로마제국의 성전, 후원제 시스템 둘 다를 대체하려 한다. 이러한 새로운 몸의 신학 이해는 로마제국과 유대교 모두에게 내재된 위계주의적 권위주의를 비판하면서도 다양성과 일치성을 조화시키는 혼성성에 근거한 창의적인 사회구조를 다음과 같은 방식으로 새롭게 제기하게 된다(고전 12:4-7).

〈도표 Ⅰ-9〉 다양성과 일치성을 조화시키는 혼성성의 탈/반식민주의적 문화비평 전략[60]

일의수준	다양성	일치성	고전 12:4-7에 대한 탈/반식민주의 문화비평 전략
은사	다양한 은사	같은 영과	성령으로 세례를 받고 한 성령을 마시면서 한 몸으로 형성된(고전 12:13) 교회는 유대인/헬라인, 종/자주자, 남/녀(갈 3:26-28)의 차이들을 연합하여 혼종성을 형성시키는 세례에 의해서 유대교의 민족주의와 로마의 식민주의를 동시에 비판하게 된다.
봉사직	다양한 봉사직	같은 주와	주 그리스도의 자기 비움을 닮고(빌 2:6-11), 하나님의 역설적 지혜와 십자가 신학을 좇음으로써(고전 1-2) 새로운 탈식민주의적 주체가 형성된다.
활동	다양한 활동들	같은 하나님이 모든 활동을 모든 사람에게 활동하게 한다.	로마의 성전과 연회장 등에서 일어나는 다양한 공적 활동들에 내재된 제국주의의 위계주의적 질서 비판한다.
각각에게	성령이	공통의 선을 위해서 나타남.	평등성과 협동(공동의 선)에 기초한 교회의 비움 공동체는 非평등성과 경쟁에 기초한 식민주의적 후원제 공동체의 이데올로기를 비판하게 된다. 예: 스테파노(1:14,16 :15-17)와 바울 사도직 (1-4)

5. 결론: 탈식민주의 문화비평 전략을 위한 아시아 성서해석학의 새 모델을 지향하며

곽퓨란은 탈식민주의 비평을 본격적으로 적용하기보다는 탈식민주의적 상상력을 동원하여 자신이 추구하려는 아시아 여성신학을 더욱 풍요롭게 하는 자원으로 활용하는 듯한 인상을 준다. 그녀는 스피박의 해체주의적 탈식민주의 비평을 차용하지만 주도면밀하게 적용하기 보다는 그 요점만 사용하고 사실 단순하게 아시아 해석학의 통찰을 드러내는데 살짝 활용할 뿐이다. 하지만 곽퓨란의 탈식민주의와 아시아 해석학의 선구자적 접목은 필자의 바울 사상에 대한 탈식민주의 비평과 아시아 해석학적 고찰의 토대를 마련하였다.

---
60) Crossan, 앞의 책, pp.345-348 참조.

그동안의 탈식민주의 비평과 아시아 해석학은 주로 복음서와 도마복음에 많이 적용되었을 뿐 바울신학의 사유 방식을 구조적으로 탈식민주의 비평적 통찰에 의해서 재구성하는 작업에 이르지는 못하였다. 특히 바울신학은 최근, 불트만(R. Bultmann) 학파의 실존주의적 해석의 대안으로 제시된 정치적 해석이 로마 제국에 대한 비판적 성격/공모적 성격 간의 이분법적 선택에 매몰되어, 그 해방적 기능의 해체주의적 탈식민주의 차원을 보다 역동적으로 제시하지 못하는 경우가 많았다. 하지만 바울신학의 사유구조는, 단순히 비역사적인 종교체험적 내면성이나 실존주의적 인간학, 또는 정치적 이데올로기로 환원될 수 있는 어떤 이분법적 구조가 아니라, 인간과 우주와 신의 현상의 저변에 이를 넘어서 존재하는 通시간적(trans-temporal), 通공간적(trans-spatial) 원리나 실재를 통찰하는 지혜(도교의 道)와 깨달음(선불교의 사토리)과 같은 동양적 일원론의 포괄주의적 사유 방식의 특징을 나타낸다(갈 1:1-2, 1:10-17). 바울의 신학적 사유방식에는 하나와 다양성, 보편성과 특수성, 이원론과 일원론의 상극 점을 또 다른 하나로 포괄하려는 동양적 사유방식(신유학의 마음)이 내포되어 있다.61) 다른 한편, 위의 동양적 사유방식에 의해서 식민지 해방운동을 이끌었던 인도의 간디와 한국의 한용운의 反식민주의 저항 전략과 유사하게, 아이러니와 역설, 전용과 되받아 쓰기의 복합적인 **탈식민주의 문화비평 전략**은 유대교의 민족주의 지배 담론의 토착주의 이데올로기적 지향과 로마의 제국주의의 허구적 보편주의를 동시에 끈질기게 해체하려는 탈식민주의적 비판적 **협상**의 태도를 나타낸다.62)

특히 바울의 몸 담론은 자신의 사도권과 삶의 문제를 자신의 신학과 직결시키려는 아이러니와 역설의 수사학적 전략을 통해서 로마제국의 황제 숭배와 연관된 성전 체계와 위계주의적 후원제를 근원적으로 해체하려 한다. 이러한 탈식민주의 저항의 **문화비평 전략**은 자신의 실천적 자기 수양과 사회적 해방을 함께 묶어서 성찰하는 아시아적 사유방식과 유사한 형태를 띠고 있다고 볼 수 있다. 더구나 바울의 영/육의 이원론을 극복한 종말론적인 부활의 몸의 신학은, 맑시즘에서 중요시되는 중층적 모순 개념과 유사하게, 유

---

61) 아시아의 사유방식에 대한 신유학의 마음, 도교의 도, 선불교의 사토리(깨달음)의 예에 관해서는 Moonjang Lee, 2000, "A Post Critical Reading of the Bible as a Religious Text", pp.276-278 참조.
62) Spivak, 1990, "The Post-colonial Critic", *The Post-Colonial Critic*, pp.71-72. 끈질긴 협상의 해체주의 인식의 중요성에 관해서는 태혜숙,『탈식민주의 페미니즘』, 2001, 서울: 여이연, pp.35-40, pp.93-97 참조.

대 민족주의의 왜곡된 토착성과 로마 제국주의 지배체제의 중층결정된 모순과 투쟁할 수 있는 **전투주의적 보편주의의 수행성**을 내포하게 된다. 이런 의미에서, 바울의 몸 담론은 아시아 해석학은 물론 탈식민주의 해석에서조차 벗어나지 못해 왔던 자본주의 제국에 대한 순진한 순응의 전략과 투쟁의 방향 상실을 근원적으로 극복하는 탈식민주의적 **문화비평 전략**의 실마리를 제공한다고 볼 수 있을 것이다.

또한 갈라디아서 4:21-31의 바울의 해석학은 탈식민주의 비평의 새로운 범례로서 아시아적 사유방식에 근거한 구체적인 성서 해석의 모델을 제공한다. 갈 4:24의 알레고루메나 (ἀλληγορούμενα= ἄλλος+ἀγορεύω: 다르게 말하다)는 알레고리로 '해석하다'나 '번역하다'는 의미보다는 '다른 것을 선언하다'는 의미를 갖고 있다.63) 위의 바울의 구약 이야기 해석에는 다음과 같은 해석학적 특성이 나타나는 데 이것은 서구의 이원론적 해석에서 볼 수 있는 역사적 과거의 전승과 연관되는 '**텍스트의 지평**'과 은유를 통해 드러나는 현대의 적용과 연관된 '**독자의 지평**'이 미래의 약속의 아들과 모든 잉태치 못한 여인에 대해서 축복이 약속된 사람들과 연관된 '**종말론적 지평**'이 돌발적으로 서로 만나게 되어 독자의 현재의 당대지평에 적용되는 다음과 같은 사건의 해석학을 형성하게 된다. 이와 같은 사건의 해석학은 서구의 '유'의 해석에서 탈피하여 **해석의 틈새**에서 행하는 기도와 실천의 수행성과 연관된 '무'의 **탈해석**을 일으키게 만드는 아시아적 사유와 연관된다.

㉠ 과거 전승의 텍스트의 지평: 언어적 환유(하가라 → 하갈)
㉡ 텍스트의 지평: 영/육, 계집종/자유자에 의해서 알레고리적 해석[종말론적 보편성]
㉢ 독자의 지평: 하갈 → 시내산 계약(풍유적 해석)
㉣ 종말론적 지평: 모든 시대의 독자들을 끌어들이기 위해서 '사라'의 이름을 쓰지 않고 잉태하지 못한 여인 '우리 어머니' 사용. 사 54:1 인용을 통해서 은유적 수수께끼로 제시.
㉤ 독자의 현재의 당대 지평에 적용: "너희는 이삭과 같이 약속의 자녀라 그러나 그 때에 육체를 따라 난 자가 성령을 따라 난 자를 핍박한 것 같이 이제도 그러하도다"(28-29)

이러한 바울의 해석학을 토대로 이 글에서 제안하는 아시아 해석학에 근거한 **구조론적**

---

63) Mattei, 2006, 앞의 글, pp.102-106 참조.

탈식민주의 비평64)은, 종교사적 배경에서의 적대자와의 신학적 갈등을 핵심 주제로 파악하려는 역사비평방법의 해방적 기능을 계승하면서도 그 한계를 극복하기 위해서, 탈근대적인 맑스/니체/프로이트의 '의심의 해석학'을 더욱 세련시켜서 식민주의적 근대성의 심층 구조를 해체시킬 필요가 있다. 그래서 필자는 이러한 의심의 해석학을 성서해석학과 접목시켰던 필자의 '초해석과 징후적 독해'와 '사건의 해석학'65)을 더욱 발전시켜서 **심층 탈식민주의 비평**을 위한 아시아 성서 해석학의 모델을 다음과 같이 제시하고자 한다: ㉠ 식민지적 지배를 비판적으로 고찰할 수 있는 현대 **독자의 지평**(피해자로 상정되는 환자로서의 현대 독자의 **물음 지평** –): 답변지평--현대가 서 있는 계급, 성, 생태, 인종적 갈등의 원인 분석-[초해석+징후적 독해]. ㉡ **텍스트의 지평**(서사성-은유성-상징성의 이야기적 차원: 독자-메시지-화자의 담화적 차원): 독자와 만나는 이야기 차원과 담화적 차원의 후기구조주의적 초해석의 수준과 은유성을 경험한 처음 독자들이 경험한 역사적 전승의 궤적의 수준이 있다. 은유성을 매개로 진리-사건 경험하기와 은유적 과정에서 탈식민지적 해방을 촉구하는 질문들 제기-**물음지평**. 반면 답변지평은 처음 독자의 사회구조를 헬라/유대/로마 문화의 혼성성의 관점에서 분석함-[초해석+징후적 독해] ㉢ 기대지평(묵시문학적 보편사의 지평): 성서 본문의 상징성을 통해서 사회적 환상을 비판함으로써 독자의 지평과 텍스트의 지평을 어떻게 상호연결시켜야 할지 묻고 답변하는 **물음지평과 답변지평**–[치유사건을 위한 **탈해석**: 기도와 실천] ㉣ 지평만남(융합)에 의한 탈식민주의 **치유사건 체험**: 앞의 과거, 현재, 미래의 지평들을 어떻게 통합하여 매개할지 묻고 답변한다. 또한 치유사건을 경험한 낮음 받은 자로서 제국과 제국주의에 대항하는 어떤 사회운동에 투신할지 묻고[**물음지평**] 이에 대한 답변을 시도함[답변지평] 전략 탐색-[실천]

이러한 새로운 해석 모델은 현상계와 이데아, 육과 영혼의 플라톤적 이원론뿐만 아니

---

64) '구조론적 탈식민주의 비평'의 용어는 강남순 박사의 '심층 탈식민주의'에서 힌트를 얻었다. 강 박사가 페미니즘에 의해서 식민주의에 대한 급격한 비판을 제시하려 하였다면, 맑스, 프로이트, 니체의 의심의 해석학에 의해서 필자는 아시아적 사유방식을 교묘하게 타자화하는 식민주의/제국주의를 구조론적으로 비판할 것을 제안하고자 한다. 강 박사의 심층 탈식민주의에 관해서는 강남순, 1996, 앞의 글, pp.311-316 참조.

65) 징후적 독해에 관해서는 김덕기, 『예수 비유의 새로운 지평』, 2001, 천안: 다산글방, pp.126-137 참조; 사건의 해석학에 관해서는 김덕기, "'사건'의 해석학과 예수의 비유 언어", <국제기독교언어문화연구원 논문> 8집(2005), 서울: 기독교언어문화연구원, pp.222-272 참조.

라 삶과 죽음의 이원론을 넘어선 종말론적 상징을 매개로 텍스트의 지평, 독자의 지평, 기대지평들의 만남의 사건을 도모하는 **구조론적 탈식민주의 비평**을 요구하게 된다. 이 해석학은 로마 식민지 통치에 의해서 처형된 예수처럼 제국에 의해 억울하게 죽은 자와 한이 맺힌 자를 신원(伸冤)하기 위한 **기도의 탈(脫)해석**과 죽음을 의식하지만 이를 넘어선 일반적 부활의 몸의 신비를 선취하기 위해서 아시아의 탈식민적 해방을 위해 국제적 연대를 모색하는 **저항적 실천의 무(無)해석**이 동시에 접목된 해석전략이 될 것이다.

〈 고전/고후의 이원론적 사유에 관한 강의 노트 〉

플라토니즘과 영과 육의 이원론: 현상세계는 이것과 일치하는 영적 이상적인 실체(entity)가 표상되는 것으로 이해되는 이원론적 철학이다. 이러한 존재론적인 전제는 다음과 같은 가치론적인 결과를 동반하게 된다. 보이지 않는 내적 실재가 실재의 보이는 외적 형식보다 더 가치 있어나 더 높다고 여겨지는 위계적인 상반관계가 설정된다.

고후 4:18: "우리가 돌아보는 것은 보이는 것이 아니요 보이지 않는 것이니 보이는 것은 잠간이요 보이지 않는 것은 영원함이니라"<60>

바울: 이원론적 용어를 사용하지만 몸을 부정하지는 않는다.
    예: <Boyarin 60> 고전 5:1-4 – 부활의 몸을 텐트와 옷으로 나타낸다.
        <61> 고전 15:42-50 – 육적 몸과 영적 몸을 둘 다 나타낸다.

역사적 예수 인정: <72>롬 1:3-4 – 육체로는, 성결의 영으로는.
        <72>롬 9:5 – 육체에 따르는 그리스도.: "조상들도 저희 것이요, 육신으로 하면 그리스도가 저희에게서 나셨으니, 저는 만물 위에 계셔 세세에 찬양을 받으실 하나님이시니라 아멘."

역사적 예수 불인정 암시: 고후 5:16 – "그러므로 우리가 이제부터는 아무 사람도 육체대로 알지 아니하노라. 비록 우리가 그리스도도 육체대로 알았으나 이제부터는 이같이 알지 아니하로라"

율법과 육체: <122> 갈 2:19 – 율법으로 말미암아(dia) 율법을 향하여 내가 죽었지만 하나님을 향하여 살았느니라.
    <130-135> 갈 5:14 ↔ 5:18-19 – 법과 사랑의 모순
    <149-150> 율법의 저주: 갈 3:13
    모순된 가르침: 갈 5:6-7 – 고전 7:19 – 할례와 무할례

고린도전서에서의 영의 문제:

<69-81> 고전 10 – 롬 2:28-29: 내적-영적-마음속에 ↔ 외적-문자적-육체에

고전 1:26 – "육체를 따라 지혜 있는 자가 많으나", 1:29 – "아무 육체라도…"

2:4 – "내 말과 내 전도함이 지혜의 권하는 말로 하지 아니하고 다만 성령의 나타남과 능력으로 하여"

2:5 – "너희 믿음이 사람의 지혜에 있지 아니하고 다만 하나님의 능력에 있게 하였노라"

2:6 – 온전한 자(성숙한자들)를 위해서 – 이 세상의 지혜=하나님의 지혜

2:10-12 – 세상의 영 ↔ 하나님께로 온 영(12)

2:13 – 사람의 지혜의 가르침 – 성령의 가르치신 것

2:14-15 – 육에 속한 사람(혼) ↔ 신령한자

2:16 – 주의 마음 그리스도의 마음(nous)

―――――― 갈과 고전의 영/육 이원론 극복에 관한 강의 노트 ――――――

그리스도와 함께 육이 죽었는데 왜 행해야 하는가?(갈 2:20, 3:24, 6:14, 롬 6:2, 6-7, 22, 8:13) 기독교인들에게 육체의 소욕이 왜 문제가 되는가?(갈 5:16-18, 롬 6:12-14, 8:5-8)

1) 갈라디아서의 직설법과 명령법은 형식적이고, 시간적 묵시문학적 요소가 너무 적다. 그래서 바울은 묵시문학적 미래의 종말론을 가미하게 된다. 고전 3:12-15, 4:3-5, 5:5-6, 6:15, 6:19-20(직설법-명령법의 변증법), 15:12-32, 15:32-58.

2) 영/육의 이원론을 손으로 지은 것이 아니라 하늘에 있는 영원한 집을 위해서 장막(몸)을 벗어나는 것('벗은 몸')이 아니라 영(성령)으로 장막을 덧입음(고후 5:1-5)것이라고 주장하면서 극복하려 한다. 또한 영적인 몸과 육적인 몸 등의 몸의 다양성의 기술(고전 15:41-45)은 육적인 몸의 가치를 인정하게 된다. 또한 먹물로 쓴 것이 아니라 살아계신 하나님의 영으로, 돌판에 쓴 것이 아니라 가슴 판에 쓴 것, 옛 언약이 아니라 새 언약을 제시하고자 한다(고후 3:3-13). 모세의 문자적 해석이 "사람을 죽이지만 영은 살리는 것"(고후 3:6)이라고 주장하면서 모세의 너울이 덮여진 얼굴이 그리스도에 의해서 벗겨질 것이라고 말한다(고후 3:14-18).

3) 바울은 영/육의 이원론에 근거한 갈라디아서의 직설법과 명령법의 내적 모순을 근원적으로 해결하기 위해서 자신을 본받는 자가 되라(고전 4:16)는 명령형과 아이러니의 디아트리베의 다른 수사학(**고전 4:9-13, 9:19-23**)을 사용하게 된다. 이 재정적 독립과 관련된 사도권의 문제는 종/자유의 역설적 관계(고전 9:19-23)에 의해서 해결하고, 사도권 결함(약하고 말주변 없음)에 대한 지극히 높은 사도들의 모함의 문제(고후 10장 – 특히 고후 10:10)는 자신의

고난 받는 사도로서의 육체적 자랑(고후 11:16-33)과 영적인 자랑(고후 12:1-10 – 특히 다른 몸에 관해서 고후 12:1-2)이 둘 다 하나님의 약함의 역설적 지혜(고후 6:4-12, 8:9)에 근거해 있다고 주장함으로써 해결하려 한다. 마찬가지로, 고린도전서에서도 하나님의 약함의 역설적 지혜(고전 1:18, 25, 27-28)에 의해서 두 단계, 즉 고린도 공동체가 당면하는 사회적 대립과 관련된 세상 지혜(고전 1:18-2:4)와 성숙한 자들에게 전하는 천상의 지혜(2:6-16)의 이원론적 대립이 사용된다.

4) 이러한 바울의 사도권에 대한 문제 제기를 통하여 이 영/육의 이원론을 보다 창의적으로 극복하기 위해서 바울은 우리의 (몸)이 거룩한 성전이라는 것(고전 3:16-17, 6:19, 고후 6:6)을 토대로, 대지에 심은 밭(고전 3:6-9)과 건물짓기(고전 3:10-15)의 은유로 대체하려 한다.

〈도표 I-10〉 영/육 이원론 극복을 위한 몸 담론의 단초: 고전/고후의 비교표

	영육 이원론 극복	사도권의 문제	육적 자랑	영적 자랑	역설적 지혜	성전으로서의 몸	적대자
고린도전서	묵시문학적 미래에 근거한 해결책: 3:12-15, 4:3-5, 5:5-6, 6:15, : 19-20(직설법-명령법의 변증법), 15:12-32, 15:32-58.	자신을 본받는 자가 되라(4:16)는 명령형과 아이러니의 디아트리베의 다른 수사학(4:9-13, 9:19 -23)사용하게 됨. 특히 재정적 독립과 관련된 사도권의 문제는 종/자유의 역설적 관계(고전 9:19-23)에 의해서 해결하려 함	고린도 공동체가 당면하는 사회적 대립과 관련된 세상 지혜(고전1:18 - 2:4)	성숙한 자들에게 전하는 천상의 지혜(2:6-16)	하나님의 약함의 역설적 지혜(고전 1:18, 25, 27-28)	우리의 (몸)이 거룩한 성전이라는 것 (고전 3:16-17, 6:19)	지혜 있다고 하는 아볼로파와 예언자들
고린도후서	영/육의 이원론을 장막(몸)을 벗어나는 것이 아니라 영(성령)으로 장막을 덧입음(고후 5:1-5). 또한 먹물/영으로 쓴 것, 돌판/가슴 판에 쓴 것, 옛 언약/새 언약(고후 3:3-13). 문자영(고후 3:6)이 너울이 덮여진 얼굴 그리스도에 의해서 벗겨진 얼굴의 이분법(3:14-18).	사도권 결함(약하고 말주변 없음)에 대한 지극히 높은 사도들의 모함의 문제가 제기됨(고후 10장-특히 고후10:10)	육체적 자랑 (고후 11:16-33)	영적인 자랑 (고후12:1-10--특히 다른 몸에 관해서 후 12: 1-2)	하나님의 약함의 역설적 지혜(고후 6:4-12, 8:9)	우리의 (몸)이 거룩한 성전이라는 것(고후 6:6)	지극히 높은 사도들

제 II 장
고린도전서에 나타난 신학, 윤리, 문화비평 전략

❖ 고린도전서에서의 몸 담론과 권력 / 153
❖ 바울의 자유, 지식, 약함에 관한 복합문화적
  (Multi-Cultural) – 교차문화적(Cross-Cultural) 읽기 / 207
❖ 바울의 세례 예문(갈 3:26-28과 고전 11:2-16)에 대한
  탈구조주의적 읽기 / 233

고린도전서에서의 몸 담론과 권력
- '미시정치학'적 해석을 위해서 -

1. 서론: 바울의 몸에 대한 최근 연구의 접근방식과 문제제기

이 글에서 우리는 바울서신에 관한 최근의 정치적 해석 경향에 비추어서 고린도전서의 몸 담론의 새로운 읽기의 한 예를 제시하고자 한다. 이제까지 바울의 인간 이해에 대한 불트만의 실존주의 해석 이후 가장 중요한 접근방식으로는 몸을 거룩의 가치가 구현된 사회적 약호로 이해하려는 문화인류학적인 해석이었다.[1] 이러한 연구 경향과 더불어 제기되는 최근의 고린도전서 연구의 핵심 쟁점은 바울의 신학적 담론이 로마 제국주의의 문화와 정치체제에 대해서 비판적 입장을 갖고 있었다는 정치적 독해가 어느 정도 타당한지에 관한 것이다. 홀슬리(R. Horsley)나 엘리옷(N. Elliott)과 같은 남성 성서학자들은 바

---

[1] 바울서신에 대한 대표적인 문화인류학적 접근방법에 관해서는 Jerome H. Neyrey, 1990, *Paul, In other Words: A Cultural Reading of his Letters* (Louisville: Westminster/John Knox Press), pp.102-146; 이러한 접근방법에 대한 가장 중요한 한국 성서학자의 연구에 관해서는 김광수, "고린도전서의 15장의 사회적 기능," <신약논단> 제6권(2000), 한국신약학회, pp.95-125 참조. 김 박사는 이 글에서 더글라스(Mary Douglas)의 정결에 대한 문화인류학적 통찰에 의거해서 고전 1-4장의 공동체 분열 문제에 대해서는 몸의 '하나됨'(온전함)으로서의 거룩, 5-7장의 음행의 문제에 대해서는 몸의 '도덕적 순결'로서의 거룩, 8-10장의 우상숭배에 대해서는 몸의 '非혼합'으로서의 거룩, 11-14장의 예배의 무질서의 문제에 대해서는 몸의 '질서'로서의 거룩의 가치를 구현하려 했다고 주장한다.

울 신학은 로마 제국주의의 군사패권주의를 비판했던 저항적 측면이 있다는 정치적 해석을 제시한 반면, 와이어(A. C. Wire)와 쉬스러 피오렌자(E. Schüssler Fiorenza)와 같은 페미니스트(feminist) 신약학자들은 바울 신학은 사실 로마 제국주의의 위계주의적 가부장주의에 공모한 측면이 더 많다고 주장한다. 이들은 남성 신약학자의 정치적 독해까지도, 바울 자신이 당시의 제국주의의 가부장제적 상징적 질서와 문화적 약호를 내재화시키거나 다양한 소수들의 목소리를 억압하였다는 의미에서, 여전히 몸을 훈육하는 미시(微視)권력이 로마 제국주의의 억압적 가부장제의 남성중심주의의 상징체계와 그 윤리적 양식을 답습하고 있다는 점을 간과하고 있다고 공격한다.2) 우리는 위의 두 입장들 중 특히 페미니스트들의 이러한 탈근대적 이데올로기 비평적 통찰의 중요성을 높이 평가하여 이들의 예리한 입장을 보다 발전시킨 주석학적 관점과 이에 대한 정치-윤리적 재해석을 새롭게 제시할 필요가 있다고 생각한다. 그래서 우리는 이러한 최근의 논쟁의 핵심적인 문제인 몸 담론과 권력과의 관계가 잘 나타나는 본문을 간략히 주석하고 푸코(M. Foucault)와 들뢰즈(G. Deleuze)의 '미시(微視)정치학'적 통찰에 의해서 새롭게 재해석하고자 한다.3) 특히 여기에서 우리는 바울 자신의 신학적 입장이 어떻게 여성들의 입장을 억압하는 권력효과를 가져오게 되었는지 논의한 후 이를 토대로 현대적 독자들에게 가장 적합한 새로운 해석을 제시하고자 한다.

이처럼 본문에서 바울의 의도나 주제를 재구성하는 전통적인 역사비평적 접근방법이

---

2) 고린도전서에 대한 정치적 해석에 대한 논쟁에 관해서는 Richard Horsley, ed. 1997, *Paul and Empire* (Harrisburg: Trinity Press Int.)과 同 편저자와 同 출판사의 2000, *Paul and Politics* 참조. Horsley와 Neil Elliott, Georgi Dieter 등은 바울의 종말론이 로마 제국에 대해서 비판적인 담론이라고 주장하는 반면, Antoinette Clark Wire, E. Schüssler Fiorenza, Cynthia B. Kittredge, Shelia Briggs 등이 페미니스트 관점에 의해서 이를 비판하고 있다.

3) 담론과 권력과의 관계에 대한 미시정치학의 연구 방법에 관해서는 이진경, "푸코의 미시정치학에서 저항과 적대의 문제"와 이구표, "담론 실천으로서의 푸코의 마르크스 읽기", 이구표 외, 『프랑스 철학과 우리 3』, 1997, 서울: 당대, pp.95-152와 pp.153-173 참조. 미시정치학에 대한 보다 발전된 견해에 관해서는 들뢰즈와 가타리, "1993년: 미시정치학과 절편성", 『천개의 고원』, 2001, 서울: 새물결, pp.397-440 참조. 여기에서 '미시정치학'이란, 권력 생산의 주체인 거대한 사회적·정치적 집단과 계층, 계급의 권력 관계를 분석하는 것과 대조적으로, 이 집단들, 계층, 계급 보다 더 소규모의 구룹이 사용하는 담론들의 형태와 주제, 대상, 개념의 준거틀을 분석하여 그 형성 규칙을 상정함으로써 인간의 일상적인 활동에 개입되는 권력 생산 과정에서 발생하는 권력 효과를 미세하게 탐구하는 접근 방법이다.

아니라 본문과 저자와 역사적 맥락의 관계를 새롭게 규명하고 다양한 담론들이 병합되어 형성된 이음새, 틈새, 모순들을 탐색하는 담론 분석에 의한 최근 바울서신 연구는 카스텔리(A. Castelli), 와이어(A. C. Wire), 마틴(D. Martin), 보야린(D. Boyarin)에 의해서 다양하게 제시되어 왔다. 카스텔리는, 바울서신 분석에서 바울의 견해가 다른 다양한 견해들의 표준이라는 생각에 지나치게 얽매이지 않고, 바울의 '닮음'(mimesis)의 모티브가 성적 역할의 차이와 동일성의 이중성을 드러낸다는 것을 보여줌으로써 고린도 교회의 위계주의적 권력 체제 형성에 어떤 기여를 했는지 분석하였다. 와이어는 기본적으로 수사학적 비평에 근거해서 바울 본문이 특정한 여성예언자들과 적대적 관계에 있었을 뿐만 아니라 당시의 다양한 집단들의 종교적 담론들 중 단지 하나의 목소리로서 간주하는 새로운 접근방법을 제시하였다. 마틴은 바울 저자 자신의 저작 의도를 재구성하기 보다는 바울의 진술들이 필요할 수밖에 없었던 이데올로기적 모체(matrix)를 재구성하려 하였다. 그래서 고린도전서의 몸 담론을 당시의 의학 저술가와 철학자들의 보다 넓은 담론들 속에서 조명해 보도록 하였다. 또한 보야린은 본문을 단순히 엘리트 계층의 쓰여진 문서뿐만 아니라 소외 계층의 문서와 다양한 종류의 기념물들과 다양한 종류의 담론들이 서로 교차하면서 만나는 장으로서 이해하려 하였다. 이런 관점에서 보야린은 바울의 성과 인종에 관한 종교적 담론이 당시의 유대교와 헬레니즘의 문화들을 창조적으로 연합시키려는 신학적 작업의 결과물이라고 간주되어야 한다고 주장하였다.4)

이러한 연구 방법과의 연관성 속에서 이 글에서 특히 주목하고 있는 점은 바울이 제시하는 인간의 성(gender: 사회적 의미의 姓 차이)적 주체성과 금욕주의 훈련(ἄσκησις: askesis)이 교차하는 몸 담론이 당시의 종교와 철학 공동체의 다른 몸 담론과 어떤 방식으로 교차하면서 교회의 권력 효과를 나타내고 있는지 검토하는 것이다.5) 또한 이러한 접

---

4) 바울서신 본문에 대한 담론 분석의 구체적 예로는 A. Castelli, 1991, *Immitaing Paul: A Discourse of Power* (Lousville: Westminster)과 Antoinette Clark Wire, 1995, *The Corinthian Women Prophets: A Reconstruction through A Paul's Rhetoric* (Menneapolis: Fortress Press)와 Dale Martin, 1995, *The Corinthian Body* (New Haven: Yale University Press), 3-68과 Daniel Boyarin, 1994, *Paul: Radical Jew: Paul and the Politics of Identity*; 이러한 담론 분석의 접근방법에 대한 간략한 소개에 관해서는 Jorunn Økland, 2004, *women in their place* (London: T&T Clark International), pp.6-38과 pp.207-223 참조.
5) 바울의 신학적/윤리적 담론의 권력 효과를 미셸 푸코(Michel Foucault)의 미시정치학의 방법으로 분석하고, 몸 담론의 현대적 재해석을 가장 치열하게 재해석하고 그 사회적 의미를 탐구하였던 구체적인

근방법의 연구 결과를 활용하면서 특히 필자는 고대의 몸 담론이 비록 여성/남성, 유대인/헬라인, 부자/가난한 자의 위계주의적 질서를 강화하는 것일지라도 이러한 위계적 질서를 전복하는 모호성과 침묵 등의 부분이 여전히 남아 있다고 확신한다. 따라서 이러한 해석학적 모호성의 '위치'가 그 정치신학적 함의를 도출할 수 있는 실마리를 제시하게 될 것이다. 이러한 필자의 해석학적 접근은 바울의 몸 담론이 특히 현대 독자가 속해 있는 자본주의 사회의 훈육 기제와 미시권력의 배치 장치로부터 탈피(탈주)할 수 있는 새로운 윤리적 주체 형성 전략을 어떤 방식의 윤리적 금욕주의적 훈련을 통해서 제기하는지 묻게 될 것이다.

이러한 담론과 권력의 상관관계에 대한 새로운 사회 이론에 의해서 우리는 고대 사회의 몸 담론과 권력의 상관관계와 연관된 교회의 공동체 내외의 문제들에 직면하여 바울의 몸 담론이 자신의 의도와는 다르게 여성의 입장에서는 어떤 권력 효과를 가져왔는지 탐구하게 될 것이다. 우선 우리는 바울의 몸에 관한 신학적 담론을 근거로 해서 어떻게 바울이 고린도 교회의 윤리적 문제를 해결하려 했는지 고찰하게 될 것이다. 우리는 특히, 아볼로(Apollo)의 지혜 인식론과 여성 예언자들의 '영광의 신학'의 도전으로 야기된 담론들의 복잡한 갈등 상황 속에서 몸에 대한 바울의 일관된 견해가 어떻게 바울과 전혀 다른 견해를 가진 다른 종류의 기독교인들에게 이해될 수 있는지, 탐구하게 될 것이다. 위와 같은 접근 방법에 따라서, 우리는 몸에 관한 일반적 담론 뿐 아니라 금욕주의 훈련과 간접적으로 연관된 몸 담론으로서 몸의 근거로서 지혜론, 여성관과 관련된 성(gender) 문제, 음행과 같은 성(sex) 윤리의 주제들을 다루는 다음과 같은 고린도전서의 부분들을 탐구하려 한다. 즉 사회적 몸의 기초로서 영적 지혜론(1-2장), 자아 형성적 삶(self-styled life)과 관련된 몸의 음행에 대한 윤리적 원칙(6:12-20), 남녀 간의 성(sex)과 결혼의 공동체적 삶에 대한 몸의 윤리(7장), 에클레시아(ἐκκλεσία)의 제의 공간에서의 여성의 베일 쓰기에 대

예로서는 Stephen D. Moore, 1994, *Poststructuralism and the New Testament* (Minneapolis: Fortress Press), pp.85-112와 idem, 1996, *God's Gym* (New York: Routledge) pp.3-36 참조. 몸과 권력에 대한 문제를 가장 첨예하게 논의한 현대의 사상가는 푸코와 들뢰즈(Gilles Deleuze)이다. 이에 대해서는 미셸 푸코(오생근 역), 『감시와 처벌』, 1994, 서울: 나남사, pp.56-61과 미셸 푸코(이규현 역), 『성의 역사: 제1권 앎의 의지』, 1993, 서울: 샛길과 질 들뢰즈와 펠릭스 가타리(정명환 역), 『앙띠오이디푸스』, 1994, 서울: 민음사 참조.

한 신학적 근거(11장 1-16)에 관해서 바울의 몸 담론이 각각 어떻게 구체적인 고린도 교회 공동체의 기독교 금욕주의 훈련(ἄσκησις)의 문제를 제기하고 이를 해결하려 했는지, 그리고 이것이 어떻게 현대의 교회 공동체와 페미니스트들에게도 새롭게 재해석될 수 있는지 검토하게 될 것이다.

2. 바울의 인식론과 몸 담론과의 상호관계: 고전 1:18-2:16을 중심으로

바울은 갈라디아서에서 윤리적 주체화 양식을 헬라적 인간학의 용어를 차용하여 인간의 육체성과 영성의 이원론적 구도 속에서 확정지었다. 이 때 묵시문학적 종말론의 우주적/역사적 이원론은 헬라적 인간학의 조야한 이원론인 영과 육의 이원론으로 재구성되었다. 이제 고린도전서에서 그는 유대 묵시문학의 옛 시대와 오는 시대의 이원론을 기독교 묵시문학의 이원론인 예수의 죽음과 부활의 이원론으로 재건립하고, 이를 다시 영, 혼, 육으로 헬라화시켰다.6) 여기서 영은 십자가에 못 박히신 그리스도를 하나님의 숨겨진 지혜의 나타남으로 인식하는 능력으로 재구성되었다. 이러한 영적 인식론은 공동체 훈련을 위한 몸 담론을 정립하는 근거가 되었다.

이러한 전환은 한편으로 유대교의 묵시적 종말론의 신화를 탈신화화하면서 그 이원론적 결정론을 벗어나는 방식으로 인간의 자유에 대한 욕망을 탈코드화(decodage: 탈규준화)하는 비판적 속성을 갖고 있었다. 갈라디아에서 영은 그리스도를 믿는 사람이 공유하는 '자유'의 주체화 양식이 되었고, 육은 이를 믿지 않는 사람들의 '속박'의 주체화 양식을 의미했다. 바울은 이러한 영의 개념을 통해서 유대교의 율법에 속박된 코드화(codage: 규준화)된 주체화 양식이나 율법 자체로부터 탈코드화함으로써 묵시문학적 결정론에 매인 코드화된 주체화 양식까지도 비판할 수 있었다.7) 이러한 이원론은, 이제 그리스도 중심의 인류의 구원에 대한 통속적 대중화의 견지에서 헬라화된 당시의 사람들에게 설득될 수

---

6) 인간 본성에 대한 바울의 헬라화에 관해서는 David E. Aune, 1995, "Human Nature and Ethics in Hellenistic Philosophical Traditions and Paul: Some Issues and Problems", *Paul in His Hellenistic Context*. ed. Troels Engberg-Pedersen (Minneapolis: Fortress), pp.291-312 참조.
7) 영과 육의 이원론의 윤리적 함의와 그 재해석에 관해서는 필자의 글, "갈라디아서에서의 신학과 윤리의 관계," <신학과 문화> 제9집(2000), 대전신학대학교 출판부, pp.133-167 참조.

있도록 선교의 효과적인 전략으로 작동하여, 자유로운 주체의 가능성을 제시하였다. 그러나 헬라화된 영의 주체화 양식은 '예수 사건'(예수의 말과 실천)의 탈(脫)권력의 에토스를 탈각시키는 특성을 갖고 있었기 때문에, 내재화된 묵시문학적 이원론에 의해서 여기에 영적인 신자와 육적인 非신자의 이원론적 배제주의 논리가 개입하게 되었다.

갈라디아서의 이러한 영의 개념과 달리, 이제 고린도전서에서의 바울의 새로운 영 개념은 그리스도의 몸을 중심으로 한 교회론을 확립하는 인식론의 근거로 활용하게 되었다. 바울은 우선 하나님의 역설적 지혜(지식)를 오해하고 자유방임주의나 금욕주의 윤리를 실천하는 자들에 대해서 비판하기 위해서 영적 인식론(pneumatic epistemology)에 근거한 몸의 신학을 제시하였다(고전 1:18-3:23). 우선 바울이 지혜를 영과 대비시키는 인식론을 논의하는 것은 구약의 정결례를 대체하는 새로운 공동체 형성의 모델로서 몸에 대한 이론을 제시하기 위한 준비였던 것이다. 바울에 의하면, 세상의 미련한 것, 약한 것, 천한 것을 택하여 지혜 있는 자, 강한 것들, 있는 것들을 부끄럽게 하여 하나님 앞에서 인간이 자랑하지 못하게 하는 것이 하나님의 역설적 지혜이다.[8] 이러한 관점에서 그는 여성 예언자들(고전 14:26-36)의 이론적 근거를 마련한 익명의 지도자(아마도 아볼로)의 십자가 없는 영광의 신학에 근거한 지혜 인식론을 거부하였다(고전 3:1-9, 4:6-13).[9]

바울은 1:18-2:5까지 거의 지혜를 부정적으로 사용하면서 지혜에 대해서 말하기를 거절한다. 하지만 2:6부터 '온전한 자들'(τελείος)에게 성숙한 토론을 위해서 하늘의 지혜를 말하기 시작한다. 여기에서 지혜 대신 영을 토대로 한 바울의 인식론은 몸과 영의 일치(너희가 하나님의 성전이고 하나님의 영이 너희 안에 거하신다 – 고전 3:16-17)에서 드러나는 의지의 인식론이었다. 아볼로의 지혜의 인식론에서는 지혜의 말과 '세상의 지혜'가 사람들의 마음과 의지를 지배할 수 있는 인식론이었다면(고전 2:1-5), 바울의 영의 인식론에

---

8) 이와 관련하여 특히 고전 2:6-16에서의 영적 인식론에 관해서는 유승원의 박사논문, 1998, "Paul's Pneumatic Epistemology"[Duke University Ph. D Thesis], pp.1-85 참조.

9) 아볼로는, 1:19-31과 3-4장을 연결시켜 볼 때, 십자가를 부인하는 '세상의 지혜'를 전하는 '영광의 신학'을 가르친다. 특히 아볼로가 물을 주었다(3:6)는 것을 교회 성장의 공헌으로 이해할 때 여성 예언자들의 활동과 복음 이해에 아볼로가 그 신학적 근거를 제공하였다는 것을 추론할 수 있다. 이에 관한 자세한 토론에 관해서는 Jerome Murphy-O'Connor 1996, *Paul: A Critical Life* (Oxford Clarendon Press), pp.273-278 참조.

서는 십자가에 못 박히신 그리스도의 죽음에 나타난 하나님의 지혜의 비밀을 알고 믿게 하는 영의 기능에 의해서 우리가 그리스도를 따르려는 마음(주의 마음과 그리스도의 마음 - 고전 2:16)과 행함의 의지(3:1-4)가 '세상의 지혜'를 판단하고 이를 지배할 수 있다는 인식론이었다. 이제 이 히브리적 의미의 의지를 내포하고 있는 영의 인식론은 바울이 제시하려는 교회 공동체(고전 3:5-15)로서의 몸의 인식론적 근거가 될 수 있었다(몸이 성령의 전이다 - 고전 6:19). 이러한 인식론을 통해 바울은 엘리트적인 지혜의 인식론을 거부하고 영에 의해서 새로운 삶을 살도록 의지를 부여하는 영의 능력이 지혜 있는 자, 능한 자, 문벌 좋은 자와 미련한 자, 약한 자, 천한 자가 함께 상호 협조할 수 있는 사회적 몸(교회 공동체)을 만들 수 있는 원동력이라 생각하게 되었다. 그래서 그리스도의 몸은 영 체험의 하나됨에 의해서 교회공동체와 동일시된다(고전 12:12-13).

결국 이러한 대중적인 영의 인식론은 하나님의 영이 몸에 거주한다는 관점을 가능하게 함으로써 몸과 연관된 인간의 실천 행태와 주체화 양식을 조절하는 기초를 마련하게 되었다. 이런 점에서 바울의 영과 몸의 상호관련성에 입각한 인식론은 바울이 몸 담론을 통해 고린도 교회의 윤리적 문제들을 해결하는 실용적인 유용성을 제공할 수 있었다. 다시 말해서, 그리스도의 몸(우주적 신체)이 역설적인 하나님의 지혜를 매개로 교회(사회적 신체)와 동일시되게 만드는 영의 체험 속에서 우리의 몸(개인적 신체)이 하나님의 전으로 이해될 수 있다는 위의 인식론은, 기독교인의 몸에 대해서 거룩의 가치를 요청할 수 있는 근거를 마련하게 된 것이다(도표 II-1 참조). 그래서 바울은 5-6장에서는 음행의 문제와 연관된 자유방임주의와, 7장에서는 성생활과 결혼에 있어서의 금욕주의와 대항하기 위해서 몸의 신학을 윤리적 문제들에 적용할 수 있게 되었다.

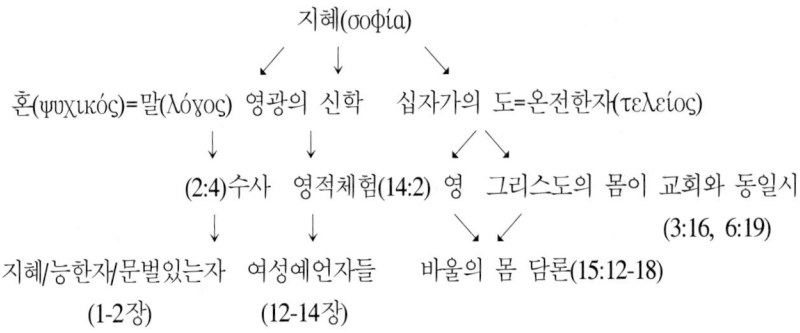

〈도표 Ⅱ-1〉 바울의 지혜에 대한 비판으로서 영의 인식론

그러나 이러한 위의 전략은 몇 가지 한계를 가질 수밖에 없었다. 우선 하나님의 십자가에 나타난 지혜를 어리석은 자를 택하시는 가치의 전도로 이해하고, 사회적 지위의 하향적 변화를 하나님의 역설적 지혜인 십자가의 도로서 이해하는 영적 인식론에 근거한 바울의 몸 담론은, 결국 여성 예언자들이 사회적 지위의 상승적 변화를 경험한 데서 오는 그들의 영광의 신학과 체험주의적인 영 이해(고전 12-14장의 방언, 지식, 예언 체험)를 지나치게 비판하는 근거가 되었다.10) 또한 그의 몸에 대한 은유는 인간 몸의 유기체적 총체성과 위계적인 질서에 근거한 당시 유대사회와 로마 사회의 가부장제 문화에 영합하는 점이 많았기 때문에 유대 주류사회의 창조질서에 근거해서 여성의 예배의 질서 문제를 풀어나가게 되었다(11:1-16). 더구나 아볼로의 인식론이 엘리트적 사유라고 그가 신랄하게 비판한 것은 아볼로의 지혜 신학을 지지하는 여성 예언자들의 영광의 신학을 前영지주의적 이원론에 빠진 윤리적 방임주의의 근거로 간주하게 되는 결과를 가져온 것이다. 여기에서 더 나아가 그의 몸에 대한 은유가 '머리'에 대한 유대전통의 창조질서와 연합되어 여성들의 예배참여에서의 역할과 여성 리더쉽에 제제를 가하게 되는 결과가 되었다.

이와 같은 바울의 한계는 그가 당시 헬레니즘 문화의 인간본성에 관한 이론을 사용하여 기독교 묵시문학의 사상의 우주론적 이원론을 재해석-비신화화하는 데서 오는 불가피한 결과였다. 특히 이러한 한계는 몸 신학의 형성 과정과 결과에서 바울은 이러한 인간본성에 대한 헬라적 이론을 고린도전서에서는 로마시대의 몸의 메타포로 바꾸어 공동체의

---

10) 바울과 여성 예언자들의 지혜 이해의 차이에 관한 자세한 논의에 관해서는 Wire, 1995, *The Corinthian Women Prophets*, pp.63-72.

유기체적 통일성을 강조하려 했기 때문에 더욱 강화되었다. 이 과정에서 그가 제시한 영의 인식론에 근거한 몸의 신학 담론은 바울이 기독교 공동체의 정체론(πολιτεία)의 모델을 보수적 로마 사회의 유기체적 공동체의 이상과 적합한 방식으로 재구성하는 계기를 마련하게 되었다(고전 12:12-20).[11] 이것은 바울의 의도와 달리 하나님의 역설적 지혜를 파악하는 영적 인식론을 로마의 권위주의적 유기체로서의 몸 이해와 연결함으로써 초기 기독교 공동체가 로마 주류 사회에 심한 갈등을 일으키지 않고 여기에 편입할 수 있는 선교의 미시정치학적 전략을 드러낸다. 이러한 영에 근거한 바울의 몸 신학 담론 구성의 대가는, 결국 바울이 헬라화와 로마화를 외양상 거절하였을지라도, 그가 로마의 황제를 중심으로 하는 가부장제적 위계주의 사회의 문화체계를 교회 권력의 장치와 통치기술에 접목시키게 되는 계기를 마련하였다는 것이다.

3. 고전 6:12-20에서의 몸 담론의 미시정치학적 해석

우선 바울의 몸 이해를 위해서는 오늘날의 몸 이해와 고대의 몸 이해의 차이를 염두에 두는 것이 좋다. 현대는 여성의 몸이 주된 관심이었지만 고대는 남성의 몸(투원반 던지기)이 몸의 모델이었다. 또한 고대의 몸 이해에는 영미의 청교도주의나 한국의 유교주의에서 볼 수 있는 이성 중심의 금욕주의적 몸 이해와 다르다. 더구나 소비사회, 환경-생태주의적 고려, 여성주의, 과학의 신사고의 새 문명에 따라 몸을 자신의 정체성을 나타내는 척도로 생각하는 현대적 몸 이해와도 다르다. 고대 사회에서는 유대교의 정결례와 같이 몸은 거룩의 지표로서 사회의 통합을 구현하는 장이었다.[12]

고린도전서는 몸 담론에 의해서 다양한 집단들을 통합하고 이들이 직면하는 공동체의 윤리적 문제들을 대처할 수 있는 기준과 원리를 마련해야 했다. 고린도는 항구도시로서 창기들과 노예들이 많았다. 이것은 교회의 도덕적 문제를 야기시킬 수밖에 없었다. 더구나 이와 같은 정황에서 지혜 있는 자, 능한 자, 문벌 좋은 자(1:26)와 그렇지 못한 자, 남성/

---

[11] 유승원, "그레코-로마 세계의 몸 메타포와 교회 공동체 개념", <신약논단> 제7권(2000), 한국신약학회, pp.149-166. 필자는 이 글에 나타난 유 박사의 역사적 고찰은 수용하지만 로마제국의 몸 이해와의 차이점을 부각시키는 그의 순진한 이상주의 해석에 대해서는 비판적이다.

[12] 이에 대해서는 김광수, "고린도전서 15장의 사회적 기능," 2000, pp.95-125 참조.

여성, 이방인/유대인, 종/자유자 등의 다양한 집단들이 그리스도 이해와 윤리적 문제에 대해서 다양한 견해로 논쟁하고 있었던 것이다. 한편으로 소위 前영지주의자들에 영향을 받은 헬라적 여성 예언자들의 도전이 있었다. 다른 한편으로, 상류층이 주로 초기 교인들이었고, 바울파와 아볼로파, 게바파 그리스도의 계파(끝의 두 계파는 어쩌면 단지 수사적 표현일 수 있다.)가 있었다. 바울은 더구나 특히 바울은 5-6장에서는 음행에 의한 자유방임주의의 윤리적 입장에 대항해야 했고, 7장에서는 결혼과 성생활에 대한 금욕주의의 윤리적 입장을 상대로 교회 공동체로서 몸의 윤리적 원리를 제시해야 했다.13)

바울은 헬라적 인간론적 개념의 준거틀 몸과 이 근거가 되는 영의 인식론을 통해 서 새로운 기독교 정체론('대안적 종교 결성체의 정치철학적/신학적 근거': ἐκκλεσία)을 만들려고 하였다. 여성 카리스마적 지도자(여성 예언자들)들이 아볼로의 지혜의 인식론의 도움을 받아 고린도교회의 주류에 도전하였다. 고전 2장에서 바울은 이 아볼로의 지혜의 인식론에 대항하여 정교화된 영의 인식론을 제시하였다. 이에 근거해서 바울은 교회론과 윤리적 원리를 동시에 만족시킬 수 있는 몸에 근거한 교회론을 제시하게 된 것이다. 이런 의미에서 바울의 몸의 담론에 근거한 공동체론은 유대교의 정체론의 변형이라는 차원도 함께 고려해야 한다. 바울은 유대교의 정결례, 성전, 회당, 장로제를 대신해서 몸의 은유를 통해 거룩의 의미(고전 6장), 그리스도론적 교회론(6:19), 몸적 교회(12:27-31), 직제(12:28)를 다음과 같이(도표 Ⅱ-2) 새로 제시하려 하였다.

〈도표 Ⅱ-2〉

유대교	정결례	성전	회당	장로제와 유사
바울의 교회관: 그리스도의 몸	몸의 거룩 - 고전 3:17과 6:12-20	성전으로서의 몸 - 고전 3:16-17, 6:19	사회적 몸으로서의 교회 성만찬 - 고전 12:27-31	사도, 교사, 선교사, 다양한 은사 - 고전 12:28

위의 몸 담론의 배경에 비추어 보면, 갈라디아서에서의 영/육의 인간 이해에 더 합당하게 적용될 수 있는 불트만(R. Bultmann)의 몸에 대한 실존주의 해석은 고린도전서의 몸

---

13) 이에 대해서는 Wire, 1995, *The Corinthian Women Prophets*, pp.217-19 참조.

이해에는 적합하지 않을 수 있다는 것을 알 수 있다. 그래서 우리는 불트만의 몸에 대한 실존주의적 해석과 네이레이(J. H. Neyrey)의 문화인류학적 몸 이해 둘 다를 비판함으로써 푸코의 고대 몸 담론과 관련된 금욕주의 윤리와 연관시켜서 바울의 몸 담론을 이해석한 최근의 윤리적 해석을 우선 제시하게 될 것이다. 그리고 이를 더욱 발전시키기 위해서 고린도 교회의 배경에 보다 적합한 몸 담론의 역사적 특성을 고려하여 고전 6장 12-20절에 대한 역사비평적 주석과 들뢰즈의 미시정치학적 통찰에 근거한 현대적 해석의 예를 간략히 제시하고자 한다.

1) 불트만의 몸에 대한 실존주의 해석: 그 비판과 현대적 재해석

불트만은 몸에 대한 실존주의적 해석을 시도하기 위해서 우선 바울의 몸의 용례를 검토함으로써 몸과 영과 혼의 비교의 관점을 제시한다. 불트만에 의하면 몸은 전인간적(全人間: 인격-자기자신과의 관계를 가진), 존재 표현 양식이며, 자기 이해이다.[14]

1. 바울의 몸은 육의 형식이나 형태를 의미하는 것이 아니라 전(全)인간적인 양식이라고 불트만은 주장한다. 불트만에 의하면, "몸은 인간의 본래 자아(가령 그의 영혼)에 외부적으로 결부되어 있는 것이 아니라 본질적으로 이 자아에 속해 있다. …… 인간은 몸(자아)을 가지고 있지 않고, 몸(자기 자신) 자체이다."[190]

2. 자기 자신의 관계로서의 인간 존재의 표현으로서 인간의 주체성과 객체성을 동시에 내포한다. 불트만은 바울의 이러한 몸 이해의 특성을 다음과 같이 명료히 제시하였다.

> 인간이 몸으로 지칭될 때 인간을 보는 특별한 방법은 어떤 것인가? 인간이 몸이라고 불리워질 때는 그가 자기 자신의 **행위의 대상**으로 만들 수 있거나 한 사건, 한 일의 주체로 자기 자신을 경험할 때이다. 즉 어떤 방식으로든지 자기 자신으로부터 거리를 가질 수 있을 때이다. 좀더 정확히 말하면 그가 **자신의 주체**이면서 자신에게 거리를 두는 자, 자기 자신의 **행위의 대상**으로 다루어지는 자, 다시 생소한, 자신의 뜻에서 발생하지 않은 사건에 **예속된 자**로 경험될 수 있는 자, 이런 자로서 인간은 몸이라 호칭된다. — 자신을 조정하거나 아니면 이 조정력을 잃고 외부 세력에 희생될 수 있는 가능성은 인간 자체에 속한 것이다. 그러나 이때 외부 세력은 적대적인 것으로, 인간을 그 자신에게서 생소하게 하는 것으로 경험하거나 반

---

14) R. 불트만(허혁 역), 『신약성서신학』, 1976, 서울: 성광문화사, pp.187-198.

대로 자기 자신에게서 멀어진 인간을 다시 자기 자신에게 돌아오게 하는 구원의 힘으로 경험할 수 있을 것이다. [191-192.]

특히, 몸의 자기 이해와 관련된 인격성은 부활 이후의 인간 존재의 성격을 드러낸다. 바울은 고전 15장에서 몸을 육체의 현상, 즉 육체 및 그것의 형식으로 나타냄으로써 부활의 몸의 자료가 육과 피가 아니라 영이라고 생각하는 신화적 부활론에 빠지기도 하였다. 그러나 불트만에 의하면, 바울의 의도는 몸과 관련해서 부활의 실존적 의미를 규명하고자 한다. "몸의 존재로서 특수하게 인간적인 존재가 저 근본적인 의미에서 죽음도 넘어선다고 주장하려는 것이다."[194] 고전 13:13에서도 신앙과 희망, 사랑이 부활 이후에도 존속할 것이라는 것은 인간 실존의 존재론적 구조가 제거된 것이 아니다. 인간의 자기 자신과의 관계는 이러한 신앙과 희망, 사랑 안에서 결단하고 행동하기 때문이다.15)

3. 불트만의 몸, 혼과 영의 이해16)

① 몸은 '도피한다'와 관련된 실존적 상태를 의미한다.

몸은 이원론적 자기 이해에 빠질 수 있는 자아의 균열로 말미암아 본래의 자기로부터 벗어날 수 있는 인간 존재의 실존적 특성을 나타낸다. 인간의 자기 자신에 대한 관계에서 오는 긴장을 도피하게 되는 경향이 있다. 이런 의미에서 몸은 '육'(삶의 양식)과 동의어로 쓰일 수 있다.

이원론적 자기 이해는 자기 자신과 거리를 갖고 외부 세력들이 침투하여 자신과의 거리를 분리로 경험하여 자신을 근본적으로 생소한 존재인 비아(非我)에 대한 관계로서 오해하거나 유혹을 경험하는 것이다. 이 때 몸이 육신에 불과하다는 생각에 빠지게 되는데 이것이 (영지주의적) 이원론의 자기 이해이다. 이 때 인간은 육신이 감옥 안에 결박된 것으로 이해되고, 이 감옥으로부터 해방을 동경하게 된다. 이러한 해방의 실천이 밀의와 금욕이다. 그러나 이것은 자기 자신에 대한 관계로서의 인간 실존의 긴장을 도피하는 일이 된다.

여기에서 불트만이 주장하는 중요한 점은 바울이 이원론적 자기 이해를 극복한다고 주

---

15) 위의 책, p.194.
16) 위의 책, pp.195-205.

장한다는 점이다. 바울이 이 이원론적 자기 이해를 비판할 수 있었던 것은 (1) 그가 몸의 삶으로서 부활의 삶을 상정한 것과 (2) 그가 몸을 육의 의미로 사용하였을 때조차도 몸과 육의 근본적 차이를 인정했다는 것에서 확증된다.17)

반론으로 사용되는 고후 5:1 이하와 고후 12:2-4, 고전 7:1-7은 몸을 이원론으로 보는 경향이 있지만, 이를 자세히 보면 이원론에 빠지지는 않았다. 예를 들면 고후 5:1 이하에서는 바울이 몸의 벗음보다는 덧입는 것을 주장하고, 고후 12:2-4에서는 육신으로부터 벗어날 가능성이 있다고 상정할 뿐 벗어났다고 확신하지 않았다. 고전 7:1-7에서 "여인을 가까이 하지 않는 것이 좋다"는 권고는 몸 밖으로 벗어나기를 그가 요구한 것은 아니다.

② 혼은 '원한다'와 관련된 인간학적 용어이다.

헬레니즘의 용법과 달리 몸과 혼은 대립되지 않는다. 구약성서의 네페쉬와 같이 혼은 생명과 관련된다(로마서 11:3, 16:4). 로마서 2:9, 13:1에 나오는 '모든 목숨(혼)'은 누구나의 뜻을 가지며 여기에서 혼은 인격, '나'라는 의미를 나타낸다(고후 12:5). 바울의 영지주의 화법, 즉 "첫 사람이 산 혼이 되었다."(고전 15:45)에서처럼, 혼은 영과 대비해서 격하된 의미로도 사용된다. 또한 혼은 특수하게 인간의 생동성을 뜻하며 노력하고 원하며 무엇을 향한 '나'의 특성에 속한 것이다(빌 1:27).

③ 영은 '안다'와 '행한다'의 의미를 내포한다.

루아흐와 네페쉬가 서로 유사한 의미로 사용된 것처럼, 바울도 영을 혼과 거의 같은 뜻으로 사용했다(고전: 7:34, 5:3). 여기에서 영은 전인격을 의미한다. 이와 연관되어서 영은 인격을 나타내는 인칭대명사처럼 사용되기도 한다(고전 16:18, 고후 2:3, 고후 7:5). 또한 혼이 원한다의 의미를 나타내는 것처럼, 영도 원한다의 의미로 사용될 수 있다(빌 1:27, 고전 1:10, 빌 2:1, 고후 12:18).

반면, 영의 의미는 혼의 의미와 달리 이성(νοῦς)의 의미를 내포할 수 있다. 고전 2:11에

---

17) 불트만은 이와 같은 대표적인 예로서 로마서 7:14을 다음과 같이 제시한다. "육은 그리스도인에게 있어서 죽었고 제거되었다(롬 8:2 이하와 고전 15:50). …… 반면 몸은 [육의 지배에서 벗어난] 부활의 생명을 지닌 자이다. 몸은 인간 자신인데 반해 육은 인간에게 요구하고 인간을 규정하는 세력이다. 그래서 바울은 육에 의한 삶은 말하지만 몸에 의한 삶은 말하지 않는다. …… 그의 희망은 육신의 감옥에서의 나의 해방이 아니라, 몸의 부활 및 육에 빠져 있는 몸이 영적인 것, 즉 영의 지배를 받는 것으로 변화하는 것을 지향했다." 이에 관해서는 불트만, 『신약신학』, p.197 참조.

서 인간의 영이 자신의 속마음을 헤아린다는 의미에서 현대적 의미의 '자기의식'을 뜻할 수 있다. 영은 '안다'와 관련된 인간학적 용어이다. 특히 롬 8:15-16, 고전 2:10-11에서 바울은 신의 영은 신을 알지만 인간의 영은 인간을 안다고 주장한다. 여기에서 영은 인식론적 모티브와 관련되는 것을 알 수 있다

여기에서 영은 혼의 의미와 자기의식의 의미가 더하여져서 이 의도적이고 목표가 확고한 주체처럼 '행동한다'의 의미가 확정된다(롬 8:26, 고전 2:10, 고후 3:6).

❖ **현대적 재해석:** 위의 관점에서 보면, 바울의 몸 담론이 이원론에 빠지지 않았다고 보는 타당성은 불트만이 몸을 개인의 실존적 결단의 인격성으로 이해하고 있기 때문에 가능하다. 그러나 바울이 이원론에 줄곧 빠지게 되는 경우는 오히려 공동체에 적용하였을 때이다. 이때에 바울은 몸 담론에 의해서 교회의 체제를 구축하려 했기 때문이다. 몸을 영과 혼의 용례 속에서 분석하는 불트만은 바울의 담론에서 이상주의적인 현대적 인간 이해를 추출하는 비정치적인 실존주의 해석으로 경도될 수밖에 없다. 이를 극복하는 최근 새로운 바울의 몸 담론의 정치적 해석의 가능성은 푸코의 권력과 저항의 상호연관성에 관한 이론적 탐구에서 비롯되었다. <u>푸코의 고대 윤리의 구조 이해에 의하면, 이 성서 본문은 바로 정신이나 이성이나, 우주가 아니라 바로 우리 '몸'이 우리의 도덕적 행위를 나타내는 핵심 요소, 즉 '윤리적 실체'(*substance éthique*)라는 것을 잘 나타낸다. 바로 바울은 우리가 몸을 훈련시킴으로써(ἄσκησις: askeēis) 우리와 우리 자신의 관계(윤리적 주체)를 새롭게 형성할 것을 요구하는 것이다.</u>[18]

---

18) 푸코의 몸 담론과 권력과의 관련성과 이에 대한 신약 성서 적용에 관해서는 Castelli, 1991, *Imitating Paul*와 Halvor Moxnes, 2003, "Asceticism and Christian Identity in Antiquity: A dialogue with Foucault and Paul", *Journal of Study of New Testament* (26.1), pp.3-29과 Økland, 2004, *women in their place*, pp.1-38 참조. '윤리적 실체'는, 푸코가 제시하는 윤리적 담론의 네 가지 요소들 중 하나의 요소로서, 현대에서는 감정, 칸트(I. Kant)에게서는 의도, 기독교에서는 욕망 등, 도덕적 행동을 집중시키는 데 가장 중요한 역할을 하는 인간의 기관들의 핵심 부분을 말한다. 여기에서 푸코가 말하는 윤리적 담론의 네 가지 요소들은 '윤리적 실체'(*substance éthique*), '예속화의 양식'(*mode d'assujettissement*: 또는 '도덕적 의무 형태')과 '자기 형성적 실천'(*pratique de soi*: 또는 윤리적 실천 형태)[즉 넓은 의미에서의 금욕주의(*l'ascétisme*)], '윤리적 실천의 목적'(*teleologie*)이다. 이에 관한 자세한 설명에 관해서는 Michel Foucault, 1983, "On the Genealogy of Ethics: An Overview of Work in Progress", H. L. Dreyfus & P. Rabinow, 1982, *Michel Foucault: Beyond Structuralism and Hermeneutics* 2 ed. (Chicago: University of Chicago Press), pp.229-252 참조.

필자는 이를 더욱 발전시켜서 연결, 이접, 연접의 배치들에 의한 주체 형성 과정을 드러내고자 하는 들뢰즈의 미시정치학적 통찰에 의해서, 주체와 객체의 존재 표현으로서의 바울의 몸 담론을 교회권력을 생성시키는 성령의 흐름들이 생산/등록/소비의 접속에 의해서 윤리적 주체로서 형성되는 과정과 관련시켜서 다음과 같이 새롭게 재해석할 수 있을 것이다.19) 교회 권력의 생산을 위해서 우리의 몸은 교회의 신앙고백에 의해서 시작되는 성령의 흐름들을 '접속'(connecxion)시키는 연결방식(종합)에 의해서 듣고(귀), 보고(눈), 말하고(입), 움직이는(손과 발) 교회 활동들을 담당하는 욕망하는 기계'의 충동(속성)들을 새롭게 배치하게 된다. 그리고 이러한 욕망하는 기계들은 윤리적 주체를 형성되기 이전에 윤리적 가치들을 판단할 수 있도록 성령의 활동들이 '이접'(disjoction)에 의한 연결방식에 의해서 '기관 없는 몸'의 실재들의 총체(실체)로 등록된다. 그리고 접속과 이접의 연결방식에 의해서 생성되는 성령의 활동들을 각각의 고유한 활동의 가치를 긍정하면서 인정하게 될 때 이러한 활동들과 연관된 기관들이 전부 상호 '통접'(conjoction)되어 형성되는 분열증적인 '노마드적(nomadic: 유목적인) 주체'는 윤리적 주체로서 새롭게 생성된다.20)

위의 몸 담론의 미시정치학적 재해석에 의하면, 결국 교회의 존재 양태와 연관된 우리의 몸은 교회의 권력관계에서 자신의 활동 방식을 극대화하고, 지배 권력에 복속되기 위한 성향체계(아비튀스: habitus)21)를 체현하는 접속하고 단절하는 '기계'의 장치와 밀접하

---

19) 몸을 권력의 장치와의 관련된 '욕망하는 기계', '기관 없는 몸', '노마드적 주체'로 이해한 미시정치학적 접근방법에 관해서는 들뢰즈,『앙띠오이디푸스』, pp.15-42와 이에 대한 자세한 해설로서는 서동욱,『들뢰즈의 철학: 사상과 그 원천』, 2002, 서울: 민음사, pp.152-207과 존 라이크만(김재인 역),『들뢰즈 커넥션』, 2005, 서울: 현실문화연구, pp.5-13, pp.21-39 참조.
20) 몸을 단순히 기관들의 종합으로 생각하는 것이 아니라 욕망의 흐름들을 단절하고 다시 연결시키는 운동과 이를 통해 일으키는 사건의 생성으로 몸을 이해하는 것처럼 필자도 우리 몸이 교회와 접속되었을 때 성령의 흐름이 단절되거나 다양한 방식(접속, 이접, 통접)으로 상호연결되어서 그리스도인의 몸의 다양한 활동이 일어나는 사건을 생성시키는 것으로 새롭게 재해석해 보았다. 이처럼 들뢰즈의 몸 담론의 미시정치학적 통찰을 원효의 불교 인식론과 존재론에서의 마음의 흐름의 관점을 탈근대적으로 재해석하는 데 사용한 예로서는 장시기, "원효와 들뢰즈-가타리의 만남: 깨달음의 몸과 기관들 없는 몸",『근대와 탈근대의 접경지역들』, 2001, 서울: 사람생각, pp.289-319 참조.
21) '아비튀스'는 불란서 사회학자 피에르 부르디외가 이론과 실천, 구조와 행위, 주관주의와 객관주의의 이원론을 극복하는 방식으로 사회적 실천의 양태를 계급구조와 계급 분류와 관련시켜서 분석하기 위해서 창안한 개념이다. 권력과 관련해서 아비튀스는 외적 사회 구조와 권력 기제를 내재화시켜서 형성된 성향, 사고, 인지 판단과 행동의 성향 체계로서 지배를 정당화하는 사회적 정체성을 형성시킨

게 관련된다. 실존주의적 이해와 달리 몸과 연관된 인간 이해를 미시정치학적으로 기술한다면, 몸은 자신의 몸을 유지하기 위해 필요한 물질적 기반과 자신의 내적 자유와 삶의 익숙한 현실 안주의 본능이나 자신의 성취욕과의 갈등 속에 있는 존재이다. 이러한 갈등을 해결하기 위해서 인간은 인간 존재의 정체성과 공동체성의 이중성을 몸에 체화(體化)한다. 이런 의미에서 인간의 몸은 지배 권력의 훈육 과정과 생체권력의 권력기술에 순복하는 권력의 내면화와 이로부터 탈주(脫走)하려는 주체화 전략이 공존하는 권력의 배치 활동의 물질적 터전으로 이해될 수 있다. 인간의 몸은 위의 두 가지 물질적 조건과 탈주의 욕망과의 갈등 속에서 자신의 육체에 적합한 삶의 주체를 창조적으로 구성하는 '존재양식'을 담는 그릇이라고 규정할 수 있다. 이 '존재양식'의 핵심적인 구성 요소는 물질적 토대와의 중층결정된 모순을 일으키는 가치평가적인 문화적 약호와 무의식적으로 연관된 가치의 상징체계이다.22)

2) 고전 6:12-20의 주석적인 고찰과 몸 담론의 미시정치학적 이해

본문 고전 6:12-20은 당시 고린도인들이 슬로건(slogan)을 통해서 자신들의 신념을 전달한 것을 반박하고 이 반박에 근거해서 신학적으로 자신의 주장을 발전시킨 패턴(pattern)을 세 가지로 반복해서 보여 주고 있다고 할 수 있다.23) 이를 토대로 6:12-20의 의미 구조를 제시하면 다음과 같을 것이다.

다. 이것은 신체 깊숙이 내재해 있는 성향을 자극시켜서 행위자가 다양한 상황에서도 어떤 특정한 행동의 패턴을 전략적으로 수행하도록 합리적/非합리적, 의식적/무의식적 성향들의 복합물이다. 이에 대해서는 현택수, "아비튀스와 상징폭력의 사회비판 이론," 『문화와 권력』, 1998, 서울: 나남출판사, pp.101-120 참조.
22) 몸에 대한 미시정치학적 이해에 관해서는 이진경, "푸코의 미시정치학에서 저항과 적대"를, '존재양식'에 관해서는 이종영, 『생산양식과 존재양식』, 1995, 서울: 백의, pp.145-288 참조.
23) 이러한 수사학적 구조에 관한 자세한 주석학적 토론에 관해서는 Jay E. Smith, 1996, "The Interpretation of 1 Corinthians 6:12-20", *The Interpretation of 1 Corinthians 6:12-20 and Its Contribution to Paul's Sexual Ethics* [Ph. D Thesis at Trinity Evangelical Divinity School], pp.158-159, pp.195-205 참조.

〈도표 II-3〉 성 윤리의 근거로서의 몸의 신학적 이해(고전 6:12-20)

1. 몸 윤리의 근거로서 법과 자유(12절)
   a. 연사 생략이 이끄는 슬로건의 소개(12a, c절)
   b. ἀλλά~οὐ에 의해서 이끄는 반박(12b, d절)
2. 성 윤리의 위반(음행)과 몸 담론의 목적(13-18a)
   a. 연사 생략이 이끄는 슬로건의 소개(13a-b절)
   b. τὸ~δέ에 의해서 이끄는 반박(13c-14절)
   c. οὐκ οἴδατε가 이끄는 해설 (15-17절)
   d. 권면(18a)
3. 몸의 윤리적 기능과 신학적 기원(18b-20)
   a. 연사 생략이 이끄는 슬로건의 소개(18b절)
   b. τὸ~δέ에 의해서 이끄는 반박(18c-20a절)
   c. 권면(20b절)

(1) 몸과 연관된 윤리적 실천의 목적: 고전 6:13

고전 6:13a: "식물은 배를 위하고 배는 식물을 위하나". 6:13b: "하나님이 이것 저것 다 폐하시리라", 6:13c: "[그러나] 몸은 음란을 위하지 않고 오직 주를 위하여 주는 몸을 위하시니라."

13절은 12절의 자유의 원리와 이에 따르는 윤리적 행위의 기초에 근거하여 몸과 연관된 성윤리를 논쟁적으로 제시하고자 한다. 12절에서 바울은 모든 것이 허용되었다는 슬로건에 대해서 이러한 표어로 살아가려는 윤리적 실천은 공동의 유익(12a)과 노예화에서 벗어나는 것(12b)에 어긋날 수 있다고 이를 반박하였다. 또한 바울은 '나'라는 인칭을 여러 번 사용함으로써(12절 3번, 15절 1번) 윤리가 자기와 자기 자신의 고유한 관계의 문제라는 것을 암시하게 된다. 이제 이를 토대로 13절에서 바울은 식물이 배를 위하고 배가 식물을 위한다는 슬로건을 통해서 자신들의 자유방임적인(libertine) 윤리를 구축하려 하였던 고린도인들의 윤리관을 정면으로 반박한다. 더구나 "하나님이 이것저것 다 폐하시리라"를 우리말 번역에서처럼 바울의 주장으로 간주하려 하는 주석에 대해서 반대하는 입장이 우세하다.[24] 고전 6:13b가 바울의 것이 아니라 고린도인의 것인 이유를 우리는 다음과 같이

---

24) 위의 글, pp.42-80과 Jerome Murphy-O'Connor.O.P. 1978, "Corinthian Slogans in 1 Cor 6:12-20", *CBQ 40*, p.394 참조; 이 부분이 바울의 주장이라고 생각하는 학자는 J. C. Hurd, E. Guttgemanns, H. Conzelmann,

제시할 수 있을 것이다. 첫째, 이 구절에 나오는 '파괴할 것이다'(καταργήσει)라는 희랍어는 바울이 드물게 사용하는 용어일 뿐 아니라, 고전 6:13b에서의 파괴의 종말론은 바울의 변형과 구속의 종말론적 신학과 다르다. 두 번째, 식물은 배를 위하고 배는 식물을 위한다는 구절(13a)은 다음 절에 나타나는 몸이 주(主)를 위할 뿐 아니라 주가 몸을 위한다는 것(13c)과 서로 정확히 대조되고, 하나님이 이것 저것 다 폐하실 것이라는 구절(13b)은 하나님이 주를 살리셨고 또한 우리를 살리실 것(14절)이라는 그 다음 절의 바울의 주장과 정확하게 서로 대조된다. 세 번째, 6장 12절이나 6장 18b-20절의 수사학적 패턴과 유사하기 때문에 고린도인의 연사생략 방식의 슬로건이 나올 수 있다. 구체적으로는, ~δε가 이끄는 절을 통해서 바울 자신의 견해를 제기하는 18c의 문장 패턴처럼 13a와 13b가 대조되는 것이 아니라 13a-b와 ~δε가 이끄는 13c와 대조된다.25)

최근까지도 고전 6:13b가 사실 배와 식물 등과 같은 물질세계를 전적으로 부인하려는 영지주의 또는 원시적 형태의 영지주의(proto-Gnosticism)자들의 주장을 내포하고 있다는 종교사적 통찰이 있어왔다.26) 하지만 이 슬로건을 지지하는 고린도인들의 성 윤리는 몸과 관련된 음행이 도덕적 문제와 상관없다고 보는 스토이시즘이나 견유학파의 윤리적 입장과 유사하다는 것을 주장하기도 한다.27) 또 다른 한편 고전 6:12의 슬로건("모든 것이 가하다")을 고전 10:23과 15:29-34의 주장과 긴밀히 연관시켜서 고전 6:12-20의 성윤리는

D. G. Horrell이지만, 고린도인의 주장이라고 확신하는 학자는 A. Wikenhauser, W. Schmithals, C. K. Barrett, J. Murphy-O'Connor, J. E. Smith 등이다.

25) 13b가 바울의 것이 아니라 고린도인들의 슬로건이라는 견해에 대한 자세한 논의와 그 근거들에 대해서는 Smith, 위의 글, pp.42-60 참조. 반대로 13b가 바울의 것이라는 최근의 대표적인 견해에 관해서는 David G. Horrell, 2005, *Solidarity and Differnce: A Contemporary Reading of Paul's Ethics* (London: T&T Clark International), pp.140-152 참조.

26) W. Schmithals, 1971, Gnosticism in Corinth trans. John E. Steely (Nashville: Abindon); Hans Conzelmann, 1975, *1 Corinthians* (Philadelphia: Fortress), pp.14-16. 이러한 견해에 대한 요약과 비판에 관해서는 Martin, 2005, *The Corinthian Body*, pp.70-71.

27) 12-20절의 슬로건들을 제시한 바울의 반대자의 종교사적 배경에 관한 자세한 토론과 그 근거에 관해서는 Jay E. Smith, 2003, "The Roots of A Libertine Slogan in 1 Corinthians 6:18", *Southwest Commission on Religious Studies*, [SBL-AAR-ASSR-ASOR 연례대회 발표 자료집, Irving City, Texas], 4-17 참조. 그동안 한국에 소개되었던 바울의 적대자에 관한 토론에 관해서는 전경연,『고린도서신의 신학적 논제』, 1988, 서울: 대한기독교서회, pp.38-49, pp.70-78, pp.151-167과 김연태,『바울해석』, 1995, 서울: 대한기독교서회, pp.79-93 참조.

플라토니즘(Platonism)의 영혼/몸의 이원론과 에피큐로스주의(Epicureanism)의 쾌락주의를 연결시켜서 연회에서 먹고, 마시고, 즐기는 성인식 잔치 문화를 정당화시키려는 1세기 상류 엘리트층의 윤리적 태도를 반영한다고 주장하기도 한다.28) 이에 대해서 우리가 우선 주목해야할 것은 원시 영지주의처럼 바울이 단순히 육체가 악하다고 주장한 것도 아니고 이원론을 원시형태로 제기한 것도 아니다. 더구나 바울은 음행이 非도덕적이라는 것을 주장하는 것이 아니라 몸이 도덕적 논의의 영역이 아니라는 주장을 근원적으로 비판하고 있다는 점이다. 우리는 이 본문이 단순히 영지주의와의 신학적 갈등 보다는 소수의 상류층과 다수의 하류층의 그리스도인들 사이의 윤리적 쟁점을 반영한다고 볼 수 있다. 특히 우리는 말틴(D. B. Martin)의 최근 연구에 따라서 바울의 적대자는 길거리 철학자로서 견유학파가 아니라 당시 상류층의 학교나 가정에서 활동하고 있는 스토이시즘과 견유학파 철학자들의 견해와 연관되었다고 상정할 필요가 있다.29) 위의 논의를 종합하면, 바울은 스토이시즘과 견유주의 철학의 절충주의적 의견을 차용한 당시 고린도 교회의 소수인 상류계층의 몸 윤리를 비판하고 있다고 보아야 할 것이다. 이들은 자신들이 종종 초대되는 연회에서 행하게 되는 창기와의 음행을 정당화하는 데 위의 철학의 슬로건을 사용하고 있다고 볼 수 있다.

　여기에서 필자가 주목하고 있는 것은 바울은 여기에서 음행을 피하기 위해서는 주의 영의 흐름으로 시작하였던 교회의 몸(σῶμα)은 자신과 자신의 관계의 윤리적 훈련을 통해서 몸인 성전에 거주하시는 주의 영을 언급하고 있는 점이다(16, 19절). 바울은 상류층의 이러한 주장이나 하류층의 여성 예언자들의 주장과 달리, 몸이 영이 거주하는 성전이라는 독특한 입장을 제시하고 있다. 바울은 또한 음행이 당시 문화에서 도덕적인 문제가 되지 않은 것처럼 교회에서도 문제가 되지 않는다는 이유를 슬로건을 통해서 파급시키려는 상류층의 활동을 차단하려고 이들의 입장에 대해서 정면 반박을 시도하고 있는 것이다. 바울은 이제 몸에 행하는 성적 행위가 음식과 배의 관계처럼 자연적이라는 고린도인들의 생각에 대해서 몸에 관한 행위가 도덕적 문제일 뿐만 아니라 자기 자신과 인간과의 관계

---

28) Bruce W. Winter, 2001, *After Paul Left Corinth: The Influence of Secular Ethics and Social Change* (Grand Rapids: William B. Eerdmans Publishing Company), pp.76-109.
29) Martin, 2005, *The Corinthian Body*, pp.70-76.

와 연관된 윤리적 문제가 된다고 주장한다. 그래서 창기와 합하는 자는 한 몸이 되어 둘이 한 육체를 이룰 것이라는 16절에서처럼 몸과 연관된 인간의 행위는 그 내용에 있어서 상류층과 하위층, 남자와 여자 間의 관계를 모두 내포하고 있는 공동체적 문제라는 것을 암시한다.

결국 바울은 영/혼/육의 요소들로 이루어진 것처럼 생각하는 것 같지만(살전 5:23), 몸에 대한 전체적인 용례에 비추어 보면 몸은 공동체의 영(πνεύμα: 영적 삶)과 밀접하게 관련되고(엡 4:4-6), 혼(ψυχή)은 영적인 삶을 영위하게 하는 개별적인 생명력을 말한다. 또한 영과 관련 없는 개인의 육(σάρξ)적인 삶은 그리스도인의 삶의 존재양식과 정면으로 배치되는 것으로 이해한다(갈 5-6장). 이런 점에서 바울은 음식과 배와 같은 육성이 없어질 것이라는 것(13a, b) 보다 몸의 부활을 더욱 강조함으로써(13c-14) 공동체의 몸을 강조하려 하였다. 몸의 육성을 부정하면서 몸이 도덕적 문제가 아니라는 고린도 입장을 비판할 뿐만 아니라 바울은 이제 공동체적 교회의 몸을 주가 '감찰'하고 계시기 때문에 몸이 주를 위해 사용될 수 있도록 훈련시킬 필요가 있다고 주장하고 있는 것이다. 주가 몸을 위해 존재하기 때문에 몸은 음행을 위해 사용되어서는 안 된다. 또한 몸이 주를 위해, 주가 몸을 위한다는 것은 부활의 우주적 몸과 교회의 사회적 몸의 위계주의적 상하관계를 갖고 있는 것이 아니라 통치자(주)와 피통치자(몸)의 평등주의적 상호 교호 및 조응관계를 암시한다.

✜ **현대적 재해석:** 위의 주석에서 볼 수 있는 것처럼 이 본문은 불트만의 실존주의 해석이나 마틴(D. Martin)이나 네이레이(J. H. Neyrey)의 문화인류학적 해석과도 차이가 난다. 이것은 철저하게 음행에 관한 고린도 교회의 구체적인 공동체 윤리와 관련된 것이기 때문에 몸이 단순히 실존적인 윤리의 문제로만 논의되지 않는다. 또한 음행의 문제가 고전 6:16에서만 창 2:24의 거룩한 결혼의 신비에 관한 언급과 연결되었을 뿐 제 6 계명을 어긴 점이 구체적으로 언급되어 있지 않기 때문에 문화인류학에서 강조하듯이 성 윤리 규범과 연관된 정결례의 지표로서 몸을 이해하고 있지 않고 있다. 그래서 우리는 오히려 자기에의 배려와 빠르지아(παρρησία: 당당히 진리 말하기)의 자유의 실천, 기예, 덕목 함양 등을 통해서 윤리적 주체를 형성하려는 고대 그리스의 자아 형성적인 윤리 모델을 탐구하였던 푸코의 고대 금욕주의(ἄσκησις) 이론에 의해서 재해석할 필요가 있다. 몸은 음

란을 위한 것이 아니라 주를 위한 것이라고 주장할 때 이러한 몸 담론은 '윤리적 실천의 목적'(teleologie)을 나타낸다.30)

이를 더욱 발전시켜서 들뢰즈의 미시정치학의 관점에 의하면, 바울은 사실 여기에서 몸의 '육체성'과 '초월성'으로서의 주가 아니라, 몸의 '주체성'과 법, 계약, 제도를 벗어난 '외부성'으로서의 주를 대비시키고 있다고 볼 수 있다. 한편으로, 바울은 공동체적 윤리의 근거로서 외부성의 주름이 내재화된 그리스도의 영이 몸에 내주하는 것을 상정하게 됨으로써 로마의 제국주의적 통치의 정점이 되는 로마의 황제와 대결하는 대항문화의 몸 담론과 이를 촉구하는 노마드적(유목적) 사유를 제시한 것이다. 여기에서 몸이 주를 위하는 것만 아니라 주가 몸을 위한다는 것은 외부성으로 존재하는 주는 우리 몸이 둘이 한 육체가 될 수 있는 상대적으로 탈영토화된 기관 없는 몸일 뿐만 아니라 절대적으로 탈영토화된 기관없는 몸인 부활의 몸이라는 것을 일깨워 줌('감찰'함)으로써 새로운 노마드적(유목적) 윤리 주체가 될 수 있도록 촉구하게 한다. 그러나 다른 한편, 바울은 이러한 몸에 대한 은유를 통해서 로마의 제국주의 통치의 이상이 내재화된 교회 권력의 의도를 감추고, 교회 권력의 중심성을 강조하기 위해서 가부장제적 상징체계에 근거한 교회의 '사회적 몸'을 '우주적 몸'으로서 투사하고 있다고 볼 수 있다. 그럼에도 불구하고, 기관 없는 몸을 주관하는 외부성의 '주'와 기관들로 가득찬 영토화될 수밖에 없는 내부성의 '몸'이 상호교호적으로 공존할 수밖에 없는 인간의 모호한 주체성은 외부성이 내재화된 주름을 탈주의 선으로 제공하고 있는 주의 영을 통해서 유대교와 로마제국의 억압적 권력 장치로부터 '탈영토화'(déterritorialisation)하는 능력을 갖게 된다는 것을 암시한다.31)

---

30) Moxnes, 2003, "Asceticism and Christian Identity in Antiquity", pp.18-19, pp.22-23. 여기에서 '윤리적 실천의 목적'이란, 푸코의 윤리적 담론의 네 가지 요소들 중 하나의 요소로서, 윤리적 주체가 궁극적으로 추구하려는 도덕적 행동들의 목적을 말한다. 푸코의 금욕주의 이론과 그 정치윤리적 중요성에 대한 자세한 설명에 관해서는 박승규, 『푸코의 정치윤리』, 2002, 서울: 철학과 현실사, pp.122-305 참조.

31) 몸을 조정하는 법, 계약 제도와 같은 권력의 장치로부터 벗어나서 탈영토화/탈코드화하는 니체 철학의 대항문화적 유목적 사유와 대항담론적 스타일에 관해서는 Gilles Deleuze, 1985, "Nomad Thought (1973)," *The New Nietzsche: Contemporary Styles of Interpretation*, ed. & Intro. by David B. Allison (Cambridge: MIT Press), pp.142-149 참조.

(2) 몸의 윤리적 의무 형태와 실천 형태: 고전 6:15, 6:18-20

"너희 몸이 그리스도의 지체"(6:15)이므로 창기의 지체로 만들 수 없다. 이 구절의 몸의 용례에서는, 몸이 여러 다른 소재들로 각인 될 수 있는 육체의 형태나 형식이라는 것이 아니라, 나의 육체를 내가 조정하거나 다른 세력에 의해 조정될 수 있는 가능성 즉, 나의 전존재를 얻을 수도, 잃을 수도 있는 가능성으로서의 '존재의 표현'을 나타낸다. 그래서 나의 몸은 나와 거리를 두고 나의 육체를 대상화 될 때 나타나는 책임적인 존재로서의 인격을 나타낸다.

불트만은 이러한 특성의 성서적 근거를 다음과 같이 제시하였다. 몸을 자기 자신을 조정하고 자신의 행위의 대상으로 만들 때 예수의 흔적을 자신의 몸에 지닌다고 보았다. (갈 6:17) 반면 몸은 자신의 조정력을 빼앗는 외부세력에 의해서 영향력을 받는다. 예를 들면, 롬 6:12의 '몸의 욕심들'은 고전 15:44-49의 '영의 몸'과 빌 3:21의 '영광의 몸'과 대조된다. 불트만은 위의 몸의 이중성이 실존론적 특성을 드러낸다고 다음과 같이 주장한다.

> 그러므로 몸으로서의 인간의 특징에는 인간이 자기 자신에 대해 어떤 관계를 가지고 있는 존재라는 것, 이 관계가 바로 된 것일 수도, 잘못된 것일 수도 있다는 것, 자신을 소유할 수도, 상실할 수도 있다는 것 ……. 그의 몸됨 자체는 어떤 선한 것도 어떤 악한 것도 아니다. 그러나 오로지 그가 몸이라는 이유에서만 선할 수도 악할 수도 신과의 관계를 가질 수도 있는 가능성이 그에게 있다.[193-194]

이와 비슷하게 고전 6:19-20은 몸의 주체와 객체의 이중성을 나타내 보여 준다. 예를 들면, 6:19에서 몸이 나에게 객체와 주체가 될 때 그 결과를 제시한다. 객체의 경우, 몸은 하나님께로부터 받은바 '성령의 전'이며 우리의 것이 아니고 '값으로 산 것'이다. 몸은 내가 갖는 소유물이기 보다 언제나 외부로부터 나에게 주어진 것이다. 반대로 6:20에서는 몸이 주체로서 나의 의지에 따라 이를 처분할 수 있다. 나는 몸으로 하나님께 영광을 드릴 수 있다. 몸을 주체로서 내가 하나님께 다시 되돌려야 하는 의무는 객체로서 몸이 하나님께서 우리에게 값으로 사셔서 부여한 것이기 때문이다.

다른 한편, 18절은 주석학적으로 전부가 바울이 주장하는 것이 아니라 "음행을 피하라"(18a)고 바울이 명령하고 있지만, 고린도인들은 "사람이 범하는 죄마다 몸 밖에 있거니와"(18b)라고 주장하고 있기 때문이다. 이것은 다음과 같이 풀어 쓸 수 있다: "몸은 죄와 상관이 없다. 육체적 몸은 도덕적 성찰의 대상으로는 적합하지 않는다. 왜냐하면 죄는 인간 존재 양태의 전혀 다른 수준에서 일어나기 때문이다." 이에 대해서 다시 바울은 "[그러나] 음행하는 자는 자기 몸에게 죄를 범하느니라"(18c)라고 반박하고 있다고 볼 수 있다.32) 이에 근거하면 고린도인들은 몸에 관해서 일어나는 윤리적 문제는 신앙의 핵심 문제인 죄의 문제와 상관없다고 주장하는 반면, 바울은 음행을 피해야 하는 구체적인 윤리적 주체로서 몸의 훈련을 중요시하고 있다. 이런 의미에서 불트만이 주장하듯이 몸이 주체와 객체의 이중성으로 이해하는 것이 중요한 것이 아니라 몸과 관련하여 일어나는 성 윤리의 문제가 종교적인 죄의 문제와 직결될 수 있기 때문에 이에 대한 금욕주의적 훈련(ἄσκησις)이 필요하다는 것을 제시하고 있는 것이다.

❖ **현대적 재해석**: 이 부분은 '몸이 행동의 주체이며 객체이다'라는 불트만의 몸의 이중성이 적용되기 아주 좋은 예가 될 수 있다. 그러나 바울의 몸의 이중성은 단순히 불트만이 강조하는 실존주의적 인격성의 이중성을 나타내기보다 오히려 영과 육(사유와 연장), 지성과 감성, 몸과 머리의 데카르트적 이원론을 극복한다는 점이 보다 명료하게 논의되어야 할 것이다. 사유와 연장의 이분법에 의해서 사유하는 지성적 자아를 지나치게 강조하고 자연의 연장과 연관된 몸의 육체성을 폄하하였던 데카르트적 코기토(cogito)로서의 인간 이해를 암시적으로 비판하고 있는 점이 가능한 것은 단순히 실존주의 해석이 옳다는 것을 입증하는 것은 아니다.

여기에서 불트만의 실존주의 해석과 달리, 몸의 주체성/객체성의 이중성에 대한 고대의 성 담론의 금욕주의 훈련의 특성을 나타내고 있다는 의미에서 탈근대적 재해석이 요구된다. 이점에서 푸코의 고대의 성 담론이 단순히 몸의 실존주의적 이중성을 나타내기보다는 자기에의 배려와 정치적·사회적 권력 관계가 상호 연관된 금욕주의 훈련과 연관된다는 탈근대적 통찰이 매우 유용하다. 푸코의 고대 윤리적 담론의 관점에 의하면, 이 성서 본문의 몸 담론에 관해서는 6:15, 19-20a는 도덕적 의무의 형태를 인식하는 방식과 관련된 '예속화의 양식'(*mode d'assujettissement*: 또는 '도덕적 의무 형태')을, 6:18a과 20b

---

32) Smith, 2003, "The Roots of A Libertine Slogan in 1 Corinthians 6:18", 1-4; 풀어 쓴 번역에 관해서는 Murphy-O'Connor. 1978, "Corinthian Slogans in 1 Cor 6:12-20", pp.391-396 참조.

는 윤리적 주체가 되기 위해서 우리 자신을 변화시키는 수단이 되는 '자기 형성적 실천'(*pratique de soi*: 또는 '윤리적 실천 형태'), 즉 넓은 의미에서의 금욕주의(*l'ascétisme*)를 각각 나타낸다. 바울이 여기에서 제시하는 '예속화의 양식'은 세례를 통해서 그리스도인은 그리스도의 지체가 되었고, 성만찬을 통해서 성령의 전이 되었다는 것을 인식하면서 도덕적 의무 형태를 확정하였을 때 나타난다. 또한 바울이 제시하는 '자기 형성적 실천'은 음란을 멀리하고 몸으로 하나님께 영광을 돌리는 일을 적극적으로 실천하는 금욕주의 훈련을 요구한다. 왜냐하면 음행을 행하는 것은 하나님과 반대되는 영의 세력에 복종하는 것이고 하나님을 영화롭게 하는 것이 아니기 때문이다. 여기에서 중요한 점은 고대에서는 성과 관련된 자기 형성적 금욕주의 훈련은 정치적 권력이 각인되는 사회적 몸에 저항할 수 있는 토대가 된다는 점에서 노마드적 주체 형성의 기초가 된다는 점이다.33)

위의 노마드적 주체 형성의 관점을 들뢰즈의 몸 이해를 통해서 더욱 발전시키면, 몸은 몸 안의 힘과 욕망을 생산하는 기구가 될 수 있고, 자신과 타자의 욕망과 권력이 특정한 가치 판단에 의해서 분배되어 등록되는 장소(들뢰즈에게는 '기관 없는 신체')도 될 수 있다(롬 6:12: '몸의 욕심들'). 여기에서 몸이 한 개인의 도구라기보다 그리스도의 몸으로서의 교회의 권력기구의 배치 활동의 대상도 될 수 있다는 것을 나타낸다. 이것은 불트만의 개인주의적 실존주의적인 인간 이해와 거리가 있다. 한편으로, 바울은, 몸이 하나님의 영이 거주하는 대상이 될 수 있는 것과 마찬가지로 몸이 세상 권력의 장치에 의해서 포획되는 것도 가능하기 때문에, 몸과 연관된 인간의 성향체계 전체가 하나님의 영광을 위해서 작용하는지 성찰할 것을 요구하는 것이다. 반면, 다른 한편으로 몸이 내가 조정할 수 있는 주체로서 하나님의 영광을 위해서 사용될 수 있기 때문에 바울은 교회의 구성원들이 교회권력의 억압에 대해서는 이를 저항할 수 있도록 자기와 자기와의 관계를 성적 금욕에 의해서 훈련할 것을 강력히 요구하고 있다고 할 수 있다. 달리 말하면, 우리의 몸은 그리스도의 몸값으로 하나님에 의해서 무상 증여된 것이기 때문에 우리는 교회의 권력에 복

---

33) Moxnes, 2003, "Asceticism and Christian Identity in Antiquity", pp.20-22. 여기에서 '예속화의 양식'(또는 '도덕적 의무 형태')과 '자기 형성적 실천'(또는 '윤리적 실천 형태')은, 푸코가 제시하는 윤리적 담론의 네 가지 요소들 중 두 가지 요소로서, 전자는 도덕적 의무를 자극시키고 이를 인식하는 방법과 그 윤리적 주체의 존재론적 근거를 말하고, 후자는 윤리적 주체가 되기 위해서 자기 자신과의 관계를 변형시키는 금욕주의적 훈련의 구체적인 형태 말한다.

속되는(sujettissment) 성향체계로 훈육되어야 할 몸이만 동시에 세상 권력에 대항할 수 있는 노마드적 주체를 성 윤리를 통해서 형성해야할 주체로서의 몸이기도 하다. 더구나 미래의 부활에 동참하게 될 몸에 대해서 증언할 수 있는 '성령'(πνεύμα)이 계신 성전으로서 인간의 몸은 이와 적대적인 세상 권력과 구별되는 성전으로서의 몸을 위해서 금욕주의적 훈련의 대상이 될 수 있다. 이것은 아이러니칼(ironical)하게도 우리의 몸은 교회 권력의 장치에 의해서 포획될 또 다른 객체가 될 위험에 대비할 것을 성 윤리의 훈련을 강조하면서 나타내 보여준다. 이런 의미에서 음행을 피하라는 바울의 성 윤리는 이러한 외부의 권력에 대항할 수 있는 지렛대를 확립하기 위해서 자기 자신과의 관계와 직결되는 몸의 욕망과 충동을 조정하는 성 윤리의 금욕주의 훈련이 필요하다는 점을 극적으로 드러낸 것이라고 간주할 수 있다. 이런 의미에서 음행을 피하라는 바울의 구체적인 금욕주의적 몸 훈련의 강조는 단순히 사회의 문화적 가치들이 기계적으로 몸에 각인되는 객체성만을 지나치게 강조하는 문화인류학적인 몸 이해와도 다른 자기 형성적 금욕주의 훈련의 윤리적 차원을 보여준 것이다.

(3) 직설법/명령법의 변증법에 의한 몸 담론의 윤리적 목적: 6:13-18, 19-20

최근에는 바울의 신학과 윤리의 관계를 나타나는데 직설법과 명령법의 변증법 대신 변혁과 참여 모델이 새롭게 제기되기도 한다.34) 그러나 종말론과 관련해서는 여전히 바울의 몸의 신학과 이에 따르는 성 윤리의 연관성을 나타나는 데도 유용성이 있다고 할 수 있다. 우선 직설법의 형태로 제시되면서 '도덕적 의무 형태'를 나타내는 14-15절과 19-20a절는 사실 13절의 "몸이 주를 위하여 주가 몸을 위하여"를 자세히 설명하는 방식으로 제시된다. 그리고 음행을 피하라는 18a는 14-15절의 직설법에 대한 명령법의 형식으로 제시되고, 너희 몸으로 하나님께 영광을 돌리라는 20b는 19-20a절의 직설법에 대한 명령법의 형식으로 제시된다. 특히 14-15은 과거의 그리스도에 대한 하나님의 부활 능력과 미래의 우리에 대한 하나님의 부활 능력이 동시에 연관된다. 여기에서는 그리스도의 몸의 부활에 의해서 우리의 몸의 부활(14)과 우리의 몸이 그리스도의 지체가 되는 교회의 우주적 몸의

---

34) 직설법과 명령법의 윤리적 범주의 한계에 관해서는 Udo Schnelle, 2005, *Apostle Paul: His Life and Theology* trans. M. E. Boring (Grand Rapids: Baker Academic), pp.546-551 참조.

연대성(15)이 동시에 하나님의 능력에 의해서 가능하다는 것을 보여준다. 과거/미래의 직설법적 형태의 부활(14)은 현재의 명령법적인 우리의 행위의 당위성(18a)과의 긴장을 보여준다. 또한 바울은, 14절에서 우리 몸이 궁극적으로 하나님의 능력에 의해서 부활의 몸이 될 것[미래의 직설법]뿐만 아니라, 몸의 객체와 주체의 이중성을 드러내는 19-20a절에서도 우리 몸이 성령의 전이고[현재의 직설법], 그리스도를 통해서 대속적인 값으로 산 것이기 때문에 [과거의 직설법] 우리는 몸을 주의 영광을 위해 사용해야 한다고 주장한다 [현재의 명령법].

　이러한 몸에 대한 종말론적 이해는 다음과 같은 고전 6:14-17의 성윤리의 신학적 해설과 연관된다. 고전 6:14-17에서 몸은 그리스도의 지체이고, 주의 몸과 합하는 자는 한 영이 되어 둘이 한 육체가 되는 것처럼 영적인 유대를 형성한다는 직설법을 제시한다. 여기에서 둘이 한 육체가 되었다는 것이 논의에서 가장 중요한 데 이것은 비유적인 의미에서 한 몸이 되었다는 것을 의미하기보다 문자적 의미에서 성적 관계에 의하여 한 육체가 되었다는 점이 강조되어야 한다. 이런 면에서 15-17절에서 주목할 것은, 몸, 육체, 영이 사용되어서 일관성이 없어 보이지만, 결국 성관계에 의해서 한 육체가 되는 한 그리스도인들이 그리스도의 영에 의해서 한 영이 되었기 때문에 음행에 의해서 창기의 지체가 되어서는 안 된다는 것이다. 특히 창 2:24이 인용된 17절의 둘이 한 육체가 된다는 것은 "그 둘이 한 몸이 될 찌니라"(막 10:8)에서와 달리 보다 육체성이 강화되어 번역되었다. 이것은, 15절에서 그리스도의 지체가 된 몸도 결혼에 의해 이룩된 한 몸과 관련된 비유적 의미가 아니기 때문에, 불트만이 말하는 몸이 준인간적인 존재 표현 양식이라는 이해를 여기에 적용시키기 어렵다는 것을 말한다. 창기와 성적 관계를 갖는 것과 그리스도의 영과 한 영이 되는 것이 왜 둘 중 하나를 선택해야 하는 모순된 것인지, 그래서 전자가 왜 근원적으로 부도덕한 것인지 자세히 설명하지는 않았다. 단지 바울이 살전 4:3-8과 고전 5:1-13에서 이미 언급하였던 것처럼 창기의 몸과 혼합할 수 없는 영적인 몸은 거룩의 가치를 구현해야 한다는 점을 암시할 뿐이다.35) 더구나 15절의 몸과 지체의 메타포(metaphor)는 고전 12장의 몸과 지체와의 관계에 대한 공동체성의 흔적을 엿볼 수 있다. 이것은 고전 12:27-31, 12:12-26에서와 같이 몸이 공동관계, 전인적, 우주적인 특성을 갖고 있다는 것과

---

35) Smith, 1996, "The Interpretation of 1 Corinthians 6:12-20", pp.86-126, pp.206-296 참조.

연관된다. 또한, 그리스도의 지체로서의 우리 몸은 고전 12:21-26에서와 같이 하나님의 능력의 非대칭적 분배와 反위계적 평등주의를 드러낸다.36)

그러나 18절a에서의 바울의 음행을 피하라는 명령법은 13-17절의 논의의 결론이지만 바로 다음에 나타나는 18b-c에서 고린도인들의 주장과 이에 대한 바울의 반박을 근거로 명료한 금욕주의적 윤리적 주체 형성을 촉구하게 된다. 더구나 더욱 중요한 것은 고전 6장 18c("음행하는 자는 자기 몸에게 죄를 범하느니라")에서 바울은 그리스도의 영과 합한 그리스도인의 음행은 몸 안에 죄를 지은 것이라고 주장한다. 이것은 18b에서 바울 공동체의 고린도인들 스토이시즘(Stoicism), 前영지주의적, 헬라 대중철학의 음행에 관한 일반적 주장과 정면으로 대치된다. 이들에 의하면, 죄가 내적 동기와 의도의 문제이기 때문에 음행의 문제는 몸 밖에서 일어난 일로서 도덕적 고찰의 대상이 아니다. 이들의 일반적 주장은 죄가 단지 우주적인 차원과 관련될 뿐 도덕적/윤리적 고찰의 대상이 아니라고 주장하는 것이다.37) 이에 반하여 바울은, 이제는 우리가 신앙적 윤리적 주체성과 관련된 그리스도의 영과 하나가 되었을 뿐만 아니라, 그리스도의 죽음과 부활을 증거하는 영이 성전인 우리 몸 안에 거주하고 우리 몸이 하나님이 그리스도의 죽음의 몸값을 주고 우리를 구속하셔서 하나님의 것이 되었기 때문에(19절) 몸과 관련된 음행은 금욕주의적 훈련과 윤리적 고찰의 대상이 되어야 한다고 주장하고 있는 것이다. 그래서 20b에서는, 음행을 피하라는 18b의 명령법에서처럼, 하나님께 몸으로 영광을 돌리라고 명령한다.38)

✤ **현대적 재해석**: 바울서신과 같은 고대 문서에서는 몸은 개인적 의미와 사회적 의미의 몸이 나누어 있지 않다는 의미에서, 한편으로 필자의 위의 주석적 논의는 결국 불트만이 말하는 全인격으로서의 몸 개념을 투사하여 해석하는 해석 양식이 위의 본문에서는 설득력을 갖지 못한다는 것을 확증한 셈이다. 놀라운 것은 "창기와 합하는 자는 저와 한 몸인 줄을 알지 못하느냐"(15a)라고 했을 때 이 한 몸은 불트만이 말하는 全인격으로 해석하는 것은 15b의 "둘이 한 육체가 된다 하셨나니"(창 2:24 재인용)와 일관성이 없게 된다. 바울에게서 몸은 사회적, 공동체적, 우주적 연대성을 의미하고 신의 계획이 실행되는 영

---

36) 유승원, "그레코-로마 세계의 몸 메타포," 2000, pp.149-166.
37) Smith, 2003, "The Roots of A Libertine Slogan", pp.1-17.
38) Smith, 1996, 앞의 논문, pp.176-205.

역이기 때문에 불트만의 全인간적인 존재표현 양식이나 현대적 의미의 '자아'에 기반한 개인주의와 이성중심적 이원론적 세계관과 대조된다. 바울이 말하는 역동적인 노마드적 몸에서 공동체성을 제거한 현대적 의미의 몸은 각자의 섹슈얼리티(sexuality)만이 강조된 상품화의 대상으로 전락한다. 바울의 몸 담론에 의하면, 몸이 다른 몸과 연합하여 한 육체로도 변화할 수 있는 물질적인 몸일 뿐만 아니라(16절) 그리스도의 영이 내주하셔서 그리스도와도 한 영이 되어(17절) 하나님과 연대 속에서 부활을 기다리는 몸이다. 이에 대해서 우리는 위의 본문을 푸코의 몸에 대한 금욕주의 윤리에 의해서 다음과 같이 재해석할 필요가 있다. 하나님은 주를 일으키셨고(6:13-14) 우리도 일으키실 것이기 때문에 몸으로 하나님께 영광을 돌리라(6:20)는 말씀은 금욕주의(ἄσκησις)적 윤리적 주체 형성을 위한 '윤리적 실천의 목적'을 보다 결정적으로 나타낸다. 또한 몸이 종말론적 부활을 위한 것일 뿐만 아니라 몸의 지체이고 주의 영이 내주하여 주와 한 영이 되었다는 주장은 '예속화의 양식'(도덕적 의무 형태)을 잘 나타낸다.39)

다른 한편, 위의 필자의 주석적 토론은 최근 페미니스트들의 바울이 결국 영적 자유를 해치는 공동체의 구조적 질서를 지나치게 강조했다는 비난에 대해서도 어느정도 비판적 입장을 유지할 수 있게 된다. 최근 와이어(A. Wire)와 같은 페미니스트들의 수사학적 비평에 의하면, 바울의 몸 담론은 결국 11-14장에서처럼 영적 자유를 추구하기 보다는 새롭게 구성되는 교회체제의 구조적 질서를 강조하는 방식으로 제시되었다.40) 수사학적 비평은 바울의 수사가 제시하는 의미를 드러내지만 바울의 수사를 현재의 역사에 특권을 부여하는 보편사적 관점에서 가치평가하는 정치-윤리적 가치를 드러낼 수 없다. 그렇기 때문에 바울의 몸 담론을 단순히 수사학적으로 해석하기 보다는, 들뢰즈의 미시정치학적 통찰에 의해서 재해석할 필요가 있다. 바울의 몸 담론은 단순히 당시의 교회공동체의 권력관계를 반영하는 수사에 의해서 형성되었기 때문에 당시 교회의 구조적 질서를 강조했던 것만이 아니라, 욕망의 유통, 생산과 재생산, 그리고 등록, 분배, 소비에 의해서 생산 과정을 코드화하는 사회체(socius)의 기본단위로서 몸의 노마드적 주체 형성 과정을 제시하기 때문에

---

39) Moxnes, 2003, "Asceticism and Christian Identity in Antiquity", pp.22-24.
40) 윤소영, "고린도전서 11:2-14:40에 나타난 바울의 수사학: 자유인가? 구조적 질서인가?"[한국신약학회 월례회(2006. 5. 26) 발표], pp.1-10.

몸에 대한 서구의 근대적 해석의 이데올로기성을 다음과 같이 비판할 수 있을 것이다.41) 바울이 15-17절에서 특히 몸, 육체, 영을 상호교환 가능한 방식으로 사용한다는 것은 들뢰즈가 말하는 분배, 등록, 소비의 몸의 기계적 생산 과정을 잘 드러내고 있다고 할 수 있을 것이다. 지체인 몸(15)도 둘이 하나가 될 육체(16)와 연관되고, 이것은 다시 내재하는 영(17)인 그리스도와 한 영이 되기도 한다. 이와 같은 현상은 고대 종교와 철학에서 사유될 수 있는 사유방식으로 욕망의 생산 과정에 의해서 몸이 변용되는 방식을 기술하는 들뢰즈의 미시정치학적 통찰과 유사하다. 그리스도의 지체로서의 몸(15절)은 불트만이 말하는 全인격 존재 표현 형식으로서의 개인적인 몸이 아니라 특정한 사회체의 기본 단위를 형성하는 영토화된 몸, '기관으로 가득 찬 몸'을 의미하는 반면, 둘이 하나의 육체가 된다는 의미에서의 육체(6:16)는 영토화되지 않은 내재성의 평면과 같은 '기관 없는 몸'을 나타낸다. 더구나 우리의 몸에 내주하는 그리스도와 하나가 되는 영은 기존하는 유대교와 로마 제국의 사회체로부터 절대적으로 탈영토화할 수 있는 '탈주의 선'에 의해서 창조적으로 형성된 노마드적 주체로서 기능할 수 있는 '재영토화된' 몸으로 이해할 수 있다. 이러한 들뢰즈가 강조하는 노마드적 몸의 변형과 달리 지체로서의 몸을 하나 됨의 통일성을 강조하는 방식으로 해석한다면 차이를 인정하지 않음으로써 공동체의 다양한 목소리를 부정하는 역기능의 권력 효과(부정적 역능에의 의지)를 생산할 수 있다.42)

더구나 성령의 전으로서의 바울의 몸 담론은, 아이러니칼하게도, 로마 사회가 몸의 은유를 통해서 로마의 황제의 특별한 몸을 '영토화'(territorialisation)한 것처럼, 성전인 그리스도의 몸에 근거해서 교회권력을 영토화할 위험성을 내포하고 있다는 것을 나타낸다. 이런 의미에서 바로 우리의 몸이 그리스도의 몸의 지체라면, 우리는 사회체인 공동체의

---

41) 들뢰즈의 정치철학과 사회체(socius)의 역사철학적 변형 과정 대한 이론에 관해서는 폴 패튼,『들뢰즈와 정치』, 2005, 서울: 태학사, pp.223-264 참조. 여기에서 '사회체'는, 맑스의 생산 양식과 달리 물질적인 사회적 흐름들과 개인의 욕망들을 분배하고, 기록하고 소비하는 기계적 과정을 보편사적 입장에서 기술하는 역사철학적 개념이다. 한 시대의 특정한 사회체는 이것들을 조정하고 통제하는 다양한 코드화의 경제적, 사법적, 정치적, 기술관료적인 장치를 포함하는 사회기계의 형태를 표출하게 된다.
42) 욕망의 등록, 분배, 소비에 의한 생산 과정에 관해서는 들뢰즈와 가타리,『앙띠오이디푸스』, 1994, pp.108-174 참조. 또한 필자의 바울 몸 담론에 대한 들뢰즈의 미시정치학적 재해석은 도덕경과 같은 동양 고전에 대한 들뢰즈의 노마돌로지(nomadology)에 근거한 재해석에서 많은 시사를 받았다. 이에 대해서는 장시기,『노자와 들뢰즈의 노마돌로지』, 2005, 서울: 당대, pp.5-112 참조.

한 지체로서 주어진 역할을 담당해야 할 의무를 갖고 있을 뿐만 아니라 그 지체로서 다른 지체로 변형되거나 노마드적 주체로서 그 지체의 위치들 변동될 수 있다는 것을 새롭게 이해할 필요도 있다. 여기에서 바울의 몸 이해를 고전 12:4-13, 27의 반위계적 평등주의에 비추어서 이해할 때 특히 지체인 몸은 다른 지체들과 연결되어 한 사회체를 이루면서 다양하지만 하나의 새로운 사회체를 이루고 있다. 또한 고전 12:14-26에서처럼 아주 미약한 지체 일지라도 긴요하기 때문에 '나'의 몸의 지체는 다른 사람 보다 더 높은 지위와 특권을 누릴 수 없다. 사실 몸이 내주하는 성전으로서 이해하고 하나님이 몸값을 가지고 사서 하나님의 것이라는 바울의 몸 해석은 그 작동 방식에 있어서 들뢰즈의 야생, 야만, 문명의 몸 해석과 유사하다. 할례를 통해서 유대 땅에 표식을 새기려는 유대교의 '대지'의 몸(원시토지 사회체)으로부터 탈영토화된 유대인들에 의해서 황제를 통해서 제국의 법을 초코드화시키려는 로마제국의 '군주'의 몸(야만스러운 전제군주 사회체)으로부터 탈코드화된 교회공동체인 '그리스도의 몸'은 탈영토화된 노동자의 흐름과 탈코드화된 화폐의 흐름이 통접되어 형성된 자본의 몸(문명화된 자본주의 사회체)과 유사하다. 이런 의미에서 지체로서의 몸 이해(6:15)와 성전으로서의 몸 이해(19)는 바로 '대지'의 몸와 '군주'의 몸으로부터 탈영토화된 영의 흐름과 유대교의 율법과 로마제국의 법으로부터 탈코드화된 하나님의 은혜의 흐름이 통접되어서 나타나는 노마드적 에클레시아의 수평적 리더십과 연관된다. 이러한 몸 담론은 오늘날 '원시적인 영토적 기계(사회체)'의 가부장제의 친족적 리더십, '야만적인 전제 군주 기계(사회체)'의 제국주의의 독재적 리더쉽, '문명화된 자본주의 기계(사회체)'의 민주주의의 파시스트형 리더십이나 실무형 리더쉽에 대해서 비판하고 있다고 볼 수 있다.[43]

4. 고전 7장에 나타난 가부장제적 미시권력에 대한 페미니스트적 독해

고전 7장은 흔히 여성해방의 요소를 갖고 있는 것으로 이해되었다. 이러한 해석은 어느

---

[43] 이에 대지의 몸, 군주의 몸, 자본의 몸의 삼 단계의 변용 과정에 관한 자세한 설명에 관해서는 들뢰즈와 가타리, 『앙띠오이디푸스』, 1994, pp.213-388 참조. 이에 대한 가장 좋은 해설서로는 알폰소 링기스, "분절된 신체들의 사회", 『프랑스 철학과 우리 3』, 1997, pp.247-268과 마이클 하트(김상운·양창렬 역), 『들뢰즈 사상의 진화』, 2004, 서울: 갈무리, pp.319-370 참조.

정도 그 가능성의 여지를 주는 것이 사실이다. 그러나 여기에서는 바울이 어떻게 종말론에 근거한 선교 팽창주의가 로마의 지배적인 가부장제의 문화와 연관되는지 검토하고자 한다. 특히 우리는 바울이 7장에 어느 정도 남/녀의 평등주의적 측면을 드러내고 있는지 평가하기 위해서는 바울의 수사학적 표현 중에서 그가 남성과 여성 모두를 향하여 윤리적 지침을 제시하고 있을지라도 남성에게 적용할 때와 여성에게 적용할 때 각각 그 의미가 달라질 수 있다는 것을 보여주고자 한다. 이러한 독해의 방법은 다음과 같이 오늘날 페미니즘(feminism)의 다양한 주장과 이에 따르는 성서 해석의 방식도 다양하게 전개되고 있기 때문이다.

〈도표 Ⅱ-4〉 페미니즘의 다양한 전략

(1) 법적 참정권 보장
(2) 노동, 임금, 진급-경제적 동등성
(3) 사회적 역할의 동등성
(4) 문화와 언어에 내재된 차별성 비판
(5) 남녀의 성적 차이에 대한 인정
(6) 에코페미니즘(eco-feminism): 사회주의적 또는 환경주의적 입장

〈도표 Ⅱ-5〉 페미니스트적(feminist) 성서 해석의 종류

(1) 성서 전체가 거의 가부장제의 산물임. Mary Daly
(2) 여성주의적/가부장주의적 요소들이 혼재: 재해석할 수 있음. R. R. Reuther
(3) 파트너쉽(partnership)과 돌봄의 가치를 중요시 함. Letty Russell
(4) 해방을 위한 구체적 실천 전략 구상. E. Schüssler Fiorenza

위의 페미니즘 담론이 현대적 해석을 위해서는 유용할 수 있겠지만 바울 당시의 여성과 남성의 상호관계를 나타내는 담론으로는 적합하지 않을 수 있다. 헬레니즘 시대의 고대 지중해 지역에서는 다음의 네 가지 성 사유 담론의 종류들이 존재했다: ① 여성을 남자의 갈비뼈에서부터 유래된 종속된 존재로 간주하는 '아담과 이브'(Adam and Eve) 모델[창 2:4-12], ② 여성을 남자인 농부에 의해서 뿌려지는 씨를 양성할 수 있는 호의적인 환경으로서 간주하려는 '비옥한 토양으로서의 여성'(woman as Fertile Soil) 모델[헤시오드의 『일과 날』], ③ 여성을 불만족스럽고, 구조화되지 않은, 모든 불행한 재난으로 가져오게

하는 혼돈의 원칙이 구현된 존재로 보는 '판도라'(Pandora) 모델[헤시오드의『일과 날』(59-105)과『신통기』(570-612)], ④ 남성 극을 완전하고 충분한 인간으로, 여성 극을 완전함이 결여된 존재로 간주하지만 양성을 동일한 축의 양쪽의 극단의 경우로 이해하려는 '양성 동일 본성'(The One-Sex-Model) 모델[창 1:26, 3:26-28과 플라톤의『잔치』(189c-193c)과 아리스토텔레스의『동물들의 세대』(728a-737a)].44) 바울은 위와 같은 네 가지 모델의 여성관으로부터 완전히 벗어난 오늘날의 페미니스트 성 해방적 담론을 가질 수는 없었다.

    이제 우리는 바울이 고린도 교회에 자신의 글을 제시하였을 때 다양한 집단의 이해관계가 자신의 윤리적 교훈을 오해할 수 있을 것이라 생각하여 윤리적 권고의 담론형태를 다양하게 제시하였을지 모른다는 것을 염두에 둘 필요가 있다. 바울이 로마 제국과 유대교의 체제를 포함한 모든 세상 질서를 비판하기 위해서 사용한 종말론적인 수사학과 윤리적 교훈은 가부장제적 문화체계를 강화하는 방식으로 해석될 여지가 있다. 그래서 우리는 7장 전체에서 자신의 명령, 윤리적 원칙, 권고와 주의 명령, 그리고 구체적인 제안을 다음과 같이 나누어서 고찰하게 될 것이다. 이것은 담론의 설득 전략의 차이를 드러냄으로써 바울의 금욕주의 훈련의 주체화 전략이 보다 명쾌하게 제시될 수 있을 것이다.

〈도표 II-6〉

담론형태	자신의 명령: 신학적 전승 사용	윤리적 원칙	권고	주의 명령 사용	구체적 제안
성서구절	7:17-23	7:29-31	7:6-7, 20, 24 – 독신 7:32-39 – 결혼하지 않은 독신자들	7:10-11=마 5:31 막 10:11-12	7:4 등등 – 별거하지 못함과 남편/아내가 서로의 몸을 주장하지 못함.

    우선 우리는 고전 7장에서 바울이 한편으로는 남자들의 음행의 문제와, 다른 한편 여성들의 결혼생활에 대한 자발적인 금욕주의의 문제에 직면하고 있다는 것을 가정할 수 있다. 이런 문제들에 직면하여 바울은, 부부 별거의 문제와 같은 결혼 생활에 대한 권고나

---

44) Økland, 2004, *women in their place*, pp.39-57. 이 책에서 주장하는 Økland의 전체적인 논지에 관해서는 Annette Bourland Huizenga의 서평, "Book Reviews", *JR* vol. 87.2(April 2007), pp.265-266을 참고할 것.

독신 생활에 대한 권고 부분에서, 무엇보다 금욕주의(ἄσκησις: 금욕적 훈련)적 삶에 초점을 두고 있다. 외양상 바울은 결혼하지 않는 것과 성 생활을 멀리하는 것이 더 바람직한 이유를 다음과 같이 제시하였다: (1) 그냥 지냄은 부르심의 영에 의한 은사이므로 - 7:1, 7: 7, 20, 24, (2) 임박한 환난 때문에 - 7:26, (3) 자유의 역설성: 부르심을 받은 신분 그대로 - 7:17-24, (4) 분요함 때문에 - 7:32-34. 또한 바울은 다양한 종류의 독신자들, 즉 자발적으로 별거하거나 성생활을 멀리하는 결혼한 사람들(7:2-6), 과부들(홀아비들)(7:8-11), 남편이 믿지 않아서 별거하려는 기독교인 여성들(7:12-17), 결혼 적령기에 있는 여성들과 남성들(7:1, 7:36-40)에게, 이들이 고린도 교회에 윤리적인 쟁점을 제기하는 상황에 대처하기 위해서, 결혼의 불가피성과 관련된 '윤리적 원칙'과 '명령'의 형태로 특별한 윤리적 지침을 제안하게 된다.

특히 위에서 구체적인 '권고'나 '구체적 제안'에 대한 성서 구절들을 주석하기 위해서는 당시의 로마 시대의 고린도의 정치적 사회적 정황에 관한 최근 연구 경향을 고려해야 한다. 고린도 교회의 윤리적 정황, 종교-철학적 배경과 로마의 정치적 정황은 바울의 7장의 논의에 어떤 영향을 미쳤음에 틀림없을 것이다. 예를 들면, 당시의 결혼에 대한 로마시대와 유대 사회의 풍습과 가치는 시민권 가진 사람이 소수였을 뿐만 아니라 아이들이 자라면서 많이 죽었기 때문에 국가에서는 결혼을 권장하는 풍토였다. 그리스와 로마에서는 여성들에 경우 오랫동안의 약혼기간 후에 10대 중반에 결혼하였다. 그래서 고린도 교회의 여성들은 대부분 남성에 비해 노예와 같은 열등한 지위에 있거나 결혼한 상태였다. 특히 과부들은 재혼의 압박을 받고 있었고, 결혼하지 않은 여성은 대부분 종교적 이유로 고린도 교회의 중대한 문제를 야기시켰음에 틀림없다.45) 이러한 로마의 결혼 풍습과 함께 바울의 유대주의의 결혼 풍습도 바울의 독신생활에 대한 권장의 의미를 새롭게 조명해줄 수 있다. 당시 유대교 관례에 의하면 보통 남자는 18-20세에 결혼을 하였다. 이에 따라 바울은 율법에는 흠이 없었다고 자랑하고 있기 때문에(빌 3:5-6) 바울 자신은 결혼했을 가능성이 더 있다. 아니면 바울이 기독교인이 되고나서 아내를 사별하였거나 아내가 그와 함께 여행을 하는데 동의하지 않았기 때문에 그의 곁을 떠났다고 추정할 수 있다.46) 이러한 자신의 경

---

45) 이에 대한 자세한 설명에 관해서는 Wire, *The Corinthian Women Prophets*, pp.62-71과 앤 와이어(조태연 역), 『원시그리스도교의 잊혀진 여성들』, 2001, 서울: 대한기독교서회, pp.62-63 참조.

험에 의하면 고전 7:8에서 바울은 독신에 대한 자신의 개인적인 경험 때문에 이를 직접적으로 권장하였다기보다는 고린도 교회의 남자들의 음행의 문제를 해결하기 위해서 정욕을 참기보다는 결혼할 것을 간접적으로 권장하는 방식으로 제안하게 된 것이다.

위의 배경에 비추어 보면, 바울의 독신생활 권장에 대한 수사학이 이렇게 여러 번 나오지만 전부 노골적이라기보다 매우 암시적인 방법으로 제시되는 이유를 알 수 있다. 더구나 위의 정황을 고려해 보면, 바울의 독신생활에 대한 권고는 다음과 같은 사회적 의미를 내포하고 있었다고 제안할 수 있을 것이다.

〈도표 Ⅱ-7〉 바울의 독신 생활 권고의 사회적 의미

(1) 종말론적 관점에서 고찰된 결혼 제도(고전 7:31)의 일시성.
(2) 로마 제국의 가부장제에 대한 암시적인 비판.
(3) 여성과 함께 목회하는 기독교인들에 대한 비판: 목회를 빙자하여 여성(자매된 아내)을 고생시키지 않으려 함(고전 9:5-6).
(4) 유대교와 다른 남녀관계의 동등성을 실험함.
(5) 기독교적 금욕주의 스타일을 일상성에서 실천함.
(6) 자족(自足: αὐταρκεία)의 정신을 선교의 자비량 전략을 통해 실천함.

위에서 바울의 독신생활의 장려는 확실히 당시 문화에 대한 중대한 비판적 관점을 제시하는 반면, 바울의 이러한 주장의 이면에는 당시의 로마제국의 가부장제를 수용한 흔적도 다음과 같이 엿볼 수가 있을 것이다. 예를 들면, 바울은 7:17-24에서 갈 3:36-28의 세례 예문에 나오는 헬라인과 유대인, 종과 자유자의 이항 대립에 관해서는 언급하지만 남자와 여자의 이항대립에 관해서는 사용하지 않는다. 더구나 바울은 노예와 자유자의 신분 차별의 장벽이 그리스도 안에서 철폐된 것을 강조하는 것 같지만 노예의 신분을 그대로 인정함으로써 당시의 여성 노예에 대한 남성의 성적 폭력의 문제를 논의하지 않게 되고, 음행에 대한 남성의 문제를 제도적 차원이 아니라 개인적인 문제로 취급하는 한계를 보여준다. 또한 바울은 신학적으로는 남자가 여자를 멀리하는 것이 좋다(7:1)는 방식으로 독신생활을 명시적으로 권고하지만 남자가 결혼하는 것이 죄가 아니라고 하면서도 여성에게는

---

46) Murphy-O'Connor, *Paul: A Critical Life*, pp.62-65.

결혼하는 데 많은 제약을 제시하게 된다. 심지어 남자에게는 정욕 때문에 결혼하거나 결혼시키게 되기를 원하였지만 여성에게는 이혼을 금지하거나 여성이 자신의 몸을 주관하지 못하게 하는 방식으로 부부 생활에서의 몸의 주도권과 결혼 여부의 선택권을 약화시키거나 인정하지 않는다. 바울은 여성과 남성에게 각각 다른 윤리적 기준을 적용한 흔적을 보여준다. 더구나 바울은 여성들의 문제에 대해서 직접적으로 자신의 견해를 피력하기보다, 여성에 대해서 말해야 할 때라도 남성에게 성적 유혹이나 정욕을 참지 못하는 것보다 결혼할 것을 권고한다. 여성에게는 이러한 방식으로 결혼할 것을 권고하지도 않고, 그렇다고 독신생활을 장려하지도 않는다. 그는 결혼한 여성들이 관심이 너무 많이 분산되는 것과 달리, 독신 여성들은 몸과 영혼이 둘 다 거룩하여져서(7:37) 주에게 봉사하는데 훨씬 열성적일 수 있다고 주장하게 된다.47)

반면, 고전 7:29-31은 위의 두 가지 공동체 문제들에 적용되는 구체적인 윤리적 권고를 제시하기보다는 종말론적 관점에서 그리스도인의 삶의 일반적 자세와 그 윤리적 훈련(ἄσκησις)의 원리만을 제시한다. 이것은 종말의 임박을 '심판'(고전 5:3-5; 롬 16:17-20; 빌 3:17-4:1; 갈 1:6:9)이나 '위로'(살전 4:13; 4:15ff; 고전 15:51-52; 롬 16:17-26)가 아니라 로마서 13:11-14, 살전 5:1-11과 같이 '비난'의 예언적 말씀으로 선포하는 '종말론적 예언'의 말씀과 유사한 양식을 보여준다. 이를 고려하면 본문의 의미구조는 다음과 같이 제시될 수 있다.48)

〈도표 II-8〉 고전 7:29-31의 의미구조

1. 종말론적 선포--종말의 때의 임박성[29a]
   a. 진술 시작 표시("형제들아 내가 말하노니"),
   b. 선포: 선포의 근거--때의 임박성
2. 권고[29b-31a]
   a. 근거(τὸ λοιπόν, ἵνα καὶ), b. 권면: "마치--아닌 것처럼"(ὡς μή)
3. 종말론적 선포: 위의 권면의 근거(γὰρ)--이 세상의 제도의 임시성 [31b]

---

47) 이에 대해서는 Antoinette, Wire, 1994, "I Corinthinas", *Searching the Scripture vol. 2: Feminist Commentary* ed. E. Schüssler Fiorenza (New York: Crossroad), pp.168-173 참조.
48) 이러한 의미 구조는 다음의 책을 참조하여 완성하였다; Vincent L. Wimbush, 1987, *Paul The Worldly Ascetic* (Macon: Mercer University Press), pp.23-35.

이와 같은 의미 구조는 당시의 종교사적 대중철학의 다른 담론들과 비교하여 해석할 필요가 있다. 콘젤만(H. Conzelmann)과 윔부쉬(V. L. Wimbush)는 이 담론의 금욕주의 훈련 방식을 당시의 견유학파, 스토이시즘, 영지주의와 묵시문학의 금욕주의 훈련의 담론들과 비교하였다. 고전 7:29-31의 이 담론은, 사회적 관습에 그 중요성을 인정하지 않고 일시적이라고 생각한다는 점에 있어서 견유학파와 유사한 금욕주의 훈련 방식을 제안하고 있지만(디오게네스 라에르티우스, 『생애』 6.29) 무엇인가를 막 행하려고 하지만 아무것도 행하지 않으려 한다는 점에서 이 사회의 관습과 문화 자체를 절대적으로 거부하려는, 견유학파와는 다르다. 또한 이 본문의 말씀은, "마치 …… 아닌 것처럼"(ὡς …… μή)과 유사하게 "덧붙이거나 특별한 감정을 갖지 않은 채로"(μὴ προσπασχεῖν) 사는 것을 통해서 '세상의 소용돌이로부터 벗어나는 것'(ἀταραξία: 超然)이 금욕주의 훈련의 한 측면이라는 점에서 에픽테투스(Epictitus)의 스토이시즘의 가르침(Dissertations III 22, 67-76)과 유사하지만, 결국은 스토이시즘과 달리 인간의 행복(εὐδαιμονία)의 추구가 아니라 구체적인 세상의 종말의 임박성이 금욕주의 훈련의 근거와 동기(29a)가 된다는 점을 나타내 준다. 요나스(H. Jonas)와 슈미탈(W. Schmithals)에 의해서 영지주의와 본문이 유사하다는 점이 논의되었지만, 바울의 금욕 훈련 담론은 결국 이 세상을 완전히 부정하면서 초월하려는 영지주의의 이원론과 달리 이 세상을 근원적으로 변혁하는 데 관심이 있다. 마지막으로 이 본문은 세상으로부터 단절하기 위해 세상에 모든 것들을 상대화시킨다는 점에서 제 6 에즈라(제 2 에스드라서) 16:35-44의 묵시문학적 종말론과 유사하다고 알려졌지만, 이 담론은 결국 갖는 것/없는 것 사이의 역설적 관계와 매매하는 것/소유하지 않는 것과 물건을 쓰는 것/다 쓰지 못하는 것 사이의 변증법적 긴장을 동시에 담고 있기 때문에 재난 가운데 투쟁에 대한 준비 자세를 제시한 묵시문학적 담론과 전혀 다르다. 다시 말해서 제 6 에즈라의 이 본문은 세상을 떠나라고 하지 않고 세상적인 모든 것들을 도래하는 재난의 도래에 비추어서 이방인처럼 상대화하도록 권면하지만, 고전 7:29-31은 임박한 종말에 직면하여 단순히 세상으로부터 철수하는 것이 아니라 잠정적으로 철수하지만 변증법적으로 다시 세상에 새롭게 참여하도록 현재의 삶의 조건과 지위를 종말의 관점에서 재해석해서 변혁시켜야 한다고 제시한다.49)

---

49) Hans Conzelmann, 1975, I Corinthians (Philadelphia: Fortress Press), 130-134; Wimbush, 1987, *Paul*

여기에서 특히 아내 있는자/아내 없는자, 우는자/울지 않는자, 기쁜자/기쁘지 않는자에 나타나는 '호스 메'(ὡς--μή)의 세 가지 대조(29b-31a)는 단순히 결혼하지 않은 여성의 문제나 음행하는 남자에 대한 구체적인 해결이 아니라, 기독교인의 삶의 방식과 윤리적 원리를 제안하고자 제시한 것이다. 역리의 방법(I am a Brahman, therefore I am not a Brahman.)이 동양 종교의 체험적 신비주의를 나타내는 것과 달리, 이것은 논리적인 연관관계를 나타내지는 않는 상식적인 삶에 대한 역설적인 삶의 방식을 제안하는 것이다. 위의 대조적인 두 항의 관계는 논리적인 역설이나 모순 관계가 아니고, 기호학적 사각형의 반대 관계(아래 <도표 II-9> 참조)로 간주할 필요가 있다. 그래서 이것은 아내가 있다면 이는 누군가에 의해서 증여로 주어졌기 때문에(도표 II-9의 ①) 아내를 박탈당한다고 생각하기보다 스스로 그 소유의 대상으로 생각하는 것을 포기하게 되면 아내가 없다고 생각할 수 있게 된다(도표 II-9의 ②). 그러므로 여기에서는 자발적 포기의 삶의 태도를 제시하고 있는 것이다. 이러한 바울의 금욕적 훈련 방식(ἄσκησις)은 견유학파와 스토이시즘과 다르다.

<도표 II-9>

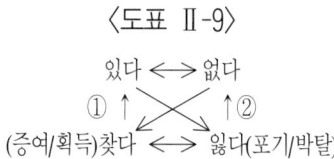

견유학파에서는 자신들이 소유하고 있지 않지만 소유하고 있는 것이라고 생각하고, 스토이시즘에서는 소유하고 있는데 소유한 것으로 생각하지 않는다. 기독교의 금욕주의 담론(특히 아내 있는 자, 우는 자들, 기쁜 자들에 대해서는)이 역설적 방식을 나타내기 때문에 보기에는 스토이시즘의 금욕주의와 매우 비슷하다. 그러나 또 다른 대조항들(매매하는 자들은 소유하지 않는 자처럼, 세상 물건을 쓰는 자들은 다 쓰지 못하는 자같이 사는 것.)에서는 스토이시즘과 전혀 달리 포기함으로써 없는 것처럼(ὡς μή) 생각하고 살아가는 자발적 포기의 삶을 제안하고 있는 것이다. 또한 바울의 이러한 두 가지 금욕주의 담론은 현대 자본주의로부터 탈주할 수 있는 에코페미니즘의 주장과 연관될 수 있는 해석의 여

The Worldly Ascetic, pp.21-47.

지가 있다. 이 두 가지에서는 기독교의 금욕적 훈련 양식이 생산과 소비의 균형을 이루려는 자족함(αὐταρκεία)의 삶의 방식(빌 4:11-13)과 환경 자원의 고갈을 비판하는 현대의 생태주의적 생명신학의 주체화 전략을 나타낸다.

다른 한편, 바울의 윤리-도덕의 신학적 근거로서 종말론의 가치와 기능은 일반적인 윤리 강령을 제시하는 데는 매우 중요한 것처럼 보이지만 당시의 여성들에게는 현재의 정황을 변화시키거나 비판하는 데는 별로 큰 도움을 주지 못할 수가 있다. 예를 들면, 바울은 결혼한 남자들이 결혼하지 않은 사람처럼 살게 되기를 종용하게 한다. 더구나 바울이 7:31에서 "세상의 형적은 지나감이러라"라고 주장할 때, 세상의 결혼제도도 주가 오실 때까지 임시로 의미가 있는 것처럼 보인다. 또한 종말은 임박한 '환난'의 날로 인식되기도 한다(고전 7:26). 그러나 실제로 바울은, 남자들의 음행과 여성들의 금욕주의적인 결혼생활의 원인이 여성의 몸에 대한 자기주장과 非종말론적 영광의 신학에 기초한 현세적 삶에 있다는 것을 주장하기 위해서 종말론적 수사학과 금욕주의적 윤리 원칙을 제안하게 된 것이다.

더구나 7:29-31에서의 신학과 윤리와의 관계에서도 아내 있는 자들은 아내가 없는 자처럼 지내기를 권고하는 부분은 7:25에서 결혼하지 않은 여성에게 행하는 권고로 시작하였지만 여성들에게는 말하지 않고 남성이 아내가 있는 경우 한 가지만을 언급한다. 이것은 달리 음행의 문제로 남성이 결혼하는 것을 기정사실로 인정하는 경향을 암시한다. 더구나 7:26-28에서 임박한 환난을 인하여 사람이 그냥 지내는 것이 좋다는 말은 7:1의 남자가 여자를 가까이 아니함이 좋다는 말과 함께 연결되어서 여성의 입장에 대한 고려가 배제되어 있다. 이런 의미에서 7:29-31도 남성 위주의 가부장제적 문화가 내재화된 윤리적 강령이라는 것을 암시한다. 28절에서 결혼하는 것이 죄를 짓는 것이 아니라는 주장은 남성들의 결혼을 정당화할 뿐 여성들의 금욕 생활을 인정하지 않는다. 결국 이 원리가 여성에게 적용되었을 때에는 결혼한 여성이 금욕을 위해서 자신의 몸을 주관하는 권리도 인정하지 않는 것이 된다.

우리는 바울의 몸 담론이 구체적인 공동체의 문제에 적용되었을 때에는 당시 공동체의 가부장제의 권력의 배치를 옹호하고 몸에 대한 여성의 권리를 억압하는 방향으로 제시되고 있다는 것을 알 수 있다. 여기에서 바울은 여성을 멀리하는 독신생활을 요청하면서도 이 경우 음행에 빠지는 것을 우려해서 독신생활을 하지 말라는 또 다른 요청을 하게 된다. 이 것은 모순된 명령을 동시에 함으로써 바울의 몸 담론이 욕망의 이중규제(*double bind*) 50)에 매여 있는 위선적이고 억압적인 가부장제의 권력체계와 공모관계를 유지하고 있다는 것을 보여준다. 우리는 여기에서 바울의 몸 담론은 불트만의 실존주의적 해석으로는 결코 제시할 수 없는 구체적인 권력관계와 권력의 기술의 문제와 연관된다는 것을 알 수 있다.

5. 고린도전서 11:1-16에서의 여성의 문제와 바울의 가부장적 권력 형성

고린도전서 11:1-16은 바로 위의 몸의 금욕주의 훈련의 원리를 에클레시아(ἐκκλησία) 제의(예배)의 정황에서 구체적인 여성의 머리에 쓰는 문제(κατακαλύπτεθαι)에 적용한 결과물이다. 여기에서 고린도 교회의 예배에 문제를 일으킨 사람들이 어떤 종류의 사람인지 결정하는 것은 이 결정에 따라서 이 논의의 핵심 쟁점이 다르게 파악되기 때문에 매우 중요하다. 와이어에 따르면, 이들이 영지주의적 밀의종교에 가입한 여성들이라기보다 아볼로의 신학적 경향에 동조하고 체험을 중요시하는 사회적 지위가 낮은 유대인이나 그리스인으로 구성된 여성 예언자들이라고 여겨진다. 그래서 이 본문에서는 투쟁 과정의 섬세한 의견들의 대립은 억압되었고, 바울 자신의 신학적 권위(고전 11:1)와 논증의 권위(11:16)가 압도적으로 중요하게 배치되게 된 것이다. 바울은 헬라적 여성 예언자들과 논쟁하면서 자신의 권위와 남성들의 권위가 위협받는 상황에 대처하는 수사학적 표현을 쓰게 된 것이다.51) 와이어와 달리, 윈터(B. W. Winter)는 이 본문에서 여성(γυνή)은 결혼한 부인으로 이해할 필요가 있다고 주장한다. 더구나 바울이 이곳에 교회를 세우고 떠난 이후 고린도 공동체가 문화적·사회적 변화에 직면하여 새로운 귀족 여성이 성적으로 자유분방한 삶의 스타일과 이를 뒷받침하는 세속 윤리가 고린도 교회 공동체에 유입된 것이 반영되었다고 주장한다. 이 여성 귀족 여성들은 의도적으로 머리에 베일을 쓰지 않고 자유분방한 여인으로 자처하기 때문에 바울은 이러한 여성들이 예배의 질서를 위협하는 상황을 차단하기 위해서 부인들에게 예배 때에 베일을 쓸 것을 요구하였다. 그래서 16a의

---

50) 이러한 욕망의 이중규제가 억압적인 오이디푸스화의 권력구조의 한 정신분열증적 증상이라고 주장하는 미시정치학적 분석에 관해서는 들뢰즈, 『앙띠오이디푸스』, pp.125-130 참조.
51) Wire, 1995, *The Corinthian Women Prophets*, pp.62-71, pp.116-134.

"변론하려는 태도를 가진 자가 있을 찌라도"는 바로 이런 여성들의 의도적인 저항과 시위에 대한 바울의 반응을 나타낸다. 이것은 고린도교회의 약한 자와 강한 자 間의 사회적 계층 갈등의 증상을 나타내고 있다.52) 고전 11:1-16에서는 이처럼 구체적인 역사적 정황에서 활동하는 바울의 반대자(적대자)들의 신학을 규정하는 역사비평적 접근방법 뿐만 아니라 바울이 이들의 활동에 대해서 경계하면서 제기한 금욕주의 훈련의 근본 동기를 보다 다양한 담론들에 비추어서 재해석하는 접근방법도 중요하다. 위의 두 학자들의 견해와 달리, 이러한 새로운 접근방법을 차용하는 외크란트(J. Økland)에 의하면, 바울은 단순히 이들 여성 예언자들을 향하여 여성의 예배 때의 태도를 규정하는 것만이 아니라, 유대교의 우주적 질서, 몸의 탄생 과정과 관련된 창조적 질서와 상식적인 자연적 질서를 함께 논의하면서 실질적으로는 여성과 남성이 함께 참여할 수 있는 에클레시아의 '제의 공간'(ritual space)을 규정하고자 했다. 특히 1절에서 에클레시아(ἐκκλησία)의 전승의 권위로 시작하여 16절에서 다시 에클레시아의 관례로 끝나기 때문이다.53)

---

52) Bruce W. Winter, 2001, *After Paul Left Corinth* (Grand Rapids: William B. Eerdmans Pub. Company), 1-28121-141; Bruce W. Winter, 2003, Roman Wives, Roman Widows(Grand Rapids: William B. Eerdmans Pub. Company), pp.77-96. 윈터는 바울이 떠난 이후 주후 50년 경 고린도에서는 농작물 결핍 난, 이스미안 경기(Isthmian Games) 장소의 이전과 대규모 연회 개최, 새로운 로마 제국의 황제 제의 참여 강화 정책, 공공 마켓에서 유대인 용 고기 판매 금지와 같은 중대한 정치·문화적 변화가 있었고, 이것이 고린도 공동체의 기독교 윤리의 위기를 가져왔다고 제안했다.
53) '제의 공간'이란 보다 고대 종교의 폭넓은 거룩한 성소 공간의 한 중요한 부분으로서 특별히 다른 특정한 시간과 공간을 거룩하게 분리함으로써 다른 시간적 공간적인 존재물들 사이의 관계들을 구조화하는 제의적 절차의 순서와 규정들을 말한다. 이에 대한 자세한 설명에 관해서는 Økland, 2004, *women in their place*, pp.31-38, pp.131-167, pp.168-173 참조. 제의 공간의 중요성과 신화와의 해석학적 차이에 대한 자세한 설명에 관해서는 이창익, "신화와 의례의 해석학적 차이에 대한 물음", 『신화 역사』, 2003, 서울대 종교문제연구소, 서울: 서울대 출판부, pp.117-141 참조.

〈도표 Ⅱ-10〉 공동체의 질서를 위한 여성 베일 착용에 관한 권면(고전 11:1-16)

Ⅰ. 서문: 머리의 위계적 질서(1-2)
  1. 바울의 권위에 대한 확인(1)
  2. **아래 논의와의 모순** – 교회의 권위 순종의 칭찬(2)
Ⅱ. 논제: 위계적 질서와 이것의 교회 적용(3-6)
  1. 하나님-그리스도-남자-여자의 위계적 권위 체계(3)
  2. 적용: 남자가 쓰는 것(4)
  3. **적용의 모호성**: 여자가 쓰지 않는 것에 대한 과장(5-6)
Ⅲ. 논증: 창조의 질서와 세례 전승과 자연 본성에 근거한 논거들(7-15)
  1. 창조 질서(7-10절)
    a. 남자와 여자의 영광(7)
    b. 남자와 여장의 창조 순서(8-9)
    c. **모호성**: 여성의 권세의 예외성(10)
  2. 세례 예문 인용과 해석(11-12)
    a. 세례 예문 인용(11)
    b. **모호성**: 세례 예문 재해석(12)
  3. 인간 본성에 의한 논증(13-15)
    a. 윤리적 타당성 논쟁 제기: 여자가 쓰지 않고 기도하는 것(13)
    b. 남자의 긴 머리에 관한 수사학적 질문(14)
    c. **모호성**: 여자의 긴 머리에 관한 판단 요구(15)
Ⅳ. 결론: 변론하는 자의 태도와 교회의 권위에 대한 **간접적** 강조(16)

고전 11:1-16에서 바울은 여성 예언자들의 영적 체험에 기초한 부활의 신학과 이에 근거한 남녀 평등주의 세계관을 억압하고, 로마 제국주의의 위계주의적 세계관을 내재화한 가부장제적 권력의 장치를 자신의 수사학에 끌어들이게 되었다. 바울은, 그리스도를 따름으로써 자신의 사회적 지위를 잃었던 경험에 비추어서 복음을 재해석하여 십자가의 신학을 내세움으로써(고전 1:25-28, 4:9-12), 고린도교회의 여성 헬라적 유대인 예언자들의 활동을 억압하고 이들의 신학을 비판하였다. 이들은 사실 그리스도인이 되어 사회적 지위와 자유를 얻게 되었기 때문에 이러한 사회적 경험에 의해서 복음을 재해석하여 현재의 영적 체험에 기초한 영광의 신학을 갖게 되었을 뿐이다.[54] 이러한 입장에서 보면, 예배 時

---

54) 여성 예언자들과 바울의 사회적 지위와 신학, 세계관의 갈등에 관해서는 Wire, 1995, *The Corinthian Women Prophets*, pp.39-71과 와이어, 『원시그리스도교의 잊혀진 여성들』, 2001, pp.111-162를 참조; 이

의 머리 모양에 관한 권면에서 사용된 바울의 수사학은 유대 정통주의의 가부장적 이데올로기와 로마 주류사회의 위계주의 세계관을 그대로 차용한 흔적을 내포하고 있었다. 특히 바울은 여자의 머리는 남자이고, 남자의 머리는 그리스도이고, 그리스도의 머리는 하나님이라는 위계적 질서를 확립한다(고전 11:3). 바울은 여기에서 '우위성'(권세)과 '두부'(頭部) 둘 다를 의미하는 '머리'(κεφαλή)라는 용어를 수사학적으로 사용하여 여성이 머리를 덮어쓸 것을 요구한다. 이것은, 남자가 하나님의 형상이고 영광(반사물)이고 여자가 남자의 영광이므로, 여성이 남자의 권세 아래 있다는 표시를 '머리' 위에 두라(7, 10)는 수사학과 연관된다.

더구나 고린도전서의 전체적인 맥락에서는 이러한 수사학과 함께 가부장제적 이데올로기는 다음과 같은 방식으로 로마 주류 사회의 위계적 질서와 영합하게 된다. 고전 15:23-28의 부활에 관한 바울의 주장에서 '정사'(ἀρχή), '권세'(ἐξουσία), '능력'(δύναμις), '지배하다'(βασιλεύω), '복종하게 하다'(ὑποτάσσεσθαι)의 용어들은 로마의 정치적 지배의 의미를 내포하고 있다. 고전 14:32-34의 교회에서 여자들은 잠잠하고(Mulier Taceat in Ecclesia) 말하는 것이 허락되어 있지 않았으니 오직 복종하라는 권고에도 '복종하라'(ὑποτασσέσθωσαν)는 말이 나온다. 이러한 수사학적 기술들은 로마의 위계적 질서를 가부장제적 교회권력에 암시적으로 再기입(reinscription)시킨다.55) 또한 위계질서를 드러내는 직선적 연결망, 즉 너희-그리스도-하나님(3:22-23), 아이-아버지-그리스도 안에서(4:14-15), 여자-남자-그리스도-하나님(11:3), 그리고 바울이 자신을 닮기를 요청하는 담론(4:16과 11:1)은 당시의 로마의 위계적 질서를 암시적으로 합리화하는 흔적을 갖고 있다. 특히 고전 11:2-16에서 바울은 여자가 남자를 생물학적으로 낳을 수 있지만(12b절), 창세기 2장의 전승에 의해서 남자로부터 여자가 낳음을 받았다(8-9절)는 수사학적 논증을 사용하여 가부장제 질서를 합리화한다. 위의 연결망에서 중간항인 너희와 아버지를 잇는 '그리스도', 아이와 그리스도를 잇는 '아버지'나 여자와 하나님 사이를 연결하는 '남자'와 '그리스도'는

러한 논의를 수사학적 비평에 의해서 비증한 점에 관해서는 윤소영, "고린도전서 11:2-14:40에 나타난 바울의 수사학", 2006, pp.1-17 참조.
55) 특히 고전 14:32-34에서의 여성 침묵 강요의 사회적 의미에 대한 역사비평적 고찰에 관해서는 김경희, "'여성은 잠잠하라': 초기 기독교에 있어서의 여성들의 해방적 실천과 여성 억압의 법제화", <신학과 현장> 제13집(2003), 목원대학교 신학과, pp.50-83 참조.

이 위계질서의 중계자를 표시하는 것으로 로마시대의 후원자 제도(the patronage)를 지지하는 흔적을 내포하고 있다. 하나님과 그리스도, 남편과 아내의 관계와 바울과 고린도교인들의 관계처럼 남자와 여자와의 관계는 후자가 전자에 복종해야 하는 위계적 지배-종속의 관계를 암시적으로 나타내 보인다.56)

우리는 위의 논의를 토대로 미시정치학적으로 바울의 여성의 위치에 대한 입장을 현대적 관점에서 비판한다면 다음과 같이 적나라하게 바울의 관점을 기술할 수 있을 것이다. 바울은 결국 유대교와 로마제국의 세계관을 거부하여 이에 대한 대안적 비전을 제시하고 있지만, 이들 타자의 가부장제적 위계질서를 내재화하여 타자의 욕망을 욕망하는 자신의 담론의 '미시권력'에 포획된다. 더구나 고린도전서는 로마제국의 헬라 문화와 종교를 이 방신에 사로잡힌 영의 세계로 신화화하여 하나님의 심판의 대상물로 간주하고, 그리스도인이 되어 지위가 향상된 헬라적 여성 예언자와 이를 지지하는 그리스도인들을 교회에 대적하는 세력으로서 묘사한다. 이렇게 바울은 로마제국의 헬라문화를 종말론적 전투의 희생물로 만듦으로써 자신이 속하고 있는 헬라적 선교 기독교와 유대 민족주의와 화해하려는 방식으로 승리주의의 배타주의 논리를 형성하였다. 여기에 바울의 미시권력의 파시즘은 바울의 유대 민족주의적 담론에 의해서 로마제국에 대한 배타주의적 태도를 비판하면서 동시에 이 제국의 통치 전략과 위계적 질서를 내재화하는 '이중 규제'57)의 한계성

---

56) 바울의 가부장제 이데올로기가 로마의 제국주의적 가부장제의 이데올로기와 상호 연결되었다는 페미니스트 비판적 관점에 관해서는 Antoinette Clark Wire, 2000, "response: the Politics of the Assembly in Corinth"와 Cynthia B. Kittredge, 2000, "Corinthian Women Prophets and Paul's Argumentation in I Corinthians", 2000, *Paul and Politics*, pp.124-129, pp.103-109 참조. 후원제 일반에 관해서는 John H. Elliott, 1996, "Patronage and Clientage", *The Social Sciences and New Testament Interpretation* ed. R. L. Rohrbaugh (Peabody: Hendrikson), pp.144-155를, 바울이 후원제를 무의식적으로 수용하여 자신의 사도권과 소명을 받게 되는 개종을 계기로 자신을 피후원자로, 하나님을 후원자로 결정적으로 간주하게 되었다는 견해에 관해서는 Zeba Crook, 2001-2005, "The Divine Benefactions of Paul the Client", *JGRCJ* 2, pp.9-26 참조.

57) 이중 규제의 개념과 토착화에 작동하는 이중 규제의 중요성에 관해서는 필자의 글, "토착화의 근거로서의 타자와 언어 이해", <신학사상> 제101호(1988. 여름), pp.156-158 참조. 필자는 이 글에서 토착화의 배타주의적 태도는, 외국 문화인 타자를 배제하려 해도 사실은 이 타자를 모방하려는 욕망을 숨긴 채 타자의 문화를 선망하는, 이중 규제에 매여 있다는 것을 강조했다. 반면, 여기에서는 바울의 몸 담론의 여성 예언자들에 대한 배타주의적 태도에도, 이와 비슷한 이중 규제가 권력관계의 내면화로서 미시파시즘의 형태로 작동하고 있다.

을 띠게 되었다.

바울은 이처럼 로마 문화 전통, 유대 문화 전통, 그리고 기독교의 세례예문 전승(11:11)과 이중적 의미를 가진 단어들을 나열하는 수사학적인 논증의 방법을 사용하여 예배 때의 여성이 머리를 덮어쓰거나 길러야 하는 근거와 강력한 윤리적 지침을 제시하게 된다. 하지만 이러한 바울의 논의는 단순히 머리 헤어 스타일과 관련하여 덮어쓰라는 지침을 제시하는 것 자체가 목적이 아니라 여성과 남성의 제의적 위치의 경계 긋기와 관련된 베일(κρήδεμνον) 쓰기 규정을 통하여 여성의 신체에 의해서 오염되지 않는 '성소 공간'(sanctuary space)을 마련하려 하였다.58) 중요한 점은 성 차별적인 위계주의적 질서가 두드러진 부분에서도 여성의 모호한 위치를 통해서 역설적으로 이를 전복시키는 능력을 인정하는 듯한 '해석학적 공간'(해석학적 실마리)이 여전히 남아 있다는 것이다.

위의 페미니스트들의 견해처럼 바울은 확실히 11-14장에서 유대 전통 종교의 가부장제의 위계적 우주관을 통해서 로마제국의 상징체계를 무의식적으로 내면화하여 여성의 지위를 폄하하고 종속적 위치를 확립하려 했을 뿐인가? 11-14장은 단순히 일반적인 삶의 정황이 아니라 제의(예배)의 정황에서 구성 요소들의 차이를 분명하게 함으로써 바울이 제시하는 이상적 형태의 우주관을 제시하였을 것이다. 보통 제의는 일반적 삶의 현실적 정황과 달리 보다 이상적이고 규범적인 완벽성을 추구한다고 했을 때, 3절에서 바울은 바로 이 제의의 '공간'에서 우주적 질서의 구조의 당위성을 확립함으로써 제의 구조의 완벽성을 유지하기 위해서 그리스도와 인간 간의 위계적 질서, 하나님과 그리스도와의 위계적 질서와 유사한 방식으로 적어도 남성과 여성의 위치를 차이 나게 부여하려 했을 뿐 더 종속적이고 수치스러운 위치를 단정적으로 부여하고 있지는 않고 있다. 또한 고대 제의 공간에서의 여성의 위치는 바울에게서 항상 남성에 종속적이거나 열등한 곳에서만 나타나는 것은 아니다. 바로 바울의 담론 속에서 모호한 차원이 다양한 방식으로 나타나고 있는 모양을 다음과 같이 다양하게 제시할 필요가 있다. 우선 11:10은 개역성서의 번역과 달리 원문을 직역하면 "이것으로 말미암아(διὰ τοῦτο) 여자는 천사들 때문에 머리 위에

---

58) 머리 쓰기와 여성 섹슈얼리티를 감추는 것과 동일시하면서 베일 쓰기의 제의적 중요성을 여성의 생리적 특성에 따르는 제의적 오염과 관련시키는 다양한 고대 문서의 참조물에 관해서는 Martin, 1995, *Corinthian Body*, pp.233-239 참조.

(ἐπί) 권세를 가지고 있어야 합니다."(私譯)라고 번역될 수 있다. 여기에서 11:4-5절의 κατά 대신 ἐπί가 쓰였다는 점이 주목된다. 이것은 단순히 여성이 남자에게 종속된다는 표시로 베일을 덮어쓰는 것과 달리 여성이 종종 위의 위계주의적 질서를 전복시키는 위험성을 나타내고 있다. 이것은 통과 의례 제의의 세 단계 중 분리와 재통합 사이에 존재하는 문턱 영역(liminality: 전이 영역) 단계에서 일어나는 '구조'에 대한 '反구조'의 역할로서, '사회구조'의 기능적 관계에 대한 '커뮤니타스'(communitas)의 국면(인간들 끼리 서로 있는 그대로 마주하는 진정한 상호관계가 적나라하게 드러나는 사회적 상태)으로 이해할 필요가 있다. 이런 단계에서 여성의 본성이 나타나게 되는 때에는 여성의 진정한 권위를 행사하도록 허락하는 특별한 표시로서 베일을 가져야 한다고 이해할 수 있을 것이다.59) 더구나 이 구절은 천사가 질서를 유지하기 위한 감찰자로서 기술되었는지 창 6장의 천사들처럼 여성들을 유혹하는 자로 그려졌는지 모호하다. 다만 여성의 몸이 열등하다는 것을 나타내기 보다는 여성의 성이 성적 공격에 연약하기도 하지만 사회적 질서를 위협하기도 하기 때문에 베일을 쓸 것을 드러내고 있다.60)

이 뿐 아니라 11:1-2에서도 바울이 칭찬하였다는 것은 여자가 머리에 쓰지 않은 점을 지적한 것과 모순되어 모호성을 드러낸다. 또한 7절에서 남자가 하나님의 형상과 영광이라는 말은 여성이 하나님의 형상이 아니라는 주장을 하는 것은 아니라는 측면에서 모호성을 내포한다. 그래서 여자는 남자의 영광이라는 주장은 있지만 남자의 형상이라고 주장하지는 않는다. 더구나 창 1:27에서는 '사람'(ἄνθρωπος)이 하나님의 형상에 의해서 만들어졌다고 했지만 여기에서 '남성'(ἀνήρ)이 하나님의 형상과 영광이라고 약간 변경해서 나온다.61) 이런 점에서 바울이 여성의 우주적 위치가 상대적으로 남성과 차이가 있다고 할 뿐, 하나님의 형상과 관련된 인간 본성에서의 열등성을 인정하지는 않는다. 또한 바울이 여성이 베일을 쓰지 않는 것은 미는 것과 같은 수치라고 주장하지만(5-6), 이러한 과장법은 여성의 권위를 인정하는 아이러니 효과를 가져 온다. 바울은, 여자가 쓰지 않는 것이

---

59) 이에 대한 자세한 논의에 관해서는 Økland, 2004, *women in their place*, pp.174-178, pp.209-210 참조. 이러한 터너의 의례 이론에 관해서는 빅터 터너,『제의에서 연극으로: 인간이 지니는 놀이의 진지성』, 1996, 서울: 현대미학사, pp.33-100, pp.207-242 참조.
60) Martin, 1995, *Corinthian Body*, pp.242-249.
61) 7절의 모호성에 관해서는 Økland, 2004, 위의 책, pp.182-183 참조.

마땅한지 묻고(13) 남자가 긴 머리가 욕되게 되는 것이 본성인 것처럼 여성이 머리에 쓰고 길러야 한다고 주장함으로써(15), 결국은 그 자체가 모호한 자연 본성에 의지하게 된다. 더구나 여성이 머리에 쓰는 것은 남성이 머리에 쓰지 않는 것과 함께, 여성이 머리를 기르는 것은 남성이 기르지 않는 것과 함께 나올 뿐만 아니라 남성들에게 여성의 문제를 말하는 방식으로 논의가 전개된다. 이러한 방식의 논의 전개를 가진 본문은 단순히 여성에게 열등한 위치를 부여하려는 것이 아니라 남성과 여성의 '성소 위치'를 부여하는 데 더 관심이 있기 때문에 오늘날의 페미니즘적 관점에서는 비판의 여지가 많지만 여전히 재해석을 위한 모호성, 즉 해석학적 공간도 다양하게 산재하게 된다.

또한 11:12에서도 여자가 남자로부터 유래했다는 표현에서는 ἐκ가 쓰여졌지만, 남자가 여자에게서 낳음 받았다는 표현에서는 διά가 쓰였다. 이 구절이 γὰρ(왜냐하면)이라는 전치사로 시작하기 때문에 12절은 종종 여성 예언자들의 반대 견해로 알려졌던 11:11("주 안에는 남자 없이 여자만 있지 않고 여자 없이 남자만 있지 아니하니라")에 대한 바울 자신의 해석이면서 입장 표명이라고 이해할 필요가 있다. 11:12는 바울 자신이 반대할 이유가 없을 만큼 사실 창 2:21-24의 남성 중심적 창조적 질서와 이를 토대로 제시한 11:3의 창조질서와 유사하다. 여성은 아담의 갈비뼈로부터 유래했지만 남자는 여성의 몸으로부터 낳음을 받는다는 견해는 당시 유대교의 전형적인 생각이기 때문이다. 그러므로 당시 여성예언자들의 견해라고 간주하기 어렵다. 바울은 10절 πλὴν이라는 접속사를 통해서 '12절의 견해에 입각하면 바울 자신도 동의하지만'이라는 의미에서 썼을 뿐 여성 예언자들의 견해를 전부 무조건 반대했다고 볼 수 있는 근거는 미약하다. 이런 의미에서 바울의 신학을 전부 여성차별적/여성폄하적이라고 몰아세운 페미니스트들의 견해와 달리 여성의 육체적 우선권을 어느 정도 인정했다는 의미에서 오늘날의 관점에서 새롭게 재해석할 여지는 있게 된다.62) 또한 우리는 13장이 11-14장 맥락 전체를 볼 때에는 다른 어떤 은사들 보다 사랑을 강조하면서 어떠한 남성의 위치도 우월하다는 것을 우선적으로 내세울 수 없다는 것을 암시한다. 뿐만 아니라 12:4-7은 누구나가 알고 있듯이 평등성과 다양성,

---

62) 이에 대한 자세한 논의에 관해서는 Økland, 2004, 위의 책, pp.184-188, 참조. 또한 고전 11:11에 관한 필자의 재해석에 관해서는 김덕기, "그리스도 안에서 남성도 여성도 없는가?(갈 3:28, 고전 11:11)", <신학논단> 제25집(1997), 연세대 신과대학, pp.252-283.

그리고 상호 협동성이 통일성과 조화를 이루도록 권면하는 장이다. 이것이 평등주의적 비전을 체계적으로 제시한 것이라고 주장하는 입장을 지지하지 않더라도 분명 고전 12:28-30의 위계적 질서와 긴장을 이루고 있다.63) 페미니스트들이 가장 많이 공격하고 있는 여성의 침묵 강요 부분인 고전 14:33b-37에서도 36절의 "하나님의 말씀이 너희에게로부터 난 것이냐 또는 너희에게만 임한 것이냐"와 긴장을 이루고 있다. 여기서는 모든 여성들에게 하는 말이 아니라 모든 남성들에게 예언의 말씀이 남자들에게만 나오는 것은 아니라고 주장하게 된다. 이것은 14:33-35의 말씀에 대해서 전복적인 차원을 내포하여 현대적 재해석의 실마리를 제공하는 해석학적 모호성을 내포한다.64)

위의 여성 차별과 가부장적적 위계질서 강화하였던 바울의 입장을 확증할 수 있는 최근의 역사비평적 주석65)과 이를 비판하면서 이를 극복할 수 있는 해석학적 실마리를 통해서 에코 페미니즘 해석을 첨가하면66) 다음 <도표 II-11>과 같이 정리할 수 있을 것이다.

---

63) 크로산은 고전 12:4-7에서 바울의 몸의 신학 이해가 다양성과 일치성을 조화시키는 창의적인 사회구조를 새롭게 제기한다고 주장한다. 이에 관해서는 John Dominic Crossan & Jonathan L. Reed, 2004, *In Search of Paul* (New York: HarperCollins Pub), pp.333-348. 이에 대한 탈식민주의적 중요성에 관한 필자의 자세한 설명에 관해서는, "바울신학의 이원론적 사유 방식에 대한 탈식민주의 비평", <신학과 문화> 제15집(2006), 대전신학대, pp.125-164 참조.
64) 14:33b-37의 주석학적 논의에 관해서는 Økland, 2004, 위의 책, pp.196-197, pp.207-208 참조.
65) 페미니스트 역사비평적 주석에 관해서는 김경희, "고린도전서 11:2-16에 나타난 바울의 성차별주의와 초창기 기독교 여성들의 성평등 의식", <한국여성신학> 제45호(2001), 한국여성신학자 협의회, pp.7-49를 참조했음.
66) 특히 11:11을 중심으로 제기된 에코 페미니즘적인 재해석에 관한 자세한 토론에 관해서는 김덕기, 1997, "그리스도 안에서 남성도 여성도 없는가?", pp.252-283 참조.

〈도표 Ⅱ-11〉 고전 11:1-16의 내용 구조와 페미니즘 해석

수사학	역사적 배경	문화적 전통	적용의 한계에서 오는 여성의 위치의 모호성('해석학적 공간')	'해석학적 공간'에 대한 에코-페미니즘적 재해석:
우주적 질서와 사회적 질서의 병렬 = 논제 (3-6절): 하나님-그리스도-남자여자의 위계질서 확립과 그 적용.	귀족 여성들이 성적으로 자유분방한 삶의 스타일의 하나로서 예배 때에 머리에 쓰지 않겠다고 공개적으로 주장함.	로마 주류 문화에서는 여성이 쓰는 것을 규정하지 않지만, 유대 문화는 이를 규정함.	여성이 쓰지 않는 것은 미는 것과 같은 수치라고 주장하지만(5-6), 이러한 과장법은 여성의 권위를 인정하는 아이러니 효과.	에코-페미니즘에 의해서 위계적인 우주적 질서에 대해서 비판.
머리: 우위성 또는 권세(3절)와 두부(4절), 천사 때문에 권세의 표를 머리에 둘 것(10절).	여성 예언자들이 남성과의 동등성을 주장하기 위해서 예배 때에 머리를 쓰지 않음.	천사 때문에 유혹 받는 것은 유대 묵시문학 전통에서 옴.	천사 때문에 남자의 권위를 인정하는 표시를 머리에 두라고 제안하는지, 여성의 권위를 인정하여 권세를 가질 것을 권유하는지 모호함.	문화/자연, 능동/수동의 이분법에 의한 남녀차별을 비판함.
형상: 영광/반사광(7절)와 낳음: 창조적 질서(8-9절)/ 생물학적 질서(12 b).	고린도 교회의 상층 구룹이 자유방임주의 윤리관과 연관된 여성들의 자유로운 복장을 주장하게 됨.	유대 지배문화(정통주의)는 창조의 질서에 의해 사회질서를 재조직함(창 1:27과 1:14).	바울은 여성이 쓰지 않는 것이 마땅한지 묻고, 길러야 한다고 주장함(13, 15): 결국은 그 자체가 모호한 자연 본성에 의지함.	생명체험-생산해 본 여성은 함부로 소비하지 않음.
11절: 교차대구법, 양가적 은유(χωρίς)의 문학양식	상층 이방 여성들이 동등성이 나오는 세례 예문(갈 3:28)을 인용하면서 남성들과 논쟁하는 상황	부상하는 기독교 새 전승: 11절=갈 3:28: 둘 다 '없이'(χωρίς)가 나옴.	11:12를 통해서 11:11에서 주장하는 헬라인과 유대인, 여자와 남자에게 적용되는 공통 기준을 어느 정도 인정함.	11절의 '없이'의 어원인 코라(χωρά)는 태(자궁)의 의미: 비움과 나눔의 가치 강조
3절과 11절, 7-9절과 11절이 서로 모순된다. 그래서 바울은 13-5절의 자연 본성을 통해서 헬라적 수사학을 차용함	바울이 아마도 선교를 위해서 12절의 해석을 통해서 여성의 주장인 11절을 인정해서 교회의 분열을 막으려 함.	헬라의 수사학적 논증이 빈약하여 본성상 남자가 길면 마땅하지 않다고 주장함(13-14).	하지만 12절은 3절과 7-9절과 거의 일치한다. 결국 12절은 여성의 견해와 다르지만 11절을 인정하는 모호한 입장 유지.	'코라'로부터 의미가 파생된 코리스(χωρίς)는 독립해서/분리해서의 의미: 상호공존, 성차별 비판.
'나를 본받으라'(1절)로 시작, '이런 규례가 없다'(16절)로 논의를 중단함.	바울의 주장은 계층간 갈등의 문제를 극복하려 했음	바울은 논증에는 실패하였지만 토론에서 압도하기 위해서 자신의 권위를 강조. 14:34의 여성 침묵 명령과 연결.	바울이 위계주의적이지 않은 측면은 11:11을 인정하면 뿐 아니라 12:4-7, 12-27, 14:36에도 나타남.	코리스(χωρίς)는 '달리'의 의미: 남녀의 성 역할과 여성의 특수성 강조

바울은 결국 유대교와 로마제국을 배타적으로 거부하고 있지만, 타자의 가부장제적 위계질서를 내재화하여 타자의 욕망을 욕망하는 자신의 담론의 '미시권력'에 포획되는 것이다. 더구나 고린도전서는 로마제국의 헬라 문화와 종교를 이방신에 사로잡힌 영의 세계로 신화화하여 하나님의 심판의 대상물로 간주하고, 그리스도인이 되어 지위가 향상된 헬라적 여성 예언자와 이를 지지하는 그리스도인들을 교회에 대적하는 세력으로서 묘사한다. 이렇게 바울은 로마제국의 헬라문화를 종말론적 전투의 희생물로 만듦으로써 자신이 속하고 있는 헬라적 선교 기독교와 유대 민족주의와 화해하려는 방식으로 승리주의의 배타주의 논리를 형성하였다. 여기에 바울의 미시권력의 파시즘은 바울의 유대 민족주의적 담론에 의해서 로마제국에 대한 배타주의적 태도를 비판하면서 동시에 이 제국의 통치 전략과 위계적 질서를 내재화하는 '이중 규제'67)의 한계성을 띠게 되었다.

6. 결론: 몸 담론의 미시정치학적 담론 분석 접근 방법의 중요성

우리는 위의 고린도전서의 맥락 속에서 바울의 몸 담론의 신학적 주제와 가부장제적 특성, 모호성과 이중성, 그 적용의 과정을 살펴보았다. 바울은 예수의 죽음 이후의 헬라적 공동체와 유대공동체 모두에게 설득될 수 있는 교회 권력 생산의 형태를 마련하기 위해서 그리스도의 몸과 교회를 동일시하고 이에 근거한 윤리적인 주체화 양식(기독교인의 자기 정체성)을 제시하고자 하였다. 이제 우리는 이러한 바울의 몸의 신학이 서구 기독교에 의해서 왜곡되게 해석되었을 때 억압적 교회권력을 정당화하는 방식으로 전유되었던 해석 모델을 간략히 검토하고 결론적으로 이러한 해석으로부터 탈피하는 미시정치학적 페미니즘의 해석의 중요성을 강조하려고 한다. 우리는 여기에서 바울의 몸의 이해가 서구 기독교와 한국 개신교에서 잘못 전유되었을 때 발생하는 교회권력의 위계화 현상에 주목하고자 한다. 위의 미시정치학적 해석은 한국교회가 고린도전서에서의 몸 담론을 역사적 맥락에

---

67) 이중 규제의 개념과 토착화에 작동하는 이중 규제의 중요성에 관해서는 필자의 글, "토착화의 근거로서의 타자와 언어 이해," <신학사상> 제101호(1998. 여름), pp.156-158 참조. 필자는 이 글에서 토착화의 배타주의적 태도는, 외국 문화인 타자를 배제하려 해도 사실은 이 타자를 모방하려는 욕망을 숨긴 채 타자의 문화를 선망하는, 이중 규제에 매여 있다는 것을 강조했다. 반면, 여기에서는 바울의 몸 담론의 여성 예언자들에 대한 배타주의적 태도에도, 이와 비슷한 이중 규제가 권력관계의 내면화로서 미시파시즘(유사식민성)의 형태로 작동하고 있다.

따라 다양한 목소리를 인식하고 재해석할 수 있는 길잡이의 역할을 담당할 것이다.

역설적인 영적 지혜론과 공동의 영 체험에 근거한 바울의 몸 담론은 이론적으로는 유대교 묵시문학의 이원론을 극복하고 그리스도의 몸으로서 교회 공동체의 신학적 근거와 남성/여성의 제의적 위치, 및 금욕주의 훈련 확립할 수 있는 가능성을 제시하였다. 바울은 특히 그리스도의 영을 자신의 행동을 조절하는 미시권력의 장치로서 몸 내부에 둠으로써 성전체제와 로마제국의 가부장제적 권력장치를 탈영토화시키는 주체화 전략을 제시하였다. 더구나 그는, 역설적인 종말론적 윤리 원칙을 직설법/명령법의 형태(고전 6:11-20, 고전 7:29-31)로 제안하고, 여성과 남성의 제의적 위치를 우주적 질서, 창조질서, 원시 기독교 전승, 자연 본성에 의해서 확립함으로써, 기독교인들이 역동적으로 사회 체제를 변화시키는 그리스도인의 주체화 양식과 지배권력에 대한 대항문화적 금욕주의적 훈련의 야식을 매우 정교하게 형성하게 되었다.

그러나 바울은 독신생활과 여성의 머리 모양에 관한 문제를 다루게 되었을 때 유대교의 불평등한 결혼관습과 성생활의 성향체계(아비튀스)와 로마 제국과 유대교의 위계적 가부장제의 상징체계를 다시 끌어들여야 했다. 여기에서 몸 담론은, 교회의 '사목적 권력'[68]을 정당화하는 지식의 도구로 동일시되면서, 이 그리스도의 몸으로서 교회 위에 복종과 헌신의 주체를 등록시키는 권력의 장치로 전락하는 위험에 처하게 되었다. 이것은 율법이 규정하는 사회적 관계의 물질성(가족, 회당과 국가의 체제)의 속박으로부터 벗어나 새로운 공동체인 교회의 형성을 위해서 몸의 사회성을 기반으로 하는 '해방의 종교'를 제시한 공헌이 있지만, 역설적으로 사회적 관계의 조건을 변경시키려는 유대문화와 로마 제국주의의 근본 구조를 변혁시키는 '탈권력의 종교'와 인권에 기초한 남녀평등과 내적 자유를 균형 있게 조화시키는 '시민적 도덕'(civilité)의 종교를 형성시키지 못하는 근본적인 한계를 내포하고 있었다. 바울이 로마제국의 위계주의적 질서에 대항하는 구체적인 주체화 전략을 제시하지 못하고 유대 정통주의의 위계적인 창조의 질서를 다시 불러오게 되었을 때 그는 묵시문학에 내장되었던 변혁의 잠재성을 삭제하고 몸의 평등성보다는, 몸의 통일성을 강조하게 되었다.

---

68) '사목적 권력'에 대한 자세한 설명에 관해서는 이정희, "민중의 일식에 대항하여: 경계선을 넘기 혹은 추방되기", <시대와 민중신학> 제4호(1997), pp.54-58 참조.

이러한 바울의 몸 담론은 자신이 의도하지 않은 방식으로 왜곡되게 전유될 수 있는 여지를 그 자체로 내포하고 있었다. 서구 기독교는 바울의 몸 이해를 자아의 모델에 근거하는 개인주의적 몸이나, 국가의 모델에 의존하는 집단주의적 몸이나, 가족의 모델을 기반으로 하는 가부장제적 몸으로 해석하는 세 가지 방식으로 전유해 왔다. 한편으로는 고린도전서의 몸의 이해를 개인주의적 실존주의에 의해서 재해석함으로써 몸을 개인적 몸 안의 내적 투쟁으로 극화하고, 몸을 反위계적인 교회공동체의 은유로 이해하기보다 영과 육의 싸움의 전쟁터로 이해함으로써 교회 권력의 배타주의 논리를 내재화하게 되었다. 다른 한편으로 몸을 바울 이후에 제도화된 교회권력과 동일시함으로써 로마제국의 정치적 권위체제의 위계주의적 세계관을 '사목적 권력'의 양태 속에 내재화하였다. 이제 바울 서신의 몸에 대한 해석에 의해서 정당화된 사목적 권력은 복종과 헌신의 덕목 속에 억압적 권력을 과잉결정하는 (overdetermined) 상태를 수반하게 되었다. 또 다른 한편, 몸의 메타포는 로마제국의 황제나 교황의 몸에 의해서 형성된 초코드화된 권력의 장치가 아니라, 가부장제적 가족 공동체의 몸에 의해서 코도화된 위계적 교회체제로 해석되어 남녀차별을 합리화하는 기능을 담당하게 되었다.

한국 교회도 바울의 몸 담론을 이원론적인 개인의 주체화 양식이나 사목적 권력의 집단적 기제, 또는 가부장제적 교회의 코드화된 권력 장치에 의해서 전유하는 왜곡된 해석 방식에 구조적으로 타성화된 것도 사실이다. 샤머니즘, 호국 불교, 유교의 종교적 아비튀스가 이러한 몸 담론의 해석 방식을 무의식적으로 정당화하고 있는 상황에서, 우리는 위의 가부장제적인 교회권력을 몸과 동일시하면서 일어나는 한국 교회의 배타주의, 성장주의, 승리주의, 팽창주의를 극복하기 위한 돌파구를 마련해야 하는 어려운 과제를 맡고 있는 것이다.

위의 바울의 몸 이해의 왜곡된 전유의 역사에도 불구하고 우리는, 바울의 역설적인 지혜의 영적 인식론, 직설법과 명령법의 종말론적 사유에 의거한 금욕주의 훈련, 여성의 제의적 위치의 모호한 해석학적 위치에 대한 에코-페미니즘적 재해석 등을 제시함으로써, 바울의 몸 담론이 현대의 에코페미니즘의 요구에 부응하는 대항문화의 비판적 요소들(탈영토화의 가능성)을 내포하고 있다는 것을 발견할 수 있다. 왜냐하면 위의 가치 전도의 역설적 지혜에 근거한 바울의 종말론적 몸 담론은 철저하게 그리스도의 몸의 우주적 '사건'을 非위계주의적 조화로운 공동체의 사회적 몸에 구현시키는 탈영토화의 이론적 근거를 제시하고 있기 때문이다. 더구나 현대 자본주의 사회에서도 바울이 표방하는 금욕주의적 자족의 삶의 방식은 신자유주의 금융자본에 의해서 포획된 국가와 가족의 미시권력으로부터 우리의 개인적, 사회적, 우주적 몸을 탈영토화하는 주체화 전략을 암시적으로 제공한다.

우리는 이 글에서 미시정치학적 페미니즘의 독해에 의해서 바울의 몸 담론의 억압적 역기능을 비판하고, 그 탈영토화의 가능성을 탐구하였다. 이를 기반으로 우리는 우리시대의 미시권력의 장치로서 존재하는 위계주의적 가부장제를 해체하기 위해서 대항문화로서의 脫(탈)권력의 몸 담론을 새롭게 형성해야 할 것이다.

보충 자료

┃바울의 여행일지와 편지의 구조 및 고린도 도시의 역사┃

❖ 고린도전서와 관련된 바울의 여행일지[69]

1. 바울은 실루아누스와 디모데(고후 1:19)를 데리고 50년 늦은 봄 또는 이른 여름에 고린도에 도착했다. 41년에 크라우디우스 황제에 의해서 로마로부터 추방당한 기독교인들 중 브리스가와 아굴라와 함께 정착하여 텐트 작업 사업을 하였고, 여기에서 데살로니가 전서를 썼다.
그 공동체의 구성원 명단은 행 18:1-18, 고전 1:14-16, 16:15-17, 그리고 로마서 16:21-24에 부분적으로 수록되어 있고, 인원은 40-50명 정도로 추산된다. 이들은 다수가 이방인들이었고, 몇몇은 유대 회당과 연루되었다.

2. 바울은 50년 4월부터 51년 9월까지(행 18:11) 고린도에 약 1년 반(18개월)을 머물렀고, 고린도에 떠나기 직전에 로마의 행정구역인 아가야의 총독 갈리오 앞에 유대인들에 의해 끌려갔다. 그러나 고소는 기각되었다.

3. 51년 9월 예루살렘에서의 회담을 마치고 고린도의 동쪽 항구인 갠그레아 Cenchreae로부터 안디옥을 향하여 항해했다. 안디옥에서 바울은 (또는 예루살렘으로 가서?) 이방종교로부터 기독교로 개종한 사람들이 할례를 받을 것인지의 문제(갈 2:1-10)에 대해서 협상하였다.

4. 바울은 52년 봄(아마도 4월?)에 안디옥을 떠났다.

5. 바울은 에베소에 52년 여름 말기(8월)에 도착하여 54년 10월까지 2년 3개월 머뭄(행 19:8-10).

6. 바울이 에베소에 도착하기 직전에, 알렉산드리아로부터 온 유대인 전향자 아볼로가 브리스가와 아굴라의 '축복'으로 고린도를 향하여 항해했다(행 18:2-28).

7. 바울이 에베소에 도착한 2-3년 동안 가장 바쁘고 생산적인 활동을 하였다. 그는 여기에서 갈라디아서(53년 봄)와 골로새서, 빌립보서, 빌레몬서(53년 여름)를 썼다.

---

69) 바울의 여행 일정에 관해서는 Jerome Murphy-O'Connor, 1998, *I Corintinans* (New York: Doubleday)

8. 바울이 고린도전서를 쓸 수 밖에 없었던 사건이 54년 4월-5월에 일어나기 시작하였다.
   ㉮ 클로에(에베소의 비즈니스 여성)가 자기 고용인들을 고린도에 보냄. 이들이 에베소에 돌아와 보고함(1:11)
   ㉯ 바울이 놀래서 디모데를 보냄(에베소에서 고린도로)
   ㉰ 디모데가 오는 중에 고린도로부터 대표들(고전 16:17–스테파니스, 포튜나투스, 아가이쿠스)이 편지들을 가지고(고전 7:1) 에베소에 도착. 그들이 바울의 질문들에 모든 답변들을 제시함.
   ㉱ 바울은 고린도 교회의 문제들에 관한 정확한 정보를 얻기 위해서 동역자 소스데네를 데려와서, 편지를 씀 그러나 그들의 삶의 방식이 더 이상 허용할 수 없어서 소스데네가 오는 것은 그렇게 도움이 되지는 못하였다.

❖ 편지의 종류들
<1> 잃어버린 이전 편지, <2> 고린도전서(7-16이 중요 부분), <3> '잃어버린 눈물의 편지', <4> 고린도후서(1-9장이 중요 부분), <5> 고후 10-13.

❖ 고린도전서와 후서의 집필의 내용과 배경70)
1. 고린도 A서 – 고전 5:9절: 바울이 에베소에 머물렀을 때(고전 16:8) '잃어버린 이전의 편지'(고전 5:9)를 썼다.
2. 고린도 B서 – 고전 7-16장 중심으로: 고린도 교회의 사신 스데바나, 브드나도, 아가이고가 가지고 온 질문들을 기록한 편지에 대해서 서신으로 답변한 바울의 편지.
3. 고린도 C서 – 고후 2:3-4: 디도 편으로 보낸 "큰 환난과 애통한 마음이 있어 많은 눈물로……"(고후 2:3f) 쓴 편지. 이것은, 고후 10-13장으로 동일시되지만, 고후 12:18이 고후 8:6, 16-19를 지시하기 때문에 고후 10-13장이 소위 '눈물의 편지'가 아닐지도 모름.
4. 고린도 D서 – 고후 1-9장: 적대자들에 대한 바울의 권위 변론과 헌금 모금.
5. 고린도 E서 – 고후 10-13장: '지극히 큰 사도들'에 대한 바울의 사도성의 변호.

❖ 고린도전서 전체의 의미구조71)
1. 서론(1:1-9)
2. 공동체에서의 분열(1:10-4:21)
3. 몸의 중요성(5:1-6:20)
4. 고린도 사람들의 질문들(편지로)에 대한 답변(7:1-14:40)
   ㄱ) 사회적 지위의 문제들(7:1-40)
   ㄴ) 이방 환경으로부터 일어나는 문제들(8:1-11:1)
   ㄷ) 예전적 모임에서의 문제들(11:2-14:40)
5. 부활(15:1-58)
6. 결론(16:1-24)

---

ix-xi과 동저자의 1996, *Paul: A Critical Life* (Oxford Clarendon Press), pp.154-184, pp.252-180 참조.
70) F. F. 브루스,『바울』, 1992, 서울: 크리스쳔 다이제스트, pp.289-303.

❖ 고린도 도시의 특성72)
　가. 역사
　　1. 기원전 146년 – 아카야 동맹군과 로마군과의 대접전. 아카야 동맹군의 패배로 고린도 건물들이 파괴되고 남자들은 몰살되고 여인들과 아이들이 노예로 팔려감.
　　2. 기원전 44년 – 시저가 로마의 식민지로 고린도를 재건.
　　3. 기원전 27년 – 아가야 全지역을 다스릴 행정부가 고린도에 설치.
　　4. 기원후 44년 – 원로원 직할 구역이 되어 총독이 주둔.

　나. 지리
　　1. 서쪽 바다를 위한 북편의 '레헤움'과 동방 교역을 위한 항구 '겐그레아'는 고대 포세이돈(Poseidon)과 페이레네(Peirene) 사이에서 태어난 아들과 딸의 이름이다.
　　2. 레헤움: 포세이돈 신전, 겐그레아: 아프로디테의 신전과 석상
　　3. 방파제 위에는 포세이돈, 동상, 다른 끝에는 그리스 신 아스클레피우스와 이시스 신당이 있었다.
　　4. 고린도에 디오게네스(Diogenes of Sinope, C. 400-328 BC)의 무덤이 있으므로 견유학파와 같은 통속 철학이 유행하였다.

---

71) Murphy-O'Conner, *I Corintinans*, xiii.
72) 전경연, 『고린도 서신의 신학논제』, 1988, 서울: 대한기독교서회, pp.27-34.

바울의 자유, 지식, 약함에 관한 복합문화적(Multi-Cultural) - 교차문화적(Cross-Cultural) 읽기
- 고전 8-10장을 중심으로 -

1. 자유, 지식, 약함의 상호관계 문제: 복합문화적-교차문화적 접근방식

고대 로마에서의 자유의 문제는 곧 노예제도의 문제와 깊은 연관이 있었다. 그래서 세네카(Seneca)는 "육체의 노예가 된 자가 어찌 자유를 찾겠는가?"라고 외치기도 하였다. 그의 이러한 외침은 노예들에게는 자유를 기대하기 어렵다는 로마의 일반 대중들의 현실적 삶과 문화를 반영하고 있다는 점을 고려할 때 진정한 의미에서의 자유의 문제가 구체적인 억압의 현실로부터 벗어나는 것과 밀접히 연관된다는 점이 중요하다는 것을 알 수 있다. 다른 한편, 우리 시대의 자유의 문제는, 고대 로마 사회와 전혀 달리, 대중문화 권력과 자본주의 체제가 합작하여 만든 정보에 깃든 욕망에 의해서 생각이 예속되어 있는 현대인의 삶의 스타일과 깊은 연관을 갖게 되었다. 그래서 밀(J. S. Mill)은 무엇보다 인식과 양심이 불완전한 인간이 막강한 대중 매체와 국가 권력을 휘두르는 현실 민주주의 체제에서 현대인에게 가장 급박한 문제가 관용에 기초한 자유로운 토론과 비판을 위해서 생각의 억압으로부터 벗어나는 것이라고 주장한다.『자유론』(1859)에서 그는 개인의 고유한 생각을 억압하는 대중 매체 지배가 현대인의 자유를 위협하는 핵심 요인이라고 다음과

같이 설파하였다: "어떤 생각을 억압한다는 것은 현 세대 뿐만 아니라 미래 세대의 인류에게까지 강도질하는 것과 같다." 또한 최근 캠브리지(Cambridge) 대학의 정치사상사 교수인 켄틴 스키너(Quentin Skinner)는 "노예성이란 다른 사람의 자의에 의존하는 것"이라고 비판한다. 그는 현대인들이 자기 스스로 생각할 수 없어서 육체적으로는 정치적 자유를 누릴지언정, 여전히 정신적으로 노예적 삶을 살고 있다고 진단하였다.[1]

위의 문제의식에 비추어 보면, 바울의 자유의 대한 생각은 고대 로마 제국의 헬레니즘 문화권에서는 어떤 의미가 있으며, 현대 문화에는 어떤 메시지를 줄 것인가? 우선 주지하다시피, 바울은 당시 로마법에 의해서 제정된 노예 제도를 혁파하는 자유를 구체적으로 말하지 않았고, 그렇다고 로마의 식민지 지배에 대해 해방을 외치면서 이 노예 제도의 근원으로부터 자유롭게 될 것을 주장하지도 않았다. 그렇다면 바울의 자유 이해는 단순히 당시 스토아(Stoicism) 철학자들이 자유를 내적인 평온의 의미로 이해하고 있었는가? 바울은 확실히 영적 세계(법과 죄와 사망)로부터 벗어난 자유로운 인간에 대해서 논하면서 내적 자유를 외치기는 하였지만 스토아 철학자들과 반대로 이법(理法)이든 로마법이든 법으로부터의 자유를 외쳤다는 의미에서 이들과 다른 주장을 하고 있다. 바울은 신(神)에 대한 사람들의 일반적인 통념(지식)으로부터 벗어나 특정한 특권까지도 포기하려는 자유를 주장한다(고전 8-10). 바울은 현대인들이 보기에 가장 명시적인 자유의 걸림돌을 거두기를 주장하지 않고, 왜 이런 식으로 신에 관한 지식의 문제와 약한 자의 양심과 관련된 자유의 문제를 상호 연관시키면서 언급했는지 묻지 않을 수 없게 된다.

이에 대한 이제까지의 성서학자들의 답변은 사실 바울 신학에서의 자유의 문제를 당시 철학적, 지성사적 배경에서 탐구하거나 지식 있는 자의 윤리적 문제를 종교사적 배경사에 비추어서 토론하면서 전개되었다. 더구나 최근에는 로마 제국의 사회적 상위층의 강한 자와 하층의 약한 자의 갈등 속에서 자유의 문제를 토론하기도 하였다.[2] 하지만 이들의

---

1) 세네카, 밀, 스키너의 자유에 대한 단상에 관해서는 켄틴 스키너(박동천 역), 『근대 정치사상사의 토대 Ⅰ』, 서울: 한길사와 켄틴 스키너(조승래 역), 『켄틴 스키너의 자유주의 이전의 자유』, 2007, 푸른역사 참조.
2) 바울의 자유 이념에 대한 고전적인 접근 방식에 관해서는 H. D. Betz, "Paul's Concept of Freedom in the Context of Hellenistic Discussion about the Possibilities of Human Freedom", *Protocol Series of the Colloquies of the Center for Hermeneutical Studies in Hellenistic and Modern Culture* 26 (Jan 12,

연구에서는 자유 이념의 문화 코드가 종교 현상적 차원뿐만 아니라 사회 심층적 차원에서 작동되는 로마 제국과 피식민 국가 間의 문화 갈등 구조에서 형성되는 권력관계 충돌의 복합적 관계망을 치밀하게 논의하지는 못한 것이다. 우리는 바울의 자유에 대한 주장이 당시 '약한 자'와 더 관계되는 유대 문화나 헬라 이방 문화와 '강한 자'와 더 관련 있는 로마 지배 문화의 갈등 상황에서 제기되었다고 할 때, 바울이 말하는 자유의 의미는 그 의미의 신학적 근거가 되는 신에 대한 일반 사람들의 통념이 유대인과 헬라인, 그리고 로마인들 사이에 어떤 차이가 나는지 고찰하는 多문화적 접근방법에 의해서 더 명료히 밝혀지게 될 것이라 생각된다. 왜냐하면 이들 사이의 자유에 대한 미묘한 문화적 코드의 차이를 고려하게 될 때 우리는 당시 **약한** 자를 억압하게 되는 로마 지배 문화에 대항하기 위해서 신에 관한 새로운 패러다임의 **지식**을 제공하였던 바울 자신의 **자유**에 관한 고유한 생각의 특수성을 보다 더 잘 이해할 수 있게 되기 때문이다. 우리는 이러한 접근방법을, 각 문화의 고유한 특성을 최대한 인정하게 되었을 때 다양한 문화가 공존하게 되어 더 나은 창의적 문화를 형성할 수 있다고 생각하는 '다문화적'(Multi-Cultural) 관점이라고, 규정지을 수 있을 것이다. 이것은 종종 문화적 다원주의에 입각하여 다양성의 가치를 높이 평가함으로써 서로 다른 문화가 다른 해석을 가져오게 된다는 점을 가정하는 연구 태도이다.3)

더구나 위에서 문제제기 하였듯이, 고대 사회 자체 안에서 일어나는 지배/피지배 문화들의 만이 아니라 고대문화와 현대문화의 차이/유사점의 관점에서도 바울의 자유의 사상이 새롭게 연구될 필요성이 제기된다. 이제까지의 바울의 자유에 대한 연구는 정보에 깃든 기호 권력이 욕망을 부추기는 현대문화에 견주어서 고전 8-10의 자유 이념을 재해석하여 창의적으로 제시하지는 못하였던 것이다.4) 이러한 이제까지의 접근방법의 한계를 넘어서

1977), pp.1-6과 Murphy-O'Connor, 1978, "Freedom or Ghetto", *Revue Biblique* 4 (1978), pp.563-571 참조; 강한 자/약한 자의 갈등에 대한 사회학적 방법의 한계에 관해서는 David R. Hall, 2003, *The Unity of the Corinthian Correspondence* (London · New York: T&T clark International A Continuum), pp.51-85 참조. 이전 연구의 한계의 문제점에 관해서는 Khiok-khng Yeo, 1995, *Rhetocial Interaction in 1 Corinthians 8 and 10* (Leiden/NewYork/Koln: E. J. Brill), pp.1-141 참조.
3) Yeo Khiok-khng, 2005, "Introduction", *Cross-Cultural Paul* (Grand Rapids: Eerdmans Pub. Co.), pp.1-32. [특히 4]
4) 이에 대한 문제제기에 관해서는 Yeo, 2005, 위의 글, pp.1-32 참조; 최근 복합문화적이거나 교차문화적

기 위해서, 우리는 고대의 유대교, 헬라 문화, 로마 문화의 차이들을 고려하면서도 자유의 문제를 현대적 문화와 연관시키면서 본문과 맥락을 넘나드는(intertextual) '통섭'(通涉: consilience)의 해석학적 통찰을 보다 포괄적으로 사용할 필요가 있는 것이다. 그래서 우리는 당시의 그레코-로만 종교사적 배경의 **특수한** 상황에 적용되었던 바울의 자유 이해가 현대 대중문화에서도 **보편적** 타당한 적합성이 있는지, 또한 그 적용 가능성이 무엇인지 고찰하기 위해서는, 고대의 자유 이해와 현대의 자유 이해를 가교할 수 있는 '교차문화적'(Cross-Cultural) 접근방법을 사용하고자 한다. 교차문화적 접근방법이란 고대 문화의 코드를 현대 문화의 코드로 번역하는 작업과 관련된 재해석 과정을 의미할 뿐만 아니라, 자신의 고유한 문화권과 전혀 다른 문화권에서부터 온 사람들이 그들만의 독특한 입장과 경험으로부터 성서를 새롭게 해석하는 방식을 충분히 인정하는 성서 해석 태도를 말한다.5)

2. 자유와 지식의 관계 문제에 관한 문화적 코드: 해방인가, 권리인가, 양심인가?

위에서 제시한 바대로, 현대 문화에서는 자유의 문제가 욕망의 기호와 정보로 둔갑한 지식의 문제와 상호 연관된다고 생각할 때, 우리는 이와 유사한 방식으로 고린도 교회의 우상의 제물(εἰδωλοθύτα)을 먹는 문제를 지식과 자유의 상호관계에서 논의한 부분을 살펴볼 필요가 있다. 사도 바울은 고전 8:1-13에서 특히 우상의 제물을 먹는 것이 합당하지 않다는 지식을 알고 있더라도 실천을 못하는 자들에게 다음과 같이 권면한다: "지식은 교만하게 하며 사랑은 덕을 세우나니 만일 누구든지 무엇을 아는 줄로 생각하면 아직도 마땅히 알 것을 알지 못하는 것이요."(고전 8:1-2). 우리는 우선 이 말의 의미에 담겨 있는 당시의 독특한 문화적 코드(culture code)를 풀기 위해서 소크라테스(Socrates)와 유사한 방

접근방법은 아니지만, 바울 윤리 문제를 현대문화의 해석학적 관점과 함께 고려하여 연구한 통섭적 접근방법에 관해서는 Horrell, 2005, *Solidarity and Difference*, pp.1-46, pp.273-291 참조.
5) Yeo, 2005, 위의 글, 1-5; Yeo Khiok-khng ed, 2004, "Introduction", *Navigating Romans through Cultures: Challenging Readings by Charting a New Course* (London: T & T Clark International), pp.1-28. 통섭이란 ① 사물에 널리 통함, ② 사귀어 서로 오감이라는 뜻을 가진 최근의 사회 생물학적 개념이다. 이를 연구 접근방법에 적용하면 사회과학, 인문과학, 예술 등의 분야의 지식을 통시적, 공시적 관점에서 통합하려는 해석학적 관점을 말한다. 이에 대한 이론적 기초에 관해서는 에드워드 윌슨(최재천·장대익 역),『통섭(지식의 대통합)』, 2005, 서울: 사이언스 북, 참조.

식의 말과 비교해 볼 필요가 있다. 소크라테스는 "나는 단 한 가지 사실만은 분명히 알고 있는데, 그것은 내가 아무 것도 알지 못한다는 것이다."라고 말한다. 로마 사람이라면 아마도 이렇게 말했을 것이다: "내가 아는 것이라고는, 공짜 빵(Gratia)을 먹고 여가를 즐길 권리를 갖고 있는 자유 시민으로서 내가 로마 제국의 법에 저촉되지 않는 한, 내가 원하는 바는 어떤 것이라도 행할 자유가 있다는 것뿐이다."[6] 소크라테스와 로마 사람들과, 달리 바울은 덕을 세우는 사랑이 없다면 무언가를 안다 해도 그 지식은 마땅히 알아야 할 근원적인 지식과 거리가 멀다는 것을 주장한다.

여기에서 바울에게서 마땅히 알아야 할 지식은 무엇인가? 표면적으로는, 우선 지식 있는 자가 '약한 자'의 내면적 자유(양심)에 대해서도 배려할 수 있어야 한다는 것을 암시하게 된다. 그래서 바울은 고전 8:9에서 "그런즉 너희 자유함(ἐξουσία)이 약한 자들에게 거치는 것이 되지 않도록 조심하라."라고 경고한다. 여기에서 바울이 자유를 희랍어 ἐλευθερία라고 하지 않고 권위의 의미가 강한 권리(ἐξουσία)라고 하였던 이유가 무엇인가? 여기에도 당시의 문화적 코드가 숨겨져 있는 것은 아닐까? 고대 그리스 도시 국가에서 자유는 현대인과 달리 '무엇으로부터의 자유'라기보다는 '무엇에로의 자유'다. 직접 민주주의를 실현하고 있는 고대 폴리스에서 자유는 노예가 아닌 시민이 갖고 있었던 권리였다.[7] 이처럼 바울은 이런 방식으로 단순히 정치 체제 내에서 누리게 되는 제도적 의미의 시민의 자유를 '권리'라고 부른다. 로마 제국의 문화적 코드의 의미에 의하면, 결국 바울이 고전 8:9에서 지식 있는 자들의 자유를 '자유'(ἐλευθερία)라고 부르지 않고 자신이 속해 있는 가문과 동업자 단체(guild)나 종교 제의 집단, 및 사회적 연합체(associations)의 사회적 영향을 미치게 하는 권리'[libértas]의 의미를 내포한 '권리 행사를 할 수 있는 권위적 힘'이라고 새롭게 규명하고 있는 것이다. 반면, 바울이 자유(ἐλευθερία)라는 표현을 할 때에는

---

6) 아리스토텔레스 이후에는 로마 사람의 자유 이해는 근본적으로 사람들이 자기가 원하는 것은 무엇이든지 행하는 것을 의미했다. 그래서 이러한 의미의 자유는 결국 법과 갈등을 일으키게 마련이었다. 스토아 철학은 바로 이러한 갈등을 해결하는 방식을 다음과 같이 제안하였다. 법은 선하고 아무도 나쁜 것을 행하기를 원하지는 않기 때문에 결국 진정으로 자유로워서 자기가 원하는 것을 행하는 사람은 선한 것을 행하고 법을 따르는 사람이다. 이에 대해서는 F. Stanley Jones, "Freedom", *The Anchor Bible Dictionary vol. 2* ed. David Noel Freedman (New York: Doubleday, 1992), pp.855-856 참조.
7) K. Niederwimmer, "ἐλευθερία", *Exegetical Dictionary of the New Testament vol. 1* ed. Horst Balz and Gerhard Schneider (Grand Rapids, Michigan: W.B. Eerdmans Pub. Co., 1990), pp.431-434 참조.

이런 그리스의 시민적 권리나 로마의 사회적 권리 보다는 '무엇으로부터의 자유'라는 의미의 근원적인 영적 자유를 의미하는 경향이 많다. 바울이 말하는 자유의 고유한 의미는 사실 법, 죄, 사망으로부터 해방된 자가 누리는 영적인 자유를 의미하였다(갈 5:1) 위의 자유의 용례에 비추어보면, 바울은 고전 8:9에서 지식 있는 자들의 자유를 고대 그리스의 도시 국가에서 사용되는 시민적 자유라고 부르지는 않고 있다. 오히려 지식 있는 강한 자가 갖고 있는 사회적 의미의 자유는 로마 문화적 코드에 따라 '권위를 가진 권리'(ἐξουσία)라고 불렀다.

그래서 자유(권리)의 타자 지향적 윤리적 성찰의 문제를 바울 자기 자신의 사도권의 문제에 적용하게 되었을 때 바울은 자신이 일을 하지 않고 생계를 유지할 수 있는 사도권의 권리를 포기하였다고 말한다. 그래서 이렇게 자유가 자신의 권리를 누리거나 포기하거나 의 '무엇을 위한 자유'의 의미를 내포하는 방식으로 바울이 기술한 예는 고전 9:1, "내가 자유자[ἐλεύθερος]가 아니냐? 사도가 아니냐? ……"(9:1) 더구나 이러한 사도의 권리를 바울은 고전 9:12와 9:18에서 다음과 같이 자신의 권리를 포기하는 방식과 이 권리로서의 자유를 말하고 있다: "다른 이들도 너희에게 이런 권을 가졌거든 하물며 우리일까 보냐? 그러나 우리가 이 권[τῇ ἐξουσίᾳ]을 쓰지 아니하고 범사에 참는 것은 그리스도의 복음에 아무 장애가 없게 하려함이로라"(9:12=9:18과 비교)[8] 여기에서 특히 중요한 점은 바울은 당시 로마 문화에서 자유를 특권을 누리는 능력의 의미로 보는 문화적 코드를 공유하고 있었다는 사실이다. 다시 말해서 자유의 반대말이 금지라기보다는 자신이 자유롭게 선택하였던 연합체, 동업자 단체나 종교 제의 집단의 특권을 포기하는 것과 관련된다.[9]

하지만 이를 더욱 발전시켜서, 바울은 자유의 근원적 의미가 특권을 포기하는 자유로운 선택뿐만 아니라, 사람들의 필요에 자신을 혁신시키는 적극적인 전복적 자기 혁신의 의미도 내포하게 된다고 주장하게 된다. 그래서 바울에게서 자유는 **특수한** 특권을 누리는

---

[8] (고전 9:18) "그런즉 내 상이 무엇이냐? 내가 복음을 전할 때에 값없이 전하고, 복음으로 인하여 내게 있는 권[τῇ ἐξουσίᾳ]을 다 쓰지 아니하는 이것이로라"
[9] 로마의 자유에 대한 일반적 관념에 관해서는 폴 벤느(주명철·전수연 역), 『사생활의 역사: 로마 제국부터 천년까지』, 2002, 서울: 새물결, pp.251-277(특히 pp.268-271) 참조; 연합체, 길드, 종교제의 집단의 성격에 관해서는 Phillip Harland, 2003, *Associations, Synagogues, and Congregations* (Fortress: Minneapolis), pp.25-53 참조.

자유를 단순히 포기하는 것에 그치지 않고, 스스로 모든 사람들에게도 종(노예)이 될 수 있는 자유의 역설성에 대한 **보편적** 특성을 나타낸다: "내가 모든 사람에게 자유하였으나 [Ἐλεύθερος] 스스로 모든 사람에게 종이 된 것[ἐδούλωσα]은 더 많은 사람을 얻고자 함이요."(고전 9:19=갈 5:13과 고전 7:22-23과 비교)10) 더구나, 그는 구체적인 문화적 특성에 따라 자신을 변신시키는 자유의 **특수성**이 자신을 비우는 변신 능력의 보편성으로 나타난다는 점을 다음과 같이 기술하기도 한다: "…… 유대인들에게는 내가 유대인과 같이 ……, 율법 아래 있는 자들에게는 …… 율법 아래 있는 자 같이 ……, 율법 없는 자에게는 …… 율법 없는 자와 같이 ……, 약한 자들에게는 …… 약한 자와 같이 된 것은 …… 구원코자 함이니."(고전 9:20-22)

다른 한편, 고전 8:10, 12에서 바울은 누구나 이러한 권리를 가질 수 없지만 생각과 행동을 일치시키려는 도덕적 의미의 내적인 자유를 자기의식의 정합성을 의미하는 '양심'(συνείδησις)이라고 불렀다. 이러한 자유의 다양한 언어 사용법은 바울이 말하려는 근원적인 자유에 반하여 이 권리로서의 외적 자유와 양심으로서의 내적 자유를 대조할 수 있는 전략적인 사용법이라 할 수 있을 것이다. 바울이 바로 약한 자에게 위의 로마 시민으로서의 권리를 갖도록 사회적 의미의 자유를 강조하기 보다는, 이처럼 이러한 양심이라는 말을 통하여, 이 종교적 의미의 자유와 도덕적 의미의 자유(양심)를 누리도록 촉구하려 한 것(8:7)은 내면적인 자유 이해를 강조하느라 노예 제도와 같은 현실의 사회 제도의 변혁에 관심을 갖고 있지 않았던 스토익 철학(Stoicism)의 배경에서 이해할 필요가 있다. 바울은, 노예로부터의 해방을 촉구하는 정치적 자유를 논하기 보다는, 율법의 기반이 되는 죄와 사망으로부터의 구속과 이에 기초해서 얻게 된 기독교인의 내면적 자유를 정치적, 사회적 의미의 제도적 자유의 토대가 되는 윤리적 자유를 얻기 위한 필요조건으로 이해하려 하였다.11)

---

10) 자유의 역설성에 대한 보편적 특성을 나타내는 성서 구절로는, "너희가 자유를 위하여 부르심을 입었으나 그러나 그 자유로 육체의 기회를 삼지 말고 오직 사랑으로 서로 종노릇하라"(갈 5:13): "주 안에서 부르심을 받은 자는 종이라도 주께 속한 자유자요, 또 이와 같이 자유자로 있을 때에 부르심을 받는 자는 그리스도의 종이니라 너희는 값으로 사신 것이니 사람들의 종이 되지 말라"(고전 7:22-23) 참조.
11) Epictetus, *Discourses* Ⅳ. 1. 1-3; 11) 특히 스토이즘과 기독교의 자유 이해의 비교점에 관해서는 조남

그렇다면 이 양심이 윤리적 성찰의 대상이 되는 고대의 문화적 풍토는 무엇인가? 양심은 희랍어로 συνείδησις로 문자적으로는 의식과 행동을 일치시키려는 자신에 대한 자각(self-awareness) 또는 도덕의식(moral consciousness)을 의미한다. 이런 의미로 바울은 고전 8:10과 12에서 사용하게 된다: "지식 있는 네가 우상의 집에 앉아 먹는 것을 누구든지 보면 그 약한 자들의 양심이 담력을 얻어 어찌 우상의 제물을 먹게 되지 않겠느냐"(10); "이같이 너희가 형제에게 죄를 지어 약한 양심을 상하게 하는 것이 곧 그리스도에게 죄를 짓는 것이니라"(12) 여기에서는 지식과 성격이나 행동의 괴리가 자기의식의 정합성의 요구로서 양심의 자각을 부추긴다고 이해할 수 있다. 이런 점에서 바로 이러한 양심과 관련된 윤리적 성찰이란 객관적으로 옳고/그름의 진리 주장(truth claim)의 문제가 아니라 자신의 문화적 입장에 따라서 특정한 행위가 용납/불용납의 윤리적 성찰을 통한 가치 주장(value claim)의 측면을 잘 나타내고 있다고 할 수 있다.12) 이것은 고대의 '양심'의 의미가, 내면적 주관성이 충분히 인정되어 부당하다고 생각되는 정치적 압력과 실정법에 항의할 수 있는 근거로 제시되는 현대의 '양심의 자유'와는 상당히 다르지만, 자신의 지식과 행위를 대조한다는 의미에서 분명히 개인의 특수한 윤리적 성찰의 측면을 내포하고 있다는 것을 알 수 있다.

바로 이런 방식으로 양심의 의미가 자기의식의 정합성을 중요시하는 만큼, 바울은 양심의 자유가 윤리적 성찰의 핵심 과제가 된다고 생각하게 되었다. 특히 바울은 8장에서는 지식 있는 자들의 행위가 약한 자들의 양심을 상하게 하는 문제가 되는 것을 경고하고, 10장에서는 약한 자가 타자의 양심을 해치는 것을 주의하라고 경고함으로써 자유의 주체

진, 『초기 그리스도교와 스토아사상의 노예관』, 2005, 서울: 한국학술정보[주], pp.129-198과 조남진, "헬레니즘 지성사에 있어서 자유·평등 이념과 국가관", 『서양 고대와 중세의 사회』, 2005, 지동식, 서울: 신양사, pp.723-757 참조.

12) 양심의 사전적 의미는 세 가지이다. ① 약한 의미: συνείδος에서 파생된 의미로서 자신의 자의식, 또는 자신의 지식을 성찰함으로써 형성되는 개인적 지식 ② 강한 의미: 잘못 된 것이나 나쁜 것을 행하였다고 인식하면서 오는 고통, ③ 최근의 일반적 의미: 행동을 하나님의 의지에 따라 규정하는 도덕적 확신들의 저장소로서 자율적인 중재자. 이에 관해서는 *The Anchor Bible Dictionary* vol. 3, pp.1128-1130과 *Exegetical Dictionary of the New Testament* vol. 3, pp.301-303 참조; 고전 8-10에서 사용된 양심에 대한 주석적 의미에 관해서는 David G. Horrell, 2005, *Solidarity and Difference: A Contemporary Reading of Paul's Ethics* (London & New York: T & T Clerk International), pp.189-193 참조.

가 누구냐에 따라 달리 타자의 자유에 대한 윤리적 성찰의 방식을 제시하게 된다. 이러한 점을 요약하면 다음과 같을 것이다: ① 우상의 제물을 먹는 기준으로서의 양심: "그러나 이 지식은 사람마다 가지지 못하여 어떤 이들은 지금까지 우상에 대한 습관(συνηθεία)이 있어 우상의 제물로 알고 먹는 고로 그들의 양심이 약하여지고 더러워지느니라"(8:7) "불신자 중 누가 너희를 청하여 너희가 가고자 하거든, 너희 앞에 무엇이든지 차려 놓은 것은 양심을 위하여 묻지 말고 먹으라 누가 너희에게 이것이 제물이라 말하거든 알게 한 자와 및 양심을 위하여 먹지 말라"(10:27-28) ② 남의 양심과 나의 자유의 상호 연관성: "지식 있는 네가 우상의 집에 앉아 먹는 것을 누구든지 보면 그 약한 자들의 양심이 담력을 얻어 어찌 우상의 제물을 먹게 되지 않겠느냐? 그러면 네 지식으로 그 약한 자가 멸망하나니 그는 그리스도께서 위하여 죽으신 형제라"(8:10-11) "내가 말한 양심은 너희의 것이 아니요 남의 것이니 어찌하여 내 자유[ἐλευθερία]가 남의 양심으로 말미암아 판단을 받으리요(10:29) ③ 타인의 양심의 문제의 종교적 중요성: 형제와 그리스도에게 죄를 지음(ἁμαρτία): "이같이 너희가 형제에게 죄를 지어 그 약한 양심을 상하게 하는 것이 곧 그리스도에게 죄를 짓는 것이니라"(8:12) "유대인에게나 헬라인에게나 하나님의 교회에나 거치는 자가 되지 말고, 나와 같이 모든 일에 모든 사람을 기쁘게 하여, 나의 유익을 구치 아니하고 많은 사람의 유익을 구하여 저희로 구원을 얻게 하라"(10:32-33). 이렇게 세 가지 방식으로 8장의 지식 있는 자와 10장의 약한 자들에게 우상의 제물을 먹는 기준이 양심의 자유라는 것을 일관성 있게 제기하고 있는 것이다.

여기에서 바울의 자유 이해의 가장 중요한 공헌점은 바로 자유에 대한 성찰을 지식 있는 자에게는 권리로서의 자유(외적)와 약한 자에게는 양심으로서의 자유(내적)로 나누면서 단순히 정치적인 권리의 의미로서의 자유를 강조하기 보다는 타자 배려를 통한 상호인정의 권력관계와 연관된 윤리적 성찰의 중요성을 강조한 점이다. 바울은 8-10에서 지식 있는 자의 권리로서의 자유문제(8장), 자신의 사도권의 자유문제(9장)와 약한 자의 양심을 배려해야 하는 자유문제(10장)를 제시함으로써 우상의 제물을 먹는 구체적인 윤리적 선택의 문제를 자유에 기초한 그리스도인의 정체성 문제로 일관성 있게 연결하면서 논의하고 있다. 8장에서 바울이 지식 있는 강한 자의 자유(권리) 문제를 지식 없는 약한 자의 자유(양심)의 배려의 중요성과 연결시킬 때 바울은 단순히 개인적 차원이나 제도적 차원만이 아니라 상호인정의 윤리적 차원과 이와 관련된 지식 있는 자와 약한 자 간의 지배/예속의 권력관계의 사회적 타당성을 중요시하게 된다. 마찬가지로 10장에서 바울은 약한 자의 자유를 타인의 양심의 문제와 연결시킴으로써, 양심에서 조차 자유롭기 위해서 싸우는 현대적 의미의 '양심의 자유' 문제를 제기하는 것이 아니라, 이미 자유로운 양심이 타자의 존재를 승인하고, 나아가 그 고유한 문화적 특성과 사회적 위치까지도 고려하는 자유의 사회적 책임성의 문제를 제기하는 것이다.13)

3. 고린도 교회의 종교 · 문화적 풍토: 밀의종교의 풍토인가, 철학적 경향인가?

그렇다면 왜 바울은 자유의 문제를 지식(γνῶσις)과 관련시키려 하는가? 고린도 교회에서 이 지식은 어떤 지식이었기에 지식 있는 자가 우상의 제물을 먹는 것이 자유를 획득한 자기 과시의 근거가 될 수 있는가? 바울은 지식 있는 자가 자신들이 우상의 제물을 먹는 행동을 다음과 같은 두 가지 지식을 통해 정당화/합리화하려 한다고 주장한다: ① "우리가 우상은 세상에 아무 것도 아니며" ② "하나님은 한 분 밖에 없는 줄 아노라". 이들이 갖고 있는 지식에 바울은 우선 동의한다. 8:1b에서 "우리가 다 지식이 있는 줄을 아나", 8:4에서 "우리가 세상에 아무 것도 아니며 또한 하나님은 한 분 밖에 없는 줄 아노라."라는 말은 바울과 당시 지식 있는 강한 자가 공유하고 있었던 지식이라고 볼 수 있다.14) 8:1-4에서 바울이 이들과 의견을 달리하는 것은 이들의 지식의 내용 자체가 적합하지 않기 때문이 아니라 그리스도의 사랑을 구체적으로 행동하지 못하였기 때문이다.

바로 이 지식의 내용은 무엇이고, 이것은 우상의 제물을 먹는 윤리적 행위와 어떻게 연관되는가? "우상의 제물"(8:1)을 먹는 문제, "우상에 대한 습관"(8:7)의 문제, "우상을 숭배하는 일"의 문제(10:14-11:1)가 서로 약간씩 차이가 나는 이유는 무엇인가? 8:1-13에서

---

13) 고대의 양심 이해와 현대의 양심의 자유의 차이와 이에 근거한 10:23-33에 대한 치밀한 주석적 토론에 관해서는 Hans Conzelmann, 1975, *1 Corinthians* (Philadelphia: Fortress), pp.175-180 참조; 고전 10:23-33에서 약한 자가 타자의 양심을 고려해야 할 것을 강조한 주석적 토론에 관해서는 Murphy-O'Connor, 1978, "Freedom or Ghetto", *Revue Biblique* 4 (1978), pp.563-571과 Murphy-O'Connor, 1998, *I Corinthians: Doubleday Bible Commentary* (New York: Doubleday) pp.106-107 참조.
14) 바울의 기술한 이 두 가지 지식은 인용이라고 생각하는 학자들의 자세한 토론에 관해서는 Horrell, 2005, *Solidarity and Difference*, pp.171-172 참조.

지식은, 단순히 현대인이 생각하는 일반적일 앎의 내용이 아니라. 확실히 우상의 제물과 습관과 숭배와 전부 관련된 신(神)에 관한 특별한 지식일 것이다. 그렇다면 로마 사람들에게 신에 관한 지식은 무엇인가? 로마 제국의 일반 사람들은, 전통적인 3층천의 우주관에 영향을 받았기 때문에, 신들이 바로 인간의 세계와 멀지 않는 땅 바로 위의 하늘에 계시는 어떤 '초인적인 것'이라고 생각하였다. 각각의 신들은 그 특성상 그 정도만 다를 뿐인 인간의 모습과 유사한 물질적 존재로서 각각 그 고유한 성격과 활동 영역이 있다고 생각하였기 때문에 로마인들은 다른 나라나 다른 집단들이 섬기는 다양한 종류의 신들에게도 관용을 베푸는 다신론주의자들이었다. 반면 지식인들은 각각의 신들이 아니라 '신들'(dieux) 일반이나 일반 명사 '신'(dieu)이 덕을 갖춘 사람들을 사랑하고 선의가 이기도록 도와주고, 악을 벌하는 신의 섭리를 주관한다고 생각하기 시작하였다. 특히 철학자들은 신의 존재를 부인하기도 하였지만 대체로 종교 안에 진리의 핵심이 내포해 있다는 확신을 갖고 있었다. 하지만 이들은 다신교의 신들을 버리고 유일신으로 관심을 기울이기 보다는 섭리, 선 등의 추상적인 단순한 개념을 통해서 신과 인간의 유사성과 그 차이, 그 운명과 우연과 신의 섭리의 차이와 신의 유용성과 덕성 등에 대해서 논의하기를 좋아하게 되었다. 이들은 부분적으로는 신화와 민중 종교에서의 전통적인 신들을 용납하면서도, 부분적으로는 이들에 대해서도 지적인 신중함으로 의심의 눈길을 보내고 있었다.15)

다른 한편, 8:1, 7, 10, 11에서 지식(γνῶσις)은 특수한 대상에 대한 지식이라기보다는 원시-영지주의(Proto-Gnostics)적 의미의 지혜인 영적 지식을 나타내는 특수한 용어 일 수 있다.16) 유대 묵시문학적 지혜문학에서는 이 지식이 구약의 이스라엘 민족을 보호하는 부족신, 야훼 신과 달리 우주를 초월해서 존재하는 유일신 하나님을 아는 지식이다. 당시 원시-영지주의는 이러한 유대 지혜문학의 지혜 이념을 플라톤의 인간의 몸과 영혼의 이

---

15) 로마의 대표적인 지식인 키케로(Cicero)의 신관에 관해서는 키케로, "신들의 본성(2, 8, 72)와 내장을 살피는 자들의 보고(9, 19)", 리터(A. M. Ritter)(공성철 역), 『고대교회: 교회와 신학의 역사 원전』, 2007, 서울: 한국신학연구소, pp.33-35 참조. 로마의 다신론적 신앙에 관한 일반인과 지식인의 입장에 관해서는 벤느, 『사생활의 역사』, pp.313-350과 Paul Veyne, 1987, *The Roman Empire*, (Cambridge: The Belknap Press of Harvard University Press), pp.207-211 참조; 그리스와 근동의 전통적인 다신론의 일반적 특징에 관해서는 라일리, 『하느님의 강: 그리스도교 신앙의 원류를 찾아서』, 2005, 한국기독교연구소, pp.47-60 참조.
16) Yeo, 1995, *Rhetocial Interaction in 1 Corinthians 8 and 10*, pp.142-147.

원론적 인간 이해에 관한 지식과 병합하여, 이 하나님을 아는 지식이 몸인 감옥에 갇혀 인간 자신이 잠자고 있는 상태에 빠져 있다는 자기 자신에 대한 지식과 같다고 주장하게 된다. 이 지식은 자기 자신이 어디로부터 와서 어디로 가게 되는지에 관한 우리 자신의 신적 기원에 관한 지식을 말한다. 여기에서 하나님은 이 세상 너머에 존재하시는 초월적인 존재이지만, 유대교에서처럼 하나님은 이 세상의 존재이다. 이런 의미에서 이 지식은 단순히 사변적인 것이 아니라 인간의 영혼을 자유롭게 한다.17)

이러한 로마 시대의 신관과 원시-영지주의의 지혜 이해의 문화적 배경을 염두에 두면 고린도 교회의 지식 있는 자들은, 유대인들과 마찬가지로 초월적인 신만을 인정하고 다른 우상들이 세상에 존재한다는 것을 인정하지 않는다는 점에서, 당시 로마의 일반인이나 지식인들과 달리 특정한 前영지주의에 영향을 받은 지식인의 신관이라는 것을 알 수 있다. 더구나 고린도 교회의 약한 자들은 아마도 이 다신론을 가졌던 과거의 신에 대한 경험으로부터 벗어나 유대교 유일신론적 신을 믿으면서 그리스도인이 되었던 이방 그리스도인들이었을 것이라는 것도 유추해 볼 수 있다.

이러한 지식을 가진 사람들은 단지 원시-영지주의 사유 체계에 영향을 받은 지식인 철학자들인가, 아니면 구체적인 원시-영지주의적 경향을 가진 밀의종교의 종교체험을 경험한 사람들의 주장인가? 우리는 바울이 8-10장 전체를 통해서 자유의 주제를 통해서 일관된 주장을 하고 있기 때문에 바울은 당시의 스토아 철학이나 견유학파에 영향을 받은 사람들이 자신들의 진리에 대한 지식을 통해서 자유를 가질 것을 설득하려 했다고 할 수 있다고 쉽게 판단할 수 있을 것이다. 이러한 주장을 가장 치밀하게 하는 최근의 학자 죤스(F. S. Jones)의 견해를 제시하면 다음과 같을 것이다. 바울의 자유 이해는 율법, 죄, 사망의 세력으로부터 해방을 강조한 점이 그 특징으로 제시될 수 있는 것이 아니라, 견유학파처럼 외적인 사회적 지위에 커다란 가치를 두게 되는 사람들의 견해들(δόξα)로부터 자유롭게 되어 당당하게 자신의 견해를 주장하게 되었다(παρρησία)는 점이 부각될 필요가 있다(7:22-23). 이러한 주장들은, 학생에게 받는 보상(μισθός)으로부터 자유롭게 가르쳤던 소크라테스를 이상적 철학자라고 주장하는 크세노폰(Xenophon)의 소크라데스의 비망록

---

17) 원시-영지주의의 탄생 조건과 그 우주관, 인간관, 구원관에 대한 개괄적 이해에 관해서는 라일리, 『하느님의 강』, 2005, pp.199-292, pp.306-311.

(Mem.)이나 개인의 자기-희생과 부정이 공동체의 자유를 쟁취하는 조건이라고 생각하는 유리피데스(Euripides)의 연극의 헬라적 배경에 비추어서, 바울의 자유의 개념을 이해할 필요를 제기하게 된다. 그래서 바울은 고린도전서에서 모든 사람들에게 복음을 전달하기 위해서 자신이 누구의 경제적 도움도 받지 않게 되었다고 주장하게 된다(고전 9:7-13). 특히 존스는, 견유학파가 유일신론적 관점에 의해서 모든 우상들은 아무 것도 아니기 때문에 우상의 제물을 포함하여 아무거나 자유롭게 먹을 수 있다는 주장을 한다는 점에서, 고전 10:29에 나타난 적대자는 견유학파의 윤리적 태도를 갖고 있었다고 주장한다.[18] 이러한 점이 또한 잘 드러나는 것은 고전 6:12-20에서 적대자가 "모든 것이 가하다"($πάντα\ μοι\ ἔξεστιν$)라고 하는 스토아 철학이 대중화된 견유학파의 자유방임주의 윤리관을 제안한 것을 보면 확실히 알 수 있을 것이다.[19]

하지만, 최근의 성서학자들은 바울이 고린도 교회에서 마주하는 적대자들을 단순히 스토아 철학이나 견유학파의 철학적 배경을 가진 자라고 주장하기는 어렵다고 말한다. 우리는 이러한 지식을 가진 자들이, 일반적으로 헬라의 영적 열광주의였다는 전통적인 견해와 달리, 당시 그레코-로만(Greco-Roman) 밀의종교와 연관된 종교 활동에 직접/간접 참여하고 있는 원시-영지주의에 영향을 받은 사람들이라는 점을 다음과 같이 다섯 가지로 제시할 수 있을 것이다.[20] ① 당시의 비명(inscription)에 관한 고고학적인 연구에 의하면, 고린도 도시는 고대 그리스 전통 종교보다는 그레코-로만 제의 종교와 이것이 발전하여 변형된 로마 황제 숭배 제의에 더 큰 영향을 받고 있었다.[21] 그리스도의 몸과 피에 대한 바울

---

[18] 반면 견유학파와 스토아 철학 전통에 의해서 윤리적 문제를 재해석하는 경향에 관해서는 F. Stanley Jones, "Freedom", *Anchor Bible Dictionary* vol. 2, pp.855-856과 Conzelmann, *1 Corinthians*, pp.10-11, pp.170-180과 Murphy-O'Connor, "Freedom or Ghetto", pp.543-574 참조

[19] 고린도전서의 적대자들이 스토아 철학이 절충주의적으로 대중화된 견유학파라고 생각하는 논점에 관해서는 Jay E. Smith, 2003, "The Roots of Libertine Slogan in 1 Corinthians 6:18", *Southwest Commission on Religious Studies* [SBL-AAR-ASSR-ASOR 연례대회 발표 자료집, Irving City, Texas], pp.5-11, pp.15-17과 D. B. Martin, 1995, *Corinthian Body* (New Haven: Yale University Press), pp.70-72, p.264 참조.

[20] 고린도 교회의 적대자가 헬라의 영적 열광주의였다는 케제만의 전통적 견해에 관해서는 John K. Chow, 1992, *Patronage and Power: A Study of Social Networks in Corinth*, (Sheffield: Sheffield Academic Press), pp.114-120 참조. 이에 반하여, 고린도 교회의 밀의종교와 연관된 원시-영지주의의 종교적 맥락을 강조한 경향에 관해서는 Yeo, 앞의 글, pp.113-119 참조.

의 토론(고전 10:1-22)은 당시 유대인들보다는 고린도의 밀의종교에 익숙한 이방 대중들에게 더 환영받기가 쉬웠다. 고전 5:10 8:7, 12:2에서도 고린도 교인들은 밀의(μυστηρία) 제의를 알고 있었던 것 같다. ② 당시 고린도에 성행했던 스토이시즘과 견유주의 철학이나 아프로디테 제의(Aphrodite cult)는 대체로 '부적절한' 혼외 성관계가 윤리적이고 도덕적 문제와 무관하다고 생각했던 자유방임주의적 윤리의식을 갖고 있었다(6:12-20). 하지만 바울은 이들의 도덕적 입장만을 공격한 것이 아니라 결혼을 하지 않거나, 결혼 생활을 하지 않으려는 금욕주의적 윤리도 비판하고 있었다(7:1-16). 바로 이런 의미에서, 바울이 비판하려 하였던 공동체는 이러한 금욕주의 윤리를 강조하려 하였던 원시-영지주의들이었을 가능성이 더 높다.22) ③ 고전 1:13-17에 의하면, 고린도전서의 분열의 문제는 단순히 사회 계층이나 종족적 갈등, 또는 철학적 입장이 다른 사람들 間의 갈등에서 일어난 것이라기보다는, 개인주의적 영성을 추구하려는 입회자들이 위계주의적 질서를 확립하려는 특정한 지도자에 충성해야 하는 것을 지나치게 강조하고 있었던 인격성(personality)에 기초한 종교 제의들, 사교클럽, 동업자 단체(confreries 또는 collegia), 연합체(associations), 가문들이 난립하고 있었기 때문에 일어난 것이다.23) ④ 무질서한 방언의 문제(고전 12-14)나 제의 음식에 참여하여 행하는 부도덕한 행위, 우상의 제물을 먹는 윤리적 선택의 문제들(10:1-5)은, 단순히 철학적인 의미의 지식과 자유의 연관관계의 문제와 연관되기 보다는, 당시 그레코-로마의 전통 종교나 로마의 황제 숭배 제의에서 흔히 논의될 수 있는 종교 문제로서 영혼의 자유와 계몽으로서의 영적 지혜와의 상관관계와 연관되어 일어날 수 있는 것들이다.24) ⑤ 바울이 8장과 10장에서 논의한 자유와 양심에 기초한 윤리적 자기 성찰에 관한 문제는, 당시 인간이 자연의 이법에 일치하여 살게 된다면 본성대로 자유롭게 될 수 있다고 생각하는 스토아 철학의 지적 풍토에서 논의되었다기보다는, 모든 사람

---

21) Donald Engels, 1990, *Roman Corinth* (Chicago: University of Chicago), pp.66-74, pp.101-102.
22) Robert M. Grant, 2001, *Paul in the Roman World: the Conflict at Corinth* (Louisville: Westminster John Knox Press), pp.23-55, pp.107-114; Smith, 2003, "The Roots of Libertine Slogan", pp.4-17.
23) 로마 종교 연합체의 특징과 정치적 영향력에 관해서는 Harland, 2003, *Associations, Synagogues, and Congregations*, pp.25-112 참조; 개인적 종교 형태에 관해서는 조현미, "헬레니즘 시대 그리스-로마 세계의 개인적 종교",『서양 고대와 중세의 사회』, 1993, 지동식, 서울: 도서출판 신망사, pp.759-793 참조.
24) 밀의종교의 종교사적 풍토 속에서 재해석하려는 입장에 관해서는 Yeo, 1995, *Rhetorical Interaction in 1 Corinthians 8 and 10*, pp.84-141 참조.

이 우주적 힘들에 의해서 육체의 감옥에 갇혀 그 영혼이 잠자고 있어서 본성상 자유롭지 못하다고 생각하는 원시-영지주의적 밀의종교의 배경에서 이해할 필요가 있다. 특히 여기에서 논의되는 자유의 문제가, 단순히 도시 국가에 귀속되는 정치적 문제나 이와 연관된 그리스 고전 철학자들의 추상적 수준에서 논의되기 보다는, 도시 국가가 로마 제국에 복속되어 도시국가의 사회적 결속 체제가 급속히 약화되었던 헬레니즘 시대에는 초월적인 구속을 개인주의적으로 추구하였던 원시-영지주의적 신앙관과 이를 토대로 인격성(personality)에 근거한 사회 결속 성향을 강화하였던 고대 밀의종교의 배경에서 논의될 필요가 있는 것이었다. 더구나 당시 고대 밀의종교에서는 종교에 입문하는 문제가 의무거나 강제가 아니라 개인적 선택과 개인적 자유 행사의 문제였다.25)

위의 종교사적 배경 연구에 비추어 보면, 이러한 지식을 갖고 있는 자들은 헬라적 유대신학, 특히 필로(Philon)와 지혜문학에 영향을 받은 원시-영지주의자들이다. 그들은 아마도 지식인 계층으로서 약한 자 보다 고기를 살 수 있는 여유가 있는 부자들과 같은 상층 계급에 속하였다. 반면 약한 자들은, 단순히 유대 음식 규례법을 보수적으로 준수하고 있었던 유대인들이었기 보다는, 기독교인들이 되기 전에는 이방 밀의종교에 참여하였던 낮은 계급의 사람들이었을 것이다. 이들은 과거에 우상의 제물을 먹었던 고통스러운 경험을 갖고 있었고, 우상이 진정으로 존재한다고 믿었기 때문에 우상의 제물을 먹었을 때 양심의 가책을 느꼈다. 그렇다면 고린도의 강한 자(지식 있는 자들)는 우상의 제물을 먹었는가? 여콕킁(Khiok-Khng Yeo)은 이들이 우상의 제물을 먹었던 이유를 다음과 같이 네 가지로 본다: ① 우상이 존재하고 있지 않다고 생각했다. 다시 말해서 원시-영지주의에서는 다신론적 의미의 그레코-로마적 신성을 인정하지 않았다. ② 그들은 고기를 성숙하고, 현명한 사람들의 음식으로 생각했다. ③ 우상의 제물을 먹는 것을 영적 권위와 자유의 본성을 실행하는 것과 연관시켰다. ④ 자신의 양심이 계몽적인 지식 즉, 영지에 의해서 변형된다고 생각했다.26) 다른 한편, 윈터(B. W. Winter)는 바울이 고린도 도시를 떠난 직후 로마 황제 숭배 의식이 도시 수준이 아니라 대규모의 제국 수준으로 강요되었던 정치적 상황

---

25) 당시 그리스 고전 철학과 헬레니즘 시대의 자유의 개념의 차이에 관해서는 H. D. Betz, "Paul's Concept of Freedom", 1-6; Engels, 1990, *Roman Corinth*, pp.92-93 참조.
26) Yeo, 1995, 앞의 글, p.155.

이 고린도 교회의 강한 자가 우상의 제물을 먹게 되어 윤리적 문제가 되었다고 제시한다.27)

4. 지식과 약함의 연관 문제: 로마 제국의 식탁교제의 종교·문화적 풍토

바울은 1-4장에서 이미 지혜와 관련해서 신령한 자(πνευματικός: 영적으로 성숙한 자)와 육에 속한 자(ψυχικός: 영적으로 미성숙한 자)를 대비해서 논의한 바 있었다(특히 고전 2:13-15, 3:1). 사실 이러한 대조는 고전 2-14장과 15:44-54에도 그 의미가 일관되게 나온다.28) 이제는 고전 8:1-6에서 바울은, 위에서 논의한 바대로, 밀의종교의 배경에서 형성된 원시-영지주의들이 지지하는 하나님에 관한 지식을 하나님과 구속자 주에 관한 신앙 고백(8:6)에 근거한 신학적 토론을 통하여 반박한다. 여기에서는 지식이 있는 자와 없는 자가 구분된다. 그런데 이러한 지식 있는 자와 지식 없는 자의 구분의 문제는 다시 고전 8:7-13에서 약한 자와 약하지 않은 자의 구분에 의해서 약한 자의 양심과 자유의 문제로 전환된다. 이것은 자유의 삶의 태도가 하나님에 관한 지식의 문제와 연관될 뿐만 아니라, 더 나아가서 억압적 지배를 극복하는 구체적 현실과 연관된다는 점에서 고린도 교회의 강한 자와 약한 자의 갈등의 역사적 정황을 고찰할 필요가 있는 것이다.

그런데 우리가 주목해야 할 것은 단순히 바울이 여기에서 약한 자(9, 10, 11)의 양심을 손상하는 자들을 '강한 자'로 대비시키지 않고, 바울은 이들을 "어떤 이들"(7), "너희(자유함)"(9), "(지식 있는) 네[너]가"(10), "네 (지식으로)"(11) "너희가"(12)로 표현하게 된다. 바울은 왜 바로 이 지식을 갖지 못한 자를 '약한 자'로 규정하였음에도 불구하고, 지식을 가진 자를 '강한 자'로 규명하지는 않게 되었는가? 지식 있는 자가 약한 자를 배려하지 못하는 상황에 대해서 바울은 왜 약한 자들을 11-13절에서 다시 각 절 마다 '형제'라고 다시 규정하면서 이들의 약한 양심을 배려하도록 촉구하고 있는가? 우선 우리는 로마 제국의 통치 전략이, 단순히 군사력에 의한 폭력만 주로 의존하는 것이 아니라, 로마 군대에

---

27) 이러한 입장에 관해서는 Winter, 2001, *After Paul Left Corinth: The Influence of Secular Ethics and Social Change* (Grand Rapids: W. B. Eerdamns Pub. Co.), pp.269-286 참조.
28) 신령한 자/육에 속한자의 이분법에 대한 종교사적 전승사적 논의에 관해서는 Yeo, 1995, 앞의 글, pp.131-141 참조.

25년간 봉직한 군인에게 시민권을 제공하는 로마의 평등주의적 법, 길과 목욕탕과 같은 편의시설 확충, 검투 경기의 놀이문화 제공 등 매우 고도의 정신적인 차원의 간접 통치 통치 형태였다는 점을 고려해야 할 것이다. 그리고 이러한 통치 방식과 로마의 원로원, 기사, 시민권을 가진 평민, 시민권이 없는 노예가 피라미드식으로 배열되는 위계주의의 사회 질서를 종교적으로 정당화하기 위한 가장 중요한 것이 황제 숭배와 각종 신들에게 바치는 종교제사와 축제와 콜로세움과 같은 극장에서의 자리 배석이었다.29) 그래서 바울은 주로 로마 제국의 상층과 관련된 강한 자와 하층과 관련된 약한 자의 이분법을 제시함으로써 로마 제국과 기독교의 대결 구도를 강화하는 것을 회피하려 했을 가능성이 있다.

이에 대해 보다 적절한 답변을 위해서 우리는 고린도 교회의 배경으로 단순히 밀의종교의 일반적인 경향만이 아니라, 이와 연관된 로마 제국의 국가 종교제의와 당시 우상의 제물을 먹을 수밖에 없는 로마의 황제숭배 제의의 풍습과 로마식의 식탁교제의 사회적 관습과 연관된 사회적, 문화적 정황을 살펴볼 필요가 있다.30) 고린도전서 8장과 10장에 반영된 우상의 제물을 먹을 수밖에 없는 상황은 보통 다음의 세 가지 경우가 있었다: ① 당시의 성전에서 제의적 식사와 관련된 쥬피터나 아테네와 같은 이방 신들에게 바치는 공식적이고 공적인 희생제사 ② 사회적 클럽(thiasoi)이나 로마 제국의 공적 축제와 같이 유사 종교적인 사회적, 종족적, 정치적 모임에서 먹게 되는 우상의 제물 ③ 이방인의 가정의 일상적인 축하 행사나 아스크레피우스, 디오니소스, 제우스와 같은 신들의 제의와 연관된 저녁식사에 제공되는 사적인 식사.31) 우리는 위의 세 가지 사회적 연결 방식이 전부 로마 제국의 시민 종교라 할 수 있는 황제 숭배 제의와 관련된다고 하였을 때 바로 바울

---

29) 이에 관한 자세한 설명에 관해서는 Paul Veyne, 1990, *Bread and Circuses: Historical Sociology and Political Pluralism* (1976) (London: Penguin Books), pp.1-200 참조.
30) 이러한 바울서신의 신학적 주제와 로마 제국에 대한 태도와의 관련성을 탐구하는 탈식민주의적 접근방법에 관해서는 김덕기, "바울 신학의 이원론적 사유 방식에 대한 탈식민주의 비평: 새로운 아시아 성서해석학의 모델을 위해서", <신학과 문화> 제15집(2006), pp.125-164 참조; 최근 이러한 접근방식의 중요성과 그 고고학적 근거에 관해서는 John Dominic Crossan & Jonathan L. Reed, *In Search of Paul: How Jesus People oppressed Rome's Empire with God's Kingdom* (New York: HarperCollins Pub), pp.295-306 참조.
31) 위의 글, p.96. 이 내용은 Wendell Lee Wills, 1985, *Idol Meat at Corinth* (Chico: Scholare Press), pp.8-64의 내용의 요약이다.

이 약한 자와 지식 있는 자의 갈등의 핵심에는 로마 제국의 이데올로기에 어떤 입장을 취하는지에 따라 삶의 방식이 달라진다는 의미에서 우상의 제물을 먹는 문제가 권력관계와 연관된다는 것을 추론하게 된다. 특히 8장에 반영된 고대 로마 사회의 우상의 제물을 먹게 되는 식탁 교제는 보통 데이프논(δεῖπνον: 세나)과 심포지온(συμπόσιον: 콘비비움)의 관습에 따라서 당시 사회적 지위가 높은 '강한 자'가 사회적 지위가 낮은 '약한 자'를 고려하지 못하여 생긴 분쟁과 파당의 위험을 잘 드러내고 있다. 고린도 교회에서는 이방인들이 그리스도인을 저녁 식사나 결혼과 특별한 기념일에 초대되는 일이 많았다. 보통 고린도에서의 이러한 연회는 저녁 시간 9시 이후에 먼저 데이프논(저녁식사)이 제공된다. 여기에서 우선 이 연회를 연 후원자의 수호신들에게 제사를 지낸 후 이 제사에 쓰인 고기를 함께 먹게 되어 있었다. 이후 심포지온에서는 대화와 토론과 여흥을 위해서 포도주가 제공된다. 여기에서 우상의 제물인 고기를 먹고 토하는 세면대도 있었다고 한다. 고린도 교회의 강한 자들은 주로 회당장 그리스보나 스데바나(고전 1:16)와 같이 사회적 지위가 높은 자들로서 당시 로마의 식민지 상황에서 사회적 경제적 불이익을 받지 않기 위해서 당시 다양한 신전이나 이들보다 지위가 더 높은 로마 관리인들이 베푸는 저녁 식사나 도시의 축제를 위한 연회에 참여하게 되어 위의 우상의 제물을 먹을 수밖에 없었다. 또한 약한 자들도 자신들 보다 더 높은 지위의 후원자들이 초대하는 가정의 저녁식사나 로마의 축제에 참여하게 되어 우상의 제물을 먹고 신에게 바치는 헌주를 마시게 되었을 것이다. 이들은 피후원자들로서 생계를 위해서라도 이들의 초대를 거절할 수는 없었을 것이다.[32]

또한 바울은 성만찬의 성례 의식이 고대 로마의 식탁교제와 다르다는 것을 강조한다. 로마 사람들은 중요한 축제나 가문의 연회를 위해서 ㄷ자 형태의 식탁에 9 사람 정도만이 누워서 식사하는 귀빈석을 마련하게 된다. 여기에서 주인의 좌석 바로 모서리 옆에 가장

---

[32] 피후원자가 후원자의 암묵적인 강요(patronage)에 의해서 우상의 제물을 먹을 수밖에 없는 상황에 관해서는 John Fotopoulos, 2003, *Food Offered to Idols in Roman Corinth: A Social-Rhetorical Reconsideration of 1 Corinthans 8:1-11:1* (Tübingen: Mohr Siebeck), pp.158-171과 Chow, 1992, *Patronage and Power*, pp.113-166과 알버트 벨(도광만 역), 『신약 시대의 사회와 문화』, 2004, 서울: 생명의 말씀사, pp.355-360 참조. 이에 대한 자세한 논의에 관해서는 정복희, "우상제물에 대한 바울의 개방성과 배타성: 고린도 전서 8장, 10장을 중심으로", 2004, 연세대 연합신학대학원 신약학 석사논문, pp.21-56 참조.

중요한 지위가 높은 손님이 앉게 되고, 이 주빈으로부터 가까이 있는 순서대로 영향력 있는 인물들을 배치하게 된다. 나머지 다른 사람들은 이들과 별도로 마련된 중앙 홀에서 앉아서 별도의 다른 음식들을 먹게 된다.33) 여기에서는 분명 로마의 식민 지배의 상황에서 피식민인들은 로마 제국의 영향력 있는 손님들과 친밀한 관계를 유지하기 위해서 서열이 더 높은 좌석에 앉기를 희망하게 되지만, 바울은 고전 11:23-26의 성만찬에서 똑 같은 장소에서, 똑 같은 양을, 똑 같은 시간에 주의 떡과 잔을 먹을 것을 권면하게 된다.

이러한 정황에서 바울의 자유에 대한 독창적 이해를 정확하게 파악하기 위해서 우리는 과연 고린도 교회에서 바울이 지칭하는 '약한 자'가 구체적으로 어떤 사회적 계층에 속하는 사람들이었는지 논의할 필요가 있다. 최근에는 원시 기독교의 사회적 계층에 관한 논의에서 고전 1장에 나오는 '강한 자'와 '약한 자'의 사회적 계층에 대한 논의가 활발히 토론되기도 하였다.34) 바울에게 이 '약한 자'와 '강한 자'는 단순히 묘사적 표현으로서 강한 자에 대해서 상대적으로 약한 자를 지칭하는 것인지, 아니면 특정한 사회적 구릅이나, 계층 또는 종교적 집단을 의미하는지, 아니면 약한 자나 강한 자가 바울이 상정한 가설적인 구릅에 불과한지 논의해 보아야 할 것이다. 바울이 고전 1:26-28에서 강한 자와 약한 자를 대조해서 사용하는 것처럼,35) 로마 사회에서 일반적으로 받아들여지는 관점은 다음

---

33) 당시 약 주전 30년에 저술된 "풍자극"을 쓴 호레이스 시인이 자신의 친구 푼다니우스(Fundanius)의 식탁이 9인의 주빈석으로 되어 있었다는 것을 증언한다. Quintus Horatius Flaccus, "Satires 2.8", *The Roman World: A Sourcebook* ed. David Cherry (Massachusetts: Blackwell, 2001), pp.18-21. 이처럼 당시 로마의 식탁 질서의 예의에 관한 최근 연구의 요약에 관해서는 정복희, 위의 글, pp.34-37과 벨, 『신약시대의 사회와 문화』, 2004, pp.354-364 참조.

34) G. Theissen, 1982, *The Social Setting of Pauline Christianity* (Edinburgh: T. & T. Clark), p.72와 J. Meggitt, 1988, *Paul, Poverty and Survival* (Edinburgh: T. & T. Clark), pp.102-121; Theissen과 Meggitt의 토론에 관해서는 D. B. Martin, G. Theissen, J. J. Meggitt의 글들, *Journal for the Study of the New Testament* (Dec. 2001), pp.51-64, pp.65-84, pp.85-94와 이에 대한 비판적 평가에 관해서는 Hall, 2003, *The Unity of the Corinthian Correspondence*, pp.51-85 참조; 타이센의 견해에 더 동의하고 있는 견해에 관해서는 Horrell, 2005, *Solidarity and Difference*, pp.99-121과 pp.170-171.

35) "형제들아 너희를 부르심을 보라 육체를 따라 지혜 있는 자가 많지 아니하며 능한 자가 많지 아니하며 문벌 좋은 자가 많지 아니하도다 그러나 하나님께서 세상의 미련한 것을 택하사 지혜 있는 자들을 부끄럽게 하려 하시고 세상의 약한 것들을 택하사 강한 것들을 부끄럽게 하려 하시며 하나님께서 세상의 천한 것들과 멸시 받는 것들과 없는 것들을 택하사 있는 것들을 폐하려 하시나니"(고전 1:26-28)

과 같다. '강한 자'가 로마사회에서는 사회적 권력과 영향력, 정치적 지위와 부를 갖고 있어서 다양한 영역에서 능력과 영향력을 행사하였던 구룹을 지칭하고 있었던 반면, '약한 자'는 노예나 최하층 계급은 아니면서 사회적으로 겨우 어떤 특정한 단체(collegia tenuiorum)에 가입하고 식생활의 비용을 자립해서 꾸려 나갈 수는 있었던 지위가 낮은, 가난한 시민 대중을 지칭하고 있었다. 상층 계급 사람들은 종종 고기를 먹을 만큼 여유가 있었지만, 주로 빵과 포도주만을 겨우 먹을 수 있었던 가난한자들은 고기를 먹는 것은 매우 드문 경우였다. 더구나 이 강한 자들은 단순히 헬라어를 하는 그리스 계열 이방 그리스도인들이라기보다는 라틴어를 구사하는 로마의 귀족과 사교하고 있었던 사람들이라고 간주된다.36)

그렇다면 이러한 정황 속에서 우리가 고전 8:1-13에 나오는 '지식 있는 자'를 강한 자로 연결시킬 수 있는 근거가 무엇인가? 우리는 고전 1:26-28에서 지혜 있는 자, 능한 자, 문벌 좋은 자를 미련한 자, 천한 자, 멸시 받는 약한 자와 대비시키고 있다는 것을 알 수 있다. 이를 통하여 우리는 지식 있는 자를, 바로 위에서 논의한대로, 로마의 일반적 의미의 '강한 자'와 연관시킬 수 있을 것이다. 여기에서 바울은 지식 있는 자에 대해서 어떻게 비판하고, 자신의 고유한 신학적 입장을 어떻게 제시하고 있는가? 이를 답하기 위해서 우리는 바울이 적대자의 견해의 어떤 점을 비판하고, 어떻게 논박하고 있는지 토론할 필요가 있다. 하지만 특히 8:1-9에서 바울, 지식 있는 자, 약한 자의 각각의 주장이 정확히 무엇인지가 알기 힘들 정도로 모호하게 기술되어 있다. 이러한 모호성에 대한 해석의 문제에 관해서, 최근에 포토푸로스(Fotopoulos)는 화자 자신의 입장과 이에 반대하는 상대방의 입장을 나란히 배열하여 독자를 설득하려는 Partito라는 라틴 수사학적 기법이라고 생각하여 지식 있는 자의 견해에 대해서 바울이 직접 논박한 것이라고 주장하곤 하였다.37)

---

36) 약한 자나 강한 자가 단지 가설적인 집단 표시라고 주장하는 고전적인 견해에 관해서는 J. C. Hurd, 1965, *The Origin of I Corinthians* (London: SPCK), pp.117-125 참조. 이에 반해서 약한자/강한자가 원시-영지주의자들 사이에 지식을 가진 영적인 사람과 육적인 사람 간의 갈등을 나타내면서도, 당시의 일반적으로 사용되는 사회적 지위와 영향력에 대한 묘사라고 생각하는 학자에 관해서는 Khiok-Khng Yeo, *Rhetocial Interaction in 1 Corinthians 8 and 10*, pp.84-93, pp.112-115 참조.

37) 이에 관해서는 John Fotopoulos, 2005, "Arguments Concerning Food Offered to Idols: Corinthian Quotations and Pauline Refutations in a Rhetocial Partitio" (1 Corinthians 8:1-9), *CBQ* 67, pp.611-631

반면 믹스(W. Meeks)에 의하면, 고전 8:1-13과 10:25-11:1에서 바울은 주도적인 입장을 상대화시키려는 모호한 의미의 '우리'의 견해(8:1, 4), 자칭 '지식을 갖고 있다'고 생각하는 '모든' 그리스도인들에 의해서 배제되어 왔던 자들의 목소리(7), 약한 자의 목소리(7, 9, 11), 중립적인 목소리(2, 7, 8절), 원시기독교의 전승의 목소리(8:5-6), 바울 자신의 견해 (10:25-11:1, 특히 10:14) 등을 대화적(dialogical)이고, 다성적인(polyphonic) 목소리들을 통해서 제시함으로써 독자들이 자신의 윤리적 입장을 성찰하도록 촉구했다는 것이다. 바울이 강한 자가 약한 자의 양심을 손상시킨다는 권면의 말씀을 직접 인용이 아닌 모호한 언어로 표현한 것은 단지 수사학적 장치였다고 해석하는 것 이외에, 우리는 이를 어떻게 달리 해석할 수 있는가? 바울이 사용하는 약한 자와 강한 자의 용어는 현대인이 생각하는 어떤 구체적인 계층을 나타내기 보다는 자신이 약한 자인지, 강한 자인지 성찰하도록 유도하는 용어일 수 있다는 것을 제시할 필요가 있다. 우리는 어떤 행동을 할 때 자신을 약한 자나 강한 자에 속하는지 스스로 정체성을 인식하면서 윤리적 행동을 하게 된다고 보았을 때, 바울은 단순히 도덕적인 지침을 구체적으로 제시하기 보다는 현실 생활에서는 물론 우리가 흔히 사용하는 상대적인 용어를 상용함으로써 자신의 입장을 성찰하려는 윤리적 가능성을 제시하고 있다고 볼 수 있는 것이다.38) 그래서 바울은 고전 8:7에서 사용한 '약한 양심'(συνείδησις αὐτῶν ἀσθενής)이 강한 자의 것인지, 약한 자의 것인지, 누구의 양심인지 분명하게 나타내지 않았다.39)

더구나, 우리는 바울이 지칭하는 이 약한 자가 구체적으로 누구인지 논의하는 것도 중요하지만 바울이 약한 자(τα ἀσθενῆ)/약한(ἀσθενής)/약함(ἀσθένεια)이라는 용어와 이에 상반되는 용어, 즉 강한 자/강한/강함을 함께 사용하지 않게 되는 이분법에 대한 '해체주의적' 입장을 유지하는 바울의 수사 전략과 이러한 이 전략이 제시하는 새로운 문화 창발적 풍토를 주목할 필요가 있을 것이다. 고린도 교회에서 바울이 지식 있는 자/없는 자를 약한자/강한 자와 연결시키도록 유도하게 된 것은 바로 그가 로마 제국의 강한 자들

---

38) 이런 방식으로 바울의 도덕적 지침을 구체적으로 제시하였다고 보기 보다는 자신의 행위를 성찰하도록 유도하는 윤리적 풍토를 제시하였다는 주장에 관해서는 Wayne A. Meeks, 1988, "The Polyphonic Ethics of the Apostle Paul", *The Annal of the Society of Christian Ethics* (Brown University), pp.17-29 참조 [재수록—Meeks, 2003, *In Search of Earliest Christianity* (Ithaca: Yale University Press), pp.196-209] 참조.
39) Conzelmann, 1975, *1 Corinthians*, p.147.

과 공모하고 있는 제국주의 주류 문화에 저항하고 창의적인 제 3의 공간으로서의 기독교 문화적 풍토를 제안하고자 하였다고 할 수 있다. 다시 말해서 우리는 바울이 8:1-13에서 영을 아는 자/영을 알지 못한 자와 약한 자/강한 자를 모두 포괄하고 이들의 생각을 동시에 변혁시키기 위해서 식민제국과 공모하고 있는 강한 자와 이에 대해서 거부하는 약한 자를 넘어선 '제 3의 공간', 즉 문화의 창의성을 창출하려 했다고 보아야 할 것이다.40)

더구나 로마 사회에서 약함(ἀσθένεια)은 사회적 계층의 의미 보다는 어떤 계층의 사람이든지 갖게 될 수 있는 성적 유혹에 노출되기 좋은 유약함(vulnerableness)과 관련된다.41) 고린도 교회에서 바울이 지식 있는 자/없는 자를 약한자/강한 자와 연결시키도록 유도하게 된 것은 바로 그가 로마 제국의 강한 자들과 공모하고 있는 제국주의 주류 문화나 유대교의 율법을 그대로 유지하려는 유대주의적 기독교인이거나 최근에 개종한 이방 그리스도인들에 저항하고 에클레시아의 '형제들'(ΑΔΕΛΦΟΙ)(8:11, 13)의 가족적 유대감에 근거한 새로운 사회적 연대성과 이를 위한 창의적인 기독교 문화적 풍토를 제안하고자 하였다고 할 수 있다. 다시 말해서 우리는 바울이 8:1-13에서 영을 아는 자/영을 알지 못한 자, 약한 자/강한 자를 모두 포괄하고 이들의 생각을 동시에 변혁시키기 위해서 로마제국과 공모하고 있는 강한 자와 이를 반대하는 약한 자를 둘 다 넘어선 창의적 문화의 장(場)인, '제3의 공간'을 창출하려 했다고 보아야 할 것이다.42)

다른 한편, 바울은 고전 9장에서 갈 5:1, 13의 자유의 헌장에서처럼 자유의 보편적 원리를 신학적으로 제안한다: "내가 모든 사람에게 자유하였으나 스스로 모든 사람에게 종이 된 것은 더 많은 사람을 얻고자 함이요."(9:19) 우리는 이 구절에서 모든 사람들에게 종이 된다는 의미가 모든 사람들에게 노예가 된다는 의미라고 할 때, 이것이 어떻게 교차문화적 관점에서 현대인들에게도 가능한지, 어떤 정치문화 신학적 의미로 재해석되어야 하는

---

40) 탈식민주의의 '제 3의 공간' 개념에 대한 자세한 토론을 위해서는 김덕기, "마가복음의 제자도에 대한 새로운 탈식민주의적 이해: 포스트콜로니얼 성서 비평의 최근 경향에 비추어서", <신약논단> 제13권 4호(2006 겨울): pp.845-896 참조.
41) 벤느, 『사생활의 역사』, 2002, pp.274-275.
42) '형제들'(ΑΔΕΛΦΟΙ)이 로마의 연합체의 구룹 정체성을 확립하려는 가족적인 사회적 유대의 형태라는 점에 관해서는 Harland, "Familial Dimensions of Group Identity", pp.491-513 참조.; 식민주의의 '제 3의 공간'의 개념에 관해서는 김덕기, "마가복음의 제자도에 대한 새로운 탈식민주의적 이해", 2006, pp.845-896 참조.

지 물을 필요가 있다. 다시 말해서, 9:19의 "노예가 되었다"(ἐμαυτὸν ἐδούλωσα)에서 주인에 대한 절대적인 복종이 요구되는 노예 은유가 과연 적합했는지 논의해 볼 필요가 있다. 바울의 이 용어 사용은 로마 제국의 노예 제도에 대한 일종의 비판적 태도가 아니라 이에 대한 협상적 타협과 공모의 태도를 내비치고 있는 것은 아니었는지 생각해 볼 필요가 있다. 이것은 당시 스토이시즘이 내면적인 자유를 강조하느라 노예제도에 대한 근원적인 철폐를 주장하지 못하였던 점과 유사하다고 비판 받을 수 있다.43) 더구나 바울은 자신이 그리스도를 닮으려는 것처럼 고린도 교인들도 자신을 닮으라고 권면한 점은 니체(Nietzsche)의 '노예도덕'을 권장하고 있는 듯하다는 비판적 토론이 가능하다.44) 이 구절에서 모든 사람의 노예가 되었다는 것은 상대방을 주인이 아니라 자유인으로 대했다는 말의 과장적 표현이라고 해석해야 하지 않을까? 위의 전제에 근거하여 이 구절을 교차문화적 관점에 의해서 재해석한다면, 진정한 자유가 가능한 이상적 시점은 각자가 모든 사람들로부터 주인이 되면서 동시에 모든 사람에게 노예가 될 때라고 해석될 필요가 있다. 이것은 바로 사르트르(Jean-Paul Sartre)가 주장하듯이 자유인들끼리의 진정한 상호인정 관계 확립이 자유의 필요조건이라는 말과 유사하다. 따라서 이 구절은 약한 자가 주장하는 양심의 **특수성**과 지식 있는 자가 존중하는 권리의 보편성이 상호 인정되었을 때 진정한 자유가 확립된다는 점을 나타내고 있다고 볼 수 있을 것이다.45)

5. 결론: 교차문화적 관점에서 재해석된 자유, 약함, 지식의 문화신학화

앞에서 우리는 원시-영지주의적 의미의 지식을 가진 자가 약한 자를 억압하는 상황에서 어떻게 바울이 이 둘이 함께 상호존중할 수 있는 창의적인 기독교 문화를 제시하려

---

43) 조남진, 『초기 그리스도교와 스토아사상의 노예관』, 2005, pp.205-198. 이러한 문제에 관해서는 특히 바울 이후의 목회서신과 공동 서신(골 3:18-4:1 엡 6:5-9, 딛 2:9-10)에서 더욱 강화된다.
44) 이와 유사한 문제 제기에 관해서는 David Horrell, 1997, "Theological Principle or Christological Praxis?: Pauline Ethics in 1 Corinthians 8:1-11:1", *JSNT 67*, pp.105-109와 Khiok-Khng Yeo, 1995, Rhetocial *Interaction in 1 Corinthians 8 and 10*, pp.203-205. 이러한 문제에 대해서 가장 체계적으로 문제를 제기한 책으로는 E. A. Castelli, *Imitating Paul: A Discourse of Power* (Lousiville, KY: Westminster/ John Knox Press), p.86 참조.
45) 이것은 사르트르의 『존재와 무』에 나오는 자유 이해에 비추어서 바울의 말을 재해석하여 제시한 것이다. 사르트르의 자유 이해에 관해서는 이종영, 『가학증·타자성·자유』, 1996, 서울: 백의, pp.38-54 참조.

하였는지 논의하였다. 그렇다면 바울은 앞에서 제기한 기독교인의 자유에 대한 생각을 토대로 어떻게 자유, 지식, 약함의 모티브들을 로마 제국의 주류 문화에 대항하는 문화신학의 문화비평 전략과 연관시켰는지 논의해 볼 필요가 있게 된다. 이러한 질문은, 교차문화적 관점에서 보면, 바울의 자유에 대한 논의가 고대와 달리 현대의 평등주의 문화에 어떻게 적용할 수 있는지에 대한 문제와도 연관된다. 바울은 고린도 교회의 특수한 상황 속에서 논의되어 왔던 자유, 지식, 약함의 상호관련성에 관한 문제를 현대의 상황에도 적용할 수 있도록 약한 자가 강한 자에 저항할 수 있는 문화신학적 저항의 원리의 과제로 제안하게 된다. 이런 점에서 약한 자의 양심(내면의 자유)의 문제는 바로 단순히 우상의 제물을 먹는 것과 관련된 윤리적 원칙만이 아니라 교차문화적 관점에서도 적용될 수 있는 정치문화 신학적 실천(politico-cultural theological praxis)의 보편적 원리과도 연관된다.

우리는 이제 앞에서의 논의에 기초하여 바울의 자유 신학이 강한 자의 주류 문화에 대하여 약한 자의 저항 전략의 문화신학적 토대가 된다는 점을 다음의 네 가지로 제시하고자 한다.

첫째, 바울의 문화신학적 전략은 바울이 사용하는 매우 주의 깊은 용어 선택에서 비롯된다. 바울은 약한 자의 특수성을 존중할 필요가 있다고 생각하여 '약한 자'의 자유를 자기의식에 해당하는 '양심'으로 기술하였고, '지식 있는 자'의 자유는 제한될 필요가 있다고 생각하였기 때문에 '권리'로 이해하게 된다. 이러한 대조는 양심(자유)의 원래 의미인 자기의식과 관련된 욕망의 문제가 자유의 원래 의미인 권리와 연관된 지배/예속의 정치적 알력 관계에서 비롯된다는 것을 바울이 인식하고 있었다고 재해석될 수도 있을 것이다. 더구나 바울이 지식이 없는 자를 '약한 자'로 표기하지만 지식 있는 자를 '강한 자'로 직접 지칭하지 않은 것(8:10)은 바로 강한 자 자신이 자신의 자유로운 선택에 의해서 스스로 권리를 제한하게 하려 했기 때문이라고 해석될 필요가 있다. 이러한 태도는 사실 바울이 지식 있는 자를 강한 자로 분류하여 강한 자가 약한 자를 예속시킬 수밖에 없는 사회적 권력 체제 자체를 직접 저항하기 보다는 강한 자와 약한 자를 나누는 로마 제국의 이분법적 가치 체계 자체와 이 이분법적 체계의 기초가 되는 로마의 신에 대한 일반적 지식을 보다 근원적으로 비판하려 했기 때문이었을 것이라고 추론하게 된다.

둘째, 바울의 문화신학적 전략은 바울이 자신을 지식 있는 자로 동일시하면서 약한 자의 자유를 위해서 자신의 권리를 포기하는 실천적 모범을 제시하는 것이다. 바울은 강한 자의 자유를 억제하기 위해서 원시-영지주의에 물든 지식 있는 자를 직접 공격하기보다 약한 자를 위해서 자신의 권리를 포기함으로써 강한 자/약한 자의 이분법적 가치체계를 이론적으로가 아니라 실천적으로 해체하고 있는 것이다. 특히 이러한 문화신학화가 잘 나타나는 것이 약한 자를 '형제'로 다시 기술한 8:11-13이다. 특히 13절의 모티브를 발전시켜서 바울은 9장에서 자신이 일도 하지 않으면서도 생계비를 받을 수 있는 사도로서의 권리와 고린도 교회의 강한 자가 제공하는 선교 헌금까지도 포기한다(9:1-18). 더구나 바울은 강한 자의 삶의 자세를 보여주기 위해서 고전 7:29-31에서 제시한 윤리적 원칙(마치 ~아닌 것처럼 살기)을 자기 자신에게 적용하여 자기 자신이 약한 자처럼 되었다고 말한다. 특히 바울은 여러 모양으로 선교 대상에 따라 그들처럼 사는 비결을 터득하였다고 말한다(9:20-23). 여기에서, 바울은 원시-영지주의에 물든 지식 있는 자가 고통의 기원에 대한 우주론적 신화와 신에 대한 새로운 인식을 통하여 자유롭게 될 수 있다는 자유 이념은 결국 로마 제국의 피라미드식 위계주의적 사회질서를 정당화하는데 기여한다는 점을 암시적으로 비판하고 있는 것이다.46) 각종 사람들에게 그들의 문화적 형식에 따라 변신시키는 바울의 자유의 자기혁신 가능성, 사도의 특권까지도 포기하는 사랑의 실천, 모든 사람들에게도 종이 되는 자유에 대한 원칙(9:19)은 모두 로마 제국의 남성중심적 위계질서를 근원적으로 해체시키는 페미니스트적 자기-비움('탈남근적 향유')의 문화신학적 전략을 암시적으로 나타낸다. 이러한 자유 이해는 바로 타자의 특수한 주체성을 그 특성에 따라 있는 그대로 존중하면서(9:20-23), 모두가 종이면서 자유인이라고 하는 평등주의적 보편성(9:19)을 확신함으로써 에클레시아(ἐκκλησία)의 새로운 연대성을 창출하게 된다.

셋째, 바울은 8:1-13에서처럼 지식 있는 자(강한 자)에게만 경고하지 않고 10:23 -11:1을 덧붙여서 자기의식(양심)의 정합성을 헤치지 않도록 권고함으로써 약한 자/강한 자의 이분법을 극복하려 한다. 그래서 바울은 약한 자들에게도 시장에서 파는 고기를 먹고(10:25), 불신자가 초청하면 거절하지 말고 차려 놓은 음식을 묻지 말고 먹으라고(10:27)

---

46) 고전 9:20-23에서 특히 주목되는 점은 바울이 강한 자를 얻기 위해서 강한 자처럼 되었다는 말은 하지 않는다는 점이다. 이것은 바울이 강한 자/약한 자로 분류하여 이들을 서열화하는 로마 제국의 문화적 가치체계를 비판하고 있다는 탈식민주의적 저항의 흔적이 될 수 있다.

말한다. 여기에서 바울은, 지식 있는 자의 자유가 제한되어야 하는 만큼, 마찬가지로 약한 자가 자신만의 특수한 자기의식을 빌미로 현실에 안주하려는 경향을 정당화해서도 안 된다고 주장하게 된다. 약한 자가 이방인의 집의 연회에 참여하였을 때에도 당연히 우상의 제물을 먹게 되는 데 바울은 이것을 먹을 수 있는 것으로 규정하고 있다. 그는 강한 자의 자유를 비판하기도 하지만, 약한 자의 배타적 폐쇄성과 도전기피증과 현실안주적 편의주의도 동시에 비판하고 있다. 다른 한편, 교차문화적 관점에서 보면, 우리는 약한 자가 어떻게 지식 있는 강한 자의 억압으로부터 자유롭게 될 수 있는지 묻게 된다. 이에 대해서 우리는 "그러면 네 지식으로 그 약한 자가 멸망하나니 그는 그리스도께서 위하여 죽으신 형제라"(8:11)라는 바울의 말을 주목할 필요가 있다. 자유는 율법, 죄, 사망으로부터 우리를 해방시키신 십자가의 그리스도 사건에서부터 오는 것이기 때문에 약한 자도 근원적으로 이 악의 세력에 대항하는 데 하나가 되어 동참할 때 자유로울 수 있는 것이다. 이런 의미에서, 이 구절은 우리가 약한 자/강한 자를 넘어서 형제/자매가 되는 제 3의 새로운 정체성을 통해서 새로운 연대성을 구축하게 될 때 자유를 쟁취하게 될 것이라고 암시하게 된다.

넷째, 바울은 지식 있는 자의 행위를 직접 공격하기 보다는 이들의 행동을 정당화하는 신학적 근거를 문제 삼아 토론의 장으로 이끌었다. 바울은 자신의 견해와 다른 적대자들이라도 그들을 자유인으로 대우하고, 상대방의 견해들을 인정하였다. 바울은 자유에 대한 확고한 신념(모든 사람에게 종이 됨)에 근거하여 자신의 적대자도 자유인으로 대하려는 자신만의 고유한 문화신학적 전략을 사용하게 되었다. 우상의 제물을 먹게 하려는 지식인의 설득을 이기는 바울의 문화신학에 기반한 문화비평 전략은 바로 역발상의 非대칭 전략이라고 볼 수 있을 것이다. 바울은 로마 제국의 신관을 직접 비판하거나, 지식인의 자기 방어를 위한 신학적 논증을 직접 공격하기 보다는 이 로마 제국의 위계주의적 사회 질서를 합리화하는 이들의 신관을 고도의 설득의 수사학으로 에둘러서 비판하는 것이다. 바울은, 유대교가 제시하는 유일신론에 기초한 율법에 의한 자유를 비판하였을 뿐만 아니라, 우상이 아무것도 아니라는 원시-영지주의의 허무주의적 자유 이해와 이에 근거한 자기 과시적 자유의 윤리적 태도도 모두 문제시하여 심문하였다. 바울은 예수에 대한 신앙고백(고전 8:6)에 비추어서 자신들의 주장들을 평가하여 자유인으로서 스스로가 진리를 선택하도록 설득하려 하였다.

바울의 세례 예문(갈 3:26-28과 고전 11:2-16)에 대한 탈구조주의적 읽기
- 페미니스트 해석학(Feminist Hermeneutics)의 새로운 지평을 위해서 -

"말해질 수 있는 도는 늘 그러한 도가 아니요, 이름지어질 수 있는 이름도 늘 이러한 이름이 아니다. 하늘과 땅의 기원으로서 그것은 그 이름이 없고, 만물의 어머니로서 그것은 그 이름이 있을 수 있다."(道可道 非常道, 名可名 非常名. 故無名天地之始, 有名萬物之母: 노자, 『도덕경』 제1장)

"종속된 타자(subaltern)는 말할 수 없다. 그러므로 전지구적 빨래 목록에 '여성'이라는 거룩한 항목을 넣었다고 잘난척하지 마라." Gayatri Chakraorty Spivak

1. 서론: 남성과 여성 창조의 새로운 상징적 질서 모색

여성과 남성의 역할의 평등을 주장해 온 페미니스트(feminist)들은 바울의 남녀관계나 여성의 사회적 역할에 대한 가르침에 대해서 항상 당혹스러움을 갖게 된다. 바울은 여성과 남성의 역할의 평등을 직접적으로 명시하지 않고, 세례예문의 전승을 사용하면서 상황에 따라 이를 재해석함으로써 자신의 복음 선교의 실제적인 문제에 응답하려 하였다. 그래서 갈라디아서에서는 유대인과 헬라인, 종과 자유인의 사회적 차별을 극복하고 그리스도 안에서 새로운 사회적 공동체를 형성하는데 있어서 인종, 계급의 차별을 철폐할 것을 제시한다(갈 4장, 갈 5:6, 6:15). 그런데 바울은 여성과 남성의 차별에 대한 구체적인 철폐를 갈라디아서에서 명시하지 않았다. 갈라디아서의 주된 관심은 할례/무할례의 장벽을 그리스도 안에서 철폐하는 것이었고 이를 위해서 그는 세례예문(갈 3:27-28)을 사용한 것이다. 여기에서 우리는 여성이 할례를 받을 수 없으므로 여성이라는 성의 사회적 역할과 생물학적 차이가 그리스도 교회의 공동체를 형성하는 데 어떤 차별이 없음을 간접적으로만 암시하고 있음을 알 수 있다. 그런데 바울이 이 세례예문을 고전 11:2-13에서 다시 사용하였을 때 창세기 1-2장의 탄생 신화가 제시하는 창조의 '상징적 질서'[1]를 보여주면서 남성의 여성에 대한 우월성과 상징적인 성적 차이를 합리화하는 방향으로 논의를 전개하고 있다.

우리는 여기에서 사도 바울이 짐짓 여성과 남성의 본질적인 평등을 창조의 상징적 질서에서는 인정할 수 없었지만, 그는 그리스도 안에서의 구원의 상징적 질서 속에서는 성령의 은사의 활동과 사역에 있어서나 다른 여성의 사회적인 역할에 있어서 남성과 여성의 평등적 역할을 인정하는 이중성을 보게 된다. 그래서 쉬스러 피오렌자(E. Schüssler. Fiorenza)가 날카롭게 지적하듯이, 창조의 상징적 질서에서의 남녀간의 불평등은 결국 사회적 불평등과 남성에 대한 여성의 지배를 합법화 또는 정당화하고, 구원의 상징적 질서의 성적 역할 분담은 미래의 종말론적 완성을 교회의 상징적 표시로서 기능하면서 세속 사회의 성적 억압과 지배에 대해서 침묵하게 되는 무책임을 가져오지는 않았는가라는 질문이 제기된다.[2] 그러므로 우리는 우선 창조의 상징적 질서에서도 남성과 여성의 성차별

---

[1] 구조주의와 탈구조주의에서의 '상징적 질서'는 전체성의 한계와 자체-조절 능력을 보여주면서 그 구성요소들의 공통된 관계나 대립항을 드러내는 차이가 의미론적 축을 중심으로 변환되는 통시론적 법칙에 의해서 구성된다. 이러한 상징적 질서는 자연과학에서 퓌지스(physis)라고 불리는 자연을 형성하는 물리적 질서와 달리, 착란된 충동과 뒤틀려진 인간관계의 갈등으로 점철된 카오스(chaos: 혼돈) 상태의 인간의 사회 질서를 새롭게 재단(裁斷)시킬 수 있도록 형성된다. 이것은 코스모스(cosmos: 우주)와 노모스(nomos: 법)로 구성되어 사회적 이해관계와 사회적 행위를 정당화하는 역할을 담당한다. 한편으로, 이 상징적 질서는 토템미즘과 같이 이 두 구성요소들의 환유적 관계(인접성)에 의해 의미세계를 일관성 있게 구성하거나 사회적 질서를 분류하는 체계를 제공하고, 다른 한편 희생양기제와 같이 희생양과 희생물의 은유적 관계(유사성)를 통해서 그 사회의 구성원들의 사회적 위치를 변혁시키거나 재조직하려는 특성을 갖게 된다. 이에 대한 구조주의와 탈구조주의에서의 중요성에 대해서는 필자의 글, "후기구조주의의 지적 도전과 21세기의 신학을 위한 성서해석: 상징적 질서의 생성과정과 기원을 중심으로", <신학논총> 제2집(1997), 연세대 신과대학 한국기독교문화연구소, pp.183-220 참조.

[2] 엘리자벳 S. 피오렌자(이우정 편), "바울로 공동체의 남녀평등", 『여성들을 위한 신학』, 1985, 서울: 한국신학연구소, pp.165-169, pp.169-179. 쉬스러 피오렌자는 갈 3:28과 관련된 믹스(W. A. Meeks), 스

이 폐기될 수 있는지에 대한 근원적 질문을 우리의 이 글의 논제로 삼았다. 보다 구체적으로 달리 표현하면 우리는 "갈 3:28, 고전 11:11에서 창세기 신화와는 다른 남성과 여성의 창조의 상징적 질서를 어떻게 읽어 낼 수 있는가?"라는 질문을 제기하게 된다. 또한 우리는 여성성이 보다 적극적인 역할을 담당하는 것이 가능한 해석과 분석의 방법은 무엇인지 탐구할 것이다.

필자는 쉬스러 피오렌자의 문제 제기를 중요시하면서도 그녀와 다른 답변의 가능성을 제시하기 위해서 필자 나름대로 그 해석과 분석의 틀을 제시하면서 페미니스트 해석학의 새 지평을 열어 보고자 하는 것이다. 우선 우리는 바울이 표현한 언어의 특색을 종교적 체험과 연결시키는 해석의 틀로서 동양적 사유방식을 제시할 것이다. 다음 단락에서 우리는 위의 해석학적 통찰을 토대로 언어의 표현 특색들을 보다 면밀하게 분석하기 위해서 '기호학'과 '텍스트사회학'을 사용하여 본문을 해석할 것이다. 결론적으로 필자는 위의 해석과 분석을 토대로 쉬스러 피오렌자가 최근에 제시하는 해석학적 패러다임과는 대조적으로 새로운 페미니스트 해석학을 포괄하는 새로운 해석학적 패러다임을 제안함으로써 앞으로의 성서해석의 방향을 제시하고자 한다.

2. 본론: 동양적 사육방식에 비추어 본 세례 예문의 재해석

1) 동양적 사유방식에 의거한 해석의 틀: 陰과 陽의 변이와 해체의 원리로서의 道

우선 새로운 페미니스트 해석의 틀을 제시하기 위해서 세례예문 자체의 중요성과 그 언어 표현의 특징들에 주목하고자 한다. 즉, 사도 바울이 사용한 세례예문 중에서 갈라디아서의 논의 진행의 문맥에서 바울 자신이 결코 명쾌하게 설명하지 않은 "그리스도 안에서 남성도 여성도 없다"(갈 3:28c)라는 문구와 바울 자신이 고전 11:1-13에서 자신의 논의

크록스(R. Scroggs), 쥬웨트(P. Jewett), 스텐달(K. Stendahl) 등의 성서학자들의 해석의 쟁점을 요약하면서 창조의 상징적 질서와 구원의 상징적 질서의 모순을 핵심 문제로 제기하였다. 그녀는 이와 같은 논의에 대해서 갈 3:28을 주석하면서 올바른 이해를 다음과 같이 제안한다: "그리스도 안에서는 더 이상 남자와 여자가 없다고 단언하지 않고 가부장적 결혼관계 - 그리고 남성과 여성간의 성적인 관계 - 는 더 이상 그리스도 안에 있는 새로운 공동체의 구성요소가 아니라고 단언한다."(176) "그리스도교 공동체 안에서 여자와 남자는 성적인 출산 능력이나 성별에 따른 종교적, 문화적, 사회적 역할들에 의해 규정되지 않고 그들의 제자됨과 그들이 부여받은 성령의 능력에 따라 규정된다."(178)

에서 자신도 모르게 창조신화의 어처구니없는 논의의 진행상 균형을 잡기 위해서 제시한 "주 안에는 남자 없이 여자만 있지 않고 여자 없이 남자만 있지 아니하니라"(고전 11:11)라는 두 개의 구절에서 사용된 언어의 공통된 네 가지 특징을 제시하고자 한다. 우선 이 두 구절에서 '그리스도 안에서' '주 안에는'이라는 종교 체험의 흔적을 나타내 주는 표제어가 공통으로 사용되었다. 또한 이 두 개의 구절은 둘 다 반복되는 부정어가 사용된 부정문으로 되어 있다. 갈 3:28c에서는 '없다'라는 뜻의 희랍어 ouk가 3번, 고전 11:11에서는 '아니다'라는 뜻의 희랍어 oute가 두 번 쓰여졌다. 또한, 이 두 개의 구절은 둘 다 계사의 생략법(eclipsis)에 의한 존재(있음) 자체를 문제시하기 위해서 無(없음) 또는 침묵의 언어가 씌어 있다. 갈 3:28c에서는 계사의 역할까지 담당하는 en eimi의 준말 '그 안에 있다.'라는 뜻의 희랍어 eni가 사용되고, 고전 11:11에는 아예 eimi('이다')나 ginomai('된다')가 있어야 할 자리에 계사가 빠져 있다. 마지막으로 갈 3:28c에서는 '그리스도 안에서'와 eni 안에 사용된 전치사 en('안에')와 고전 11:11에는 2번 사용된 전치사 '없이'라는 뜻의 희랍어 chōris가 여성과 남성을 상호연관시켜 주고 있다. eni에서는 eimi의 뜻이 침묵의 언어(language)로 숨겨져 있고, chōris에서는 chōra(전치사 chōris의 명사 어원으로서 패쇄된 공간, 자궁, 수용자라는 의미를 가짐)의 뜻이 침묵의 언어로 숨겨져 있다. 여기에서 이 둘은 씌어진 것과 말하여진 것, 사유되어 질 수 있는 것과 말해질 수 있는 것 사이에 차이가 있을 수 있다는 것을 암시한다. 또한 여기에서 이 두 개의 침묵의 언어들은, 사유되어서 밝혀질 수 있는 잠재적 의미들을 통해 현시된 의미들을 해체시킬 수 있는 심오한 진실을 숨기고 있다.

위와 같은 기묘한 특색을 가진 두 개의 중요한 구절에 대해서 사도 바울은 명료한 해명을 제시하고 있지 않고 있다. 그래서 우선 우리는 서양적 사유방식과 다른 어떤 사유방식이 위에서 제시한 표현법에 깃들여 있는지 검토할 필요가 있다. '그리스도 안에서'나 '주 안에서'라는 표현법에는 서구의 과학적이고, 추론적, 분석적인 사유방식과 다른 시적, 직관적, 종합적인 사유방식으로 표현되는 종교 체험을 읽을 수 있어야 할 것이다.3) 또한 부

---

3) 김하태, "동양의 사고방식과 종교이해", 『동서철학의 만남』, 1984, 서울: 종로서적, p.75. 김하태씨에 의하면 동양의 사유방식은 서양의 과학적, 합리적, 추리적 사유방식과 달리 시적, 직관적 종합적이라고 간주 한다. 그래서 동양종교에서는 禪이나 요가(yoga)에서 처럼 직관의 방법에 의해서 절대자와 합일되는 것을 중요시 한다. 필자는 '그리스도 안에서'나 '주 안에는'의 표현은 바울이나 그리스도인들이 부활한 그리스도를 서양의 사유방식에서처럼 추론에 의해서 종교적 진리를 이해한 것을 지칭한

정문의 사용과 계사의 생략이 보여주는 바와 같이 존재와 有의 긍정적 가치를 통해 궁극적 실재를 규명하는 서구 그리이스의 문화와 달리 궁극적 실재를 無와 없음으로 규정하면서 종교적 실재를 긍정하는 逆理的 사유방식을 엿볼 수 있어야 한다.4) 또한 eni와 chōris를 통해 여성과 남성의 관계를 규명한 것은 남녀의 상호보충성과 조화와 相生을 반대의 병립과 대극의 합일로 이룩하는 우주 창조의 형이상학을 드러낸다고 볼 수 있다.5) 이는 남녀의 관계를 단절로 보거나 남성을 여성보다 우월하거나 선재하는 것으로 규명하는 창세기의 창조 신화나 서구의 철학적 이원론과 다르다. 오히려 여기서는 여성과 남성의 상호보충성과 상생에 의해서 만물이 탄생되는 우주상생의 상징적 질서를 제시하면서 음양의 관계를 형이상학적으로 규명하는 『주역』의 "계사전"과 여성원칙과 남성원칙의 조화와 상호의존성에 의해 相生의 지혜를 제시하는 『도덕경』에서 볼 수 있는 것처럼6) 陰陽의 우주적 원리에 관한 동양적 형이상학과 유사하다고 할 수 있을 것이다.

것이 아니라 그리스도를 만난 종교적 체험을 겪고 고백된 표현이라고 간주한다.
4) 앞의 책, 80-81. 김하태에 의하면 동양종교는 『도덕경』의 "道可道 非常道 名可名 非常名 無名天地之始 有名萬物之母"(1장) "天下萬物生於有, 有生於無"(40장)에서나 불교의 "色卽是空, 空卽是色"에서 보는 바와 같이 궁극적 실재를 無와 없음으로 규정한다. 그는 또한 동양종교에서는 "I am not I, therefore I am I."라는 부정을 통해 절대적인 것을 긍정하는 역설적 언어 표현 방법과 역리적 논리를 사용한다는 것을 주장한다. 이와 마찬가지로 필자도 바울의 표현에서 궁극적 실재의 만남에서는 여성과 남성이 부정되는 인식론적 無를 경험하면서 남성과 여성이 존재하는 존재론적 근거로서 無를 상정하게 되는 것을 표현하고 있다고 볼 수 있지 않을까 생각한다. 또한 마찬가지로 바울의 표현에서 부정문은 현실의 사회적 차별의 약호를 부정함으로써 역설적으로 부활한 그리스도의 실재를 긍정하면서 이 절대자의 긍정이 새로운 공동체 형성을 가능하게 하는 근거라는 것을 의미한다고 볼 수 있다.
5) 앞의 책, pp.75-78. 김하태씨는 서양의 사유방식에서는 적대적인 두 항의 양자 택일이나 잡다중 통일(unity in variety)을 지향하지만 동양의 사유방식은 하위 원칙인 陰陽의 조화와 相生을 가능케하는 상위 원칙인 道에서와 같이 두 항의 병립과 동일화나 대극의 합일을 모색한다고 보았다.
6) 이민수 편저, "周易, 繫辭傳", 『四書三經入門』, 1974, 서울: 단문당(1978⁵), pp.301-302: "하늘은 높고 땅은 낮아 건곤(乾坤)이 정해진다. 낮고 높은 것이 베풀어져서 귀천이 자리 잡혔다. 움직임과 고요함에 일정함이 있어 강유(剛柔)가 판단된다. 그런 까닭에 감함과 부드러운 것이 마찰되고 8괘가 서로 움직여 북을 쳐 천둥이 되고 이것을 적시어 비바람이 된다. 해와 달이 운행하여 한번 춥고 한번 더워진다. 건도(乾道)는 남자를 이루고 곤도(坤道)는 여자를 이룬다. 건은 큰 시작을 알고 곤은 물건을 만든다. 건은 쉬움으로써 알고, 곤은 간략함으로써 능한 것이다. ……"; 김용옥 편저, 『길과 얻음』, 1989, 서울: 통나무, pp.15-16: "있음과 없음은 서로 생하고 어려움과 쉬움은 서로 이루며 김과 짧음은 서로 겨루며 높음과 낮음은 서로 기울며 노래와 소리는 서로 친하며 앞과 뒤는 서로 따른다." (故有無相生, 難易相成, 長短相較, 高下相傾, 音聲相和, 前後相隨)

마지막으로 eni에서 eimi의 '있음'과 '동일성' 등등의 의미가 숨겨져 있는 침묵의 언어(languge)와 chōris에서 chōra의 '없음'과 '차이성' 등등의 의미가 숨겨져 있는 침묵의 언어는 말하기/글쓰기, 현시된 의미/잠재적 의미, 말/사유의 위계적인 이항대립쌍에서 말하기, 현시된 의미, 말에 대비되어서 글쓰기, 잠재적 의미, 사유에 의해서 도출된 이질적인 의미와 타자성을 내포한다. 이 침묵의 언어들은 위의 대립쌍의 위계질서를 해체시킬 수 있을 뿐만 아니라 남성과 여성의 형이상학적 이분법을 극복하고 이 둘을 상호보충시키는 자원으로서 기능할 수 있다. 왜냐하면 말해진 언어는 사유되어서 밝힐 수 있는 잠재적 기호체계(langue)에 숨겨져 있는 심오한 진실을 온전히 담아낼 수 없기 때문이다. 오히려 이러한 침묵의 언어는, 의미가 말해지면서 전달되고 쓰여진 글은 이 말로 드러난 의미를 전달하는 보조의 역할을 한다고 생각하는 '음성중심주의'(phonocentricism)를 해체시키는 기능을 갖고 있다.7) 이러한 침묵의 언어는 말해진 언어에 표출된 의미와 달리 『도덕경』에서의 道에서처럼 음성중심주의에 대한 해체주의적 특성을 드러낸다.8) 왜냐하면 침묵의 언어로서의 標意文字인 道는 개념이나 말로는 표현할 수 없는 진실을 쓰여진 글자의 형상을 통해서 標音文字보다 직관이고 시적으로 복합하게 담고 있기 때문이다. 예를 들면 이것은 '말중심주의'(logocentricism)를 극복하는 새로운 차원의 우주적 원리로서 제시된 『도덕경』 1장의 道의 다음과 같은 해체주의적 특성과 일치한다. 1장에서 "말해질 수 있는 도는 늘 그러한 도가 아니요"(道可道 非常道)는 쓰여진 것과 말해진 것, 잠재적 의미와 현시적 의미는 차이와 격차가 있다는 말이다. 또한 "이름지어질 수 있는 이름도 늘 이러한 이름이 아니다."(名可名 非常名)는 문자로서 사유되는 것과 말하기로서 지시된 것, 말해질 수

---

7) '음성중심주의'는 데리다가 플라톤의 Phaedrus에 나타난 독과 약의 두 가지 상반된 의미를 가진 '파마콘'(pharmakon)관해서 논의하면서 서구철학에서 어떻게 글쓰기가 말하기에 비해서 경시되었는지 비판하는 용어이다. 이에 대한 자세한 논의에 대해서는 Jacques Derrida, 1981, *Dissemination*. trans. Barbara Johnson(Chicago: The University of Chicago Press), pp.95-171 참조. 또한 이에 대한 해체주의적 전략에 관해서는 필자의 졸 글, "예수의 말씀전승과 비유에 대한 윤리적 정치적 해석: 데리다, 푸코, 그리고 리꾀르의 사상에 의거한 방법론적 탐색,"(1993) 연세대 신과대 한국기독교 문화연구소 편, pp.59-91 참조.

8) 침묵의 언어로서의 道의 이러한 특성을 드러내는 『도덕경』의 구절은 다음과 같다. 56장, "아는 자는 말하지 아니하고, 말하는 자는 아지 못한다."(知者不言 言者不知); 32장, "길은 늘 이름이 없다."(道常無名); 25장, "나는 그 이름을 알지 못해 그것을 글자로 나타내어 길이라 하고, 억지로 그것을 이름지어 크다고 하네."(吾不知其名, 字之曰道, 强爲之名曰大); 김용옥 편저, 『길과 얻음』, pp.63-64, pp.77-78, pp.133-134.

있는 의미와 말해질 수 없는 의미는 차이와 격차가 있다는 의미로 해석될 수 있다. 한편으로 "하늘과 땅의 기원으로서 그것은 그 이름이 없고,"(故無名天地之始)는 道란 세상을 초월하여 개념화될 수 없다는 뜻이고, 다른 한편 "만물의 어머니로서 그것은 그 이름이 있을 수 있다."(有名萬物之母)는 道란 세상에 내재하여 다른 존재하는 것들에 의해 개념으로 정의내려 질 수도 있다는 뜻이다.9)

그러므로 우리가 위의 네 가지 표현법에서 엿볼 수 있는 동양적 사유방식과 남성 원칙(陽)과 여성 원칙(陰)의 상호보충성과 조화를 기반으로 형성되었다는 우주 창조의 형이상학을 제시한다고 보았을 때 사도 바울의 두 개의 성서구절은 페미니스트 해석학의 새로운 지평을 제시한다고 감히 말할 수 있을 것이다.

2) 성서 분석과 해석의 예

(1) 갈 3:26-28의 세례예문의 분석: 이데올로기 비판적 성격와 사유방식

성서가 형성된 배경이 되는 고대철학은 종교와 밀접하게 발달해왔을 뿐 아니라 이론적인 것을 순수이성을 통해 추구해 온 현대인의 사유와 달리 실천적 지혜를 제시하였다. 그러므로 21세기 페미니즘 신학은 고대의 종교가 제시하는 사유방식을 철학과 밀접하게 관련시켜서 설명할 수 있어야 한다. 성서시대의 고대인들의 사유방식은 태초의 우주의 탄생의 성스러운 사건을 재현함으로써 종교적 체험을 통해 우주의 질서의 법칙과 인간사의 원리를 직관적으로 깨달아 새로운 자아의식을 태동시킨 지혜를 갖고 있기 때문이다.10)

---

9) 필자의 이러한 견해와 1장의 해석은 道와 로고스(logos)를 비교해서 한문의 標意文字로서의 해체주의적 장점을 논의한 글로서 Zhang Longxi, "The Tao and the Logos: Notes on Derrida's Critique of Logocentricism", *Critical Inquiry 11* (March 1985)에서 많은 시사를 받게 되었다. Longxi에 의하면 道와 로고스는 둘 다 '말하는 것'과 '생각하는 것'의 둘 다를 의미하면서 어느 하나의 의미를 결정하지 못한다는 의미에서 둘 다 해체주의적이다. 그러나 標意文字로서의 道는 標音文字인 로고스보다 씌어진 글의 모양이 의미를 보다 시적이고 다양하게 드러내므로, 발음으로 말해지면서 현전의 형이상학의 위계질서가 세워질 때 그 의미는 씌어진 글씨의 형상을 온전하게 담지 못하기 때문에 발음되는 동시에 이 음이 지시하는 의미들을 해체시키는 특성을 가지고 있다. 1장의 번역에 대해서는 필자가 위의 이러한 해체주의적 특성을 고려하여 私譯하였다, 비교를 위해서는 김용옥 편저, 『노자: 길과 얻음』, 1장, pp.13-14 참조.

10) 박희영. "그리스 정신이 인류 지성사에 끼친 영향과 그 한계", 『전환기에 선 인류문화와 한국문화의

예를 들면, 고대 밀의종교의 제의에서는 세속에서 거룩에로 인도하는 제의적 운동과정에서 금식이나 목욕재계와 같은 정화(katharsis)의 작업이 매우 중요시된다. 그들의 모임에서부터 행렬을 형성함으로써 하나 됨을 경험하게 된다(systasis). 또한, 이들 하나가 된 모임은 공적 장소로부터 거룩한 제단으로까지 들어가게 됨으로써 세속과 구별하려고 한다(temenos). 마지막으로 이들은 현현된 거룩성을 만남으로서 신적 현현의 현존에로 입교(teletē)하게 된다. 이러한 입교 절차를 통해 세계의 규칙이 신적인 경륜의 것으로 계시된 것을 깨닫게 되고, (epopteia) 인간들을 자신들로부터 분리된 우주적 심연을 극복하고, 신들과 함께 세상에 안주하게 됨으로써 새로운 자의식을 지니게 된다.11)

우리는 이러한 밀의종교의 예식을 이해하게 되면 사도 바울의 세례에 대한 이해를 보다 역동적으로 해석할 수 있게 된다.

〈도표 II-12〉 갈 3:26-28의 의미 구조

1. 3장 26a: 여러분은 모두 그리스도 안에서의(en) 믿음으로 말미암아 하나님의 자녀이기 때문에(gar)
2. 3장 27a: 그리스도에게로(eis) 세례를 받은 많은 사람들은
   3장 27b: 그리스도를 입었기 때문에(gar)
3. 3장 28a: 유대인도 헬라인도 없고(ouk eni)
   28b: 종도 자유자도 없고(ouk eni)
   28c: 남성도 여성도 없다(ouk eni)
4. 3장 28d: 여러분은 예수 그리스도 안에서(en) 모두 하나이기 때문이다(gar).

방향』, 1996, 서울: 한국철학회, pp.1-16. 박희영에 의하면 구·신석기 시대에 형성된바 보이는 세계의 제한된 삶(bios)이 여신에 의해서 부여되는 자연의 생명력(zoē)에 의해서 지속된다고 생각하는 신화적 사고가 발전하여, 이후에는 엘레우시스 의식에서 태초의 창조적 순간을 재현시킴으로써 우주적 진리를 깨달을 수 있다고 믿음으로써 자의식이 형성되었다고 본다. 이와 같은 신화적 사유와 공관적(共觀的) 사유방식(synopsis)은 청동기·철기 시대에 형성된 나와 대상을 구분하고 대상을 유별하는 태도와 함께 그리스 철학에 영향을 주어서 사물을 전체적 연관 속에서 바라보는 직관적 사유방식과 사물을 종과 유에 따라 구분하는 분석적 사유방식들이 발전시키게 되었다고 본다. 우리는 이와 같은 두 가지 사유방식이 갈 3:26-28에 내재되었다고 간주하면서 이를 분석하고 해석하고자 한다.
11) Luther H. Martin, 1987, *Hellenistic Religions: An Introduction* (New York: Oxford University Press), pp.60-62; Marvin, W. Meyer, ed., 1987, *The Ancient Mysteries: A Sourcebook* (Cambridge: Harper & Row), pp.10-12. 밀의종교의 구체적인 예로서는 The Golden Ass (11.22-26)의 부분적인 번역본 노만 페린, 『새로운 신약성서개론』, 1991, 서울: 한국신학연구소, pp.710-711 참조.

1과 4는 공동체의 하나됨(systasis)이라는 것을 알 수 있다. 특히 4에서 하나됨은 부분들의 합이 아니라 차이성과 동일성이 동시에 공존되는 나눌 수 없는 전체의 동아리 의식이 확립되는 것을 말한다. 2는 거룩한 장소로 들어가기 위해 그리스도의 옷을 입는 것이다(temenos). 3은 이렇게 거룩한 장소에 들어감으로써 우주의 질서와 공동체의 재배열에 대한 진리를 깨달아(epopteia) 새로운 자의식을 갖게 된다. 이것은 세례 의식(drōmena)에 대한 예문(legomena)이기 때문에 정화(katharsis)에 대한 구체적인 과정은 생략되었다. 또한, 이 예문의 평면적인 문학 구조는 가(1과 2), 나(3), 가'(4)로 되어 있는 교차대구법의 형식을 갖고 있다. 그래서 이를 읽는 사람에게는 타자인 헬라인, 종, 여자를 공동체 안에 끌어들이는 통과의례를 거치면서 새로운 사회적 자아로 변형되도록 고안되었다.12)

새로운 사회적 자아에로의 변형은 28절 a, b, c의 희랍어 ouk eni에 반영된 신비한 체험을 통해 이룩된다. ouk eni는 en eimi(not to be)의 준말인 eni의 부정으로 되어 '(그 안에) 있지 않다'로 번역될 수 있다. 또한, 여기에서 세 번 사용된 eni의 en(안에서)는 '그리스도 안에서'(en Christō)와 '그리스도 안으로'(eis), '그리스도를'의 세 번 사용된 다른 구절과 '그리스도'라는 단어의 있음/없음의 분류소(classème)적 범주에 의해 대조를 이룬다. 이러한 의미론적 범주의 대조로서 함축적 의미를 드러내는 "그리스도 안에서, 그리스도 안으로, 그리스도를 옷 입어 무엇, 무엇, 무엇이 (그 안에) 없다"라는 선언은 우주적 진리와 종교적 체험에서의 비밀의 리듬을 간직한 것처럼 보이게 만든다. 이 비밀의 리듬은 사도 바울의 그리스도를 말할 수 없는 침묵(沈默)과 예수의 십자가 상의 희생의 침묵이 합일하는 종교적 체험을 우주적 예식 속에서 깨닫는 진리(alētheia)를 드러낸다. '안에 있는'(eni)은 '그리스도 안에서'(en Christō)와 함께 읽었을 때 그리스도를 말할 수 없는 침묵을 암시하는 사도 바울의 한(恨)의 체험이 서려 있다. ouk(없음)는 헬라인, 종, 여성을 배제하는 이항대립쌍으로 이루어진 '약호'(code)의 해체를 나타내면서 비움, 섬김, 침묵의 의미들을 내포하고 있다.13) 그러므로 ouk eni에는 /침묵/의 의미소가 숨겨져 있다. '그리스도 안에

---

12) 통과의례의 시퀀스(분리의례: 본래의 사회적 역할에서의 분리; 주변적 상태: 잠정적으로 금기시되는 '거룩함'과 '부정함'의 양의적 상황; 통합의례: 다시 사회로 돌아와서 새로운 사회적 역할을 떠맡음)와 '교차대구법'(a: b: c: c': b': a')의 관계에 대해서는 에드먼드 리치(Edmund Leach)(신일철 옮김), 『성서의 구조 인류학』, 1996, 서울: 한길사, pp.79-98, pp.280-283이하 참조
13) '약호'(code)는 특정한 집단의 이해관계(이데올로기)를 표현하기 위해 특정한 관심과 '유관성'

서'(en Christō)와 '안에 없다'(ouk eni)에는 /예수의 沈默/과 /예수의 恨/이라는 공시의(共示意=含意: implication)를 드러내는 '잠재소'가 숨겨져 있다.14) 문맥 속에서 기표(記標: signifant)인 '그리스도 안에서'와 '안에 없다'에 대해서 '예수의 沈默'과 '예수의 恨'은 잠재적 의미로서의 기의(記意: signifié)가 되고, 이 기표와 기의를 한데 묶을 수 있는 '기호'인 '희생양의 恨을 품고 십자가에 달려 죽으신 예수의 沈默'을 공시의(共示意: implication) 연쇄현상으로서 드러내며, 이 일차 기호학적 체계의 '기호'는 예수의 정치적 죽음의 역사성의 '개념'을 표현하는 '기표'가 됨으로써 그리스도 희생 제의의 또 다른 '기호'를 암시적으로 불러일으키는 2차 기호학적 체계의 '신화'의 기능을 담당한다.15)

(pertinence)을 의미론적 차이와 이항대립쌍에 부여함으로써 다른 집단들과 경쟁관계 혹은 적대관계를 배타적으로 설정한다. 또한 약호는 사회적 현실을 분류할 수 있는 일관되고 위계적인 분류소들의 총합을 의미한다. 이에 대해서는 페터 지마(허창훈 역), 『텍스트사회학: 비판적 개론』, 1991, 서울: 민음사, pp.98-101.

14) 포티에(B. Pottier)에 의하면, 모든 어휘 단위는 의소(sème: 의미자질)들이 모여서 하나의 최소의미체로 성립되는 형태의미소(sémème: 또는 그냥 의미소)에 의해 규정된다. 예를 들면, /등받이가 있는/, /다리가 있는/, /앉기 위한/, /한 사람용의/라는 4개의 의소가 집합해서 하나의 어휘 단위인 의자의 (형태)의미소가 된다. 이 '형태의미소'는 다음의 세 가지 구성요소로 이루어져 있다: 1) 함의적 의미의 일부분을 암시적으로 드러내는 '잠재소'(virtuème) [빨강에서 위험을 보는 따위], 2) 담화의 문맥이 바뀌어도 항상 나타나게 되는 핵의소와 비슷하게 특징적인 것(='종의 소' sémantème) [빨강을 파랑, 노랑과 구별되게 하는 것], 3) 담화의 문맥에 의해 다르게 드러나는 문맥의소의 분류체계와 비슷하게 총칭적인 것(='분류소' classème)[빨강을 '색깔'의 부류로 귀속시키는 것]. 이에 대한 자세한 설명에 대해서는 J. 꾸르떼(오원교 역), 『담화분석을 위한 기호학입문: 방법론과 적용』, 1992, 서울: 신아사, pp.73-85, pp.241-242 참조.

15) F. Saussure에 의하면, '기호'(signe)는 청각 영상인 소리, 이미지, 단어, 언술을 뜻하는 '記標'(시니피앙)와 개념이나 의미를 뜻하는 '記意'(시니피에)로 이루어졌다고 보았다. 위의 Saussure의 '시니피앙'과 '시니피에'의 이분법적 결합관계에 의해서는 의사소통을 위한 기호학이 성립되지만, 롤랑 바르뜨(Roland Barthes)는 여기에 한 걸음 더 나아가 의미작용의 기호학을 제시한다. 의미작용의 기호학에서는 '시니피앙', '시니피에,' 그리고 이 둘을 묶어주는 연합적인 전체인 '기호'의 서로 다른 세 개의 항의 상호관계로 이룩된다. 내 사랑의 정열의 표시인 장미꽃 한 다발을 예로 들면, 그 장미는 시니피앙이며, 내 사랑의 정열은 시니피에이지만 내 사랑의 정열이 담긴 장미는 기호이다. 시니피앙은 텅 비어 있지만 기호는 충만한 의미이다. 의사소통의 기호학에서는 장미라는 기호는 ㅈ+ㅏ + ㅇ+ㅁ+ㅣ라는 시니피앙과 꽃으로서의 장미라는 시니피에를 갖는다. 신화란 일차체계에서의 '기호'가 '시니피앙'이 되어 새로운 개념인 '시니피에'를 드러내게 할 수 있는 또 다른 '기호'의 역할을 담당하는 2차 기호학적 체계(système sémiologique second)이다. 이에 대한 자세한 논의에 대해서는 롤랑 바르뜨(정현 옮김), 『신화론』, 서울: 현대미학사, pp.21-29 참조.

여기에서 중요한 것은 남자와 여자의 의미론적 대립이 유대인/헬라인, 종/자유자의 의미론적 대립과 밀접한 연관관계가 있다는 것이다. 유대인/ 헬라인, 종/자유자, 남자/ 여자의 세 가지 의미론적 대립은 위계적이고 일관성 있는 약호의 분류체계를 형성한다는 것을 이해할 필요가 있다. 유대인과 헬라인의 양자택일 중 유대인, 유대인 중에 종과 자유자가 있을 때 자유자인 경우를 택하면 이 자유자 중에 남자와 여자의 대립어가 존재한다. 그래서 유대인과 헬라인의 의미론적 대립은 종과 자유자의 대립어와 남자와 여자의 대립어의 상위개념으로 존재한다.16) 이러한 세 가지 의미론적 대립을 분류하는 공통의 분류범주를 우리는 '동일자'(le meme)와 '타자'(l'autre)라고 보았을 때, 동일자는 유대인, 자유자, 남자이며 타자는 헬라인, 종, 여자이다. 동일자와 타자의 '분류소'(classème)의 반복은 '동위체'(isotopie) 현상으로 특정한 입장과 이데올로기(지배 집단의 관심과 이해관계)를 강화하는 기능을 갖고 있다고 간주할 수 있다.17) 그렇다면 이 세례예문은 그리스도 안에서 세례를 받을 때 타자를 배제하는 분류의 체계를 해체시키는 이데올로기 비판적 기능을 갖고 있음을 암시한다.

그러므로 위의 세례예문은 새로운 사회적 자아의 주체성을 갖게 되면서 과거의 종속된

---

16) 헬라인/유대인, 종/자유자, 남자/여자의 이항대립쌍들이 일관되고 위계적인 약호 체계를 형성하는 것을 드러내는 모양을 잘 드러내는 도표를 제시하면 다음과 같을 것이다:

유대인 vs. 헬라인
/ \
자유자 vs. 종
/ \
남자 vs. 여자

이와 같은 약호체계의 중요성에 대해서는 A. J. Greimas, 1970, "Pour une théorie de l'interprétation du récit mythique", *Du Sens* (Paris: Seuil), p.96 참조.

17) '동위체'(isotopie) 현상이란 담화의 문장에서 주부와 술부의 통합체 축 위에서 이 둘의 의미의 동질성을 보장하기 위해서 '분류소'가 반복해서 나타나는 현상을 말한다. 예를 들면 '개가 짖는다.'와 '서장이 짖는다'라는 두 문장의 담화는 각각 /동물계/와 /인간계/의 각각의 분류소를 포함하지만, 이 두 문장을 함께 읽을 때 이 두 분류소들의 대비가 일어나면서 의미가 산출되며 이 두 분류소를 포괄하는 상위 분류소인 /생물계/가 의미의 동질성을 보장한다고 간주할 수 있다. 이런 의미에서 이 분류소의 범주의 반복은 이 두 문장의 의미의 동질성을 보장한다. 이에 대한 자세한 논의에 대해서는 A. J. Greimas, 1966, *Sémantique structurale* (Paris: Larousse), pp.69-101과 페터 지마(허창훈, 김태환 옮김), 『이데올로기와 이론』, 1996, 서울: 문학과 지성사, p.388 참조.

타자(subaltern)를 배제하는 사회적 분류체계를 거절하는 윤리적 결단을 요구한다. 이러한 새로운 사회적 자아로서의 자의식은 히브리적 사유에서 온 타자에 대한 배려를 고려하는 윤리성을 내포하기 때문에 밀의종교에서 제시하는 우주적 진리의 깨달음과 생명에의 참여뿐만 아니라 예언자적인 역사의식에서 강조하듯이 옛 사회질서를 허물고 새로운 사회구조에로의 변혁을 추구하게 된다. 이러한 예언자적 역사의식은 바울이 매우 중요시하였기 때문에 다른 서신에서 반복되어 나타난다(고전 7:17-24, 11:11, 12:13).

이처럼 이 세례예문은 en Christō(그리스도 안에서), ouk eni(안에 없다)가 제시하는 밀의종교에서의 우주적 진리의 깨달음의 음(陰)의 원리와 유대인/헬라인, 종/자유자, 남성/여성의 사회적 분류체계를 거절하는 예언자적 역사의식에서의 양(陽)의 원리를 통전해서 사유하는 복합적 사유구조를 드러낸다. 이러한 우주적 진리의 깨달음(陰)과 공동체적 새 질서(陽), 희랍적 사유(陰)와 희브리적 사유(陽)의 통전적 인식 방식은 환경과 생태계에 대해 배려할 수 있는 인식구조를 무의식적으로 구조화해주고, 지역사회와 범우주적 연결망을 형성할 수 있는 의사소통의 양식을 제시하고, 지역공동체의 창의성을 살리면서 개인의 창의성과 타자들을 포괄할 수 있는 21세기의 삶의 스타일을 제시한다.

또한, 무엇보다 이와 같은 陰陽의 조화로운 관계성은 陽에 의한 陰의 배제를 체계적으로 구조화한 한국사회의 가부장적 유교의 분류체계를 해체시킬 수 있는 전략을 제시한다. 유교의 가부장적 분류체계가 여성을 억압하는 기제로 우리 사회와 교회의 가치체계를 형성하였다고 했을 때 우리는 사도 바울의 음양조화의 세례예문은 이를 해체시킬 수 있는 이중적 전략을 제시한다. 그것은 한편으로 비움, 포용, 희생의 침묵이다. 침묵은 恨의 창조적 분출을 기다리는 새 생명과 새 공동체의 형성의 원천이기 때문이다. 그러나 다른 한편 이 침묵은 뚜렷한 목표와 방식을 갖는다. 그것은 가부장적 분류체계의 안으로부터의 해체이지 밖에서부터의 파괴가 아니다. 바울은 이분법적 분류체계를 역전시키지 않았다. 역전의 복수는 또 다른 희생과 폭력을 낳기 때문이다. 세례예문은 남성/여성, 종/자유자, 유대인/헬라인의 조화로운 관계를 미래의 가능성으로 열어 놓았을 뿐 이 둘의 배제의 관계를 역전시키는 어떤 표어도 어떤 상징도 거절하였다. 여기에는 세 번이나 반복되는 부정과 침묵의 전치사 ouk eni는 십자가에 달리신 예수의 침묵과 그리스도조차 말할 수 없는 바울의 침묵이 만나서 일으키는 심오한 역설의 진리 체험을 숨기면서 새로운 공동체

<u>의 생명을 고대하는 듯 손짓한다.</u>

사도 바울은 여성/남성의 이항대립쌍에서 여성을 배제하는 가부장적 약호(code)만을 독립해서 문제삼지 않았다. 그는 이 이항대립쌍보다 상위개념인 헬라인/유대인, 종/자유자의 이항대립쌍들과 연계시키면서 유대교의 분류의 체계 전체와의 관련성 속에서 이 성대립의 약호의 위치를 파악하였다. 현대 불란서 페미니즘의 전략과 유사하게 바울은 이 성 대립의 약호와 연계되어 있는 다른 분류의 약호까지도 해체의 목표로 설정하였다. 현대 불란서의 페미니즘의 전략은 남성/여성의 이항대립의 하위 개념이 되는 분류체계를 해체시키는 것이다. 예를 들면 능동성/수동성, 해/달, 문화/자연, 낮과 밤, 아버지/어머니, 머리/감정, 지성/감성, 로고스/파토스의 이항대립쌍에 내포되어 있는 우측의 분류범주인 여성성에 대해 부정성과 무기력성의 가치를 부여하는 가부장적 가치체계를 해체시키는 것이다.18) 여기에서 사도 바울의 페미니즘 전략의 급격성과 선진성을 한국의 신학의 페미니즘이 배울 점이 있는 것이다. 한국교회의 페미니즘은 한국사회가 제시하는 총체적인 사회 질서의 분류의 체계를 분석한 토대 위에서 그 전략을 도출할 수 있어야 할 것이다. 이는 사회운동으로서의 페미니즘이 고립화와 파편화를 넘어서 환경운동, 통일운동, 시민운동 등의 다른 사회운동과의 역동적이고 유연한 참여연대를 할 수 있도록 페미니즘의 철학적/신학적 이론을 정교화/첨예화하고, 사회·역사적 갈등과 모순을 나름대로 분석하여 그 해결의 독자적인 비젼을 포괄적으로 설정하고, 이를 토대로 운동의 전략을 체계적으로 제시할 수 있어야 할 것이다.

(2) 고전 11:2-16의 세례예문의 분석: 형이상학과 윤리

이제 우리는 11:2-16을 살펴보면서 바울이 어떻게 여성/남성의 가부장적 창조질서의 이데올로기를 극복하려고 하였고, 이 한계는 무엇이고, 이에 대해서 어떻게 바울 자신의 이데올로기를 해체시킬 수 있는지 살펴보기로 하자.

---

18) 이항대립의 해체전략을 제시한 불란서 페미니스트들 중, 특히 식수의 견해에 관해서는 Hélène Cixous, 1975, "Sorties: Out and Out: Attacks/Ways Out/Forays", *The Newly Born Woman* (Minneapolis: Minnesota Uni. Press), pp.63-64 참조. 식수의 이항대립에 의한 가치체계의 해체전략에 대한 자세한 논의에 관해서는 토릴 모이(Toril Moi)(임옥희 외 공역), 『성과 텍스트의 정치학』, 1994, 서울: 한신문화사, pp.119-148 참조.

〈도표 II-13〉 고전 11:2-16의 수사학적 특성19)과 의미 구조

I. 서언: 11:2 – 칭찬의 이유: 기억과 유전(遺傳)을 지킴
II. 본론:
  가. 명제: 3절 – 은유 '머리'(kephalē: 으뜸)를 사용한 관계적 창조질서
        하나님>그리스도>남자>여자
  서언(쟁점제시): 4, 5절 – 명제의 적용 – **영지주의적 위험에 대한 비판**
  나. 지지논증: 교차대구법(chiasmus)을 사용
    권고: a. 6 – 머리에 쓰라(여성)
    유추: b. 7 – 영광의 대상: 하나님>남자>여자 – 창조질서의 유추의 사용
    인유: 8-9 – 낳음의 창조질서: 남자>여자
    권고: c. 10절 – 천사로 인하여 표시를 머리에 두라:
        영지주의적 위험에 대한 비판
    인용: 11절 – 세례예문을 사용한 선언적 말씀 – chōris (신비)
    인유: b'. 12절 – 낳음의 창조질서와 그 근원: 하나님>여자>남자
    권고: a'. 13-15절 – 머리를 길러라(여성)
III. 결언: 규례에 없음.

세례예문의 한 일부인 "그러나 주 안에서는 남자 없이(chōris) 여자만 있지 않고 여자 없이(chōris) 남자만 있지 아니하니라."(11)는 말씀은 6절에서 15절까지의 논증에서는 abcb'a'의 교차대구법의 가운데 있는 핵심 생각이다.

갈 3:28의 세례예문의 한 변주의 형태로서 존재하는 고전 11:11에서 kōris는 그 어원이 명사인 코라(chōra)로 부터 유래해서 전치사로 변형된 것으로 '없이', '분리해서', '독립해서', '달리'라는 번역이 가능하다.20) 그러나 보다 중요한 것은 11절의 세례예문에서 이 chōris라는 단어가 플라톤의 생성(genesis)의 형이상학에서 생성의 역할을 담당하고 이것이 제시하는 우주적 의미의 창조성, 무궁성, 모호성, 심오성(profond)을 갖고 있다는 것이다. 이 단어는 플라톤의 생성의 형이상학에서 제시하는 수용자 코라(chōra)와 연결시킬 수 있다. 플라톤의 생성의 형이상학에서는 우선 제작자가 지성(nous)에 의해 계획된 표본

---

19) 수사학적 구성요소들에 대해서는 벌튼 L. 맥, 『수사학과 신약성서』, 1993, 서울: 나단출판사, pp.64-68 참조.
20) 코리스(chōris)의 의미에 대한 논의에 대해서는 엘리자벳 S. 휘오렌자, "바울로 공동체의 남녀 평등", 『여성들을 위한 신학』, pp.207-208.

(paradeigma)을 미리 봄(pronoia)으로써 이에 대한 모사물로서 질서 있는 어떤 것을 발생시키게 된다. 다른 한편, 스스로의 특성에 의해 작용하고 있는 '필연성'(anankē)을 가진 것들에 대해서는 수용자인 코라(chōra)안에서 여러 가지로 변화되고 사라지는 그 성질들이 형상(eidon)에 따라 독립된 종으로서의 감각될 수 있는 특정한 성질로 확정되고 이름붙일 수 있는 특정한 '것'으로 자리를 잡게 되고, 측정술(metrētikē)에 의해 무한정자를 한정자로 바꾸면서 경계(pera)를 정하게 되면서 그 외적인 모양을 확정하게 된다. 이처럼 수용자인 코라는 본과 모사물, 없음과 있음, 지성(존재)과 감각(생성)의 중간 경계선의 극단으로서 생성의 과정을 신비 속에 감추면서 변형의 놀이를 하게 하는 여백(餘伯)으로서의 '수용자'(hypodocheion) 또는 형상이 펼쳐지고 접혀지는 변형의 이중적인 작용으로서 '표현'(expression)의 그릇이다.21)

위의 플라톤의 생성의 형이상학에서 코라가 새로운 것을 창조하기 보다는 다른 것으로 변형되는 생성의 과정에서 어떤 역할을 하는지 검토하였다. 이제 코라의 역할은 고전 11:11에서는 '그리스도 안에서'라는 구절이 있으므로 창조의 과정과 신학에도 적용될 수 있다고 가정하면, 우리는 본문의 교차대구법에 내재하는 내용의 심층 구조를 다음과 같이 창조적으로 재구성할 수 있을 것이다. 제작자인 하나님은 우주적 공동체를 만들기 위해서 인간의 형상의 원형이 되는 그리스도를 미리 보면서 지성에 의해서만 파악될 수 있는 여성성과 남성성의 모사물을 형성시킨다. 표현의 그릇인 코라(chōra)에 의해서 남성성과 여

---

21) 플라톤의 생성의 형이상학에 관해서는 Plato, 1977, *Timaeus and Critias* (London: Penguin), pp.64-72 참조. 이에 대한 해설로서는 박윤호, "『티마이오스』에서의 존재와 생성", 『서양고대철학의 세계』, 1995, 한국서양고전철학회, 서울: 서광사, pp.277-299 참조. 박윤호에 의하면 플라토는 생성(to gignomenon: genesis)을 제작자가 미리 봄에 의해서 항상 존재하는 실체들이 형성되는 '어떤 것으로의 됨'의 생성과 스스로의 특성에 의해서 독립하여 작용하는 필연성을 가진 질료들이 변화하여 형성되는 '다른 것으로의 됨'의 생성을 구분하였다. 여기에서 코라는 '다른 것으로의 됨'과 관련된 것으로서 아버지를 닮은 아이를 낳는 어머니처럼 그 안에 모델이 그려지는 모양 없는 질료의 성질을 가지고 스스로는 변화하지 않지만 필연에 의해 생성되는 것들을 수용하여 변화시키고, 보이지 않지만 수수께끼 같은 양식의 지성에 의해 감각없이 파악된다. 우리의 감성에 의하면 이 수용자는 물, 공기, 불, 흙들이 갖고 있는 성질들이 생기고 변화하고 사라지는 장소로서 이것들의 형상의 활동을 오히려 감추는 역할을 하게 되는 것으로 인지되고, 우리의 지성에 의하면 아직 확정되어 있지 않은 '비슷한 것' 또는 '그러한 것'으로서의 변화하는 성질들을 '이것' 또는 '저것'이라는 이름을 붙일 수 있는 특정한 '것'으로 확정짓는 역할을 하게 되는 것으로 알려 진다.

성성은 서로 구분되어 각각은 형상에 따라서 독립된 성질을 확정짓고, 특정한 '것'으로 형성되고, 측정술에 의해 그것들의 한계가 정해지면서 여성과 남성의 모양이 형성된다. 이러한 창조의 과정의 구조적 특성으로 인하여 여성과 남성에게는 공동체 유지를 위한 윤리적 질서와 법칙을 갖는다. 이러한 심층구조의 특성은 표출구조에 담론적 구성을 다음과 같이 보여주고 있다. 심층구조의 측정의 과정은 교차대구법의 a, a'이 여성의 공동체 규칙으로 표출된다는 것이다. 바울은 자신의 공동체의 쟁점이 여성의 영적 혼란에 관한 것이기 때문에 여성의 공동체 규칙만을 제시하였다. 낳음의 창조 질서는 b와 b'에서 볼 수 있는 것처럼 반대로 엮어져서 남녀의 순서가 고정되어 있지 않다. 이것은 남성성과 여성성의 만남의 신비한 움직임의 놀이를 나타내고 이 생성 운동의 동력은 제작자인 하나님이라는 것을 지시한다. c.는 이러한 생성의 순간을 부정문의 형태로 포착하여 보여주는 듯 하다. 형상의 원형인 그리스도 안에서 여성과 분리되거나, 독립하거나, 없이, 달리는 남성은 만들어지지 아니하고 그 반대도 마찬가지이다. 수용자인 코라(chōra)는 전치사 코리스(chōris)로 바뀌어 나타나 여성성과 남성성의 신비스러운 연합과 분리가 반복되는 운동의 미분된 모양을 암시하면서 모호성을 여백에 드러낸다. 남자와 여자가 번갈아 가면서 같은 내용을 '없이'(chōris)를 중심으로 영원히 돌고 있는 그림을 보여주면서 이 창조의 무궁성을 나타내 준다.22)

이 세례예문에서 특히 주목할 것은 그 순서에 있어서 '만 않다'는 뜻을 나타내는 plēn oute로 시작하여 대칭적 구조를 갖고 있는 '남성 없이(chōris) 여성, oute 여성 없이(chōris) 남성'이 뒤따르고 '그리스도 안에서'의 뜻을 가진 en kyriō로 끝난다는 것이다. 여기에서 전치사( )와 명사[ ]가 한 번은 동사의 기능을 하는 '운동'과 또 한 번은 명사의 기능을 하는 '정지'가 반복되는 리듬을 형성하는 (o) [개] (c) [-개], (o') [-개] (c) [개], (e) [내]의 희랍어 어순의 배열관계를 보여준다. 여기에서 chōris는 위의 배열관계 속에서의 단어들의 기능과 그 의미의 '산종'23)(產種: *dissemination*)을 드러낸다. 이 배열관계의 구조내에서

---

22) 코라(chōra)의 해체적 기능과 그 페미니스트 비평에서의 중요성에 대해서는 Jacques Derrida, 1982, *Margins of Philosophy* trans. Alan Bass (Chicago: The University of Chicago), xxvii과 Julia Kristeva, 1984, *Revolution in Poetic Language* (New York: Columbia University Press), pp.25-37.
23) 산종은 언어의 일의성과 다의성과도 달리 의미의 결정을 거부하면서 의미의 형성과정의 한 순간을 포착하는 용어이다. 시간적인 지연과 공간적인 차이의 상호 놀이에 의해서 의미와 무의미의 영속적

전치사 chōris에 내포되어 있는 부정적 잠재의미와 '수용자'(chōra)의 의미를 가진 '코리스'(chōris)는 '그리스도 안에서'의 '안에'(en)와 어울려서 '수용자 밖에서는'이라는 의미를 포함하고 있으므로 여성성과 남성성이 융합되는 상호보충적인 창조성을 나타내 보여 준다. 여기에서 plēn oute---oute가 쓰임으로써 chōris는 다시 전치사의 기능을 더욱 강조하여 '없이'의 전치사의 의미를 드러내고, 맨 앞의 plēn oute와 함께 '없다'나 '무엇이 아니다'의 의미를 산출하게 된다. 더구나 이 chōris의 단어의 기능의 복잡성은 이 문장에서 동사('된다'나 '존재한다')나 계사('이다')가 쓰이지 않음으로써 의미는 증폭하게 된다. 탄생이나 생성의 결과인 '존재한다. 생성한다. 있다'나 '이다'의 의미를 나타내는 영어의 to be나 to become에 해당하는 희랍어 동사 eimi나 ginomai동사가 쓰여지지 않았다. 그러므로 이 세례문은 심오한 역설이 침묵의 형태로 공동체에서의 남성과 여성의 탄생과 창조의 순간을 성례전적인 장엄성을 가지고 포착하고 있는 듯하다. 여기에서는 창조적 과정의 무궁한 신비가 침묵 속에서 코라의 의미를 지닌 코리스(chōris)를 중심으로 흩뿌려지고, 그리스도 안에서의 생성의 사건이 있음/없음, 임/아님의 경계선 상에서 심오하게 주름져서 표현되어 고요 속에 우주적 합일(synousia)을 기다리게 된다.24)

우리는 고전 11:11을 중심으로 바울의 남성과 여성의 관계에 대해서 논의한 11:2-16을 플라톤의 생성의 형이상학에서의 chōra와 여기에서 파생된 전치사 chōris의 해체주의적 역할에 비추어서 그 의미들의 특징들을 살펴보았다. 이제 위에서 제시한 논의를 토대로 11:11-12에서 보여 주는 우주생성의 형이상학과 낳음의 창조신화를 불란서 페미니즘과 『주역』과 『도덕경』에서의 우주생성의 형이상학과 비판적으로 비교하면서 여성성이 보다

인 연쇄망 속에서 의미의 씨앗(la séminal)이 흩뿌려지는 상태를 강조할 뿐이다. 데리다는 '공간적 회의'나 '회합'을 뜻하기도 하고 '시간적 회기'를 뜻하기도 하는 쎄앙스(la séance), '처녀막'이나 '결혼과 성교의 행위'의 뜻을 동시에 지니는 이멘(l'hymen), '기계의 운동의 시작하거나 중단시키는 행위'나 '그 행위를 야기시키는 장치'의 뜻을 가진 데끄랑슈망(le déclenchement), '바깥의 공기의 저항과 안의 액체의 저항을 균형 잡히게 하는 귀고막'의 의미를 가진 땡빵(tympan) 등등의 단어들에 대해서 이 산종의 개념으로 설명하려 한다. 필자는 이러한 데리다의 산종의 개념을 성서 본문의 배열구조와 심층 의미 구조에 적용하였다. 이에 대한 자세한 논의에 대해서는 Jacques Derrida, 1982, *Dissemination*, pp.174-286, pp.289-358와 "Tympan", Jacques Derrida, *Margins of Philosophy* trans. Alan Bass (Chicago: The University of Chicago), x-xxix 참조.

24) 쉬스러 피오렌자의 성서 해석과 필자의 탈구조주의적 해석을 비교하기 위해서는 엘리자벳 S. 휘오렌자, "바울로 공동체의 남녀 평등, 『여성들을 위한 신학』, pp.165-220 참조.

적극적인 역할을 감당할 수 있는 가능성을 토론하고자 한다.

고전 11:11-12의 페미니스트 해석학에서의 중요성은 남성성과 여성성의 형이상학적 이분법에 대한 비판적/해체적 성찰과 '수용자'인 코라(chōra)의 형이상학적 의미에 관한 것이다. 불란서 페미니스트 이론을 정립한 쥴리아 크리스테바(Julia Kristeva)는 여성학의 발전 단계를 상징적 질서에 있어서 여성과 남성의 평등성을 강조한 자유주의 페미니즘의 단계와, 여성의 독특성을 강조하고 남성과의 차이를 내세워 남성의 상징질서를 거부하는 급진주의 페미니즘의 단계를 넘어서서 여성성/남성성의 형이상학 자체를 거부하는 해체론적 페미니즘의 단계를 제시한다. 이 세번째 단계에서 형이상학적 이항대립쌍을 해체시키는 여성의 힘을 부각시키기 위해서 크리스테바는 라깡(Jacques Lacan)의 심리분석론을 기호분석론(sémanalyse)으로 발전시키는 이론으로 전화(轉化)시킨다. 크리스테바는 라깡이 쾌락원칙/현실원칙 대신 제안한 상상계/상징계를 기호계/상징계로 대치시키면서 기본적인 진동을 통해 활동하는 구순기와 항문기에 해당하는 기호계를 "맥박의 끝없는 흐름인 코라(chōra: 그리이스어로 폐쇄된 공간, 자궁을 의미하는 말)"의 힘에 의해 지배 받는 영역으로 제시한다. 라깡의 상상계의 활동과 마찬가지로 이 기호계는 전(前)외디푸스 단계로서 삶과 죽음, 수용과 배제의 분리의 경계선 상이면서 현실세계와는 다른 이질적인 세계이다. 또한 의미생성이 완성되어 상징적 질서를 형성하는 언어습득 이전의 단계이다. 이 언어습득 이전의 단계에서 chōra는 기표의 위치와 기의의 위치를 결정하여 의미생성을 가능하게 하지는 못하지만 이에 대한 관점을 부여한다. 다만 '운동'과 '정지'가 잠정적으로 연결되어 형성되는 이질성과 차이의 끝없는 리듬을 가능하게 할 뿐이다. 또한 chōra는 이미 형성된 모델이나 이에 대한 복제가 아니라 形象化(figuration)와 私有化를 위한 透視(spécularisation)에 선행하면서 그 토대가 되는 시적 상상력의 원천을 이룬다. 그래서 이 기호계에서의 chōra의 활동의 흔적은 상징계의 언어의 모순, 무의미, 파열, 침묵으로서만 감식될 수 있다.25)

---

25) Julia Kristeva, 1974, *La révolaution du language poétique* (Paris: Seuil), pp.22-30, pp.30-100. "Sans être encore une position qui représente quelque chose pour quelqu'un, c'est-à-dire sans être un signe, la chora n'est pas non plus une position qui représente quelqu'un pour une autre position, c'est-à-dire qu'elle n'est pas encore un signifiant; mais elle s'engendre en vue d'une telle position signifiante. Ni modèle, ni copie, elle est antérieure et sous-jacente à la figuration donc à la spécularisation, et ne tolère d'analogies qu'avec

위의 플라톤과 크리스테바의 chōra의 형이상학을 주역과 도덕경의 우주생성의 형이상학과 비슷한 점을 다음과 같이 논의할 수 있을 것이다.

『주역』 "계사전 상" 제5장 1절에 "한 번 陰이 되고 한 번 陽이 되는 것을 道라고 한다. 그것을 이어가는 것이 善이고 그 속에서 완성되는 것이 性이다."(一陰一陽之謂道, 繼之者善也, 成之者性也.)와 "계사전 상" 제11장 5절에 "이런 까닭에 易에는 太極이 있는데 이것이 兩儀를 낳고, 兩儀는 四象을 낳고, 四象은 8卦를 낳는다. 8괘는 吉凶을 결정하고, 吉凶은 大業을 낳는다"(是故易有大極, 是生兩儀, 兩儀生四象, 四象生八卦, 八卦定吉凶, 吉凶生大業)라고 씌어있다.26)

첫째 인용문의 첫째 문장에서 우리는 우주의 생성에서 음과 양의 반복의 리듬을 道라고 하는 것을 알 수 있다. 이것은 크리스테바가 규정한 코라가 '운동'과 '정지'가 상호연관되어 차이와 이질성의 리듬을 형성하는 것과 비슷하다. 이것은 『도덕경』 2장에 나와 있는 "있음과 없음은 서로 생하고 어려움과 쉬움은 서로 이루며 김과 짧음은 서로 겨루며 높음과 낮음은 서로 기울며 노래와 소리는 서로 친하며 앞과 뒤는 서로 따른다."(故有無相生, 難易相成, 長短相較, 高下相傾, 音聲相和, 前後相隨)27)에서 보는 바와 같이 음과 양의 차이가 서로 영향을 주고 받고 상호 보충해서 새로운 가치를 형성하는 모양을 드러내는 것이지 어느 하나가 다른 하나를 지배하거나 배제하지는 않는다.

또한 두 번째 문장의 첫 번째 문장에서 양의인 음양은 태극에서 나오고 양의에서 사상과 8괘가 생성되는 상징적인 과정을 보여준다. 이 두 문장은 우주 생성에서 아직 질료를 택하지 않은 상태에서 우주생성의 리듬과 과정을 상징적으로 보여주고 있다. 이는 주역의 두 개의 무늬(一, --)에서 처럼 文字에 있어서 像徵的 무늬의 文(기표)이 像形的 字(기의)를 갖기 이전 단계를 나타내며 크리스테바의 기호계의 chōra의 활동이라고 할 수 있는 것이다. 또한 플라톤의 수용자의 성격뿐 아니라 코라(chora)의 기호계의 상징적 무늬의 성격을 잘 드러내는 道의 모양을 『도덕경』 25장에서 다음과 같이 엿볼 수 있다: "혼돈되이 이루

---

le rythme vocal ou kinésique."(23-24) 크리스테바의 페미니즘 이론에서의 코라의 중요성에 대한 논의는 모이, 『성과 텍스트의 정치학』, pp.1-22와 pp.179-203 참조.
26) 김경방, 여소강 편저 『역의 철학: 주역 계사전』, 1993, 한국철학사상연구회 기철학분과 옮김, 서울: 예문지, pp.66, pp.128.
27) 김용옥 편역, 『길과 얻음』, pp.15-16.

어진 것이 있었으니 하늘과 땅보다도 앞서 생겼다. 적막하고 모습이 없네! 쓸쓸하도다! 짝없이 외로이 서서 함부로 변하지 않는다. 가지 아니하는 데가 없으면서도 위태롭지 아니하니 가히 하늘 아래 어미로 삼을만 하다. 나는 그 이름을 알지 못해 그것을 글자로 나타내어 길이라 하고, 억지로 그것을 이름지어 크다고 하네."(有物混性, 先天地生, 寂兮 蓼兮 獨立不改. 周行而不殆, 可以爲天下母. 吾不知其名, 字之曰道, 强爲之名曰大)[28] 플라톤의 우주생성의 원인이 되는 코라처럼 道는 하늘 아래 만물을 만드는 어미로 삼을만 하지만, 실체로서 이름을 붙일 수 있는 것이 아니라 상징적인 무늬의 글자로 道라고 붙여지는 것으로서 크리스테바의 코라처럼 기의와 기표의 위치가 결정되지 않지만 이 위치를 파악하는 길을 제시하는 코라의 활동의 영역이 되는 기호계에 속하는 것이다.

우리는 위에서 토의한 것을 토대로 다시 고전 11:11-12로 돌아가서 이를 재해석하면 다음과 같을 것이다.

우선 11절에서 전치사 chōris는 음과 양이 성별범주의 질료가 형상화하여 형성된 두 개의 구체항인 여자와 남자가 형성되었다고 할 수 있다. 그러나 그 상징적 형식만을 추려서 남자를 양, 여자를 음이라 보았을 때, 이 구절은 "양 없이 음이 (있지) 아니하고, 음 없이 양이 (있지) 않다"라고 바꿀 수 있을 것이다. 이는 한 번은 음이 되고 한 번은 양이 되는 것을 나타내 준다. 또한 음과 양이 교체되는 리듬이 있음을 볼 때 음과 양을 교환시켜 리듬을 형성시키는 것은 전치사 chōris의 역할이라는 것을 알 수 있다. 이 교환의 리듬은 남녀의 화합과 참여연대를 통해 사회적 질서의 기반이 되는 우주적 질서까지도 변형시키는 것을 동시에 드러낸다고 할 수 있을 것이다. 또한 위에서 이미 살펴 본 바대로 (o) [가] (c) [-가], (o') [-가] (c) [가], (e) [나]의 배열관계에서는 상호 연결시키는 '운동'(陽)의 기능을 담당하는 전치사 (陽)와 대립어에 의한 차이화를 확정시키는 '정지'(陰)의 기능을 담당하는 명사(陰)가 번갈아 가면서 반복적으로 나타나는 리듬을 형성한다. 이것은 한 번은 음이되고 한 번은 양이되는 道의 활동과 크리스테바가 말하는 chōra의 이질성과 차이를 생산하는 활동을 드러낸다고 할 수 있을 것이다. 그러므로 고전 11:11에서의 chōris 와 그 배열형식은 크리스테바의 chōra의 활동 역할과 주역의 道와 易의 활동 역할과 정확히 감당하고 있는 것을 알 수 있다.

---

28) 위의 책, pp.63-64.

또한 낳음의 창조질서에 관해서 기술한 "여자가 남자에게서 난 것같이 남자도 여자로 말미암아 났으나 모든 것이 하나님에게서 났느니라"(12절)는 『주역』의 낳음의 형이상학으로 바꾸면 "음이 양에게서 난 것같이 양도 음으로 났으나 모든 것이 태극에서 났느니라"가 될 것이다. 이 12절은 가부장적 위계질서를 정당화하기 위해서 머리의 상징적 질서를 제시하는 전체 문장의 '명제'가 되는 "그러나 나는 너희가 알기를 원하노니 각 남자의 머리는 그리스도요 여자의 머리는 남자요 그리스도의 머리는 하나님이시라."(3절)와는 분명히 대조적이다. 그러나 『주역』에서는 음이 양에게서 난 것을 직접적으로 인정하지 않고 태극에서 음과 양이 낳았다는 것을 기본으로 전제한다. 또한 위의 12절의 낳음의 질서는 가부장적 낳음의 창조질서를 드러내는 "남자는 하나님의 형상과 영광이니 …… 여자는 남자의 영광이니라. 남자가 여자에게서 난 것이 아니요 여자가 남자에게서 났으며 또 남자가 여자를 위하여 지음을 받지 아니하고 여자가 남자를 위하여 지음을 받은 것이니"(7-9절)를 비판적으로 교정하고자 한다. 그런데 12절은 남자가 여자로부터 지음 받은 것을 인정하는 소극적인 진술을 하고 있지만 여전히 가부장적 사회질서를 정당화하고 있는 창세기 신화를 인정하고 있다. 그러나 『주역』에서는 이와 같은 가부장적 창조 신화를 해체시킬 수 있는 형이상학을 제시한다. 왜냐하면 『주역』에서는 태극에서 양의를 낳고, 양의는 사상을 낳고 사상은 8괘를 낳는다는 말이 암시하고 있는 것처럼 남성과 여성을 동시에 낳는 우주생성의 형이상학을 제시하기 때문이다. 그러나 이것은 『주역』의 한 번은 음이 되고 한 번은 양이 되는 것을 도라고 한다는 형이상학과 함께 고려하면 결국은 '음이 양으로부터 나온다'라는 창조신화와는 달리 음이 태극으로부터 먼저 나올 수 있고, 또한 '양이 태극으로부터 먼저 나올 수도 있다'라는 것을 암시한다. 이와 같이 『주역』의 낳음의 형이상학은, 음이 양으로부터 나온 것처럼 양이 음으로부터 나온 것을 말하면서 음이 양으로부터 나온 것을 전제하고 있는 바울의 창조신화 자체가, 한계를 가지고 있음을 알 수 있다. 결국 이 신화를 해체시킬 수 있는 것은 11절의 코리스의 해체적 기능과 위에서 말한 주역의 양의가 태극에서 생겨나는 우주생성의 형이상학이다.

우리는 이제 위에서 논의한 바 고전 11:11-12의 말씀에서 제시한 코라의 기능과 남성과 여성의 형이상학적 관계설정이 어떤 페미니즘의 전략을 제시하는지 살펴보려고 한다. 특히 11:11절이 구약의 가부장적 창조신화를 해체시킬 수 있는 코라의 여성 원칙이 핵심적으로 중요한 점을 고려할 때, 이 코라의 의미를 담고 있는 희랍어 코리스(chōris)의 다양한 의미에 따라 페미니즘 운동의 전략으로서 가치체계를 도출해 보고자 한다. 희랍어 코리스는 "없이"의 의미를 가질 때 11-12절은 여성성의 창조적 역할인 '포용'과 '배려'와 '돌봄'을 제시하면서 타자들의 필요에 대해서 자신을 내어줄 수 있는 '비움'의 원초적 가치를 제시한다. 이런 의미에서 페미니즘운동은 여성에 의한 남성지배나 여성의 남성화나 남녀 간의 힘겨루기가 아니라 여성성의 창조적 독특성과 잠재력을 인정하면서 여성성에게 부여된 부정적 가치들을 해체시키는 문화운동으로 제시된다. 코리스는 '분리해서'나 '독립해서'라는 의미를 가질 때 위의 구절은 남녀의 '상호보충'과 '상호화합'의 리듬에 기반한 남녀의 유대관계를 통해 사회적 질서의 변화를 도모한다고 볼 수 있다. 여기에서 제시하는 페미니즘 운동은 남성과 여성의 대립과 성적인 개별화를 기반으로 하는 저항 일변도의 전략을 제시하는 것이 아니라 서로의 상호화합을 통한 사회적 질서의 근본적 변화를 모색하고 상호 돌봄과 배려를 기반으로 하는 상호보충의 원초적 가치를 제시하는 페미니즘 운동을 추구함을 알 수 있다. 또한, 코리스가 '달리'로 번역될 때 위의 성서구절은 여성과 남성의 평등성과 남자와 여자가 같이 살기를 제안한다고 볼 수 있을 것이다. 이는 성역할의 고정관념을 비판하고, 성차별의 사회화를 비판하는 형이상학적 기초를 제공한다. 여기에서는 남녀간의 불평등한 관계를 평등한 관계로 변혁시키고, 사람다운 삶, 고르게 평등하게 사는 삶을 만드는 페미니즘운동을 제시한다.

마지막으로 11:11의 배열관계는 존재와 비존재 경계선 상에서 침묵과 리듬을 통해서 사회적 연대를 형성시킴으로써 기존의 가부장적 질서의 변혁을 도모한다. be 동사와 become이 사용되지 않는 존재 자체에의 침묵과 운동과 정지의 리듬이 보여주는 이 구절의 언어학적 구조는 남자의 여자에 대한 지배와 남녀의 불평등 관계를 외부의 강압적인 힘에 의해서 역전시키는 전략이 아니라 恨의 분출을 침묵으로서 절제하고 운동과 정지의 반복적 리듬을 통해서 恨의 분출을 종속된 타자들에게 고르게 증대시킴으로써 가부장적 사회질서를 안으로부터 변증법적으로 해체시키는 전략을 제시한다. 여기에서 새로운 사회의 비전을 제시하고 종속된 타자들의 참여 연대를 도모하기 위해, 사회적 연대를 침묵과 리듬이 동시에 병존하는 춤으로써 표출하게 될 때 여성의 분노의 恨은 창조의 승화된 문화운동을 제시하게 된다.

3. 결론: 새로운 페미니스트 해석학의 패러다임의 제안

이제 위의 동양 고전에서 제시된 형이상학과 동양 종교의 해석의 통찰과 구조주의의 분석방법의 적용의 예에서 제시된 것을 토대로 새로운 페미니스트 해석학을 제시하고자 한다. 여기에서는 특히 쉬스러 피오렌자의 해석학의 패러다임과 대조적으로 페미니스트 해석 뿐 아니라 일반 성서해석학을 포괄하는 새로운 성서 해석의 패러다임을 제안해 보고자 한다.

계몽주의 이전에 주로 사용되었던 '교리적-문자주의적 패러다임', 역사비평 방법을 주로 사용하는 '과학적-실증주의적 패러다임', 문학비평을 적용하는 '해석학적-(탈)근대의 패러다임'29)은 탈현대주의와 탈식민주의시대에 적합한 '성찰적-기호학적 패러다임'으로 전이될 것을 제안한다. 왜냐하면 쉬스러 피오렌자가 제시하는 의식화, 비판적인 사회-문화 분석, 의심, 재구성, 평가, 새로운 상상, 그리고 변혁을 위한 행동의 7가지 단계의 '해방의 탈식민주의적 패러다임'은 본문의 언어가 제시하는 현시적 의미에 얽매이는 말중심적인(logocentric) 분석방법일 뿐만 아니라 분석적이고, 합리적이고, 추론적인 서양의 사유방식과 유럽중심의 사고에 갇혀있는 해석 방법이라고 생각하기 때문이다. 이런 의미에서 그녀의 해석 방법은 탈근대적이지도 않고 탈식민주의적이지도 않다.30) 필자는 탈근대적이고, 탈식민주의적인 비평의 이중적 제스츄어(gesture)를 보다 적극적으로 받아들이기 위해 해석자(수용과 기대지평)와 해석자가 속한 공동체의 우주적 공감을 토대로 언어의 현시적 의미가 침묵의 의미를 지배하는 본문의 말중심주의(logocentricism)을 해체시킬 수 있는 해석의 틀을 제안하고자 한다. 이 해석틀은 동양의 사유방식에서처럼 본문의 정신을 꿰뚫어 직관하여 우주와 사회의 형성의 원초적 과정과 그 리듬을 재현할 수 있는 '성찰

---

29) 성서 연구의 패러다임의 변이의 필요성에 관해서는 Elisabeth Schüssler Fiorenza, "해석의 에토스: 탈근대적·탈식민지적 상황," [유성: 제 25차 한국기독교학회 정기 학술대회 특별 강연 원고, 1996. 9. 26]을 참조; 이 강연 원고의 내용은 쉬슬러 피오렌자가 1987년 Society of Biblical Literature 회장 취임 연설 내용인 "Ethics of Interpretation: De-centering Biblical Scholarship", SBL *JBL* vol. 107, No. 1(March 1988), pp.3-17을 한국 학술대회의 주제인 "탈근대주의와 탈식민지시대의 신학"의 주제에 따라 수정한 내용이다.

30) Elisabeth Schüssler Fiorenza, "Bread of Wisdom: Interpretation for Liberation", (1996) 이화여성신학연구소 편, ["아시아 여성신학과 성서해석학" 강연 원고]

적・기호학적 해석 패러다임'이다. 이것은 불트만이 실존주의 철학틀을 통해 해석의 방향과 촛점을 마련한 것처럼 본문의 언어의 특색과 그 심층적 구조를 면밀히 분석하여 동양의 사유방식과 형이상학과 구조론적으로 유사한 헬레니즘시대의 사유방식을 찾아낸다. 이 때 특히 본문이 처음 형성된 시대와 공간을 초월하는 본문의 침묵의 언어를 토대로 본문의 구조적 특성을 성령론적으로 우리의 원초적 삶의 리듬에 재조율함으로써 본문이 전달하려는 신비스러운 깨달음의 (종교) 체험에 참여하는 것을 목표로 한다.

여기에서 '성찰적'이라는 말은 해석자와 해석자가 속한 공동체의 우주적 공감을 토대로 본문의 언행의 현시적 의미에 얽매어 있는 말중심주의를 해체시킬 수 있도록 본문의 정신을 꿰뚫어 직관하여 우주 생성과 사회 형성의 원초적 과정과 그 리듬을 침묵의 언어를 근거해서 재구성하는 공관적인 통찰(synopsis)을 말한다. 구체적으로는 본문의 '반성성'(反省性)을 드러내는 비판적 양가성(ambivalence), 은유적 의미, 다성성(polyphonie), 해체적 의미망 등의 침묵의 언어를 분석하여, 이것들이 제시하는 성서의 초월적 '세계관'(vision du monde)이나 사유방식이 성서의 기본 의미론적, 통사적, 서술적 관계망에 내재되어 있는 '이데올로기'를 반성・비판할 수 있는 해석의 틀을 제시하는 것이다.31) 또한 '기호학적'이라는 말은 성서가 쓰여진 시대의 종교와 사회적 질서의 구조적 특성들이 본문의 구조적 특색에 각인되어 의미와 무의미의 차이의 놀이를 형성시키는 계열적 기호들의 리듬의 흐름을 포착하여 이 리듬과 우리의 원초적 삶의 리듬이 만나서 이루어지는 신비스러운 깨달음의 체험을 토대로 본문의 현시적 의미의 이데올로기를 비판하는 분석적 방법을 말한다.32)

여기서 특히 성찰적・기호학적 해석의 패러다임은 성서 본문의 종교적 요소들인 제의

---

31) 이와 같은 접근 방식을 제시한 비평방법을 필자는 페터 지마의 '텍스트사회학'에서 차용하였다; 페터 지마, 『텍스트사회학』, 『이데올로기와 이론』. 이를 사용한 성서 비평의 예로서 필자의 글, "마가복음 4:1-34의 '문학사회학'적 비평: 맥의 마가복음 연구의 평가와 비판을 토대로 한 복음서의 장르규정을 위해서," <신학과 문화> 제5집(1996), 장로교대전신학교, pp.65-136 참조.
32) 기호학에 관해서는 김성도, "현대 기호학의 본질", <문학과 사회> 32(1995 겨울, 제VIII권 제4호), pp.1493-1521 참조. 필자는 성서가 쓰여진 시대에 대한 통찰은 발생론적 구조주의에 근거한 문학 사회학적 글 읽기와 롤랑 바르뜨와 A. J. 그레마스의 기호분석을 사용하여 본문의 리듬구조를 분석하는 시도를 마가복음 4:1-34을 중심으로 시도해 보았다. 이를 위해서는 필자의 글, "마가복음 4:1-34의 '문학사회학'적 비평," pp.65-146 참조.

적 측면(drōmena), 신화적 부분(legomena), 상징적 차원(deiknymena)에 대해서 면밀한 주목을 할 필요가 있다. 왜냐하면 본문의 제의적, 신화적, 상징적 성격은 단순히 개인적 창조물이 아니라 사회의 집단적 갈망이 투사된 새로운 사회의 세계관을 통해 새로운 사회운동을 주도한 흔적들을 반영하기 때문이다. 그래서 이 사회운동의 성찰적 주체들은 그 운동을 창시한 카리스마적 인물에 대해 참여하는 원초적 체험을 토대로 새로운 '문화적 모델'과 '지식의 양식'을 구성함으로써 새로운 공동체의 조합과 새로운 연대방식을 창조하게 되고, 이 활성화된 공동체는 우주적 기억과 사회·정치적 재배열을 투사하는 집단적 갈망을 실천하게 됨으로써 새로운 '분배·축적의 모델'을 구성하고 사회운동의 동원화를 위해 사회적 행위를 수행하게 된다.33) 이와 같이 새로운 공동체는 자신들의 공동체가 형성되는 과정을 신화화, 제의화, 상징화함으로써 사회적 현실을 새롭게 분류하고 새로운 사회적 질서에 정당성을 부여하기 하게 된다. 이때 제의, 신화, 상징을 통해서 이러한 공동체 형성의 초석을 놓기 위해서 희생양으로서의 창시자가 겪었던 폭력적 기제를 감추게 된다. 그러므로 해석자는 폭력적 기제를 은폐하려는 본문의 신화적 허구성을 드러내기 위해서 성서의 본문에서 침묵의 언어들을 '구성주의적(systasis)·공관적(synopsis)' 통찰과 기호학적 분석을 통해 찾아내는 것이 매우 중요하게 된다. 그래서 공동체의 탄생 과정에서 은폐되었던 우주생성의 형이상학이나 신화, 사유방식과 윤리적 지침을 내포하는 원초적 '사건'에 참여하고, 사회변혁을 도모하면서 새로운 공동체를 형성시켰던 폭력적인 '사건'을 재현함으로써, 해석자는 자기가 서 있는 시점에서 위의 '사건'을 창조적으로 계승하여 또 다른 '사건'을 생성시킬 수 있어야 할 것이다.

여기에서 해석자가 일으켜야 할 새로운 사건의 생성은 바로 깨달음을 사회적 행동으로 변이시킴으로써 억압적 규제, 규범, 제도를 재구조화하는 해체적 전략을 제시한다. 이같은 '사건' 생성의 해석은 해석자가 소속되어 있는 해석 공동체의 일원들이 그들의 감성적·성령론적·우주적 '몸'(sōma)의 생동적 활동을 통해 그들의 과거를 성찰하게 하고, 현재의 정황을 포착하고, 미래의 가능성을 가늠할 수 있도록 '주체화의 지향성' 갖게 한

---

33) '주체의 지향성,' '문화적 모델,' '지식의 양식,' '축적·분배의 모델'은 행위자의 사회학을 제시한 프랑스의 사회학자 뚜렌느(Alain Touraine)의 사회 운동 개념을 필자가 재구성한 용어들이다. 이에 대해서는 김덕기, "마가복음 4:1-34의 '문학사회학'적 비평", pp.65-146 참조.

다. 특히 필자가 제안하는 이러한 사건생성의 해석에서는 '사건'을 해석학적 지평 속에서 중요시하였던 안병무의 민중신학과 김진호의 예수 연구와는 달리 들뢰즈(Gilles Deleuze)의 '사건' 이해와 푸코(Michel Foucault)의 '주체화'의 개념과 김재진의 성령의 '초월성'을 동양적 사유방식에 근거하여 비판적으로 고찰하여 형성되었다. 들뢰즈의 '사건'의 이해에서는 의미생성이 우주적 생성 순간에의 참여를 통해 형성된다. 여기에서는 시공을 뛰어넘어서 물질과 정신을 상호 연결시키고, 동시에 이타성의 분절에 의해서 내재하여 이 둘을 분리시키고 차이화함으로써 원초적 의미가 '표현'(expression: '귀속시킨다'와 동시에 '펼친다'는 이중적 의미)되는 보편적 잠재력이 강조된다. 푸코의 '주체화'의 이해에서는 신체와 권력의 상호관계성을 토대로 권력/지식의 분류체계를 산란시키는 해방적 잠재력과 자기와 자신과의 관계를 재구성하는 미학적 잠재력을 중요시 한다.34)

필자는 이와 같은 들뢰즈의 내재적 사건 개념, 푸코의 주체화의 개념, 그리고 김 재진씨의 과거/현재/미래의 시간적 구조와 땅과 하늘의 공간적 구조를 상호연결시키는 성령의 초월적 지향성을 동양의 사유방식의 요체인 道의 정신에 의해 포월(包越)하는 사건의 해석학적 지평융합을 제안하고자 한다.35) 이것은 신체와 권력, 정신과 물질, 시간과 공간을 상호연결시키고 차이화시키는 근본적인 리듬을 파악하여 포용함으로써 한 층위에서 다른 층위로 변이되어 결국은 도에 뛰어넘어 가는 해석학적 지평융합을 말한다. 특히 본문 읽기에 있어서의 道의 정신은 『도덕경』 1장에서 잘 나타내 보이듯이 말해진 것과 쓰여

---

34) 위에서 언급한 학자들의 사건, 주체화, 성령에 관한 자세한 논의에 대해서는 각각 김진호, "역사의 예수 연구에 대한 해석학적 고찰 및 민중신학의 '사건론'적 전망", 『예수 르네상스: 역사의 예수 연구의 새로운 지평』, 1996, 서울: 한국신학연구소, pp.258-263; 로널드 보그, 『들뢰즈와 가타리』, 1996, 서울: 새길신서, pp.93-132; 김덕기, "푸코의 역사 이해로 본 하나님의 나라", <신약논단> 창간호(1995) 한국신약학회, pp.9-25; 김재진, "다원가치적 성령론적 보편신학", 『포스트모더니즘과 탈식민주의 시대의 신학』, 1996, 한국기독교학회, 서울: 한국신학연구소, pp.172-202 참조.

35) 포월은 만물이 뿌리로 돌아가기 위해 자기의 사명을 완성하는 것을 알게 됨으로써 온갖 대상을 포용하여 영원한 도로 뛰어 넘어가는 것을 말한다. 이에 대한 『도덕경』의 근거로는 다음 책을 볼 것: 김용옥, 『길과 얻음』 16장, pp.43-44: "뿌리로 돌아가는 것을 고요함이라 하고 이것을 또 일컬어 제명으로 돌아간다 한다. 제명으로 돌아감을 늘 그러함이라 하고 늘 그러함을 아는 것을 밝음이라 한다. 늘 그러함을 알지 못하면 망령되이 흉을 짓는다. 늘 그러함을 알면 온갖 것을 포용하게 되고 포용하면 공평하게 되고 공평하면 천하가 귀순한다. 천하가 귀순하면 하늘에 들어 맞고, 하늘에 들어맞으면 길에 들어 맞는다. 길에 들어맞으면 영원할 수 있다. 내 몸이 다하도록 위태롭지 아니하다."(歸根曰靜, 是謂復命. 復命曰常, 知常曰明, 不知常, 妄作凶. 知常容, 容乃公, 公乃王, 王乃天, 天乃道, 道乃久. 沒身不殆)

진 것, 사유된 것과 지시된 것, 초월성의 비개념적인 것과 내재성의 개념적인 것들 중에 어느 하나가 다른 하나를 지배하지 않을 뿐만 아니라 각자의 특성을 잃지 않고 오묘하게 조화를 이루어 합일시켜서 한 차원에서 다른 차원으로 전환시킬 수 있는 道의 정신을 말한다. 또한 이 道의 정신은 『주역』 계사전에서 볼 수 있듯이 한 번은 음이 되고 한 번은 양이 되면서 생명이 태생하여 성장하는 리듬을 중요시 한다. 또한 성서의 해석을 한국사회에 적용하기 위해서 정치적-윤리적 함의를 도출하게 될 때에도 필자는 성서가 형성된 시대의 지평과 해석자가 대면하는 현재의 지평과 성서가 제시하는 종말론적 미래의 지평을 융합시키는 원리를 서양의 과거, 현재, 미래의 직선적 진보의 흐름으로서만 아니라 시간과 공간이 분리되지 않는 태극(道), 음(無), 양(有)의 나선형의 원초적 움직임으로 제시하려 한다. 그래서 우리의 인식에 관해서는, 이(夷: 보아도 보이지 않음), 희(希: 들어도 듣지 못함), 미(微: 만져도 만져지지 못함)의 위상적 범주를 통해서, 그리고 본문의 해석에 관해서는 위와 아래, 모습과 것, 앞에서 맞이함과 뒤를 따라감 등등의 위상적 범주를 통해서, 해석학적 지평의 역설적 융합이 가능하다는 것을 보여주려 한다.36) 그래서 이를 통해 형성된 성서해석학은 음양이 상호보충적으로 조화롭게 변이되는 우주적 리듬에 합치되는 포월적 방식으로 사회변동의 전략을 설정하게 된다.

---

36) 김용옥, 『길과 얻음』 40장, pp.39-40: "보아도 보이지 않는 것을 이름하여 이라 하고 들어도 들리지 않는 것을 이름하여 희라 하고 만져도 만져지지 않는 것을 이름하여 미라 한다. 이희미 이 셋은 꼬치꼬치 캐물을 수 없다. 그러므로 뭉뚱그려 하나로 삼는다. 그 위는 밝지 아니하고 그 아래는 어둡지 아니하다. 이어지고 또 이어지는데 이름할 수 없도다. 다시 것없는 데로 돌아가니 이를 일컬어 모습 없는 모습이요 것없는 형상이라 한다. 이를 일컬어 홀황하다 하도다. 앞에서 맞아도 그 머리가 보이지 않고 뒤를 따라가도 그 꼬리가 보이지 않는다. 옛의 길을 잡어 오늘의 있음을 본다. 능히 옛 시작을 아니 이를 일컬어 길의 벼리라 한다(視之不見, 明曰夷; 聽之不聞, 名曰希; 搏之不得, 名曰微 三者, 不可致詰, 故混而謂一. 其上不皎, 其下不昧. 繩繩不可名, 復歸於無物. 是謂無狀之狀, 無物之狀. 是謂惚恍. 迎之不見其首, 隨之不見其後. 執古之道, 以御今之有. 能知古始, 始謂道紀).

제 III 장
로마서에 나타난 신학, 윤리, 문화비평 전략

❖ 로마서의 주제로서의 구속론적 정의 이해 / 263
❖ 로마서의 구속론과 희생제의 / 298
❖ 로마서에 나타난 율법과 의인 사상에 대한 탈구조주의적 해석 / 335

로마서의 주제로서의 구속론적 정의 이해
- 정치신학적/정치철학적 관점에서 -

1. 서론: 로마서의 기록 정황에 비추어 본 목적과 주제 설정

그동안 로마서는 실제적 '편지'(Brief, letter)라기보다는 '서한문'(Epistel, epistle)으로 생각하여 신학 논문의 교리적 성격을 더 부각해왔다. 하지만 1836년에 바우어(F. C. Baur, 1792-1860)는 처음으로 신학논문이 아니라 특수한 정황에서 쓰여진 문서로 이해하기 시작하였다. 이 특수한 정황에서 형성된 로마서의 목적이 무엇인지 다음의 세 가지 중에서 어떤 것이 더 타당성이 있는지는 아직도 토론 중이라고 볼 수 있다.[1]

(1) 클라우디우스 황제 칙령 이전에는 유대교와 기독교가 구분되지 못하다가, 54년경 이후부터 네로 황제의 박해(64년)를 계기로 기독교의 독자성이 알려지게 되었다. 이 칙령 해제(54년)로 추방되었다가 되돌아 온 유대계 그리스도인('약한자')과 이방계 그리스도인('강한자')의 갈등이나 하우스 교회들 간의 갈등이 일어난 상황으로 서신의 목적을 설명하는 경향이 가장 크다(Watson과 Jewett, Lampe). 그러나 정말 이 강한 자가 구체적으로 이방계 그리스도인들인지 확실하게 지정되지 않는 상황에서(J. Karris와 A. Wedderburn) 이러한 정황이 정말 서신의 목적을 가장 잘 드러낼 수 있는 요인이 될 수 있는지 문제가

---

[1] F. C. Bauer, 2003, *Paul the Apostle of Jesus Christ[1873]* (Peabody: Hendrickson Pub. Inc.), pp.321-381; Darrell J. Doughty, "Pauline Paradigms and Pauline Authenticity", *JHC* 1 (1994), pp.111-112.

제기된다.2)

(2) 개인적인 사정을 언급한 롬 15:25-27, 30-39(행 24:17)에 근거하면, 바울은 예루살렘에 가서 모금한 헌금을 전달하고 그동안 계속 문제를 제기하면서 바울의 복음 이해를 끈질기게 반대하였던 유대주의자들을 설득하려 하였다(G. Bornkamm, U. Wilkens, J. Jervell).3)

(3) 롬 15:22-24, 28-29에 근거하면, 바울은 로마인들을 설득하여 서바나에 가서 선교할 계획으로 선교 교두보를 에베소에서부터 로마로 옮겨 세우기로 하였다. 롬 16:1에 고린도 지역 이름과 연관된 겐그레아와 16:23의 에라스도가 나오는 것과 롬 15:25-32와 행 19장-20장을 고려하면 로마서는 56년 봄, 고린도에서 집필하였다고 본다.4)

위의 서신 목적에 관한 다양한 견해와 더불어, 로마서가 실제적 편지로 이해될 경우에도 로마서의 주제가 단순히 이신칭의(以信稱義)의 의인론으로 이해될 수 있는지에 대한 의문에 대해서 다음과 같은 다양한 주제와 이에 적합한 역사적 상황을 제시하게 되었다.5)

① 로마서의 주제는 단순히 서구의 내적 양심에 호소하는 의인론(1-8장)의 보편성이 아니라, 유대계와 이방계 그리스도인들 간의 구체적인 갈등의 정황에서 유대인과 이방인의 상호 관계성과 하나님의 구원사 안에서의 동등한 참여(9-11장)가 핵심 주제이다(K. Stendahl).

② 로마서의 주제는 의인론과 구원사가 묵시문학적 구도에 의해서 상호연합된 것이다 (Käsemann). 이와 달리, 신학적 주제의 중심은 3장(특히 3:21-26)의 이중적 의인론이

---

2) Karl P. Donfried, "Introduction 1991", Karl P. Donfried, ed. 1991, *The Romans Debate* ed. Karl P. Donfried, (Peabody: Hendrickson) I-lxxii; Robert J. Karris, "Romans 14:1-15:13 and the Occasion of Romans"와 A. J. M. Wedderburn, "Purpose and Occasion of Romans Again", 위의 책, pp.65-84, pp.195-202.
3) Udo Schnelle, 1998, *The History and the Theology of The New Testament Writings*, trans. E. U. Boring (London: SCM press), pp.109-112;『한국천주교회 200주년 기념주석』, 1992, 서울: 분도출판사, pp.777-779.
4) Schnelle, 위의 책, pp.109-120; 김창락 외,『신약성서개론』, 2002, 서울: 대한기독교서회, pp.369-381.
5) Donfried, "Introduction 1991", *Romans Debate*, I-lxxii. 스텡달의 초기 입장에 관해서는 K. 스탕달(강혜란 역),『유대인과 이방인의 사도 바울』, 1995, 서울: 순신대학교출판부, pp.47-67, pp.119-141, pp.177-188. 이에 대한 보다 발전된 생각에 관해서는 Krister Stendahl, 1995, *Final Account: Paul's Letter to the Romans* (Minneapolis: Fortress Press), pp.9-20, pp.33-44 참조; 케제만의 스텡달 비판에 관해서는 E. 케제만(전경연 역), "로마서 안의 의인과 구원사",『바울신학의 주제』, 서울: 종로서적, pp.78-99 참조. 서동수, "로마서의 주제의 구조: 롬 1:16-17은 과연 로마서의 주제인가?", <신약논단>(2001. 봄), pp.77-83.

거나(W. S. Campbell), 8:28-30의 예정과 소명과 칭의와 성화의 연합이다(서동수).

③ 역사적 정황 및 교회 사정에 비추어 보면, 12-14장의 이방계 기독교인과 유대계 기독교인들 간의 갈등을 해결하는 신학의 적용 문제이다(Watson과 Jewett).

④ 바울의 초기 선교 과정에서 논의되는 바처럼 바울 자신의 복음을 의인론과 연관시켜서 이방계 그리스도인들에게 설명하는 상황(1-11)과 비록 바울의 복음 이해에 동의하였지만 유대계 그리스도인들과 갈등을 일으키는 이방계 그리스도인들에게 자신의 복음 이해를 윤리적 문제에 적용하는 상황(12-15)을 분리한다(W. Schmithals).

최근에는, 여러 성서학자들이 새롭게 확립한 로마서의 역사적 정황에 비추어서 로마서 저작의 목적을 다양하게 제시하는 노력이 있어 왔지만 이러한 정황과 상응되는 보다 포괄적인 구속론의 주제를 설정하기가 쉽지 않았다.6) 특히 클라우디우스 황제 칙령(41 또는 49년)에 의해서 유대인들이 로마로부터 떠나 있다가 54년경 칙령 해제로 되돌아 온 이후, 유대계 그리스도인('약한자')과 이방계 그리스도인('강한자')의 갈등이나 하우스 교회들 간의 갈등이 일어난 상황에 상응하는 서신의 목적과 주제를 설명하는 경향이 제기되었다(Watson과 Jewett, Lampe). 그러나 이 '강한 자'가 구체적으로 이방계 그리스도인들인지 확실하게 지정되지 않는 상황이라는 반론도 제기되었다(J. Karris와 A. Wedderburn). 또한 이러한 역사적 정황 및 교회 사정에 비추어서, 왓슨(Watson)과 쥬잇(Jewett)은 로마서의 주제를 12-14장의 이방계 기독교인과 유대계 기독교인들 간의 갈등을 해결하는 신학의 적용 문제로 이해하게 된다. 더구나 슈미탈스(W. Schmithals)는, 바울의 초기 선교 과정에서 논의되는 바처럼 바울 자신의 복음을 의인론과 연관시켜서 이방계 그리스도인들에게 설명하는 상황(1-11)과, 비록 바울의 복음 이해에 동의하였지만 유대계 그리스도인들과 갈등을 일으키는 이방계 그리스도인들에게 자신의 복음 이해를 윤리적 문제에 적용하는 상황(12-15)을, 분리한다.7)

---

6) 로마서의 핵심 주제와 목적 설정의 어려움에 관해서는 Donfried, 위의 글, I-lxxii과 D. J. Doughty, "Pauline Paradigms and Pauline Authenticity", *JHC* 1 (1994), pp.111- 112 참조.

7) Karl P. Donfried, "Introduction 1991", Karl P. Donfried, ed. 1991, *The Romans Debate* ed. Karl P. Donfried, (Peabody: Hendrickson), I-lxxii.; Robert J. Karris, "Romans 14:1-15:13 and the Occasion of Romans"와 A. J. M. Wedderburn, "Purpose and Occasion of Romans Again", 위의 책, pp.65-84, pp.195-202; Udo Schnelle, 1998, *The History and the Theology of The New Testament Writings*, trans.

위의 학문적인 성과에 대한 평가에서 중요한 점은 이러한 공동체 정황에 적합한 보다 포괄적인 구속론의 주제가 개혁신학의 원리인 이신칭의의 신학에 가려져서 그 중요성에 비하여 보다 적합하게 제안되지 않았다는 문제 제기가 필요하다는 것이다. 이러한 문제를 보다 명료히 제기하면서 구속론의 주제를 확립하기 위해서 우선 이 논문은 공동체의 정황, 로마서의 핵심 주제, 수사학적·장르적 특색들, 그리고 이에 상응하는 로마서의 목적의 밑그림을 다음과 같이 우선 제시해 보고자 한다.

위에서 제시한 서신의 목적과 주제와 상응되는 로마 공동체의 정황을 바울의 적대자 설정을 중심으로 재구성하는 문제의 쟁점과 이에 대한 해결책을 다음과 같이 제안하고자 한다. 우선 바울이 의인론을 전개하고 있는 상대자가 주로 팔레스틴 유대주의자로서 反바울파인지(P. Stuhlmacher), 또는 자유주의적 이방계 기독교인(Campbell)인지, 유대주의적 이방계 기독교인인지(Schmithals), 이 모두가 뒤섞인 복잡한 갈등의 상황(Wedderburn)인지 토론해 보아야 할 것이다. 또는 전반부(1-8)는 유대인을 향하여, 후반부(9-15)는 이방인을 향하여 논의함으로써 이들 간의 화해를 도모하거나 이들 간의 갈등을 해소하려 하였다는 견해가 제기되었다(서동수).8)

우선 우리는 슈미탈스가 강조하듯이 이방계 기독교인이 유대주의적 성향을 가질 수 있는 이유가 이들이 '하나님 경외자들'(φοβέομενοι)이었기 때문이라는 것을 가정하면, 보다 합리적인 방식으로 캠프벨의 의견을 발전시킨 왜더번의 견해를 약간 수정하여 다음과 같이 조심스럽게 로마서의 상황을 제시할 수 있을 것이다. 로마 공동체는 다양한 정도의 유대주의적 이방계/유대계 기독교인과 反율법주의적 이방계/유대계 기독교인이 동시에 공존하면서 서로 신학적 입장에 따라 사회적 갈등을 야기한 정황에서, 주로 이방계 기독교인을 향하여 화해를 유도하는 새로운 구속론적 복음을 변증하는 상황을 상정해야 할 것이다. 더 나아가서, 우리는 슈미탈스가 1-11장과 12-15장의 역사적 정황을 각각 서로 다르게 설정하는 단편가설9)의 가능성을 고려해서 다음과 같이 각 단편들의 목적을 새롭게

E. U. Boring (London: SCM press), pp.109-120;『한국천주교회200주년 기념주석』(서울: 분도출판사, 1992), pp.777-779; 김창락 외,『신약성서개론』, 2002, 서울: 대한기독교서회, pp.369-381.
8) Donfried, "Introduction 1991", *The Romans Debate*, I-lxxii; 서동수, "로마서의 주제의 구조", pp.77-83.
9) Wedderburn, "Purpose and Occasion of Romans Again", 위의 책, pp.195-202; 왜더번은 슈미탈의 견해에 관해서 요약하고 비판한다. 슈미탈에 의하면, **로마서** A(1:1-4:25, 5:12-11:36, 15:8-13)는 갈라디아

제시할 수 있다. 전자의 1-11장이 유대주의화된 이방인에게 바울이 자신의 복음을 설명하여 이에 참여할 것을 촉구하는 목적으로 형성된 것으로 이해하는 반면, 후자의 12-15장은 유대계와 이방계 기독교인의 상호 화해를 도모하기 위한 구체적인 윤리적 가르침을 특히 유대주의화된 이방계 기독교인에게 바울이 설득하려는 정황에서 형성되었다고 설정할 수 있게 된다.

로마서의 역사적 정황에 비추어서 다양한 로마서 저작의 목적을 제시하는 노력이 있어 왔지만 이러한 정황과 상응되는 주제를 설정하기가 쉽지 않다. 그래서 이러한 구체적 정황과 조화시켜서 로마서의 주제를 의인론으로 재설정하려는 돌파구를 마련하기 위해서 스툴마허는 복음과 관련된 의인론을 바울신학의 보편적인 주제로 간주하게 된다.10) 이러한 접근방법과는 달리, 롬 1:16-17의 의인론의 주제가 로마서 전체의 주제라기보다는 3:21-26에 나타난 의인론의 이중적 주제가, 당시의 유대주의와 反율법주의의 두 가지 신학적 경향에 대한 비판으로 볼 수 있기 때문에, 보다 확실한 로마서의 목적을 반영하고 있다고 캠프벨은 주장한다. 또한 서동수는 의인론이 롬 8:28-30에 나타난 보다 포괄적인 구원론의 주제의 한 부분이라는 것을 강조한다.11)

위의 견해들은 로마의 정황이나 원시 기독교의 정황이 정치적 변화에 따라 변경되고 있다는 점을 반영한다. 로마서의 목적을 드러내는 서로 긴장되는 다양한 차원들을 단지 고정된 하나의 정황에 고착시킬 필요는 없는 것이다. 이런 점에서 우리는 로마서의 마지막 편집 단계나 바울학파의 작업을 존중해야 할 것이다. 예를 들면, 15장에서는 모금한

서의 적대자들의 문제와 비슷하게 바울이 고린도 교회의 열광주의자들이 활동하기 전에 에베소서에서 유대교에 아직도 매여 있는 '하나님 경외자'들이었던 이방계 기독교인에게 쓰여진 것인 반면, **로마서 B**(롬 12:1-21, 13:8-10, 14:1-15:7, 15:14-32, 16:21-23, 15:33)는 바울의 복음에 설득되었지만 여전히 회당의 규칙에 묶여 있어서 다른 동료 그리스도인들과 화해하지 못하는 이방계 기독교인에게 보내진 것이다. 그리고 **로마서 C**(16:1-20)와 **최종 편집 단계의 파편들**(5:1-11, 13:1-7, 13:11-14, 16:25-27 등)은 이후에 첨가된 것이다. 슈미탈의 보다 자세한 단편가설에 관해서는 Schnelle, 앞의 책, 116-120과 한스 콘쩰만/안드레아스 린데만(박두환 역),『신약성서 어떻게 읽을 것인가』, 2001, 서울: 한국신학연구소, pp.410-113.

10) Stuhlmacher, "The Purpose of Romans"와 "The Theme of Romans", *Romans Debate*, pp.231-242, pp.333-345.

11) William S. Campbell, "Romans III As a Key to the Structure and Thought of the Letter", *The Romans Debate*, pp.251-264과 서동수, "로마서의 주제의 구조", pp.75-102.

헌금을 예루살렘에 전달하는 정황은 이방계 기독교인들에게 전달하는 복음의 내용 속에 구체적인 나눔과 베풂의 윤리적 원칙과 화해의 삶의 방식을 제시한다. 또한 15:22-24, 28-29와 16장에서 로마제국 내의 모든 민족들에게 복음을 선포하는 정황은 기독교와 제국과의 관계를 어떻게 설정하는지의 문제와 기독교 교회는 어떤 구체적인 정치적 체제로 확립해야 하는지, 그리고 교회들의 연합은 어떤 방식으로 전개할 수 있는지의 행정적인 문제와 연관된다.

위에서 제기한 로마서의 목적과 이에 비추어 본 구속론의 주제는 유대주의적 그리스도인들과 反율법주의적 그리스도인들, 유대인들과 이방인들 등, 다양한 종류의 사람들에게 바울 자신이 그동안 선포하였던 하나님의 정의(正義: δικαιοσύνη θεοῦ)에 관한 기독교의 구속론적 복음과 그 삶의 방식에 참여할 것을 촉구하고 이 기준에 따라 서로의 갈등을 극복하고 화해할 것을 권고하는 것이 되어야 할 것이다. 여기에서 특히 로마 제국 내에 다른 다양한 신앙관과 그에 근거한 정치 체제와 통치 방식에 대항하여 새로운 하나님의 구속론적 정의에 근거한 정치체제와 그 통치 원리를 제시하려 했다고 할 수 있게 된다. 더구나 공동체 안에 있는 유대계와 이방계 그리스도인들 間의 갈등 해결의 문제(9-11, 12-14)만이 아니라, 유대인과 이방인에게 하나님의 정의에 관한 구속론적 복음을 설득하려 했다는 견해가 새롭게 중요하게 다뤄져야 할 것이다. 그래서 특히 이방인(1:5, 13ff; 11:13, 15:15ff)에게도 복음을 전달하려 하였기 때문에 로마서에는 이들을 설득하여 복음을 변증하기 위해서 자연 계시와 자연법으로서의 양심이 나오는 점을 주목해야 할 것이다(1:19-27, 2:13-14).

이러한 변증적 목적을 강조하는 경향은 로마서의 수사학적인 특성을 철학적 권면과 설득으로 이해하거나, 로마서의 장르 자체를 '설득 논설'(λόγος προτρεπτικός)이나 '서간문-에세이'(Letter-Essay)로서 간주하는 몇몇 학자들의 주장에 잘 나타난다.12) 특히 언(D.

---

12) 수사학적 특성에 관해서는 Wilhelm Wuellner, "Paul's Rhetoric of Argumentation in Romans"를, '설득의 논설'이나 '서간문-에세이' 장르로 이해하려는 입장에 관해서는 David E. Aune, "Romans as a Logos Protreptikos"과 Martin Luther Stirewalt, Jr., "The Form and Function of the Greek Letter-Essay", *Romans Debate*, pp.128-146, pp.278-296, pp.147-171 참조. 언에 의하면 '설득 논설'은 다음과 같이 보통 세 가지 부분으로 구성된다. (1) 철학을 거절하는 지식이나 삶의 방식 또는 학파/종교의 경쟁적인 자료들에 대한 비판에 집중하는 부정적인 부분(주로 검열[ἐλεγχτικός]과 비교[σύγκρισις]의 수사학

Aune)에 의하면, 설득 논설의 장르로서 로마서는 로마제국 내의 헬라 세계에 기독교의 진리를 그 삶의 방식의 특성을 통해서 변증하려는 목적으로 쓰여졌다. 특히 로마서는 바울이 여러 번 많은 다양한 가르침과 설득과 토론하는 상황에서 구전으로 오랫동안 발전시킨 독립적인 세 개의 단편 설득 논설들(1:6-2:11, 2:12-4:25, 5:1-8:39: [예외 9:1-11:36])이 로마 교회의 구체적인 새로운 정황에서 제시된 기독교의 삶의 방식에 관한 권면(12:1-15:13)과 함께 기본 골격을 이루고, 다시 이것들이 서간문의 준거틀(1:15-15:14-16:27)에 포장되어 설득 논설의 장르로 완성되었다.13) 이러한 장르 개념은 앞의 스미탈스의 단편설과 서신 정황과 잘 조응된다는 점에서 로사서의 주제와 목적을 새롭게 도출하는데 매우 유용하다.

더구나 우리는 바울의 신학적 구조와 로마서의 주제를 관련시키기 위해서는 의인론을 복음과 연관시키려는 스툴마허의 견해, 의인론의 주제를 넘어선 구원론의 주제를 더 중요시하는 서동수의 견해, 바울 신학의 구조를 새롭게 제시한 스트레커(G. Strecker)의 견해를 주목할 필요가 있다. 우선 스툴마허는 의로움이 복음의 주제와 연관되어 바울의 신학전체의 구조와 의로움이 상호 연결되어 밀접하다고 주장한다. 여기에서 우리는 롬 1:17의 의로움이 나타난 복음 이해에서는, 유대인이 의롭게 된 자들의 교제에 참여하게 되어 마지막 때의 심판을 면하고 생명을 얻게 된다는 의미에서,14) 구원론의 동기를 내포한다고 보았을 때 구원론과 의인론이 동시에 강조된다는 점을 확인할 수 있을 것이다. 여기에서

사용 – 예: 1:16-4:25), (2) 한 특정한 철학적 지식, 사상 학파 삶에 방식의 진리 주장이 제시되고, 찬양 고무되고, 변증되는 긍정적인 부분(주로 논증[ἐνδεικτικός]의 수사학 사용: 예: 롬 5:1-8::39), (3) 권면을 즉각적으로 받아들이도록 독자에게 개인적으로 호소하는 선택적인 부분(예: 롬 12:1-15:13).

13) 로마서의 '설득-논설' 장르로서의 특성에 대한 포괄적인 이해를 위해서는 David E. Aune, 2003, *The Westminster Dictionary of New Testament and Early Christian Literature and Rhetoric* (LouisvilleLondon: Westminster John Knox Press), pp.383-386, pp.428-432 참조. 로마서를 이와 같이 설득-논설의 장르로 간주하려는 학자들은 베르거(K. Berger), 스토워스(S. K. Stowers), 언(D. E. Aune), 구에라(A. J. Guerra), 브라이언(C. Bryan) 등이다. 이중 특히 언(Aune)은 설득 논설 장르의 기능이, 개종을 격려하기 위해서 독자가 취하고 있는 잘못된 신앙과 실천으로부터 해방시키는 것이라고, 주장한다. 이에 대한 보다 발전된 논의를 로마서의 목적과 장르, 독자의 정황에 적용시킨 최근 책으로는 Anthony J. Guerra, *Romans and the Apologetic Tradition* (Cambridge: Cambridge University Press), pp.1-42, pp.170-179 참조.

14) Stuhlmacher, "The Purpose of Romans"와 "The Theme of Romans", *The Romans Debate*, pp.231-242, pp.333-345.

더 나아가, 서동수는 롬 8:28-30이 의인론만이 아니라 예정론, 소명론, 칭의론, 성화론이 포괄된 구원론의 주제를 내포하는 것으로 이해하여 로마서 전체의 주제에 더 적합하다고 주장한다.15) 이러한 서동수의 논의는 로마서의 의인론의 주제를 바울의 신학적 구조 속에서 확정지을 수 있도록, 새로운 관점을 제시한다는 점에서 매우 주목되어야 할 논지이다. 또한 스트레커에 의하면, 바울 신학의 구조는 단순히 의인론에 집중되기 보다는 율법, 죄, 사망으로부터의 해방에 기초한 의가 성화와 구속과의 밀접한 연관 속에서 형성된다. 그 성서적 근거로는, 고전 1:30에서 지혜의 계시로 나타난 "그리스도 안에서" 일어나는 그리스도 사건은 의(δικαιοσύνη)와 성화(ἁγιασμός)와 구속(ἀπολύτωσις)의 주제의 근거가 된다는 점이다. 또한 이러한 신학적 구조는 고후 5:17에서 나타나는 법/복음, 옛 계약/새 계약, 문자/영의 이분법적 사유 속에서 발전된다.16)

위의 토론에서 제기된 **참여와 화해의 모티브**를 발전시키기 위해서, 우리는 로마서의 주제를 **정치적 차원**에서 새롭게 제시할 필요가 있다. 그래서 로마서에 반영된 **정치 철학**(하나님의 의로움에 근거한 교회 공동체의 정치적 체제근거로서 헬라 도시의 정의와 이에 근거한 그 정치적 체제)과 **정치 신학**(로마제국과 교회, 로마의 법과 기독교의 복음의 관계에 대한 신학적 고찰과 로마제국에 대한 정치적 태도)과 관련된 최근의 두 학자의 견해를 비판적으로 고찰하려고 한다. 우선 의로움과 복음의 관계를 헬라 정치철학의 맥락 속에서 재해석하려는 블루멘펠트(B. Blumenfeld)의 견해를 제시하고자 한다. 블루멘펠트는 스툴마허와 달리 의로움의 의미를 헬라 대중 철학의 정치철학의 전통 속에서 재해석한다. 스툴마허는 하나님의 의를 구원하시는 하나님의 활동으로 이해하면서 로마서 전체의 구조 속에서 의인의 주제를 일관성 있게 해석하려 하였다. 이러한 시도는 결국 하나님의 의를 어떻게 해석하여 로마서의 전체의 주제와 일치시키느냐의 문제와 연관된다. 블루

---

15) 서동수, 2001, "로마서의 주제의 구조", pp.83-102.
16) Georg Strecker, *Theology of New Testament* (Louisville: Westminster John Knox Press), pp.117-123, p.153. "그리스도 안에서"의 '안에서'는 영역을 의미할 뿐 아니라, 하나님의 인과적 매개 수단으로서의 계시 행위의 수단을 통해서 새로운 피조물(고후 5:17)인 그리스도인이 되는 조건이 된다는 것을 나타낸다(고전 16:7). 뿐만 아니라, "그리스도 안에서"는 ① 그리스도 사건에 의해서 결정된 과거/현재의 그리스도 현현, ② 그리스도 실재가 구현되는 것, ③ 그리스도 안에서 그리스도의 몸의 구성원이 형성되는 것(고전 12:2, 12:27), ④ 세례(고후 5:17, 갈 2:20, 롬 8:10), ⑤ 주 안에서, 영 안에서 그리스도인이 되는 것 등의 의미가 있다.

멘펠트는 의로움과 복음이 상호 연관되는 근거를 헬라 정치 철학의 전통에서 찾고 하나님의 의를 신적 통치 질서가 이 땅 위에 설립되는 근거로 이해하려는 새로운 정치적 해석을 제시하였다. 우리는, 헬라 대중 정치철학의 맥락 속에서 의인론을 복음과 관련시켜 재해석하려는 그의 견해를 재구성함으로써, 의인론과 구속론의 상호관계를 재설정하고자 한다. 하지만, 우리는 불르멘펠트의 정치적 해석이 로마서의 의인론에 내재하는 하나님의 은혜의 동기의 중요성을 간과한 점을 주석학적으로 간략히 비판하게 될 것이다. 또한 서동수의 예정론, 소명론, 칭의론, 성화론의 연관관계나 스트레커의 의, 구속, 성화의 상호 연관관계는 로마서의 주제와 바울 신학 전체의 사유구조가 어떻게 서로 상호 연관되느냐의 문제와 관련된다. 이러한 문제제기를 보다 발전적으로 토론하기 위해서 우리는 로마서에 나타난 '우주'와 '창조'의 용례 사용에 비추어서 의인론을 바울 신학 전체의 신학적 사유구조로서 창조신학과 연관시키려는 아담스(E. Adams)의 견해를 토론하게 될 것이다. 여기에서 아담스는 로마서 13:1-7에서 제시되는 기독교인의 정치적 삶의 자세도 창조의 질서에 근거해서 로마제국의 주류 사회와의 화합을 강조한 윤리적 권면으로 이해하고, 이 권면을 네로(Nero) 황제의 기독교 박해의 역사적 맥락과 연결시키게 된다. 다음에 우리는 위의 두 가지 접근방법에 대한 비판적 고찰을 토대로 롬 3:21-27에 나타나는 구속론적 전통을 묵시문학적 역사 이해에 의해서 새롭게 해석하고, 로마서의 주제를 참여와 화해를 유도하는 구속론적 정의관으로 새롭게 제시하고자 한다.

2. 불르멘펠트의 하나님의 의에 대한 정치철학적 해석과 그 비판

우선 블루멘펠트는 로마서의 '하나님의 의'(δικαιοσύνη Θεοῦ) 개념을 헬라 대중철학의 폴리스(πόλις:도시)지향의 정치철학과 신적 왕국(βασιλεία) 지향의 정치철학의 전통에서 해석하려 한다. 그에 의하면, 로마서의 의인론은 이 두 정치철학 전통을 바울이 창조적으로 접목한 결과물로 해석되어야 한다는 것이다. 그는 로마서의 하나님의 의의 개념을, 하나님의 주권성으로 이해하거나 이방인과 유대인, 은혜와 보상의 이중적 준거틀에 의해서 이신칭의 신학으로 이해하려 하지 않는다. 더구나 그는, 이 개념을 인간의 실존성과 하나님의 자유로운 은혜의 선물(R. Bultmann)이나 선물(Gabe)과 위임(Aufgabe)의 이중적 준거틀(E. Käsemann)에 의해서 파악하기보다는, 헬라 피타고라스 대중 정치철학의 통치 질서에서 볼 수 있는 천상의 신적 왕국에서 확립되는 '하나님의 정의'(δικαιοσύνη Θεοῦ)와 지상의 폴리스에서 확립되는 '신뢰의 정의'(δικαιοσύνη πίστεως: 신실함 또는 신앙)의 창조적 연합으로 이해한다. 블루멘펠트에 의하면, 바울은 유대교의 '회당'의 개념과 달리 그리스의 공동체의 이상이 구체화된 폴리스(πόλις) 공동체와 유사하게 가정과 도시가 연합된 '에클레시아'(ἐκκλεσία – 협의체/교회)를 확립하려 하였다. 바울은 하나님의 아들이 십자가에 처형되었지만 부활하여 '하나님의 정의'가 계시된 그리스도 사건에 의해서 이 에클레시아의 존립 근거가 확립된 것으로 보았다. 이제 부활한 '그리스도의 몸'에 관한 그리스도 체험에 의해서 모든 헬라 도시의 근거가 된 로고스(λόγος: 이성)를 대체하는 '신뢰의 정의'가 에클레시아('가정-도시')의 근거가 된 것이다. 또한 도시들을 연합시키고 다른 왕국으로부터의 침략을 막아내는 역할을 담당한 헬라 도시의 군주적 '왕의 통치'는 '하나님의 통치'로 대체된다. 여기에서 이제 그리스도의 죽은 '몸', 부재하는 '몸'이 인간성과 신성의 두 세계 사이에 존재론적인 연속성을 확립시킨다. 이제 이 연속성의 근거로 집과 도시, 가정과 정치적 권력, 이스라엘과 로마, 이 세상과 저 세상의 이분법적인 장벽이 허물어지면서 태동 중인 기독교의 에클레시아 공동체는 인간적인 것과 신적인 것, 폴리스와 왕국, 정치철학과 형이상학이 연합되는 하나님의 의로운 통치의 신학적 기초가 마련된 것이다.17)

여기에서 블루멘펠트의 견해에서 주목되는 점은 하나님의 통치 질서가 '신뢰의 정의'에 의해서 구체화된다는 점이다. 이 '신뢰의 정의'는 바울이 확립하려는 가정과 도시를 연합하는 에클레시아의 '정의'를 이룩하는 구체적인 통치의 기준으로 이해할 수 있기 때문에 로마서의 하나님의 의(justification of God) 개념은 유대의 곧고 신실하신 하나님의 정당한 심판의 의미를 계승하면서도 헬라적 의미로서 통치의 정의로운 잣대와 분배의 정의의 관념을 내포하게 되는 것이다. 구약의 의로움 이해가 인간관계의 구체적 역할 속에서 형성된 동양의 정의관처럼 행위의 정당성이나 곧고 의로운 인격의 개념과 더 유사한 반면, 헬라적 도시에서 통치 질서를 나타내는 의로움은 서양의 전통적인 정의의 원리인

---

17) Bruno Blumenfeld, 2001, *The Political Paul: Justice Democracy and Kingship in a Hellenistic Framework* (London: Scheffield Press), pp.257-274와 p.287, pp.302-304, pp.422-425.

공정성, 호혜성, 절차성의 의미를 내포한다는 점이 주목된다. 바울은 헬라의 정의관에서 그 철학적 근거로서 제시되는 로고스(이성)를 동양적 정의관과 유사한 인격적 신뢰로 대신하고, 헬라 도시의 행복의 근거로서 제시되는 자유의 원리를 서양적 정의관에 나타나는 분배의 정의에 평행되는 '은혜'에 따르는 성령 은사의 동등성의 원리로 대체한다. 이에 따라서 바울은, 동양적 정의관과 더 연관된 로마 제국의 위계주의적 통치 질서를 비판하면서도 실질적으로 이를 내재화시키는 하나님의 통치의 질서와, 서양의 분배적 정의관과 더 연관된 도시의 은혜에 근거한 동등성의 분배 정의 원리가 공존하는 이중적 의미의 의로움의 개념이 로마서에 확립된다.18)

이런 의미에서 로마서의 의로움의 의미가 당시 헬라적 이방계 그리스도인에게는 위의 헬라적 의미의 의로움 이해로 받아들여졌다면, 우리는 로마서의 의인론의 정치적, 사회적 기능과 그 구속론적 모티브와의 관련성을 탐구하는 다른 방식을 다음과 같이 제기할 수 있게 된다. 바울이 하나님의 의의 개념에 의해서 어떤 구속론적 신학에 근거해서 위에서 제시한 에클레시아의 통치질서를 확립하려 했는지 물어야 할 것이다. 이와 더불어, 우리는 로마서가 헬라적 의미의 분배의 정의관과 대비되는 어떤 추상적인 윤리적 기준을 제시하려 했는지 질문해야 할 것이다. 이것은 구체적으로 바울의 윤리적 가르침(특히 12-14장) 속에서 어떤 하나님의 의에 입각한 정의의 기준이 나타나는지 질문하는 것과 같다. 더 나아가서 불르멘펠트의 연구를 평가하고 그 신학적 의미를 확립하기 위해서는 바울이 사용한 '은혜'의 용례가 어떤 구속론적 동기를 제시하는지, 그리고 이것이 어떤 방식으로 의로움의 주제와 연관되는지 탐구해야 할 것이다.

우선 로마서에서 하나님의 의와 구속론과의 상관관계를 밝히기 위해서 우리는 '복음'의 정치적 의미와 이것과 '의로움'의 상호관계를 불르멘펠트가 위에서 제시한 헬라 대중 정치철학 전통에 비추어서 고찰하고자 한다. 그래서 이제 우리는 복음과 의로움이 사용하게 되는 사회-수사학적(socio-rhetorical) 정황과 그 정치적 의미를 새롭게 규명할 필요가 있다.

블루멘펠트에 의하면, 우선 로마서의 복음은 '하나님의 정의'와 '신뢰의 정의', 그리스도

---

18) Blumenfeld, 앞의 책, p.89, pp.185-189, pp.376-387. 인격적 관계에 기반한 동양적 의미의 정의관과 분배의 정의에 기초한 서양적 의미의 정의관의 차이에 관해서는 이승환,『유가사상의 사회철학적 재조명』, 서울: 고려대학교 출판부, pp.119-164.

의 신실함(πίστις)과 우리의 신뢰/신앙(πίστις), 신적인 왕국과 인간적인 도시를 상호 연결한다. 이것은 롬 1:17에서 잘 나타난다: "복음에는 하나님의 의가 나타나서 믿음으로 믿음에 이르게 하나니 기록된 바 오직 의인은 믿음으로 말미암아 살리라 함과 같으니라" 여기에서 복음은 새창조의 새 계약(갈 6:15)의 기초이며 새 정치 제도의 기초(롬 8:19-22)이다. 왕국의 의로움은 힘이며 행위이다(고전 4:20). 복음은 하나님의 이미지이며(고후 4:4) 헌법이다(빌 1:27).19) 이를 나타내는 흔적이 복음으로서 새 헌법의 정치적 이름이 하나님의 왕국으로 명명되고 있다고 볼 수 있다(롬 14:17, 고전 4:20).20) 복음의 이름으로서의 하나님의 나라와 의로움의 관계는 다음과 같이 제시된다: 롬 14:17 - "하나님의 나라는 먹는 것과 마시는 것이 아니요 오직 성령 안에서 의와 평강과 희락이라"[비교: 고전 4:20]

위에서 기술된 로마서의 복음 이해는 헬라 철학에서의 복음 이해와 평행된다. 헬라철학에서 복음은 하나님의 통치 질서가 새롭게 선포된 법제정자의 능력이며 행복을 보장하는 구원의 도구이다. "복음은 법의 규약이 계시라는 의미에서 계시이다 …… 그리스 도시에서 법규 제정은 국가 법제처의 기능이 아니라. 하나님으로부터 헌법을 자신들이 직접 받게 되는 헌법의 창시자나 개혁자의 기능이다 …… 필로, 스토아주의자 세네카, 중기 플라톤주의자 플루타크와 같은 헬라적 피타고라스주의자에게서처럼, 종종 법제정자는 살아있는 법(νόμος ἔμψυκός)이다."[313] 한편으로, 그리스 고전 철학에서 복음은 하나님의 정치 질서를 확립하는 통치권이며 이 하나님의 통치의 목적인 행복(εὐδαιμονία)을 부여하는 구원의 구체적인 수단으로서 헌법을 의미한다. 다른 한편, 헬레니즘 시대에는 이 복음의 정치적 의미가 평가절하되고, 이 세상 삶의 질병들과 죽음으로부터 해방되는 구원의 종교적 의미를 강조하게 된다. 위의 두 가지 의미의 복음을 구별하기 위해서, 헬라 철학의 전통에서는 복음이 복수로 사용되어 종교적 의미를 갖고 있지만, 단수로는 정치적인 의미로 사용되었다.21)

---

19) Blumenfeld, *The Political Paul*, pp.314-316. ① "복음은 우리의 믿음의 매개이며 결과로서의 '하나님의 정의'이다."(314) ② "바울은 '하나님의 정의'와 '신뢰의 정의'를 연결시킨다. 이것은 왕국의 정의가 도시의 정의의 자원이며 힘이다."(314-5) ③ "복음은 하나님의 이미지(고후 4:4)이며 정치적 서류인 헌법이다."(빌 1:27)(315) ④ "복음은 바울이 그 백성들을 조직화하고 있는 모델 즉, 헌법이며, 그가 형성하는 공동체의 기초이다."(315) ⑤ "복음은 유대인들, 그리스인들, 야만인들, 지혜자나 어리석은 자(롬 1:16) 모두에게 적용되는 법, 즉 하나님의 법의 역설적인 표현이다."(315-316)
20) 위의 책, p.315; "복음은 새 계약(διαθήκη)의, 새 창조(καινὴ κτίσις: 갈 6:15)의, 새로운 헌법(특별히 8:19-22)의 기초이다. 이러한 헌법의 이름은 하나님의 나라, 즉 군주제이다(롬 14:17; 고전 4:20)."

여기에서 특히 로마서에서는 복음이 그리스도의 죽음과 부활에 관한 이야기와 이에 근거해서 나타난 하나님의 의로 이해된다는 점이 주목된다. 특히 중요한 것은 헬라 대중 정치철학 전통에 따라 바울이 유대 종교에서와 달리 에클레시아의 설립을 '쓰여진' 법에 근거한 것이 아니라 새롭게 선포되어 '쓰여지지 않은' 법 즉, 복음에 근거하게 된다. 또한 다른 한편, 헬라 전통과 달리 교회는 로고스에 근거한 것이 아니라 피스티스(πίστις: 신앙의 설득)에 근거한 복음에 근거하여 설립된다고 주장한다.22)

이제 블루멘펠트는 '하나님의 정의'를 유대적 의미의 사법적 정의가 아니라 헬라적 의미의 분배적 정의(distributive justice)와 관련시켜서 에클레시아의 통치 기술과 윤리('신뢰의 정의')의 기초로서 이해하는 견해를 제시한다. 에클레시아에서의 은사가 분배되는 원리는 은혜와 보상, 동등성과 차이성이 동시에 보장되는 방식으로 다음과 같이 이해된다: "…… 오직 하나님께서 각 사람에게 나눠주신 믿음의 분량대로 지혜롭게 생각하라[3] …… 우리에게 주신 은혜대로 받은 은사가 각각 다르니[6] ……"(롬 12:2-8). 여기에서는 그리스도가 확립한 '신뢰의 정의'에 근거한 에클레시아의 분배적 정의의 기준은, 우리의 신뢰의 유비에 따라(κατὰ τὴν ἀναλογίαν τῆς πίστεως) 보상이 각각 차이나게 주어지지만 동시에 각각의 은사가 하나님의 은혜에 따라 가장 적절히 동등하게 주어지는 역설적인 방식으로, 확립된다는 것을 알 수 있다.23) 이제 롬 9-11장에서는 유대인 전체의 집단적 구원 문제가 제기되는 것도 위의 에클레시아의 분배적 정의 문제와 연관되기 때문이라는 것을 알 수 있다.

로마서에서 하나님의 의의 정치철학적 의미를 밝히기 위해서 우리는 복음과 의로움의

---

21) 위의 책, pp.313-314.
22) 위의 책, pp.311-312, p.331. 이러한 견해의 성서적 근거로는 다음과 같이 제시할 수 있을 것이다: 롬 1:1-2, 1:9, 1:13-17; 10:16-17; 15:16; 16:25-26. 특히 복음이 '쓰여진' 법과 달리 '쓰여지지 않은' 새로운 메시지라는 것에 관해서는, 다음의 성서 구절을 제시할 수 있게 된다. 롬 10:16-17: "그러나 저희가 다 복음을 순종치 아니하였도다 이사야가 가로되 주여 우리의 전하는 바를 누가 믿었나이까 하였으니 그러므로 믿음은 들음에서 나며 들음은 그리스도의 말씀으로 말미암았느니라" [또한 롬 10:9 참조 (비교: 고후 10:16)]
23) 위의 책, pp.333-336, pp.378-386, pp.419-32. 이것은 기준의 의미를 내포하는 고후의 내용과 함께 비교하면 서로 유사하다는 것을 알 수 있다: 고후 10:13 - "그러나 우리는 분량 밖의 자랑을 하지 않고 오직 하나님이 우리에게 분량으로 나눠 주신 그 분량의 한계를 따라 하노니 곧 너희에게까지 이른 것이라."

관계를 헬라 철학적 전통에서의 복음의 사용 용례에 비추어서 재해석해야 할 것이다. 그래서 이제 우리는 복음과 의로움이 사용하게 되는 사회수사학적 정황과 그 정치적 의미를 새롭게 규명할 필요가 있다.

여기에 특히 우리는 로마서에는 두 가지 다른 의미의 복음 이해가 공존하는 것에 주목할 필요가 있다. 슈미탈스가 분류했던 로마서 A(1:1-4:25, 5:12-11:36; 15:8-13)에 해당하는 단편에서는 복음이 사도 바울 자신에게 특별히 계시된 그리스도의 신실함에 기초한 '신뢰의 의'가 나타난 정치적 차원이 부각되는 반면, 로마서 B(롬 12:1-21; 13:8-10; 14:1-15:7, 15:14-32; 16:21-23, 15:33)에서는 복음이 이방인들에게 선포되어야 할 '하나님의 의'가 확립된 선교적 차원이 강조된다.

로마서 A의 복음은 그리스도의 신실함과 우리의 믿음의 관계를 새롭게 규명한다. 이제 로마에 이방인과 유대인 모두가 새롭게 참여할 수 있는 '신뢰의 의'에 근거해서 이룩된 기독교 도시의 체제인 에클레시아가 형성되는 점이 강조된다. 로마에 이미 그리스도에 대한 신앙이 전파되었지만 바울 자신의 이러한 복음은 설득되지 않은 상황을 나타낸다.

로마서 A에서의 복음 이해

롬 1:1-2 – "예수 그리스도의 종 바울은 사도로 부르심을 받아 하나님의 **복음**을 위하여 택정함을 입었으니 이 복음은 하나님이 선지자들로 말미암아 **그의 아들**에 관하여 성경에 미리 약속하신 것이다."

롬 1:8-10 – "첫째는 내가 예수 그리스도로 말미암아 너희 모든 사람을 인하여 내 하나님께 감사함은 너희 믿음이 온 세상에 전파됨이로다 내가 **그의 아들의 복음** 안에서 내 심령으로 섬기는 하나님이 나의 증인이 되시거니와 항상 내 기도에 쉬지 않고 너희를 말하며 어찌하든지 이제 하나님의 뜻 안에서 너희에게로 나아갈 좋은 길 얻기를 구하노라"

롬 1:13-16 – "형제들아 내가 여러 번 너희에게 가고자 한 것을 너희가 모르기를 원치 아니하노니 이는 너희 중에서도 다른 이방인 중에서와 같이 열매를 맺게 하려 함이로되 지금까지 길이 막혔도다 그러므로 헬라인이나 야만이나 지혜 있는 자나 어리석은 자에게 다 내가 빚진 자라 그러므로 나는 할 수 있는 대로 로마에 있는 너희에게도 **복음 전하기**를 원하노라 내가 **복음**을 부끄러워하지 아니하노니 이 **복음**은 모든 믿는 자에게 구원을 주시는 하나님의 능력이 됨이라 첫째는 유대인에게 또한 헬라인에게로다"

롬 1:17 – "**복음**에는 하나님의 의가 나타나사 믿음으로 믿음에 이르게 하나니 기록된 바 오직 의인은 믿음으로 말미암아 살리라 함과 같으니라"

여기에서 중요한 것은 복음이 하나님의 '아들'에 관한 복음이라는 것이다. 여기서 하나님의 아들이 메시야라는 것은 복음의 정치적 차원을 드러내고 있다. 하나님의 아들의 죽음과 부활을 통해 새롭게 시작되는 복음에는 하나님 의로운 통치 질서가 나타나게 된 것이다.

반면 로마서 B의 복음은 이사야서에 근거한 메시야의 도래와 연관시켜서 복음이 로마 제국 전체에 전파할 계획과 연관되어 있는 것을 살펴볼 때 이 복음은 로마 제국과 대조되는 보편적인 '하나님의 의'에 근거한 통치 체제의 근거로 이해될 수 있게 된다. 그래서 롬 15:8-13(로마서 A)과 15:14-16(로마서 B)과 최종 편집된 단편인 롬 16:25-26에서 이방인의 사도 바울은 '모든 민족들'(πάντα τὰ ἔθνη)에게 복음이 전파되기를 기원한다.24)

로마서 B에서의 복음 이해

- 롬 15:12 – "또 이사야가 가로되 이새의 뿌리 곧 열방을 다스리기 위하여 일어나시는 이가 있으리니 **열방**이 그에게 소망을 두리라 하였느니라."
- 롬 15:16 – "이 은혜는 곧 나로 **이방인**을 위하여 그리스도 예수의 일군이 되어 하나님의 **복음**의 제사장 직무를 하게 하사 이방인을 제물로 드리는 그것이 성령 안에서 거룩하게 되어 받음직하게 하려 하심이라."
- 롬 15:19-20 – "이 일로 인하여 내가 예루살렘으로부터 두루 행하여 일루리곤까지 그리스도의 **복음**을 편만하게 전하였노라 또 내가 그리스도의 이름을 부르는 곳에는 **복음**을 전하지 않기로 힘썼노니 이는 남의 터 위에 건축하지 아니하려 함이라"
- 롬 16:25-26 – "나의 **복음**과 예수 그리스도를 전파함은 영세전부터 감취었다가 이제는 나타내신 바 되었으며 영원하신 하나님의 영을 좇아 선지자들의 글로 말미암아 **모든 민족**으로 믿어 순종케 하시려고 알게 하신 바 -그 비밀의 계시를 좇아 된 것이니 이 **복음**으로 너희를 능히 견고케 하실 지혜로우신 하나님께 예수 그리스도로 말미암아 영광이 세세 무궁토록 있을지어다 아멘"

이제 블루멘펠트는 헬라적 의미의 분배의 정의와 평행되는 '신뢰의 의'의 공동체 윤리의 기초를 다음과 같이 제시한다. 바울은 하나님의 주권에 근거한 통치의 기술로서 에클레시아에서의 은사가 분배되는 원리를 다양성과 통일성, 은혜와 보상이 동시에 강조되는 방

---

24) Blumenfeld, 위의 책, pp.309-310. 슈미탈의 단편 가설(A, B, C와 최종 편집 단계)에 관해서는 앞 각주 7) 참조.

식으로 제시한다. 롬 12:2-8 – "내게 주신 은혜로 말미암아 너희 중 각 사람에게 말하노니 마땅히 생각할 그 이상의 생각을 품지 말고 오직 하나님께서 각 사람에게 나눠주신 믿음의 분량대로 지혜롭게 생각하라[3] …… 우리에게 주신 은혜대로 받은 은사가 각각 다르니 [6] ……" 여기에서 '신뢰의 의'에 근거한 분배 정의의 기준은 믿음/신뢰에 따라 은혜로 받은 은사로서 주어진다. 이것은 기준의 의미를 내포하는 고후의 내용과 함께 비교하면 서로 유사하다는 것을 알 수 있다. 고후 10:13 – "그러나 우리는 분량 밖의 자랑을 하지 않고 오직 하나님이 우리에게 분량으로 나눠 주신 그 분량의 한계를 따라 하노니 곧 너희에게까지 이른 것이라".25) 이제 롬 9-11장에서는 유대인 전체의 집단적 구원 문제가 제기되는 것도 기독교 제국의 분배의 정의 문제와 연관되기 때문이라는 것을 알 수 있다.

■ 필자의 블루멘펠트에 대한 논평

블루멘펠트는 위에서 '하나님의 의'를 '복음'의 용어와 관련시키면서 하나님의 정치적 통치의 의미를 도출하고, '신뢰의 의'에서 헬라적 의미의 분배의 정의의 의미를 확정하였다. 이제 우리는 위에서 기술한 블루멘펠트의 의인론을 비판하고 로마서의 의인론에서 구속론의 동기의 단서를 고찰하기 위해서 우선 의인 사상이 '은혜'(χάρις)라는 용어 사용과 밀접한 관련이 있다는 점을 논의해야 할 것이다. 다른 한편, 우리는 은혜라는 용어가 3-5장 전체 맥락에서 어떻게 로마서에서 율법의 업적을 파기하여 구속론의 신학적 동기를 제공하는지에 주목할 수 있어야 할 것이다. 롬 3:21-27은 하나님의 의와 그리스도의 신실함의 상호 밀접한 관계가 '은혜'의 맥락적 기능이 제시하는 구속론적 동기에 의해서 기독교 공동체를 확립시킨다는 점에 초점이 맞추어 있다는 것이 중요하게 간주되어야 할 것이다.26)

우선 분배의 정의가 신학적으로 확정되는 부분은 단순히 교회의 통치 원리가 제시되는 롬 12:2-8만 찾아지기 보다는 '하나님의 의'와 '신뢰의 의'의 상호 연관 관계가 객관적인 그리스도 사건의 구속론적 동기에 의해서 확정되는 롬 3:21-27에서 아주 극명하게 나타나

---

25) Blumenfeld, 위의 책, pp.333-334, pp.420-23.
26) 이에 대한 주석학적 중요성에 관해서는 서동수, "그리스도의 믿음인가 아니면 그리스도에 대한 믿음인가?", pp.671-696 참조.

는 점을 중요시 할 필요가 있다. 롬 3:21-27을 단순히 공동체의 가입조건을 나타내는 것으로 이해하려는 블루멘펠트와 달리27), 이 본문은 '하나님의 의'와 '신뢰의 의'의 관계가 은혜로 말미암아 형성된 구속론적 동기의 근거로 기독교 공동체가 확립된다는 점에 초점이 맞추어 있다는 것이 중요하게 간주되어야 할 것이다.28) 우선 본문은 유대인이나 이방인 모두가 불의한 상황에 처해 있다는 점과 그 근원적인 이유가 함께 제시되는 맥락에서 논의된다. 다시 말해서 율법과 죄와 사망의 세력에 사로잡혀 있는 인간 조건(ἀδικία, ἁμαρτήματα: 3:5, 3:25)에 대한 바울 자신의 응답으로 이 3:21-27이 쓰여졌다는 점이 주목된다. 여기에서는 '하나님의 의'와 '신뢰의 의'가 상호 연결되는 것으로 간주되는 매개 고리는 바울이 편집하여 삽입시킨 '값없이 주시는 그의 은혜'(δωρεὰν τῇ αὐτοῦ χάριτι)라는 표현이다. 여기에서 새로운 정의의 잣대는 선물로서 주시는 하나님의 은혜로서 제시된다.29) 따라서 은혜에 따라서 유대인과 이방인이 동등하게 죄가 삭제된다는 논의의 흐름에서는, 업적에 따른 분배의 정의 보다는, 보다 더 큰 보편적 구원을 위한 하나님의 사랑(5:5, 8, 8:31)과 이에 근거한 원수사랑과 평화(12:17-21, 13:8-10)의 삶의 방식으로 제시되는 구속론적 정의 관념이 발현된다는 점이 중요시되어야 할 것이다.30)

더구나 4:4-5, 16에서31) 바울은 하나님이 아브라함을 통해서 이방인에게도 복을 주시고자 하는 약속이 은혜로 주어지는 것처럼 하나님이 우리에게 주신 아브라함의 후사가

---

27) 위의 책, pp.326-336.
28) 서동수, "그리스도의 믿음인가 아니면 그리스도에 대한 믿음인가?", <신약논단> 제9권 3호(2002), 서울: 한국신약학회, pp.671-696.
29) 롬 3:24 – "그리스도 예수 안에 있는 **구속**으로 말미암아 하나님의 **은혜**로 값없이 의롭다 하심을 얻은 자 되었느니라". 이 본문에서 '**은혜**'의 이중성에 대한 자세한 주석학적 논의에 관해서는 Darrell J. Doughty, 1973, "The Priority of Charis", NTS 19, pp.168-172 참조.
30) 이처럼 은혜의 모티브가 분배의 구속론적 정의를 드러내는 차원뿐만 아니라 문화적 차이에 대한 존중을 나타내는 신학적 의미도 내포하고 있다는 최근 논의에 관해서는 John M. G. Barclay, 1996, "Neither Jew Nor Greek: Multiculturalism and the New Perspective on Paul", *Ethnicity and the Bible* (Boston: Brill Academic Publishers, Inc.) ed. Mark G. Brett, p.213 참조.
31) Doughty, "The Priority of Charis", pp.165-168. ① 롬 4:4-5 – "일하는 자에게는 그 삯을 **은혜**로 여기지 아니하고 빚으로 여기거니와 일을 아니할찌라도 경건치 아니한 자를 의롭다 하시는 이를 믿는 자에게는 그의 믿음을 의로 여기시나니" ② 롬 4:16 – "그러므로 후사가 되는 이것이 **은혜**에 속하기 위하여 믿음으로 되나니 이는 그 약속을 그 모든 후손에게 굳게 하려 하심이라 율법에 속한 자에게 뿐 아니라 아브라함의 믿음에 속한 자에게도니 아브라함은 하나님 앞에서 우리 모든 사람의 조상이라."

되는 약속도 또한 이러한 은혜로 주어진다. 특히 여기에서 빛에 따라 행동이 보상받게 되는 '행위하는 자들'과 종말론적 보상이 오직 은혜의 선물로서 주어지는 '믿는 자들'이 대조된다. 결국 약속과 후사의 보편성으로 주어지는 유대인과 이방인의 통합의 구원사 전체도 은혜에 의해서 재해석된다. 또한 롬 5:15-17, 5:21-6:1에서[32] 아담에게서 시작되는 정죄는 단 한 사람에게 일어났지만 그리스도 사건은 범죄한 모든 사람을 의롭게 함으로써 더 큰 효과를 이룬다는 논의는, 인간의 범죄(πάραπτωμα)와 은혜의 선물(χάρισμα)의 대조와 인간의 능동성과 인간의 수동성의 대조를 통해서, 의인론의 구속사적 구도를 해석하고 있다는 것이 확실시 된다. 이것은 바울이 하나님의 은혜에 의해서 선포되는 그리스도의 죽음과 부활에 의한 복음이 그 이전의 죄와 율법과 사망의 옛 통치 질서를 폐기하게 되었다는 것을 유대 랍비적 논의 방식에 의해서 논증하려는 것이다.[33] 따라서 교회 직분과 은사가 배분되는 통치 원리(롬 12:2-8)도, 단순히 도시의 구성원들의 능력에 적합한 과제를 수행하도록 노동을 배분하는 헬라의 분배적 정의에서 사용되는 비율의 '산술적' 기준이 아니라, 신뢰에 따라 보상이 은혜로 주어지는 '역설적' 기준에 의해서 형성된다. 이 은혜는 단순히 능력에 따라 분배되는 아리스토텔레스의 분배의 정의의 원리와 유사한 헬라적 의미만을 내포한 것이 아니라, 하나님에 의해서 은혜의 선물들이 분배되어서 이룩되는 구속론적 정의의 존재론적 원리로서 제시된다.[34] 이제 에클레시아의 정

---

[32] ① 롬 5:15-17 - "그러나 이 **은사**는 그 범죄와 같지 아니하니 곧 한 사람의 범죄를 인하여 많은 사람이 죽었은즉 더욱 **하나님의 은혜**와 또는 한 사람 **예수 그리스도의 은혜**로 말미암아 **선물**이 많은 사람에게 넘쳤으리라 또 이 **선물**은 범죄한 한 사람으로 말미암은 것과 같지 아니하니 심판은 한 사람을 인하여 정죄에 이르렀으나 **은사**는 많은 범죄를 인하여 의롭다 하심에 이름이니라 한 사람의 범죄를 인하여 사망이 그 한 사람으로 말미암아 왕노릇 하였은즉 더욱 **은혜**와 의의 **선물**을 넘치게 받는 자들이 한 분 예수 그리스도로 말미암아 생명 안에서 왕노릇 하리로다." ② 롬 5:21-6:1 - "이는 죄가 사망 안에서 왕노릇 한 것같이 **은혜**도 또한 의로 말미암아 왕노릇 하여 우리 주 예수 그리스도로 말미암아 영생에 이르게 하려 함이니라 그런즉 우리가 무슨 말 하리요 **은혜**를 더하게 하려고 죄에 거하겠느뇨."

[33] Doughty, "The Priority of Charis", pp.172-175. 이 랍비적 논의 방식은 Qal Vachomer 논쟁 방식이라고 부른다. 이 논쟁 방식은 첫 번째 보다 두 번째가 더 크고, 더 중요하고, 더 확실하다고 입증하는 방식이다.

[34] Darrell J. Doughty, "Pauline Theology"[강의노트]: 다우티에 의하면, 바울 신학에서 은혜는 인간 실존의 유일한 기반으로서 하나님의 능력이다. 또한 은혜는 구원의 능력으로서 죄와 율법, 그리고 모든 이 세상의 권능과 가능성에 대항하여 그리스도인들의 삶에서 왕노릇하게 된다; 롬 6:14-15 - "죄가

의는 노동의 위계주의적인 '공간적' 배분에 관한 정치적 판단의 문제만이 아니라 영혼(이성, 권력/힘과 욕망)의 평등주의적인 '시간적' 조율과 연관된 윤리적 실천의 문제와 연관된다.35) 이런 의미에서, 은혜의 구속론적 모티브는, 에클레시아의 정의가 율법, 죄, 사망의 세력에서 우리를 근원적으로 해방시키는 구원사적 구도와 그 구속론적 계시(초월적인 것과 현실적인 것을 매개하는 실천적 지혜에 따라)에 의해서 확립된다는, 신학적 의미를 내포하게 된다.36)

그러므로, 그리스도의 신실함이 인간들을 동등하게 하는 완벽한 정의와 인간이 따라야 할 '신뢰의 의'의 모델로서 기능한다고 주장하는 블루멘펠트의 견해와는 달리, 에클레시아의 정의로운 통치(신뢰의 정의)는 은혜의 구속론적 동기에 의해서 작동하는 하나님의 구원사적 구도(하나님의 정의)에 의해서 규정된다. 또한 우리들의 '신뢰의 의'의 근거와 기준이 그리스도의 신실함이라고 주장하는 블루멘펠트와 달리, 이 '값없이 주는 은혜'(3:24a)는, 단순히 헬라의 정치철학에서의 분배적 정의 및 이와 연관된 정치적 통치 기술만을 내포한 것만이 아니라,37) 속죄론적 제의에 의해서 끊임없이 재현되는 하나님의 은혜스러운 선물로서의 정의로운 통치 능력이다. 이 값없이 주는 은혜는 '속죄단'(ἱλαστήριον)에

너희를 주관치 못하리니 이는 너희가 법 아래 있지 아니하고 **은혜** 아래 있음이니라 그런즉 어찌하리요 우리가 법 아래 있지 아니하고 **은혜** 아래 있으니 죄를 지으리요 그럴 수 없느니라."

35) 블루멘펠트의 헬라 대중철학 전통에서의 정의 개념에 대한 필자의 비판적 관점은 픽스탁(C. Pickstock)의 플라톤 철학에 관한 최근 연구에 근거하고 있다. 픽스탁에 의하면, 플라톤의 정의 관념은, 단순히 도시 내의 구성원들(상인들과 농민들, 군인들, 통치자들과 지식인들)이 각각의 계급에 따라 그 영혼의 주도적인 경향(이성, 권력/힘, 욕망)에 적합한 자신들의 고유한 과제를 수행하도록 도시의 노동 자원을 배분하는 분배의 기준에 관한 '정치적' 문제만이 아니라, 모든 시민들이, 제의와 예배를 통해서 회상시킨 초월적 선에 근거해서 각자 이성, 권력, 욕망이 모두 조화롭게 조율된 영혼을 형성함으로써, 신중한 판단(φρόνησις: 실천적 지혜)으로 변화무쌍한 현실에서 가장 융통성 있는 의로운 통치를 실천하는 '윤리적' 문제와 연관된다. 이에 관해서는 C. Pickstock, 2001, "Justice and Prudence: Principles of Order in the Platonic City", *The Blackwell Companion to Postmodern Theology*, ed. Graham Ward (Oxford: Blackwell Publishers), pp.162-176 참조.
36) Darrell J. Doughty, "Pauline Theology"[강의노트]: 다우티에 의하면, 바울 신학에서 은혜는 인간 실존의 유일한 기반으로서 하나님의 능력이다. 또한 은혜는 구원의 능력으로서 죄와 율법, 그리고 모든 이 세상의 권능과 가능성에 대항하여 그리스도인들의 삶에서 왕노릇하게 된다; 롬 6:14-15 – "죄가 너희를 주관치 못하리니 이는 너희가 법 아래 있지 아니하고 **은혜** 아래 있음이니라 그런즉 어찌하리요 우리가 법 아래 있지 아니하고 **은혜** 아래 있으니 죄를 지으리요 그럴 수 없느니라"
37) Blumenfeld, 위의 책, pp.332-333.

뿌려진 희생제물의 피처럼 그리스도의 '화목제물'(ἱλαςτήριον)에 근거해서 일어났다(롬 3:25)는 구속론적 동기에 의해서만 이해될 수 있기 때문에 하나님의 분배의 정의는 로마서에 나타난 구속론의 신학적 동기와 관련시켜야 할 것이다.38) 그래서 '속죄단'(ἱλαςτήριον)에 뿌려진 희생제물의 피가 제의에 참여한 사람들에게 아무 값없이 주는 은혜로 속죄의 효능을 주는 것처럼, '화목제물'(ἱλαςτήριον)로 바쳐진(롬 3:25) 그리스도의 속죄론적 구속사건도 이를 공동체적으로 재현시킨 세례와 성만찬의 예배 의식을 통해서 그 대속의 효과가 값없이 주는 은혜로 주어지게 된다. 이런 의미에서, 로마서의 의인론은 단순히 정의로운 통치의 헬라적 관념뿐 아니라, 희생양으로 죽은 그리스도의 죽음을 우주적으로 재현시키는 속죄론적 제의와 이와 연관된 정치·사회적 의미와 관련시켜야 할 것이다. 결국 희생제물과 언약의 피와 연관된 구속론적 모티브는 '하나님의 의'와 '신뢰의 의', 그리스도의 신실함과 신자들의 신앙을 매개하는 역할을 담당할 뿐만 아니라, 다음과 같은 성서 구절(롬 5:6-10, 15:16)에서 구속론적 모티브의 흔적이 다양한 맥락에서 제의적 차원의 구원론을 제공하는 것으로 이해되어야 할 것이다.

> 롬 5:6-10 – "우리가 아직 연약하였을 때에 기약대로 그리스도께서 경건치 않은 자를 위하여 **죽으셨도다** 의인을 위하여 죽은 자가 쉽지 않고 선한 일을 위하여 **용감히 죽은자**가 혹 있거니와 우리가 아직 죄인 되었을 때에 그리스도께서 우리를 위하여 **죽으심으로** 하나님께서 우리에게 대한 자기의 **사랑**을 확증하셨느니라 그러면 이제 우리가 그 피를 인하여 의롭다 하심을 얻었은즉 더욱 그로 말미암아 진노하심에서 구원을 얻을 것이니 곧 우리가 원수 되었을 때에 그 아들의 **죽으심으로** 말미암아 하나님으로 더불어 **화목되었은즉 화목된 자**로서는 더욱 그의 살으심을 인하여 구원을 얻을 것임이니라."
>
> 롬 15:16 – "이 **은혜**는 곧 나로 이방인을 위하여 그리스도 예수의 일군이 되어 하나님의 복음의 제사장 직무를 하게 하사 이방인을 제물로 드리는 그것이 성령 안에서 거룩하게 되어 받음직하게 하려 하심이라."

3. 롬 13:1-7에 관한 아담스의 정치신학적 해석과 그 비판

로마서의 주제 설정의 또 다른 어려움은 롬 13:1-7에 나타난 교회와 국가와의 관계이다.

---

38) 서동수, "그리스도의 믿음인가 아니면 그리스도에 대한 믿음인가?", pp.671-696; 변종길, "로마서 3장 25절의 힐라스테리온", <개혁신학과 교회> 통권 10호(2000), 천안: 고려신학대학원, pp.73-102.

이 부분을 어떻게 해석하느냐의 문제는 로마서 전체의 주제를 어떻게 설정하는지의 다양한 학자들의 견해를 비판할 수 있는 시금석이 될 수 있다는 점에서 이 부분에 대한 다양한 학자들의 견해를 간략히 검토할 필요가 있다. 또한 최근에 이에 대한 해석의 방식으로 창조신학의 중요성을 제기한 아담스(E. Adams)의 견해를 기술하고 이에 대해서 비판하면서 필자가 제시하려는 로마서 주제의 특성과 그 역사적 상황을 새롭게 설정하고자 한다.

13:1-7은 로마서 전체 주제의 통일성과 일치하지 않는 점이 있기 때문에 학자들은 이 부분을 나름대로 다음과 같이 재해석하였다. ① 유대인들의 폭동으로 로마 당국이 오히려 유대인과 기독교인들에게 불리한 국가 정책을 쓰는 것을 보고 유대인처럼 되지 않기를 바라서, 바울이나 바울학파가 로마에 대해서 저항하는 것을 자제하도록 권고하는 역사적 정황과 그 조건에 얽매인 신학 담론이다.39) ② 바르뜨(K. Barth)가 강조하듯이, 모든 권력을 무장해제하기 위해서, 특히 로마의 폭력성을 근절하기 위해서 비폭력 평화주의를 고수하는 신학적 근거를 제공하도록 특히 국가 권력에 순응할 것을 권고하는 보편적 신학적 담론이다.40) ③ 모든 국가 권력에 복종하라는 기독교의 실천적 사회윤리의 원리를 제시하는 것이 아니라 구체적인 역사적 정황에서 제시되는 권면의 형식이다. ④ 헬레니즘의 정치 철학의 전통에서는 현실적 왕국의 통치 질서를 인정하는 경향이 강하기 때문에 바울에게는 매우 자연스러운 것이었다.41) ⑤ 로마에 세금을 낼 것인지의 문제가 13:1-7에 반영된 것을 볼 때 바울의 시대의 것이 아니라 96년의 도미티안 황제의 기독교 박해의 상황과 연관시키려는 바울 학파의 것이라고 간주된다.42)

이런 여러 이론들과 달리, 최근에 아담스는 로마서 13:1-7의 윤리적 권면을 유대교의 창조신학과 네로 황제의 기독교 핍박의 역사적 배경 속에서 재해석하려는 중요한 쟁점을 제시한다. 이런 관점에 의해서 로마서 전체에 퍼져 있는 창조 신학과 우주론의 모티브들이 로마서 13:1-7의 권면과 밀접하게 연결된다는 것을 제안한 아담스의 견해는 로마서 주

---

39) 닐 엘리엇(김재성 엮음), "제국적 선전의 맥락에서 보는 로마서 13:1-7", 『바울 새로 보기』, 2000, 서울: 한국신학연구소, pp.43-75.
40) 안드레아스 판그리츠, "하나님에 의해서도 아니요 사탄에 의해서도 아니다", 『바울 새로 보기』, pp.291-318.
41) Blumenfeld, 위의 책, pp.389-395.
42) 이것은 필자의 견해이다. 이에 대한 자세한 설명은 앞으로 아담스 견해에 대한 논평 부분에 나온다.

제의 정치적 차원을 새롭게 제시한다는 의미에서 우리는 이를 자세히 논의하고자 한다.

우선 아담스는 로마서 전체에 나타나는 하나님의 우주적 창조신학은 13:1-7절에서 제기되는 로마제국과의 관계에 관한 윤리적 권면을 이해하는 토대가 된다고 주장한다. 더구나 여기에서 하나님의 질서 창조는 의인론에 기초하여 하나님의 통치 질서를 유지하는 점을 강조한다는 의미에서 로마서 전체의 주제와 이와 관련된 다양한 모티브들을 상호 연관시키는 신학적 기초를 제공한다는 것이다. 특히 로마서에 나타난 죄의 이해 구조, 즉 '율법-죄-사망'의 체계도 우주론적 창조신학에 의해서 보다 적절하게 이해하게 된다. 창조신학의 우주론적 준거틀이 제시되는 성서 구절은 로마서 전체에 다양하게 편만해 있다는 것을 아담스는 다음과 같이 제시하게 된다.

① 창조주 하나님 - 1:19-20, 18-32 1:25, 4:17, 9:19-24, 11:23-24, 36, 1:18-32 4:17b, 2:14-15, 3:23, 4:20, 5:12-21
② 아담/그리스도론: 7:7-13, 14-25(창 2:9, 17:32)
③ 코스모스(κόσμος): 거주적 세계, 세계/우주, 인간, 새롭게 된 세계, 인류, 이방 세계
④ 크티시스(κτίσις): 창조행위, 피조물, 비인간 창조세계, 피조물
⑤ 세계 이해: 하나님은 창조주이시다(1:18-3:20)=솔로몬의 지혜서(13:1-19; 4:22-31) 심판에 처해진 세상(3:6), 저주받은 세상(3:19), 미래 세계와 믿는자들의 후사(4:13), 죄와 죽음의 적의 세력에 침범 받은 세상(5:12-13), 해방을 기다리면서 신음하는 창조(8:19-22), 다른 어떤 피조물일지라도(8:31-39), 세상을 위한 부요함과 화해(11:12, 15)[43]

또한 아담스는 위의 창조신학의 우주론적 준거틀에 기초하여 로마서 13장 1-7절을 다음과 같은 롬 12:14-13:10의 맥락에서 이해할 것을 제시하게 된다.

12:14-21 - 외부인들로부터 받는 혐오감에 대해서 대처하는 그리스도인들의 자세
13:1-7 - 정치적 권위들에 복종하기
13:8-10 - 이웃들에 대한 사랑

로마서에서의 코스모스 개념은 교회와 세상에 대한 이원론을 설정하는데 사용되지 않

---

43) E. Adams, 2000, *Constructing World* (Edinburgh: T&T Clark), pp.151-155, pp.156-193.

았다. 롬 12:2, 13:11-14는 자다/깨다, 밤/낮, 어두움/빛 등의 묵시문학적 이원론이 반영된 반면, 12:14-13:10은 그렇지 않다는 점을 주목하면 이것이 보다 분명해진다. 더 큰 사회에 대한 의무를 규정하여 그리스도인들이 경계인으로서 주변화되거나 전복적이지 않도록 인류의 근본적인 통일성을 유지할 것을 권고하고 있는 것이다. 또한 그리스도인들과 이방인들 사이에 일어나는 갈등을 해결하기 위해서 롬 12-13은 그리스도인들의 규범과 삶의 목적을 새롭게 설정하여 사회의 질서를 유지하기 위한 하나님의 정의로운 통치 원리를 제안하려 하였다. 그래서 특히 롬 12:18에서 외부 다른 사람들과 평화의 상태로 지내기를 원하는 것은 하나님의 세계(κόσμος)와 이방세계와 화해(11:15)하셨다는 것을 나타낸다 (5:1, 9-10). 더구나 롬 13:1-7은 롬 1:18-32의 세계에 대한 이해를 반영한다. 세계는 신적으로 배열되었고 자연적/도덕적 질서를 제시한다. 인류는 신적으로 확립된 질서를 통찰하게 된다. 사람은 질서에 따라 살아야 한다. 신의 질서가 무너졌을 때 신의 분노가 임하고, 세계의 구조들을 통해서 이 신의 분노가 작동하게 된다. 1:18-32에서 바울은 관습적인 세계관의 측면들을 '세계'(κόσμος)와 연관시킨다. 13:21-27은 바로 이러한 세계관에 대한 사회적 이데올로기적 함의들 중 몇 가지를 묘사하고 있다.44)

이러한 세계관은 로마서에 나타나는 계속 창조의 관념에서 매우 적절하게 드러난다. 하나님이 그의 창조물에 대해서 계속 조절하신다는 것은, 비록 그것이 그 의도에서 벗어났을지라도 1:18-32, 5:12-13; 8:19-22, 38-39에서와 같이, 13:1-7에도 공통으로 나타나게 된다. 이러한 계속 창조의 관념은 또한 로마서의 복종의 주제에도 잘 드러난다. 롬 13:1-7에서의 창조자의 뜻에 대한 피조물의 복종의 주제는 8:19-22과 병행된다. 피조물은 하나님 창조주에게 복종한다(8:20). 하나님이 지정한 모든 통치자들에게 복종한다는 것은 같은 우주적, 위계적 패턴을 반영한다. 다시 말해서 창조 질서를 유지하는 것은 시민적 가치를 드러내야 하는 윤리적 요청과 밀접하게 연관되어 나타나게 되는 것이다. 예를 들어, 롬 8:19-22는 하나님의 구속 사업이 창조적 활동을 파괴하는 것과 연관되지 않고 그것의 회복과 완성과 연관된다. 창조의 회복으로서 구속을 이해하는 것은 롬 1-11에 나타나는 구속론적 패러다임 전체와 대체로 연관된다. 이러한 관점은 12:1-2와 13:1-7의 윤리적 지침들에 반영되어 전제되어 있다. 구속된 공동체의 구성원이 되는 것을 의미하는 것은 하나

---

44) Adams, 위의 책, pp.195-209.

님의 잘 질서화된 창조 세계의 시민이 되는 것을 폐기하거나 부정하는 것이 아니다. 오히려 이것은 피조된 질서에 관해서 보다 명쾌하게 포착하는 것과 이에 따라 살아가는 책임과 능력과 연관된다.45)

이런 의미에서 코스모스(세계)와 크티시스(창조)가 1-11에서 세상을 매우 긍정적으로 평가하기 위해서 사용되었다는 것은 12:14-13:10에서 진술된 사회적 가치들, 즉 외계인들과의 사회적 조화, 더 큰 사회에로의 통합과 훌륭한 시민의식들을 증진시키려는 데 큰 도움이 된다. 이제 對사회 관계로서의 로마와 교회와의 관계가 로마서에서는 고린도전서와는 전혀 다르게 제시되는 결과를 가져오게 되는 것이다. 고린도전서에서는 세계가 부정적으로 하나님과 세계가 서로 분리되어야한다는 전제하에 교회가 사회변혁을 추구해야 한다고 선언하고 있지만, 로마서에서는 하나님과 세계가 서로 통합되어야 한다는 전제하에 주류사회에 교회가 통합되어야 할 것을 선언하고 있다. 로마서의 세계 이해에서는 묵시문학적 이원론에 근거한 세계와의 갈등 구조가 나타나지 않게 되고 구원의 대상을 보편적으로 설정하기 위해서 이방인과 믿지 않는 유대인들의 구원의 문제를 창조 질서의 회복의 문제를 연결시키는 방식으로 의인론을 다루게 되는 것이 돋보이게 나타난다.46)

이제 아담스는 더 나아가서 로마서 13:1-7이 저작되는 역사적 배경으로서 네로의 핍박의 역사적 조건을 다음과 같이 제시한다. 64년 7월 16일의 방화 사건에 대해서 타키투스(Tacitus)는 네로 황제 자신이 방화한 것에 대한 책임을 회피하기 위해서 로마에 있는 기독교인을 방화범으로 주목하여 핍박하게 되었다고 증언한다(Annals 15.44.2-8). 특히 아담스는 이 사건에서 기독교인들이 방화범의 희생양으로 주목되었던 역사적 이유를 다음과 같이 제시하게 된다.47)

기독교인들이 유대인들과 독립된 사회적 단위라는 것이 처음으로 인식되었다. 타키투스가 언급했듯이 로마 기독교인들은 "엄청난 다수"로서 숫자가 많아지기 시작한 것이다. 풍속과 믿음에서 공격적으로 대처하는 기독교인들은 대중들에 의해서 처음으로 사회적 일탈자들로 알려지게 되었다. 기독교는 당시까지도 대중적으로 폭넓게 지지받지 못하였

---

45) 위의 책, pp.199-209.
46) 위의 책, pp.187-189, pp.195-198, pp.216-220.
47) Tacitus, 1956, *The Annals of Imperial Rome*, rev. & trans. M. Grant (New York: Penguin), pp.365-66.

었기 때문에 네로는 사회적 희생양으로 기독교인들을 지목하게 되었다. 적대적 감정들이 분출될 수 있도록 편견이 편만한 사회에서 기독교는 희생양이 되기 쉬웠다. 당시 대중들은 로마에서 기독교인들을 바람직하지 않고, 용서될 수 없고, 사회적으로 파괴적인 요인으로 취급하게 되었다. 기독교인들은 하나님이 불로 세상을 멸망시킬 것이라는 묵시문학적 신앙관이 있었기 때문에, 당시에 이들이 충분히 위험하고, 전복적인 방화범으로 간주될 수 있었다. 원시 기독교 교회에서 얼 만큼 이러한 우주적 병합에 대한 사상이 퍼졌는지 알 수 없지만, 적어도 기독교인들은 그리스도가 다시올 때 이러한 끔찍한 종말이 올 것이라는 것을 확신했기 때문에 방화범으로 지목될 수가 있었다. 기독교인들이 이에 근거한 정치적 활동을 하지 않았을지라도, 세상의 종말을 믿고 선교하는 한 이방인들은 기독교인들이 방화를 할 만큼 이 사상을 믿었다고 간주하기는 매우 쉬운 것이었다. 이것은 아우구스투스 황제(Augustus)가 로마의 평화를 통해 왕국이 영원할 것이라고 선언한 만큼 기독교인들의 이러한 주장들과 로마에 대한 反사회적 태도는 매우 위험스럽게 여겨졌을 것이다. 그래서 바울은 롬 12:14-21에서 이방인들에 의해 잘못 대우받는 것을 찬양하고 보복에 대한 금지를 주장하게 된다.48)

결국 롬 12:14-13:7은 위에서 기술한 사회정치적 배경에서 기독교 공동체의 복지를 위해서 주류 사회와의 사회적 조화와 통합을 이룩하기 위한 질서 있는 훌륭한 시민의식의 이상을 제시하려 하였다. 로마에서는 매우 작은 에클레시아 공동체가 새롭게 태동하고 있게 되기 때문에 로마의 질서를 위협하지 않도록 외계인들과의 조화로운 화평을 주장하면서 조심할 것을 이 본문은 당부하고 있다고 간주할 수 있다. 이제 고린도전서에서는 기존 사회와의 단절을 주장하였다면, 이 로마서 12-13에서는 로마 당국과의 협상과 상호교섭에 근거한 사회적 통합을 강조하게 된 것이다.

■ 필자의 아담스 견해에 대한 논평

우선 13:-1-7의 역사적 배경에 관해서 비판할 수 있는 중요한 점은 아담스가 제시한 대로 묵시문학에서 자주 나오는 이원론이 배제된 창조신학이 압도적으로 많이 나오게 되는 정신사적 특성을 새롭게 이해할 필요가 있다는 점이다. 13:1-7을 저작하고 전체 로마서를

---

48) E. Adams, *Constructing World*, pp.209-220.

마지막으로 수정 가필하여 완성 한 저자가 바울이 아니라 바울학파라고 가정하면, 이 부분을 클레멘트 Ⅰ서가 쓰여진 당시(약 90-120년경)의 시대 배경과 연결시킬 필요가 있다. 여기서는 이미 고린도에서 영지주의에 빠진 젊은 신도들이 로마에서 지정한 감독을 거절하는 교회내의 파동에서 비롯된 영지주의와의 대결과 로마교회의 권위체계화 과정에서의 분쟁의 당시 분위기가 나온다. 당시 특히 원시 기독교는 로마서를 통해서 교회의 권위를 확정하려 함과 동시에 창조의 신과 구속의 신, 구약과 신약의 이분법적 사유에 근거해서 구원론을 발전시킨 영지주의와 대결하기 위해서 우주적 이원론을 배제하고, 일원론적 세계 이해를 제시하려 했다는 것이 쉽게 납득이 가게 된다. 영지주의가 이원론을 끌어들였던 이유는 창조의 신과 다른 구속의 신을 제시하려 했기 때문이다.49) 이런 점에서 로마서의 창조신학의 근본적 동기도 우주론적 창조 신학 그 자체에 있기 보다는 속죄론적 구원론에 있다는 것을 염두에 두어야 할 것이다.

　이런 의미에서, 아담스가 13:1-7을 다른 맥락과 독립시켜서 창조신학을 직접 연결시키려는 접근 방법과 달리, 로마서 전체의 목적과 주제를 설정하려는 우리의 논의를 위해서는 창조신학과 의인론이 연결될 수 있는 매개점으로서 오히려 로마서 12:2, 13:11-14에 나타난 **묵시문학적 역사이해**50)와 1-8장에서 논의된 **구속적 의인론**이 상정될 필요가 있다. 아담스가 제시한 것과 달리, 로마서에서의 하나님의 의는 창조신학과 직접적으로 관련되기 보다는, **구속론적 의인론의 동기를 매개로 창조신학과 연관된다는 점이 부각되어야 할 것이다.** 더구나 바울의 신학적 구조는 스트레커가 제시하듯이 고전 1:30에서 '그리스도 안에서' 나타나는 지혜의 계시가 의, 성화, 구속의 기초에 근거해 있다. 이처럼 지혜로서 나타난 그리스도 사건은 바울에게는 성육신의 의미를 갖고 있다. 그래서 바울의 창조신학과 의인론이 연결되는 매개 고리는 성육신에 기초한 구속론적 신학이 되어야 할 것이다.

---

49) 클레멘트 1서의 내용에 관해서는 라이트푸트와 하머 共譯(이은선 역),『속사도 교부들』, 1994, 서울: 기독교문서선교회, pp.37-89 참조.
50) "너희는 이 세대를 본받지 말고 오직 마음을 새롭게 함으로 변화를 받아 ……."(롬 12:2); "또한 너희가 이 시기를 알거니와 자다가 깰 때가 벌써 되었으니 이는 이제 우리의 구원이 처음 믿을 때보다 가까웠음이니라 밤이 깊고 낮이 가까웠으니 그러므로 우리가 어둠의 일을 벗고 빛의 갑옷을 입자 낮에와 같이 단정히 행하고 방탕과 술 취하지 말며 음란과 호색하지 말며 쟁투와 시기하지 말고 ……"(롬 14:11-14)

또한 12:14-13:7은 롬 14:1-15:13에서와 같이51) '일반적 권면'을 나타내는 단위로 취급해야 할 뿐만 아니라, 로마서 전체가 단순히 구체적인 교회의 정황만을 고려한 것만도 아니고 보른캄(G. Bornkamm)이 말하듯이 이전의 신학적인 요약만도 아니다.52) 위에서 제시한 것처럼, 로마서의 전체의 목적과 주제에 비추어 보면, **구속론적 의인론**을 매개로 창조신학을 묵시문학적 역사 이해에 의해서 재해석함으로써 보다 포괄적인 하나님 나라의 통치 신학을 제시하려 한 것이라고 볼 수 있다. 그러므로 13:1-7의 권면은 바울의 전형적인 περί로 시작하는 단순한 권면이 아니라 구체적인 지침과 추상적인 윤리적 원리 사이에 존재하는 교회의 윤리적 방향을 제시하는 '중간공리'의 성격을 띠고 있다. 이를 나타내는 단적인 예가 13:2에서 "각 사람은"(πᾶσα ψυχή)은 희랍어로는 '모든 영혼은'이라는 의미로 현실적인 것이라기보다는 이상적 상태를 그리려고 한다는 점이다. 13:1-7에서는 구체적으로 로마 당국에 복종할 것을 권면하는 것이 아니라 '권세 있는 자에게'(ἐξουσίαις)라는 특정한 역사적 정황에서 구체적인 대상을 지시하지도 않으면서, 묵시문학에서와 같은 추상적 언어도 아닌, '중간 공리'의 윤리를 나타내는 수사를 사용하고 있다. 그러나 그 내용은 묵시문학적이지 않지만 로마서 13:1-7은 13:11-14의 묵시문학적 가르침의 맥락에서 제시하였다는 의미에서 창조신학에 대한 묵시문학적 역사 이해와 연관된다는 것을 알 수 있다. 다른 한편, 특히 13:11-14는, 주의 날에 대한 종말론적 고찰과 묵시문학적 종말 자체의 주제가 일상적 은유로서 표현되고 있는 데살로니가전서의 5:11과도 다르게, 종말에 직면하여 기독교인들이 취해야 할 행동의 패턴을 보다 구체적으로 제시하고 있다. 이런 의미에서 통합, 화평과 조화, 시민의 세금 의무, 보복 금지의 권면을 제시하는 롬 12:12-13:10의 전체의 문맥에 비추어 보면, 13:1-7은 유대교와 기독교와 로마와의 관계에서 오는 위기적 상황에서 사랑이 '율법'의 완성이라는(13:8-10) 묵시문학적 구원사의 관점에 근거해서 로마와의 평화를 위한 공동**참여**와 상호인정의 **화해**의 기독교 윤리를 중간공리의 수준에서 제시하고 있다.

다른 한편, 우리는 아담스가 13:1-7의 역사적 배경으로 제시하는 바와 같이 네로가 로마

---

51) Robert J. Karris, "Romans 14:1-15:13 and the Occasion of Romans", *Romans Debate*, pp.65-84.
52) Günther Bornkamm, "The Letter to the Romans as Paul's Last Will and Testament", *Romans Debate*, pp.16-28.

의 화재사건의 이유를 기독교인들의 묵시묵학적 심판 주장의 탓으로 돌렸다는 진술은 역사적으로 신빙성이 없다는 주장을 심각히 고려하여야 할 것이다. 아담스에 의하면, 13:2-7절은 64년 네로의 박해의 배경에서 보면 로마까지도 마지막 때에 불로 심판한다는 묵시문학적 세계관이 로마 당국에 정치적으로 위협이 되었다. 하지만 묵시문학적 심판의 상징으로서 불로 심판한다는 관념이 당시 기독교의 핵심 주장이었는지, 그리고 타키투스의 묘사 자체가 역사적 근거가 있는지 물을 수 있어야 한다.53) 오히려 13:1-7은 바울 자신의 것이라기보다는 이러한 박해가 어느 정도 지나고, 도미티안(Domitian) 황제 시절(주후 81-96년)에 세금 문제가 다시금 새롭게 제기된 시점으로 볼 수도 있게 될 것이다. 또한 클레멘트 1서가 쓰여진 90-120년 당시의 교권에 관한 갈등의 정황과 그 이후의 말시온주의(Marcionism)와 영지주의의 도전에 직면하여 원시 캐토록 교회가 묵시문학적 이원론을 거부하였다는 점을 고려하면, 더욱 이 시기의 기독교 박해의 정황이 그 저작 동기를 설명하는 데 더 신빙성이 있을 수 있다. 이런 역사적 관점에서 보면, 물론 적어도 이 부분은 바울 자신의 글이라기보다 바울학파의 작품이라고 간주하게 되는 것이 더욱 타당하게 된다. 더구나 바울학파는 당시에 부상하는 로마 교회의 정치적 주도권과 우월권을 인정하는 시금석으로서 로마 당국에게 세금을 내는지의 문제에 대해서 답변을 해야 했던 사정이 있지 않았는지 고려해 보아야 한다. 더구나 클레멘트 1서가 교회의 질서를 강조한 것처럼 교회는 국가와의 관계에서도 갈등 보다는 질서를 우선적으로 고려하게 되는 사회적 정황이 아니었는지 생각하게 된다.54)

바울과 바울학파의 로마에 대한 입장은 전형적인 유대인이 종종 가질 수 있는 '이 세상' 왕과 하나님의 나라에 속하는 '저 세상'의 왕이 다를 수 있다는 이중적인 태도라고 할 수 있을 것이다. 하나님의 나라의 왕에 해당하는 에클레시아의 '주'는 그리스도이지만 이 세상의 왕인 로마의 황제를 인정하려는 두 왕국설에 가까운 이중 원칙을 제시한 것이

---

53) 이에 관해서는 Hermann Detering, 1993, "The Dutch Radical Approach to the Pauline Epistles", *JHC* 3/2 (Fall 1996), pp.163-193과 D. J. Doughty, "Tacitus' Account of Nero's Persecution of Christians"[강의 노트] 참조. 특히 다우티는 타키투스의 역사 기술 중 빌라도에 의해서 처형된 그리스도와 다수의 기독교인들이 희생양으로 고문으로 핍박받은 점이 나중에 첨가된 것으로 간주한다.
54) 클레멘트 1서에서의 질서 강조의 문제와 기독교의 헬라화의 관계에 관해서는 Werner Jaeger, 1962, *Early Christianity and Greek Paideia* (Cambridge: Harvard University), pp.12-26 참조.

라고 볼 수 있다. 여기에서 중요한 것은 이 롬 13:1-7이 영지주의와 말시온주의에 대항하여 그리고 유대주의적 기독교의 도전에 직면하여 유대 종교의 유일신론, 창조, 그리고 구약의 권위를 인정하려는 캐토릭 교회의 입장을 반영할 수 있다는 점이다.55) 더구나 이러한 캐토릭 교회의 사도적 권위의 역사성을 강조하는 라틴적 전통의 정통성을 유지하기 위해서 당시 로마 교회의 절대적 권위와 우월적 지위를 인정하려는 시대적 상황은 로마서에서 로마 제국의 지배가 하나님의 의의 질서를 드러내는 도구로서 이해될 수 있다는 저작 풍토와 매우 돋보이게 일치하게 된다. 이와 동시에 교회는 이 세상 질서의 권위체계를 인정함으로써 구체적으로 '신뢰의 의'의 질서가 실현되어야 할 장으로서의 에클레시아의 통치가 보장될 것이라는 이데올로기를 확정하는 과정에서 로마서 13:1-7이 형성되었다고 간주할 수 있게 된다.

여기에서 바울학파는, 아우구스티누스(Augustinus)가 로마의 신화적 근거를 문화비평하여 로마제국에 대한 본성을 파헤친 것 것처럼, 로마 제국을 두 왕국설에 기초하여 단순히 인정하거나 묵시문학적인 세계관에 기초하여 전면적으로 비판하기 보다는 이를 대체하는 로마제국과 같은 그리스도 제국의 이상을 암시적으로 나타내고 있다고 보아야 할 것이다. 이런 의미에서 이 부분은 탈식민주의 관점에서 보면, 로마제국에 대한 무의식적인 선망과 모방의 욕망을 감추고 있다고 볼 수도 있을 것이다.56)

4. 묵시문학적 역사 이해에 비추어 본 구속론적 정의 이해: 롬 3:21-27을 중심으로

롬 3:21-26은 로마서가 쓰여진 구체적인 정황에 일치되어 로마서 신학의 전체 주제를 잘 드러내는 것으로 대단히 활발하게 논의되는 부분이다. 캠프벨(Campbell)에 의하면, 이 본문은 하나님이 그리스도의 신실함(πίστις)을 통하여 유대인에게는 이전의 아브라함의 약속이나 구약 시대의 계약 체결 때와 같이 자신의 의를 드러내시고, 이방인들에게는 이들의 죄를 교정하는 기회로서 하나님의 의로운 판단을 내리신다는 이중적 주제가 핵심이

---

55) Detering, "The Dutch Radical Approach to the Pauline Epistles", pp.163-193.
56) 탈식민주의적 비평적 관점에서 본 바울서신과 로마제국과의 관계에 관해서는 김덕기, "빌립보서에서의 신학과 윤리의 관계: 탈식민주의 비평에 근거해서", <신학과 문화> 제12집, 대전신학대학교 출판부, pp.136-178 참조.

다. 그에 의하면, 이 이중적인 의로움의 주제는 이방계 그리스도인들의 유대주의적 경향과 反율법주의적 경향의 역사적 정황과 로마서 전체의 수사적 구조에도 일관성 있게 제시된다.57) 이런 접근방식은, 의인론의 주제를 롬 9-11장에서의 유대인과 이방인의 동등성의 맥락(스텐달)에 비추어 과감하게 확장시킨 스툴마허의 주제 설정 방식과 전혀 다르게, 스텐달이 제시하는 유대인의 집단적인 구원에 관한 논의는 회피해가는 방식에 불과하다. 우리는, 일정한 역사적 정황에 따라 의인론의 주제를 확정하는 접근방식과 달리, 의인론의 주제가 어떤 바울의 사유 구조에 의해서 다른 바울의 신학적 주제와 연관되는지, 그리고 어떤 구속론적 동기에 의해서 에클레시아의 윤리적 삶의 패턴을 생산하였는지 탐구해야 할 것이다.

더구나, 이 본문의 중요성을 파악하고 이 본문을 철저하게 주석하는 성서학자들조차도 바울의 신학적 전승과 편집을 구분하여 바울의 신학적 의도를 의인론에 초점을 맞추려고 추적하고 있다. 이들은 속죄론적 주제가 가미된 3:24-26a이 바울이 전수한 전승으로 처리하는 반면 나머지 바울의 편집 부분에서는 대개 바울의 속죄론적 해석의 의도가 전혀 나타나지 않는다고 해석하는 경향이 많다.58)

위의 논의와 달리, 위의 전승(3:24a-26)을 원시기독교의 종교사적 배경에 비추어서 달리 고찰한다면, 우리는 이 부분을 바울이 속죄론적 해석을 삭제하기 보다는 속죄론적 해석을 재구성 했다고 이해할 필요가 있다. 우리는 우선 원시 기독교의 다양한 유형들에 관한 프라이스(R. M. Price)의 견해59)에 근거해서 위 본문의 전승사를 재구성한다면, 바울이 헬라적 원시 기독교의 다음의 세 가지 복합적인 전승을 묵시문학적 역사 이해에 의해서 종합했다고 볼 수 있다: ① '그리스도 제의들'에서 발전된 유대주의적 대속 신앙 전통을 재해석한 화목제물로서의 대속적 죽음의 구속론과 ② '예수순교 제의'에서 발전된 헬라적

---

57) Campbell, "Romans III As a Key to the Structure and Thought of the Letter", pp.251-264.
58) 오우성, "로마서 3:21-31에 나타난 바울의 기독론", <신약논단> 창간호(1995), 서울: 한국신학학회, pp.69-90.
59) 프라이스는 원시기독교를 팔레스틴에서의 '예수 운동들'과 그 이외의 지역의 '그리스도 제의들'로 크게 나누고, 이중에서 특히 '그리스도 제의들'을 '예수 순교 제의'와 '영지주의적 그리스도 제의', '주 그리스도 제의'로 세분하였다(이에 대해서는 아래의 도표 참조). 이에 관한 자세한 설명에 관해서는 Robert Price, 2000, *Deconstructing Jesus* (New York: Prometheus Book), pp.75-95 참조.

숭고한 죽음의 전통, 그리고 ③ '영지주의적 그리스도 제의'나 '주 그리스도 제의'에서 발전했던 구속론적 사상이 재해석된 바울의 신비주의 교회론('그리스도 안에서')이 연합되어 있다.

〈도표 Ⅲ-1〉 프라이스의 원시 기독교의 다양한 유형들

원시 기독교의 유형	'예수운동들' (팔레스틴 기독교)	'그리스도 제의들' (헬라적 기독교) ①②③	① '예수순교 제의' ('하나님 경외자')	② '영지주의적 그리스도 제의' (영지주의자)	③ '주 그리스도 제의'(이방계 그리스도인들)
속죄론 해석	죽음과 부활에 관한 케리그마가 우선적이어서 속죄론의 모티브가 거의 발전하지 못했다.	대속신앙은 유대의 속죄 신앙(레 16)과 희랍의 희생제가 혼재한 상태에서 발전했을 가능성이 높다.	순교의 숭고한 죽음-맥카비 4서의 순교설화	가현설적 준거틀: 그리스도는 인간의 몸으로 육화, 인간은 그리스도처럼 될 수 있음 – 고전 2장	로마서 6장의 죽음과 부활: '그리스도 안에서'의 신비주의와 고전 8:5 이하에서의 일원론 신앙
기독론	메시야	그리스도	하나님의 아들	육화된 구원자	부활하신 주

롬 3:21-26의 본문을 로마서 전체의 맥락에서 재조명하면, 우리는 바울이 그리스도의 죽음에 관한 전승에 나타난 속죄론적 동기를 묵시문학적 구원사의 구도에 의해서 **참여와 화해**를 유도하는 구원론으로 변형시켜서 다음과 같이 재해석하였다고 볼 수 있다. 첫째로, 바울은 우선 기존의 속죄론적 해석들이 특정한 그룹에게만 적용되는 배타성을 제거하기 위해서, 하나님의 의로운 통치의 구속사에 비추어 볼 때 그리스도 사건을 역사 속에서 창조적인 하나님의 구속 활동이 나타나는 계시의 새로움 자체로 이해하였다. 바로 여기에서 하나님의 창조적 구속 사업에 누구든지 초대하는 에클레시아의 공동체적 **참여**의 정치신학적 기초가 확립하게 된다. 두 번째는, 그리스도 사건의 구속론적 의미를 율법에 근거한 유대교의 체제와 로마의 불의와 불경건으로 물들은 폭력적인 권력을 극복하고, 율법, 죄, 사망의 연관성의 존재론적 근거를 근본적으로 무너뜨리는 묵시문학적 해방의 역사에 의해서 하나님과 인간, 유대인과 로마인과의 근원적인 **화해**의 구원사적 역사로 재해석하려 하였다.60)

---

60) 의인론과 구원사가 묵시문학적 구도에 의해서 표현되었다는 견해에 관해서는 케제만, "로마서 안의 의인과 구원사", pp.78-99 참조; 또한 묵시문학의 정치적 전복성에 관해서는 N. Elliott, 1990, *Liberating*

결국, 롬 3:21-27의 의인 사상은 로마서 전체의 묵시문학적 구도에 비추어 보면 의인론과 구속론이 연합되어 나타난 것이라고 볼 수 있다. 특히 1:18, 24-27에서 나타나는 유대인과 헬라인과 로마인 모두가 저지른 불의(ἀδικία)와 不경건(ἀσέβεια), 욕망(ἐπιθυμία)으로 물든 죄(ἁμαρτία)를 이 본문(3:21-27)에서 이를 교정하는 하나님의 의로운 판단이 실행되는 구원론의 주제가 나타낸다. 이것은 희랍의 분배적 정의와는 다르지만 이와 평행되게 하나님의 **구속론적 정의** 구현의 새로운 방식으로 이해될 수 있다. 그래서 유대인으로서 전에 지은 사람도 의롭게 되고, 이방인으로서 믿는 사람도 의롭게 되어 하나의 공동체를 이룩하는 하나님의 통치가 새롭게 구현되는 기독교 제국의 비전이 나타나게 된다. 여기에서 바울은 위의 예수 죽음에 대한 속죄론적 해석의 전통을 재구성하여 에클레시아 공동체의 서로 갈등하는 집단들이 모두가 함께 **참여**하여 **화해**를 유도할 수 있도록 의로움의 구속론적 정의관을 제시하려고 했다고 볼 수 있을 것이다. 그래서 예수 죽음의 속죄의 모티브(내어줌)와 의로움의 주제가 함께 등장하는 다음 절을 주목해 볼 필요가 있다: "예수는 우리 범죄함을 위하여 내어줌이 되고 또한 우리를 의롭다 하심을 위하여 살아나셨느니라"(롬 4:25) 특히 이에 관해서 서동수는 로마서에서 의인론과 구속론이 나란히 평행되게 나타나는 점을 강조한다. 3:21-26에서 그리스도의 신실함과 그리스도를 믿는 신앙이 동시에 나오는 것과 비슷하게, 롬 5:6-10에서 현재 수동형의 '의롭게 됨'(δικαιωθέντες)과 과거(aorist) 수동형의 '화해되었음'(ὄντες κατηλλαγήμεν)이 동시에 나온다는 점이 주목된다.61)

더구나 로마서의 구속론적 주제는 불의, 폭력, 범죄로 얼룩진 기존의 통치구조의 정당성 문제를 제기하는 묵시문학적 역사 이해의 불연속성에 의해 제기되었기 때문에, 속전에 의해서 속박으로부터 해방시키려는 악마와 하나님의 거래의 속죄론적 주제나, 인간의 타락에 대한 주관주의적 해결에 나타나는 구원사의 연속성을 전제하지 않는다.62) 이런 의미에

Paul: The Justice of God and the Politics of the Apostle (Maryknoll, NY: Orbis Books), pp.93-180 참조.
61) 서동수, "그리스도의 믿음인가 아니면 그리스도에 대한 믿음인가?", 2002, pp.671-696; "그러면 이제 우리가 그 피를 인하여 **의롭다 하심을 얻었은즉** 더욱 그로 말미암아 진노하심에서 구원을 얻을 것이니 곧 우리가 원수 되었을 때에 그 아들의 죽으심으로 말미암아 하나님으로 더불어 **화목되었은즉 화목된** 자로서는 더욱 그의 살으심을 인하여 구원을 얻을 것이니라"(롬 5:9-10)
62) 최근 조직신학의 구원론에서 새롭게 논의되고 있는 묵시문학적 사유 구조의 중요성에 관해서는

서, 불르멘펠트, 아담스와 서동수의 로마서의 주제 설정 방식은 구원사의 연속성을 바울의 사유 구조로 설정하는 접근방법의 한계를 내포하고 있다고 평가할 수 있을 것이다.

위에서 제시한 논의에 비추어 보면, 3장뿐만 아니라 12-14장에서 제기된 믿음이 약한 사람과 강한 사람간의 화해의 윤리적 문제도 구속론적으로 해결하려 했다는 흔적들을 다음과 같은 성서 본문 말씀들에서 주목할 필요가 있다.

"그러므로 형제들아 내가 하나님의 모든 자비하심으로 너희를 권하노니 너희 몸을 하나님이 기뻐하시는 **거룩한 산 제사**로 드리라 이는 너희의 드릴 영적 예배니라"(롬 12:1)
"할 수 있거든 너희로서는 모든 사람으로 더불어 **평화**하라 …… 이러므로 우리가 **화평**의 일과 서로 덕을 세우는 일을 힘쓰나니"(롬 12:18와 롬 14:19, 비교 롬 12:14-21과 13:8-10)
"만일 식물을 인하여 네 형제가 근심하게 되면 이는 네가 사랑으로 행치 아니함이라 그리스도께서 대신하여 죽으신 형제를 네 식물로 망케 하지 말라"(롬 14:15)

5. 결론: 구속론적 정의에 근거한 화해와 참여

위에서 로마서 전체의 구속론적 모티브의 중요성과 은혜와 의인론의 밀접한 관계를 토론하는 필자의 논의에서 볼 수 있는 바와 같이, 바울은 묵시문학적인 역사 이해에 근거해서 의인론에 나타난 하나님의 통치의 질서와 구속론적 동기를 연결시키려 하였다는 것을 보여주었다. 로마서의 주제는 복음과 의인론의 관계와 위의 구속론적 의인론에 근거한 로마제국에 대한 태도, 평화의 삶의 방식을 정립함으로써 이방인들과 유대인에게는 기독교의 복음을 변증하고 이 복음에 근거한 에클레시아 공동체에 **참여**할 것을 촉구하고, 유대주의적 이방계와 유대계 그리스도인들 사이에는 구속론적 의인론에 근거한 **화해**의 삶의 방식을 제시함으로써 기독교 복음의 윤리적 의미를 구체적으로 제시하는 것에 초점이 맞추어졌다. 표면적으로 볼 때, 로마서에서의 바울의 의인 신학은 '유대계' 기독교인과 '이방계' 기독교인간의 갈등과, 유대인과 그리스도인의 관계의 문제만을 주로 해결하기 위해서 의인론을 제기한 것 같지만, 보다 깊은 차원에서는 은혜에 기초한 **구속론적 정의관**과 이에 근거한 에클레시아 공동체의 '헌법'을 확립함으로써 기독교의 평화 사상, 공동**참여**와 상호

Walter Lowe, "Christ and Salvation", Kevin J. Vanhoozer ed, 2003, *The Cambridge Companion to Postmodern Theology* (Cambridge: Rutledge), pp.235-251.

화해의 삶의 방식을 기독교 복음의 실질적 내용과 구원의 길로서 제시하게 된다.

특히 우리는 블루멘펠트의 정치철학과 아담스의 정치신학이 로마서의 주제를 새롭게 설정하는데 탁월한 관점을 제시한다는 것을 확인하였다. 불르멘펠트의 정치적 해석은 의인론을 에클레시아의 정치적 근거로서 이해함으로써 로마서의 1-11의 주제를 하나님의 구속사업에의 **참여**로서 새롭게 확립하는 데 중요한 공헌을 하고 있다는 것을 알 수 있다. 또한 아담스의 창조신학에 근거한 정치신학적 관점은, 로마서의 주제를 단순히 의인론의 신학에서만 찾을 것이 아니라, 다양한 신학적 모티브들과 12-14장의 윤리적 권면들의 상호 연관성에서 찾아 **화해**의 삶의 방식을 중요시하게 되는 새로운 접근 방식을 제시하고 있다.

또 다른 한편, 롬 13:1-7에서 기독교가 로마제국의 이방 문화에 직면하여 어떤 태도를 갖느냐의 문제는 바울 신학의 의인론이 어떤 정치적인 의미를 갖고 있는지 논의하는 배경과 연관된다. 이것은 흔히 알고 있듯이 바울 자신의 저작이라기보다는, 1세기 말과 2세기 초의 말시오니즘의 도전과 교회의 질서 유지의 배경, 그리고 구약의 창조 신학과 구속론과의 관계에 관한 영지주의와의 토론의 분위기에서 형성되었다는 새로운 주장이 더 설득력이 있을 것이다. 바울의 전체 신학적 구도에서 조명한다면, 로마서에서는 구속론이 '하나님의 의'와 '신뢰의 의', 그리스도의 신실함과 신자의 믿음을 매개하게 될 때(블루멘펠트 비판), 그리고 의인론이 창조신학보다는 구속론에 기초하게 될 때만이(아담스 비판), 에클레시아의 구속 사업에의 포괄주의적 **참여**와 기독교의 삶의 방식으로서의 상호 인정의 **화해**가 로마제국의 통치 질서의 근거, 즉 죄와 불경건을 낳는 형이상학적 폭력성을 비판할 수 있게 된다. 그리고 이 의인론은 그리스도께서 죽으심으로 하나님의 사랑을 확증하는(5:5, 8, 8:31) 역설적 복음을 통해서 '신뢰의 의'가 확립되고, 이를 통해서 당시의 유대교의 율법에 근거한 통치권의 정당성의 문제와 로마제국의 폭력과 불의로 물든 죄의 문제(1:18, 24-27)를 근원적으로 해결할 수 있게 된다. 이 '신뢰의 의'가 확립되는 것은 로마 제국의 '의'와 대치되는 '하나님의 의'가 묵시문학적 역사 이해에 의해서 재해석될 때 더 잘 설명될 수 있는 것이다.

특히 여기에서 로마 당국과의 관계는, 마치 "가이사의 것은 가이사에게 하나님의 것은 하나님께 바치라"(막 12:17)에서처럼, 당시의 유대인이라면 당연히 로마에 대해서 모호하게 이중적일 수밖에 없었던 점을 드러낸다. 바울학파는 롬 13:1-7에서 단지 목회적인 차원에서의 중간 공리의 기준을 제시하였을 뿐이다. 이런 의미에서 로마서는, 정결례에 평행되게 거룩의 가치를 유지하기 위해서 그리스도의 몸으로서의 교회관을 확립했던 고린도전서와 달리, 로마 제국의 폭력성을 폭로하기 위해서 유대교와는 전혀 다른 포괄주의적 **참여**의 정치사상과 상호인정의 **화해**의 삶의 방식을 제시하려 하였다. 로마서는 은혜에 근거한 구속사적 역사 이해와 이에 근거한 정의관을 기독교 공동체의 정치적 정체성의 한 패러다임으로 보여줌으로써 유대교와 로마와 대조되는 **참여**의 정치적 체제와 **화해**(11:15)에 근거한 평화 사상(12:14-20)을 설정하려 하였다. 특히 롬 13:1-7은 이 과정에서 로마제국의 권력을 무의식적으로 모방하는 탈식민주의 해석의 흔적을 나타내 보이기도 하지만, 궁극적으로는 기독교가 근원적으로 **참여**와 **화해**(5:1-11), 사랑과 화평(12:18, 14:19)을 유도하는 하나님의 은혜에 근거한 정치적 정의관을 보여주고 있다는 점을 더욱 중요시해야 할 것이다.

결론적으로, 로마서는 하나님의 사랑과 구속론적 은혜에 의하여 에클레시아 공동체의 정의를 확립하고, 이러한 하나님의 구속 사업에의 보편주의적 참여를 유도하는 구속론적 의인론과 이에 근거한 화해의 삶의 방식이 구원의 길이라는 복음을 선포하게 된다. 이것은 참여/화해의 신학적 범주가 선택/예정이나 칭의/성화보다 더 존재론적으로 우선한다는 것을 암시적으로 보여준다. 그러므로 로마서에서는 의인론이 복음이 될 수 있는 것도 참여/화해의 정치신학과 사랑/평화의 삶의 자세가 수반되었을 때 가능한 것이다. 그래서 로마서는 로마 제국의 근거를 비판하지만 배제/대항 보다는 참여/화해의 역설적 지혜를 제시하게 된다.

로마서의 구속론과 희생제의
- 속죄론에 대한 문화비평적 읽기 -

1. 의인론의 개인적 의미와 구속론의 사회적 의미

　최근 로마서 연구는, 로마서가 '서한문'(epistle)이 아니라 실제적 '편지'(letter)로 이해될 경우에도, 이신칭의(以信稱義)의 의인론(義認論)과 포괄적인 구속론의 상호연관성을 로마서의 공동체적 배경과 이에 상응하는 목적에 비추어서 새롭게 제시하게 되었다.1) 우선 최근 연구의 기폭제가 되었던 스텐달(K. Stendahl)에 의하면, 로마서의 중심주제는 단순히 서구의 자기 반성적 양심에 호소하는 의인론(1-8장)의 보편성이 아니라, 유대계와 이방계 그리스도인들 간의 구체적인 갈등의 정황에서 유대인과 이방인의 상호 관계성과 하나님의 구원사 안에서의 동등한 참여(9-11장)이다.2) 이에 대해서 케제만(E. Käsemann)은 의인론이

---

1) 최근 연구 동향에 대한 자세한 소개에 관해서는 이 글 Ⅲ장 첫 번째 글을 참조. 그동안 로마서는 실제적 '편지'(*Brief*)라기보다는 '서한문'(*Epistel*)으로 생각하여 신학 논문의 교리적 성격을 더 부각해왔다. 하지만 1836년에 발표된 *Tübinger Zeitschrift für Theologie*(1836), pp59-178에서 바우어(F. C. Baur)는 처음으로 신학논문이 아니라 특수한 정황에서 쓰여진 문서로 이해하기 시작하였다. 이에 대해서는 F. C. Bauer, 2003, *Paul the Apostle of Jesus Christ* (Peabody: Hendrickson Pub. Inc.), pp.321-381.
2) 스텐달의 초기 입장에 관해서는 K. 스탕달(강혜란 역), 『유대인과 이방인의 사도 바울』, 1995, 서울: 순신대학교출판부, pp.15-23, pp.47-67, pp.119-141, pp.177-188. 최근 그의 입장에 관해서는 Krister Stendahl, 1995, *Final Account: Paul's Letter to the Romans* (Minneapolis: Fortress Press), pp.9-20, pp.33-44 참조.

여전히 로마서의 핵심 주제이고 구원사의 근거라고 주장하면서 스텐달의 입장에는 반대한다. 하지만 그는 로마서의 의인론이 인간학적 심리적·도덕적 문제가 아니라 신학적 문제이기 때문에 구원사와 밀접하게 연관될 뿐 아니라, 구원사가 의인론의 역사적 깊이와 우주적 넓이가 된다는 점을 강조한다. 그는 또한 예수의 죽음을, 묵시문학적인 우주 전체의 구속의 역사에 비추어 볼 때, 부활에 의해서 새롭게 시작되는 하나님의 나라의 공동체 형성의 토대로 이해하였다. 하지만 그는 예수의 죽음을 하나님 자신의 행동으로 이해하기 때문에 하나님은 자신에 대하여 희생 제사를 원하지는 않았다고 주장한다. 그러나 그는 로마서의 희생제의의 속죄론적 모티브와 이와 연관된 구원사가 죄인을 의인으로 만드는 역설적인 의인론의 발전적 형태라는 점에서 서로 상호 밀접하게 연관된다고 생각한다.3)

위의 스텐달과 케제만의 논쟁에서도 알 수 있듯이, 로마서에서는 구원론의 다양한 모티브들이 내포되었다고 간주하였을 때 우리는 또한 로마서의 의인론이 속죄론4)과는 특히 어떤 상호관계가 있는지 탐구해 볼 필요가 있게 될 것이다. 더구나 우리는, 의인론을 단순히 로마서의 공동체의 정황과 연관시키려는 접근방법을 넘어서 속죄론의 주제를 부각시키기 위해서, 로마서의 전체 구조에 비추어서 구속론의 포괄적인 주제의 중요성을 새롭게 부각시킨 서동수의 견해와 원시기독교의 속죄론의 기원을 새롭게 탐구한 헹겔(M. Hengel), 타이센(G. Theissen), 핀란(Stephen Finlan)의 연구를 주목할 필요가 있다. 특히 서동수는 롬 1:16-17의 의인론이 아니라 예정론, 소명론, 칭의론, 성화론이 포함된 롬 8:28-30의 포괄적인 구원론이 로마서 전체의 핵심 주제에 더 적합하다고 주장한다. 특히 그는 로마서에서는 의인론이 예수 그리스도의 구속사업의 객관적인 속죄론과 밀접한 관련성 속에서 논의되고 있는 점을 부각시킨다.5) 또한 헹겔은 원시기독교가 처음 형성된 초기에

---

3) 케제만의 스텐달 비판에 관해서는 E. 케제만(전경연 역), "로마서 안의 의인과 구원사", 그의 속죄론에 관해서는 "바울에 의한 예수의 죽으심의 구속론적 의미", 『바울신학의 주제』, 서울: 종로서적, pp.78-99, pp.44-77 참조.
4) 여기에서 '속죄론'은 예수의 죽음을 구약과 헬레니즘의 희생제의를 통해서 하나님의 분노를 완화시키는 유화적(有和的: propitiatory) 속죄와 죄의 효과를 무효화시키는 대속적(代贖的: expiatory) 속죄와 관련되는 반면, 이러한 '속죄론'은 죄의 세력으로부터의 해방을 의미하는 '구속론'과 인간과 인간의 관계의 회복과 유비적으로 인간과 하나님의의 관계를 회복하는 것을 의미하는 '화해론'과 밀접하게 상호연관된다. 이러한 용어의 개념적 정의에 관해서는 C. M. Tuckett, 1992, "Atonement in the New Testament", *Anchor Bible Dictionary I*, ed. D. Noel Freedmann (New York: Doubleday), pp.518-522 참조.

서부터 예수 자신의 속죄론(막 10:45)을 발전시켰다는 점과 팔레스틴 기독교의 초기 형태의 속죄론이 로마서에서도 발견될 수 있다는 점을 강조한다.6) 타이센은 바울의 제의적, 법률적, 외교적 속죄 상징 해석을 바울의 예수 죽음에 대한 또다른 해석으로서 거리낌으로서의 십자가 해석과 대조시킨다.7) 핀란은 바울의 속죄론이 은유적 변형으로 발전되는 양상을 제시하였다.8)

다른 한편, 바울서신에 대한 최근 속죄론 연구는, 전통적인 희생적 죽음에 대한 원시 기독교의 해석에서는 예수의 죽음이 하나님의 분노를 완화시키는 유화적(propitiatory: 有和的) 속죄(갈 3:13, 고후 5:21)보다는, 죄의 효과를 무효화시키는 대속적(expiatory: 代贖的) 속죄의 의미로서 이해되었다고 주장한다. 그래서 예를 들면, 그리스도의 죽음은 새로운 유월절 희생양(고전 5:7), 새 계약 희생제(고전 11:25), 죄-제물(롬 8:3)로 이해되었다는 점이 부각된다. 더구나, 터킷(C. Tuckett), 후커(M. Hooker), 던(J. Dunn)9)은 최근에 바울서신에서의 구속론이 그리스도가 인간 대신 죄를 담당하시고 대리로 형벌을 받는 '대리적인'(substitutionary) 속죄(롬 8:32, 롬 8:3, 고후 5:21)의 의미보다는, 모든 인류가 참여하도록 인류를 '대표하는'(representative) 속죄의 의미가 더 적합하다고 주장한다. 이들은 예수의 죽음을 대리적인 것이라기보다는 대표적인 것으로 이해한다. 이들에 의하면, 그리스도는 육체적 상실과 영적인 소멸의 마지막 죽음의 순간에 인류를 대표해서 인간성에 참여한 것으로 이해된다. 그리스도는 부활을 통하여 죽음을 극복하시고, 그 안에 있는 모든 사람

---

5) 서동수, "로마서의 주제의 구조: 롬 1:16-17은 과연 로마서의 주제인가?", <신약논단> 제8권 1호(2001), 서울: 한국신약학회, pp.77-102과 서동수, "그리스도의 믿음인가 아니면 그리스도에 대한 믿음인가?", <신약논단> 제9권 3호(2002), 서울: 한국신약학회, pp.671-696.
6) 마르틴 헹겔, 『신약성서의 속죄론』, 2003, 서울: 대한기독교서회, pp.84-105.
7) 게르트 타이센, 2005, "바울에게 있어서 예수 죽음에 대한 두 가지 해석", [게르트 타이센 교수 초청 강연회 강연록](2005.4.1 장로회신학대학교 세계교회협력센터 국제회의장).
8) Stephen Finlan, 2004, *The Background and Content of Paul's Cultic Atonement Metaphors* (Atlanta: Society of Biblical Literature).
9) C. M. Tuckett, 1992, "Atonement in the New Testament", *Anchor Bible Dictionary I*, ed. D. Noel Freedmann (New York: Doubleday), pp.518-522; M. D. Hooker, 1971, "Interchange in Christ", *Journal of Theological Studies*, N.S., 22, (October 1971); J. D. G. Dunn, 1974, "Paul's Understanding in the Death of Jesus", *Reconciliation and Hope: New Testament Essays on the Atonement and Eschatology Presented to L. L. Morris on His Sixtieth Birthday* (Grand Rapids: Eedmann's), pp.125-141.

들에게 생명의 근원이 되셨다. 이런 의미에서, 그리스도는 모든 인간들이 제 2의 아담이 될 수 있도록 모든 인간성을 대표하신다. 그래서 대표성을 강조하는 이러한 연구 경향은 속죄론이, 이레니우스(Ireneus)가 처음 제시한 것처럼, 성육신 이해와 밀접한 연관성을 갖고 있다는 점을 강조하게 된다. 예수 그리스도는 그의 성육신의 도구로 인해서 자신의 상실과 고난과 소외 속에서 모든 인간성에 참여하신다는 점이 특별히 중요시된다. 이들은 그리스도의 죽음을, 그리스도 자신의 삶을 대표적으로 드리는 제물, 즉 특별하게 대표적으로 드리는 자기희생의 죽음으로 이해해야 한다고 주장하게 된다(예: 고후 5:14-15, 5:18-19).[10]

그러나 우리는 위의 최근 연구까지도 로마서의 속죄론의 모티브의 사회적 의미와 그 '현대적' 중요성을 보다 근원적으로 제시하지는 못하였다고 평가할 수 있다. 왜냐하면 위의 속죄론의 최근 연구 경향은 결국 로마서의 속죄론의 수사학적 담론에 내포된 '희생양 기제'(scapegoat mechanism)[11]의 폭력성의 사회적 의미와 이를 극복하려는 신학적 의미를 삭제하는 방향으로 논의되어 왔기 때문이다. 바울서신의 속죄론에 관한 이와 같은 최근 연구는 특히 하나님과 인간의 수직적 관계에 우선성을 두는 '대표적' 죽음을 강조하면서 인간과 인간의 수평적 관계와 관련 있는 '대리적' 자기희생의 죽음의 사회적 의미 자체를 탈각시키는 위험에 처하게 된 것이다. 이것은 로마서의 의인론에 대한 이제까지의 해석에서 근대적 주체를 개인주의적으로 전제하는 루터주의적 전통을 완전히 청산하지 못하였

---

10) '대표하는' 속죄론의 최근 경향과 그 현대적 중요성에 관해서는 Thomas E. Long, 1999, *The Viability of a Sacrificial Theology of Atonement*: [Ph. D. Thesis] (Milwaukee: Marquette University) 참조.

11) 희생양 기제란 르네 지라르(René Girard)가 문학 작품과 신화, 더 나아가 희생제의에 나타난 희생양 모티브와 여기에 내포된 사회형성 과정에 내제된 폭력성의 사회적 의미와 밀접하게 연관된다. 이 희생양 기제는, 한 사회의 모델과 그 모델을 따르는 자들조차도 경쟁과 갈등이 심화되어 무차별적 폭력의 희생 위기에 직면하였을 때 그 사회 구성원 전부가 단합하여 임의로/무의식적으로 선정된 단 한명의 '대리적'(surrogate) 희생물(victim)을 만장일치로 범죄자로 내몰아서 그에게 집단적 모욕과 폭력을 가하여 죽음에 이르게 하고, 사회 정화의 성스러운 대의를 위해서 자신들의 죄책을 이 희생물에게 전가하게 되는, 사회적 과정이 내포된다. 하지만 일단 이 폭력적 행사에 의해서 피해자가 제거된 이후에는, 새롭게 정화된 공동체 형성을 위해서 자신들의 죄를 대신해서 죽었다는 그럴듯한 이유로 그의 희생적 죽음을 찬양하고 이 대리적 희생양을 성스러운 숭배자로서 추앙하게 되는 신화와 제의를 만들어 자신들의 행동을 합리화시키는 자기 기만적인 역설적 사회적 과정이 수반된다. 이에 대한 자세한 설명에 관해서는 르네 지라르(김진석/박무호 역), 『폭력과 성스러움』, 1993, 서울: 민음사, pp.61-103, pp.125-179 참조.

다고 평가할 수도 있을 것이다. 특히 로마서에 대한 新루터주의적 해석(R. Bultmann)이나 신정통주의 신학적 해석(K. Barth)12), 그리고 독일의 최근 개혁주의 신약학자들의 해석13)까지도 이신칭의의 과잉결정된(overdetermined) 신학적 원리를 로마서 이해의 제일 중요한 해석학적 지침으로 사용해왔다. 캐토릭 교회의 권위의 절대성을 비판하는 신학적 근거로 제시되었던 자기 반성적 양심에 기초한 이신칭의의 원리는 이제 하나님의 의에 대해서 진정으로 응답하는 신앙의 결단만이 자기기만과 탐욕의 죄를 극복할 수 있다는 실존적 의미로 재해석되었다. 한편으로, 이러한 해석에서 사용되는 하나님과 인간의 수직적 '차이화'의 해석 전략은 근대적 주체 설정 자체의 모순(유아독존적인 개인의 사유 안에 머무르는 종교의 내재성과 이를 합리화하는 종교의 초월성 간의 내재적 모순)을 은폐하고 인간의 모방적 욕망의 이중성14)과 경쟁적 갈등관계의 사회적 현실성을 간과하게 된다. 다른 한편, 이러한 신약학자들의 로마서 해석은, 성스러움과 상스러움, 거룩함과 폭력의 애매모호성15)에 의해서 희생양 기제의 폭력성이 가려져 있는 로마서의 속죄론의 특성을 파악하지 못하고 그 이전의 자유주의 신학의 휴머니즘만을 공격한다면, 기독교 공동체의 상징적 질서의 생성 과정과 기원에서도 작동하고 있는 인간의 근원적인 모방적 욕망과 무차별적 폭력에 내포된 인간 죄성의 사회적 의미와 그 신학적 의미를 보다 적합하게 파

---

12) 불트만(허혁 역),『서양고대종교사상사』, 1977, 서울: 이화여대출판사, pp.237-275; 칼 바르뜨(조남홍 역),『로마서 주석』, 1997, 서울: 한들출판사. 여기에서 특히 불트만은 바울 신학을 영지주의의 구속론과 비교하여 개인주의적 해석을 유도하고, 바르뜨는 키엘케고르(S. Kierkegaard)의 변증법에 의해서 로마서의 의인론을 인간의 개인적 경험에 대한 하나님의 심판으로 해석하는 점이 주목된다.
13) 서동수는 종교개혁 사상의 영향 아래 로마서의 의인론을 이해하는 학자로서 P. Stuhlmacher, H. Huebner, A. Schlatter, G. Eichholz를 언급하고 있다. 이들에 대한 주석학적 비판에 관해서는 서동수, "바울은 단지 이신칭의론자인가?: 롬 11:36에 나타난 바울의 우주적 구원론을 위한 제 단계", <신약논단> 제11권 1호(2004), 서울: 한국신약학회, pp.119-149 참조.
14) 모방적 욕망의 이중성은 "나를 모방하라. 그러므로 모방하지 마라."의 모순적 '이중규제'(double bind)이다. 차이를 말할수록 그 차이화된 대상은 그 동일성의 정체를 숨긴 채 이를 무의식적으로 모방하도록 우리를 그 대상과 함께 묶는다. 이러한 모방적 욕망의 이중규제에 대한 지라르의 견해에 대해서는 지라르,『폭력과 성스러움』, pp.215-252 참조.
15) 지라르에 의하면, '성스러운'(sacré)라는 말은 이로운 것뿐 아니라 해로운 것도 포함하여 '저주받은'(maudit)이라는 정반대의 의미도 포괄하고 있는 라틴어 sacer라는 말에서 유래한다. 지라르는 원시종교나 고대 제의에서 성스러움의 작용과 폭력적 희생양 기제의 작용의 상호 연관성이 남아있었던 점을 중요시하여 성스러움에 대한 초월주의적, 개인주의적 이해의 편향성을 비판한다. 이에 관해서는 위의 책, pp.387-393 참조.

악하지 못하게 된다.

위의 해석들은 결국 인간 사회의 상징적 질서의 기원과 생성 과정과 연관된 모방적 욕망의 이중성, 무차별적인 '초석적 폭력'(*la violence fondatrice*)의 위기와 희생양 기제의 자기-기만의 '대리적' 속성과 이기적인 자기 합리화를 위한 신화와 희생제의 제정 과정 등에 나타난 사회적 폭력성의 심각성을 간파하지 못하였다는 비난을 면치 못할 것이다.16) 이들의 신학과 주석에서 강조되는 하나님과 인간의 '순수한 차이'에의 동경은, 희생제의의 폭력적 차별화를 기반으로 형성된 기독교 공동체의 상징적 질서의 기원과 생성 과정에 대한 근원적인 질문을 제기하지 않은 채, 로마서가 제기하는 구속론의 논점을 근대적 주체와 고대적 주체의 차이에 근거한 근대성/탈근대성의 신학적 문제틀에 의해서 적합하게 제시할 수도, 이 논점들에 대해서 적절하게 답변할 수도, 없는 것이 당연하다.17)

위의 토론에서 제기된 최근 로마서의 구속론 연구와 속죄론 연구 경향에 대한 비판을 토대로 로마서의 속죄론의 사회적 의미를 새롭게 탐구하기 위해서, 우리는 우선 로마서의 의인론과 속죄론의 관계(구속론)를 새롭게 설정함으로써 로마서에 대한 정치적 해석을

---

16) 희생제의는, 하나님과 인간의 '수직적' 관계에서 일어난 무시간적인 신비체험을 통해 성스러운 우주적 질서를 확립하는 실존적 의미의 문제만이 아니라, 근본적으로는 사회 구성원들 間의 '수평적' 관계에서 벌어지는 무차별적인 폭력(초석적 폭력)을 막고 구성원들의 사회적 지위와 신분의 차이를 뚜렷이 나타내기 위해서 희생양을 선택하는 상징적 질서의 생성 과정과 이 희생양을 고양하여 다시 이를 숭배하는 신화 만들기 과정과 연루된 사회적 의미의 문제와 연관된다. '초석적 폭력'과 희생제의를 사회적 상징 질서의 생성과정의 보편성과 연관시키려는 지라르의 견해와 이에 비추어서 구조주의/후기구조주의에서 논의되는 무시간적인 기표들의 '차이화'에 대한 비판적 논점에 대해서는 지라르, 『폭력과 성스러움』, pp.137-179와 pp.61-103과 pp.333-376 참조.

17) 최근 조직신학계에서는 지라르의 희생제의 이론과 기독교의 그 신학적 의미와의 상호유사성과 차이점에 관한 중요한 토론이 벌어졌다. 반면 신약학계에서는 이러한 토론이 버튼 맥(Burton Mack)이 1985년에 그 중요성을 토의한 이후 크게 논의되지는 않게 되었다. 하지만 이제 탈근대/근대, 현대/탈현대의 문제들에 의해서 제기되는 형이상학적 폭력에 대한 기독교의 비판적 관점에서 보면, 지라르의 희생제의 이론은 로마서의 속죄론 주제와 희생제의의 사회적 의미를 연관시키려는 논점을 위해서는 결정적으로 중요하다. 최근 조직신학계의 속죄론 논의에서 지라르의 이론의 중요성에 관해서는 Fergus Kerr, 1992, "Rescuing Girard's Argument?", *Modern Theology vol. 8.4*, pp.385-399와 John Milbank, 1999, "Stories of Sacrifice", *Modern Theology vol. 12.1(January)*, pp.27-56 참조. 또한 이전에 신약학계에서 논의된 지라르 이론의 성서적용에 관해서는 Burton Mack, 1985, "The Innocent Transgressor: Jesus in Early Christian Myth and History"와 Raymond Schwager, S. J., "Christ's Death and the Prophetic Critique of Sacrifice", *Se* 33 (Atlanta: Scholar's Press), pp.135-165, pp.109-123 참조.

제시한 학자들의 견해를 우선 간략히 검토하게 될 것이다. 특히 여기에서 로마서에 나타난 묵시문학 사상과 헬라적 지혜문학의 신정론적 사유 방식(정의의 정치를 불의한 로마제국에서 어떻게 건설할 것인지에 대한 신학적 사유 체계)에 비추어서 **정치 신학**(로마제국과 교회, 로마의 법과 기독교의 복음의 관계에 대한 신학적 고찰)을 최근에 새롭게 탐구한 엘리웃(N. Elliott)과 게오르기(Dieter Georgi)의 견해가 논의될 필요가 있다. 특히 이들이 제시하는 공동체의 정황, 수사학적 특성, 핵심 주제의 종교사적 배경을 주목하게 될 것이다. 우리는, 정치신학의 맥락 속에서 의인론을 복음과 관련시켜 재해석하려는 그들의 견해를 발전시킴으로써, 이들이 중요시하는 종교사에 비추어서 로마서의 구속론의 사회적 의미를 새롭게 도출하고자 한다. 여기에서 이들이 도출한 구속론의 정치적·사회적 의미는 로마서의 속죄론적 모티브를 재해석하는 토대를 마련하게 될 것이다. 하지만, 우리는 최근 엘리웃와 게오르기의 정치적 해석이 로마서에 내재하는 희생제의의 중요성을 간과한 점을 주석학적으로 간략히 비판하게 될 것이다. 그 다음 단락에서 우리는 위의 비판의 준거점이 되었던 속죄론의 신학적 중요성을 교회 공동체의 상징적 질서의 생성 과정과 관련시키기 위해서 로마서에 나타나는 속죄론적 모티브들을 아감벤(Giorgio Agamben)의 호모 사케르(Homo Sacer)의 역설적인 주권과 그 사회적 의미[18]와 지라르(R. Girard)의 희생양 기제에 비추어서 재해석하게 될 것이다. 결론에서는, 로마서의 속죄론이 오늘날과 같은 탈근대적/현대적 정황에서도 특히 현대 사회의 상징적 질서에 내재된 형이상학적 폭력성을 근원적으로 극복하는 신학적 의미가 있다는 점을 크게 부각시키게 될 것이다.

2. 로마서의 구속론에 대한 종교사적 접근: 엘리웃과 게오르기의 정치적 해석

위의 로마서의 저작 목적의 최근 경향에 따르면, 로마서의 의인론은 단순히 이신칭의의 자기반성의 실존적 의미가 아니라 정치적 의미가 있을 것이라는 것을 쉽게 상정할 수 있다. 이런 점에서, 우리는 하나님의 의가 그리스도의 속죄론적 죽음을 통해서가 아니라 이에 대한 묵시문학적 재해석을 통하여 억압받은 자와 연대하는 메시아의 십자가 처형이

---

18) Giorgio Agamben, 1998, *Homo Sacer: Sovereign Power and Bare Life trans.* Daniel Heller-Roazen (California: Stanford University Press).

하나님의 정의의 구체적인 프락시스(praxis)를 제공한다는 엘리옷의 정치적 구속론에 주목할 필요가 있다. 엘리옷은 특히 하나님의 의의 모티브를 구체적인 공동체 통치의 정의(正義)의 문제와 상호 연관시키는 새로운 정치적 해석을 제시하였다. 이러한 정치적 해석은, 샌더스(E. P. Sanders)가 말하는 '계약적 율법주의'(covenantal nomism)의 배경을 가진 유대주의와 바울이 논쟁하는 수사학적 정황이 로마서의 핵심을 파악하는데 가장 중요하다고 주장하는, 최근의 새로운 해석과도 차별화 된다. 그는, 로마서의 핵심 논점이 이방인들에게 새로운 그리스도 이해를 변증하는 정황에서 이해되어야 한다고 주장하는, 가스통(Lloyd Gaston)의 새로운 해석 접근방식 조차도 비정치적인 해석으로 귀결된다고 비판한다.19)

우선 엘리옷은 바울의 정치적 입장의 독창성을 당시의 유대교의 다양한 분파들의 정치적 입장들과 비교하면서 확립하려 한다. 그는 바울이 요세퍼스(Josephus)가 기술하는 당시의 제 4 철학과 바리새파의 정치적 입장과 비교한다. 제 4 철학은 근본적으로 로마에 대해서 비폭력 저항이었지만 이들이 열심당처럼 로마에 저항하는 전략을 가진 것은 아니었다고 생각한다. 엘리옷은 이 제 4 철학이 단지 시기적으로 66-73년의 유대 전쟁 와중에 생긴 열심당과 동일시하려는 요세퍼스의 역사 기술 방식에 내재한 정치 이데올로기를 비판한다. 엘리옷에 의하면, 제 4 철학은 단지 세금 문제를 비판하는 학자들의 사변을 대변할 뿐 열심당과 관련이 없다고 주장한다. 더구나 이 제 4 철학의 신학적 입장은 로마 제국의 식민주의적 통치에 대해서 상관하지 않으려는 바리새파의 정치적 입장을 뒷받침하는 신학적 근거와 크게 차이 나지 않는다. 이 둘은, 이스라엘이 외국 제국에 지배를 받는 것이 하나님이 이스라엘이 지은 죄를 응징하는 것이기 때문에 하나님의 주권은 외국 지배자들을 통해서 행사될 수밖에 없다는, 평범한 성서의 전통적인 가르침을 공유하고 있었다. 제 4철학이 바리새파와 다른 정치적 태도는 단지 하나님 자신 만이 그들의 통치자이기 때문에 자유에 대한 열정이 강렬해서 이스라엘의 운명은 로마에 복속되어야 한다는 것을 인정하지 않는 점이었다. 바리새파는 한편으로 열심당의 운동의 신학적 경향에 동조하기도

---

19) Neil Elliott, 2001, *Liberating Paul* (Maryknoll: Orbis Books), pp.66-71. 가스통은 다음의 두 가지 논점에 의존한다. 즉 로마서의 독자들은 압도적으로 이방인이었다는 점과 바울의 논의를 유대주의의 미드라쉬 전승과의 연속성에서 재해석되어야 한다는 점이다.

하였지만 유대 종교 기관이 현실적으로 방해받지 않는 한 국가 정치적 정책 보다는 보다 일상적인 개인적 태도가 율법에 적합한지에 대해서 더 관심 있었다. 이러한 현실 안주적인 바리새파의 "현실주의적" 정치적 태도는 사실 당시 유대 사회에서는 훨씬 지배적이었다. 이러한 현실주의적 태도는 왕국과 제국의 흥망성쇠가 일어나는 땅 위에 일어나는 역사적 사건은 하늘의 시간표에 의해서 형성된다는 이스라엘의 예언자적-묵시문학적 전승과 일치하는 것이었다.[20]

그렇다면 엘리옷은 바리새파에 속하였던 바울이 소위 개종(소명)을 받은 후에는 어떤 종교사적 영향 속에서 정치적 입장의 변화를 갖게 되었다고 주장하는가? 엘리옷에 의하면, 바울은 개종 전에 신비체험 중에 하나님은 하늘에서 주권자로 계속해서 군림하지만 땅에서는 로마 제국이 하나님이 정치적 주권을 향유하고 있다는 생각을 하였다. 그는, 예수의 십자가 처형을 이스라엘의 구원을 위한 순교자적 죽음으로 이해됨으로써 이스라엘의 계약이 이를 계기로 종말론적 절정에 이르게 되었다고 해석할 수 있다는 점에서, 당시의 전형적인 바리새파의 묵시문학적 구속론을 따르고 있었다. 바울은, 메시야의 죽음과 부활을 통해서 새로운 시대가 도래하였다고 주장하는 열광주의적 메시아주의자들(그리스도인들)의 정치적 입장이 로마 제국을 자극하게 되어서 결국 이스라엘의 안녕을 근원적으로 위협할 것이라고 생각하였기 때문에, 이들 그리스도인들을 핍박하게 되었다. 그러나 바울은 다메섹 도상에서 부활한 그리스도를 만나게 됨으로써 비로소 십가가에 처형된 메시아가 죽은 자로부터 부활함으로써 신원되었다고 생각하게 되었다. 결국 바울은 "지극히 높은 자의 성도들의 왕국"의 도래가 가까워져서 로마 제국의 지상에서의 지배가 끝장날 것이기 때문에 로마 제국의 폭력적인 지배에 대해서도 도전할 필요가 있다고 주장하게 되었다. 특히 바울은 바리새파의 묵시문학사상에서 작동하였던 거룩한 폭력을 정당화하는 희생양 기제(scapegoating mechanism), 즉 순교자적 죽음의 폭력에 의해서라도 로마 제국의 폭력적 통치를 극복해야 한다는 근본 전제를 거절하게 되었다. 바울은, 하나님이 강함이 약함을 이긴다는 계산법에 의해서 하나님이 로마의 군대와 이스라엘 사이의 힘의 균형을 이룩하지 않고, 실낱같은 생명의 능력을 통해서 하나님이 역사하신다는 새로운 통찰을 메시아의 부활 체험에서 확인하게 되었다. 이제는 생명의 법칙이 엄청난 하나

---

[20] 위의 책, pp.149-163.

님의 능력으로 죽음의 법칙을 침범하는 메시아의 죽음과 부활의 사건은 하나님과의 계약이 완성되는 이스라엘의 구속사의 절정을 총괄갱신(recapitualtion)하게 되었다. 이제 9-11장에서 바울은, 바리새인들의 민족주의적 해방의 방식과 달리, 예수의 묵시문학적 부활로 말미암아 이방인들의 보편주의적 구원의 역사를 통해서 이스라엘의 민족의 구속사를 역설적으로 완성하게 되었다고 보았다. 이러한 새로운 구원사의 관점이 구체적인 실천으로 잘 나타나는 것은 바울이 이방 기독교인들의 헌금을 이스라엘의 가난한 자들을 구제하는 실천을 감행하는 것이었다. 이제 이러한 역설적인 구원사를 주장하는 바울은 더 나아가서 메시아의 부활로 말미암아 로마 제국에 대한 저항적 자세를 통해서 로마 제국의 지상의 군림도 폐하게 되는 새로운 시대가 도래되었다고 생각하게 되었다. 그는 의인의 의무가 정결한 삶으로 기다리고 이스라엘의 구원을 경건하게 기도하는 것이라고 확신하는 바리새인들의 정치적 태도를 버리게 됨으로써 그리스도인들의 교회를 구성하려는 그리스도인들의 핍박을 그치게 된다. 이제 제 4 철학이 바리새파의 신학적 전승에 대하여 달리 해석함으로써 로마 제국에 대한 태도의 전략적 입장을 변화시켰던 것처럼, 바울은 로마의 유대에 대한 폭력적 지배가 단지 하나님의 분노라고 생각하는 묵시문학적 신정론을 거절하고 로마제국의 폭압적 통치는 하나님의 주권에 대한 직접적인 도전일 뿐이라고 생각하게 된다.21) 바울의 이러한 정치적 태도의 변화를 가장 잘 보여주는 것은 이제 바로 로마제국의 고문과 죽음의 도구들을 철폐하기 위해서 그리스도의 죽음과 함께하는 사도적 실천을 그의 이방 그리스도 교회의 목회를 통해서 수행하는 것이다.22)

위의 그리스도 사건에 대한 묵시문학적 구속론적 이해에 따라서, 엘리옷은 로마서에 나타나는 의인론이 속죄론과 연결되는 로마서 3:21-26이 로마서 전체의 수사학적 맥락에서 보면 희생제의의 준거틀 속에서 해석되는 것을 반대한다. 그에 의하면, 로마서의 전반부(1-3:20)가 유대인과 대화 나누는 것으로 상정되어 있지만 이를 전달하는 구체적인 독자는 이방 그리스도인이라는 것이 강조되어야 한다. 하나님은 계약 백성을 신원하시고 이를 통해서 온 피조물을 해방시키려는 것이 논의의 흐름이라는 것이다. 특히 롬 3:21-26에 대한 기존의 속죄론적 해석에서는 확실히 예수의 죽음의 이유는, 예수 자신이 당시의 사회

---

21) 위의 책, pp.167-180.
22) 위의 책, pp.181-230.

적, 정치적 불의와 대항해서 일구어낸 결과가 아니라, 하나님 자신이 예수가 죽도록 내어 주신 것으로 이해된다. 여기에서는 이전에 지은 죄들을 예수의 십자가의 피로 말미암아 사해주심으로써 하나님 자신이 의롭다는 것을 입증하기 위하여 예수를 희생제물로 내어 주셨다는 것이다.23) 이러한 속죄론적 해석에 대하여 엘리옷은 다음과 같은 이유로 이를 반박한다.24)

① 로마서는 다른 바울의 서신처럼 권면의 편지이다. 바울은 이방인들을 거룩한 제사로 드리는 제사장의 직분을 감당하는 것이라고 말하면서 이방 그리스도인들의 순종을 촉구하는 것이 서신의 목적으로 생각한다(15:14-16).

② 롬 1:18에서 바울은 모든 인간의 죄에 대한 추상적인 기술로 시작하는 것이 아니라 로마 그리스도인들 자신이 세례를 통하여 새로운 생명을 얻게 되는 묵시문학적 드라마에 비추어서 이방 세계의 죄를 기술하게 된다.

③ 롬 1:18-32을 이끄는 2:1("그러므로 남을 판단하는 사람아 무론 누구든지 네가 핑계치 못할 것은 남을 판단하는 것으로 네가 너를 정죄함이니 판단하는 네가 같은 일을 행함이니라")에서 "너희"라는 이인칭 언급은, 흔히 생각하는 유대인들을 지칭하거나 수사학적으로 구체적인 청중을 나타내는 것이 아니라, 의도적으로 일반적인 청중에게 하나님 앞에서 절대적이고 보편적인 책임을 구체적으로 떠맡기려는 신학적 주장을 확립하려 한 것이다.

④ 롬 2:17로 시작하는 두 번째 논의에서도 디아트리베(διατριβή)의 수사학적 스타일에서는 유대인들에게 노골적으로 논의하고 있다: "유대인이라 칭하는 네가 율법을 의지하며 하나님을 자랑하며 ……". 여기에서 유대인의 구속의 교리를 무효화시키기 위해서 논의하고 있다는 견해는 설득될 수 없다. 이것은, 디아트리베의 스타일의 관례에 비추어 보면, 롬 3:9("그러면 어떠하뇨 우리는[유대인] 나으뇨 결코 아니라 유대인이나 헬라인이나 다 죄 아래 있다고 우리가 이미 선언하였느니라")에서 절정에 이르는 바울과 유대인 동료와의 의견 교환을 통해서 이방 그리스도인들에게 다음과 같은 메시지를 주고자 하는 말이다: 하나님과의 계약은 하나님의 심판에 반하

---

23) 위의 책, pp.124-126.
24) 위의 책, pp.127-129.

는 방패나 그의 은혜를 편승하는 기반을 제공하지는 않는다.

⑤ 로마서의 논의의 흐름이 이방 그리스도인들이 신적인 은혜에 편승하는 것에 대해서 반대하는 것이라는 것은 롬 3:1-9과 6:15이 서로 수사학적으로 일치한다는 점에서 더욱 명쾌해 진다. 3장과 6장 사이에 있는 5장에서 바울은, 단순히 한 사람 아담의 죄가 예수 한사람의 희생적 죽음으로 말미암아 수정된다는 논의를 이끄는 것이 아니라, 아담이 죄만이 아니라 사망을 가져 왔고 죽음의 속박을 가져왔지만 그리스도의 부활이 죽음의 권세를 극복했다는 논의(특히 롬 5:12)를 주장하고 있다. 아담의 잘못을 통해서 들어온 죽음의 권세가 아담의 잘못이나 그의 자손들의 잘못 보다 더 중대하다는 점이 논의의 핵심으로 설정된다. 이제 예수의 죽음과 부활의 능력이 죄의 용서뿐만 아니라 죽음으로부터 생명을 가져왔다는 것이 얼마나 커다란 효과인지 논의하는 것이 롬 5:15-17에서 논의된다. 롬 1:18-4:25에서 바울은 어떤 인간도 하나님의 정의에 반대하는 주장을 제안하지 못한다는 것을 보여주었다면, 로마서 5장에서는 구체적으로 그러한 논의가 이방 그리스도인 청중에게도 미친다는 것을 제시하려 한다. 물론 5장에서도 우리 죄인들을 위해서 예수의 죽음의 제의적 중요성을 말하고 있지만(5:9, 3:25), 그는 명백하게 그러한 진리 자체는 부적합하고 잠재적으로는 잘못 논의되는 것이라고 주장한다. 그래서 바울은 즉각 얼마나 더 우리가 하나님의 진노로부터 구원을 받을 것인지(5:9), 그리고 얼마나 많이 우리가 그리스도의 생명에 의해서 구원을 받을 것인지 덧붙인다(5:10). 이러한 주장은 3:25-26에서 그리스도의 피로 세워진 속죄가 하나님의 정의를 위험하게 하기보다 이를 보장하는데 기여하는 지를 주장하는 것과 같은 논의의 흐름으로 전개된다. 바울에게는 그리스도의 제의적 죽음의 속죄는 그리스도의 죽음에 이르는 복종(5:18-19)과 그의 부활의 생명의 묵시문학적인 의미보다 덜 중요하다. 왜냐하면 그리스도 안에서 하나님은 죽음으로부터 생명을 불러일으키시기 때문이다. 그래서 자유로운 은혜는 우리의 죄과에 부응하지 않고 그것은 훨씬 더 큰 것이다(5:15); 아담의 죄가 죽음이 군림하는 것을 가져왔다면 하나님의 은혜는 의로운 자가 생명에 군림하도록 그 권세를 일으킬 것이기 때문이다(5:17). 그래서 그리스도의 속죄적 중요성은 롬 6장에서는 사라지고, 이제 이것은 권세 있는 새로운 그리스도의 통치권이 확립된다는 묵시문학

적 구도에 의해서 대체된다. 새로운 가능성은 단순히 예수의 죽음만이 아니라, 죽은 자로부터 십자가에 처형된 예수를 일으키시는 하나님의 능력에 의해서 일어난다. 이제 세례를 통하여 그리스도의 죽음과 부활은 죄와 죽음의 영역으로부터 하나님의 의롭게 하시고, 성결케 하시고 생명을 주는 권세 있는 능력으로 우리의 존재론적 정체성을 변화시킨다.

엘리옷은 여기에서 분명히 바울이 예수의 죽음을 구속하는 희생양으로서 이해하는 것 보다는 죽음으로부터 속박의 끈이 풀려진 생명을 주시는 권세 있는 능력에 더 관심을 갖고 있다고 주장하고 있다. 이것은 엘리옷은 수사학적 장치로부터 고린도 청중을 이방 그리스도인으로 확립하고, 3:21-26의 속죄론을 6장의 내용과 연관시킴으로써 묵시문학사상의 준거틀로 로마서의 핵심 메시지를 이해하려는 해석에 불과하다. 바로 해방신학적 동기를 이러한 묵시문학사상으로부터 끌어내려고 하는 것이다. 그러나 바울의 사상을 단지 유대묵시문학의 이원론의 틀로 해석하는 것으로서는 여전히 속죄론의 희생제의가 바울이 전하려는 로마서의 핵심 논점을 포착하기 힘들다. 과연 로마서의 핵심 논점이 예수의 죽음과 부활이 죽음으로부터 생명으로 인도하는 세례 예식으로 통해서 6장과만 연관시킬 수 있는지가 문제이다.[25] 롬 3:21-26의 속죄론이, 단순히 6장과 9-11장의 이스라엘의 구속사의 문제에서 그 절정에 이르게 된다는 묵시문학적 관점과 달리, 이방인들과 당시의 헬라적 유대교와 다른 보편주의적 구속사 관련시킨다면, 그 정치적 함의는 과연 무엇인가?

우리는 이제 그레코-로만(Greco-Roman) 배경 속에서 구속론을 이해하려 하였던 게오르기(Dieter Georgi)의 정치적 해석의 또 다른 예를 검토하고자 한다. 게오르기는 바울의 속죄론이 로마의 정치체제와 당시 유대 선교신학(Missionary Theology)에 대한 비판일 수 있다는 생각을 제안한다.[26] 롬 3:21-26은 헬라적 유대교가 예수 전승을 유대 순교 신학에

---

[25] 위의 책, pp.129-131.
[26] 게오르기의 '선교신학'에 대한 개념은 유대교의 전통적인 지혜 전승에서 파생된 헬라적 유대교의 종교사적 배경을 자신의 독특한 역사적 통찰에 의해서 발전시킨 것이다. 대체로 이 선교신학은 유대 묵시문학과 유대 영지주의와 혼재되어 나타난다. 이 대표적인 산물이 필론과 요세퍼스에 의해서 대중화되고 맥카비 4서에서 그 순교적 속죄론으로 꽃피게 된다. 이에 대한 자세한 논의에 관해서는

의해서 재해석한 속죄론을 바울이 의인론과 연결시켰던 산물이다. 순교자의 영웅적인 죽음으로 인해서 다른 사람들에게 이익을 주게 된다는 맥카비 4서에서 나타나는 순교적 의미의 속죄론은 유대 선교신학과 일치하는 것이다. 바울은 이러한 선교신학의 동기를 확대하여 예수의 죽음이 이방인들에게도 도움을 준다고 생각하였다. 예수가 증언하는 죽음에 이르는 충성심은 이방인들을 위한 속죄의 수단으로 이해했다는 것이다. 하나님은 이스라엘의 제의에서는 결코 영향이 미치지 않았던 이방인들에게까지도 인내하시면서 결국 그들의 죄를 간과하셨다는 것이다. 이러한 속죄론은 종교 자체나 법이나 사회를 비판하려는 의도를 갖고 있지 않았으면서도 모르고 지은, 그래서 잘 알려지지 않은 죄가 다른 사람의 도움으로 무마된다는 헬라의 구속론적 의미를 내포하고 있다. 당시의 헬라 이방인들과 당시 로마의 헬라 기독교인들에게 호소하기 위해서 바울은 이러한 전승을 사용하여 26절에서 법적인 정당성을 확보하는 의인론을 완성하려 하였다. 유대인이든 이방 사람이든 헬라 세계에서는 피스티스는 대부분 "충실함"이나 "충성심"으로 이해하고 있고, 디카이오스($δίαιος$)와 디카이오시네($διαιοσύνη$)를 각각 "공정한"과 "공정함"으로, 동사 디카이오오($διαιόω$)는 "공정하게 취급하다"라는 뜻으로 받아들였다. 그래서 이런 의미들을 고려해서 게오르기는 헬라 기독교인들과 이방인을 위해서 전승된 구속론을 다음과 같은 의미로 재해석하게 되었다: "하나님은 예수를 속죄의 수단으로 취급하셨습니다. 이것은 예수님께서 자신의 피의 값을 치루시는 정도의 충성심을 통하여 예수의 의해서 완성되었습니다. 하나님께서는 이것을 자신이 공정하다는 것을 전시하기 위해서 행하셨습니다. 왜냐하면 하나님께서는 이방인들의 이전의 죄들을 오래 참으시는 가운데 간과하셨습니다. 그렇게 하심으로써 하나님 자신이 공의로우시고 또한 예수의 충성심에 의존해서 모든 사람들도 공정하게 취급하십니다."[롬 3:21-26 – 게오르기의 사역][27]

그렇다면 어떻게 바울은 이러한 해석을 가지고 유대 선교신학과 로마의 정치 이데올로기를 비판하고 있는 것일까?

Dieter Georgi, 1991, *Theocracy: In Paul's Praxis and Theology* trans. David E. Green (Minneapolis: Fortress Press), pp.1-16과 Dieter Georgi, 1986, *The Opponents of Paul in Second Corinthians* (Philadelphia: Fortress Press), pp.333-450(특히 pp.390-422) 참조.
27) Georgi, 1991, *Theocracy*, pp.93-95.

게오르기에 의하면, 우선 바울은 디카이오시네(διαιοσύνη)를 "공정함"의 의미를 내포하지만 이것을 더 넘어선 의미를 부여하고 있다. 순교 전승을 재해석한 헬라기독교의 고백적 형식에는 이미 특히 26절 끝에서 하나님의 본성에 관한 숨겨진 주제를 내포하고 있다. 바울은 이러한 동기를 특히 23절 끝에서 강조함으로써 모든 인류가 하나님의 위엄을 상실했다고 주장한다. 여기에서 하나님은 대량 파멸에 이르게 되는 인류의 과실을 묻게 된다. 그리고 21절에서는 그리스도 사건에 나타난 하나님의 디카이오시네(διαιοσύνη)가 하나님 없는 인류와 하나님이 연대감을 성취하셨다고 주장하고자 한다. 바울에게서는 하나님의 지배권이 그 상실의 위험을 무릎 쓰고 행하시는 자신의 편무적인 선제 행위에서 나타난다. 바울은 고백 형식에 나타난 죽음을 암시하는 "예수의 충성"(πίστις Ἰησοῦ)을 22절에 나오는 "그리스도의 충성"(πίστις χριστοῦ)으로 재기술함으로써 예수가 단순히 십자가 처형된 것 뿐 아니라 부활한 것이라는 예수의 변증법적 권위를 드러내고자 한다. 다시 말해서 그의 권위는 하나님과 인류 둘 다에 충성심으로부터 나온다는 것이다. 더 정확히 말하면 예수는 하나님이 죄 지은 인류와 연대하시는 것에 충성한다는 것이다. 바로 이러한 의미가 로마제국의 이데올로기의 근원인 '신적인 인간'(Θεῖοι ἀνθρώποι) 영웅론에 대항하여 균형을 잡으려는 입장을 견지하는 근거가 된다는 것이다. 이러한 영웅론에서는 신적인 개인들이 자신들의 빼어난 덕목과 업적을 통해서 영웅들, 또는 신들의 지위에로 고양되어서 대중적 인간들의 무리와는 다른 지위를 갖게 된다. 이런 식으로 그들은 인간의 영역으로부터 훨씬 넘어서 신적인 전지전능의 의미를 강조하고 매우 당혹스럽게도 당시의 종교적, 사회적 제도들에게까지 일관성 있게 확대 재생산하게 되었던 것이다. 이에 대항하여 바울은 예수 사건(십자가와 부활)이 하나님과 인간의 영역을 동시에 역설적으로 둘 다 연대한다는 의미에서 바로 이러한 로마 제국의 이데올로기의 근간인 신인 영웅론을 비판하고 있는 것이다.[28]

게오르기는 바로 바울의 신학이 로마 제국의 이데올로기를 비판의 극명한 예는 바울이 롬 1-2, 5, 7장에서 유대 선교 신학과 로마 제국의 신학을 간접적으로 비판하는 논점에서 잘 나타나 있다고 주장하게 된다. 게오르기에 의하면, 이 선교신학은 "자유주의적" 유대 종교의 가장 발전된 형태이다. 이것은 사회적 합의로 도출되었다는 정치 전략을 앞세워서

---

28) 위의 책, p.96.

시이저(Caesar)의 로마 종교와 결탁하는 형태로 그 영향력의 결정적 계기를 마련하려 하였다. 바울은 바로 이 선교 신학과 논의하는 척하면서 사실은 보다 광범위한 로마의 정치적 이데올로기와 대결하려 하였다. 1세기의 유대 선교신학은 당시의 로마 정치 이데올로기와 경쟁하기 위해서 그 사회적 합의의 전략을 사회적 유토피아를 확립할 수 있는 제도적 형식으로서 법적 체계를 발전시키는데 집중하게 되었다. 이 유대신학은 단순히 이스라엘의 구속 전승을 집중시키는 것뿐만 아니라 유대교의 법에 대해서 상상적으로 몰입함으로써 유대인 신봉자들뿐만 아니라 로마 제국을 포함한 헬라 세계와 이 세계의 제도들에 그 메시지를 전달하려 하였다. 유대 선교 신학자들은 "자유주의적" 법 해석이 제시하려는 사회적 합의의 전략을 단순히 이론적이고 종교적인 것뿐만 아니라 실제적이고 사회적인 차원에서 까지 그 영향력을 미치려 하였다. 이러한 법에 대한 관심의 대표적인 예로서 필론(Philon)과 요세퍼스(Josephus)의 모세의 법에 대한 토론은 로마의 관료제에 대한 평가에로까지 그 주제의 범위를 확장하게 되었다.29)

　위의 문화적 풍토에 비추어 보면, 로마서의 1-2장에서의 복음(εὐαγγέλιον), 구원(σωτηρία), 신앙(πίστις), 의로움(διαιοσύνη)에 대한 논의는 바로 로마의 정치 이데올로기에 대한 비판이라는 것을 알 수 있다. 1:3-4에서 예수가 진정한 왕이라는 것을 선포함으로써 로마 체국의 황제 시이저가 상징하는 제국의 제도와 비판적 대결을 선언한다. 바울은 여기에서 메시아로서 예수의 왕적인 지위의 기원과 그 중요성을 정치적 차원과 종교적 차원의 이중적 영역에서 왕권의 법적 지위를 드러내려 한다. 롬 1:14에서 바울은 그리스 사람들과 야만인들에게 헬라의 정치적 선전과 유사한 전형적인 형태로 자신의 사도의 선포의 의무감을 나타낸다. 롬 1:16에서 바울의 복음은 악티움(Actium) 해전에서 이룩한 로마 제국의 보편적인 평화에 관한 좋은 소식(복음)과 대결하게 된다. 시이저의 구원처럼 예수 그리스도가 제시하는 하나님의 구원도 세계적이다. 바울에 따르면, 예수의 왕권은 그가 하나님에게 충성함(πίστις)으로써 하나님이 새로운 차원의 인류와의 연대성(διαιοσύνη)을 이룩하였기 때문에 확립되었다고 해석한다. 이러한 예수의 복음은 로마의 지배권의 도구로서 제시된 권력과 폭력의 위협과 법의 행사를 사용할 것 거절할 것을 요구하게 된다. 그래서 롬 1:16-17에서 예수가 충성함으로써 이룩한 하나님의 구원은 충성을 확립하여 제시할 뿐만 아니라

---

29) 위의 책, pp.81-82.

우리에게도 또 다른 충성을 요구하는 쌍방간의 상호 연대관계의 길을 드러낸다.30)

특히 1:18-3:20에서 바울은 예수의 활발한 권위와 구원은 권력과 폭력의 행사의 도구적 방편으로서의 법(νόμος)에 기반을 두고 있지 않다는 것을 논의하게 된다. 여기에서 바울은 하나님의 법을 세상을 군림하는 법으로 동일시하고, 법의 수용이 인류의 다양한 방식의 연합을 가져온다는 로마 제국의 시이저 종교에 기반한 정치신학과 교육에 기반한 유대 선교신학의 보편주의적 법 이해를 비판적으로 논박한다. 이 두 가지 신학적 경향은 신성을 법을 통한 주권행사의 기반으로 주장함으로써 보편적 공동체를 보존하고 확립하고 축복하려한다. 이에 반하여 바울은, 법이 혼돈을 의미하고 이를 조장할 뿐이기 때문에 이제 법에 호소하는 사람들은 결국 이를 위반하는 자들로서 그 정체가 드러나게 마련이라고, 주장한다. 이들은, 결국 법에 의해서 지배받는 사람들 사이에 그리고 하나님과의 사이에 연대를 이룩할 수 없게 될 뿐만 아니라, 자신들과 인류를 타락에 길에 가게 함으로써 파멸에 빠지게 될 것이다. 법을 준수함으로써 특권을 가졌다고 생각하는 사람들은 결국 파국을 맞게 되는 현실에 처하게 된다. 이러한 법 이해가 분열을 일으키고, 상호연대에 실패하고, 파국에 처하게 되는 이유는 근원적으로 이들의 보편주의적 법 이해가 한 사람의 엘리트나 영웅을 고도로 발달된 형태로 신비화하는 신인 영웅론(Θεῖος ἀνήρ)에 기반을 두고 있기 때문이다. 이들은 특정한 지배적인 집단의 전승을 특권화하여 아우구스트(Augustus)와 같은 로마의 제국의 통치자를 신성화하는 데서 구체화되기 때문이다. 고린도후서에서 이미 엘리트적인 신적인 인간 영웅론과 연관된 지극히 높은 사도들에 대해서 비판한 바울은, 이번에는 롬 2:1-29에서 다른 사람들을 비판하면서 자신들을 "평범한" 사람들 보다 도덕적으로 우월하여 "폭도"라고 간주되는 무리들 위에 군림해야 한다고 생각하는 개종한 유대인들에 대해서 빈정대면서 신랄하게 비판한다. 이들은 결국 저항을 일으키게 되는 원인을 제공할 뿐이고 다른 사람들을 자신들이 좋아하는 반역 활동에 참여하도록 유인하게 된다. 그들은 결국 진정한 공모자들로서 인류를 파국으로 몰고 가게 된다.31)

그렇다면 바울은 예수의 죽음이 어떻게 정치적 주권과 연대를 가져온다고 생각하였는가? 게오르기는 롬 5:6-8에서 바울은 그리스도 사건을 통해 이룩한 온 인류와의 연대성을

---

30) 위의 책, pp.82-88.
31) 위의 책, pp.88-90.

약한 자와 하나님 없는 죄인들과의 연합에 의해서 완성시킨다고 주장하게 된다. 그리스도는 자신을 순교자로 자처하면서 혼돈을 일으키는 무법자들과 반역자들과도 연대하게 된다. 그는 유대와 로마의 도덕적인 원칙을 단순히 종교적 개인적 차원이 아니라 사회적 정치 윤리의 차원에서도 거부하게 된다. 이러한 순교관은 당시의 사회적 정치적 삶에서 압도적으로 요구되는 로마 제국의 일방적 충성심 이해에 저항하게 된다. 이러한 충성심은 항상 피통치자의 통치자에 대한 일방적인 충성심을 말한다. 바로 그리스도 사건은 권력, 특권, 법, 정의, 폭력의 순환 고리를 끊게 되어서 법뿐만 아니라 이 법에 의해서 가져오는 소외와 타락으로부터 인류를 구원하고자 하는 것이다. 예수의 죽음은 인류와 하나님 사이의 새로운 차원의 연대성을 확립하게 된다. 특히 롬 5:12-21에서는 예수가 그의 쌍방통행의 충성심(πίστις)를 통해서 새로운 진정한 인간성이 구현된 존재로 드러난다. 여기에 나타나는 법 이해에 관해서는 하나님의 법은 하나님 자신의 충실함이며 하나님이 인류와의 연대성을 확립함으로써 형성되는 하나님의 주권이다. 이제 하나님의 주권은 그리스도의 충성을 통해서 법에 표현된 의지에의 복종에 나타나는 것이 아니라 인간의 실존, 연약함과 약점의 한계성에 대한 복종에 나타난다. 이 새로운 인간성 안에서 정의는 모든 사람들이 참여하여 이룩하는 연대성에 근거한 새로운 주권을 의미한다. 이것은 하나님 자신이 예수의 죽음을 통해서 로마 제국이 아우구스투스를 통해서 이룩하려 하였던 인간의 일방적인 통치자의 특권과 헤게모니와 권위에 의해서 형성하려는 통치 모델을 거절한다는 것을 의미하기도 한다. 바울은, 새로운 아담에 의해서 새로운 인간성이 재현된다고 주장하는 유대 선교신학의 영지주의적 인간 이해와 이를 세속화시킨 시이저에 의해서 재현되는 새 시대의 인간성의 출현도 거절하게 된다. 이것은 하나님 자신이 예수의 죽음을 통해서 모든 인간의 일방적인 통치자의 특권까지도 거절하는 것이다. 이제 바울에게 예수는 이제 모든 인간들과의 화해자이며 세계의 통치자를 대표한다고 여겨진다.32)

3. 엘리옷과 게오르기의 정치적 해석을 넘어선 로마서의 속죄론

로마서에는 의인론만이 아니라 속죄론을 암시적으로 나타나는 구절들이 다양하게 나

---

32) 위의 책, pp.97-100.

타난다(롬 3:25, 4:25, 5:6, 5:8-10, 6:2, 8-10, 8:3, 8:19-23, 8:32, 8:34, 12:1, 14:9, 15:16).[33] 특히 롬 8:32, "자기 아들을 아끼지 아니하시고 우리 모든 사람을 위하여 내어 주신 이가 어찌 그 아들과 함께 모든 것을 우리에게 은사로 주지 아니하시겠느뇨"에서 아브라함이 이삭을 희생 제사로 하나님께 드리는 창 22:12의 인유 "네 아들, 네 독자라도 내게 아끼지 아니하였으니 내가 이제야 ……"와 연관된다. 여기에서 '준다'는 어구는 유대적인 속죄제의 전승의 흔적을 내포한다. 또한 롬 4:25의 "예수는 우리 범죄함을 위하여(διὰ: 때문에) 내어줌이 되고(παρεδόθη) 또한 우리를 의롭다 하심을 위하여(διὰ: 때문에) 살아나셨느니라"는 이사야 53:12의 인유와 연관된다. 이사야 53:12에서는 '때문에'(διὰ)와 '넘겨주셨다'(παραδίδωναι)는 70인 역의 어구가 나온다.[34]

또한 롬 14:8-9("우리가 살아도 주를 위하여 살고 죽어도 주를 위하여 죽나니 그러므로 사나 죽으나 우리가 주의 것이로다 이를 위하여 그리스도께서 죽었다가 다시 살으셨으니 곧 죽은 자와 산 자의 주가 되려 하심이니라")에서는 "우리를 위하여 죽으셨다"는 속죄론적 모티브를 내포하고 있다. 로마서에서 '그리스도가 우리를 위해서(ὑπὲρ) 죽으셨다'는 표현은 고전 15:3b의 '우리의 죄를 위하여'의 표현이 생략된 형태라는 것을 알 수 있다 ("이는 성경대로 그리스도께서 우리 죄를 위하여 죽으시고 장사 지낸 바 되었다가 성경대로 사흘 만에 다시 살아나사").[35] 여기에서 첫 번째의 '성경대로 우리의 죄를 위하여 죽으시고'는 이사야 40-55장의 '종의 노래'(사 42:1-9, 49:1-6, 50:4-9, 52:13- 53:12)에 나타난 '고난의 종' 인간의 대속적 자기희생의 전승을 나타낸다고 볼 수 있다. 여기에서는 이제 범죄자 자신을 대신하는 보복할 수 없는 동물이 아니라, 인간인 종이 자기희생으로 이스라엘 전체의 죄 대신 고난당하게 되어 희생제물로서 죽게 되는 대속적 자기희생을 의미한다고 해석할 수 있다.[36]

---

33) C. M. Tuckett, "Atonement", pp.518-522와 Hans-Josef Klauck, "Sacrifice", *Anchor Bible Dictionary* vol. V., (New York: Doubleday), pp.518-522.
34) 헹겔,『신약성서의 속죄론』, 2003, pp.84-105.
35) 위의 책, pp.84-93.
36) 류성민,『성스러움과 폭력』, 2003, 서울: 살림, 72; "실상 그(종)는 우리가 앓을 병을 앓아 주었으며 우리가 받을 고통을 겪어 주었구나 – 그를 찌른 것은 우리의 반역죄요 그를 으스러뜨린 것은 우리의 악행이었다. 야훼께서 그를 때리시고 찌르신 것은 뜻이 있어 하신 일이었다. 그 뜻을 따라 그는 자기의 생명을 속죄의 제물로 내놓았다."(이사야 53:4-10, 공동번역)

우리는 이제 로마서에 나타나는 그리스도의 죽음에서 발현되는 속죄론의 사회적 의미를 살펴볼 필요가 있다. 위의 위에서 알 수 있는 바와 같이, 로마서에 나타나는 메시아로서 그리스도가 우리의 죄를 위해서 죽으셨다는 속죄론적 의미는, 이제 우리를 위해 죽은 자가 단순히 구약의 '고난의 종'이 아니라 더 나아가서 미래의 종말론적 왕인 메시아 자신('그리스도')의 죽음이라는 것이 부활에 의해서 확증된다는 확신 때문에, 언제나 죽음과 부활이 함께 나란히 나오게 되었을 때 온전히 표현된다. 이제 그리스도의 부활은 십자가에 자기희생으로 죽은 자가 메시야라는 것을 확인시킨다면, 이는 메시야의 대리적 효과와 그 속죄의 의미가 가장 극대화된다는 것을 알 수 있다. 이러한 표현들은, 엘리옷이 주장하는 바와 같이, 단순히 제의적 요소가 새롭게 재구성된 묵시문학사상의 사유 방식에서만 나타나는 것인가? 우리는 로마서의 속죄론을 전통적인 유대 종교에서 시행되는 대속죄일(Yom Kippur)의 배경 속에서도 새롭게 재해석할 필요가 있다. 메시아의 자발적인 자기희생의 죽음은, 사회적 유대와 일체성이 왕에 의해서 형성되는 고대 이스라엘에서는 국가 통치 질서 전부의 문제로서 이해되므로, 온 백성에게 그 속죄의 효과가 미치게 된다. 이것이 특히 보다 구체적으로 제시된 것이 롬 3:25이다("이 예수를 하나님이 그의 피로 인하여 믿음으로 말미암는 화목 제물(ἱλαστήριον)로 세우셨으니 이는 하나님께서 길이 참으시는 중에 전에 지은 죄를 간과하심으로 자기의 의로우심을 나타내려 하심이니"). ἱλαστήριον이 구약에서 속죄제물과 그 피가 뿌려지는 장소인 속죄단을 둘 다 의미할 수 있다는 의미에서37), 이 본문의 구속론적 동기는 대속죄일에 대제사장이 함께 지성소 앞에 참석한 사람들 모두의 죄가 그 속죄단에 뿌려진 속제물의 피로 말미암아 깨끗하게 하는 대속죄일의 속죄제의 전승(레 16장)과 연관된다는 것을 알 수 있다(비교 히 7-8장). 이러한 전승에 비추어 보면, 이 구절은 율법에 규정된 속죄단에 바쳐진 희생제물이 예수의 희생의 피로 세운 믿음에 의해서 대체되었다는 것을 의미한다. 여기에서 바울은 속죄의 희생양이 오염된 이스라엘을 정결하게 만들어서 하나님의 분노를 유화시키는 것처럼, 하나님의 자비에 의한 의로운 판단이 예수의 십자가의 피에 의해서 하나님의 자비로운 의로운

---

37) 힐라스테리온(ἱλαστήριον)이 '속죄단'과 '희생물' 둘 다를 의미할 수 있다는 주석학적 근거와 이에 관한 속죄론적 해석의 중요성에 관해서는 변종길, "로마서 3장 25절의 힐라스테리온", <개혁신학과 교회> 통권 10호(2000), 천안: 고려신학대학원, pp.73-102 참조.

판결이 임하게 되는 구속사건을 제시하고 있는 것이다.

여기에서 최근 바울의 속죄론의 사유 구조를 이론화하려 하였던 핀란(S. Finlan)의 통찰에 의하면, 로마서의 속죄론에서 특히 중요한 점은 위와 같은 속죄론적 모티브들이 구체적으로 죽은 순교자의 모델(3:21-26)을 따라 여러 가지 은유적 방식으로 구속론적 주제를 드러내고 있다는 점이다. 제의적 은유로는 아자젤의 희생 염소와 각종 희생 제의, 경제적인 은유로는 노예를 속량하는 구속(λύτριον), 사회적 은유로는 양자삼음과 화해(κατα-λλαγγή), 법적 은유로는 의인화(διαιοσύνη) 등이다. 그런데 여기에서 중요한 것은 이런 다양한 은유적 변형들은 제의적 은유에 의해서 발생하고 있다는 것이다. 소위 의인론이나 화해론 조차도 바울의 사유 속에서는 바로 제의적 은유에 기초하고 있으며 사실 이 제의적 은유는 예수 메시야가 순교자적 죽음의 문자적 모델에 근거해서 발생하였다. 예수의 순교적 죽음의 구체적 사건은 법적이거나 사회적이거나 경제적 은유로 나타나는 것이 아니라 우선 먼저 예수가 정결례적 피가 뿌려지는 속죄단 자체(롬 3:23-26)가 되었다는 제의적 해석을 가져오게 된 것이다. 더구나 예수의 제의적 죽음이 다른 영역에로의 은유적 변형의 원인이 된다. 예를 들면, 롬 5:9-10을 보면 그리스도의 피가 신앙을 가진 자의 지위가 바뀌게 되는 수단으로 여겨지고 있다. 9절에서는 희생의 피가 하나님의 진노를 완화시키게 한다: "그러면 이제 우리가 그 피를 인하여 의롭다 하심을 얻었은즉 더욱 그로 말미암아 진노하심에서 구원을 얻을 것이니"(9절) 또한 10절에서는 아들의 죽음이 화해의 상호 협상을 가능하게 하는 교섭 자금(bargaining chip)으로 화해의 원인이 된다: "곧 우리가 원수 되었을 때에 그 아들의 죽으심으로 말미암아 하나님으로 더불어 화목된 자로서는 더욱 그의 살으심을 인하여 구원을 얻을 것이니라"(10절) 또한 롬 5:6, 8에서도 그리스도의 제의적 죽음은 "우리를 위하여"(8절)가 암시하듯이 하나님의 사랑이 확증되는 근거로 이해된다: "우리가 아직 연약할 때에 기약대로 그리스도께서 경건치 않는 자를 위하여 죽으셨도다 …… 우리가 아직 죄인 되었을 때에 그리스도께서 **우리를 위하여 죽으심으로** 하나님께서 우리에게 대한 자기의 사랑을 확증하셨느니라".38)

여기에서 우리는 이러한 로마서의 속죄론의 특징을 위에서 논의한 엘리옷과 게오르기의 주장과 토론할 필요가 있다. 우선 엘리옷은 예수의 속죄론적 죽음 보다는 부활을 통해

---

38) Finlan, 2004, *The Background and Content of Paul's Cultic Atonement Metaphors*, pp.211-216.

나타나는 하나님의 새로운 통치권과 묵시문학적 시대 변경에 따라 일어나는 새로운 생명의 축복을 더 중요시 한다. 그는 제의적 죽음이 구원 사건의 원인이라는 점이 중요시되기 보다는 이 죽음을 극복하는 부활 사건이 바울이 로마 제국의 주권까지도 거부하게 만드는 묵시문학적 시대 변이의 효과를 가져온다는 점이 중요하다고 주장한다. 이 효과는 죽음의 권세를 무너뜨리고 새롭게 나타나는 그리스도의 통치권과 세례 의식을 통해서 이러한 통치권이 각 개인을 의롭게 하고 성결하게 하는 그리스도인의 존재론적 정체성의 변이다. 그러나 위의 판란의 속죄론 논의에 비추어 보면, 시대 변이를 가져오게 되는 결정적 계기는 로마서에서는 "그리스도의 피"라는 제의적 은유로 표현된 예수의 십자가 사건이다. 비록 바울이 묵시문학적 사유 방식으로 그리스도 사건을 再기술하였을지라도, 이 묵시문학적 사유방식을 통해서 교회의 구체적인 윤리를 제시할 때는 역시 제의적 은유로 제시되고 있다. 특히 로마서에서는 고린도전서에서 기술되는 '십자가 처형'이 '그리스도의 피'로 표현된 점이 주목될 필요가 있다. 다른 한편, 게오르기는 속죄론의 제의적 은유보다는 그리스도의 신실함에 의해서 이룩된 하나님의 의와 인간의 의롭게 된다는 두 가지 의미의 의인론이 하나님과 인간의 유대성과 다양한 계층과 성과 인종 간의 연대성을 확립한다는 점을 강조하게 된다. 게오르기에게는, 속죄론적 은유가 강조되는 것이 아니라 의로움의 신학적 주제가 통치성과 주권성을 나타내는 정치적 은유로 재해석 되어야 한다는 점이 중요시 된다. 속죄론은 연대성을 의미하는 의인의 정치적-법적 은유로 환원된다. 이 의인론에서 정치신학적 의미가 새롭게 도출될 수 있다. 예수의 십자가의 죽음이 의미하는 바는 이제 非엘리트주의적 통치권이 확립되었다는 점과 범법자와 반역자와 연대하는 예수의 사회적 전복성이 인정되었다는 것이다. 그러나 게오르기의 해석에 대하여 비판한다면, 여기에서는 제의적 은유가 내포하고 있는 집단적 폭력성의 문제가 삭제되었다는 것이다. 마찬가지로 위의 판란의 속죄론 논의에 비추어 보면, 로마서에 표현되는 제의적 은유로서의 '그리스도의 피'는 이스라엘 전체의 폭력성과 로마제국의 야만적 십자가 처형 둘 다를 문제시하는 권력의 폭력성의 고발적 기능을 강화시킨다. 바로 이러한 제의적 은유는 정치적 은유, 사회적 은유, 법적 은유가 갖지 못하는 속죄의 제의적 은유가 주는 사회적 의미를 내포하고 있는 것이다. 바로 이러한 제의적 의미와 연관되는 것이 바로 인간의 생명 자체를 근원적으로 위협하는 우주적 의미의 죄와 사망의 세력이 철폐된다는 로마서의 핵심 주제이다. 이런 점에서 게오르기의 정치적 해석은 제의적 은유를 이데올로기나 정치적 의미로 환원시키는 해석의 한계를 내포하고 있다.

다른 한편, 위의 로마마서의 속죄론에 내포된 제의적 은유의 중요성을 극대화시키고 그 함축된 사회적 의미를 명료히 이해하기 위해서는 구약의 희생제의의 속죄 전승이 함축하는 사회적 의미를 우선 고찰할 필요가 있다. 구약 속죄 전승에 의하면, 희생제물은 죄를 지은 사람의 사회적 신분과 지위에 따라 그 속죄 제물의 대상과 피 뿌리는 장소도 달리 선택된다. 신분이 높은 사람일수록 더 귀하고 값비싼 속죄 제물을 바쳐야 한다.39) 뿐 아니라 폭력의 사회적 위기를 해결하기 위해서는, 신명기 21:1-9에서처럼 그 시체가 발견되었지만 폭력을 저지른 사람이 발견되지 않았을 경우에도 보복의 폭력이 사회 전체에 퍼지게 될 가능성을 차단하기 위해서, 그 공동체의 대표가 어린 암소를 제물로 드리게 되었다(레 5장).40) 이처럼, 어떤 사람이든지 실수나 부주의에 의해 저지른 죄에 대해서 주로 희생제를 드렸다는 것을 염두에 두면, 메시아의 희생 제물에 의한 속죄는 범죄자가 자신도 알지 못하는 죄, 즉 유대인이 아닌 이방인의 죄까지도 속죄할 수 있는 그 최대한의 효과를 가져 올 수 있다고 추론할 수 있게 된다.

다른 한편 유대의 희생제의와 예수의 희생 제물로서의 죽음의 차이를 이해하기 위해서는 희생양의 죽음의 사회적 의미를 탐구할 필요가 있다. 희생양이 된 메시야는 로마의 십자가 처형으로 죽게 된다. 그는 단순히 유대 종교의 관점에서 볼 때 희생양일 뿐만 아니라 노예나 범법자, 그리고 호모 사케르(Homo Sacer), 사회로부터 철저히 버림받아 저주받은 낙인찍인 자로서 처형되었다. 희생양으로 죽은 예수는 메시아이면서 동시에 호모 사케르이다.41) 이것은 유대 대속죄일에 광야에 내쫓김 받고 축출되는 아자젤 염소와 같이 버

---

39) 류성민, 『성스러움과 폭력』, pp.60-65; 사제와 모든 회중은 황소 한 마리를 성막과 분향단 및 번제단에, 고관은 숫염소 한 마리를 번제단에, 일반 백성은 암 염소 한 마리를 번제단에 속죄제물로 바치게 되었다.
40) 위의 책, pp.60-65; 희생제의는 중죄의 경우는 벌을 받은 뒤에 드려졌다. 반면 주로 가벼운 죄, 즉 실수로 제물을 바치지 못한 죄, 야훼 하나님께 불성실한 죄, 사소한 횡령, 도둑질, 실수로 부정한 것을 접촉한 죄에 대해서는 희생제의만으로 그 죄가 사해졌다.
41) 호모 사케르에 관한 자세한 설명에 관해서는 Agamben, 1998, *Homo Sacer*, pp.71-115; 호모 사케르는 단순히 법에 의해서 벌 받은 사람도 아니고, 살해 당한자, 처형된 자도 아니고, 희생제의에 바쳐진 자도 아니다. 이를 신학적 활용하여 예수가 유대 당국으로부터, 로마 당국으로부터, 군중으로부터 로

려져 축출되는 인간 소모품을 나타낸다. 이런 의미에서 로마서의 속죄론의 제의적 의미를 단순히 대속죄일의 희생염소의 피가 속죄단에 뿌려진 것과 관련시킬 뿐만 아니라 대속죄일에 축출되는 아자젤 염소의 '저주 전이 의식'(curse transmission ritual)과 연결시킬 필요가 있다(레 16:6-10). 바울은 로마서 이전에 고전 4:13, 고후 5:21과 갈 3:13에서 이미 예수를 아자젤 희생 염소로 이해하고 있다.42) 이런 해석의 지평에서 보면, 로마서의 속죄론의 사회적 의미는 단순히 예수를 희생제물의 정결 효과가 극대화하는 것일 뿐만 아니라 로마 제국의 법과 통치 질서의 사각 지대에서 축출되는 호모 사케르의 희생염소와 동일시함으로써 유대교의 율법뿐만 아니라, 로마 제국의 법질서에 혜택을 받은 사람들의 지위는 낮아지고, 기존의 로마와 유대의 법질서에서 소외된 최소 수혜자의 지위는 높아지게 된다. 로마서의 속죄론은 법의 근거로서 죄와 사망의 세력과 싸우고 있다면, 이것은 단순히 엘리옷이 말하는 묵시문학적 사유로서만 가능한 것이 아니라, 바로 아자젤 염소를 광야로 축출하는 대속죄일의 희생제의에 비추어서 재해석될 수도 있는 것이다. 또한 단순히 범법자와 반란자와 연대하였다는 게오르기의 속죄론의 사회적 의미를 넘어서 예수는 단순한 범법자와 연대하는 것이 아니라 바로 법의 근거인 죄와 사망과 대결하여 이를 극복하기 위해서 이 세상 질서를 넘어서 지하세계에 사는(chthonic) 신들 중에 하나가 된 바로 호모 사케르로 죽임을 당하셨다고 여길 수 있을 것이다. 호모 사케르로 죽는 예수의 희생적 죽음은 당시 로마 법 자체도 적용될 수 없는 예외적 상태의 처참한 죽음을 통해서 로마 통치권의 근원적 모순을 드러내는 기능을 하고 있는 것이다. 예수의 죽음이 호모 사케르로서의 죽음이라면 그를 신원하신 하나님은 로마법에 의해서 결코 보호될 수 없었던 인권의 사각지대에 버려진 사회적으로 낙인찍인 자들(최소 수혜자)과 연대하여 로마 제국의 근원을 무너뜨리게 된다. 이처럼 예수의 죽음을 저주 전이 의식의 속죄론적 지평에서

마 군인들에게 넘겨져서 버림받은 호모 사케르라고 새롭게 해석한 신학에 관해서는 John Milbank, 2003, *Being Reconciled: Ontology and pardon* (London & New York: Routledge), pp.79-104 참조.
42) Finlan, 앞의 책, pp.1-9, pp.96-114 참조. 고전 4:13 – "비방을 당한즉 권면하니 우리가 지금까지 세상의 더러운 것과 만물의 찌꺼같이 되었도다"; 고후 5:21 – "하나님이 죄를 알지도 못하신 자로 우리를 대신하여 죄를 삼으신 것은 우리로 하여금 저의 안에서 하나님의 의가 되게 하려 하심이니라"; 갈 3:13 – "그리스도께서 우리를 위하여 저주를 받은바 되사 율법의 저주에서 우리를 속량하셨으니 기록된바 나무에 달린 자마다 저주 아래 있는 자라 하셨음이라"

이해하게 될 때, 이러한 죽음을 당한 예수를 따르는 자들은 이제 천상에서는 하나님의 아들의 지위를 얻게 되고, 지상에서는 에클레시아(ἐκκλεσία: 교회)의 구성원으로 인정받게 되는 지위의 역전 현상을 경험하게 된다.

우리는, 일정한 역사적 정황에 따라 의인론의 주제를 묵시문학적 모티브와 연결시키는 엘리옷의 접근방식과 달리, 바울이 어떻게 제의적 은유를 통해서 바로 유대교의 유대교 희생제의의 죽음을 표현하면서도 바로 이 유대교 희생제의에 내재하는 폭력적인 희생양 기제 자체를 해체하려하였는지 논의함으로써 예수의 죽음을 호모 사케르의 죽음으로 이해하는 방식의 속죄론의 사회적 의미를 제시하려 한다. 그리고 어떻게 이러한 로마서의 속죄론의 사회적 의미가 복음서의 속죄론과 달리 에클레시아의 공동체적 사회 정의를 구축하게 되었지 간략히 제시하려 한다.

바로 이러한 호모 사케르로서의 죽음만이 유대교 희생제의의 은유로 표현되었지만 희생제의 자체까지도 폐기하는 역설을 가져온다. 그래서 호모 사케르의 죽음은 유대 제의의 모양이지만 유대교의 희생제의를 폐기시키는 희생양의 죽음이면서, 로마 제국의 십자가 처형을 통한 순교자의 죽음의 모양이지만 로마 법 자체를 폐기시키는 반란자의 죽음의 형태를 취하고 있다. 이제까지 로마서에서 제의적 은유에 의해서 파생된 예수의 죽음에 의해서 이룩된 속죄론의 모티브와 예수의 부활을 통해서 가져오게 되는 시대 변이라고 할 수 있는 법과 죄와 사망으로부터의 해방의 묵시문학적 모티브 사이에서 이를 연결시킬 수 있는 구속론적 준거틀이 존재하지 않았다. 이런 이분법적 구도 속에서 엘리옷은 속죄론을 무시하였고, 게오르기는 묵시문학적 해방의 모티브를 로마 제국과 유대교 선교 신학의 정치 이데올로기를 비판하는 관점으로 재기술하는 데 집중하느라고 바울의 속죄론의 모티브의 독창성을 간과하였다. 바울은 호모 사케르의 관념틀이 없었기 때문에 예수의 죽음을 단지 유대 전통적인 대속죄일 모티브를 통해서 표현하려 하였다. 우리는 호모 사케르의 문제틀 속에서 속죄론의 모티브와 묵시문학적 해방의 모티브를 징후적 독해함으로써 예수의 죽음이 호모 사케르의 죽음에 가까웠다는 것을 알 수 있다.43)

---

43) 호모 사케르의 준거틀에 의한 징후적 독해는 바울이 로마서를 저술하였을 때에는 의식적으로 호모 사케르의 로마적 관념에 의해서 속죄론을 쓰려고 하지는 않았지만 그의 묵시문학적 관점과 속죄론적 관점을 연결시킬 수 있는 준거틀로서 호모 사케르의 희생양 기제를 사용하게 되었을 때 현대적 문제

더구나 호모 사케르의 죽음은 사실 두 가지 유대 제의적 정황이 배경이 된 로마서의 본문에서도 적용될 수 있다. 하나는 롬 8:3에서 예수를 암시적으로 표현되는 대속죄일의 광야에 버려지는 아자젤 염소와 연결시키는 것이고, 다른 하나는 로마서 8:32절에 표현된 예수를 아브라함이 믿음으로 이삭을 바친 희생제의 행위와 연결시키는 것이고 것이다. ① 먼저 롬 8:3("율법이 육신으로 말미암아 연약하여 할 수 없는 그것을 하나님은 하시나니 곧 죄를 인하여 아들을 죄 있는 육신의 모양으로 보내어 육신의 죄를 정하사")은 속죄일의 광야에 추방되는 아자젤의 희생 염소와 연관된다. 여기에서 죄를 정한다는 것은 아자젤 희생 염소가 백성들의 죄를 대신 짊어지고 광야로 쫓겨나는 이미지를 연상시킨다. 추방되어 황량한 광야의 낭떠러지에서 죽게 되는 이 희생 염소가 호모 사케르의 죽음을 암시한다.44) ② 두 번째의 롬 8:32("자기 아들을 아끼지 아니하시고 우리 모든 사람을 위하여 내어주신 이가 어찌 그 아들을 함께 모든 것을 우리에게 은사로 주지 아니하시겠느뇨")의 소위 제물을 제단에 묶어서 번제로 바치는 아케다(aqedah 또는 berakhot) 희생 제의는 호모 사케르의 흔적을 담고 있다. 호모 사케르의 전형적인 예는 로마 제국의 아버지나 유대 아버지(신명기 21:18-21)가 자기 아들의 생명과 죽음에 대해서 갖고 있었던 절대적인 권리(patria potestas)가 행사되는 상황이기 때문이다. 이러한 로마 제국에서의 아버지의 절대적인 권리는 아감벤의 호모 사케르를 예수의 죽음을 새롭게 이해하려 하였던 밀뱅크(John Milbank)가 이미 제시한 것이지만 아브라함의 이삭을 바치는 제의에는 적용하지는 못하고 있다.45)

틀에 근거한 속죄론의 사회적 의미를 도출할 수 있다는 것을 말한다. 이렇게 현대적인 문제틀에 의해서 고대 문서에는 제기할 수 없었던 본문을 새롭게 독해하려는 필자의 로마서에 대한 징후적 독해에 관해서는 김덕기, "로마서에 나타난 율법과 의인 사상에 대한 구조론적 해석", <현대와 신학> 제25집 (2000), 서울: 연세대 연합신학대학원, pp.236-268 참조.
44) 이것은 아감벤이나 밀뱅크가 호모 사케르의 죽음을 암시한다고 제시하지 않았지만 필자가 제시하고자 한다. 롬 8:32의 속죄론적 모티브에 관한 자세한 논의에 관해서는 Finlan, 2004, *The Background and Content of Paul's Cultic Atonement Metaphors*, pp.123-162 참조. 특히 아자젤 염소에 관한 구약학계의 해석에 관한 자세한 토론에 관해서는 왕대일, 2005, "아사젤 염소와 속죄의 날(레 16:6-10): 그 해석학적 재고", <구약논단> 제19집(2005. 12), pp.10-30 참조.
45) 아감벤에 의하면, 이러한 유형의 호모 사케르는 로마 제국의 아버지 자기 아들의 생명과 죽음에 대해서 갖고 있었던 절대적인 권리(patria potestas)와 매우 동형론적 평행을 이루고 있다. 이에 대한 자세한 설명은 Agamben, *Homo Sacer*, pp.87-90 참조; 밀뱅크가 이를 성서적 근거와 연결시킨 토론에

바로 이러한 호모 사케르의 관념을 통해서 우리는 바울서신의 희생양 모티브들에 나타난 탈근대적/탈현대적 속죄론의 사회적 의미를 제시할 수 있다.46) 바울의 역설적인 **메시야주의**(Messianism)의 **논리**에 의하면47), 이 호모 사케르는 저주받은 자이지만 사실 메시야로서 그리스도로서 종말론적 의미의 '하나님의 아들'이라면(롬 1:3-4) 모든 사람에게 단번에 훨씬 더 큰 영향력을 줄 수 있게 된다. 그래서 롬 5:8-9에서 구체적으로 구속의 피의 동기가 하나님의 사랑이고 그 효과의 결과는 의롭다고 우리를 인증한다는 것이다.48) 여기에서 하나님의 사랑의 동기가 희생제의 자체까지도 폐기할 수 있는 역설이 가능하다는 추론이 도출된다. 왜냐하면 구약의 희생제의가 사회의 무차별적 폭력을 더 작은 대리

관해서는 Milbank, *Being Reconciled*, pp.81-93 참조. 롬 8:3의 속죄론적 모티브에 관한 자세한 토론에 관해서는 Finlan, 위의 책, pp.171-174 참조.

46) 속죄론에 대한 탈근대적/탈현대적 이해는, 종교적 희생 제의와 희생양 신화에서는 한 공동체의 상징적 질서의 기원과 그 생성 과정에 집단적 폭력이 연루되어 있다는, 은폐된 진실을 드러내고자 한다. 특히 최근 희생제의에 대한 탈구조주의 연구들은 구조가 구조화되고, 재구조화, 탈구조화를 겪게 되는 '상징적 질서'(l'ordre symbolique)의 안과 바깥의 상호 연관성과 교환의 문제, 그리고 그 구조화의 원동력인 힘, 욕망, 충동, 폭력의 현실성과 그 흐름의 정체성에 대한 새로운 이해를 촉구하였다. 그래서 로마서의 희생양 모티브에 대한 탈근대적/탈현대적 해석은 에클레시아의 상징질서의 기원과 그 생성 과정에 은폐되었던 인간의 폭력성과 욕망, 충동과 권력에의 의지에 대한 효과적이고 현실적인 이해 방식에 대해 논의할 필요가 있다. 이 글은, 로마서의 이신칭의에 대한 이전의 해석에 내재하는 형이상학적 폭력을 심문함으로써, 욕망, 충동, 권력에의 의지에 의해서 희생양 기제를 재생산하고 있는 21세기 탈현대성의 정황에 보다 적합한 속죄론을 새롭게 제시하고자 한다. 이러한 접근방식과 그 구체적인 성서 해석의 다른 예에 관해서는 김덕기, "후기구조주의의 지적 도전과 21세기의 신학을 위한 성서 해석", <신학논총> 제2집(1997), 서울: 연세대연신원, pp.183-220 참조.

47) 메시야주의의 논리에 관해서는 Jacob Taubes, 2004. *The Political Theology of Paul* trans. Dana Hollander (Stanford: California), 5-54, 115-128. 이러한 논리란 십자가에 처형되어 명예가 훼손된 예수가 바로 메시야 였다는 신앙에 근거하여 율법에 의해서 확립된 유대교의 정통 신앙을 폐기하거나 혁명적으로 재구성하려는 논리를 말한다. 이러한 메시아주의 논리는 역사의 파국적인 차원에 나타나는 메시야에 의한 구원의 경험과 관련된 역설적 의미의 **신앙관**, 문자적 의미와 자기 정당화에 고착된 유대법을 넘어서 헬라적 주권성을 비판할 수 있는 역설적 의미의 **법 이해**, 실존주의적 이해의 지평을 넘어서 속죄의 날에 이스라엘 공동체 전체에 나타나는 하나님의 저주와 이것의 중지(자비)가 동시에 나타나는 역설적 의미의 **의인론**, 단순히 캐토릭이나 유대교가 강조하는 행위를 통한 구원을 극복하는 의미를 넘어서 로마 제국의 정치적 주권을 극복하고 새로운 에클레시아의 의로운 통치를 확립한다는 역설적 의미의 **복음 이해** 등에 적용되어 나타나게 된다.

48) 롬 5:8-9 – "우리가 아직 죄인 되었을 때에 그리스도께서 **우리를 위하여 죽으심으로** 하나님께서 우리에게 대한 **자기의 사랑을 확증하셨느니라** 그러면 이제 **우리가 그 피를 인하여 의롭다 하심을 얻었은즉** 더욱 그로 말미암아 진노하심에서 구원을 얻을 것이니"

적 폭력(동물의 피를 흘림)에 의해서 차단하는 것이라는 점에서 암묵적으로 폭력을 인정하는 것이었던 반면, 이제 하나님에게 죽기까지 복종하는 그리스도의 자기희생적 죽음은 자신은 호모 사케르가 되지만 이를 통해서 우리는 의롭게 되는 지위 역전의 구속 사건이며, 희생제의 자체까지도 이제는 무효화시킴으로써 십자가 사건을 최종적인 희생제의로 만드는 하나님의 '전복적인' 혁명적인 정의로운 통치의 구현 사건이기 때문이다.49) 그래서 이제 롬 6:10(비교 고후 5:14-15)에서는 십자가에 달리신 그리스도의 죽음이 온 인류의 죄에 대해서 죽는 최종적인 속죄의 죽음이라는 것을 암시적으로 제시한다("그의 죽으심은 죄에 대하여 단번에 죽으심이요 그의 살으심은 하나님께 대하여 살으심이니"). 이로써 구약의 이스라엘 공동체의 상징적 질서는 폐기되고 일시에 새로운 기독교 공동체의 상징적 질서가 탄생된다.50) 결국 에클레시아의 탄생은 집단적 폭력의 희생양 기제 자체를 폐기하는 그리스도의 反폭력적인 호모 사케르의 희생적 죽음에서 유래한다.

특히 롬 3:21-26은 로마서가 저술된 구체적인 정황에 일치되어 로마서 신학의 전체 주

---

49) 이러한 필자의 생각의 근거로서, 예수의 희생적 죽음에 대한 자세한 설명에 관해서는 Schwager, "Christ's Death and the Prophetic Critique of Sacrifice", pp.109-123 참조. 특히 슈바거에 의하면, 예수의 자기희생적 죽음 이해는 다음과 같은 점에서 유대교의 희생제의나 헬라의 고대/원시의 희생제의 이해와 다르다: ① 예수는 하나님에 대한 복종과 反폭력적 사랑을 위해서 자신이 적들에 의해서 핍박당하도록 허용하셨다. ② 예수는 그의 적들까지도 악의 피해자라는 점에서 그의 적들과 동일시한다. ③ 예수는 하나님에게 그의 적들까지도 같은 형제가 되도록 하나님에게 중보의 기도를 드린다. ④ 오순절에 보편적인 성령 강림은 죄인들을 회개하도록 인도한다. 이처럼 예수의 자기희생적 죽음에 관한 이러한 특징들은, 신적인 사랑의 계시와 정의와 복수의 인간적인 생각들이 서로 혼동되지 않도록, 진정한 희생과 거짓 관념의 희생을 구분하게 된다.

50) 위의 희생제의의 사회적 의미는 최근 한 사회의 상징적 질서의 생성과정을 집단적 폭력의 희생양 기제와 상호연관시키는 다양한 학자들 사이에서 매우 중요한 논점이 되고 있다. 특히 지라르와 크리스테바(J. Kristeva)에 의하면, 어떤 사회의 상징적 질서는 그 사회의 구성 요소들(그 구성원)이 수평적 평면에서 서로가 서로를 대항하여 싸우고 있었고 이 싸움이 무차별적 폭력과 갈등의 무한대적 증가의 위기 속에 있을 때, 이를 막아내기 위해 그 중 하나가 수직적 하강으로 말미암아 '희생양'으로서 바깥으로 배제되고, 다시 초월적인 '大主體'로 간주되어 수직적 상승을 하게 된다. 여기에서는, 레비-스트로스(Levi-Strauss)에게서처럼 한 사회의 상징적 질서는 태고의 정태적 구조로서 나타나는 것이 아니라, 그 사회의 갈등과 모순, 결핍과 부정의 무차별적 카오스의 양상이 위에서처럼 배제된 희생양의 상승작용에 의해서 기의와 기표, 전언과 약호의 상호결정적이며 변별적인 의미작용의 구조(la signification)(의미의 잉여를 낳는 '주름'[le pli])로 한꺼번에 역동적으로 변형될 때 나타나게 된다. 이에 관한 자세한 논의에 관해서는 지라르,『폭력과 성스러움』, pp.377-412와 Julia Kristeva, 1984, *Revolution in Poetic Language* (New York: Columbia University), pp.72-85 참조.

제를 잘 드러내는 것으로 대단히 활발하게 논의되는 부분이다. 캠프벨(W. S. Campbell)에 의하면, 롬 1:16-17의 의인론의 주제가 로마서 전체의 주제라기보다는 롬 3:21-26에 나타난 구속론의 이중적 의인화의 효과가, 당시의 유대주의와 反율법주의의 두 가지 신학적 경향에 대한 비판으로 볼 수 있기 때문에, 보다 확실한 로마서의 목적을 반영하고 있다고 주장한다.51) 하지만 이 본문의 중요성을 파악하고 이 본문을 철저하게 주석하는 성서학자들조차도 바울의 신학적 전승과 편집을 구분하여 바울의 신학적 의도를 의인론에 초점을 맞추려고 추적하고 있다. 이들은 속죄론적 주제가 가미된 3:24-26a이 바울이 전수한 전승으로 처리하는 반면 나머지 바울의 편집 부분(21-23, 26b)에서는 대개 바울의 속죄론적 해석의 의도가 전혀 나타나지 않는다고 해석하는 경향이 많다.52) 이런 접근방식들은, 결국 이를 토대로 로마서의 전체 수사학적 흐름이 속죄론에 있기 보다는 위의 편집부분을 토대로 로마서의 주제가 부활에 의한 새 시대의 변이라고 주장하였던 엘리옷의 주장처럼 속죄론의 모티브를 극소화함으로써, 그 사회적 의미 도출을 차단하는 결과를 낳게 된다. 속죄론을 극소화시키는 엘리옷의 구속론은 결국 롬 9-11장에서의 유대인과 이방인의 동등성의 맥락에서 의인론의 주제를 구원사와의 관련성에서 논의한 스텐달과 케제만의 논의를 묵시문학적 구도 속에서 정치적으로 재해석한 것에 불과할 뿐이다. 또 다른 캠프벨(D. A. Campbell)에 의하면, 롬 3:21-26에서 의인론에 대한 논의 부분(롬 3:23-24a)은 결국 로마서의 다른 부분에서 이미 토론된 부분의 요약일 뿐이고, 여기에서 논의하고자 하는 바(22b-c와 24b-25b)는 결국 속죄론이라고 주장하고 있다.53) 더구나 핀란은 바로 이 속죄론이 안디옥에서 유래하는 맥카비 4서의 유대인 순교 신학의 재해석이라고 주장한

---

51) W. S. Campbell, "Romans Ⅲ As a Key to the Structure and Thought of the Letter", *The Romans Debate*, pp.251-264. 캠프벨은 이 본문에서 하나님이 그리스도의 신실함을 통하여 유대인에게는 이전의 아브라함의 약속이나 구약 시대의 계약 체결 때와 같이 자신의 의를 드러내시고, 이방인들에게는 이들의 죄를 교정하는 기회로서 하나님의 의로운 판단을 내리신다는 이중적 의인화가 핵심 주제라고 주장한다. 그에 의하면, 이 이중적인 의인화의 주제는 이방계 그리스도인들의 유대주의적 경향과 反율법주의적 경향의 정황과 로마서 전체의 수사적 구조에도 일관성 있게 제시된다.
52) 오우성, "로마서 3:21-31에 나타난 바울의 기독론", <신약논단> 창간호(1995), 서울: 한국신약학회, pp.69-90.
53) Douglas A. Campbell, 1992, *The Rhetoric of Righteousness in Romans 3:21-26* (Sheffield: JSOT Press), pp.177-203.

다.54) 여기에서 중요한 것은 바울이 바로 이러한 역사적 사건의 예형론적 해석에 의해서 예수의 죽음의 문자적 의미는 순교자의 죽음에 가깝다는 것을 확정하였고, 이 순교자적 죽음의 모델을 통해서 제의적, 경제적, 사회적, 법적 은유를 추론하였다는 것이다.

위의 전승(3:24-26a)을 원시기독교의 종교사적 배경에 비추어서 달리 고찰한다면, 우리는 이 부분을 바울이 속죄론적 해석을 삭제하였다는 엘리옷의 주장과 달리, 속죄론의 사회적·정치적 의미를 바울이 새롭게 확립했다고 이해할 필요가 있다. 우리는 바울이 특히 헬라계 기독교의 순교자의 숭고한 죽음과 화해, 그리고 최초의 인류 아담에 대한 영지주의적 구속론의 모티브들을 유대 **메시아주의의 구속사**에 의해서 종합했다고 볼 수 있다.55) 이를 토대로, 롬 3:21-26의 본문을 로마서 전체의 **메시아주의**의 맥락에서 재조명하면, 우리는 바울이 원시 기독교의 속죄론 전승을 **메시아주의 논리**의 구도에 의해서 하나님의 정의가 구현되는 에클레시아의 생성을 위한 구속론으로 변형시켜서 다음과 같이 재해석하였다고 볼 수 있다. ① 첫째로, 바울은 우선 기존의 속죄론적 해석들이 특정한 그룹에게만 적용되는 배타성을 제거하기 위해서, 하나님의 의로운 통치의 메시아주의의 논리에 비추어 볼 때 그리스도의 자기희생적 죽음과 부활을 통해서 그 희생제의 자체를 제거함으로써 평등한 자유를 확립하고, 모든 사람들이 육적인 할례가 아니라 영적인 믿음을 통해서 새로운 에클레시의 회원이 될 수 있는 기회 균등의 원리를 확립하게 되었다. 바울은 바로 하나님의 의로운 통치에 근거한 메시아의 구속 활동을 에클레시아의 정의가 확립되는 새로운 계시 자체로 이해하였다. 바로 여기에서 하나님의 창조적 구속 사업은 하나님

---

54) Finlan, 2004, *The Background and Content of Paul's Cultic Atonement Metaphors*, pp.193-210 참조.
55) 유대 종교의 **메시야주의의 구속사**에 관해서는 Taubes, 2004. *The Political Theology of Paul*, pp.13-54, pp.123-131 참조. 타우브스에 의하면, 메시아주의의 구속론은 다음의 네 가지 구성 요소들을 내포한다: ① 대속죄일의 두 희생 염소: 대속죄일 예식에 사용되는 두 마리 희생 염소들은 하나님의 두 가지 속성인 하나님의 자비와 하나님의 분노가 잘 표출될 수 있는 희생제물이다. 하나님의 자비에 의해서 희생 염소의 피가 속죄단에 뿌려지면서 회중들의 오염된 허물이 정화되는 반면, 하나님의 분노에 의해서 아자젤 염소가 광야로 추방되어 파괴된다. ② 헬라적 순교 사상: 이스라엘의 포수기의 고난은 하나님의 분노가 이방 제국을 통하여 나타난 것이고 의인의 순교가 희생 제물이 되어 하나님의 자비가 나타나게 된다. ③ 종말론적 메시야 사상: 요셉의 자손 제의적 메시야가 마지막 날 전쟁에서 장렬한 전투에서 죽게 되지만 다윗의 자손 정치적 메시아는 비신앙인들을 패배시키고 진정한 이스라엘의 세계적인 재배를 확립한다. ④ 구속 신화: 여기에서 아자젤 희생 염소는 광야의 귀신인 아자젤과 하나가 됨으로써 정결/비정결의 경계가 무너지면서 율법 자체의 규범성이 폐기된다.

의 의로서 나타나는데, 이것은 정의로운 사회를 평등한 자유와 기회의 균등에 의거하여 확립하려는 에클레시아의 정치신학적 기초를 확립하게 된다. ② 두 번째는, 바울은 호모 사케르로서 일으키는 속죄론의 사회적 의미를, 율법에 근거한 유대교의 희생제의 체제와 로마의 불의와 불경건으로 물들은 폭력적인 권력 체제를 파기하고 율법, 죄, 사망의 연관성의 존재론적 근거를 근본적으로 무너뜨리는 메시아주의의 '구속론'(3:24: ἀπολυτρώσις)으로 이해하였다. 여기에서는 사회에서 배제된 자(최소 수혜자)가 우선적으로 분배를 받을 수 있는 차등의 정의 원리에 의해서 하나님과 인간, 유대인과 로마인, 노예와 주인, 부자와 가난한자들 간의의 근원적인 화해의 구원사건(Heilsgeschehen)을 정립하려고 하였다.56)

결국, 롬 3:21-26의 하나님의 의의 주제는 로마서 1-13장의 메시아주의적 구속사 구도에 비추어 보면 속죄론이 의인론에로의 은유적 변형을 통하여 다음과 같은 사회적 의미를 나타낸 것이라고 볼 수 있다.57) 특히 이 본문은 유대인과 이방인 모두가 저지른 불의(ἀδικία)와 불경건(ἀσέβεια), 욕망(ἐπιθυμία)으로 물든 죄(ἁμαρτία)의 통치(롬 1:18, 24-27)를 근본적으로 폐기하는 하나님의 정의로운 통치가 이제는 그리스도의 자기희생적 죽음에 의해서 희생제의 율법의 폭력성 자체까지도 무효화시킨다는 메시아주의적 구속사의 새로운 관점을 암시적으로 나타낸다. 하나님의 정의로운 통치 구현의 새로운 방식은 이제

---

56) 위에서 제시한 메시아주의에 의한 로마서 구속론의 해석과 기존의 묵시문학적 구속론의 차이를 이해하기 위해서는 케제만과 엘리옷의 구속론과 대조해 보아야 할 것이다. 이처럼 의인론과 구원사가 묵시문학적 구도에 의해서 표현되었다는 견해에 관해서는 케제만, "바울에 의한 예수의 죽음의 구속론적 의미", "로마서 안의 의인과 구원사", pp.44-47, pp.78-99 참조; 또한 묵시문학사상의 정치적 전복성에 관해서는 N. Elliott, 1990, *Liberating Paul: The Justice of God and the Politics of the Apostle* (Maryknoll, NY: Orbis Books), pp.93-180 참조.

57) 로마서에 대한 메시아적 구속사의 구체적인 적용에 관해서는 Taubes, 2004. *The Political Theology of Paul*, pp.13-54 참조. 이러한 관점에 의하면, 로마서의 구속론적 주제는 불의, 폭력, 범죄로 얼룩진 기존의 통치 구조의 정당성 문제를 제기하는 메시아주의 구속사 이해의 불연속성에 의해 제기되었기 때문에, 속전에 의해서 속박으로부터 해방시키려는 악마와 하나님의 거래를 강조하는 '객관주의적' 속죄론이나, 인간의 타락을 인간 내면으로부터 극복하는 것에 주목하는 '주관주의적' 속죄론에 나타나는 '구원사'(Heilsgeschiete)의 연속성을 전제하지 않는다. 속죄론의 패턴에 관해서는 G. 아울렌(전경연 역), 『속죄론 연구』, 1965, 서울: 대한기독교서회, 최근 이에 대한 논평과 이를 극복하는 새로운 속죄론적 해석에 관해서는 Walter Lowe, "Christ and Salvation", Kevin J. Vanhoozer ed, 2003, *The Cambridge Companion to Postmodern Theology* (Cambridge: Rutledge), pp.235-251 참조.

하나님의 속죄론적 동기에 의해서 결정된다. 전에 율법의 죄를 범한 유대인이나 율법을 알지 못한 이방인도 그리스도의 속죄를 통해서 의롭게 되어서 동등하게 에클레시아에 참여함으로써 하나님의 정의가 구현되는 정치적 비전이 나타나게 된다. 더 나아가서, 이 본문은 그리스도의 자기희생적 구속사건을 통해서 에클레시아 내에서 서로 갈등하는 집단들이 모두가 함께 상호경쟁과 폭력으로부터 근원적으로 해방되는 것과 평화와 화해의 삶의 방식을 실천함으로써 하나님의 정의로운 통치를 구현하는 것을 상호 연결시킨다. 그래서 예수 죽음의 속죄의 모티브(내어줌)와 의로움의 주제가 함께 등장하는 다음 절을 주목해 볼 필요가 있다: "예수는 우리 범죄함을 위하여 내어줌이 되고 또한 우리를 의롭다 하심을 위하여 살아나셨느니라"(롬 4:25) 특히 이에 관해서 서동수는 로마서에서 의인론과 화해론적 속죄론이 나란히 평행되게 나타나는 점을 강조한다. 3:21-26에서 그리스도의 신실함과 그리스도를 믿는 신앙이 동시에 나오는 것과 비슷하게, 롬 5:6-10에서 과거(aorist) 수동형의 '의롭게 됨'(δικαιωθέντες)과 과거 수동형의 '화해되었음'(ὄντες κατηλλαγήμεν)이 동시에 나와서 일회적으로 이미 완결된 과거의 구속사건으로 선언된다는 점이 주목된다.58)

여기에서 이제 마지막으로 토의되어야 할 문제들은 과연 로마서의 속죄론이 지라르의 전형적인 희생양 기제의 사회적 과정을 어떤 점에서 유사하게 드러내고 어떤 점에서 다르게 나타나는지, 특히 이것이 희생양 기제의 폭력성의 진실을 폭로하는 복음서의 특성과 얼마나 유사하거나 다른지 이다.59) 이제 위의 로마서 해석에 근거하면, 로마서(특히 1-2

---

58) 서동수, "그리스도의 믿음인가 아니면 그리스도에 대한 믿음인가?", 2002, pp.671-696; "그러면 이제 우리가 그 피를 인하여 **의롭다 하심을 얻었은즉** 더욱 그로 말미암아 진노하심에서 구원을 얻을 것이니 곧 우리가 원수 되었을 때에 그 아들의 죽으심으로 말미암아 하나님으로 더불어 **화목되었은즉 화목된 자**로서는 더욱 그의 살으심을 인하여 구원을 얻을 것이니라"(롬 5:9-10)
59) 르네 지라르(김진석 역), 『희생양』, 1998, 서울: 민음사, pp.44-81, pp.175-207. 지라르는 여기에서 복음서가 어떻게 희생양 기제에 따라 예수가 죄 없는 희생양이 되었는지, 복음서가 다른 희생양 신화나 역사적 문서와 전혀 다르게 이 박해자의 관점이 아니라 피해자의 관점에 의해서 희생양 기제의 박해와 폭력성의 자기 기만적 진실을 폭로하는 계시적 기능을 가지고 있는지, 또한 복음서가 어떻게 예수가 다른 희생양과 달리 무의식적인 죄를 폭로하고 이들을 용서하려고 하는지 자세히 논의하고 있다. 특히 지라르는 신화나 역사적 문서에서 는 희생양 기제를 감추고 있어서 박해자의 관점에서 쓰여진 텍스트 '의' 희생양, 즉 **구조하고 있는** structurant 텍스트의 테마('구조적' *structure* 메카니즘)를 구조주의 분석에 의해서 겨우 찾아낼 수 있지만, 복음서는 희생양 기제를 노골적으로 보여주고 있어서 텍

장)는 로마제국과 유대교 내의 모든 사람들이 차이 없이 불경건과 욕망과 무차별적 폭력에 직면하여 무의식적 욕망의 경쟁 대상을 향해 서로를 모방하며 욕망하면서 무차별적 폭력의 위기(초석적 폭력)의 상황에 처해있다는 점을 암시적으로 드러내고 있다고 간주할 수 있다. 이들의 죄의 보편성은 지라르의 희생양 기제에서 초석적 폭력의 위기의 상황으로 간주할 수가 있다고 볼 수 있다. 또한 희생양 기제에서 희생의 위기를 극복하기 위해서 대리적 희생물(surrogate victim)이 주로 임의로 선정된 타지에서 온 이방인이거나 예외적으로 탁월한 인물로서 왕이 될 수 있는 것처럼, 로마서에서는 이스라엘 공동체의 하나의 구성원 중 임의적인 이방인 희생물이라기보다는 탁월한 인물로서 이스라엘의 왕이 선정된다. 로마서에서는 이 왕이 처음부터 그 하나님의 아들 또는 메시아라는 특정한 인물로 내세워진다. 또한 복음서에서는 예수 그리스도가 이스라엘 백성의 안녕을 위해 이유 없이 미움을 받고 대신 죽는 죄 없는 희생양으로서(요 11:47-53, 요 15:25) 이해되고 무의식적으로 저지러진 박해자들의 죄까지도 용서를 구하는 자로서 묘사되는(눅 23:34) 반면, 이제 로마서에서는 예수 그리스도의 십자가의 죽음이 단번에 희생양 기제 자체를 파기하기 위해서 우리를 위한 '자기희생적' 죽음으로 이해되는 점이 부각된다(롬 6:10). 로마서에서 그는 희생양으로서 속죄단에 뿌려진 희생양이었지만 그의 부활로 수직 상승하면서 새로운 숭배의 대상인 주 그리스도가 되었다는 대리적 희생양 기제의 전형적 과정인 역전 현상이 암시적으로 나타나게 된다. 다만 로마서에서는, 복음서에서와 달리, 그 경쟁의 갈등과 집단적 무차별적인 폭력의 범죄의 자세한 과정이 나타나 보이지는 않는다. 로마서는, 복음서와 달리. 희생양 모티브와 테마 자체가 은폐되어서 희생양 기제를 노골적으로 드러내기 보다는, 희생양 기제의 구조주의 분석에 의해서만 희생양 모티브와 테마가 드러나기 때문에 그 모티브의 효과로서 드러나는 초석적 희생의 위기가 극복되는 해결의 순간만이 아주 집중적으로 나타난다. 이제 로마서에서는 이 희생양의 효과로서 전면에 드러난 그리스도의 자기희생적 죽음과 부활이 하나님의 은혜로 주어지는 하나님의 의의 복음

트 '안'의 그리고 그 텍스트를 '위한' 희생양, 즉 박해자의 관점을 비판하기 위해서 피해자의 관점에서 쓰여진 '무죄'의 희생양을 쉽게 찾을 수 있게 된다. 이러한 미묘한 차이에 대한 논평과 그 중요성에 관해서는 Mack, "The Innocent Transgressor", pp.141-147, 지라르의 복음서 이해와 달리, 복음서의 희생양 기제의 은폐성을 주장하는 시도로는 Price, *Deconstructing Jesus*, pp.169-211 참조.

을 확립시킨다는 내용의 결과만이 강조된다. 이제 그리스도의 대속적 죽음을 통하여 새로운 상징적 질서인 기독교의 신앙체계가 이루어지며, 이로 인해 희생제의의 폭력에 대해서는 反폭력의 하나님의 사랑과 이에 수반되는 사랑의 윤리가, 죄의 상스러움에 대해서는 의의 성스러움이 확립되는 은혜에 기초한 기독교의 공동체, 즉 에클레시아의 상징적 질서가 탄생되었다는 구속론의 결과적 내용이 강조된다.

4. 결론: 로마서의 속죄론에 대한 탈근대적 재해석과 그 중요성

위에서 로마서의 속죄론의 사회적 의미에 대한 토론에서 볼 수 있는 바와 같이, 바울은 원시기독교의 순교 전승에 근거해서 의인론에 나타난 하나님의 통치의 질서와 속죄론적 동기를 연결시키려 하였다는 것을 보여주었다. 로마서에서는 하나님의 정의로운 통치의 복음은 유대교의 희생 제의와 율법의 효용성을 폐기할 뿐만 아니라, 대속죄일의 희생 제의에 근거한 메시아주의의 구속사와 호모 사케르의 준거틀에 의해서 매개될 때 로마제국의 통치 질서의 근거, 즉 죄와 불경건을 낳는 형이상학적 폭력성을 비판할 수 있게 된다. 로마서의 속죄론은 유대교의 광야로 추방된 아자젤 희생 염소와 예수의 호모 사케르로서의 죽음과 연결시킴으로써 평등한 자유와 기회균등을 동시에 보장하려는 포괄주의적 참여와 차등의 원리에 의해서 최소 수혜자까지도 인정하는 사회적 의미를 내포하게 된다. 그리고 이러한 속죄론 해석에 근거한 로마서의 구속론은 그리스도의 죽음과 부활을 통해서 희생제의 자체를 파기함으로써 하나님의 사랑을 확증하는(5:5, 8, 8:31) 역설적 복음을 확립하고, 이 복음에 근거해서 당시의 유대교의 율법주의에 근거한 통치권의 정당성의 문제와 로마제국의 폭력과 불의로 물든 죄의 문제(1:18, 24-27)를 근원적으로 해결할 수 있게 된다. 이 하나님의 정의로운 통치를 보장하는 '하나님의 의'에 관한 로마서의 복음은 단순히 유대의 법 체제와 이를 뒷받침하는 희생 제의의 정결체제만을 비판하는 것이 아니라, 로마 제국의 '의'와 황제에게 주어진 절대적 주권, 그리고 폭력적인 통치권을 비판하게 된다. 이러한 로마서의 구속론의 사회정치적 의미는 유대교의 메시아주의의 구속사의 지평에 의해서 제의적 은유로 표현된 속죄론을 재해석하게 될 때 더 잘 설명될 수 있는 것이다.

이런 의미에서 로마서에 나타난 속죄론적 구속론은 유대교의 희생제의 뿐만 아니라 로마 제국의 폭력성까지도 근원적으로 극복하려는 포괄주의적 참여의 정치사상과 상호인정의 화해의 사회적 삶의 방식을 제시하려 하였다. 로마서는 메시야주의적 구속론의 역사 이해와 이에 근거한 하나님의 통치 관념을 기독교 공동체의 정치적 정체성의 한 패러다임으로 보여줌으로써 유대교의 선교신학과 로마의 정치 이데올로기와 대조되는 참여의 정치적 체제와 화해(11:15)에 근거한 평화 사상(12:14-20)을 설정하려 하였다. 로마서는 기독교가 근원적으로 참여와 화해(5:1-11), 그리고 사랑과 평화(12:18, 14:19)를 유도하는 하나님의 복음에 근거한 속죄론의 사회적 의미를 제시하고 있다는 점을 더욱 중요시해야 할 것이다. 로마서는 하나님의 사랑과 구속론적 복음에 의하여 에클레시아 공동체의 정의를 확립하고, 이러한 보편주의적 참여를 유도하는 속죄론의 사회적 의미와 이에 근거한 화해의 삶의 방식이 구원의 길이라는 복음을 선포하게 된다. 이것은 참여/화해의 구속론적 신학적 범주가 선택/예정이나 칭의/성화보다 더 존재론적으로 우선한다는 것을 암시적으로 보여준다. 그러므로 로마서에서는 의인론이나 구속론적 복음이 될 수 있는 것도 참여/화해의 정치신학과 사랑/평화의 삶의 자세가 수반되었을 때 가능한 것이다. 결국, 로마서는 로마 제국의 근거를 비판하지만 배제/대항 보다는 참여/화해의 역설적 지혜를 제시하게 된다.

더 나아가서 로마서의 속죄론은, 상징적 질서의 기원이 인간 상호간의 모방적인 욕망과 경쟁의 갈등으로 인해 발생하는 무차별적 폭력의 위기에서 단 한사람의 희생양을 만장일치로 만드는 폭력적인 희생양 기제에 있다는 지라르의 희생제의에 관한 이론에 의해서, 다음과 같이 새롭게 재해석 될 수 있다고 볼 수 있다. 기독교의 상징적 질서의 속죄론적 기원에 대해 암시적으로 보여주려는 로마서는 인간들 間의 모방적 욕망과 경쟁적 갈등과 무차별적 폭력성으로 말미암아 집단의 만장일치로 그리스도가 희생양으로 십자가에 처형되었지만 하나님은 자신의 사랑과 정의를 나타내기 위해서 그를 부활시킴으로써 새로운 신앙공동체 에클레시아의 상징적 질서를 생성시켰다는 것을 적나라하게 보여준다. 그러므로 로마서의 속죄론은 기독교 에클레시아의 생성 과정 자체를 자세히 묘사하지는 않지만 희생양 기제의 폭력성을 근원적으로 해체하였던 신학적 동기인 정의로운 통치의 복음과 윤리적 동기인 사랑을 중요시하고 있다. 로마서는, 기독교 에클레시아의 상징적 질서의 기원을 그리스도의 反폭력적 자기희생의 이웃 사랑과 이에 대한 하나님의 구속론적 복음의 계시의 신학적 의미로 간주하였다는 점에서, 당시 로마 제국과 유대교의 이스라엘 공동체의 폭력적인 희생양 기제를 근원적으로 비판하고 있다. 우리는 이제 로마서에서의 속죄론의 사회적 의미와 하나님의 사랑의 축제 활동의 사회적 의미를 우리 시대에 적합한 정치적, 사회적, 법적 제도의 재확립과 새로운 운영 방식에 창조적으로 반영할 것을 요청받게 된다.

이런 의미에서, 로마서의 속죄론은 오늘날 우리에게 하나님의 복음과 자기희생의 사랑에 근거한 에클레시아의 거룩한 축제를 통해 모방적 욕망에 의해 발생하는 무차별적 폭력을 여과시킬 수 있는 기독교 복음의 反폭력적인 해방적인 사회적 의미를 숙고할 것을 촉구한다. 위의 논의에 비추어 보면, 근대성(또는 현대성)의 신화(연역적 이성과 자율에 근거한 근대적 주체)의 허구성(그 형이상학적 폭력성)을 보게 하는 로마서의 속죄론은 이제 21세기를 맞이하는 '현대인들'에게 새로운 사회 공동체의 생성의 준거점으로서 서구의 계몽주의 이후 잊혀진 희생제의의 속죄론 전통에 내재된 중세와 고대의 사유체계와 '인식론적 원리'(*l'épistémè*)를 다시 고찰하고 탐구하도록 촉구한다. 위의 새로운 로마서 해석은 이제 개인적인 위안을 위한 초월적인 영성체험이나 이신칭의의 자기 반성적 양심을 정화시키는 의인론에 대한 지나친 강조가 로마서의 속죄론의 사회적 의미에 근거한 기독교의 실질적 복음에 접근하지 못한다는 것을 가르쳐주고 있다. 반면 아직도 이 근대성의 신화에 사로잡힌 성서학자들은 이제까지 로마서에 나타난 속죄론의 중요성을 간과하고 이신칭의의 의인론에 내재된 개인주의적 근대성의 형이상학적 폭력성을 무의식적으로나마 인정하는 접근방법에 길들어져 있다. 스텡달이 비판하듯이, 특히 서구 기독교의 내적 양심에 기초한 근대적 개인주의를 옹호하는 '루터주의적' 의인론 해석은 근대적 인간의 개인주의적 내재성을 정당화하는 하나님의 초월성을 확립하느라고 상징적 질서의 생성과정에서 은폐된 폭력성을 하나님의 복음에 의해서 차단시키는 구속론의 사회 비판적 기능을 배제시킨다. 더구나 종교의 희생제의 대신에 재판제도가 완성되는 것을 역사의 진보로서 이해하는 근대성의 신화에 사로잡힌 현대인들은 희생제의에 내재된 폭력성까지도 극복하려는 로마서의 구속론적 모티브를 망각하여 현대의 재판제도에서도 희생양을 만드는 인간의 폭력성에 대한 로마서의 근원적인 비판의 관점을 간과하게 된다. 결국 오늘날 현대인들은 희생양의 기제 자체를 차단시키기 위해 설정된 하나님의 복음과 사랑의 구속론적 모티브와 상징적 질서의 기원이 되는 '초석적 폭력'을 제거하려는 복음의 축제적 메시지를 간파하지 못하게 되었다.

하나님의 복음과 사랑에 근거해서 에클레시아의 거룩한 상징적 질서의 근본적 토대로 설정하려는 로마서의 정치신학적 주제에 대한 再고찰이 없이는, 근대 과학의 이름으로 인류의 진보의 신화에 전제되어 있는 인간의 형이상학적 폭력성을 근원적으로 비판하려는 로마서의 '탈현대적' 속죄론의 사회적 의미는 완전히 파악될 수 없을 것이다. 더구나, 로마서의 속죄론의 주제는 고대사회의 상징적 질서의 기원과 생성 과정에서 형성되는 유대교와 로마의 사법체제의 은폐된 폭력성에 대한 비판적 관점을 암시적으로 제시하였다. 이런 관점에서 보면, 로마서의 구속론의 핵심 주제가 모색하는 탈현대적 도전은 현대 사회의 재판제도의 필연적 운영의 현실 속에서 결국 인간의 욕망과 힘의 갈등을 법 체제에 의존하지 않고 풀어갈 수 있는 복음의 속죄론적 모티브의 역설적 지혜를 찾는 것이다.[60] 결론적으로 말하면, 로마서의 의인론의 주제에서 간과되었던 희생제의, 계율적 금기, 종교적 축제 속에 감추어진 무차별적 폭력과 무의식적 모방 욕망의 인간 조건에 대한 현실적 이해를 통해 로마서의 속죄론의 사회적 의미를 새롭게 확립하게 될 때만이 욕망의 끝없는 흐름과 뒤틀려진 착란적 폭력의 난무에서 오는 탈현대의 위기적 상황을 대처할 수 있을 것이다. 로마서의 속죄론에 대한 새로운 해석은 또한 '차이화'의 무한한 재생산으로 일어나는 무차별적 카오스를 다시금 창조적으로 재단하기 위해서 하나님의 사랑의 역설적 차이성을 새롭게 해석하고 메시아주의의 역설적 논리에 근거한 反폭력의 에토스를 재현하는 해석학적 지혜를 필요로 한다. 로마서에서는 '사고되지 않은 사고'의 원천이며 기표 중의 기표가 되는, 희생양 예수 그리스도의 자기희생적 죽음이 희생양 기제의 폭력성을 폭로한다는 점이 주목되어야 한다. 이런 의미에서 이제 이러한 로마서의 새로운 속죄론 해석은, 로마서의 이신칭의의 의인론의 실존주의 해석을 넘어서, 오늘날의 근대성/탈근대성의 형이상학적 폭력의 신화를 근원적으로 비판할 수 있는 새로운 21세기 신학의 토대가 될 것이다.

---

60) 재판제도와 희생제의의 관계에 대한 지라르의 자세한 논의에 대해서는 『폭력과 성스러움』, pp.9-60 참조.

로마서에 나타난 율법과 의인 사상에 대한 탈구조주의적 해석

1. 서론: 연구의 주제와 방법

1) 최근 연구경향과 쟁점

　로마서의 주제는 내적 긴장과 모순으로 가득 찬 바울 사상의 집결체이다. 이전에는 여러 학자들이 이 非일관된 바울의 논의에 대해서 주목하지 않고 다만 로마서의 몇 구절들을 파편적으로 이해하려 하였다. 아니면 주제의 일관성을 미리 교리적 틀에 의해서 상정하는 것을 당연시하기도 하였다. 또는 신학적 토대와 관련된 어떤 특정한 철학틀에 의해 강조되는 요소들을 발췌하여 재해석하는데 그치기도 하였다. 최근의 가장 중요한 흐름은 확실히 이러한 비일관성을 노정시키고 이것을 당시의 로마 교회의 정황이나 유대교의 특성, 또는 바울의 적대자에 대한 세밀한 분석을 통해서 그 非일관된 주제들의 변주의 원인을 역사적으로 해명하려 한다는 점에서 진일보한 것은 분명하다.1) 그러나 이러한 방법은 편지의 생산 조건과 바울 신학의 주제들의 어떤 요소들의 일부와 상호연결시켜서 일반화

---

1) 이러한 새로운 경향에 기폭제 역할을 한 성서학자는 샌더스(E. P. Sanders)일 것이다. 그리고 이들 학자들의 논의를 자세히 소개하고 당시 기독교 공동체의 다양한 흐름 속에서 자신의 입장을 제시한 책은 서중석, 『바울서신해석』, 1999, 서울: 기독교서회일 것이다.

시키려는 경향 때문에, 다양한 악조건 속에서도 전달하려 하였던 로마서의 핵심적인 주제를 보다 포괄적이고 명료하게 명시하지 못하게 된 것이다. 더구나 문제는 이러한 새로운 접근방법에 의한 결론도 결국 현대적 사유들과의 연계성 속에서 바울 신학의 테두리 자체의 한계를 과감하게 극복하고 새로운 재해석의 여지를 남겨두지 못한다는 것이다. 오히려 우리는 여전히 불트만(R. Bultmann)의 실존주의 해석과 같은 과감한 현대적 해석의 길에서 한 걸음도 더 나아가지 못하고 바울 신학의 훈고학적 해석에 머물고 있는 것이 아닌지 묻게 된다.

최근의 바울신학의 연구는 위의 방법론적 한계에도 불구하고 로마서 연구의 새로운 도전과 과제를 남겨 주었다. 특히 샌더스(E. P. Sanders)가 소위 '언약적 율법주의'(covenantal nomism)를 재구성하여 당시의 유대교의 율법과 의로움 이해가 바울이 비판한 것만큼 율법의 행위로 구원받는다는 극단적인 입장을 취하지 않았다는 것을 주장하였다. 이런 전제하에 새로운 연구들은 바울 신학 이해에 있어서 획기적인 수준의 도전으로 바울의 율법 이해와 의로움의 신학을 제시하게 된다. 바울의 율법 이해에서 핵심적인 것은 바울이 율법의 행위 전체를 거절한 것이 아니라, 율법 준수를 이방인의 기독교 공동체 가입조건으로 내세운 것을 거절하여 유대교의 선민주의에 입각한 특권주의의 배타적 장벽을 철폐하는 것이라고 이해하게 된다. 의로움의 신학에 관해서는 이미 유대교에서도 행위가 아니라 은혜로 의롭게 되는 것을 주장하였다고 전제할 때, 바울은 이미 알고 있었던 유대교의 신학을 율법 대신 다만 그리스도 사건에 적용해서 하나님의 은혜를 확인하는 셈이 된다.[2] 이제 바울의 의로움의 신학의 기독교적 특성의 엄격성은 느슨해지고 바울의 이신칭의(以信稱義)신학은 더 이상 기독교의 교리적, 개혁신학적 특성의 독자성을 갖지 않게 되는 상황으로까지 치닫게 되는 분위기가 전개되는 것 같다. 이러한 연구 경향은 로마서의 주제 분석과 해석의 방법과 연구 방향에 있어서 새로운 접근방법을 강력히 요구하기에 이른 것이다.

이러한 방법론적 변화와 당시의 유대교 이해의 새로운 차원은 다음과 같은 구체적인

---

[2] 이 문제는 레이제넨(H. Raisanen)과 샌더스(E. P. Sanders) 사이에서 논점이 된 것이다. 이에 대한 자세한 소개는 서중석, "바울의 율법관 연구동향"과 "율법 행위와 신앙 인의", 『바울서신해석』, 1999, pp.77-104, pp.141-161 참조.

쟁점과 보다 발전된 연구의 과제를 제시해 준다. 바울이 유대교의 율법을 비판하였을 때 당시 바울이 율법 행위 전체를 비판한 것이 아니라, 율법 준수를 가입조건으로 내세운 점만을 공격한 것이라면, 로마서의 주제에서 율법을 법으로 이해하고 이방인과 기독교인에게도 적용하려한 이유가 무엇지의 문제가 제기된다. 이와 관련해서, 바울이 공격하는 유대교의 율법이해와 바울의 유대교 율법 이해가 같거나 같지 않다는 것을 논의하는 최근의 일반적 경향에 대해서 로마서에서는 어떤 점이 같고 또 어떤 점이 다른 것일까? 바울은 단지 율법의 행위가 이방인과 유대인의 경계 지우는 단순한 특권의식을 위해 남용되기 때문에 이를 비판한 것이라면, 바울이 로마서에서 율법을 죄와 사망에 연결시켜서 보편적 인간의 행위의 비극적 조건을 기술한 것(롬 5, 7장)을 어떻게 해석해야 할 것인가?. 위의 질문들과 관련해서 구체적으로는, 바울이 율법의 효용성을 그리스도 사건에 비추어 폐기하려 한 것 같지만 후에 이를 인정하면서 '믿음의 법', '성령의 법' 등의 표현에서처럼 율법의 새로운 개념을 기독교에 다시 적용한 이유와 이러한 비일관성을 어떻게 이해할 것인지의 문제가 제기된다.3) 의로움의 문제의 쟁점은 하나님의 의로움의 주제가 기독교적 정체성을 드러낼 만큼 중요한 교리적 독특성을 갖고 있는 것인지이다. 당시의 유대교의 사유틀을 그대로 유지한 바울이 당시 소위 '언약적 율법주의'의 신학적 원칙(행위가 아니라 은혜로 의로움을 얻게 됨, 행위는 이에 대한 응답이다.)을 그리스도 사건에 그대로 적용하였을 뿐 의로움에 대한 새로운 요소들이 기독교적 교리로서 기능할 만큼 첨부되지 않았다는 도전이 제기되었다.4) 이러한 도전은 결국 바울이 로마서에서 기독교와 유대교의 변별적 차이를 어떻게 이해했는지 보다 심도 있게 탐구하기를 요청한다. 이것은 로마서에서 특히 주목되는 것으로 바울의 의로움 이해의 이중적인 의미(그리스도 사건에서 하나님의 의로움의 나타남과 믿는 자를 의롭게 하심)와 믿음의 의미의 이중성(예수의 신실함과 우리의 신앙)에 대한 고찰을 요구하게 된다. 이것은 다시 바울이 자신이 확신하는 종말론적 관점에 의해서 예수의 그리스도 사건에서의 역사적 사실성을 약화시키고, 의도

---

3) 이 문제에 대한 개괄적인 소개와 논쟁점을 다양하게 다룬 것을 보기 위해서는 전경연, 『로마서 신학』, 1999, 서울: 대한기독교서회, pp.189-200 참조.
4) 이 문제는 스텐달(K. Stendahl)과 케제만(E. Käsemann), 레이젠넨, 샌더스, 던(James D. G. Dunn) 등에 의해서 토론되었다. 이에 대한 자세한 소개는 전경연, 『로마서 신학』, 1999, pp.57-61과 서중석, "율법 행위와 신앙 인의", 『바울서신해석』, 1999, pp.141-173을 참조할 것.

적으로 믿는 사람들의 확신과 의로움의 효과를 하나님과 인간간의 실존적 결단에 의해서 연결시키려 했는지, 아니면 바울 자신이 헬라적 유대교의 예수의 신실함에 대한 이해를 염두 해 두었음에도 불구하고 유대교의 기본 사유틀의 한계로 이를 표출할 수 있는 용어를 만들 수 없었는지의 문제와 연관된다. 이 의로움의 이해의 독특성과 헬라적 유대교의 신실함 이해는 로마서에서 어떤 관련성을 갖고 의로움의 신학이 전개되는지 묻게 된다.

이제 우리는 위에서 제기된 문제들을 효과적으로 답변하기 위해서 로마서에 나타난 율법과 의인 사상의 문제들을 새로운 사유틀로 재해석하려 한다. 우선 우리는 바울이 유대교에서 이해한 율법과 의로움을 비판하고 새로운 신학을 제시하려 했을 때, 그가 유대교의 율법과 의로움의 이해를 새로운 개념으로 변화시켜서 여전히 이방인과 기독교인에게도 적용하려는 점에 주목하게 될 것이다. 이때 율법과 법, 의로움의 나타남과 의로워짐, 신실함과 신앙의 이중성은 로마서에서 위의 질문들에 답할 수 있는 중요한 단서가 될 수 있다는 것이 이 글의 전제이다. 왜냐하면 이러한 이중성과 모호성은 바울이 유대교와 기독교의 연속성과 단절을 동시에 보여주면서 바울 자신의 신학적인 독창성과 바울 신학의 근본 의도와 한계를 동시에 밝혀줄 수 있다고 확신되기 때문이다.

특히 의로움의 이해에 관해서는, 유대교에서 이해한 의로움의 고전적 이해보다는 헬라적 유대교의 전승을 바울이 재해석하면서 하나님의 의로움의 나타남(롬 3:21, 25)과 우리가 의롭게 된 것(3:24)의 의미가 중복되는 점(3:26)을 주목할 필요가 있다. 중요한 점은 언제나 의로움의 해석에서는 바울이 원시 기독교의 전승을 수정한 부분(3:26)을 통해 바울의 신학의 특성을 재구성하려 한다는 점이다. 의로움의 의미가 중복된 것은 확실히 원시 기독교의 전승을 재해석한 부분이다. 그러나 이 중복된 의로움의 사용이 가능한 것은 바울이 헬라적 전통의 의로움의 사상과 관련된 중요한 그리스도 사건의 해석을 배제하고 난 결과물이다. 헬라적 전통에서 그리스도 사건을 해석하면서 발생한 중요한 용어가 '믿음'($\pi\iota\sigma\tau\iota\varsigma$)의 또 다른 의미인 '신실함'이다. 여기서도 믿음은 우리가 예수를 믿는 믿음뿐 아니라 예수의 신실함이다.5) 우리는 최근의 이러한 논의를 주목함으로써 이렇게 바울

---

5) 믿음($\pi\iota\sigma\tau\iota\varsigma$)의 번역과 이와 연관된 개념의 논쟁에 대한 자세한 소개로는 다음의 글을 볼 것: 정연락, "바울에 있어서의 ΠΙΣΤΙΣ ΧΡΙΣΤΟΥ 문제 서설", <신약논단> 제2집(1997), 서울: 한국신학학회, pp.103-132. 필자는 바울이 헬라적 유대교의 의로움 이해를 의식하지 못하였거나, 그가 아직도 무의

자신이 배제해버린 예수의 신실함의 중요성을 부각시켜서 그의 의로움의 사상에서의 독특성과 그 새로운 해석의 가능성을 제안해 보고자 한다.

2) 연구 방법의 설명과 쟁점: 징후적 독해와 (탈)구조론적 해석

우리는 위의 문제들에 대해서 바울 자신이 유대교의 사유틀 속에서 자신이 유대교를 비판해야 했기 때문에 새로운 구원관과 윤리관 그리고 신앙관을 형성하기 위한 독창적인 개념을 창출할 수 없었고 단지 같은 용어들을 달리 사용하게 되는 많은 시도를 보여주고 있다고 제안해 볼 것이다. 이것은 우리에게 바울의 독창성을 새로운 사유틀에 의해서 재해석할 수 있는 근거를 제공하게 된다. 이러한 제안을 뒷받침하는 비평적 통찰은 『로마서』에 나타난 긴장과 중복, 모호성과 침묵을 재해석할 수 있는 새로운 접근 방법을 제시하고, 불트만 이래 소원했던 현대적 사유틀에 의한 과감한 해석의 길을 열게 되는 계기를 제공하게 될 것이다. 율법의 의미의 모호성과 의로움의 이중성, 그리고 믿음의 의미의 복잡성을 설명할 수 있는 비평으로 우리는 '징후적 독해'(lecture symptomale)[6]의 방식을 제시하려 하는 것이다. 이것은 바울 신학의 사유틀의 한계와 그 테두리를 확정함으로써 현대적 해석의 가능성을 열어 주게 될 것이다. 또한 이것이 확정된 연후에 우리는 타자와의 관계를 중요시하는 (탈)구조주의적 '문제틀'(problématique)[7]에 의해서 위의 한계를 극복하는

식적으로 몸에 밴 유대교의 사유틀 때문에 πιστις를 '예수의 신실함'으로 이해한 것을 명시하지 못한 것이라고 해석하고, 이것이 바울 자신 안에 일어난 유대교와 기독교의 모순이나 탈구를 반영한 이해라고 간주한다. 헬라적 유대교가 이미 πιστις를 의로움의 해석을 위해서 예수의 신실함으로 이해하였다는 주장은 Burton Mack, 1988. *A Myth of Innocence* (Philadelphia: Fortress), pp.102-113으로부터 자세히 소개받을 수 있다.

6) 징후적 독해는 알튀세르가 맑스의 『자본론』을 읽는 방법으로 제안한 것이다. 고전 작품에서 특히 문제의 답 속에서 보이지 않은 문제를 다시 찾거나 오히려 새로운 문제를 다시 설정하는 방법으로 독해하는 방법을 말한다. 특히 반복, 침묵, 균열, 틈새, 모호성의 부분은, 무의식의 작동의 징후가 전이와 압축에 의해서 억압된 것이 귀환되는 것처럼, 그 텍스트의 역사적 정황에서의 모순이나 탈구, 또는 이론들의 모순이나 탈구를 억압함으로써 나타나는 현상으로 이해된다. 보통 이 부분을 독자가 설정한 새로운 문제틀에 의해서 재해석하는 경우에는 기존의 해석과 다른 방식으로 의미를 도출하게 된다. 이에 대한 자세한 설명과 예에 대해서는 루이 알튀세르(김진엽 옮김), 『자본론을 읽는다』, 서울: 두레, pp.21-36, p.109와 필자의 글, "새로운 밀레니엄(millenium)을 위한 예수의 비유 해석: 초해석과 징후적 독해," <로고스> 제31권(1999), 장신대 원우회, pp.13-36 참조.

7) 문제틀은 한 단어나 개념에 반드시 특정한 문제의식이 개입되어 있다는 전제로 문제들이 제기되는

해석의 구체적 예를 제공할 것이다.

우리는 이제 이 연구에서 사용하는 분석적 틀로서 징후적 독해의 방식을 바울의 특정한 부분을 예를 들어 설명하고, 새롭게 재구성되어야 할 바울 신학의 문제틀로서 (탈)구조주의적 해석을 적용하는 것이 얼마나 중요한지 보여주려 한다.

> 7장 21절   그러므로 내가 한 **법**(νόμος=규칙)을 깨달았노니 곧 선을 행하기 원하는 나에게 악이 함께 있는 것이로다.
> 22절   내 속 사람으로는 **하나님의 법**(νόμος τού Θεού=토라)을 즐거워하되
> 23절a   내 지체 속에서 **한 다른 법**(ἕτερος νόμος= 의지의 방향)이
> 23절b   내 **마음의 법**([ὁ νόμος] τού νοός μου=의지의 방향)과 싸워 내
> 23절c   지체 속에 있는 **죄의 법**([ὁ νόμος] τής ἁμαρτίας=권력) 아래로 나를 사로잡아 오는 것을 보는 도다.
> 8장 2절   이는 그리스도 예수 안에 있는 **생명의 성령의 법**(ὁ νόμος τού πνεύματος τής ζωής=원칙) 이 죄와 사망의 법에서 너를 해방하였음이라

위의 바울의 '법'의 사용은 22절을 제외하고 전부 유대교의 율법(토라)을 의미하지 않는다. 나머지에서는 법은 규칙, 의지의 방향, 권력, 원칙 등의 의미로 쓰일 수 있다. 이러한 의미의 희랍어 표현을 쓰지 않고 왜 율법과 혼동되는 법을 사용하게 되었는지 묻지 않을 수 없다. 최근의 논의는 이 법이 문자적 의미의 율법을 의미하는지 비유적 의미로 쓰인 일반적 법인지에 대한 토론에 집중되어 있다.[8]

그러나 징후적 독해에서는, 율법 이외에 쓰여진 모든 부분에서는 이 율법(Torah)과는 다

조건을 규정하는 특정한 인식론적 장을 말한다. 보통 보이는 문제와 보이지 않는 문제와의 관계를 규정하는 인식론적 장은 한 개념이 특정한 문제의 해결로서 등장하는 조건이나, 이 개념이 지시하는 대상의 발생조건을 분석할 때 나타난다. 필자가 제시하려는 문제틀은 한 집합이 다른 집합과 변별적 차이를 이룩할 때 이 집합 안에 있는 요소들의 변이 규칙을 타자를 통해서 포착하는 도구인 (탈)구조주의적 문제틀이다. 이 개념에 대한 자세한 설명과 예에 대해서는 필자의 알튀세르,『자본론을 읽는다』, pp.27-36과 필자의 글, "주기도문(마 6:9b-13)에서의 종말론과 윤리," <밀레니엄과 신약성서의 종말론: 신약논단> 제5권(1999), 한국신약학회, pp.305-319 참조.

8) 법의 다양한 의미와 반복의 변주에 대해서 주목하면서 외국 학자들의 논의를 소개하고 자신의 입장을 제시한 한국 학자는 전경연 박사이다. 필자는 23절a의 법에 대한 전박사의 번역은 약간 수정하였고, 8장 2절을 첨부 하였다. 이에 대한 자세한 설명은 전경연,『로마서 신학』, 1999, 서울: 대한기독교서회, pp.195-196 참조.

른 개념을 아직 형성하지 못하였고, 이 율법과 다른 새로운 개념을 형성하려 하지만 유대교의 사유틀에 매여서 아직 완전히 새로운 사유틀에 의한 개념을 형성하지 못한 것으로 읽을 수 있다. 다시 말해서 이 징후적 독해는 이러한 경우를 보다 근원적인 갈등이나 모순과 탈구를 반영하는 징후로서 읽게 된다. 당시 유대교의 기존 질서와 기독교의 새로운 종교 사이의 근원적 모순과 탈구를 감추면서 새로운 사유틀에 의한 개념을 요구하는 증상인 것이다. 이것은, 프로이트가 무의식에 대해서 제안한 억압된 것의 반복의 회귀에서처럼, 바울 스스로 억압하려는 유대교가 다시 반복해서 회귀하는 증상을 드러내는 현상이다. 여기에는 바울 자신이 갖지 못한 새로운 사유틀에 의해서 이를 규명해 주어야 하는 것이다.

(탈)구조주의적 해석틀은 이러한 사유에 개념을 부여해 줄 수 있다. 이 해석틀은 타자성과 단독성을 축으로 구조를 설명하는 틀이다. 구조는 항상 자체의 모순이나 역설을 감추면서 변형의 규칙을 형성한다. 이러한 모순과 역설은 보통 타자성과 단독성으로 드러나며 실제로는 동일성과 일반성을 표면에 형성한다. 동일성은 변별적 차이에 의해서 확정되지만 타자성에 의해서 움직이는 변형의 규칙을 만들어 낸다. 일반성은 다양한 요소들을 집합으로 묶어서 한 단위를 형성하지만 이 요소들은 사실상 단독성에 의해서만 규명된다. 여기서 중요한 것은 단독성은 항상 외부의 타자에 의해서 호명됨으로써 또 다른 집합에 들어갈 수 있는 가능성을 지니게 되며 변이의 무한성을 향해 나아가려 한다는 것이다. 이 요소들이 변별적 차이 자체의 타자성을 드러내는 것은 요소들 중 하나(제로 기호)가 어떤 집합에도 들어가서 집합들의 구룹을 형성하여 변이의 규칙을 알려주게 될 때이다.[9]

우리는 위의 율법의 다양한 쓰임새를 적용한다면, 법이 의미하는 '규칙', '의지의 방향',

---

[9] 여기에서 사용되는 구조주의는 타자성과 단독성을 배제하는 것이 아니라 염두해 두고 요소들의 관계를 설정하는 구조 개념을 상정한다. 단독성은 개별성과 일반성의 축이 아니라 무한성과 보편성과 관련된 요소의 특이성을 강조하는 개념이다. 집합들이 변별적 차이를 이룰 때 집합과 집합은 동일성과 비동일성에 의해서 분류된다. 그러나 차이 자체의 경계를 허무는 어떤 한 요소(제로기호)는 다른 집합 안에도 들어갈 수 있기 때문에 집합 안에서 타자성으로 존재하게 된다. 이 타자성은 관계 개념으로 집합의 모든 요소들의 단독성을 드러낼 수 있게 된다. 이러한 요소를 우리는 제로기호라고 보고 집합들이 새로운 구룹으로 다시 모이게 될 때 이전의 집합은 단위가 되면서 이 제로기호의 변이 규칙이 보다 분명하게 드러난다. 이렇게 구조의 요소들의 특성과 관계를 논리적 개념인 단독성과 타자성을 통해 드러내 보이면서 구조를 설명하는 논리적 구조 이론을 확립한 사람이 가라타니 고진이다. 이에 대한 자세한 설명으로는 가라타니 고진, 『탐구 Ⅱ』, 1999, 서울: 새물결, pp.11-119 참조.

'원칙', '권력의 지향성' 등의 요소들은 각각 고유한 단독성을 갖고 있지만 집합으로 묶여져서 일반성으로 환원된다. 이것들은 토라로서의 율법과 변별적 차이를 갖는 집합을 이룰 때는 동일성을 갖고 있는 것처럼 보인다. 이 요소들의 집합을 율법과 대치되는 새로운 개념으로 규명하기 위해서는, 기존해 있는 의사소통의 언어로는 규정되지 않은 타자들에 의해서 규명되는 단독성을 통해서 이 요소들이 집합 안에서 변형되는 규칙을 확립해야 한다. 이중에서 사실 법의 의미에서 언제나 번역될 수 있는 의미는 희랍어 νόμος가 갖고 있는 또 다른 의미인 '원칙' 또는 '원리'이다. 이것은 다른 어떤 집합에 있더라도 규칙, 의지의 방향, 권력의 지향성 등의 의미에도 포함될 수 있는 의미이다. 이것이 기준이 되어 얼마만큼 의미가 변형되었는지 알 수 있게 된다. 이것들은 사실상 '규칙-원리=윤리적 규범', '의지의 방향-원칙=윤리적 원리', '권력의 지향성-원칙=윤리적 동기' 등으로 이해될 수 있다. 다시 말해서 이러한 제로기호에 해당하는 '원리/원칙이'라는 의미에 의해서 우리는 율법의 변주인 '법'의 개념의 윤곽을 그릴 수 있는 것이다. 위의 분석에 의하면 바울은 여기에서 율법 대신에 '타자성의 윤리'라는 새로운 개념을 형성하고 싶었을 것이다. 타자성과 단독성의 (탈)구조주의적 해석의 열쇠에 의해서 우리는 위의 바울의 율법에 대한 징후적 현상을 해석할 수 있는 것이다.

우리는 또 다른 예를 통해서 징후적 독해의 분석 방식과 (탈)구조주의적 해석을 규명하고자 한다. 바울이 제시하는 의로움의 의미와 믿음이 율법과 함께 쓰여져서 가장 복잡한 논의를 야기시킨 롬 9:30-31과 롬 10:3-6들의 예를 살펴보기로 하겠다. 여기에서 성서학자들은 10:4의 말씀에서 그리스도는 율법의 폐기인지 성취인지 논의해왔다. 마침의 희랍어 τέλος는 폐기나 종언과 목표 또는 완성의 의미 둘 다를 갖고 있기 때문이다.10) 이것을 해결하기 위해서는 그 앞뒤의 문맥인 9:30-31과 10:3, 그리고 10:5-6의 의와 믿음의 의미들의 (탈)구조주의적 관계를 설정할 때 가능하다고 제안해 보려고 한다.

---

10) 서중석, "그리스도-율법의 폐기와 목표", 『바울서신해석』, pp.105-124. 이 글에서 서중석 박사는 이 문제를 제시한 성서학자들의 입장을 폐기, 성취, 폐기와 성취 세 가지로 자세히 소개하고 세 번째 입장을 취하면서 이 둘 다 가능한 이유를 로마서 공동체의 특성에 비추어서 제시하였다. 필자는 롬 10:4절의 가까운 맥락이 의와 믿음이 반복하여 사용된 것을 주목하면서 징후적 독해와 (탈)구조주의적 해석을 제시하면서 그 해결책을 제시하려 한다.

- 롬 9:30 – 그런즉 우리가 무슨 말 하리요 의를 좇지 아니한 이방인들이 의를 얻었으니 곧 **믿음에서 난 의**(δικαιοσύνην δὲ τὴν ἐκ πίστεως)요
- 롬 9:31 – **의의 법**을 좇아간 이스라엘은 법에 이르지 못하였으니
- 롬 10:3 – **하나님의 의**(δικαιοσύνη τοῦ Θεοῦ)를 모르고 **자기 의**를 세우려고 힘써 **하나님의 의**를 복종치 아니하였느니라
- 롬 10:4 – 그리스도는 모든 **믿는 자**에게 **의**를 이루기 위하여(εις) 율법의 **마침**(τέλος)이 되시느니라
- 롬 10:5 – 모세가 기록하되 **율법으로 말미암는 의**를 행하는 사람은 그 의로 살리라 하였거니와
- 롬 10:6 – **믿음으로 말미암는 의**(ἡ ἐκ πίστεως δικαιοσύνη ἐκ πίστεως)는 이같이 말하되 내 마음에 누가 하늘에 올라가겠느냐 함은 그리스도를 모셔 내리려는 것이요

여기에서 하나님의 의와 대립되는 '의'는 '의의 법', '자기 의', '율법으로 말미암는 의', '그 의'이다. 하나님의 의와 동일성을 갖는 '의'는 '의', '믿음에서 난 의', '믿음으로 말미암는 의'이다. 이것들은 '하나님의 의'라는 집합 개념의 요소들이다. 그러나 전자에서는 그 이항 대립항으로서 집합 개념을 아직 갖지 않고 있다. 바울은 하나님의 의와 대립되는 집합으로서의 '의' 개념을 만들지 못하고 있다. 사실은 죄의 몸(6:6), 죄의 법(7:25), 죄와 사망의 법(8:2)에서처럼 '죄의 의' 또는 '사탄의 의'를 써야 할 것 같지만 사용하지 못하였다. 바울은 새로운 개념의 의로서 하나님의 의와 대립되는 집합개념을 사용하지 못하고 여전히 율법으로 말미암는 의, 의의 법, 자기 의 등으로 표현하고 있으므로 자신의 유대교의 사유틀을 넘어서지 못하고 있다. 그는 이원론적 대립개념으로서 죄와 사탄을 사용하기를 주저하고 있는 것이다. 그는 여전히 유일신론의 유대교적 사유틀을 유지하고 있는 셈이다. 그는 아직 '그리스도의 의'라는 개념도 사용하지 못한 것을 보면 아직 그리스도도 삼위일체의 신격의 지위로 올라가지 못하고 있다. 그는 유대교와 기독교의 대립의 모순을 감추면서 억압된 것의 회기로서 율법과 유일신의 흔적을 남겨두고 있는 것이다. 이것은 모순의 흔적으로서 징후를 드러내는 독해의 한 예이다.

중요한 것은 바울이 집합 개념에 의해서 이원론적 대립에 의한 한 구룹을 형성하면서도 이 각각의 요소의 단독성을 일반성의 집합으로 묶으려한다는 것이다. 그러나 이 두 대립되는 각각의 집합 안에서는 동일성을 이루는 것 같지만 이 두 집합에 공동으로 들어

갈 수 있는 '의'와 '의의 법'에서 '의'의 의미는 양의적(兩意的)이다. '의'는 하나님의 의의 집합에 해당하지만 '의의 법'에서의 '의'는 그 대립항에 소속된다. 의는 제로기호로서 그 변형 규칙을 설명할 수 있다. 하나님의 의와 대립되는 집합의 요소들에서 이 의를 빼면, '의의 법-의=법적인 어떤 것', '자기(의) 의-의=자기와의 관계', '율법으로 말미암는 의-의=율법으로 말미암음', '그 의-의=그것과의 관계'이다. 여기에서 이 집합의 변형 규칙은 율법의 원리가 자기 자신과 다른 사람과의 관계에 강요되는 강제력이라고 말할 수 있을 것이다. 하나님의 의의 집합의 요소들에서 의를 뺀 것은 '믿음에서 난 의-의=믿음에서 나온 어떤 것', '믿음으로 말미암는 의-의=믿음으로 말미암음'이다. 여기서 변형의 규칙의 핵심적 의미는, 희랍어의 약간의 뉴앙스(nuance)를 고려하면, '믿음에서 독립적으로 유래된'과 '믿음으로 얻게 되는'이 된다. 이것은 "복음에는 하나님의 의가 나타나서 믿음으로 믿음에 이르게 하나니"(롬 1:17)에서의 '믿음으로'(ἐκ) 와 '믿음에'(εἰς)의 활동방식과 거의 같게 된다. 이제 그 변형 규칙은 믿음에서 믿음으로 이르는 하나님의 의 활동 방식이라는 것을 알 수 있다. 여기에서도 앞의 '믿음에서'는 '그리스도의 신실함'으로, 뒤의 '믿음으로'는 '우리가 그리스도를 믿는 믿음'으로 이해한다면 하나님의 의는 하나님과 그리스도, 하나님과 우리의 관계를 결정짓는 규정성을 그 활동 규칙으로 규명할 수 있다. 여기에서는 규칙 자체가 활동되는 대상은 양의성을 갖고 있는 '믿음'이다. 이것은 아직 규명되지 않은 그리스도와 나, 나와 하나님 사이의 관계에서 타자를 향한 무한한 신뢰라고 재개념화 할 수 있을 것이다.

이처럼 (탈)구조주의적 해석은 타자성과 단독성에 의해서 새롭게 의로움과 믿음의 개념을 규명할 수 있는 것이다. 이들 두 원리들이 드러나는 것은 정반대의 의미를 동시에 갖고 있는 제로기호로서의 '의'이다. 이것은 바울 자신이 유대교에서 이미 사용하고 있는 의로움의 개념을 기독교에 달리 사용하고 다른 개념으로 사용하였을 뿐 아직 기독교에 걸맞는 새로운 하나님의 활동과 그 속성을 지시하는 개념을 형성하지 못한 증거이기도 하다. 그러므로 믿음과 의는 하나님과 인간, 그리스도와 인간, 하나님과 그리스도와의 관계를 표상(Darstellung)하려는 한계적 개념(모호하여 완성되지 않은 개념)일 뿐이라는 것을 알 수 있다. 이런 관점에서 보면 10:4의 그리스도는 율법의 폐기나 완성도 아니다. 그리스도는 율법을 폐기하지도 완성도 하지 않는 율법의 타자이다. 그리스도는 폐기와 완성의 불결정성 속에서 하나님과 인간의 관계를 매개하고, 의와 율법과 믿음의 관계를 결정하는, 한계적 개념으로만 표상되는 타자이다.

2. 본론: 율법과 의로움에 대한 (탈)구조론적 해석 – 로마서 3:19-31을 중심으로

1) 바울의 유대인의 율법 이해에 대한 비판

유대인은 율법(νόμος)을 인간의 행위를 평가하는 척도로 생각했다. 그들에게 율법은 하나님의 계명을 순종하는지 가늠하는 기준이다. 왜냐하면 하나님이 자신을 계시한 가장 일차적인 대상이 율법이라고 생각했기 때문이다. 다른 한편 유대인들에게 율법은 자기 공동체의 정체성을 확립시킬 수 있는 계명의 닫힌 체계로 이해되었다. 유대인들은 하나님이 자신들의 공동체의 정체성인 이스라엘을 선택하였기 때문에 율법을 하나님의 백성으로서 행해야 할 인간과 인간의 관계를 확립하는 기준으로 간주하였다.

유대교의 율법이해는 하나님이 율법을 계명으로 주셨다는 것과 이스라엘을 선택하셨다는 것을 근간으로 이루어 졌다. 바울도 이것을 알고 있었다: "저희는 이스라엘 사람이라 저희에게는 양자 됨과 영광과 언약들과 율법을 세우신 것과 예배와 약속들이 있고." (롬 9:4) 이런 전제하에서 우선 율법은 하나님께 불순종하는지 아닌지를 가늠하는 척도로서 이해된다. 그래서 바울은 레위기 18:5을 인용하여 "모세가 기록하되 율법으로 말미암은 의를 행하는 사람은 그 의로 살리라 하였거니와"(롬 10:5)라고 말한다. 또한 바울은 로마서 1:19-27에서 이방인들이 하나님의 계명들을 불순종한 것 중에서 우상 숭배와 성적 부도덕 두 가지를 강조하여 제시한다. 두 번째로, 이러한 율법은 하나님의 백성으로서 이웃에 대해서 어떻게 행동하여야 할지 제시하는 지침이다. 바울은 레위기 19:18의 하나님을 사랑하고 이웃을 사랑하는 것이 율법의 요지라는 것을 알고 있었다. 그래서 그는 롬 13:8-10에서 "남을 사랑하는 자는 율법을 다 이루었느니라"(13:8)라고 말한다. 그래서 위의 율법의 두 가지 기능을 반영하는 것이 십계명에서 하나님과 인간 사이의 관계(1-4 계명)와 인간과 인간의 관계(5-10 계명)로 나누어진다는 것이다.[11]

---

[11] 위의 유대교 율법의 일반적인 이해에 관해서는 E. P. Sanders, 『바울』, 1999, 서울: 시공사, p.121, pp.151-163, pp.186-187과 전경연, 『로마서 신학』, 1999, 서울: 대한기독교서회, pp.189-200 참조.

이 두 가지의 율법 이해를 비판하기 위해서 바울이 채택한 방식은 율법의 형식주의적 재개념화와 인간 행위의 내적 조건의 보편적 차원을 전제하는 것이다. 한편으로 바울은 모세의 율법(ὁ νόμος)은 일반적인 법(νόμος)으로 형식화하여 상대화시키려고 노력하려 한다. 다른 한편으로 그는 모세의 율법이 없더라도 그와 같은 기능을 하는 법 때문에 보편적인 인간의 행위가 어떻게 제한되는지 그 조건을 제시하고, 그 조건을 극복할 수 있는 가능성을 제시하려 하였다.

바울이 율법의 형식화와 인간 행위의 조건에 대한 새로운 이해를 구체적으로 제시하지는 않았을지라도 우리는 바울의 사고 흐름 상 답변하지 못한 문제를 명료화해서 형식화하려고 한다. 우선, 바울이 율법을 형식화한 흔적 중 대표적인 것은 유대인과 이방인 모두가 죄를 지었다고 전제하고 이방인에게 마음의 법이 있다고 주장한 부분이다(롬 2:14-15). 바울은 모두가 죄를 지은 점을 아담의 선악과 계명 위반으로 이해하려 하였는 점(롬 5장)에서 유대교의 율법 이해를 넘어선 형식화에 실패하였다. 이것은 오히려 그리스도의 새로운 계시에 비추어 보면 모든 사람이 죄의 지배 아래 있는 것(롬 3:9)처럼 보일 수밖에 없다고 바울이 이해한 흔적일 뿐이다. 바울이 이방인의 '마음의 법'에 대해서 말했을 때, 율법을 통해서만 죄를 지을 수 있다는 유대교의 율법관을 여전히 내포하고 있다. 바울은 모세의 율법을 논증적으로 비판하려 했지만 새로운 율법 개념을 제시할 사유구조를 갖지 못했기 때문에 자신의 율법이해에서 여전히 유대교의 율법관을 벗어나지는 못한 것이다. 우리는 이러한 바울의 내적 모순을 새로운 개념틀을 갖지 못한 징후로 보고, 이를 우리의 문제틀인 (탈)구조주의적 관점에서 율법의 형식화의 실마리를 통해 재해석할 필요가 있다. 이런 관점에서 보면 이방인이 가진 '마음의 법'은 이미 모세의 율법이 아닌 형식으로서의 율법인 것이 확실하다.[12]

---

12) 바울의 율법과 죄 이해에서 논리적 비일관성의 문제를 제시하면서 바울의 율법의 개념을 보다 생산적으로 토론한 학자는 샌더스(E. P. Sanders)였다. 특히 샌더스는 위의 필자의 생각과 유사하게 바울이 율법을 재개념화하려 했다고 주장한다. 그는 바울이 율법의 계명을 선택적으로 지지한 것처럼 보이지만 실제로는 율법의 개념을 새롭게 제시하면서 율법의 계명을 이방인에게도 적용하려 하였다고 주장한다. 특히 샌더스는 바울이 그리스도의 계시의 구원론적 중요성에 의거해서 율법을 새롭게 조명하려 한 것이라고 넌지시 제시한다. 필자는 이를 더욱 발전시켜서 모순적이고 일관되지 않은 그의 율법관에서 형식화의 흔적을 실마리로 바울의 율법 이해에서 답하지 못한 것을 (탈)구조주의적 관점에서 명료화시키려 한다. 샌더스의 바울 율법 이해 에 대한 자세한 토론에 관해서는 E. P. 샌더스,

두 번째로, 인간 행위의 조건의 문제에 관해서는 죄가 율법(νόμος)이 제시하는 인간의 탐욕을 통해 인간을 노예화시킨다는 전제하에 인간의 행위로 이러한 노예화를 극복할 수 없는 조건을 제시한다(7장). 그래서 이를 극복하기 위해서 하나님 앞에서 믿음의 결단이 필요하다. 인간은 이를 극복하기 위해서 하나님 앞에 결단을 내려야하는 단독성13)의 존재이다. 그러나 바울은 인간의 노예화된 탐욕이 왜 꼭 율법에 의해서 매개되는지 논증하지 못하였다. 그는 여기서도 율법의 재개념화를 시도하려 하고 있지만 유대인의 율법 이해를 완전히 극복하지 못하였다. 그가 인간이 죄에 의해서 노예화된 상태를 인간 조건으로 받아들인 것은 단지 그리스도의 계시의 적대 세력을 죄로 이해하여 그리스도와 죄의 이항대립적인 이원론에 의한 문제해결의 방식일 수 있다(6-7장).14) 그래서 우리는 율법이 없었던 아브라함의 단독자(der Einzelne)로서의 결단을 바울이 제시하는 인간 행위의 새로운 가능성으로 간주하고 유대교의 율법이해의 비판의 거점으로 강조해야 할 것이다. 여기에서 주목해야 할 것은 율법에 노예화된 상황이라기보다, 동일한 하나님과 동일한 이웃에 의해서 안주하려는 인간 행위의 한계적 조건이다. 이를 극복할 수 있는 것도 타자로서의 하나님과 타자로서의 이웃을 만나는 것이다.

이제 우리는 위의 논의에 비추어서 바울의 율법 비판을 다음과 같이 제시할 수 있을 것이다. 바울은 유대인의 율법 이해의 근거를 비판한다. 바울에 의하면 율법은 인간의 행위를 교정하는 능력을 갖고 있지 않다. 다시 말해서 율법은 더 이상 죄를 가늠하는 척도의

『바울』, 1999, 서울: 시공사, pp.71-76과 pp.186-187 참조.
13) 단독성이란 실존성과 다르다. 실존성이 자신과 자기의 관계에서 오는 진정한 자아를 위한 결단과 관련된다면, 단독성은 타자가 자신을 고유한 이름으로 반복해서 사용함으로써 생기는 단 하나 밖에 없는 존재의 특이성을 말한다. 단독성은 자신이 의식하고 있는 것과 생각하는 것을 의심하게 하는 근거를 타자로부터 찾으려는 결단과 관련된다. 이러한 단독성에 대한 철학적 성찰에 대한 예리한 고찰에 관해서는 가라타니 고진, 『탐구 II』, 1999, 서울: 새물결, pp.11-66 참조. 이러한 단독성의 개념을 필자는 바울의 율법관 속에서 논의할 때 바울이 자신의 행위를 외롭다고 인정할 수 있는 근거가 하나님의 계시의 동일성에서 찾기보다는 하나님의 계시의 타자성에서 자신의 존재의 특이성을 찾으려는 결단과 관련시키려고 한다. 왜냐하면 바울은 그리스도 사건의 계시에 나타난 하나님의 의에 비추어 볼 때 인간이 율법에 의해서 여전히 죄의 노예의 상태에 빠져서 자신의 원함을 행할 수 없는 존재라고 생각했기 때문이다. 이것이 인간 행위의 조건이라면 이를 극복하기 위해서 하나님 앞에서 단독성의 존재로서 결단해야 하는 가능성에서 그의 율법의 형식화의 근거를 찾을 수 있다고 생각해야 할 것이다.
14) 샌더스, 『바울』, pp.76-83 참조.

기능을 갖고 있지 않다. 유대인에게는 율법이 이러한 가치척도의 기능을 할 수 있었던 이유가 하나님의 자기 계시의 일차적 대상이었기 때문이었다. 그래서 바울은 하나님에 대한 관념을 바꾸었다. 하나님은 율법을 매개로 우선 자신을 드러내는 분이 아니라, 우선 인간을 통해 자신을 드러내는 분이시다. 그래서 유대인에게만 우선적으로 자신을 계시하는 하나님이 아니다. 유대인이나 이방인이나 모두에게 하나님은 공통적으로 자신을 드러내시는 분이다: 3:29 - "하나님은 홀로 유대인의 하나님이시뇨 진실로 이방인의 하나님도 되시느니라." 3:30 - "할례자도 믿음으로 말미암아 또한 무할례자도 믿음으로 말미암아 의롭다 하실 하나님은 한 분이시니라."

이것을 달리 말하면 모든 인간에게 신성이 있다는 것에서 하나님의 자기 계시성의 가능성을 제시한다. 여기에서 하나님이 부여한 모든 인간의 신성은 단순히 모든 인간이 신성을 공통적으로 부여받은 보편적 특성이 아니다. 이것은 각자가 각각 다른 방식으로 하나님과 특별한 관계를 맺을 수 있는 단독성을 말한다.

이러한 하나님과 인간의 직접적 관계에 대한 바울의 새로운 관념은 율법에 대한 형식화를 가능하게 한 실마리를 제공한다. 갈라디아서에서는 율법을 역사적 차원에서 재해석하려 했다. 여기서 바울은 율법이 천사에 의해 매개되었기 때문에(갈 3:19) 아브라함과 맺은 계약의 정신이 율법의 문자보다 더 중요하다고 주장하였다. 반면 로마서에서는, 율법은 인간이 실존적인 결단을 할 수 있는 단독자로 이해되기 때문에 이러한 인간 이해에 근거해서 새롭게 재해석된다. 이 단독자로서의 인간의 모형이 모세가 아니라 아브라함이다: "아브라함이 하나님을 믿으매 이것이 저에게 의로 여기신바 되었느니라."(롬 4:3) 여기에서 아브라함의 믿는 행위가 모범이 되고, 이것이 공동체 밖의 사람들이 하나님과 아브라함과의 계약을 기준으로 아브라함의 '행위'를 모방하게 된다. 여기서는 '행위'가 율법의 계약정신을 낳지 율법이 '행위'의 모델이 되지 않는다. 이 아브라함의 믿음의 행위가 다른 사람들에게 모범이 된다는 의미에서 '율법'이 될 수 있다.

여기에서 중요한 것은 바울이 아브라함을 언급할 때 지적하지 않은 타자성이다. 바울이 이방인과 유대인의 구원의 조건의 문제를 논의하는 맥락에서 아브라함 전승을 재해석하였다는 것을 고려할 때 아브라함의 타자성을 부각시킬 필요가 있다.[15] 아브라함이 아

---

[15] 아브라함의 타자성에 대한 논의가 빠진 점을 지적하고 의로움을 재해석하려는 시도는 아직 뚜렷이

직 유대인이 아니었고, 이스라엘 땅에 살고 있었던 사람이 아니었다. 아브라함은 갈대아 우르에서 하나님의 명령을 받고 이주해 온 타자이다. 시간과 공간에서 아브라함이 타자였지만 그는 하나님 앞에서 행한 단독성의 결단을 통해서 의롭게 인정되었고, 하나님은 그를 먼저 선택하여 이스라엘 형성의 약속을 주셨다. 이제 '율법'은 현실의 모세의 율법의 두 가지 기능을 더 이상 가질 수 없다. '율법'은 오히려 모든 인간에게 부여된 '절대 타자'인 하나님과 인간과 교통하고, 다른 '타자'와 교통할 수 있는 선험적 형식으로 이해된다 (롬 7:21-24). 율법은 이제 자기 자신과 타자와의 관계를 규정하는 형식이 된다. 결국 이러한 형식적 의미의 율법은 인간 행위의 조건이라는 것을 보여줌으로써 자기 자신과 공동체 밖의 타자와 교통하는 수단의 기능을 갖게 된 것이다.

2) 바울의 율법 이해에 대한 (탈)구조론적 해석: 모세의 율법/율법의 행위/율법/죄

롬 3:19-20에서 바울은 '율법'과 '율법의 행위'를 둘 다 사용하여 율법의 기능의 소극적 기능을 설명하고 있다: 3:19-20 – "우리가 알거니와 무릇 **율법**이 말하는 바는 율법 아래 있는 자들에게 말하는 것이니 이는 모든 입을 막고 온 세상으로 하나님의 심판 아래 있게 하려 함이니라 그러므로 **율법의 행위**로 그의 앞에 의롭다 하심을 얻을 육체가 없나니 율법으로는 죄를 깨달음이니라." 율법은 유대인에게만 적용될 수 있는 구체적인 모세의 율법을 말하지만 바울은 이것을 모든 사람에게 적용시키려 한다. 여기에서 '율법'은 단순히 유대인들에게만 적용되는 것이 아니라, 모든 사람에게도 적용될 수 있는 관념으로서의 율법을 암시한다. 이를 뒷받침하는 것은 롬 3:23이다: 3:23 – "모든 사람이 죄를 범하였으매 하나님의 영광에 이르지 못하더니." 이 구절은 모세의 율법이 없더라도 모든 사람이 죄를 범할 수 있다는 것을 드러낸다.

더구나 이를 보다 명료히 드러내는 부분이 롬 2:14-15이다: "율법 없는 이방인이 본성으로 **율법**의 일을 행할 때는 이 사람은 율법이 없어도 자기가 자기에게 **율법**이 되나니 이런 이들은 그 양심이 증거가 되어 그 생각들이 서로 혹은 송사하며 혹은 변명하여 **그 마음에**

보이지 않는다. 우리 연구의 (탈)구조주의적 문제틀 속에서 볼 때 아브라함의 타자성이 중요시되어야 할 것이다.

새긴 율법의 행위를 나타내느니라"(2:14-15) 여기서는 이방인이 '율법의 일'을 행할 때 자기의 행동에 대해서 증거가 되는 자기의 양심에 따라 행하기 때문에 그들도 마음에 새긴 율법이 있다는 것을 주장하게 된다. 그러므로 유대인들에게나 이방인에게 공통으로 제시될 수 있는 관념으로서의 율법은 이미 모세의 율법과 다른 형식으로서의 율법, 즉 한 구조의 단위로서의 /율법/이다.

또한 3:27의 "그런즉 자랑할 데가 어디뇨 있을 수가 없느니라 무슨 법으로냐 행위로냐 아니라 오직 믿음의 법(νόμος πιστεως)으로니라"에서 '법'은 이미 유대인이나 이방인에게나 다 적용되는 '원칙'이나 '원리'를 의미한다.16) 여기에서 '행위로냐'에서는 '행위의 법'을 '행위'로 단순화시켰다고 볼 때 행위의 법은 한 단위로서의 /율법/의 변형이다. 이와 같이 '율법'과 '행위'는 단위가 될 때 상호 교환적이다. 예를 들면 롬 4:2에서도 '율법' 대신 '행위'가 사용되었다. "만일 아브라함이 행위(ἔργον)로써 의롭다 하심을 얻었으면 자랑할 것이 있으려니와 하나님 앞에서는 없느니라" 이것은 롬 2:13에서 동사로 쓰여진 '행하다'의 용법과 현격한 차이를 갖고 있다. 롬 2:13 — "하나님 앞에서는 율법을 듣는 자가 의인이 아니요 오직 율법을 행하는 자라야 의롭게 하심을 얻으리니" 그러므로 율법은 모든 행위를 죄로 규정하는 특성을 갖고 있다. 우리의 행위가 죄의 가치를 내재적으로 갖고 있기 때문에 죄의 행위가 되는 것이 아니라, 우리의 행위가 공통 형식으로서의 율법을 매개로 적용되었기 때문에 죄된 행위가 되는 것이다.

이제 율법은 행위를 평가하는 잣대가 아니라, 화폐가 물품을 상품으로 만드는 것처럼 모든 종류의 행위들을 죄의 행위(죄들)로 만들고, 이번에는 이 죄의 행위는 적용될 수 있

---

16) 전통적으로 라이세넨(H. Raisanen) 같은 학자들은 '믿음의 법'에서 법은 율법이 아니라 비유적 의미의 율법으로 이해되어야 한다고 주장한다. 물론 슐리어(H. Schlier), 프리드리히(G. Friedrich), 로오제(E. Lohse) 등의 최근의 학자들이 이에 대해서 문제를 제기하여 문자적 의미의 변형을 강조하는 경향도 엿보인다. 이에 대해서 필자는 전자인 전통적인 견해가 타당한 것이라면, 여기에서 더 나아가 율법이 형식화된 단위로서 사용된 것을 강조해야 한다고 본다. 또 후자의 견해가 더 타당하다면, 바울이 여전히 유대교의 율법관에 의지한 징후라고 제안하고자 한다. 이때 율법의 비유적 의미는 관사 없이 쓰이는 희랍어 νόμος의 또 다른 의미인 원리, 원칙을 의미할 수 있다고 생각하고자 한다. 더구나 바울이 '그리스도의 법'(갈 6:2), '영의 법'(롬 8:2), '성령의 법'(롬 8:2) 등의 용례로 쓰일 때는 윤리적 맥락에서 쓴다. 이런 의미에서 윤리적 원칙이나 원리로 이해될 수 있을 것이다. 이러한 방식에 가장 가까운 학자가 베크(J. Beck) 같은 학자일 것이다. 이에 대한 자세한 논의에 대해서는 전경연, 『로마서 신학』, 1999, pp.189-200 참조.

는 양이 더 많아진 잉여가치를 포괄한 율법으로 둔갑된다. 이 과정을 달리 보면, 율법을 적용하는 유대인의 입장에서는 각각의 행위는 율법에 의해 평가되지만, 모든 인간의 입장에서 보면 율법의 가치가 오히려 특정한 행위의 가치에 의해서 평가될 수도 있게 된다. 전자는 율법이 등가형태로 사는 입장과 같은 기능을 담당하지만, 후자는 상대적 가치 형태로 파는 입장과 같은 기능을 담당한다.17) 이러한 율법과 행위의 가치형태의 역전의 가능성 때문에, 마치 화폐 자체가 상품이 될 수 있듯이 /율법/은 /행위/ 자체가 된다. 위의 적용 과정이 무한히 반복되면서, 마치 잉여가치를 가진 화폐의 축적이 자본이 되듯이, 그 잉여가치를 통해서 율법은 이제 자기 증식을 하는 독립적인 역할을 담당하고, 이 율법은 다시 '자기 차이화하는 형식체계'인 /죄/로서 등장한다(롬 5:12-14, 5:20-21).18) 이 죄는 이번에는 종교적 가치평가의 단위가 되기 때문에 하나님과 대적하는 행위와 상호교환(적용)

---

17) 12필의 비단 물품과 1벌의 베옷 물품의 교환에서 사용가치를 알 수 있는 베옷 한 벌을 갖고 있는 사람은 일반적으로 비단물품을 갖고 있는 사람에 대해서 유리한 입장에 있게 된다. 이때 베옷 물품을 기준으로 비단 물품의 가치가 매겨지는 것을 볼 때, 베옷은 등가가치 형태를 갖고 있게 되고 12필의 비단 물품은 상대적 가치형태를 갖게 된다. 12필의 비단 물품의 가치는 단지 베옷과 교환될 때만이 그 가치가 결정되기 때문이다. 여기에서 중요한 것은 물물교환에서는 가치형태의 역할이 서로 역전될 수 있다는 것이다. 베옷을 가진 사람이 비단을 사기 위해서 베옷을 파는 입장에 있을 때 베옷은 상대적 가치형태를 갖고, 오히려 비단이 등가형태를 가질 수 있다. 그러나 화폐와 상품의 교환에서는 화폐를 갖고 있는 사는 사람의 입장이 언제나 유리하다. 사는 사람이나 파는 사람의 입장에서나 화폐는 등가가치형태를 갖고 있고 상품은 상대적 가치형태를 갖고 있다. 화폐는 어떤 물건과도 바꿀 수 있는 특별한 상품으로 인식되기 때문이다. 이러한 매매관계에서 위의 두 가지 가치형태를 분석한 사람이 칼 맑스(K. Marx)이다. 이에 대한 자세한 논의는 칼 맑스(김수행 역), 『자본론 I 상』, 1985, 서울: 비봉출판사, pp.118-154 참조. 필자는 이러한 매매관계를 화폐를 율법에, 상품을 행위에 견주어서 해명하려 하였다.

18) 율법과 행위의 관계를 해석하는 가장 좋은 틀은 맑스(K. Marx)가 말한 화폐-상품-화폐'(M-C-M')에서 볼 수 있는 소위 자본공식이다. 이것은 초기 매매관계에서의 상품-화폐-상품(C-M-C')의 발전된 형태이다. 상품이 처음부터 내재적인 사용가치를 갖고 있는 것이 아니라 화폐와 교환되고서 더 많은 가치를 가진 상품이 된다는 것이다. 이 과정이 반복되면서 언제나 다른 상품과 교환될 수 있는 화폐의 축적이 가능하고, 이것은 더 조직적인 잉여가치를 보장받기 위한 자본으로 발전된다. 이와 유사하게 행위는 율법에 적용되는 효용으로서만이 행위가 죄의 가치를 갖게 된다고 해석할 수 있을 것이다. 중요한 것은 위의 두 가지 공식에서 볼 수 있는 것처럼 화폐의 축적이 단지 이윤 추구 목적을 위한 자본으로 재투자되는 질적 변화를 갖는다는 것이다. 이처럼 율법의 축적은 율법의 가치의 증가 자체를 목적으로 활동하는 죄를 형성시킨다. 맑스의 자본공식에 대한 자세한 설명에 관해서는 맑스, 『자본론 I 상』, pp.118-154 참조.

관계의 위치에 있게 된다. 이제 앞에서의 행위와 율법의 관계처럼 죄는 하나님께 대적하는 행위에 적용됨에 따라 잉여가치를 가진 죄'로 증식된다. 이것이 한 요소로 시작된 구체적이고 현실적인 율법이 그 요소의 무한 집합으로서 이해되는 /율법/이 /죄/로 변형되는 과정에 대한 설명이다.19)

이를 달리 설명하면 다음과 같을 것이다. 우선 첫째로 율법이 자기 증식(또는 자기 차이화)의 형식체계가 되는 것과 더불어 죄의 행위는 그것이 무한히 반복하게 될 때 율법을 매개로 죄 자체로 바뀌게 된다. 이제 죄가 죄의 행위를 낳고 율법을 대체하게 된다. 그리고 이 대체하는 과정이 무한히 반복될 때 죄도 자기 증식의 형식체계가 된다. 이러한 율법과 죄의 교환이 가능한 것은 모세나 아브라함 이전 보다 더 기원적인 아담에게 적용할 때 잘 드러난다. 죽음은 모세나 아브라함 이전에 이미 한 세력이 된 죄의 자기 생산의 산물로서 나타나 있었기 때문이다. 이것은 자본처럼 죄를 증식을 할 수 있는 죽음의 세력(사망)이 아담으로 말미암아 시작되었기 때문이다: 롬 5:12-14 − "이러므로 한 사람으로 말미암아 죄가 세상에 들어오고 죄로 말미암아 **사망**이 왔나니 이와 같이 모든 사람이 **죄**를 지었으므로 **사망**이 모든 사람에게 이르렀느니라 ……" 죽음은 생명에 적대적인 세력으로 교환되기 위해 재투자된다. 위의 율법과 죄처럼 이 죽음의 세력은 그리스도를 대적하는 보다 관념적인 형식으로 우리의 생각과 무의식의 행위로 드러나고 이것이 더 확장된 죽음의 세력으로 변화하게 된다: 5:20-21 − "율법이 가입한 것은 **범죄**를 더하게 하려 함이라 그러나 **죄**가 더한 곳에 은혜가 더욱 넘쳤나니 이는 **죄**가 **사망** 안에서 왕노릇하여 우리 주 예수 그리스도로 말미암아 영생에 이르게 하려 함이니라."

위에서 토론한 바울의 새로운 율법 이해를 도표로 표시하면 다음과 같을 것이다.

---

19) 율법과 행위의 관계는 바울에게서는 그리스도의 사건에서 하나님의 의가 나타난 것에 비추어 볼 때 그리스도의 구원 사건을 알지 못하고 행하는 모든 행위는 죄이다. 이것을 논증하기 위해서 아담의 선악과 계명의 불순종과 탐심에서 모든 사람의 죄성을 볼 수 있다는 죄의 보편성을 제시한다. 이를 근거로 바울은 율법과 행위는 단위로서 서로 교환관계인 것처럼 사용하게 된다. 중요한 것은 바울이 여전히 유대교의 율법관을 유지하면서 율법과 행위의 상호교환성을 제시할 수 있었다는 것이다. 그런데 사실은 바울의 문제틀은 이 율법관을 무의식적으로 유지하면서도 율법의 개념을 새롭게 설정하려는 흔적이 이러한 율법과 행위의 상호교환성에 포착된다는 것이다. 그래서 필자는 (탈)구조주의적 해석의 문제틀 속에서 바울이 모호하게 사용한 율법 이해를 보다 논리적인 사유틀을 제시하면서 명료한 해석을 시도해 보고자 한 것이다.

〈도표 Ⅲ-2〉 바울의 율법 이해의 (탈)구조주의적 특성

A1. 모든인간: /행위/------/율법/-------/행위/
　　　　유대인의 입장: /율법/을 모든 행위에 적용: 율법은 등가가치 형태
　　　　모든 인간의 입장: 행위가 /율법/을 평가함: 율법은 상대가치 형태
A2 유대인: 율법--유대인의 행위(죄들)--율법'(율법의 가치+그 잉여가치)
　　　　A2의 무한한 반복--/율법/=상대적가치 형태+등가형태
　　　　/율법/---/행위/---/율법/'
B.　　　A2의 무한한 반복=/죄/----/하나님께 대적하는 행위/---/죄/
C.　　　B의 무한한 반복=/사망/--/그리스도에 대적하는 행위/--/사망/

그런데 위의 3:27에서 '행위'와 '믿음의 법'이 서로 상반되는 대립항으로 제시된다. 다시 말해 '행위'가 지시하는 '무한 집합'으로서의 /율법/의 단위와 '무한 집합'으로서의 /믿음/의 단위가 서로 이항대립적인 관계를 형성한다고 볼 수 있다. 이 '행위(의 법)'와 '믿음의 법'의 대립적 관계가 의미를 생산하는 구조를 형성할 수 있는 것은 /율법/과 /믿음/의 변별적인 차이를 가능하게 하는 '법'을 매개로 가능하다. 여기에서 '제로기호'(십진법의 0의 역할)와 같은 역할을 담당하는 이 '법'이 어떻게 '믿음'과 접합될 수 있는지 의문이 제시된다. 이것을 보다 분명하게 제시하는 구절이 3:28이다: 3:28 − "그러므로 사람이 의롭다 하심을 얻는 것은 **율법의 행위**에 있지 않고 **믿음**으로 되는 줄 우리가 인정하노라." 여기서도 '믿음'은 '믿음의 행위'가 축약된 형태가 사용된다. '율법의 행위'와 '믿음'의 대조는 /율법/과 /믿음/의 이항대립적 관계의 변형이다. 그래서 단위로서의 /믿음/은 제로기호의 역할을 담당하는 숨겨진 '행위'의 매개로 단위로서의 /율법/과 변별적 차이를 드러내면서 우리의 의로움을 가능하게 하는 근거로서 제시된다.[20] 여기에서 우리는 당연

---

20) 구조는 요소들을 집합과 그 집합을 단위로 하거나 새로운 구룹으로 묶게 될 때 어떤 다른 집합이나 구룹에서도 들어가면서 집합들이나 그룹(group)들의 관계를 설명하고 변화의 규칙을 형성해주는 제로기호를 필요로 한다. 집합들이 그룹을 이루면서 변별적 관계를 형성하는 기초를 제시하는 것도 제로기호의 역할이다. 이때 요소들 사이에는 이러한 구룹을 형성할 수 없지만 집합으로 들어갈 때 단위로 기능하기가 쉬워진다. 예를 들면 십진법은 1에서 9까지 한 집합을 이루는 일 단위의 집합으로 간주할 수 있다. 이 집합 안에서는 9개의 변수를 갖고 있다. 그러나 0은 제로기호로서 십단위로 묶을 수 있는 새로운 집합을 10에서 99까지 90개의 요소를 가진 집합을 갖게 된다. 일단위의 한 자리 수와 10단위의 두 자리수의 변별적 차이를 형성하는 것은 개념상 0을 기준으로 형성된다. 이 0기호의 수에

히 '믿음의 행위'나 '믿음의 법'이 아니라 왜 단순히 '믿음'이 쓰여졌는지 묻게 된다. 우리는 또한 어떻게 이 차이로서의 행위가 '믿음'과 접합되어 '믿음의 행위' 또는 '믿음의 법'이 될 수 있는지, 그리고 그 '믿음'의 주체가 그리스도인지 우리인지 묻게 된다.

위와 같은 질문들을 더 강하게 제시하는 것은 롬 3:31이다. 롬 3:31 – "그런즉 우리가 믿음으로 말미암아 **율법**을 폐하느뇨 그럴 수 없느니라 도리어 **율법**을 굳게 세우느니라." 여기에서는 /율법/은 /믿음/과 이항대립관계가 아니라 상호보족관계로 제시된다. 이 구절을 롬 3:27-28에 대한 위의 해석에 비추어 보면, 믿음으로 말미암아 모세의 율법은 폐지되지만, 또 다른 의미의 행위를 내포한 믿음은 형식으로서의 '율법' 자체를 강화시키는 것이다. 이것이 어떻게 가능한가? 이 질문은 하나님의 은혜로 믿음으로 의롭게 된 사람들은 어떤 행위를 해야 할지의 문제와 연관되는 문제가 된다(3:8, 5:20-6:1, 6:15, 7:12, 14).

3) 의로움의 (탈)구조론적 해석: 믿음/하나님의 의로움/은혜/윤리

우리는 위의 토론에서 변별적 이항대립항인 /율법/과 /믿음/의 변이, 그리고 이것들과 제로기호로서 '법'과 '행위'가 접합 또는 이접하는 방식과 그 근거의 문제에 대해서 검토함으로써 의로움의 의미의 (탈)구조주의적 해석의 기초작업을 제시하였다. 이 과정에서 우리는 아직 설명되지 않은 질문들이 도출되었다. 우리는 이제 위의 질문들에 답하기 위해서 바울의 의로움에 관한 직접적인 주장들을 새롭게 해석할 필요가 있다. 우선 우리는 믿음이 율법을 폐지할 수 없는 이유가 하나님의 의(δικαιοσύνη)가 우리에게 은혜로 주어질 때 우리에게 새로운 '율법' 또는 믿음의 법, 즉 '윤리'를 요청하기 때문이라고 주장하고자 한다. 이를 토대로 이 단락에서는 믿음과 의로움, 그리고 은혜와 윤리와의 역동적인

따라 자릿수의 변화의 규칙을 형성하면서 100, 1000 … 등등의 무한한 자릿수의 변이의 규칙도 형성하는 것이다. 우리는 어떠한 담론의 이론체계도 이러한 0과 같은 제로기호를 통해서 구조의 변화 규칙을 제시할 수 있다. 마찬가지로 율법이 구체적인 모세의 율법과 어떤 율법 사이의 관계를 규명하기는 어렵지만 무한히 많은 종류의 율법을 무한 집합으로서의 /율법/으로 묶고 나면 다른 단위들과의 관계의 규칙을 끌어내기가 좋게 된다. 율법의 변형된 형식으로서 법이 제로 기호의 역할을 하면서 /율법/과 /믿음/의 변별적 차이를 형성하기 때문에 구조의 규칙을 형성하는 요소로 간주할 수 있다. 로만 야콥슨(Roman Jacobson)의 언어학과 수학, 그리고 문화인류학에서의 제로기호에 대한 보다 자세한 설명에 관해서는 가라타니 고진, 『은유로서의 건축: 언어, 수, 화폐』, 1998, 서울: 한나래, pp.99-109 참조.

관계를 자세히 살펴보고자 한다.

우선 롬 3:22의 "예수그리스도를 **믿음**으로 말미암아 모든 **믿는** 자에게 미치는 **하나님의 의**니 차별이 없느니라"라는 번역에서 예수그리스도를 믿는다는 것이 반복되어 어색하다. 앞의 명사 '믿음'(πιστις)은 '그리스도의 신실함'으로 뒤의 '믿는'은 '우리가 그리스도를 믿는다'는 의미로 이해될 수 있다.21) 마찬가지로 3:25에서 '믿음으로 말미암는 화목제물'에서 '믿음'이란 우리의 믿음이 아니라, 예수 그리스도의 '신실함'을 나타낼 수 있다. 롬 3:25 – "이 예수를 하나님이 그의 피로 인하여 **믿음**으로 말미암는 화목 제물로 세우셨으니 이는 하나님께서 길이 참으시는 중에 전에 지은 죄를 간과하심으로 자기의 **의로우심**을 나타내려 하심이니." 이것은 우리가 의롭게 되기 전에 하나님의 의로우심이 처음 나타나는 모양이다(롬 3:21). 여기에서 예수 그리스도의 신실함과 이에 대한 하나님의 의의 나타남은 헬레니즘 문화권의 '숭고한 죽음'의 전통과 신화와 연관된다. 이 전통에 의하면, 왕이나, 장군, 운동선수, 철학자들이 폭악자의 손에 그들의 숭고한 정신 때문에 죽게 되지만 죽음 이후에 그들의 운명과 대의(大義)가 신원(伸冤)되거나 보상받게 된다. 예를 들면 『맥카비 4서』에서 순교자는 죽기까지 자신의 사명을 다하고 야훼 하나님께 복종하여 자신의 율법(Torah)에 대한 신실함을 버리지 않았기 때문에, 하나님은 자신의 의를 보여주기 위해서 외국의 압제자들을 물리치고 그의 죽음을 신원하시고 그에게 영원한 삶을 주신다. 그리고 순교자의 신실함의 대의를 지속시키기 위해서 하나님은 율법을 지키기 위해 헌신했던 그 이스라엘 공동체를 새로운 공동체로 형성하시고 이스라엘 땅을 청결하게 된다.22) 위의 숭고한 죽음의 전통에 비추어보면, 그리스도의 신실함은 하나님의 의로우심

---

21) πιστις Χριστού를 '그리스도의 신실함'으로 번역할 것을 가장 일관성 있게 주장한 학자는 더그라스 캠벨(Douglas A. Campell)이다. 이에 대한 종교사적 입장에서 지지한 학자는 버튼 맥(Burton Mack)이다. 이에 대해서는 Douglas A. Campell, 1997, "False Presuppositions in the ΠΙΣΤΙΣ ΧΡΙΣΤΟΥ debate: A Response to Brian Dodd", *JBL* (116.4 winter), pp.713-719과 Mack, 1988. *A Myth of Innocence*, pp.102-113 참조. 반면, πιστις Χριστού를 그리스도의 신실함으로 이해한 것에 문제를 제기하면서 그리스도를 믿는 것으로 이해할 것을 수사학적으로 논의한 논의에 대해서는 정연락, "바울에 있어서의 ΠΙΣΤΙΣ ΧΡΙΣΤΟΥ 문제 서설", <신약논단> 제2집(1997), 서울: 한국신약학회, pp.103-132를 볼 것. 필자는 바울의 원래 의도를 기준으로 해석하거나 번역의 문제라기보다는 다른 해석의 가능성과 징후적 독해의 입장에서 재해석할 것을 제시하고자 전자의 입장을 취하였다.
22) 그리스도의 신실함의 헬라적 배경에 관해서는 Mack, 1988. *A Myth of Innocence*, pp.102-113 참조. 맥은 바울의 의로움의 사상은 독창적인 것이 아니라 이미 헬라적 선교 기독교가 이미 헬라의 숭고한

이 인간에게 나타나게 되는 종말론적 사건의 원인이 된다. 하나님은 위의 『맥카비 4서』의 순교자의 경우처럼 부활의 영원한 삶으로 예수의 죽음을 보상해 주시고, 이 영생을 함께 누리고자 하는 사람들을 위해 새로운 신앙공동체(교회)를 형성시킴으로써 그의 대의를 신원하신다. 이제 그의 신실함은 유대인이나 헬라인 모두가 함께 참여할 수 있는 교회 형성의 초석이 된다.

더구나 3:26에서는 하나님 자신이 의롭게 되는 의로움의 나타나심은 예수의 신실함을 통해 가능할 뿐만 아니라, 이를 믿는 자는 예수의 신실함에 참여하게 되어 자신이 의롭게 됨을 얻게 된다: 3:26 – "곧 이때에 자기의 의로우심을 나타내사 자기도 의로우시며 또한 예수 믿는 자를 의롭다 하려 하심이라." 이때 우리가 의롭게 되는 것은 예수 그리스도의 신실함으로 말미암아 하나님이 의롭지 못한 우리를 값없이 의롭게 하시기 때문이다: 3:24 "[모든 사람들이] 그리스도 예수 안에 있는 구속으로 말미암아 하나님의 **은혜**로 값없이 **의롭다 하심**을 얻은 자 되었느니라." 이처럼 하나님의 의로움의 나타남과 인간이 의롭게 되는 것은 의로움의 이중적 의미가 개입된다. 하나님의 의와 인간의 의가 그리스도의 신실함과 우리의 믿음과 상호연결 되는 것은 어떤 관계의 규칙에 의해서 가능한 것인가?

예수의 신실함이 하나님의 의로움의 나타남의 근거가 되기 때문에 하나님과 그리스도 사이에는 대칭관계가 성립된다. 물론 여기에는 하나님의 의로움을 드러내기 위한 결단이 숨어있다. 반면 하나님과 다른 인간들 사이에는 인간이 예수와 같은 행동을 아직 행하지 않았지만 미리 값없이 의롭다고 인정받게 된다. 여기에서는 인간이 의롭지 못하지만 하나님의 은혜로 의롭다고 인정되기 때문에 비대칭관계가 성립된다. 이번에는, 이 비대칭관계를 극복하기 위하여 인간이 할 수 있는 것은 하나님에게 직접 행할 수 있는 것이나, 같은 공동체 안에서 대칭관계를 맺고 있는 '동일자'에게 일차적으로 행하는 것이 아니다. 오히려 그것은 하나님의 의로움에 대해 우리가 믿음의 결단을 행하는 것과 예수의 신실한 행동을 본받아 비대칭관계에 놓인 '타자'에 대해 우선적으로 윤리적 행동을 하는 것이다. 왜냐하면 신실한 행동을 하시는 그리스도나 의롭지 못한 자를 의롭게 하시는 하나님은

죽음의 전통으로 재해석한 것으로 간주한다. 바울이 헬라적 유대교의 해석을 어떻게 재해석했는지 주석학적으로 논의한 것에 대해서는 오우성, "로마서 3:21-31에 나타난 바울의 기독론", <신약논단> 창간호(1996), 한국신약학회, pp.9-90 참조.

우리에게 언제나 타자로서 나타나시기 때문이다. 위에서 예수의 신실함은 하나님과 예수의 대칭관계와 하나님과 인간의 비대칭관계 사이의 차이를 형성하면서 하나님의 의로움에 대한 인간의 믿음의 결단과 타자 인간에 대한 윤리적 행동을 요청하게 된다. 변별적 단위들이 차이화되는 운동의 역할을 담당하는 이러한 제로기호 때문에 하나님과 그리스도, 그리스도와 인간, 그리고 인간과 타자 인간 사이에는 (탈)구조주의적 관계가 형성된다.23)

이와 같은 (탈)구조주의적 관계를 극명하게 나타내 보이는 성경구절이 롬 1:17이다: "복음에는 하나님의 의가 나타나서 믿음[1]으로 믿음[2]에 이르게(ἐκ πιστεως εἰς πιστιν) 하나니 기록된 바 오직 의인은 믿음[3]으로 말미암아(ἐκ πιστεως) 살리라 함과 같으니라." 처음의 '믿음'[1]은 예수 그리스도의 신실함을 의미하는 제로기호이다. 앞의 '하나님의 의'는 예수의 신실함을 의롭게 하여 나타나는 것으로 하나님과 예수의 대칭적 관계를 보여준다. 그러나 다음의 '의인'은 하나님이 의롭지 못한 인간을 의롭게 하시는 비대칭적 관계의 역설을 드러낸다. 그리고 두 번째[2]와 세 번째[3]의 '믿음'은 하나님의 은혜로 인간이 의롭게 된다는 것을 믿는 믿음과 하나님과 예수의 대칭적 관계를 형성하는 예수의 신실함을 따르겠다는 신앙의 약속을 각각 의미한다. 하나님 편의 하나님의 역설적인 의로움과 인간 편의 은혜의 비대칭관계로 말미암아 인간은 이제 윤리적 행동을 할 수밖에 없

---

23) 비대칭관계와 대칭관계는 서로 상대적 개념일 뿐이다. 또한 언제나 서로 반대로 보이는 관계 속에 잘 숨겨진다. 특히 물건을 화폐로 사는 경우에, 파는 사람과 사는 사람에게는 시장 가격에 의해서 서로 합의하에 돈을 주고받는 관계가 대칭관계로 보이게 되지만, 실제로는 전혀 다른 것들과 교환한다는 의미에서 비대칭관계이다. 또한 인간과 인간의 관계가 사회적, 문화적 관습에 의해서 대칭관계인 것처럼 보이지만 근원적으로 우리는 언제나 비대칭관계에 있을 수 있다. 하나님과 인간 사이에는 근원적으로 비대칭관계이지만 의롭다고 인정하게 될 때 대칭관계로 변할 수 있다. 그러나 이에 비해서 상대적으로 하나님과 부활한 그리스도의 관계는 대칭관계이지만 하나님과 역사의 예수는 비대칭관계일 수 있다. 이처럼 필자는 여기에 설정한 관계 개념을 타자와 동일자의 (탈)구조주의적인 개념들과 연관시켜서 적용함으로써 의로움의 역동적 구조에서의 변별적 차이를 극화시키고, 숨겨진 관계의 속성을 명료히 하려고 사용하였다. 대칭관계와 비대칭관계를 동일자와 타자 개념에 적용한 학자는 임마누엘 레비나스이고 맑스의 매매관계에 적용한 학자는 가라타니 고진이다. 이에 대해서는 Emmanuel Levinas, 1991, *Totality and Infinity: An Essay on Exteriority* trans. Alphonso Lingis (Kluwer Academic Pub. Dordrecht), pp.187-247과 가라타니 고진, 『탐구 I』, 1998, 서울: 새물결, pp.62-105 참조.

는 것을 뜻하는 것이 마지막 부분의 '살리라'이다.24)

위의 하나님의 의로움의 탈구조론적 해석이 율법의 구조론적 해석과 다른 특이한 점은 그리스도의 신실함의 역사적 효과와 하나님과 인간 사이의 관계들의 결합과 관련된 사회성의 문제이다. 우선 역사성에 관해서는 의로움은 위의 율법과 죄의 상호규정 과정과 대립하는 방식으로 진행된다. 우선 유대교에서처럼 율법의 매개 작용이 필요 없다. 각자는 이제 하나님이 의롭지 못한 인간을 의롭다고 하신다는 인간의 믿음의 결단이 요구될 뿐이다. 여기에서 역사적으로 모세의 율법의 매개 작용을 무효화시킨 사건은 예수 그리스도가 죽기까지 복종한 신실함(πιστις)이다. 하나님이 예수의 신실함을 인정한 것이 하나님의 의가 나타난 종말론적 사건이라고 선포하는 것이 복음이다. 이러한 복음에 대해서 우리의 결단이 일어날 때 하나님의 의로 예수의 신실함의 역사적 사건은 복음 선포 속에서 그리스도의 '동시성'(同時性: Die Gleichzeitigkeit)25)으로 존재한다. 한편으로 이 동시성은 예수의 신실함이 의로움으로 인정받는 역사적 특정한 때와 이것이 복음 선포 속에서 여전히 동시에 일어나는 '그때'와 '지금'의 동시성을 말한다. 다른 한편으로 하나님의 세계와 인간의 세계의 '거기'와 '여기'의 동시성을 말하기도 한다.

이제 위의 과정이 일단 동시성을 갖게 되면, 하나님과 그리스도, 하나님과 인간 사이의

---

24) 롬 1:17절의 첫 번째 '믿음에서'를 그리스도의 신실함으로 이해할 것을 주장하는 더글라스 캠펠은 세 번째 믿음, 즉 하박국 2장 4절에서의 '믿음'도 그리스도의 신실함으로 번역될 수 있는 것이라고 주장한다. 이럴 경우 희랍어 번역본 70인역(LXX)의 원래의 희랍어 의미(ὁ δὲ δίκαιος ἐκ πίστεως ζήσεται)는 "신실함으로 의롭게 된 사람은 죽지 않고 영원히 살것이라"는 의미로 번역될 수 있다고 주장한다. 이에 대해서는 Campell, 1997, "False Presuppositions in the ΠΙΣΤΙΣ ΧΡΙΣΤΟΣ debate", pp.713-715 참조. 이에 반해서 필자가 주목하는 것은 사도 바울이 이러한 인용을 어떻게 이해했을 것인지 뿐만 아니라, 이보다는 더 나아가서 우리의 (탈)구조주의적 문제틀의 관점에서는 어떻게 재해석될 수 있는지 제안하는 것이다.

25) '동시성'은 칼 바르트(K. Barth)가 키엘케고르(S. Kierkegaard)에 의해서 발전된 그리스도 사건의 시간적 특성을 종말론적 시간을 설명하기 위해서 제시한 개념이다. 필자는 동시성의 개념을 의로움에 적용시킬 때, 예수의 신실함을 의미하는 '믿음'이 예수의 십자가와 부활 사건의 '그 때'의 일을 상기하는 반면, 우리의 믿는 것을 의미하는 '믿음'은 그 효과가 일어나는 설교의 선포 상황이나 이를 받아들이는 사람의 현재의 상태인 '지금'을 지시한다고 생각했다. '믿음'의 의미가 동시성을 내포할 수 있다는 개념이다. 필자는 이러한 동시성의 개념이 의로움의 (탈)구조주의적 관계를 형성하는 근거를 제공할 수 있다고 생각해서 차용하였다. 공시성의 용례에 관해서는 칼 바르뜨(조남홍 역), 『로마서강해』, 서울: 한들 출판사, pp.143-147, p.631 참조.

관계라는 두 개의 다른 체계의 결합의 문제를 극복할 수 있는 계기가 마련된다. 그래서 여기에서 하나님의 의가 하나님 편에서는 타자 인간에게 주어지기 위해서 동일자 예수의 신실함을 통해서 가능하게 된다. 이 두 개의 다른 체계에서 하나님의 의로움이 교환된다고 생각하면, 의로움은 상대적 가치형태와 등가형태의 두 가지 형태를 내포하게 된다. 하나님은 그리스도의 신실함을 하나님의 의로 인정하는 것을 매매의 관계의 관점에서 보면, 상품 매매의 사는 입장처럼 하나님이 그리스도의 신실함을 하나님의 의로 인정하게 될 때 하나님의 의는 등가가치형태를 띠게 된다. 그래서 등가형태의 하나님의 의를 기준으로 그리스도의 행위를 평가하여 이를 의롭다고 인정하게 된다. 반면 하나님과 인간 사이의 관계에서 인간이 하나님의 의를 사는 입장에 있다고 할 때 하나님의 의는 상대적 가치형태를 갖고 있게 된다. 왜냐하면 종교적 인간에게는 인간의 행위가 의롭지 않지만 자신의 행위를 기준으로 하나님의 의를 얻으려고 하기 때문이다. 여기에서 중요한 것은 인간의 행위는 그리스도의 행위만큼 하나님의 의로움에 미치지는 못하다는 것이다. 그래서 이 하나님의 의는 약속으로 주어지며 하나님은 실제로 그리스도의 신실함을 그 기준으로 내어주신다는 것이다. 이 과정에서 그리스도의 신실함은 하나님의 의를 쟁취할 수 있는 화폐와 같이 나중에 하나님의 의와 바꿀 수 있는 역할을 하게 된다. 이렇게 하나님의 의의 이중적 가치형태에 의해서 하나님과 그리스도의 관계, 하나님과 인간의 관계의 두 체계는 상호 결합하여 하나님의 의로움의 가치는 변형되고 증가된다. 여기에서 그리스도의 동시성이 공간적/시간적으로 다른 두 관계를 결합시키는 역할을 담당한다.

  우리는 하나님이 의롭지 못한 우리를 의롭게 하시는 의로움을 믿을 때 예수 그리스도의 신실함을 모방함으로써 이러한 하나님의 의로움에 응답할 수 있다. 여기에서 예수 그리스도가 우리와 같지 않는 다른 행위를 통해 하나님의 의로움을 얻게 되었고 하나님은 의롭지 않은 우리를 의롭게 하시는 다른 규칙을 갖고 활동하시는 분이기 때문에, 우리가 이러한 절대 타자로부터 의롭게 되기 위해서는 우리는 우선 타자들에게 그리스도의 신실함을 본받는 행동의 윤리를 요구받게 된다. 다시 말해서 우리는 우리와 다른 규칙들을 갖는 타자들과의 관계를 고려한 윤리가 하나님의 의에서 요청된다는 것을 알 수 있다. 예수의 신실함의 동시성에 의해서 인간의 여러 행위들이 평가될 수 있기 때문에 이중에 보다 가치 있는 타자들에 대한 규범적 행위 패턴을 추출하려는 윤리가 형성된다. 이러한 과정에서 이 윤리의 규범적 차원에서는 하나님의 은혜에 응답하기 위한 인간의 행위는 타자들에 대한 사회적 윤리의 형태를 갖게 된다. 다시 말해서 동시성의 그리스도의 신실함은 인간을 의롭다고 인정하시는 하나님의 종말론적 사건에 대한 선포와 하나님의 의롭지 못한 인간을 의롭게 하시는 은혜를 매개함으로써 인간의 타자에 대한 실천적 윤리를 보다 사회적으로 규정한다. 결국 우리의 타자를 향한 사회적 윤리는 은혜에 의해서 평가되고, 우리의 타자에 대한 사회적 윤리적 행동에 의해서 은혜는 새로운 잉여가치를 갖게 된다.

다시 이러한 과정이 무한히 반복되면서 예수 그리스도의 실천의 역사적 사실과 종말론적 구원사건에 동시에 존재하는 '동시성'의 그리스도 자신이 우리가 죽음과 악의 세력에 대항하는 집합적 행동으로서 교회의 실천을 규정하시고, 이러한 실천들은 '동시성의 그리스도'의 가치를 증가시킨다. 다시 이러한 실천이 무한히 반복되면서 하나님의 나라가 건설되어 가고, 악의 세력과 세상의 종말이 다가오고, 결정적인 순간에 그리스도의 재림과 하나님의 나라의 도래가 완성된다.

위의 토론을 도표로 제시하면 다음과 같을 것이다.

<도표 Ⅲ-3> 바울의 의로움 이해의 (탈)구조주의적 특성

A1. 예수의 신실함 - 하나님의 의로움 - 예수의 신실함: 대칭적 관계.
　　하나님의 의로움 - 인간의 행동 - 하나님의 의로움(하나님의 의로움의 가치+그 잉여가치): 비대칭적 관계.
　　A1의 무한한 반복 - /하나님이 인간을 의롭게 하심(/의로움/)/=예수의 신실함+하나님의 의로움=상대적 가치 형태+등가형태
A2. /의로움/ - /믿음의 결단/ - /의로움/'
　　/의로움/ - /행위/ - /의로움/'
　　하나님의 입장: 하나님의 의는 인간의 행위를 의롭다고 인정함=등가형태
　　인간의 입장: 하나님의 의는 의롭지 못한 인간의 행위를 은혜로 의롭게 되었다고 간주함=상대적 가치형태
B.　A2의 무한한 반복=/은혜/ - /타자에 대한 사회 윤리/ - /은혜/'
　　하나님의 실천: 의롭지 않은 행위를 의롭다고 인정하는 은혜의 부여
　　인간의 실천: 예수의 신실함에 비추어서 타자에게 행동해야 할 윤리적 요청
C.　B의 무한한 반복=/그리스도/ - /예수의 실천을 따르는 교회의 실천/ - /그리스도/'

3. 결론: 로마서의 율법과 의로움이 유대교와 차이 나는 점에 관해서

바울의 율법과 의로움에 관한 문제들에 대해서 이제 어떤 결론적인 답변들을 할 필요가 있다. 위의 연구는 최근의 해석들이 보지 못하는 몇 가지 중요한 문제들을 다시 보게 하고, 로마서에서의 바울 신학의 핵심적 주제를 새롭게 보도록 하는 것이다. 바울 신학에서 새롭게 제시하려는 신학적 주제는 여전히 유대교에서 사용되는 낡은 개념들인 율법과 의로움을 통해서 제시되었다. 그럼에도 불구하고 바울은 새로운 관념을 이 낡은 개념을 통해서 표상하려고 노력하였다. 하지만 바울은 유대교의 사상과 기독교 신학의 경계선에 있었기 때문에 기존의 사유틀로 자신의 새로운 생각을 효과적으로 전달하기 어려웠다. 더구나 로마서는 그의 이전의 편지들에서 파편적으로 보인 유대인과 기독교인의 차이를 결정하는 신학적 신념을 자신이 체험한 가상의 적들을 고려하여 보다 종합적으로 표명해야 했다. 한 쪽에서는 기독교인도 여전히 율법의 의를 이루기를 요청하는 반대자들을 향하여, 다른 한 쪽에서는 율법의 효용성을 더 이상 인정치 아니하지만 기독교인의 윤리적 원칙을 아직 제시하지 못하는 내부의 적대자들이 있었다. 그럼에도 불구하고 바울의 율법 이해와 의로움의 사상은 위의 다층적인 조건 속에서도 유대교와 기독교의 변별적 차이를 제시하고 새로운 종교가 될 수 있는 원시형태의 기독교의 특성을 도출하려는 노력의 결정체이다.

위의 전제하에 우리의 (탈)구조론적 해석은 최근의 연구 논점에 대해서 다음과 같은 해결의 방향을 제시하게 될 것이다. 바울은 단순히 기독교의 가입조건으로서 내세운 율법 준수를 비판하면서 유대교의 율법 이해를 그대로 유지하려하지 않았다. 또한 바울이 율법 대신에 법을 사용했을 때 단순히 율법을 기독교의 윤리에 적용하려고 그렇게 한 것은 아니었다. 바울은 율법을 형식화해서 보편적 인간의 행위 조건으로 연결시키면서 이제 적합한 윤리적 지향성을 보여주고 싶었던 것이다. 바울은 로마서 4장에서 아브라함 전승을 통해서 타자의 요구에 응답하면서 결단을 내려야 할 단독자의 조건을 제시하였다. 로마서 1-2장과 7장에서 바울은 인간 자신의 조건이 자신이 원하는 바를 행할 수 없이 우리를 노예화시키는 세력이나 자신의 양심 같은 것에 매여 있다는 것을 제시하였다. 중요한 점은 이러한 율법이든, 양심이든 죄든 그 세력들이 자기 증식의 체계를 갖추고 우리를 공격하는 능동적인 활동의 세력이었다는 것이다. 법과 행위는 이제 상호결정하는 이중구속으로 묶여져서 우리는 행위의 조건으로서 법에 매인 존재라는 것을 알려준다. 이제 이에 대해서 우리는 이 세력과 대항할 수 있는 절대 타자를 만나야 한다는 필연성을 갖고 있는 것으로 인간 조건의 요청의 형식을 바울이 제시한다. 이제 위의 법은 행위의 척도라기보다 인간이 이웃인 상대적 타자와 신인 절대적 타자와 만나서 그의 선택과 약속을 수용하여야 할 결단의 단독적 존재인 것을 지시하는 선험적 형식의 기표라는 것을 알 수 있다.

바울의 의로움의 신학이 율법 준수에 의해서 계약 백성으로 머무르고, 은혜로 의롭게 되는 '언약적 율법주의'를 단순히 적용한 것만은 아니다. 바울의 근본 의도는 이 의로움의 주제로 기독교와 유대교를 차별화하는 것이었다. 최근의 해석에서는, 바울이 의로움에 대한 새로운 관념을 갖고 있었지만 이것을 새 개념으로 만들지 못하였던 점을 분석하지 못하였기 때문에, 이 차이화시키려는 바울의 의도가 명료히 제시되지 못하였다. 바울의 숨겨진 의도에는 두 가지 서로 상반된 것들이 겹쳐 있었기 때문에 기존의 해석이 이를 간과하지 못했던 것이다.

한편으로, 바울은 하나님의 의의 사용을 통해서 이 유대교의 하나님과 새로운 종교의 하나님의 관념의 연속성을 제시하려 하였다. 바울이, 하나님의 의가 그리스도 사건에서 하나님의 의가 나타났다고 말했을 때(3:21, 26), 이 표현을 통해서 유대교에 이미 있었던 하나님 이해를 유지하려고 한다. 여기에서 유대교와 기독교의 연속성을 유지하는 하나님 이해는 하나님의 결단에 의한 새로운 공동체의 선택의 우선성과 유일신으로서의 배타적 하나님의 관념(9:30-31, 10:3-6)이다. 여기서 바울이 기독교에 적용할 때 약간의 변주를 이룬 것은 하나님의 타자성을 유대교 정체성을 유지하는 방향이 아니라 모든 인간에게 확장하려 했던 점이다.

다른 한편, 의인사상을 전개함으로써 바울은 기독교와 유대교와의 단절을 이루고 싶었다. 이를 위해서 그가 사용하게 되는 용어가 믿음(πιστις)의 이중적 의미이다. 믿음이 예수와 연결되면 신실함이고, 인간과 연결되면 신앙이다. 이 이중성은 하나님이 예수의 신실함을 의롭게 하였고, 이제 우리의 예수에 대한 신앙으로 하나님은 우리를 의롭게 하신다. 이 믿음의 용어가 하나님의 의와 연결될 때는 하나님의 시간성인 '동시성'을 지시한다. 여기에서 중요한 것은 바울이 예수의 신실함으로 이해했을지 모르는 헬라적 유대교의 의로움 이해를 적극적으로 채용하기보다 암시적으로 끌어왔다. 이것은 그가 다른 한편으로 유대교와의 연속성을 유지하려는 무의식적 의도 때문에 이러한 이해를 억압했다는 것을 의미한다. 바울이 그리스도의 동시성을 통해서 제시하려 했던 유대교와의 신학적 차별성은 율법과 죄의 자기 증식성의 체계를 상쇄할 수 있는 새로운 방식으로 제시되었다. 여기에서 그가 만든 의로움의 신학의 독창성이 표면화된다. 유대교에서는 율법과 행위의 이중구속에 근거해서 하나님과 인간의 관계가 매매 관계처럼 단선적으로 교통되는 것인 반면, 이제 여기에서는 이 매매관계에 신용을 첨부하게 되었다는 것이다. 하나님은 언제나 미리 우리의 의롭지 못한 행위에도 불구하고 은혜로 의롭게 하신다는 것이다. 여기에서 요구되는 것은 예수의 신실함에서 나타난 하나님의 의로운 활동에 대한 신앙 뿐 아니라, 그리스도의 신실함을 따를 것을 약속하는 계약의 내용에 대한 신뢰 속에서 하나님의 은혜에 응답하는 행동을 실천하는 윤리적 요청을 받아들이는 것이다.

이것이 유대교의 행위와 율법의 단선적인 교통에 의한 은혜와 의로움 이해와 차이나는 지점이다. 하나님은 일반적인 매매관계에서처럼 율법과 같은 또 하나의 '거룩한' 의를 선물로 주는 은혜를 베푸는 것이 아니다. 그리스도 안에 나타난 의는 십자가에 달리신 몸에 나타나고, 의롭지 못한 자를 의롭게 하시는 새로운 의이다. 우리에게 주시는 의는 약속을 이행할 때 완성되는 신용대부와 같은 성격의 의이다. 이제 의의 동시성은 종말론적 미래의 의를 예기하는 의로 주어진다. 또한 유대교의 율법과 은혜와 달리 그리스도의 동시성은 그 자체가 '그때'와 '지금' 뿐 아니라, 하늘과 땅, '거기'와 '여기'의 공간을 연결하는 움직이는 의를 제시한다. 하나님은 각자에게 맞는 의를 우리의 육신 속에 허락하셨다. 이것이 소위 '성령의 법'이고 '믿음의 법'이다. 그러므로 앞에서 율법의 형식화를 통해 보여준 인간 조건에 맞는 의로움을 주신 것이다. 여기에 기독교와 유대교의 차이는 하나님과 그리스도, 하나님과 인간, 그리스도와 인간, 인간과 타자 인간의 (탈)구조주의적 관계의 역동성 속에서 발현되는 의로움과 법의 상관관계에 나타난다.

여기에서 바울의 법과 의로움의 사상에서 공통으로 대두되는 타자성의 신과 타자성을 향한 윤리의 연관성을 지적하고자 한다. 바울은 인간 조건을 법 이해를 통해 제시하고자 할 때 유대교의 하나님과 연속성을 유지하고자 한다. 인간이 하나님을 선택한 것이 아니라, 하나님이 먼저 인간을 선택하여 의롭게 하시고, 새로운 약속을 주시는 배타적 하나님을 제시한다. 이것은 절대 타자로서의 하나님과의 관계의 성격을 규정한다. 우리에게 이것은 노예화된 인간의 조건을 타개하기 위해서 절대적 타자와의 만남에서 오는 의로움이 상대적 타자인 이웃에게로 나아갈 수밖에 없는 필연적인 인간의 행위에 대한 요청에 그 신학적 근거를 마련한다. 일단 하나님 앞에 단독자로서 하나님의 부름에 응답하기로 결단하면, 우리가 하나님을 선택한 것이 아니라 하나님이 이미 우리를 선택하였다는 것을 알게 된다. 우리가 택하였다면 우리는 여전히 타자가 아니라 동일자에게 윤리를 행하게 되지만, 하나님이 우리를 이미 택하였다는 것을 발견하게 되었기 때문에 우리는 타자와 관련을 이미 맺었고, 우리는 이제 우선 먼저 상대적 타자인 이웃에게 윤리적 실천을 행할 수밖에 없는 것이다. 그러나 이 타자는 이스라엘 공동체 안에 있는 타자였다. 이러한 율법 이해에 나타난 인간 행위의 조건이 하나님 이해의 연속성을 보여주는 반면, 하나님의 의로움 이해에서는 하나님, 인간, 그리스도와의 역동적 관계 구조 속에서 공동체 밖에 있는 타자를 향하는 윤리에로 뻗어 나간다는 데서 이전의 유대교 의로움 이해와 단절을 보여준다. 하나님의 의의 윤리적 요청은 이스라엘 공동체에게까지 타자가 되신 십자가에 달리신 인간의 신실함을 하나님은 의롭다고 하시고, 의롭지 못한 타자 인간까지 의롭게 하신 타자를 향한 하나님의 활동에 근거한다. 은혜 속에서 의롭게 된 인간은 우리 인간에게까지 타자이신 그리스도를 따르기로 약속하고 이 은혜에 응답하기 위해서 그는 우선 우리 공동체에 속하지 않은 타자에게 먼저 윤리적 실천을 하게 된다.

바울의 율법과 의로움의 신학은 둘 다 타자를 지향하지만, 특히 바울의 의로움 안에서는 이렇게 공동체 밖의 타자에로 향하는 기독교의 사회 윤리의 근거를 이룬다는 점에서 유대교와 변별적 차이와 단절을 주장하게 되는 것이다. 그러므로 『로마서』는 이러한 윤리적, 신학적 성격을 보편적 형식에 의해서 (탈)구조주의적 관계 속에 제시하였다는 점에서 유대교와 단절한 것일 뿐 아니라, 다른 바울서신의 신학과의 단절과, 바울 자신의 이전 사상과도 단절되는 계기를 보여준다.

제 IV 장
기타 바울서신에 나타난 신학, 윤리, 문화비평 전략

❖ 갈라디아서에서의 신학과 윤리의 관계 / 367
❖ 데살로니가전서에서의 신학과 윤리와의 관계 / 399
❖ 빌립보서에서의 신학과 윤리의 관계 / 423

갈라디아서에서의 신학과 윤리의 관계
- 로마제국의 정치문화적 맥락을 고려해서 -

1. 서론: 갈라디아서의 최근 경향과 연구 접근방법

최근의 바울서신 연구는 로마 제국의 정치적 맥락에 의해서 바울의 생애와 사상을 새롭게 해석하는 것이다. 원시 기독교가 바울의 로마제국에 대한 비판적인 입장을 순화시켜서 非정치화하였다고 간주하고 이렇게 길들여진 바울의 신학 이해를 해방시키려는 목적으로 바울서신을 로마 제국의 정치적 배경에 의해서 다시 읽으려한다. 이러한 해석의 예로서 닐 엘리엇(Neil Elliott)의 『바울 해방시키기』(1994), 리차드 홀슬리(Richard Horsley)가 편집한 『바울과 제국』(1997), 그리고 디터 게오르기(Dieter Georgi)의 『바울의 실천과 신학에서의 신정정치』(1991)[1])과 같은 책들이 위의 새로운 입장을 대변하고 있다. 한국에서는 2000년에 발간된 김재성 박사가 엮은 『바울 새로 보기』(서울: 한국신학연구소)와 윤철원 박사의 『신약성서의 그레코-로만적 읽기』(서울: 한들 출판사)는 위의 경향을 반영하는 최근의 책들이다.

위의 최근의 연구 동향에 따라 우리는 이 글에서 갈라디아서에서의 몇 가지 고전적인

---

1) Neil Elliott, 1994, *Liberating Paul* (Maryknoll: Orbis); Richard Horsley, 1997, *Paul and Empire* (Trinity Press International: Fortress Press); Dieter Georgi, 1991, *Theocracy in Paul's Praxis and Theology* trans. D. E. Green (Minneapolis: Fortress Press) 참조.

문제들을 재검토하려 한다. 갈라디아서는 갈라디아서의 수신인과 수신 지역, 갈라디아의 적대자의 정체성, 바울 생애의 연대기, 바울의 의인(義認) 신학과 윤리와의 관계 등등의 논점에 대해서 학자들마다 첨예하게 대립하고 있는 독특한 문서이다. 이 글에서는 위의 새로운 바울 연구의 경향에 따라 위의 네 가지 중 뒤의 세 가지 쟁점들에 대해서 새로운 해석을 제시하고자 한다. 로마 시대의 문화적, 정치적 풍토를 고려할 때 위의 쟁점들에 대해 새로운 입장을 취하게 되고, 이에 따라 갈라디아서의 신학의 윤리적 성격이 달리 규명될 수 있다는 것이 이 글의 전제이다.

무엇보다 최근 바울의 생애에 관한 보다 자세한 연대기가 머피-오커너(Murphy-O'Connor)의 『바울: 비판적 생애』(1997)[2])에서 제안되었다. 그래서 II장에서는 오커너가 이 바울 생애의 연대와 예루살렘 회의를 당시의 로마 세속 역사와 관련시켜서 설득력 있게 제시하고 있다는 점을 기술할 것이다. 이것은 바울의 의인(義認) 신학을 이해하는 배경으로서 갈라디아 1-2장의 내용을 새롭게 조명해줌으로써 갈라디아서 3-4장과 5-6장에서의 바울의 신학과 윤리의 특성을 새롭게 이해하게 한다. 이와 더불어 이 편지의 수신인인 갈라디아 교회가 남쪽이 아니라 북쪽에 위치하여 있는 북 갈라디아 설을 지지한다면, 헬라적 문화의 이방 종교의 영향을 더 중요시할 필요가 있게 된다. 그래서 III장에서는 적대자와 안디옥 사건에 대해서 비교적 상세히 토론하게 될 것이다. 더구나 적대자를 예루살렘으로부터 온 유대주의자가 아닌 경우로서 이해한다면, 갈라디아서의 의인 사상을 보다 보편적 지평인 로마 제국의 정치적 상황에 관련시켜서 이해할 수 있는 토대를 마련하게 된다. IV장에서는 헬레니즘 로마시대의 '의로움'(δικαιοσύνη)과 '신실함'(πίστις)의 이해에 근거해서 갈 2:17-21의 바울의 실존적 신앙의 성격을 새롭게 제시하고자 한다. 또한, V장에서는 바울 편지의 수사학적 특색을 설명하고, 갈 1-2장의 바울의 진술과 3-4장의 변증 그리고 5장-6장의 윤리적 권면과의 연계성을 고려해서 의로움/신실함/성령과 관련된 성서구절을 주석하고, 바울 윤리의 구조론적 특성을 규명하게 될 것이다.[3] 그리고 마지막 VI장

---

2) Jerome Murphy-O'Connor, 1997, *Paul: A Critical Life* (Oxford: Oxford University Press).
3) 구조론적 해석에 관한 방법론적 특성에 관해서는 필자의 글, "데살로니가전서에서의 신학과 윤리와의 관계: 종교사적 전통의 구조론적 변형을 중심으로," <신학과 문화> 제7집(1998), 대전신학대학, pp.105-139와 "『로마서』에 나타난 율법과 의인 사상에 대한 구조론적 해석," <현대와 신학> 제25집(2000), 연세대 연합신학대학원, pp.236-268 참조.

의 결론 부분에서 앞의 논의를 요약하면서 갈라디아에서의 신학과 윤리의 관계를 보다 명료하게 제시할 것이다.

2. 바울의 생애에 관한 기술과 예루살렘 회의

1) 갈라디아에서의 바울 생애의 연대

갈 1:11-22, 2:1에서 바울은 자신의 이력을 간단히 기술한다. 우리는 바울이 고린도에 도착한 이후 예루살렘에 갔고, 그가 회심한지 14년 이후가 아니라 예루살렘을 방문한 이후 14년 후에 바나바와 디도과 함께 예루살렘에 올라갔다면 예루살렘 회의는 48년이 아니라 51년이 될 수 있다.4) 이러한 견해를 지지하는 최근의 이론은 머피-오커너(Murphy-O'Connor)에 의해서 다음과 같이 제시되었다.

■ 갈라디아서에 근거한 바울의 초기 삶의 연대기5)

1. 탄생	주후 6년
2. 회심과 소명	33년
3. 아라비아	34년[갈 1:17]
4. 다마스커스	4-37년[갈 1:17-18]
5. 예루살렘(1차 방문)	37년(15일간 유함)[갈 1:18]
6. 시리아와 길리기아37년?:	바울의 선교 활동 시작[갈 1:21]
7. 예루살렘에서의 회담(2차 방문)	51년[갈 2:1]과 [나실인의 서원-행 18:18]

위의 연대기에서 중요한 것은 48년 보다 51년에 예루살렘 회의가 열렸다면 원시기독교 교회는 유대의 정체성을 강조하는 분위기를 갖게 될 수밖에 없었다는 것이다. 51년 순례

---

4) 일반적으로 부르스(F. F. Bruce)와 로빈슨(B. W. Robinson) 같은 학자들은 갈 2:1의 예루살렘 방문을 15장의 회의와 동일시하고, 행 18:2의 클라우디우스(Claudius) 칙령을 49년으로, 예루살렘 회의를 48년이나 49년으로 간주한다. 반면, 녹스(J. Knox)와 뤼데만(G, Lüdemann) 같은 학자들은 클라우디우스의 칙령을 41년으로, 갈 2:1을 행 18:22과 동일시하여 예루살렘 회의를 50/51년으로 간주한다. 연대에 관한 위의 다양한 견해들을 참조하기 위해서는 Daniel Patte, 1983, *Paul's Faith and the Power of the Gospel* (Philadelphia: Fortress), pp.356-360 참조.
5) Murphy-O'Connor, 앞의 책, pp.8-24.

축제 때에 쿠마누스(Ventidius Cumanus) 지방장관(48-52년) 재직時에 사마리아 사람들이 예루살렘으로 가는 갈릴리 유대인들을 학살하였지만 쿠마누스가 이 사마리아 사람들을 체포하지 않되게자 다른 유대인들이 사마리아 사람들에게 복수하였다는 것이다. 이것은 유대인들과 로마 사이의 폭력적인 긴장을 불러일으킬 수 있는 분위기였다. 기독교인들이 유대인들처럼 할례를 받는 것은 로마 사람들이 이들을 같은 유대인들로 간주하게 되어 긴장을 강화하는 것이 될 수 있었다. 그래서 야고보와 베드로는 원칙적으로 할례를 받도록 하는 것이 옳다고 간주하였을지라도, 현실적인 정세를 둘러보면 기독교인들과 유대인들과의 변별성을 유지하면서 기독교인들의 정체성을 새롭게 하여 힘을 모으기 위해서 안디옥 교회의 공식적인 대표인 바울과 바나바의 주장을 수용하게 되었다. 바울에게는 이방인이 그리스도인이 되는 조건은 그리스도를 믿는 것뿐이었다.6) 다만 야고보와 바울이 요구한 것은 이방인 교회에서 연보를 거두어서 예루살렘에 있는 가난한 사람에게 주는 것과 할례 이외의 유대 관습을 엄격히 지키는 것, 특히 이방신에게 바치는 고기를 먹지 않는 것이었다(행 15:29).

이러한 합의는 신학적인 합의라기보다는 정치적인 타결로서, 로마식의 절충적 협상안이었다. 이것은 반반씩 양보하는 절충안이 아니라 서로에게 모두 이익을 줄 수 있는 최소한의 원리를 유지하는 명분과 실리의 분배였다. 바울과 바나바는 그 동안에 선교하는 원칙을 인정받으면서 이방인에게 선교를 자유롭게 할 수 있는 명분을 얻게 되었다. 반면 야고보와 베드로는 유대인과 차별화 할 수 있는 기독교의 정체성을 확립할 수 있게 되었고, 유대인들이 유대교의 예루살렘 지도자들에게 보내지는 성전세(은전 두개)에 버금가는 경제적인 이득을 팔레스틴 기독교의 지도자들이 얻게 되는 실리를 취할 수 있게 된 것이다. 그래서 바울이 요약하는 다음과 같은 합의 내용(갈 2:9-10)은 이 명분과 실리의 교환의 확정을 의미한다. "기둥같이 여기는 야고보와 게바와 요한도 나와 바나바에게 교제의 악수를 하였으니 이는 우리는 이방인에게로, 저희는 할례자에게로 가게 하려 함이라. 다만 우리에게 가난한 자들 생각하는 것을 부탁하였으니 이것을 나도 본래 힘써 행하노라."(갈 2:9-10)

---

6) Murphy-O'Connor, 위의 책, pp.138-141.

■ **선교 여행 연대기**[7]

1. 안디옥　　　　　　　　45-46년 겨울
2. 안디옥으로부터 출발　　46년 4월
   갈라디아(행16:6), 빌립보(16:12), 데살로니가(17:1)과 아테네(17:15), 고린도 (18:1)
3. 갈라디아로 여행　　　　46년 4월-46년 9월
4. 갈라디아에서의 목회　　46년 9월-48년 5월
5. 마케도니아에로 여행　　48년 여름
6. 마케도니아에서의 목회　48년 9월-50년 4월
7. 고린도에로 여행　　　　50년 4월
8. 고린도에서의 목회　　　50년 4월-51년 9월: 행 18:11(18개월 머뭄).
9. 예루살렘에로 여행　　　51년 9월
10. 예루살렘에서의 회담　　51년 9월
11. 안디옥　　　　　　　　51년 겨울-52년
12. 에베소에로의 여행　　　52년 4월-- 7월
13. 에베소　　　　　　　　52년 8월-54년 10월: 행 19:8-10(2년 3개월 머뭄)

■ **에베소에서**[8]

1. 52년 여름　　　　　　갈라디아에 있는 바울, **아볼로**가 고린도에 옴.
2. 52년 9월　　　　　　 바울이 에베소에 도착함.
3. 52년 겨울-53년　　　**유대주의자들**이 갈라디아에 도착하다.
4. 53년 봄　　　　　　　**에바브라**가 리커스 계곡에서 선교를 시작하다.
   　　　　　　　　　　　갈라디아로부터 나쁜 소식들이 도착하고, 바울이 갈라디아서를 쓰다.
5. 53년 여름　　　　　　빌립보로부터 선물 도착 .바울이 **빌립보인들에게 편지 A**를 쓰다. 바울과 그의 동역자들이 체포되었다. **에바브라**가 에베소서에 돌아왔다. 감옥으로부터 바울이 **빌립보인들에게 보내는 편지 B, 골로새서, 빌레몬**을 쓰다. 아볼로가 에베소에 돌아오다. 바울은 **고린도에게 보내는 이전의 편지**를 쓰다.

---

[7] 위의 책, pp.28-31. 에베소서 이후의 바울의 활동에 관해서는 다음과 같다: 14). 마케도니아: 54년 겨울-55년, 15). 일리리컴: 55년 여름, 16). 고린도: 55년 겨울-56년; 17). 예루살렘으로의 여행: 56년 여름, 18). 예루살렘-가이사레아: 57?-61년?, 19). 로마에로의 여행: 61년 9월-62년 봄, 20). 스페인: 64년 초여름, 21). 에게 근처: 64-66?, 22). 로마에서의 죽음: 67.
[8] Murphy-O'Connor, 1997, 위의 책, p.184.

6. 53년 가을　　　　　　　바울은 리커스 계곡을 여행하다(?).
   7. 53년 겨울-54년　　　　바울은 에베소에서 겨울을 보내다.
   8. 54년 봄-여름　　　　　바울이 **고린도**와 긴밀한 접촉을 하다.

2) 바울 생애에 관한 사도행전의 기술에 대한 비판적 검토

(1) 클라우디우스(Claudius) 칙령-사도행전 18:1-2.: 바울이 아테네에서 고린도에 도착

(2) 바울이 아가야(Achaia)의 갈리오(Galio) 총독을 고린도에서 만났다. - 행 18:12-17. 바울이 갈리오 총독을 만난 후 예루살렘으로 떠났다. - 행 18:18-22=행 15:2-3.

(3) 바울은 예루살렘에서 체포된 후 가이사랴에 있는 안토니우스 펠릭스(Antonius Felix)에게 넘기워진다. - 행 23:24 24:27, 25:1.

(1) 클라우디우스(41년 1월 25일-54년 10월) 칙령은 49년이 아니라 41년일 것이다.[9]

① 누가는 아굴라(Aquila)와 브리스킬라(Priscilla)가 로마로부터 왔다고 하지 않고 이태리로부터 왔다고 말할 뿐이다(행 18:1-2).

② 누가는 눅 2:2의 주후 6-7년에 인구조사(쿼리니우스: 구레네) 때 예수가 탄생한 것이 세속 역사와 구속사가 서로 다른 정보를 줄 수 있다. 그래서 누가의 기술을 역사적 근거로 사용하는 49년의 전통적인 견해는 41년으로 대체되어야 한다.

(2) 갈리오 총독을 만난 때는 갈리오 총독이 고린도에 도착했던 51년 7월에서 바울이 로마로 출항할 수 있는 마지막 시기인 51년 9월 사이였을 것이다.[10]

① 세네카가 클라우디우스 황제에 의해서 41년에 콜시카 섬으로 추방되어 황후 小옥타비아(Octavia)에 의해서 49년에 복귀되었다. 이때 세네카(Seneca)의 형제 갈리오(Galio)도 복귀되었을 가능성이 높다.

② 갈리오 총독의 공적 재임 시기는 51년에서 52년 사이이다.

---

9) 위의 책, pp.15-18. 이러한 견해와 달리 전통적으로 클라우디우스 칙령에 의해서 로마로부터 유대인들이 추방된 해를 49년으로 이해하는 견해와 그 이유에 대해서는 전경연, "바울의 연대표," 『원시기독교와 바울』, 1982, 서울: 기독교서회, pp.193-195 참조.
10) Murphy-O'Connor, 앞의 책, pp.18-21.

③ 갈라디아 2:1에서 바울은 37년 예루살렘 방문(선교 시작) 14년 후인 51년에 예루살렘에 도착한 것으로 되어 있는 것과 일치한다.

④ 행 18:22에서의 바울의 예루살렘 방문은 행 15:2-3에서의 바울의 예루살렘에서의 방문과 이중적인 반복이다.

(3) 페릭스는 클라디우스 황제가 아그립파 II세를 유대의 분봉왕으로 선출하였던 52년 말이나 53년 초에 총독으로 등용되었고, 59년이나 60년에 페스투스로 대체되었다.11)

① 클라우디우스 황제의 비서 팔라스는 그가 추천한 소옥타비아가 황후가 된 후 영향력이 커지자, 그의 형제 안토니우스 페릭스는, 클라우디우스가 아그립파 II세를 필립과 바타네마의 지역의 분봉왕으로 선출하였던 52년 말이나 53년 초에, 총독으로 등용되었다.

② 페릭스(Antonius Felix) 총독에서 페스투스(Porcius Festus: 베스도) 총독으로 바뀐 해는 클라우디우스가 죽은 54년 10월 13일이라기보다 59년이나 60년이었다. 왜냐하면 유세비우스(Eusebius)에 의하면 펠릭스는 클라우디우스 황제 다음의 네로(Nero) 황제가 즉위한 후 6년 째(59년 10월부터 60년 10월까지)에 직위가 박탈당했기 때문이다.

③ 누가에 의하면, 바울이 예루살렘에서 체포된 후 그가 가이사랴에 있는 총독 페릭스에게 보내졌다(행 23:24).

④ 바울의 체포 2년 후에(행 24:27) 페스투스가 펠릭스의 후임자가 되었고(행 25:1), 62년에 죽었다.

3. 갈라디아서의 바울의 적대자와 안디옥 사건

1) 갈라디아서에서의 방해군(바울의 적대자)은 누구인가?

바울이 서신 왕래하는 '너희'(갈 3:1-5)는 갈라디아 사람이다. 서신에서 주로 이 인칭으

---

11) 위의 책, pp.22-23.

로 표시되고 수사학적으로 바울은 때로 '우리'로 드러내기도 한다. 바울은 이들과 구별하여 직접 공격하는 대상은 3인칭인 '어떤 사람들'(τινές-갈 1:7), 누군가 (τις-갈 1:9), '저희'(αὐτοὺς-갈 4:17; αὐτοὶ-6:13)라고 비판하는 다른 사람들이다. 고대에는 결코 자유롭게 이 적대자들을 공개적으로 지목하지는 않는다. 다만 이 외부인들의 행동을 기술하는 동사에 의해서 평화적 상황을 파괴하는 촉발자들의 활동을 기술하는 정치적 용어로 쓰여졌다. 이들은 바울의 복음과 차이 나는 '다른 복음'(ἕτερον εὐαγγέλιον)을 전달하고 갈라디아 사람들을 '요란케 하고'(ταράσσοντες: 정치가들의 선동으로 교란시켜) 그리스도의 복음을 '변화시키고'(μεταστρέω: 변질시키고)(갈 1:7-9), 열심을 내어 이간시키고(갈 4:17), 혼란에 빠뜨린다(갈 5:10). 바울은 이들에 대해서 다른 복음을 전한자들로서 극단적으로 저주한다(갈 1:8-9).[12] 이들은 육체의 모양을 내려 하는 자로 할례를 억지로 갈라디아 사람들에게 강요하고 핍박을 면하게 하기 위해서 율법을 지키지도 않으면서 율법과 유대인의 삶의 방식을 자랑하는 자이다(갈 6:12-13). 바울은 이들이 태생적으로든 개종에 의해서든 예루살렘 지도자들과 간접적 연관을 맺는 그리스도인이라고 암시한다. 그들은 '할례 받은'(περιτεμνόμενοι) 사람으로 할례를 강요하고 복음의 본질이 아닌 문화적인 산물인 '육체의 모양'을 강조하지만(6:12-13) 자신들이 갈라디아인들에게 주는 메시지를 진정한 '복음'으로 간주한다.

대부분의 학자들은 이들이 **예루살렘**으로부터 온 사람들이라고 본다. 왜냐하면 이러한 견해는 갈라디아의 반대자들이 2:11의 '야고보에게서 온 어떤 사람들'과 같은 종류의 사람들이라는 전제와 갈 6:12-13에 핍박을 피하기 위해서 할례를 강요한 사람들을 바리새파로 이해하고, 행 15:22-29에서 야고보가 들은바 있는 안디옥과 수리아와 길리기아에 있는 이방인들을 괴롭히는 사람들과 동일시하는 것에 토대를 두고 있다.[13] 이러한 견해를 지지하는 사람들은 그 근거로서 다음과 같이 바울이 기술하는 예루살렘 회의의 특색들을 강조한다. 갈라디아 1:11-2:10에서 자신의 이력을 소개하는 바울은 자신이 예루살렘으로부터 독립하여 그리스도로부터 직접 계시를 받은 면을 강조하고, 혈육(σάρξ καὶ αἷμα: 자연적 인간, 여기서는 사도들)과 의논하지 않았다고(갈 1:16) 주장하면서 사도권의 독립을

---

12) 바울의 적대자에 대한 바울의 표현 방식에 관해서는 위의 책, pp.193-194 참조.
13) James Dunn, 1993, *Epistles to Galatians* (Peabody: Hendrickson), pp.12-15.

암시하는 진술을 한다는 것이다(특히 갈 1:11-12, 16). 이를 위해서 바울은 예루살렘에 방문한 횟수를 될 수 있으면 줄이려고 한다. 예루살렘에 머물렀던 기간을 명시하고(15일) 만난 사람 중 야고보를 언급하고, 이에 대해서 특히 하나님 앞에 거짓말을 하지 않는 것이라고 굳이 강조한다(갈 1:17-20). 이것은 사도행전의 바울의 활동과 다르다. 사도행전 9장에서 바울은 개종한 후 며칠 안에 예루살렘에 들렀고(행 9:23, 28) 회의 이전에 모금을 전달하러 예루살렘을 방문하였다(행 11:30, 12:25). 이와 달리 바울은 갈라디아서에서 소명을 받은 후 3년 후에 게바를 '심방하기 위해서'(ἱστορῆσαι: 처음 만나려고) 위해서 예루살렘에 들러서 15일간 유하고, 야고보만 만났다고 강조한다.14)

그러나 갈라디아의 반대자들이 **예루살렘**으로부터 왔다면 예루살렘 회의에서는 보수주의자들의 견해에 반대하여 바울의 입장을 지지하였던 예루살렘 사도들이 이제 와서 그 입장을 바꾼 이유는 무엇인가? 이에 대한 답변으로서 사도회의 이후에 그 주도권이 베드로에서 야고보로 넘어가고, 안디옥 교회에서의 바울의 패배 이후에 정세가 '거짓 형제들'이나 '안디옥에서 온 사람들'을 지지하는 새로운 보수주의적 경향으로 변화했다는 설명은 이러한 변화의 원인에 대한 설명을 요구한다. 그래서 롱게네커(R. N. Longenecker) 같은 학자는 6:12-13에서 '육체의 모양을 내는' 할례자들이 핍박을 피하기 위해서 갈라디아인들에게 할례를 강요한 점을 쥬잇(R. Jewett)의 주장에서와 같이 열심당의 활동과 연결시킨다. 쥬잇에 의하면, 예루살렘 지도자들과 이들의 지지를 받은 갈라디아의 반대자들은 당시 열심당들이 이방인들을 몰아내고 이스라엘을 정화시키려는 핍박을 피하기 위해서 유대화시키는 복음의 내용을 강화시킨 것이다.15) 또 다른 한편, 이들 반대자들을 '거짓 형제들'이나 '야고보로부터 온 자들'과 동일시하지 않는 다른 방식의 해결책이 더 설득력이 있을 수 있다. 우리는 이 적대자들이 실제로 야고보로부터 온 사람들이 아니고 야고보의 권위에 근거해서 활동하는 다른 사람들은 아닌지 묻게 된다.16) 또 달리 보면, 우리는

---

14) 이에 대한 자세한 주석적 설명에 대해서는 김연태, 『바울해석』, 1994, 서울: 기독교서회, pp.97-107, pp.231-239 참조.
15) Richard N. Longenecker, 1990, *Galatians: Word Biblical Cmmentary* (Dallas: word Books), xciii-xcvi.
16) 이 적대자들이 예루살렘으로부터 온 할례를 주장하는 유대 핵심 사도들이라고 주장하는 전통적인 학자(F. C. Baur)와 이 견해와 약간 다르지만 이와 비슷한 견해를 제기한 학자들(J. B. Lightfoot, R. Jewett과 George Howard)의 견해에 대해서는 Longenecker, 1990, Galatians, lxxviii-xciv 참조. 또한 위의

전통적으로 이들이 예루살렘으로부터 온 사람들이라고 생각하기보다는 예루살렘의 권위를 내세우면서 자신의 활동을 정당화하는 이방 선교에 관심 있는 선교사들로 이해할 필요가 있다.17) 아니면 접근 방법을 달리하면, 적대자들의 출처의 문제를 강조하기보다 이들이 전하는 핵심적인 신학적 주제인 영과 육의 관계와 대중적인 성령 체험을 수사학적으로 분석함으로써 적대자들의 활동 동기를 탐구하였던 베츠(H. D. Betz)의 견해를 주목할 필요가 있다. 베츠는 前영지주의적 성령 체험을 통해서 기독교인들이 된 갈라디아인들이 열광적 상태가 식어진 상태에서 '육체'로 기독교인답게 살아가야 하는 윤리적 문제를 해결하지 못하고 있을 때에 이 적대자들이 이들에게 접근하여 율법의 유효성을 다시 설득하려는 선교사들이었다고 주장한다. 베츠에 의하면, 바울은 갈라디아에서의 이 적대자들의 활동이 예루살렘 회의 때의 가만히 들어온 거짓 형제들(4절)과 안디옥에서의 게바의 활동과 비슷하다는 것을 암시할 뿐 이들과의 관계를 직접 드러내는 것이 아니라 수사학적인 진술이라고 해석한다.18)

위의 논의를 종합하면, 우리는 오히려 예루살렘의 사도들이나 '야고보로부터 온 자들'을 적대자로 직접 연결시키지 않는 방식으로 반대자들의 정체를 다르게 설정할 필요가 있다. 또한 베츠의 견해처럼 갈라디아 사건과 안디옥 사건을 역사적으로 이해하지 않고 지나치게 수사학적으로 이해하여 완전히 신학적인 측면으로 반대자들의 행동을 재설정하는 방식을 채택할 필요는 없을 것이다. 중요한 점은 갈라디아의 반대자들과 야고보로부터 온 자와 그 차이를 도출할 수 있다하더라도19) 안디옥 사건에서 바울의 베드로에 대한 비난(2:11-14)과 이에 대한 해석(갈 2:13-21)은 갈라디아의 적대자들을 향한 변증적 논의

학자들에 대한 요약과 H. Koester, D. Georgi, D. Lührmann의 주장에 대한 간략한 설명에 대해서는 김연태, 앞의 책, pp.102-107쪽 참조.
17) 예루살렘으로부터 온 사람들이라는 견해와 달리 갈라디아서에서의 자유방임의 윤리적 문제와 율법의 유효성을 연결시키면서 이들이 이방 선교사들이었을 가능성을 제시하려는 학자들(J. H. Ropes, W. Lügert, J. Munck, W. Schmithals)의 견해에 대해서는 Longenecker, 1990, *Galatians*, lxxxviii-xcvi 참조.
18) H. D. 베츠, 『갈라디아서(1979)』, 1987, 서울: 한국신학연구소, pp.57-66 참조.
19) 위의 책, pp.247-252. '거짓 형제들'은 예루살렘 회의에서의 '할례법'이 폐지한 것을 인정하지 않았던 반면, '야고보로부터 온 사람들'은 '정결법'에 대하여 결정된 사항을 문제삼는다. 이러한 차이에도 불구하고 바울은 게바를 야고보로부터 온 사람들 보다는 거짓 형제들과 동일시하려는 수사학적 장치를 제공한다. '거짓 형제들'과 '야고보로부터 온 사람들'과의 차이에 대한 보다 자세한 비교에 관해서는 최갑종, 『바울연구 Ⅱ』, 1997, 서울: 문서선교회, pp.277-283 참조.

(3-4장)의 직접적인 논거를 제공한다는 것이다. 그래서 베츠의 수사학적 분석에서는 갈 2:15-21을 1:12-2:14의 사건에 대한 진술(*narratio*)과 3:1-4:31의 변증을 위한 증명(*probatio*)을 매개하는 신학적 주장(*propositio*)이라고 간주되었다.20) 더구나 바울이 갈라디아서에서 결정적으로 자신의 사도권이 예루살렘으로부터 독립한 것을 강조하게(갈 1:17-2:10) 된 이유는 안디옥 사건이었다는 것을 주목해 볼 필요가 있다. 안디옥에서 바울은 바나바와 입장을 달리하여 안디옥과 독립하여 활동한 것을 더 중요시 여기고, 이들의 위선적 행동이 안디옥에서 일어난 것을 고려하면, 오히려 이 침입자들은 안디옥으로부터 왔을 가능성이 있다(행 15:21 이하). 바울이 이방인들에게 선교를 해서 갈라디아 교회들을 세웠을 때 그는 안디옥의 대행인으로서 행동하였었다. 안디옥 공동체는 예루살렘으로부터의 강한 압력 때문에 완전히 유대화된 기독교의 형태를 선택하였는데 바울은 이것을 받아들일 수는 없었다(갈 2:11-12). 바울이 떠난 이후 새로운 환경 속에서 안디옥 공동체는 예루살렘의 지시를 받아들여 유대화시키는 할례를 받은 이방인들이 포함되었을 때 이번에는 바울에게 압력을 가하는 새로운 검열자가 될 수 있었던 것이다.21)

그래서 우리는 안디옥 사건에서 바울이 야고보나 야고보에게서부터 온 사람들을 비판한 것이 아니라 베드로를 비판한 논점을 중심으로 3장에서 바울의 논쟁점이 시작된다는 것을 주목하게 된다. 우리는 안디옥 사건의 중요성을 보다 면밀히 검토해 볼 필요가 있다.

2) 안디옥 사건에 대한 바울의 해석(갈 2:11-17)에 관한 고찰

(1) 안디옥 사건 이전의 바울의 입장: 바울은 유대인 기독교인들이 율법의 할례 규정을 지키는 것을 그대로 인정하였다(행 16:4 - 디모데의 경우와 대조). 그 근거는 예루살렘 회의 때에 바울이 헬라인 디도에게는 할례를 시키지 않았다고 하지만(갈 2:3) 다른 사본에서는 할례를 주었던 것으로 읽을 수 있다.22) 여기에서 바울 자신이

---

20) 베츠, 『갈라디아서』, 1987, pp.75-96, pp.260-286.
21) Murphy-O'Connor, 앞의 책, pp.193-194.
22) 전경연, 『원시기독교와 바울』, 1982, pp.134-138. 2장 4-5절의 D(서방 사본)과 古라틴역, 시리아어 페시토(Peshitto) 사본은 현재의 개역 성경의 번역(ℵB 大字 사본)과 달리 5절 전반부에 있던 οἷς와 οὐδὲ가 없어 "그들에게 대하여 한때 굴복한 것은 복음의 진리가 여러분에게 존속하기 위해서이다."로 해석될 수 있다. 이렇게 되면 4절의 내용을 디도에게 할례를 주지 않았다고 읽을 수 있게 된다. 이에

예루살렘 지도자의 요구와 거짓 형제들에 대한 양보로 할례를 줄 수밖에 없다고 변명하려는 것이다. 이것은 2차 여행時에 모친은 유대인, 부친은 헬라인인 디모데에게 할례를 주고 떠난 것과 연관시킬 필요가 있다(행 16:3). 이처럼 안디옥 사건 이전까지는 바울이 예루살렘 사도들의 권위와 그들의 입장을 인정한 것을 알 수 있다.

(2) 안디옥 사건에 대한 바울의 해석: 야고보에게서 온 사람들이 게바가 이방인과 함께 식사하는 장소23)에 다가왔을 때 '할례자들'(τούς ἐκ περιτομῆς: 아마도 유대인들)을 두려워하여(φοβούμενος) 베드로가 물러갔다. 남은 유대인들도 베드로와 같이 위선적인 행동을 하였고, 바나바도 유혹되었다. 바울은 다음의 세 가지로 베드로의 행동을 질책했다(갈 2:11-13).

① 게바는 복음의 진리에 따라 행동하지 않았다(14절 전반절). 바울에 의하면, 복음의 진리는 율법의 모든 조항과 유대인의 삶의 방식을 준수하는 것이 기독교인이 되는 조건이 될 수 없다는 것이다.

② 게바는 유대인으로서 이방을 좇고 유대인답게 살지 않으면서 이방인에게 억지로 유대인답게 살게 하였다(14절 후반절). 이것은 2:6-10에서 기술된 예루살렘 합의 사항을 준수하지 않은 것이다. 여기에서는, 게바는 유대인들에게 바울은 이방인에게 선교를 담당한 것에 대해서, 야고보에게서 온 자들은 게바가 유대인의 생활 방식을 따라야 한다고 해석하였을 것이다.24) 이에 따라 게바는 이러한 해석을 수용한 것이 된다. 그러나 바울이 보기에 이 해석은 베드로가 거짓형제들이 주장하는 할례법을 유지하여야 한다는 논리를 내세운 것이 된다.

③ 이방인과 식사를 하는 것이 율법을 거스르는 죄가 된다면 그리스도인의 행위는 그리스도가 죄를 짓게 하는 자로 만드는 것이 된다(17절).

(3) 안디옥 사건에 대한 새로운 해석: 이 사건에서 바울이 제기하는 것은 복음의 원리를 행동으로 수행하는 표리부동(表裏不同)과 언행일치(言行一致)의 문제이면서 계

대한 또 다른 견해에 대해서는 베츠, 『갈라디아서』, pp.217-218 참조.
23) Murphy-O'Connor의 해석에 의하면 이 사건은 안디옥에 있는 유대인 가정 교회와 이방인 가정교회와의 연합의 문제를 제기한 것이다. 이에 대한 자세한 설명에 관해서는 Murphy-O'Connor, 앞의 책, pp.151-157 참조.
24) 이러한 주석의 예로서는 베츠, 『갈라디아서』, pp.247-254 참조.

율적 종교가 갖는 위선('foi mauvais')의 문제와 계율적 종교를 넘어선 진정한 자유의 문제이다(갈 2:4, 2:13: "남은 유대인들도 저와 같이 외식하므로 바나바도 저희의 外式(ὑπόκρισει)에 유혹되었느니라."). 로마와 이스라엘의 정치적 관계의 관점에서 보면, 이것은 신정정치와 제의 종교를 대체하여 내면적 자유를 보장하는 새로운 종교가 되기 위해서 어떤 새로운 윤리 규범 방식이 적합한지의 문제였다.

중요한 것은 바울이 안디옥에서 베드로의 위선적 행동을 기술하고 나서 바나바가 야고보의 편에 섰다는 것이다. 바울은 안디옥 사건 이후에 바나바를 동행하지 않고 디모데와 함께 선교에 나선다. 그러므로 바울은 안디옥과 예루살렘으로부터 독립하여 신학적인 노선을 확립해야 할 필요성에 처하게 된다. 여기에서 바울이 공격받는 것이 사도권의 출처와 복음의 내용에서의 실천의 문제이다. 바울은 끊임없이 자신의 사도권이 인간으로부터 온 것이 아니라 그리스도의 계시로부터 직접 온 것이라고 강조한다. 그러나 안디옥 사건에서 더욱 중요한 것은 복음의 내용을 실천하고 다른 사람에게 모범을 보여서 그 복음의 열매를 맺느냐의 문제이다. 여기에서 바울이 주장하는 논리와 수사 속에서 암시받을 수 있는 핵심 논의점은 예루살렘 회의에서 확정된 합의점을 잘 따랐느냐의 문제가 아니라, 그 합의점이 복음의 진정성에 비추어서 잘 해석되었는지, 그리고 그 복음의 내용대로 실천하여 구체적인 경우에 일관성 있게 적용하고, 새로운 환경에 적응하는 탄력성을 갖고 창의적으로 복음의 내용을 토착화하였는지의 문제이다. 여기에서 바울은 자신도 모르게 로마식의 삶의 스타일에 적합한 복음의 내용을 확립하고자 한 것이다.

바울의 로마적인 방식의 사유를 우리는 또 다른 측면에서 볼 수 있다. 로마식의 사유란 로마에 얽힌 다음의 격언에서 알 수 있다: "로마에 가면 로마 법을 따르라." "모든 길은 로마로 통한다." "로마는 하루 아침에 이루어 진 것이 아니다." 위의 격언에서 나타난 로마식의 삶의 스타일은 실용적이고 구체적이면서 보편적인 기준을 중요시하는 것이다. 바울은 그리스도가 자기 안에 살고, 그리스도의 희생을 본받은 그리스도인이 성령의 열매를 맺어야 하는 것을 계속 강조하게 된다. 이와 같은 바울의 윤리 뿐만 아니라 바울의 선교 방식에서도 잘 나타난다. 바울은 브리스길라와 아굴라를 에베소서, 고린도, 로마에 먼저 보내서 선교를 위한 정보와 그 지역의 생활 근거, 그리고 친밀한 인간 관계를 먼저 건립한다.

이제 위의 안디옥 사건의 배경에 의해서 바울의 의인사상을 재해석해야 할 것이다.

4. 갈 2:15-21에서의 의로움과 신실함에 대한 재해석

'의로움'(δικαιοσύνη)의 모티프는 바울이 그가 처해 있었던 역사적인 상황에서 일어난 이방인이 그리스도인이 되는 과정의 문제를 씨름하면서 형성되었다. 바울은 그가 전통적으로 쓰는 또 써왔던 '하나님의 의'의 개념을 통해 기독교 공동체의 새 정체성을 확립하고자 하였다. 구약에서 이 '의로움'의 일반적 용법은 법적으로 옳다고 선언하는 문맥에서나, 무죄 석방을 선포하는 의미를 전달할 때 사용하는 것이다. 다른 한편, 의로움과 신실함의 의미를 유대 종교사적 맥락 이외에 헬라적 종교 역사의 맥락과 로마제국의 정치적 맥락에서 재해석할 필요가 있다. 이런 맥락에서는 '신앙'(πίστις)은 믿음으로 번역되지만 신실함으로 번역될 수 있다. 이와 더불어 갈 2:15-21에서의 의로움과 신실함과 바울의 실존적 신앙과의 관계를 이해하기 위해서는 다음의 세 가지 역사적 맥락을 이해해야 한다.

1) 유대적 배경

이스라엘 역사 속에서 '하나님의 의'라는 용어가 이스라엘이 이집트에서부터 해방된 기쁨을 찬양하는 드보라의 노래(사사기 5:11)에 처음으로 나오고, 이때 문자적 의미는 하나님께서 계약에 따라서 그의 택한 백성을 신원해 주시고(vindicate) 적과 원수를 파멸시킨다는 것이다. 그래서 '하나님의 의'라는 말은 그의 구원 즉 그의 승리를 그의 백성에게 주시는 구속 활동을 나타낸다. 그러나 가나안에 이스라엘이 정착하고 그 계약을 깨뜨릴 때 예언자들은 '하나님의 의'라는 말을 사용하여 택한 백성이 온 백성과 열방을 위해 존재하지 못한 것을 지적하고 이스라엘을 심판함으로써 하나님의 의로운 판단을 감행하신다는 뜻을 드러내었다. 바울 시대에는 메시야적 기대가 이 하나님의 의로움의 나타남과 두 가지 가능성으로 연관되었다. 모든 하나님의 백성들이 율법을 복종했을 때 하나님의 의의 완벽한 실현으로서 메시아가 오게 되거나, 그들이 모두 사악하졌을 때 하나님의 진노로서의 하나님의 의가 메시아를 통해 나타나게 되는 것이다. 그래서 바울은 모든 사람이 죄를 지었기 때문에 "율법 이외에 하나님의 한 의가 나타나게"(롬 3:21) 되었다고 선언한다. 또한 하나님의 의가 모든 불의하고 경건치 않는 자들에게 하나님의 진노로 "나타났다고"(롬1:18, 3:5) 말한다. 이렇게 하나님의 의가 드러나는 때에 대한 구원사적 시대 인식에 의해서 바울은 이제 유대인들은 더 이상 특권적인 위치에서 율법을 자랑할 이유가 없다고 보게 된다. 바울은 이러한 구원사적 맥락에서 '하나님의 의'가 예수의 십자가 사건과 부활을 통하여 나타났고, 이전과는 전혀 다른 새로운 공동체를 불러모으시는 하나님의 정의로운 판단이 이루어졌다고 주장하게 된다.25)

그러므로 이 '하나님의 의'는 우리가 흔히 교회에서 묻게되는 '어떻게 심판의 날에 구원을 얻을까' 라는 교리적 호기심에 답변하기 위해 이 용어를 통해 해결하려는 것이 아니다. 바울은 갈라디아에서 보는 바와 같이 (갈 2:11-24) 율법을 중심으로 사용하는 기독교인(Jewish Christians)과 할례 받지 않은 이방 기독교인들(Gentile Chrisians)사이에 일어난 이방인이 기독인 되는 절차에 관한 논쟁의 상황 속에서 이 의인 사상을 제시하였다.26) 그는 이에 대해서 예수 그리스도의 신실하심(faithfulness of Jesus Christ)을 통하여 인간의 의로움을 받는 것이지 율법의 공로로 받는 것이 아니라고 주장한다. 갈 2:16-17에서 의로움은 동사로 사용되고 주격(subject) '하나님'이 생략된 수동태로 사용함으로써 의로움이 나타나는 통로(channel)로서 '예수의 신실하심'을 사용하게 된다. 예수의 신실하심은 그의 인내 그의 하나님에 대한 신실하심을 의미하고, 때문에 율법의 공로를 통해서가 아니라 "예수의 신실하심과 복종"으로 하나님의 의가 드러난다.

2) 헬라적 배경

이러한 문맥에서 사용된 '하나님의 의로운 판단'은 헬레니즘 문화에서 일반적으로 약간 다르게 사용되는 '의로움'의 모티브를 이해하여야 한다. 이 '의로움'은 대표적으로 플라톤의 『소크라테스의 변명』이나 소포크레스의 『외디푸스 왕』 같은 책에 나오는 숭고한 죽음의 그리스적 전통과 연관시킬 수 있다. 또한, 헬라적 유대교의 신앙서적인 『맥카비서』나 『솔로몬의 지혜』에서는 순교자가 부당하게 기소되어 핍박받고 죽게 되었을 때, 이 잘

---

25) 크라이스터 스탕달, 『유대인과 이방인의 사도 바울』, 1995, 서울: 순신대학교 출판부, pp.47-67.
26) 위의 책, pp.15-18.

못된 평결이 뒤집어져서 그/그녀가 무죄로 확증되고 죽은 후에도 특별한 지위와 명예의 변화를 보상받게 된다. 바로 '의로움'은 이러한 숭고한 죽음에 대한 순교설화, 영웅 이야기 또는 철학자의 생애 이야기에 사용되는 용어이다. 그러므로 바울은 예수의 잘못 평결된 숭고한 죽음이 실제로 하나님으로부터 새롭게 의롭게 평결되어 새 계약 공동체, 그리스도 교회의 초석을 세우는 의도(의미)로서 이 용어를 사용한 것이다. 그래서 이 용어는 예수를 통해 새 계약 공동체 유대인, 이방인 혼성 공동체가 형성되는 요건을 뜻하도록 사용된다. 이제 하나님의 의는 예수의 신실하심에 근거하여 우리가 이를 믿음으로 그리스도를 따르게 되면서 형성되는 새 공동체(계약 공동체)에의 참여의 의미를 강하게 나타낸다(롬 3:23-26).[27]

예를 들면, 롬 3:23의 "이 예수를 하나님이 그의 피로 인하여 믿음으로 말미암는 화목제물로 세우셨으니"에서 '믿음으로'와 롬 1:17에 "복음에는 하나님의 의가 나타나서 믿음으로 믿음에 이르게 하나니"에서의 앞의 '믿음으로'는 '예수의 신실함'으로 이해하는 것이 자연스럽다. 또한 갈 3:23-25에 "믿음이 오기 전에"와 "믿음이 온 후로는 우리가 몽학 선생 아래 있지 아니하도다"에서 '믿음'은 예수의 '신실함'으로 해석해야 할 것이다.

3) 로마 제국의 배경

πίστις(믿음)는 단순히 믿음의 의미만이 아니라 '신실함' 또는 '충성'의 의미를 갖고 있다. 이것과 동의어인 라틴어 *fides*는 로마 황제가 그의 동맹국이나 속주와의 협정時에 信義, 신실함, 올곧음, 진실함, 정직, 신뢰 그리고 확신을 갖는다는 의미로 사용되었다. 이러한 예로서 『신격화된 아우구스투스 행전』(Res Gestae Divi Augusti)에서 아우구스트스(Augustus)의 지배하에 로마 백성들과 우호적 관계를 갖지 않았던 많은 백성들이 이제 "로마 백성의 πίστις를 찾았다"라고 표현하게 된다. 바로 이 신의가 정의(Justitia)의 기초이다. δικαιοσύνη의 동의어로 쓰이는 라틴어 *Justitia* 또는 *Jus*는 비례적 정의의 고전적 의미에 더하여서, 계약된 것에 대한 신의에 근거해서 형성된 인간들 사이의 올바른 유대(紐帶) 관계나 인간에 대한 하나님의 올바른 연대성(連帶性)을 나타내는 의미로 사용되었다. 로마시대에도

---

27) Burton Mack, 1988, *A Myth of Innocence* (Philadelphia: Fortress), pp.102-113.

이 의로움은 도덕적 선을 나타내는 네 가지 덕목들(ἀρετή) 중의 하나로 사용되었다.28) 특히 정의(Justitia)는 아우구스트가 갖고 있는 덕목들 중에 가장 중요한 것으로 간주되어서 아우구스트스를 기념하는 동전에 새겨졌다. 또한 오비드(Ovid)는 Ex Ponto(3.6.23-29)에서 군주로 동일시되는 Justitia에게 성전을 봉헌한 것을 기술하기도 하였다.29) 이렇게 위의 두 단어들은 아우구스트의 치세(주전 31년부터)가 시작할 때부터 호라스(Horace)와 버질리우스(Virgilius) 같은 시인들이 황제 아우구스트의 통치의 정당성을 확립하기 위해서 자주 내세우는 선전 구문으로서 사용되었다.30)

이런 맥락에서 갈라디아서 2:16, 2:21, 3:6, 3:21, 5:5의 의로움에 대해서는, 하나님이 인간과 새로운 유대(紐帶) 관계를 설정하기 위해서 예수 자신이 인간의 삶에 참여하게 됨으로써 신실함과 신뢰를 나타내 보였다고 이해해야 할 것이다. 여기에서 중요한 점은 헬라적 문화가 공동체의 형성의 기초로서 그리스도의 신실함의 순교적 가치를 강조했다면, 로마 시대에는 이 그리스도의 신실함이 단일한 공동체 형성의 기초일 뿐만 아니라 형성된 공동체가 다른 공동체와 더불어 형성될 수 있는 보다 보편적인 사회 유대의 정의로운 관계 형성의 기초가 된다는 것을 인식했다는 것이다. 이러한 의미에서 하나님의 의로움은 기존의 특권을 철폐하기 위해서 타자를 포괄하여 참여하는 예수 그리스도의 신실함에 기초한 새로운 연대성(連帶性)을 의미한다. 이것은 아우구스트스가 화폐, 군대, 법, 그리고 황제의 신적인 권력에 의해서 로마를 지배하는 방식과 달리 자신의 아들의 희생적 참여를 통해서 새로운 사회적 재배열을 시도함으로써 새로운 유대를 설정하는 하나님의 통치 방식을 제시한다.

---

28) 키케로(허승일 역), 『키케로의 의무론: 그의 아들에게 보낸 편지』, 1989, 서울: 서광사, pp.23-28. 다른 세 가지 덕목들은 지혜(sapientia)와 예지(prudentia)로 이루어진 지식(scientia), 용기(fortitudo), 관용, 절제 온건 등의 덕성과 관련된 인내(temperantia)이다.
29) Dieter Georgi, 1997, "God Turned Upside Down", *Paul and Empire*, ed. Richard Horsley, pp.148-152 [디터 게오르기, "하나님은 높은 자들을 낮은 데로 끌어내리셨다," 김재성 편, 『바울 새로 보기』, 2000, 천안: 한국신학연구소, pp.92-94].
30) Elliott, 1994, *Liberating Paul*, pp.184-195.

4) '그리스도의 신실함'/우리의 믿음과 의로움/연대성(갈 2:16-2:21)

(1) 그리스도의 신실함

갈 2:16--"사람이 의롭게 되는 것은 율법의 행위에서 난 것이 아니요 오직 예수 그리스도의 신실함으로(그리스도를 믿음으로) 말미암는 줄 아는 고로 우리도 그리스도 예수를 믿나니 이는 우리가 율법의 행위에서 아니고 그리스도의 신실함으로 말미암아 (그리스도를 믿음으로서) 의롭다함을 얻으려 함이라 율법의 행위로서는 의롭다 함을 얻을 육체가 없느니라."

예수 그리스도의 신실함과 우리가 그리스도 예수를 믿는 것이 인과관계로 연결되어있다. 그래서 '그리스도의 신실함'은 기독교인들의 신실함의 원인이면서 동시에 모범이다. 이것이 인간과 하나님의 새로운 연대감을 형성할 수 있는 의로운 관계를 확립한다. 바울에게 그리스도를 믿는 것은 율법이 요구하는 자신의 이웃을 사랑하는 실천이다(갈 5:14). 바울은 '그리스도의 신실함/우리의 신앙'에 의해서 '율법에의 복종/율법의 행위'를 대체한다.31) 이제는 율법의 행위에 의해서가 아니라 그리스도의 신실함에 의해서 새로운 신의가 형성되고, 이를 통해 인간과 인간, 하나님과 인간 사이의 정의로운 유대 관계가 확립된다. 그리고 이번에는 그리스도의 행위를 닮아가면서 확립되는 유대 관계는 바울 자신 안에서 역사하시는 그리스도의 살아가심으로 확증된다(갈 2:20). 이제 그리스도의 타자를 향한 희생과 이 희생적 사랑을 닮는 실천 속에서 로마제국의 법과 화폐와 신적 황제의 통치 방식을 비판하는 새로운 공동체 연대 방식이 드러난다. 이것이 로마의 법에 의한 동맹국과 로마 황제와의 유대감을 대신하는 하나님과 인간과의 연대성(의로운 유대 관계)을 확립한다.

바울의 의로움의 사상은 그리스도의 신실함에 기반한 보편적 공동체론과 사회론으로 발전된다. 세상에서 바울이 그리스도의 신실함을 닮아 그와 연합하는 것처럼 우리가 그리스도의 신실함을 닮음로써 그리스도와 연합된다. 그러나 이것은 성/인종/계급을 초월하여 모든 헌신된 신앙인들에게 열려있다(갈 3:28). 그러므로 우리는 항상 타자로 분류되는 여성, 비유대인, 종들을 포괄하여 새로운 공동체를 형성할 것을 요구하는 그리스도의 신실

---

31) Murphy-O'Connor, 앞의 책, pp.203-205.

함에 기반한 하나님과 인간의 새로운 유대감을 제시하는 것을 깨닫게 된다. 그리스도인은 타자를 포괄하는 신실함의 실천 속에서 '그리스도로 옷 입었고', '예수 그리스도 안에서 한 인격이다.'(갈 3:27-28) 계명들에 대한 복종을 통해서 기능적인 연합을 이루는 유대주의적 율법에 반대해서, 그리고 특권을 용납하지 않는 비례적 법과 모든 민족들을 통합하는 화폐와 황제에 대한 충성을 기초로 이루어진 로마의 의로움에 대한 이해와 반대해서, 바울은 그리스도인의 공동체가 타자를 포괄하는 유기체적 연합체이며 타자의 필요성에 응답하여 그리스도의 신실함을 닮는 행동으로 창조적 사랑을 실천하는 유대관계로 이루어진다고 주장한다.

(2) 하나님의 아들의 신실함

갈 2:20 - "내가 그리스도와 함께 십자가에 못 박혔나니 그런즉 이제는 내가 산 것이 아니요 오직 내 안에 그리스도께서 사신 것이라 이제 내가 육체 가운데 사는 것은 나를 사랑하사 나를 위하여 자기 몸을 버리신 하나님의 아들의 신실함(하나님의 아들을 믿는 믿음) 안에서 사는 것이라."

특히 갈 2:20에서 '그리스도의 신실함'은 타자들을 위한 자기-희생 속에 나타난 사랑으로 인식될 수 있다. 이것은 '사랑을 통해 활동하는 신앙'(갈 5:6)이다. 사랑의 놀라움은 하나님 아버지가 그 아들을 희생에 내어주는 것을 허용한 것과 그리스도 자신의 이에 대한 복종으로서 자기희생과 십자가 처형의 끔찍한 죽음에 의해서 계시된다. 이러한 사랑은 그러나 단순히 사실이 아니라 바울이 '죽음'으로부터 '생명'으로 일으킴을 받은 **능력으로 새롭게 또 다시 나타난다.**

2:20에서의 바울과 갈라디아인의 연대감은 2:21의 의로움에 관한 언급과 직접 연결됨으로써 바울의 그리스도 체험이 하나님과 인간, 인간과 인간의 연대감을 형성하는 의로움과 연결되는 것을 알려 준다. 이러한 관점에서만 바울이 "내가 아니라 그리스도가 내 안에 산다"(갈 2:20)라고 말할 때 바울이 의미하는 바를 우리는 이해할 수 있다. 바울은 우선 자신의 체험을 통해서 실존적 차원의 신앙을 고백한다. 자신이 새로운 주체가 형성된 것을 갈라디아 교인들도 닮을 수 있도록 모델로 제시한다. 그래서 바울은 갈라디아 교인들과 자신의 내적 유대감이 사랑에 역사하는 신실함에 기초한 것을 상기시킨다; "형제들아

내가 너희와 같이 되었은즉 너희도 나와 같이 되기를 구하노라"(갈 4:12) 이제 바울은 '율법'의 자기중심적 주체가 십자가에 못 박아 없어지고 자기희생적 사랑에 의해 타자를 위해 살아가는 창조적인 유대관계를 형성한다는 것을 강조하게 된다: "그리스도의 자기-증여는 진정한 인간성의 본질인 **창조적인 행위이다** …… 각각의 신앙인에게는 어떻게 그리스도에게 제시된 창의적이고, 자기희생적인 사랑이 현실에 주어지는지 통찰하는 것이 각각의 신앙인에게 달려 있다."32)

여기에서 그리스도가 우리 안에 사는 것은 그리스도의 '내적 성육신'33)으로서 각자가 각자의 그리스도를 이해하는 방식이 다름을 인정하는 유대관계의 기초를 이룬다. 바울은 갈라디아 교인들이 직면하고 있는 '육체 가운데 사는' 방법으로서 율법 대신에 그리스도 자체가 내 주체로 활동하는 '그리스도의 율법'을 제안하기에 이르게 된다. 이것을 단적으로 드러내는 것이 서로의 어려움을 대신 짊어지는 삶의 방식으로 그리스도의 신실함을 실천하는 '그리스도의 율법'에 기초한 유대관계이다; '서로의 짐을 지고 그리스도의 율법을 이루시오.'(갈 6:2). 이제 그리스도의 희생적 삶의 방식은 타자들과 유대감을 형성하는 의로움이 진정으로 '육체'(세상) 가운데 사는 방법을 예시한다(갈 2:21).

5. 문학적 맥락과 수사학적 양식을 고려한 바울 윤리의 구조론적 특성

우리는 이 의로움의 사상이 갈라디아서 전체 문학적 맥락에서 어떤 기능을 하는지 살펴보아야 한다. 이를 위해서 우리는 갈라디아서의 핵심 논점을 드러내는 갈라디아서의 문학적 맥락과 수사학적 양식에 관한 최갑종 박사의 논지를 요약해서 제시하게 될 것이다. 그리고 여기에서 제시되는 신실함/의로움/성령의 용어들과 관련된 성서구절을 주석하면서 바울 윤리의 구조론적 특성을 제시하게 될 것이다.34)

---

32) Murphy O'Connor, 위의 책, pp.204-205.
33) 요 1:14의 말씀이 육신이 된 것을 '외적 성육신'이라면, 요 1:1-3과 1:18에서의 로고스와 신적 특성과의 관계를 드러내는 것은 인간 안에 내재될 수 있는 '내적 성육신'으로 이해될 수 있다는 것이 필자의 견해이다. 이처럼 필자는 바울이 갈 2:20에서 내적 성육신의 성격을 강조한다고 생각한다.
34) 용어의 이중성 또는 복합성을 사유 구조의 징후로 보고 여기에서 구조의 특성을 기술하는 구조론적 해석 방법에 관해서는 김덕기, "『로마서』에 나타난 율법과 의인 사상에 대한 구조론적 해석," 2000, pp.236-268 참조. 이 글에서 적용한 방법과 비슷하게 여기에서도 갈라디아서에서 자주 나오는 의로움

최갑종 박사에 의하면, 바울은 그의 핵심적인 논지인 믿음으로 말미암은 의로움을 말하기 전에 우선 자신의 세 가지 경험을 '나'와 '우리'라는 다른 주어를 사용하여 상세히 보고한다: ① '나': 이방인들의 사도로의 신분 전환/복음에 대한 헌신으로의 전환(1:11-17), ② '우리': 예루살렘 회의의 결정 사항(2:4-10)과, ③ '나': 안디옥에서 베드로의 표리부동한 유대적 삶(2:11-14). 그리고 나서 그는 자신의 신앙고백과 갈라디아 교인들을 향해 삶의 문제를 제기한다. ① '우리': 하나님의 의에 대한 설명(2:15-17), ② '나': 바울의 신앙과 삶의 일치(2:18-21), ③ '너희': '영' 받음의 근거와 삶과의 관련성의 문제 제기(3:1-5).35)

여기에서 중요한 것은 예루살렘 회의에서 결정된 사항을 알고도 베드로가 이를 실행하지 못하였기 때문에, 바울은 믿음으로 말미암는 의를 설명하고 자신은 베드로와 같지 않게 앎과 삶이 일치되는 삶을 살고 있다고 고백하였다는 것이다: "내가 그리스도와 함께 십자가에 못 박혔나니 그런즉 이제는 내가 산 것이 아니요 오직 내 안에 그리스도께서 사신 것이라."(갈 2:20) 그 다음에 바울은 의로움의 사상과 **성령/영**(πνεύμα)을 연결시키기 위해 갈라디아 교인들을 향하여 의와 영, 믿음과 율법, 삶과 앎의 관계에 대한 문제를 제기한다: "내가 너희에게 다만 이것을 알려 하노니 너희가 **성령**을 받은 것은 율법의 행위로냐 듣고 믿음으로냐 너희가 이같이 어리석으냐 **성령**으로 시작하였다가 이제는 육체로 마치겠느냐"(갈 3:2-3) 바울의 답변은 그리스도인의 믿음으로 의롭게 되는 신분 변화가 영(πνεύμα)적인 삶과 밀접히 연관된다는 것이다. 그래서 바울은 나머지 3-5장에서는 '너희'라는 주어를 사용하여 직설법적 선언을 제시하고, 5-6장에서도 '너희'를 사용하여 이 선언과 윤리적 명령을 연결시키는 형태로 의인사상의 윤리적 특성을 보여주려고 한다: '너희': 성령에 기반한 새로운 신분(3:1-4:31: 직설법)과 영적인 삶(5:1-6:10: 명령법).

여기에서 더 나아가서 필자가 위의 특성을 구조론적으로 기술하면, 3-4장의 직설법은 πίςτις의 **신실함/믿음과 성령/영**의 상호관련성 속에서 **윤리적 이상의 확립과 공동체와**

(δικαιοσύνη), 신실함(πίστις)과 성령(πνεύμα)가 연대성, 믿음, 영의 또 다른 의미로도 사용된다는 점에서 바울의 신학적 사유와 윤리적 사유 구조의 징후라고 볼 수 있다. 이 징후를 실마리로 바울 윤리의 구조('윤리적 이상', '의무 형성 원리', '삶의 양식'의 구성 요소들이 배열되고 결합되는 방식과 일정한 규칙)를 기술하게 될 것이다.

35) 최갑종, "새로운 문학적 해석: 갈라디아서에 대한 수사학적 및 서신적 분석의 실례," 정기철 편,『성서해석학』, 1997, 서울: 한들, pp.319-327.

사회에서의 보편적 유대관계를 유지할 수 있는 **의무 형성의 원리**를 제시하고, 5-6장의 명령법은 인간 본성으로서 자유에 관한 바울의 이해를 암시적으로 드러내면서 욕망에 매여 있는 인간의 비극적 조건을 극복하기 위해서 성령/영의 열매로서의 새로운 **삶의 양식**(τεκνή τοῦ βίου)을 체득시키는 품성 개발 훈련의 차원을 보여준다.36)

또 다른 한편 최갑종 박사의 분석에 의하면, 갈라디아서는 '권면편지'(그 밖의 종류: '비난편지', '변증편지', '충고편지')의 한 종류이다. 이것은 다음과 같은 기능을 담당한다. ① 편지를 보내는 사람은 수신자의 친구나 혹은 도덕적으로 더 탁월한 사람이다. ② 편지를 보내는 사람은 수신자로 하여금 부정적인 행위의 모델을 따르지 않도록 하기 위해 이와 대조가 되는 좋은 모델의 행위와 관습(즉 '에토스')을 추천한다. 갈라디아서는 보통 3중 구조로 이루어진 변증편지로 알려져 왔다: 자서전적인 변증(1-2장), 바울의 신학적 논증(3-4장), 바울의 윤리적 권면(5-6장). 여기에서는 3-4장이 논증의 절정으로 간주하여 변증의 목적을 강조하였다. 그러나 최갑종 박사에 의하면, 갈라디아서를 2중 구조로 이루어진

---

36) 여기에서 **윤리적 이상, 의무 형성 원리, 삶의 양식**은 고대 윤리적 특성을 잘 나타내는 구성 요소라고 생각하여 선택한 것이다. 이것은 미셸 푸코(Michel Foucault)가 제시하는 윤리적 구조의 네 가지 구성 요소들을 신약의 윤리를 분석하는 데 더 적합하게 세 가지 요소로 변용시킨 것이다. 여기에서 푸코가 말하는 윤리적 구조의 네 가지 요소들이란 '윤리적 실체'(substance éthique), '예속화의 양식'(mode d'assujettissement: 또는 '도덕적 의무 형태')과 '자기 형성적 실천'(pratique de soi: 또는 윤리적 실천 형태)[즉 넓은 의미에서의 금욕주의(l'ascétisme)], '윤리적 실천의 목적'(teleologie)이다. 이에 관한 자세한 설명에 관해서는 Michel Foucault, 1983, "On the Genealogy of Ethics: An Overview of Work in Progress", H. L. Dreyfus & P. Rabinow, 1982, *Michel Foucault: Beyond Structuralism and Hermeneutics* 2 ed. (Chicago: University of Chicago Press), 229-252[번역본—미셸 푸코(서우석 역), "윤리학의 계보에 대하여: 진행 중인 연구에 대한 개관",『구조주의와 해석학을 넘어서』, 1989, 서울: 나남, pp.321-354] 참조. 이에 대한 성서 적용의 예에 관해서는 Halvor Moxnes, 2003, "Asceticism and Christian Identity in Antiquity: A dialogue with Foucault and Paul", *Journal of Study of New Testament* (26.1)", pp.1-38 참조. 여기에서 '윤리적 이상'은 윤리적 주체가 궁극적으로 추구하려는 도덕적 행동들의 목적을 나타내는 '윤리적 실천의 목적'과 유사하다. '의무 형성 원리'는 여기에서 도덕적 의무를 자극시키고 인식하는 방법을 나타내는 '예속화의 양식'과 유사하다. '삶의 양식'은 푸코가 고대 그리스 윤리의 특성을 가장 잘 드러내고 있다는 '삶의 기예'(τεκνή τοῦ βίου)를 나타내는 용어이지만 이것을 어떤 구조론적 특색과 스타일(style)의 동향(trend)의 변화 측면을 강조하는 '양식'(mode)이라는 용어를 사용하였다. 이 '삶의 양식'은 윤리적 주체로서 도덕적 행동을 집중시키는 데 가장 중요한 역할을 하는 인간의 기관들의 핵심 부분을 의미하는 '윤리적 실체'와 금욕주의적 훈련의 구체적인 형태를 의미하는 '자기 형성적 실천'을 둘 다 포함하는 말이다.

권면편지로 이해할 경우에는 5-6장이 절정을 이루는 권면편지로 간주할 수 있게 된다: 'I' 단락, 'we' 단락(바울의 에토스 강조 :1-2장)과 'you' 단락(갈라디아 교인들의 파토스 강조: 3-6장).37)

여기에서 필자가 최 박사의 견해를 더욱 발전시키면, 권면편지라는 것을 뒷받침하는 핵심적인 연결 고리는 갈 4:12의 신비주의적 창조적 닮음에 관한 권면 말씀이다: "형제들아 내가 너희와 같이 되었은즉 너희도 나와 같이 되기를 구하노라." 이 구절이 신비주의적 특성을 갖는 이유는 바울 자신이 예수의 신실함을 닮는 믿음의 모델로서 제시되기 때문이다. 또한 이것은 바울의 창조적 닮음(μίμησις)을 내포하고 있다: "내가 그리스도를 본받는 자 된 것 같이 너희는 나를 본받는자(μίμηται)되라"(고전 11:1); "너희는 많은 환난 가운데서 성령의 기쁨으로 도를 받아 우리와 주를 본받는 자(τύπον)가 되었으니 그러므로 너희가 마게도냐와 아가야 모든 믿는 자의 본(μίμηται)이 되었느니라"(살전 1:6)

위에서 최갑종 박사는 특히 3-4장의 직설법과 5-6장의 명령법에서 성령과 육의 대조 부분을 자세히 탐구하면서 갈라디아서에서의 의인사상의 윤리적 특성을 부각시켰다. 여기에서 믿음으로 의롭게 된다는 것은 하나님의 아들로서의 신분 변화와 이에 따라 율법 없이 실천해야 할 영적인 '삶의 양식'이 수반된다.38) 이제 한 걸음 더 나아가서 필자는 최박사가 중요시하는 성서구절들 중 몇 개를 선택하여 주석함으로써 신실함/믿음, 성령/영과의 구조론적 연관관계 속에서 바울 윤리의 성격을 다음과 같이 제시하고자 한다.

■ 신실함/믿음과 성령/영과 윤리와의 관계

> 갈 3:2-3 – "내가 너희에게 다만 이것을 **알려 하노니** 너희가 **성령**을 받은 것은 율법의 행위로냐 듣고 [**신실함**]으로냐 너희가 이같이 어리석으냐 **성령**으로 시작하였다가 이제는 **육체**로 마치겠느냐"

3장 전체에서는 율법이 신적 계율의 의무로서 계시된 것은 구원사적 조명 속에서 보면

---

37) 정기철, 위의 책, pp.328-336.
38) 최갑종, "갈라디아서에 대한 새로운 이해: 갈라디아서 5:1-6:10절에 나타난 '성령'과 '육'에 대한 연구," [기독교학회 제27차 정기 학술대회(1988.10.16), 신약학회 발표 논문], pp.1-23.

상대화될 수 있다. 율법은 아브라함이 하나님과 약속한 후 430년 후에 모세가 범법함으로 더하여진 것으로 천사의 중보에 의해서 전달받은 것이다(3:17과 19). 이제 성령으로 새로운 윤리적 이상이 시작된 것(존재론)이 드러났다. 이에 따라 이제는 그리스도의 신실함이 나타나 율법에 의해서 규정된 명령의 방식(지시)이 더 이상 역할을 할 수 없다. 의무 형성 원리가 바뀌는 변화를 성령에 의해 구원사적 맥락에서 알게 된 것이다(인식론). 도덕적 행위의 목적인 '윤리적 이상'(존재론)이 바뀜에 따라 도덕적 의무를 자극시키고 이를 인식하는 방법으로서 예속화의 양식('의무형성 원리')도 이제 변경된다(인식론). 이제는 의무 형성 원리가 율법의 명령을 준수하는 행함이 아니라, 예수의 신실함을 창조적으로 닮아가는 것으로 바뀐 것을 나타낸다.

> 갈 3:5 - "너희에게 **성령**을 주시고 너희 가운데서 능력을 행하시는 이의 일이 율법의 행위에서냐 듣고 **믿음**에서냐"

3:5에서는 3:2-3에서의 신실함(πίστις)과 짝패를 이루고 있는 우리의 믿음(πίστις)을 나타낸다. 성령은 율법의 명령이 지시하는 것을 따르는 것이 아니라 스스로가 예수의 신실함을 창조적으로 닮아 가는 능력을 부여한다. 이것은 윤리적 이상에 걸맞는 의무를 수행할 수 있도록 제시된 윤리적 규범이 성령에 의해서 형성될 수 있다는 것을 암시한다. 3:2-3에서는 성령이 윤리적 이상으로서 신실함을 인식시키고 내주(內住)하는 그리스도의 존재와 관련된다면, 3:5에서는 성령은 윤리적 규범과 '삶의 양식'을 제안하는 역할을 담당한다.

■ 직설법 3:1-4:31에 나타난 '사회'에서의 윤리적 이상과 새로운 의무 형성 원리 형성

직설법: 갈 3:23-25 - "[그리스도의 신실함]이 오기 전에 우리가 율법 아래 매인 바 되고 계시될 [그의 신실함]의 때까지 갇혔느니라 이같이 율법이 우리를 그리스도에게로 인도하는 몽학 선생이 되어 우리로 하여금 믿음으로 말미암아 의롭다 함을 얻게 하려 함이니라 [그의 신실함]이 온 후로는 우리가 몽학 선생 아래 있지 아니하도다"

그리스도의 신실함이 나타난 현재의 시점에 따라 이제 율법의 기능은 상대적으로 약화되고 윤리적 이상이 바뀌게 된 것을 드러내 준다. 이제 새로운 '윤리적 이상'으로서 그리스도의 신실함은 우리가 그리스도를 믿는 믿음을 통해 추구하게 될 때는 일종의 '도덕적 선' 된다. 이것은 우리가 따라야 할 의무를 더 이상 몽학 선생이 지시하는 방식으로 제시되지 않는다. 이제 새로운 역사적 지평 속에서 율법의 구속에서 벗어난 성숙된 방식의 **의무 형성의 원리**(의무 형성 방식)는 그리스도의 신실함을 창발적으로 닮아가는 믿음으로 가능하게 된다.39) 율법이 필요하지 않지만 타자와 유대하는 다른 법이 만들어진다. 그러므로 이제 위의 성령의 이중적 역할은 πιστις의 이중성, 즉 그리스도의 신실함과 이를 창의적으로 닮는 믿음과 각각 구조론적으로 연관된다.

직설법: 갈 3:26-28 – "너희가 다 [신실함/믿음]으로 말미암아 그리스도 예수 안에서 하나님의 아들이 되었으니 누구든지 그리스도와 합하여 세례를 받은 자는 그리스도로 옷 입었느니라 너희는 유대인이나 헬라인이나 종이나 자주자나 남자나 여자 없이 다 그리스도 예수 안에서 하나이니라"

여기에서는 그리스도의 신실함의 '윤리적 이상'과 이를 실천하는 우리의 믿음의 이중성은 '공동체'를 형성하게 하는 것뿐만 아니라, 공동체들이 서로 연합하게 되는 '사회'의 유대관계를 형성하게 한다.40) 이 성서 구절은 바로 앞의 사회에서의 새로운 유대감 형성의 방식으로 제시된 예수의 신실함이 구체적인 이해관계와 집단들의 유익함과 갈등관계에 처해 있을 때, 새로운 윤리적 이상을 실현하기 위해서 우리가 사회적 유대를 유지할 수 있는 최소한의 **도덕적 의무 형성의 원리**를 제시한 것이다. 이 세례 예문은 인종, 계급, 성의 차별과 장벽을 철폐해서 타자로 취급되는 헬라인, 종, 여성에게도 하나님의 딸/아들

---

39) 베츠에 의하면, 그리스도 사건 전체를 '선'의 역사적·신화적 표현으로 간주하고, 그리스도 공동체에서 선을 나타내는 것은 성령의 열매로서 신적 구원의 과정의 일부가 된다. 이에 대한 자세한 논의는 베츠의 『갈라디아서 주석서』, pp.103-114 참조.
40) 필자는 여기에서 '**공동체**'와 '**사회**'를 나누어 보았다. 공동체가 혈연과 지연과 학연 등을 중심으로 사람들의 동질성을 강조하면서 형성되는 일차집단의 원초적 관계를 강조하는 집단들의 모임이다. 반면 사회는 다양한 공동체들이 이질성을 인정하면서 서로의 이해관계의 조정을 위해서 사회의 유대의 보편적, 합리적 원리를 제시함으로써 형성되는 집단들의 모임이라고 할 수 있다.

이 될 수 있도록 이 '사회'의 새로운 연대 방식을 제시하게 되는 것이다.41)

■ 명령법 5:1-6:10에 나타난 기독교인의 윤리적 삶의 양식

명령법: 갈 5:1 – "그리스도께서 우리로 자유케 하려고 자유를 주셨으니 그러므로 굳세게 서서 다시는 종의 멍에를 메지 말라"

명령법: 갈 5:13 – "형제들아 너희가 자유를 위하여 부르심을 힘있으나 그러나 그 자유로 육체의 기회를 삼지 말고 오직 사랑으로 서로 종노릇하라"

명령법: 갈 5:16 – "내가 이르노니 너희는 성령을 좇아 행하라 그리하면 육체의 욕심을 이루지 아니하리라"

[직설법에 의한 간접 명령: 갈 5:18 – "너희가 만일 성령의 인도하시는 박 되면 율법 아래 있지 아니하리라"]

명령법: 갈 5:22-23 – "오직 성령의 열매는 사랑과 희락과 화평과 오래 참음과 자비와 양선과 충성과 온유와 절제니 이 같은 것을 금지할 법이 없느니라"

명령법: 갈 5:25 – "만일 우리가 성령으로 살면 또한 성령으로 행할지니"

명령법: 갈 6:2 – "너희가 짐을 서로 지라 그리하여 그리스도의 법을 성취하라"

갈라디아서의 명령법의 형태로 된 윤리적 의무의 표현은 로마의 키케로(Marcus Tullius Cicero: 주전 106-43년)가 제시하는 것처럼 구체적인 경우에 적용될 수 있는 사례42)나 유대교의 율법과 같이 명령 이행을 위한 지시가 아니다. 이 명령법에는 인간 본성과 실존적 조건, 그리고 '삶의 양식'에 대한 깊은 통찰이 배어 있다. 5:1과 5:13은 둘 다 우리의 인간의 삶의 조건을 종노릇할 수밖에 없는 비극적 존재로 묘사하고 있다. 5:1에는 그리스도가 부여한 자유는 자유케 하는 자유이지 자유 자체를 양도할 수 있는 선물로서의 자유가 아니다. 이 자유케 하는 자유는 자유의 정도를 스스로 정할 수 있는 능력을 전제로 의무 형성 방식을 스스로 택할 수 있는 성숙한 자의 자유를 말한다. 즉 무엇을 할 수 있는 자유

---

41) John M. G. Barclay, 1996, "Neither Jew Nor Greek: Multiculturalism and the New Perspective on Paul", *Ethnicity and the Bible* (Boston: Brill Academic Publishers, Inc.) ed. Mark G. Brett, pp.215-240; idem, 1996, *Jews in the Mediterrranean Diaspora* (Edinburgh: T&T Clark), pp.82-102, pp.381-444.

42) 이에 관해서는 키케로, 『키케로의 의무론』, 1989, pp.1-35, pp.117-142, pp.179-208 참조.

나 할 수 없는 자유조차도 선택할 수 있는 **자유의 실천**이다. 선택되지 않는 자유는 반드시 금지는 아닌 것이다. 반면 5:13에서는 그리스도인의 자유가 무엇 무엇으로부터의 자유라기보다 무엇 무엇을 위한 자유로서의 **자유의 실천**이다. 인간은 육체의 욕망으로부터 완전히 자유로울 수 없기 때문에 다른 사람들에게 매인 바 되는 역설적 자유를 우리가 선택하는 그러한 의지가 필요하다. 이렇게 서로에게 종노릇함으로써 타자를 참여하게 하는 방식의 자유의 실천이 도덕적 선과 유익함과의 갈등時에는 이를 해결할 수 있는 기독교 윤리적 원리임을 드러낸다.43)

또한 5:16도 우리에게 육체의 욕심을 완전히 없앨 수 없기 때문에 그리스도의 신실함에 근거해서 법의 의무나 규범이 아니라 성령에 따라 먼저 윤리적 행동을 행할 것을 요구한다. 이것은 인간이 육체의 욕심으로부터 완전히 해방될 수 없는 인간 실존의 비극적 한계를 보여주는 것이다. 또한 5:22-23에서는 율법에서처럼 외적인 신의 계율을 준수함으로써 주체를 형성하는 방식은 그리스도가 내 안에 살아가게 함으로써 인간과 자기 자신과의 관계를 내면적으로 재구성하는 영적인 삶(성령의 열매)으로 대체된다는 것을 나타낸다. 베츠에 따르면, 이 성령의 열매는 유대교의 선행도 아니고 개인의 품성도 아니지만 성령의 열매가 맺도록 적극적으로 참여할 것을 요구한다.44) 하지만 필자가 보기에는 고대 그레코-로만 사회에서 덕의 윤리가 매우 발전된 점을 고려하면45), 이를 기독교의 사회적 정

---

43) 고대의 자유 개념에 있어서 '자유의 실천'의 중요성을 고대 그리스 윤리적 특성과 연관시킨 글에 관해서는 Michel Foucault, 1988, "the ethic of care for the self as a practice of freedom an interview", *Final Foucault* (Cambridge: MIT Press), pp.1-33 참조; 이에 대한 가장 좋은 해설서로서는 박승규, 『푸코의 정치윤리』, 2002, 서울: 철학과현실사, pp.122-184, pp.222-276 참고. 푸코에 의하면, 자유는 개인이나 사회가 스스로 선택할 수 있는 존재 형식(forms of existence) 내지는 정치 사회(political society)를 결정할 수 있는 실천적 능력으로 보고 있다. 이런 의미에서 고대에서는 단순히 인간 본성을 억압하고 있는 사회적/정치적 체제로부터 해방되는 것이 문제가 아니라 해방된 조건 속에서 어떤 진리 게임과 연관된 권력 관계를 변형시키면서 자유를 실천할 수 있는지가 문제였다. 또한 푸코는 자유와 윤리의 관계를 다음과 같이 제시한다. "자유는 윤리의 존재론적 조건이다. 그러나 윤리는 자유가 취하고 있는 의도적인 형태이다."(4쪽) 그렇기 때문에 삶의 존재 형식을 선택하고 정치 사회의 형태를 결정하는 자유의 실천은 자신의 자질과 관련된 덕성과 가치체계를 형성하는 윤리적 주체를 형성시키려는 윤리적 훈련에 의해서 완성된다.
44) 베츠, 『갈라디아서 주석』, 1987, pp.571-577.
45) 고대 윤리에 있어서 덕목(덕성)의 중요성에 관해서는 Philip F. Esler, 2003, "Social Identity, the Virtues, and the Good Life: A New Approach to Romans 12:1-15:13", *BTB* (summer 33), pp.53-57 참조.

체성을 확립하기 위해서 제시하는 덕목의 개발을 요구하는 것으로 이해하는 것이 마땅하다고 본다.46) 특히 로마 시대에는 어떤 *덕의 열매*라는 이름하에 품성을 개발할 것을 권유하기도 한다. 예를 들면, 키케로는 그의 아들에게 진리에 대한 탐구와 발견이 지혜와 예지를 포함하는 지식 또는 지혜(scientia)의 덕목의 열매라고 말하였다.47) 이런 용례에 비추어 보면, 바울의 9가지 성령의 열매는 개인의 품성과 똑같지는 않지만 여기에서는 여러 가지 덕목들(virtues)을 통해서 나타나는 사회적 정체성이 공동체의 문화가 각인된 *삶의 양식*으로 구현된다는 의미에서 간접적으로는 *문화비평적 전략들*을 나타낸다고 할 수 있다.

그래서 5:22-23의 본문은 인간의 육체의 소욕에 매일 수밖에 없는 인간 본성을 극복하기 위해서 성령과 함께 참여하여 덕성을 발전시킴으로써 나타나는 그리스도인의 '삶의 양식'을 제시하는 것이다. 이러한 인간과 하나님과 그리스도가 함께 그 권능을 공유하여야 할 속성으로서 알려진 성령의 열매가 바로 사랑(ἀγάπη), 기쁨(χαρά), 평화(εἰρήνη)이다. 이 세 가지는 하나님과 그리스도가 공유하는 이 열매들이 인간에게도 가질 수 있도록 성령의 인도함을 받을 것을 요구한다.48) 그 다음 인내(μακροθυμία)와 친절(χρηστότης)은 하나님의 속성으로 파악되어 인간에게도 요구되는 인간의 품성에 속하는 것이고, 선함(ἀγαξωσύνη)은 그리스 언어에서 후대에 발전된 개념이라는 것을 볼 때 헬라주의적 유대교로부터 유래하였을 것이다.49) 마지막으로 신실함(πίστις), 온유(πραύτης), 절제(ἐγκράτ

에슬러에 의하면, 고대 그리스 철학자들은 올바른 행동을 위한 원칙 보다는 올바른 방식으로 행동할 수 있는 성향(disposition)과 관련된 한 인물의 덕성을 향상시키는 것에 더 관심이 있었다. 사람들이 행하는 것은 도덕적 또는 법적 규칙에 관한 지식 보다는 그들의 성격에 더 의존하기 때문이다. 이것은 고대 윤리의 목적이 규범과 의무에 따라 올바른 행동을 행하는 것이 아니라 더 좋은 삶을 행복하게 살아가는 것(εὐδαιμονία)이라는 점과 연관된다. 또한 이것은 윤리적 기준이 행동의 결과가 유익해야한다고 생각하는 공리주의적 현대 윤리나 법의 의무를 중요시하는 칸트(I. Kant)적 윤리와 달리 도덕적 행위의 내적 동기들을 중요시하는 고대 윤리적 특성과 연관된다. 행복은 우리가 욕망하는 것에 의존하고, 우리의 욕망은 유익한 것과 의무를 추론하는 것 보다는 덕성의 함양을 통해 완성되는 우리의 성격의 내적 동기에 더 많이 연결되어 있기 때문이다.

46) Philip F. Esler, 1996, "Group Boundaries and Intergroup Conflict in Galatians: A New Reading of Galatians 5:13-6:10", *Ethnicity and the Bible*, pp.215-240.
47) 키케로, 『키케로의 의무론』, 1989, pp.23-24.
48) 베츠, 앞의 책, pp.576-577.
49) 이에 관한 논의에 관해서는 InSung Wang, 2003, *Paul's Employment of the Friendship Motif Throughout His Paraenesis in Galatians* [Drew University, Ph. D Thesi], pp.177-185. 특히 왕인성에 의

εια)는 그리스의 고전 덕목 절제(σωφροσύνη)에서 발전된 것이라고 할 수 있다. 여기에서 맨 마지막의 절제는 바울이 고전 7:9, 9:25과 같은 철저한 금욕주의의 문맥에서 '자제하다'(ἐγκρατεύομαι)는 의미로 쓰여졌다. 이것은 유대교의 율법뿐 아니라 그리스 고전 윤리도 완성할 수 있는 자기 성찰을 통한 금욕주의적 훈련을 강조하고자 한다.50) 필자가 여기에서 강조하고 싶은 것은 로마에서 강조하는 정치적 표어인 로마의 평화(Pax Romana)와 로마의 중요한 덕목인 정의(justitia)의 기초인 신의(fides)와 인내(tempertatia)에 대응하여 화평(εἰρήνη)과 신실함(πίστις)과 오래 참음(μακροθυμία)을 내세우고 있다는 점이다.51)

더 나아가서 5:25에서 갈라디아 교인들은, 성령으로 그리스도가 우리 안에 살아있음을 인정하여 알고 있다면 더 이상 율법의 지시를 받으려 하지 말고, 이제 그 성령에 의해서 자신의 윤리적 규범을 스스로 정하여 성숙된 인간성을 나타내고 타자의 필요성 속에 성령이 지시하는 의무들을 완수하는 영적인 삶의 양식을 요구받는다.

이에 따라 새로운 윤리의 구조론적 특성은, 고정된 의무와 명령체계를 동일하게 적용하는 율법의 경직성을 넘어서, 자유하게 하는 <u>자유의 인간 본성</u>과 <u>비극적인 실존적 조건과 윤리적 규범을 프로그램화하는 덕목 함양과 관련된 성령의 열매와의 삼각관계</u>는 바로 그리스도인의 사회적 정체성 형성과 관련된 삶의 양식을 확립하게 된다. 이제 그리스도인의 윤리의 새로운 '삶의 양식'은, 자신의 자유하게 하는 자유에 의해서 각자의 윤리적 규범을 각자가 정하고, 실존적 인간 본성을 고려면서 새로운 사회적 정체성을 내재화시키는 품성 함양 프로그램에 근거한 금욕주의 훈련을 담당하는 것이다. 이러한 삼각관계에서 오는 윤리적 규범을 새로운 윤리적 이상(윤리적 목적)을 실현하는 윤리적 실천의 새로운

하면, 유대교 문헌인 IQS 3:13-26은 온유, 인내, 선, 친절, 신앙, 평화 등을 의의 길로 제시한다[F. J. Matera, 1992, *Galatians* (Collegeville: Liturgical Press), 208 재인용]. 헬라적 유대교의 특성에 관해서는 베츠, 앞의 책, pp.577-578 참조.

50) 베츠, 앞의 책, pp.577-578. 바울의 덕목들은 바울 시대에는 공통적으로 알려졌다. 이러한 덕목의 기원은 플라톤(427-347)이 제시한 정의, 용기, 절제, 정의의 4덕목들까지도 소급될 수 있다. 더구나, 아리스토텔레스는 정의, 용기, 자기 조절, 확대(magnificance), 아량, 자유, 친절, 실제적/사변적 지혜 등을 제시하기도 하였다. 이에 관한 자세한 논의에 관해서는 R. N. Longenecker, 1990, *Galatians* (Dallas: Word Books Publisher), pp.248-250 참조. 이러한 항목들은 또한 당시 유대교나 기독교 문헌들인 IQS 3:13-4:26(훈련 편람), 디다케 1-5, 바나바 서신 18-20, 헬마스의 목자, 강령(Mandate) 6.2 등에 나타난다.

51) 로마의 정의, 신의, 인내 등의 덕목에 관해서는 키케로, 『키케로의 의무론』, 1989, pp.23-35 참조.

형태로 인정하는 것이 성령으로 사는 것이고(5:25), 이것이 '그리스도의 법'(6:2)이다. 그리고 이 규칙대로 실천하는 것이 성령으로 영적 삶을 사는 것이고(5:25), 행할 때의 기본 원칙은 "너희가 짐을 서로 지라"(6:2)이다.[52]

6. 결론: 의로움, 신실함, 성령의 연관성 속에서의 신학과 윤리의 관계

갈라디아서의 신학적 특성에 관해서는, 전통적으로 갈라디아서의 적대자를 예루살렘으로부터 온 유대주의자로 간주하면서 신학적 논쟁의 핵심을 의인론으로 간주하여 왔다. 이러한 견해를 극복하는 결정적인 연구는 베츠의 『갈라디아서 주석서(1979)』이다. 그의 주석서에는 이 갈라디아의 적대자의 성격을 규명하는 데 있어서 성령의 경험의 중요성과 신학의 변증적 성격이 잘 정리되어 있지만 성령과 의로움, 성령과 신앙과의 관계와 연관된 의인 신학의 윤리적 성격이 규명되지 않고 있다. 그래서 최갑종 박사가 이를 보완하는 논지로서 제안한 문체에서의 '나'와 '너희'의 대조와 권면 편지의 성격은 확실히 신학과 윤리의 밀접한 관련성을 새롭게 설정하는 공헌을 한 것이 틀림없다. 그럼에도 불구하고 이 논문에서 필자는 바울 자신의 내적 그리스도에 대한 신앙 고백(2:17-20)과 바울과 갈라디아 교인 사이의 우정의 관계가 제시하는 신비스러운 상호 교통의 특수한 관계(4장 12-20)를 중요시하였다. 또한 갈라디아 교인들이 로마의 배경을 가진 헬라적 이방인이라는 것을 염두에 두고 의로움과 신실함에 대한 헬라 문화적, 로마 문화적 이해를 재검토하였다. 바로 이러한 강조점을 토대로 갈 5-6장의 윤리적 권면 부분을 갈 3-4장에서의 의로움의 신학적 변증 부분과 연결시킴으로써 갈라디아의 신학과 윤리와의 관계를 새롭게 설정하려는 시도가 이 글의 논지이다.

바울의 윤리적인 구도는, 주어진 역사적 정황을 될 수 있으면 배제한 채 인간의 행동의 구체적인 경우에서 도덕적 선의 척도를 인간의 덕목들을 통해서 제시하고, 이것과 유임함 사이에 갈등이 제기되었을 때는 '유익함을 추구하는 선'의 원리를 통해 해결하려 하였던, 키케로의 의무론적 윤리체계와 달랐다. 오히려 인간의 본성의 변화, 즉 영에 의해서 그리

---

[52] 6장 2절의 상호 도움과 섬김 그리고 우정 모티브의 윤리적 중요성에 관해서는 John M. G. Barclay, 1988, *Obeying the Truth: A study of Paul's Ethics in Galatians* (Edinburg: T & T. Clark), 155-166과 InSung Wang, 2003, 위의 책, pp.185-192 참조.

스도가 '우리 안에' 새롭게 '성육신'하여 본성 속에서 신분이 변화하게 되고, 또한 스스로 자유롭게 자신의 삶에 맞는 의무와 윤리적 규범을 선택할 수 있게 되었다는 것이다. 이때 '도덕적 선'은 역사적 과정과 구원사의 맥락과 같이 보다 넓은 역사적 지평에서만 보다 보편적인 윤리적 이상으로서 포착될 수 있다는 확신이 바울에게 있었다. 이러한 구도에서는 의무를 신의 계시로 규정하는 유대교의 율법은 상대화될 수 있고, 법의 형태가 아닌 윤리적 규범 형성에 관한 새로운 방식이 그리스도 사건 속에 나타나게 되었음을 바울은 신실함/신앙의 의미를 가진 πίστις로 제시하려 한다.

이제 율법을 대체하는 문제에 관해서 바울은, 그리스도의 신실함과 이를 닮아가는 우리의 신앙이 하나의 토대인 πίστις로 연결되어 있다는 것을, 바울과 그리스도, 그리고 바울 자신과 갈라디아인 사이의 신비적인 연합의 관계(갈 4:12)를 묘사함으로써 밝히려 하였다. 그리고 이 신비적 연합을 지시하는 것이 그의 성령론이다. 이것은 야고보에게서 온 사람들과 베드로의 위선과 갈라디아에서의 적대자들의 위선의 동일성을 인식할 수 있게 하는 역사적 통찰력과 관련된 인식론적 능력을 말한다. 또한 성령은 처음 율법에서 자유롭게 하여 도덕적 선을 우리에게 가르쳐 주는 인식론적 근거를 마련할 뿐만 아니라(갈 3:2-3) 그리스도가 내 안에 살아가면서 내게 무엇을 행하여야 할 지 그 의무를 가르쳐 준다(갈 5:16). 도덕적 선과 유익함의 갈등을 풀어 갈 수 있는 것은 현실의 성도들의 어려움과 도움의 필요성이다. 이들의 필요성이 의무를 행하도록 요청한다(갈 4:12). 그러므로 법을 완벽하게 지키려는 자기 의에 빠질 필요가 없는 것이다. 성령의 인식론적 역할을 담당하는 '내 안의 그리스도'(갈 2:20)는 타자의 윤리적 요청을 절대적으로 수용하는 존재론적인 의미의 내 안에 거주하는 그리스도(갈 4:12)로 성숙하여 새로운 주체를 형성하게 된다. 여기에서 더 나아가 도덕적 선과 유익함의 갈등을 풀어 낼 수 있는 단 하나의 구체적인 원리가 있다면 갈라디아 교인들이 예배 의식에서 얻은 자유의 경험이었을 것이다(갈 3:26-28). 헬라인이나 유대인이나, 남자나 여자나, 종이나 자주자나 다 그리스도 안에서 하나가 되는 경험은 새로운 '사회' 형성의 유대방식이 되며, 타자를 포괄하는 윤리적 행위의 규범적 원리가 된 것이다.

결론적으로, '신실함'(πίστις)은 우리의 그리스도에 대한 믿음(πίστις)을 매개로 기초 공동체의 형성의 초석을 위한 도덕적 선과 이에 기초한 가치체계와 관련된다면, '의로움'

(δικαιοσύνη)은 로마 통치 방식과 대조적으로 타자와의 연대성(δικαιοσύνη)을 매개로 한 공동체가 다른 공동체와 유대하는 사회적 결속 방식에 있어서 우리에게 요청되는 사회적 '의무'의 형성의 원리와 더 많이 관계한다(2:16, 3:26-28). 여기에서 그리스도 체험에 의해서 믿을 수 없는 가운데서 믿게 되는 믿음과 타자와의 연대성을 역설적으로 가능하게 하는 성령은 의로움과 신실함을 상호 의존적으로 연결한다. 도덕적 선과 사회적 의무 사이의 갈등이 야기되었을 때, '내 안의 그리스도'가 살게 하는 성령은 이제 우리가 율법의 계율로부터 자유롭게 되고 타자를 포용하여 욕망에 매인 비극적 조건에도 불구하고 자유의 본성에 근거한 윤리적 주체가 될 것을 요청하게 된다. 이 갈등은 영(πνεῦμα)을 매개로 오히려 타자의 필요 속에서 남의 짐을 대신 지는 새로운 '삶의 양식'을 체득하게 하는 능력으로 이해될 수 있다. 이처럼 의로움과 신실함과 성령의 신학은 도덕적 이상, 의무 형성 원리, 삶의 양식의 윤리와 상호연결된다. 성령은 구원사적 맥락에서 연대성과 믿음을 매개로 윤리적 이상과 이에 근거한 '선'의 가치를 제시하고 도덕적 선과 유익함과의 갈등 時에는 타자를 새롭게 포괄하려는 사회적 의무 형성의 원리를 제안하는 기능을 담당한다. 성령은 우리의 그리스도 체험을 매개로 의로움과 신실함에 대해서 역설적 상호교차관계에 의해서 활동하고(2:16-20), 도덕적 선과 유익함, 인간의 자유의 본성과 인간의 비극적 조건의 갈등을 극복하는 영적 '삶의 양식'을 제시하게 된다(5:1-6:10). 이를 보로메오 매듭(noed borroméen) 도표로 제시하면 다음과 같다.53)

〈도표 Ⅳ-1〉: 바울의 양가성(이중적 의미) 수사적 용어에 근거한 성찰적 윤리의 구조

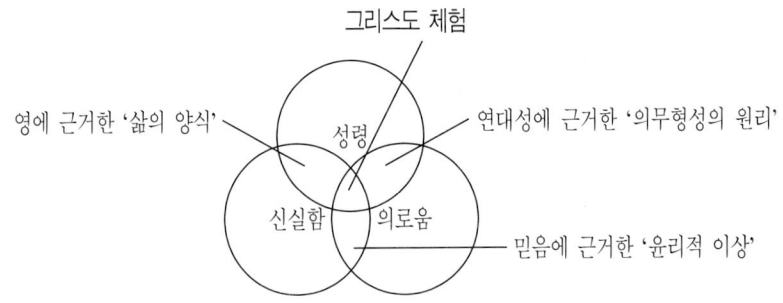

---

53) 보로메오 매듭의 도표에 대한 이론적 근거에 관해서는 필자의 글, "예수 비유의 서사성, 은유성, 상징성에 근거한 기독교 윤리의 모델 형성: 악한 포도원 농부의 비유(막 12:1-8)을 중심으로" <신학과 문화> 제8집(1999), 대전신학대학, pp.73-109 참조.

데살로니가전서에서의 신학과 윤리와의 관계
- 사유 구조 변형의 문화비평적 읽기 -

1. 서 론

　데살로나가전서에서의 신학과 윤리의 관계를 논의할 때 이제까지는 주로 종말론의 직설법과 윤리의 명령법 사이에 내재하는 논리적 사유 방식을 도출함으로써 그 관계를 도출하려 하였다.[1] 또한 신학적 사유를 당시의 헬레니즘의 윤리적 풍토에 적합하게 묵시문학 전승을 어떻게 재해석하였는지 검토함으로써 도출하려 하였다.[2] 우리는 여기에서 한걸음 더 나아가 단순히 논리적 사유방식이나 해석학적 특색뿐만 아니라 바울의 편지 전반에 흩어져 있는 신학적 특색의 사유구조를 검토함으로써 바울이 어떻게 특색들의 이상적 형태를 담고 있는 각각의 종교사적 전통들(묵시문학, 견유학파, 헬라적 지혜문학)의 특정한 주제를 의식적/무의식적으로 변형하였는지 고찰할 것이다. 이 글에서 우리는 이러한 구조론적인 변형 과정 속에서 바울의 신학과 윤리의 상관관계의 밑그림을 그려보려 한다.

　이를 위해서 이 글은 이제까지의 데살로니가 서신의 연구에서 두 가지 경향을 비판하고

---

1) 이와 같은 연구의 경향에 대한 연구사적 고찰과 장상 교수의 제안에 대해서는 장상, "바울 사상 이해의 문제점," "바울 사상에서의 구원과 윤리의 관계: 로마서 6장 연구," 『바울의 역사의식과 복음』, 1994, 서울: 이화여대 출판부, pp.30-162.
2) 이와 같은 연구 접근방법의 대표적인 예로서는 김연태, "바울의 신학과 윤리," 『바울해석』, 1994, 서울: 대한기독교서회, pp.113-140 참조.

바울서신 연구의 구조주의적 연구방법과 그 결과를 계승·발전시키려 한다. 첫 번째로, 쥬잇(R. Jewett)이나 김연태와 같이 데살로니가전서와 후서의 관계를 고려하면서 전체적으로 서신에 나타난 종말론을 묵시문학사상의 관련 속에서 고찰하는 경향이다.3) 이것은 서신의 표면적인 주제의 중요성을 드러내고 있지만 서신 양식 자체의 특성과 묵시문학 이외의 헬레니즘의 종교사적 배경을 고려하지 못하는 한계를 드러낸다. 서신의 표층적인 내용 뿐 아니라 내용과 형식을 분절시키고 결합시키는 심층적 사유구조의 핵심적인 요소들의 작동방식을 주목하기 위해서는 표면에 드러나지 않더라도 심층적 차원에서 작동되는 견유학파와 헬라적 지혜문학의 사유구조와 그 내용을 바울이 어떻게 무의식적으로 변형시키는지의 지식 생산과정을 살펴볼 필요가 있다. 두 번째로는, 말허비(A. J. Malherbe)나 페터슨(N. R. Petersen)과 같이 소위 사회학적 연구방법에 의해서 서신 이외의 자료들과 사회적 정황에 비추어서 서신의 특색을 연결시키고 재해석하려는 경향이다.4) 이 방법은 편집사적 방법을 매개로 바울이 구체적으로 이전의 전승을 어떻게 변형시켰는지 입증해야 하는 부담을 갖고 있다. 더구나 사회적 구조를 설명하는 모델이 기능주의적이거나 갈등의 이론을 적용할 경우에 그 서신의 배경이 되는 공동체 내외의 사회적·문화적 갈등과 모순을 단순화시키거나 바울이 서신에서 이러한 제문제들을 신학적으로 이상적인 방식으로 해결하였다는 부당전제를 하는 경향을 보여주어 왔다. 이를 극복하기 위해서는 당시 종교사적·사회적 배경의 이상적인 구조를 상정할 필요가 있을 뿐만 아니라 위의 부당전제를 배제하기 위한 방법론적 거리를 유지할 수 있는 과학적인 연구태도가 필요하다.5)

위의 두 가지 연구 경향을 극복하는 가장 중요한 연구 접근방법으로서 우리는 다니엘

---

3) Robert Jewett, 1986, *The Thessalonian Correspondence: Pauline Rhetoric and Millenarian Piety* (Philadelphia: Fortress)과 김연태, "바울 종말론의 재해석: 데살로니가후서 2:1-12," <신약논단> 창간호 (1995), 서울: 한국신약학회, pp.91-109.
4) Abraham J. Malherbe, 1989, *Paul and the Popular Philosophers* (Minneapolis: Fortress Press), pp.11-24, pp.35-48; Abraham J. Malherbe, 1987, *Paul and the Thessalonians: The Philosophic Tradition of Pastoral Care* (Philadelphia: Fortress Press). Norman R. Petersen, 1985, *Rediscovering Paul: Philemon and the Sociology of Paul's Narrative World* (Philadelphia: Fortress).
5) 특히 편집사적 방법과 사회학적 방법의 한계에 대한 비판과 그 대안으로서 제기한 텍스트사회학적 연구 접근방법에 대해서는 필자의 글, "골로새서 1:13-2:8절에서의 기독론과 윤리와의 관계: '텍스트사회학'의 방법을 사용해서," <신학과 문화> 제6집(1997), 서울: 대전신학교 출판부, pp.147-193 참조.

파트(Daniel Patte)의 구조주의적 방법을 주목할 필요가 있다.6) 그러나 그는 서신 이외의 헬레니즘의 종교사적 배경에 관한 다른 자료들을 거의 사용하지 않는 한계를 갖고 있다. 더구나 바울의 신념체계를 불변의 구조로서 상정함으로써 표면적으로 드러난 바울의 신학적 교리의 구조론적 특색이 자신의 종교사적 배경의 어떤 부분을 어떻게 변형시키면서 형성되었는지의 지식생산 과정을 고찰하지 못하였다. 우리는 그의 방법론적 한계를 극복하기 위해서는 바울이 이 서신에서 윤리적 특색(윤리적 사상과 구체적 지침)과 관련된 신학적 주제와 그의 종교사적으로 영향을 받은 묵시문학사상, 헬라적 지혜문화, 견유학파의 이상적인 사유구조를 비교함으로써 그의 지식생산 과정을 도출하는 방식을 제안하고자 한다.

이러한 연구 접근방법에 근거하여 데살로니가전서에서의 신학과 윤리와의 관계를 고찰하기 위해서 다음과 같은 연구의 전제와 연구방향을 설정하였다. 바울은 편지의 형태 속에서 자신의 신학을 실천적 지혜와 윤리적 가르침으로 전환하였다. 편지라는 형태는 구체적인 윤리적 지침뿐만 아니라 신학적인 정당성과 자신의 사도됨의 의미, 송신자와 수신자의 공통의 체험과 의사소통의 관계를 종합적으로 드러내면서 구체적인 윤리적 지침(특히 살 4:9-5:25에서의)의 신학적, 윤리적 근거를 종합하여 드러낸다. 그렇기 때문에 윤리적 지침 부분의 신학적 직설법과 윤리적 명령법의 관계뿐만 아니라 편지 전반에 산포되어있는 신학적 요소와 윤리적 요소들이 그의 사유구조 속에서 어떤 복합적 구조를 형성하였는지 살펴보아야 할 것이다. 또한 이러한 사유구조는 바울이 무의식적으로 영향 받은 자신의 묵시문학, 견유학파, 지혜문학의 사유구조를 근원적으로 변형시키는 과정 속에서 형성되었다고 가정할 수 있다. 이런 의미에서 신학과 윤리의 관계를 고찰할 때 우리는 위의 묵시문학, 견유학파 지혜문학의 사유구조의 이상적인 형태를 상정하고 이 구조를 바울이 자신도 모르게 변형시킨 구조론적 특색의 밑그림을 드러내보여 줄 것이다. 이때 우리는 편지의 서술순서와 사유구조의 논리적·언어학적 요소들의 작동방식이 다르다는 것을 전제한다면, 편지 전반에 산포되어 있는 흔적이나 파편들이 작동하고 있는 복합구조를 각각의 종교사적 배경의 이상적인 사유구조와 비교함으로써 바울의 지식생산 과정을

---

6) Daniel Patte, 1983, *Paul's Faith and the Power of the Gospel: Structural Introduction to the Pauline Letters* (Philadelphia: Fortress), pp.1-30, pp.122-154.

도출할 수 있게 된다. 우리는 이 과정 속에서 추출된 바울의 사유구조가 작동하는 지식생산조건이 그 지식 효과로서 산출하는 신학과 윤리와의 구조론적 관계를 절절히 드러낼 것이라고 추정할 수 있게 된다. 이러한 각각의 종교사적 배경의 구조를 밝히기 위해서는 묵시문학사상과 견유학파(Cynicism)에 대해서는 아리스토텔레스(Aristoteles)의 운동의 4원인(형상인, 재료인, 원인인, 목적인)을 그 구조의 주요한 요소를 신학과 윤리의 관계를 **개념적 차원**에서 분석하는데 사용하게 될 것이다. 또한 유대 전통적 사상과 헬라 지혜문학에 대해서는 라깡(J. Lacan)의 언어이해에서의 환유적 구조와 은유적 구조와 지라르(R. Girard)의 욕망의 삼각구조를 통해 **묘사적 차원**에서 신학과 윤리의 관계를 설명하는 데 사용하게 될 것이다.

그래서 2장 서론에서 우리는 바울이 강림의 주제를 전달하기 위해서 어떻게 그가 묵시문학사상의 구조의 요소들을 어떻게 변경시켰는지 검토함으로써 바울의 신학과 윤리와의 관계를 고찰할 것이다. 3장에서는 견유학파의 사유구조를 바울이 어떻게 변형시켰는지 고찰할 것이다. 4장에서는 서신에 흩어져 있는 믿음, 사랑, 소망과 은혜, 평강, 거룩함과 감사, 기쁨, 기도와 혼, 몸, 영의 나열 속에 나타난 사유구조에서 어떻게 바울이 전통 유대사상의 사유구조를 변형시켰는지 고찰할 것이다. 5장에서는 모방자/전형의 창조적 모방의 전통이 어떤 사유구조와 윤리적 함의를 내포하는지 검토하고, 바울의 사도적 강림에 관한 편지의 의사소통의 주제에서 헬라 지혜문학에서의 형상론의 전통을 어떻게 변형시켰는지 검토하게 될 것이다. 마지막으로 6장 결론에서는 위의 연구결과를 근거해서 데살로니가에서의 신학과 윤리와의 관계를 드러내는 복합적 사유구조의 특색을 종합적으로 기술하게 될 것이다.

2. 묵시문학사상의 변형

강림(παρουσία)의 주제는 이 권면 부분 이외에 이 서신 양식 전체 부분들에 등장하는 주제이다.7) '감사/축복' 부분에 1:10, '몸말'의 여행일지 부분에 2:19, '감사/축복'의 기도 부

---

7) William G. Doty, 1973, *Letters in Primitive Christianity* (Philadelphia: Fortress), 43. 도티에 의하면 데살로니가 편지 양식은 a. '여는말'(opening): 1:1, b. '감사/축복': 1:2-16, 3:11-13, c. '몸말': 1. '형식적 여는말' 2:1-4, 2. '종말론적 결론' 2:13-16, 3. '여행일지' 2:17-3:13, d. '권면': 4:1-12, 5:1-22; e. '맺는

분에 3:13, '찬가' 부분에 5:23에 나온다. 1:10에서는 παρουσία가 직접 나오지 않지만 이것이 암시되어 있다. 여기에서는, 바울은 기독론적 고백의 형태로 강림의 주가 장래 진노로부터 데살로니가 교인들을 건지실 것이라고 확신시킨다. 여행일지에서는, 바울은 주의 강림 시에는 그리스도 앞에서 다시 만나게 되어 데살로니가 교인들이 면류관을 받게 될 것이기 때문에 '우리의 영광이요 기쁨'이라고 확신시킨다. '감사/축복'과 '찬가' 부분에서는, 데살로니가 교인들이 거룩하고 흠이 없게 되기를 기도하고 찬양하게 된다. 마지막으로, '자는 자들'에 관한(περί) '권면'(4:13-18)과 때와 시기에 관한(περί) 권면(5:1-8)에서는, 바울이 데살로니가 교인들이 자는 자들도 그리스도 강림 시에 먼저 일어날 것이라고 확신시킨다. 5:2-5의 때와 시기에 관해서는 바울이 쓸 것이 없을 정도로 이미 수신자들이 알고 있는 바이다. 저희들에게 도둑이 밤에 침입하거나 해산하는 여인이 반드시 해산의 날이 임하는 것처럼 진노의 날이 임하게 되지만, 데살로니가 교인들은 낮에 속하게 되므로 믿음과 사랑과 소망으로 무장하고, 서로 화목하고 약한자, 힘이 없는자들을 보살피도록 권면한다. 여기에서는 로마서 13:11-14, 고전 7:29-31과 달리 때의 임박성 보다는 예측불허성과 너희/저희의 이원론이 강조된다. 이처럼 강림의 주제가 편지의 전체 내용과 형식에 포괄적인 의미구성망을 형성하고 있다. 이 강림의 주제는 데살로니가 교회를 양육하고, 권면하고, 이들이 당면한 환난을 극복하기 위한 신학적 근거를 마련하기 위해 사용되었다.

여기에서 위의 두 가지 권면들에 나타난 바울의 사상과 문학 양식과 묵시문학사상(apocalypticism)을 비교하면 바울이 몇 가지를 변경시킨 것을 알 수 있다. 묵시문학에서의 사상들은 아브라함 이전 전승에 나타난 상징을 재구성하고(재료인), 이원론과 역사결정론(형상인) 세상과 인간에 대한 비관론 (원인인), 악인에 대한 심판과 우주 파멸의 이미지를 통해 신앙을 강화하고 고통을 위로하거나 악에 대한 저항을 고취시키기 위한 목적(목적인)으로 이루어졌다. 반면 묵시문학사상의 문학적 특색으로는 상징적 인물의 등장(재료인), 신정론적 질문(형상인), 환상 속에서 천상의 인물과의 대화(원인인), 투쟁신화의 완성(목적인)으로 구성되었다(<도표 IV-2> 참조).8) 바울은 사상적인 측면에서 상징 대신에 일

말'(closing): 1. 인사 5:26, 2. 찬가(doxology) 5:23, 3. 축도(benediction) 5:28.
8) 묵시문학사상의 특징에 대해서는 헬무트 쾨스터(이억부 역), 『신약성서 배경 연구』, 1996, 서울: 은성, pp.375-379의 내용을 필자가 보완하여 아리스토텔레스의 운동의 4 가지 원인의 구조에 의해서 재구

상생활에서 사용하는 은유를 사용한다. 도둑의 침입과 해산하는 여인의 은유를 사용한다. 이원론에 있어서도 평범한 은유를 사용한다. 낮/밤, 자는자/깨어 있는 자, 너희/저희가 사용되었다. 그러나 역사결정론을 거절하여 구체적으로 때의 징조를 제시하지 않는다. 세상과 인간에 대한 비관론이 암시되어 있지만 표현되어 있지 않는다. 또한 신앙을 강화하고 환난을 이기기 위해서 희망을 주려고 한다. 그러나 이것은 믿음과 사랑의 흉배를 붙이고 구원의 소망의 투구를 입고 싸움을 준비시키는 저항의 이미지를 사용하였다. 문학적 특색으로는 직설법과 명령법의 형태로 종말론과 윤리를 연결시키려 한다. 바울은 상징적 인물이 아니라 실제의 인물로서 부활한 예수의 강림을 말한다. 그러나 강림(παρουσία)은 희랍어로 직역하면 재림이라기보다는 강림이며 함께 존재하는 잠재성과 구체적인 도래를 의미한다. 자는 자와 살아 있는 자 사이의 불균형이 주의 강림으로 인해 죽은 자가 먼저 부활 할 것이라고 말함으로써 교정된다. 신정론적 질문에 대해서는 해산하는 여인에게 해산이 오게 되듯이 반드시 하나님의 진노로 악한 자가 반드시 심판받는다는 답변을 하게 된다. 환상 속에서 천상의 인물과 대화하면서 묵시를 받는 모양으로 예언하기 보다는 편지의 양태 속에 공동체가 당면한 문제에 대해서 권면을 하기 위하여 제시된다. 투쟁신화를 완성하기 보다는 투쟁의 준비를 위한 사랑과 믿음과 소망의 영적 축복을 받기 위해서 공동체 윤리를 실현하기를 권면한다.

〈도표 Ⅳ-2〉
바울의 묵시문학사상의 표현과 내용

표현 양식	내용
표출층위9) – 인사	기독론적 고백: 강림의 주는 장래 진노에서 건지심
실재적 층위 – 여행일지	만남의 확신과 장래에 상을 받을 것을 확신
잠재적 층위 – 기도와 축도	거룩하고 흠이 없게 되는 소망
(심층구조)	
상상적 층위 – 권면의 말씀	재림의 도래의 선언과 믿음,사랑, 소망의 무장과 비대칭적 윤리

성하였다. 4 원인에 관해서는 Aristotle, "Physics", Book Ⅱ. ch. 7. 25-30, "Metaphysics", Book V. ch. 2 1013a, *The Work of Aristoteles*, 1971[19] (Chicago: The University of Chicago), pp.275-533 참조.
9) 층위적 구조에 대한 중요성은 바르뜨(R. Barthes)와 그레마스(A. J. Greimas)의 분석모델에서 제시되었다. 바르뜨에 의하면, 언어의 의미의 층위는 주어진 층위의 의미단위 (A)는 이 보다 하위 의미 단위

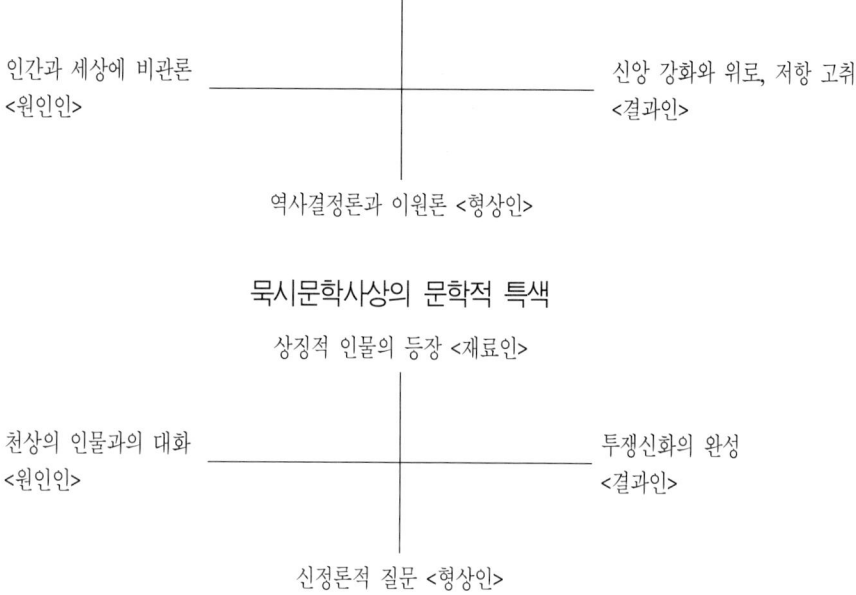

    (B)의 조합에 의해 형성되고, 같은 층위의 의미단위 (A)의 상호 작용에 의해 이보다 더 상위의 의미단위 (C)를 구성하게 되는 위계적 구조로 이루어져 있다고 보았다; 롤랑 바르뜨, "이야기의 구조적 분석 입문", 『구조주의와 문학비평』, 1980, 서울: 홍성사, pp.98-101. 위의 층위의 개념에 근거하여 필자는 문학사회학의 분석 모델을 설정하기 위해 담화적 표현과 의미의 형식 뿐 아니라 실질적 내용으로 이루어진 '표출적 층위', 행역자 모델이 적용되는 '실재적 층위', 기호학적 의미의 사각형이 적용되는 '잠재적 층위'와 위의 다른 분석에서 추출되 함축적 의미가 진술 행위과정의 행역자 모델에 의해서 모아지는 '상상적 층위'로 나누었다; 이에 대한 이론적인 근거로는 페터 지마(허창훈 역), 『텍스트사회학: 비판적 사회학』, 서울: 문학과 지성사, pp.205-229와 『이데올로기와 이론: 비판적 인문사회과학을 위하여)』, 1996, 서울: 문지사, pp.347-462, pp.556-648 참조.

묵시문학사상에 대한 바울의 탈구조화

표출층위인사	묵시문학의 상징적 인물 대신 예수에 집중
실재층위여행일지	복음을 지키는 자에 대한 장래 상 수여의 희망
잠재층위기도와 축도	묵시적 미래를 현재의 거룩함의 윤리로 대체
상상적 층위강림 권면의 말씀	묵시문학의 역사 결정론 해체와 평범한 은유 사용

3. 견유주의 철학의 변형

견유주의 학파의 사상적 특성들은 자연에 의한 삶, 하나님의 능력에 의지하는 것(재료인), 인간의 덕(aretē)에 대해서 담대히 말함과 군중의 치욕스러운 삶을 견딤(형상인), 세상과 인간에 대한 비관론과 경제적 독립과 자족(원인인), 박애적 사랑을 위해 가족과 사회적 관습을 비판(목적인)으로 이루어졌다.10) 반면 이상적인 철학자의 진리 전달방식으로는 디아트리베(diatribe)의 수사적 양식(형상인), 솔직히/담대히 말함(parresiajein)과 명백히/순수히 말함(katharos)(재료인), 궤계 없이(원인인), 명예, 이익, 아첨이 없이(결과인)로 구성되었다(<도표 Ⅳ-3> 참조).11) 사상적인 측면에서, 견유주의 학파에서는 자연적 과정에 하나님의 능력이 개입됨을 확신하는 반면, 바울은 복음과 그리스도를 보내신 하나님의 능력을 제시한다(2:2). 견유주의 학파에서는 덕에 대해서 말하지만 바울은 빌립보에서 복음에 대해서 담대히 말하는 것으로 인해 고난을 당함과 군중의 치욕스러운 취급(hybrijein)을 견디었다고 말한다(2:2). 세상과 인간에 대한 비관론은 암시적으로 주장하지만 표현되어 있지 않는다. 세상 삶에 대한 완전한 거부가 아니라 그리스도의 미래 역사에 비추어서 새로운 참여방식도 제안하려 한다. 바울은 경제적 독립과 자족을 위해서 수고와 애쓴 것과 밤과 낮으로 열심히 일하였다는 것을 강조한다(2:9). 또한 바울은 박애적 사랑이 아니라 하나님의 나라의 기독교 공동체 안의 사람들에게는 영광을 위해서 권면하고, 위로하

---

10) 견유학파의 사상의 특징에 대해서는 쾨스터, 『신약성서 배경 연구』, pp.259-261의 내용과 Abraham J. Malherbe, "Self-Definition among the Cynics", "Gentle as a Nurse: The Cynic Background to 1 Thessalonians 2", *Paul and the Popular Philosophers*, pp.11-24, pp.35-48을 필자가 보완하여 아리스토텔레스의 운동의 4 가지 원인의 구조에 의해서 재구성하였다.
11) 이상적인 견유주의의 진리 전달 방식에 대해서는 Abraham J. Malherbe, *Paul and the Thessalonians: The Philosophic Tradition of Pastoral Care*, pp.3-4쪽에 있다. Dio Chrysostom의 *Discourse* 32:11-12의 내용을 요약하였다.

고, 경계하고(2:12), 외인들에 대해서 배려하고 약한자, 힘없는 자를 배려하는 윤리를 제시하고자 한다(5:14). 견유학파와 마찬가지로 가족과 사회적 관습에 대해서 비판적인 태도를 가질 것을 간접적으로 제안하지만, 공동체 생활과 직업을 버릴 것을 제안하는 것이 아니라 이 사회에 대해서 철수하여 평온한 삶을 추구하되 다른 사람의 일에 관여하기 보다는 자기 일에 몰두하여 열심히 일하는 역설적인 사회 참여의 방식을 제안한다(4:11). 진리 전달 방식에 관해서는 바울이 거의 이상적인 견유학파의 방식을 그대로 따르게 된다. 바울은 '무엇이 아니라 무엇이'(ou--alla)라는 디아트리베의 수사학을 사용하여 바울은 명백히/순수히, 궤계나 간사 없이 말하고, 명예나 이익, 아첨의 말, 탐심의 탈 없이 복음을 전달하려한다(2:5-6).

특별히 바울의 윤리적 권면의 특색은 공동체 윤리를 그 대상에 따라 달리 제시하고, 공동체 밖의 제 3자에 대한 윤리적 배려를 한다는 점이다. 자신들에 대해서는 진정한 형제사랑(philadelphia)에 야심을 키우기 위해서(philotimeisthai) 위해 일상사에 물러나서(hesychiajein) 평온한 삶을 추구하고, 남의 일에 간섭하지 않고 자기 일을 하고(prassein ta idia) 스스로 손으로 일하도록 권면한다(살전 4:11). 이것은 당시 다른 철학파의 일원들이 남의 일에 지나치게 참여하는 것과 일상생활과 자기 직업을 떠나서 나태한 삶을 사는 것을 비판하고, 자신의 사회적 지위에 적합한 방식으로 사회의 책임 있는 공동체 삶을 살도록 권면한 것이다. 이것은 자기 공동체와 다른 공동체들의 삶의 방식을 구분짓고, 다양한 사회적 지위에 속한 사람들로 부터 기독교의 삶의 방식에 대해서 설득력 있게 환심을 사기 위해서 모호한 방식으로 기술하여 기독교인의 세상에 대한 역설적인 참여 방식(물러남과 관여의 동시성)을 제안하려는 것이다.12) 여기에서 자기 일을 한다는 것은 자신의 사회적 지위를

---

12) 이러한 윤리적 권면은 기독교인의 금욕주의적 삶과 세상에 대한 참여 방식, 자족(自足)의 중요성에 대하여 당시의 스토익 학파(the Stoicism), 견유주의 학파(the Cynicism), 에피큐로스 학파(the Epicurianism)의 금욕주의 방식의 문제점을 극복하기 위해서 바울에 의해서 제안된 것이다. 이에 대한 자세한 논의에 대해서는 Abraham J. Malherbe, 1987, *Paul and the Thessalonians* (Philadelphia: Fortress Press), pp.95-107 참조. 말허비에 의하면, 희랍어 '하나님으로부터 배웠다'(theodidaktos), '야심을 품다'(philotimeomai), '평온한 삶을 사는 것'(hesichiajein)은 바울이 다른 철학파에서 사용된 언어를 차용하여 이들과 삶의 패턴을 차이 나게 하기 위해서 변형시킨 흔적이 남아 있다. theodidaktos는 에피큐로스 학파나 견유학파, 스토익 학파가 주장하는 자신 스스로로 부터 배우거나(autodidiktos) 자연으로 부터 배우는 방식을 비판하기 위해서 사용하였다. philotimeomai와 hesichiajein은 스토익 학파와 에피큐로

포기하고 자족(自足: __autarkeia__ 빌 4:11, 고전 4:12)하는 삶의 자세를 강조한 것이다.13) 공동체 안에서는 게으른 자들을(__tous ataktous__: 규모 없는 자들을) 권면하고, 마음 약한 자들을 안위하고, 힘이 없는 자들을 붙들어 주기를 제안한다. 이것은 당시에 다른 철학파, 특히 견유학파의 금욕주의(asceticism)에 영향을 받고 일을 안하는 자들의 삶의 방식을 교정하려고 하고, 고아와 과부와 나그네에 대한 우선적인 배려가 강조된 유대교 전통적인 종교의 윤리를 발전시키려는 것이다. 공동체 밖의 외인들에 대해서는 단정히 행하고 의존하지 않고 궁핍함이 없게 하라고 권면한다(12절). 위의 자기 자신에 대한 자족의 윤리적 권면(4:11)도 사실은 어떤 외인들(제3자)에게도 인정받게 하려는 것이다(4:12). 이들에 대해서는 악을 악으로 갚지 않고 선으로 대하기를 권한다(5:15). 또한 모든 사람들에게도 사랑이 넘치게 하고(3:11) 오래 참기를 권면한다(5:14). 이렇게 제 3자들에 대한 윤리적 배려가 강조된다. 이러한 제 3자들에 대한 윤리적 배려는 기독교 윤리가 사회윤리로 나아갈 수 있는 보편적 토대를 마련한다.14) 반면, 그들을 핍박하는 밖에 있는 사람에 대해서는 여전히 하나님의 진노가 임할 것이라는 확신을 강조하게 된다(5:3). 그러므로 바울은 묵시문학적인 이원론을 공동체의 안과 밖에 제시하고, 밖에 있는 사람들을 다시 자기들을 핍박하는 자들과 그렇지 않은 자들로 나누어서 생각하였다. 우리는 이것을 비대칭적 관계의 윤리로서 동등성 보다는 차이에 입각한 윤리이다. 이것은 아리스토텔레스의 '비례의 윤리'가 아니라 상대성에 의존하는 '비대칭적 관계'의 윤리이다.15)

스 학파에서 정치적 공직에 대한 야심을 버릴 것을 제안하는데 사용된 용어지만, 바울은 오히려 __hesichiajein__(평온하게 사는 것)에 대해서 야심을 가질 것을 제안하는데 이 용어를 사용한다.
13) 자족은 바울의 선교전략을 이해하는 데 매우 중요한 단서를 제공한다(고전 9:19, 고후 11:7). 이에 대한 자세한 논의에 대해서는 Abraham J. Malherbe, 1987, *Paul and the Thessalonians* (Philadelphia: Fortress Press), pp.52-60, pp.89-90 참조.
14) 외인들(제3자)에 대한 윤리적 권면의 중요성에 대해서는 Malherbe, Paul and the Thessalonians, 49, pp.95-107 참조.
15) Immanuel Levinas, 1969, *Totality and Infinity trans. Alphonso Lingis*, (Pittsburg: Duquesne), pp.186-226, pp.251-253. 레비나스에 의하면 얼굴과 얼굴을 마주보는 인간관계는 어떠한 도덕적 원칙이나 존재에 대한 개념에 기반한 동일성과 동등성이 수립되기 이전에 타자를 타자로서 '무한'(infinity)의 개입의 관점에서 만나게 되는 비대칭적 관계를 형성한다. 이러한 비대칭적 관계의 윤리의 중요성과 한계에 대해서는 Tina Chanter, 1995, *ethics of eros: Irigaray's Rewriting of the Philosophers* (New York: Routledge), pp.190-196 참조. 필자는 레비나스의 비대칭적 관계의 윤리를 집단에 적용할 수 있는 근거를 바울의 윤리에서 찾을 수 있다고 주장하려 한다.

〈도표 IV-3〉
이상적 견유학파 사상의 구조

자연(physis)에 의한 삶, 하나님의 능력에의 의지 <재료인>

인간에 대한 비관론과 경제적　　　　　　　　　　　　　　　박애적 사랑(philanthropia) 가족,
독립(autarkeia) <원인인>　　　　　　　　　　　　　　　　　사회적 관습 비판 <결과인>

덕(aretē)에 대해서 담대히 말함(parresiajein)과 군중의 치욕스러운 삶을 견딤(hybrijein) <형상인>

이상적 철학자의 진리 전달 방식

디아트리베(diatribē)의 수사적 양식 <재료인>

궤계 없이 <원인인>　　　　　　　　　　　　　　　　　　　명예, 이익, 아첨의 말 없이
　　　　　　　　　　　　　　　　　　　　　　　　　　　　　<결과인>

솔직히/담대히 말함(parresiajein)
명백히/순수히 말함(katharōs) <형상인>

바울의 견유학파 사상에 대한 변형

자연이 아니라 하나님의 복음을 전함 <재료인>

열심히 일함 <원인인>　　　　　　　　　　　　　　　　　　하나님의 나라를 위해 참여와
　　　　　　　　　　　　　　　　　　　　　　　　　　　　　철수의 역설적 윤리 <결과인>

덕이 아니라 복음에 대해서 담대하게 복음을 전달 <형상인>

바울의 비대칭적 관계의 윤리

표출층위	자기 자신	자족: 종용하여, 자기 일을 하고, 스스로 손으로 일함
실재층위	공동체 내	서로 화목함: 힘없는 자, 약한자에 대한 보살핌과, 규모 없는 자들을 권계
잠재층위	공동체 외 보통	넘치는 사랑, 오래 참음, 악으로 악을 갚지 않고 선을 추구, 단정히 행하고, 의존하지 않고 궁핍함이 없게 함.
상상적 층위	공동체를 핍박한 자	하나님의 진노에 맡김

4. 유대교 시간 구조의 변형

우선 기독교인의 실존 양태로서 믿음, 사랑, 소망의 씌여진 용례를 중심으로 시간의 구조를 기술하고, 이와 유사한 시간 구조를 드러내는 다른 표현들을 검토해 보고자 한다. 우선 5:8은 바울은 '저희들'과 달리 '너희'가 사랑과 믿음과 소망의 무장을 권한다. 이것은 인사 부분(1:3)에서 데살로니가 교인들이 믿음의 역사, 사랑의 수고와 소망의 인내에 대한 말과 반복된다. 이 세 가지는 기독교인의 실존양태의 과거, 현재, 미래의 차원을 드러내면서 이 편지에서 바울이 수신자에게 권면의 핵심내용을 전달하는 데에도 암시적으로 적용되었다고 할 수 있다. 믿음의 부분이 되는 바울이 예수를 닮음으로서 행하는 것에 대한 과거의 지식을 나타낸다. 소망은 거룩하고 흠없이 될 것이라는 미래의 희망을 나타낸다. 사랑은 이를 구체적인 삶에 적용하는 현재의 행함을 나타낸다. 또한 5:8의 권면에서는 믿음과 사랑의 흉배와 소망의 투구를 쓰라는 명령형의 형태를 취하고 있다. 믿음과 사랑과 소망은 전투적인 행동의 실천적 의미를 내포하게 된다. 믿음, 사랑, 소망이 묵시문학사상에서는 메시야가 오고 난 이후의 축복된 상태를 드러내지만, 여기에서는 데살로니가 교인들의 과거의 행위를 기술하고, 현재와 미래에 계속해서 행동하여야 할 윤리적 행위를 나타내는 방식으로 씌어졌다.

이러한 믿음과 소망과 사랑의 관계는 시간을 축으로 서로 인접해 있게 되므로 과거, 현재, 미래의 환유구조를 이룬다. 반면 이 믿음과 사랑과 소망 사이에 내재하는 시간의 환유적 관계는 은혜와 평강과 거룩, 감사와 기쁨과 기도, 영과 혼과 몸의 관계에서도 나타난다. 은혜와 평강은 여는말(살 1:1)과 맺는말(5:23-28)에 나오고, 거룩은 몸말의 사도적 변증(2:10), 권면(4:3-4, 7)과 감사/축복(3:13)과 찬가(5:23)에 나온다. 감사와 기쁨과 기도는 권면 부분(5:16, 17, 18)에 각각 나오고, 영, 혼, 몸은 찬가 부분(5:23)에 나온다. 과거의 은혜의 지식을 토대로 거룩하게 되는 것을 소망하면서 성도는 평강을 갖게 된다. 그래서 성도는 과거의 은혜에 대하여 항상 감사하고, 주의 강림에 대한 미래의 소망을 위해 범사에 기도하면서 현재의 환난에도 불구하고 항상 기뻐하게 된다. 우리가 그리스도로부터 받은 과거의 혼을 토대로 미래의 부활의 영에 참여하기 위해서 우리는 몸의 온전함을 위해 행동하게 된다. 이러한 네 가지 환유적 구조에서의 각각의 요소들은 과거, 현재, 미래의 공시적 축에 의해서 서로 대체할 수 있는 은유구조를 이루게 된다.16) 이를 도표로 표시하면 다음과 같을 것이다:

〈도표 Ⅳ-4〉

(1)   믿음   (2)   은혜   (3)   감사   (4)   혼
       △   △   △   △
   소망 사랑   거룩함 평강   기도 기쁨   영   몸

위의 세 가지 삼각 구도는 유대 메시야 사상에서의 시간 구조를 창조적으로 변이시켰다고 간주할 수 있다. 바울의 기독교의 삼각 구도와 이 유대 메시야 사상의 삼각 구도 사이에는, 시간적 구조의 종교적 체험의 중요한 핵심 요소의 형태는 보존하면서 내용들을 변화시키는 동형이상(同形異狀: isomorphy)의 관계를 이룬다고 할 수 있다. 로젠쯔바이그(F. Rosenzweig)에 의하면, 유대 메시야 사상에서는 하나님과 인간과 세상과의 삼각 구도의 관계가 구속되지 않은 상태에서는 숨겨져 있는 하나님, 고독한 인간, 자립적 세계의 역삼각형의 구조를 이룬다. 이를 완벽하게 교정시키기 위해서 메시야는 바른 삼각형으로 만든다. 인간은 다음의 세 가지 범주 속에서 하나님의 활동을 체험하게 된다: 1) 하나님과 세상과의 관계에서 오는 과거의 '창조', 2) 하나님과 인간과의 관계에서 오는 현재의 '계

---

16) 은유구조와 환유구조에 대해서는 Jacques Lacan, 1966, *Ecrits 1* (Paris: Seuil), pp.262-274 참조. 전통적으로 환유는 쌍빠뉴 지방이름은 술 이름 샹빠뉴와 인접관계를 드러내면서 결합관계를 형성한다고 보았다. 그러나 라깡은 '30개의 돛'이라는 예문에서 돛은 배나 함대를 의미하지만 배가 하나의 돛을 갖지 않을 수도 있기 때문에 이것과 완전히 일치하지 않고 결핍을 드러내는 점에 주목한다. 그는 기표들이 기의와 일치하지 못하고 끝없이 다른 기표들에 의해서 결합되어 부유하게 되는 언어의 환유구조를 $f(S\text{-----}S')S \cong S(-)s$의 연산식으로 표시한다. 또한 은유는 전통적으로 '불타다'와 '욕망하다'에서 '뜨겁다'라는 공통요인에 의해서 서로 대체할 수 있는 은유 관계를 형성한다. 그러나 라깡은 위고(Victor Hugo)의 "잠자는 보오즈"라는 시의 "그의 볏단은 인색하지도 심술궂지도 않다."라는 문장을 분석하면서 은유의 특성을 새롭게 제시한다. 새로운 기표 볏단은 대체된 기표 보오즈(Booz)를 기의로서 채택하고, 이 보오즈는 잠재된 기표가 되어 기표들의 의미연쇄에 의해서 주인, 아버지, 남근, 다산적 정력 …… 등등의 의미를 연속적으로 선택하여 대체하게 되는 은유구조 $f(S'/S)S \cong S(+)s$를 갖게 된다. 여기에서 라깡은 은유에서는 의미의 유사성 보다는 환유에 의존한다는 것과 무의미로부터 전혀 새로운 의미가 도출되는 것을 강조하게 된다.

시', 3) 인간과 세상과의 관계에서 오는 미래의 '구속'17) 이 두 가지의 삼각형의 형상들을 겹치게 되면 현재 이스라엘의 국기에 나오는 '다윗의 별'을 이룬다. 또한 이 다윗의 별은 인간의 얼굴의 형상에서도 발견할 수 있다는 것이다. 입과 두 개의 눈, 코와 두 개의 귀는 각각 역삼각형과 바른 삼각형이 된다. 이를 도표로 나타내면 다음과 같을 것이다.

〈도표 Ⅳ-5〉

(1)	세상 인간	(2)	구속	(3)	눈 눈	(4)	코
	▽		△		▽		△
	하나님		계시 창조		입		귀 귀

바울은 위의 다윗의 별의 정태적 구조를 동태적 구조로 바꾸었다. 다윗의 별에서는, 세상과 인간과 하나님이 고정된 삼각 구도를 역시 고정된 구속, 계시, 창조의 삼각 구도로 변이시키는 단순한 공간적 변형을 드러내었다. 이러한 변이를 인간의 얼굴의 모양에 반영시키고 일치시키고 있다. 반면 편지에서의 삼각 구도는 정태적이고 공간적 구조를 동태적이고 시간적 구조의 변형을 드러내고자 한다. 우선 구원의 양태를 현재의 실존론적 행함의 윤리적 양태와 밀접하게 연결시키기 위해서 믿음과 소망과 사랑의 묵시문학적인 축복의 상태를 의미하는 양태를 과거의 행동을 기술하고 현재의 행동을 유도하는 실천의 행위를 의미하는 양태로 그 의미작용 방식을 변형시켰다. 이 셋의 관계가 시간의 인접성의 연관관계에 의해서 서로 결합되어 있기 때문에 사랑은 믿음을 대체하지만 이것과 완전히 일치하지 않고 결핍으로 남게 되고, 다시 이것이 소망에 의해서 대체되는 환유적 구조를 이룬다. 이러한 기표들의 환유적 관계는 주의 강림이라는 기의와 은유적 관계를 이루기 때문에 이들 직설법적인 기표(*signifiant*) 사이의 차이의 반복에 의해서 새로운 명령법적 기의(*signifié*)가 탄생된다. 또한 이 직설법과 명령법과의 긴장에 의해서 또 다른 층위의

---

17) 이에 대해서는 Immanuel Levinas의 "Franz Rosenzweig: A Modern Jewish Thinker", 1990, *Outside the Subject* trans. M. B. Smith. (Standford: Standford Uni. Press), pp.49-66과 Paul Riciour, 1995, "The 'Figure' in Rosenzweig's The Star of Redemption", *Figuring the Sacred* tran. D. Pellauer (Minneapolis: Fortress Press), pp.93-107 참조.

의미 연쇄를 유도한다. 이것은 또다른 층위의 은혜와 평강과 거룩함의 환유적 구조와의 차이 속에서 범사에 감사하고, 항상 기뻐하고, 쉬지말고 기도하라는 실존적인 결단을 촉구하는 현재라는 명령법 형태의 공시적 차원에 의해서 은유적 구조를 형성한다. 그리고 다윗의 별에서는 윤리와 구원의 양태를 표상하기 위해서 인간의 얼굴의 보이는 모양과 일치시키는 것과 달리, 바울의 편지에서는 인간의 존재론적 성격을 가진 혼의 과거의 존재양식과 몸의 현재의 존재양식과 영의 미래의 존재양식이 공시적 차원에서 다른 각각의 환유적 시간적 구조와 일치시키는 은유적 구조를 이룬다. 이런 의미에서 각각의 존재양식에서의 공시적 차원이 온전하게 되는 것은 그리스도의 강림에 의해서 완성되는 것을 목적으로 윤리적 명령의 온전함을 내포하게 된다.

5. 창조적 모방과 지혜문학의 변형

우리가 편지의 양식이 이야기체(서사)를 갖고 있다고 간주할 수 있다. 이 이야기체는, 인물들과 사건과 정황으로 이루어진 '이야기'(story)와 이것을 현재의 관점에서 플롯을 통해서 엮어지게 하는 '서사적 담론'(discourse)에 의해서 독자에게 이야기의 처음과 중간과 끝의 흐름이 극적 구조를 이루고 있다는 것을, 나타낸다.18) 우선 이 편지의 이야기 부분의 핵심적인 내용은 모방자/전형(mimtētēs/typos)의 패턴을 근거로 이 편지의 등장 인물들이라고 할 수 있는 바울, 데살로니가 교인들, 아가야와 마케도니아 사람들이 상호작용하는 무의식적인 욕망의 삼각 구조의 관계가 형성된다. 서사적 담론의 부분에서는 바울이 데살로니가 교인들과 과거/현재/미래에 의사소통하는 대상들인 공통의 체험, 디모데, 간구, 편지, 영광과의 관계로 이루어졌다. 그리고 이 편지의 이야기체가 정말로 제시하려는 편지의 내용은 위의 대상들과의 관계 속에서 그 메시지의 내용을 산출하게 된다.

우선 편지의 이야기 차원의 핵심 내용을 구성하는 모방의 주제를 욕망의 삼각형에 의해서 분석해 보고자 한다. 창조적 모방에 대한 이해는 1:6-8, 2:14에 모방자/전형(mimētēs/typos)의 용어에 의해서 이미 중요한 주제로 제기된다. 바울은 예수의 고난을 자신이 데살로니

---

18) 이야기체가 이야기와 담론으로 구성되었다는 이론적 근거에 관해서는 Mark Allen Powell, 1990, *What is Narrative Criticism?* (Philadelphia: Fortress), pp.23-34 참조.

가 교회에 선교할 때 받은 환난(행 17:1-13)과 암시적으로 동일시하고 이를 예수를 닮는 행위로 이해하고 기쁨으로 극복할 수 있었다. 이제 데살로니가 교인들('너희')도 바울의 닮음을 창조적으로 모방하여 같은 방식으로 지금 당하는 고난을 극복하고, 아가야와 마케도니아의 그리스도인이 '너희'를 닮을 수 있도록 항상 기뻐하고, 범사에 감사하고, 쉬지말고 기도함으로 이를 극복하여야 한다. 이러한 닮음은 닮음의 닮음이면서 다른 사람들이 닮아지도록 닮음이 창조적으로 이루어는 것을 말한다. 이제 그들은 환난을 극복한다는 점에서 바울의 예수 닮음을 닮아야 한다. 그러나 아가야와 마케도니아 사람들이 데살로니가 교인들을 닮을 수 있도록 창조적으로 닮아야 한다. 여기에서 중요한 것은 2:14에서 보는 바와 같이 유대인들에게 바울이 당한 환난과 데살로니가 교인들이 당하는 자기 나라 사람들에게 당하는 고난 사이에는 모조가 아니라 다른 환경에 창조적으로 닮음(mimēsis)을 적용하여 아가야와 마케도니아 사람들에게 닮음의 전형(typos)이 되어야 한다는 것이다(2:14).19) 그러므로 바울이 제시하는 모방자/전형(mimētēs/typos)의 닮음의 패턴에는 나 이외의 타자의 창조적 모방(mimēsis)을 모방하는 자(mimētēs)와 자신이 또 다른 타자들에 의해서 모방되는 대상(typos)이 되는 이중 규제(double bind)로서의 닮음의 역동성이 존재한다. 마지막으로 편지를 통하여 독자들은 너희/우리/타자의 닮음을 통해서 예수를 보게 된다. 그래서 독자는 단순히 우리가 행한 것을 그대로 베껴서 행하는 것이 아니라 창조적인 변이를 통해 모방할 수 있는 '독서의 전이구조'에 참여하게 된다.20) 이를 지라르(R.

---

19) 이와 같은 모방관계의 중요성에 대해서는 Patte, *Paul's Faith and the Power of the Gospel*, pp.131-147 과 E. A. Castelli, 1991, *Imitating Paul* (Louisville: Westminsterl John Knox press), pp.89-117 참조. 필자는 파뜨와 달리, 창조적 닮음을 강조하고, 앞으로 논의가 전개되는 것처럼 바울의 동사 사용(하다/살다/행하다)과 연결하여 강조하고 그 종교사적 배경으로서 지혜문학의 형상론을 부각시키고자 한다.

20) 이야기의 삼각 구도는 단순히 이야기체에만 적용될 뿐만 아니라 송신자 바울과 수신자 독자와 편지 사이에도 적용된다. 이것은 모방자/전형의 의미의 차이의 반복이 실마리가 되어서 독자는 편지의 이해와 해석의 열쇠를 갖게 된다. 이것은 정신분석적 치료행위에서 분석자와 피분석자처럼 이들이 상호대화를 할 때에 피분석자의 반응에 따라서 증상을 발견하는 전이-역전이 관계와 유비적이다. 우리는 이렇게 독자와 텍스트가 상호영향을 주어 반복적 의미의 차이를 실마리로 독자의 이야기를 재창조하는 독서 경험을 '독서의 전이구조'라고 한다. 이러한 견해는 필자가 라깡의 구조주의적 사유를 창조적으로 발전시킨 것이다. 이에 대한 이론적인 근거와 구체적인 분석의 예에 대해서는 필자의 글, "라깡의 후기구조주의에 근거한 토착화의 새 모델: '선한 사마리아 사람의 비유'(눅 10:30-35)를 중심으로," 『김광식 교수 회갑기념논문집』, 1998, 서울: 연세대학교 신학과, 1998, pp.263-292.

Girard)의 욕망의 삼각형의 구조(주체가 대상을 매개자를 통해 모방한다)로 나타낼 수 있다.21) 도표로 제시하면 다음과 같을 것이다.

〈도표 Ⅳ-6〉

(1)　　토라/예수　　(2)　바울(우리)의 닮음　(3)　데살의 닮음　　(4)　너희/우리/타자의 닮음
　　　　　△　　　　　　　　　△　　　　　　　　　△　　　　　　　　　△
　　하나님　우리(바울)　　　예수　　데살(너희)　　예수/바울　아가야,　　예수/바울　　독자
　　　　　　　　　　　　　　　　　　　　　　　　　　　　마케도니아(타자)

여기에서 중요한 것은 바울이 예수를 닮는 것과 데살로니가 교인들이 바울을 닮는 것이 창조적인 닮음이라는 것을 보여준다는 것이다. 위의 닮음의 패턴은 5장에서의 믿음, 사랑, 소망의 시간적 구조에서의 하다/살다/행하다의 의미망과 연결된다. 5: 9-10은 직설법, 하나님이 "구원을 얻게 하신(peripoiēsin) 것이다"와 그리스도와 "함께 살게 하려(jēsōmen) 하셨느니라"라는 말에 이어 명령법, "너희가 하는 것같이 하라(poieitē)"라는 말을 제시한다. '산다'라는 말은 "그러므로 너희가 주 안에 굳게 선즉 우리가 이제는 살리라"(3:8)에서도 나온다. 여기에서 하나님께서 구원을 얻게 하신다는 말은 그리스도와 '함께 산다'라는 말을 매개로 우리의 명령의 형태 '하다'가 연결된다. 여기에서 하나님의 행위와 우리의 행위에는 둘 다 창조하다의 의미를 가진 희랍어 poieō를 공통으로 내포하고 있다. 우리가 하나님께서 구원의 행위를 하신 것을 행하는 것은 그리스도와 함께 사는 삶을 의미한다. 여기에서 '하라'는 말의 희랍어 poieō는 '창조적 모방'(mimēsis)과 연결된다. 우리는 그리스도와 함께 살면서 하나님의 구원 행위를 창조적 모방을 해야 한다. 이것은 그리스도의 삶을 창조적으로 모방하라는 말이고 이미 그렇게 하였던 것을 계속 창조적으로 모방하라

---

21) René Girard, 1965, *Deceit, Desier, Desire, & Novel: Self amd Other in Literary Structure trans. Yvonne Freccero* (Baltimore: The Johns Hopkins Univerity Press), pp.1-52; 김치수, "지라르의 「욕망」의 이론," 『구조주의와 문학비평』, 1980, 서울: 홍성사, pp.178-237. 지라르는 돈키호테의 욕망이 중개자 아마디스를 통하여 이상적인 기사가 되려고 하였고 그의 시종 산쵸 판사는 돈키호테를 매개로 섬과 공작부인 칭호를 욕망한다. 또한 기독교인이 이상적인 기독교인이 되기 위해서 매개자 예수를 모방하게 되는 '삼각형적 욕망'(*désir tiranguaire*)의 구조를 제시한다. 필자는 이 이 구도를 데살로니가 공동체와 바울과 아가야와 마케도니아 사람들의 관계에 이중적으로 적용하였다.

는 말이다. 또한 '창조하다'의 의미를 갖고 있는 '하다'는 말은 바울이 '행하다'라는 말과 연결된다. 이것은 2:12에 "하나님께 합당하게 행하게 하려 한다"와 4:1에 "너희가 마땅히 어떻게 행하며 하나님께 기쁘시게 할 것을 우리에게 받았으니 곧 너희 행하는 바라 더욱 많이 힘쓰라."와 연결된다. 여기에 사용된 '행하다'의 희랍어는 peripateō로서 '걷는다'의 의미를 내포하고, 이것은 할라카(Hallaka)의 의미 '걷는다'와 상응한다. 이때의 '행한다'라는 말을 현실의 구체적인 문제에 적용하는 할라카의 구전을 적용하듯이, 5장의 믿음과 사랑과 소망에 적용하면, 하나님의 구원하심의 믿음에 근거하여 주의 날에 주님의 강림을 소망하면서(5:1-8) 사랑 안에서 화목하면서 사는 것(5:13)과 연관된다. 하다/살다/행하다라는 의미망은 이렇게 믿음과 사랑과 소망의 시간적 축에 의해서 그리스도를 창조적으로 닮는 것을 뜻한다.

또한, 바울이 예수의 어떤 점을 닮게 되었는지 구체적으로 기술하지 않았다는 것이다. 예를 들면 2:1-12 바울의 복음에 대한 변증은 복음의 내용이라기보다 복음을 전하는 방식에 대한 변증이다. 여기에 닮음의 내용이 아니라 복음 전달의 방식의 신실성만을 다룬다. 반면 바울은 자신이 예수를 닮게 되는 닮음의 개괄적인 내용이 거룩하게 행하는 사랑의 행동임을 제시한다. 이것은 2:10의 사도적 변증(몸말)에서는 "우리가 너희 믿는 자들을 향하여 어떻게 거룩하고 옳고 흠없이 행한 것에 대하여 너희가 증인이요 하나님도 그러하시도다."에서 보여 주는 바와 같이 거룩함은 흠없이 옳게 행하는 것과 연결된다. 다음으로 바울은 데살로니가 교인들이 자신의 거룩하게 되는 내용을 닮게 될 때 이를 강림(παρουσία)과 연결시켜서 보다 구체적으로 제시한다. 거룩하게 되는 것을 기도와 권면과 찬가의 형태로 제시한다. 3:12-13의 감사/축복에서의 기도에서는 "주께서 우리가 너희를 사람함과 같이 너희도 피차간의 모든 사람에 대한 사랑이 더욱 많이 넘치게 하사 너희 마음을 굳게 하시고 우리 주 예수께서 그의 모든 성도와 함께 강림하실 때에 하나님 우리 아버지 앞에서 거룩함에 흠이 없게 하시기를 원하노라"에서 보는 바와 같이, 사랑의 행함과 거룩함이다. 이때 거룩함은 강림과 연결된다. 또한 4:3-4, 7절의 권면 부분에서는 "하나님의 뜻은 이것이니 너희의 거룩함이라 곧 음란을 버리고 각각 거룩함과 존귀함으로 자기 아내 취할 줄을 알고 하나님이 우리를 부르심은 부정케 하심이 아니요 거룩케 하심이니"에서 보는 바와 같이, 거룩함은 음란함과 부정함에 대한 비판이다. 5:23의 찬가 부분에서는,

"평강의 하나님이 친히 너희로 온전히 거룩하게 하시고 또 너희 영과 혼과 몸이 우리 주 예수 그리스도 강림하실 때에 흠 없게 보전되기를 원하노라."에서 보는 바와 같이, 거룩함이 인간 전체의 온전함과 παρουσια가 연결된다.

다음에 편지의 서사적 담론의 차원에서 '사도적 강림'[22]의 의사소통의 주제를 분석하면 다음과 같을 것이다. 여기에서 바울은 데살로니가 교인들의 얼굴을 보기 원했지만 볼 수 없어서 자신 대신에 디모데를 보냈다. 바울은 디모데를 통해서 이들이 그리스도의 복음에 굳건히 서서 환난을 이기었던 믿음과 사랑의 기쁜 소식을 듣게 된다(살전 3:2-6). 그러나 여전히 얼굴 보기를 원하였지만(살 2:17) 볼 수 없게 되어 이제 간구하여 믿음의 부족함(hysterēmata)을 온전히 채우려(katartisai) 한다(살전 3:10). 그래서 편지는 데살로니가 사람들의 얼굴을 대신하고 수신자는 편지를 데살로니가 사람들에게 읽어줌으로써 서로 보게 되는 것을 대신한다(살전 5:27). 여기에서 미래에 예수가 강림하셔서 서로 얼굴을 마주 보게 될 때 그들이(너희) 바울의 동역자들(우리)의 영광이요 기쁨이 되는 면류관을 받게 되도록 행동하기를 암시적으로 요구한다(살전 2:19-20). 여기에서 과거의 디모데와 얼굴을 마주봄, 현재의 부족함을 온전케 함/간구와 편지, 미래의 영광과 면류관은 서로 대체할 수 있는 은유구조를 이루게 된다. 수신자, 송신자와 전달 대상은 서로 인접관계를 드러내는 환유구조를 이룩한다. 이를 담론 차원의 삼각구도로 표시하면 다음과 같다.

〈도표 Ⅳ-7〉

(1)   디모데/얼굴   (2) 부족을 온전케함/간구   (3)   편지   (4)   영광/기쁨
         △   △   △   △
    너희   우리(바울)   너희   우리   너희/타자   우리   너희   강림의 예수

(1)과 (2)의 과거와 (3)의 현재와 (4)의 미래의 의사소통의 삼각구조로 이루어진 기표(記

---

22) 사도적 강림(apostolic parousia)의 주제를 다루는 바울서신의 부분은 롬 15:14-33, 롬 1:8ff., 빌레몬 21절 이하, 고전 4:14-21, 고전 16:1-11, 데전 2:17-3:13, 고후 12:14-13:13, 빌 2:19-24, 갈 4:12-20, 고후 9:1-4, 고추 8:16-23, 빌 2:25-30, 고전 16:12이다. 이에 대한 자세한 논의는 Robert W. Funk, 1982, *Parables and Presence* (Philadelphia: Fortress Press), pp.81-102 참조.

標: signifiant)들의 차이의 놀이에 의해서 흠 없는 거룩하게 되는 윤리적 요청의 기의(記意: signifié)가 탄생하게 된다.23) (1)에서 과거에 바울과 데살로니이 교인들은 ⓐ 복음의 수용과 하나님의 개입에 의한 선택 (1:4), ⓑ 일함과 그리스도의 복음의 전달(1:5, 2:2, 2:8-9), ⓒ 환난 당함 (1:6, 2:2, 3:3-4), ⓓ 마지막 때에 대한 확신(1:10) 등의 공통의 경험을 가지고 있었다. 그래서 이들은 서로 얼굴과 얼굴을 마주하면서 만나게 되기를 바랬다. (2)에서 바울은 데살로니가 교인들의 부족함을 채우는 것을 간절히 바라고 있다. 그래서 바울은 이 부족을 채우기 위해서 (3)의 편지를 보내는 것이다. 이 편지의 내용의 목적은 (4)에서처럼 데살로니가 교인들이 그리스도의 형상을 본받아 강림하신 예수 앞에서 영광이요 면류관이요 기쁨이 되기도록 행동하는 것이다. 이것은 고린도후서 3:2-3의 "너희가 우리의 편지라 우리 마음에 썼고 뭇사람이 알고 읽는 바라 너희는 우리로 말미암아 나타난 그리스도의 편지니 이는 먹으로 쓴 것이 아니요 오직 살아 계신 하나님의 영으로 한 것이며 또 돌비에 쓴 것이 아니요 오직 육의 심비에 한 것이다." 말씀에서처럼, 마음에 새긴 영의 편지를 바울이 보내는 것이다.

특히 위의 얼굴/편지/영광의 의미망에서 그리스도 앞에서 영광이 된다고 하는 것은 하나님의 형상 기독론(고후 3:17-4:6, 롬 8:29)의 종교사적 배경이 되는 지혜문학에서의 형상론을 바울이 무의식적으로 변형하여 창조적으로 적용한 것으로 간주하게 된다. 우리는 지혜문학의 형상론을 다음의 두 가지 **환유구조**와 **은유구조**의 형태로 재구성할 수 있을 것이다. 1) 형상/속성/빛/비춤/영광: 하나님의 형상은 예수 그리스도이다. 예수 그리스도는 하나님의 속성인 창조의 빛을 갖고 있는 첫 번째 난 그의 아들이다. 이 속성을 가진 그리스도의 얼굴은 이 창조의 빛에 의해서 영광으로 가득 찼다. 우리는 이 창조의 빛에 의해서 그의 얼굴 속에 하나님의 영광을 알 수 있도록 하였다. 또한 이 창조의 빛은 온 우주에 가득차서 우리가 하는 행동을 모두 알 수 있다.24) 여기에서 위의 하나님/그리스도/

---

23) 이를 다른 예를 들어 쉽게 설명하면, '신사'와 '숙녀'의 두 개의 기표는 각각은 자체로서 신사나 숙녀가 '들어가는 문'의 기의를 갖지만, 각각은 어떤 새로운 사회적인 상징적 의미를 산출하지는 못한다. 그러나 '신사'와 '숙녀'가 씌어진 푯말이 두 개의 문에 나란히 걸려 있을 때 이 둘의 변별적 차이는 화장실이라는 새로운 상징적 의미(기의)를 산출한다. 그러므로 기표들의 반복과 그 차이의 놀이에서 기의가 미끄러져 산출된다. 이에 대한 자세한 설명에 관해서는 Jacques Lacan, 1966, *Ecrits 1* (Paris: Seuil), pp.247-262 참조.

우리 사이에 위의 환유구조의 요소들의 차이의 반복 놀이에 의해서 명령형의 윤리적 당위성의 은유구조를 산출하게 된다. 그래서 우리 자신도 그의 영광의 빛으로 바꾸어지기 위해서 우리의 윤리적 행동이 흠없이 거룩해져야 한다. 2) **형상/닮음/얼굴/영광**: 다른 한편 형상(eikōn)의 동사 형태인 eoika로부터 왔다. 이것은 '닮다'의 의미를 갖고 있다. 마찬가지로 하나님의 형상을 닮은 그리스도처럼 우리의 얼굴은 그리스도의 형상인 그의 얼굴을 닮아야 한다. 그리스도가 온전히 하나님의 형상을 닮은 것처럼 우리도 온전히 그리스도의 얼굴을 닮아 온전하게 되어야 한다.25) 여기에서 위의 하나님/그리스도/우리 사이에 위의 환유구조는 명령형의 윤리적 당위성의 은유구조를 산출하게 된다. 그래서 부족한 것을 채워서 마지막 때에 그가 보시기에 영광의 면류관을 받을 수 있도록 해야 한다.

6. 결 론

우리는 위에서 바울이 개념적 차원과 묘사적 차원에서 바울이 당시의 종교사적 전통을 변형한 방식을 통해서 신학과 윤리와의 관계를 고찰하였다.

묵시문학사상에 대해서는, 바울이 묵사사상의 초월적인 세계에 대한 이분법을 낮/밤, 자는자/깨어 있는자, 너희/저희의 일상적인 세계에 대한 이분법의 용어로 바꾼 것을 볼

---

24) "지혜는 친절한 영이시다. 그리고 그가 말한 것을 모독하는 자를 간과하지 않을 것이다. 왜냐하면 하나님은 그의 마음의 증거이시고 그의 지성의 진정한 관찰자이시고 그의 혀의 말을 듣는자이시다. 왜냐하면 주의 영이 세계를 충만하게 하시기 때문이다. 그리고 모든 것들을 감싸는 것은 말해진 모든 것을 안다. 그러므로 잘못된 것을 말하는 어떤 사람도 주의 영에 의해 감찰되지 않게 되지는 못할 것이다. 그분이 조사를 할 때 정의는 그를 지나가지는 못할 것이다. 그의 영의 소리는 주께 다다르게 되어서 그의 허물들에 대해서 기소하게 될 것이다." "Wisdom of Solomon" 1:6-9 The Apocripha trans. 179. "우리가 다 수건을 벗은 얼굴로 거울을 보는 것같이 주의 영광을 보매 …… 그리스도는 하나님의 형상이니라 …… 어두운데서 빛이 비취리라 하시던 그 하나님께서 예수 그리스도의 얼굴에 있는 하나님의 영광을 아는 빛을 우리 마음에 비취셨느니라"(고후 3:17a-4:6)
25) "지혜는 하나님의 떨치시는 힘의 바람이며 전능하신 분께로부터 나오는 영광의 티없는 발현이다. 그러므로 티끌만한 점 하나라도 지혜를 더럽힐 수 없다. 지혜는 보이지 않는 빛의 찬란한 광채이며 하나님의 활동력을 비쳐 주는 티없는 거울이며 하나님의 선하심을 보여주는 형상이다." "Wisdom of Solomon", 7:25-26, *The Apochripha* trans. 1938, Edgar J. Goodspeed (New York: Vintage Books), p.191. "하나님이 미리 아신 자들로 또한 그 아들의 형상을 본받게 하기 위하여 미리 정하셨으니 이는 그로 많은 형제 중에서 맏아들이 되게 하려 하심이라"(롬 8:29)

수 있다. 이 일상적 용어에 대한 강조는 윤리 의식을 불러일으키는 역할을 담당한다. 역사 결정론과 인간에 대한 비관론은 제거되었다. 묵사사상의 문학적 특색에 대해서는 묵시문학의 요소들을 모방하지만 천상의 인물을 통한 심판과 전쟁 신화를 변형하여 그리스도라는 살아 있는 인물과 성도들의 구체적인 윤리적 행위자를 제시한다. 이것은 투쟁신화의 주인공을 성도들에게 전이시킴으로써 예수와 그리스도인들 사이에의 역사적인 상호연관 관계에 의해서 신학과 윤리와의 관계를 구체적인 보편성을 토대로 연결시킨다. 중요한 점은 여인의 잉태의 때로 비유되는 그리스도의 강림과 심판에 대한 시간성의 이해이다. 여기에는 임박성만이 강조되지 않고 위험성과 우발성과 구체성이 강조된다. 또한 이 시간성의 미래성은 성도의 축복보다는 신정론적 문제의 해결을 위한 악인의 심판이 강조된다. 여인의 잉태는 구체적으로 올 수 밖에 없지만 완벽하게 예측할 수 없고 목숨의 위험을 무릅쓴 진통이 따른다. 이 시간성이 암시하는 신학과 윤리와의 관계는 목적론적 역사의 허구성과 관념론적 추상적인 진리관을 비판하는 암시적 함의를 갖는다. 이런 의미에서 신학과 윤리는 어떠한 관념이나 역사의 추상적 목적을 정당화할 수 없고 실천에 의해서 이 둘의 관계가 연결된다. 실천의 구체적인 목표는 악인에 대한 전투이다. 역사에서의 사회적 모순과 갈등은 성도들의 투쟁에의 참여와 하나님의 역사 개입을 통해서 그 구체적인 해결을 가능하게 한다는 것이다.

견유주의 철학에 대해서는, 바울이 자신의 사도성과 복음의 전달 방식을 견유주의의 사유방식에 의해 기술된 언어의 사용을 통해 기술한다. 여기에서 신학과 윤리와의 관계는 바울 자신의 사도성의 정당성과 복음 전달의 신실성에 의해서 연결된다. 바울의 생각이나 신학적 사상이 윤리를 보장하기 보다는 바울 자신의 실천이 윤리의 토대를 이룬다. 또한 바울은 제 3자에 대한 배려와 자족의 윤리를 기초로 한 비대칭성의 사회윤리를 제안한다. 이 윤리의 신학적 기초는 이스라엘의 하나님은 나그네와 고아와 과부에 대한 편파적인 사랑이고 세상에 속한 것들에 대한 소유의 거부와 우상파괴적인 자세이다. 이러한 신학을 가능하게 하는 윤리의식은 세상에 대한 역설적인 참여 방식으로서 철수와 관여가 동시에 작용하는 금욕주의(asceticism)이다. 이러한 신학과 윤리와의 관계를 토대로 바울은 나/너, 우리/너희에 속하지 않은 타자로서의 제 3자에 대한 배려를 제시한다. 또한 이를 위해서 자족을 위한 노동을 제안한다. 스스로 자신을 위해 일하는 노동을 제 3자에 대한 인간의 존엄성을 유지시키는 기초로서 설정한다. 이 타자와 인간 존엄성의 특정성에 대한 배려는 각각의 관련 집단의 특성에 따라 다른 윤리적 척도를 적용할 것을 제시하는 비대칭적 윤리를 제안하게 된다. 그러므로 신학과 윤리와의 관계에서 자신의 인간됨의 실천적인 노동이 소유의 거부를 가능하게 함으로써 이 세상의 개인과 사회적 집단을 추상화하지 않고 그 나름대로 존중하면서 소외된자에 대한 옹호적 태도와 우상파괴적인 예언자적 고발을 가능하게 한다.

유대교 시간 구조에 대해서는, 바울이 과거, 현재, 미래에 연결되는 하나님의 창조, 인간에게 주는 계시, 세상의 구속으로 이루어진 사유방식을 과거의 믿음, 현재의 사랑, 미래의 소망의 시간으로 구성된 환유적 구조로 변형시킨다. 이 환유구조의 사유방식에 기초하여 강림의 신학적인 근거와 온전함의 윤리적 실천으로 의미작용되는 은유구조가 형성되고, 이것은 다시 다른 은혜, 평강, 거룩함과 감사, 기쁨, 기도의 윤리적 환유구조를 탄생시킨다. 유대의 전통적인 시간관이 인간의 얼굴의 형상으로 구원과 윤리의 양태를 표현하는 것과 달리 바울은 혼, 몸, 영의 존재양식으로 구원과 윤리가 접합하는 구체적인 물질성을 제안한다. 신학적인 근거인 주의 강림과 윤리적 실천인 온전함이 의미작용하는 구체적인 장소가 혼, 몸, 영의 존재양식이라는 것을 나타내 줌으로써 인간의 물질성에 의해서 신학과 윤리가 접합된다. 이제 신학과 윤리와의 관계는 주의 강림이 그 신학적 근거를 이루면서 우리의 혼, 몸, 영의 상호작용에 근거하는 우리의 실천을 통해 상호연결된다. 그러나 여기에서 그 실천이 은혜, 평강, 거룩함이나 감사, 기쁨 기도의 환유적인 의미작용에 의해서 작용될 때일지라도 결핍이 나타낼 때마다 주의 강림의 은유적인 의미작용을 통해 온전함에 이르게 된다. 그러므로 신학과 윤리의 관계는 단순히 논리적 사유구조만이 아니라 은유와 환유의 의미작용에 의해서 설명된다. 또한 바울이 단순히 구체적인 유대교 전통적인 전승을 어떻게 해석하였는지 살펴보지 않더라도 사유방식에 전제되어 있는 시간구조와 얼굴의 형상을 어떻게 그리스도의 강림의 초시간적 개입을 통해 윤리적 행동의 장소로서 혼과 몸과 영으로 변경시켰는지 알 수 있게 된다.

지혜문학에 관해서는, 바울은 지혜문학서의 하나님의 형상의 전승을 창조적으로 변형시킴으로써 데살로니가전서의 편지의 이야기 차원의 모방자/전형(**mimētēs/typos**)과 하다/살다/행하다의 주제와 편지의 담론적 차원의 의사소통의 주제를 형성하였다. 중요한 점은 바울이 이 지혜 전승에서 하나님과 지혜 관계에 적용된 형상/속성/빛/비춤/영광과 형상/닮음/얼굴/영광의 환유구조와 은유구조의 의미망을 하나님과 예수 그리스도와 우리와의 관계에 적용하였을 뿐만 아니라 자신과 데살로니가 교인들, 그들과 아가야와 마케도니아 사람들, 편지와 편지의 독자들의 관계에도 암시적으로 적용하여 윤리적 권면을 위한 핵심적 주제로 설정하였다는 것이다. 여기에서 모방의 창조적 행위는 한다/산다/행한다에서의 창조한다/닮는다/적용한다의 의미를 내포한다. 또한 이 의미망을 암시적으로 서사적 차원의 모방자/전형의 주제와 담론 차원의 의사소통의 주제에 적용하였다. 그 결과 편지 자체는 세 가지 통시적 시간 상의 기표들 – 과거의 의사소통의 경험과 현재의 보고 싶은 갈망과 미래에 오실 강림의 그리스도 앞에서의 영광 – 의 차이의 반복 놀이를 가능하게 함으로써 윤리적 행동의 권면 형태의 기의 – '흠없는 거룩함'과 '온전함' – 가 도출된다. 여기에서 강조되는 것은 과거, 현재, 미래의 경험들의 환유적 의미작용을 토대로 그리스도의 강림의 신학적 의미와 거룩함과 온전함의 윤리적 의미작용이 역동적으로 연결된다는 점이다. 또한 여기에서 우리의 윤리적 실천이 바울의 실천에 대한 창조적 모방이면서 모방되도록 타자에게 모범이 되도록 하는 점과 이러한 수동/능동의 모방이 궁극적으로는 미래의 그리스도의 강림에 의해서 강조되어 편지의 송신자와 수신자가 거룩함과 온전함의 윤리적 공통 강감에 의해서 제 3자에게 모범이 되도록 한 점이 주목되어야 한다.

결론적으로, 데살로니가전서에서 **개념적 차원**에서의 신학과 윤리의 관계는 여인의 잉태의 은유가 드러내는 위험성, 우발성, 구체성의 시간성과 철수/관여의 역설적인 세상에의 참여방식과 자족에 의한 노동의 경험에 근거한 타자인 제 3자에 대한 대칭적 윤리에 의해서 연결된다. **묘사적 차원**에서의 신학과 윤리의 관계는 과거, 모방자/전형의 수동/능동의 실천적 양태와 편지의 송신자와 수신자의 공통 경험이 현재, 과거, 미래의 상호작용의 환유적, 은유적 의미작용으로 설명될 수 있다. 이 개념적, 묘사적 차원의 신학과 윤리의 상호연관관계는 두 개의 중심이 되는 예수의 강림의 신학적 확신과 거룩함과 온전함의 윤리적 실천이 동시에 역동적인 작용방식으로 전개된다고 볼 수 있다.

빌립보서에서의 신학과 윤리의 관계
- 탈식민주의 비평에 근거해서 -

1. 서론: 탈식민주의 비평적 관점에서 본 빌립보서에서의 신학과 윤리의 문제

  빌립보서에서의 신학과 윤리와의 관계가 제기되는 배경은 기독교의 성립 과정에서부터 유대교의 신학과 윤리의 이율배반적 관계를 해결하여 유대교의 신학적 원리로부터 독립하려 하였던 기독교 정체성 형성 문제와 밀접하게 연관된다. 유대교는, 그 유일신론의 교리를 유지하는 한, 하나님의 구원 활동의 절대적 주권(신학)과 이 구원을 이룩하기 위한 인간의 행위의 가능성(윤리)과의 이율배반적 관계의 문제를 계약 백성만의 율법의 행위를 통해서 해결하려 하였다. 다시 말해서 윤리적 원리를 제시한 토라의 율법을 하나님의 선민으로서의 계약사상을 확립하는 계시로 이해함으로써 율법에서 제시된 성전 제의와 정결례를 행하는 율법의 행위 이외에는 개인의 하나님에 대한 실존적 관계에서 오는 윤리성을 너무 배제하게 되었다. 이것은 마찬가지로 모든 민족들에게 열려 있는 구원의 보편적 구도와 이 율법을 계시로 받은 이스라엘의 특수한 우선성 사이의 이율배반적 관계를 명료하게 해결하지 못하여 유대교의 민족주의로 전락한 유대교 윤리의 한계점과 밀접히 연관되었다. 바로 이러한 두 가지 신학과 윤리의 이율배반적 관계들 때문에 유대교는 로마 제국의 多문화 多종교의 환경 속에서 사는 多민족들에게는 설득될 수 없어서 민족

종교의 한계를 넘어서지 못하는 운명에 처하게 되었다.[1] 이러한 문제를 근본적으로 타개하려는 바울은 토라 대신 그리스도의 계시로 대체하였을 뿐 유대교의 이율배반적 관계들을 완전히 청산하지는 못한 채 보다 설득될 만한 대안을 명료히 제시하지는 못하였다. 유대교에서의 유일신의 절대적 주권의 관념은 그리스도의 신적 위치를 설정하는데 사용됨으로써 그리스도의 유일한 인격성이 강화된 그리스도 중심의 교리로 다시 재현되었을 뿐, 토라의 위치 대신에 들어선 그리스도의 계시가 어떤 사회 윤리를 요구하는지는 여전히 모호한 상태로 남아 있게 되었다.[2]

바울서신에서의 신학과 윤리의 관계에 대한 최근의 접근 방법조차도, 위의 두 가지 이율배반의 문제들을 본격적으로 논의하기 보다는, 유대 유일신론으로부터 계승받은 기독론 중심의 교리가 당시의 로마 제국의 황제 숭배로 이끄는 통치권의 이념을 근본적으로 비판할 수 있는 정치-윤리적 함의를 갖고 있다고 주장하게 되었다.[3] 이처럼 이미 형성된 바울의 신학적 논리의 타당성을 당연시하면서 신학적 주장의 윤리적 의미를 새롭게 부가하려는 정치 이데올로기적 해석은 바울서신이 당시의 로마 제국의 이데올로기에 어떻게 저항하고 있는지 탐구하려 할지라도 신학과 윤리의 관계에 대한 본질적인 논의를 탐구하지는 못하였다. 또한 최근의 바울신학 연구는, 기독론 중심의 교리가 형성되는 과정 속에서 이미 기독교 공동체의 정당성과 그 이해관계가 표출되고 있었음에도 불구하고 이를 제대로 파악하지 못하였기 때문에, 원시기독교가 또 다른 그룹들(여성, 유대교인, 하층계급 등)을 무의식적으로 억압하고 있었던 이데올로기적 특성을 명료히 인식하지는 못하게 된 것이다.[4]

---

1) 이에 관해서는 Gerd Theissen, 1999, *A Theory of Primitive Christian Religion*, trans. John Bowden (London: SCM Press), pp.209-227 참조.
2) 바울이 이러한 윤리적 문제를 어떻게 해결하려 하였는지 탐구한 글로는 김덕기, "로마서에 나타난 율법과 의인 사상에 대한 구조론적 해석", <현대와 신학> 제25집(2000), 서울: 연세대 연신원, pp.236-251 참조.
3) R. Horsley ed. 1997, *Paul and Empire* (Harrisburg: Trinity Press Int.); Horsley ed. 2000, *Paul and Politics* (Harrisburg: Pennsylvania), pp.17-39, pp.72-102.
4) *Paul and Politics*, pp.103-109, pp.129-130. 이러한 접근방법에 대해서 페미니스트 비평적 관점에 의해서 문제점들을 제기한 성서학자들은 Cynthia Briggs Kittredge와 Antoinette Clark Wire이다. 이에 관해서는 김덕기, "고린도전서에서의 몸 담론과 권력", <신학과 문화> 제10집(2001), 서울: 한들출판사, pp.129-167 참조.

결국 이러한 접근방법은 유대교와 기독교 및 로마 제국과의 문화적·종교적 충돌의 근본적 원인이 발생되었던 정치·역사적 맥락을 보다 면밀하게 검토하는 탈식민주의 비평의 관점을 요구하기에 이른다.[5] 하지만 보다 첨예한 탈식민주의 비평적 관점은 식민지 문화와 피식민지 문화와의 관계를 일방적으로 지배와 피지배의 관계로 미리 설정하기 보다는 문화들간의 상호 영향 관계를 철저히 새롭게 구축하려는 보다 미묘한 성서 읽기를 하도록 권장하고 있다고 보아야 할 것이다. 탈식민주의 비평은 식민 문화와 반식민/탈식민 대항문화와의 관계를 일방적으로 지배적 수탈('해체적 혼종화')로나 상대주의적 문화교류('다문화적 혼종화')로 이해하기 보다는 이 두 문화가 헤게모니 경합과 투쟁이 벌어지는 '간극적 혼종화' 과정으로 간주하고, 식민 주체와 피식민 주체들이 상호협력을 통해서 함께 억압적 조건을 변형시킬 수 있는 공통의 장소로서 혼종적 모방의 '제 3의 공간'을 새롭게 제기하기도 한다. 또한 이 비평은 식민자에 대한 피식민자의 창의적인 대항문화에 영향을 주는 새로운 주체성의 형성 과정을 주목하고, 토착주의 자체 안에 내재된 억압적 요소까지 비판하는 경향을 매우 유의 깊게 주목할 것을 촉구한다. 여기에서 중요한 점은 식민자와 피식민자의 관계가 일방적인 지배나 피지배의 관계가 아니라 모호한 모방 욕망의 메카니즘에 의해서 복합적인 상호 모방의 관계를 설정한다는 점이다.[6] 이러한 경향의 보다 발전된 연구는 대개 복음서에 적용하였지만 바울서신에 직접 적용하는 예는 드물다.[7] 최근에 성서의 탈식민주의 비평의 가능성이 다양하게 논의되고 있는 실정을 감안하면,[8] 필자는 이 글에서 오히려 탈식민주의 비평을 바울서신에 보다 적극적으로 적용할 필요가 있다는 점을 보여주려 한다.

위의 탈식민주의 비평의 관점에서 보면, 이제까지의 바울신학과 윤리의 관계에 대한 정치 이데올로기적 해석의 한계를 극복하기 위해서는 그리스도론 중심의 단일성이 형성되는 과정 속에서 다문화 포괄주의적 윤리 풍토가 어떻게 억압되었는지, 또한 로마와 기

---

5) R. Horsley, 1998, "Submerged Biblical Histories and Imperial Biblical Studies", *The Bible and Postcolonialism I* (Sheffield: Sheffield Academic Press), pp.152-173.
6) 호미 바바(나병철 옮김), 『문화의 위치: 탈식민주의 문화이론』, 2002, 서울: 소명출판사, pp.61-93.
7) 대표적인 탈식민주의 특집 잡지로서 *Se 75: Postcolonialism and Scriptural Reading* ed. R. S. Sugirtharajah (Scholar's Press, 1996)에 기고한 글 가운데 바울서신 분야는 없다는 점이 주목할 만하다.
8) R. S. Sugitharajah, 2001, *Bible and Third World* (Oxford: Oxford University Press), pp.244-275; 同저자, 1999, *Asian Biblical Hermeneutic and Postcolonialism* (Sheffield: Sheffield Press), pp.3-28.

독교와 유대교가 어떤 대결구도로 복합적으로 얽혀 있는지도 탐구하려는 새로운 접근방법이 필요하게 된다. 더구나 바울의 기독교가 초기에는 율법의 계시성을 타개하여 그리스도의 계시성에 대한 실존적 신앙을 토대로 새로운 종교를 확립하게 되었지만, 바울이 세운 다양한 공동체들이 황제 숭배와 같은 기독교의 對로마와의 관계를 새롭게 규정해야하는 신학적, 윤리적 문제에 봉착하게 된 제 2 바울서신의 정황이 고려되어야 할 것이다. 또한 빌립보서가 단지 바울만의 저작이 아니라 제 2 바울서신의 저작을 포괄하고 있었다면(예를 들어 3장) 기독교의 집단적 정체성 형성과 '시민권'(이상적인 정치공동체)에 관한 윤리적 문제를 효과적으로 해결하기 위해서 유입된 스토이시즘의 혼종화의 문제와 깊은 연관성이 있게 된다. 빌립보서에서 신학과 윤리의 문제가 새롭게 제기될 수밖에 없는 상황은, 바울이 세운 공동체들 전체를 새롭게 연합시키는 기독교의 집단적 정체성과 로마제국의 통치권과 대항하는 교회의 정치적 이상에 관한 신학적 근거 자체는 마련하지 못하고 있는 절박한 시점이었다.

2. 빌립보서의 편집과 적대자에 대한 최근의 이해

1) 최근의 빌립보서의 편집 배경에 관한 새로운 연구

편지의 구성에 있어서 3:1("종말로 나의 형제들아 주 안에서 기뻐하라……")이 편지의 마지막 말이나 적어도 끝 부분인 것처럼 보인다. 더구나 3:1에서 3:2 사이에 연결이 매끄럽지 못하거나 이전과 이후의 내용과 문체 그리고 어조가 바뀐 것이 확실하고, 3:1과 4:2이 오히려 자연스럽게 연결되고 4:8-9에서 종결되는 듯한 인상을 준다. 이런 불일치 때문에 빌립보서의 통일저작설에 대한 회의가 들게 되어 단편가설이 제기되었다.9) 특히 단편가설에서도 대개 두 개의 단편가설과 세 개의 단편가설 사이에 논쟁이 되었다. 이에 대해서는, 4:10-20의 재정적 후원에 관한 감사의 말씀이 2:25-30에서 언급된 에바브로디도의 건강 상태와 어떤 연관이 있느냐와 바울의 1-2장에서(특히 2:25-30) 이 감사의 내용인 이러한 재정

---

9) 콘젤만·린데만,『신약성서 어떻게 읽을 것인가?』, 2001, pp.360-363.; 통일저작설을 주장하는 최근의 대표적인 학자로서는 슈넬레(U. Schnelle)가 있다. 이에 관해서는 Udo Schnelle, 1998, *The History and Theology of The New Testament Writings*, trans. E. Boring (London: SCM Press), pp.129-138 참조.

적 후원에 대한 암시를 발견할 수 있느냐에 따라서, 4:10-20을 독립된 하나의 단편으로 인정할 수 있는지가 논란이 될 수 있는 것이다.10)

이제 통일저작설, 2 단편가설과 3 단편가설 세 가지 견해들 중에서 최근의 논의에서는 3 단편가설이 유력하다고 본다. 특히 쾨스터(Helmut Koester)의 주장과 논지를 주목할 필요가 있다. 그는 우선 다음과 같이 3 단편가설을 제기한다:11)

① 빌립보 4:10-20: 빌립보에 전달되는 감사의 노트, 성금의 공식 수령.

② 빌 1:1-3:1, [또는 4:4-7 첨가]: 바울의 옥중 정황.

③ 빌 3:2-4:1: 적대자인 외부 선교사들의 침입. *4:2-9와 4:21-23은 불확실.

여기에서 특이한 점은 4:10-20이 독립 단편이 될 수 있는 또 다른 근거로서 쾨스터가 이 부분을 '공식적 수령 편지' 장르로 취급할 수 있다는 것을 내세운다는 점이다.12)

여기에서 쾨스터가 주장하는 중요한 점은 세 개의 단편가설이 더욱 유력하게 받아들여질지라도 세 번째 단편의 편집 의도와 목적이 보다 명료하게 논의되지 못한 점에 대해서 어떤 대안을 매우 치밀하게 제시하고 있다는 점이다. 우리는 이점을 집중적으로 토론할 필요가 있다. 여기에서 특히 서신 III가 바울 자신에 의해서 쓰였는가 아니면 제2 바울서신 인가의 문제는 이 글의 목적을 위해서는 매우 중요하다. 그리고 제 2 바울서신이라면 누가 어떤 의도로 이것이 쓰였는지 논의할 필요가 있다.

쾨스터는 최근의 글에서 제 2 바울서신이라는 것을 암시적으로 인정하면서 바울 사후 약 90-100년경에 바울의 순교를 기념하는 풍토에서 빌립보 교회가 직접 편집하게 되었다고 주장한다. 우선 이 서신 III이 순교의 개념에 압도되어 있는 점이 눈에 띄게 드러난다. ① 서론 부분(1: 2-11)에 빌립보 교인들이 복음의 선포 뿐 아니라 그의 고난의 동참자(κοινωνία, συγκοινωνούς)라는 것이 강조된다(1:5, 7). ② 더구나 본론 부분(1:12- 3:1)에서도 바

---

10) Murphy-O'Connor, 1996, *Paul: A Critical Life* (Oxford: Oxford University), pp.216-218; Daniel Patte, 1983, *Paul's Faith and the Power of the Gospel* (Philadelphia: Fortress Press), pp.164-166.

11) H. Koester, 1987, *Introduction to New Testament vol. 2* (New York: Walter de Gruyter), pp.132-134.

12) Helmut Koester, 1998, "Paul and Philippi: The Evidence from Early Christian Literature", *Philippi at the Time of Paul and after His Death*, ed. Charalombos Bakirtzis and Helmut Koester (Harrisburg: Trinity Press International), p.54. 쾨스터는 여기에서 4:18이 그러한 선물을 인지하는 전통적인 공식 서식이 내포되어 있다고 간주한다("내게는 모든 것이 있고 또 풍족한지라 에바브로디도 편에 너희의 준 것을 받으므로 내가 풍족하니").

울의 죽음의 가능성과 연관된 순교 모티브가 압도적으로 차지하게 된다. 1:19 이하에서는 바울이 죽어서 그리스도와 함께 있게 된다면 이것이 도리어 이익이 된다고 주장한다. 2:17에 그리스도 찬가 이후에도 바울은 교회의 믿음과 봉사 위에 자신을 그리스도를 위한 제물로서 드리게 될지라도 기쁠 것이라는 점을 누차 강조하게 된다. ③ 더구나 4:10-23에서, 빌립보 교회가 바울을 재정적으로 후원한 것이 빌립보 교회에게는 매우 영예로운 일로서 기념이 될 것임에 틀림없을 지라도, 이 부분을 전체 서신의 끝 부분으로 돌려놓는 편집 방식에 주목할 필요가 있다. 위의 세 가지 특징을 고려하면, 빌립보 교회가 바울의 순교의 개념이 가장 두드러지게 나타나도록 1세기 말 경에 바울의 단편 서신들을 편집했을 가능성을 배제할 수 없다. 아마도 그 당시에 이미 빌립보 교회가 이 사도의 순교와 죽음과 특별한 관계가 있다고 주장하는 것까지도 우리는 추론할 수 있게 된다. 이 서신의 편집은 빌립보에서의 바울의 죽음에 대한 증언이 되지 않을까 생각된다. 이러한 추론이 옳다면 현재의 형태로 편집된 이 서신의 구성은 바울이 빌립보에서 순교했다는 주장에 의해서 촉진될 수 있다는 가능성을 배제하기 어려운 것이다.13)

여기에서 더 나아가, 쾨스터가 제 2 바울서신의 가능성에 관해서 자세히 논의하기보다 그 편집 정황을 강조한 것과 달리, 이 서신 Ⅲ가 바울 자신에 의해서 쓰였기보다 제 2 바울서신이라고 가장 강력하게 제시하고 있는 학자는 다우티(D. J. Doughty) 교수이다. 그는 이 문서의 바울 저작의 진정성을 조목조목 비판한다.

첫 번째로, 무엇보다 빌 3:4-9에 기술된 바울의 묘사는 다른 원래의 바울서신들과 비교하면 예외적이라는 것을 볼 때 바울의 저작의 진정성이 의심된다. 교회에 대한 바울의 이전 박해 때와 달리 바울이 다메섹 체험에 의해서 사도로 소명을 받는 것은 하나님의 은혜의 놀라운 행동으로서 묘사되고 있다(고전 15:9-10; 갈 1:13-15). 그러나 빌립보서에서의 소명의 의미는 그리스도안에서의 삶의 방식이 이전의 삶의 방식보다 더 뛰어나서 선택했던 계산된 판단의 결과라는 점이 강조되었다. 빌 3장에서 이것은 신앙과 직접적으로 연결된 신학적인 문제라기보다는 바울 자신의 태도의 문제로 기술된다. 더구나 빌 3:6-9는 의가 율법을 통해서 실제로 얻어질 수 있다는 것을 바울이 말하고 있는 유일한 증거라고 볼 수 있다. 또한 바울서신 어디에도 바울이 바리새인이었다고 기록하지는 않고

---

13) Koester, 1998, "Paul and Philippi: The Evidence from Early Christian Literature", pp.56-58.

있다. 더군다나 바울서신 어디에도 바울의 흠 없음이 율법에 의한 의에 근거해서 이루어진 것이라고 주장하지는 않는다. 단지 사도행전에서는 바울이 율법을 엄격히 준수한 것이 중요한 관심사로 등장한다. 그래서 바울이 바리새인으로서 교회를 핍박한 것은 그가 유대인으로서 흠 없이 행동한 것의 증거로서 제시된다(행 22:3-5; 행 26:4-5, 11). 또한 사도행전의 다메섹 체험 기사(행 9:6; 행 22:8; 행 26:15) 이외에 바울이 그리스도를 '나의 주'(8절)라고 지시하지 않으며, 바울서신들 어디에도 '그리스도를 얻는다'는 것(8절)과 '그리스도 안에서 발견된다'는 표현(9절)이 나오지 않는다. 다만 '그리스도의 지식'(9)의 모티브는 베드로후서 3장 18절에 등장할 뿐이다. 바울서신들에서는 율법에 근거한 의는 바울에 의해서 불가능한 가능성으로서 재현되는 반면, 빌 3장에서는 그것이 그리스도의 지식(8)에 의해서 극복되어(ὑπερέχον) 버리게 되는 이전의 '유익'(κέρδη)으로 묘사된다. 바울서신들에서는 믿음을 통한 의(9)는 율법의 행위로부터의 의와 서로 상반된다(갈 2:16; 롬 3:20-22). 그래서 바울에게는 인간 실존을 위한 새로운 가능성으로서 '신앙'의 반대는 '율법의 행위들'이다(롬 3:28; 9:31 이하; 비교 갈 2:15; 3:5). 그러나 빌 3장에서는 '율법의 행위들'에 대한 초점이 놀랍게도 빠져 있다. 여기에서 쟁점은, 의를 이룩하려는 헛된 시도로서 간주되는 '율법의 행위들'의 철폐(롬 3:20; 3:28; 4:1-5)가 아니라, 바울이 사실 유대종교에 귀의하여 삶에서 이룩하려 했던 율법으로부터의 의가 상대적으로 가치 없는 짓이라는 것이다(5-8).[14]

두 번째로, 빌 3장이 제 2 바울서신일 수 있는 중요한 논지는 위에서 보는 바와 같이 한때 바울과 그의 공동체들에게 특별한 의미를 가지고 있었던 주제들이 이제 일반적인 그리스도의 실존의 의미를 조명하기 위해서 새롭게 사용된다는 점이다. 바울서신들 어디에도 '육체에 신뢰를 두는 것'(3:4)이란 표현이 발견되지 않는다. 바울 사상에서 '자랑하는 것'(καύχασθαι) 일반은 죄 아래 매여 있는 인간 실존의 표식으로 이해되었다. 유대인들은 율법에 대해서 자랑하고(롬 3:27-31), 그리스인들은 지혜에 대해서 자랑한다(고전 1:18-31). 고린도의 적대자들이 자신들의 유대주의적 경력들을 나열하였을 때 바울은 이것을 '육체를 따라[이 세상 방식에 대해서] 자랑하는 것'(καύχασθαι κατὰ σαρκά)(고후 11:18)이라고

---

14) Darrell J. Doughty, "Citizens of Heaven. Philippians 3:2-21 as a Deutero-Pauline Passage", *NTS 41* (1995), pp.107-109.

표현한다. 그리고 고후 1:9에서는 자기 자신에 대한 확신은 하나님에 대한 확신과 대조된다. 그러나 빌 3:3-4에서는 '육체에 확신을 두는 것'의 모티브는 이러한 생각들을 보편화시키고 있다. '육체를 확신하는 것'은 공동체 밖에서의 실존의 표식이고, 반면 '그리스도를 자랑하는 것'은 기독교 실존의 표식이다. 이처럼 '육체를 확신하는 것'과 '그리스도를 자랑하는 것'과의 이항대립은 기독교 공동체를 세상적이고 인간적인 모든 것들에 대립하여 정립하는 것을 의미하게 된다.15)

마지막으로, 특히 빌 3장은 바울시대의 논점을 제 2 바울서신 시대의 논점에 의해서 바울 신학을 재구성한 결과물이라는 흔적을 내포하고 있다. 바울은 유대주의 기독교 그룹들에 대항하여 그 정체성을 확립하게 되었던 이방 기독교의 대표였다. 그러나 빌 3장에서는 바울 자신의 유대주의와의 논쟁은 이제 그들에게는 전수 받은 전통에 속하게 된다. 그래서 그 논쟁에서의 구체적인 쟁점들은 더 이상 나타나지 않게 된다. 그 이유는, 리데만(G. Lüdemann)이 제시하였듯이, 2 세기의 유대 기독교 그룹들에게서 反바울주의와의 논쟁의 쟁점은 대체로 전통적인 교리의 항목에 관한 것이었으므로 유대주의와 바울 자신의 논쟁에 대한 원래의 성격은 더 이상 쟁점이 되지 않았기 때문이다. 이런 관점에서 보면, 빌 3에서 바울이 유대주의와 비슷하다고 이해되고 있을 뿐인 '율법에 근거한 의'를 거절하였다고 기술한 것을 이제 이해할 수 있게 된다(빌 3:9). 그러나 이제 이것조차도 과거에 놓여진 것으로 나타난다. 빌 3장에서는 바울이 유대주의를 거절한 것은 신실한 공동체가 바깥 세계와 어떤 관계를 갖고 있어야 할지를 이해해야 하는 범례가 되어 버린 것이다. 이제는 유대주의라는 용어조차도 다양한 非기독교적 활동을 통칭하는 말이 되었기 때문이다.16)

2) 빌립보서에서의 적대자와 서신 Ⅲ에서의 신학적 특성 재구성

빌립보 교회에 있었던 바울의 적대자들은 3장에서 직접적으로 혹은 간접적으로 분명히 묘사되어 있다. 바울은 거짓교사들이 그 교회에 들어와서 신자들을 꾀어 혼란스럽게 하고

---

15) 위의 글, pp.108-110.
16) 위의 글, pp.110-111; 여기에서 다우티는 2 세기의 기독교 논박에서는 종종 여러 가지 형태의 거짓 가르침을 '유대주의'로 불렀다고 주장하는 가스통(Loyd Gaston)의 견해를 수용한다.

있다고 보고 있다. 바울은 이 적대자들을 '개들', '행악 하는 자들', '손 할례당'(3:2)이라고 직접적으로 부르고 있다. 여기서 이들은 누구이며 각각 다른 그룹인가? 이들이 단순히 다른 각각의 적대자가 아니라 같은 종류의 교회의 적대적 구룹은 아닌지 의문을 갖게 된다. 또한 이들은 빌 3:18에 나오는 그리스도의 십자가의 원수와 어떠한 관계가 있는가?

이제까지의 성서학자들의 견해17)와 달리, 우리는 빌립보서의 적대자의 문제는 빌 3장이 바울의 저작이 아니고 '바울 학파'에 속하는 동역자의 저작이거나, '제 2 바울서신'의 한 부분이라고 할 때18) 적대자의 정체는 전혀 달라질 수 있다는 것을 제시하고자 한다. 여기에서 특히 다우티가 제시한 바와 같이, 이 빌 3장이 제 2 바울서신의 저자가 바울 신학을 재구성한 것이라는 점을 진지하게 고려해 보아야 할 것이다. 다우티는 우선 일반적으로 성서학자들이 주장하는 특정한 적대자를 도출하는 것에 반대한다. 3장에서는 어떤 특정한 적대자를 설정하기 어렵다는 것이다. 사도 바울의 모습과 바울 자신이 모델이 되는 그러한 기독교 실존의 이해에 대한 기술은 전부 제 2 바울서신 저자의 편집일 가능성이 있다. 여기에서는 바울 자신의 삶을 특징짓는 구체적인 논쟁들은 더 이상 존재하지 않으며 바울 자신의 가르침들이 이미 보편화되었다는 것이다. 우리가 현재 3장에서 볼

---

17) Schnelle, *The History and Theology*, pp.139-141; J. 그닐카(김경희 역), 『국제성서주석: 빌리비서』, 1988, 서울: 한국신학연구소, pp.228-240; 성서학자들은 빌립보서 3장에 있는 위의 직접적인 묘사와 간접적인 증거들을 중심으로 그 적대자의 정체성의 특징을 다음과 같이 제시하였다. ① 유대적 기독교 영지주의 자유주의자(Jewish-Christian Gnostic libertines): 슈미탈스(W. Schmithals), 보른캄(G. Bornkamm) 필하우어(P. Vielhauer); ② 유대적 기독교 유대주의자들(Jewish-Christian Judaizers): 그닐카(J. Gnilka), 쾨스터, 쥬잇(R. Jewett); ③ 혼합주의적 헬라적 유대 그리스도인들: (U. Schnelle)

18) 바울 학파의 존재와 그 개념적 설명에 관해서는 Schnelle, *The History and Theology*, pp.28-32; 슈넬레는, 이전의 콘쩰만(H. Conzelmann)의 연구에 근거하여, 바울이 예루살렘으로부터 교육을 받았다는 것과 안디옥 교회로부터 물려받은 기독교 전승에 의해 교육받은 것을 토대로 학파 전승에 익숙하다는 것을 강조한다. 더구나 그는 다음과 같은 포괄적인 근거들을 토대로, 바울이 창립한 '바울 학파'가 존재하였다고 주장한다: ① 바울이 아주 친밀한 동역자들(디모데, 디도, 소스데네 등)이나 그가 세운 교회에서 파송된 선교사들(에라스투스, 야손, 에바브로디도 등)과 함께 선교하고 가르쳤다; ② 바울서신에는 고전 1-2장이나 13장과 같은 헬라적 유대교의 전승에서 볼 수 있는 특별한 특정한 형태의 신학적 입장을 가진 본문이 존재한다; ③ 바울이 죽은 후에도, 그의 의인 교리와 기독론에서 있는 묵시문학적 모티브가 약화되고 실현된 종말론이 부각되면서 윤리적 문제와 교회의 훈련이 강화되고, 바울의 감옥에서의 고통의 체험이 사도적 권위의 근거가 되도록, 그의 신학을 새로운 환경에 적합하도록 재구성하여 기록된 '제 2 바울서신'(살후, 골, 엡, 목회서신)이 존재한다.

수 있는 것들은 모든 시간과 공간에도 적용될 수 있는 이미 형성된 사도의 증언을 재현하고 있을 뿐이다. 이런 관점에서 보면 빌 3장에 나타나는 논박적인 가르침들은 특정한 적대자들과 아무 상관없는 모든 종류의 '적대자들'을 반영할 뿐이다. 이 적대자들의 보편적 성격은 공동체와 외부 세계 사이의 근본적인 이분법에 의해서 기술되는 방식을 주목하면 명료해진다. 예를 들면 14절에는 그 시민권이 하늘에 놓여 있는(20절) 하나님의 상향적 소명을 받았던 사람들은 바울의 모범적인 예를 따르게 될 때 육에 대한 확신을 버렸다(3절). 반면 땅의 것들을 마음에 두고 있는 사람들은 그들의 운명이 멸망이 될 뿐이다(10절). 이러한 이분법적인 기술들은 사실 사도 자신이 유대주의를 거절한 것이 얼마나 중요한 것인지를 나타내 준다.19)

이에 따라 빌 3장에서는 적대자가 구체적으로 제시되지 않았다는 다우티의 주장이 옳다면, 이 새로운 저자가 바울 신학을 새로운 문화적 준거틀에 의해서 새롭게 변형했다는 점에서 이 3장은 문화적 변이에 따르는 반복성과 그 변형 과정(번역의 전이) 문제와 연루된 탈식민주의 비평의 핵심적인 주제가 될 수 있다. 다우티에 의하면, 제 2 바울서신의 저자는 바울 신학에서 핵심적인 '이미 항상'과 '아직 아닌'과의 변증법적 긴장을 '하늘의 것'과 '땅의 것'의 이분법적 대립으로 변형시킨 것이다. 그 변형의 결과로서 제시되는 바, 바울이 대면했던 적대자와의 신학적 토론의 핵심 문제는 유대주의적 기독교와 바울 신학과의 긴장으로부터 기독교와 유대교와의 긴장관계, 그리고 더 나아가 기독교의 존재 양태와 이방 사람들의 존재양태와의 긴장관계로 전이되었다는 점이다. 여기에서 중요한 것은 바울 자신의 정체성이 오히려 열광주의적 유대 종교인의 모습으로 변형되어 재기술된다는 점이다(3-6).

이제 위의 다우티의 통찰에 근거하면, 제 2 바울서신(3장)에 나타난 독특한 신학이 바울 신학의 세 가지 주제 즉, ① 의로움의 사상, ② 이원론적 존재양태, ③ 종말론적 구원관을 어떻게 변경하였는지 우리는 다음과 같이 제시할 수 있다: ① 의로움의 사상: "내가 가진 의는 율법에서 난 것이 아니요 오직 그리스도를 믿음으로 말미암은 것이니 곧 믿음으로 하나님께로부터 난 의"(빌 3:9)에서 볼 수 있듯이 하나님의 의를 하나님의 능력에 의해서 주어지는 은혜로 이해하는 바울신학과 달리 의로움이 인간이 추구해야 할 완전함

---

19) Doughty, "Citizens of Heaven. Philippians 3:2-21", pp.102-122.

의 목표로 제시된다(3:11-16); ② 이원론적 존재양태: 바울신학에게서는 품성과 개인적 삶의 양태를 나타내는 '영'과 '육'의 이원론이 자주 등장하는 반면(갈 3-6장), 여기서는 새로운 사회 공동체의 시민적 삶의 양태와 연관된 '하늘'의 시민권과 '땅'의 시민권의 이원론으로 바뀌게 된다. 이제 하늘의 것에 속하는 시민적 존재 양태가 영광의 몸의 변화로 나타나게 되는 반면 멸망에 이르게 되는 땅의 일에 속하는 시민적 존재양태가 멸망과 부끄러움에 이르게 된다(빌 3:19-21); ③ 종말론적 구원관: 바울에게서 나타나는 '항상 이미'와 '아직 아닌'과의 종말론적 긴장이 두렵고 떨림으로 너희 구원을 이루라는 권면(빌 2:12)과 상응되는 신앙적 경주를 언급함으로써 해소되고 있다(빌 3:12-14). 또한 '하나님'이 만물을 복종시키게 한다는 바울의 신중심의 신학은 이제 '그리스도' 자신도 자신에게 만물을 복종케 하실 수 있는 역사로 인해 낮은 몸을 영광의 몸의 형체(σύμμορφον)로 변화시키게 될 것이라고 주장하게 된다(3:21).

위의 다우티의 논의에 근거한 제 2 바울서신의 신학적 변형의 의미를 탈식민주의적 문제틀에 의해서 더욱 발전시킬 수 있다. 다시 말해서 새롭게 형성된 90-100년경의 교회와 로마와의 갈등관계에 비추어서 우리는 빌 3장의 적대자의 성격과 그 신학적 특성을 보다 포괄적으로 再규명할 필요가 있는 것이다. 기독교인들에 대한 로마의 종교적 탄압을 피하기 위해서 회당에 들어 온 이방인 그리스도인들에게 적대자들이 할례를 강요하려는 상황을 상정할 수 있다. 이와 비슷한 방식으로 90-100년경에 로마의 탄압이 심해지자, 제 2 바울 서신의 저자인 바울학파에서는 갈라디아서의 적대자를 모델로 두 가지 상황을 염두에 두고 3장이 제작될 수 있었을 것이다. 이 두 가지는 당시 교회에서 창궐하였던 헬라 스토아와 중기 플라토니즘의 철학에 영향 받은 완전주의자의 도전(12-16)의 상황과 배를 신으로 섬기면서 욕망에 도취되었던(3:19) 헬라적 자유주의자들이 십자가 보다는 부활을 더 강조하는(3:18) 종교 열광주의의 도전의 상황이다. 여기에서도 중요한 것은 로마의 종교적 정치적 탄압과 유대교인이나 유대주의자의 이러한 상황에 대한 이용, 이 틈 바구니 속에서 헬라적 자유주의 문화의 유입 등으로 말미암아 로마, 유대, 헬라의 세 가지 문화가 서로 경합하는 경쟁 상황이 벌어지고 있었다는 점이다. 이것은 곧 탈식민주의 혼종적 문화 헤게모니 쟁탈의 경쟁적 상황이었다는 것을 말한다.

3. 빌립보서에서의 신학과 윤리의 관계

1) 신학과 윤리와의 관계를 나타내는 세 가지 주제들

위에서 제시한 빌립보 교회의 역사적 특성과 편집 단계에 비추어 보면 이 서신의 신학과 윤리의 관계 문제를 그 다양한 논의의 수준과 주제의 종류에 따라 달리 논의하는 방식으로 새롭게 구성할 필요가 있다. 이를 위해서는 우선 빌립보서의 공시적(synchronical) 수준에서 제시되는 신학적 주제들과 윤리적 권면의 부분들을 다음의 세 가지 종교의 요소들(신화, 윤리, 제의)의 분류에 따라 다음과 같이 제시하려 한다.[20] 여기에서는 신학이 윤리를 결정한다는 일방적 관계를 설정하기 보다는 윤리가 신학의 문제를 새롭게 제기할 수 있는 가능성을 열어놓는 방식으로 그 관계를 새롭게 기술하게 될 것이다.

(1) 신화: 찬양시(2:6-11)에 나타난 새로운 그리스도 신화에 비추어서 성도의 삶의 모범을 위한 윤리적 이상을 제시한 부분(2:1-5, 2:12-16).

(2) 윤리: 새로운 윤리적 풍토에 근거한 삶의 존재 양태(주체화 양식)를 제안하는 권면 부분--개인적 사정 부분과 기쁨의 요구(1:12-30+2:19-3:1a+4:2-7), 한 마음, 한 뜻의 협력과 공동 교제κοινωνία]의 참여 요구 부분(1:5-7; 1:27, 2:1-2, 3:10, 4:1-3, 4:13-15), 그리고 자족(自足:αὐτάρκεια)의 삶에 대한 간접적 요구 부분(4:10-13)

(3) 제의: 유대교 할례 제의를 대체하는 새로운 윤리적 의무 형성 방식으로서의 닮음의 윤리적 동기- 바울의 싸움과 고난 참여 닮기(1:27-30), 찬가에서 제시된 그리스도의 마음 닮기(2:1-5와 2:12-16), 그리스도의 죽으심을 닮은 바울 자신 닮기(3:10-21, 4:8-9)

이 중에서 특히 첫 번째 주제(1)와 관련된 그리스도인의 찬가(2:6-11) 자체가 유대교의 신학적 원칙을 재구성하는 방식으로 그리스도에 대한 신학적 의미와 그 윤리적 의미를 동시에 표출하고 있다고 볼 수 있다.[21] 6절에서는 유대교의 유일신 신앙에 배치되지 않도록 그리스도의 신적 정체성과 존재 양태가 신화적 형태로 나타난다: "그는 근본 하나님의

---

20) 이에 대한 이론적 근거로는 Gerd Theissen, *A Theory of Primitive Christian Religion*, pp.1-18 참조; 김덕기, "갈라디아서에서의 신학과 윤리의 관계", <신학과 문화> 제9집(2000), 서울: 한들출판사, pp.133-155 참조.
21) Georg Strecker, 2000, *Theology of the New Testament*, trans. E. Boring (Westminster: John Knox Press), pp.69-74.

본체시나(ἐν μορφῇ Θεοῦ) 하나님과 동등 됨을 취할 것으로 여기지 아니하시고". 하지만 7-8절에서는 그리스도가 유대교의 절대 신은 아니지만 신성도 가지고 인간성도 있어야 한다면, 이 두 가지가 동시에 가능하도록 그가 자신을 비워 인간이 되는 종으로서의 존재양태를 보여줌으로써 윤리적 모범이 되셨다는 것이다22): "오히려 자기를 비어 종의 형체(μορφὴν δούλου)를 가져 사람들과 같이 되었고, 사람의 모양(σκήματι ὡς ἄνθρωπος)으로 나타나셨으매 자기를 낮추시고 죽기까지 복종하셨으니 곧 십자가에 죽으심이라". 다른 한편 9-10절에서는 위에서 기술한 그리스도의 행위에 대한 하나님의 응답(신학적 의미)으로서 하나님이 유대교의 신에게만 드렸던 신적 예배의 대상의 위치를 그리스도에게 주셨다고 주장한다: "이러므로 하나님이 그를 지극히 높여 모든 이름 위에 뛰어난 이름을 주사". 11절에서는 하나님이 그리스도에 대해서 사람들이 어떻게 대해야 할지 기대하는 규범적 예배의 패턴(윤리적 풍토)을 종말론적으로 제시한다: "하늘에 있는 자들과 땅에 있는 자들과 땅 아래 있는 자들로 모든 무릎을 예수의 이름에 꿇게 하시고, 모든 입으로 예수 그리스도를 주라 시인하여 하나님 아버지께 영광을 돌리게 하셨느니라"(2:6-11)

이와 더불어 또한, 그리스도 찬가(2:6-11) 전체를 **직설법의 선언**이라고 할 때 이에 상응하는 **명령법의 권면**(2:1-4, 2:12-16)이 한 쌍을 이루게 된다. 이 두 곳에서는 그 주제나 모티브와 언어가 다음과 같이 서로 유사하여 찬가에서의 신학적 선언의 윤리적 함의를 더

---

22) 빌립보서 2:6절에 '하나님의 본체'는 2:6의 '하나님과 동등 됨'과 함께 쓰이면서 2:7의 '종의 형태'와 2:8의 '사람의 모양'과 평행된다. 슈바이쩌(E. Schweizer)는 '형태'를 형상과 질료로 나누어질 수 없는 구약적 의미의 '형상'(εἰκών)으로, 마틴(R. Martin)은 그리스도가 가진 "신분"으로, 그닐카는 "존재를 그 본질(οὐσία)로부터 규정하는 현존 방식"으로 이해하고자 한다. 특히 호돈은 '하나님의 형상'이라는 표현이 아니라 '신의 형태 안에서'(ἐν μορφῇ Θεοῦ)가 사용된 점과 단어의 문자적 의미인 "감각에 의해서 감지되는 어떤 것"을 존중하여 '신적 옷에 휩싸여진 영광(δόξα)으로' 해석한 벰(J. Behm)의 연구에 주목한다. 이러한 논의에서 알 수 있듯이 유대교의 유일신론과 갈등을 일으키지 않고 그리스도의 신적 특성과 인간의 윤리적 특성을 동시에 드러내기 위해서 얼굴 표정과 외형에 신적 영광이 잘 드러나는 '형태'(μορφῇ)라는 표현을 썼다. 바로 그리스도의 신성과 인성의 공존을 드러내는 표현들은 신학과 윤리가 그리스도 찬가에 함께 공존하고 있다는 점을 부각시킨다. 이에 관한 자세한 논의에 관해서는 제랄드 호돈(최천석 역), 『WBC 성서주석 43: 빌립보서』, 1999, 서울: 솔로몬, pp.189-193; Ralph P. Martin, 1980, *The New Century Bible Commentary: Philippians* (Grand Rapids: Eerdmans), 94-10 참조; 이 벰의 단어 연구에 관해서는 G. Kittel ed, 1967, *Theological Dictiory of New Testament vol. IV*, trans. G. W. Bromiley (Grand Rapids: Eerdmans), pp.742-759 참조.

욱 명료하게 드러내준다.23)

① 8절의 "자기를 낮추시고(ἐταπείνωσεν) ……"는 바울이 교회에게 "자기보다 남을 낮게 여기는" 겸손한 마음(ταπεινοφροσύνη)을 요구하는 권면 부분(3절)과 연결된다.

② 8절의 "죽기까지 복종하셨으니 ……"는 바울이 교회에게 "다툼이나 허영으로 하지 말고"(3절)와 "모든 일을 원망과 시비가 없이하라"(14절)는 윤리적 권면과 상호 연결된다.

③ 7절의 "종의 형체를 가져 ……"는 바울 교회에게 "각각 자기 일을 돌아볼 뿐 더러 또한 각각 다른 사람들의 일을 돌아보아"(4절)라는 권면 말씀과 서로 연결된다.

④ 8절의 "죽기까지 복종(ὑπήκοος)하셨으니"는 바울이 제시하는 하나님이 그리스도를 주로의 고양시키는 구원 활동에 대한 기술(9-11)과 12절의 "항상 복종하여(ὑπηκούσατε) 두렵고 떨림으로 너희 구원을 이루라"(12절)라는 명령법적 권면 말씀과 상호 연관된다.

위에서 볼 수 있는 바와 같이, 그동안 빌립보서에서의 신학과 윤리와의 관계는 그리스도 찬가가 신적 구원활동에 대한 신화적 모델이 되도록 제기되었다는 논리에 의해서 신학적 선언의 중요성이 강조되는 방향으로 치밀하게 논의되었다. 다른 한편 빌립보서 찬가(2:6-11)는, 권면의 형식으로 제기되는 문학적 맥락(2:1-5, 12-18)에서 보면, 예수의 자기 비하의 삶의 스타일을 그 윤리적 모델로서 권장하고 있다고 볼 수 있다. 또한 이 서신의 장르적 성격이 권면적 수사가 많은 '우정 서신'이라는 것을 강조하면서 윤리적 권면이 이 찬가의 신학적 선언을 압도한다고 주장하기도 하였다.24) 하지만 2:6-11에서, 특히 9-11절의 주어는 '하나님'으로 제시된다는 점을 주목할 필요가 있다. 그래서 하나님이 죽기까지 복종하는 그리스도를 어떻게 만유의 주로서 높이셨는지 역설적 반전이 압도적이다.

결국 우리는, 구원론적 그리스도론의 신학과 이에 상응하는 삶의 방식과 가치체계를 요구하는 윤리적 권면이 어느 한쪽으로 압도되지 않도록, 신화적 표현과 그 윤리적 함의

---

23) 이를 위해서는 위의 책, pp.73-74와 Schnelle, *The History and Theology*, pp.138-139를 참조하였다.
24) Carolyn Osiek, 2000. *Philippians/Philemon* (Nashville: Abingdon Press), pp.21-24; 찬가의 연구사에 관해서는 R. P. Martin, 1997, *A Hymn of Christ* (Downers Grove: InterVarsity Press), pp.63-93과 김호경, 1991, "빌립보서의 그리스도 찬가(빌 2:6-11)에 대한 연구"(이화여자대학원 석사학위 논문), pp.1-35 참조.

가 상호 지원적인 변증법적 관계를 형성하게 되는 것을 알게 된다. 바로 이러한 방식은 유대교와 이전의 바울신학에서도 잘 해결하지 못했던 하나님의 구원의 절대적 주도권과 인간의 행동의 가능성 간의 상호 모순 관계를 그리스도에 대한 신화적 표현을 통해서 간접적으로 윤리적 모범을 암시적으로 도출함으로써 해결하려는 노력이라고 볼 수 있다. 바로 이런 점에서 이 그리스도 찬가에 나타난 그리스도에 관한 새로운 신화적 묘사는 고난에의 참여와 겸손한 삶의 자세를 촉구하도록 그리스도인의 윤리적 이상을 신화적 표현을 통해서 제시한다고 추론할 수 있게 된다. 이것은, 일반적으로 우리가 알고 있는바 교리적으로 표현된 내속적 죽음에 나타난 기독론적 단일성의 동기나 구체적인 복종의 방식으로서 십자가 처형의 동기에 의해서 윤리가 도출되어야 한다는 통속적인 견해를 비판하고, 그리스도가 신화적으로 표현되었기 때문에 천상에서 일어나는 그리스도의 죽기까지의 복종의 우주적 권능이 윤리적 이상을 구성할 수 있다는 새로운 신학적 사유 방식을 제기하고 있다고 여겨진다.25)

이제 우리는, 신학과 윤리와의 관계에 대한 **두 번째 주제(2)**를 논하기 위해서는, 서신 자체에 쓰인 교회와 바울과의 관계에 주목하여 상호교제와 고난에의 참여를 유도한 구체

---

25) David Seeley, 1994, "The Background of the Philippians Hymn(2:6-11)", *JHC 1* (Institute for Higher Critical Studies: fall 1994), pp.52-55. 고난 받는 의인의 헬라적 유대 전통과 달리 찬가에서는 복종의 대상이 모호하다는 실리의 견해와의 비교를 위해서는 **Martin, *Philippians*, pp.98-100**과 Osiek, *Philippians/Philemon*, pp.62-63과 그닐카,『빌립보서』, pp.204-208 참조. 실리가 언급한 복종의 대상의 모호성 보다 더 나아가, 마틴은, 특히 이사야 53장에서는 고난의 종의 복종의 대상이 하나님의 명령이라는 것과 이것이 대속적인 복종이라는 것이 명시적으로 언급되어 있는 반면, 빌 2:8에서는 십자가의 죽음으로 죽기까지 복종하였다는 표현에서조차 복종의 대상뿐만 아니라 복종의 방식까지 모호하여 윤리적 속성이 배제되어 있다는 것을, 강조한다. 반면 오시크는 실리가 지적한 복종의 대상의 모호성에서처럼 8절에 대해서 복종의 대상이 하나님이라고 명시하지 않는 점을 언급하지만, 복종의 방식에 관해서는 "자기를 낮추시고"를 '능욕 당한다'는 의미로 번역할 수 있다고 간주하고 이를 "십자가에 죽으심이라"와 연결시킴으로써 십자가 처형에서 나타나는 모욕당함을 그 복종의 정치-윤리적 의미로 이해한다. 다른 한편, 그닐카는 십자가의 죽음에 이르는 복종이 종말론적 성격과 구원론적 실존적 의미를 드러내어 빌립비 교인들이 따라야 할 겸손의 윤리적 모범으로 제시된다는 점을 강조한다. 여기에서 필자는 특히 이러한 찬양시에서 복종의 대상과 방법, 구체적인 핍박자가 언급되지 않고 있다는 것이 중요시되어야 할 뿐 아니라, 이러한 표현 방식이 바로 현실의 상황을 구체적으로 나타내기 보다는 우주적 범주에 의해서 천상에서 일어나는 상황을 묘사함으로써 그리스도의 우주적 권능을 찬양하는 전형적 방법이라는 실리의 해석이 주목되어야 한다고 생각한다.

적 정황을 살펴보아야 할 것이다. 빌립보서가 단일 서신이 아니라고 가정을 했을 때 다음과 같이 빌립보 교회의 상황을 토대로 윤리적 동기를 재구성할 수 있을 것이다.

① 바울은 빌립보 교회를 세울 때(48-49년경) 매우 큰 어려움에 처하게 되어 고난과 능욕을 당하게 된다(살전 2:2). 특히 여종의 귀신들린 것을 치유해 주게 되어 고발당하여 빌립보 감옥에 투옥된다(행 16:11-40). 이처럼 데살로니가와 빌립보에서 경제적 궁핍 때에 재정적인 후원을 해 준 것에 대해서 바울은 깊이 감사하고, 이것이 하나님의 은혜가 풍성하게 나타나는 '상호교제'[κοινωνία]의 윤리적 풍토를 형성한다고 말하게 된다.

② 여기에서 바울은 자신의 고난에 동참한 빌립보 교회를 칭찬할 뿐만 아니라 그들이 현재 당하고 있는 시련의 고난을 이길 수 있도록 용기를 불어 넣기 위해서 이러한 상호교제와 고난에의 참여가 어떤 신학적, 윤리적 의미가 있는지 다음과 같이 제시한다.26) 그래서 바울은 자기 자신의 소식 즉, 바울은 에베소(또는 로마나 가이사랴)에 있는 감옥에 갇히게 되어27) 자기가 죽음의 위험에 처해 있으나 기뻐하고 있으며, 자신의 장래에 대해서 낙관적으로 생각하고 있다는 사실을 알린다(1:12-26). 바울은 빌립보 교인들이 자신처럼 어떤 상황에 처해 있든지 기뻐할 것을 권면한다(2:18; 3:1; 4:4).

③ 제 2 바울서신의 편집자들은 그들에게 유혹적이지만 그릇된 유대교의 교리나 헬라적 열광주의 신앙이나 그 자유주의 삶의 방식을 피하도록 권고하고 그리스도의 자기 비하적 종됨의 삶(2:6-11)을 본받은 바울 자신의 삶을 닮게 되기를 간청한다(3:2-21). 이들은 자기 비하의 종됨을 실천했던 바울의 삶을 닮는 것이 이제는 바울이 강조했던 상호교제의 삶을 실천하는 것이라고 해석했다.

여기에서 중요한 점은 ① 바울이 빌립보 교회를 세울 때에 당한 고난, ② 현재 감옥에 갇히면서 당한 고난의 경험, ③ 제 2 바울서신의 저자가 처해 있는 박해의 시기(도미티안

---

26) 필자는 호돈, 『빌립보서』, 1999, pp.59-61과 김연태, 『창립 100 주년 기념 주석: 빌립보서』, 1994, 서울: 대한기독교서회, pp.44-46을 참조하여 고난에의 참여와 상호교제의 모티브를 재구성하였다.

27) 저작 장소 논의에 대한 자세한 설명에 관해서는 김창락, "빌립보서", 『신약성서 개론』, 2001, 서울: 기독교서회, pp.327-331과 Schnelle, *The History and Theology*, pp.130-133과 호돈, 『빌립보서』, pp.42-54 참조

(Domitian) 황제: 81-96과 트라얀(Trajan) 황제의 박해 시기: 98-117)가 반복해서 나타나 겹쳐진다는 것이다. 또한 '상호교제'의 윤리적 동기가 결국 '닮음'의 윤리적 동기와 연결됨으로써 그리스도의 종됨의 자기비하적 삶과 바울의 감옥에서의 수난의 삶과 밀접하게 연결되는 것을 알 수 있다. 특히 주목할 점은, 바울이 로마와 가이사랴와 에베소 중에 어느 감옥에 갇히게 되었는지를 논하는 것 보다는, 바울이 복음을 전달하다가 기소되어 풀려나거나 감옥에 갇히게 되는 정치적 갈등의 동기와 그 신학적 논의의 핵심이 무엇인지 검토하는 것이다. 어느 감옥인지가 뚜렷하게 알려지지 않는 전승사적 모호성 자체가 하나의 바울의 삶의 존재양태의 새로운 양식을 제시하려는 의도를 교묘하게 감추고 있는 징후일 수 있는 것이다. 그래서 우리는 서신을 쓴 감옥이 어딘지를 하나로 선택하기 보다는 우선 그 정치적 배경을 로마와 유대인과 기독교인 間의 알력관계로 상정하여 바울이 감옥에 갇히게 되는 일반적 패턴을 다음과 같이 제시하는 것이 보다 고난에의 참여와 상호교제의 윤리적 의미를 적합하게 이해하는 접근 방법이 될 수 있을 것이다.

사도회의 이후 유대인들은 할례 받지 않은 기독교인들이 유대인 사회에 유입되자 큰 소동을 일으켰고, 이로 말미암아 클라우디우스(Claudius) 칙령(41년 또는 49년)에 따라서 유대인이 박해를 받아 로마로부터 쫓겨나게 되자 그리스도인들과 단절하려 한다. 한편 그리스도인들은 이 로마로부터 박해받은 유대인들에 의해서 오히려 시기와 질시를 받게 된다. 그래서 유대인들이 이 기독교 선교사들을 황제의 숭배를 거절하는 사람들로 기소하게 된다. 이런 식으로 바울도 여러 번 어려움에 처하거나 기소당하여 감옥에 갇히게 된다 (고후 11:23): 데살로니가에서(살전 2:14-20=행 17:13-15), 고린도에서(행 18:12-17); 빌립보에서(행 16); 에베소에서(행 19:8-12=빌 1:12-13, 16); 아시아에서(행 20:18-19=고전 15:32=고후 1:8-10); 가이사랴에서(행 23-26); 로마에서(행 28). 이제 이러한 갈등관계를 해결하고 기소를 면하기 위해서 그리스도인들은 유대인처럼 할례를 자발적으로 행함으로써 유대인 공동체에 참여하여 이 유대인들로 보호받으려 하지만, 이에 대해서 바울은 이러한 할례가 기독교인들에게 필요 없다는 것을 강조하기 위해서 의인 교리를 기술하기 시작하게 된다(갈 6:12-15).28) 이처럼, 바울이 유대인의 질시와 핍박, 유대적 그리스도인으로부터 신

---

28) 이에 관해서는 Theissen, *A Theory of Primitive Christian Religion*, pp.211-231과 필자의 글 "갈라디아서에서의 신학과 윤리의 관계", 2000, pp.133-155 참조.

학적인 경쟁관계, 그리고 로마인의 황제 숭배에 대한 오해와 거절 때문에 감옥에 갇혀 있게 된 것이라고 볼 수 있다. 이러한 상황이 빌립보 교회를 세울 때나 감옥에서 현재 당하는 바울의 고난의 상황이나 제 2 바울서신을 쓰는 로마의 기독교 탄압의 상황에서나 같은 패턴으로 반복되고 있다는 점을 상정해 볼 필요가 있다.

　위의 상황에 비추어 보면, 우리는 이제 빌립보서에서의 신학과 윤리의 관계는 유대문화와 헬라 문화와의 문화적 충돌과 로마와 권력관계에서 오는 알력관계나 사회 심리적 경쟁관계에 의해서 형성된다는 것을 알 수 있게 된다. 이런 의미에서 '고난에의 참여'와 '상호교제'는 바로 이러한 세 가지 다른 종교와 문화의 충돌의 소용돌이 한 복판에서 새로운 종교인 기독교의 윤리적 풍토가 형성되었다는 것을 나타내는 핵심 용어(key word)가 되었다고 상정할 수 있을 것이다. 여기에서 제시되는 기독교의 윤리적 풍토는 결국 문화적 충돌과 종교적 억압 한 가운데서 일어나는 복음 선교의 전투적 상황에서 고난에도 불구하고 이 선교에 함께 참여하는 상호교제를 기독교인의 삶의 존재 양태(주체화 양식)로 인정하는 과정과 밀접하게 연관된다. 결국 이러한 타 지역 선교 과정에서 오는 문화적 충돌과 정치적 억압의 한 복판에서 형성되는 상호교제의 윤리적 풍토만이 교회의 내적 분열을 막고 교회들 간의 문화적 차이에도 불구하고 상호 협조하는 교회연합의 신학적 기반이 된다는 것을 암시한다. 이것은 한편으로 바울의 선교를 위한 순교적 삶의 형태가 기독교의 윤리적 삶의 근원이 되는 토대가 되지만, 다른 한편으로는 기독교의 팽창주의를 정당화하는 이데올로기로 전락할 수도 있는 윤리적 위험성을 동시에 내포하고 있다는 것을 나타내 주기도 한다.

　신학과 윤리와의 관계를 연구하는 세 번째 주제(3)로서 우리가 주목해야 할 것은 이제 빌립보서 안에 있는 닮음의 모티브이다. 기독교 제의의 위기에 직면하여 바울은 닮음의 권면을 다음과 같이 세 가지 방식으로 제시한다.

　① 적대자들이 할례를 강요하거나(3:2-3) 그리스도 신앙고백과 황제 숭배의 갈등 상황 (2:1-18)이 형성하는 기독교 '제의'의 위기에 직면하여 바울은 단일한 마음과 뜻으로 자신과 같은 싸움에 참여할 것을 요구한다(1:27-30). 또한 디모데와 에바브로디도는 빌립보 교인들이 본받아야할 구체적인 본보기로 제시된다(2:19-30).
　② 예배의 삶의 정황에서 찬가(2:6-11)에 나타난 그리스도의 겸손과 복종의 삶을 본받

아 마음과 뜻을 같이하여 그리스도의 마음을 닮으라고 바울은 요구한다(2:1-5와 2:12-16).

③ 또한 바울은 반대자들이 유대교의 할례를 강요하려는 급박한 상황에서 그리스도의 죽으심을 본받은 바울 자신(3:3-14)을 닮으라고 요구한다(3:9-21, 4:9 – "내가 그리스도와 그 부활의 전능과 그 고난에 참예함을 알려하여 그의 죽으심을 본받아"[3:10], 3:17 – "너희는 함께 나를 본 받으라 또 우리로 본을 삼은 것같이 그대로 행하는 자들을 보이라").

여기에서 우리가 주목해야 할 과제는 신학과 윤리의 관계를 규정하는 모방의 권면이 **윤리적 의무 형성 방식을 규범적으로 제시한다는 의미에서 정치적 권력 관계의 문제가 제기될 수 있다는 점이다.** 카스텔리(Castelli)는 이 모방이 위계주의적 이분법을 강화하는 권력기구가 될 수 있다는 점을 제시한다. 왜냐하면 바울은 자신을 닮는데 복종하고 참여하는 형제들과 그리스도의 십자가의 대적자로서 사는 사람들과 대조시킬(3:17-21) 뿐만 아니라, 여기에 사용된 희랍어 '함께 닮음'(συμμιμητής)은 통일성을 함께 만들어가는 일치된 한 마음과 한 뜻의 일치를 강조하기 때문이다(1:27, 2:1-2, 2:20). 여기에서는 그리스도→바울→빌립보 교회의 단일한 위계적인 질서의 우두머리로서 그리스도가 제시된다. 그리스도는 모든 것들을 자신에게 복종시키는 권능을 가진 자로 나타나게 된다. 바울을 닮는다는 것은 빌립 교인들로 하여금 그리스도가 통치하는 하늘의 영역에 접근할 것을 허락하는 조건이 된다(21절). 여기에서 이 닮음의 권면은, 그 공동체를 일관성 있게 한 마음과 한 뜻으로 통일시키려는 사회 형성 전략과 단일한 통일된 정체성을 부여하는 사회 통합 기능을 동시에 담당할 뿐만 아니라, 공동체가 구원에 이르도록 하기 위한다는 구실로 매개적 위치로서 부여된 바울의 특권화 된 지위를 정당화시킨다.29) 그래서 바울은 3:10에서 "내가 그리스도와 그 부활의 권능과 그 고난에 참예함을 알려하여 그의 죽으심을 본받아"에서처럼 자신이 그리스도를 닮는다고 말한다. 여기에 나타나는 닮음의 권고는 2:5("너희 안에 이 마음을 품으라 곧 그리스도 예수의 마음이니")의 그리스도 찬가의

---

29) E. A. Castelli, 1991, *Immitating Paul* (Louisvile: Westerminster/John Knox Press), pp.95-97. 이에 대한 권력 분석에서의 중요성에 관해서는 김덕기, "고린도전서에서의 몸 담론과 권력", 2001, pp.129-167 참조.

닮음의 요구와 연결된다.

위와 같은 닮음의 권면에는 가부장제의 위계주의적 질서를 강요하여 닮지 말라는 역설적인 금지를 무의식적으로 내포하고 있을 수 있다. 예를 들어서 2:15("이는 너희가 …… 하나님의 흠 없는 자녀로 세상에서 그들 가운데 빛들로 나타내며")에는 바울이 아버지의 위치에 있고 빌립보인들이 자녀의 위치에, 그리고 22절("디모데의 연단을 너희가 아나니 자식이 아비에게 함같이 나와 함께 복음을 위하여 수고하였느니라")에는 디모데가 자녀의 위치에 있게 된다.30) 그런가 하면 1:1-2에서 바울이 스스로 종이라고 생각하고, 감독과 집사라는 직책이 나오게 된다. 이것은 이미 가부장제적 위계질서가 교회 내부에 확립된 제 2 바울서신의 저작 시기의 교회 형태를 반영한다고 말할 수도 있을 것이다.

여기에 더 나아가 탈식민주의적 관점에서 보면 이러한 모방이 이중구속의 모순적인 동기에서 비롯되었다고 간주할 수 있을 것이다. 결국 그리스도인의 윤리적 의무 형성 방식은, 이제 거꾸로 빌립보 교인과 바울, 바울과 그리스도의 관계가 쌍방간의 상호교통적 질서(→와 ←)에 입각한 반위계주의적 세계관에 의해서만 이 사회질서의 이중구속의 모순을 타개할 수 있을 것이라고 제시한다.

2) 스토이시즘과의 접합에 비추어 본 빌립보서에서의 신학과 윤리의 관계

위에서 제기되는 신학과 윤리의 관계는 서신에 나타나는 다양한 모티브들에 따라 종교사적 맥락에서 재조명될 때에, 그 관계의 핵심적인 구조가 포착될 수 있다. 이를 위해서 우선 우리는 그리스도의 찬가와 관련된 권면이 재정적 도움에 대한 감사(2장)와 상호교제의 권장의 모티브들, 그리고 서신의 닮음의 문제와 어떤 방식으로 상호 연결되어 있는지 보다 명료히 파악하기 위해서는 서신 Ⅰ, Ⅱ와 Ⅲ을 엮어주는 공통분모로서 당시의 스토이시즘의 사유구조를 상정할 필요가 있다. 이제 우리는 로마제국과 기독교와 유대교의 상호 연관 관계를 실질적으로 주도했던 헬레니즘 철학인 스토이시즘의 사유 구조의 윤리적 특성이 위에서 논의된 세 가지 주제들을 서로 어떻게 구조론적으로 상호연관시키는지

---

30) Carolyn Osiek, 1994, "Philippians", *Searching the Scriptures vol. 2: A Feminist Commentary* ed. E. Schüssler Fiorenza & Shelly Matthews (New York: Crossroad), pp.244-245.

검토해야 할 것이다. 이를 위해서 우리는 스토이시즘에서 제기되는 윤리적 특징과 이 특징이 잘 나타나 있는 빌립보서의 사유구조와의 공통점들을 엥베르크-페델센(Engberg-Pedersen)에 따라서 다음과 같이 제시할 수 있을 것이다.31)

(1) 스토익 윤리는 목적론적 윤리이다. 이 목적(τέλος)은 활동에 의해서 표현되는 하나의 윤리적 덕목이다. 스토익 철학자들은 이 목적을 우리가 추구하게 되는 '푯대'(σκόπος)로 이해한다. 이 행동의 목표는 아리스토텔레스가 제시한 데로 자족함(αὐτάρκης)의 덕목이다. 스토이시즘에서는 이 덕목 이외에 다른 모든 것들에는 '무관심'(ἀπαθεία)하게 대하는 자족함을 아리스토텔레스(Aritoteles)가 말하는 행동의 목적인 '선'(ἀγαθόν)의 구체적 내용으로 이해한다.32)

빌립보서에서는 "…… 내가 그리스도 예수께 잡힌 바 된 그것을 잡으려고 좇아가노라 내가 …… 앞에 있는 것을 잡으려고 푯대(σκόπος)를 향하여 그리스도 예수 안에서 하나님이 위에서 부르신 부름의 상을 위하여 좇아가노라"(3:12-14)는 주장에 잘 표현되어 있다. 또한 바울은 이러한 목적 지향적 행위를 그리스도의 날을 향하여 추구하는 미래 지향적 방향성으로 나타내기도 한다: "너희로 지극히 선한 것(εἰς τὸ δοκιμάζειν ὑμᾶς τὰ διαφέροντα)을 분별하며 또 진실하여 허물없이 그리스도의 날까지 이르고"(빌 1:10) 더구나 바울은, 4:10-13("…… 내가 궁핍함으로 말하는 것이 아니라 어떠한 형편에든지 내가 자족하기를 배웠노니 ……")에서, 스토이시즘의 윤리적 목표로서 이해되는 자족함(αὐτάρκης)의 자세를 기술하게 된다. 이것은 묵시문학적 역사 이해를 스토이시즘의 목적론적 윤리에 의해서 재해석한 결과물이라고 간주할 수 있을 것이다. 이것은 결국 그리스도인이 삶의 존재 양태나 주체 양식에 의해서 실현시키려는 윤리적 이상으로 간주될 수 있다.

(2) 스토익 윤리에서는 이 목표를 구체적으로 포착하기 위해서 지식이나 이해의 형식으로 정의되는 마음의 상태를 중요시 여긴다. 바울은 빌 3:8과 10에서 자신이 겪게 되었던 마음의 상태의 변화의 결과를 이해와 지식의 관점에서 기술한다. 이러한 이해는, 인간의 본성이 우주 전체의 본성과 일치하였을 때 얻게 되는, 자연과 하나님의 삶에 관한 지식에

---

31) Troels Engberg-Pedersen, 1995, "Stoicism in Philippians", *Paul in His Hellenistic Context*, ed. Troels Engberg-Pedersen (Minneapolis: Augsburg Fortress Press), pp.269-274.
32) 위의 글, pp.269-270.

그 토대를 둔다. 여기에서 중요한 점은 위의 지식이 세상을 기술하기 위해서는 자신의 주관적이거나 지역적인 관점 그리고 사회적 관습에서 주어지는 정체성의 표시를 넘어서야 한다는 점이다. 그래서 이러한 지식을 얻기 위해서는 자신이 특별히 좋아하는 인간관계에 의해서 규정되어 버린 자신의 정체성을 진정한 가치판단에 근거해서 이제는 과감히 내던져 버리고, 모든 인류에게 설득될 수 있는 합리성에 의해서 자신의 정체성을 새롭게 규정해야 한다는 것이다. 이러한 관점을 근거로 해서 지역성을 넘어선 지식을 통해서 인간은 모든 인류를 보살피려는 '우주적 도시'를 발전시켜야 한다.33)

바울에게서는 그리스도에게서 발견되는 지식에 근거해서 새롭게 형성되는 마음의 자세는 개인적인 덕성 추구와 같지만(3:3-14) 사실은 그의 고난에 참여하여 얻게 되는 새로운 정체성을 의미하기 때문에, 빌립보 교인들과 전 인류가 도달해야 할 천상의 시민권과 관련된다(1:24-30, 3:15-21). 그래서 바울은 그리스도 찬가에서 나타나는 그리스도의 마음의 자세를 갖도록(φνόνειν: 2:5) 권면하게 되는 것이다. 또한 바울은 하늘에 있는 '우주적' 도시의 시민권(πολιτεύμα: 3:20)을 갖고 복음에 합당하게 살도록(πολιτεύεσθε: 1:27) 권면하였을 때, '왕국'의 윤리적 이상과 '도시'의 정치적 이념을 상호 연결시켜서 보다 포괄적인 그리스도 공동체의 정치적 비전을 제시하고 있는 것이다.34)

(3) 스토이시즘에서는 우주적 도시에서의 삶인 '목적'과 지금 여기에서의 구체적인 삶인 '목표'와의 명료한 차이를 이해하는 것이 중요하다. 이것이 신학과 윤리적 삶과의 관계를 어떻게 설정할 것인지의 문제와 직결된다. 이 연결 고리가 '진보'(προκοπή)이다. 스토익 사상에서는 인간에게는 거의 불가능한 목적에 완전히 궁극적으로 도달하는 것과 인간에게 가능한 '진보'가 구분된다. 이러한 생각에 의하면 전체적으로 적합하고 선한 도덕적 성향에로 이끄는 '적합한 행위'(καθήκοντα)와 이 선한 심적 성향과 태도가 추구하려는 '자족'의 도덕적 성향이 체화되어 형성되는 '올바른 행위'(κατορθώματα)가 서로 구분된다.35)

---

33) 위의 글, pp.270-273. 이러한 마음의 자세에 의해서 형성된 윤리적·정치적 사상이 추구하는 공동체가 크리시퍼스(Chrysipphus: 스토이시즘의 2 대 창립자 – 약 주전 280-207)가 말하는 '우주적 도시'이다.
34) Bruno Blumenfeld, 2001, *The Political Paul: JSNTS 210* (Sheffield: Sheffield Uni. Press), pp.292-301.
35) 앞의 글, p.273. 특히 '적합한 행위'와 '옳은 행위'와의 구분에 관한 자세한 토론에 관해서는 이창대, "스토아 윤리학에서 적합한 행위와 옳은 행위", <철학> 제74집(2003. 봄), 한국철학회, pp.79-103쪽 참조.

빌립보서에서는 확실하게 이 두 가지 행위들을 구분하는 용어가 나타나지는 않지만, 아직 도달하지는 못한 어떤 것을 향하여 좇아간다는 바울의 생각(빌 3:12-16) 그리고 그리스도인들이 참된 것, 경건한 것, 옳은 것, 정결, 덕, 칭찬의 일을 행하는 것과 바울을 배우고 받고 듣고 본 바를 행하게 될 때 하나님이 함께 하실 것이라는 믿음을 구별하여 제시하고 있는 바울의 생각(4:8-9)에서 위의 두 가지 행위의 구분이 암시되어 있다. 더구나 빌 3:17에서도 자기 비하와 죽기까지의 복종의 모델로 제시되는 그리스도와 이를 본받은 바울과의 '닮음'의 관계 설정, 그리고 바울 자신이 거의 전적으로 적합한 행동의 모델로서 제시되는 바울과 이 바울을 본받아야 할 그리스도인과의 닮음의 관계 설정은 올바른 행위에로 이루는 진보를 암시하게 되는 것을 알 수 있다. 여기에서 그리스도에 관한 지식의 고상함에 도달하려는 바울 자신의 경주는 복음의 진보로서 이해될 수 있을(1:12) 뿐 아니라, 이제 바울은 빌립보 교회의 진보의 활동을 칭찬하게 된다(1:25).

(4) 스토이시즘에서는 근본적으로는 무정념(ἀπαθεία)의 태도를 최고의 이상적 윤리로 제시한다. 하지만 이 무정념의 이상을 이룩하기 위한 매개적 감정 상태로서 기쁨의 감정 유지를 현실적 대안으로 제시하고자 한다. 이를 위한 이론적 근거로서 감정 선택의 기준에 관한 이론을 다음과 같이 제시한다. 현재/과거, 긍정적/부정적에 따라서 모든 감정들(affections)을 네 가지로 나눈다. 미래에 관해서는 욕망과 두려움, 현재에 관해서는 쾌락과 고통이 있다. 이 네 감정들은 바깥 세계에 대해서 잘못된 반응들이다. 이에 반해서 스토아 철학자들은 '선한 성향들'이라고 부르는 특정한 태도를 제시한다. 이 중에서 세 가지만이 중요하다. 욕망(미래, 긍정적)에 반해서 합리적으로 욕망하는 자세로서 이해되는 '의지'(βούλησις), 두려움(미래, 부정적)에 반해서 모든 나쁜 것들로부터 합리적으로 탈피하는 '조심성'(εὐλαβεία), 쾌락(현재, 긍정적)에 반해서 합리적이고 지속적인 즐거움으로 충만하게 되는 것으로 이해되는 '기쁨'(χαρά)이 그것이다. 여기에서 현명한 사람은 어떤 일이 자신에게 일어날지라도 계속해서 기쁨에 의해서 영향 받기 때문에 고통에 상응되는 행복한 열정(εὐπαθεία)은 없다. 현자는 이 기쁨 속에서 선을 포착하는 데 가장 안정적일 수 있다.36)

마찬 가지 방식으로 바울은 빌립보서 전체에 걸쳐서 끊임없이 권면하는 감정의 상태로

---

36) Engberg-Pedersen, 위의 글, pp.273-274.

이 기쁨을 제시한다(χαρά: '기쁨' – 1:4, 25; 2:2, 29; 4:1과 χαίρω: '기뻐하다' – 3:1과 4:4 등 9번). 바로 이러한 기쁨의 감정은 바울이 제시하는 윤리적 권고인 그리스도의 고난에 참여할 수 있는 무정념의 태도에 그 이론적 근거를 제공하는 것으로 이해할 수 있다.

우리는 위의 논의에서 더욱 발전되어야 할 논쟁점이 무엇인지 확인하였다. 결국 위에서 제시한 세 가지 주제들인 **윤리적 이상**, **의무형성 방식**, **존재 양태의 윤리적 풍토**의 상호 관련성을 결정하는 사유구조가 스토이시즘이라는 것이 중요하다는 것이 확인되었다. 여기에서 우리는 스토이시즘에 의거해서 빌립보서에서의 신학과 윤리의 관계를 재해석하게 되었을 때 빌 2장의 그리스도 찬가의 기능을 새롭게 이해하는 접근방법이 제시되었다는 것을 인식할 필요가 있다. 다시 말해서 빌 2장의 그리스도 찬가는 스토이시즘의 사유 구조에 의해서 그 신학적 주장의 윤리적 의미를 명료하게 드러내는 모델로 제시될 수 있다고 본다. 자기비하에 의해서 그리스도가 '주'가 된다는 단일한 보편적인 '지식'에 의해서 바울은 스스로도 이 모델에 따라 이기주의적인 자기 정체성을 버리고 그리스도의 고통에 참여하여 이를 감내하는 새로운 정체성을 형성한다. 이 새로운 정체성에 따라 그리스도의 죽기까지 복종하는 자기비하를 닮은 바울은 이제 자신의 자기비하적 삶의 모델을 다른 사람들에게도 닮으라고 요청할 뿐 아니라, 죽기까지 충성하도록 요구한다고 볼 수 있다. 이제 이 닮음과 복종의 징표로서 바울이 빌립보 교회로부터 재정적 도움을 받았다는 점을 매우 감사하게 생각하면서 고난에의 참여에 근거한 상호교제의 양방 통행의 중요성을 강조할 수 있게 된다.[37]

위에서 제시한 스토이시즘적 사유구조에 근거해서 위의 윤리적 주제들을 새롭게 조명하면, 특히 주목할 점은 바울의 고난에의 참여와 교제에의 요구의 모티브가 그리스도의 지식을 매개로 한 자기비하의 닮음과 죽기까지의 복종이라는 두 가지 정치·윤리적 수사에 의해서 규정된다는 점이다. 이것은 단순히 개인의 도덕성을 함양하는 것을 목표로 형성되기 보다는 개인의 정체성 형성을 넘어서 서로를 배려하는 새로운 '시민권'(1: 27, 3:20)에 토대를 둔 이상적 정치공동체 건립을 요청하게 된다는 것이다.[38] 바로 이러한 방

---

[37] Troels Engberg-Pedersen, 2000, *Paul and the Stoics* (Kentucky: Westminster John Knox Press), pp.105-130. 엥베르크-페델센은 단순히 주제의 유사성을 기술하였지만 필자는 빌립보서의 세 가지 종교 본질의 요소들이 구조론적으로 어떻게 연결되었는지 재구성하였다.

식의 신학과 윤리와의 관계는, 개인이 우주적 이성에 대한 단일한 보편적인 '지식'을 파악하여 새로운 정체성을 획득하게 되었을 때, 동질성에 기초한 자신의 일차 집단의 공동체성을 넘어서 사회와 국가의 공통 지반을 새롭게 재구성하는 '이상적인 폴리스'를 형성할 수 있다는 스토이시즘의 정치·윤리적 준거틀과 일치한다. 즉 이것은 '개인'(I: Individual)→'이성'(X: Christ)→'사회'(S: Society)로 표현되는 스토이시즘의 논리적 구조와 매우 유사하다는 것이다.39)

4. 결론: 탈식민주의 비평에 근거한 빌립보서에서의 신학과 윤리와의 관계

스토이시즘에 비추어서 빌립보서의 윤리적 특성을 규명한 엥베르그-페더슨의 해석은 로마와 기독교와 유대교의 상호 경쟁적 관계에 대한 복합적인 정치윤리적 논의를 제기하지 못하고 있다. 다시 말해서, 빌립보서의 신학과 윤리의 관계를 결정하는 상호교제의 윤리적 풍토와 고난에의 참여가 바로 로마의 정치적 개입에 의해서 형성된 점을 간과함으로써 스토이시즘의 논리적 구조가 식민지 제국인 로마가 피식민지인들에게 조장하고자 하는 가부장주의적 위계주의 삶의 질서를 여전히 내포하고 있다는 점이 보다 첨예하게 논의되어야 한다. 스토이시즘이 로마의 식민주의 상황에서 적용되었을 때에는 피식민지의 문화를 보편적 진리의 이름으로 억압하는 스토이시즘이 로마 제국의 식민지 지배의 이데올로기적 모순을 내포할 수 있기 때문이다. 이를 극복 위해서는 빌립보서의 신학과 윤리의 관계의 가장 원초적인 근거를 제시한 '그리스도 찬가'의 탈식민지주의적 문화 현상이 보다 치밀하게 토론되어야 할 것이다. 이러한 접근 방법에서는 빌 3장에서 특히 스토이시즘까지도 로마의 식민지 통치 이데올로기로 왜곡된 방식으로 수용될 수 있지 않았

---

38) Blumenfeld, *The Political Paul*, pp.292-301. 불름펠트는 1:27의 πολιτεύεσθε와 3:20의 πολίτευμα, 그리고 2:3의 ταπεινοφροσύνη가 이상적 정치 형태를 추구하려는 정치적 수사라는 것을 주장한다. 또한 그는 1:21과 1:15-18, 1:27-30, 2:1-4, 3:18-20에서 두 종류의 집단, 대적자 (ἀντικείμενοι-1:28) '그들'과 빌립보인 '너희' 사이에는 기독교 신앙에 고난(πάσχειν)과 종됨(ταπεινοφροσύνη)을 수용하는지에 따라 참된 기독교 의 정치적 이상을 구현할 수 있다는 점에서 서로 구분된다는 것을 강조한다. 그에 의하면, 이것은 단순히 그리스도인의 덕목을 나타내기 보다는 새로운 기독교의 정치적 이상(πόλις)을 나타낸다는 것을 암시한다.

39) Engberg-Pedersen, *Paul and the Stoics*, pp.45-79.

는지 묻는 비판적 성찰이 가능하다. 로마 제국의 통치 이데올로기로서 기능하는 스토이시즘과 피식민지 국가의 저항 이데올로기로서 표출될 수 있는 종말론적 역사이해가 어떤 방식으로 결합되었는지 검토함으로써, 우리는 이제 왜 스토아 철학으로 재해석된 빌립보서 서신 Ⅰ, Ⅱ, Ⅲ의 신학이 저항적 이데올로기로 전환되기 보다는 유대교와 바울신학이 해결하지 못했던 하나님의 구원 활동의 절대적 주권의 신학과 인간의 활동의 가능성의 윤리와의 모순적 이율배반적 관계를 재생산하게 되었고, 결국은 이것이 그리스도론의 단일성과 다문화 포괄주의적 윤리와의 갈등을 야기했는지 이해할 수 있게 될 것이다.

위에서 제기한 문제의식을 위해서는 우선 그리스도 찬가 자체가 多문화적 전승의 혼종적 접합에 의해서 형성되었다고 볼 수 있다는 점을 주목해야 할 것이다. 다시 말해서 이 찬가는 ① 이사야 45장과 '야훼의 종'(사 52-53장)에 관한 유대적 전승,40) ② 고난 받는 의인에 관한 헬라적 유대 전승, ③ 로마의 황제 숭배의 전통들이 특히 관련될 수 있다.41)

위의 세 가지 각각의 전승은 빌립보서 2:6-11절에 내포된 여러 모티브들 중 몇 가지가 나타나지는 않는다. 이사야 45장과 '야훼의 종'에 관한 유대 전승에서 종은 죽고 고양(高揚)되지만, 찬양시에서처럼 그의 죽음이 순종적이라는 것(빌 2:8)은 확정적이지 않다. 더구나 이 이사야 전승에서는 이 종이 원래 선재적(先在的) 존재로서 성육신되지도(빌 2:6-7) 않고, 일반적인 환호를 받고 주로서 불리는 하나님과 같이 되는 보상(빌 2: 9-11)을 받지는 않는다.42) 또한 소위 고난 받는 의인에 관한 헬라적 유대 전승(맥카비 후서 7장)에

---

40) 사 45:23: "땅 끝의 모든 백성아 나를 앙망하라 그리하면 구원을 얻으리라 나는 하나님이라 다른 이가 없음이니라 내가 나를 두고 맹세하기를 나의 입에서 의로운 말이 나갔은즉 돌아오지 아니하나니 내게 모든 무릎이 꿇겠고 모든 혀가 맹약하리라 ……."
41) Seeley, 1994, "The Background of the Philippians Hymn(2:6-11)", pp.49-50; 실리(Seeley)는 다른 많은 성서학자와는 달리 헬라적 유대교의 고난 받는 의인 전승과 황제 숭배 전통을 다루고 있다는 점에서 주목할 필요가 있다. 실리와는 달리, 사람의 아들 전승, 야훼의 종 전승, 구약의 의인 전승, 지혜사상 전승, 원인간 전승, 선재 사상 전승에 대해서 자세히 토론한 것에 관해서는 그닐카, 『빌리비서』, pp.228-240 참조.
42) 이사야 45장과 야훼의 종의 전승이 찬양시에 반영된 부분은 유대교 유일신 신앙을 극복하고 있는 '주'라는 칭호와 가장 연관된다. 찬양시(특히 빌 2:9-11)는 사 45:23에서처럼 모든 무릎이 하나님에게 꿇어 엎드리고 모든 혀가 그에게 맹세하게 된다는 흔적을 내포하고 있다. 빌 2:9-11에는 '주 하나님'의 이름이 아니라 '주 그리스도'의 이름에 무릎 꿇고 모든 혀가 그가 '주'라고 시인하게 된다. 하나님에게 속하였던 '주'라는 칭호는 이번에는 예수에게 돌려진다. 이제 십자가에 달린 그리스도가 우주적 주가 되어 모든 나라들이 그에게 절하게 된다. 더구나 이사야 53장에 나타나는 대속사상이 그리스도

서는 빌립보서의 찬가에서처럼 의인의 숭고한 죽음이 순종적 죽음으로 하늘의 영생을 받게 되지만, 이 찬가와 달리 의인이 선재적 존재도 아니고 하나님과 같이 되지는 않는다.43) 마지막으로, **로마의 황제 숭배 전통**은 선재와 성육신, 사후의 고양과 환호의 배경을 내포하고 있다. 더구나 빌 2:8a처럼, 황제는 이기적이지 않은 이상적인 통치자의 덕목을 나타내기 위해서 자신을 높은 위치에서 종의 위치로 자신을 낮춘다. 그러나 여기에는 사후(死後)의 고양으로 이르게 하는 순종적인 죽음의 모티브(빌 2:8b)는 빠져 있다.44)

찬가에서는 빠져 있는 반면, 그리스도 찬가에는 나타나는 '종됨' 바로 다음 연결되는 '인간됨'의 모티브와 낮춤, 높임, 순종과 죽음 등의 모티브가 이사야 53장에는 나타나지 않는다. 이에 대해서는 D. Seeley, 위의 글, pp.51-52과 그닐카, 위의 책, pp.229-231 참조.

43) 고난 받는 의인의 이야기들은 찬양시의 배경이 된다. 2:8-9a에 기술되어 있는 예수의 죽음에서 그 묘사가 극히 간결하다는 것에 놀라지 않을 수 없다. 예수의 죽음이 복종적이라고만 되어 있고 그 결과로 그는 고양된다. 이처럼 순종의 죽음과 그 고양의 순서는 흔히 고난 받는 의인의 이야기(맥카비후서 7장이나 맥카비 4서)에서도 나타나는 것이다. 그런데 여기에서 빌립보서의 찬양시에서는 고난 받는 의인의 이야기와 약간의 차이를 내포하고 있다. ① 이 찬양시는 특히 8절에서처럼("죽기까지 복종하셨으니 ……") 예수의 복종의 대상을 구체적으로 제시하지 않고, 단지 하나님이라는 것을 암시할 뿐이다. 반면 고난 받는 의인의 이야기에서는 구체적으로 율법의 대의(大義)라고 명시적으로 제시한다. ② 이 찬양시에서는 박해자의 정체성에 대해서 전혀 말하고 있지 않고, 보다 우주적이고 덜 역사적인 시나리오를 나타내고 있다. 예를 들면, 찬양시의 8절 전체나 8c("곧 십자가에 죽으심이라")는 단지 편집구에 불과하여 박해자를 드러내지 않고 그 인물의 복종의 정도를 강조하는 역할을 할 뿐이다. 반면, 고난 받는 의인의 이야기에서도 구체적으로 의인이 박해받는 장소와 박해자의 이름과 박해의 모티브에 대한 자세한 내용이 나오지 않지만, 적어도 '경건하지 않은 자'라는 표현은 쓰고 있다. 이에 대해서는 Seeley, 위의 글 pp.52-55 참조.

44) 로마의 황제 숭배 전통과 관련된 중요한 부분으로서 우리는 빌립보서 2:6에 선재적 상태에서 그리스도가 하나님의 형태(ἐν μορφῇ Θεοῦ)를 갖고 있고 있는 듯이 언급된 부분을 주목할 필요가 있다. 보통 이 '형태'라는 단어에 대한 해석이 '신분'이나 창세기 1:26의 '형상' 그리고 '현존 방식' 등으로 해석되지만, 이와 달리 이 황제 숭배 전통과 관련해서는 벰(Behm)의 사전적 의미를 살려서 그 본체가 잘 드러나도록 "감각에 의해서 감지되는 어떤 것", 즉 "음성과 조응하는 가시적인 얼굴 표정 모습"으로 이해하고자 한다. 이러한 '하나님의 형태' 즉, 하나님과 같이 보이는 표정 모습은 하나님과 같은 표정 모습을 드러내고자 했던 당시 황제 숭배와 어떤 관련이 있는지 살펴볼 필요가 있다. 하나님과 같은 모습에 가장 관심 있었던 황제는 까리꿀라(주후 37-41)였다. 까리꿀라는 신적 외모를 취하는데 열중하였다. 그는 그리스로부터 가져온 가장 존경할 만한 신들의 형상에서 머리 부분을 제거하고 자기 자신의 모습을 대신 설치하였다. 그는 유대인 성전과 회당들에 놓여 있는 그의 황금으로 만든 동상에 자기 자신이 입었던 같은 옷들을 매일 입히게 하여 자신의 신성을 유지할 수 있도록 설치하였다. 이처럼 황제 숭배에서는 황제와 닮은 동상을 왕국 전체에 퍼뜨리는 것이 매우 중요했기 때문에 그리스도인들은 신적 외모와 관련된 쟁점을 피할 수 없었다. 그래서 이제 막 발전하고 있는 기독교 공동체

결국 이 세 가지 중 어느 하나만의 배경은 그리스도 찬가를 설명할 수 없다는 것이다. 하지만 이 세 가지 전부는 공통의 주제 **통치권**과 연관된다: 이사야 45장은 이스라엘의 하나님은 진정한 주(主)라는 것과 주 하나님 이외에는 어떤 다른 하나님도 없다는 의미에서 절대적 **통치권**이 강조된다.45) 또한 **수난 받는 의로운 자** 전통에서는 특별히 여러 다른 '주'들과 달리 하나님은 그 끔찍한 죽음의 위협에도 불구하고 그의 **통치권**을 인정한 의로운 자에게 보상해주시게 된다. 그래서 하나님만이 모든 주들 가운데 가장 강력한 통치권을 가지신 '주'라고 고백하게 된다.46) 마찬가지로, **그레코-로마 지배자 숭배** 전통에서도 **통치권**에 대한 관심이 압도적이다. 황제의 동상을 전파하고 그를 칭송하는 것은 그의 통치권을 인정하는 것이다.47) 이처럼 이러한 통치권의 공통 주제에 비추어 보면, 교회들의

들이 황제의 형상이 의미하는 제국의 '주'에 대항하여 그들 자신의 '주'를 설정할 필요가 있었던 것이다. 이것이 빌 2:6-8에 그리스도가 하나님의 형태를 본래 가지고 있지만 종의 형태를 취하는 '주'로 나타나게 된 것이다. 여기에서 종의 형태란 비록 엄청난 권력을 갖고 있을지라도 자기 자신의 정치적 야욕을 추구하려는 이기심을 버리고 종처럼 백성들을 돌보고 경계해야 하는 이상적 통치자의 덕목(ἀ ρετή)을 의미할 수 있다. 이에 대해서는 Seeley, 위의 글, pp.55-60; 그닐카, 『빌립보서』, pp.190-208; Martin, *Philippians*, pp.94-100 참조.

45) 이제 오직 한 분이신 '주'로서 인식되었던 이스라엘의 하나님은, 이 찬가에서처럼 그리스도가 이제 새로운 주라고 고백하는 기독교 교회에서는, 그 권위의 표식을 잃게 된다. 그리스도가 죽기까지 복종하여 높임을 받고 종을 넘어서 참 인간이 되시어 '주'가 되었다고 고백하는 교회는 이제 이스라엘의 약속의 상속자로 등장하여 진정한 '이스라엘'이 된 것이다. 이것은, 당시의 유대종교와 달리, 최근에 유일신론에 의해서 하나님에게만 돌려졌던 '주'의 칭호가 예수 그리스도에게 적용된 것이다. 이에 관해서는 D. Seeley, 위의 글, pp.51-52

46) 찬양시의 우주적인 범주(2:8-9a)를 사용하는 경향은 맥카비 후서와 4서와 같은 그레코-로마 문서나 당시의 사해문서에서는 흔히 찾아 볼 수 있는 것이다. 그리스도는 로마의 공권력에 의해서 처형된 희생자의 위치에 놓여졌지만 죽기까지 복종하여 하나님에 의해서 하늘로 상승하는 보상을 받게 되었다. 그런데도 특히 이 찬양시는, 그리스도의 주권이 폭력적인 공격에 의해서 형성된 헬라의 제국이나 로마 제국의 통치권과 달리, 우주적 권능을 가진 하나님에 의해서 확립되었다는 것을 강조한다. 이것은 고난 받은 의인 이야기와 달리, 그리스도의 통치권의 근거가 하나님의 주권에게만 유래되었다는 것을 더욱 강조하려 하였다고 할 수 있다. 이것은 또한 그리스도의 우주적 상승의 결과로 교회의 지도자들은 이제 하나님의 축복을 그 분의 우주적 권능에 의해서 얻게 되었다는 것을 나타내기도 한다. 이에 대해서는 Seeley, 위의 글 pp.52-55 참조.

47) 또한 빌 2:9-11에서 그리스도에게 모든 이름 위에 가장 뛰어난 이름을 부여하고 그 이름에 무릎 꿇는 다는 것(2:9)은 당시에 널리 권좌에 있는 로마 황제 시이져(Caesar) 가계의 이름과 대조되는 것을 나타낸다. "하늘에 있는 자들과 땅에 있는 자들과 땅 아래 있는 자들도"라는 특정한 표현(10절)은 황제의 통치의 넓이가 보통은 땅 위에만 국한 되는 것과 대조적으로, 하늘에 있는 자들을 포함할 정도로 당

'주'와 교회들이 속해 있었던 국가나 제국의 '주'들 간의 관계와 연관된 정치적 맥락 속에서 찬양시를 이해하도록 고려하도록 함으로써 막 탄생하는 기독론에 관한 교회의 가르침이 로마와 유대의 정치 이데올로기와 경합하고 있다는 것을 알도록 촉구한다.48) 기독교인들은 당시에 자신들이 대면하였던 로마제국의 정치적 탄압과 황제 숭배의 강요에 직면하였기 때문에, 그리고 기독교의 탄생에 영향을 주었던 유대종교가 미래의 약속으로 제시한 이스라엘의 종교적-정치적 이상에 비판적으로 대항하여 그들이 자신의 정체성을 차별화해야 했기 때문에, 이 찬양시는 황제와 이스라엘의 가장 최고의 지배자인 주 하나님에 대한 통치권을 오히려 그리스도에게 적용하여 자신만의 고유한 종교적-정치적 이상을 제공할 필요에 직면해 있다는 것을 반영하고 있는 것이다.49)

위의 전통들의 합성의 관점에서 보면, 우리는 빌 3장의 마지막 편집 단계에서 제 2바울서신 저자는 어떤 방식으로 이 찬양시를 이해하고 있었는지 새롭게 제시할 수 있다. 여기에서 더 나아가서 이 찬양시까지도 90-100년경에 이 편집자가 재구성하였거나 새롭게 재해석한 것이 아닌지 새롭게 문제제기 될 수 있다. 위의 2장의 찬양시와 3장을 연관시켜서 이해해 보면, 빌립보 공동체에 속하는 이 서신의 편집자가 바울신학을 재구성하기 위해서 왜 하필 바울의 소명과 기독교의 정치적 이상(시민권)을 강조하는 방식으로 논의를 제시하게 되었는지에 관해서도 우리는 새롭게 이해할 수 있게 된다. 그리고 결국 빌립보서에서의 신학과 윤리와의 관계가 어떤 동기에서 현재의 모양으로 확립되었는지 알게 될 것이다.

시의 황제의 통치 영역보다 더 넓은 것이라고 주장한다고 볼 수 있다. 더구나 그리스도를 '주'라 시인한다는 것(11)도 축제와 절기 때에 황제의 업적을 공개적으로 칭송하거나 황제를 찬양하는 시 짓기, 음악회와 체육회의 경연대회를 개최하는 당시의 로마 황제 숭배의 문화에 대항하는 것을 의미할 수 있다. 이에 관해서는 Seeley, 위의 글, pp.55-60 참조.

48) Seeley, 위의 글, pp.50-51. 당시의 사람들은 자기 시대에 주어진 정치적 구조들에 대한 실질적인 대안들을 실현하고자 통치권에 대한 높은 관심을 다음과 보여준다. 예를 들면, 에픽테투스(Epictetus)의 글들이나 스토이시즘 철학자들과 견유학파들은 당시의 공적 지배자의 권력을 탈피하여 아무도 자신들을 지배하지 않도록 새로운 신들이 지배하는 철학자들의 왕국을 제안하는데 관심을 가졌다. 다른 한편, 『솔로몬의 지혜서』와 필로(Philo)의 저서들은 어떤 의인이 인내하여 현재와는 다른 대안적인 정권과 왕국을 건설하는 것을 꿈꾸거나 하나님이 다른 왕국들과 대조되는 새로운 '현자의 왕국'을 부여할 것이라고 주장하였다. 그리고 다양한 유대 묵시문학 작품들과 쿰란 문서는 하나님이 새로운 왕국을 통해서 지상의 주권들을 파멸할 때를 대비하여 유대인들이 어떻게 새로운 정치적 이상을 제안하는지 보여준다.

49) Seeley, 위의 글, pp.50-51.

위의 질문들 대한 답변은 바로 탈식민주의적 관점에서 보다 명료하게 새롭게 제시될 수 있는 것이다. 빌립보 공동체의 내적인 도전과 대외적 도전을 동시에 살펴보아야 할 것이다. 우선 내적인 도전의 문제는 탈식민주의적 풍토에서 흔히 제기될 수 있는 문화적 충돌, 즉 시간 격차에 따르는 번역의 문제이다.50) 초기에는 단순한 우정과 서로 상대를 존중하는 개인 윤리적 차원에서 제기되었던 유대인과 이방인 그리스도인들 사이의 갈등 관계의 문제들이 더 이상 바울의 단순한 권면들(2:1-5와 2:12-17)만으로 해결될 수 없었다는 점이다. 스토이시즘의 사유구조가 보다 의도적으로 유입된 것은 이 시점이라고 생각된다. 이 스토이시즘이, 비로소 보편적 지식에 토대를 둔 이상적 정치 공동체를 조직적으로 제시할 수 있다는 점에서, 새롭게 대두되는 이방 기독교인들과 헬라적 유대 그리스도인들 간에 일어나는 문화적 갈등을 해결하는 데 적합할 것이라고 생각되었다. 그래서 이 빌립보서에서 바울은 그가 어려움에 처해 있었을 때 빌립보 교회가 그에게 경제적 지원을 제공한 것을 교회들 간의 연합을 위한 상호교제라고 간주하여 이를 지극히 칭찬하게 된다. 이것은 바울이 공동체들 간의 정치적 연합의 신학적 기초가 하늘에 존재하는 시민권(이상적 정치 공동체)에 근거한다고 주장하는 것과 매우 밀접하게 연관된다(1:27, 3:20).

이러한 상황에서 비로소 '제3의 공간'으로서의 간극적 혼종성이 확립되었다고 볼 수 있다. 왜냐하면 로마와 기독교가 헤게모니를 놓고 쟁탈전이 벌어지는 상황이 되어 기독교가 로마의 문화적 근거를 마련해 준 스토이시즘의 사유 방식을 닮게 되는 상황이 되었기 때문이다. 그런데 여기에서 스토이시즘은 로마 뿐 아니라 기독교의 통치 이데올로기가 될 수 있는 여지가 있다는 점이 중요하다. 이것이 이데올로기화 될 수 있는 그 흔적은 바로 이분법적인 이항대립항들에 의해서 수사적인 토론이 제시되었다는 점과 바울의 자기 정체성 확립의 모델이 제시되었다는 점이다(3장). 또한 찬가에서 로마 제국의 황제에게 부여되었던 방식으로 그리스도가 '주'로서의 칭호가 주어지고 모든 자들이 그에게 경배해야 한다는 점이다(2:9-11). 이러한 흔적들은 기독교가 내부 결속을 강화하여 자체 기독교 공동체들의 집단적 정체성을 확립하고 기독교 내의 다양한 문화적 다양성들의 차이

---

50) 이처럼 탈식민주의 비평에 근거하여, 수로페니키아 여인 기사를 문화 충돌의 문제를 중심으로 새롭게 재해석한 글로서는 Jim Perkinson, "A Canaanitic Word in the Logos of Christ", *Se* 75 (1996), pp.61-85 참조.

들에서 오는 간극들을 통일시키려 하였던 시도를 암시하고 있다. 이때 로마 제국의 식민지 지배에서 강요되는 황제 숭배와 저항하면서도 이 제국적 지배를 닮게 되는 아이러니칼한 상황을 야기함으로써, 이제 기독교 자체도 다양한 문화적 전통들을 융합하고 새로운 혼종적 문화들을 통합하여 형성된 단일한 보편적 교회, 즉 캐토릭(Catholic) 교회의 신학적 근거를 확립하게 되었다.51)

또 다른 한편 대외적인 도전의 문제로는 로마 제국의 식민지 통치 억압정책에 대한 정체성 위기의 상황을 제시할 수 있을 것이다. 이제 로마의 정책이 황제 숭배를 강요하는 분위기에서 바울의 순교나 죽음을 기념하는 상황이 무르익게 되어 바울서신을 재편집하게 되었을 것이다.52) 이 대외적 문제에 대한 결정적인 전환점은 식민지 상황 인식의 근본적인 변화이다. 제 2 바울서신의 저자는 이제 로마와 기독교가 서로 경쟁하는 새로운 국면에 도달하게 되었다고 생각한 것이다. 이 로마와의 경쟁관계를 드러내는 결정적인 단서는 빌 3장에서는 바울 신학이 스토이시즘적 공동체의 정치적-윤리적 이상에 비추어서 재구성되어 있다는 점이다. 그래서 하늘의 시민권이 강조된다(3:20). 여기에서 중요한 점은, 로마의 정치제도가 스토이시즘의 정치적-윤리적 이상을 실현시키지 못하고 문화적 풍토로서만 수용한 반면, 제 2 바울서신의 편집자들은 이 이상을 모든 교회 공동체에 구체화시키면서 로마의 정치적-윤리적 현실의 구조적 문제를 타파하려 하였다고 볼 수 있다는 것이다. 이것은 식민지 상황에서 식민자와 피식민자 사이에 일어나는 스토이시즘의 정치적-윤리적 이상 구현을 놓고 이제는 기독교와 로마 제국이 서로 경쟁하였다는 것을 의미한다. 제 2 바울서신의 기독교는 유대교의 역사 이해와 스토이시즘의 윤리와 정치 원리를 접목시키는 새로운 사유체계를 확립하게 된 것이다.

그런데, 위에서 제시한 대내적, 대외적 도전에 관한 토론은 제 2 바울서신의 편집자가 이제 빌 3장을 새로 창작하였을 뿐만 아니라 2장의 그리스도 찬가를 새로 편집하였을 가능성이 있다는 논거를 제공해 준다. 여기에서 중요한 점은 그리스도의 찬가에서 그리스도

---

51) 문화의 혼종성의 새로운 형태로 제시되는 '제3의 공간'에 관해서는 바바, 『문화의 위치』, pp.61-93 참조.
52) 로마 제국의 기독교 박해에 관해서는 약 110년 경 로마 비시디아/본도 지방 총독 플리니(Pliny the Yonger)가 트라얀(Trajan) 황제에게 보낸 공문 서신이 그 중요한 전거이다. 이에 관해서는 R. J. Cassidy, 1992, *John's Gospel in New Perspective* (Maryknoll: Orbis Books), pp.17-26, pp.89-90 참조.

가 이제는 황제 숭배에서 제기되는 '주'로서의 황제를 넘어서는 새로운 '주'가 되도록 하나님이 그의 자기 비하와 죽기까지의 복종을 보상하셨다는 인식이다. 이러한 인식에 비추어 보면, 우리는 찬가의 편집 단계의 의미화 과정을 다음과 같이 살펴볼 수 있다. ① 원래 前-바울 단계에서, 그리스도의 찬가에서 주로 인식되는 그리스도의 정체성과 예배의 대상으로서의 주의 이름은 유대교의 유일신론과 타협하면서 그 동안의 신학적 한계를 극복하려는 새로운 기독교의 절충적 노력의 산물이었다. ② 하지만 서신 Ⅰ과 Ⅱ에서 바울은 이러한 종교적 동기를 그리스도의 단일한 통치 원리를 나타내는 정치-윤리적 주제로 새롭게 인식하게 되었다. 그리고 바로 이렇게 새롭게 재구성된 그리스도의 단일한 통치 원리를, 이번에는 바울이 세운 교회들의 다문화적 경향들을 통일성과 일관성 있게 연합시킬 수 있는 정치신학적 근거로, 새롭게 의미화되었을 것이라고 추론할 수 있다. ③ 바로 제3 바울서신(서신 Ⅲ)의 편집자는 이번에는 이 찬가에서 그리스도의 창조적 통치 원리의 기초가 자기 비하와 죽기까지의 복종의 윤리적 문화 풍토라는 점을 부각시킴으로써, 로마 제국의 황제로서의 '주'의 통치 원리와 대조되는 새로운 기독교 제국의 '주' 그리스도의 통치 원리를 제기하게 된다. 바로 이러한 논리에 의해서 3장(특히 20-21절)은 빌 2:6-11의 그리스도 찬가의 정치적 윤리적 동기를 재의미화하여 새롭게 제시한 결과였다고 추론할 수 있는 것이다.53) 그리고 더 나아가서, 이제는 이 새로운 통치 원리를 구현하기 위해서 투쟁하는 바울 자신의 존재 양태까지도 새로운 리더쉽과 교회 통치의 모델로 제시하게 된 것이다. 이 식민지 통치 제국의 피식민 국가에 대한 지배관계에서 죽음을 당한 바울이 이제 새로운 통치 윤리의 모델이 되었다는 것을 보여주려 했던 것이 빌 3장의 제 2 바울

---

53) 빌 2:6-11에는 前-바울적인 요소가 있다는 것은 실리(Seeley)이외의 거의 모든 학자들이 일치한다. 문제는 바울이 편집한 부분이 어디인지에 관해서는 학자들마다 다르다는 것이다. 이 중에서 특히 재미있는 통찰을 제시하는 학자는 스트레커이다. 그는 다른 학자와 달리 2:8c('십자가의 죽으심이라')뿐만 아니라 2:8 전체가 바울이 편집한 부분이고, 3:20-21이 바울서신에 의해서 덧붙여질 때 10-11절도 바울에 의해서 함께 편집되었다고 주장한다. 필자의 견해에 의하면, 바울은 전-바울의 전승(2:6-7, 9)을 거의 그대로 사용하였을 뿐이고, 3:20-21이 편집되어 삽입되었거나 또는 3:20-21이 제 2 바울서신의 편집자에 의해서 새로 작성되었을 때, 8절과 10-11절이 제 2 바울서신에 의해서 함께 편집되었을 가능성이 크다. 아니면 2:6-11 전체가 바울이 새롭게 저작했다고 주장하는 실리와 다르게, 필자는 2:6-11과 3:2-21 전체, 그리고 이와 상응되는 부분들을 사실은 제 2 바울서신 편집자가 작성했을 것이라고 생각한다. 스트레커의 견해와 그 밖의 다른 학자들의 견해에 관해서는 Strecker, *Theology of the New Testament*, pp.69-74 참조.

서신이다. 그래서 제 2 바울서신의 편집의 근본 동기는, 로마와의 갈등에서 빚어진 바울의 순교적 죽음이 역설적으로는 식민지 상황에서 지배와 억압, 그리고 저항과 전복의 반복적인 투쟁의 결과이지만 이제는 황제의 통치 영역보다도 더 넓게 펼쳐진 주 그리스도의 기독교 제국의 새로운 통치 원리의 기반이 되었다는, 상황 변이 인식을 내포하고 있는 것이다.

여기에서 우리의 글의 목적을 위해서 특히 주목되는 점은 초기 기독교가 아직 해결하지 못하였던 기독교 내의 모순, 즉 유대교의 유일신론적 전통과 그리스도의 신적 위치나 그 단일성과의 갈등의 문제와 기독교 구속론의 그리스도 중심적 단일성과 다문화 포괄주의적 윤리 풍토와의 관계의 문제이다. 여기에서 바로, 빌 3장의 저자가 이러한 문제들을 이제는 새롭게 해결하려고 노력하였지만 결코 완전하게 해결하지 못하였다는 탈식민주의 관점에 근거한 비판적 통찰이 보다 첨예하게 요구되는 것이다.

탈식민주의에서 핵심적인 논지는 식민지 제국이나 국가의 내부 모순이 피식민지에 대한 지배 이데올로기 속에서 그대로 전이될 수 있다는 모방 욕망의 모호성이다. 이 모호성은 지배자가 자신의 계몽적 근대성을 모방하기를 바라지만 완전히 모방하게 되면 식민지 지배의 정당성 자체를 인정할 수 없는 '이중구속'(double bind)의 형태로 제시되기도 한다. 다시 말해서 '나를 닮아라' 그러나 '닮지 말아라'라는 모순된 금지를 동시에 사용하는 것과 같게 된다. 그러나 이러한 모호성은 지배자의 피지배자에 대한 근원적 두려움에서 비롯된다. 지배자가 피지배자를 두려워하고 피지배자가 지배자의 지배 욕망을 무의식적으로 욕망하게 되는 이러한 지배 욕망의 양가성은 지배자 자신의 내적 분열의 형태인 '상상적 동일시'와 '상징적 동일시'에서 나타난다. 식민지 지배자는 이 본원적 분열이 피지배자에게서 발생한 것이라고 착각하게 된다. 이제 이러한 오인은 식민자 자신의 이상적 이미지와 동일시하려 하지만(상상적 동일시) 그것과 차이가 있음을 인식하게 될 때 피지배자에게 편집증적인 두려움을 표출하게 되는 방식으로 확인된다(상징적 동일시). 그래서 '문명화된 선교'와 '억압적 전제적인 통치'가 동시에 나타나는 양가적 공격의 이중성이 나타나는 것이다.54)

---

54) 바바, "모방과 인간", "교활한 교양", 『문화의 위치』, pp.171-191과 pp.193-208. 이에 대한 해설로는 박상기, "탈식민주의의 양가성과 혼종성", 『탈식민주의: 이론과 쟁점』, 2003, 서울: 문학과 지성사,

이러한 탈식민주의 비평적 관점에 의해서 서신의 신학과 윤리의 관계를 3장의 편집 단계를 중심으로 조명하면 다음과 같을 것이다. 유대교의 유일신론과 그리스도의 신적 위치의 갈등은, 이제 특히 3:20-21("오직 우리의 시민권은 하늘에 있는지라 거기로서 구원하는 자 곧 주 예수 그리스도를 기다리노니 …… 그가 만물을 복종케 하실 수 있는 자의 역사로 ……")에서처럼 그리스도가 우주적 질서를 통치하는 만유의 '주'로서만이 아니라 동시에 하나님으로부터 로마까지도 굴복시킬 수 있는 통치권을 이양 받은 정치적 '주'로 인식될 때, 해결된다.55) 하지만 아이러니칼하게도 이러한 기독론적 인식은, 이번에는 바로 하나님의 구원 활동의 절대적 주권성과 인간의 윤리적 활동과의 관계 설정의 문제와 또한 기독론 중심적 단일성에 관한 바울의 구원론적 신학과 다문화 포괄주의적 윤리와의 갈등을 동시에 야기시킬 수밖에 없는, 빌립보서의 모방 모델(3:10, 17) 생성의 신학적 근거가 되었다. 이방 세계에서는 예수의 삶이 그리스도인의 직접적인 윤리적 모델이 되기에는 어렵기 없기 때문에 그에 대한 지식을 이상적인 목표로 제시하게 될 때, 이번에는 유대교의 선민에 의한 구원신학이 해체되면서도 동시에 그리스도 중심의 단일성의 구원론이 확립되는 계기가 된 것이다.

그래서 이제 제 2 바울서신의 저자는 그리스도의 자기비하와 죽도록 복종하는 삶의 현존 양태를 모방한 바울 자신의 역설적 정체성 변화와 그리스도의 고통에 참여하는 바울의 선교적 삶의 존재 양태 자체를 기독교인의 윤리적 모델로 제시할 수 있게 된 것이다. 3:5-6에는 바울이 할례를 받은 베냐민 지파로서 교회를 핍박하고 율법의 의로는 흠이 없었던 바리새파였다는 정체성을 제시함으로써 기독교인들을 향하여 바울이 율법을 철저히 준수하는 완벽한 유대인이었음을 확인시키게 된다. 동시에 바울이 그리스도의 새 정체성으로 말미암아 율법 자체를 허물었다는 역설적 주장이 나오게 된 것이다(7-8). 여기에서 율법의 기능이 무효화되자 이제 편집자는 바울이 감옥에까지 갈 수 있는 만큼 그리스도의 고난에 참예하는 자신의 선교적 삶의 존재 양태가 그 율법의 효용성을 대신하게 된

---

pp.223-247 참조.
55) 3:20-21이 2:6-11에 대한 정치적 해석으로서 덧붙여진 것이 바로 로마 황제 대신에 그리스도를 새로운 '주'로 인식하였던 근거로 이해할 수 있다. 비록 3장을 바울의 저작으로 간주하였지만 이러한 정치적 해석의 예로서는 N. T. Wright, 2000, "Paul's Gospel and Caesar's Empire", *Paul and Politics*, pp.173-183 참조.

것이라고 주장하게 된다. 이제는 유대교 내의 근본적 모순이 형식적으로는 완전히 극복된 것처럼 여겨졌기 때문에 율법 파기를 이룩한 원시기독교의 '하나님의 의'가 '믿음으로 하나님께로서 난 의'(τὴν ἐκ Θεοῦ δικαιοσύνη ἐπὶ τῇ πίστει)로 바뀌게 된 것이다. 이것은 바울 자신이 가질 수 있는 '의'의 보상과 인간 자신의 완벽함의 노력이 가미된 '내가 가진 의'이다(3:9). 이제 제 2 바울서신의 편집자는 그 보상이 주어지는 목표를 향해서 달려감으로써 성취한 '의', 즉 바울 자신이 그 모델이 된 그것(3:11-14)을 그리스도인들도 함께 추구하여야 할 본받을 대상으로 제시하게 된 것이다(3:17-18).

결론적으로 말해서, 위의 빌 2-3장의 분석은 다시금 바울신학이 그리스도론적 중심의 단일성과 포괄주의적 윤리와의 갈등을 일으키게 되는 내적 한계를 내포하고 있었다는 것뿐만 아니라 이것이 재생산될 수밖에 없었던 이유가 이중구속의 논리에 의해서 설명될 수 있다는 것을 확인시켜 주었다. 이 기독론적 단일성에 기초해서 죽기까지 복종하는 순교적 선고의 삶의 모델에서는 언제나 선교의 효율성 자체가 감옥에까지 가야하는 전투적 선교의 정당성을 확보하게 됨으로써 포괄주의적 윤리는 실종하게 되고, 이제는 그리스도 중심적 단일성이 일관되게 적용되는 타종교·타문화 배타적 자세가 도저히 극복될 수 없는 역설적 상황이 되어 버린 것이다. 이것이 우리 독자까지도 탈식민주의적 이중구속의 질곡에 빠지게 되는 '위기'의 국면이면서, 동시에 우리가 이를 타개하기 위해서 빌립보서의 신학과 윤리의 관계를 새롭게 정립할 수 있는 해석학적 시금석 마련의 '기회'의 국면이기도 하다.

제 V 장
바울의 문화신학과 정치윤리의 한국 사회/교회에의 적용

❖ 탈구조주의의 지적 도전과 21세기의 문화신학을 위한
  성서 해석 / 461
❖ 신약성서의 성(性) 윤리 / 493
❖ 여성 고용 창출과 공동목회를 통한 교회개혁 / 504
❖ 고린도 전서 11:17-26 주석 방법과
  이에 근거한 설교 / 513
❖ 한국 교회의 성서해석 풍토에 대한
  탈식민주의적 성찰 / 530

탈구조주의의 지적 도전과
21세기의 문화신학을 위한 성서 해석
- 상징적 질서의 생성 과정과 기원을 중심으로 -

1. 들어가는 말: 우리 시대의 지적 관심과 '포스트모더니즘'의 상황

다가오는 21세기를 맞이하여 새로운 문화신학의 과제를 설정하기 위해서 우리는 사회·정치적, 문화적·지성적, 종교적·신학적 상황의 특성들과 지적 관심들을 다음과 같이 간략히 열거할 수 있을 것이다:

① 지구촌화(globalization)와 지방화(localization)가 동시에 일어나는 '통역화'(glocalization: 지구화+지방화)로 인한 참여 민주주의의 필요성 요구; ② 세기말에 '문명'의 전환기를 맞이하여 원시·고대 사회의 종교와 문화인류학에 대한 관심의 부흥; ③ 매스미디어(mass media)와 인터넷(Internet)을 통한 정보화 사회의 등장과 기호학에 대한 관심; ④ 포스트모더니즘(postmodernism)의 도전으로 인한 전통 신학과 교회의 사회에 대한 영향력 쇠퇴와 적합성 상실로 인한 신학 전승에 대한 새로운 고찰의 요구와 영성 체험의 중요성 인식.

특히, 위의 네 가지 중에서 최근 '포스트모더니즘'과 '포스트모더니티'(postmodernity)가 우리들의 신학적 논의의 주제가 되었다.1) 그러나, 제42차 한국기독교 학회에서의 논의는

---

1) 포스트모더니즘 시대의 신학적 주제에 관해서는 제42차 한국기독교학회에서 발간한 『포스트모더니

대체로 포스트모더니즘에 대한 신학적 대처에 있어서도 방어적일 뿐이고, 적극적이고, 창조적인 신학의 방향을 제시하지 못하고, 주로 민중신학이나 해방신학의 입장의 연장선에서 이전의 신학의 내용과 방법을 구조적으로 비판하지 못하고 적당한 절충주의나 피상적인 대안을 제시하게 되었다. 특히, 논의가 된 포스트모더니즘은 주로 칸트(I. Kant)와 헤겔(F. Hegel)의 사유방식에 대해 비판하는 '탈근대적' 사유방식과 세계관을 기술하거나,2) '탈근대성'의 발생에 관한 사회적·역사적 배경을 제시하고, 이에 대한 제 3 세계로서의 한국 신학과 윤리적·선교적 대응에 관한 것이었다.3) 더구나, 이 학회에서 논의된 포스트모더니즘은 이를 '탈근대성'이라고 번역하고, 근대성의 철학적 사유방식의 특성들과 세계관과 대조가 되는 신학적·철학적 특성이나 이와 유사한 특성을 가지고 있다고 생각되는 신세대론, 정보화 사회론, 신사회 운동에 대한 신학적 대응 방식을 나열하는데 그치고 있다.4)

    필자의 견해로는 포스트모더니즘은 모더니즘(modernism)의 문화적 특성과 비교하면서 대조하는 논의가 필요하다. 그렇지 않을 경우 '근대성'(modernity)에 대한 비판적인 지성적 노력(맑스, 프로이드, 니체)이나 모더니즘의 문화적 특성과 변별적이지 못하여 포스트모더니즘의 첨예한 특이성을 정확히 포착하지 못하게 된다. 오히려, 포스트모더니즘은 모더니즘의 문화적 특성과 대조해서 그 미학적·문학적 양식의 특성을 기술하고, 이에 대해 사회학적 해명을 하는 관점이 매우 적절하다고 본다.5) 특히, 포스트모더니즘의 지성적 뿌리가 불란서의 구조주의(structuralism)와 탈구조주의(poststrurcturalsim)인 점을 감안하여 탈구조주의의 지성사적 특색에 대한 심도 있는 이해가 필연적이지만, 이 학회에서의 신학적 논의에서는 포스트모더니즘의 현상만을 겉핥기로 제시하고, 그 개념과 그 개념의 지성사적 배경에 대한 심도있는 토의가 선행되지 않았다.6) 그 결과로 특히 포스트콜로니알리

    즘과 탈식민주의 시대의 신학』, 1996, 서울: 한국신학연구소 참조.
2) 이에 대한 예로서 김재진, "다원가치적 성령론적 보편신학"과 이규민, "탈근대화 시대의 기독교교육 과제 설정을 위한 신학적 고찰: 몰트만의 사회적 삼위일체론을 중심으로", 『포드트모더니즘과 탈식민주의 시대의 신학』, pp.172-202, pp.235-274 참조.
3) 손규태, "탈근대주의와 탈식민주의 시대의 한국신학," 『포스트모더니즘과 탈식민주의 시대의 신학』, pp.11-48.
4) 홍명희, "포스트모던과 실천신학의 위치," 『포스트모더니즘과 탈식민주의 시대의 신학』, pp.275-299.
5) 이러한 접근방법에 의한 대표적인 책으로서는 스콧 래쉬(Scott Lash)(김재필 역), 『포스트모더니즘과 사회학』, 1993, 서울: 한신문화사 참조.
6) 포스트모더니티와 포스트모더니즘, 근대성의 불란서 지성사적 배경과 개념에 대해서는 필자의 글,

즘(postcolonialism: 탈식민주의)7)의 첨예한 이해와 해체주의 방법과 권력과 지식의 연관성에 대한 이론적인 이해가 되지 않았기 때문에 한국적인 수용과 구체적인 적용을 수행하지 못하고, 구호로 그치게 되는 매우 피상적인 수준에 머무르게 되거나 모던적인 성서해석이나 휴머니즘적 여성신학으로 돌아가는 결과가 되었다.8)

위와 같은 비판적 성찰을 토대로 포스트모더니티의 문화적 특성을 사회적 측면을 고려하면서 기술해 보면 다음과 같을 것이다. 대중문화와 고급문화가 뒤섞이고, 심미적·감성적 영역이 이론적-도구적 영역과 도덕적-실천적 영역을 침범하여 각각의 영역의 자율성이 상실된다. 또한, 문화를 생산하는 제도와 유통 양식, 문화 생산품 간의 분리가 느슨해지고, 인간의 욕망, 신체, 권력이 이성/감성, 주체/객체, 문화/자연의 이분법을 교란시키면서 사회적 행위의 주요한 변수가 됨으로써 포스트모더니즘의 주요한 미학적 주제가 된다.9) 또한, 모더니즘이 미적 영역을 독립시키면서 '씨니피앙'(*le siginifiant*)이 '씨니피에'(*le signifié*)를 소박하게 지시하는 재현의 의미체제 자체를 문제시하였다면, 포스트모더니티의 문화적 특성은 시그니피앙과 '지시 대상물'(*référent*)이 상호 교환하게 되고, 이미지와

"예수의 말씀 전승과 비유에 대한 윤리적-정치적 해석: 데리다, 푸코, 리꾀르의 사상에 의거한 방법론적 탐색," <신학논총> 제1집(1995), 서울: 연세대학교 부설연구기관 한국기독교 문화연구소, pp.59-91 참조.

7) 포스트콜로니알리즘은, 스리랑카 신학자 R. S. Sugirtharajah의 정의에 의하면, 식민지 경험을 가진 국가의 일원들이 외국 이론들과 학문에서 객관성과 중립성의 이름으로 가려져 있는 현대적/근대적 가치들의 억압적 기제나 지식(사상)과 권력 사이의 연결고리를 폭로하고, 자국의 문화적 전통과 전승들의 억압적인 기존의 해석을 해체하고, 서술된 기억들이나 경험들의 파편화된 부분들을 현재의 공동체가 새로운 사회운동을 할 수 있는 원동력과 문화적 자생력을 키우기 위해 독자적으로 재구성하는 지적 노력이라고 볼 수 있다. 특히, 포스트콜로니알리즘은 여기에서 불란서 탈구조주의자 이론인 푸코의 계보학과 데리다의 해체주의를 수용하고 있다. 이에 대하여서는 R. S. Sugirtharajah, "Charting Postcolonial Criticism",『포스트모더니즘』, pp.49-61 참조.

8) 이에 대한 예로서는 왕대일, "아시아신학의 성서이해와 구약신학적 반성"과 강남순, "페미니즘, 포스트모더니즘, 그리고 탈식민주의 시대의 신학", pp.65-104, pp.300-348 참조. 필자의 견해로는 포스트콜로니알리즘의 논의는 지식과 권력이 교묘하게 결탁하여 일어난 한국의 구체적인 사건의 사례를 제시하면서 논의하는 것이 무엇보다 중요하다고 본다. 예를 들면, 한국의 사립학교 악법인 교수 재임용 제도에 대한 구체적인 대안을 제시하기 위해서 어떻게 권위주의적인 세대가 억압적이고 불합리한 분류체계와 평가기준을 사용하여 새로운 세대의 지적 창의성을 압살하고 있는지 논의해 보는 것일 것이다.

9) 스콧 래쉬(Scott Lash),『포스트모더니즘과 사회학』, pp.1-66, pp.69-146.

'표현형상'(figural)이 사물 자체를 대신하게 되면서 '실재' 자체가 의미체제의 핵심문제로 제시된다.10) 모더니즘에서는 사회적 주체가 이론적, 도덕적, 미적 영역의 기준을 그 자체의 고유한 영역의 고찰을 통해 그 규범을 제시하려는 '자기-입법화'의 특성과 '분화'를 그 사회적 질서화의 원리로 채택하게 되었던 반면, 포스트모더니즘에서는 각각의 영역의 규범들을 생산하는 고급문화의 특성들이 대중문화에 상호 침투하고, 문화생산품과 비평, 문화적인 것과 사회적인 것 사이의 경계선이 '탈분화'되는 방향으로 바뀐 것이다.11)

위에서 열거한 새로운 지적 관심과 '포스트모던' 문화가 급부상하는 사회에로 진입한 한국 사회와 교회는 우리로 하여금 서로 상반된 것들의 공존과 모순적 상황을 직시하도록 경각심을 주고 있는 것이다. 여러 신학대학교에서 여전히 거룩함의 베일에서 자행되는 기독교인들 사이의 모방적인 욕망과 사소한 인간관계의 갈등에서 비롯되는 종교 기관의 희생양들이 왜 계속 재생산되고 있는가? 문민정부가 들어선지 오래지만 통일에 대한 논의가 금지된 상황에서 그토록 많은 학생들은 아직도, 주사파의 사주를 받았다는 비난에는 아랑곳 하지 않고, 유사(類似)종교적 북한 집단의 주체사상에 호기심을 드러내며, 스스로를 통일운동의 전위대며 선봉장으로 생각하여 9일 동안 모 사립대학의 상아탑을 점거하면서 쇠파이프와 화염병으로 그들을 무장하여 왜 보기 좋은 폭력의 축제를 벌이는가? 거룩함이 소진된 정보화 사회에서 아직도 존속하는 영성 체험과 새벽기도의 물결과 한국종교의 양적성장에 대해서 『세속도시』의 저자 하비 콕스(Harvey Cox)는 왜 비대해진 순복음교회의 신학적 불균형을 비판하기 보다는 새로운 영성의 회복 방식을 제안한 것으로 감탄하면서 칭찬하고 있는가?12) 제의화된 현란한 춤음악, 열린 음악회의 선풍적인 인기와 제의의 모양에서 멀어진 한국기독교의 예배문화의 대조 속에서 느끼는 착란된 현대인

---

10) 위의 글, pp.213-242. 소쉬르(F. Saussure)는 기호는 청각 영상인 소리, 이미지, 단어, 언술을 의미하는 씨니피앙(記標)과 개념이나 의미를 뜻하는 씨니피에(記意)로 이루어졌다고 보았다. 피어스(C. S. Pierce)는 기호의 구성요소들이 씨니피앙에 해당하는 재현체(representamen), 씨니피에에 해당하는 해석체(interpretant), 그리고 사물로 불리던 대상체(object)로 나누었다. 래쉬(Scott Lash)는 위의 두 기호학에 기초하여 의미하는 것(signam)으로서 씨니피앙과, 의미되는 것(signatum)으로서 씨니피에, 지시되는 구체 세계를 의미하는 '지시대상물'(référent)을 의미체제의 구성 요소들로 보았다.
11) 위의 글, pp.147-188.
12) 하비 콕스(Harvey Cox)(유지황 역), "한국의 무속과 기업정신: 환태평양 아시아의 원초적 영성," 『영성·음악·여성: 21세기 종교와 성령운동』, 1996, 서울: 동연, pp.303-339.

들의 모순적 모습을 우리 신학도는 과연 어떻게 해석할 것인가? 한국 사회의 신학과 신앙의 갈등, 영성 체험과 성장 제일주의, 제의의 상징적 질서에의 모사품이 판치는 춤음악 매니악(maniac)들의 증가와 기독교의 제의성의 상실로 줄어드는 기성교회 교인 수의 감소 등이 주는 이 모순된 상황에서 거룩함과 폭력이 혼합된 야누스의 얼굴을 가진 한국종교의 모습에 직면하여 종교의 상징성의 생성과정과 기원은 무엇인지 묻게 되지 않겠는가? 이것이 우리가 21세기를 맞이하는 기독교인들과 신학자들에게 던지는 본질적인 문제제기가 아니겠는가?

우리는 위에서 제기된 최근의 지적 관심, 신학적 논의, 한국적 현실에서의 실존적 질문을 검토해 볼 때 이 글에서는 다음과 같은 순서로 제기된 주제를 논의해 보고자 한다. 2장에서는 탈구조주의의 지적 풍토를 知性史的으로 고찰하면서 우리가 포착하여야 할 종교의 상징성의 생성 과정과 기원의 이론적 근거를 제시하고, 3장에서는 탈구조주의의 도전에 대해 이의 긍적적이고 적극적 수용을 토대로 21세기 문화신학 방법의 재구성에 대한 방향을 단편적으로나마 제시하게 될 것이다. 4장에서는 탈구조주의 비판적 고찰을 통해 기독교의 전승의 긍정적 측면을 재구성하는 가능성을 제시하면서 21세기 문화신학의 과제를 서술해 볼 것이다. 5장에서는 특히 해체주의 비평과 탈구조주의 사유를 통해 성서 분석과 해석의 구체적 예를 제시하면서 21세기 문화신학의 내용을 도출해 볼 것이다. 6장에서는 탈구조주의의 위의 논의에 근거해서 21세기 문화신학의 방향에 대한 단초들을 간결하게 요약하면서 결론지을 것이다.

2. 우리 시대의 새로운 지적 풍토 탈구조주의가 제시하는 문제틀

구조주의가 불란서에서 커다란 지적 유행을 불러일으키면서 철학사적으로 중요한 토론을 야기시킨 것은 구조주의 이전의 불란서 철학적 전통에 대한 비판적 입장을 견지하였기 때문이다. 불란서 구조주의는 하이데거(M. Heidegger), 후셀(E. Husserl), 헤겔(F. Hegel)의 독일 철학을 불란서 데카르트(R. Decartes)의 우익 계통의 인문주의 철학 전통과 계몽주의의 도덕적 철학 전통에 의해서 새롭게 재해석하였던 '주체 철학'[13]에 대한 비판적

---

13) '주체 철학'은 현상학, 변증법, 해석학과 같이 인간의 주체를 인식, 존재, 의미, 역사의 기반으로 설정

입장을 견지하였다. 주체 철학은 인간의 의미 추구와 역사 참여의 거점으로 인간의 사유와 인식의 토대로서 인간의 주체성을 상정하고 불란서의 권위주의적 우파 정권과 카톨릭의 보수적 종교전통에 대한 비판을 통해 인간 개인의 무한한 자유와 가능성을 강조하는 철학이다. 예를 들면 장 폴 사르트르(Jean-Paul Sartre)는 "실존주의는 휴머니즘이다."(1946)라는 그의 글에서, 인간 주체성까지도 비판하려는 의도를 가진 하이데거의 '존재자'에 대한 '존재'의 우위성을 그대로 반복하기 보다는, 하이데거의 '존재자'의 실존적 상황을 자유와 행동의 조건으로 해석하면서 불란서 인문주의와 도덕적 철학 전통을 계승하고자 하였다.

구조주의는 불란서 지성사에 있어서 이 주체 철학의 근본 전제가 되는 주체의 토대성에 대한 비판적 관점을 제시하면서 새로운 사상적 거점으로 자리잡게 된다. 이 구조주의의 사상적 계보는 불란서의 데카르트의 좌익의 지적 계보를 형성하는 콩트(A. Conte)의 실증주의, 뒤르켐(E. Durkeinr)과 모스(M. Mauss)의 사회학적 전통, 바슐라르(G. Bachelard), 캉길렘(G. Canguilhem) 등의 과학사적 전통을 계승하면서 인간에 대한 과학적 접근방식을 확립하는 것이었다. 이러한 철학사적 전통을 이어받아 구조주의의 사상적인 중요한 특성은 인간의 주체성에 대한 '언어'와 '구조'의 우위성을 주창하면서 주체 철학의 전제를 비판할 수 있는 토대를 마련한 것이다. 그러나 방법으로서의 구조주의 사유체계는 이미 자연과학과 수학에서 제기된 것이었고, 이 구조주의 사유체계를 인문과학의 연구 방법의 초석을 제시한 소쉬르(F. de Saussure)의 언어학의 언어 이론을 통해 문화인류학에 접목함으로써 레비-스트로스(C. Levi-Strauss)는 구조주의 문화인류학을 제창하게 되면서, 불란서의 새로운 지성적 풍토를 형성한 것이다.14)

그렇다면 구조주의 방법과 구조주의의 사상적 특성을 가로질러 구조주의의 사유방식의 특성을 개괄적으로 정리하면서 이에 대해서 이의를 제기하면서 등장한 탈구조주의15)

하는 철학적 체계를 형성하는 철학을 지시하는 용어로서 쓰인다. 이에 대한 프랑스 철학사적 의미에 대해서는 이정우, 『담론의 공간: 주체철학에서 담론학으로』, 1994, 서울: 민음사, pp.153-214.
14) 레비-스트로스의 지성사적 위치에 대해서는 김광규, 『레비-스트로스: 생애와 사상』, 1973, 서울: 대한기독교서회, pp.133-171 참조. 또한, 그의 신화비평방법에 대해서는 Claude Levi-Strauss, "The Structural Study of Myth", Myth: A Symposium. ed. Thomas A. Sebeok. (Bloomington and London: Indiana University Press, 1958), pp.81-106 참조.

의 문제틀(la problématique)의 생성 조건을 확립하고자 한다.

구조주의 사유의 특성은 다음과 같이 세 가지로 제시할 수 있을 것이다. 첫 번째로, 구조주의 사유에 있어서는 사유의 의미(le sens)의 형성은 현상학이 말하는 인간의 초월적인 주체가 제시하는 의미 부여라고 생각하지 않는다는 것이다. 의미 형성은 주체의 의도성과 의식의 지향성과 무관하게 어떤 '사건'이나 텍스트들의 표면의 기층에서 작용하는 무의미한 요소들의 조합의 놀이에 의해 가능하다.16) 두 번째로, 구조주의의 언어관은 그 이전의 불란서 철학 전통에서 이야기된 언어관을 비판한다. 현상학이나 실존주의에서 언어는 주체가 의도하고 있는 내용물과 경험을 전달하는 매개물이나 표현의 수단에 불과하였다. 구조주의의 언어관은 인간의 집단적인 활동과 경험으로 형성된 기표(le signifiant)와 약호(le code)가 기의(le signifié)와 전언(le message)의 표현 가능성의 조건을 제한하고 그 기능을 규정한다고 간주한다. 더구나 기표와 기의, 약호와 전언의 관계는 필연적이라기 보다 자의적이고, 통시적이라기보다 공시적이고, 도표적(tabulaire)이기보다 선조적(linéaire)이다. 또한 기표와 기표, 기의와 기의, 약호와 약호, 전언과 전언 사이에는 독립적인 실체로 존재하는 위계적인 질서로 짜여져 있기 보다는 변별적이고, 상호결정적이다.17)

마지막으로 구조주의의 사유는 엄밀한 의미에서 자연과학의 연구 대상인 퓌지스(physis: 자연)의 구조와 구별되는 '상징적 질서'의 구조(La Structure)를 그 연구 대상으로 규정한다. 자연의 구조가 그 구성 요소들 중에서 그 구성의 체계를 실재로 존재하게 하는 기본적 골격의 배치와 상호 관련을 드러내는 내적 설계의 정태적인 조직 형태를 의미한다면, 상징적 질서에서의 구조는 그 구조의 전체성의 한계와 자체-조절 능력을 보여주면

---

15) 탈구조주의는 불란서의 구조주의(주로 문화인류학, 심리학, 언어학, 문학비평)의 사상과 방법에 대해 비판적으로 대응하였던 푸코(M. Foucault), 들뢰즈(Gilles Deleuze), 데리다(J. Derrida), 료타르(Jean-Francois Lyotard), 롤랑 바르뜨(Roland Barthes), 크리스테바(J. Kristeva), 라캉(J. Lacan) 등의 철학과 문학비평을 미국의 사상가들이 명명한 이름이다. 이들 구조주의 철학자들은 사실 어떤 일관된 사상적 방법론적 특색을 공동으로 주창한 것이 아니라 각각 불란서의 구조주의의 사상의 내적 모순을 지적하면서 각각 나름대로 구조주의의 한계를 극복하려한 사유체계를 형성할 뿐이다. 그러므로 탈구조주의를 제대로 이해하기 위해서는 구조주의의 발생과 그 조건을 불란서 지성사적 풍토에서 이해하는 것이 첩경이 될 것이다. 이를 위해서는 이정우, 『구조주의를 넘어서』, 1990, 서울: 인간사, pp.9-37 참조.
16) 이정우, 『담론의 공간: 주체철학에서 담론학으로』, 1991, 서울: 민음사, pp.191-214.
17) 구조주의의 철학적 특성에 대해서는 벵상 데꽁브(박성창 옮김), 『동일자와 타자』, 1990, 서울: 인간사랑, pp.117-130.

서 그 구조를 이루고 있는 구성 요소들의 공통된 관계나 대립항을 드러내는 차이가 의미론적 축을 중심으로 변환되는 통사론적 법칙을 말한다.18) 또한, 구조주의의 구조는 현실적 공간이나 상상적 공간의 위치를 차지하기 보다는 위상학적 공간으로서 그 구성 요소들의 가상적인 활동을 통해 의미 형성을 가능하게 하는 잠재적 공간에서 활동한다.19) 구조는 또한 퓌지스라고 불리는 자연을 형성하는 질서라기보다는, 착란된 충동과 뒤틀려진 인간관계의 갈등으로 점철된 카오스(chaos: 혼돈) 상태의 인간적 문화질서를 새롭게 재단(裁斷)하면서 생성되는 코스모스(cosmos: 우주적 질서)와 노모스(nomos: 사회적 질서)로 구성된 상징적 질서를 구성하는 공간이다.20)

우리는 위에서 구조주의의 사유의 특성을 개괄적으로 기술하였다. 이제 이 구조주의의 사유가 가지고 있는 특성들이 어떤 철학적 중요성을 갖고 있는지 토론하고 이에 대해서 이의를 제기하는 탈구조주의의 사유체계의 문제틀을 재구성해 보고자 한다. 우선 구조주의 사유가 문화적 질서의 자의성을 제시하였다는 점이다. 겉보기에는 필연적으로 보이는 문화의 현상일지라도 그 문화를 형성시키는 조건이 그 사회의 구성원과 집단의 임의적인 규약, 규율과 규범을 통해 통제하고 의사소통시키는 전체의 공시적 구조에 의해 형성되었다는 점을 구조주의 문화인류학이 분명히 하였다는 것이다. 이것은 서구의 이성중심주의적 인본주의 전통의 한계점을 드러내주면서 보편적인 진리와 진실이 필연적인 논리적 추론에 의해서만 형성될 수 있다는 진리관의 허구성을 드러내게 된 것이다. 구조주의는, 서구의 이성중심주의적 인본주의의 대표적인 예로서, 보편적 이성의 빛에 의해서 보이지 않는 영원한 진리를 보편적 형식에 의해서 '표상'(représentation)시킬 수 있다는 신념을 가지고 이성의 규범적, 필연적, 보편적 성격을 강조하였던 칸트(I. Kant)의 관념철학의 근거

---

18) 김광규, 『레비-스트로스』, pp.134-157. 김광규는 자연의 구조의 법칙을 '구조적'(structurel)이라고 하였고, 구조주의의 구조의 법칙을 '구조론적'(structural)이라고 하여 구분하여 설명하였다.
19) 구조주의 구조의 철학적 의미에 대해서는 이정우, 『담론의 공간: 주체철학에서 담론학으로』, 1991, 서울: 민음사, pp.68-88 참조.
20) 필자는 구조주의에서의 구조의 개념을 자연과학에서의 구조 개념과 분리하여 보다 좁은 의미로 사용할 것을 제안하려 한다. 이러한 예로서는 Julia Kristeva, *Revolution in Poetic Language* (New York: Columbia University, 1984), pp.19-106 참조. 또한, 이와 같은 입장에서 구조를 노모스와 코스모스의 연계적 관계로 보려고 한 예로서는 아사다 아키라(이정우 옮김), 『구조주의와 포스트구조주의』, 1995, 서울: 새길, pp.16-31, pp.53-65 참조.

를 비판한다. 구조주의는 이러한 이성의 보편적 형식과 같은 보편적 필연성의 질서 대신에 우리의 이성적 기능과 독립해서 존재하고 있는 상징적 질서의 장(場)을 임의적, 공시적, 변별적으로 움직이는 새로운 잠재적 공간으로 설정하는 것이다.

또한, 구조주의는 구조의 요소들의 상호결정성, 변별성을 강조하면서 구조주의 분석방법을 제시하였다. 구조주의는 여러 가지 다른 문화권에서 발견하는 문화적 산물을 그 특성의 내용을 비교하기 보다는 구조들의 동일성을 찾아내고 일정한 문화적 산물의 일관된 배열의 방식과 계열의 구조적 특성을 변별적 관계의 망 속에서 찾아내는 문화의 분석 방법을 개발하였다. 구조주의는 구조의 변별적 관계를 드러내는 단일한 지점을 제시하는 함수를 찾아내는 방식으로 연구하기 때문에 구조의 동일성과 고착점을 상정하지 않고서는 변별적 구조를 설명할 수 없게 된다.21)

여기에서 구조주의의 닫혀진 체제에 대해 도전하는 탈구조주의의 구조주의에 대한 비판이 있게 마련이다. 그래서 탈구조주의는 구조의 '바깥'과 구조의 동일성과 단일한 지점과의 관계에 대한 의문을 제기할 수밖에 없다. 또한, 의미가 공시적(synchronic) 구조를 통해 분산되는 방식을 추출하면서 이 의미의 닫혀진 관계망을 벗어나서 넘쳐나는 '의미의 잉여'가 여백에 남게 되는 의미의 잉여성의 문제도 자연히 제시된다. 한마디로 탈구조주의는, 구조주의가 구조화의 과정보다는 그 결과에 초점을 두고 이미 완성된 구조의 껍질을 구조분석의 그물코에 걸리는 것만을 걸러내어 사물과 사건의 본질을 보려고 한다면, 이는 또 하나의 형이상학이나 관념론으로 빠지지 않겠는가라는 질문을 제기하게 되는 것이다.22) 더구나 구조주의가 기층의 무의미한 요소들의 조합의 놀이에 의해 표층에 의해 의미들이 표출되는 모양을 상정하게 될 때 기층과 표층의 이분법적 구분을 가능하게 하는 기준은 구조주의 자체 내에서는 정합성의 원리로 받아들여진다 하더라도 이 기층의 무의미한 요소들과 표층의 유의미한 요소들 사이의 구분 자체의 원리의 인식론적, 존재론

---

21) 구조주의 사유의 특색과 이에 근거한 방법의 적용의 예를 보기 위해서는 필자의 글, "예수의 비유의 장르 규정에 대한 구조주의 비평의 공헌," <현대와 신학> 제21집(1996), 서울: 연세대학교 연합신학대학원, pp.235-269 참조.
22) 탈구조주의의 특색을 상징적 질서의 형성과정과 그 이것의 바깥과의 관계에 대해 첨예하게 문제제기하는 것으로 간주하는 관점에 대해서는 아사다 아키라, 『구조주의와 포스트구조주의』, pp.85-128 참조.

적 근거가 무엇인지 탈구조주의자들은 질문할 수밖에 없는 것이다.

탈구조주의는 구조주의가 구조의 자의성과 인위성을 은폐하면서 그 구조의 생성과정에서 카오스를 재단하고 남게 되는 '바깥'과 '의미의 잉여'를 되살리면서 구조의 생성 조건으로서 구조와 이 바깥의 상호연관성에 대해서 구조의 여백에서 여전히 힘을 발휘하고 있는 의미의 과잉분을 찾아내고자 한다. 탈구조주의는 구조의 자의성과 변별적인 의미작용이 한꺼번에 작동할 수 있는 근거와 생성 과정은 무엇인지 첨예하게 문제제기한다. 구조주의에서 구조가 또 다른 관념의 차원에 머물지 않도록 구조의 생성 과정의 밑그림을 그리고자 한 것은 탈구조주의의 본질적인 과제였다. 탈구조주의자들은 구조의 요소들이 정태적으로 관계망을 형성하는 것처럼 보이는 것은 상징적 질서의 이데올로기적 은폐의 속성을 나타내주고 있다고 주장한다. 상징적 질서는 레비-스트로스에게서처럼 태고의 정태적 구조로서만 보여지는 것이 아니라 구조의 생성과정에서의 갈등과 모순, 결핍과 부정의 무차별적 카오스의 양상을 감추고 있을 뿐이다. 예를 들면, 지라르(René Girard)와 크리스테바(Julia Kristeva)의 통찰에 의하면, 구조의 무의미한 요소들은 수평적 평면에서 서로가 서로를 대항하여 싸우고 있었고 이 싸움이 무차별적 폭력과 갈등의 무한대적 증가의 위기 속에 있을 때, 이를 막아내기 위해 그 중 하나가 수직적 하강으로 말미암아 '희생양'으로서 바깥으로 배제되고, 다시 초월적인 '대주체'로 간주되어 수직적 상승을 하게 된다.23) 이러한 이중 운동의 결과로서 형성된 상징적 질서는 의미의 잉여를 낳는 '주름'(le pli)을 형성하면서 우주적 질서와 규범적 질서, 기의와 기표, 전언과 약호의 상호결정적이며 변별적인 의미작용(la signification)을 한꺼번에 가져오게 된다.

이처럼 탈구조주의는 구조주의가 제기하려던 인간 주체성의 문제, 근대성/현대성의 신화의 문제, 문화의 상대성의 문제 등을 심화시키면서 21세기 매스미디어와 인터넷을 통한 정보화 사회, 지구촌화와 지방화가 동시에 일어나는 '통역화'(glocalization) 사회에서 새로운 철학적 사유의 방식과 문제틀을 우리에게 제시하고 있다. 구조주의가 동전의 한 면인 이미/언제나 존재하는 문화의 '구조'(la structure)를 분석하고 그 특성을 제시한 것에 반하

---

23) 상징적 질서나 사회세계의 형성에 있어서의 희생양의 중요성과 그 이중성에 관해서는 르네 지라르 (김진식·박무호 옮김), 『폭력과 성스러움』, 1993, 서울: 민음사, pp.377-412와 Julia Kristeva, *Revolution in Poetic Language*, pp.72-85 참조.

여, 탈구조주의는 그러한 구조가 생성되는 과정과 기원에 대해서 고찰하면서 상징적 질서와 관련된 종교적 제의, 금기와 축제, 신화와 언어의 역할의 중요성을 일깨워 주었다. 탈구조주의는 구조가 구조화되고, 재구조화, 탈구조화를 겪게 되는 '상징적 질서'(*l'ordre symbolique*)의 안과 바깥의 상호 연관성과 교환의 문제, 그리고 그 구조화의 원동력인 힘, 욕망, 충동, 폭력의 현실성과 그 흐름의 정체에 대해 새로운 이해를 촉구하였다.

이와 반면, 기독교가 종교의 형태를 취하기 시작할 때부터 제의, 신화, 상징을 생성시키며 제 모습을 갖추게 되면서 서구 문명과 한국의 사회에 도덕과 윤리를 떠맡고, 신념의 체계를 제시하는 하나의 고전적인 상징적 질서를 제시해왔을지라도, 근대 이후의 기독교는 한번도 적나라하게 그 기독교의 상징적 질서의 기원과 생성 과정에 은폐되었던 인간의 폭력성과 욕망, 충동과 권력에의 의지에 대한 효과적이고 현실적인 이해 방식에 대해 토의해 오지 않았다. 그렇다고 한다면 탈구조주의의 철학적 사유방식은, 기독교가 동일성의 철학과 손잡고 위에서 탈구조주의가 제시하는 폭력과 욕망, 충동과 권력에의 의지의 문제에 대해 입과 귀를 막으면서 회칠한 무덤으로 변한 오늘날의 기독교의 제의 속에서 재생산하고 있는 또 다른 폭력을 폭로하기를 바라면서, 정면으로 기독교의 숨겨진 진실을 밝히라고 도전하고 있는 것이다.

3. 탈구조주의의 도전에 대한 새로운 문화신학 방법의 제시

이제 21세기 문화신학의 방법론의 단초들을 탈구조주의의 사유에 대한 비판적인 고찰을 통해서 간략히 제시하고자 한다. 기독교 신학이란 하나님의 활동에 관한 증언과 이 활동과 증언에 대한 체험과 사건을 이해할 수 있도록 자기시대의 지적 풍토가 새롭게 제시하는 문제들에 근거하여 형성된 개념, 논리, 수사에 의해서 체계화시킴으로써 자기 시대의 역사이해에 적합한 인간관, 세계관(*vision du monde*)과 우주관을 제시하는 학문(**episteme**)이다.24) 위와 같은 신학의 정의에 근거하여 개념과 논리, 전승해석 방식, 역사이

---

24) 새로운 '신학'의 의미와 그 과제에 대해서는 필자의 글, "사설: 우리시대의 신학의 의미와 그 과제," <대전신학보> 제25호(1996. 4. 10)를 볼 것; 이 글에서 제시한 견해의 이론적 배경에 대해서는 필자의 글, "트레이시의 신학방법론: 변증적 신학의 부흥을 위해서," <기독교 사상> 429(1994. 9), 서울: 대한기독교서회, pp.108-129 참조.

해, 담론의 전략의 네 가지 관점으로 나누어서 새로운 **문화신학의 구성의 방향**을 기술하면 다음과 같을 것이다.

1) 개념과 논리의 사용

탈구조주의는 구조주의 분석에서는 상징적 질서의 언제나/이미 형성된 동일성과 같음과 상동성 속에서 안정된 의미의 변별적 작용을 찾아냄으로써 차이의 원초적 활동 순간을 포착하지 못하였다는 비판을 전개한다. 라깡((Jacques Lacan)의 언어를 빌리자면 구조는 심층이 아니라 표층에 존재하는 차이의 역동적 과정을 은폐하는 동일성의 활동 영역인 '상징계'(*le symbolique*)라면, 구조를 구조화/재구조화/탈구조화하는 힘은 욕망과 충동의 흐름의 장인 '상상계'(*l'imaginaire*)일 것이다. 라깡에 의하면 '아버지의 이름'이 상징하는 사회적 질서와 금지의 법에 대한 수용은 언어를 낳고, 언어는 결국 분열된 주체의 '존재에의 결핍'을 끊임없이 채우기를 원하는 욕망의 흐름을 따라 구조화되게 된다. 그럼에도 불구하고 언어는 닫혀진 구조로서 볼 수 없다, 왜냐하면 '부유하는 기표'가 욕망의 잉여를 떠맡고 환유(換喩: *métonymie*)운동을 거듭하면서 바깥에서 침범한 욕망이 '요구'하는 말로 구조화되어 상징적 질서의 장을 형성하기 때문이다. 또한, 라깡은 우리는 '수평적인' 형제들간의 갈등 이전에 아버지의 '수직적인' 강요와 금지의 법에 의해 욕망의 흐름의 차단을 경험하면서 존재에의 결핍을 충족시키기 위해 욕망을 요구의 말로 전환하여 표현하게 된다고 주장한다.[25]

여기에서 한 걸음 더 나아가 이러한 욕망, 충동, 권력에의 의지나 힘의 방향(*sens*: 불어에서는 '의미'와 '방향'의 두 가지 뜻을 가짐)을 드러내는 '차이화'(*la différentiation*)의 과정을 포착하고, 심층과 표층의 이원론을 극복하면서 해체하는 전략을 제시하고, 이 이원론이 미치지 못하는 '결정불가'(*l'indécidable*)의 아직/아닌 지대를 설정하는 것이 탈구조주의의 또 다른 과제가 된다. 예를 들면, 바르뜨(Roland Barthes)의 '희열'(*jouissance*)과 '열망'의 언어(*des langues du desir*), 데리다(Jacques Derrida)의 '차연'(*différance*)의 문자(*le gramme*

---

[25] 라깡의 의미형성과 욕망과의 관계에 관해서는, 자크 라깡(권택영 엮음, 민승기 등 옮김),『쟈끄 라캉: 욕망이론』, 1994, 서울: 문예출판소, pp.38-94, pp.258-273 참조.

또는 *l'ecriture*), 크리스테바의 '텍스트적 실천'(*texte-practique*) 등이 이러한 이원론의 해체를 도모하는 신조어들이다. 데리다의 차연은 말하기가 아니라 글쓰기의 여백에서는 공간적으로 차이를 드러내면서 시간적으로는 끝없이 지연하는 '결정불가성'(*l'indécidibilité*)의 지대를 볼 수 있다고 생각한다.26) 예를 들면, 희랍어 파마콘(pharmakon)은 독도 되고 약도 되지만 플라토의 글 속에서는 그 의미는 결정불가의 상태이다.27) 바르뜨의 열망의 언어도 크리스테바의 텍스트적 실천도 상징적 질서를 와해시키는 무한히 개방된 과잉성의 의미는 '상징계'에 대한 '기호계'의 침범으로 이해되며, 시적 혁명을 꿈꾸는 텍스트의 실천을 통해 새로운 질서를 실험적으로 재구성하는 창조의 생성 작용이 일어난다.28)

또한, 철학적 사유에 있어서 탈구조주의는 현대철학이 끝없이 참조하고 있고, 플라토(Plato), 칸트, 헤겔(F. Hegel)에 의해 계승되고 있는 형상/질료, 감각/이성, 관념/물질의 이원론을 비판하고 이들 철학이 은연 중에 사용하고 있는 수사적 몸짓(gesture)이면서 논리적 원리가 되는 같음(*le meme*)과 '동일성'(*l'identié*)의 신화를 타파하고 타자(*l'autre*)를 존중하는 '차이성'(*la différence*)의 원리를 제안한다.29) 여기에서 차이의 순수한 '반복'(*répétition*)을 의미의 강도로 이해하면서 카오스를 재단하는 창조적 개념이 도출하게 되는 데 이것이 들뢰즈(Gilles Deleuze)가 말하는 철학의 '내재성의 구도'(*plan d' immanence*)가 전개되는 개념적 사유의 생성 순간이다.30) 차이화와 분화가, 동일성에 의존하지 않고, 순수하게 차이

---

26) 차연에 관해서는 쟈끄 데리다(박성창 편역), 『쟈끄 데리다: 입장들』, 1992, 서울: 솔 출판사, pp.39-60 참조.
27) 데리다의 플라토의 파마콘에 관한 견해에 대해서는 Jacques Derrida, 1981, *Dissemination* trans. Barbara Johnson (Chicago: the University of Chicago), pp.95-134를 볼 것; 또한, 데리다의 차연에 대한 설명과 해체 전략을 성서 본문에 적용한 예에 관하여는 필자의 글, "예수의 말씀 전승과 비유에 대한 윤리적-정치적 해석: 데리다, 푸코, 리꾀르의 사상에 의거한 방법론적 탐색," <신학논총> 제1집(1995. 1), 서울: 연세대학교 기독교 문화연구소, pp.59-91 참조.
28) 크리스테바의 시적 혁명에 대한 견해에 관해서는 Kristeva, *Revolution in Poetic Language*, pp.21-30, pp.72-85, pp.203-234 참조. 바르뜨의 열망의 언어에 대해서는 페터 지마(허창훈 역), 『문예미학』, 1991, 서울: 을지문화사, pp.311-331 참조.
29) 들뢰즈가 동일성의 같음의 철학적 전략에 대해 비판한 것에 관해서는 Gilles Deleuze, 1968, *Différence and Répétition* (Paris: Presses Universitaires de France)과 이에 대해 요약한 것에 대해서는 로널드 보그(이정우 옮김), 『들뢰즈와 가타리』, 1996, 서울: 새길신서, pp.93-136을 볼 것; 들뢰즈의 차이의 철학과 데리다의 해체주의 전략의 차이에 관해서는 뱅상 데꽁브, 『동일자와 타자』, pp.169-208 참조.
30) 들뢰즈의 '개념'과 '내재성의 구도'에 대해서는 질 들뢰즈·펠릭스 가타리(이정임·윤정임 옮김),

를, 변주곡의 반복 속에서, 도박이 아니라 놀이의 순수한 활동으로서 이중 긍정하는 니체적 영원회귀를 선포하는 것 – 이것이 서구의 철학사에서 끝없이 전개되었던 동일성의 철학과 헤겔의 변증법을 베르그송(H. Bergson), 니체(F. Nietzsche), 스피노자(B. Spinoza), 라이프니츠(G. W. Leibniz)를 경유하여 해체하는 들뢰즈의 철학의 여정이며 탈구조주의가 나아가는 종착점이 된다.31)

위에서 언급한 탈구조주의의 새로운 사유방식은 우리에게 다음과 같은 새로운 개념과 논리를 사용하도록 촉구하게 된다. 20세기 신학에서 사용되었던 분석적, 이론적, 규범적 논리와 동일성과 일치성을 강조하였던 독백적인 '선포의 신학'의 패러다임은 통전적, 실천적, 미학적 논리를 토대로 타자성과 차이(différence)를 동시에 존중하는 의사소통적인 '변증적 신학'(apologetic theology)이 부흥할 것이다. 새로운 신학은 동일자(le meme)의 재생산, 내재성의 투사, 동일자의 이중화를 기반으로 하는 재현(représentation: 또는 表像)의 원리와 변증법적 논리의 한계를 극복하고자 한다. 더구나 20세기 신학이 그 이전의 신학을 극복하기 위해 제시하였던 미학주의 원리와 해체주의(deconstruction)의 논리를 보완하여 들뢰즈가 제시하는 것처럼 차이의 반복, 외부의 내재화, 타자(l'autre)의 재(再)이중화를 기반으로 하는 구축주의(constitunisme)의 원리와 비변증법적 논리32)를 사용할 것이다. 여기에서 차이의 반복이란 개인의 창조성과 특성이나 소속된 집단 내의 사회적 위치를 정태적으로 파악하여 차별화를 고정시키는 것이 아니라, 차이의 반복이 이분법적 논리를 해체하고 새로운 개념을 형성하는 것을 말한다. 신학적으로는 공동체 내의 독특한 은사 활동을 보장하면서 공동체의 연결을 강화하는 성령의 생명력의 역동적 흐름을 존중하는 것을 말한다. 외부의 내재화는 모더니즘에서처럼 시간과 공간의 감성의 내적 형식이나 무의식의 흐름을 변경시키거나 재배열 방식을 실험하기 위해서 개인적인 차원의 거룩함의 경험을 강조하는 것과 달리, 외부에 있는 사회의 분류체계와 사물이나 사건 자체의 시간적 공간적 배열에서 오는 억압적인 권력을 타파하기 위해 사회적 구성의 초석이나

『철학이란 무엇인가』, 1995, 서울: 현대미학사, pp.7-90 참조.
31) 들뢰즈의 철학사적 위치에 대해서는 마이클 하트(이성민·서창현 옮김), 『들뢰즈의 철학사상』, 1996, 서울: 갈무리, pp.14-236 참조.
32) 들뢰즈의 논리와 사유를 데리다의 논리와 사유를 비교하여 그 특성과 개념을 간결하게 제시한 글에 대해서는 김상환, 『해체론 시대의 철학』, 1996, 서울: 문학과 지성, pp.105-123 참조.

기원에서 작용하는 내부의 희생양의 폭력기제를 폭로하는 것을 말한다. 또한, 타자의 재이중화와 구축주의 원리는 사회나 문화에서 배제되었던 타자를 동일자로 종속시키거나 대체하는 것이 아니라, 타자와 동일자를 분류하였던 이분법적 논리를 해체시키면서 타자의 억압적이고 파편화된 기억들을 토대로 새로운 사회 구성원의 연합의 구성원리로 사용하는 것을 말한다.

또한, 들뢰즈가 제시하였던 목양적(*nomade*) 사유, 내재성의 주름(*pli*)의 이중 펼침, 계열적(*serielle*)나눔/이접적(*disjontive*)연결, 리좀적(*rhizome*: 根莖)연대33)는 21세기 **문화신학의 사회적 활동의 방식을** 다음과 같이 제시할 수 있을 것이다. 이를 신학적으로 말하면, 유목적(*nomade*) 사유란 새로운 문화 창조의 사회적 활동을 위해서 집단이 보다 의미있는 창조적 사회활동을 위해서 쟁취와 정복의 선교활동을 수행하는 것이 아니라, 사회와 교회가 더 나은 방향으로 이동하기 위해서 일시적으로 교단들과 사회 집단들이 상호연대하는 것을 말한다. 내재성의 주름의 이중 펼침이란 우리의 종교체험의 원초적 영성훈련을 사회와 문화에 구현하는 적극적인 방법이 교회에서 사회의 일방통행이 아니라 사회의 도전에 응답하기도 하여서 교회와 사회의 상호연결을 도모하는 방식을 취하는 것을 말한다. 계열적 나눔과 이접적 연결은 논리적인 원리나 이해관계에 의해서 사회나 교회의 조직을 위계적으로 구성하는 것이 아니라, 연쇄적 관계와 평등적 상호공존을 위해 우리의 몸의 생동적 활동의 리듬을 존중하는 사회관계를 형성하는 것을 말한다. 또한, 리좀적 연대란 교회와 사회의 구성의 기원이 되는 원천적인 '뿌리'의 정신과 생명력을 존중하여 이를 참여연대를 위한 '줄기'로서 사용하는 방식을 통해 교회연합과 교회와 사회와의 참여·연대를 새롭게 지향하는 방식을 제시한다.

2) 전승 해석 방식

계몽주의 이전에 주로 사용되었던 '교리적-문자주의적 패러다임', 역사비평 방법을 중심으로 하는 '과학적-실증주의적 패러다임', 문학비평 방법을 주로 적용하는 '해석학적-

---

33) 위의 책, pp.105-123. 또한 들뢰즈·가타리, "서론: 리조옴", 『구조주의를 넘어서』, pp.133-189를 볼 것: "리조옴이란 근경(根莖)이라 번역되는데 여기저기 뻗혀있고 복잡하게 얽혀 있는 밑뿌리를 말한다."(182).

(탈)근대의 패러다임'34)은 탈현대주의와 탈식민주의시대에 적합한 '성찰적-기호학적 해석의 패러다임' 으로 전이될 것을 제안한다.35) 여기에서 '성찰적'이라는 말은 본문의 글자를 넘어서서 해석자와 해석자가 속한 공동체의 우주적 공감을 토대로 본문의 글자중심을 해체시킬 수 있도록 본문의 정신을 꿰뚫어 직관하여 우주 생성과 사회 형성의 원초석 과정과 그 리듬을 재구성하는 공관적인 통찰을 말한다. 구체적으로는 본문의 '반성성'을 드러내는 비판적 양가성, 은유적 의미, 계열체와 통합체의 관계, 해체적 의미망 등을 드러내어, 이것들이 제시하는 성서의 초월적 '세계관'(*vision du monde*)이 성서의 기본 의미론적, 통사적, 서술적 관계망에 내재되어 있는 '이데올로기'를 반성/비판하는지 고찰하는 것이다.36) 또한, '기호학적'이라는 말은 성서가 쓰여진 시대의 종교와 사회적 질서의 구조적 특성들이 본문의 구조적 특색에 각인되어 의미와 무의미의 차이의 놀이를 형성시키는 계열적 기호들의 리듬의 흐름을 포착하여 이 리듬과 우리의 원초적 삶의 리듬이 만나서 이루어지는 신비스러운 깨달음의 체험을 목표로 사용되는 분석적 방법을 말한다.37) 여기서 특

---

34) 성서 연구의 패러다임의 변이의 필요성에 관해서는 Elisabeth Schüssler Fiorenza, "해석의 에토스: 탈근대적·탈식민지적 상황"(유성: 제 25차 한국 기독교학회 정기 학술대회 특별 강연 원고, 1996. 19. 26)을 참조 할 것; 이 강연 원고의 내용은 쉬스러 피오렌자가 1987년 Society of Biblical Literature 회장 취임 연설 내용인 "Ethics of Interpretation: De-centering Biblical Scholarship", *SBL JBL* vol. 107, No. 1(March 1988), pp.3-17을 한국 학술대회의 주제인 "탈근대주의와 탈식민지시대의 신학"의 주제에 따라 수정한 내용이다.

35) 필자는 쉬스러 피오렌자가 제시하는 의식화, 비판적인 사회-문화 분석, 의심, 재구성, 평가, 새로운 상상, 그리고 변혁을 위한 행동의 7가지 단계의 '해방의 탈식민지적 패러다임'이 너무 글자 중심적이고 분석적일 뿐 아니라 현학적이고 지식을 가진자의 이상적인 해석 방법이라고 생각한다. 그녀의 해석방법은 탈근대적이지도 않고 탈식민주의적이지도 않다. 필자는 탈근대적이고, 탈식민주의적인 비평의 이중적 제스츄어를 보다 적극적으로 받아들여서 글자를 넘어서서 해석자(수용과 기대지평)와 해석자가 속한 공동체의 우주적 공감을 토대로 본문의 글자 중심을 해체시킬 수 있을 만큼 본문의 정신을 꿰뚫어 직관하여 우주와 사회의 형성의 원초석 과정과 그 리듬을 재현할 수 있는 '성찰적·기호학적 해석 패러다임'을 제시한다. 이것은 동양의 지혜와 헬레니즘시대의 밀의종교의 제의의 구조적 특성이 시대와 공간을 초월하여 본문을 통해서 이들을 성령론적으로 우리의 원초적 삶의 리듬에 재조율하는 신비스러운 깨달음의 (종교) 체험을 목표로 한다.

36) 이와 같은 접근 방식을 제시한 비평방법을 필자는 페터 지마의 '텍스트사회학'에서 차용하였다; 페터 지마(허창훈 역), 『텍스트사회학: 비판적 개론』, 1991, 서울: 민음사와 동저자(허창훈 역), 『문예미학』, 1991, 서울: 을지문화사. 이를 사용한 성서비평의 예로서 필자의 글, "마가복음 4:1-34의 '문학사회학'적 비평: 맥의 마가복음 연구의 평가와 비판을 토대로 한 복음서의 장르규정을 위해서," <신학과 문화> 제5집(1996), 서울: 장로교대전신학교, pp.65-146 참조.

히 종교적 요소인 제의적 측면(drōmena), 신화적 부분(logomena), 상징적 차원(deiknymema)에 대한 '구성주의적(systasis)·공관적(synopsis)' 통찰과 기호학적 분석을 통해 해석자는 우주적 질서와 생명의 탄생이 일어난 원초적 '사건'을 재현하면서 보편적 진리와 생명이 특수한 개체와 구체적 삶에 참여하여 일어난 공동체적 '사건'을 생성시키는 창조적 해석을 도모할 것이다.

여기에서 사건의 생성은 바로 깨달음을 사회적 행동으로 변이시킴으로써 억압적 규제, 규범, 제도를 재구조화하는 해체적 전략을 제시한다. 이 같은 '사건' 생성의 해석은 해석자가 소속되어 있는 해석 공동체의 일원들이 그들의 감성적·성령론적·우주적 '몸'(sōma)의 생동적 활동을 통해 그들의 과거를 성찰하게 하고, 현재의 정황을 포착하고, 미래의 가능성을 가늠할 수 있도록 '주체화의 지향성' 갖게 한다.38) 특히 본문의 제의적, 신화적, 상징적 성격은 이러한 성찰적 주체가 원초적 체험을 통해 새로운 '문화적 모델'과 '지식의 양식'을 구성함으로써 새로운 공동체의 조합과 새로운 연대 방식을 창조하게 되

---

37) 기호학에 관해서는 김성도, "현대 기호학의 본질", <문학과 사회> 32(1995년 겨울, 제VIII권 제4호), pp.1493-1521 참조. 필자는 성서가 쓰여진 시대에 대한 통찰은 발생론적 구조주의에 근거한 문학 사회학적 글읽기와 롤랑 바르뜨와 A. J. 그레마스의 기호분석을 사용하여 본문의 리듬구조를 분석하는 시도를 마가복음 4:1-34을 중심으로 시도해 보았다. 이를 위해서는 필자의 글, "마가복음 4:1-34절의 '문학사회학'적 비평", <신학과 문화> 제5집(1996), 장로교대전신학교 출판부, pp.65-146 참조.

38) 필자가 제안하는 사건 생성의 해석에서는 '사건'을 해석학적 지평 속에서 중요시하였던 안병무의 민중신학과 김진호의 예수 연구와는 달리 들뢰즈의 '사건' 이해와 푸코의 '주체화'의 개념과 성령의 '초월성'을 비판적으로 고찰하여 형성되었다. 들뢰즈의 '사건'의 이해에서는 의미 생성이 우주적 생성 순간에의 참여를 통해 형성되어서 시공(時空)을 초월해서 물질과 정신을 상호 연결시키고 차이의 분절로서 기능하는 원초적 의미가 '표현'되는 보편적 잠재력이 강조된다. 푸코의 '주체화'의 이해에서는 신체와 권력의 상호관계성을 토대로 권력/지식의 분류체계를 산란시키는 해방적 잠재력과 자기와 자신과의 관계를 재구성하는 미학적 잠재력을 중요시 한다. 필자는 이와 같은 들뢰즈의 사건 개념과 푸코의 주체화의 개념을 김재진씨의 과거/현재/미래의 시간적 구조와 땅과 하늘의 공간적 구조를 상호연결시키는 성령의 초월적 지향성을 포괄하는 사건의 해석학적 지평을 제안하고자 한다. 위에서 언급한 학자들의 사건, 주체화, 성령에 관한 자세한 논의에 대해서는 각각 김진호, "역사의 예수 연구에 대한 해석학적 고찰 및 민중신학의 '사건론'적 전망,"『예수 르네상스: 역사의 예수 연구의 새로운 지평』, 1996, 서울: 한국신학연구소, pp.258-263 참조. 로널드 보그,『들뢰즈와 가타리』, pp.112-123 참조; 김덕기, "푸코의 역사 이해로 본 하나님의 나라", <신약논단> 창간호(1995), 한국신약학회, pp.9-25 참조. 김재진, "다원가치적 성령론적 보편신학,"『포스트모더니즘과 탈식민주의 시대의 신학』, pp.172-202 참조.

고, 이 활성화된 공동체는 우주적 기억과 사회·정치적 재배열을 투사하는 집단적 갈망을 투사하게 됨으로써 새로운 '분배·축적의 모델'을 구성하고 사회운동의 동원화를 위해 사회적 행위를 수행하게 된다.39)

3) 새로운 역사이해 방식에 근거한 새로운 인간관·세계관·우주관의 제시

구조주의와 탈구조주의가 새로운 역사 이해 방식을 제시하고 역사를 연구하는 새로운 자세를 정립하게 된 것은 이 새로운 사상적 풍토가 연구 대상으로 삼는 상징적 질서의 공시성의 특성을 상정할 수 있었기 때문이다. 근대의 역사학은 시간의 직선적 흐름 속에서 전개되는 사건의 원인과 결과를 연결시키는 통시적(diachronic) 접근방법을 사용하여 왔었다. 그러나 이제 역사의 연구는 공시적 구조를 어떤 시기의 특정한 사회에서 산출하는지 찾아내는 새로운 방법을 제시하게 되었다. 역사를 전개시키는 주체는 사회 전체를 재구성하는 집단들과 개인의 의지이며 이 주체들의 노력으로 역사의 흐름의 이성적 법칙을 통찰함으로써 인류의 진보를 가져올 수 있다는 근대성의 신화는 공격 받게 될 수밖에 없는 것이었다. 역사는 정치적 사건에 의해서 주도되는 인간의 주체성의 표출 여부에 의해 형성되는 것이 아니라 정치적 사건의 흐름의 기층에 도도히 느리게 작동하지만 인간의 주체성을 넘어서서 활동하고 있는 그 시기의 인식론적 구조에 의해서 나름대로의 특이성을 드러내며 흘러간다는 생각을 하게 된 것이다.40) 그러므로 고대와 중세가 반드시 현대보다 열등하지 않으며 고대와 현대의 나름의 역사변동의 구조적 원리를 현대와의 인과관계를 상정하지 않더라도 연구할 수 있는 새로운 역사 인식이 싹트게 된 것이다.

탈구조주의는 이제 구조주의가 제안하는 역사 인식에 근거하여 근대성/현대성의 극복이라는 새로운 문제틀을 제시할 수밖에 없다. 그래서 탈구조주의는 근대성/현대성의 본질은 무엇이며 이를 극복하는 탈근대성의 전략은 무엇인지의 문제가 첨예하게 제기 된다.

---

39) 주체의 지향성, 문화적 모델, 지식의 양식, 축적·분배의 모델은 행위자의 사회학을 제시한 프랑스의 사회학자 뚜렌느(Alain Tourainne)의 사회 운동 개념을 필자가 재구성한 용어들이다. 이에 대해서는 필자의 글, "마가복음 4:1-34의 '문학사회학'적 비평," pp.68-146 참조.

40) 기원, 미래의 유토피아, 인간중심적 토대와 같은 형이상학에 근거하여 역사를 기술하려는 목적론적 역사서술 방법에 대해 푸코가 신랄하게 비판한 것에 대해서는 푸코, "니체, 계보학, 역사," 이광래, 『미셸 푸코: '광기의 역사'에서 '성의 역사'까지』, 1989, 서울: 민음사, pp.329-59 참조.

그러므로 탈구조주의는 구조주의가 제안한 역사 인식에 기초하여 자기 시대를 새롭게 규정하는 역사철학적 과제를 떠맡는다. 푸코의 역사적 존재론41)이나 들뢰즈(Gilles Deleuze)와 가타리(Felix Gattari)가 제시하는 코드화/초코드화/탈코드화의 역사발전의 단계론이 그 대표적인 예가 될 것이다.42)

위와 같은 새로운 역사 이해 방식에 근거하여 21세기의 **문화신학**은 다음과 같은 새로운 인간관, 세계관, 우주관을 제시할 것이다. 20세기 **문화신학**에서 강조되었던 정복/피정복, 생산/소비, 지배/피지배의 이항 대립적 계층적 사회 질서를 옹호하기 위해 살아왔던 이성적 인간에서 탈주하여, 21세기 **문화신학**은 이러한 이항 대립쌍들을 해체하는 인간관, 세계관, 우주관을 제시하려 할 것이다. 그 뿐만 아니라 이러한 이항 대립쌍들 때문에 배제되었던 타자와 차이의 요소들을 창조적으로 재조합(*assemblage*: 아상블라즈)함으로써 새 인간관, 세계관, 우주관의 생성을 가능하게 만드는 '생명'(joē) 자체의 특이성과 차이성, 이타성과 복수성을 중요시하게 될 것이다. 이러한 우주 생성과 생명의 탄생의 사건을 철학적 사유와 종교 제의에 의해 재현함으로써 21세기 인간들은 사회의 법과 질서가 새롭게 만들어지고 생성되는 놀이에 풀뿌리 민초들이 동등하게 직접 참여하게 되는 공동체를 꿈꾸게 될 것이다. 이 생명의 탄생과 '사건'의 생성을 인식하고 참여하는 형태를 추구하기 위해 단순히 이성만이 아니라 감동의 체험과 감성과 직관도 동시에 포괄하여 사용할 수 있는 영성훈련(경건훈련)과 종합적 사유 방식이 제시될 것이다. 여기에서는 고대의 아테네의 철학·교육 (*paedeia*)과 헬레니즘의 원시 기독교 공동체가 이룩하려 했던 비계층적, 탈중심적, 범세계적(cosmopolitan) 참여 민주주의의 새생명 공동체이지만 동시에 개인의 특이성, 창조성, 개체성을 존중하는 풀뿌리 지역 공동체에 대한 이상을 다시금 꿈꾸고 실현하려 할 것이다.

---

41) 푸코의 역사적 존재론과 역사 이해에 대해서는 필자의 글, "푸코의 역사 이해로 본 하나님의 나라: 예수의 말씀 전승과 비유의 정치적·윤리적 해석," <신약논단> 창간호(1995), 서울: 한국신약학회, pp.9-43 참조.
42) 들뢰즈와 가따리의 역사 발전 단계론에 관해서는 질 들뢰즈·펠릭스 가따리, 『앙띠 오이디푸스: 자본주의와 정신분열증』, 1994, 서울: 민음사, pp.213-404 참조.

4) 담론(discours: 디스꾸르)의 전략

구조주의가 제시하는 주체의 철학에 대한 비판적 입장에 대해서 탈구조주의 사상가들은 새로운 문제를 제시하게 된다. 주체가 함몰되어 구조가 임의대로 자의적 활동을 하게 된다면 다음과 같은 질문이 제기될 수 밖에 없다: 주체는 완전히 소멸되었는가 아니면 주체의 활동 흔적은 여전히 존재하는가? 존재한다면 어떻게 포착할 수 있는가? 주체와 언어와의 관계는 어떻게 설정할 수 있으며 주체의 필연적 움직임과 언어의 자의성의 양 극단에서 활동하는 관계망을 포착할 수 있는 방법은 무엇인가? 또한, 보다 근원적으로는 바로 이 언어의 구조를 형성시키는 근거는 무엇인가? 이와같은 질문에 대해서 예민하게 반응하였던 푸코(Michel Foucault)같은 학자는 문화의 임의적 투명한 공간에서는 주체가 소멸되어 나타나지 않지만 주체의 활동 흔적과 주체의 기능이 이성의 보편적 형식과 다른 방식으로 작동하는 모습을 보여주는 '담론'(discours: 디스꾸르)의 장(場)을 설정하게 된다.[43] 푸코는 여기에서 논리성과 실증성을 갖고 있지만 문학의 언어와 같은 인간의 순수한 자의적 언어의 자유로운 상상력의 창의적 공간과는 다른 잠재적 질서의 장으로서 담론의 지식의 형성의 장이 있음을 제안한다.[44] 또한 푸코는 이러한 담론의 구조적 장을 형성시키는 근거는 힘이라고 규정한다. 담론의 구조는 충동의 흐름에 의해 형성된다는 것을 그는 제안한다.[45]

20세기 신학에서는 서구·남성·백인 신학의 주도권을 비판하고 지역적 특성에 맞추어서 제시되었던 민중신학, 해방신학, 여성신학, 흑인신학 등의 파편화된 신학에서처럼 문제와 과제를 중심으로 신학이 범주화되고 재단(裁斷)되었다면 21세기 문화신학은 다시 파편화된 신학들을 담론의 장에 의거해서 새롭게 묶을 수 있는 탈식민주의 신학, 영성신학, 생명신학, 문화신학과 같이 다른 신학 전통과 과거의 신학을 내용과 주제를 중심으로 창조적으로 연결시키는 새로운 신학의 장(場)을 추구하게 될 것이다. 우리는 이를 권력과 지식의 연결 방식을 비판적으로 고찰할 수 있는 연구 대상으로서 '담론'(談論)을 설정하

---

[43] 푸코의 주체의 이해와 담론의 개념에 대해서는 필자의 글, "푸코의 역사 이해로 본 하나님의 나라," <신약논단> 창간호(1995), 한국신약학회, pp.9-43 참조.

[44] 담론의 장의 종류에 대해서는 미셸 푸코,『지식의 고고학』, 1992, 서울: 민음사, pp.246-272 참조.

[45] 담론과 권력의 관계에 대해서는 미셸 푸코(이정우 역),『담론의 질서』, 1993, 서울: 새길신서, pp.13-57 참조.

는 새로운 담론 신학이라고 부를 수 있을 것이다. 여기에서 담론이란 "무엇인가를 주장하는 (設) 기호들의 집합"이라는 일상적 의미를 말한다. 특히, 우리는 푸코가 제시한 데로 디스꾸르(담론: discours)의 장은 일상적인 담화나 문학적, 종교적, 정치적 언어들이나 수학이나 물리학 등의 엄밀한 과학도 아닌 이 중간에 위치하는 의학(정신병리학, 임상의학 등등), 사회과학(자연사, 부의 분석, 법의학, 형법학 등등), 인문과학(일반문법, 정신분석학, 문화인류학, 사회학, 신학 등등)에 사용되는 주장들의 기호들의 집합이라는 의미를 중요시 할 것이다. 또한, 우리는 푸코가 고고학적 분석을 위해서 분화의 장과 대상 출현의 공간, 위치의 장과 주체적 자리잡음, 언표적 공존의 장과 담론적 방계공간, 반복 가능한 물질성의 장과 권력의 공간을 설정함으로써 형성 '대상'과 '주체의 위치', '개념', '전략'과의 관계로 이루어진 고고학적 담론을 제시한 것을 다음과 같이 변환시킬 필요가 있게 된다.46) 위의 네 가지 담론의 장과 공간을 사회적 계급의 분화와 이해 관계의 공간, 사회적 위치의 형성과 사회심리의 공간, 상징적 질서의 장과 정당성의 공간, 욕망/권력의 장과 행위자의 전략의 공간으로 변환시켜서 신학적 담론의 권력과 지식이 상호연결되는 무의식적 놀이를 분석하게 될 것이다.

그러나 푸코와는 달리 한 걸음 더 나아가서 21세기 문화신학은 과거의 전승들의 담론의 장을 고고학적으로 분석하는 데 있어서 미래 사회의 구성적 요소로서의 종교적 요소를 이 담론의 장에 포함시켜서 창조적으로 재구성하고 조합할 수 있는 방안을 강구하게 될 것이다. 21세기 문화신학은 종교적 언어들의 문학적 특성('다성성', 비판적 '양가성', 해체적 의미망)과 이데올로기적 특성(상징, 신화, 제의에 내재된 코드, 분류법, 사회어)과의 관계를 첨예하게 탐색하고, 그 이외의 다른 담론들과의 관계를('간언술성', '상호텍스트성', '사회언어적 상황') 토론하고,47) 과거와 현재와 미래를 이접적인 연결과 계열적인 나눔의 창조적인 '기호작용'을 통하여, 종교적 의미와 사유방식, 형이상학과 이에 적합한 윤리를 구성

---

46) 담론의 정의와 특성에 관해서는 미셸 푸코, 『지식의 고고학』, pp.43-190과 미셸 푸코, 『담론의 질서』, 1993, 서울: 새길신서, pp.129-174와 pp.176-177 참조.
47) 종교 언어의 문학적 특색과 이데올로기적 특성과의 관계와 담론(언술)과 다른 담론의 관계에 대한 분석 방법과 토론에 대해서는 "마가복음 4:1-34의 '문학사회학'적 비평," pp.65-146 참조. 다성성, 양가성, 코드, 분류법, 사회어, 간언술성, 상호텍스트성, 사회어와 사회언어적 상황 등에 관한 자세한 설명에 대해서는 페터 지마, 『텍스트사회학』, pp.89-152, pp.205-249 참조.

하면서 미래의 청사진을 제시하는 '구성주의 신학'(constructisme theologie)을 모색하게 될 것이다. 그러므로 중세의 신학이 '명사의 신학'이고 개혁신학과 20세기 신학이 '동사의 신학'이라면 21세기 문화신학은 탈영토화/재영토화, 탈코드화/재코드화, 탈주/연대의 이중운동을 도모하는 '전치사·접속사의 신학'이 될 것이다. [전치사와 접속사는 명사와 동사와 달리 문맥에 의해서 복수적 의미를 다양하게 산출하고, 다른 명사와 동사(전치사는 부사의 역할을 함)를 대리 보충(supplément)하면서 새로운 의미를 조합하고 재구성한다.]

4. 탈구조주의에 대한 비판적 고찰을 통한 21세기 문화신학의 과제

탈구조주의는 기독교인에게 상대성과 다원 문화를 환상적으로 접할 수 밖에 없는 통역화된(glocalized: global+local) 사회에서 새로운 사유방식을 제시한다. 기독교는 이러한 새로운 사유방식과 분석 방법에 대해서 어떻게 응답할 것인가?

탈구조주의는 인간의 주체를 아프리오리(a priori)한 실체화된 본질로서 이해하기보다 내재화된 상징적 질서의 중첩된 관계들의 망으로 이해한다. 이러한 인간 이해는 기독교에게 인간의 내면의 '주체화'의 주름(le pli)을 펼쳐서 사회의 억압과 자신을 누르고 있는 힘들의 관계망을 재편성하는 기술을 개발하는 영성훈련(경건훈련)의 존재론적·인식론적 근거를 제시한다고 생각된다. 더 이상, 역사의 질곡의 해방을 단선적인 투쟁의 방식으로 전개하는 전략을 사용하기 위한 정당성을 보장받기 위해, 인간 휴머니즘의 전통에 의거하여 인간의 이성의 무한한 진보의 신화에 의지할 필요가 없게 된다. 자기와 자기 자신의 관계를 규명하는 것은 우리가 사용하는 상징적 질서의 장을 재단하는 '언어'의 매개를 통해서만 가능하다는 것이 탈구조주의의 통찰력이라면 '주체화'의 기술을 매우 잘 발달시켰던 고대와 중세 기독교의 영성훈련은 기독교의 오늘날 우리에게 새로운 활력을 불어 넣어주는 활로를 제시해 줄 것이다.[48]

근대성의 신화와 허구성을 보게 하는 탈구조주의의 역사 이해는 21세기를 맞이하는 인류에게 새로운 사회운동의 거점을 서구의 계몽주의 이외의 잊혀진 종교적 전통 자체에서

---

48) 자기와 자기와의 관계나 주체화와 권력과의 관계에 대한 중요성에 관해서는 필자의 글 "푸코의 역사이해로 본 하나님의 나라," pp.9-43 참조.

중세와 고대의 사유체계와 '인식론적 원리'(l'épistémè)를 다시 고찰하고 탐구하도록 촉구한다. 그러나 탈구조주의 사상가가 지적하지 못한 사실 하나는 근대성의 기획이 종교의 희생제의 대신에 재판제도를 완성함으로써 희생양을 만드는 폭력적 기제에 나타난 인간의 폭력성에 대한 우주적 기억을 망각시키고, 이를 차단시키기 위해 대체된 희생양의 종교적 제의의 중요성과 상징적 질서의 기원이 되는 '초석적 폭력'(la violence fondatrice)을 기억시키는 축제의 중요성을 간과하게 만들었다는 것이다.49) 근대성은 인간의 주체성을 확립하느라고 상징적 질서의 생성과정의 은폐된 폭력성의 거룩한 차원과 금지의 역할을 배제시켰다. 배제된 거룩한 금기의 상징적 질서의 근본적 토대에 대한 재고찰이 없이는 과학의 이름으로 인류의 진보의 신화에 의해 파괴성을 은폐시킨 근대성의 허구성은 완전히 폭로될 수 없을 것이다.

무엇보다, 탈구조주의는 또한 상징적 질서의 기원과 생성 과정에 대한 질문을 제기하였다. 기독교가 다루어야 할 문제는 재판제도의 위기의 현실 속에서 결국 인간의 욕망과 힘의 갈등을 법체제에 의존하지 않고 풀어갈 수 있는 지혜를 찾는 것이다.50) 상징적 질서의 기원이 인간 상호간의 모방적인 욕망과 힘의 사용으로 인해 무차별적 폭력의 위기에서 단 한사람의 희생양을 만장일치로 만드는 폭력적인 희생양 매카니즘에 있다는 것을, 르네 지라르 이외에는, 탈구조주의자들이 보다 적나라하게 간파하지 못하였다면, 오히려 기독교의 상징적 질서의 기원과 생성과정을 심도 있게 고찰하면서 이 점을 보다 명료하게 부각시키고 기독교의 제의와 축제의 사회적 역할을 재규명해야 할 것이다. 기독교의 상징적 질서의 기원에 대해 기록하고 있는 복음서는 인간들의 갈등과 무차별적 폭력성으로 말미암아 집단의 만장일치로 단 하나의 인간 예수를 희생양으로 십자가에 못박고 새로운 신앙공동체를 세우기 위해 새로운 상징적 질서를 생성시켰다는 것을 적나라하게 보여준다. 그러므로 기독교는 구조의 생성 과정에서 폭력성의 이데올로기적 차원을 감추기보다는 보여주어야 한다. 거룩한 금기와 제의와 축제를 통해 모방적 욕망에 의해 발생하는 무차별적 폭력을 여과시킬 수 있는 종교의 본원적인 기능을 기독교가 감당하지 못하

---

49) 희생양 기제와 초석적 폭력에 관해서는 르네 지라르, 『폭력과 성스러움』, pp.137-179 참조.
50) 재판제도와 희생제의의 관계에 대한 지라르의 자세한 논의에 대해서는 『폭력과 성스러움』, pp.9-60 참조.

였을 때, 아무리 개인적인 위안을 위한 초월적인 영성체험을 강조하더라도 이는 기독교의 본질에 접근하지 못한다는 것을 탈구조주의의 상징적 질서의 생성과정과 기원에 대한 탐구 결과는 가르쳐주고 있다.

들뢰즈나 데리다류의 탈구조주의 철학이 동일성 대신 순수한 차이의 반복과 정신분열증적인 욕망의 해탈을 통해 그 흐름의 방향을 간파하여 영원한 회귀의 순수한 놀이에 기반한 상상계의 '유목적 사유'(la pensée nomade)를 현대 자본주의 사회를 넘어서는 대안으로 제시한다 하더라도, 차이화의 전략이 그 자체의 모순을 은폐하고 유아독존적인 개인의 사유안에 머무르는 한, 인간의 욕망의 이중적 현실성을 간과하고 있기 때문에, 인간의 상징성의 기원과 생성 과정에서 연관된 모방적 욕망의 이중성, 금지, 무차별적 폭력의 위기의 현실성의 중요성을 간파하지 못하였다는 비난을 면치 못할 것이다. 차이화의 기원은 무차별적인 폭력이며 이를 막기 위해 제의에서는 상징적 질서 속에 구성원들 사이의 차이를 뚜렷이 하면서 사회의 질서를 위해 금기를 제정하였다. 그러므로 차이화는 상호성으로 일어나며 경쟁력 있는 욕망의 대상을 향해 모두가 서로를 모방하며 욕망하면서 무차별적 폭력의 위기를 맞게 되는 현실을 막기위해 한 사람의 희생양을 향해 폭력을 가하게 되고, 이 희생양이 사회에 배제되면서 차별화의 상징적 질서가 이루어지며 이로 인해 금지와 제의, 폭력과 거룩함이 공존하는 상징적 질서의 초석이 되는 종교가 탄생 된다.51) 근대 철학은, 종교가 위와 같이 보여주는 거룩함와 폭력의 양가성52)을 간과하면서, 거룩함과 금기를 거부하며 탄생되었다는 사실을 탈구조주의 철학이 인정하지 않은 채 그 이전의 철학 전통의 동일성만을 공격한다면, 이 탈구조주의 철학이 제시하는 사유체계도 상징적 질서의 기원이 보여주는 근원적인 폭력적 인간성과 사회 현실을 파악하지 못하는 것이 된다. 순수한 차이에의 동경은 차별화를 기반으로 하는 상징적 질서의 기원과 생성

---

51) 구조주의와 탈구조주의의 차이화에 대한 지라르의 비판에 대해서는 『폭력과 성스러움』, pp.61-103과 pp.333-376 참조.
52) 지라르에 의하면 '성스러운'(sacré)이라는 말은 이로운 것 뿐 아니라 해로운 것도 포함하여 '저주받은'(maudit)이라는 정반대의 의미도 포괄하고 있는 라틴어 sacer라는 말에서 유래한다. 지라르는 원시종교나 고대 제의에서 성스러움의 작용과 폭력적 희생의 메카니즘의 작용의 상호 연관성이 남아있었던 점을 중요시하여 성스러움의 초월적, 개인적, 종교적 이해의 편향성을 비판한다. 이에 대해서는 지라르, 『폭력과 성스러움』, pp.387-393 참조.

과정에 대한 근원적인 질문을 제기하지 않은 채 근대성/현대성의 문제를 제대로 제시할 수도 답변할 수 없는 것이 당연하다. 또한 차이를 통해 모방을 벗어나 창조와 생성의 놀이를 하는 것만이 21세기의 인류의 나아갈 길이라고 부르짖는 탈구조주의는 모방적 욕망의 이중성을 보지 못한 것이다. 모방적 욕망의 이중성은 "나를 모방하라. 그러므로 모방하지 마라."의 모순적 '이중규제'(double bind)이다. 차이를 말할수록 동일성의 모방의 대상은 숨겨져 나를 향해 모방하도록 우리를 묶는다.53) 욕망과 힘의 이 기괴한 이중규제의 마술 속에서 벗어나는 일은 원시 사회와 고대 사회가 그토록 중요시하는 희생제의와 금지의 문화, 그리고 축제를 통해 은폐된 상징적 질서의 기원과 생성과정을 노출시키고, 재현시키는 새로운 종교 문화를 구축하는 것이 되어야 할 것이다.

결론적으로 말하면, 기독교가 잊었던 이 제의, 금기, 축제 속에 나타난 인간 조건에 대한 현실적 이해를 통해 기독교의 정체성을 확립하게 될 때만이 욕망의 끝없는 흐름과 뒤틀려진 착란적 폭력의 난무에서 오는 세기말의 위기적 상황을 대처할 수 있을 것이다. 기독교는 또한 차이화의 무한한 재생산으로 일어나는 무차별적 카오스를 다시금 재단하고 인간 개인의 차이성을 새롭게 해석하고 대처하는 지혜를 필요로 할 것이다. 이제 21세기의 문화신학은 근대성의 신화를 근원적으로 간파할 수 있는 현대신학의 기원과 생성과정에서 제외되었던 '사고되지 않은 사고'의 원천이며 기표 중의 기표가 되는 거룩함과 금기의 상징적 질서를 사유의 대상으로 삼는 참다운 신학이 되려고 노력해야 할 것이다. 진정 신학은 비신학적 주제가 되었던 상징적 질서의 생성과 그 기원에 대한 신학적 고찰을 사유의 본질로 삼는 21세기의 새로운 **문화신학**으로 우뚝 서야 한다는 것이 탈구조주의의 사유체계의 도전이며, 우리 기독교인들과 특히 신학자들에게 주는 신학적 과제와 희망이 될 것이다.

5. 성서 분석의 예

1) 갈 3:26-28의 세례예문의 분석: 종교적 의미와 사유방식

성서가 형성된 배경이 되는 고대 철학은 종교와 밀접하게 발달해왔을 뿐 아니라 현대

---

53) 모방적 욕망의 이중규제에 대한 지라르의 견해에 대해서는 『성스러움과 폭력』, pp.215-252 참조.

인의 사유가 가지고 있는 이론적인 것을 순수이성을 통해 추구해 온 것과 달리 실천적 지혜를 제시하였다. 그러므로 21세기 신학은 고대의 종교가 제시하는 사유방식을 철학과 밀접하게 관련시켜서 설명할 수 있어야한다. 성서시대의 고대인들의 사유방식은 태초의 우주의 탄생의 성스러운 사건을 재현함으로써 종교적 체험을 통해 우주의 질서의 법칙과 인간사의 원리를 직관적으로 깨달아 새로운 자아의식을 태동시킨 지혜를 갖고 있기 때문이다.

예를 들면, 고대 밀의종교의 제의에서는 세속에서 거룩에로 인도하는 제의적 운동과정에서 금식이나 목욕재계와 같은 정화(katharsis)의 작업이 매우 중요시된다. 그들의 모임에서 부터 행렬을 형성함으로써 하나됨을 경험하게 된다(systasis). 또한, 이들 하나가 된 모임은 공적 장소로부터 거룩한 제단으로까지 들어가게 됨으로써 세속과 구별하려고 한다(temenos). 마지막으로 이들은 현현된 거룩성을 만남으로서 신적 현현의 현존에로 입교(teletē)하게 된다. 이러한 입교절차를 통해 세계의 규칙이 신적인 경륜의 것으로 계시된 것을 깨닫게 되고, (epopteia) 인간들을 자신들로 부터 분리된 우주적 심연을 극복하고, 신들과 함께 세상에 안주하게 됨으로써 새로운 자의식을 지니게 된다.54)

우리는 이러한 밀의종교의 예식을 이해하게 되면 사도 바울의 세례에 대한 이해를 보다 역동적으로 해석할 수 있게 된다.

■ 갈 3:26-28의 구조
1. 3:26a: 여러분은 모두 그리스도 안에서의(en) 믿음으로 말미암아 하나님의 자녀이기 때문에(gar)
2. 3:27a: 그리스도에게로(eis) 세례를 받은 많은 사람들은
   3:27b: 그리스도를 입었기 때문에(gar)
3. 3:28a: 유대인도 헬라인도 없고(ouk eni)
   28b: 종도 자유자도 없고(ouk eni)
   28c: 남자도 여자도 없다(ouk eni);

---

54) Luther H. Martin, 1987, *Hellenistic Religions: An Introduction* (New York: Oxford University Press), pp.60-62; Marvin, W. Meyer, ed., 1987, *The Ancient Mysteries: A Sourcebook* (Cambridge: Harper & Row), pp.10-12. 밀의종교의 구체적인 예로서는 *The Golden Ass* (11.22-26)의 부분적인 번역본 노만 페린, 『새로운 신약성서개론』, 1991, 서울: 한국신학연구소, pp.710-711 참조.

4. 3:28d: 여러분은 예수 그리스도 안에서(en) 모두 하나이기 때문이다(gar).

1과 4는 공동체의 하나됨(systasis)이라는 것을 알 수 있다. 2는 거룩한 장소로 들어가기 위해 그리스도의 옷을 입는 것이다(temenos). 3은 이렇게 거룩한 장소에 들어감으로써 우주의 질서와 공동체의 재배열에 대한 진리를 깨달아(epopteia) 새로운 자의식을 갖게 된다. 이것은 세례의식(drōmena)에 대한 예문(legomena)이기 때문에 정화(katharsis)에 대한 구체적인 과정은 생략되었다. 또한, 이 예문의 평면적인 문학 구조는 가(1과 2), 나(3), 가'(4)로 되어 있는 교차대구법(chiasmus)의 형식을 갖고 있다. 그래서 이를 읽는 사람은 그 자신이 타자인 헬라인, 종, 여자를 공동체 안에 끌어들이는 통과의례를 거치면서 새로운 사회적 자아로 변형되도록 고안되었다.55) 새로운 사회적 자아에로의 변형은 28절 a, b, c의 희랍어 ouk eni를 통해서 신비한 체험을 반영한다. 왜냐하면 ouk eni는 en eimi(not to be)의 준말인 eni의 부정으로 되어 '그 안에 있지 않다'로 번역될 수 있기 때문이다. 또한, 여기에서 eni의 en(안에서)가 숨겨진 것은 '그리스도 안에서'(en)와 '안으로'(eis)가 사용된 다른 구절과 대조를 이루면서 우주적 진리와 종교적 체험에서의 비밀을 간직한 것처럼 보이게 만든다.

이러한 새로운 사회적 자아로서의 자의식은 히브리적 사유에서 온 타자에 대한 배려를 고려하는 윤리성을 내포하기 때문에 밀의종교에서 제시하는 우주적 진리의 깨달음뿐만 아니라 예언자적인 역사의식에서 강조하듯이 옛 사회질서를 허물고 새로운 사회구조에로의 변혁을 추구하게 된다. 이러한 예언자적 역사의식은 바울이 매우 중요시 하였기 때문에 다른 서신에서 반복되어 나타난다(고전 7:17-24, 11:11, 12:13).

이러한 우주적 진리와 공동체적 새질서, 히브리적 사유와 희랍적 사유의 통전적 인식방식은 21세기의 환경과 생명에 대해 배려할 수 있는 인식구조를 무의식적으로 구조화해주고, 지역사회와 범우주적 연결망을 형성할 수 있는 의사소통의 양식을 제시하고, 지역공동체의 창의성을 살리면서 개인의 창의성과 타자들을 포괄할 수 있는 삶의 질을 향

---

55) 통과의례의 시퀀스(분리의례: 본래의 사회적 역할에서의 분리, 주변적 상태: 잠정적인 금기시되는 '거룩함'과 '부정함'의 양의적 상황, 통합의례: 다시 사회로 돌아와서 새로운 사회적 역할을 떠맡음)와 '교차대구법'(a: b: c: c': b': a')의 관계에 대해서는 에드문드 리치(Edmund Leach)(신일철 옮김), 『성서의 구조 인류학』, 1996, 서울: 한길사, pp.79-98, pp.280-283이하 참조.

상시키는 데 기여할 수 있기 때문이다.

2) 고전 11:2-16의 세례 예문(선언문)의 분석: 형이상학과 윤리

이제 우리는 11:2-16을 살펴보면서 여성/남성의 이분법적 분류체계가 어떻게 해체되어 수사학적으로 표출되었는지 살펴보기로 하자.56)

■ 고전 11:2-16의 수사학적 특성과 내용 구조
 I. 서언: 11:2 – 칭찬의 이유: 기억과 유전(遺傳)을 지킴
 II. 본론:
   가. 명제: 3절 – 은유 '머리'(kephalē: 으뜸)를 사용한 관계적 창조질서
           하나님＞그리스도＞남자＞여자
     서언(쟁점제시): 4, 5절 – 명제의 적용 – **영지주의적 위험에 대한 비판**
   나. 지지논증: 교차대구법(chiasmus)을 사용
     권고: a. 6절 – 머리에 쓰라(여성)
     유추: b. 7절 – 영광의 대상: 하나님＞남자＞여자 – 창조질서의 유추의 사용
     인유: 8-9절 – 낳음의 창조질서: 남자＞여자
     권고: c. 10절 – 천사로 인하여 표시를 머리에 두라: **영지주의적 위험에 대한 비판**
     인용: 11절 – 세례예문을 사용한 선언적 말씀 – chōris (신비)
     인유: b'. 12절 – 낳음의 창조질서와 그 근원: 하나님＞여자＞남자
     권고: a'. 13-15절 – 머리를 길러라(여성)
 III. 결언: 규례에 없음.

세례문답의 한 일부인 "그러나 주 안에서는 남자 없이(chōris) 여자만 있지 않고 여자 없이(chōris) 남자만 있지 아니하니라."(11)는 말씀은 6절에서 15절까지의 논증에서는 abcb'a'의 교차대구법의 가운데 있는 핵심 생각이다. 여기에서 chōris는 전치사로 '없이', '분리해서', '독립해서', '달리'라는 번역이 가능하다.57) 그러나 보다 중요한 것은 11절의

---

56) 수사학적 구성요소들에 대해서는 벌턴 L. 맥, 『수사학과 신약성서』, 1993, 서울: 나단출판소, pp.64-68 참조.
57) 코리스(chōris)의 의미에 대한 논의에 대해서는 엘리자벳 S. 휘오렌자(이우정 편), "바울로 공동체의 남녀 평등," 『여성들을 위한 신학』, 1985, 서울: 한국신학연구소, pp.207-208 참조.

세례예문에서의 이 kōris라는 단어의 해체적 역할이 제시하는 우주적 의미의 창조성, 무궁성, 모호성, 심오성(profond)이다. 이 단어는 플라톤의 만듦의 철학에서 제시하는 수용자 코라(chōra)와 연결시킬 수 있다. 플라톤의 만듦의 철학에서는 제작자가 형상(eidon)의 원형이 되는 계획을 미리 봄(pronoia)으로써 필연적인 질료(hyle)를 가지고 수용자인 코라(chōra)에 담아서 한계(pera)를 정하고 측정술(metritikē)을 사용하여 만든다. 수용자인 코라는 없음과 있음의 중간 경계선의 극단으로서 창조와 생성의 과정을 신비속에 감추면서 놀이를 하게 하는 여백(餘伯)으로서의 '수용자' 또는 주름의 펼쳐지는 모양의 '표현(expression)의 그릇'이다.58)

교차대구법의 내용의 심층 구조는 이러하다. 제작자인 하나님은 우주적 공동체를 만들기 위해서 질료인 여성성과 남성성을 그의 형상의 원형이 되는 그리스도를 미리 보면서 그 계획대로 이 두 질료들을 자로 측정하고, 한계를 정하여 적합하게 표현의 그릇인 코라(chōra)에 넣는다. 이러한 창조의 과정의 구조적 특성으로 인하여 여성과 남성에게는 공동체 유지를 위한 윤리적 질서와 법칙을 갖는다. 이러한 심층구조의 특성은 표출구조에 담론적 구성을 다음과 같이 보여주고 있다. 심층구조의 측정의 과정은 교차대구법의 a, a'는 여성의 공동체 규칙으로 표출된다. 바울은 자신의 공동체의 쟁점이 여성의 영적 혼란에 관한 것이기 때문에 여성의 공동체 규칙만을 제시하였다. 낳음의 창조 질서는 b와 b'에서 볼 수 있는 것처럼 반대로 엮어져서 남녀의 순서가 고정되어 있지 않다. 이것은 남성성과 여성성의 만남의 신비한 움직임의 놀이를 나타내고 이 생성 운동의 동력은 제작자인 하나님이라는 것을 지시한다. c는 이러한 창조의 순간을 부정문의 형태로 포착하여 보여주는 듯하다. 형상의 원형인 그리스도 안에서 여성과 분리되거나, 독립하거나, 없이, 달리는 남성은 만들어지지 아니하고 그 반대도 마찬가지이다. 수용자인 코라(chōra)는 전치사 코리스(chōris)로 바뀌어 나타나 여성성과 남성성의 신비스러운 연합과 분리가 반복되는 운동의 미분된 모양을 암시하면서 모호성을 여백에 드러낸다. 남자와 여자가 번갈아 가면서 같은 내용을 "없이"(chōris)를 중심으로 영원히 돌고 있는 그림을 보여주면서 이 창조의 무궁성을 나타내 준다.59)

---

58) 플라토의 만듦의 철학에 관해서는 Plato, 1977, *Timaeus and Critias* (London: Penguin), pp.64-72 참조.
59) 코라(chōra)의 해체적 기능과 그 페미니스트 비평에서의 중요성에 대해서는 Jacques Derrida, 1982,

이 세례 예문에서 특히 주목할 것은 '만 않다'는 뜻을 나타내는 plēn oute로 시작하여 중간에 있는 '남자 없이'(chōris) 여자, oute 여자 없이(chōris) 남자'를 감싸면서 "그리스도 안에서"의 뜻을 가진 en kyriō로 끝나는 배열관계와 이 관계 속에서의 단어들의 기능과 그 의미의 "산종"60)(產種: dissemination)이다. 여기에서 '그리스도 안에서'라는 구문은 chōris의 전치사에 내포되어 있는 '수용자'의 의미를 가진 chōra는 '그리스도 안에서'의 '안에'(en)와 어울려서 '수용자 밖에서는'이라는 의미를 포함하고 있으므로 질료인 여성성과 남성성이 융합되는 창조성을 드러낸다. 여기에서 plēn oute---oute가 쓰임으로써 chōris는 다시 전치사의 기능을 더욱 강조하여 '없이'의 전치사의 의미를 드러내고, 맨 앞의 plēn oute와 함께 '없다'나 '무엇이 아니다'의 의미를 산출하게 된다. 더구나 이 chōris의 단어의 기능의 복잡성은 이 문장에서 동사('된다'나 '존재한다')나 계사('이다')가 쓰이지 않음으로써 의미는 증폭하게 된다. 탄생이나 생성의 결과인 '존재한다' '생성한다' '있다'나 '이다'의 의미를 나타내는 영어의 be동사나 become에 해당하는 희랍어 eimi나 ginomai동사가 쓰여지지 않았다. 그러므로 이 세례문은 심오한 역설이 침묵의 형태로 공동체에서의 남성과 여성의 탄생과 창조의 순간을 성례전적인 장엄성을 가지고 포착하고 있는 듯하다. 여기에서는 창조적 과정의 무궁한 신비가 침묵속에서 코라의 의미를 지닌 코리스(chōris)를 중심으로 흩뿌려지고, 그리스도 안에서의 생성의 사건이 있음/없음, 임/아님의 경계선 상에서 심오하게 주름져서 표현되어 고요속에 우주적 합일(synousia)을 기다리게 된다.61)

Margins of Philosophy trans. Alan Bass (Chicago: The University of Chicago), xxvii과 Julia Kristeva, *Revolution in Poetic Language*, pp.25-37.

60) 산종은 언어의 일의성과 다의성과도 달리 의미의 결정을 거부하면서 의미의 형성과정의 한 순간을 포착하는 용어이다. 시간적인 지연과 공간적인 차이의 상호 놀이에 의해서 의미와 무의미의 영속적인 연쇄망 속에서 의미의 씨앗(la séminal)이 흩뿌려지는 상태를 강조할 뿐이다. 데리다는 공간적 회의나 회합을 뜻하기도 하고 시간적 회기를 뜻하기도 하는 쎄앙스 (la séance), 처녀막이나 결혼과 성교의 행위의 뜻을 동시에 지니는 이멘(l'hymen), 기계의 운동의 시작하거나 중단시키는 행위나 그 행위를 야기시키는 장치의 뜻을 가진 데끄랑슈망(le déclenchement), 바깥의 공기의 저항과 안의 액체의 저항을 균형잡히게 하는 귀고막의 의미를 가진 땡빵 (tympan) 등등의 단어들에 대해서 이 산종의 개념으로 설명하려 한다. 필자는 이러한 데리다의 산종의 개념을 성서 본문의 배열구조와 심층의미구조에 적용하였다. 이에 대한 자세한 논의에 대해서는 Jacques Derrida, *Dissemination*, pp.174-286, pp.289-358와 Jacques Derrida, 1982, "Tympan", *Margins of Philosophy* trnas. Alan Bass (Chicago: The University of Chicago), x-xxix 참조.

61) 쉬스러 피오렌자의 성서해석과 필자의 탈구조주의적 해석을 비교하기 위해서는 엘리자벳 S. 휘오렌

6. 나오는 말: 탈구조주의의 논의에 근거한 21세기 문화신학의 밑그림

위에서 제시한 방법론, 과제, 그리고 성서해석을 토대로 21세기 **문화신학**의 밑그림을 플라토의 철학적 틀에 근거한 네 가지 '신학소'(神學素)에 의해서 정리하여 보면 다음과 같을 것이다.

1. **형상소**(eidon): 21세기 새로운 공동체의 질서의 재배열을 위해서는 우리는 상징적 질서의 생성 과정과 기원이 보여주듯이 희생양을 제거하는 폭력적인 기제를 폭로하고, 또 다른 희생양으로 배제된 '주변적(marginal) 인간'인 '종속된 타자'(subjugated other)들을 포괄하고, 대화하며, 설득하여 이들과 함께 그리스도의 사건에 참여하며 '사랑'의 공동체에 참여해야 할 것이다. 또한, 우리는 기독교의 상징적 질서가 생겼을 때 일어난 우주적 생성의 원초적 사건을 재현하고, 폭력을 막기 위해 형성된 그리스도 희생제의에 참여하고, 원시기독교의 사회적 형성의 사건을 축제화함으로써 거룩함, 금기, 축제의 중요성을 회복하는 새로운 문화를 창조하고, 기독교 상징과 신화의 무궁무진하고 심오한 의미를 복원하고, 그 의미를 실천하는 창조적 활동을 모색하여야 한다.

2. **질료소**(hyle): 21세기의 **문화신학**의 성격은 세기말의 형이상학의 해체가 아니라 형이상학의 창조적 구성과 이에 기반하는 담론체적 구성을 제시할 수 있어야 할 것이다. 포스트모더니즘이나 탈구조주의가 제시하였던 과거 지향적 '해체'의 작업과 전략을 넘어서서 새로운 미래를 여는 사유방식, 형이상학과 이에 기반한 새로운 윤리·도덕을 구성하고 제시할 수 있어야 한다. 이를 위해서는 기독교의 제의의 '거룩함'과 '금기'가 제시하는 사회적 질서의 재배열의 포괄성을 실천하고, 이 그리스도 제의의 상징적 참여가 제시하는 '우주적 생명'(Karis & Pleroma: 우주적 은혜와 충만)을 생활화하기 위해 내안에 있는 '영성'을 훈련/개발하고, 21세기를 맞이하는 공동체의 탄생을 위해 이전의 문명과 역사의 방향의 전환을 모색하는 문명 전이적 매타노이아(Metanoia: 우주적 회개)가 필요하다.

3. **여백소**(chōra): 21세기 **문화신학**은 기독교의 상징적 질서의 과정과 생성의 사건에서 나타난 신적인(성령론적) 생명(joe)의 분출의 우주적 사건이 제한된 우리의 삶(bios)에 나타나도록(parousia) 종교 공동체의 교제(koinonia)와 만남의 실천과 영성훈련을 다음과

자, "바울로 공동체의 남녀 평등", 『여성들을 위한 신학』, pp.165-220 참조.

같이 요구하게 된다: 우리는 그동안 우주적 창조활동에서 경시하였던 여백에서의 차이의 반복 운동의 모양을 제시하는 침묵, 명상, 비움, 섬김, 수동성, 타자성, 충만함, 없음의 가치와 이들의 형이상학적, 종교적 의미를 체험하고, 성찰하고, 관조함으로써 우리 안에 있기도 하고 밖에 있기도 한 '신적 씨앗'(sperma), '신적 불꽃'(phōs), '생명의 충만성'(plērōma)을 분출하여 신·우주·자연·공동체와 '자기'(磁氣)와 같이 '영과 호흡'(pneuma & pnoē)으로 의사소통할 수 있어야 한다.

4. **측정술소(metritikē)**: 21세기를 향하는 **문화신학**은 우주와 공동체, 지구촌과 지역공동체, 보편성·개체성(동일성·타자성, 동질성·특이성 등등) 신·인간·자연, 남성원리·여성원리, 동양과 서양, 지배자와 피지배자 등의 이분법적으로 나누어져 위계화되고, 억압적이고, 종속된 상황을 탈영토화/ 탈코드화시키는 형태를 추구할 것이다. 이를 위해 우리는 유목민처럼 자기 영토를 확장하거나 타자를 지배하지 않은 채 필요할 때만 거주하고, 계열적 나눔과 이접적 연결을 통해 비위계적, 탈중심적, 리좀적 상호연대적 방식으로(*세례예문 갈 3:26-28에서 유대인/헬라인, 종/자유자, 남자/여자의 이분법의 은밀한 철폐와 연결에서 제시하는 것처럼*) 의사소통할 수 있어야 한다. 또한, 우리는 종교적 제의와 새로운 사유방식, 형이상학과 윤리를 도출하고, 상징적 질서의 생성과정과 그 기원을 탐구하여 상징, 제의, 신화의 역할과 기능을 창조적이고 성찰적인 방식으로 연구하여야 할 것이다.

그러므로 우리는 기독교 제의, 신화, 상징이 제시하는 상징적 질서의 형성 과정에 깃들인 폭력, 욕망, 충등의 흐름과 그 희생 메카니즘의 정체를 드러내고, '그리스도 사건'(그의 희생적 죽음과 부활)에 참여함으로써 성령이 부여하는 새로운 생명의 힘인 창조성, 무궁성, 모호성, 심오성의 신비를 체험하고, 성찰하고, 실천하는 참여적 공동체를 이룩하는 것을 21세기의 **문화신학**의 과제로 떠맡게 된다.

신약성서의 성(性) 윤리
- 새로운 유형의 금욕주의 훈련을 위해서 -

1. 고대와 현대의 성윤리의 만남을 위한 시도

　신약성서의 성윤리는 결혼과 이혼과의 연관성 속에서 간접적으로 제시되는 특징이 나타난다. 고대의 성윤리는 결혼과 가정의 영역을 벗어나서 일어나는 섹시즘(sexism)과 성차별, 성희롱과 성폭력, 동거와 혼전 성관계, 동성연애와 낙태가 쟁점이 되어 활발히 논의되는 현대의 성윤리와 다르다. 성서시대의 성윤리의 문제는 헬라 종교적/철학적인 풍습과 로마 시대의 유대교의 가족관과 연관된 성 문화의 특성에 의해서 제기되었기 때문에 당연히 현대의 성윤리 문제가 제기되는 구체적인 성 문화 환경과 차이가 있는 것이다. 그러나 사실 자세히 보면 이러한 성윤리 문제가 직접 논의되지 않았을 뿐 사랑, 성, 결혼이라는 연속적인 연관 구조의 틀에 의해서 토의된다는 점에서 상호 유사점도 주목할 필요가 있을 것이다. 예를 들어, 현대의 성윤리는 대체로 돈과 권력의 개입으로 말미암아 성적 부도덕성의 문제가 발생한다는 점에서 고대의 성윤리가 문제시되는 지형과 그 조건이 서로 유사하다고 할 수 있다. 또한 고린도전서에서 성윤리가 남녀 간의 에로스적 사랑에 관한 언급 없이 주로 공동체의 성 문란과 음행의 문제를 해결하기 위해서 결혼과 독신의 제도적 틀과 관련해서 논의되지만, 바울은 고전 13장에서 아가페의 사랑이 공동체의 근원이고 이것이 에로스적 사랑과 성과 결혼의 근원이라는 것을 암시적으로 나타내 주고 있는 것을 알 수 있다. 오늘날의 성윤리 문제의 해결의 실마리를 성서의 본문에서 찾기 위해서는 우리는 이러한 성서시대의 성윤리의 구조를 당시의 종교사적 배경, 원시 기독교 공동체의 정황과 성 문화 및 본문의 전승사적 배경을 함께 고려하여 매우 주의 깊게 살펴볼 필요가 있다.

2. 공관복음서에서의 성윤리: 이혼과 재혼의 사이에서

원시기독교의 역사적 정황에 비추어서 기독교의 성윤리의 포괄적인 모습이 공관복음서에서는 어떻게 나타나는지 다음과 같이 간략히 제시할 수 있을 것이다.[1]

1. 예수 당시의 유대교 가부장제적 결혼관에 의하면, 남자가 결혼하고 여자는 남자에 의해서 결혼에 응하게 되었다. 여자는 이혼을 요구할 권리가 거의 없었으며 사랑하는 사람과 재혼하는 일도 정결 율법에 따라 매우 어려웠다. 이혼하면 여자가 경제적으로 사회적으로 독립하기 매우 힘들었다. 그래서 신명기 24:1-4에서 남편이 아내에게 써주는 이혼 증서는 여성을 보호하는 측면도 있어서 이혼한 남자로부터 다시 독립할 수 있는 제반 권한과 경제적 보상에 대한 요구를 보장할 수도 있었다.

2. 막 10:17-22; 19:16-22; 눅 4:38; 8:3에서 예수는 당시의 부모를 공경하는 결혼 풍습과 십계명 "간음하지 마라"를 연관시키려 하였다. 이에 따라 예수의 제자들은 이러한 결혼관과 그 신학적 근거(창 1:28)에 의해서 대개 결혼하였다(마 8:14; 20:20; 27:56; 막 1:30; 15:40; 눅 4:38; 8:3).

3. 마 5:27-28에서 예수는 "간음하지 마라"라는 십계명을 더욱 철저히 적용해서 탐욕하는 마음도 간음을 저지른 것으로 이해했다: "또 간음치 말라(μοιχεύσεις) 하였다는 것을 너희가 들었으나 나는 너희에게 이르노니 여자를 보고 음욕을 품는 자마다 마음에 이미 간음하였느니라(ἐμοίχευσεν)." 이것은 당시 마태의 헬라적 유대 공동체가 신자교육 전승 과정에서 발전시킨 것이다. 여기에 나타난 성윤리는 유대교의 이혼 율법의 논쟁적 문제

---

[1] 아래의 복음서에 나타난 예수의 성윤리의 다섯 가지 특징에 관해서는 다음의 사전을 참고하여 요약하였다. B. L. Bandstra & A. D. Verhey, 1988, "Sex", *International Standard Bible Encyclopedia* (vol. IV) (Grand Rapids: W. Eerdamns), pp.429-439.

(할라카)에 대해서 새롭게 답하려는 또 하나의 율법의 적용이 아니라 모든 사람들이 간음을 할 가능성이 있기에 자기 자신의 욕망을 다스리는 새로운 종말론적 자기 금욕훈련이 필요하다는 점을 드러낸다(요 7:53-8:11).

4. 당시에 결혼은 신부의 아버지와 신랑이 법적인 절차를 통해서 약 일년간 서로의 가문에 익숙한 이후에(마 1:18-19) 결혼의 예를 치루고 신부를 신랑의 집으로 인도하게 되어 있었다(마 25:1-13). 하지만 혼례 후에 남성은 이의를 제기할 만한 것이 있을 때 언제든지 이혼을 요구할 수 있었지만, 여성은 특별한 경우가 아니면 대개 남성에게 이혼을 요구할 수 없도록 되어 있었다. 이런 상황에서 예수가 여성에게는 물론 남성에게도 똑같이 이혼과 재혼을 제제하려 하신 것(막 10:1-12)은 기독교의 새로운 성윤리를 제공하는 것이었다.

5. 복음서의 예수는 여성에 대한 새로운 태도에서 성윤리를 새롭게 제시하고 있다. 새로운 시대("사람이 죽은 자 가운데서 살아날 때에는")에는 장가가는 것과 시집가는 일도 없을 것이라고 말한다(막 12:25). 이제 결혼은 반드시 지켜야 할 토라의 의무도 아니고 신적인 인정의 조건도 아니다. 그래서 독신도 예수 자신처럼 하나의 선택 사항이 될 수 있다(마 19:10-12). 이러한 종말론적 관점에서 예수는 당시 관습과 달리 공적으로 여성에게 이야기하고(요 4:1-26), 여성들을 가르치셨다(눅 10:39). 또한 여성들을 칭찬하였고(막 12:41-44), 그들을 옹호하였다(눅 7:38-40). 예수는 안식일 규정을 위반하거나(눅 13: 10-17) 정결례를 위반하는 위험을 무릅쓰면서도 여성을 치유했다(막 5:27, 41). 예수는 여성을 단순히 성적 욕망의 대상이나 아이를 낳는 도구로만 바라보지 않고 여성들이 하나님 나라에서 하나님의 말씀을 듣고 이를 전달하는 매개자로 보았다(눅 11:27이하, 눅 10:38-42, 막 15:40-47).

이러한 배경 속에서 예수와 원시기독교의 성윤리가 가장 논쟁적으로 제시되는 것은 예수의 성윤리가 이혼관련 율법에 대한 새로운 해석의 문제(할라카)로 제기되었을 때이다. 예수가 유대교 율법과 관련해서 성윤리를 어떻게 재해석했는지 기억하여(막 10:1-9) 원시기독교가 이를 계승하는 것(막 10:11-12)이 성윤리의 신학적 쟁점으로 부각되었다. 그래서 막 10:1-6에서 바리새파 사람들이 예수에게 다가와서 신명기 24:1-4에 남편이 이의를 제기할 만한 어떤 '수치스러운 일'이 있을 경우 이혼증서를 써 주고 아내를 버리는 것을 모세가 허락하였다고 주장하였다. 그래서 이것과 평행구가 되는 마 19:3에서는 바리새인들이 예수께 나아와 "어떤 이유가 있어도 남편이 그 아내를 내어버리는 것이 옳으니이까?"[私

譯]라고 묻게 된다. 반면 유대교에서는 아내가 남편이 부정한 짓을 해도 이에 대해서 이혼을 요구할 권한이 없었다. 이에 대해서 예수는 이것은 인간의 완악함과 연약함 때문에 할 수 없이 양보한 결과이고, 창 1:27과 2:24의 원래의 창조질서를 내세워서("창조시로부터") 기독교의 성윤리의 신학적 기초를 새롭게 제시하고 있다.2) 예수는 여기에서 여성/남성이라는 성 관계의 관점을 인간/하나님의 관계라는 관점으로 확대 전환시킨다. 그래서 창 2:24에서는 "남자가 부모를 떠나 그 아내와 연합하여 둘이 한 몸을 이룰찌로다"이지만, 막 10:7에서는 "사람이 그 부모를 떠나서 그 둘이 한 몸이 될지니라 이러한 즉 이제 둘이 아니요 한 몸이니"로 되어 있다. 떠남, 연합(짝지어 주심), 한 몸의 결혼 과정을 거쳐서 형성되는 가정의 전통적인 창조 질서는 이제 인류 전체가 한 몸이 되는 종말론적 비전으로 확대되어 재해석된다(막 10:6-8). 이러한 보다 더 넓은 관점에서 볼 때, 성은 하나님의 축복된 선물일 뿐 아니라 인간들 관계의 신비이며, 성관계가 단순히 거룩할 뿐만 아니라 남녀의 전인적 관계는 이제 한 몸이 되어 나뉠 수 없는 신비스러운 사랑의 이상적인 형태로 완성된다: "그러므로 하나님이 짝지어 주신 것을 사람이 나누지 못할지니라 하시더라."(10:9) 이런 의미에서 이 본문 말씀은 단순히 모든 이혼을 금지시키는 새로운 율법을 제시하는 것이 아니다. 이혼 이후에도 이 이상적 상태의 사랑의 결합은 손상되지 않은 채 인간관계의 신비를 포괄적으로 유지할 수 있다는 것이다. 이것은 아가서의 사랑의 송가와(8:6)과 고전 13장의 사랑의 송가에 나타나는 남녀 間의 연합과 인간들 간의 연합의 신비를 동시에 나타내 준다.3)

그래서 원시기독교에서는 이혼보다도 재혼이 더 큰 문제가 된다는 것을 암시하고 있다. 10-12절에서 원시기독교는 이혼 자체보다도 이러한 창조질서를 근원적으로 깨뜨리는 재혼을 엄격히 금지시켰다: "이르시되 누구든지 그 아내를 내어 버리고 다른 데 장가드는

---

2) 예수 당시의 성 관습에 관해서는 Tikva Frymer-Kensky, 1982, "Sex and Sexuality", *The Anchor Bible Dictionary* (vol. V), pp.1144-1146; C. R. Taber, 1976, "Sex, Sexual Behavior", *Interpreter's Bible Dictionary* (Supp.), pp.817-820 참조.
3) 남녀간의 신비뿐만 아니라 인간 간의 신비로 확대시키는 종말론적 비전의 중요성과 그 해석의 주석하적 근거에 관한 자세한 설명에 관해서는 Luise Schttroff, 1998, "A Proven Model of Exegetical Working Steps and Example of Interpretation: 'what God has Joined Together ……'(Mark 10:2-12)", Luise Schottroff & Silvia Schroer & Marie-thres Wacker, 1998, *Feminist Interpretation: The Bible in Women's Perspective* trans. Martin and Barbara. (Minneapolis: Fortress Press), pp.250-254 참조.

자는 본처에게 간음을 행함(μοιχᾶται)이요 또 아내가 남편을 버리고 다른 데로 시집가면 간음을 행함(μοιχᾶται)이니라" 이러한 마가의 말씀과 달리 Q의 유대 기독교 공동체에서는 여성의 경우는 전혀 고려하지 않고 남자의 재혼을 금지하는 것만 언급되어 있다: "자기 아내를 버리고 다른 여자에게 장가드는 사람은 간음하는 것이며, 남편에게서 버림 받은 여자에게 장가드는 사람도 간음하는 것이다."(눅 16:18) 반면, 마 5:32과 마 19:9에서 음행(πορνεία)의 이유를 이혼의 예외 규정으로 제시한다는 점에서, 초창기와 다른 새로운 환경에 적응하여 보다 합리적인 이혼관을 나타내고 있다.4)

3. 바울서신에 나타난 성윤리: 결혼과 독신의 사이에서

바울서신에서의 성윤리는 살전 4:3-8과 고전 7:1-30에 가장 잘 나타난다. 우선 살전 4:3-8에서 바울은 음란과 색욕의 이방 문화로부터 구별되는 경건한 방식으로 아내를 취함으로써 거룩함과 존귀함으로 자기 몸을 다스릴 줄 아는 기독교 금욕주의(ἄσκησις: 금욕적 훈련)적 삶의 풍습을 새롭게 창안하려 하였다고 할 수 있을 것이다.5) 이러한 기본적인 구도로 시작해서 고전 7장에서 바울은 남자들의 음행의 문제와 다른 한편 여성들의 결혼 생활에 대한 자발적인 금욕주의의 문제, 그리고 영과 육의 이원론에 근거하여 부활이 이미 도래하였다고 주장하는 영지주의적 열광주의, 그리고 우상숭배에 기초한 음란, 간음, 탐색, 남색과 같은 구체적인 성적 문란의 문제(고전 6:9-10)에 직면하여 바울은 보다 구체적인 성윤리를 다양한 방식으로 제시하고 있다. 이런 문제들에 직면하여 바울은, 부부 별거의 문제와 같은 결혼 생활에 대한 권고나 독신 생활에 대한 권고 부분에서, 무엇보다 기독교의 종말론적인 성윤리를 독신과 결혼의 선택의 가능성 속에서 융통성 있게 제시하고 있다. 특히 위의 살전 4:3-8의 거룩함과 존귀함의 성 문화를 발전시키기 위해서, 바울은 고전 7장에서는 그리스도인으로서 사람들에게 평화를 주기 위해서 자신의 자유를 억제하

---

4) 결혼보다 이혼이 보다 더 중요한 쟁점이 되었던 유대교와 원시 기독교의 상황에 관해서는, 위의 글 245-249 참조; 이혼에 관한 성윤리의 전승사적 변화 과정에 관해서는 Raymond F. Collins, 1987, "Marriage", *Interpreter's Bible Dictionary* (vol. IV), pp.569-570 참조.
5) 김형돈, "결혼의 거룩성을 위한 성윤리 이해: 살전 4:3-8에 나타난 문제를 중심으로", 1992, 장로회신학대학원 석사학위 논문, pp.1-62.

고 모든 사람들에게 종이 되려 하지만 하나님 안에서 진정한 자유를 얻게 되는 역설적 자유와 이에 근거한 기독교 실존양태에 기초하여 성윤리의 원리를 제안하게 된다. 이런 성윤리의 원리에 기초하여 바울은 신앙의 기초적인 단계의 일상적인 차원에서는 결혼이라는 굴레를 통해서 새로운 종말론적인 성윤리를 훈련할 것을 권고한다. 다른 한편, 보다 종말론적으로 급격한 새로운 그리스도인의 정체성을 나타내기 위해서 고차원적인 신앙 발달 단계에서는 독신이라는 종말론적인 성윤리를 제안하게 된다.

우선 바울은 다양한 종류의 독신자들, 즉 자발적으로 별거하거나 성생활을 멀리하는 결혼한 사람들(7:2-6), 과부들과 홀아비들(7:8-11), 남편이 믿지 않아서 별거하려는 기독교인 여성들(7:12-17), 결혼 적령기에 있는 여성들과 남성들(7:1, 7:36-40)에게, 이들이 고린도 교회에 윤리적인 문제를 일으킨 상황에 대처하기 위해서, 성윤리를 결혼과의 관련성 속에서 제시하게 된다. 위에서 결혼생활에서의 성윤리를 위한 금욕적 훈련은 확실히 당시 고린도 교회의 성문화에 대한 중대한 비판적 관점을 제시하려 한다. 이를 위해서 우선 바울은 결혼생활을 남녀의 성의 정체성이 상호적으로 확립될 수 있는 하나의 금욕훈련의 울타리로 인정하는 측면이 있다. 그 한 예로서, 바울은 별거하기 위해서는 부부가 합의하에, 기도하는 가운데 일시적으로만(약 2주간) 가능하다는 원리를 제안함으로써 가정의 건강한 성생활 유지에 노력할 것을 요구한다.6) 바울은 고린도 공동체의 음행(πορνεία)의 문제를 해결하기 위해서 결혼생활의 중요성을 언급한다. 그래서 그는 이혼을 금하는데 찬성하고(9-11), 믿지 않는 사람과 결혼하였더라도 이혼하지 말 것을 권고한다(12-16). 성과 결혼을 연결함으로써 음행을 反윤리적이고 非합법적인 것으로 규정하려 하였다.7) 특히 가정을 성의 평등이 이루어지는 장소로 제공하려 한다(3-4, 10-11, 12-13, 14, 16). 여기에서는 아내가 자기 몸을 주장하지 못하고 남편이 하며, 남편도 자기 몸을 주장하지 못하고 아내가 한다고 말한다(4절). 이것은 성적인 권리와 자유가 남자에게만 부여되었던 가부장제 사회 속에서 여성에게도 여성의 성적인 권리와 상호성을 보장함으로써 성과 가정에 대한

---

6) 바울의 금욕주의를 당시의 유대교와의 차이 속에서 간략하게 제시한 글에 관해서는 Collins, 1987, "Marriage", pp.571-572 참조.
7) 이에 대한 자세한 설명에 관해서는 김덕기, "고린도전서에서의 몸 담론과 권력: '미시정치학'적 해석을 위해서" <신학과 문화> 제15집(2001), 대전신학대학교 출판부, pp.129-167 참조.

기존의 남성 중심적 태도를 비판하려 한 것이다. 15b("하나님은 화평 중에서 너희를 부르셨느니라")에서 하나님은 우리를 그리스도 안에서 평화로 부르셨다. 가정은 단순히 성적 만족의 장이 아니라, 믿지 않는 사람들을 변화시키고, 가족 안에서 사랑으로 새로운 평화의 관계를 만드는 실험장이 되도록 우리를 부르셨다. 그러므로 성윤리가 온전히 지켜질 수 있는 것은 사랑과 평화가 숨쉬는 가정의 울타리이다.8)

또 다른 한편, 고린도 교회의 윤리적 정황, 에피큐로스(Epicurean) 학파의 쾌락주의와 스토이시즘(Stoicism)의 금욕주의와 같은 종교-철학적 배경과 로마의 정치·윤리적 정황은 바울의 7장에서의 결혼에 상반되는 독신생활의 격려에 어떤 영향을 미쳤음에 틀림없을 것이다. 예를 들어, 당시의 결혼에 대한 로마시대와 유대 사회의 풍습과 가치관을 살펴보면, 시민권을 가진 사람이 소수였을 뿐만 아니라 아이들이 자라면서 많이 죽었기 때문에 국가에서는 결혼을 권장하는 풍토였다. 그리스와 로마에서는 여성들의 경우 오랫동안의 약혼기간 후에 10대 중반에 결혼하였다. 그래서 고린도 교회의 여성들은 대부분 남성에 비해 노예와 같은 열등한 지위에 있거나 결혼한 상태였다. 특히 과부들은 재혼의 압박을 받고 있었고, 결혼하지 않은 여성은 대부분 종교적 이유로 고린도 교회의 중대한 문제를 일으킨 것으로 보인다. 이러한 로마의 결혼 풍습과 함께 바울의 유대주의의 결혼 풍습도 바울의 독신생활에 대한 권장의 의미를 새롭게 조명해줄 수 있다. 당시 유대교 관례에 의하면 보통 남자는 18-20세에 결혼을 하였다. 이들은 두 가지 이유로 결혼할 것을 요구하였다: ① 자녀 생산을 위해서 결혼이 필요하다. ② 또한 랍비들이 결혼을 성적 욕망을 해결하기 위해서 성적인 부도덕에 시험받기 쉽기 때문에 이를 해결하기 위해서 결혼할 것을 강조하였다. 이에 따라 바울은 율법에는 흠이 없었다고 자랑하고 있기 때문에(빌 3:5-6) 바울 자신은 결혼했을 가능성도 있다. 아니면 바울이 기독교인이 되고나서 아내와 사별하였거나 아내가 그와 함께 여행을 하는데 동의하지 않았기 때문에 그의 곁을 떠났다고 추정할 수 있다. 이런 점에서 바울은 고린도 교회의 남자들의 음행의 문제를 해결하기 위해서 정욕을 참기보다는 결혼할 것을 간접적으로 권장하는 방식으로 제안하게 된 것이다.9)

---

8) 성과 결혼생활에 대한 종말론적 윤리의 중요성에 관해서는 김호경, "성의 자유, 성의 평화: 성에 대한 바울의 종말론적 이해- 고린도전서 7:1-40을 중심으로-", 『性과 여성신학』, 2001, 한국여성신학회, 서울: 대한기독교서회, pp.79-99 참조.

위의 배경에 비추어 보면, 고전 7장 8절에서 바울은 독신에 대한 자신의 개인적인 경험 때문에 이를 간접적으로 권장하였다. 바울의 독신생활 권장에 대한 수사학이 이렇게 여러 번 나오지만 전부 노골적이라기보다 매우 암시적인 방법으로 제시된다. 외양상 바울은 결혼하지 않는 것과 성 생활을 멀리하는 것이 더 바람직한 이유를 다음과 같이 제시하였다: ① 영에 의한 은사에 따라 하나님이 각 사람을 부르신 그대로 행하라: 7:7, 17-20, 24, ② 임박한 환난 때문에: 7:26, ③ 그리스도의 종이면서 동시에 자유자가 될 수 있는 역설성: 7:21-23, ④ 결혼한 경우 주의 일 보다 세상일을 더 염려하기 때문에: 7:32-34. 여기에서 알 수 있는 바와 같이, 독신생활은, 결혼생활이나 음행의 가능성 이외에, 자신의 자유를 억제하고 종말론적 평화를 공동체 속에서 구현하려고 하는 기독교인의 종말론적 삶의 새로운 가능성을 상징적으로 나타낼 뿐 아니라 새로운 성적 정체성을 제시하게 된다. 더구나 위의 정황을 고려해 보면, 바울의 독신생활에 대한 권고는 다음과 같은 사회적 의미의 성윤리를 내포하고 있었다고 제시할 수 있을 것이다: ① 유대교와 로마의 결혼제도와 이와 연관된 성문화와 성윤리에 내재된 인간관, 사회관, 역사관을 비판함. ② 종말론적 관점에서 보면 결혼 제도(고전 7:31)는 일시적일 뿐이기 때문에 유대교와 로마 제국의 위계주의적 가부장제에 대한 암시적인 비판. ③ 여성(자매된 아내)을 억압하는 가부장제적 목회를 비판하고(고전 9:5-6), 남녀 파트너쉽 목회 스타일을 제시하려 함. ④ 자족(自足: αυταρκεια)의 정신에 근거해서 기독교적 금욕주의 스타일을 일상성에서 실천하려 함.10)

그러나 이러한 결혼생활과 독신생활을 동시에 제시하였던 바울은 스스로 모순에 빠지는 이중적인 성윤리를 제안하고 있는 것은 아닐까? 이러한 질문에 대해서 다양한 방식의 답변이 제시되기도 하였다. 그러나 이러한 이중성은 근본적으로 하나님과의 관계를 인간과의 관계 보다 더 우선시하는 성윤리와 종과 자유인의 역설적 관계의 신학적 원리를 당시의 그레코 로만 세계에서 표출되는 금욕주의적 훈련(ἄσκησις)의 방식으로 일관성 있게

---

9) 유대교와 로마시대의 결혼 풍습에 관해서는 앤 와이어(조태연 역), 『원시 그리스도교의 잊혀진 여성들』, 2001, 서울: 대한기독교서회, pp.62-63과 Jerome Murphy-O'Connor, 1996, *Paul: A Critical Life* (Oxford: Clarendon Press), 62-65; 예수와 바울와 원시기독교의 결혼관에 대한 개괄적 이해에 관해서는 Raymond F. Collins, 1992, "Marrage(NT)", *Anchor's Bible Dictionary* (vol. 4), pp.569=-572 참조.
10) 이에 대한 자세한 설명에 관해서는 김덕기, "고린도전서에서의 몸 담론과 권력", 2001, pp.129-167 참조.

나타내 준다고 볼 수 있다.11) 32-34절에서 장가 간 남자와 시집 간 여자는 배우자에게 그 마음이 분요하게 되어 인간관계를 하나님과의 관계보다 우선시하게 되지만, 결혼하지 않은 사람은 하나님과의 관계가 더 우선적이 될 수 있다. 반면 12-16절에서 바울은 공동체의 평화를 위해서 믿지 않은 사람에게 자신의 이혼하는 자유를 유보하고 결혼을 유지할 것을 권고한다. 여기에서 결혼이냐 독신이냐의 문제 자체가 중요한 것이 아니라, 공동체의 평화를 유지시키기 위해서 자신의 자유를 유보하더라도 어떻게 하나님을 기쁘시게 하느냐가 중요하다.12)

4. 결론: 현대적 적용과 그 비판적 수용의 방향 제시

예수와 원시기독교는 성윤리를 부모 공경의 계명과 관련시킬 뿐만 아니라, 떠남과 연합과 한몸의 종말론적 신비의 비전을 통해서 우리의 성을 규제하고 몸을 다스리며 이를 훈련시키려 하였다는 것은 오늘날의 성윤리의 경박함과 천박성을 비판하는 것으로 이해해야 할 것이다. 이것은 현대의 성윤리조차 사실 연애와 사랑, 결혼의 과정에 의해서 형성되는 가정의 울타리에 의해서 논의될 수 있다는 것을 보여준다. 그러나 예수가 이혼과 재혼의 성윤리 문제를 단순히 남녀 관계 뿐 아니라 모든 인류의 한 몸이 되는 연대에 의해서 답하려 했다는 것은 단지 성 관계의 한정적 인간관계를 넘어서 모든 종류의 인간관계의 종말론적인 비전 속에서 성윤리를 해결할 것을 제안한 것이라고 볼 수 있을 것이다. 더구나 유대교와 차별성 있게 남성 중심의 가부장제적 이혼관련법과 성윤리를 비판한 점, 이혼 자체보다 재혼의 금지를 강조한 점, 합리적인 예외 조항을 제시한 점 등은 성윤리가 시대에 따라 풍습에 따라 달라질 수 있다는 것을 원시기독교도 인정하였다는 점에서 현대 교회에게 현대적인 성윤리의 창조적 적용 방향과 새로운 해석의 여지를 명확히 보여주고 있다.

반면 바울의 성윤리는 성의 근원에는 에로스가 아니라 아가페가, 성 훈련의 규제적 장치로서 프리섹스(free sex)의 연애 과정이 아니라 성 관계가 금지되는 약혼 과정(서약 이후

---

11) 이에 관해서는 김덕기, 2001, 위의 글, pp.127-167 참조.
12) 이런 방식의 해결책에 관해서는 김호경, 2001, 앞의 글, pp.79-99 참조.

1년간)이나 독신 생활이, 사랑의 완성이 단순한 남녀의 성관계가 아니라 전인격적인 상호 관계를 토대로 남녀가 연합되는 한 몸 됨이 중요시됐다. 더구나 여기에서는 사회적 질서나 창조의 질서가 아니라 종말론적인 역사의 질서에 근거하여 에로스의 '몸'을 공동체의 아가페의 '몸'을 위해서 규제하고 종말론적으로 도래할 그리스도의 '몸'에 연합시키도록 노력하는 그리스도인 고유의 금욕주의 훈련이 중요시된다. 그래서 근원적으로는 바울의 성윤리는 기독교적 실존 양태, 교회 공동체 형성과 관련된 몸의 신학적 원리, 그리고 고대 특유의 금욕주의 훈련과 상호 긴밀히 관련되어 전개된다.

반면 바울의 성윤리는 오늘날 다양한 방식으로 비판되기도 한다. 바울은 여성을 멀리하는 독신생활을 요청하면서도 이 경우 음행에 빠지는 것을 우려해서 독신생활을 하지 말라는 또 다른 요청을 하게 된다. 최근의 페미니스트 성서학자들은 모순된 명령을 동시에 하는 이러한 이중 기준(double standard)의 모양이 바울의 몸 담론이 욕망의 이중규제(double bind)에 매여 있는 위선적이고 억압적인 가부장제의 권력체계와 공모관계를 유지하고 있는 단서라고 비판하게 된다. 특히 성서의 페미니즘 비평적 관점에서 보면 바울의 결혼과 독신의 이중적 주장은 당시의 로마제국의 가부장제를 수용한 흔적일 수 있다. 바울의 몸의 신학적 담론이 구체적인 공동체의 성윤리의 문제에 적용되었을 때에는 당시 공동체의 가부장제의 위계주의적인 권력 배치를 옹호하고 몸에 대한 여성의 성적 자기 결정권과 같은 성적 주체성 권리를 억압하는 방향으로 제시되고 있다고 비판할 수도 있을 것이다. 다른 한편, 바울의 성윤리의 신학적 근거로서 제시된 종말론은 일반적인 윤리 강령을 제시하는 데는 매우 중요한 것처럼 보이지만, 당시의 여성들이 체계적으로 억압당하게 되는 성윤리가 문란한 정황을 근본적으로 변화시키거나 비판하는 데는 별로 큰 도움을 주지 못할 수 있다는 페미니즘의 정치 전략적인 비판이 제기되기도 한다.

그러나 바울의 성윤리는, 그가 제안한 보다 포괄적인 기독교인의 실존 양태와 금욕주의 훈련의 기본원리에 의해서 현대적으로 재해석될 때, 위의 비판을 겸허히 수용하면서도 기독교의 고유한 금욕주의적 삶의 지혜와 역설적 신학적 원리를 다음과 같이 제시하고 있다. 고전 7:29-31은 위의 공동체의 구체적인 문제들에 적용하는데 사용되기보다는 위에서 논의한 성윤리를 그리스도인의 삶의 일반적 자세와 연결시킨다. 다시 말해서 성윤리가 욕망의 문제를 통해서 그리스도인의 삶의 형태를 보여준다면, 이제 이 욕망의 문제는 권력의 문제와 긴밀하게 연결되어 성윤리의 금욕주의 훈련의 신학적 기초와 그 전략을 보다 역동적으로 제시하고 있다고 이해할 필요가 있다. 아내 있는 자/아내 없는 자, 우는 자/울지 않는 자, 기쁜 자/기쁘지 않는 자에 나타나는 "마치…아닌 것처럼"(ὡς μή)의 세 가지 역설적 관계는 단순히 결혼하지 않은 여성의 문제나 음행하는 남자에 대한 구체적인 해결이 아니라, 기독교인의 성윤리가 인간의 행복을 표현하는 역설적인 가치체계와 연관된다는 것을 나타낸다. 특히 이러한 기독교인의 성윤리는 기독교인의 포괄적인 삶의 방식과 정치·윤리적 원리와 연관된다는 것을 보여주고 있는 것이다. 예를 들면, 바울의 위의 금욕적 훈련(ἄσκησις)은 견유학파와 스토이시즘과 다르다. 견유학파에서는 자신들이 소유하고 있지 않지만 소유하고 있는 것이라고 생각하는 방식이 사용된다. 반면, 스토이시즘에서는 소유하고 있는데 소유하지 않은 것으로 생각하는 방식으로 금욕적 훈련이 제시된다. 그러나 기독교는 무엇인가를 소유하고 있지만 이를 포기함으로써 없는 것처럼(ὡς μή) 생각하고 살아가는 자발적 포기를 통한 섬김의 삶의 방식을 제안하고 있는 것이다. 이것은 다른 두 가지 대조항들(매매하는 자들은 소유하지 않는 자처럼, 세상 물건을 쓰는 자들은 다 쓰지 못하는 자같이 사는 것)과 연관되어 기독교의 성윤리가 구조적으로 권력과 소유물을 사용하는 것과 관련된 금욕주의 훈련과 긴밀하게 연관되어야 한다는 것을 암시적으로 나타낸다. 이 두 가지에서는 기독교의 금욕적 훈련 양식이 생산과 소비의 균형을 이루려는 자족함(αὐταρκεία)의 삶의 방식(빌 4:11-13)과 권력을 포기하는 섬김의 주체성 확립의 금욕주의적 전략과 연관된다는 것을 나타낸다. 이처럼 위의 7:29-31은 성윤리의 문제가, 권력과 금권의 소유의 문제와 연관된 기독교인의 삶의 방식에 영향을 줄 수 있다는 의미에서, 근원적인 기독교의 금욕적 훈련의 중대한 문제라는 것을 암시한다.

여성 고용 창출과 공동목회를 통한 교회개혁
— '백합화'의 지혜문학적 계시 이해를 지향하면서 —

1. 남녀 파트너쉽의 공동 목회를 통한 교회 개혁의 필요성

여성이 교회에서 안정된 임금을 받는 정규직 일을 하였을 때 가정은 얼마나 활기차게 될 것인가? 이를 생각하면 나는 아직도 가슴이 뛴다. 나는 수업시간에 여성 학생들에게 이렇게 유혹하곤 하였다. 당신들이 한국교회에서 공동목회로 모두가 함께 고용되어 지금 담임 목사님들이 받고 있는 월급의 절반만 받는다 하더라도 당신의 아이가 그토록 원하는 장난감을 당신이 일한 노동의 대가로 살 수 있다. 만약 미국처럼 한국에서도 남녀 공동 목회가 가능하다면 말이다. 이것은 단순히 장미 빛 꿈에 불과한 것인가?

여성이 교회에서 전임으로 전도사나 목사로서 더 많이 고용되기 위해서는 남성과 여성 목회자가 함께 일하는 공동 목회가 보다 바람직하다는 발상의 전환이 필요하다. 이러한 남녀 파트너쉽(partnership)의 중요성은 단순히 남녀의 성차별의 문제가 아니다. 이것은 위계적 질서를 당연시하는 교회에 반하여 남녀평등을 추구하는 새로운 교회의 권력 구조에 대한 목회 비전(vision)과 관련된다. 하지만 아직도 여성할당제를 통해서 현재 교단에서 의무적으로 교회가 여성을 고용만하면 그만이라고 단순히 생각하는 사람들이 많다. 그러나 이 할당제가 왜 수용되어야 하는지, 그리고 여성 목회자가 남성 목회자와 달리 교회에서 어떤 비전을 제시할 수 있는지 묻지 않을 수 없다. 교회에서의 여성 고용창출의 문제는 단순히 여성 교역자의 수급의 문제가 아니라 한 사람이 위계주의 삼각형의 정점에 서서 수행하는 권위주의적 목회 구조가 당연시되어 온 한국 교회의 습성과 여성 차별의 타성을 극복할 수 있는 대안적 목회 비전은 무엇인가의 탐구와 연관되어야 할 것이다.

이를 위해서 필자는 이글을 통해 우선 남녀 공동 목회의 철학적·신학적 근거를 마련하기 위해서 원시 기독교의 교회 권력 구조나 당시의 목회 비전의 기반이 될 수 있는 바울과 Q 공동체의 계시 이해의 모델과 공동목회의 역사적 편린들을 간략히 기술하고자 한다. 특히 고대 원시 기독교의 발생의 근거가 되는 존재론과 인식론의 구조와 계시 이해의 상관관계를 추론해서 제시하게 될 것이다. 그리고 이러한 토론을 토대로 여성 고용 창출의 근거로서 공동 목회와 파트너쉽 목회의 비전을 구체화할 것이다. 여기에서 특히 우리는 자연 현상의 성찰에 근거한 Q 공동체의 지혜 계시 모델을 주목하게 될 것이다.

2. 바울의 계시 이해의 이중성과 여성과의 공동 목회

기독교의 탄생의 근거로서 바울의 계시 이해는 플라토니즘(Platonism)의 존재론과 스토이시즘(Stoicism)의 인식론의 구조로 이해할 필요가 있다. 플라토니즘에서는 보이는 땅에 속하는 보이는 '세상적인 것들'과 하늘에 속하는 보이지 않는 '신적인 것'들을 나누고, 보이지 않는 것들은 이데아(eidos)의 세계로서 이를 모방하여 형성된 보이지 않는 모사물의 현상 세계 보다 더 큰 가치를 부여받는다. 그리고 보이지 않는 이데아의 세계를 파악하기 위해서는 우리의 '이성'(nous)이 필요하다. 이러한 플라토니즘에 근거하여 바울은 현상계의 유대교의 율법을 넘어선 이데아의 세계에 속하는 그리스도의 계시가 도래하였고, 이를 파악하기 위해서는 '이성'이 아니라 하나님이 그리스도를 '영'(pneuma)으로서 보냈다는 우리의 믿음이 필요하다고 주장한다(갈 1:16, 4:6, 고후 1: 22, 롬 16:25, 빌 1:19). 바울에게 이 믿음의 대상은 보이지 않는 신적인 것과 보이는 땅의 세계를 매개하는 구속자 그리스도의 영의 계시이다(고전 1:24, 8:6, 고후 4:4, 골 1:15-20).

그런데 여기에서 바울은 이 그리스도의 계시를 이해하는 인식 과정에서는 스토이시즘을 끌어들인다. 스토이시즘에서는 프뉴마(pneuma: 영)가 구현된 표상이나 로고스(logos)가 물질의 세계에 구현된 이념을 인식할 때에는 언제나 인식하는 주체, 즉 마음의 통치 원리의 수용과정에 의해서 포착된다('포착적 표상'). 이 수용 과정에서 중요한 것은 마음의 통치 원리가 위의 표상의 사건성을 파악하기 위해서 판단의 분류 체계에 따라서 이 표상의 원인이면서 그 결과인 '말해진 것' 즉, 의미(lekton)를 판단하는 과정이다. 이와 비슷하게 바울에게 계시에 대한 믿음의 인식 과정에서 중요한 수용 과정은 그리스도가 성육신화(聖肉身化) 되었다는 역사적 사건이라는 객관적 사실을 확증하는 과정이 아니라, 내가 체험한 부활한 그리스도의 표상들이 이전의 전승들의 신적 사건과 어떤 연관성이 있는지, 그리고 이 그리스도의 계시 사건이 이 전승들의 의미 계열화의 분류체계에 따라서 무엇을 의미하는지 선택하여 수용하는 우리의 판단 과정이다. 계시는 스토이시즘에서 의미 구성의 선택적 수용 과정과 거의 비슷한 기능을 하는 의미 구성적 믿음의 판단에 의해서만 포착된다는 점이다. 바울의 그리스도 계시에 대한 판단의 분류체계 중 가장 중요한 의미의 계열망은 구약 성서의 계약에 나타난 하나님의 의로움의 행위의 전승이다(갈 3:6-3:24, 롬 1:1-1:25). 바울에게서, 인식 수용의 주체가 이러한 의미 계열망에 의해 포착한 그리스도 사건의 의미는, 로고스인 그리스도의 나타남의 객관적인 역사적 사실 자체가 중요한 것이 아니라, 이 사건을 일으키는 그리스도의 영 자체가 이 사건을 인식하여 수용하게 하는 주체로서의 마음의 통치 원리와 상호 연결되고(갈 4:6, 고전 2:13, 고후 5:5), 이제 이와 함께 이것과 조응되는 윤리적 주체인 새로운 '자유의 영'이 또한 동시에 함께 형성되어 상호 연결되어 있다는 것이다(갈 3:1-5:26). 이것이 바울의 계시 이해에서는 우리의 믿음의 대상으로서의 <u>그리스도의 영의 나타남</u>과 <u>믿음</u>의 인식적 과정의 주체로서 <u>마음의 통치 원리인 영의 생성</u>이 분리될 수 없다는 점을 말해준다(고전 1:18-2:16). 또한 계시 인식 판단의 결과인 '<u>자유의 영</u>'의 생성이 곧 믿음의 인식 대상인 그리스도의 계시 인식 자체의 증거이기도 한 것이다. 결국 바울의 계시 이해에서는 요한복음과 달리, 인격 안에 성육신화 되어 나타나는 것은 예수라는 인격이라기보다는, 우리의 결단에 의해서 그리스도의 계시를 인식하면서 형성되는 자유의 영이다(갈 5:13-6:18). 그래서 우리에게 믿음이 다가왔다는 바울의 표현(갈 3:23, 25)은 언제나 율법이 아니라 그리스도가 새로운 주체 자유의 영을 형성 가능하게 한 결정적인 계시의 때, 카이로스(kairos)가 다가왔다는 의미로 인식된다.

바울의 계시 이해의 이러한 두 가지 차원 즉, 플라토니즘의 존재론과 스토이시즘의 인식론과의 부조화된 접합의 배치가 그의 복음 이해의 토대이다. 이러한 두 가지의 차원의 집합은 한편으로 당시 헬레니즘의 혼합주의 현상이다. 그런데 바울이 이러한 복음 이해를 교회론에 적용할 때 그는 그의 의도와는 상관없이 그의 계시 이해에 전제된 플라토니즘의 존재론을 토대로 권위주의적 지배체제를 내재화하게 된다. 이 계시를 경험한 바울은 교회의 대표자로서 등장한다. 그래서 그는 자신이 그리스도를 닮은 것처럼 자신을 닮으라고 권면한다. 또한 자신은 이러한 믿음을 낳은 아버지이고 이를 깨닫고, 이 복음을 전달받고 믿기 시작하는 그리스도인들은 아이로서 인식된다(고전 4:14-16). 여기에서는 보이지 않는 이데아에 속하는 그리스도를 닮은 바울은 보이는 현상계에 속하는 모사물인 것과 마찬가지로, 이번에는 이를 처음으로 파악한 바울은 이데아이고 이를 따르는 교인들은 모사물이다(살전 1:6-7, 고전 11:1). 교회 권력의 신학적 근거로서 계시 이해의 모델과 바울의 리더쉽(leadership) 형성 과정에는 이처럼 플라토니즘의 위계주의적 세계관이 내재한다. 이러한 근거를 토대로 형성된 현재 한국 교회는 이와 같은 위계주의적 사유방식과 권위주의적 목회 태도를 정당화하는 한 결코 남녀 공동 목회와 파트너쉽의 지도력의 근원적인 수용을 이룩할 수 없게 된다. 이제 이 계시 모델을 통해 교회의 권력과 지도력을 정당화한 바울 이후의 원시 기독교의 가부장적 목회 구조를 이어 받아 한국의 남성 목회자들은 이 계시를 담지하고 있는 대표자로서 이데아에 속하고, 모사물과 같은 여성은 이러한 계시를 담보하는 담임 목사가 될 수 없는 것이다.

그렇다면 바울의 신학체계 속에서는 이런 권위주의적 지배체제를 탈영토화(탈피)할 수 있는 가능성의 실마리를 찾을 수 없는 것일까? 바울은 당시 가부장제 사회에서 이를 극복할 수 있는 단초를 그의 믿음의 인식론과 이에 근거한 윤리적 실천에 남겨 두었다. 그는 자신의 계시 인식이 타자와의 관계에서 '상호 종됨'의 실천 속에서 완성된다고 보았다. 또한 그는 공동목회와 남녀 파트너쉽의 리더쉽의 신학적 토대가 그리스도의 영과 자유의 영과의 상호 참여의 파트너쉽이라고 암시적으로 주장하였다. 이것은 '나'와 나 자신과의 관계에서 형성되는 계시의 대상으로서 그리스도가 내 안의 자유의 영과 상호연결되어 함께 새로운 파트너쉽을 형성하는 계시 사건으로 인식된다는 것을 의미한다. 이러한 파트너쉽의 계시 사건을 토대로 형성된 자유의 영의 주체인 '나'는 스스로를 타자를 섬기는 종으로 인식할 수 있게 된다. 이제 이 '상호 종됨'의 실천은, 타자를 지배할 수 있는 근거가 되기보다는, 아무도 타자가 자신을 지배할 수 없도록 서로가 모두 종이면서 동시에 주인인 새로운 역설적 자유가 구현된 파트너쉽 목회의 윤리적 근거가 된다(갈 5:1, 13, 6:2). 여기에서는 내가 타자를 섬길 수 있는 **윤리적 실천의 차원**이 계시 사건의 증거이고, 이것이 다른 사람들에 의해서 내가 지배될 수 없게 만드는 의미 계열망을 형성하게 된다. 여기에서 다른 사람을 지배하지 않는 단절의 비약적 과정이 믿음의 영에 근거한 **정치적 실천의 차원**이다. 그래서 이러한 믿음의 영에 의한 단절은 우리가 자신도 모르게 어떤 사회적 세력과 권력들에 의해서 억압 당하거나 지배 당하지 않도록 교회의 권위주의적 위계구조를 철폐시킬 수 있는 파트너쉽의 정치적 토대가 된다. 이런 의미에서 공동목회의 파트너쉽은 교회의 윤리적·정치적 실천을 위한 작은 실험실이다. 먼저 같은 동료로서 남녀 목회자들의 파트너쉽에서 상호 종됨이 실천되어야 한다. 이러한 실천을 통해서만 목회자는 스스로가 평신도들을 지배할 수 있는 권위주의적 태도를 벗어날 수 있다.

위의 인식에 도달한 바울은 자신의 편지에서 항상 파트너쉽으로서 동역자들을 소개한다. 이들 중에 여성들이 포함된다. 특히 브리스길라, 유니아, 그리고 뵈뵈는 단순히 바울을 돕는 조력자가 아니라 목회의 파트너들이라고 볼 수 있다. 브리스길라는 바울과 함께 천막치기로 생업을 꾸려가며 복음을 전달할 때 목회를 위한 경제적인 지원을 아끼지 않았다(행 18:1-3, 18-20). 유니아는 바울의 동족으로서 그와 함께 갇힌 동역자이며, 그동안 남성으로 알려졌지만 최근 고고학적 연구에 의해서 여성임이 밝혀지게 되었다(롬 16:7). 뵈뵈는 자매이며 겐그레아의 일꾼(diakonos)으로 소개된다(롬 16:1). 여기에서 diakonos는 여성 집사라기보다는 여성 복음 선포자일 수 있다. 이처럼 바울의 목회는 이들과 함께 파트너쉽을 형성하면서 새로운 공동목회의 비전을 제시하게 되었다.

3. Q 공동체의 계시 이해와 공동목회로서의 파트너쉽

Q 공동체는 갈릴리의 초기 목회의 상황을 보여준다. Q의 신학에서 계시의 이해는 하나님의 나라의 토대가 자연과 일상성의 경험임을 보여준다. 그래서 바울의 계시 이해와는 정반대이다. 하늘의 것이 땅의 것에 침투하기보다는 땅의 것인 자연 안에서 하나님의 섭리가 전부 사건으로 표현된다. 하나님의 나라는 어떠한 매개자가 필요 없는 자연의 현상처럼

우리의 삶에 직접적으로 관여한다. 특히 Q1의 계시 이해는 견유학파의 존재론과 실천적 인식론에 의해서 이해될 수 있다. 견유학파에 의하면 존재는 이데아의 정적인 모방에서 발생하는 것이 아니라 인간이 자연의 성장 과정에서 그 원리를 깨닫고 새로운 덕을 쌓는 도덕적 삶에서 발생하는 동적인 실천에서 생성된다. 그래서 Q 공동체는 자연 현상이 하나님의 통치의 비밀을 전부 펼치는 것처럼 위계주의적 통치와 권위주의적 지도력에 반대하여 모든 사회의 관습들의 모순점을 당당하게 토론하는 파레지아(parresia: *대중 앞에서 담대하게 말하기*)의 실천 속에서 하나님의 통치가 실현된다고 확신하였다. 여기에서 인간의 도덕적, 정치적 실천과 자연의 생장(生長)은 하나님의 통치의 생성 과정과 그 인식 과정이 서로 분리되지 않기 때문에 상호 연계되어 있다. 이것은 하나님과 자연과 인간에게 제시되는 원리가 서로 다르게 보이지만 이것들이 함께 하나님의 통치의 계시 사건으로부터 유래한다는 일원론적 존재론이다. 인간의 덕과 연관된 주체성은 하나님의 통치가 실현되는 일차적 계시인 자연 현상에 기초해서 기존의 사회적 관습, 가치 기준을 평가하여 그 구속으로부터 벗어나는 삶의 방식에 의해서 형성된다. 반면 이 하나님의 통치를 파악할 수 있는 인식은 파레지아의 실천의 토대가 되는 자연 현상에 대한 성찰에서 그 출발점이 될 수 있을 것이다. 여기에서부터 이제 자신이 속하는 사회와 문화의 규칙의 덧없음을 깨닫고 대중들에게 용감하게 자신의 삶의 방식을 실천함으로써 하나님의 통치를 구현할 수 있게 되는 것이다.

Q공동체는 견유학파의 존재론과 유사하게 하나님의 섭리를 자연 현상 속에서 나타내려 한다. 여기에서 특히 **Q1**(*Q 문서의 초기 편집 단계*)은 어떤 인간의 매개 없는 계시 이해를 보여준다. 특히 사람의 생명의 문제는 자연의 생명과 비교하여 성찰할 것을 촉구하면서 어떤 매개 없이 자연이 보여주는 **지혜** 자체가 하나님의 통치의 섭리가 계시되는 장으로 제시된다. "너희는 너희 생명 곧, 무엇을 먹을까? 또는 너희 몸을 위해서 무엇을 입을까에 대하여 염려하지 말아라. 생명이 음식보다 그리고 몸이 의복보다 더 중요하지 않느냐? 까마귀를 생각해 보아라. 까마귀는 씨를 뿌리지도 않고, 거두지도 않고, 또 그들에게는 곳간이나 창고도 없다. 그러나 하나님께서 그들을 먹여주신다. 너희는 새보다 훨씬 더 귀하지 않으냐? 너희 가운데 누가 염려한다고 해서 생명을 하루만이라도 더할 수 있느냐?"(눅 12:22-25); 여기에서 더 나아가, Q1에서는 하나님의 섭리와 자연 현상과 인간의 삶이 상호교호적인 관계를 일으켜서 존재의 생성 사건을 일으키는 반면, **Q2** 또는 **Q3**(*Q 문서의 중기 또는 말기 편집*

단계)에서는 역사적 삶은 지혜가 일으키는 사건으로 제시된다. 여기에는 지혜의 자녀들이 매개되어 있지만 하나님의 지혜가 보낸 자들은 세례자 요한과 인자, 두 사람의 공동 목회이다. "세례자 요한이 와서, 빵도 먹지 않고 포도주도 마시지 않으니 ……, 인자는 와서 먹기도 하고 마시기도 하니, …… 그러나 지혜의 자녀들이 결국 지혜가 옳다는 것을 드러냈다."(눅 7:35); "그러므로 하나님의 지혜도 말하기를 '내가 예언자들과 사도들을 그들에게 보내겠는데, 그들은 그 가운데서 더러는 죽이고 더러는 박해할 것이다'"(눅 11:49).

더구나 이러한 하나님 나라의 통치에 대한 지혜의 통찰이 이번에는 Q의 비유들에서 어떻게 나타나는가를 살펴보면 다음과 같다. '누룩의 비유'(눅 13:20-21)에서 여성은 부패하는 누룩이 밀가루 반죽 그 속에서 우리가 일상적으로 먹을 수 있는 생명의 빵을 탄생시키는 것을 발견하고 이 썩음 속에 피어나는 생명에로의 생성에서 하나님 나라의 도래를 맛보게 된다. 그리고 이러한 썩음 속의 생명은 하나님 나라의 도래의 비밀을 펼치고 있다. 여기에서 썩음은 소멸이며 삶의 고통의 경험이다. 이것은 삶의 부정적 경험이다. 이것이 전부 썩어 반죽을 변화시킬 때 우리에게 불행의 역설적 현상인 행복의 사건으로 나타난다. 이러한 불행과 행복이 동시에 가능한 역설적 지혜의 체험이 서로 다른 종류의 사람들간의 삶의 연대와 공동 목회의 토대가 된다. 이 '누룩의 비유'는 남성이 나오는 '겨자씨의 비유'(눅 13:19-20)와 쌍을 이루면서 여성과 남성의 파트너쉽의 목회를 지향한다고 할 수 있다.

그런가하면 남성이 나오는 '잃어버린 양의 비유'(눅 15:4-5a, 7)는 여성이 나오는 '잃어버린 동전의 비유'(눅 15:8-10)와 함께 나타난다. 이러한 비유에서는 특히 남성과 여성의 파트너쉽 뿐 아니라, 위계주의적 가치 추구의 삶의 방식을 비판한다. 잃어버린 '하나'의 소중함은 '다수'에 비해서 결코 그 가치가 떨어지지 않는다. 우리의 일상적 삶의 경험은 하나의 중요함이 다수의 폭력에 의해서 없어지지 않는다는 것을 확신시켜 준다. 이것은 Q 공동체가 위계주의적 공동체가 아나라 소수를 존중하는 남녀 평등한 공동체임을 보여준다.

4. 여성의 파트너쉽 목회를 위한 실천적 전략

이제까지 지내온 바와 같이 지배와 권력 남용을 무의식적으로 인정하는 위계주의적 교회체제, 교회의 불투명성을 그대로 방치하는 교회 구조를 인정하는 한 여성 고용 창출에 있어 한 대안으로서의 여성 할당제 도입은 의미가 없다. 오히려 이러한 교회의 비민주적 관례를 개혁하는 실천적 전략과 교회에서의 여성 고용 창출은 한데 맞물려 있다고 인식하는 것이 매우 중요하다.

이제 교회에서의 여성 고용 창출은 남성중심적 교회에서 여성 '테러리스트'가 되거나, 여성 할당제를 요구하는 방식과 전혀 다른 접근방식이 필요하다는 것을 위에서 어렴풋이나마 알 수 있었을 것이다. 위에서 필자가 제시한 논의의 흐름은 기독교의 교리들의 근원인 계시 이해 그 자체를 달리 생각하고, 플라톤적 존재론의 상향식의 계시 이해와 스토이시즘적 인식론과 견유학파적 지혜의 실천론에 근거한 하향식의 계시 이해와의 사이에 벌어진 틈새를 공략해야할 것을 제시한다고 볼 수 있을 것이다. 바울에게는 존재론과 인식론이 서로 일관된 목회 비전을 제시하고 있지는 않고 있다. 이 사유체계의 이중성과 모호성 속에서는 다양한 교회의 유형이 나타날 수 있었다. 하지만 바울 자신과 특히 바울 이후의 원시교회는 플라토니즘의 계시 모델에 의해서 권위주의적 교회상을 확립하고 말았다. 우리는 이제 Q공동체의 지혜의 계시 모델을 새롭게 구상할 때이다. 하늘의 것이 땅의 것이고, 땅의 것이 하늘의 것이다. 이 둘 사이에 본질적인 가치론적 구분은 권력의 진리 생산의 결과일 뿐이다. 하늘의 것이 땅의 것으로 내려오는 것일 뿐 아니라 일상적 삶이나 자연 현상과 같은 땅의 것 안에서 하늘의 것인 하나님의 통치의 지혜를 드러내기도 하는 것이다. 더욱이 이렇게 하나님 나라의 계시 사건이 매개 없이 다 자연현상 속에 직접 나타나는 것이라면 권위주의적 목회와 위계주의적 질서를 옹호할 수 있는 신학적 근거는 타당하지 않게 된다. 그래서 Q2에서는 만약 이 지상에 계시의 매개가 있어야 한다면 그것은 지혜의 자녀들인 세례자 요한과 인자 두 사람의 공동목회였다고 주장한다. 이것이 공동목회와 남녀 파트너쉽의 신학적 근거인 계시 이해가 될 것이다.

이제 교회에서의 여성들을 위한 고용 창출은 새로운 계시 모델에 근거한 공동목회의 비전과 자연의 생명 현상에 대한 성찰적 지혜에 근거한 새로운 교회 개혁의 방향 설정과 깊이 연관된다. 이제는 권위주의와 불투명한 절차를 정당화하는 계시의 모델들에 대해서 새로운 대안적 계시 모델을 맞세우는 틈새 공략 방식이 여성 고용 창출의 실천적 전략으로 제시되어야 하지 않을까? 자연의 생명 현상에 근거한 삶의 지혜란 어떤 상황에서도 생명을 사건화할 수 있는 자유의 실천이다. 이것은 권위주의적이고 위계주의적인 삶의 양식을 정당화하는 계시의 모델을 비판할 수 있도록 우리의 삶을 아름다움과 향기를 뿜어내는 백합화가 되게 하는 기적의 사건일 것이다. 다시 말해서 자연과 삶에 대한 성찰이 하나님의 섭리에 대한 계시와 깊이 연관된 것이라면, 삶이 꽃이 되고, 꽃이 삶이 되는 성찰의 사건이 계시의 순간이 아닐까? 이 계시의 순간을 Q1에서는 '백합화'로 형상화하여 다음과 같은 **지혜문학적 계시 모델을** 다음과 같이 제시한다: "백합꽃이 어떻게 자라는지를 생각해 보아라. 수고도 하지 아니하고, 길쌈도 하지 않는다. 그러나 내가 너희에게 말한다. 자기의 온갖 영화로 차려 입은 솔로몬도 이 꽃 하나만큼 차려 입지 못하였다. 믿음이 적은 사람들아, 오늘 들에 있다가 내일 아궁이에 들어갈 풀도 하나님께서 그와 같이 입히시거든, 하물며 너희야 더 잘 입히지 않으시겠느냐? 그러므로 너희는, 무엇을 먹을까 무엇을 마실까 하고 찾지 말고, 염려하지 말아라."(눅 12:27-29)

고린도 전서 11:17-26 주석 방법과 이에 근거한 설교

1. 서 론

이 글은 미국 장로교회 목사안수 시험(1993년 9월) 과목 중의 하나인 신약성서 주석 시험을 위해 필자가 제출한 글이다. 한국에서 보통 성서학자들이 역사비평 방법을 너무 면밀하게 적용하거나, 성서학의 특정한 쟁점을 너무 전문적으로 다루기 때문에, 이 글에서는 일반 평신도나 신학도 그리고 목사님들이 정말 실제로 신앙생활과 목회에 직접 도움이 되는 성서주석의 예를 보여 주려고 한다. 미국장로교회의 시험에서 요구하는 주석 방식이 역사 비평적 방법의 다양한 적용 과정과 문학적 구조와 수사적 특색, 그리고, 설교를 위한 해석학적 고찰 등등을 종합적으로 보여주는 좋은 본보기가 되기 때문에, 앞으로 한국에서도 이 글에서 보여주는 실제적인 주석의 예문이 목사안수를 받으려는 신학도와 목사님과 평신도들에게 바람직한 성서연구와 설교 작성 방법의 길잡이가 되기를 바란다. 미국 장로교회 성서주석 시험은 시험 2-3개월 전에는 신약과 구약 중에 각각 어느 책에서 본문이 나오게 될지 알려주고, 시험 날 당일에는 특정한 성서본문을 주고 일주일 안에 신약이나 구약 중 하나를 골라서 일주일 안에 주석하여 제출하게 되어있다. 필자는 신약의 본문을 택하여 연세대 중앙도서관과 연합신학대학원 도서관에서 주석을 하여 한국 광

나루 장로회 신학교에 시험감독에게 제출하였다. 이를 토대로 필자가 소속되어 있는 로스엔젤레스(Los Angeles)에 있는 미국장로교회 한미노회의 1993년 12월 정기노회에서 약 10분간 설교를 하게 되었다. 그래서 이 설교 원고도 함께 첨부하여 필자의 성서 주석이 어떻게 설교본문으로 완성되었는지 보여주려고 한다. 필자는 이외에도 신앙고백서를 제출하여 목사안수에 필요한 모든 과정을 하나님의 은혜 가운데 모두 통과하여 1994년도 2월 17일 미국장로교회 목사안수를 받게 되었다.

2. 주석 방법1)과 주석 방법의 해석학적 기초

1) **본문의 경계와 문학적 맥락**: 여기서는 본문의 바로 앞뒤의 문학적 맥락을 형성하는 구절들과 비교해서 그 상호관계를 물으면서 본문의 의미를 명료화한다. 이때 보다 더 넓은 문학적 맥락을 설정하여 본문을 포함하고 있는 서신 전체 가운데 본문의 내용과 서신 전체의 문학구조와의 상호연관관계를 탐구하면서 본문의 의도를 파악하고 그 의미를 재구성하려고 시도한다.

2) **의미구조**: 여기서는 본문 안에서 각 절들 사이의 상호관계를 설정함으로써 본문의 의미의 맥락적 기능과 본문이 말하려고 하는 주제의 핵심을 파악하고자 한다.

3) **본문의 문학적 특색과 전승사 비판**: 본문에서 사용된 수사학적, 문학적 특색을 살펴보고 그 기능을 검토한다. 특히 전승이 사용될 경우 저자가 그 전승을 어떻게, 어떤 의도를 가지고 사용하였는지 검토하기 위하여 전승의 형성과정을 추적하여 그 과정의 단계를 설정한다.

4) **중요한 단어 연구**: 본문에서 사용되는 중요한 신학적 개념을 성서사전에서 찾아보고 그 개념이 다른 문서에서 사용된 용례를 검토한다. 그리고 그 다른 용례와 비교하여, 본문에서 저자가 그 용어를 사용한 용례의 특징과 성격을 파악하여 본문의 신학적 의도를 정확히 이해하려한다. 또한, 몇 가지 중요한 희랍어 원어의 의미를 문법적으로 설명하고 뜻을 밝힌다.

5) **역사적 맥락**: 여기에서는 본문의 저자와 쓰인 연대와 장소를 연구하고, 그 본문을

---

1) 주석시험에서는 시험자가 자기가 하게 될 주석 방법을 명시하도록 되어 있다.

이해하는데 영향을 주었던 역사적, 종교적, 사회적 상황을 설정한다. 위와 같은 상황에 비추어서 본문의 의미를 조명하여 저자의 의도와 이와 관련된 본문의 다양한 포괄적인 의미를 도출한다.

6) **주석의 요약**: 위에서 연구한 모든 결과들을 종합하고 요약한다.

7) **설교 구상**: 위에서 연구한 결과들을 토대로 내가 다니는 서울 연세대학교 대학교회의 청중을 대상으로 설교를 한다고 가상하여 설교를 위한 구상을 정리해본다.

■ **주석 방법의 해석학적 기초**
Ⅰ. **내용의 대화적 이해:** 의미구조 확립-가다머(Hans-Georg Gadamer)의 '물음의 구조'
　가) **내용 분석:**
　　① 본문을 말하는 전승으로 간주한다.
　　② 상식적인 의견이나 판단과 반대되는 어떤 것을 숨기고 있는지 질문한다.
　　③ 의도나 말해진 바를 넘어서 본문의 기저를 파고 들어간다.
　　④ 본문 자체에 몰입하여 의미의 일관성이 없는 모순되는 부분이나 명시적으로 언표되지 않는 부분에 대해서 질문한다.
　　⑤ 대화자들이 모든 가능한 대답들을 포괄하는 '물음 지평'을 확보한다.
　　⑥ 언어의 의미작용의 놀이가 드러내는 '중심 내용'(Sache)에 대해서 질문한다.
　　⑦ 일정한 방향성을 지니지만 한정되고, 개방된 질문들을 모색한다.
　나) **전승비평**: 전승에 대한 '先판단'을 고찰하고, 전승의 역사성을 드러내는 인유나 전승에 대한 시대적 배경을 통해 '시간 간격'을 드러낸다.
　다) **수사와 스타일 분석**: 신화적 요소와 언어의 객관화 차원을 비판하고 중심 내용을 재확정한다.
　라) **문맥을 통한 지평융합 시도**: 독자의 지평, 위에서 형성되는 텍스트의 과거의 지평, 기대되는 미래의 지평과의 '지평융합'을 형성하고 가)와 다)의 중심내용에 '적용'한다.
　마) **언어외적 맥락 형성을 통한 진리 찾기**: 가), 나), 다), 라)의 각각의 단계에서 도출되는 물음지평에서의 진리주장들을 종합하여 진리의 탈은폐 사건이 일어나도록 한다. 이때 언어외적 맥락을 바흐찐(M. Bahktine)의 언술 이론에 의해서 찾는다.
　　① 공통적인 공간 지평 – 잔치: 음식을 흥청거리면서 먹고 마심/ 저것 봐. 밖의 눈송이.
　　② 공통적인 상황 인식과 이해 – 호의와 친구 관계/시간 오월.
　　③ 공통적인 가치평가 – 사회의 명예 유지/겨울 이후 봄이 오는 것을 보고자 하는 욕구.
Ⅱ. **해석적·성찰적 고찰**: 역사적 맥락에 넣기와 의미의 전유화
　A. **해석적**　1. 의미와 진리에 대한 판단중지, 역사적 거리감 유지 – 역사적 연관성

재구성.
2. 현재의 문화적·사회적 실제들의 역사와 그 사회적 구성을 진단하고 분석하기 위해서 실용적으로 사용하는 역사 이해의 기술 사용.
3. 현재에 비추어서 텍스트를 해석하는 것이 아니라, 현재의 문화적·사회적 실제들을 변화시키기 위해 아직 해석되지 않는 방식으로 위반적 독해를 시도한다. 일상적이고 상투적이지 않은 언어를 사용한다.
이것은 현재의 실제들을 설명하는 역사적 인과 관계와 그 생성 근거나 숨은 의도를 도출하는 것이 아니다. '복원의 해석학'이 아니라 '의심의 해석학'이며 '희망의 해석학'이다.

B. 성찰적
1. 자신의 구체적인 삶의 변화를 가져올 수 있는 해석의 가능성과 전략을 찾기 위해서 '타자'와 자신의 본문의 끊임없는 상호대화를 수행한다.
2. 공동체와의 우주적 공감을 형성하여 텍스트에 드러나 있는 의미에 얽매이는 말·이성 중심주의와 억압적 형이상학을 해체한다.
3. 우주 생성과 사회 형성의 원초적 과정과 그 리듬 즉 침묵의 언어를 찾는다.
4. 도래하는 새 하나님의 이미지를 제시한다.
5. 새로운 세계관을 재구성/재기술하는 공관적 통찰을 확립한다.
성찰적 반성성.
6. 심층구조, 의미론과 언어 구조, 침묵의 언어 등의 의미구조 분석을 통해 새로운 이데올로기, 새로운 내러티브, 새로운 세계관을 형성한다.

3. 고린도전서 11:17-26 주석

1) 본문의 경계와 문학적 맥락

본문 고전 11:17-26은 바로 앞의 여성의 예배 의식 규례에 관한 구절 11:1-16과 바로 뒤의 주의 만찬에 대한 직접적 권면의 구절 사이에 놓여 있다. 본문은 주의 만찬(the Lord's Supper)의 예배의식에서 일어난 고린도교회의 문제를 제기하고 있으므로 고전 11:1-16과 예배의식에서 생기는 교회의 문제를 다루는 점에서 내용면에서 공통점을 가진다. 또한 11:2에서 사도 바울이 전한 유전(traditions)을 준수한 것을 칭찬하지만 그 유전의 내용의 실제적인 적용에 있어서 칭찬받지 못할 문제가 제기된(11:17-26: "유익이 못되고 도리어 해로움이라")점에 있어서 11:1-16과 11:17-26은 서로 간접적인 상호연관관계를 유지하고 있다. 한편, 11:27-34은 "그러므로"(ὥστε)로 시작하여 11:17-26에서 제기된 문제에 대한 권면을 나타내므로 본문과 직접적인 상호연관관계를 유지하고 있다. 특히, 11:1-16에서 "자기의 만찬을 먼저 갖다 먹는" 구체적인 문제에 대해서 33절의 "먹으러 모일 때에 서로 기다리라."와 34절의 "시장하거든 집에서 먹을지니"라는 직접적인 권면과 관련되고, 이 문제의 결과로서 제기되는 취하는 자, 즉 먹고 마실 집이 있는 자가 시장한 자, 즉 빈궁한 자를 업신여기는(11:20-21) 문제의 결과는 약한 자, 병든 자, 잠자는 자에 대해 살펴 보도록 권면 하는 부분(11:30-31)과 관련된다. 또한 11:23-25의 주의 만찬에 관한 전승은 26-29에서는 이에 제기된 문제에 대한 신학적 해석에 의해 사용된다.

"우상의 제물에 대하여는(περί)"이 이끄는 보다 넓은 문학적 맥락에서 볼 때, 본문은 8장과 10장에서 우상의 제물을 먹는 문제와 이에 대한 바울의 답변을 다룬 10장과 비슷한 문제와 공동의 전승을 다루고 있다. 특히, 10장에서는 본문에서와 비슷하게 먹는 문제를 다루는 데 있어서 주의 만찬 전승을 사용함으로써 신학적 답변을 추구한다. 10:14-22에서는 그리스도의 몸과 피의 성례전적 참여와 공동체의 일치를 위한 신학적 해석을, 10:1-13에서는 이스라엘 광야 생활에 대한 성례전적 유비해석을 다룬다.

또한, 본문 11:18-19에서 언급된 분쟁과 파당에 관해서는 1:11-17에서 보는 바와 같이 "글로에의 집편으로서" 전해들은 말로서 바울, 아볼로, 게바, 그리스도 등의 파당에 대한 언급과 어떤 관련을 가지고 있을 수 있다. 그러므로 이 분파에 대한 바울의 보다 근본적이고 개괄적인 답변으로서 1:10-4:21의 십자가의 신학은 본문과 간접적으로 상호 연관될 수 있을 것이다. 그러나 위의 기본적인 문제와 신학적인 답변 보다 7:1 "대하여는"(περί)이 이끄는 절이 시사하는 바와 같이 본문은 고린도 사람들이 바울로에게 보낸 편지 속에 제기된 구체적인 문제들인 결혼과 독신(7:1-40), 우상의 제물을 먹는 문제(8:1-11:34), 공동체 내의 영적 은사와 부활의 문제(12:1-15:58), 성도를 위하는 연보와 아볼로(16:1-16:24)와 같은 구체적인 공동체 문제와 직접 관련될 수 있을 것이다.

2) 의미구조

■ 주의 만찬의 남용(고전 11:17-26)
    가. 칭찬 받지 못할 행동방식: 17-22
        1. 분쟁과 파당에 대한 평가: 17-19

        2. 주의 만찬 의식 행동에 대한 부정적 판단과 그 이유: 20-21
        3. 힐난하는 수사적 질문 22
    나. 주의 만찬에 관한 전승: 23-26
        1. 전승의 기원: 23a
        2. 주의 만찬 전승: 23b-25
        3. 전승에 관한 주석: 26

본문의 의미구조는 고린도교회 교인들이 주의 만찬의식을 수행하는 행동양식에 대해 부정적인 평가를 하고 교정하기 위해 주의 최후 만찬에 관한 전승의 신학적인 의미를 제시하는 모양으로 기능하고 있다. 행동양식 자체에 대한 기술은 21절 한 절의 적은 양을 차지하지만 이에 대한 비판과 그 결과로서 우려되는 분쟁과 파쟁에 대한 평가가 더 많은 부분(17-19, 22절)을 차지하고 있다. 네 번의 과장적인 수사학적 질문들은 이 문제의 심각성과 교정의 긴급성을 감정적으로 나타내고 있다. 또한 이 문제에 대한 해결책으로 제시되는 예수의 최후만찬에 관한 전승이 이에 대한 바울 자신의 주석과 비교해 볼 때 더 압도적으로 많은 부분을 차지하고 있다. 전승 중에서는 예수의 말씀이 보다 자세히 생생하게 인용됨으로써 강조되고 있다. 바울 자신의 주석 부분도 이 말씀에 대한 반복 설명을 함으로써 주의 만찬의 의식의 신학적 의의와 주요성을 예수자신의 말씀의 권위에 의거해서 설명하려하는 의도를 나타내 보인다. 결론적으로, 본문의 의미구조에서 보는 바와 같이 본문은 주의 만찬의식에 관한 행동양식에 대해 평가하고 교정하기 위해 주의 만찬의식의 기원이 되는 최후만찬에 관한 전승에 나오는 예수의 말씀의 권위에 의존해서 그리고 이에 대한 주석을 함으로써 공동체의 분열과 파당의 문제를 해결할 수 있는 신학적 근거와 행동방식의 기준을 제공하려는 의도를 나타내고 있다.

3) 본문의 문학적 특색과 전승사 비판

(1) 22절: 4번의 수사학적 질문 – 이것은 주의 만찬의식에서의 행동이 칭찬받지 못할 행동이라고 비난하는 것을 감정적인 어조를 통해 강조하는 기능을 나타내 보여준다. 특히, 첫 번째 질문은 이중 부정(μὴ οὐκ)을 써서 독자의 동의를 강하게 얻고자 한다.

(2) 23-26절: 주의 만찬에 관한 전승의 사용 – 23-25는 막 14:22-25와 눅 22:17-20의 평행구를 가지고 있고, 바울 자신이 "주께 받은 것"이라고(고전 23a) 말하고 있으므로 바울 이전에 쓰인 또는 구전된 전승일 것이다. 26절의 "오실 때까지"의 희랍어 원문은 3인칭 단수를 나타내는 가정법 과거동사(ἔλθη)를 사용하였으므로 25절의 2인칭 명령문의 동사(ποιεῖτε)의 주격으로서 주님의 말씀과 차이가 있으므로 바울의 주석이다.2) 물론, 23-25도 전승과 바울의 주석이 공존하고 있으므로, 평행구와 비교하면 바울의 신학적 각색이나 독특한 점을 찾을 수 있을 것이다.

(3) 전승사 비판: 23-26절과 그 평행구(막 14:22-25와 눅 22:17-20)와 비교

고전 11:24의 "이것은 너희를 위하는 내 몸이니"는 마가의 "이것은 나의 몸이다."(14:22)와 누가의 "이것은 너희를 위하여 주는 내 몸이다."(22:19)와 비교해 볼 때, 본문의 전승은 누가와 마찬가지로 <u>예수의 죽음을 대속적 구속으로 해석하는 신학적 이해를 내포하고 있다.</u> 전승사적으로 볼 때 마가의 전승이 가장 오래된 것이고, 다음이 고전 그리고 누가의 순으로 전승이 발전되었을 가능성이 높다. 또한, 고전 11:25의 "이 잔은 내 피로 세운 새 언약이니"는 마가의 "이것은 많은 사람을 위하여 흘리는 바 나의 피 곧 언약의 피니라."(막 14:24)와 누가의 "이 잔은 내 피로 세우는 새 언약이니 곧 너희를 위하여 붓는 것이라."(눅 22:20b)와 비교해 볼 때, 고전의 전승은 누가의 "내 피로 세운 새 언약이다"에서 보는 바와 같이 <u>예수의 죽음을 새로운 계약으로 이해하는 신학적 이해를 채용하고 있다.</u> 또한, 막 14:24의 이 부분을 희랍어 원문의 순서대로 다시 나열해 다시 번역해 보면 "이것은 나의 피 곧, 언약의 피로 많은 사람을 위해 흘리기 위한 것이다."(τοῦτό ἐστιν τὸ αἷμά μου τῆς διαθήκης τὸ ἐκχυννόμενον ὑπὲρ πολλῶν)가 될 것이다. 여기에서는 고전과 누가와는 달리 이 문장의 주어가 "이것은"으로 되어 있어서 마가 14:22의 "이것은 나의 몸이다"(τοῦτό ἐστιν τὸ σῶμά μου)에서처럼 평행을 이루고 있다. 그러므로 제일 오래된 전승으로 "이것은 나의 피이다."(τοῦτό ἐστιν τὸ αἷμά μου)일 가능성이 높다.3) 그리고, 고전은 예수의 죽음을 새 계약으로 이해한 것만 나타내주고 있으므로 그 다음에 형성되

---

2) Conzelamnn, 1975, *I Corinthinas* (Philadelphia: Fortress Press), p.196.
3) Rudolf Bultmann, 1951, *Theology of the New Testament II*. (New York: Charles Scribners's Sons), pp.144-152.

한편, 고전의 독특성은 마가와 누가와 달리 빵과 잔 둘 다에 "이것을 행하여 나를 기념하라"라는 말씀이 나오게 된다는 점이다. 마가에는 이 명령문이 빵과 잔 둘 다에 모두 나오지 않지만, 누가에는 빵에 대해 말씀하시고 명령하신 "너희가 이를 행하여 나를 기념하라"는 명령구가 잔에 대한 말씀 뒤에는 나오지 않는다. 고전의 전승에서만 "이것을 행하여 마실 때마다 나를 기념하라"(11:25)가 첨가되어 24절의 "이것을 행하여 나를 기념하라(24)와 평행을 이루면서 반복된다. 24절과 달리 25절은 "마실 때 마다"(ὁσάκις ἐὰν πίνητε)가 첨가되어 주의 만찬을 할 때마다 주의 몸과 피의 죽음의 의미를 숙고하도록 당부하신 것을 더욱 강조하고 있다. 또한, 누가와 마가가 주의 만찬을 유대의 유월절 절기의 준비기간과 관련시키는(눅 22:13과 14:16) 반면, 고전의 전승에서는 이러한 연관을 시킨 흔적이 없다. 그러므로 이 부분에 있어서는 고전이 누가와 마가보다 더 단순한 형태를 보존하고 있다고 볼 수 있으므로 더 이전의 전승단계에 형성된 것이라고 볼 수 있다. 다른 한편, 주의 만찬의 역사적 시기에 관해서는 고전, 마가, 누가 모두 주의 만찬을 예수의 체포 직전에 일어난 사건으로 보도하고 있으므로(고전 11:23: "주 예수께서 잡히시던 밤에"와 막 14:21, 눅 22:21) 역사적 진정성이 거의 확실히 보장될 수 있을 것이다.

위에서 논의한 고전의 전승의 독특성은 바울의 결론적 주석(26절)과 일관성이 있으면서 한 가지 더 중요한 차원을 가미한다. 26절의 "때마다"(ὁσάκις ἐὰν)는 25절의 "때마다"와 같은 희랍어를 사용하여 주의 만찬의식을 거행할 때를 강조하면서 가리키며, "떡을 먹으며 잔을 마실"(26)은 앞의 전승의 내용을 요약한다. 26절의 "주의 죽음"은 빵과 잔이 지칭하는 예수의 몸과 피가 주의 죽음을 기념하라는 것을 전승에서 암시적으로 내포된 의미를 보다 분명히 밝히고 있다. 그런데 이 주석에서 전승과 달리 새로 첨가된 부분은 예수의 죽음의 대속적 의미와 새로운 계약으로서의 신학적의미를 주가 다시 "오실 때까지 전하라"(καταγγέλλετε ἄχρι οὗ ἔλθῃ)는 것이다. 그러므로 사도 바울은 전승에 나타난 주의 만찬의 신학적의미를 심화시키기 위해 주의 만찬의 종말론적 의미를 부여한 것이다. 바울은 예수의 대속적 죽음이 새로운 계약으로 이해될 뿐 아니라 그가 다시 올 때까지 그 예수의 죽음의 신학적 의미를 선포할 사명으로 이해한 것이다.

4) 중요한 단어 연구

(1) 기념(ἀνάμνησις)

그리스와 헬레니즘 문화에서는 보통 기억(remembrance), 회생(recollection)의 뜻을 가지고 있다. 특히, 능동적인 요소를 내포하고 있어서 1. "의식 속에 회생시킴," 2. "말에 의해 회생" 또는 "기념"(commemoration), 3. "기억 속에 대상이 재생되게 하는 행동에 의한 회생" 등의 뜻이 있다. 희랍어 "기념하기 위해서"(εἰς ἀνάμνησιν)의 용례는 죽은 자를 위해 축제를 헌납하는 것을 말한다. 이러한 용례의 히브리말은 (출 12:14) 유월절이 이집트로부터 해방된 것을 기념하는 날로 지정된 것을 나타내기 위해 사용되었다.4)

신약에서는 단지 제의적-의식적 맥락에서만 사용된다(눅 22:19;고전 11:24f; 히 10:3). 신약에서의 이 용례에서는 구약의 동사원형 zkr은 단순히 과거로 남아있도록 하는 것이 아니라 현재에도 효과적으로 될 수 있는 과거를 현재로 만든다는 의미에서 재현의 의미를 보존하고 있다.5) 원시교회가 예수의 삶과 죽음과 부활을 기념했을 때 단순히 역사적 회고만 한 것이 아니라 예수의 죽음에 대해 죄의식을 느끼고, 예수가 세우셨던 새 계약 안에서 그의 죽음을 공유함으로써 새로운 정체성과 공동체의식을 형성하였고, 현재의 행동을 결정하였다.6)

위의 사전적인 의미에 비추어 본문의 용례를 살펴보면, 바울은 구약의 재현의 의미를 담고 있으면서 원시기독교가 이해한 이 기념을 통해 형성시키는 공동체의식을 강조하는 의미를 드러내고 있다. 예를 들면, 고린도교회의 주의 만찬을 남용하는 가진 자들은 진정으로 예수의 죽음을 기념하면서 형성되는 공동체의식과 새 계약 안에서의 새로운 정체성을 파괴하는 사람들이다. 그렇기 때문에 바울은 이들이 "교회를 업신여기는"(11:22) 행위를 저질렀다고 힐난하는 것이다. 피로 새운 새 언약으로서의 예수의 죽음을 올바로 "기념하지" 못할 때 교회공동체는 가진 자가 "빈궁한 자를 부끄럽게 하는" 분열을 일으키게 된다.

---

4) Geoffrey W. Bromiley ed., 1964, *Theological Dictionary of the New Testament XI* (Michigan: Eerdmans Pub. Co.) trans. pp.348-49.
5) *Exegetical Dictionary of the New Testament* ed. Horst Balz and Gerhard Schneider. (Grand Rapids, Michigan: W.B. Eerdmans Pub. Co., 1990), p.85.
6) *The Anchor Bible Dictionary vol. 6*, p.669.

(2) 계약(διαθήκη)

고전 그리스와 헬레니즘 문화에서는 이 단어가 1) 마지막 유언(will)이나 유언장(testament)으로 가장 많이 쓰였고, 2) 질서나 제도, 3) 의견의 일치나 조약, 4) 법령이나 배열 등의 뜻으로도 쓰였다.7) 70인역(LXX)에서 이 말은 구약에서 사용하는 계약(berith)의 의미를 갖게 되었다. 구약의 계약의 의미는 그리스말과 현저히 다르게 평등한 계약 당사자들의 쌍무적 조약 관계를 의미하기보다 나라나 영주들 간의 종주권 관계에서 볼 수 있는 바와 같이 편무계약의 관계를 나타내는 경향이 짙다. 이 관계에서는 봉신은 종주국의 왕이나 영주에게 복종과 충성을 다할 것을 서약하고 종주국의 왕이나 영주는 이들을 군사적으로 보호할 것을 약속하는 관계를 나타낸다. 이러한 정치적 의미의 계약이 하나님과 이스라엘, 이스라엘과 하나님사이의 종교적, 신학적 관계를 나타내는데 적용되었다. 그러므로 구약의 계약은 위와 같은 종주권의 편무 계약 관계와 비슷하게 하나님의 계약의 약속에 대해서 이스라엘이 그의 계명을 돌이킬 수 없는 헌신을 가지고 반드시 준수해야 하는 복종의 계약을 의미하였다. 이스라엘은 출애굽 사건 속에서 하나님의 구원의 행동을 보았고, 여호와 하나님과 계약의 책에 기록된 모든 하나님의 말씀을 준수할 것을 맹세하기 위해서 백성들에게 계약의 피를 뿌리는 계약의식을 거행하게 된다. "모세가 그 피를 취하여 백성에게 뿌려 가로되 이는 여호와께서 이 모든 말씀에 대하여 너희와 세우신 언약의 피니라."(출 24:8) 이러한 계약이 준수되지 않게 되자 여호와께서는 예레미아 선지자를 통해서 시내산 계약과 전혀 다른 "이스라엘 집과 유다 집에 새 언약"(예 31:31)을 세울 것을 약속하시게 된다. 이제 복종의 계약대신에 죄의 용서를 위한 약속의 계약의 법을 사람들의 마음에 기록하게 되고, 이스라엘은 여호와를 두려워하며 그의 뜻을 행하여, 그에게서 돌이키지 않게 하겠다고 선포하신다(예 31:31-34, 32:40). 신약에서는 구약에서의 하나님의 구속의 계약이 이스라엘의 불순종에 의해 파기된 것으로 해석하고 있다(히 8:3; 롬3:12; 마 12:39; 사도: 7:51-53). 예레미아 31:31-34에 나타난 이스라엘의 구원을 위한 새 계약의 약속이 예수사건 속에서 성취되었다고 이해했을(고후 3:6, 14; 히 8:6-13) 뿐 아니라 예수가 자기 자신을 제물로 바쳐서 새로운 구원의 약속을 세우신 새 계약의 중개자로 이해하

---

7) *Theological Dictionary of the New Testament II*, p.129.

게(히 9:15; 7:22) 되었다. 특히, 바울은 갈라디아에서 계약을 마지막 유언과 같이 돌이킬 수 없는 신실성을 요구하는 유언장의 의미로 사용함으로써 (Gal.3:15) 하나님께서 아브라함에게 맹세하신 약속의 계약이 그리스도 사건(예수의 죽음과 부활)에서 하나님의 그 계약에 대한 신실성으로 말미암아 성취된 것으로 이해하였다(갈 3:16이하). 이러한 관점에서 구약의 시내산 복종의 율법(Torah)과 아브라함에게 약속하신 구원의 약속의 계약을 날카롭게 대조하게 된다(갈 3-4장).8)

위에서 조사한 사전적 의미에 의거해서 본문의 용례를 살펴 보려한다. 본문의 "내 피로 세운 새 언약"은 출 24:8의 "계약의 피"와 예 31:31-34, 32:40의 "새 언약"의 사상을 인유적으로(allusion) 넌지시 암시하고 있다고 볼 수 있다. 여기서는 한편, 출애굽에 나타난 하나님의 구속의 행동에 의해 이루어진 시내산 계약(출 24:8)을 넘어서서 예수의 죽음을 통해 나타난 구속의 행동을 맹세하는 새 약속의 의미를 나타낸다. 또 다른 한편, 복종의 계약이 지배적인 시내산 계약은 죄의 용서와 하나님의 법을 마음에 새기게 되는 약속이(예 31:31-34, 32:40) 예수의 죽음을 통해 이루어지게 된다. 그러므로 예수는 약속의 완성자이며 새로운 약속을 설립하신 새 계약의 중개자로 이해된다. 바로 이 주의 만찬의 의식은 새로운 약속을 따르고 죄의 용서를 확인하는 새로운 계약을 체결하는 의식이라는 것이다. 더 나아가, 이 본문에서의 용례는 갈라디아에서와 같이 이 계약은 시내산 계약에서와 같이 복종의 계약이 아니라 아브라함에게 약속하신 구원의 약속이 그의 계약에 대한 신실함으로 말미암아 예수의 죽음을 통해 확증됐을 뿐만 아니라 여기서는 이스라엘을 넘어서 새로운 계약 공동체의 설립을 위해 주의 만찬의 계약의식의 제정을 요구한다는 것을 암시한다.

(3) 단서 연구

18절 – σχίσματα: 복수 대격 – 의견의 분열

19절 – αἱρέσεις: 복수 주격 – 분열의 결과로서 외적으로 나타나는 다른 의견9)

23절 – παραδίδετο: 미완료 수동 – 넘기움을 받다, 배반당하다.

---

8) *Exegetical Dictionary of the New Testament I*, pp.299-300.
9) William F. Orr & James Arthur Walther, 1976, *The Anchor Bible: Corinthians* (New York: Doubleday & Company, Inc.), p.266.

26절 – καταγγέλλετε: 명령법 또는 직설법 – 입의 말씀에 의하여 엄숙한 선언을 하다.10)

5) 역사적 맥락

(1) 저자, 쓰인 연대, 장소

거의 모든 학자들이(Conzelmann, Perrin, Hurd) 본문이 사도 바울에 의해 쓰인 것을 인정하고 있다. 페린에 의하면 49-50년경에 바울이 아테네를 떠나 고린도에 18개월 동안 머무는 동안(갈리오 비문; 사도행전 18:1-11) 그리스도인 공동체가 설립되었을 가능성이 많고, 고린도전서는 53-54년경 에베소에서 쓰였을 것이다(고전 16:8 – "내가 오순절까지 에베소에 유하려 함은").11) 특히 본문을 포함한 예배 의식에 관한 서신은(고전 11:2-34) 서신의 앞부분(고전 1:1-6:11)보다 먼저 쓰였을 가능성이 높다. 왜냐하면 고전 16:17의 "스테판 가족들"에 관한 언급이 고전 1:16과 일치하기 때문이다.12) 더구나, 허드(Hurd)에 의하면, "너희 중에 분쟁이 있다함을 듣고"(고전 11:18)가 암시하듯이 서신에 의해 질문된 문제에 대해 답변하는 형식(고전 7:1-11.16, 12:1-14:40, 16:1-9:12)이 아니라 구두로 전해들은 정보에 대해 언급한 서신들(고전 1:10-5:8, 5:13b-6:11)중 하나 일 것이다.13)

(2) 고린도 교회의 종교적, 사회적 상황

본문에서 언급된 분쟁과 파당(고전 11:18, 19)그리고 시장하고 빈궁한자와 취하고 집을 가진 자(고전 11:21, 22) 등의 사회적, 역사적 의미를 보다 분명히 알기위해 고린도 교회의 공동체의 성격을 고린도 서신의 내용을 중심으로 기술할 필요가 있다. 첫째, 바울은 "글로에" 사람들로부터 분쟁이 있다는 것을 전해 듣는다(고전 11:11). 이들은 그들에게 세례를 준 사람들, 즉, 바울, 아볼로, 게바, 그리스도 등의 이름으로 파당을 만들고 있었다. 이들은 세례 주는 사람의 능력을 세례 받는 자도 함께 공유할 수 있는 세계관을 가지고,

---

10) Fritz Rienecker, 1976, *A Linguistic Key to the Greek New Testament* (Grand Rapids: Regency Reference Library), pp.425-27.
11) Norman Perrin, 『새로운 신약성서 개론 상』, 1991, 서울: 한국신학 연구소, p.279.
12) Conzelmann, *I Corinthians*, pp.3-4.
13) John Coolidge Hurd, 1965, Jr., *The Origin of I Corinthinas* (London: SPCK), pp.61-94.

세례를 밀의종교의 신비한 의식과 동일시하였다(고전 1:13-17과 12:13과 비교하라).14) 이렇게 성례전의 마술적 효과를 믿고 있었던 열광주의자들은 다른 사람들에게 없는 특별한 지혜(γνῶσις)나 영을 받았다고 생각하였다(고전 1:19-21과 8:1 그리고 2:12, 12:4ff). 둘째, 서신에서 문제가 되는 소위 "지혜 있는 자, 능한 자, 문벌 좋은 자"(고전 1:26)의 윤리적, 또는 종교적 행동들이 "약한 자"(고전 9:22), "미련한 자"(고전 1:20), "천한 자"(고전 1:28)에게 유익을 주지 못하고 공동체를 위험하게 만든다는 것이다. 이들은 "모든 것이 가하다."(고전 6:12, 10:23)라는 표어를 앞세워 아버지의 다른 부인과 살거나 창녀의 집에 가기도 하거나 오히려 금욕을 주장하기도 하였다(5-7장). 이 능한 자들은 예배의 규례를 어기거나(11장) 이방신에게 바쳤던 우상의 제물들을 먹음으로써 약한 자들의 믿음을 흔들어 놓기도 하였다(8장, 10장).15)

(3) 종교적, 사회적 상황에 의한 본문의 재조명

위에 기술된 개괄적인 공동체의 기본 성격이 본문에서는 어떻게 반영되었고, 이 본문에서 언급된 문제가 이와 어떤 상관관계를 갖는지 살펴보면서 본문의 의미를 재구성해 보기로 하자. 본문에서는 주의 만찬 이외에 "각각 자기의 만찬"을 먹는 것을 바울이 지적하고 있다. 여기서 21절의 "각각"(ἕκαστος)이란 18-19절과 1:11이하의 편당 또는 분쟁과 관련이 있을 수 있을 것이다. 21절의 "자기의"(ἴδιον)는 그 분당의 구성원이 자기들의 사회적 지위와 문화 등에 적합한 가기의 음식을 집에서 가져와서 사적인 방식으로 먹는 행동양식을 기술할 수 있을 것이다. 또한, 21절에서 음식을 먹는 시간과 양에 있어서 미리 개인 음식을 먹거나(προλαμβάνει) 취할 만큼 너무 많이 또는 떡과 포도주 이외의 음식들을 가져왔을 가능성이 많다. 이것은 우상의 제물 중에 고기를 먹는 문제를 다룬 고전 10:14-22와 11:17ff에서 약한 자를 당황하게 하는 행동과 비슷하다.16) 한편, 이러한 행동양식에 대해서, 본문 다음에 오는 직접적인 행동교정을 위한 지시사항을 말하는 부분에서 바울은 "자기를 살펴

---

14) Perrin, 『새로운 신약성서 개론』, p.244와 p.280.
15) 위의 글, p.244와 Conzelmann, *I Corinthinas*, pp.14-16.
16) Gerd Theissen, 1982, "Social Integration and Sacramental Activity: Analysis of I Cor. 11: 17-34," *The Social Setting of Pauline Christianity: Essays on Corinth* (Philadelphia: Fortress Press), pp.145-74.

고"(28절), "먹을 때에 서로 기다리라."(33절)라고 말하면서 공동체의 질서와 상호 배려를 권장하고 있다. 특별히 그 당시의 노예들이 주인의 허락 없이 일찍 모이는 장소에 올 수 없는 상황에서는 보다 자유롭고 사회적 지위가 높은 사람이 이에 대한 배려 없이 기다리지 못하고 자기의 개인 만찬을 먼저 먹게 되면 주의 만찬에서 이들이 소외될 수 있는 가능성이 있다고 상정하면17) 가진 자, 능한 자가 그렇지 못한 자에 대해 배려할 것을 요구한다고 볼 수 있을 것이다. 다른 한편, 바울의 신학적 입장에 의하면, 이러한 행동양식은 주의 만찬이 공동체의 정체성을 공공적인 방식으로 나눔으로써 사회적, 문화적 장벽을 종말론적으로 허물고 새로운 공동체를 형성시키는 예수의 대속적 죽음의 새 언약의 정신(23-26)과 정반대의 어긋나는 것이다. 이러한 행동을 하는 사람들의 사회적, 경제적 수준을 암시하고 그 결과로서 비롯되는 문제의 성격이 21-22절에 나타나있다. 이들이 먹고 마실 집이 있고, 취하기를 좋아하는 사람들이다. 그러므로 이들은 위에서 기술한 지혜 있고, 문벌 좋고, 능한 자의 종교적 신념, 행동양식과 윤리가 비슷하게 빈궁한자, 약한 자, 천한 자를 부끄럽게 만든다고 바울은 수사적 질문의 형식으로 비난한다. 여기에서 바울은 집을 가진 자와 갖지 않은 자, 취하여 자유주의적 행동을 하는 자와 배를 곯고 있는 빈궁한자의 분쟁 또는 갈등이 생기게 되는 원인이 이들의 특별한 행동방식이고, 이것이 하나님의 교회를 업신여기는 행동이라는 신학적인, 신앙적인 판단을 하게 되는 것이다.

4. 주석 요약

본문(고전 11:17-26)은 주의 만찬 의식이 남용되면서 현시화되는 분쟁과 파당의 위험을 진단 평가하고, 기독교 공동체가 주의 만찬의 예전을 설립하게 되었던 기원이 되는 예수의 최후 만찬의 말씀전승들을 제시하고 재해석함으로써 주의 만찬에 관한 고린도교회의 행동방식을 교정하기위한 신학적 근거와 윤리적 기준을 제공하고자 의도되었다. 주의 만찬의 신학적인 중요성과 의의는 출애굽기에서 제시하는 시내산의 복종의 계약을 넘어서 죄의 용서와 마음속에 하나님의 법을 기록하리라는 예레미야의 약속이 예수의 죽음을 통해 성취되었다는 것이다. 또한 예수 그리스도가 우리의 죄를 대신하여 죽음으로 말미암아

---

17) William F. Orr & James Arthur Walther, *The Anchor Bible: Corinthians*, p.270.

제물이 되시어서 하나님의 새로운 구원의 약속을 세우셨으므로, 우리가 이 하나님의 신실하신 약속을 믿고 따르며 새로운 계약 공동체를 형성할 것을 맹세하는 계약 체결 의식을 주의 만찬의식 속에서 수행하게 된다. 그래서 이 의식을 행할 때마다, 주님의 최후만찬의 말씀을 재현하고, 우리가 그의 구속의 활동에 능동적으로 증거하고 실행할 것을 다짐하게 되는 것이다. 또한, 이 본문은 이 주의 만찬 의식을 수행하게 될 때, 문화적, 사회적, 경제적으로 약한 자, 천한 자, 궁핍한 자를 배려하고, 돌보고, 이들이 온전히 이 의식에 참여하도록 인내하며, 질서를 유지하도록 권고함으로써 고린도교회의 능한 자, 지혜로운 자, 문벌 좋은 자의 행동방식을 교정하려고 고안되었다. 결론적으로, 한편, 바울은 주의 만찬 의식을 통해 체결되는 새로운 계약정신을 되살려서 분열과 파당의 위기에 처해있는 고린도 교회의 공동체를 치료하고, 그러한 분열을 일으키게 되는 행동방식을 교정하려 한다. 다른 한편, 그는 예수그리스도의 죽음에서 나타난 하나님의 구속활동이 주가 오실 때까지 온전히 확장되고 완성될 수 있도록 주님의 대속적 죽음의 의미를 적극적으로 전하고, 그의 행동과 삶을 주의 만찬 의식 속에서 재현하고 그 말씀을 기억하도록 권장한다.

5. 결론: 설교구상

1) 도입

이 본문의 메시지를 전달하기 위한 접촉점을 마련하기 위해 이와 유비되는 오늘날의 경험과 사회적 문제 그리고 개인적인 일화를 이야기한다. 특히, 현대사회에서 다양한 이익집단들과 다양한 문화와 계층 속에서 다양한 윤리적, 도덕적 규범이 의사소통되는 가운데서 기독교인이 어떻게 그 다양한 견해들을 그 나름대로 존중하면서도 그 견해들을 비판적으로 평가하고 조정할 수 있는 기준을 가질 수 있는지 문제를 제시한다. 특히 본문의 문학적 형식이 수사학적 질문에 의해 행동 방식의 비판이므로 최근에 일어난 사회적 문제나 시사적인 쟁점이 되었던 유명인사나 집단들의 행동방식을 재미있게 희화화하는 신문기사나 TV 방송내용을 인용하거나 질문형식의 문안을 작성한다. 본문이 예배의식에 관한 행동양식에 대한 문제를 다루었으므로, 특히 전통적인 예식을 무시함으로써 생기는 일화를 모으려고 노력한다. 내가 다니는 500명 정도의 연세대학 대학교회를 회중으로 상정한다면, 얼마 전에 거행된 대학 졸업식이나 요즘 진행되고 있는 정기 연세대와 고려대 대항전(연고전) 행사 때 그 의식의 관례나, 규례를 남용함으로써 생기는 혼란과 공동체 의식의 분열의 예를 드는 것이 대화를 위해 좋고 자료를 구하는 데 있어서 손쉬울 것이다.

2) 전개

위에서 예를 든 다른 집단의 예를 상식적으로 그 집단의 전통적 의식이 그 기준이 된다는 것을 접촉점으로 교회 공동체가 현대사회의 다양한 가치체계와 윤리적 규범들을 평가하는 기준을 교회의 전통적 의식과 성서에서 찾아야 한다는 것과 연결시킨다. 본문에서도 바울이 공동체의 분열과 파당의 문제를 해결하기 위해 주의 만찬의 의식을 통해 교회공동체의 기원이 되는 예수의 최후 만찬에 관한 전승을 검토하고 주석함으로써 해결하려 했다는 것을 강조한다. 바울이 제시하는 주의 만찬의 전승과 주석(11:23-26)이 도입부분에서 제기된 문제를 가지고 살아가는 우리에게도 어떤 의미가 있는지 다음과 같이 강해한다.

① 주의 만찬에 나타난 계약의 정신은 우리가 만든 삶의 다양한 질서와 가치체계와 윤리적 규범은 하나님이 아브라함과 예레미아에게 주신 약속을 예수의 죽음을 통해 성취시키는 하나님의 계약의 신실성 비추어 보면 상대화될 수 밖에 없다는 것을 가르쳐준다.

② 하나님은 우리에게 오늘날의 다양한 질서와 가치체계, 윤리적 규범을 융통성 없이 무시하고, 그의 계명과 율례를 율법주의적으로 준수하시기를 요구하시지 않으신다. 그분께서는 오히려 예수의 대속적 죽음에 의해 우리를 용서하신 사랑의 힘에 의존하여 약한 자, 빈궁한 자, 천한 자를 돌보고, 배려하며, 인내로 용납하는 마음의 신실성의 기준으로 오늘날의 다양한 가치체계와 윤리적 규범을 평가하고, 비판하며 교정하시기를 원하신다.

③ 사회적, 문화적, 성적 장벽을 넘어서 경제적, 사회적 불평등과 차별대우와 이익집단들 사이의 갈등을 극복하기 위해서는 더 가진 자와 더 특권을 소유한 자, 더 배운 자가 그렇지 못한 자에 대해 아량과 인내와 배려가 선행되어야 공동체의 분열과 파당을 방지할 수 있다. 왜냐하면 주의 만찬에 참여하는 자는 공동으로, 일정한 시간

에 일정한 떡과 포도주를 나누면서 종말론적인 관점에서 하나님 앞에 동등하다는 것을 배우게 되기 때문에, 그들이 소유한 재산과 특권과 지식까지도 자기의 개인적인 것이 아니라 공동체가 함께 나누어서, 주의 대속적 죽음의 의미를 행동으로 실행하기 위해 사용해야 하기 때문이다.

④ 공동체내의 잘못된 습관이 관행되는 것을 방지하고, 교정하기 위해서 의도적으로 예수 그리스도의 삶을 본받아 그의 말씀과 행실을 실행하며 따라가고 전하는 적극적인 행동의 훈련이 필요하다.

⑤ 원시교회가 예수의 삶과 죽음을 기억하고, 그 삶의 이야기를 나누면서 새로운 계약 공동체의 문화를 창조하고 발전시킨 것처럼, 우리도 현대의 다양한 문화와 가치체계의 혼란 속에서도 예수의 삶과 대속적 죽음의 의미에 관한 이야기를 재해석하고, 오늘날의 예술양식에 맞도록 재구성, 재창조하여 주님의 나라가 올 때까지 대항문화를 형성할 필요가 있다.

⑥ 현대사회에서 전승과 예식에 대한 경시와 몰이해, 남용의 풍조를 비판한다. 오늘의 교회와 신학이 성서의 해석 원칙과 신앙의 기준을 상실하여 상대주의적 혼란에 빠질 위험이 많다고 경고한다. 기독교인들이 다른 문화권, 종교, 계급, 성에 속한 사람들에게 대하는 행동의 방식과 그들의 가치, 도덕규범을 판단하는 기준이 무엇이었는지 반성하게 한다.

3) 기원하는 의식: 주의 만찬 또는 무용극

주의 만찬을 행할 때마다 예수의 대속의 피가 우리의 죄를 용서하셔서 시내산을 율법적인 계약을 넘어서서 새로운 계약 공동체를 이루시는 하나님의 구원활동을 찬양하고, 그가 오실 때까지 이 복음을 전파할 것을 다짐시키고, 하나님의 나라의 임하심과 주의 오심을 기원한다. 그리고 설교 후 주의 만찬을 집례하거나, 특별예배의 형식으로 예수의 최후의 만찬의 장면을 극화한 무용을 공연한다.

한국 교회의 성서해석 풍토에 대한 탈식민주의적 성찰*
- 상징적 폭력을 중심으로 -

한국교회의 양적 성장에 따르는 부도덕성에 관해서 비판이 제기된 것은 80년대 이후 한국사회의 종교 의식이 다원화되어 정치적 민주화, 경제적 평등화, 사회적 복지화에 대한 욕구가 표출되면서 시작되었다. 한국인의 종교의식에 대한 조사에 의하면 한국인은 기독교의 신앙 양태나 교리에 대해서가 아니라 무엇보다 교회제도의 비민주성과 기독교인의 도덕의식의 마비에 대해서 비판하고 있는 것이다.1)

더구나 최근 우리는 한국 기독교에 대한 자성과 비판의 목소리가 높아가고 있다는 것을 알 수 있다. 특히, 한국기독교 협의회의 신학선언은 교회 자체가 비민주주의적 배제에 의한 정치적 억압과 정보와 지식에 대한 문화적 박탈을 재생산하는 권위주의적 사회 체계라는 것을 명시적으로 진단하고 있다.2) 이제 한국교회는 성장주의, 승리주의, 성차별주의,

---

* 이 글은 원래 특정한 기관인 제3시대그리스도교연구소의 연구프로젝트에 의해서 성서해석의 '폭력성'을 사회학적/종교학적 관점에서 논의하였던 글이었다. 특정한 관점에 의해서 교회의 사회적 책임을 강조하려는 목적으로 쓰여졌을 뿐 특정한 교단을 염두에 두지 않았음을 밝혀둔다.
1) 이에 대한 자세한 논의에 관해서는 이원규, "해방후 한국인의 종교의식구조 변천 연구,"『현대종교변동 연구』, 1993, 한국정신문화 연구원, pp.161-232 참조.
2) 지구화의 금융자본의 문제점들에 대한 자세한 설명은 한국기독교협의회 "21세기 한국기독교 신학선

권위주의에 물든 역기능의 온상으로 인식되고 있다. 위의 지적은 교회가 시민적 도덕성과 통치성에 대한 태도를 명료히 하고 종교의 도덕적 기능을 회복할 것과 교회체제의 권위주의적이고 비(非)민주적인 특성을 개선할 것을 사회가 요구하고 있다는 것을 보여준다. 교회의 권위주의적 배타주의에서 야기되는 경제적 착취에 대한 계급적 갈등과 성적 차별에 대한 성적 갈등에 대해서 교회가 근본적으로 대처하지 못하고 있다는 것을 말한다.

이러한 문제에 직면해서 우리는 우선 교회 안에서 실행되고 있는 성서해석의 폭력성(무의식적인 식민성의 재생산)이 어떤 역사적, 사회적 조건 속에서 횡행되는지 검토하고자 한다. 개신교는 '오직 성서만'(*Sola Scriptura*)을 교회정치의 기준으로 선언한 기독교의 종파이다. 한국교회는 이러한 개신교의 전통을 이어받아, 현재의 권위체계, 예산집행 과정, 의사 결정과정과 경제 윤리의 관행은 성서해석을 통해 정당화되고 있다고 간주할 수 있다. 이러한 전제 속에서 우리는 한국교회가 어떻게 성서해석을 통해 현재의 권위주의적, 위계주의적, 배타주의적 체제를 무의식적으로 정당화하고 있는지 검토하고자 한다. 특히 필자는 한국 교회의 성서해석이 어떤 방식으로 지배 수단으로서 권력의 폭력적인 배제의 논리를 재생산하는지 논의하고자 한다. 이러한 성찰은 단순히 그 현실을 비판하고자 하는 것이 아니라 피에르 부르디외(Pierre Bourdieu)의 사회학적 관점에서 사태를 냉정하게 분석하여 그 개선의 방향을 제시하고자 한다.

이 시점에서 우리는 한국교회가 도덕의식을 마비시키는 잠재적인 원인으로서 성서해석의 문제점들을 다른 접근방식으로 고찰할 필요가 있다. 우리는 한국 교회의 성서해석이 교회권력의 구성의 역사적 조건과 성서 지식의 생산 조건, 그리고 원시 기독교의 형성 과정에서 어떻게 성서해석의 폭력성을 유발하는지에 대해서 탐구하고자 한다. 우선 우리는

언"(KNCC: 2000.11.20), <말씀과 교회> 제26집(2001), 한국기독교 장로회, pp.264-279와 *Asem 2000 People's Forum: Globalization & Spirituality* (Seoul: Thematic Group on Spirituality) 참조. 한국교회협의회는 "21세기 한국기독교 신학 선언"에서 다음과 같이 한국교회가 갖는 당면 문제를 현상적으로 지적한다. 1) 교회는 권위주의에 빠져 있다. 담임 목사 세습의 관행은 한국 교회가 목사를 정점으로 하여 얼마나 권위적이고 위계적인 가치관을 내재화하고 있는가를 보여준다. 2) 교회 삶에서 여성의 참여가 실질적으로 보장되지 않는다. 3) 교회 예산집행시 투명성이 보장되지 않는다. 소수에 의한 자의적 예산운영 관행에 길들여져 있다. 4) 교회 안에서의 정책결정 과정이 민주적이지 않다. 5) 교회는 이윤추구를 위해 인간의 삶과 환경의 생명을 억압하거나 파괴하는 신자유주의적이며 지구화된 맘몬 세력, 다국적 자본과 재벌들의 횡포에 대해서 침묵하고 있다.

한국교회의 배타주의적 특성이 어떤 역사적 위상과 관련되는지 고찰할 필요가 있다. 그래서 이 글에서는 이러한 교회의 특성이 식민지 시대의 근대성의 유입과 어떻게 맞물려 있지 않는지 탐구하게 될 것이다. 이에 따라 우리는 성서 해석의 에토스(ethos: 풍토) 형성의 근원을 식민지성의 배타주의적 특성과 새롭게 연관시킬 필요가 있다. 여기에서 우리는 식민지성의 부산물로서 한국교회의 배제의 논리가 서구 기독교가 근대성에 대한 대응으로서 설정한 성서해석의 '근본주의'적 속성과 맞물려 있다는 문제의식이 필요하다.3) 다른 한편 한국교회의 권위주의적 교회권력의 체제를 합리화하는 폭력적 성서해석의 에토스는 성서의 지식 생산 과정과, 이 과정에 개입된 신학교와 교회권력과의 관계와 연관된다. 그리고 무엇보다 이것은 복음서와 바울서신의 지식 생산 과정과 이것과 밀접하게 연관된 기독교의 형성 과정에 대한 몰이해와 왜곡된 지식, 즉 집단적 오인(誤認: méconnaissance)의 형태에 의해서 형성되었다고 볼 수 있다. 그래서 필자는 이 글에서 위의 성서 해석의 조건들과 과정들을 교회 권력 체제 형성의 역사적 과정의 관점에서 간략히 살펴보게 될 것이다.

여기에서 우리는 폭력성을 물리적 폭력을 의미하기보다 지배 수단으로서의 권력(Macht)이나 제도화된 강제력(Gewalt: 폭력/권력)의 한계 초과로 간주하고, 정치에 의해서 이를 억제할 수 있는 것으로 이해하고자 한다.4) 이런 의미에서 교회는 '상징자본'을 생산하는 권력기구로서 볼 수 있기 때문에 권력의 한계 초과로서의 폭력성을 조장하는 것에 간접적으로 개입될 수 있다고 할 수 있을 것이다. 현실적 폭력은 독점과 착취를 재생산하는 경제적 폭력, 차별과 배제에 의해 생산되는 문화적 폭력, 굴종과 억압을 일으키는 정치적 폭력으로 대별할 수 있을 것이다.5) 이러한 현실적 폭력과 달리 폭력 일반에 대한 근거로

---

3) 배타주의의 폐혜에 대해서는 최형묵, "욕망과 배제의 구조로서의 기독교적 가치," <당대비평>(2001 봄), (서울: 삼인, pp.80-98 참조. 최형묵은 배타주의의 뿌리를 조선인이 선교사의 강한 행정력에 의존하는 양대인 의식과 선교사의 문자주의적 근본주의에 두고 있다고 주장하고, 이 배타적인 배제의 논리가 안과 밖, 정경과 위경, 정통과 이단, 선과 악, 중심과 주변을 구분하는 서구 근대의 이분법에 기초하였다고 간주한다. 중요한 점은 이러한 근본주의가 강력한 초자아를 모방심리로 선망하면서 자신을 타자화하면서 동시에 타종교과 타문화의 한국 전통에 대해서는 배타적인 태도와 이것들을 정복해야 한다는 승리주의를 재생산한다는 것이다.
4) 폭력의 개념에 관한 체계적 설명에 관해서는 에띠엔느 발리바르(윤소영 옮김), 『마르크스의 철학, 마르크스의 정치』, 1995, 서울: 문화과학사, pp.177-230 참조.
5) '상징자본'에 대해서는 현택수, "아비튀스와 상징폭력의 사회비판 이론," 『문화와 권력』, pp.109-113 참조. 여기에서 '상징자본'은 자본 개념을 새롭게 이론화한 피에르 부르디외(Pierre Bourdieu)에게서

서의 폭력성은 위의 현실적 폭력이나 지배관계의 불평등을 간파하지 못하게 하는 인지적 오인이나 집단적 믿음의 메커니즘에 의해서 발생하고, 이를 교정하거나 개혁하지 못하게 하면서 지배관계를 정당화하는 문화적 관습과 이를 공식화하는 집단적 의례와 관련되는 '상징적 폭력'(Violence symboliqe)이다.6) 교회 체제는 교회의 종교활동의 실천들과 성서와 윤리, 교리와 정경에 대한 가르침을 통해서 상징적 권력(구원의 확신에서 오는 심리적 안정과 교회의 사회적 지위에서 오는 명예, 위신, 신용의 잉여가치)을 생산하는 과정에서 위의 폭력들을 행사할 수 있는 가능성이 있다.

위의 폭력에 대한 기술적 개념 정리에 근거해서 필자는 한국의 교회 체제가 상징적 권력을 생산하는 과정에서 어떤 폭력성을 작동시키는지 검토하게 될 것이다. 이때 특히 한국 교회의 성서해석은 어떤 종교적 아비튀스(habitus: 성향체계) 속에서 폭력적인 논리(상징적 폭력)를 재생산하는지 함께 고찰하게 될 것이다.7)

차용하였다. 그의 자본의 개념은 맑스의 경제적 계급의 의미에 국한하지 않고 집단이나 계급 및 계층이 지배의 정당성을 확보하기 위해서 사용하는 모든 수단을 의미한다. 이 자본에는 경제자본과 문화자본과 사회자본과 상징자본이 있다. 여기에서 상징자본은 "의식, 명예, 위신이 상징적 효과로 사회적 관계구성에 영향을 줄 때 이들은 상징자본이 될 수 있다. 상징자본은 다른 자본의 순기능적 사용을 승인하거나 임의적 사회관계를 정당한 관계로 변형시키는 보이지 않는 상징적 힘을 갖고 있다. 이렇게 실제적 가치보다 높게 평가되는 신용의 잉여가치를 창출하는 의미에서 상징자본은 경제학적 관점에서는 부인된 자본의 유형이다."(110) 필자는 경제적 폭력, 문화적 폭력, 정치적 폭력, 상징적 폭력을 각각 경제자본, 문화자본, 사회자본, 상징자본과 연계시켜서 정의하였다. 이러한 상징자본은 상징적 권력을 생산하기도 하지만 상징적 권력은 상징자본을 낳을 수도 있다.

6) 여기에서 '상징적 폭력'은 피에르 부르디외(Pierre Bourdieu)에 의해서 이론화된 개념이다. 상징적 폭력은 지배자가 관습화된 믿음이나 '집단적 오인'과 지배관계를 공식화하는 신체적 성향 체계(몸짓, 말씨, 품행 등등)에 관한 문화적 관습과, 집단적 의례(의식과 조례, 제의 등등)에 의한 '형태화하기'(사회적 분류를 구성하기 위해서 일상적 행위들을 객관적이고 신성한 관습의 행위로 공식화하는 과정)에 의해서 피지배자의 복속(assujettissment)을 끌어들이는 폭력적 지배의 한 유형이라 볼 수 있다. 이에 대한 자세한 설명에 관해서는 홍성민, "부르디외와 푸코의 권력개념 비교: 새로운 주체화의 전략," 『문화와 권력』, 1998, 서울: 나남출판사, pp.185-220 참조.

7) '아비튀스'는 불란서 사회학자 피에르 부르디외가 이론과 실천, 구조와 행위, 주관주의와 객관주의의 이원론을 극복하는 방식으로 사회적 실천의 양태를 계급구조와 계급 분류와 관련시켜서 분석하기 위해서 창안한 개념이다. 권력과 관련해서 아비튀스는 외적 사회 구조와 권력 기제를 내재화시켜서 형성된 성향, 사고, 인지 판단과 행동의 성향 체계로서 지배를 정당화하는 사회적 정체성을 형성시킨다. 이것은 신체 깊숙이 내재해 있는 성향을 자극시켜서 행위자가 다양한 상황에서도 어떤 특정한 행동의 패턴을 전략적으로 수행하도록 합리적/비합리적, 의식적/무의식적 성향들의 복합물이다. 이에

이를 기술하기 위해서 우리는 1장에서 한편으로, 한국교회의 성서해석의 존재론적 위상을 서구 근대성과 한국의 식민지적 근대성과 관련시켜서 논의하고, 다른 한편 2장에서 우리는 한국교회와 신학교의 성서해석의 조건으로서 성서 지식 생산 방식을 생산과 수용, 전환과 매개의 유통의 체계 속에서 논의할 것이다. 또한 3장에서, 위에서 제시된 현재의 현상적인 교회의 문제들이 어떻게 성서 해석의 폭력성과 관련되었는지 논의하기 위해서 복음서와 바울서신 자체가 생산되는 과정과 이것들이 형성되는 과정에 연루된 원시 기독교의 형성과정에서 본원적으로 내포하고 있는 폭력성의 잠재성, 즉 권력 생산의 내적 조건으로서의 권력의 초과로서의 폭력성의 매카니즘(mechanism)을 기술할 것이다. 마지막으로 결론 부분에서는 위의 폭력성에서 벗어날 수 있는 구체적인 방안을 간략히 제시하게 될 것이다.

특히 이 글의 3장과 관련된 논의들을 다음과 같은 전제들에 의거해서 기술하게 될 것이다. 우리는 신약성서 자체가 초기 기독교 선교의 성공을 축하하는 신화적 산물이면서 동시에 유대교와의 분리를 정당화하는 '독립선언문'으로 간주할 때 이 문서는 폭력의 잠재성을 본원적으로 내포하고 있다고 전제하고자 한다. 여기에서 신약성서 형성 과정에 개입된 다양한 그룹들의 세력 관계 즉, 유대교와 기독교, 로마제국과 유대교, 기독교의 다양한 그룹들과의 관계의 배치는 폭력적인 성서 해석의 가능성을 내재하고 있었다고 할 수 있다. 더 나아가서, 신약성서는 교회체제가 상징적 권력(상징자본)을 생산하는 기구로서 형성되는 최초의 과정과 이 과정에 대한 이론적 근거를 신학화한 지식생산 과정을 모두 포함하고 있다고 전제할 수 있다. 그래서 복음서에는 저자가 기독교의 창시자로서 예수의 실천에 대한 이야기를 어떤 세력 관계에서 어떤 방식으로 재구성하였는지 간략히 기술함으로써 그 해석에서 개입될 수 있는 폭력성의 내적 조건을 기술하게 될 것이다. 다른 한편 바울서신에 관해서 우리는 바울이 교회 형성의 기초로서 성만찬과 설교를 어떻게 신학화하고, 교회의 상징 권력을 생산하는 과정을 어떻게 신학적으로 이론화하였는지 설명하고, 이러한 이론 속에서 본원적으로 성서 해석의 폭력성이 개입될 수 있는 가능성의 조건을 기술하게 될 것이다. 다음에 우리는 한국교회가 이 성서 자체에 내포되어 있는 잠재적인 폭력

대해서는 현택수, "아비튀스와 상징폭력의 사회비판 이론," 『문화와 권력』, 1998, 서울: 나남출판사, pp.101-120 참조.

성을 어떻게 그 해석의 과정 속에서 현실화하였는지 기술하게 될 것이다.

1. 한국교회의 교회권력/국가권력의 유착관계 형성과 성서해석의 식민주의적 폭력성

한국교회의 성서해석은 한국교회의 존재론적 위상과 밀접한 연관관계를 맺고 있다. 한국교회가 근대화의 한 부산물로서 급성장하게 된 것은 식민지 시대의 교회와 국가와의 관계에 대한 사회적 위상을 그 태생적 조건으로 내재하고 있기 때문이다.

종교개혁으로 개신교가 등장하면서 종교의 자유는 근대 국가를 형성하는 자유주의의 한 덕목으로 자리잡게 되었다. 서구의 근대성은 계몽주의의 종교 비판을 기초로 개인의 자유를 보장하는 자유주의의 합리적 주체인 시민의 토대 위에서 그 싹이 트고 있었다. 이때 종교는 국가권력으로부터 자유를 주장하게 되었고, 국가는 시민에게 종교의 자유를 부여하였다. 이것이 정교분리의 대원칙이었다. 이 원칙에 의해서 서구의 근대성은 국가권력의 종교권력으로부터의 독립을 선언하면서 합리적 지배의 정통성을 합리적 시민 주체의 동의에 의해서 성립하였다.8) 반면 종교는 국가 권력으로부터 자유로운 내재적인 권위 체제를 확립하게 되고, 국가 권력에 유비되는 교회권력의 위계주의적 정당성을 확보하기 위해서 성서의 해석의 준거점을 절대적 진리로서의 영혼 구원으로 설정하게 되었다. 이와 더불어 이 해석의 준거점을 적용하는 구체적인 성서 해석의 새로운 주체로서 개신교의 목사와 평신도가 새롭게 부상되었다. 교회는 다윈이즘(Darwinism)과 계몽주의 이후 역사학의 비평방법과 자유주의적 성서해석의 도전에 직면하여 권위체제의 위계성과 배타주의적 구원의 보편적 획일성을 '정통주의'의 이름으로 확립하기 위해서 성서의 배타주의적 완결성을 주장하는 성경 해석의 배제주의적 논리를 확립하였다.

한국기독교는 위의 배타주의적 배제의 논리를 개신교 선교사들로부터 무비판적으로 수용한 대가로서 성서해석의 문자주의적인 근본주의의 속성을 물려받았을 뿐만 아니라, 왜곡된 형태의 국가와 종교의 분리 정책을 이용하여 한국의 기독교는 암묵적이건 명시적

---

8) 근대의 종교의 자유와 세속화 과정에 관해서는 오언 채드윅(이정석 옮김), 『19세기 유럽 정신의 세속화』, 1999, 서울: 현대지성사, pp.7-72 참조.

이건 국가 권력에 협조하여 특혜를 누려왔다. 이처럼 국가권력과 유착관계에 있는 종교권력은 국가권력을 정당화하고, 그 대가로 국가권력으로부터 물질적·제도적 성장을 위한 군종제도, 교회 건립 등의 혜택을 받게 되었다. 이러한 유착관계를 정당화하는 성서적 근거는 막 12:13-17과 로마서 13:1-7이었다. 여기에서 선교사의 무비판적인 근본주의 해석은 예수 당시와 바울 당시의 사회적 맥락이나 복음서나 로마서의 문학적 맥락을 배제한 채 문자적인 해석을 교회가 평신도에게 주입하는 방식으로 유입되었다.

그러나 이같은 유착관계의 형성은 '정치와 종교의 엄격한 분리'를 요구하는 근대성의 이념과 충돌하게 된다. 이러한 전근대적 유착관계를 정당화하기 위해서는 '종교의 자유'라는 재생산 이데올로기의 근대적 이념이 필요했다. 막 12:17의 '가이사의 것은 가이사에게 하나님의 것은 하나님께 바치라'라는 예수의 '말씀'은 바로 정치와 종교의 엄격한 분리를 뒷받침하는 성서적 근거를 제공하였다. 더구나 "위에 있는 권세들에게 굴복하라"는 바울의 로마서 13:1의 권면 말씀은 이것을 보다 더 강화하기 위한 전략으로 세상의 권위에 복종하는 이데올로기를 제시하는 것으로 이해되었다. 이진구 박사는 이와 관련된 종교의 자유 담론의 특색들을 다음과 같이 제시한다.

한국 사회에서의 '종교의 자유' 담론(헌법 제20조)은 언론이나 시민단체가 종교권력에 대한 건전한 비판을 할 수 없게 만드는 법적 근거로 사용된다. 종교의 자유 담론은 개인의 양심의 자유에 의해서 종교권력에 대해 비판하는 기능을 담당하지 못하고 있다. 이는 개인의 신앙과 양심의 자유가 종교권력의 자유보다 더 중요하게 여겨졌던 서구사회의 경우와는 대조적이다. 서구의 종교의 자유는 두 가지 서로 상반될 수 있는 의미를 지닌다. 하나가 '교회는 국가 권력에 의해 간섭받지 않을 자유를 지닌다'라는 '교회의 자유'라면, 다른 하나는 '각 개인은 신앙의 차원에서 국가와 교회 권력에 의해 억압받지 않을 자유를 지닌다'라는 '신앙의 자유'를 의미한다. 그런데 개인의 권리와 자유를 신봉하는 서구 근대성에서는 '교회의 자유'보다 '신앙의 자유'가 더 중요하게 여겨진다. 반면에 한국사회에서는 신앙의 자유보다 교회의 자유가 더 우월한 위치를 차지하게 되었다. 그 이유로는 개항기 천주교와 개신교의 선교전략과 개항기의 역사적 정황이라는 두 가지를 제시할 수 있을 것이다. 우선 개항기 개신교와 천주교는 국가권력이 그들의 선교활동의 자유를 보장받도록 정교분리의 정책을 선교전략으로서 스스로 선택하게 되었다. 그래서 천주교와 개신교는 정교분리 담론을 통해 정치권력을 비판하기보다는 체제에 순응하고 그 대가로 국가 권력의 보호 아래 교세를 확장하는 전략을 사용하게 되었다. 더구나 일본의 식민지라는 절박한 상황에서는 국가의 체제를 확립하기 위해서 개인의 자유보다는 집단과 민족의 자유가 강조되는 것은 당연한 논리였다. 이러한 특수한 상황에서 서구의 근대성의 이념인 개인의 종교의 자유와 이와 연관된 인권과 양심의 자유는 주장되기 어려운 실정이었다.9)

한국교회의 종교의 자유 담론은 종교의 내면적 자유를 국가권력으로부터 보호하는 의미보다는 오히려 공적인 문제로서 종교와 정치의 분리를 정당화하는 근거로 해석되어 선교의 자유를 획득하는 발판으로 사용되었다. 여기에서 서구 근대성을 수용하여 과거의 전근대적 관습을 타파함으로써 식민지 나라와 민족을 살리기 위해서 서구 종교로서 기독교는 정치와 분리된 교회권력의 모양으로 식민지 국가의 전근대적인 봉건적 관습의 타파 정책을 실행할 수 있게 되었다. 이 때 정치에 관여되지 않는 기독교의 본질적 특성을 합리화하기 위해서 사용된 성서적 근거는 문자적 해석을 유도하는 근본주의적 성서해석에 의해서 확립되었다. 이러한 서구의 선교사들에 의해서 유입된 전근대적 '유사(類似)식민성'10)의 부산물로서 근본주의적 성서해석은, 예수의 하나님 나라를 세상 권력과 상관 없는 하나님의 통치로 이해하는 배제주의 논리에 의해서, 국가와 교회의 유착관계를 더욱 공고히 확립하게 되었다.11)

이제 이 전근대적인 유착관계의 외적 조건에 의해서 발생한 개신교는 70년대부터 형성된 성장 이데올로기와 배타주의적인 집단적 이기주의와 개인주의적 구원에 집중하는 교회주의를 낳는 새로운 생성 조건을 형성하는 기형적 토대를 마련하게 된 것이다. 이 성장 이데

---

9) 이에 관해서는 이진구, "근대 한국사회의 종교자유 담론: 양심의 자유와 종교집단의 자유," <한국사회의 근대성과 종교문화>, 한국종교문화연구소 주최, 학술대회자료집 참조.
10) '유사 식민성'은 근대성이 유입되는 과정에서 식민주의와 결탁된 왜곡된 의사(儀似) 서구의 한 유형이다. 이는 미시파시즘의 형태로 우리 안에 내재되어 구체적인 역사적 조건에서 재생산된다. 이를 극복하는 것이 탈식민주의의 과제이다.
11) 당시의 근본주의의 특성은 '현세지향적 근본주의'의 아비튀스로 규정될 수 있다. 이것은 한국의 불교와 유교의 정교합일의 공리주의와 무교가 확립한 현세적 공리주의가 당시 선교사로부터 유입된 개신교의 천년왕국적 신앙의 저세상 지향적 근본주의가 접합한 형태로 이해하게 된다. 이에 대해서는 최종철, "한국 개신교 문화의 형성에 대한 사회사적 고찰(1): 삐에르 부르디외의 문화사회학 이론의 한국적 적용," <기독교사상>(1996. 2), pp.58-74 참조.

올로기는 사실 70년대에 국가의 부흥을 위해서 선택된 근대화의 기획에 의해서 진행된 도시화에 따르는 인구 이동으로 획기적으로 성장한 교회 부흥의 결정적인 도구로서 자리매김하게 되었다. 이러한 성장 이데올로기는 한국 전통 사회의 유교적 가부장주의와 접목되어 국가와 교회의 권위주의 체계를 확립하였다.12) 이 때의 성서해석의 전략은 주로 교회와 국가의 성장을 정당화하는 승리주의적 해석이다. 여기에서 한국 교회의 성서해석의 폭력성은 가부장주의적 권위체계를 확립하는 방식으로 작동되었다. 그러므로 현재의 한국 교회권력의 부정적 특성들은 정치와 종교의 유착관계를 형성시키고 이를 정당화하는 식민주의적인 근본주의적 성서해석과 70년대 국가의 근대화의 기획을 내재화시키고 왜곡된 성장 이데올로기를 정당화하는 교회주의적인 승리주의적 성서해석, 그리고 전통 사회의 유교적 가부장주의를 옹호하는 가부장주의적 성서해석들에 의해서 재생산된다고 간주할 수 있다. 이런 의미에서 한국교회의 성서 해석에 개입된 상징적 폭력은 국가 권력의 지배체제와 정책들을 옹호하는 이데올로기적 특성을 은폐하는 방식으로 작동되었다고 할 수 있다.13)

2. 성서해석의 지식 생산 과정에 개입된 교회와 신학교의 조건

성서해석을 누가, 어떻게 하는가를 묻는 작업은 성서 해석의 경향을 조건지워주는 중요한 물음이다. 교회의 배제주의적 이데올로기는 성서해석의 사회적 장과 생산 과정을 고찰할 때 잘 이해될 수 있다. 우선 교회의 목사님들과 전도사님들은 평신도를 향하여 설교와 성경공부라는 구체적인 사회적 장에서 자신의 해석의 생산과정에 참여한다. 그리고 이들의 성서 해석은 신학교 교수들이 번역한 교재와 주석서와 저서들의 영향을 받기 마련이다. 이 서적들의 저자들은 한국의 신학교의 교회 권력과 신학교의 세력 관계 속에서 생산하게 된다. 그래서 한국 교회의 성서해석은 교회의 설교와 성경공부의 수용의 장

---

12) 종교의 자유와 정교분리의 원칙이 한국에 적용되었을 때에 발생하는 특수한 정황과 개신교의 집단 이기주의와 가부장제적 권위체제의 특성에 관해서는 장석만, "한국종교, 열광과 침묵 사이에서," <당대비평> 12(2000. 가을), pp.209-224 참조.
13) 이에 대해서는 이진구, "개신교와 성장주의 이데올로기", <당대비평> 12(2000. 가을), pp.225-240 참조. 여기에서 승리주의는 기독교가 소수에서 다수로 성장한 성취감, 국가가 교회의 원하는 것을 충족시켜줄 것이라는 자신감, 전민족의 기독교인화가 이루어 질 것이라는 확신과 기대의 복합적인 심적 태도로 규정된다. 이것은 힘을 숭배하는 팽창주의와 타자에 대한 정복주의로 가게 되는 위험이 있다.

과 신학교에서의 성서 지식 생산의 장의 접합 과정에서 조건지워진다.14)

여기에서 성경 해석의 가장 중요한 담론이 개입되는 사회적 장은 개신교 교회의 예배의 식에서 가장 중요한 부분인 말씀 선포 시간으로 불려지는 설교라는 제도적 장치이다. 이 설교에서의 성서 해석은 강론자 또는 설교자가 회중에게 진리 주장의 담론으로서 예수 그리스도의 구원 행위를 선언하는 선포의 담론 형태로 생산된다. 여기에서 중요한 것은 제의의 한 과정인 설교에서는 성서해석을 토대로 강론하게 되는 설교자와 이를 하나님의 말씀으로 인식하는 회중 간에 일어나는 의사소통의 과정에 개입된 예식의 형태화하기의 권력 효과이다. 설교의 형태는 설교자만이 높은 곳에 일어서서 말하고 회중은 낮은 곳에 앉아서 듣기만 하게 되는 것이다. 이 말하기/듣기와 일어서기/앉기, 높은 곳/낮은 곳의 이분법적 분류의 체계는 설교자와 회중의 지배관계를 공식적으로 예식화한다. 여기에서는 말하기/듣기의 일방통행의 권력관계를 당연시하는 집단적 믿음과 일어서기/앉기, 높은 곳/낮은 곳의 분류체계에 의해서 이 지배관계를 육체적 성향체계에 각인하는 제의화된 객관적 행위에 의해서 설교자는 회중을 교회 체제에 복속시킨다(assujettissment). 이러한 두 가지 과정은 상징적 폭력의 조건을 완성한다. 이와 더불어 교리에서 확정된 설교의 선포의 형태는 진리 주장을 믿느냐/믿지 않느냐의 결단을 촉구한다는 의미에서, 이미 진리를 은근히 강요하는 경향이 있다는 것을 은폐한다는 점에서 상징적 폭력의 조건을 형성한다.

성경공부도 기도와 찬송이라는 예배의 간략한 의식 속에서 수행된다는 점에서 이러한 설교의 형태의 순화된 사회적 장치에 의해서 지배의 권력관계의 조건을 형성한다. 다만 의사소통이 일방통행이 아니라 제한적이기는 하지만 쌍방통행일 수 있고, 교사와 회중의 배치의 분류체계가 약화된 형태로 성경 공부가 진행된다. 중요한 점은 성경공부는 집단적 오인과 습관화된 믿음의 형성 매카니즘이 체계적으로 실행된다는 점에서 설교의 장에서 형성되는 상징적 폭력을 보완하고 완성한다고 간주할 수 있다.

설교 강론이나 성경 공부 시간에 제시되는 성서해석의 내용은 교리와 교회법이 지정하

---

14) 이러한 접근방식은 홍성민 박사가 시도한 정치학 학자들의 연구 성향을 주체와 구조를 통합하는 구성주의적 관점에서 분석한 예를 차용하였다. 홍성민 연구원은 이들의 계급적 속성이 발현되는 지식의 생산과 수용의 두 가지 차원에서 연구성향(아비튀스)이 구성되는 과정을 분석하였다. 이러한 접근방법의 자세한 설명과 예증에 대해서는 홍성민, "한국학문의 정체성과 학자들의 아비투스", <진보평론> 5호(2000 가을) 참조.

는 정경의 한계 내에서 해석 과정이 이루어진다는 의미에서 배제와 금지의 권력관계가 개입된다.15) 특히 성서 해석의 내용에 관해서 중요한 것은 교회의 내적 생존 전략의 생산양식의 조건에 걸맞게 조정된다는 것이다. 한국 교회가 대부분 목사의 생계 유지비로 전체 예산의 50% 이상이 책정된다는 경제적 조건은 목사나 전도사의 해석이 교회주의적 생존전략과 밀접한 연관관계를 맺고 있다는 것을 상정할 수 있다. 이러한 생존전략의 이데올로기 지형에서는 교회의 성서해석은 교리와 정경, 그리고 경제적 조건에 가장 적합한 해석을 실행하고, 장로들의 교회에 대한 경제적 기여와 사회적 위치를 고려하여 이들의 눈치를 보는 강론을 하게 되고, 목사의 생계비의 유지에 지장이 되지 않는 범위에서 성서해석과 강론을 제시하게 되는 한계를 지니게 된다. 이런 점에서 한국 교회의 성서 해석의 에토스(풍토)는 교회 안의 구원과 교회 밖의 非구원의 이원적 구도로 소위 사회적 의미를 배제한 영혼 구원의 담론을 통해 억압적 주체화 전략에 적합한 해석 방식이 지배적일 수밖에 없는 것이다.

그렇다면 성서 해석의 배제주의 논리를 체계적으로 생산하는 신학교 교수들은 어떤 성서해석을 유도하고 있는가? 이들의 해석은 이론 중심적 경향의 서구적 성서해석의 이식화로 그 해석의 전략이 확정지워진다고 말할 수 있다. 이들의 해석은 해석과정의 지식생산의 조건을 사장한 채 그 결과를 소개하는 수준에 머무르고 있다. 즉, 다시 말해서 외국의 성서 비평 방법에 깃들인 세계관과 방법의 절차를 자세히 소개하기보다 그 결과물을 직수입하면서 목회자가 이를 무비판적으로 반복하는 재생산을 유도하게 된다. 더구나 그 성서해석의 결과물을 한국의 삶의 현장 속에서 재구성하고 고찰하는 단계를 사장하게 됨으로써 식민주의적 왜곡과 의존의 굴레에 평신도들을 길들이는 경향이 농후하다고 볼 수 있다.

더구나 교수들의 정치적인 창의적 해석을 가로막는 것은 교회권력에 대한 신학교의 종속적 위치에서 찾아볼 수 있다. 사립학교법에 의해서 교단에서 파송된 이사들이 교수들의 임용과 재임용을 주도적으로 수행하게 되는 정황에서는, 교회권력을 비판적으로 도전하는

---

15) 정경의 중요성과 그 정경화 과정에서 해석의 주체의 변화에 따르는 이데올로기적 효과에 대한 개괄적 설명에 관해서는 김진호, "성서, 다시 읽기: 탈정경적 성서 읽기의 모색", <진보평론> 3호(2000. 봄), pp.285-299 참조.

개혁적 성서해석과 실험적인 창의적인 생각은 교리와 정경의 배제 장치에 의해서 차단되기가 쉽다고 볼 수 있다. 이러한 권력관계에 의해서 성서해석에 관한 책은 비평적 과정이 삭제된 채 역사비평의 결과물을 신학적 해석으로 채색하여 제시하는 혼합물로 둔갑하게 된다. 교단의 교리와 정경에서 규제화된 성서해석은 교회의 교권 수호의 이데올로기로 점철된 동어반복적 폐쇄담론으로 제시되고 평신도들에게는 알쏭달쏭한 주문이 되는 위험성에 처하게 된다.16)

위의 신학 교수들의 교회권력에의 예속화는 중요한 신학 담론의 비판성을 마비시키는 주요한 요인으로 인식되지 않고 있는 형편이다. 지난 2001년 1월 달에 특정 교단 소속, 모신학대학교 교수협의회는 일명 '하나님 앞에서 거듭나고자'라는 성명서를 발표한 적이 있다. 이 성명서에서는 한국의 신학교육이 잘못되어 총회의 부정 선거, 총장선거의 불미스러운 잡음, 교회의 세습 문제 등을 야기시킨 점을 반성하는 내용이었다.17) 그러나 이 성명서는 이러한 신학 교육의 현장이 어떤 조건에서 생성되는지에 대한 분석을 결여했을 뿐만 아니라, 신학교의 구조적 모순으로 인식될 수 있는 사립학교법이나 교회권력의 대표들로서 이사들에 의한 교수들의 예속화는 언급되지도 않았다. 더구나 협의회측 소속 교단이 국가권력에 유착관계를 유지한 점과, 사회운동에 대해서 적극적인 참여가 없었던 점에 대한 근본적 성찰은 없었다. 그리고 이 편지의 형태로 쓰여진 이 성명서는 '하나님 앞에서 거듭나고자'라는 종교적 언어로 제목을 설정하여 성명서도 선언서도 아닌 개인주의적 수사 전략을 사용하고 있다. 재미있는 것은 이 글을 작성하는 과정에서 이 신학교의 모든 교수들이 서명한 것을 자랑으로 삼고 있다는 점이다. 이것은 교수들의 획일주의적 미시파시즘을 내면화시킨 전형으로서 학교 이사들의 교회 권력에 순응하면서 개인의 죄의식만을 조장하거나 개인적으로 반성하는 차원만을 강조하는 한국 신학교의 신학적 담론의 한계를 대표적으로 보여준 일종의 증상이라고 간주할 수 있다.

신학교와 교회권력과의 세력 관계에 의해서 수행되는 학교의 정관과 인사 관리 체제는 성서해석의 방식을 간접적으로 규준한다. 신학교의 정관과 인사규정을 통해서 신학교는 국

---

16) 이를 입증하는 성서학자들의 글들을 분석하는 것은 필자의 한계로 생략하기로 한다.
17) 모교단 교수협의회, "하나님 앞에서 거듭나고자", <말씀과 교회> 제27집(2001), 한국기독교 장로회, pp.302-304. 이 글의 목적은 이 성명서의 긍정적 측면까지도 모두 부정하려는 것이 아니라, 자기 성찰의 담론으로서 공공 문서의 성격의 사실적 특면을 기술하려는 것일 뿐이다.

가의 교육법과 상관없이 국가권력이 규정하는 사립학교 교원의 법적 지위와 시민으로서의 권리를 무시하고 교원들을 조건부로 채용하는 계약을 맺거나 교단이 인정하는 신학교의 수료증과 학위를 발급하기도 한다. 이것은 종교와 국가와의 분리 정책에 대한 왜곡된 형태의 적용으로서 교회권력과 국가권력과의 유착관계의 변종이라 볼 수 있다. 또한 외국 시민권과 영주권을 가진 교원을 신학교에서 수용하지 않거나, 타교단의 강사나 동교단의 교역자 석사를 취득하지 못한 강사를 배제하는 운영방식은 유사식민성의 잔재로서 배타주의적 논리가 적용된 것이라고 간주된다. 또한 이러한 배타주의적 논리는, 신학교를 국가 권력의 치외법권적 장소로 간주하여 교단정치와 교회권력에 의해서 장악하고 사립학교의 공공성을 무시하는, 전근대적인 행정의 전횡으로 나타나기 쉽다.18) 이러한 교회권력의 횡포는 신학교 신약학 교수의 성서연구와 해석의 에토스를 형성하는 조건이 된다. 교수들은 이러한 교단의 종교권력에 영합하는 배타주의적 성서 해석을 생산하게 된다. 이러한 해석의 대표적인 예가 교수들이 교단의 신학적 입장과 교리를 옹호하는 성서 해석의 교재와 교회에서 설교자들을 위해 강해하는 주석서를 생산하는 것이다. 이러한 성서 교재들은 객관적인 성서 비평의 방법의 결과들을 선별해서 제시하고 마지막 결론적인 강해 부분에서는 교회에서 선포되는 설교와 성경 말씀을 진리로 수용하라는 교회주의적 성서 해석으로 결론을 맺게 된다.

3. 복음서와 바울서신에 나타난 교회권력 생성 과정과 성서 해석에 작동하는 폭력성

우리는 교회권력의 내적 구조를 파악하기 위해서 **종교학적 통찰**을 사용할 필요가 있다. 종교는 **신화와 의례, 윤리와 공동체** 조직의 네 가지 요소들과, 이것들의 배치를 규범화하는 **교리와 정경**, 그리고 이것들에 근거한 전략적인 실천을 규정하는 **주체화의 양식**의 세 가지 층위로 구성된 구조로 이해될 것을 제시하고자 한다. 개신교는 창시자 예수에 대한 신화와 집단적 의례로서 성만찬과 세례, 그리고 이러한 신화와 의례에 따라 살아갈 수 있는 도덕적 규칙과 자신의 형성 방식을 결정짓는 윤리적 규범, 그리고 교회 공동체로

---

18) 이러한 사립학교법과 공공성에 대한 신학대학의 구조적 모순에 관해서는 필자의 글, "신학대학의 구조개혁을 위한 정책대안," <대전신학대학보> 제42호(2000. 3. 30), p.2 참조.

형성된다. 개신교는 이러한 네 가지 요소들을 신념의 체계로 확정짓는 교리와 이 교리를 형성하는 기초로서의 정경을 갖고 있다.

여기에서 특히 중요한 점은 개신교가 바로 위의 종교의 네 가지 요소들을 규정짓는 규범으로서 신약성서와 구약성서를 해석하면서 종교의 실천 행위와 상징권력 생산과정을 정당화하고, 합리화하고, 규정짓는 종교라는 것이다. 특히 신화와 의례의 텍스트들 자체는 정합/부정합, 적용가능성/불가능성이 동시에 존재하는 복합적 산물로서 해석의 다양성을 허용하지만, 정경과 교리는 그 해석 방식을 규범화하고 있다는 의미에서 특정한 상황에 적용하는 방식까지도 엄격히 규정하고 있다는 종교학적 통찰이 필요하다. 또한 개신교의 윤리와 공동체가 교리와 정경의 규제를 받고 있다는 의미에서, 교회권력의 체제 형성 방식과 윤리적 실천 양식은 상징 권력 생산 과정에 개입되는 주체화 전략으로 이해하는 종교학적 통찰이 필요하다. 이런 의미에서 개신교의 정경과 교리는 영혼 구원의 절대성을 배제의 논리에 의해 규정하는 권력의 장치이다. 반면 이것이 비(非)정경의 대립 속에 형성된 권력관계의 산물이라면 그 생산과정을 역으로 추론해서 정경의 비(非)규범적 요소들을 재해석할 여지도 항상 갖고 있다고 볼 수 있을 것이다.19)

위의 종교학적 통찰에 의하면, 개신교에서는 종교의 네 가지 요소들을 규정하는 권력의 장치로서 경전에 대한 해석은 상징 권력을 생산하는 방식을 결정한다고 간주할 수 있다. 이런 의미에서 성서해석 자체는 권력의 한계점으로서의 폭력성과 폭력의 한계점으로서 정치의 이중적 극점에서 지식과 상징 권력의 생산과 그 배치로서 주체화 전략에 직접적으로 연관된다고 생각할 수 있다. 우리는 복음서를 창시자에 대한 신화로 간주하여 이것의 생성과정을 기술하고, 이에 대해서 어떤 해석 과정에서 한국교회가 폭력을 휘두르게 되는지 기술할 것이다. 다른 한편, 바울서신을 성만찬 의례와 같은 원시 기독교의 체제의 이론적 토대를 마련한 규범으로 간주하여 그 성격을 규명하고, 어떤 해석 과정에서 한국교회가 폭력을 휘두르게 되는지 기술하게 될 것이다. 복음서 해석에서는 예수 사건이 지층화된 지식으로서 코드화되

---

19) 필자의 이러한 생각은 텍스트화된 신화와 의례의 형성 과정을 실천과 당위의 부정합의 관계에 의해 고찰하고, 그 적용을 해석의 전략으로 이해한 조나단 스미스(Jonathan Z. Smith)의 종교학적 통찰을 상징 권력 형성의 관점에서 재구성한 것이다. 스미스의 이론에 관해서는 장석만, "인간과 관계된 것 치고 낯선 것은 없는 법이다." <현대사상> 7, 1999, 민음사. pp.268-297 참조.

는 과정과 예수 사건에 대한 승리주의의 해석에 개입된 폭력적 해석의 가능성의 조건을 탐구하게 될 것이고, 바울서신 해석에서는 교회의 권력 생산의 과정과 이와 연관된 주체화 영식을 기술하면서 개입되는 상징적 폭력의 가능성의 조건을 기술하게 될 것이다.

1) 복음서에 나타난 코드화/초코드화 과정에 대한 성서해석의 식민주의적 폭력성

사실 예수는 묵시적·예언적 말씀, 격언, 비유, 주기도문 등의 다양한 담론 형식을 통해서 하나님 나라의 도래의 방식과 그 활동방식에 대해서 가르쳤다. 그는 민중(중농과 빈농, 농업노동자, 천민, 도시 빈민)들의 한과 고난을 재생산하는 성전-회당의 정(淨)/부정(不淨)의 상징적 체계를 변혁시키기 위해서 이 유대 묵시문학의 전통을 재해석하면서 새로운 하나님 나라에 대해서 가르치고 그 도래를 선포하셨다. 예수는 당시 로마-산헤드린-성전의 권력 체제에 의해 억압받고 있었던 민중들의 일상적 삶에 침투된 체계적의 억압의 기제를 해체시키기 위해서 유대교의 문화적-종교적 지혜 전통을 하나님의 통치에 비추어서 재해석하면서 민중의 종교적-문화적 심성구조를 근본적으로 변혁시키려 하였다. 여기에서 예수의 하나님 나라는 궁극적으로 하나님이 이스라엘 역사와 신화에 개입되는 과거의 하나님의 통치의 구원사건을 토대로 아직 존재하지 않은 미래에 도래할 하나님 나라의 축복된 상태를 상상적으로 제시하려고 한다. 예수의 하나님 나라의 가르침과 실천은 하나님 나라의 통치에 적합하게 성적 차이, 계급적 계층적 차이, 지적 차이를 인정하는 평등주의적 세계관을 제시하고, 율법의 굴레로부터 민중들을 해방시키고, 욕망을 자유롭게 하는 창조성을 분출시키고, 착취와 전유, 배제와 박탈의 억압적 지배관계를 변혁시키려는 사회운동의 성격을 갖고 있었다.[20]

하나님 나라의 통치의 도래에 대한 가르침은 예루살렘에서의 십자가 처형의 사건으로 이끌었던 일련의 '예수 사건'들에 의해서 당시의 민중에게 종교의 위선적 행태를 극복하고 사건의 현장에 참여하는 새로운 '주체화 양식'을 형성시켰다는 점이다. 여기에서 예수

---

20) 예수운동에 대한 사회적 특징들에 관해서는 필자의 글, "마가복음의 비유들(4:1-34)에 대한 '문학사회학'적 비평: 예수, 예수운동, 마가의 구조론적 연관성에 관한 탐구(I)", <신약논단> 제3 & 4집(1997), 한국신약학회, pp.38-43 참조. 또한 예수 사건과 실천에 관해서는 김진호, "민중신학의 계보학적 이해", <시대와 민중신학> 제4호(1997), 제3시대그리스도교연구소, pp.6-29 참조.

사건의 성격은 지배계급의 현실적 폭력과 상징적 폭력에 대항하는 '탈폭력'의 봉기적 저항과 '탈권력'의 정치적 행위로 이해할 수 있을 것이다. 예수는 식탁교제를 통해서 평등주의적 차이의 세계관을 제시함으로써 정상성/비정상성의 코드에 의거한 위계주의적인 동일성의 상징적 폭력에 대항하여 '반폭력'적 방식으로 '해체의 정치'에 의해서 무지와 미신과 이데올로기적 적대 관계에 의해서 형성된 '믿음과 교통의 구조'를 전복시키려 하였다. 그는 또한 기적 베풂의 실천을 통해서 당시의 정결/비정결의 배제주의적 율법으로부터 삶의 회복을 제시하는 '비폭력'적 '해방의 정치'를 보여주었다. 그는 성전 정화 사건을 통해서 예루살렘 성전의 지배체제에 대한 '대항폭력'의 방식으로 '생산과 착취의 구조'를 혁신시키려는 '변혁의 정치'를 보여주었다.21)

예수 사건의 폭력성 비판의 전략은 그의 실천의 유형에 따라 非폭력, 反폭력, 대항폭력의 세 가지 유형으로 분류될 수 있을 것이다. 여기에서 비폭력이 평화적 방법이이고 대항폭력이 혁명적인 저항방법인 반면, 반폭력은 동일성에 근거한 폭력의 재생산에 대항하는 전략적인 저항방법이라 할 수 있다. 이를 기호학적 사각형으로 제시하면 다음과 같다.

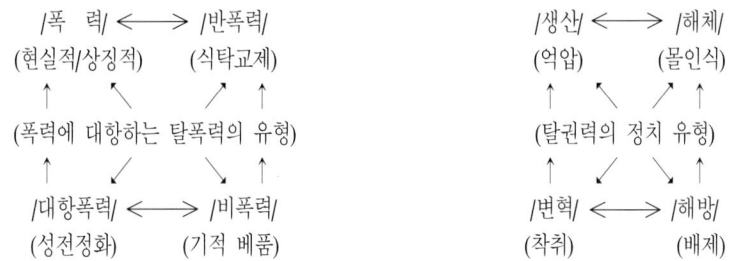

복음서의 생산과정은 위의 '역사적 예수'의 예수 사건에 대한 코드화(*codage*: 규준화)와

---

21) '비폭력', '반폭력', '대항폭력'에 관해서는 발리바르, 『마르크스의 철학, 마르크스의 정치』, 1995, pp.177-230 참조. 또한 이에 대한 이론적 논평과 '해방의 정치', '해체의 정치' '변혁의 정치'에 관해서는 서관모, "이데올로기의 문제설정: 알튀세르와 발리바르", <진보평론> 제2호(1999. 겨울) 참조. 필자는 위의 발리바르의 세 가지 정치를 탈권력의 정치로 규정하고, 세 가지 폭력을 탈폭력으로 재규정하여 예수의 실천 양태로 기술하려 하였다. 여기에서 해체의 정치는 발리바르의 시빌리테(*civilité*: 시민적 도덕성)의 정치를 뜻한다.

초코드화(surdecodage)의 산물로서 이해할 수 있다. 예를 들면, 마가복음은 예수 사건에 대한 기억을 유대인들이 토착적으로 고백하였던 메시아적 형상에 의해서 재구성하면서 코드화한 편집물과 헬라적 기독교가 헬라 제의적 방식에 따라 우주적 그리스도의 구원자의 모델에 따라 재구성하면서 코드화한 편집물을 결합시킨 설화체의 이야기이다. 마가라는 특출한 인물은 위의 두 가지 흐름의 편집물들을 예수 사건의 플롯에 의해서 초코드화한 이야기체 마가복음을 구성하였다. 복음서는 그러므로 예수 사건에서 일어난 해체와 해방, 변혁과 저항의 욕망의 분출을 코드화하고 이를 제도적 기독교의 지침으로 사용하기 위해서 다시 초코드화한 이중적인 작품이다.22) 그래서 여기에는 예수 사건 자체의 역사적 현장의 생동감, 이를 당시 문화적 취향에 따라 이해하기 위해 코드화한 예수 이야기, 그리고 여러 가지 예수의 이야기들을 교회의 제도의 지침을 위해 합리화하기 위해서 초코드화한 신화적 구성물의 세 가지 속성이 혼재해 있는 작품이다. 복음서는 신화와 역사, 고백과 실천, 권면과 명령이 공존하는 창작물이다. 공동체들 사이의 갈등을 화해시키려는 신화와 예수에 대한 기억을 보존하려는 역사적 집성물, 그리고 예수에 대한 메시아 고백과 그리스도 고백, 그리고 이 고백에 적합한 주체화 양식 – 즉 윤리적 양태를 포괄하고 있었다. 예수 사건에서 제시하는 것과 같은 권력 비판적인 주체화 전략, 원시 기독교의 문화적 풍토에 적합한 주체화 전략, 여러 다양한 교회들을 통합하는 기독교 공동체의 에토스를 보편화시키는 주체화 전략 – 이 세 가지 주체화 전략들이 혼재되어 있는 작품이다.23)

위의 현대 성서학의 비판적 성찰의 결과물에 비추어 보면, 한국교회는 예수 그리스도의 구원의 메시지를 믿는 사람을 신자로 구분하고, 이를 믿지 않는 사람을 非신자로 구분하는 잣대로서 복음서 해석의 준거점을 설정하였다. 교회의 목사들이 복음서에 나타난

---

22) 코드화/재코드화/탈코드화는 들뢰즈와 가따리가 자본주의의 특성을 욕망의 생성과 흐름을 방향/강도와 단속/접속과 투여/채취에 의해서 조정하는 기제에 의해서 설명하기 위해서 사용된 용어이다. 필자는 예수 사건이 삶의 질을 새롭게 생성시킨 민중의 욕망 분출의 원래의 형태를 원시기독교가 이 욕망의 흐름의 방향과 강도를 규준화함으로써 어떤 특정한 형태의 종교권력의 기제를 형성하였다는 의미에서 이 용어를 차용하였다. 이에 대해서는 질 들뢰즈와 펠릭스 가타리(최명관 옮김),『앙띠 오이디푸스: 자본주의와 정신분열증』, 서울: 민음사, pp.334-398 참조.
23) 마가복음의 이러한 특성에 대한 자세한 논의는 필자의 글, "마가복음 4:1-34의 '문학사회학'적 비평: 버튼 맥의 마가복음 연구의 평가와 비판을 토대로 한 복음서의 장르 규정을 위해서", <신학과 문화> 제5집(1996), 대전신학대학교, pp.65-146 참조.

예수의 정체성을 부활한 메시아나 구원자로서 코드화된 정형을 교회권력의 재생산에 적합한 방식으로 해석하여 강론하게 되면 구원을 위한 진리 주장의 배타주의적 담론이 손쉽게 평신도들에게 전달될 수 있게 된다. 이러한 교회주의의 배타주의적 담론형태를 신학적으로 채색하는 것은 신학자의 몫으로 남겨지게 되었다. 이때 역사비평적 작업에 의해서 복원될 수 있는 위의 예수와 예수운동의 탈권력의 욕망의 분출을 탐구하는 역사적 예수 탐구의 긴 역사를 신학교에서 가르치지 못하게 되거나, 이러한 담론형태들은 교회의 평신도에게 유통되지 않게 차단되었다. 결국 한국 교회의 성서해석의 상징적 폭력은 복음서의 독해의 해석학적 준거점을 역사적 예수가 아닌 코드화된 구원의 메시야로 한정짓는 신학자들의 신학화의 동기를 매개로 교인들의 예수에 대한 **집단적 오인과 습관화된 믿음의 형태로 확정된다**.24)

이 때에 또 다른 형태의 복음서 해석의 준거틀은 원시교회 공동체의 정황을 초코드화된 복음서의 내용과 부분적으로 연결시키는 방식이다. 이러한 준거틀의 역사적 전제는 각각의 복음서가 각각의 그 공동체의 문제들을 이상적으로 해결하기 위해서 생산해 낸 산물이라는 것이다. 여기에서는 정경의 형성 과정에서 예수 사건을 코드화, 초코드화한 과정을 억압한 사실을 제시하지 않는 범위에서, 그리고 예수 그리스도의 죽음과 부활이 모든 사람에게 구원을 가져오게 되었다는 구원/非구원의 이원론적 초코드화된 준거틀을 손상시키지 않는 범위에서 공동체들의 생산과정을 논의하는 것이다. 이 때 그 결과물에 대한 신학적 해석만을 허용한 채 역사적인 과정을 유통시키지 않는 배제의 전략이 적용된다. 여기에서 공동체 환원주의적 해석은 교회 권력의 위계주의적, 가부장제적 지배체제를 정당화하는 방식으로 적용된다. 그러나 이러한 전제들과 적용 방식에 연루된 권력의 효과들을 은폐한다는 의미에서 위의 성서 해석들은 상징적 폭력에 포섭된다.25)

---

20) 상징적 폭력에서 집단적 오인과 습관화된 믿음의 기능에 관해서는 현택수, "아비튀스와 상징폭력의 사회비판 이론", 1998와 홍성민, "부르디외와 푸코의 권력개념 비교: 새로운 주체화의 전략", 『문화와 권력』, 1998, pp.101-120과 pp.185-220 참조.
25) 이러한 해석 경향의 비평방법을 흔히 '편집비평'과 '사회학적 비평'이라고 부른다. 더구나 이러한 해석의 경향들은 역사적 예수의 '예수 사건'을 의식적/무의식적으로 삭제하는 특징을 갖고 있다. 한국신약학회에서 발간하는 <신약논단>과 각 신학교의 간행물에 게재된 복음서 해석의 많은 논문들은 이러한 모델에 근거하고 있다.

한국교회의 성서해석의 폭력성은 예수와 예수운동의 비판적 사회운동으로서 하나님 나라의 종말론적 사회 비판의 가치를 삭제하는 상징적 폭력으로 작동된다. 이러한 상징적 폭력은 그리스도에 대한 신앙의 고백의 형태로 평신도가 동의하지만 복음서의 본질을 오인하는 상태로 자행된다. 예수의 부활 이후의 신앙 고백으로 제시되는 코드화/초코드화된 그리스도상에 대한 지식을 전유한 교회는 진리주장의 배제주의적 논리를 숨기면서 교회 권력의 기제인 교회의 이데올로기로 하여금 아무개를 '교인'으로서 호명함으로써 배제주의 논리의 담지자가 된 종속된 주체를 형성한다. 그리고 이제는 역설적으로 이 종속된 주체는 예수의 하나님 나라의 종말론을 비(非)그리스도인, 타종교와 타문화를 배타적으로 거부하는 성서해석을 자발적으로 실행하는 자율적 주체가 되는 것이다. 교인은 이제 예수 사건에 내포된 탈권력과 탈폭력의 정치의 흔적을 배제하고 교회권력이 규준한 예수에 대한 이미지를 내재화하는 성서 해석의 상징적 폭력을 자행하게 된다. 이제 평신도는 교회 권력의 주체화 전략의 덫에 자신도 모르게 걸리면서 교회 권력의 호명된 담지자로 전락하게 된다.26)

위의 복음서 생산 과정 뿐 아니라 복음서 전체를 읽는 독자가 경험하게 되는 복음서 해석의 권력 효과를 다음과 같이 기술할 수 있을 것이다. 복음서 중 특히 최초로 형성된 마가복음을 신화로 읽게 될 때 상징적 권력 생산의 과정을 엿볼 수 있다. 신화는 마가공동체의 갈등과 모순을 화해시키는 공간으로 해석할 것으로 요구한다. 예수의 생애의 거룩한 시간을 적용하여 속된 갈등과 모순을 제거하고 자신들의 화해의 결과를 거룩하게 하는 것이다. 마가복음은, 이 거룩과 非거룩의 놀이를 축으로 예수 사건의 현장성을 마가 공동체의 내적 문제들에 직면하여 여러 집단들의 이해관계의 갈등을 해결하기 위해서, 신화의 왜곡시키는 기제에 의해서 재구성한 서사물(narrative)이다. 여기에서 서사물이라는 것은

---

26) 호명으로 형성된 기독교의 주체의 이데올로기적 성격에 관해서는 이정희, "민중의 일식에 대항하여: 경계선을 넘기 혹은 추방되기," <시대와 민중신학> 제4호(1997), pp.51-54 참조. 여기에서 알튀세의 이데올로기 이론에 의하면, 이데올로기가 개인을 종속된 주체로 만들지만, 결국 종속된 주체는 이 종속을 스스로 수용하고 이 이데올로기를 자발적으로 수행하는 주체가 되어 이런 주체들 사이에 서로의 주체를 인지하게 되고, 이를 확증하게 되는 주체화 과정을 겪게 된다. 또한 기독교의 종말론을 폭력성과 관련시켜서 논의하면서 종말론을 하느님의 폭력에 대한 저항의 담론으로 이해하려는 새로운 해석에 관해서는 이정희, "종말론과 폭력," <진보평론> 5호(2000. 가을) 참조.

공동체가 예수 사건을 자신들의 필요에 따라 재구성하여 새롭게 적용하는 과정을 이야기로 재구성한 설화를 말한다. 더구나 마가복음은 마가 공동체의 실천양태를 그대로 반영하기보다는 이 공동체의 실천양태의 어떤 부분들이 선택되어 왜곡, 반영, 삭제하여 적용된 신화적 서사물로서 이해되어야 할 것이다. 그래서 마가복음의 생산 과정은 마가공동체의 실천이 정합하게/또는 부정합하게 적용된 이중적인 전략의 놀이로 이해할 필요가 있는 것이다. 따라서 그 이후의 독자들도 이 거룩한 것에 의해서 거룩하지 않은 것을 배제하는 논리를 적용하여 그들의 필요에 정합된 부분을 우선적으로 독해하게 된다. 우리가 이러한 배제의 논리를 따른다면 복음서에서 역사적 예수의 사건의 생동감 있는 투쟁의 현장을 추출하지 못하게 된다.

중요한 점은 마가복음이 기독교의 기원으로서 예수의 삶의 이야기를 기독교 탄생을 축하하는 거룩한 사건으로 포장하면서 종말론적 표상을 사용하였다는 것이다. 예수는 묵시자로서 예루살렘 파멸을 예언하였고(막 13장), 예수가 예언한 대로 주후 70년에 예루살렘은 파괴되었다. 주후 70년 이후에 마가복음의 저자는 예수의 십자가 처형을 주도한 유대교를 하나님이 징벌하셨다는 해석을 암시적으로 나타내기 위해서 예수의 처형 시에 예루살렘 성전의 휘장이 찢어져 둘이 되었다는 것(막 15:38)을 가미하였다. 이처럼 마가복음은 70년의 예루살렘 성전의 파멸을 유대인이 예수를 징벌한 것을 보복하기 위해서 하나님이 유대교를 징벌한 사건으로 기술함으로써 기독교의 탄생을 정당화하는 신화이다.

반면, 한국교회는 마가복음을 예수가 유대교의 성전을 파멸시킨 것을 예언하고, 이들의 세력과 한판 승부에서 이들을 물리친 승리의 이야기로 독해한다. 여기에 더 나아가서 한국 교회는 하나님의 유대교에 대한 징벌을 타자로서 비(非)기독교인들에 대한 징벌로 대체하는 성서 해석의 상징적 폭력을 재생산하고 있다. 예수는 비기독교인들의 위협과 이들의 파멸을 이미 예언하셨고, 이들과의 전쟁에서 승리하실 것이라는 예언적 주문을 마가복음의 예수 이야기의 승리주의 독해에 의해서 논증하면서 그 해석의 원시 기독교의 이데올로기적 기제와 역사적 맥락을 교인들에게 인식시키지 못하게 한다. 이러한 몰인식에 근거한 승리주의적 해석을 통해서 교인들을 교회권력에 복속시킨다는 의미에서 이것은 성서 해석의 상징적 폭력이다. 더구나 한국교회의 마가복음 해석에서는 마가복음의 종말론이 예수의 삶의 시간을 거룩한 시간으로 확정지으면서 유대교의 예루살렘 성전 파멸조차도 하나님이 심판하는 거룩한 시간으로 이해하게 된다. 한국교회는 이 거룩한 시간을 기독교의 교회의 시간으로 대입하여 非기독교인들을 하나님의 심판의 대상으로 환원한다. 여기에서 우리는, 마가복음의 종말론이 폭력에 대한 하나님의 심판을 갈망하는 담론으로 이해될 수 있는 가능성을 제거한 채, 한국 교회가 타자를 배제하고 희생시키는 마가 자신의 승리주의 성서해석을 재생산하는 가장 전형적인 예가 교회 권력에 의해 형성된 집단적 오인의 형태로 작동되는 것을 알 수 있다. 사실은 이것이 한국 교회의 다른 모든 승리주의 성서 해석에서 작동하는 상징적 폭력의 전형적인 범례이다.27)

더 나아가서, 한국교회는 복음서의 내용을 위의 승리주의 해석에 근거해서 교인들의 주체화 양식에도 적용하려는 무리를 범하고 있다. 예를 들면, 한국 기독교인들은 마가복음에 나타난 섬김과 희생의 제자도의 실천 양태를 그 교인의 사회적 위치와 관련된 헌신의 가능성과 상관없이 교회의 선교 마케팅 전략에 적용하여 교회의 선교를 위해 순종하는 실행적 주체로 교인들을 동원하게 된다.

2) 바울서신에 나타난 영토화와 코드화 과정에 대한 성서 해석의 식민주의적 폭력성

바울서신은 성만찬의 의례를 예전화하면서 예수 사건을 교회의 성만찬 의식을 통해 '영토화'(territorialisation)하고 동시에 교회의 선교를 통해 '재영토화'하는 이중성을 내포

---

27) 김진호 목사는 승리주의 해석의 전형적인 예로서 주기도문의 "하늘에 계신 아버지"에 대한 한국 교회의 인식론적 전제를 하이데거(M. Heidegger)의 근대 비판과 관련시켜서 기술하였다. 그는 한국 교회의 주기도문 이해에는 자신만이 거룩을 체험하여 상승하려는 욕구를 내재화시키는 '미시파시즘'의 형태와 자기 자신 안의 타자에 대해서도 규율하려는 가학적 욕구를 내재화시키는 '슈퍼에고-파시즘의 형태로 존속하고 있다는 것을 비판하였다. 이것은 주기도문에 내재된 예수의 '하강주의적 피학성'을 '상승주의적 가학성'으로 전도시킴으로써 예수가 기존의 인습적인 신성에 대해서 발본적으로 도전한 정신을 승계하지 못한 승리주의 해석의 결과라고 주장한다. 이에 대해서는 김진호, "승리주의를 넘어서, 예수의 복원을 향해," <당대비평>(1999. 여름) 참조. 이와 반면 필자는 이러한 승리주의 해석은 상승/하강, 가학성/피학성의 내용이 문제가 아니라, 반드시 성서의 특정한 맥락과 이와 관련된 사회적 위치를 탈각시키고 교인들로 하여금 교회 권력의 이데올로기를 진실로 오인시키고, 그 생산 과정의 권력 기제를 몰인식시키게 하는 상징적 폭력을 매개로 교회권력의 배타주의적 이데올로기를 재생산한다는 점을 강조한다.

하고 있다.28) 바울이 성만찬 의례를 교회설립의 기초로 확립하였다는 것은 원시기독교가 분명히 제의종교인 유대교가 상징적 권력을 생산하는 기제로서 예루살렘 성전의 제의를 '탈영토화'하였다고 볼 수 있다. 그러나 이 탈영토화(déterritorialisation)는 바울의 새로운 교회의 영토화와 재영토화(re-territorialisation)의 전략에 의해서 제의적 종교의 지역성을 완전히 탈피하지는 못하였다. 바울은 교회의 체제를 건립하는 기초로서 성례전의 신학을 확정지을 때 확실히 예수의 폭력적 죽음을 적나라하게 재현하지 않았으며, 정치적 죽음의 십자가 처형을 자세히 기술하지도 않았다. 예수 사건의 귀결점인 예수의 십자가 처형 직전의 만찬을 제의화하면서 그 내적 역사성을 종말론적 지평에서 폭력에 대한 하나님의 의로움이 나타나는 그의 심판으로 이론화하였다. 이 이론화된 하나님의 의의 나타남을 성만찬의 빵과 포도주의 물질성으로 대체하면서 예수 사건을 교회 안에 영토화하여 교회의 탄생의 비밀을 제의화한 것이 바울의 창의적인 발상이다. 그래서 피 있는 십자가 처형에 대한 예수 사건의 생동감을 피 없는 성만찬의 예전 속에서 영토화하고, 부활을 하나님의 의의 나타남의 확증이면서 교회의 선포 속에서 이 사건이 계속되어야 한다는 명령으로 해석하였다. 이제 부활은 교회의 확장을 실천하는 주체화 양식을 통해서 예수 사건을 재영토화하는 실천의 계기로 해석되었다. 부활의 새로운 몸을 확증하는 방식은 이 성만찬 속에 재현되는 십자가 처형 사건의 역사성을 기념하는 신앙 사건을 교회 탄생과 확장의 선교의 실천과 접합시키는 것이었다. 공동체의 초석으로서 부활한 그리스도의 몸은 교회를 구성하고 관리하는 실천 속에서 재현된다. 바로 이 예수 사건의 교회 속에서의 영토화와 교회의 조직화 속에서의 예수 사건의 재영토화를 이중적으로 제의화한 것이 성만찬의 의식이다. 피없는 폭력 속에 나눔의 공동체는 교회를 탄생시키는 실천적 의무로 주체화하게 되는 새로운 상징적 권력 생산의 놀이에 의해서 실천적으로 동력화하게 되는 것이다.

바울은 더 나아가서 예수 사건이 그리스도 제의 사건(성만찬)으로 대체될 수 있는 것처럼 설교의 선포의 양태 속에서도 재현될 수 있다는 복음선포의 유효성에 관한 팽창주의

---

28) '영토화'/'재영토화'/'탈영토화'는 들뢰즈와 가타리가 자본주의를 역사철학적 구도에 의해서 규명하기 위해서 사용된 용어이다. 필자는 기독교의 전투적 팽창주의를 자본주의의 발생에서 개입된 탈영토화/영토화/재영토화에 의한 팽창주의와 유비적으로 설명될 수 있다고 생각하여 이 용어를 차용하였다. 이에 대해서는 들뢰즈와 가타리, 『앙띠 오이디푸스』, pp.334-398 참조.

적 재영토화를 창안하였다. 바울은 그리스도 제의 사건 속에 예수 사건이 동일하게 일어날 수 있다는 '동시성'(Die Gleichzeitigkeit)의 개념을 통해서 예수 사건이 복음 선포의 양태 속에 재현함으로써 죄의 상태에서의 구원의 권력 효과를 수반하게 된다는 신학적 이론을 제시하게 되었다. 하나님의 의로움의 나타남은 예수의 부활로 확증되지만, 이를 다시 확증하기 위해서는 교회 구성원들이 이러한 구원의 상징적 권력 효과를 교회의 존재를 정당화하는 복음 선포에 의해서 완성시킨다. 이 구원의 상징적 권력 효과는 즉각적인 처방이 가능한 그리스도의 사건의 선포 양식 속에서 일어나는 죄로부터의 해방에 대한 하나님의 은혜로 이해된다. 예수 사건은 그리스도 사건으로 대체되고, 그리스도 사건은 교회의 탄생의 초석이 된다. 다시 그리스도 사건은 복음 선포의 사건으로 대체되면서 하나님의 의로움이 예수 사건에서 나타난 것과 똑같이 죄인들의 복음을 받아들이는 믿음의 사건에게도 나타난다. 이 의로움의 즉각적인 효과로서 죄와 죽음으로부터의 해방은 그리스도 사건을 대체하는 복음 선포의 사건에 반응하는 믿음의 사건에 의해 주어진다.29)

이제 교회는 두 가지 상징적 권력생산의 전략에 의해서 교회 권력의 존재론적 위상을 확정지웠다. 예수 사건이 그리스도 사건으로 대체되는 성만찬의 제의는 교회 권력의 구심력으로서 영토화 전략을 형성하고, 그리스도 제의 사건이 복음 선포의 사건으로 대체되는 설교의 의식은 교회 권력의 원심력으로서 재영토화 전략을 형성한다. 여기에서 상징적 폭력은 성례전과 설교의 집단적 의례가 구원의 효과를 가져온다는 습관화된 믿음과 예수 사건의 탈권력의 기억을 탈각시킨 채 예수의 정체성을 구원자로 인식하는 집단적 오인의 형태로 작동되었다. 이런 의미에서 바울서신에 대한 해석은, 위의 교회 권력 생산의 매카니즘, 즉 성만찬 제의와 복음 선포 의식에 의해서 재생산되는 예수 사건의 영토화/재영토화의 전략적 게임을 신학적으로 정당화하는 한, 상징적 폭력을 수반할 수 밖에 없었던 것이다.

그러나 중요한 점은 이러한 두 종류의 교회 권력 생산의 매카니즘이 전투적인 팽창주의적 선교의 기초가 되기는 하였지만, 어느 종교에서나 다소간 상징적 폭력의 가능성을 내포하고 있다는 점에서, 그 자체가 위계주의적이거나 배타주의적, 가부장주의적 에토스를 형성하지는 않았다는 점이다. 바울 신학의 모호성은, 다른 종교들의 권력 생산에서도

---

29) 이에 대한 이론적 설명에 관해서는 필자의 글, "로마서에 나타난 율법과 의인 사상에 대한 구조론적 해석," <현대와 신학>(2000), 연세대 연합신학대학원, pp.257-268 참조.

그렇듯이, 영토화/재영토화의 배치 속에서도 유대교의 율법에서 해방시키는 탈주의 역동성과 관련된 탈영토화의 잠재성을 내포하고 있었다는 점이다.30) 그럼에도 불구하고 바울 신학의 아이러니는, 그가 위의 매타니즘을 교회 설립의 장에 구체적으로 적용하는 과정에서 이와 관련된 윤리적 문제들을 다루게 될 때, 당시의 주도적인 로마제국의 문화적 습성으로서 가부장제와 위계주의의 가치체계를 인정하게 되는 억압적 형태가 현실화되었다는 점이다.

바울은 예수의 죽음 이후의 헬라적 공동체와 유대공동체 모두에게 설득될 수 있는 하나님의 의로움의 신학과 이에 근거한 교회 권력 생산의 형태에 근거한 윤리적 주체화 양식을 제시하고자 하였다. 그는 이 윤리적 주체화 양식을 헬라적 인간학의 용어를 차용하여 인간의 육체성과 영성의 이원론적 구도 속에서 확정지었다. 이 때 묵시문학적 종말론의 우주적 이원론은 헬라적 인간학의 조야한 이원론인 영과 육의 이원론으로 재구성되었다. 이러한 전환은 한편으로 유대교의 묵시적 종말론의 신화를 탈신화화하면서 그 이원론적 결정론을 벗어나는 방식으로 인간의 자유에 대한 욕망을 탈코드화 하는 비판적 속성을 갖고 있었다. 영은 그리스도를 믿는 사람이 공유하는 '자유'의 주체화의 양식이 되었고, 육은 이를 믿지 않는 사람들의 '속박'의 주체화 양식을 의미했다. 바울은 이러한 영의 개념을 통해서 유대교의 율법에 속박된 코드화된 주체화 양식이나 율법 자체부터 탈코드화 함으로써 묵시문학적 결정론에 매인 코드화된 주체화 양식까지도 비판할 수 있었다. 이러한 이원론은 이제 그리스도 중심의 인류의 구원에 대한 통속적 대중화의 견지에서 헬라화된 당시의 사람들에게 설득될 수 있도록 선교의 효과적인 전략으로 자유로운 주체의 가능성을 제시하였다. 여기에서 영의 주체화 양식은 예수 사건의 탈권력의 에토스를 헬라화한 특성을 갖고 있었지만, 내재화된 믿음의 영적 현존이 그리스도에 대한 신앙고백의 형태로 확인할 수 있었다는 의미에서 신자와 비신자의 이원론적 배제주의 논리가 개입하게 되었다.

그러나, 영과 육, 신자/비신자의 이분법에 근거한 주체화의 양식은 이론적인 것으로서 유대 묵시문학과 유대 정통주의의 주체화 양식에 문제점을 극복하긴 하였지만 공동체의 윤리적 문제에 봉착하였을 때 그는 다시 '그리스도의 법', '성령의 법'으로 표현되는 기독

---

30) 종교의 폭력성의 차원과 희생양 대체의 차원에 관한 종교의 일반적 경향에 관해서는 르네 지라르(김진식・박무호 역), 『폭력과 성스러움』, 1993, 서울: 민음사, pp.333-376 참조.

교인의 존재론적 양태나 도덕을 규정하는 또 다른 '법'을 끌어들여야 했다. 바울은 그리스도인의 존재론적 양태를 구성할 때 역설적인 언어로 변증법적 종말론적 윤리 원칙을 직설법/명령법의 형태(고전 7:29-31)로 제안해 보았지만, 구체적인 공동체의 문제를 다루게 되었을 때에는 고대 그리스와 로마의 덕목과 전통적인 유대교의 품성 개발의 덕목들을 제안함으로써 섬김과 나눔, 복종과 헌신의 덕목을 실천하는 새로운 주체화 전략을 개발하였다. 갈라디아서 5:22-23에 있는 9가지 성령의 열매 즉, 사랑, 희락, 화평, 오래참음, 자비, 양선, 충성, 온유, 절제는 일상적 생활 양식을 규정하는 일종의 아비튀스(habitus)로서 품성 개발의 덕목들이다.31) 이것들은 교회의 사목적 권력을 내재화시키는 실천의 관습으로서 육체의 물질성에 복종과 헌신의 주체를 각인시키는 것이다. 이것은 율법이 규정하는 사회적 관계의 물질성(가족, 회당과 국가의 체제)의 속박으로부터 벗어나 육체의 물질성(걷는 자세, 작은 몸짓들, 말씨, 품행 등을 규정하는 성향 체계)을 토대로 자기 자신을 배려하는 기술을 제시하는 '해방의 정치'를 제시한 공헌이 있지만, 역설적으로 사회적 관계의 조건을 변경시키려는 '변혁의 정치'와 상징적 체계의 '교통'에 대한 인식 과정에서 투쟁하는 '해체의 정치'(시빌리테의(*civilité*) 정치)를 형성시키지 못하는 근본적인 한계를 내포하고 있었다. 바울이 로마제국의 위계주의적 질서에 대항하는 구체적인 주체화의 전략을 제시하지 못하고 유대 정통주의의 창조의 질서를 다시 불러오게 되었을 때 그는 묵시문학에 내장되었던 변혁의 정치의 잠재성을 삭제하고 주체의 자율성에 초점을 둔 나머지 개인적 도덕과 교회 생활의 도덕적 생활양식에 침잠하게 되었다.

바울서신은 바로 이러한 바울의 교리적, 교회 예전적 체제와 주체화 양식의 적용을 다른 종류의 기독교 세력들인, 헬라적 여성 예언자들, 팔레스틴 기독교와 헬라적 기독교와의 투쟁 속에서 확립하여 승리를 쟁취한 이후의 생산물이다. 바울서신에서는 투쟁 과정의 섬세한 의견들의 대립은 억압되었고, 바울 자신의 신학적 변호와 선교의 승리의 기록이 압도적으로 중요하게 배치되게 된 것이다. 예를 들면, 고린도전서에서 바울은 여성 예언자들의 영적 체험에 기초한 부활의 신학과 이에 근거한 남녀 평등과 반 위계주의적 세계관을 억압하고, 로마 제국주의의 위계주의적 세계관을 내재화한 미시파시즘의 **유사 식민**

---

31) 필자는 한국 교회가 바울의 덕목들을 개인의 단순한 품성이 아니라 사목적 권력 기제가 육체의 물질성에 깊숙이 내면화 되어 개인의 행동의 성향을 결정하는 아비튀스로 이해하고자 하였다.

성을 자신의 수사학에 끌어들이게 되었다. 바울은, 그리스도를 따름으로써 자신의 사회적 지위를 잃었던 경험에 의해서 복음을 재해석하여 십자가의 신학을 내세움으로써, 고린도 교회의 여성 헬라적 예언자들의 활동을 억압하고 이들의 신학을 비판하였다. 이들은 사실 그리스도인이 되어 사회적 지위와 자유를 얻게 되었기 때문에 이러한 사회적 경험에 의해서 복음을 재해석하여 영광과 부활의 신학을 갖게 되었을 뿐이다.32) 고전 11:1-16의 예배시의 머리 모양에 관한 권면에서 사용된 바울의 수사학은 유대 정통주의의 가부장적 이데올로기와 로마 주류사회의 위계주의 세계관을 그대로 차용한 흔적을 내포하고 있었다. 바울은 여기에서 여자의 머리는 남자이고, 남자의 머리는 그리스도이고, 그리스도의 머리는 하나님이라는 위계적 질서를 확립한다(고전 11:3). 이러한 가부장제적 이데올로기는 로마 주류 사회의 위계적 질서와 영합하게 된다. 고전 15:23-28의 부활에 관한 바울의 주장에서 '정사'(archē), '권세'(exousia), '능력'(dynamis), '지배하다'(basileuō), '복종하게하다'(hypotassesthai)의 용어들은 로마의 정치적 지배의 의미를 내포하고 있다. 14:32-34의 교회에서 여자들은 잠잠하고 말하는 것이 허락되어 있지 않았으니 오직 복종하라는 권고에도 '복종하라'는 말이 나온다. 이것들은 로마의 위계적 질서를 암시적으로 교회에 재기입(reinscription)시킨다. 이것들과 함께 위계질서를 드러내는 직선적 연결망, 즉 너희-그리스도-하나님(3:22), 아이-아버지-그리스도 안에서(4:14), 여자-남자-그리스도-하나님(11:3)은 당시의 로마의 위계적 질서를 암시적으로 합리화하는 흔적을 갖고 있다. 이 연결망에서 중간항인 '그리스도', '아버지'나 '그리스도'는 이 위계질서의 중계자를 표시하는 것으로 로마시대의 후원자 제도(the patronage)를 지지하는 흔적을 내포하고 있다. 하나님과 그리스도, 남편과 아내의 관계처럼 바울과 고린도교인들의 관계는 후자가 전자에 복종해야 할 위계적 지배 관계이다.33)

---

32) 여성 예언자들과 바울의 사회적 지위와 신학, 세계관의 갈등에 관해서는 Antoinette Clark Wire, 1995, *The Corinthian Women Prophets: A Reconstruction through A Paul's Rhetoric* (Menneapolis: Fortress Press) 참조. 이에 대한 간략한 요약에 관해서는 앤 와이어(조태연 역),『원시그리스도교의 잊혀진 여성들』, 2001, 서울: 대한기독교서회, pp.111-162 참조.

33) 이에 대해서는 Antoinette Clark Wire, 2000, "response: the Politics of the Assembly in Corinth"와 Cynthia Briggs Kittredge, 2000, "Corinthian Women Prophets and Paul's Argumentation in I Corinthians", *Paul and Politics* ed. Richard Horsley (Harrisburg: Trinity Press International), pp.124-129, pp.103-109 참조.

바울은 이처럼 유대교와 로마제국을 배타적으로 거부하고 있지만, 타자의 위계질서를 내재화하여 타자의 욕망을 욕망하는 '유사식민성'에 포획되는 것이다. 더구나 로마서는 로마제국을 다양한 죄악을 저지른 적대세력으로 신화화하여 하나님의 심판의 대상물로 간주하고, 로마 제국을 교회에 대적하는 멸망의 아들들로서 묘사한다. 이렇게 바울은 로마제국을 종말론적 전투의 희생물로 만듦으로써 유대적 기독교와 유대 민족주의와 화해하려는 방식으로 승리주의의 배타주의 논리를 형성하였다. 여기에 유사식민성은 바울의 민족주의적 담론 속에서 로마제국에 대한 배타주의적 태도를 비판하면서 동시에 이 제국의 통치 전략과 위계적 질서를 내재화하는 '이중 규제'(double bind)의 한계성을 띠게 되었다.34)

서구 기독교는 이러한 바울서신의 원래의 맥락보다는 바울 자신의 내적 투쟁을 극화하고, 영혼의 선/악의 싸움을 강조하는 방향으로 바울의 진리에 대한 주장의 결과물을 교회권력의 배타주의 논리에 의해서 재해석하였다. 바울 이후에 제도화된 교회권력은 로마제국의 정치적 억압의 외적 권력 전략을 버린 대신에 그 위계주의적 권위주의 세계관을 '사목적 권력'의 양태 속에 구축하였다. 이제 이 사목적 권력은 복종과 헌신의 덕목 속에 억압적 권력을 과잉결정하는 상태를 수반하게 되었다. 그 결과로서 사제가 교인들의 죄의 해방에 대한 욕망을 충족시키고 영혼을 관리하는 대가로 그들의 내적 헌신과 복종의 주체성을 요구하는 사목적 권력의 구심성의 형태를 갖추게 되었다.35) 그리고 이 권력의 원심성은 로마제국의 통치기술을 기능적으로 접목한 제국주의적 이데올로기를 선교의 주체화 양식 속에 이식시킴으로써 그 세력을 확장하게 되었다. 여기에서 세속 권력과 교회 권력의 유착관계가 형성되었다. 이때 교회권력이 그 세력 확장을 위해 모방한 권력의 모델이 바울의 배제주의 논리의 희생양이었던 로마제국의 제국-시민의 권력의 모델이었다. 결국 중세 기독교는 로마제국의 법-시민의 권력관계의 모델을 사제-평신도의 사목적 권

---

34) 이중 규제의 개념과 토착화에 작동하는 이중 규제의 중요성에 관해서는 필자의 글, "토착화의 근거로서의 타자와 언어 이해," <신학사상> 101호(1998. 여름), pp.156-158 참조. 필자는 이 글에서 토착화의 배타주의적 태도는 외국 문화인 타자를 배제하려 해도 사실은 이 타자를 모방하려는 욕망을 숨긴 채 타자의 문화를 선망하는 이중 규제에 매여 있다는 것을 강조했다. 반면, 여기에서는 필자는 바울의 민족주의의 배타주의적 태도에도 이와 비슷한 이중 규제가 권력관계의 내면화로서 유사식민성의 형태로 작동하고 있다고 간주한다.

35) '사목적 권력'에 대한 자세한 설명에 관해서는 이정희, "민중의 일식에 대항하여: 경계선을 넘기 혹은 추방되기," <시대와 민중신학> 제4호(1997), pp.54-58 참조.

력과 접목하여 하나의 완결된 중세의 우주관을 완성하고 있었다. 루터(Martin Luther)의 종교개혁과 계몽주의와 민족주의의 대두로 이 중세의 세계관이 무너지게 되고, 정교(政敎)의 분리가 완성되자 서구기독교는 세속권력의 모델로서 로마 제국주의 모델을 폐기하고, 소수에 의한 다수의 지배를 정당화하는 개신교의 감독제, 장로제, 회중제의 대표주의 모델에 근거한 권위주의적 위계주의 교회체제를 허용하게 되었다. 이렇게 파편화된 서구 기독교 권력기구는, 정교 분리의 근대적 이념에 근거해서 세속 권력을 직접 관리하는 것을 포기하는 대신, 근대성의 도전에 도피하는 탈출구로서 교인들의 내적 상태에 대한 목양적 관리와 구원의 배타성을 강화하였다. 이러한 경향으로서 바울의 영/육의 이원론을 더욱 교조주의적으로 해석하여 영혼을 영과 육의 투쟁의 장으로 설정하고 영성을 근대성의 세속화의 공격을 방어하는 굴종적 주체화 양식으로 개발하게 되었다.

한국교회는 바로 바울의 교회체제에 대한 가르침을 교회의 사목적 권력의 정당화와 합리화의 동기로 재해석하고 이를 유교적 위계질서와 접목시킨다. 바울의 영과 육의 인간학적 이원론을 교회 안의 구원과 교회 밖의 非구원의 이원론과 이 세상적 삶과 저세상적 삶의 이원론으로 환원시켰다. 더 나아가서 바울의 그리스도 제의의 영적 현존을 저세상 지향적 근본주의를 매개로 이룩된 탈세적 열광주의 종교 행위의 성서적 근거로 이해하게 되었다. 바울의 품성 개발의 덕목들은 한국인의 배타주의적 정서를 내재화하는 개인주의적 도덕 품성론으로 둔갑되었다. 여기에서 중요한 점은 한국 교회가 세상에 대해서 배타주의적이지만 세상의 위계주의적 권위체제를 사목적 권력과 접목시키는 유사식민성의 이중규제에서 벗어나지 못하였다는 것이다. 교인들은 교회 안의 구원과 교회 밖의 비구원이라는 획일주의적 코드에 의해서, 그리고 이 세상적 삶과 저세상적 삶의 이원론의 코드에 의해서, 그리고 탈세적 열광주의에 의해서, 교회 안의 권력체계와 교회 밖의 국가 권력을 비판할 수 있는 거점을 상실하게 된다. 이 때 이 교인이 수용하게 되는 바울서신의 사목적 권력 체계는 근대 자본주의 사회의 가부장주의적이고 위계주의적 권위체계와 유교적 위계질서와 혼용된 것임에도 불구하고, 교인들은 성서 해석자의 바울서신 해석을 무비판적으로 수용하면서 위의 교회의 권위체계를 정당화/합리화하게 된다. 여기에서 한국교회는 바울의 영의 해석에 내포된 해방의 정치를 탈각시키고 바울의 유사식민성의 이중규제의 한계를 답습하면서 교회권력의 상징적 폭력성을 생산하는 조건을 조성하게 되었다. 한국의 교인들은 구원/非구원의 이원론의 교회주의적인 상징 권력의 매카니즘에 포획되면서도 교회 내의 위계주의적 권위체제를 내재화하는 것을 몰인식하게 된다는 의미에서 성서해석의 상징적 폭력을 허용하게 된다.

다른 한편, 한국교회가 바울서신을 해석하면서 폭력을 생산하는 기제는 바울의 구원론의 절대성과 이원론적 인간학이다. 예수를 믿으면 구원을 얻는다는 구원의 신비를 편협하게 해석하여 한국 교회 권력이 영혼의 관리를 독점하는 데서 폭력이 발생한다. 인간의 죽음을 극복하는 예수의 구원의 신비주의는 70년대 근대화로 도시에 몰린 한국 사람들의 무근거성과 80년대의 상대적 박탈감의 심리적 기제와 맞물려 교회성장의 마켓팅으로 완성되었다. 다른 한편, 불교의 주술적 신비주의와 무교의 현세 지향적 공리주의의 한국 전래 민간 신앙의 종교성은 저세상 지향적 근본주의와 접합되면서 한국 사람들에게 예수 사건의 탈권력과 탈정치의 전통을 삭제한 그리스도의 체험의 신비를 내재화시키는데 기여했다. 이러한 복합적인 신비주의 종교의 접합은 한국 교회의 체제가 부여하는 가부장제의 미시파시즘의 권력놀이를 무비판적으로 수용하게 하였다. 이 내재화된 미시파시즘을 구원의 등가물로 오인한 점이 상징적 폭력의 가장 중요한 위상이다. 이때 한국 유교의 가부장제적 권위체계는 바울의 품성론의 아비튀스와 접합됨으로써 헌신과 복종의 주체화 양식을 재생산하게 되는 성서 해석의 상징적 폭력의 에토스를 형성시킨다.

4. 결론: 성서 해석에 연루된 식민주의적 폭력성으로부터의 탈주를 위해서

위에서 우리는 한국 교회의 성서 해석의 상징적 폭력의 경향과 그 조건을 그 외적 조건으로서 한국 교회 형성 과정과 성서 지식 생산 과정, 그리고 그 내적 조건으로서 성서에 나타난 원시 교회의 지식과 권력의 구성 과정을 고찰하면서 기술해 보았다. 한국 교회가 권력 기구로서 그 역사적 위상을 확립한 것이 근대성의 유입 과정에서 성립된 **유사식민성**으로서 존재하는 종교와 정치의 유착관계라면, 근대화의 과정 속에서 성립된 성장 이데올로기와 권위주의 체계도 위의 유사식민성의 한 부산물로 이해할 수 있을 것이다. 또한 우리는 성서 해석의 에토스에 개입된 상징적 폭력의 미시파시즘은 교회 권력에 의해서 신학교 운영에 사용되는 유사식민성의 배타주의에 의해서 재생산된다는 것을 알게 되었다. 중요한 점은, 한국 교회가 성만찬과 설교의 의식과 관련하여 성서를 해석할 때, 복음서와 바울서신이 보여주는 교회 생성 과정에서 잠재되어 있는 상징적 폭력을 현실화하면서, 위의 배타주의적, 권위주의적, 승리주의적, 가부장제적 성서 해석의 아비튀스를 확정하였다는 점이다. 이 때 복음서와 바울서신에서 이미 탈색된 예수 사건의 탈권력과 탈폭력의 정치를 탈각시키고 교회주의적 영혼 구원을 위한 교인/비교인의 이분법적 분류의 체계가 대신 자리를 잡게됨으로써, 성서 해석은 근본적으로 교회의 상징 권력 생산의 매카니즘의 덧에서 탈주하지 못한 채 이를 비판하는 거점을 상실하게 되었다.

한국 교회는 교회의 집단적 배타주의, 승리주의와, 기존의 국가권력에 유착하는 순응주의를 재생산하는 성서 해석의 아비튀스를 탈피할 필요가 있다. 이러한 탈주의 전략은 문자주의적 근본주의에 의해서 정당화되는 정치와 종교의 유착관계의 <u>유사식민성</u>의 잔재를 청산하고, 이러한 <u>유사식민성</u>에 의해서 성장한 개신교의 성장 이데올로기를 옹호하는 교회주의적 승리주의 성서해석의 에토스를 변혁시키고, 이와 관련된 교회의 권위주의적 위계주의의 통치 전략을 해체시키는 것이다. 이를 위해서 한국 교회의 <u>식민주의적 근대성</u> 유입의 역사적 위상과 당시의 정치적 상황, 미국의 선교사들의 선교 전략과 봉건주의의 타파의 배경 속에서 형성된 한국 교회의 복합적인 교회권력의 전통은 현재의 교회의 문제로 부각된 교회 운영의 비민주성과 예산의 불투명성, 도덕적 무책임의 근원이면서 성서 해석의 폭력성을 재생산하는 토대라고 재인식할 필요가 있다. 이런 의미에서 성서 해석의 식민주의적 폭력성은 몇몇 비판적인 성서학자들이 다른 비평과 해석을 제시한다고 해도 멈춰지지도 않을 것이다. 이것은 그동안 성서 해석의 <u>식민주의적 에토스</u>를 체계적으로 재생산하는 한국교회의 성서 해석의 아비튀스나 그 장치로서의 교회권력의 구조적 모순과 너무나도 밀접하게 연관된 일이기 때문이다.

위의 한국 교회의 역사적 위상을 고려하면, 우선 성서 해석의 <u>식민주의적 폭력</u>을 막을 수 있는 이론적인 방법은 아래의 정치적 분석과 정치적 해석에 의해서 권력의 타자화시키는 폭력에 대항하는 반폭력의 전략을 구상하는 것이다. 여기에서 정치적 분석은, 국가권력과 종교권력이 서로에 대해서 비판적으로 감시할 수 있도록, 이들의 권력 장치의 특성과 배치관계를 분석하여 변혁의 특이점을 고찰할 수 있는 미시정치학이 필요할 것이다. 여기에는 결자해지(結者解之)의 정신으로 국가와 교회권력間의 유착관계를 과감히 청산하는 정치적 결단이 선행되어야 할 것이다. 특히 바울서신에 대한 문화신학적·정치윤리적 해석은 성서 해석의 권력 효과를 성찰하여 그 폭력성을 완화시킬 수 있는 탈권력과 탈폭력의 해석 전략(문화비평적 전략)을 개발해야 할 것이다. 여기에서는 일상성의 육체적 습성에 관한 종교적 표상들과 자연스럽게 수용되는 친숙한 언어가 非억압의 알리바이를 형성하여 그 언어 사용의 권력의 효과를 은폐하는 가부장제적 미시파시즘의 상징적 폭력의 기제가 밝혀져야 할 것이다. 이 때 중요한 것은 교회가 순수하게 영혼 구원을 관리하는 일만을 위해 존재하는 것이 아니라, 그 권력 효과를 은폐하면서 작동되는 권력 기관이라는 인식이 필요할 것이다. 교회는, 대중의 다양한 욕망의 흐름을 규준화하고 영토화하여 사회적 생산에 투여하면서 작동되는 권력기관으로서, 그 자체가 상징자본을 생산해내는 공적 기구이다. 교회의 상징권력 생산의 과정과 그 매카니즘, 그리고 운영방식과 이와 연루된 세계관에 대해 분석하여 이를 변혁시킬 수 있는 기독교 사회운동을 위한 '소수집단'의 새로운 연구 집단이 필요할 것이다.

성서해석은 성서의 생산과정에 대한 고찰을 통해서 그 상징적 폭력의 뇌관이 되는 오인과 왜곡된 성서 지식을 교정시켜야 할 것이다. 이를 위해서는 과감한 종교학적 통찰에 의해서 성서를 다른 종교의 텍스트들과 비교하여 그 특색을 재규명하거나, 성서 텍스트의 다층적 차원을 종교적 상상력에 근거한 권력 비판의 놀이의 전략에 의해서 재해석해야 할 것이다. 또한 정치학적 통찰에 의해서 성서의 형성과정을 분석할 때 사회적 위치와 계층적 특성에 따라 신앙의 유형이 어떻게 달라지는지 고찰해야 할 것이다. 그리고 이러한 고찰을 위해서 성서 텍스트의 수사학과 문학 양식, 장르를 고찰함으로써 독자가 서 있는 사회적 위치와 신앙 유형에 적합한 메시지를 포착할 수 있는 새로운 성서 해석의 아비튀스를 형성하는 것이 또한 하나의 방법이 될 것이다.

우리는 예수 사건을 탈각시키는 성서학자들의 복음서 해석의 상징적 폭력성이 매우 심각한 것을 주목하게 된다. 예수 사건의 탈권력과 탈폭력의 실천들을 재구성하는 성서 해석의 전략이 필요할 것이다. 이때 교회 권력에 의해서 규정된 복음서의 예수의 '말씀'을 해방과 변혁과 해체의 정치적 비전을 제시한 예수의 탈권력·탈폭력의 '담론'으로 재규정하는 정치적 해석의 통찰이 필요하다. 그러나 이러한 새로운 성서해석의 풍토를 마련하는 일은 신학교의 교회권력에의 종속된 위치에서는 거의 불가능하다. 신학교에서의 학교 운영의 배타주의와 사립학교의 법까지도 무시하는 행정의 전횡이 가능한 것은 정교 분리의 왜곡된 형태로서 유착관계의 **유사식민성**이 재생산되는 증거로 간주할 수 있다. 성서 해석의 폭력성이 교회권력에 의해서 착종된 신학교에 의해서 재생산된다면, 국가권력과 유착관계에 있는 교육기관으로서 신학교의 개혁은 보다 커다란 권력 기관들의 욕망의 재배치와 관련된다. 이런 의미에서 근본적인 처방은 유사식민성의 미시파시즘을 간파할 수 있는 기독교 사회운동의 '소수 집단'이, 대중들의 다양한 욕망들의 흐름과 강도를 분석하는 미시정치학과 이를 재배치하고 투여하는 횡단적 접속의 프로그램을 통해서, 시민운동과 노동운동, 소수자 운동과의 전략적 연대를 모색하는 것이다. 이러한 연대에 의해서 한국 민중의 억압된 한과 창조적 욕망을 분출하여 변혁, 해방, 해체를 위한 집단적 주체를 생성시킬 수 있는 문명 전이적 탈주의 실험적 사건에 참여하게 될 때만이, 그 효과로서 코드화된 교회권력의 체제를 탈코드화시키고, 교회 안에 영토화된 예수 사건의 욕망의 흐름들을 탈영토화시킬 수 있을 것이다.

그리고 더 나아가서 성서 해석의 주체들 중 식자층에게는, 여러 가지 외국 이론을 직수입하는 번안 신학이나 新식민주의적 이식 신학으로부터 탈주하기 위해서, 과감하게 성서 형성 과정과 기독교 신앙과 교회의 구성에 관한 신학적 해석에 개입된 상징적 폭력의 잠재성을 원천적으로 봉쇄하는 새로운 성서 해석 전략이 필요하다. 즉, 교회 권력이 보다 평등주의적, 탈가부장제적 권위체제로 나아가기 위해서는 성서 자체가 내포하고 있는 보복적 종말론과, 팽창주의적 의로움의 신학과, 이에 근거한 사목적 권력이 내재화된 복종의 주체화 양식에 내포되어 있는 식민주의적 폭력성의 잠재력을 근본적으로 탈각시키는 기독교 신학의 발본적 전화(轉化)가 필요하다. 이것은 맑시즘(Marxism)을 스피노자주의에 의해서 전화시키는 것과 마찬가지로 기독교 신학을 비교 종교학과 미시정치학에 의해서 전화시키는 새로운 이론적 실험을 요청한다. 이러한 체계적 기획 속에서만이 미시파시즘의 속성으로 존재하는 성서 자체와 이에 대한 지식생산 과정에 연루된 현실적/상징적 폭력성의 뇌관을 제거할 수 있을 것이다.

【에필로그】

호모 사케르가 된 자들을 위한 진혼곡
- 탈식민주의 문화신학을 지향하며 …… -

> 랭보처럼 견자의 눈으로 새롭게 도래할 하나님의 문화제국을 바라보고,
> 사르트르가 언젠가 말했듯이 패배하기로 태어난 시인처럼 실패를 두려워하지 말자.
> 우리가 꿈꾸는 하나님의 문화 대항제국은 이항대립의 틈새에서만 얼핏 나타날 뿐이다.
> 이를 포착하는 자만이 낭떠러지에 매달린 채 바위 틈새에서 솟아나는 풀잎의 생명을 보면서 의연하게 호모 사케르의 죽음까지도 맞이할 수 있게 되리라.
> — 김덕기의 예언자 되기

바울은 문화 게릴라이다. 역사를 바꾸기 위해서 정치적 구조를 바꾸려고 혁명을 가시적으로 수행한 것이 아니라 문화 형식, 사유방식, 수사적 구조를 문화 게릴라처럼 언더그라운드의 헝그리 정신으로 변혁시켰다. 바울의 사상은 이런 의미에서 정당하게 문화신학의 차원에서 보다 신중하게 논의될 필요가 있는 것이다. 바울의 언어 구사는 아람어가 아닌 희랍어로 전이되었을 때 이미 탈식민주의적 통찰이 요구되었다. 그가 쓰는 종교적 수사학은 사실 로마 제국주의 문화를 겨냥하고 있다는 해석은 결코 비약이 아니다. 일제 시대에 동학의 종교적 언어는 결국 정치·사회 혁명의 그릇이 되었던 것처럼 그의 문화적 언어는 도래하게 될 메시아 시간의 정치적 변혁을 꿈꾸는 그릇을 마련해 주었다.

그동안 바울 신학의 배경으로서 묵시문학사상이 많이 논의되었지만 필자는 더 이상 서구 유대교 연구의 붐을 타고 한국에서 재생산될 필요는 없다고 생각한다. 메시아 시간에 혁명적인 문화적 공간이 먼저 만들어졌다. 로마의 제국 정치와 유대교의 종교 문화의 거리의 틈새에 바로 메시아 시간의 제 3의 공간에서 논의되는 법과 은혜, 율법과 복음의 관계에서 메시아 구속의 논리를 발견하게 되는 것이 바로 로마 원형극장의 놀이터에 던져진 시한폭탄, 바울에 의해서 그토록 찬란하고 영롱하게 기술된 로마서의 복음 해석이다. 그

의 사상은 신학자들이 헬라문화/유대문화, 유대교/기독교의 이중적 투쟁에 몰두하느라 포착되기 어려웠고, 철학자들은 바울의 사상에서 일관된 인식론, 존재론을 발견하기 어려웠기 때문에 그 핵심을 포착하지 못하였다. 오직 최근의 철학자들(바디우, 아감펜, 지젝, 타웁스)만이 이제 바울 사유의 고유한 구조를 터득하기 시작하였다. 필자는 이러한 통찰에 힘입어 바울 사상의 편린을 탈식민주의 문화이론을 통해서 재구성하려 하였다.

혹자는 탈식민주의 비평이 문화에 너무 치중하고 있다는 비판처럼 바울의 사상은 언제나 종교문화에 초점이 맞추어져 있어서 로마 제국에 대한 정치변혁의 구체성이 결여 되었다고 불평할 수 있다. 확실히 그의 문화신학의 정치윤리적 함의는 파생적이다. 반로마 제국주의적 저항 전략도 직접적인 것이 아니다. 그러나 그의 문화신학의 여릿한 소서사는 확실히 로마서에서 이스라엘과 우주와 제국의 역사 전체의 대서사와 만난다. 더욱 충격적인 것은 바울의 로마서의 속죄론은 분명 아감벤(Giorgio Agamben)이 말하는 호모 사케르(Homo Sacer)[1]의 메시아 구속론으로 우주의 형이상학적 구원을 꿈꾼다. 바울의 문화신학의 여릿한 소서사와 정치신학의 광대한 대서사는 바로 태풍의 눈에 해당하는 하나의 소실점을 통해 만나게 된다. 이것이 바로 예수의 죽음, 즉 소위 오늘날 말로 덧없어 보이는 참혹한 하위/기층 계급에 속하는 인간(subaltern)의 저주받은 죽음('개죽음(?)') …… 호모 사케르의 덧없는 죽음이다. 그러나 이 죽음에 대한 종교문화적 상상력이 로마서의 메시아 구속의 광활한 탈영토화된 대지를 형성시켰고, 그 토대 위에 유대교로부터 기독교의 새싹이 싹트게 되었다. 그래서 다시 한번 로마서는, 맑스가 『자본론』에서 헤겔 철학과 단절을 꾀할 수 있었던 것처럼, 메시아 시간의 새로운 제 3의 공간에 유대교로부터 단절된 기독교(태동 중?) 문화 소통의 공간을 만들 수 있었다. 저주받은 자들의 '개죽음(?)'의 끔찍함을 우리는 최근 아프가니스탄의 탈레반에 의해서 내동댕이 친 인질들의 죽음에서 경험하게 된다. 이번에도 우리는 배형규, 심성민의 죽음을 애도하면서 이들의 죽음의 의미를 호모 사케르의 죽음에 의해서 완성된 메시아 신앙의 관점에서 물을 수 있어야 할 것이다. 우리는 이 사회에서 법의 이름으로 해고되어 돌가가지 못하는 비정규직 일용노동자와 억울한 재임용탈락자, 자의반 타의반 강제로 사직서를 쓰고 억울하게 직장에 나온 자들, 명예 살인에 의해서 죽은 자들, 현대 문명의 이기로 인하여 기계와 함께 사고에 의해서 희생된 자들 ……. 그리고 무엇보다 법의 이름으로도 불의한 처우의 억울

---

[1] 호모 사케르는 벌 받아 죽은 사람이나 살해당한 자, 처형된 자도 아니면서, 또한 희생제의에 바쳐진 자가 아니면서도 저주받아 주어진 사회에서 축출되어 버려진 자를 말한다. 이에 대한 자세한 설명은 II장의 "로마서의 구속론과 희생제의" pp.315-330 참조.

함이 풀어지지 않아서 하나님의 정의에 의문을 던지는 사람들 …… 이들의 억울함과 참혹함을 대변하는 신학을 바울은 이렇게 표현한다: "하나님이 사도인 우리를 죽이기로 작정된 자같이 끄트머리에 두셨으매 우리는 세계 곧 천사와 사람에게 구경거리가 되었노라"(4:9) …… "우리가 지금까지 세상의 더러운 것[쓰레기 - 표준새번역]과 만물의 찌꺼기[호모 사케르 - 사역]처럼 되었도다"(고전 4:13) 이렇게 외치는 법법자 바울은 자기 희화화를 통해서 패배하기 위해서 태어난 사르트르(J. P. Sartre)의 시인처럼 자신을 규정한다: "우리는 그리스도 때문에 어리석으나 너희는 그리스도 안에서 지혜롭고 우리는 약하나 너희는 강하고 너희는 존귀하나 우리는 비천하여 바로 이 시각까지 우리가 주리고 목마르며 헐벗고 매맞으며 정처가 없고……"(고전 4:10-11) 그의 신학은 법의 보호에 벗어난 인권의 사각지대에서 일어나는 호모 사케르의 죽음을 애도하는 신학이다. 이런 의미에서 필자의 탈식민주의 비평은 '단독적 행위자'(singular agent)의 근본적 보편성[2])을 메시아의 호모 사케르의 구체적 죽음에서 추구하려 하였다. 그래서 이들의 죽음은 상징적 질서의 구조에서 벗어난 잉여이면서 동시에 잔여이다. 이 양가성에 의해서 제 3의 정치학을 추구하는 것이 이 책이 추구하는 '구조론적 탈식민주의 비평'이다. 언제나 이 비평은 문화구조의 심층의 문법, 사유방식, 수사를 재구성하고 이에 벗어난 잉여/잔여를 통해서 이항대립을 전화시켜 권력을 역전시키려는 문화비평적 읽기로 구체화된다.

바울의 문화적 상상력은 당시의 유다, 로마, 헬라의 고급문화와 대중문화의 표피성 아래 언제나 심층 구조를 횡단하는 '실재계'의 가시를 남겨둔다. 이 가시와 기존의 상징적 질서가 겹쳐지는 제3의 공간, '흰 그늘'에서 창조적 문화와 종교문화적 상상력이 제시된다. 그래서 오늘날 기독교 문화 이론과 대중문화 비평 이론, 문화신학의 이론이 범람하는 가운데, 문화비평의 이론적 근거와 성서적 근거에 대한 본격적인 이론적 성찰을 위해서 이 책이 논의되었으면 한다. 김지하가 자신이 제안하는 한국적인 '흰 그늘'의 미학이 한류의 문화산업과 접목되어 신문명운동의 지렛대가 되기를 꿈꾸면서 바라듯이,[3]) 바울이 말하는 '만물의 찌꺼기'가 된 메시아 시간의 편린들이 아우성쳐서 함성이 되고, 노래가 되고, 돌들이 되어 외치게 되면 그 언젠가 휴전선 비무장지대 DMZ가 역사의 질곡을 횡단하는 제 3의 공간으로서 새로운 '광장'이 되어 남북통일로 시작될 다가올 미래의 신문명 도래의 토대를 마련하

---

2) '단독적 행위자'의 근본적 보편성이란 전체의 부분이 아니라 배제된 '잔여'로서의 '단독적 행위자'를 통해서 전체를 횡단하여 가로지르는 급진적 분할에 의해서 형성되는 진정한 의미에서의 보편성을 말한다. 이 개념은 지젝(S. Žižek)이 바디우(A. Badiou)의 '전투주의적 보편성'을 더욱 세련화시킨 것이다. 이를 위해서는 p.132 각주 39 참조.
3) 김지하, 『김지하의 예감』, 2007, 서울: 이룸.

게 되기를 필자 또한 꿈꾸고 있다.

　한국인의 정치・사회・종교문화의 악습에 움트고 있는 문화문법을 변화시키기 위해 정수복 박사는 유교와 무교의 문화구조 탐구를 요청하였다.[4] 필자는 더 나아가서 이러한 문화적 문법이 어떻게 기독교와 창조적으로 만나서 유교와 무교의 심층 구조도 변화할 수 있는지 그 가능성을 탐색할 필요가 있다고 생각한다. 종교들이, 사상들이, 문화들이 만나서 모두의 장단점이 어우러져 교환될 수 있는 소통의 틈새, 제 3의 공간이 바로 바울 사상의 시적 감수성이다. 바울은 바로 구체적인 구속의 문제에 직면하여 헬라문화와 유대문화를 교류시켜 창조적인 그릇으로 변형시켰다. 우리의 기독교 사회운동과 문화운동이 거대한 바위에 계란치기처럼 연약할지라도 좌절하지 않는 것은 바울의 파도타기와 같은 정교한 문화비평 전략과 시적 감수성이 버티고 있기 때문이다. 그는 모든 죽어가는 것을 노래하는 것으로 그치는 것이 아니라, 사도 자신 스스로가 호모 사케르가 되도록 자신을 투신하는 헌신의 열정으로써, 마치 이 틈새로 흐르는 샘물이 바위를 쪼개듯이 정치적 메시아적 구원을 이룩하고 마는 것이다. 이것은 단순히 문화적 감수성만이 아니라 아래와 같이 간명한 삼단논법으로도 제시할 수 있는 바울의 메시아적 구속의 논리에 근거한 탈식민주의 문화신학이다.

【 탈식민주의 문화신학의 삼단논법(김덕기의 과학자 되기: 종교과학적 발견) 】
1. 대전제: Errore Hominum Providentia Domine: 하나님의 섭리는 인간의 실수를 통해서 나타난다.
2. 소전제: 탈식민주의의 제 3 의 공간도, 하나님의 섭리가 인간의 실수를 통해서 나타나듯이, 항상 인간 문화 조건의 모순, 양가성, 차연의 틈새에서 존재한다.
3. 결론: 제 3의 공간의 존재방식도 하나님의 문화 대항제국의 존재방식처럼 구조화되기 쉽다.

---

4) 정수복, 『한국인의 문화적 문법: 당연의 세계 낯설게 보기』, 2007, 서울: 생각의 나무.

보 론

- ❖ 탈식민주의의 비평의 개념에 대한 최근 이해 / 569
- ❖ 푸코의 권력 담론 이론의 바울서신 적용 / 578
- ❖ 바울의 사상의 구조론적 해석과 알튀세르의 구조주의 맑시즘 / 582
- ❖ 바울의 생애와 선교활동의 연대기 / 590
- ❖ 서평: 박흥순의 『포스트콜로니얼 성서해석』에 대한 '탈식민주의적' 논평 / 595
- ❖ 탈식민주의와 탈구조주의 / 604

보론 1

탈식민주의의 비평의 개념에 대한 최근 이해[*]

 탈식민주의 비평이란, 페미니스트 비평(feminist criticism)과 같은 어떤 해석의 구체적인 방법이라기보다는, 고대와 현대까지도 식민주의/제국주의에 의해서 여전히 자행되는 군사적 침략, 정치적 압제, 경제적 불이익, 사회적 배제, 문화적 지배의 역사적/텍스트적 현상에 대해서 적합하게 비판하려는 비평적 감수성을 의미한다. 이 비평은 결국 사이드(E. Said)의 권력과 지식이 상호연관된 담론 분석을 통해서 유럽중심주의 심문하기, 호미 바바(Homi Bhabha)의 식민지 국가에 대한 저항과 공모를 넘어선 모방 욕망의 양가성(ambivalence) 분석을 통해서 혼종적(hybrid) 정체성 획득하기, 스피박(G. C. Spivak)의 이분법의 해체에 의한 타자화된, 주변화된, 배제된 숨은 목소리의 재기술 등의 이론적 논의에 의해서 확립되었다고 알려졌다.[1]

 이러한 이론적 토대에 근거해서 신학과 성서학에서는 우선 스리랑카 신학자 수기르타라자흐(Sugirtharajah)가 탈식민주의 비평을 발전시켰다. 그에 의하면, 이 비평은 식민지 통치의 직접적인 정치적 억압의 역사적 시기 이후에도 제 1 세계의 서구 이론들과 학문에서 현대적/근대적 가치들의 객관성과 중립성의 이름으로 가려져 있는 제국주의/식민주의 이데올로기의 억압적 기제나 서구 지식(사상)과 권력 사이의 연결고리를 폭로하고, 자국의

---

[*] <저자 편집 주> 이 글은 필자의 최근 논문, "마가복음의 제자도에 대한 새로운 탈식민주의적 이해: 포스트콜로니얼 성서 비평의 최근 경향에 비추어", <신약논단> 제13권 제4호(2006. 12), 한국신약학회 편, pp.845-862[896]의 내용 맨 앞부분만을 발췌 번역하였다.

1) S. D. Moore, 2000, "postcolonialism", *Handbook of Postmodern Biblical Interpretation*, ed. A.K. M. Adam (Missouri: Chalice Press), pp.182-184.

민족주의 이데올로기와 문화적 전통에 대한 기존의 억압적인 해석을 해체하는 데 그 강조점을 두려 한다. 그래서 그는 서구 기독교가 성서를 자국의 식민지 상황을 정당화하는 방식으로 왜곡시킨 점과 민족주의와 토착주의에 의해서 성서를 재해석하려는 기존의 해석 전통을 동시에 비판하려 한다.2) 라틴계 성서학자 세고비아(Segovia)는 식민주의/제국주의 현상이 성서가 생산되었던 고대 근동과 지중해 세계, 서구의 성서 해석과 수용의 역사 즉, 서구 팽창주의와 헤게모니의 근대성의 세계, 그리고 현대의 신자유주의 지구화 차원에서 전개된 최근의 자본주의 팽창의 역사의 세 가지 수준에서 논의하고자 한다. 특히 그는 탈식민주의가 식민주의 발전 양상의 연대기적 과정에서 전개되는 제국의 중앙중심적 통치의 역사적/정치적 조건뿐만 아니라 이 조건과 상관없이 지배/복종의 권력관계와 중앙/변방의 공간 형성 과정에서 형성되는 사회적/심리적 차원의 저항 담론의 비판 정신을 함께 고려하여 논의되어야 한다고 생각한다. 그래서 그는 탈식민주의 비평이 페미니스트들의 젠더(gender) 연구, 제 3 세계 해방신학의 계급 갈등 연구, 소수자의 민족성(종족성:ethnicity)와 인종 연구, 게이/레즈비안들의 성적 정체성 연구에서 논의된 이데올로기 비평과 서로 비판적 안목을 공유한다고 보았다.3)

하지만 필자는 최근 탈식민주의 비평 담론을 식민지 국가에 직접 저항하였던 반식민 저항 역사와 反식민 민족주의 비평 담론 전통과 함께 연결시키려는 경향이 중요하다는 통찰에 주목할 필요가 있다고 생각한다.4) 더구나 제 3 세계에서의 탈식민주의 성서 비평은 특히 미국 중심의 신자유주의 지구화(Neo-Liberal Economic Globalization)에 대한 세계교회협의회의 대응에 기초하여 새로운 대안지구화 기독교 사회운동의 아시아 실천 연대를 추구하려 하는 구체적인 과제를 안고 있다.5) 이런 관점에 비추어 보면, 탈식민주의 신

---

2) 이에 관해서는 R. S. Sugirtharajah, 1998, *Asian Biblical Hermeneutics and Postcolonialism: Contesting the Interpretations* (Sheffield: Sheffield Academic Press), pp.15-24 참조.
3) F. F. Segovia, 2005, "Mapping the Postcolonial Optic in Biblical Criticism: Meaning and Scope", *Postcolonial Biblical Criticism: Interdisciplinary Intersections* ed. S. D. Moore & F. F. Segovia (London: T&T Clark International), pp.23-25, pp.64-67 참조.
4) 바트 무어-길버트(이경원 역),『탈식민주의! 저항에서 유희로』, 2001, 서울: 한길사, pp.37-107; 로버트 영, J. C.(김택현 역),『포스트식민주의 또는 트리컨티넨탈리즘』, 2005, 서울: 박종철출판사, pp.334-337, pp.370-379 참조.
5) 이에 관해서는 박성원, "신자유주의 지구화와 세계교회의 대응: 세계교회의 구체적 대응양식과 활동

학의 최근 경향을 한국 성서 연구의 맥락에 적용할 때 주의할 점은 포스트식민주의 (postcolonialism)의 용어에 대한 번역의 문제와 연관된 反식민주의와 탈식민주의의 이중성에 대한 인식이라고 생각한다. 反식민주의는 식민주의의 경험을 가진 제 3 세계의 나라의 성서학자들이 성서에서 당시 로마 제국에 대해서 기독교가 대항하였던 경험을 찾으려는 경향이 강한 반면, 탈식민주의는 식민주의 경험을 하지 않았지만 로마 제국의 위계주의적 가부장제 문화를 비판하기 위해서 기독교가 제국을 비판하면서도 로마제국의 이데올로기를 무의식적으로 닮게 되었던 흔적들을 찾고자 하는 미묘한 비평을 추구한다.6)

미국에서 탈식민주의 성서 비평은 L. E. Donaldson ed. 1996, *Se 75: Postcolonialism and Scriptural Reading* (Atlanta: Scholars Press)에서 본격적으로 소개되었다. 이후 최근 탈식민주의 성서 비평과 맑시즘, 페미니즘, 인종주의의 상호 관계에 대한 쟁점들이 면밀하게 토론되었던『탈식민주의 성서 비평: 학제간 상호교차점들』[S. D. Moore & F. F. Sogovia ed. 2005, *Postcolonial Biblical Criticism: Interdisciplinary Intersections* (London: T&T Clark International)]이 나옴으로써 이 비평과 연관된 논점이 매우 확실하게 제시되었다. 특히 후자의 책은 제 1 세계의 서구 탈식민주의 비평이 한국과 같은 아시아의 맥락에 적용될 때 다음의 세 가지 논점과 해석학적 과제들을 제시하게 된다.

① 탈식민주의 비평은 그동안 정치적, 계급적 갈등을 축으로 형성된 계몽주의의 거대 담론의 국가 이데올로기 주제에서 벗어나서 성, 인종, 생태의 문화적 위치에 따르는 개인의 정체성과 대안 지구화 운동의 실천 연대의 문제와 연관된 지식과 생체 권력과의 상호 연관성을 성서의 탈식민/반식민 해방의 모티브에 의해서 새롭게 재해석할 필요가 있다. 특히 성서에 나타난 남성중심주의적/가부장제적 해석이 어떤 다른 식민주의적/제국주의적 억압적 조건과 상호 공모하여 억압의 기제를 성서 해석의 역사 속에서 재생산하고 있는지 탐구하는 탈식민주의적 페미니스트 비평을 주목해서 살펴볼 필요가 있다. 이를 위해서는 단순히 전통적인 역사비평 방법을 버리기 보다는 성서가 생산되었던 당시 헬라문화

을 중심으로 대안제시"와 이기호, "'신자유주의 지구화와 한국사회'-대안지구화 운동의 최근 흐름과 현황", [2006 기독교 사회포럼: 대회 간행물](2006년 4월 24-26일 개최), pp.21-52, pp.61-76 참조.
6) 탈식민주의가 "역사-정치적" 관점과 연관된 '이후'라는 연대기적 의미가 아니라 "비판적" 관점과 연관된 '탈피/초극'의 인식론적 의미가 중요하다는 점에 관해서는 C. Keller, 2004, "Introduction", *Postcolonial Theologies: Divinity and Empire*, ed. Catherine Keller & (Missouri: Chalice Press), pp.6-13 참조.

와 유대문화가 서로 접목된 기독교의 **혼종성**(hybridity: 바바의 용어)이 어떤 反식민/탈식민 대안지구화 기독교 사회운동을 위한 정체성과 연대성을 제시하게 되었는지 검토하는 보다 첨예한 역사 비평적 통찰을 새롭게 제시할 필요가 있다.7)

② 탈식민주의 비평은, 세계 경제 체제의 근원적인 모순인 계급 갈등을 해결하려 하였던 맑시즘(Marxism)의 과학적 분석 차원을 성서의 묵시문학적 해방적 모티브와 새롭게 접목함으로써, 미국 중심의 신자유주의 지구화의 금융자본주의(FTA 협상 등)에 의해서 강화되는 모든 빈부격차의 양극화를 해소할 수 있어야 할 것이다. 이를 위해서 이 비평은 현재의 신식민주의적 침략, 압제, 수탈, 배제의 억압적 조건을 맑시즘의 틀에 의해서 과학적으로 분석할 뿐만 아니라, 이를 성서 시대의 지평에 일어난 유비적 사건과 종말론적 비전을 동시에 상호 연결시켜서 현재의 모순을 극복할 수 있는 구체적인 탈식민 저항 전략을 형성할 수 있어야 할 것이다. 결국 탈식민주의 비평은 맑시즘(Marxism)을 완전히 버리기 보다는 이를 그람시(A. Gramsci), 푸코(M. Foucault)와 데리다(Derrida)의 해체주의나 라깡(J. Lacan)의 정신분석 등에 의해서 전화시킨 탈식민주의적 맑시즘을 보다 세련시켜서 성서의 역설적 종말론에 의한 혁명적 변혁의 역동적 비전과 연결시킬 필요가 있는 것이다.8) 이것은 탈식민주의 비평이 문화주의적 환원론에 빠지지 않고 현재의 신자유주의 지구화 자본주의 경제/정치 체제에 내재하는 거시적 차원(신자유주의 지구화의 정치경제적 조건)의 억압적 조건과 성, 인종, 생태의 지방적 차원의 갈등들을 동시에 창조적으로 극복되는 '제 3의 공간'(바바의 용어)을 분석함으로써 성서의 종말론에 근거한 대안지구화를 위한 기독교 공동체의 사회적 비전을 새롭게 제시할 수 있어야 할 것이다.

③ 탈식민주의 비평은 성적 차별성이나 민족성(ethnicity)과 종족성의 특수성의 문제를 너무 강조하느라 성서에 내재하는 일원론적 신론의 보편성의 문제를 역동적으로 연결시

---

7) Stephen Moore and F. F. Segovia, "Postcolonial Biblcial Criticism", & Laura E. Donaldson, "Gospel Hauntings: The Postcolonial Demons of New Testament", *Postcolonial Biblical Criticism*, pp.1-22, pp.97-113; 김덕기, "세례 요한 전승의 교차문화적·상호텍스트적 읽기",『정행업 명예총장 고희기념 논문집』, 2005, 서울: 한국장로교출판사, pp.363-405.

8) David Jobling &, "*The Postcolonial Bible*: Four Reviews", *Journal for the Study of The New Testament* 74 (June 1999), 113-121; Roland Boer, "Marx, Postcolonialism and the Bible"과 David Jobling, "Very Limited Ideological Options", *Postcolonial Biblical Criticism*, pp.166-201.

키지 못하고 있다. 이것은 탈식민주의 비평이 근대적 본질주의적 접근방식에 의한 진리의 보편성과 단일성 확립이 위계주의적 가부장주의나 인종차별주의를 가져왔기 때문에 이를 근원적으로 해체시키려는 최근 서구의 포스트모던 경향의 연구에 지나치게 영향을 받아서 일어난 일이다.9) 그래서 마가복음 연구에 있어서도 로마제국에 저항하였다는 것과 공모하였다는 것의 이분법에 매여 있었던 점을 넘어서 <u>탈식민주의 비평은 원시기독교 복음의 보편성과 성과 인종과 생태의 특수성의 상관관계에 관한 문제들에 대해서 새롭게 답변할 필요가 있다. 이것은 원시기독교의 '시간'과 관련된 아시아 역사의 기억의 문제, 원시기독교의 '공간'과 관련된 대안지구화 기독교 사회운동의 연대성의 문제, 그리고 평화와 생명에 기초한 대안지구화의 기독교 사회운동의 '방향'과 탈식민 저항 전략의 문제를 논의할 필요가 있다.</u>

필자는 위의 문제 제기에 답변하기 위해서 이미 한국적인 탈식민주의 비평과 의심의 해석학을 접목하는 '**심층 탈식민주의 비평**'을 제시한 바 있다. 탈근대성에 근거한 맑스/니체/프로이트의 '의심의 해석학'이 역사비평방법의 해방적 기능을 계승하면서도 그 한계를 극복하기 위해서 마련된 탈근대적 해석학이기 때문에 탈식민주의 성서 비평과 새롭게 만날 수 있는 토대를 제시한다고 생각한다. 그래서 필자는 이미 의심의 해석학에 기반한 새로운 성서해석학의 모델로서 '초해석과 징후적 독해'와 '사건의 해석학'을 제안하였을 뿐만 아니라 바울의 사유방식과 아시아 성서해석학과의 만남을 도모하기 위해서 심층 탈식민주의 비평적 독해 전략도 제안하였다.10) <u>중요한 점은 바로 성서 시대의 反식민 저항 운동과 기독교의 탈식민주의 전통 둘 다를, 우리가 서 있는 신자유주의 지구화에 의한</u>

---

9) Tat-siong Benny Liew, "Margins and (Cutting-) Edges", *Postcolonial Biblical Criticism*, pp.114-136, pp.136-140. 류는 특수성과 보편성의 상관관계에 관한 문제를 신약 성서학자들이 최근에 제기하는 **디아스포라적 정체성**의 문제 제기와 연관시킨다. 특히 류는 이를 보야린(D. Boyarin)의 논지의 중요성과 연관시켜 토론한다. 바울의 신학이 제기하는 이와 같이 유대교의 특수성과 스토이시즘의 보편성, 로마의 식민주의적 보편성과의 상관관계 문제의 복잡성에 관해서는 김덕기, "빌립보서에서의 신학과 윤리: 탈식민주의 비평에 근거해서", <신학과 문화> 제12호(2003), 대전: 대전신학대학 출판부, pp.136-178 참조.

10) 김덕기, 『예수 비유의 새로운 지평』, 2001, 천안: 다산글방, 김덕기, "'사건'의 해석학과 예수의 비유 언어", <기독교언어문화논집> 제8집(2005), 서울: 국제기독교언어문화연구원, pp.222-272; 바울의 이원론적 사유 방식에 대한 '심층 탈식민주의 비평'에 관해서는 김덕기, "바울 신학의 이원론적 사유 방식에 대한 탈식민주의 비평", <신학과 문화> 제1집(2006), 대전: 대전신학대학 출판부, pp.125-164 참조.

신제국주의 현실의 다양한 문제점들 – 빈부격차 심화, 無/低자본가의 배제, 생태계의 침식, 의식과 문화의 식민지화, 무한 욕망/무한성장/무한경쟁, 카지노 경제와 국민국가의 무력화 및 돈의 우상화 – 을 극복할 수 있도록, 상호 만나게 할 수 있는 새로운 해석학적 통찰이 필요하다는 것이다.[11]

> **보충 자료**
>
> ■ **포스트모더니티(postmodernity=탈근대성 또는 탈현대성),
> 포스트모더니즘, 포스트모던 (postmodern=탈현대)의 개념 정리** ■
>
> ❖ **참조 글:** Allan Megil. "What Does the Term "Postmodern" mean?". *Annals of Scholarship 6*. no. 2/3 (1980): 129-35. Linda Hutcheon. "Preface". *A Poetics of Postmodernism: History and Theory, Fiction* (New York: Routledge, 1988), ix-xiii; 이진우. "장 프랑수아 료타르 탈현대의 철학", 『포스트모더니즘과 포스트구조주의』, 1991, 서울: 현암사, pp.218-255; 김덕기. "예수의 말씀전승과 비유에 대한 윤리적-정치적 해석: 데리다, 푸코, 그리고 리꾀르의 사상에 의거한 방법론적 탐색", 〈신학논총〉 창간호(1995), 서울: 연세대 신과대학 부설 한국기독교문화연구소, pp.59-92; Hal Foster ed., 1983, "Postmodernism: A Preface", *The Anti-Aesthetic* (Port Twonsend, Whash: Bay Press); 안드레아스 후이센(정정호, 강내희 편), "포스트모더니즘의 위상 정립을 위해", 『포스트모더니즘론』, 1989, 서울: 터 출판사, pp.263-331.
>
> **포스트모더니티**는 보통 특정한 역사적 시기의 시대 흐름이나 적어도 역사적으로 태동한 문화/사회 운동을 의미한다. 이 용어는 예술가들이나 지식인들을 넘어서 예를 들면 후기 자본주의나 소비사회, 정보사회 등의 더 넓은 사회질서, 즉 경제-사회-정치적 그리고 지적 조건들의 맥락이나 역사적 역동성의 복잡한 모체(matrix)를 지칭하는데 사용된다. 반면, **포스트모더니즘**은 보통 예술가들이나 지식인들이 어떤 기준들과 이념들에 의해서 수행하는 문화적 활동과 그 결과물을 지칭하는 데 사용된다. 특히 문화/예술 분야에서 위의 포스트모더니티의 맥락 안에서 전개되어 온 보다 특정하고 자기 의식적인 운동을 나타내며, 특정한 문화적 태도, 예술적 스타일, 지적 접근 방식을 통괄하는 하나의 문화운동을 의미한다.
>
> 또한 **모더니즘**과 **포스트모더니즘**을 구분하는 가장 중요한 기준은 계몽주의 전통, 특히 임마누엘 칸트(Immanuel Kant)의 철학에 대한 평가이다. 보통 미학/예술, 사회/미디어, 철학/신학의 세 가지 분야에서 '포스트모더니즘'(postmodernism)이란 용어가 약간 다른 의미로 사용된다. 철학/신학 분야에서는 근대 철학의 인식론적/존재론적 근거를 비판한다는 의미에서 탈근대성으로 번역되는 경향이 많고, 미학/예술에서는 탈근대성, 탈현대성, 포스트모더니즘 등 다양하게 맥락와 뉘앙스에 따라 달리 번역되거나 사용되는 반면, 사회/미디어 분야에서는 포스트모더니즘이 주로 사용되거나 드물게 탈현대성이라고 번역되기도 한다. 그러나 위의 세 가지

---

11) 이러한 신자유주의 지구화의 폐해에 관해서는 박성원, "신자유주의 지구화", 2006, pp.22-27 참조.

분야의 문제 영역들은 모두 칸트의 철학적 기획과 특별한 관련성을 갖고 있다. 미학/예술의 영역에서는, 특히 건축과 문학 분야에서 이 용어가 1975-81년에 드물게 사용되다가 1983년부터 널리 사용되었다. 특히 칸트가 그의 글, <판단력 비판>(1790)에서 예술과 현실을 날카롭게 구분한 점을 비판하다. 사회/미디어 분야에서는, 이 용어가 1975-1981년에 드물게 사용되다가 1985년 이후부터 널리 사용되었다. 특히 료타르(Jean-Francois Lyortard)의 『포스트모던 조건』(1979)이라는 책에서 칸트의 <기관들의 갈등>(1798)의 글에 근거하여 가장 잘 발달된 사회에서의 지식의 조건을 탐구하면서 이 분야에 포스트모더니즘의 이론적 근거를 마련하였다. 철학/신학 분야에서는, 이 용어가 1983년부터 널리 사용되었었다. 특히 칸트의 인식론적 전제를 비판한 니이체(F. Nietzche), 하이데거(M. Heidegger), 칼 바르뜨(K. Barth)의 포스트모던 비판을 계승한다. 여기에서는 칸트의 <순수이성비판>(1781)의 인식론적 근거를 비판한다.

포스트모더니티와 **모더니티**와의 철학적 논쟁의 최근의 양상은 위르겐 하버마스(Jürgen Habermas)의 "현대성: 미완성의 기도"(1981)의 글에 의해서 시작되었다. 이글에서 하버마스는 미학적 현대성이 사회실천에 실패한 점을 비판한다. 그는 성스러움의 구속에서 벗어나 세속적이고 제도화된 과학과 도덕과 예술의 세 가지 공공사회의 영역에서 인지적-도덕적 합리성, 도덕적-실천적 합리성, 미학적-표현적 합리성이 자율적인 기준으로 자리매김하였던 미완성된 현대성의 기획이 의사소통적 이성에 의해서 일상 사회생활의 모든 영역에까지 적용되어 완수되어야 한다고 주장하였다. 이에 대해서 료따르가 "질문에 답하여: 포스트근대성이란 무엇인가?"(1982)라는 제목하에 답변을 시도하였다. 그는 『포스트모던 조건』(1979)에서 이미 총체성에 대한 향수로서의 현대성은 가고 19-20세계의 유럽의 폭력의 역사에 의해 끝장이 났다고 주장했다. 그는 세계 역사를 해벙(불란서 혁명)이나 관념론(칸트나 헤겔)의 관념론, 또는 이 둘 다(맑시즘)의 이상과 이념 아래 총체화시키는 거대 서사를 거절하였다. 그는 현대 사회생활을 각기 영역의 문화적 제요소와 연합하려 하는 현대성의 기획을 현대 다원사회에 부적합하다고 거절한다. 그는 모더니즘에서 제기된 아름다움의 미학 대신에 표현될 수 없는 것을 표현하는 '숭고미'의 미학과 비트겐슈타인(L. Wittgenstein)의 언어의 다원성과 차이, 배리의 논리를 그 대안으로서 제안한다.

포스트모던 특성으로는 보통 모던 특성에 대한 비판적 의미를 담고 있다. 데리다(Jacques Derrida)와 푸코(Michel Foucault)에 의하면, 포스트모던 특성들은 다음과 같은 관점을 유지한다. 1) 실재관: 본문과 현실, 인식과 실재 사이에 진리를 재현할 수 있다는 인식론적 전제에 대하여 비판적 견해를 유지한다. 이러한 입장을 토대로, 이성중심주의(logocentricism)에 근거를 두고 본문의 '미학적인'(aesthetic)특성과 '비미학적'(non-aesthetic) 특성들, 그리고 '철학적' 또는 '역사적' 측면과 '문화적 측면'을 날카롭게 이분하는 현전의 형이상학과 이에 근거한 사고 체계를 비판한다. 2) 역사관: 그들은 역사를 선적으로 진보한다고 보려는 '역사주의'의 역사관을 비판한다. 즉 역사가 과학적 지식의 축적에 의해 진보해 갈 것이라는 역사 나관주의를 비판한다. 3) 인간관: 인간에게 보편적 본질을 부여한 인간 중심적 인간관을 비판한다. 4) 사회관: 총체적, 남성중심적, 위계적 사회관이 사회제도와 현대성의 합리성, 권력과의 관계 속에 암시된 것을 폭로하여 비판한다.

위의 비판적 관점과 달리, 료타르는 포스트모던을 시기 구분의 문제라기보다 특정한 태도나 정서, 정신적 상태나 견해의 문제로 제시한다. 그에 의하면, 포스트모던은 모던과의 단절만이 아니라 과거의 모더니즘의 특색을 다시 쓰면서 망각된 과거를 회상하고 반복함으로써 현재의 위기와 모순을 이해하고 탈각시켜서 미래의 새로움을 미리 추구하는 것이다. 포스트모던의 긍정적 특성으로는 1) 합리성의 거대서사의 폭력성을 거절하고 일상성의 소서사와 언어유희를 통해서 배리(paralogy)를 추구함, 2) 주체의 해체와 재구성, 타자의 회복, 3) 차이와 반이성을 통해 불일치론을 정당화하는 서술적 지식의 추구, 4) '아름다움'의 미학으로부터 '숭고함'의 미학에로의 전환을 제시한다.

미국에서의 포스트모더니즘은 1973년 다니엘 벨(Daniel Bell)의 후기산업사회(1973)의 책에 의하면, 벨이 미국의 새로운 경제-사회-문화적 조건을 소비자 사회, 대중매체 사회, 정보사회로 명명하면서 포스트모더니티의 상황으로 진입하게 되었다. 특히 경제적 관점에서는, 포스트모더니즘은 독점 혹은 시장자본주의 단계(1870-1910)에서의 문화적 우세종이 사실주의(Realism)이고, 제국주의 단계(1910-1945)에서의 문화적 우세종이 모더니즘인 것처럼 다국적 자본주의(1973-)의 문화적 우세종으로서 이해된다. 그러나 미국에서의 포스트모더니즘은 이미 1950년 중반-1973년까지 하나의 전위 운동으로서 시작하였고, 문학 분야에서 50년대 후반에 포스트모더니즘의 용어가 처음 사용되면서 어빙 하우(Irving Howe)와 해리 레빈(Harry Levin), 이합 핫산(Ihab Hassan), 레스리 피들러(Leslie Fidler)가 포스트모더니즘의 논의를 제기하였다. 안드레아스 후이센(Andreas Huyssen)에 의하면, 이 초기의 포스트모더니즘은 유럽의 아방가르드 운동(The Avant-garde)과 다음의 네 가지 점에서 유사한 특징을 갖고 있었다. 우선 미국에서의 초기 포스트모더니즘은 유럽의 다다(Dada)와 초현실주의(Surrealism) 등의 20세기 초 아방가르드 운동처럼 미래와 새로운 변경들을 실험하면서 전통과의 급격한 단절과 파열을 주장한다는 점에서 공통성을 갖고 있었다. 특히 이러한 전위운동의 성격을 부각시킨 마르셀 뒤샹(Marcel Duchamp)과 앤디 왈홀(Andy Warhol)에 의해서 주도되었고, 후에 미국의 민권운동, 반전운동, 반문화운동의 형태로 발전되었다. 두 번째로, 50년대 미술관, 화랑, 음악회 등의 제도권 예술에 대한 우상파괴적 공격을 감행하였다. 19세기의 유미주의와 고급예술처럼 생활과 예술이 유리한 점을 신랄히 비판하고 예술과 삶을 재통합하려는 팝 아방가르드 운동으로 발전되었다. 세 번째로, 1920년대 유럽의 아방가르드의 기계와 기술에 대한 낙관론을 공유하고 있었다. 특히, 맥루한(H. Mrshall McLuhan)이나 핫산이 후기산업사회의 자기도취적 비전과 과학기술과 인공두뇌학적 모형에 대해 낙관적 입장을 제시하였다. 네 번째로, 매체들에 대한 열광과 대중주의적 경향의 반문화 운동의 성격을 갖고 있었다. 특히 엘리트주의와 유럽중심주의를 비판하고 유럽과 미국의 중산층 이상의 고급문화에 대한 소수민족문화를 포괄하는 저급문화의 저항의식을 담고 있었다. 대표적인 예로서는 피들러(L. Fidler)의 대중주의와 로큰롤(Rock'n Roll), '백인 이후에', '남성들 이후에', '인본주의 시대 이후에', '청교도 이후에'라는 평론들이다. 특히 근대화의 이데올로기와 근대 예술의 목적론을 비판하였다. 위의 네 가지 특성을 고려해볼 때, 미국의 60년대의 초기 포스트모더니즘은 19세기 후반기와 20세기 초의 파리, 1920년대의 모스크바와 베를린, 1940년대의 뉴욕의 아방가르디즘의 성격과 유사하다는 점에서 미국적 아방가르드이면서 국제적 아방가르디즘의 마지막 한판이라고 간주될 수 있다.

위의 미국에서의 포스트모더니즘의 복합적인 성격으로 인해 포스터(H. Foster)는 그의 글, "Postmodernism: A Preface", The Anti-Aesthetic에서 포스트모더니즘을 두 가지로 나누어서 비판적인 관점에서 생각해 볼 것을 제안한다. '반동적 포스트모더니즘'(postmodernism of reaction)은 복합성과 진지한 대면을 회피하고 주어진 공동체 안에서 어떤 차이가 있는가 살펴보고 사회적·정치적 현실을 도피한다. 모더니티에 대해 거부하지만 현상 유지를 찬미할 뿐이며 현대의 소비사회의 명령에 영합한다. '저항적 포스트모더니즘'(Postmodernism of resistance)은 단편적이고 독특한 내용들로부터 통찰을 얻어 권력의 중심, 지배적인 사유유형에 적극적으로 비판하고, 텍스트를 읽는 주체가 단수가 아니라 복수이며 여러 겹의 의미들, 다양성을 숙고하며 지배적, 응집된 전체라는 관점을 가지는 사유 유형에 저항한다. 모더니티와 현상 유지 모두를 거부하며 모더니즘과 포스트모더니즘의 그릇된 규범성에 대한 대안을 제시하려 한다.

보론 2

푸코의 권력 담론 이론의 바울서신 적용
- 카스텔리(A. Castelli)의 *Immitating Paul* (Louisville: Westeminster John Konx press)(『바울 모방하기』)에 대한 내용 요약 -

■ 헬레니즘 시대의 미메시드(모방)의 의미(16)
  1. 위계적 관계: 복사물은 모델의 파생물이고 모델의 특권적 지위에 도달할 수 없다.
  2. 차이에 대한 같음의 가치화: 통일성과 조화는 같음에 연관되는 반면 차이는 들뜸, 무질서, 불일치에 덧붙이는 특성들이다.
  3. 권위: 모델의 권의의 의미는 모방적 관계에서 근본적인 역할을 담당한다.

■ 푸코(Michel Foucault)의 권력/지식이해의 중요성(35)
  1. 신약 연구는 권력의 수사학의 사회적 효과를 연구하지 않았다.
  2. 이것은 (성서적이나 해석적) 담론의 이데올로기적 효과를 조사하지 않는 것과 바울의 담론과 이것과 초기 기독교의 담론과의 관계 그리고 이것과 히브리 성서와의 관계들에 대한 어떤 신학적 전제들에서 비롯되었다.

■ 카스텔리 연구의 전제(35-36)
  1. 초기 기독교의 실천들과 담론들은 역사의 어떤 다른 시점에서의 다른 사회적 형성과 구조적으로 반대되게 독특하지 않다.
  2. 이것은 차이를 무시하는 것이 아니라 기독교에 대해서 특권적 진리를 부여하는 신

학적 주장이나, 기독교의 기원에다 진리에 대한 특수하게 원천적인 형태를 발견하려는 관심에 대해서 도전하는 것이다.

3. 바울의 입장과 관점에 특권을 부여하지 않을 것이다. 이러한 특권은 바울이 부여했다기 보다 그 이후의 전승이 이러한 특권을 재기입했다. 이러한 주장은 신학적 합리화나 다른 수단에 의해서 합리화 되는지 아닌지 그 자체로 어떤 사회적 함의가 있는 것은 아니다.

4. 바울에게 초점을 두는 이유는 그가 태동하는 기독교 공동체에 대해서 특권화된 화자의 입장을 갖고 있기 때문이다.

5. 여기에서 사회적 구성 과정에 관한 전반적인 모델을 제시하려는 것이 아니라, 일련의 이상적인 사회적 관계들을 옹호하는 초기 기독교 담론의 특수한 모범적 예를 재기술하고 재해석하려 할 뿐이다.

6. 이러한 재기술과 재해석의 시도는 담론과 사회적 교환과의 관계, 텍스트의 수사학적 특성, 그리고 수사학의 사회적/정치적 효과에 대한 일련의 전제들에 기반한다.

■ 푸코의 사목적 권력 이해를 적용할 수 있는 바울서신의 주제들(45-46, 48-49)

1. 권위있는 담론의 아이디어: 그의 편지가 그의 부재를 대표하는 사도 바울의 권위있는 문서로 이해되는 "주의 말씀", 순교를 죽음으로 그리고 증언으로 그리고 승리(억압이 고양이 되는 관례적인 권력 관계들의 반전)로, 권력과 진리에 대한 기독교적 주장의 진실을 재개술하는 2부상하는 기관들과 실천에 관한 하나님의 말씀.

2. 신약에서는 우주적(주술적, 신들림, 귀신들린 것을 물리침, 치유), 사회적(공동체의 실존에 대해서 말하고 명령할 수 있는 권위에 과대망상하는 것에 연관된) 권력과 그 전개가 주된 화제이다.

3. (48) 푸코가 사회적 필요들에 봉사할 수 있도록 사회적 삶을 기관으로 조직하는 것 자체가 권력의 전략이라고 반복해서 제시하는 바와 같이, 푸코에게서 우리는 사회적 형태들과 그것들과 수반되는 진리주장들의 '당연시'에 대해서 건강한 의심을 할 수 있게 된다. 초기 기독교의 부상하는 기관 즉, 가족의 모델에 근거한 교회는 같음과 다름의 언어와 연루되는 데, 이것은 권력의 회람에 대한 초기 기독교의 이해에 대해

서 그들이 말한 것에 대해서 심문되어야 한다. 그것들은 불가피하고, 실용적이고, 자체-확증적인 것으로 설명되기 보다는 서구 문화에서 권력 관계들이 전개되는 주된 차원에 대해서 무엇을 말하고 있는지 탐구되어야 할 것이다. 이러한 권력 관계들이 기독교 서구가 자체 확증적이거나 명백한 것으로 계속 주장된다는 것은 기독교적 담론이 권력의 특수한 해석들을 유지하는 경향을 증언하는 것이다.

4. (49) 초기 기독교는 부상하는 진리의 정부로서 생각될지도 모른다. 진리의 이러한 정부는 몸을 가꾸고 인구를 지시하고 자기 정체적 진리의 담론을 통해서 합리화하는 실천들과 함께, 지배하는 실천의 모형을 지나서 자신들의 보편적 지위를 확신하면서 점점 더 근원적인 믿음의 모체에로 나아가게 되었다. 누가 말하고 누가 말하지 않는 가에 대한 초기 기독교의 주된 문제가 이 과정 중에 한 부분이다. 어떤 점에서는 말해진 것은 누가 말하느냐 보다 더 중요하지 않을 때가 있다고 푸코가 우리에게 상기시킨 적이 있다.

5. 여러 개의 자료들이 신약성서라고 불리는 한 책으로 편집되는 과정에서 우리는 명백한 권력의 전략을 보게 된다. 신약성서라고 불리는 텍스트들이 편집되고 도표화되는 과정에 의해서 누가 말하고 누가 말하지 말아야하는지의 문제가 해결된다.

■ 푸코의 권력분석학을 헬레니즘-로마 역사에 적용하는 것의 정당성과 주의점(46)

1. 바울서신은 사회적 형성과 사회질서의 문제를 다룬다. 또한 이 문서들은 그룹의 경계선을 정하고 몸의 훈련이나 권력관계와 권위의 문제와 같은 그룹 자체 안에 질서를 유지하는 것에 관심이 있다.

2. 바울서신에서는 **정상화 과정**이 논의되고, 담론이 정상화를 **합리화되기** 위해서 어떻게 전개되는지 보여준다. 이것은 푸코가 묘사하는 일반적인 패턴을 따른다.

3. 푸코의 방법들은 현대의 집중된 사회에서 권력의 특수한 기술들이 탐지되는데 사용되지만 권력의 특수한 기술들은 **자기-확신에 대한 주장과 진리에 대한 주장**과도 관련된다. 바울의 담론들도 초기 공동체에서 권력관계를 구성하는 바울서신들에서도 진리에 대한 주장들에 의해서 합리화되었다.

4. 푸코의 영향력은 문자적 의미의 영향이라기 보다는 아이러닉한 영향으로 이해되어

야 한다. 그의 공헌은 해석의 제스츄어의 모양을 조명하는 비판적 관점으로 특성화되어야 한다.

■ 권력의 분석학(50)

1. 차별화의 체계: <u>위계적 관계가</u> 어떻게 개인이나 그룹에게 복종적 자세에 영향을 주는지 검토한다. 여기에서는 '자기'와 '타자'를 창조하는 <u>근본적인 차이의 이데올로기</u>와 그 사회적 체계가 작동할 수 있게 하는 <u>다른 반대들을</u> 찾아내는 것이다.

2. 목표들의 유형들: 타자들의 행동들에 영향을 주는 <u>사람들이 지니고 있는 목표들의 유형들이</u> 나열되어야 한다. 사람들은 <u>욕망의 언어를 사용하거나, 권력 관계들을 투쟁을 통해 생산되는 갈등하는 욕망들로</u> 특성화한다.

3. 이러한 관계들을 생산하는 수단들: 사회적 구조들과 네트워크들은 <u>욕망들이 충족되거나 갈등하게 되는 가능성들을</u> 제공하고 권력관계들 안에 매개자들을 서로 연관시킨다.

4. 권력의 제도화의 양식들: 권력은 이것이 집중화되고, 정의되고 전개되는 구조들, <u>제도들을</u> 통하여 움직인다. 푸코는 감옥, 병원과 같은 제도들을 분석하였지만 신약성서를 위해서는 교회, 에클레시아를 분석하게 된다. 교회는 <u>통일된 기관으로 존재하지 않고,</u> 통일된 기관으로서의 이미지는 신약성서 안에서는 하나의 도래하는 이상으로서만 존재했다.

5. 합리화의 정도: 권력관계들이 명시적이고 자연스러워지는 과정은 권력관계에서 매우 중요하다. 권력 관계들이 보다 포괄적인 진리를 재현하는 것으로 담론형성 방식으로 합리화될 때 <u>권력과 지식의 관계가</u> 드러난다.

보론 3

바울의 사상의 구조론적 해석과 알튀세르의 구조주의 맑시즘*

1. 바울의 신학의 구조론적 이해와 로마서의 징후적 독해

1) 브레통(Stanislas Breton)의 바울 신학 이해: Stanislas Breton. 1988. *Saint Paul* (Paris: Universitaires de France).

1. 철학적 통일: 유대적 성서해석, 헬라적 우주론, 로마 교회조직론을 그리스도는 메시아다라는 정언적 명제로 통일 시켰다.
2. 유물론: 그리스도의 수난을 통해 우상파괴
3. 우발성: 카이로스(kairos) – 호기에 그리스도가 탄생했다.
4. 역사변증법: 유대묵시문학을 지혜문학을 통해서 재해석 하여 역사 이해를 전화.

2) 로마서의 징후적 독해의 방법과 적용의 예

A. 접근방법

1. 바울은 이전의 문서의 문자를 변경시킨 것이 아니라 사유 구조를 변경시켰다고 보아야 한다.
2. 바울 자신이 말하지는 않았을지라도 그의 '사유구조'의 형태를 살펴봄으로써 무의식적 행동과 말의 패턴을 오늘날 언어로 구사해 볼 필요가 있다.
3. 사유되지 않는 것들을 사유해야 할 것이다. 그래서 사유구조의 순서는 실제 편지의 순서와 다르다.
4. 징후적 독해를 통해서 가시적인 것/비가시적인 것이 관련짓는 관계를 찾아야 한다.
5. 독자와 텍스트는 전이구조에 의한 치료자와 환자와의 관계이다.
6. 무(틈새와 침묵)는 '정의'의 역설적 구조를 형성해서 신학적 차원을 드러낸다.

B. 적용의 예

1. 바울은 편지의 형태로 자신의 신학을 실천적 지혜로 전환하였다. 이때 그는 그가 받은 당시의 종교사적 영향 하에 자신도 모르는 사이에 그 사유틀을 사용하였다.

---

*이 보론 3은 특히 제Ⅰ장 1, 2, 3번째 글들과 제Ⅲ장 3번째 글을 이해하기 위한 것이다.

2. 바울은 '그리스도가 다시 온다'는 우발적 호기(Kairos)를 설정하여 묵시문학의 역사이해를(변증법) 변경시킴으로써, 유대적 금욕적 훈련(askesis)을 견유학파를 통해서(실천론), 유대교 시간구조를 지혜문학의 시간이해를 통해서(인식론) 변경시켰다.
3. 바울의 신학이 '신학과학'이라면 예수는 '종교과학'이라고 할 수 있다. 예수의 비유와 바울의 수사학은 보편성보다는 차이성을 분석할 수 있는 '묘사적', '한계적', '실천적' 특성을 갖고 있다라고 할 수 있다.

C. 바울의 전기의 연대[Wayne Meeks, 1972, *The Writings of St. Paul* (New York: Norton)]와 맑스의 단절 연대

51: 데전, 안디옥에서의 갈등.
54: 갈라디아서
55: 고전
56: 고후
56(62): 빌립보서 1b-4:1(에베소서), 빌레몬(에베소서).
57: 로마서
62: 빌 1:1-3:1a와 빌 4:1-4:23(로마), 빌레몬(로마)

맑스의 단절 1(1845): 〈독일이데올로기〉, 〈포이엘바흐〉, 〈철학의 빈곤〉.
단절 2(18[57]-59): Groundrisse, 〈정경학사〉, 〈서문(인식론)〉
단절 3(1865): 〈자본론〉

D. 바울서신들에 알튀세르(Louis Althusser)의 구조 개념 적용 사례
① 편지들의 분석
• 인식론적 단절(1):
  1. 데살로니가전서: 묵시문학의 역사이해(변증법)를 변경함: 목적론과 결정론 비판.
• 인식론적 단절(2):
  2. 갈라디아서: 투쟁의 역사적 경험(안디옥 사건) 이후에 '믿음으로 의롭다' 원리 제안, 영/육의 이원론에 의한 토픽 형성과 계급투쟁—**주체형성 양식** 제안
  3. 빌레몬: **지배양식** 제안.
  4. 고린도전서: **사회적 실천생성양식** 제안
     ⅰ) 4-5장 영/육 이원론을 적용하여 지혜문학의 인식론을 변경시킴.
     ⅱ) 영/육의 이원론은 맑스의 당파성=인식론에 비추어 보면 인식론이다. 반복은 계급투쟁을 불러일으킨다.
     ⅲ) 몸의 존재론 이해(무한의 개념 형성)를 통한 교통의 공동체관(고진의 사회) 형성
  5. 고린도후서: 자기반성, **존재양식**.
  6. 빌립보서: **네트워크 구성양식** 제안
     ⅰ) 개인적 투쟁: 1:28-30, ⅱ) 자족의 비결(autarkeia)(1:8-13), ⅲ) 달리기.
• 인식론적 단절(3):
  7. ⅰ) 로마서: 1-3장 — 가치형태론:
        율법/죄의 행위=등가가치/상대적 가치(?), (=화폐/상품)
        모든 사람이 죄를 지음(사회화된 노동): 생산 관계에서 유기적 전체 속에 들어감.
        유대인(교환자) 죄(상품) 율법을 어김(화폐)
     ⅱ) 3-4장 1. 의로움 — 사회적 생산 관계 — [계시]-생산품 소유

        2. 구원=윤리 중층결정[구속]
        3. 구원-인간-자연[창조]-자연 소유
   iii) 4-6장: 의인론과 윤리: 죄의 잉여가치론 형성 – **절합적 배치 양식**
        생산관계의 요소들: 노동력, 직접적 노동자, 감독자, 생산의 대상, 생산수단, 소유관련, 전유관련.
        노동과정: 물질적 조건에 근거 노동수단에 의해서 노동자가 생산품을 만듬.
        노동행위: 믿음의 행위/율법의 행위: 그리스도와 유대교
        하나님=인간의 관계(하나님이 의롭게 함: 종교적 생산관계)가 인간=자연(생산자의 노동과정),
        인간=인간의 두 관계들(사회적 생산관계)을 결정한다.
        소유관련: 소유와 양도
          계시 – 생산수단/생산품/노동=그리스도/신앙적 가치/신앙의 행위
        전유관련: 사용과 관리
        노동자의 노동력 사용(창조)과 자본가의 노동력 관리(구속)
        역사: 인식론
      5장 – 아담 – – – 범죄 – – – 가치: 양 – 죽음
            예수 – 범죄하지 않음 – 사용가치: 질 – 생명
   iv) 7장: **존재양식** – 바울 → 죄가 거함(잉여가치) – 내 안에 행함/하지 못하는 것(임금)
        8장: 영/육: 프로레타리아 계급/자본가 계급 – 성령/자연 – 계급투쟁.
    v) 9장: **주체형성양식** 재구성

② 바울의 사상 탐구를 위한 질문
   1. 대상은 무엇이었는가? 의식의 형태는?(은유, 한계개념)
   2. 대상의 위치와 그 위치를 지정하는 개념이나 작용하는 조건은 무엇인가?
   3. 대상을 변경하는 방식은?
   4. 대상을 인식하는 인식론은?
   5. 변증법은? 전위/응축/과잉결정은?
   6. 치료행위, 치료기술, 이론은?
   7. 토픽(topic)과 장치는?

③ 알튀세르의 '대상'과 모순, 프락시스 등의 개념들 적용
   1. 대상의 한계 외연, 조건들, 형태들, 효과들 – 대상이 작용하기 위한 요건들을 정식화하고, 사고 외부에 이미 존재하는 대상에 대한 인식 형태를 생산.
   2. 로마서 7장에서 죄를 인식하기 위해서는 행동의 모순을 고백해야 한다.
   3. 데전의 포이에시스는 맑스의 프락시스이다.
   4. 프로이드-맑스와 비슷한 점
     i) 죄는 의식 밖에 있는 세력이다. 욕동=잉여가치=죄의 자기증식, 환상=이데올로기=율법을 통한 완벽추구, 과잉결정=중층결정=구원/윤리의 관계로 의로와짐이 대응한다.
     ii) 죄/죄들=구조/효과.
    iii) 미메시스(창조적 닮음)-데전/신비적 연합-롬 3-6, 의로움/온전함=전위/응축(프로이트)=틈/결합(알튀세르의 마르크스)
    iv) 자립(데살, 빌)과 공동체 유지를 위한 거룩(고전)
     v) 서신들 자체의 모순-보살핌/서신의 내용-과학
    vi) 모든 사람이 죄를 지었다. (죄의 행동/ 율법=상대적 가치/등가가치)

④ 로마서의 범론(Topics)
보편적 절대는 없다 ↔ 보편적 절대(죄)가 있다(?).

바울	알튀세르
상층: 죄의 효과들 – 죄의 행동들.	경제의 효과들 – 이데올로기, 정치적 실천양식
하층: 율법/죄/죽음.	생산력과 생산관계-생산-소비-유통.
근본모순: 주 ↔ 죄.	자본 ↔ 임노동(상품 ↔ 화폐)
인식론 비판: 율법의 행위/불이행	인식론: 이념/왜곡과 이데올로기
→ 실천론: 신앙/이행.	→ 실천론: 변증법적, 사적 유물론/계급투쟁.

분석방법:
1. 비판적 – 유대교 비판[종교사, 역사비평]   실천적 이론 설정.
2. 징후적 독해 – 아브라함 전승[구조론적 비평]   사적 유물론의 문제틀.
3. 구성적 – 죄, 주/죄의 근본모순 설정[주제비평]   대상의 재개념화

바울의 로마서와 맑스의 『자본론』의 비교

1. 모든 죄인이 죄를 지었다.   상품의 물신숭배
   유대인, 기독교인 – 하나님 ← 모든 사람 – 하나님   물의 관계 ← 사회적 관계
2. 잉여죄=보통의 죄+죄의 생산성(율법의 죄성)   잉여가치=평균이윤+생산비
   -자기의 독자적 죄   -재생산 비용
3. 생산양식: 의인론 – 믿음/의인   생산양식론-생산력/생산관계
4. 사회구성체론: 세례   계급: 주/죄   사구체론/계급투쟁론
   중층결정: 율법 ← 죄 – 사망   중층결정: 정치-경제
5. 죄의 행위 – 나(단독성)=죄 – 인간(보편성)   매매=생산/유통 체제
6. 9-11장: 유대인과 기독교인의 화해   산업자본주의와 상업자본주의의 공통성

* 특징
a) 묵시문학적 구원사의 읽기   자본의 서술의 추상 → 구체
b) 묵시문학의 변형 → 토픽론   자본과 노동, 화폐와 상품의 모순의 의미
        2, 3, 4는 죄의 구조적 설명
        5, 6은 죄의 객관화/실체화

바울의 의인론과 발리바르(E. Balibar)의 생산양식의 구조
맑스: 소유관련 – 경제: 생산수단/생산물/노동의 소유, 법: 계약법(노동력은 상품이다).
     전유관련 – 경제: 조직화, 노동법: 고용계약법 – 단순노동의 가치에 의해서 결정.

        노동자   생산수단 비노동자   소유관련(경제: 법-사회) 전유관련(경제: 법-사회)
기독교: 인간   복음   기독교인   신앙: 행위-복음서, 신학. 교회:신앙/구원론-세례
유대교: 이방인 율법   유대인
        바울의 의인론 믿음(사실판단): 소유관련(?) → 행동(가치판단): 전유관련(?)
                생산력   생산관계

2. 알튀세르의 구조주의[그레고리 엘리어트의 『알튀세르: 이론의 우회』, 1992, 서울: 새길]

1) 비범한 구조주의(274-286)

① 칼리니코스(A. Callinicos)에 의하면, 알튀세르의 자본론의 독해는 "자본주의의 구조를 표상(Darstellung) - 구조적 인과성의 한 지표-의 구조로 환원하고 있다." 표상이라는 개념을 "맑스주의 가치론 전체의 핵심적인 인식론적 개념"이다.

② 듀스(Dews)에 의하면, 알튀세르주의자들은 두 개의 전선을 비판했다. 1) 역사의 파악가능성에 대한 고유한 변증법적 형태를 역사가 갖고 있다고 보는 현상학적 가정, 2) 구조적 파악 가능성은 역사의 특징이 아니라고 보는 레비-스트로스(Leui-Strauss)적 가정.

③ 특히 알튀세르는 레비-스트로스의 역사 이해를 다음과 같이 비판한다.
1) "통시성이 연쇄적 사건들이고, 그리고 이 연쇄적인 사건들이 공시적 사건의 구조에 미치는 결과들로 환원된다. 이에 따라 역사적인 것은 예측하지 못한 것, 우발적인 것, 사실상 유례없는 것, 순전히 우발적 이유들로 인해 조만간 발생하거나 소멸하는 것이 되고 만다." 2) 레비-스트로스의 공시성 개념은 역사적 시간이라는 헤겔적 개념에 입각한 변종이다.

④ 알튀세르가 정교화시킨 이론은 1) 역사주의로의 환원, 2) 구조주의로의 접근을 피하고, 3) 절충적인 상호작용론이나 역사기술에서 지배적이라고 추측되는 "경험주의적 이데올로기"에 함몰되지 않는 이론이다.

⑤ 알튀세르의 정치적 함의는 그의 제자 랑시에르(J. Rancier, 1940-)에 의하면 프랑스 공산당의 정치적 전망에 대한 좌익적 비판을 수반했다는 것이다. 알튀세르는 이데올로기적으로 예속된 세계에서 자유의 요새인 이론의 필요성과 자율성을 주장하는 것이었다. 그는 1) 이론과 실천의 괴리를 주장하는 관념론과 2) 이론을 '정치의 종복'으로 다루는 실용주의를 벗어나려 했다. 이것을 위해서 그는 과학과 이데올로기를 구별하려 했다.

2) 구조적 인과성(234-249)

알튀세르는 맑스주의적 범론에 의한 사회구성체를 다음과 같이 구분하였다.

(1) 하부구조 - 경제적 수준 혹은 심급으로서, 생산력의 지배하에서 이루어지는 생산관계와 생산력을 통일로 간주되고 있다.

(2) 상부구조 - 계급사회의 법적-정치적 및 이데올로기적 수준들 혹은 심급들을 뜻한다. 경제적, 정치적, 이데올로기적 및 이론적 실천이었다. '사회적 실천'은 "하나의 한정된 사회에 존재하는 여러 실천들의 복합적 통일'로 이루어져있다. 이 실천들 각각이 독자적인 것은, 그 구조가 아니라 그 내용인 실천의 개별적 대상, 생산수단, 생산물에 관련해서 그러하다. 여기에서 i) 정치적 실천은 사회관계들을 새로운 사회관계들로 전환시키는 실천이라고 정의된다. ii) 이데올로기적 실천은 그 대상인 인간의 의식을 전환시키는 것이다.

① 맑스주의적 전체는 1) 심급의 복수성을 구성하는 구조들의 구조이고, 2) 이 심급들은 서로 상대적으로 자율적이고 자체의 특수한 효과성을 부여받고 있으며, 3) '고유한 시간 및 역사'를 갖고 있다.

② 이것은 헤겔의 표현적 총체성을 비판한다. 표현적 총체성은 1) 그 총체성의 구체적인 차이점들이 그 총체성의 내적 원리에 의해 부정된다. 2) 그 차이점들은 그 원리의 수많은 계기들 중의 하나에 불과하다. 3) 그 부분들이 서로를, 그리고 그 총체의 단순한 본질을 표현하는 총체성이다.

③ 한 사회의 구성체는 세 가지 지역적 구조들, 즉, 정치적, 이데올로기적, 경제적 심급들로 구성된 전체적 구조라 할 수 있다. 여기에서 정치적 이데올로기적 심급들은 1) 토대적 원인의 엄밀한 결과들도 아니고 하부구조적 본질의 상부구조적 현상들도 아니다. 2) 그것들은 결정하는 동시에 결정되고 있으며, 3) 경제적 심급의 '존재조건'이 되는데, 3) 이는 경제적 심급이 그것들의 존재 조건일 것과 마찬가지다.

④ 사회적 전체라는 개념은 1) 복합적이지만 동시에 통일되어 있으며, 2) 탈중심화되어 있지만 동시에 결정되어 있고, 3) 이질적이지만 동시에 위계적인 총체이다. 4) 이 사회적 전체는 '지배 내 구조(sturcture in dominance)이다. 복합성의 조직 및 접합 양식이 바로 맑스주의의 통일성을 구성하고 있다. 복합적 전체는 지배 내에서 접합된 구조라는 통일성을 가지고 있다.
⑤ 경제적 요소는 1) 항상 지배적인 것은 아니지만, 그러나 그것은 항상 최종심급에서는 결정적이며, 2) 여러 심급들의 조정을 담당하고, 3) 이 심급들 가운데 하나에게 부차적인 역할을 배정하는 한편 기타의 심급들에게 부차적인 역할을 할당하고, 4) 이 심급들의 상대적 자율성의 정도와 효과성의 정도를 정해준다. 자본주의 사회구성체에서 이 경제적 요소는 자기 자신의 지배를 결정한다. 그러나 봉건제에서는 비경제적인 심급이 지배적인 위치를 차지할 수 있다. 따라서 모든 개별적인 사회구성체는 지배 내 구조(불변적인)의 총체성의 변형물이다.
⑥ 사회구성체의 구조적 인과성은 1) 간접적인 2단계 결정성, 2) 모든 사회구성체의 중층결정, 3) 차별적 시간성(differential temporality)
⑦ 구조적 인과성은 두 가지 전통적인 인과성 모델을 폐기했다. 1) 데카르트적 전통의 '초월성 인과성'(기계적 인과성)과 2) 라이프니치가 창시하고 헤겔주의에 의해 유명해진 "표현적 인과성" 즉 "한 구조의 여러 요소들의 결정, 이들 요소들 간의 구조적 관계들, 그리고 이 구조의 효과성에 의해 이들 관계들이 받는 영향들"의 개념화를 추구한 것이었다.
⑧ 구조적 인과성은 1) 전체적 구조(사회적 총체성)와 그것의 지역적 구조들(경제적, 정치적, 이데올로기적) 사이에서 관철되는 인과관계는 물론이고, 2) 지역적 구조들과 이들 요소들(예를 들면 경제적 구조와 그것의 요소들-생산력과 생산관계) 사이에서 관철되는 인과관계를 특징적으로 설명하려는 것이었다.
⑨ 구조적 인과성은 1) 초월적 인과성과는 달리 전체가 그것의 부분들에 미치는 효과성을 서술하고 있고, 2) 표현적 인과성과도 달리 그것은 전체를 본질화하지도 않으며 부분들을 환원시키지도 않는다,
⑩ 구조적 인과성을 스피노자식으로 말하자면, 1) 원인으로서의 구조는 '그것의 효과 속에 내재하는' 것이며 그것들에 외재하는 것은 아니다. 2) 실로 "모든 현존하는 구조는 그것의 효과들로 구성되어 있다." 3) 원인은 부재하며, 오직 그것의 효과들 속에 그리고 효과들로서 존재할 뿐이고, 게다가 그 효과들 가운데 어느 것 속에서 전적으로 존재하고 있는 것은 아니다.
⑪ 생산관계의 구조는 1) 생산수단의 분배를 포함하고 있을 뿐만 아니라, 2)적대적인 사회계급들로 분배된 '인간들'(사회적 행위자들)간의 관계도 포함하고 있다.
⑫ 이론적 비/반인간주의는 실천들과 그것들의 상이한 계기들의 1) 다중성/환원 불가능성, 2) 전체적 구조 안에 있는 지역적 구조들, 3) 그 구조들의 각기 다른 시간들의 복수성, 4) 구조적 인과성으로 구성된다. 역사는 일종의 '주체 없는 과정'이기 때문에 역사와 사회는 인간 주체의 창조물이 아니다. 인간은 사회적 역사적 과정들의 주체가 아니라 그 과정들의 '담지자들'이다.

3. 캘리니코스(Alex Callinicos)의 『바로읽는 알뛰세』, 1992, 서울: 백의

1) 문제틀과 징후적 읽기(캘리니코스, 45-58)

A. 영향

1. 문제틀은 바슐라르의 '단절'과 '문제틀' 개념에서 나왔다.
2. 구조화된 유한의 장에 위치한 모든 대상/문제가 가시화된다.
3. 문제틀은 고유한 주제에 관한 객관적 내적 준거 체계로서 주어진 답을 요구하는 질문체계이다.
4. 다른 질문 제기는 배제하면서도 특정 형식의 어떤 질문제기는 가능하게 하는 기본 구조의 개념이다.

B. 문제틀의 특성
1. 보이지 않는다.
2. 구조: 가시적인 것을 규정하는 관계는 비가시적인 것을 규정한다. 이러한 관계는 비가시적인 것을 배제로 규정하고 구조화한다.
3. 가시/비가시: 문제틀은 가시적인 것을 그것 자체로, 비가시적인 것을 그것 자체로 결정하고, 이 둘을 맺는 끈을 형성한다.
4. 문제틀은 복합적/모순적이어서 탈구를 수반한다.

C. 징후적 독해
1. 모순들은 침묵, 틈새, 균열, 탈구 등 복합 구조의 징후로서 텍스트의 표면에 반영한다.
2. 징후는 이론의 모순 수준이 서로 접합되는 방법에 따라 결정된다.
3. 감춰진 것을 폭로하여 부재하는 텍스트를 형성하고, 읽고 있는 텍스트와 연관을 맺게 한다.
4. 텍스트의 틈새 속에 놓인 질문들을 접할 수 있다.
5. 변증법적 유물론과 사적 유물론은 이러한 징후들 실마리로 문제틀을 형성하여 구조적 모순의 형태를 찾게 한다.

D. 징후적 독해의 예
1. 자본론의 물상화는 자본주의 사회의 탈구를 징후로 나타낸다.
2. 프로이트가 담론의 실수와 꿈에서 태만, 불합리를 통해 무의식의 징후를 찾았다.

E. 알튀세르의 맑스 읽기
1. 부르죠아 고전 경제학의 내적 모순을 분석함으로써 이것의 문제틀의 한계를 볼수 있었던 것은 사적 유물론의 문제틀을 가지고 있었기 때문이다.
2. 맑스는 가치법칙에 대해서 두 가지를 질문하였다.
    1) 자본과 노동 사이의 교환은 가치 법칙에서 제외되는가?
    2) 자본들이 왜 똑 같은 비율의 이윤을 내는가?
3. 맑스의 저서에서 전기와 후기를 이데올로기와 과학의 문제틀로 나눌 수 있다.
4. 징후적 읽기가 가능한 것은 역사적 유물론이다.

F. 자본론의 물신숭배의 예
1. 현실과 거리
2. 필연적 탈구가 사회 전체의 운용 방식과 그 운용의 표출 방식 사이에 존재한다.
3. 역사적 텍스트는 현실 사회 구조의 효과들이다.
4. 역사 텍스트의 복합성과 불투명성은 역사의 복합성과 불투명성의 특수한 경우이다.
5. 사회 구성체의 본질은 이론구성체(역사과학: 변증법적 유물론과 역사적 유물론)에 의해서 해명된다.

2) 구조적 인과성(캘리니코스, 『바로읽는 알뛰세』, 58-75)
구조적 인과성=변증법 이론(경제: 중층결정)+징후적 읽기
(인식론 → 존재론=실천).
존재론은 실천론이다. 과학적 인식과 실천적 이론은 인식론이 매개된다.

A. 중층결정(58-69)

1. 구체의 존재-('이미 주어진'): 심급들은 경제적인 것으로는 비환원.
2. 결정: 경제적 모순은 사회적 총체를 결정.
3. 구조화: 결정은 특정 심급에 지배적 심급을 부여한다.
4. 지배는 복합적이다: 다시 말해 <수준> <심급> <층위>들이 상호의존적이다. 실천들(정치적 실천, 사회적 실천, 이데올로기적 실천, 경제적 실천)의 집합이 통일된다.
5. 각 심급은 자율성, 상대적 자율성을 갖고 있다.
   예) 맑스에게서 생산이 분배, 소비, 유통을 지배하고 이들은 생산에 영향을 준다.
6. 복합성과 상호의존성: 모순은 다른 모순의 전제 조건이 된다. 접합된 지배 내 구조가 모순 내에 반영한다.
7. 각 심급들은 불균등하다.

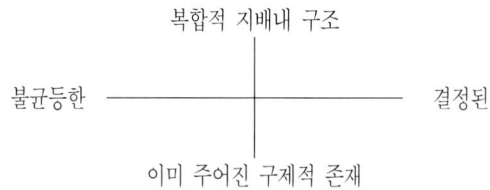

B. 구조적 인과성(69-75): Darstellung(표상)[구원=윤리와의 관계]

1. 접합된 지배 내 구조가 효과들로서 존재하고, 근본 모순은 부재한다.
   예) 물신숭배론: 잉여가치가 지대, 이자, 이윤에 분할되어 나타난다.
       노동력은 상품가치로 환산된다.
2. 이행적(선적) 인과성: 부분>전체. 표현적 인과성: 부분<전체.
3. 헤겔의 표현적 인과성 비판:
   i) 존재=사유, 논리적 모순=현실적 모순.
   ii) 목적론적 계기는 부정의 부정으로서의 지양: 변신론.
   iii) 요소=내적 원리가 구체적 결정, 세계정신=각 계기요소의 특수성.
   iv) 방법=대상이 통일
   v) 현상은 환상이고 본질을 감추고 있다.
   vi) 각 심급들은 모순을 반영하지만 결정이 없음.
   vii) 모순, 과정이 같지만 모순이 절대적 자기의식의 자기전개.

보론 4

바울의 생애와 선교활동의 연대기
- Murphy-O'Connor, *Paul: A Critical Life* 참조 -

■ 간단한 연대기

1. 탄생　　　　　　　　　　주후 6년
2. 회심과 소명　　　　　　　33년
3. 아라비아　　　　　　　　 34년
4. 다마스커스　　　　　　　 34 ~ 37년
5. 예루살렘(1차 방문)　　　　37년
6. 시리아와 길리기아　　　　37? - 바울의 선교 활동 시작
7. 예루살렘　　　　　　　　 51년 [나실인의 서원-행 18:18]

■ 선교 여행 연대기

1. 안디옥　　　　　　　　　 45 ~ 46년 겨울
2. 안디옥으로부터 출발　　　 46년 4월
   갈라디아(행16:6), 빌립보(16:12), 데살로니가(17:1)과 아테네(17:15), 고린도(18:1)
3. 갈라디아로 여행　　　　　 46년 4월 ~ 46년 9월
4. 갈라디아에서의 목회　　　 46년 9월 ~ 48년 5월
5. 마케도니아에로 여행　　　 48년 여름
6. 마케도니아에서의 목회　　 48년 9월 ~ 50년 4월

7. 고린도에로 여행	50년 4월
8. 고린도에서의 목회	50년 4월 ~ 51년 9월: 행 18:11(18개월 머뭄).
9. 예루살렘에로 여행	51년 9월
10. 예루살렘에서의 회담	51년 9월
11. 안디옥	51년 겨울-52
12. 에베소서에로의 여행	52년 4월 ~ 7월
13. 에베소서	52년 8월 ~ 54년 10월: 행 19:8-10(2년 3개월 머뭄)
14. 마케도니아	54년 겨울 ~ 55년
15. 일리리컴	55년 여름
16. 고린도	55년 겨울-56년
17. 예루살렘으로의 여행	56년 여름
18. 예루살렘-가이사레아	57? ~ 61년?
19. 로마에로의 여행	61년 9월 ~ 62년 봄.
20. 스페인	64년 초여름
21. 에게 근처	64 ~ 66?
22. 로마에서의 죽음	67

■ 데살로니가(114쪽)

1. 편지 A는 바울이 데살로니가에서 피신했던 후 약 10주 후인 50년 봄에 아테네에서부터 쓰여졌다.

2. 편지 B는 고린도에서부터 50년 여름 쯤에 쓰여졌다. 고린도의 개종자들이 데살로니카를 방문하고 돌아온 후에 쓰여졌다.

3. 데살로니가후서는 바울의 편지 B를 잘못 해석한다는 소식을 들은 후인 아마도 50년 늦여름이나 초가을, 늦으면 다음 해 봄에 쓰여졌다.

편지 A: 2:13-4:2

편지 B: 1:1-1:10, 2:1-12, 4:3-5:28

편지 B	데살로니가 후서
1:1 – 서언	1:1-2
1:2-10 – 감사	1:3-12
2:1-12 – 사도적 변명	
4:3-12 – 윤리적 권면	
4:13-18 – 떠나간 사랑하는 자와의 재결합	
5:1-11 – 시간과 때	2:1-12
격려와 기도	2:13-17
상호 기도	3:1-5
5:12-22 – 윤리적 권면	3:6-15
5:23-8 – 결론	3:16-18

■ 빌립보서(215-220)

편지 A: 4:10-20
편지 B: 빌립보서 1:1-3:1, 4:2-9
편지 C: 빌립보서 3:2-4:1

■ 바울의 에베소에서의 삶(184쪽)

1. 52년 여름   갈라디아에 있는 바울, 아볼로가 고린도에 옴.
2. 52년 9월   바울이 에베소에 도착함.
3. 52년 겨울 ~ 53년   유대주의자들이 갈라디아에 도착하다.
4. 53년 봄   에바브라가 리커스 계곡에서 선교를 시작하다.
                     갈라디아로부터 나쁜 소식들이 도착하다.
                     바울이 갈라디아서를 쓰다.
5. 53년 여름   빌립보로부터 선물 도착.
                     바울이 빌립보인들에게 편지 A를 쓰다.

		바울과 그의 동역자들이 체포되었다.
		에바브라가 에베소서에 돌아왔다.
		감옥으로부터 바울이 빌립보인들에게 보내는 편지 B, 골로새서, 빌레몬을 쓰다.
		아볼로가 에베소에 돌아오다.
		바울은 고린도에게 보내는 이전의 편지를 쓰다.
6.	53년 가을	바울은 리커스 계곡을 여행하다(?).
7.	53년 겨울 ~ 54년	바울은 에베소에서 겨울을 보내다.
8.	54년 봄 ~ 여름	바울이 고린도와 긴밀한 접촉을 하다.

■ 바울 생애의 연대에 대한 사도행전의 근거

클라우디우스(Claudius) 칙령-사도행전 18:1-2.: 바울이 아테네에서 고린도에 도착
바울이 아가야의 갈리오 총독을 만난 것-행 18:12-17.
바울이 갈리오 총독을 만난 후 고린도를 만난 후 예루살렘으로 떠났다.
행 18:18-22=행 15:2-3

클라우디우스(41년 1월 25일-54년 10월) 칙령은 49년이 아니라 41년일 것이다.
1. 누가는 아굴라와 브리스킬라가 로마로부터 왔다고 하지 않고 이태리로부터 왔다고 말할 뿐이다.
2. 누가는 눅 2:2의 주후 6-7년에 인구조사(쿼리니우스: 구레뇨) 때 예수가 탄생한 것이 세속 역사와 구속사가 서로 다른 정보를 주는 것처럼 18:1-2와 18:12을 틀리게 말하였음.

갈리오 총독을 만난 것은 갈리오가 총독이었던 그가 고린도에 도착했던 51년 7월에서 바울이 로마로 출항할 수 있는 마지막 시기인 51년 9월 사이였을 것이다.
1. 세네카가 클라우디우스에 의해서 41년에 콜시카 섬으로 추방되어 49년 小옥타비아에 의해서 49년에 복귀되었다. 이때 세네카의 형제 갈리오도 복귀되었을 가능성이 높다.
2. 갈리오 총독의 공적 재임 시기는 51년에서 52년 사이이다.
3. 갈라디아 2:1에서 바울은 37년 예루살렘 방문(선교 시작) 14년 후인 51년에 예루살렘에 도착한 것으로 되어 있는 것과 일치한다.
4. 행 18:22에서의 바울의 예루살렘 방문은 행 15:2-3에서의 바울의 예루살렘에서의 방문과 이중적인 반복이다.

클라우디우스의 아내 小옥타비아를 추천했던 그리스 비서 팔라스의 형제 안토니우스 펠릭스(Antonius Felix)는 클라우디우스가 아그립파 II세를 필립과 바타네마의 지역의 분봉왕으로 선출하였던 52년 말이나 53년 초에 시작되었다.

페스투스(베도스)는 62년에 죽었다. 또한 펠릭스에서 페스투스로 바뀐 해는 클라우디우스가 죽은 54년 10월 13일라기보다 59년이나 60년이었다. 왜냐하면 유세비우스에 의하면, 펠릭스는 네로가 즉위 후 6년째(59년 10월과 60년 10월까지)에 직위가 박탈당했기 때문이다.

1. 바울이 예루살렘에서 체포된 후 누가는 그가 가이사랴에 있는 총독 안토니우스 펠릭스에게 보내졌다고 말한다(행 23:24).
2. 2년 후(24:27) 펠릭스는 폴시우스 페스투스(Porcius Festus)에 의해서 대체되었다(행 25:1).

보충 자료

▌아 볼 로▐

❖ 아볼로 18:24-8.

아볼로는 51년 늦은 여름 바울이 예루살렘을 향해 떠난 후 에베소서에서 고린도로 왔다. 아볼로는 변론자(logios)로서 기술된다(행 18:24). 변론자는 '달변의'라는 뜻과 '배운, 교양 있는' 두 가지 의미를 갖고 있다. 아볼로는 영감있는 열성을 갖고 말했다(18:25). 그리고 성서 구절에 있어서 잘 해석하는 자였다. 고린도전서 1-4에서 바울이 아볼로를 평가하기를 이 해석을 인정한다. 헨첸(Haenchen)에 의하면 그는 교훈하는 담화의 은사와 '지혜'의 은사를 갖고 있다.

아볼로는 18:28처럼 그는 유대인들과의 논쟁에 연관된 선교사로서 기능했다. 이것이 성공적지 않았을 때 그는 그의 관심을 내적으로 돌려서 기독교 공동체의 상주 신학자인 것처럼 되었다.

"아볼로가 보기에 바울의 설교는 반-지성적이었다. 바울은 십자가에 달리신 그리스도를 진정한 인간성의 모범적 인물로 선포했다(고전 2:1-5). 어떤 사변적 발전에 대한 필요성을 인정하지 않았다. 바울은 그저 그의 삶이나 다른 사람들의 삶에 있어서 변형할 수 있는 은혜의 능력의 증거에 더 관심이 있었다. 바울은 달변에 의해서 추종자들을 매료시켰던 수사학자들과 비교하면 불쌍한 인물에 불과하였다. 바울은 또한 진정한 신학을 추구했던 신앙인들을 실망시켰다. 아볼로는 이러한 필요들을 충족시켰다. 그는 그의 수사학적인 은사들에 덧붙여서 여러 가지 것들을 연결시켜서 신앙의 다른 관점들 사이의 관계들을 형성시키는 능력을 갖고 있었다. 이것은 수사학적인 교육의 근본적인 양상들의 하나였다. 아볼로는 필로의 방법들과 그의 철학적 준거틀을 사용함으로써 바울이 제공하였던 요소들을 풍요롭게 종합함으로써 지적인 성취를 제공하였다."[Murphy-O'Connor, *Paul: A Critical Life*, p.276].

❖ 고전 1-4에서의 아볼로의 영향

우리가 바울이 공동체 안에서의 분열에 대해서 가장 명백하게 관심을 갖고 있는 고전 1-4장을 면밀하게 살펴본다면 '지혜'의 소유가 그들을 '완벽하게' 만든다고 확신했던 한 그룹이 등장한다. '하나님으로부터 온 영'을 소유한 자들'(2:12)로서 그들은 '영의 사람들'이었다(2:15). 그들은 자신들을 '충만한(신적 축복들로)', '부유한', '왕들'(4:8), '현명한', '강한', '명예를 받은'(4:10) 자들이라고 생각했다. 그들은 고양된 영적인 지위를 취득하지 못했었던 공동체의 다른 사람들을 단지 '우유'만 들이킬 수 있는 '어린이들'과 '연약하고' '불명예스러운'(4"10)인 '어리석은 자들'로서 경멸하였다. 이러한 구룹들이 사용하는 언어는 하늘의 사람과 지상의 사람들 사이를 구별한 필로의 사상을 반영한다. 여기에 바로 언급된 주요 요소들은 알렉산드리아 철학자에 의해 쓰여진 단 하나의 작품 De Sobrietate, 9-11과 55-7의 두 문단에 나온다. [Murphy-O'Connor, *Paul: A Critical Life*, pp.280-281]

보론 5

서평: 박홍순의 『포스트콜로니얼 성서해석』에 대한 '탈식민주의적' 논평

이 책은 소위 '누가-행전'을 로마 제국의 식민 지배에 비추어서 재해석할 것을 요구한다. 박홍순 박사는 오늘날 서구 성서학자들이 피식민자였던 유대 민중들의 민족주의 저항 운동의 역사를 말살하고(2장), 여성들과 가난한자의 해방의 요구의 숨겨진 목소리들을 폄하하는(3-4장) 무의식적인 신학적 해석에 의하여 로마 식민 지배자의 입장을 암시적으로 지지하려는 이데올로기적 편당성을 답습하는 오류를 범하고 있다고 주장한다. 박 박사는 이 누가-행전이, 反식민 저항 운동에 참여할 수밖에 없었던 피식민 민중들, 여성들, 가난한자들의 숨겨진 침식된 입장을 옹호하려는 포스트콜로니알(postcolonial) 독해 전략의 당파적 해석학적 입장(5장)에서 보면, 오히려 억눌린 유대 민중, 가난한 사람과 여성들의 해방적 열망을 의도적으로 재현하기 보다는 피식민자였던 유대에 대한 로마의 식민 지배 체제를 옹호하는 방식으로 제시되었다는 것이다.

박홍순박사의 포스트콜로니얼 독해는 한국교회의 습성화된 문자적 성서해석에 대한 본격적인 비판의 구체적인 읽기 전략이 될 수 있다는 점에서 매우 중요한 제안이라 할 수 있을 것이다. 특히 한국에서는 자세히 소개되지 않았던 누가-행전에 나타난 로마 제국에 대한 유대의 反식민/탈식민의 민족주의 태도와 누가 시대의 가난한자에 대한 사회학적 해석과 여성에 대한 영미 페미니스트들의 견해들을 일일이 소개하고 포스트콜로니얼 비평적 관점에서 새롭게 평가하였다는 점에서 누가-행전에 대한 이데올로기 비판적 독해의 범례를 제시한 공헌이 높이 평가될 만할 것이다. 더구나 그가, 포스트콜로니얼 성서 비평의 대가라 할 수 있는 버밍햄 대학의 수기르타라자흐(Sugirtharajah)의 지도 아래 박사학위를 취득하였기 때문에 그의 포스트콜로니얼 비평은 사이드(E. Said)의 이론에 경도되었음에도 불구하고, 단순히 그들의 그 비평적 기술만을 답습한 것이 아니라 한국의 정치적 여건에 보다 창의적이고 적합한 해석의 방식을 제안하기(특히 5장) 위해서 단순히 민족주의에 관한 포스트콜로니얼 성서 해석(3장)뿐만 아니라 여성과 가난한 자의 해방의 해석학적 문제(3, 4장)로 확대시킨 점을 고려할 때 이러한 필자의 평가는 비단 상투적인 인사치례가 아니다.

여러 논객들의 합리적인 토론을 위해서 필자는 몇 가지 문제제기를 하고자 한다. 탈식민주의 비평적 쟁점: 우선 박 박사가 postcolonial을 '탈식민주의적'이라고 번역하기 보다는 영어 발음 대로 '포스트콜로니얼'이라고 기술한 점은 그 자체로 재현(representation)의 문제를 제기한다. 박 박사가 서구의 포스트콜로니얼 비평가들을 지지하는 독자들을 대표해서 이 비평을 재현하면서 우리에게 서구의 포스트콜로니얼리즘을 은근히 강요하려 하는가, 아니면 한국 독자들을 배려하여 과감하게 이를 '탈식민주의' 또는 '포스트식민주의' 아니면 '反식민주의'로 번역하지 않은 이유가 따로 숨겨져 있는가? 없다면 과연 이것이야말로 박 박사가 우려하는 번역에서 오는 지식인의 '재현'의 덫에 걸리고 있는 것은 아니겠는가? 이러한 질문을 재기하게 만드는 것은 박 박사의 책이 바로 탈식민주의의 가장 중요한 쟁점인 지식인의 재현 문제를 제기하고 있기 때문이다. 이 책의 가장 탁월한 포스콜로니얼 해석의 백미는 누가-행전의 저자 누가가 여성과 가난한 자를 어떤 식으로 대변하는가를 탐구하는 것이다. 일찍이 스피박(G. Spivak)이 "하위주체(subaltern)가 말할 수 있는가?"(1985, 1988)라는 글에서 이 문제를 제기한 것처럼, 탈식민주의에서 가장 중요한 쟁점은 바로 지식인이 주변인/억압받는 자/박탈당한 자에 대해서 어떤 방식으로 대표해서 그들의 입장을 대신 대변할 수 있는지의 문제이기 때문이다.

박흥순 박사는 탈식민주의 비평의 입장에서 저자 누가가 反식민 저항가들, 가난한자, 여성들의 입장을 어떤 방식으로 대표해서 그들 대신 그들의 입장을 대변하는지 탐구하고자 한다. 박 박사는 서구 식민주의 해석을 비판하면서 누가가 가난한자와 여성들을 해방하는 모티브를 설정하려는 의도가 없다고 주장하고 있다. 오히려 이들에 대한 누가의 묘사는 구원사(救援史) 신학을 전달하려는 문학적 소품에 불과하였다고 생각한다. 그렇다면 누가가 의도했던 문학적 장르의 핵심이 무엇이었는지 문제가 제기될 수 있을 것이다. 누가는 당시의 로마제국의 식민주의 억압적 지배를 비판하기 위해서 가난한 자와 여성들의 해방을 바랐는가? 박 박사는 누가는 예수 당시의 反식민 유대 민중들의 상황을 고려하지 않은 채 이들을 반란자로 그리려 하였지 민족주의 해방운동으로 그리려 하지 않았다고 주장한다. 박 박사는 이런 식으로 저자 누가가 유대 민족주의자, 여성, 가난한자에 대한 反식민적 해방을 고취시키려는 의도적인 목적보다는 이들을 문학적 장치로 사용한 것에 불과하다는 것을 강조하고 있다. 하지만, 중요한 것은 영미 계통의 학자들이 일반적으로 누가-행전의 장르 형식이 단순히 사실적 역사가 아니라 신학적 변증과 '설득-논설'(λόγος-προτρεπτικός)이 서사적 픽션의 형태로 제시되는 역사적 전기라는 것을 지지한다면(비교: R. I. Pervo와 M. P. Bonz) 탈식민주의 비평이 그토록 중요시하는 문학적 재현 방식에 내재되어 있는 정치적 입장의 모호성과 복합성도 당연히 강조되어야 할 것이다. 그렇다면 누가는 예수의 이야기를 역사적 사실을 전달하는 역사 서술 양식으로 재현하기 보다는 신학적 해석의 논쟁적 담론으로 재현하였을 것이다. 따라서 누가 저자는 로마제국에 대한 反식민 민족주의 저항 운동에 대해서는 어떠한 도덕적-윤리적 가치 판단도 유보하고 있는 것이라고 해석될 수도 있는 것이다. 더구나 이 누가 저자는 로마 제국에 대한 어떠한 평가도 적극적으로 제기하지도 않는 것이 주목되어야 한다. 그러나 박 박사는 누가가 로마 제국의 통치에 대해서 이를 노골적으로 정당화하지 않지만 로마 제국과 反식민 유대 민중들의 편 둘 중 로마 제국의 입장에 서 있다는 것을 지나치게 강조하는 것이다. 하지만 그가, 민족주의 문제를 다루게 되는 때에 취하였던 위의 확고한 입장과 달리 여성과 가난한자의 해방의 재현 문제를 다룰 때에는, 누가가 이들 여성과 가난한 자의 입장에 서 있다는 것을 인정하면서도 이 문제들을 로마 식민 통치에 대한 민족주의 저항 운동과 전혀 연결시키지 않고 있다. 이렇게 이 둘을 연결시키지 않은 채 박 박사가 피식민자였던 가난한자와 여성들의 편에 섰던 누가의 입장을 어느 정도 암시적으로 인정한 부분(탈식민주의적 모호성)을 추론하면, 가난한 자를 배려하는 것이 초기 카토릭 교회의 신학적 입장이라고 암시한 점과 여성들의 희생적 헌신이 구원사의 해방의 역사에 기여한 점이 될 것이다. 이런 점을 볼 때 박 박사는 일관성 있게 누가의 재현 방식을 식민주의적 역사관에 근거해 있다고 명료하게 주장하고 있지도 않는 것 같다. 중요한 것은 박 박사가 서구 성서학자들의 식민주의 해석은 부정하면서 이와 상응되는 본문의 문학 양식을 구체적으로 규명하고 있지 않고 있다는 것이다[1]).

적어도 누가복음의 장르가 허구적인 요소들과 역사적 요소들을 엮어 신학적 주장을 하는 것이었다면 우리는 누가의 의도가 구체적으로 민족주의자, 여성, 가난한 자의 입장에 서 있다는 것을 너무 지나치게 기대하기는 어려운 것이다. 예수 당시 시대 배경에서는 민

---

1) 필자의 글, "마가복음의 제자도에 대한 새로운 탈식민주의 이해", <신학논단> 13.4, 한국신약학회, pp.845-862 참조.

족주의 운동이 외국인 로마 제국에 대해서 격렬히 일어났다 하더라도, 누가는 그 모티브만 빌려왔을 뿐 나머지 전체의 이야기의 흐름은 매우 모호하게 함으로써 다양한 종류의 독자들을 끌어들여 스스로 자신들의 근본 전제들을 비판하고 자신들의 가치판단의 한계에 주목도록 촉구할 수 있는 것이기 때문이다. 누가의 신학적 입장을 너무 이상적인 탈식민주의 어젠다(agenda)의 해석학적 구도에 따라 폄하한 것은 아닌지 되묻고 싶다. 저자의 구원사의 신학적 입장이 해방을 요구하였지만 구체적으로 로마제국으로부터의 해방을 논의하지 못한 점을 비판하는 것이 오히려 보다 정확한 역사적 사실 관계의 판단이 아닌가? 누가의 신학과 정치적 입장의 긴장이 현대 독자에게 오히려 탈식민주의 비평이 추구하는 모호성을 통한 새로운 사회적 비전을 제시하려는 바바(H. Bahbah)의 '제 3의 공간'에 걸맞은 않는가? 오히려 누가-행전 장르 규정이 '설득-논설'을 가진 종교적 전기가 맞는다면 모호한 재현 장치들을 통하여 원시 기독교와 누가가 자신들의 이해관계와 신학적 입장에 따라 예수 전승이나 사도 전승을 재구성하기도 하고 재해석했을 가능성이 더 타당성이 있을 수 있는 것이 아닐까? 탈식민주의 특성은 오히려 누가가 로마제국에 눈치를 보면서도 눅 4:18-19의 이사야의 해방의 메시지를 전하려는 이중성에서 찾아야 할 것이 아닌가? 바로 이점에서 탈식민주의는 反식민주의의 해방의 이데올로기를 옹호하는 해석으로 이해될 수도 있지만 탈식민주의의 모호성을 강조하면서 이러한 해방의 이데올로기도 비판하려는 포스트구조주의의 혁명적인 '신학적' 해석으로 파악될 수도 있는 것이다[2].

역사비평과 주석적 논점: 우선 누가-행전의 시대적 배경과 소위 역사적 예수의 시대배경이 분리되어 논의되지 않았기 때문에 박 박사의 논지가 주석학적으로 명료하지 못한 점이 엿보인다. 예를 들면, 누가-행전의 시대배경에 비추어 보면 누가-행전이 反식민 저항 운동이나 여성들과 가난한 자들을 지지하는 방식으로 해석된 점을 부인하는 박 박사의 논지가 보다 설득력을 갖추기 위해서 보다 철저한 주석학적 토론과 함께 누가의 편집경향과 그 시대적 배경을 함께 연결시키려는 시도가 제시되었어야 할 것이다. 이 점이 미흡하다면 이 박 박사는 누가가 누가-행전에서 민족주의적 저항 운동과 여성들과 가난한자들을 적극적으로 옹호하지는 않는 방식으로 기술하였다는 논점을 보다 효과적으로 독자들을 설득시키기는 어려울 것이다. 특히 누가-행전의 편집 시기에 대한 연대 측정은 그 反식민 저항 운동에 대한 누가의 부정적 시각이 어느 정도 신학적으로 타당한지 가늠하기 위해서는 결

---

[2] 필자의 글, "바울신학의 이원론적 사유 방식", <신학과 문화> 제15집(2006), pp.125-164 참조.

정적으로 중요할 수밖에 없다. 박 박사가 사용한 서구 학자들이 대체로 90-100년에 누가-행전이 쓰여졌다고 간주하지만, 맥(B. Mack)은 120년 경, 다우티(D. Doughty)와 타운센드(J. T. Townsend)는 150-170년 경까지도 연대가 미루어질 수 있다고 주장한다. 누가-행전의 저작 연대를 120년 이후로 보는 관점이 매우 유효한 이유들 중의 하나는 초기 캐토리시즘(Early Catholiticism)의 확립한 당시에는 주로 유대 지역 교회의 개별적인 反식민 저항 운동의 관점이 빛을 바래고 대신 팔레스틴 바깥의 헬라적 유대 선교 교회나 이방 기독교의 다수의 입장이 반영되어 로마제국에 대한 치열한 反저항적 민족주의 관점이 약화될 수밖에 없는 시기라는 점이다. 이런 점에서 특히 누가복음 본문에서 역사적 예수의 것, 이에 대한 해석 전승, 누가의 편집 부분을 각각 분리해서 논의할 필요가 있는 것이 자명하다. 이처럼 누가-행전의 저작 연대와 전승비평적 편집사적 논의는 누가가 왜 로마제국에 대해서 어느 정도 결탁하여 기독교의 변증을 위해서 로마 제국주의에 순응하는 전략을 취했는지 이해하고, 이를 가치평가하는 잣대가 되기 때문에 매우 중요한 쟁점을 일으킨다.3)

이러한 누가-행전의 저작 연대 문제와 전승비평학적 논의가 부족하였기 때문에 박 박사는 예수로부터 해방을 경험한 여성과 가난한자들의 이야기들(눅 7:36-50, 8:40-45, 13:10-17 등)이 역사적 예수의 시기에 유래하였는지, 누가의 창작인지에 대한 어떠한 토론도 자세히 하지 않은 채 누가가 예수와 달리 가난한자들과 여성들을 위해 제국주의적 가부장 문화를 비판할 의도가 없다고 주장하게 된다. 하지만 이러한 주장은 설득되기 어렵다. 여러 페미니스트들(L. Schottroff, E. Schüssler-Fiorenza 등)은 누가가 해방의 메시지를 위해서 여성의 활동 상황을 편집하여 누가 이전의 예수의 초기 해방 운동의 전승을 계승했을 가능성도 제기할 수 있다는 점을 인정하고 있다. 이것이 보다 적합한 해결책이라면 누가는 여성들을 해방시키려 했다는 것을 어느 정도 인식하고 이러한 예수의 여성 해방의 운동을 당시 새롭게 부상하는 여성 지도자들의 활동들을 다른 방식으로 격려하고자 했지만 로마 가부장제 사회의 한계 내에서 이를 보다 적극적으로 표현할 수 없었을 것이다.

보다 중요한 점은 누가가 이러한 여성 해방의 문제를 소극적으로 표현할 수밖에 없었던 이유가 로마제국에 기독교를 변증하고, 다양한 기독교 내부의 목소리들을 조율하려 하였기 때문에 로마 제국에 대한 탈식민주의적 저항과 공모의 이중적 모호성을 지니고 있는 점에 대해서 박 박사가 보다 과감하게 논의하지 못한 점이다. 사실 가난한 자에 대한 누가

---

3) 필자의 글, "빌립보서의 신학과 윤리의 관계, <신학과 문화> 제12집(2003), pp.136-178 참조.

의 보다 적극적인 당파적 경향은 여성 해방 문제에 대한 소극적인 점과 대조적이다. 120년 경 이후의 초기 캐토릭 기독교는 자기 종교의 변증을 위해서 가난한 자들에 대해서 적극적으로 옹호하려 하였다(J. T. Townsend의 pseudo-Clementine 저작물들). 가난의 사회적 문제가 로마제국과 관련시켜서 저항운동으로 가지 못한 점을 박 박사가 지적하지만, 이것은 로마 제국에 대해서 적극적으로 저항하는 유대 민족주의 입장을 옹호하려는 현대적인 反식민주의의 탈식민주의적 입장에서 보면 그렇게 보일 뿐이다. 오히려 누가는 바로 이러한 反식민주의 저항 운동 보다는 차선으로 가난한자와 여성 해방 운동에 보다 더 많은 관심을 가지면서 로마 제국의 식민주의/유대 反식민주의의 이항대립에 기초한 反식민주의적 저항의 담론적 전략으로부터 여성/남성, 가난한자/부자의 이항대립에 기초한 저항/공모의 탈식민주의적 모호한 전략을 동원하여 기독교가 여성에 대해서 포괄주의적으로 대하고, 가난한 자에 대해서는 적극적으로 편들어 주는 방식으로 문화적 코드 변환을 함으로써 탈식민주의적인 '제 3의 공간'의 정치적 입장을 제기하고 있다고 보아야 할 것이다.4)

　　로마 제국의 배경사에 관한 논점: 박 박사는 민족주의란 제국주의와 저항 운동의 두 축으로 형성되어 세금 문제와 갈릴리/예루살렘의 지역적 갈등의 장에서 잘 표출된다고 생각하고 있다. 하지만 박 박사는 이러한 反식민 저항 운동의 구체적인 배경사적 정보를 자세히 논의하고 있지 않고 있다. 박 박사의 초점은 서구 성서학자들이 유대의 反식민 저항 운동을 제국주의적 시각에 편향된 신학적 논의에서 제외시킨 측면을 비판하는데 집중되어 있다. 사실 이 문제를 본격적으로 다루기 위해서는 홀슬리(R. Horsley)와 크로산(J. D. Crossan)이 이미 연구해 놓은 유대 대중운동과 농민반란 운동과 연관시킬 필요가 있다. 더구나 反식민 저항운동은 높은 소작료의 가혹성, 식민지 국가의 착취와 이와 결탁한 부패한 정부에 따른 심한 부의 편중, 토지를 잃은 민중의 증가나 흉년과 경제 공항이 일어났을 때 자주 발생하는 농민 반란 운동과 밀접한 연관성이 있다는 점을 탐구할 필요가 있다. 이러한 민족주의 反식민 저항 운동의 보다 명료한 이해를 통해서 박 박사는 주어진 본문에서 로마제국과 유대 민중들의 갈등에 비추어서 새롭게 읽은 재해석의 예를 보여 준 후 관점을 달리한 서구학자들의 해석을 효과적으로 비교하여 자신의 대안적 견해를 제시하였다면 보다 생산적인 토론을 할 수 있었지 않았을까 생각된다. 구체적인 배경사에 비추어서만이 이 反식민 저항 운동이 당시의 열심당의 유대주의적 활동과 어떻게 연결되고, 누가 13:1-9에 어떤 방식으로

---

4) 필자의 앞 글, 참조.

반영되어 나타날 수 있는지 보다 명료하게 논의하게 될 수 있게 될 것이다.

더 나아가서 박 박사는, 월러스키(P. W. Walaskay), 케어드(Caird), 엘리스(E. E. Ellis), 베일리(K. E. Bailey) 등의 학자들이 본문에서 누가의 친로마적 경향과 로마의 식민통치의 폭력적 탄압과 이에 대한 유대의 민족주의적 저항운동을 찾지 못한 점을 비판하는데 몰두하느라고(53-63쪽), 이들이 정작 주장하고자 하였던 누가의 역사적 배경에 대한 사실 판단의 논점의 중요성을 감소시키게 된다. 뿐만 아니라 박 박사는 당시의 反식민 저항 운동이 로마제국의 폭압적인 힘에 의해서 압도적으로 진압될 가능성이 많기 때문에 예수의 非폭력 정신에 의해서 로마제국에게는 직접 저항하려 하지 않았던 누가의 혁명적인 구원사적 신학의 중요성을 간과하고 있다. 그렇게 함으로써 그는, 反식민 저항 운동조차도 무모한 폭력의 악순환의 덧에 걸릴 수 있다고 판단하여 예수의 非폭력 혁명 정신을 중요시 여기기 때문에 反식민/親식민을 넘어선 제 3의 정치적 입장(바바의 탈식민주의적 제 3의 공간)을 옹호할 가능성이 높은, 성서학자들(K. E. Bailey, S. Ringe, J. A. Fitzmyer)과의 창조적 대화의 여지를 놓치고 마는 것이다. 이러한 제안은 反식민 저항 운동의 극단적 상황에서 취할 수밖에 없었던 유대 피식민지인의 입장을 보다 적극적으로 고려하지 못하는 서구 보수주의적 정치적 해석에 대해서 비판하고 누가의 시대 배경에 대한 보다 냉정한 역사적 사실 판단에 기초하여 보다 진보적인 정치적 입장에 근거해서 누가-행전을 새롭게 해석하고자 제안될 수 있는 것이다. 하지만 이러한 미묘한 서구 성서학자들의 새로운 해석을 간과한 박 박사의 서구 성서해석에 대한 과잉 이데올로기 비판은, 정치적으로 보수적인 '복음주의적' 해석을 비판하는 데는 효과적이지만, 제 3의 공간의 모호성을 강조하는 서구 성서학자들의 탈식민주의적 해석학적 입장과의 정치적·신학적 연대의 가능성을 놓치게 되는 것이다.

또한 눅 13:1-9에 대해서 박 박사는 베일리(E. Bailey)가 두 가지 전승 단락의 단계를 설정한 것을 인정하고 있지만 예수와 누가가 각각 로마 제국에 대하여 어떤 태도를 취하였는지 자세히 논의하고 있지는 않다. 단지 우리는 박 박사가 눅 13:1-9 전부가 누가가 기록한 것이라 간주하지도 않고, 입증할 만한 구체적인 역사적 사실에 기초해 있지도 않다고 생각하고 있는 것을 추론할 수 있을 뿐이다(52쪽의 S. Ringe의 견해). 특히 여기에서 누가는 "몇몇 사람들"이 전달하여 준 빌라도가 희생시킨 "갈릴리 사람들"을 반란자로 보고 있지만 사실 이 성서에서 누가의 목소리 보다는 예수의 목소리가 더 압도적이다. 그래서 이 본문이 예수 자신의 활동을 반영하는지, 이에 대하여 해석된 전승인지, 누가가 창작하였는지, 이 "몇몇 사람들"과 "갈릴리 사람들"이 누구를 지칭하는지, 베일리보다도 더 철저히 먼저 논의되어야 한다. 더구나 누가의 저작 시대에 비추어 보면 "갈릴리 사람들"을 유대 反식민 저항운동의 지도자로 단순히 간주하기는 오히려 어렵게 된다. 예수 시대가 아니라 누가가 서 있는 역사적 배경에서는 이 "갈릴리인들"이 저항 지도자라고 말하기 보다는 단순히 정결례를 지키지 못해서 억울하게 희생되었던 무고한 민중일 수도 있기 때문이다. 더구나 누가가 예수든 누가든 이 갈릴리인들이 죄가 더 많아서 희생되지는 않았다는 신학적 논의를 하고자 하는 것이 근본 의도라면, 그리고 이 이야기 자체는 4-5절의 실로암 탑 붕괴 사고로 죽게 되는 무고한 죽음과 죄의 관련성과 6-9절의 회개에 대한 비유등과 연결되어 있는 문맥을 함께 본다면, 이 본문은 역사적 상황을 있는 그대로 반영하기보다는 오히려 허구적 상황을 설정하여 신정론(神正論)적 질문의 이상적인 신학적 담론을 제시하려 하고 있다고 보아야 할 것이다. 박 박사는, 이러한 문학적 장르의 특성과 문맥에 대해서는 전혀 논의하지 않은 채, 또한 너무나 명백하게 회개가 주제가 된 본문으로부터 당연히 회개의 신학적 입장을 우선시하면서 아주 조심스럽게 그 전승의 역사적 사실 관계에 대해서 제시한 서구 성서학자들의 역사적 입장에 대해서 그들이 제안하는 실증적인 역사적 근거를 논의하지 않은 채, 유대 민족주의 운동의 숨겨진 목소리를 재현하지 못하였다고 너무 거칠게 비판하는 것은 논리의 비약일 뿐 주석학적 논의의 철저한 토론의 자세는 아닌 것이 된다.

해석학적 공헌과 그 전략의 문제: 박흥순 박사는 이 책에서 탈식민주의 해석의 전략적 수준을 <u>읽기</u>와 <u>비평의 수준</u>에서 주로 논의하고 있기 때문에 보다 고차원적 방식으로 이들 외국 서구 성서학자들과 한국의 성서학자들이 보다 근원적인 인식론적 폭력에 대항하기 위해서 함께 연대할 수 있는 <u>이론적 수준</u>의 창의적 만남의 장('제 3의 공간')을 마련하지 못하는 한계를 갖고 있다. 더구나 이와 같은 인식론적 폭력의 해석의 악순환으로부터 단절을 꾀하기 위해서 박 박사는 유대의 反식민 저항 운동과 여성과 가난한자에 대한 부정적 이미지를 없애고 침묵되어 주변화되거나 침식된 이들의 목소리를 재구성하고, 이들의 입장에 서서 당파적 해석을 해야 하는 <u>신학적 근거</u>에 대해서 논의하고 있지 못한 점이 아쉽다. 이러한 신학적 근거로서 제시될 수 있는 우상파괴 정신과 하나님의 나라 사회운동이야 말로 해석학이 이제까지 맑스(K. Marx), 프로이트(S. Freud), 니체(F. Nietzsche)의 의심의 해석학자와 과학적 인식론을 제창한 알튀세르(L. Althusser), 라깡(J. Lacan), 푸코(M. Foucault) 등의 불란서 학자들의 이론을 과감하게 사용하여 해석학의 지평을 탈식민주의 비평에서 꽃피게 되는 것을 안다면,5) 박 박사는 포스트콜로니얼 비평이 이들의 과학적 분석 방식과 그 방식을 사용할 수밖에 없는 신학적 근거를 제시하는데 까지 나아가지 않는 한 위에서 발견한 서구 중심의 인식론적 폭력으로부터 근원적으로 단절하는 논리를 개발하는데 실패하게 될 것이다. 바로 이런 점에서 박 박사의 이 책은 포스트콜로니얼 읽기 전략의 수준에서는 한 좋은 소개서이면서 평신도용 교재가 될 수 있을지언정, 성서학과 역사학의 전문가들이 이론적 수준에서 탈식민주의의 저항 전략을 본격적으로 한국의 정황에 뿌리내리는 데는 어느 정도 한계가 있는 것은 사실이다.

그럼에도 불구하고, 이 책은 계급적 갈등, 인종적, 성적 갈등에서 일어나는 폭력이 단순히 물리적인 힘의 문제가 아니라, 성서 해석을 둘러싼 인식론적 전제에 내재된 편향성의 문제와 밀접한 관련성이 있다는 점을 환기시켜 주고 있다. 현대 사회에서 일어나는 계급 갈등이나 이라크 전쟁과 같은 전쟁의 가공할 만한 폭력이 사실은 우리가 익히 알고 있는 성서에 대한 소위 '복음주의적' 해석에 의해서도 정당화될 수 있지는 않는지 다시 생각하게 하는 것이다. 박 박사는 무엇보다 현대 교회가 서구의 역사비평적 성서 해석에 근거한 '교권주의적' 해석의 결과를 토대로 기득권을 암암리에 옹호하는 정치적 해석을 정당화시켜주는 방식으로 성서를 사용함으로써 계급적 갈등, 성대결 등 다양한 사회적 집단들의 헤게모니 쟁탈에 대해서 둔감하여 기득권자들을 옹호하는 이데올로기적 전제와 편협한 소시민주의에 입각한 성서해석이 또 다른 인식론적 폭력이 될 수 있다는 것을 경고하고자 한 것이다. 박 박사의 이러한 철저한 비판적 독해 방식은, 한국의 신약학이 그 비판정신을 망각하게 되었을 때에는, 신학적 담론조차도 한낱 기득권층의 이해관계를 옹호하는 이데올로기로 전락하게 될 수도 있을 것이라는 것을 예언자처럼 경고한다.

마지막으로, 우리는 박 박사에게까지도 과연 포스트콜로니얼 비평을 하고 싶었지만 소박한 성서 읽기를 통해서 온건한 모양으로 성서 해석의 한 방법을 제시하고 있는 것은 아닐는지 묻고 싶다. 아니면 진정으로 탈식민주의 비평과 이론을 소개하려는 대신에 수기르타라자호의 아마추어 성서학의 '포스트콜로니얼' 읽기 전략을 너무 이상화하여서 또 다시 서구식 성서 해석 방식과 유사한 인식론적 폭력을 자행하고 있는 것은 아닐는지 묻고 싶다. 요는 박 박사의 글이 서구의 '포스트콜로니얼' 해석 전략까지도 어떻게 한국의 계층적, 계급적, 남녀간의 사회적 갈등과 남북의 이념적 갈등이 식민주의적 잔재와 혼합된 정치적 모순의 복잡한 정황에도 적용할 수 있는지 첨예하게 문제제기하고 있다는 것이다.

---

5) 필자의 위의 글의 '심층탈식민주의' 개념 참조.

보론 6

탈식민주의와 탈구조주의
- 양권석의 "한국적 성서 읽기의 한 방법으로서 상호 텍스트적 성서 해석의 가능성"에 대한 논평 -

양권석 박사의 글1)은 토착화 신학의 논의와 민중신학의 논의 이후 새로운 한국적 신학의 모색을 기도하는 매우 중요한 토론의 장을 마련하는 계기를 주는 시도이다. 또 다른 한편 성서 해석학에 있어서 해방신학이 해석학적 논의를 전개한 이래 가장 중요한 토착화에 대한 해석학적 논의를 전개할 수 있는 논쟁적인 글이다. 여기에서 그는 '상호텍스트성'(d'inter-textualité)의 개념을 중심으로 텍스트(texte)의 정치적 함의와 이데올로기 비판의 기능, 텍스트 분석에 있어서 독자의 역할, 역사비평의 수용과 그 사용의 문제, 성서 전문인과 비전문인과의 관계, 한국의 고전 독해의 전통으로서 민중신학 전통에 대한 비판적 평가, 탈식민주의(postcolonialism: 탈식민주의)의 타당성, 경전에 대한 이해, 한국 현실에 대한 분석 등의 총괄적인 토의 주제의 논점들을 제안하였다. 이에 대한 논의들을 보다 생산적으로 전개하고 문제제기를 명료화하기 위해서 몇가지 주제들을 중심으로 논평을 제기하고자 한다.

  1. 양 박사는 탈구조주의의 문학비평의 상호텍스트성의 개념에 근거하여 최근에 새롭게 논의되는 아시아적 성서 읽기의 최근 경향을 소개하면서 "한국적 성서 읽기"를 제안하고 있다. 특히 그는 최근 문학과 문화계에서 논의되는 탈식민주의 비평의 통찰에 근거하여 아시아의 주체적 경험과 아시아적 다중교적 상황에 비추어서 성서를 독자의 텍스트

---

1) 양권석, "한국적 성서 읽기의 한 방법으로서 상호 텍스트적 성서 해석의 가능성,"『시대와 민중신학』, 1998, 제3시대 그리스도교 연구소.

와 상호연결시켜서 새롭게 해석하려는 상호텍스트적 읽기의 가능성을 제안하려 한다.

여기에서 제기되는 문제는 '비평'(*critique*)과 '이론'(theoria)과 '읽기'(*lecture*)를 구분해서 논의할 필요가 있다는 것이다. 탈식민주의 비평의 전제와 방법 그리고 이를 논의하는 이론적인 근거를 확립하는 것과, 이것을 어떻게 일반인들이 읽기의 수준에서 간략히 적용하도록 제시할 것인지는 다른 층위(*niveau*)에서 논의되어야 할 것이다. 이런 의미에서 양 박사가 제안하는 아시아 성서학자들이 사용하는 탈식민주의과 탈구조주의(poststructuralism)의 개념과 이것들의 지성사적 배경에 대해서 명료하게 제시되어야 해야할 것이다.

탈식민주의은 스리랑카 신학자 수기르타라즈(R. S. Sugirtharajah)의 정의에 의하면, 식민지 경험을 가진 국가의 일원들이 외국 이론들과 학문에서 객관성과 중립성의 이름으로 가려져 있는 현대적/근대적 가치들의 억압적 기제나 지식(사상)과 권력 사이의 연결고리를 폭로하고, 자국의 문화적 전통과 전승들의 억압적인 기존의 해석을 해체하고, 서술된 기억들이나 경험들의 파편화된 부분들을 현재의 공동체가 새로운 사회운동을 할 수 있는 원동력과 문화적 자생력을 키우기 위해 독자적으로 재구성하는 지적 노력이라고 볼 수 있다. 특히, 탈식민주의은 여기에서 불란서 탈구조주의자 이론인 푸코(M. Foucault)의 고고학과 계보학의 권력 이론과 데리다(J. Derrida)의 해체주의를 수용하고 있다.2)

이런 의미에서 양 박사가 탈구조주의 문학비평의 핵심적인 개념 상호텍스트성은 단순히 의미의 무한한 해석을 보장하는 문학적 비평의 개념이라기보다는 사회적 함의와 역사성을 드러내는 정치적 해석을 가능하게 하는 점이 좀더 부각되어야 한다. 크리스테바(J. Kristeva)는 이 개념을 바흐찐(M. Bakhtin)의 '대화주의'(*dialogisme*)로 부터 끌어 왔다. 바흐찐에 의하면, 발화자들의 사회적 관계를 내포하는 상황은 '언술' (discours) 속에 내재되어 있어서 언술은 이 대화의 상황 속에서 형성되는 다른 발화자들 사이의 대화의 공통적 이해를 그 사회적 의미로서 간직하게 된다. 그래서 한 언술의 해석은 발화자들이 공유하는 상황에 대한 공통의 공간과 시간 지각, 공통의 인식과 이해 그리고 공통의 가치평가를 찾아내는 작업이 중요시된다.3) 마찬가지로 크리스테바는, 여기에 라깡(J. Lacan)의 정신분석학적 통찰4)을 덧붙여서, 텍스트를 발화자들 사이의 공통의 이해를 내포하는 언술의 사

---

2) 탈식민주의에 관해서는 R. S. Sugirtharajah, "Charting Postcolonial Criticism," 『포스트모더니즘과 탈식민주의 시대의 신학』, 1996, 서울: 한국신학연구소, pp.49-61 참조.
3) 바흐찐, "생활 속의 담론과 시 속의 담론: 사회학적 시학을 위한 기여," 쯔베탕 토도로프(최현무 역), 『바흐찐: 문학사회학과 대화이론』, 1987, 서울: 까치, pp.162-174.

회적 함의와 주체의 위치를 나타내 주면서 발화의 주체를 비판할 수 있는 자기-반성적 속성을 가진 상호텍스트성의 장(場)으로 제시한다. 이에 따라 상호텍스트성이란 발화의 지시의 '대상'과 발화 장소의 변형을 통해 '의미화 체계의 치환'으로 이해하였다. 이 과정에서 크리스테바가 '현상적-텍스트'(phéno-texte)의 일의적 의미를 생산하는 방식을 극복하기 위해서 이러한 일의성을 흩으러뜨리면서 다의적 의미를 창조적으로 생산하는 의미발생 작용(sinifiance)의 근거를 이루는 '발생적-텍스트'(géno-texte)의 중요성을 강조하려 한다.5) 이 상호텍스트성을 기본적으로 발생적 텍스트에 의한 현상적 텍트의 비판으로 이해한다면, 이것은 라깡의 정신분석학에서는 '상징계'(Symbolique)의 의미생산 과정에서 적극적으로 기능하지 못하기 때문에 제외되었던 '기호계'(sémiotique)의 육체의 충동에 의해서 발생하게 되는 텍스트 내의 어조, 리듬, 모호성, 이미지들에 의해서 남성주의적, 근대적 주체를 비판하면서 사회적 함의를 도출하려는 이론적 근거로서 이해되어야 할 것이다. 그래서 상호텍스트성의 불란서 지성사적 배경에 의해 이해되는 보다 엄격한 개념은 미국의 문학비평이 제시하는 바 텍스트의 다의성과 무한한 해석의 정당성을 부여하면서 텍스트들이 이전의 인용들과 전승들의 반복과 병렬 또는 변형이라는 단순한 이해를 넘어선다. 이런 의미에서 탈식민주의가 푸코의 권력관계, 라깡의 욕망의 구조 등의 이해를 해석의 계기로 사용한다는 점이 함께 고려되어야 한다.

2. 탈구조주의는 문화인류학, 정신분석학, 언어학, 문학비평 등의 분야에서 활발하게 이론을 전개시킨 불란서의 구조주의 사상과 방법에 대해 비판적으로 대응하였던 푸코, 들뢰즈(G. Deleuze), 데리다, 료타르(J-F. Lyotard), 롤랑 바르뜨(Roland Barthes), 크리스테바, 라깡 등의 철학과 문학 비평을 미국의 사상가들이 명명한 이름이다. 이들 탈구조주의자들은 사실 어떤 일관된 사상적 방법론적 특색을 공동으로 주창한 것이 아니라 각각 불란서의 구조주의 사상에서 내적 모순을 지적하면서 각각 나름대로 구조주의의 한계를 극복하려 한 사유체계를 형성할 뿐이다. 굳이 이들의 사상적인 공통점을 찾는다면, 이들은 하이데거(M. Heidegger), 프로이드(S. Freud), 니이체(F. Nietzsche), 맑스(K. Marx)의 탈현대적 비판정신을 소쉬르(F. Saussure)나 방바니스트(E. Benveniste)나 바흐찐 등의 언어학적인 통찰력을 비판적으로 접목시켜서 불란서의 소위 '68년 사건 이후의 탈산업사회의 사회적

---

4) 라깡의 정신분석학적 통찰에 대한 간략한 이해에 관해서는 셰리 타클(여인석 옮김),『라깡과 정신분석 혁명』, 1995, 서울: 민음사, pp.66-95 참조.
5) Julia Kristeva, *Revolution in Poetic Language* (New York: Columbia University Press), pp.59-60, pp.86-89.

구조를 새롭게 분석하고 이해하려는 좌파 지식인들의 지성적 풍토를 대변한다.6) 또한 이들의 문제틀의 핵심적인 주제는 주체의 자기성찰에서 타자가 떠맡는 역할이었다. 모더니즘에서 성찰성은 주체에게 능동성을, 인식된 대상이 되는 타자에게 수동성을 부여했다. 모더니즘에서는, 타자는 나의 지각하는 대상이거나 기껏해야 상호주관성을 보장해 주는 다른 주체에 불과하였다. 탈구조주의에서는 타자는 언어를 통해 주체의 능동적 자기 규정을 교란시키고, 일상적인 주체가 성찰하는 조건을 심의하고 재구성한다. 여기에서 타자는 나의 지각을 가능하게 하는 지각장의 구조이면서 내게 보이지 않는 세계를 알게 하는 가능세계의 흔적이 된다.7) 그러므로 탈구조주의를 제대로 이해하기 위해서는 구조주의의 발생을 불란서 지성사적 풍토에서 거시적으로 이해하는 것이 첩경이 될 것이다.

이런 점에서 구조주의의 닫혀진 체제에 대해 도전하는 탈구조주의는 구조의 '바깥'에 존재하는 의미의 초과, 차이, 모순의 비동일성과 구조의 '안'에 존재하는 결여, 일치, 화해의 동일성에 의한 의미작용 방식과의 관계에 대해 탐구하려 한다. 여기에서, 의미가 공시적(synchronic) 구조를 통해 분산되는 방식을 추출하면서 이 의미의 닫혀진 관계망인 구조를 벗어나서 넘쳐나는 의미의 '초과'(excès)에 의해서 새로운 의미를 발생시키는 은유구조와 의미의 '결핍'(manque)으로 인해 의미연쇄에 의해 의미가 통합되는 환유구조의 문제도 자연히 제시하게된다. 구조주의가 기층의 무의미한 요소들의 조합의 놀이에 의해 표층에서 의미들이 표출되는 모양을 상정하게 될 때 기층과 표층의 이분법적 구분이 구조주의 자체 내에서는 당연히 받아들여진다면, 탈구조주의에서는 이 기층의 무의미한 요소들과 표층의 유의미한 요소들이 서로 다른 층위에 구분되기 보다 이들이 같은 층위에 함께 공존하고 있고, 이 무의미한 요소들이 유의미한 요소들에 의해서 숨겨져 있어서 착각과 오인(誤認: méconnessance)의 작동기제(mechanism)를 형성하고 있다는 것을 강조한다. 탈구조주의는 구조주의(Stucturalism)에서 카오스(chaos)를 재단하고 억압했던 '바깥'을 되살리면서 이것이 구조의 생성 조건이 되고 착각과 오인의 원인이 되어 텍스트의 여백에서 여

---

6) 탈구조주의자들의 지성사적 배경에 대해서는 셰리 타클, 『라캉과 정신분석 혁명』, pp.39-65, pp.96-129 와 프랑스와 도스(이봉지 외 옮김), 『구조주의의 역사 I: 기호의 세계: 50년대』, 1998, 서울: 동문선, pp.9-10 참조.
7) 이에 대한 자세한 논의는 필자의 글, "토착화의 근거로서의 타자와 언어 이해: '부정직한 청지기' (눅 16:1-8)의 비유에 대한 구조주의적 분석에 근거하여," <신학사상> 101(1998. 여름) 천안: 한국신학연구소, pp.156-179 참조.

전히 힘을 발휘하고 있는 숨겨진 갈등과 모순, 결핍과 부정의 무차별적 카오스를 찾아내고자 한다. 구조의 자의성과 변별적인 의미작용과 오인의 작동기제들이 한꺼번에 작동될 수 있는 근거와 생성과정은 무엇인지 첨예하게 문제제기한다. 예를 들면 라깡에게 있어서는 거울에 비추인 이상적 자아에 대한 착각과 타자와의 투쟁과 갈등의 인식구조인 '영상계'(Imaginaire)와, 이를 극복하기 위해서 '아버지의 이름'이 개입되어 금지의 법이 한꺼번에 발생하고 변별적 요소들의 자의적 언어놀이가 가능하게 되는 '상징계'(Symbolique)와, 이 두 질서들을 지탱하면서 탄생하게 하는 무의식의 핵심적 기제이면서 차이와 틈새를 가져오지만 이 두 질서들에서는 인식 불가능한 것으로 이해될 수 있는 실재계(Réel)는, 서로가 얽히고 섥힌 채 의미생산활동을 전개하게 된다.8)

위의 포괄적인 이해에 비추어 보면 양 박사가 제시하려고 하는 탈구조주의는 매우 편협한 '미국적' 개념의 텍스트관을 기반으로 상호텍스트적 읽기를 제안하고 있는 것을 볼 수 있다. 독자의 지평에서 연관된 텍스트와 막연히 연결시키거나 병렬시킨다는 말은 위의 탈구조주의가 의도하는 텍스트 읽기(lecture)의 전략과 거리가 멀다. 불란서 탈구조주의는 독자와 텍스트의 관계에 대해서 프로이드와 라깡에게 있어서 핵심적인 주제로 논의된 '독서의 전이(傳移)구조'를 그 모델로 제시하고 있기 때문이다. 다시 말해서 상호텍스트적 읽기에서 독자와 텍스트는, 치료행위 과정에서 분석자와 피분석자가 서로 영향을 미치는 것과 마찬가지로, 분석자와 피분석자의 역할을 그들이 각각 번갈아 가면서 담당하면서 새로운 의미를 창출하는 상호관계로 형성된다. 그렇다면 탈구조주의의 독자의 지평에서 형성되는 상호텍스트적 읽기는 양 박사가 암시적으로 제안하는 텍스트와 독자의 임의적인 만남을 뜻하는 상호텍스트적 읽기와 상당한 거리가 있지 않은가 생각된다. 이런 의미에서 상호텍스트적 읽기는 상대주의적 무한한 해석의 전략을 의미하기 보다는 사회적 의미를 제안하기 위해서 정신분석학적 모델에 근거해서 해석의 기준과 해석의 윤리학을 제안하려는 시도로 이해되어야 한다.

탈구조주의에서 가장 중요한 것은 모순과 모호성과 다의성이 표층구조의 기표들의 놀이가 가능하게 되는 근거이면서 또 다른 바깥의 현실적 사회구조의 희생의 흔적이라는

---

8) 아사다 아키라, 『구조주의와 포스트구조주의: 구조에서 힘으로』, 1995, 서울: 새길, pp.38-52, pp.103-128. 이에 대한 요약과 신학적 중요성에 대해서는 필자의 글, "탈구조주의의 지적 도전과 21세기의 신학을 위한 성서해석: '상징적 질서의 생성과정과 기원을 중심으로'", <신학논총> 제3집(1997), 연세대 한국기독교문화연구소, pp.183-209 참조.

점이다. 이런 의미에서 텍스트에 존재하는 의미의 일관성을 흐트러뜨리는 차원(발생적-텍스트)은 의미작용의 '고정점'(*point de caption*)으로서 기능하는 몇몇 중추적 '기표'(*signifiant*: 청각 이미지나 음소나 음소무리)를 중심으로 정신 구조나 사회 구조의 모순을 '증상적'으로 보여준다. 그렇다면 텍스트 해석에서 독자는 숨겨진 이 고정점으로서의 이 기표를 실마리로 삼아 환자의 무의식과 환상을 지배하는 그가 속한 무의식이나 상징적 질서의 억압적 기제를 재구성하게 된다. 여기에서 독자는 텍스트와의 상호적 대화를 통해 참여하고 관찰하는 과정에서 상호 영향을 미치면서 말하는 주체가 되어가고 있는 '과정/소송(시험) 중의 주체'(*le sujet en procès*)가 된다. 텍스트에 반영된 사회의 상징계는 자신을 인식의 대상으로 간주할 수 있는 타자로서의 '나'를 구성해왔고 '나'로 하여금 말하지 못하도록 착각시키는 오인의 구조인 영상계와 이 둘을 함께 인식할 수 있는 근거로서 실재계를 밝혀준다.9)

이런 의미에서 양 박사가 제시하는 이론적 준거틀인 탈구조주의의 상호텍스트적 읽기는 해석학적 논평의 수준에 머물러 있는 것이 자명해 진다. 여기에서는 탈구조주의의 정신에서 결코 빠질 수 없는 세 가지가 결여되어 있음을 알 수 있다. 우선, 탈구조주의의 텍스트 '비평' 차원에서는 기존의 해석이나 텍스트에서 구심력처럼 모으는 힘으로 작용하는 의미의 중추적 구조에 틈새를 낼 수 있는 원심력처럼 의미를 흐트러뜨리는 기호계의 리듬, 말놀이(pun), 어조, 화자의 목소리, 담론적 차원과 서사적 차원의 긴장 등의 구체적인 텍스트 전략이 제시된다. 두 번째로, '읽기' 수준에서는 위의 비평의 전략이 일종의 가벼운 재미와 해학과 '침묵의 언어'를 통해서 일상성을 날카롭게 성찰하고 새로운 독자의 글쓰기(*écriture*)를 제안할 수 있다. 왜냐하면 이것은 텍스트의 저자의 의도를 찾으려는 무거운 진지함과 일의적 의미를 철저하게 찾으려는 실증주의적인 텍스트 분석이나 읽기

---

9) 고정점은 소파의자의 등받이 부분에 천과 비품을 실로 묶어 고정해 놓은 불룩한 지점을 말한다. 라깡이 기의와 기표와의 관계에서 기표들의 끝없는 의미연쇄 관계를 차단하는 기의를 파악하는 과정을 설명하기 위해서 이 개념이 소개되었다. 반면 이와는 달리 그의 제자들, 라플랑슈(J. Laplanche)과 르클레르(S. Leclaire)는 무의식의 상상계 속에서 중추적인 기표들이 고정점의 역할을 담당하면서 의식의 기표들의 연쇄를 차단하는 역할을 할 수 있다고 주장한다. 필자는 라깡의 후기 저서들에서는 그의 제자들의 견해와 큰 차이가 없다고 생각하여 이 개념을 발전시켜서 독자와의 전이관계를 드러내는 핵심적인 실마리를 제공한다고 보았다. 이 개념에 대해서는 J. Lacan, 1977, "The subversion of the subject and the dialectic of desire in the Freoudian unconscious", *Ecrits: A Selection trans. Alan Sheridan* (New York: Norton & Company), pp.292-325과 르메르, 『자크 라캉』, 서울: 문예출판사, pp.153-227 참조.

에 대한 태도와 대조적으로 제시되기 때문이다. 세째로, 이론의 차원에서는 이러한 비평의 전략과 읽기태도는 그동안 합리화의 관료화의 사회구조에 의해서 비호되어 왔던 근대적 주체성의 오인과 착각의 기제를 탐지하게 된다는 것이다. 이 비평의 목적은 텍스트와 일종의 놀이의 구조 속에서 생성되는 '과정 중의 주체'를 탄생시키는 것이다.

3. 양 박사는 한국에서 '역사비평방법'의 의미와 한계에 대한 토론이 필요하다고 지적하였다. 이것은 아시아의 성서 해석학자들이 이 비평의 보편성의 허구성을 공격하는 일차적인 대상이다. 우리는 이 문제를 비평과 읽기의 구분의 층위에서 논의할 필요가 있다. 역사비평은 해석의 한 계기로 성서학계에 이미 보편적 방법으로 자리매김하였다. 이 비평의 장점을 살리면서 그 결과들을 어떻게 사용하는가의 문제는 해석자에게 달려있다. 문제는 이 비평이 다른 어떤 비평 방법보다 우선 순위를 설정하려는 이데올로기가 문제일 것이다. 비평의 보편적 정당성 자체를 거부할 필요는 없다고 생각한다. 또 다른 논의는 역사비평에서 매우 중요시 될 수 있는 역사적 맥락의 선택이 정치적 선택이라는 점을 의식하는 것이다.10)

4. 양 박사가 제시한 경전에 대한 이해는 그가 처음에 제시한 상호텍스트성과 텍스트의 이해에 입각해서 다양한 흔적의 그물망으로 이해하고 있다. 상호텍스트성의 개념은 어떤 텍스트이든 함께 읽는 것이 아니다. 이 개념은 위에서 논의한 것처럼 사회적 함의를 가능하게 하는 조건을 탐색하고 텍스트의 역사성을 재인식하는 개념이다. 이것을 다양한 해석이 가능한 것으로 이해한 것은 영미의 조야한 텍스트 이해의 한 방식에 불과하다. 롤랑 바르뜨도 이를 적용할 때에는 텍스트를 '독서만 가능한 것'(*le lisible*)'과 '육필화 가능한 것'(*le scribtible*)으로 분류하였다.11) 여기에서 육필화 가능한 것이란 독자가 창조적으로 다시쓰기가 가능한 다의적이고 모호한 의미를 내포한 텍스트이다. 더구나 우리는 불란서 지성사의 전체 맥락에서 보면 바르뜨 자신이 무한한 의미의 가능성이 있는 육필화 가능한 것조차 텍스트 해석에서는 철저한 구조주의의 접근방법을 통해 독해의 방식을 엄격히

---

10) 역사비평방법의 비판과 역사기술방법의 다양화를 통한 새로운 적용 방식과 해석의 윤리에 대해서는 필자의 글, "푸코의 역사 이해로 본 하나님의 나라: 예수의 말씀전승과 비유의 정치적-윤리적 해석," <신약논단> 창간호(1995) 서울: 한국신약학회, pp.9-43; "강남순의 '페미니즘과 성서해석학'에 대한 논평," 『성서해석학』, 1997, 서울: 호남신학대학교출판부, pp.164-181 참조.
11) 바르뜨의 텍스트에 대한 분류에 관해서는 김인식, "롤랑 바르뜨의 텍스트 이론/실천: 『S/Z』론," <현대비평과 이론> 14(1997. 가을·겨울), 서울: 한신문화사, pp.225-248 참조.

제안했고, 정신분석학적인 통찰에 의해서 읽기의 전략을 제시하였다는 점이 부각되어야 할 것이다.

더구나 이러한 텍스트관을 경전에 적용하는 것은 경전이 갖고 있는 특색을 전혀 고려하지 못한 것이다. 경전 형성 과정에 있어서, 신앙공동체는 최초의 '본문'(text)을 다시 재해석하여 보다 보편적으로 합의된 '전승'(tradition)으로 발전시켰고, 그 이후의 또다른 공동체가 새로운 역사적 도전에 직면하여 여러 전승들을 비판적으로 편집하고 다른 역사적-문화적 지평에서 이것들을 읽게 될 때 새로운 공동체들에게 신앙의 삶의 표준이 되도록 위의 전승을 새롭게 비판적으로 편집하여 '경전'(canon)을 완성시켰다.12) 이렇게 본문-전승-경전의 층위를 달리하는 과정 속에서 자신들이 믿는 신앙의 표준을 마련하려 하였기 때문에 폐쇄적이고 절대적 가치를 부여하는 속성이 있다. 여기에서 억압을 조장하는 요소들이 있더라도 이 과정을 추적하여 텍스트의 의미를 분산시키는 부분이나 언어의 모호성과 다의성을 드러내는 부분을 중심으로 새로운 해석의 가능성을 제시하는 것이 좋을 것이다. 여기에서 상호텍스트성의 방향이 주어진다. 경전의 부분 중에서 그 양식과 내용을 고려하여 보다 문화적 요소들이 가미된 부분들을 선택하여야 할 것이다. 이런 의미에서 경전과 다른 경전의 직접적인 상호텍스트적 읽기 보다는 종교성이 가미된 시들이나 다른 문학형태들을 한 경전과 먼저 상호텍스트적 읽기를 먼저 시도하고, 이를 매개로 경전간의 상호텍스트적 읽기를 실행할 때는 트레이시(D. Tracy)의 '유비적 상상력'과 같은 상호텍스트적 읽기의 기준과 원칙을 제시하는 것이 현명할 것이다.

5. 위의 몇 가지 논점에 근거하면 양 박사는 탈식민주의을 성서텍스트에 적용한 아시아 성서학자들과 한국의 광암 이 벽, 민중신학자들의 상호텍스트적 읽기에 대해서 단순히 소개하는 것을 넘어서 이것들에 대해서 비판적으로 평가할 수 있는 기준을 명료히 제시하고 있지 못하고 있는지 묻고 싶다. 이와 더불어 탈식민주의 자체에 대한 비판적 성찰이 없기 때문에 한국적 상호텍스트적 읽기의 이론적 근거나 구체적 텍스트 전략이 제시되지 않았다. 이것은 한국의 중첩된(중층결정: *surdétermination*) 모순을 바라보는 시각의 구체적인 거점이 명료하지 않다는 것과 맞물려 있다. 양 박사는 한국의 모순을 분단체제로 보고 민중신학의 민중을 변화의 주체세력으로 보는 것같이 암시한다. 문제는 탈식민주의

---

12) 경전에 대한 구조주의적 이해에 관해서는 필자의 글, "강남순의 '페미니즘과 성서해석학'에 대한 논평," 『성서해석학』, pp.176-181 참조.

은 서구에서 탈구조주의에 철저히 영향받은 식민지를 경험하지 않은 지식인의 담론이라는 것이다. 여기에는 지식인과 일반인, 전문인과 비전문인과의 관계와 읽기의 주체세력의 문제가 함께 제기된다. 이 담론의 결정적인 문제는 서구 자본주의의 전지구화의 과정에서 드러나는 모순의 경제적 요인들 보다는 문화의 주체성을 사회구조의 모순을 야기시키는 요인들 가운데 우세한 심급(審級: instance)으로 본다는 것이다. 또한, 비판적 관점에서는 민중신학은 민중이 변화의 주체세력으로 본다는 것을 지지할만한 경제분석에 대한 보다 과학적 접근과 민중신학의 발생 이후 변화된 사회구조와 일상생활에 대한 권력과 문화간의 관계의 분석이 명료히 제시되지 못하였고 비평의 엄격한 정신에 입각한 텍스트 분석 이론을 발전시키지 못하였기 때문에, 일상문화의 미시적 관점과 사회구조의 거시적 관점과의 권력관계를 분석하는 접합이론이나 소위 '민중비평'은 남기지 못하였다. 이런 의미에서 탈식민주의과 민중신학은 다같이 과학과 이데올로기, 대중문화와 권력 間의 관계를 논의한 포스트모더니즘과 탈구조주의의 문제제기를 비껴지나가고 있다.

이런 의미에서 논평자(필자)는 맑시즘에 대한 새로운 논의를 제기하여야 한다는 양 박사의 문제제기에 동의하지만 이를 어떤 수준에서 논의해야 할지보다 명료히 제시되어야 한다고 생각한다. 이에 대해서 논평자는 제3세계에서 제기되었던 '신식민주의'나 '신제국주의' 논쟁과 맑시즘(Marxism)의 전화(傳化)의 논의를 모더니즘/포스트모더니즘의 논쟁의 관점에서 한국의 사회구조의 총체적인 모양인 '분단체제'의 식민지성과 종속의 모순을 극복하려는 방식으로 논의하는 것이 보다 생산적이라고 제시하고 싶다.13) 다시 말해서 탈식민주의과 민중신학의 한계를 보다 냉정하게 논의할 필요가 있다는 것이다. 특히 이런 의미에서 대만 출신 문화연구자 천광싱(陳光興)의 "아직은 탈식민주의 시대가 아니다"(1996)라고 주장하면서 탈식민주의의 경제와 문화의 관계에 대한 입장의 한계와 문제점을 지적한 것을 주목할 필요가 있다. 그는 국민국가에 대한 인식론적 전제와 전지구적 자본주의를 재건설하는 신식민주의적 경제구조를 강화하는 기능을 비판하고 신국제주의와 네오맑시즘(Neo-Marxism)에 근거하여 파농(F. Fanon)의 반제국주의 탈식민지 운동의 정신을 계승하는 '지역 식민사적 유물론'을 제시하였다. 또한, 논평자는 이런 점에서 라깡의

---

13) 이러한 논의의 방식에 대해서는 윤소영, "마르크스주의의 전화와 한국사회성격 논쟁의 재출발," <이론> 7(1993. 겨울), 서울: 도서출판 이론, pp.8-32; 백낙청, "문학과 예술에서의 근대성 문제," 안병직, "한국경제발전의 제조건," "한국근대사회의 형성과 근대성 문제: 특별 좌담," <창작과 비평> 21.4(1993. 겨울), 서울: 창작과 비평사, pp.7-91 참조.

정신분석학의 통찰 등의 탈구조주의의 사유방식에 의해서 맑시즘을 새롭게 전화시킨 알튀세(L. Althusser)가 제안하는 '징후적 독서 방식'(lecture symptomale), 최근의 새로운 비평 '신역사주의'와 '문화유물론', 그리고 로렌스 그로스버그(Lawrence Grossberg) 등이 제기하는 새로운 '문화연구' 운동에 대한 논의가 활발히 제기되어야 한다고 생각한다.14) 이를 기초로 철저한 비평방식으로서의 서구의 문학·문화 비평방식과 이데올로기 비평정신을 계승할 수 있는 독서 방식의 실마리를 우리의 고전문화 독서 전통이나 중국의 훈고학에서 찾아 보아야 할 것이다. 이러한 발본적인 비판적 성찰을 통해서만 비평과 이론적 근거를 일반 독자들도 사용할 수 있는 읽기의 방식으로 제시할 수 있게 된다. 또한 여기에서 민중의 개념이 현재의 사회구조에서는 모호하기 때문에 현재의 탈산업사회와 전지구화의 맥락에서 이를 재규정할 필요가 있다. 이에 근거하여 이들 뿐만 아니라 일반 대중을 잠재적 독서 세력으로 제시하여 이 두 독서의 주체들이 어떤 의식구조를 가지고, 어떻게 대중문화 읽기 방식에 적응하고, 어떤 읽기 방식을 선호하고 있는지에 관해 연구하여야 할 것이다.

6. 위의 문제제기와 더불어 탈식민주의가 제시하는 문화와 정치와의 관계를 논의할 필요가 있다. 탈식민주의는 문화의 주체성을 사회구조의 중층결정적 모순을 극복하는 요인들의 심급으로 간주한다. 여기에서 문화와 정치를 매개시키는 주체의 형식과 주체성, 그리고 주체화 과정의 문제가 제기된다. 전통적인 문화 개념은 문화가 정치를 조망하지만 이와는 직접 연관이 없다는 전제를 뒷받침하는 근대적 의미의 선험적 주체와 연계되었다. 이러한 문화 개념이 타자를 배제하고 억압하여 서구의 아시아 문화를 타자화하였다. 탈식민주의는 이를 극복하기 위해서 가치평가와 분류의 약호로서의 문화 개념을 상정한다. 또한 이것은 타자의 타자성을 배제하지 않는 자(自)문화의 주체성을 토대로 아시아의 상호텍스트적 읽기를 제안하기에 이르렀다. 그러나 성숙된 탈식민주의이라면 마찬가지로 서구를 타자화 하는 근대적 주체성을 토대로 서구문화에 대해 과잉반응하게 되는 우를 피해야 할 것이다. 그래서 양 박사는 아시아의 상호텍스트적 성서 읽기로서 사마르타(S. J. Samrtha)의 '관계적 해석학', 곽퓨란(Kwok Pui Lan)의 '대화주의적 상상력', 아치리(Archie C. C.)의 '텍스트간 해석', 수기르타라자(R. S. Sugirtharajah)의 '다종교적 해석학' 등의 다양한 입장을 제시하였다. 그러나 양 박사는 위의 새로운 성서 읽기가 조심스럽게

---

14) 천광싱, "아직은 탈식민주의 시대가 아니다: 문화연구에서 국민국가와 민족주의 문제"와 로렌스 그로스버그, "문화연구와 권력: 특별대담과 "문화 연구: 그 이름이 의미하는 것: 다시한번", <현대사상>(1997. 겨울), 서울: 민음사, pp.114-168과, pp.39-67, pp.170-210.

제안하려는 세련된 탈근대적 성서 읽기에 버금가는 한국적인 상호텍스트적 성서읽기의 구체적인 전략과 그 기준을 제시하지 못하였다.

문제는 서구와 비서구가 이처럼 문화의 토대를 이루는 주체성의 담론을 제시할 때 이를 대화시키고 상호관련시키는 논리적·윤리적 정당성의 기준을 마련하는 것이다. 이것은 이론적 차원에서 하버마스(J. Habermas)의 합의(consensus)를 통한 의사소통의 합리성이나 료타르의 배리(paralogy)를 통한 언어놀이든지 우리는 어떤 방향을 제시하여야 할 것이다. 이것은 또다시 근대성의 주체에 대한 우리의 입장과 관련된다. 만약 탈식민주의이 탈구조주의의 사유체계를 일관성 있게 적용하는 것이라면 배리에 의한 언어놀이를 택하여야 할 것이다. 그러나 양 박사가 이점에서 이러한 일관성을 보이기 보다는 하버마스적인 의사소통의 합리성이나 근대적 주체성을 제안하는 것이 아닌지 묻고 싶다. 탈구조주의의 입장에서 보면 주체성과 과학, 진리의 정당성과 텍스트와 진리의 문제를 한국이라는 다른 정황에서도 진지하게 물을 수 있어야 한다. 이것은 서구문화를 받아들이는 태도의 문제에 대해서 탈식민주의의 입장의 모호성을 비판하면서 우리의 입장을 재설정하는 문제가 제기된다. 중요한 점은 탈식민주의도 토착화와 마찬가지로 우리 문화와 서구 문화의 어떤 요소들을 연결시킬 수 있는 접촉점을 찾거나 주체적으로 텍스트를 읽는 과정에서 서구 문화를 모방하려는 욕망을 감추고 타자의 문화를 우리 문화에 적응시키거나 단순히 모방하면서 타자를 배제하는 근원적인 자기모순에 빠질 수 있다는 것이다.

여기에서 진리는 그 스스로 '존재'의 모습을 감추면서 '존재자'를 보여주고 있으며, 우리가 언어를 사용하여 지배하고 있는 것 같지만 언어를 통해 일어나는 '고유한 생김'(Ereignis)이 우리를 어떤 운명(Geschick)에로 압도적으로 보내는(Schicken) 것처럼 우리의 삶의 방향을 규정한다고 주장하면서 진리와 언어의 탈근대적 이해와 역설적 성격에 대해 심오하게 고찰한 후기 하이데거의 사유방식에 대해서 배울 필요가 있다. 더구나 타자가 시간과 공간을 지각할 수 있는 선험적 범주이면서 가능 세계를 표현하는 흔적이지만 동시에 사회구조의 희생의 흔적도 될 수 있다는 탈구조주의자들의의 제안을 다시 음미하면서 타자와 주체성과의 '이중규제'(double bind)의 묶임과 욕망의 구조를 다시금 점검하게 되는 이중성찰이 요구된다.

7. 마지막으로 양권석 박사는 텍스트 읽기의 구체적인 적용을 위한 텍스트의 선택에 있어서 차별화하지 못하였다. 성서의 다양한 장르 중에서 보다 해석의 다양성이 가능한

부분부터 상호 텍스트 읽기를 시도하는 것이 좋을 것이다. 또한 이러한 텍스트 해석을 위해서는 독자의 역할을 진지하게 고려하는 구체적인 해석 전략이 제시되지 않았다. 이제까지 논의한 필자의 견해를 고려하여 상호 텍스트적 읽기를 구체적으로 실행하기 위해서는 최근의 문화연구에서 제시된 것처럼 독자의 능동적 역할에 근거한 해석 전략을 수용할 필요가 있을 것이다. 특히 필자는 이러한 실험적 독해를 위해서는 예수의 비유를 텍스트로서 우선 설정할 것을 제안한다. 왜냐하면 예수의 비유는 연구사에 있어서 그 문학비평의 언어 이론과 비평 방법이 활발히 도입되었을 뿐만 아니라 다양한 해석을 가능하게 하는 허구적 성격을 가장 강하게 내포하기 때문이다.

최근의 문화연구에서 텍스트를 읽으면서 중요한 해석 전략으로서 제시된 관점은 다음의 네 가지로 제시할 수 있다: 1) 텍스트 자체의 내용만을 넘어서 독자의 사회적·문화적 위치에 대한 고려, 2) 고정된 이데올로기에 근거해서 정치적 주체로서 독자를 설정하기 보다는 독자가 텍스트를 읽으면서 되받아 읽고 쓰기의 창작에서 오는 즐거움, 3) 독자가 능동적으로 텍스트의 의미작용의 어떤 점을 강조하고 억압적인 사회와 문화의 규칙을 위반할 수 있는 언어 유희의 전략적 선택의 자율성, 4) 주어진 기성문화가 추구하는 총체적 보편성에 기반한 공적 담론이나 전복적인 하위 문화의 특수성이 제시하는 저항적 대안담론 보다는 일상생활에서의 경험을 날카롭게 성찰할 수 있는 텍스트 읽기의 전략.15)

위의 문화연구의 최근 경향에로의 변화는 기독교의 토착화를 위한 예수의 비유해석의 전략에 있어서도 새로운 해석의 방식을 사용할 것을 제안한다. 우선 텍스트의 모호성과 침묵의 지점을 설정하여 독자가 능동적으로 참여할 수 있는 공간이 무엇인지 구조주의·탈구조주의의 통찰에 의해 보다 효과적으로 탐구할 수 있을 것이다. 특히 독자의 문화적·사회적 위치에 따라 비유 해석이 다양해 질 수 있다는 것을 염두에 두어야 한다. 또한 비유는 이것이 짧은 이야기체의 속성을 갖고 있으므로 독자는 상당히 다양한 종류의 질문을 제시할 수 있다. 우리는 비유의 다차원적이고 복합적인 해석의 다양성으로 인해 텍스트가 제시하는 의미작용의 여러 측면에서 독자가 자율적으로 선택할 수 있고 주어진 사회 문화의 규칙을 위반할 수 있는 언어유희의 측면을 강조해야 할 것이다. 또한 비유의 독자가 서있는 일상생활에서의 경험을 토대로 비유가 제시하는 새로운 삶의 차원과 만나

---

15) 이러한 네 가지 최근 문화연구의 동향은 필자가 주창윤의 "문화연구, 어디로 가나: 이데올로기의 후퇴, 대중주의의 확산,"과 그로스버그, "문화연구", pp.68-84, pp.170-210을 위의 논점에 대한 필자의 견해들을 고려하여 탈구조주의의 언어 이해의 관점에서 재구성한 것이다.

서 하나님의 나라의 도래를 경험하는 읽기의 방식을 제안해 보아야 할 것이다.16)

---

16) 이러한 해석 전략과 이제까지 논의된 비판적 관점을 고려하여 성서의 상호 텍스트적 읽기를 시도한 예로서는 필자의 글, "예수 비유의 상호 텍스트적 읽기에 근거한 토착화의 새 모델: '선한 사마리아 사람의 비유'(눅 10:30-35)를 중심으로," 『토착화와 신학: 김광식 교수 회갑기념논문』, 1998, 서울: 연세대 신학과, pp.263-292.

인명색인

ㄱ

가스통	305
가타리, 펠릭스	43, 79, 479, 546
갈리오	372
강남순	131
강원돈	67
게오르기, 디이터	22, 367
고부응	117
고진, 가라타니	341, 354
고현철	136
공성철	97
곽퓨란	119
구에라	269
그닐카	431
그람시	572
김경수	78
김경희	194
김광수	153
김덕기	68, 323, 434
김명수	125
김상봉	71
김연태	375
김용옥	238
김욱동	117
김재성	367
김준수	76
김진호	540
김진희	111
김창락	266, 438
김하태	236
김형돈	497
김호경	499
꾸르떼, J.	99, 242

ㄴ

나병철	131
네그리, 안토니오	16, 117
네로	263, 286
네이레이	163, 172
노정선	65
녹스	369
니체	147, 229, 474

ㄷ

다우티	25, 430
던	300, 337
데꿍브, 벵상	467
데리다	15, 117, 472, 572
데모크리토스	71
데카르트	175, 465
도미티안 황제	45
뒤르켐	466
뒤샹, 마르셀	576
드매리스	19, 109
들뢰즈, 질	15, 154, 258
뚜렌느	478

ㄹ

라깡	117, 250, 572
라에르티우스, 디오게네스	188
라이세넨	350
라이크만, 존	167
라이트푸트	288
라이프니츠	474
라일리	217
레비-스트로스	466
레빈, 해리	576
레이제넨	336, 337
로빈슨	369
로오제	350
로젠쯔바이그	411
롤랑, 바르뜨	242
롱, 앤소니 A.	71
롱게네커	375
료타르	467, 575
루터, 마틴	123

뤼데만	369
류성민	51, 316
리, 아치	120
리데만	430
리치, 에드문드	241, 487
린데만, 안드레아스	267
링기스, 알폰소	182

ㅁ

마두로, 오토	78
마르크스-레닌	78
말허비	25, 400
맑스	24, 78
맥, 벌턴 L.	355, 488, 546
맥루한	576
머피-오커너	24, 368
모스	466
목스네스	21
몰트만	91
무어-길버트, 바트	570
믹스	227
밀뱅크	323

ㅂ

바디우	9, 42
바르뜨, 칼	91, 283, 302, 358
바바, 호미	25, 120, 425, 569
바슐라르	466
바우어	263
바클레이	17, 131
박성수	79
박승규	393
박윤호	247
박종균	65
박종천	91
박지향	117
박홍순	596
발리바르, 에띠엔느	68, 532, 545
버질리우스	383
베르거	269
베츠	24, 376
벡	350
벤느, 폴	212
벨 알버트	224
벨, 다니엘	576

변종길	282
보그, 로널드	258, 477
보른캄	289, 431
보야린, 다니엘	16, 127, 155
부르디외, 피에르	27, 167, 531
부르스	369
불트만, 루돌프	12, 70, 84
브라이언	269
브레통	582
브루스, F. F.	205
브리스킬라	372
블루멘펠트	22, 270, 271
비트겐슈타인	575

ㅅ

사르트르, 장 폴	229, 466
사이드, E.	117, 569
샌더스	23, 305, 336
서관모	545
서동수	55, 264
서동욱	167
서중석	337
세고비아	116, 570
세네카	207, 274, 372
소아레스-프라브	119
소크라테스	211
손규태	53, 462
송두율	37
쇼트로프	46
수기르타라자흐	116, 120, 569
슈넬레	431
슈미탈스	48, 188, 265, 431
슈바거	50
슈바이처, 에두아르트	97, 101, 106, 110
슐리어	350
스미스, 조나단	543
스콧, 래쉬	462
스크록스	234
스키너, 켄틴	208
스텡달	235, 337
스트레커	269
스피노자	81, 474
스피박, 가야트라 차크라보티	124, 132, 569
신은희	37
심광현	43, 47

ㅇ

아감벤	16, 304, 323
아굴라	372
아담스	18, 283
아리스토텔레스	280, 402
아볼로	158
아사다, 아키라	468
아쉬크로프트, 빌	134
아스카론	107
아우구스투스	315, 382
아우구스티누스	291
아퀴나스, 토마스	101
안병무	477
안티오커스	107
알튀세르	16, 80, 582
애쵀크로프트	137
앤, 와이어	500
야콥슨, 로만	354
양권석	606
언	269
에슬러	17, 18
에피큐로스	71
에픽테투스	188
엘리어트, G.	81
엘리엇 닐	283, 367
엘리옷	22, 153
엠페도크레스	106
엥겔스	78
엥베르크-페델센	25, 443, 446
여콕콩	17, 221
오비드	383
오우성	292, 356
오이디푸스	191
와이어	21, 155, 180
왈홀, 앤디	576
왕대일	463
왜더번	266
외크란트	21, 192
요나스	188
요세퍼스	313
윈터	21, 191
윌슨, 에드워드	210
윔부쉬	188
유경동	65
유리피데스	219
유승원	158, 179
유지황	86
윤소영	194
윤철원	367
이구표	68, 154
이레니우스	301
이승환	273
이신형	92
이정우	68
이정희	202
이종영	168
이진경	68, 154, 168
이진구	536
이진수	81
이창대	76, 444
이창익	192

ㅈ

장상	84, 111
장석만	538, 543
장시기	167, 181
전경연	46, 170, 337
전수연	212
전현식	91
정기철	389
정복희	225
조현미	220
주명철	212
쥬웨트	235
쥬잇	375, 431
지라르, 르네	23, 301
지마, 페터	99, 242
지젝	9, 132

ㅊ

채드윅, 오언	535
천사무엘	143
최갑종	376, 386
최명관	546
최형묵	532

ㅋ

카스텔리, 엘리자벳	16, 155, 441
칸트	71

칼빈	86
캉키엠	466
캘리니코스, A.	81
캠벨, 더그라스	355
캠프벨	266, 291, 326
케제만	293, 337
코리스	246
콕스, 하아비	464
콘쩰만, 한스	85, 188, 267, 431
콩트	466
쾨스터, 헬무트	70, 403, 431
쿠자누스, 니콜라스	81, 102
크로산, J. 도미닉	17, 199
크리스테바, 쥴리아	250, 467, 473
크리시퍼스	444
크세노폰	218
클라우디우스	59, 263, 369
키엘케고르	302, 358
키케로	383

ㅌ

타우브스	327
타이센, 게르트	300
타키투스	286
태혜숙	145
터너, 빅터	197
터킷	300
트라얀 황제	45
틸리히	102

ㅍ

파트, 다니엘	401
판그리츠, 안드레아스	283
판넨베르크	91
패튼, 폴	181
페린, 노만	240
페터슨	400
포스터	577
포티에	242
푸코, 미셸	15, 68, 154, 258, 388, 572
프라이스	292
프로이드	39, 132
프리드리히	350
플라톤	98, 238
플루타크	274

피들러, 레스리	576
피오렌자, 쉬스러	125, 154, 234
피츠마이어	51
핀란	299, 318
필로	100, 221, 274
필론	313
필하우어	431

ㅎ

하머	288
하버마스, 위르겐	37, 575
하우, 어빙	576
하이데거	465
하트, 마이클	16, 69, 117, 182
핫산, 이합	576
헤겔	76, 465
헹겔, 마르틴	50, 299, 300
현택수	27, 168, 532, 547
호돈, 제랄드	435
호라스	383
호렐	17, 21, 131
홀슬리, 리차드	17, 125, 153, 367
홍동근	38
홍명희	462
홍성민	539
황홍렬	64
후셀	465
후이센, 안드레아스	576
후커	300
휘오렌자, 엘리자벳 S.	488

A

Acquinas, Thomas	101
Adams, E.	18, 60, 271, 283
Agamben, Giorgio	16, 304
Althusser, Louis	16, 67
Anderson, Gary	52
Aquila	372
Augustinus	291
Aune, David E.	49, 269

B

Bachelard, G.	466
Badiou, Alain	16, 39, 44, 132

Bandstra, B. L.	494
Barclay, John M. G.	17, 131, 279, 392, 396
Barrett, C. K.	170
Barth, K.	91, 283, 358
Barthes, Roland	242
Baur, F. C.	263
Beck, J.	350
Behm, J.	435
Bell, Daniel	576
Belo, F.	67
Berger, K.	269
Betz, H. D.	24, 208, 376
Bhabha, Homi	25, 569
Blumenfeld, B.	12, 22, 270
Blumenfeld, Bruno	103, 272
Boer, Roland	118
Bornkamm, Günter	46, 264, 289, 431
Bourdieu, Pierre	27, 531
Boyarin, D.	16, 20n 127, 155
Breton, Stanislas	70, 582
Briggs, Shelia	125
Bruce, F. F.	369
Bryan, C.	269
Bultmann, R.	12

C

Calvin, J.	86
Campbell, W. S.	265, 291, 326
Campell, Douglas A.	355
Canquilhem, G.	466
Cassidy, R. J.	453
Castelli, Elisabeth A.	16, 68, 155, 229, 441
Chanter, Tina	408
Chow, John K.	219
Cicero, Marcus Tullius	392
Cixous, Hélène	245
Claudius	369
Collins, Raymond F.	497
Conte, A.	466
Conzelmann, Hans	85, 139, 188, 216, 431
Cox, Harvey	464
Crossan, John Dominic	17, 140
Cusanus, Nicolaus	81

D

David, Jobling	118
Decartes, R.	465
Deleuze, Gilles	15, 68, 154, 258
DeMaris, R.	19, 106
Derrida, J.	15
Derrida, Jacques	238, 248, 472, 572
Detering, Hermann	290
Dieter, Georg	125
Donaldson, L. E.	571
Donfried, Karl P.	264
Doughty, D. J.	12, 25, 265, 290, 429
Duchamp, Marcel	576
Dunn, James D. G.	12, 337, 374
Durkeinr, E.	466

E

Eichholz, G.	302
Elliott, Neil	22, 153, 293, 367
Engberg-Pedersen, Troels	12, 25, 56, 443
Engels, F.	78
Epictetus	213
Esler, Philip F.	14, 17, 59, 393
Euripides	219

F

Fidler, Leslie	576
Finlan, Stephen	299, 300, 318
Fiorenza, E. Schüssler	125, 154, 187, 234, 255
Fitzgerald, John	56
Foester	55
Foster, H.	577
Fotopoulos, John	224, 226
Foucault, Michel	15, 154, 258, 393, 572
Freedmann, D. Noel	300
Freud, S.	39, 132
Friedrich, G.	350
Frymer-Kensky, Tikva	496

G

Galio	372
Gaston, Lloyd	305
Gattari, Felix	479
Georgi, Dieter	22, 367, 383

Giorgio, Agamben	323	Käsemann, E.	298, 337
Girard, René	23	Kerr, Fergus	303
Gnilka, J.	431	Kierkegaard, S.	302, 358
Gramsci, A.	572	Kim, Seong Hee	11
Green, D. E.	367	Kittredge, Cynthia Briggs	125, 555
Guerra, Anthony J.	99, 243, 269	Klassen, W.	58
Guttgemanns, E.	169	Klauck, Hans-Josef	50, 51
		Knox, J.	369
		Koester, Helmut	376, 427
		Kristeva, Julia	248, 325, 467, 470

H

Habermas, Jürgen	37, 575		
Hardt, M.	16		
Harland, Phillip	212		

L

Hassan, Ihab	576	Lacan, Jacques	250, 572
Hegel, F.	462, 465	Lampe, Peter	46
Heidegger, M.	465	Lash, Scott	462
Hengel, M.	299	Leach, Edmund	487
Hooker, M. D.	300	Lee, Archie C. C.	126
Horace	383	Lee, Moonjang	126, 145
Horatius, Quintus Flaccus	225	Leibniz, G. W.	474
Horrell, David G.	17, 21, 131, 170	Levin, Harry	576
Horsley, Richard	17, 82, 125, 153, 367, 425	Levinas, Emmanuel	357
Howard, George	375	Levinas, Immanuel	408, 412
Howe, Irving	576	Levi-Strauss, C.	466
Huebner, H.	302	Liew, Tat-siong Benny	119, 125, 573
Huizenga, Annette Bourland	184	Lightfoot, J. B.	375
Hurd, John Coolidge	169, 226, 524	Lohse, E.	350
Husserl, E.	465	Long Thomas, E.	301
Huyssen, Andreas	576	Longnecker, R. N.	134, 137, 375, 395
		Lowe, Walter	295, 328
		Lüdemann, G.	369, 430
		Lührmann, D.	376
		Luther, M.	123
		Lyortard, Jean-Francois	467, 575

I

Ireneus	301

M

		Mack, Burton L.	135, 303, 355
		Malherbe Abraham, J.	25, 400, 406

J

Jacobson, Roman	354		
Jaeger, Werner	290		
Jervell, J.	264	Martin, Dale B.	21, 127, 155, 171, 225
Jewett, R.	235, 265, 375, 431	Martin, R. P.	436
Jonas, H.	188	Marx, K.	24
Jones, F. Stanley	211	Mauss, M.	466
Josephus	305, 313	McLuhan, H. Mrshall	576
		Meeks, Wayne A.	12, 227

K

Kant, I.	71, 462	Meggitt, J. J.	225
Karris, Robert J.	264, 289	Milbank, John	303, 323

Mill, J. S.	207
Min, Anselm Kyongsuk	44
Mitchell, Margaret	42
Moltmann, J.	91
Moonjang, Lee,	118
Moore, Stephen D.	11, 117, 569
Moulton, W. F.	57
Moxnes, Halvor	21, 176, 388
Murphy-O'Connor, Jerome	12, 158, 427, 500

N

Negri, A.	16
Nero	271
Neyrey, Jerome H.	153, 163, 172
Nicolas of Cusa	102
Niederwimmer, K.	211
Nietzsche, F.	474

O

Orr, William F.	526
Osiek, Carolyn	436, 442
Ovid	383

P

Pannenberg, W.	91
Patt, Daniel	401
Pedersen, Engberg	443
Perkinson, Jim	452
Perrin, Norman	524
Petersen, Norman R.	400
Philon	100, 221, 313
Pickstock, C.	281
Pliny the Yonger	453
Pottier, B.	242
Powell, Mark Allen	413
Press, Scholar's	50
Price, Robert	292
Priscilla	372
Pui-Lan, Kwok	120

R

Raisanen, H.	336, 350
Reed, Jonathan L.	140
Riciour, Paul	412
Rienecker, Fritz	524
Ritter, A. M.	217
Robinson, B. W.	369
Rosenzweig, F.	411

S

Said, E.	569, 596
Sanders, E. P.	12, 305, 345
Sartre, Jean-Paul	229, 466
Saussure, F.	242
Schlatter, A.	302
Schlier, H.	350
Schmithals, W.	48, 170, 265
Schnelle Udo	48, 177, 264, 265
Schroer, Silvia	496
Schttroff, Luise	496
Schwager, R.	50
Schweizer, E.	106
Scroggs, R.	235
Seeley, D.	449
Segovia, F. F.	11, 116
Segovia, Fernando F.	116, 570
Seneca	207, 372
Skinner, Quentin	208
Smith, Jay E.	168, 170
Smith, Jonathan Z.	543
Smithals, W.	431
Soares-Prabhu, George M.	120
Spinoza, B.	474
Spivak, Gayatri Chakraorty	132, 233, 569
Stendahl, K.	12, 235, 264, 298, 337
Stowers, S. K.	269
Strecker, Georg	270, 434
Stuhlmacher, P.	269, 302
Sugirtharajah, R. S.	116, 425, 463, 570, 595

T

Tacitus	286
Taubes, Jacob	23, 324, 324
Theissen, Gerd	12, 225, 299, 424
Tolbert, Mary Ann	11
Tourainne, Alain	478
Tronier, Henrik	143
Tuckett, C. M.	50, 299, 316

V

Vanhoozer, Kevin J.	328
Verhey, A. D.	494
Veyne, Paul	217
Vielhauer, P.	431
Virgilius	383

W

Wacker, Marie-thres	496
Walther, James Arthur	526
Warhol, Andy	576
Watson	265
Wedderburn, A. J. M.	48, 265
Wikenhauser, A.	170
Wilkens, U.	264
Wills, Wendell Lee	223
Wimbush, Vincent L.	84, 187
Winter, Bruce W.	21, 171, 191

Wire, Antoinette Clark	12, 125, 555
Wittgenstein, L.	575
Wright, N. T.	456
Wuellner, Wilhelm	268

X

Xenophon	218

Y

Yeo, Khiok-khng	17, 209

Ž

Žižek, S.	16, 132

Ø

Økland, J.	21, 184